Tratado de Direito Penal

TRATADO DE DIREITO PENAL

Cezar Roberto Bitencourt

Volume 2

PARTE ESPECIAL
(Arts. 121 a 154-B)
Crimes contra a pessoa

25ª edição
revista, ampliada e atualizada
2025

- O autor deste livro e a editora empenharam seus melhores esforços para assegurar que as informações e os procedimentos apresentados no texto estejam em acordo com os padrões aceitos à época da publicação, *e todos os dados foram atualizados pelo autor até a data da entrega dos originais à editora.* Entretanto, tendo em conta a evolução das ciências, as atualizações legislativas, as mudanças regulamentares governamentais e o constante fluxo de novas informações sobre os temas que constam do livro, recomendamos enfaticamente que os leitores consultem sempre outras fontes fidedignas, de modo a se certificarem de que as informações contidas no texto estão corretas e de que não houve alterações nas recomendações ou na legislação regulamentadora.

- Data do fechamento do livro: 30/10/2024

- O autor e a editora se empenharam para citar adequadamente e dar o devido crédito a todos os detentores de direitos autorais de qualquer material utilizado neste livro, dispondo-se a possíveis acertos posteriores caso, inadvertida e involuntariamente, a identificação de algum deles tenha sido omitida.

- Direitos exclusivos para a língua portuguesa
  Copyright ©2025 by
  Saraiva Jur, um selo da SRV Editora Ltda.
  Uma editora integrante do GEN | Grupo Editorial Nacional
  Travessa do Ouvidor, 11
  Rio de Janeiro – RJ – 20040-040

- Atendimento ao cliente: https://www.editoradodireito.com.br/contato

- Reservados todos os direitos. É proibida a duplicação ou reprodução deste volume, no todo ou em parte, em quaisquer formas ou por quaisquer meios (eletrônico, mecânico, gravação, fotocópia, distribuição pela Internet ou outros), sem permissão, por escrito, da **SRV Editora Ltda.**

- Capa: IDÉE arte e comunicação
  Diagramação: Rafael Cancio Padovan

- **OBRA COMPLETA 978-85-5360-767-9**
  DADOS INTERNACIONAIS DE CATALOGAÇÃO NA PUBLICAÇÃO (CIP)
  VAGNER RODOLFO DA SILVA – CRB-8/9410

B624t   Bitencourt, Cezar Roberto
Tratado de direito penal - volume 2 - parte especial / Cezar Roberto Bitencourt. - 25. ed. - São Paulo : Saraiva Jur, 2025.

736 p.
ISBN 978-85-5362-760-8 (impresso)

1. Direito. 2. Direito penal. I. Título.

	CDD 345
2024-3513	CDU 343

Índices para catálogo sistemático:
1. Direito penal   345
2. Direito penal   343

Respeite o direito autoral

PUBLICAÇÕES DO AUTOR

Tratado de direito penal — parte geral, 31. ed., São Paulo, Saraiva, 2025, v. 1.

Tratado de direito penal — parte especial, 25. ed., São Paulo, Saraiva, 2025, v. 2.

Tratado de direito penal — parte especial, 21. ed., São Paulo, Saraiva, 2025, v. 3.

Tratado de direito penal — parte especial, 19. ed., São Paulo, Saraiva, 2025, v. 4.

Tratado de direito penal — parte especial, 19. ed., São Paulo, Saraiva, 2025, v. 5.

Tratado de direito penal — parte especial, 3. ed., São Paulo, Saraiva, 2025, v. 6.

Direito penal das licitações, 2. ed., São Paulo, Saraiva, 2021.

Reforma Penal da Lei Anticrime (Lei n. 13.964/2019), São Paulo, Saraiva, 2021.

Código Penal comentado, 10. ed., São Paulo, Saraiva, 2019.

Falência da pena de prisão — causas e alternativas, 6. ed., São Paulo, Saraiva, 2025 (no prelo).

Falência da pena de prisão — edição comemorativa dos 30 anos da Defesa da Tese de Doutorado na Universidade de Sevilha, São Paulo, Saraiva, 2022.

Tratado de direito penal econômico, São Paulo, Saraiva, 2016, v. 1.

Tratado de direito penal econômico, São Paulo, Saraiva, 2016, v. 2.

Comentários à Lei de Organização Criminosa: Lei n. 12.850/2013 (em coautoria com Paulo César Busato), São Paulo, Saraiva, 2014.

Crimes contra o sistema financeiro nacional e contra o mercado de capitais, 4. ed., São Paulo, Saraiva, 2023.

Crimes contra a ordem tributária, 2. ed. (em coautoria com Luciana de Oliveira Monteiro), São Paulo, Saraiva, 2023.

Erro de tipo e erro de proibição, 6. ed., São Paulo, Saraiva, 2013.

Penas alternativas, 4. ed., São Paulo, Saraiva, 2013.

Crimes contra as finanças públicas e crimes de responsabilidade de prefeitos, 2. ed., São Paulo, Saraiva, 2010.

Reforma penal material de 2009 — crimes sexuais, sequestro relâmpago, Rio de Janeiro, Lumen Juris, 2010.

Direito Penal no terceiro milênio — estudos em homenagem ao Prof. Francisco Muñoz Conde (Organizador), Rio de Janeiro, Lumen Juris, 2008.

Teoria geral do delito — uma visão panorâmica da dogmática penal brasileira, Coimbra, Almedina, 2007.

Crimes falimentares, São Paulo, Saraiva, 2023 (no prelo).

Juizados Especiais Criminais Federais — análise comparativa das Leis 9.099/95 e 10.259/2001, 2. ed., São Paulo, Saraiva, 2005.

Direito penal econômico aplicado (em coautoria com Andrei Z. Schmidt), Rio de Janeiro, Lumen Juris, 2004.

Teoria geral do delito (bilíngue) (em coautoria com Francisco Muñoz Conde), 2. ed., São Paulo, Saraiva, 2004.

Código Penal anotado (em coautoria com Luiz R. Prado), São Paulo, Revista dos Tribunais.*

Elementos de direito penal — parte especial (em coautoria com Luiz R. Prado), São Paulo, Revista dos Tribunais.*

Elementos de direito penal — parte geral (em coautoria com Luiz R. Prado), São Paulo, Revista dos Tribunais.*

Juizados Especiais Criminais e alternativas à pena de prisão, Porto Alegre, Livraria do Advogado Ed.*

Lições de direito penal, Porto Alegre, Livraria do Advogado Ed.*

Teoria geral do delito, São Paulo, Revista dos Tribunais.*

---

* Títulos esgotados.

ABREVIATURAS

ADPCP — *Anuario de Derecho Penal y Ciencias Penales* (Espanha)
AICPC — *Anuario del Instituto de Ciencias Penales y Criminológicas* (Venezuela)
CF — Constituição Federal do Brasil
CLT — Consolidação das Leis do Trabalho
CP — Código Penal brasileiro
CPC — *Cuadernos de Política Criminal* (Espanha)
CPP — Código de Processo Penal brasileiro
CTB — Código de Trânsito Brasileiro, antigo Código Nacional de Trânsito (CNT)
CTN — Código Tributário Nacional
DP — *Doctrina Penal argentina*
IBCCrim — Instituto Brasileiro de Ciências Criminais
ILANUD — *Instituto Latino-americano para la Prevención del Delito y Tratamiento del Delincuente* (ONU, Costa Rica)
LCP — Lei das Contravenções Penais
LEP — Lei de Execução Penal
NPP — *Nuevo Pensamiento Penal* (Argentina)
PPU — *Promociones y Publicaciones Universitarias*
REEP — *Revista de la Escuela de Estudios Penitenciarios* (Espanha)
REP — *Revista de Estudios Penitenciarios* (Espanha)
RIDP — *Revue International de Droit Penal* (Paris)
RIPC — *Revista Internacional de Política Criminal* (ONU)

ÍNDICE

Publicações do Autor V
Abreviaturas.. VII
Nota do Autor à 20ª edição XXXI
Nota do Autor à 3ª edição XXXIII

CAPÍTULO I | CRIMES CONTRA A PESSOA E RESPONSABILIDADE PENAL
1. Considerações introdutórias 1
2. Princípio da reserva legal e Estado Democrático de Direito 2
3. Responsabilidade penal da pessoa jurídica............................. 4
   3.1 Antecedentes históricos... 5
       3.1.1 O Direito Romano.. 5
       3.1.2 Os glosadores.. 6
       3.1.3 Os canonistas.. 7
       3.1.4 Os pós-glosadores... 8
   3.2 Incompatibilidades dogmáticas da responsabilidade penal da pessoa jurídica 9
       3.2.1 Função do Direito Penal...................................... 10
       3.2.2 A (in)capacidade de ação da pessoa jurídica....... 10
       3.2.3 A (in)capacidade de culpabilidade das pessoas jurídicas....... 13
   3.3 Criminalidade moderna e Direito Administrativo sancionador 15
   3.4 Responsabilidade penal da pessoa jurídica à luz da Constituição Federal.. 17

CAPÍTULO II | HOMICÍDIO
1. Considerações preliminares.. 25
2. Bem jurídico tutelado... 27
3. Sujeitos ativo e passivo 29
   3.1 Sujeito passivo especial 30
4. Tipo objetivo: adequação típica 32
   4.1 Materialidade do homicídio: crime que deixa vestígios 34
5. Tipo subjetivo: adequação típica.. 38
6. Consumação e tentativa... 42
   6.1 Circunstâncias alheias à vontade do agente 45

7. Tentativa branca: homicídio e perigo para a vida ou saúde de outrem..... 46
8. Classificação doutrinária 47
9. Figuras típicas do homicídio 48
10. Homicídio simples 49
    10.1 Homicídio simples e crime hediondo: atividade típica de grupo de extermínio 49
11. Homicídio privilegiado 50
    11.1 Impelido por motivo de relevante valor social.................. 51
    11.2 Impelido por motivo de relevante valor moral 52
    11.3 Sob o domínio de violenta emoção, logo em seguida a injusta provocação da vítima.................. 53
    11.4 Homicídio privilegiado: obrigatoriedade da redução de pena 57
    11.5 Concurso com qualificadoras subjetivas: homicídio privilegiado/qualificado.................. 57
12. Homicídio qualificado 59
    12.1 Motivos qualificadores 59
    12.2 Meios qualificadores.................. 62
    12.3 Modos qualificadores 66
    12.4 Fins qualificadores 68
13. Homicídio cometido contra integrantes de órgãos da segurança pública e seus familiares 69
    13.1 Sujeito ativo do homicídio qualificado.................. 69
    13.2 Sujeitos passivos do crime.................. 70
        13.2.1 Extensão da qualificadora para outros agentes 71
            13.2.1.1 Guardas municipais.................. 71
            13.2.1.2 Agentes de segurança viária.................. 72
            13.2.1.3 Servidores aposentados: regra geral, não integram.... 72
        13.2.2 Familiares das autoridades, agentes e integrantes dos órgãos de segurança pública 72
        13.2.3 Parentes por afinidade não estão abrangidos.................. 73
    13.3 No exercício da função ou em decorrência dela.................. 73
    13.4 Filho adotivo — parentesco civil.................. 73
14. Homicídio culposo.................. 76
    14.1 Estrutura típica do crime culposo 78
    14.2 Relação de causalidade no homicídio culposo 81
    14.3 Culpa imprópria e erro culposo 82
    14.4 Dolo eventual e culpa consciente 83
    14.5 Concorrência e compensação de culpas 84
    14.6 Crime preterdoloso e crime qualificado pelo resultado 84
        14.6.1 Inadmissibilidade de tentativa no homicídio preterintencional ... 85

14.7 Concurso de pessoas em homicídio culposo	86
14.8 Homicídio culposo no trânsito	87
14.8.1 Capacidade psicomotora alterada em razão da influência de álcool ou substância psicoativa	88
14.8.2 Desvalor da ação e desvalor do resultado nos crimes culposos de trânsito	90
15. A multa reparatória no Código de Trânsito Brasileiro	93
16. Majorantes do crime de homicídio	96
16.1 Majorante para o homicídio culposo (§ 4º, 1ª parte)	97
16.1.1 Natureza da omissão de socorro no homicídio culposo: omissão própria ou omissão imprópria	99
16.2 Homicídio doloso contra menor de 14 anos ou maior de 60 anos (§ 4º, 2ª parte)	101
16.3 Homicídio doloso praticado por milícia privada	102
16.4 Majorantes no feminicídio	103
17. Isenção de pena ou perdão judicial: natureza jurídica	103
18. Homicídio e *aberratio ictus*	105
19. Inexigibilidade de outra conduta: coação irresistível e obediência hierárquica	106
20. Crime impossível ou tentativa inidônea	110
21. Pena e ação penal	111

CAPÍTULO III | FEMINICÍDIO: CRIME DISCRIMINATÓRIO POR RAZÕES DE GÊNERO

1. Considerações preliminares	114
2. Impropriedade terminológica: "feminicídio"	116
3. Algumas alterações significativas operadas pela Lei n. 14.344, de 25 de maio de 2022	117
3.1 Homicídio qualificado: vítima menor de 14 anos de idade (inciso IX do § 2º-B)	118
4. Algumas alterações significativas operadas pela Lei n. 14.994/2024.	120
5. Matar alguém: feminicídio ou homicídio	121
5.1 Elementos caracterizadores do feminicídio	122
5.1.1 Violência doméstica e familiar	123
5.1.2 Menosprezo ou discriminação da mulher	124
5.2 Sujeitos ativo e passivo	124
5.2.1 Sujeito ativo	124
5.2.2 Sujeito passivo	124
6. Majorantes ou causas especiais de aumentos	127

XI

6.1	Durante a gestação ou nos três meses posteriores ao parto ou se a vítima é a mãe ou a responsável por criança, adolescente ou pessoa com deficiência de qualquer idade	128
6.2	Contra pessoa menor de 14 anos e maior de 60, com deficiência ou portadora de doenças degenerativas que acarretem condição limitante ou de vulnerabilidade física ou mental	129
6.3	Na presença física ou virtual de descendente ou de ascendente da vítima	130
6.4	Em descumprimento das medidas protetivas de urgência previstas nos incisos I, II e III do *caput* do art. 22 da Lei n. 11.340, de 7 de agosto de 2006	131
6.5	Nas circunstâncias previstas nos incisos III, IV e VIII do § 2º do art. 121 deste Código.	131
7. Ação penal pública incondicionada e penas aplicáveis		132
7.1	Ação penal pública subsidiária	132

CAPÍTULO IV | HOMICÍDIO CULPOSO NA DIREÇÃO DE VEÍCULO AUTOMOTOR

1. Considerações preliminares		134
2. Bem jurídico tutelado		135
3. Desvalor da ação e desvalor do resultado nos crimes culposos de trânsito		137
4. Sujeitos ativo e passivo		142
5. Tipo objetivo: adequação típica		143
5.1	Estrutura típica do crime culposo	145
6. Tipo subjetivo: adequação típica		148
6.1	Dolo eventual e culpa consciente	150
6.2	Concorrência e compensação de culpas	153
7. Homicídio culposo de trânsito qualificado		153
7.1	Se o agente conduz veículo automotor sob a influência de álcool ou de qualquer outra substância psicoativa que determine dependência	155
7.2	Semelhanças e dessemelhanças das locuções "sob influência de bebida alcoólica" e com capacidade psicomotora alterada pela influência de álcool	156
8. Concurso de pessoas em homicídio culposo		157
9. Majorantes do crime de homicídio culposo na direção de veículo automotor		159
9.1	Ausência de permissão para dirigir ou de carteira de habilitação	159
9.2	Homicídio culposo praticado em faixa de pedestres ou na calçada .	160
9.3	Omissão de socorro à vítima do acidente	161
9.4	Homicídio culposo praticado por motorista profissional na direção de veículo de transporte de passageiros	163

10. Conflito de normas mais que aparente: revogado § 2º do art. 302 e art. 308, § 2º 163
11. Consumação e tentativa 165
12. Classificação doutrinária 165
13. Aplicabilidade do perdão judicial 166
14. (In)suficiência da substituição da pena de prisão no homicídio culposo de trânsito 167
    14.1 *Modus operandi*: sem violência ou grave ameaça à pessoa (art. 44, I, do CP) — desvalor da ação e do resultado 171
    14.2 Desvalor da ação e desvalor do resultado como objetos de valoração do injusto culpável 172
    14.3 Valoração (negativa) das circunstâncias do crime: omissão da sentença 175
15. Penas e ação penal 178

CAPÍTULO V | INDUZIMENTO, INSTIGAÇÃO OU AUXÍLIO A SUICÍDIO E À AUTOMUTILAÇÃO

1. Considerações preliminares 181
2. Bem jurídico tutelado 183
3. Natureza jurídica da morte e das lesões corporais de natureza grave 184
4. Sujeitos ativo e passivo 186
5. Tipo objetivo: adequação típica 188
    5.1 Prestação de auxílio mediante omissão 190
6. Tipo subjetivo: adequação típica 191
7. Consumação e tentativa de auxílio ao suicídio ou à automutilação 192
    7.1 *Nomen iuris* e estrutura do tipo penal 193
    7.2 Crime material: plurissubsistente 194
    7.3 Espécie de tentativa 195
8. Classificação doutrinária 197
9. Causas de aumento de pena e transformação da imputação 197
    9.1 Duplicação da pena em razão da motivação, da menoridade ou diminuição da capacidade de resistência (§ 3º) 198
    9.2 A pena é aumentada até o dobro se a conduta for realizada por meio da rede de computadores, de rede social ou transmitida em tempo real (§ 4º) 201
    9.3 A pena é aumentada em metade se o agente for líder ou coordenador de grupo ou de rede virtual (§ 5º) 202
    9.4 A infeliz transformação de um crime tentado em outro consumado mais grave 203
    9.5 A vulnerabilidade absoluta da vítima converte suicídio e automutilação em homicídio 205

  9.5.1 Abrangência do conceito de vulnerabilidade e da violência implícita 206
 9.6 Autoria mediata e a teoria do domínio do fato 207
10. Questões especiais 209
11. Pena e ação penal 212

CAPÍTULO VI | INFANTICÍDIO

1. Considerações preliminares 214
2. Bem jurídico tutelado 215
3. Sujeitos ativo e passivo 215
4. O estado puerperal como elementar normativa 216
5. Elemento normativo temporal 218
6. Tipo objetivo: adequação típica 219
7. Tipo subjetivo: adequação típica 220
8. Consumação e tentativa 222
9. Concurso de pessoas no *delictum exceptum* 222
10. Classificação doutrinária 227
11. Pena e ação penal 227

CAPÍTULO VII | ABORTO

1. Considerações preliminares 229
2. Bem jurídico tutelado 230
3. Sujeitos ativo e passivo 231
4. Tipo objetivo: adequação típica 231
5. Espécies de aborto criminoso 232
 5.1 Aborto provocado pela gestante ou com seu consentimento 232
  5.1.1 Aborto "consentido" e teoria monística da ação 233
 5.2 Aborto provocado sem consentimento da gestante 234
 5.3 Aborto provocado com consentimento da gestante 235
6. Tipo subjetivo: adequação típica 235
7. Consumação e tentativa 236
8. Classificação doutrinária 237
9. Figuras majoradas de aborto 237
10. Excludentes especiais da ilicitude: aborto necessário e aborto humanitário ... 238
 10.1 Aborto necessário ou terapêutico 239
 10.2 Aborto humanitário ou ético 240
 10.3 Aborto necessário ou humanitário praticados por enfermeira 240
 10.4 Aborto ético-humanitário – um caso concreto 242
  10.4.1 Contextualização dos fatos 242
  10.4.2 Aborto humanitário, ético ou sentimental 242

10.4.3 Da neutralidade do exame técnico-jurídico dessa modalidade de aborto 243
10.4.4 Inexigibilidade de conduta diversa: ausência de fundamento para censura social.. 245
11. Aborto anencefálico: respeito à dignidade humana da gestante............... 248
11.1 Inexigibilidade de conduta diversa: ausência de fundamento para censura social 256
12. Ação penal e sanção penal 260

CAPÍTULO VIII | LESÃO CORPORAL

1. Considerações preliminares.. 263
2. Bem jurídico tutelado... 263
3. Sujeitos ativo e passivo 264
4. Autolesão: impunível 264
5. Tipo objetivo: adequação típica 265
6. Lesão corporal leve e princípio da insignificância 266
7. Tipo subjetivo: adequação típica 267
8. Consumação e tentativa 268
9. Classificação doutrinária 269
10. Lesão corporal leve ou simples.. 269
11. Lesão corporal preterdolosa: previsão legal 269
12. Lesão corporal grave.. 271
   12.1 Incapacidade para as ocupações habituais, por mais de 30 dias..... 271
       12.1.1 Exame complementar: validade.. 272
   12.2 Perigo de vida 273
   12.3 Debilidade permanente de membro, sentido ou função................ 273
   12.4 Aceleração de parto 274
13. Lesão corporal gravíssima... 274
   13.1 Incapacidade permanente para o trabalho 275
   13.2 Enfermidade incurável 275
   13.3 Perda ou inutilização de membro, sentido ou função................... 276
   13.4 Deformidade permanente 277
   13.5 Aborto 278
14. Lesão corporal seguida de morte... 278
15. Lesões majoradas.. 279
   15.1 Lesão corporal praticada por milícia privada............................... 279
   15.2 Lesão corporal dolosa contra policiais e familiares 280
16. Figuras privilegiadas 281
   16.1 Lesões corporais privilegiadas: obrigatoriedade da redução de pena.. 284

17. Lesão corporal culposa 284
18. Isenção de pena ou perdão judicial 285
19. Violência doméstica ou lesões corporais domésticas 285
    19.1 Considerações preliminares 286
    19.2 Violência doméstica: adequação típica 287
    19.3 Violência e lesão corporal: distinção 290
    19.4 Natureza da ação penal no crime de "violência doméstica" ... 292
    19.5 Descumprimento de medidas protetivas de urgência 294
        19.5.1 Bem jurídico tutelado 294
        19.5.2 Sujeitos do crime 294
        19.5.3 Tipo objetivo: adequação típica 294
        19.5.4 Tipo subjetivo: adequação típica 294
20. Pena e ação penal 295

CAPÍTULO IX | LESÃO CORPORAL CULPOSA NO TRÂNSITO

1. Considerações preliminares 297
2. Bem jurídico tutelado 298
3. Sujeitos ativo e passivo 299
4. Tipo objetivo: adequação típica 299
5. Elementos estruturais da lesão corporal culposa 302
6. Causas especiais de aumento de pena na lesão corporal culposa ... 302
    6.1 Ausência de permissão para dirigir ou de carteira de habilitação 303
    6.2 Lesão corporal culposa praticada em faixa de pedestres ou na calçada 304
    6.3 Omissão de socorro à vítima do acidente 304
    6.4 Lesão corporal culposa praticada por motorista profissional na direção de veículo de transporte de passageiros 306
7. Lesão corporal culposa qualificada 306
    7.1 Capacidade psicomotora alterada em razão da influência de álcool ou de outra substância psicoativa 308
    7.2 Que do crime resulte lesão corporal de natureza grave ou gravíssima ... 311
        7.2.1 Incapacidade para as ocupações habituais, por mais de 30 dias 311
        7.2.2 Perigo de vida 312
        7.2.3 Debilidade permanente de membro, sentido ou função ... 313
        7.2.4 Aceleração de parto 313
    7.3 Lesão corporal gravíssima 314
        7.3.1 Incapacidade permanente para o trabalho 314
        7.3.2 Enfermidade incurável 315
        7.3.3 Perda ou inutilização de membro, sentido ou função ... 316

      7.3.4 Deformidade permanente 317
      7.3.5 Aborto 317
8. Tipo subjetivo: adequação típica da lesão qualificada culposa 318
9. Consumação e tentativa 319
10. Classificação doutrinária 319
11. Aplicabilidade do perdão judicial 320
12. Pena e natureza da ação penal 320

CAPÍTULO X | PERIGO DE CONTÁGIO VENÉREO

1. Considerações preliminares 321
2. Bem jurídico tutelado 322
3. Sujeitos ativo e passivo 323
4. Tipo objetivo: adequação típica 324
    4.1 Tipo penal aberto e norma penal em branco 325
5. Tipo subjetivo: adequação típica 325
    5.1 Elementos normativos: "sabe" ou "deve saber" 326
      5.1.1 Postulados fundamentais das teorias do dolo e da culpabilidade 327
      5.1.2 Sentido e função das elementares "sabe" e "deve saber" na definição do crime de perigo de contágio venéreo 329
    5.2 Espécies de dolo: direto e eventual 331
      5.2.1 Dolo direto e eventual — "sabe" que está contaminado 332
      5.2.2 Dolo eventual — "deve saber" que está contaminado 333
      5.2.3 Qualificadora e elemento subjetivo especial do tipo 333
6. Consumação e tentativa 335
7. Crime impossível 335
8. Classificação doutrinária 336
9. Formas qualificadas 336
10. Concurso de crimes e princípio da subsidiariedade 336
11. Pena e ação penal 338

CAPÍTULO XI | PERIGO DE CONTÁGIO DE MOLÉSTIA GRAVE

1. Considerações preliminares 339
2. Bem jurídico tutelado 340
3. Sujeitos ativo e passivo 340
4. Tipo objetivo: adequação típica 340
5. Tipo subjetivo: adequação típica 342
    5.1 Dolo direto — elemento subjetivo geral 343
    5.2 Elemento subjetivo especial do tipo e dolo eventual 343

  5.2.1 Elemento subjetivo especial do tipo ou elemento subjetivo especial do injusto.. 344
  5.2.2 Delitos de intenção.. 345
6. Consumação e tentativa.. 346
7. Crime impossível.. 346
8. Erro de tipo e erro de proibição.. 346
9. Classificação doutrinária.. 347
10. Questões especiais.. 348
11. Pena e ação penal.. 349

CAPÍTULO XII | PERIGO PARA A VIDA OU SAÚDE DE OUTREM

1. Considerações preliminares.. 350
2. Bem jurídico tutelado.. 352
3. Sujeitos ativo e passivo.. 352
4. Tipo objetivo: adequação típica.. 353
  4.1 Subsidiariedade típica.. 355
5. Tipo subjetivo: adequação típica.. 355
6. Exclusão do crime.. 356
7. Consumação e tentativa.. 356
8. Classificação doutrinária.. 357
9. Forma culposa.. 357
10. Figura majorada: transporte de pessoas para a prestação de serviços....... 358
11. Perigo para a vida ou saúde de outrem e porte ilegal de arma (Lei n. 10.826/2003).. 358
  11.1 Perigo para a vida ou saúde de outrem, disparo de arma de fogo e conflito aparente de normas.. 360
12. Pena e ação penal.. 364

CAPÍTULO XIII | ABANDONO DE INCAPAZ

1. Considerações preliminares.. 365
2. Bem jurídico tutelado.. 366
3. Sujeitos ativo e passivo.. 368
4. Tipo objetivo: adequação típica.. 370
  4.1 Abandono de incapaz e crimes omissivos impróprios: uma visão crítica.. 372
5. Tipo subjetivo: adequação típica.. 374
6. Consumação e tentativa.. 375
7. Classificação doutrinária.. 375
8. Formas qualificadas.. 376
  8.1 Majoração de pena.. 376

8.2 Causa de aumento assegurada pelo Estatuto da Pessoa Idosa: maior de 60 anos 377
9. Forma culposa 377
10. Pena e ação penal 378

CAPÍTULO XIV | EXPOSIÇÃO OU ABANDONO DE RECÉM-NASCIDO
1. Considerações preliminares 379
2. Bem jurídico tutelado 381
3. Sujeitos ativo e passivo 381
4. Tipo objetivo: adequação típica 384
5. Tipo subjetivo: adequação típica 386
6. Consumação e tentativa 386
7. Classificação doutrinária 387
8. Formas qualificadas 387
9. Forma culposa 388
10. Pena e ação penal 388

CAPÍTULO XV | OMISSÃO DE SOCORRO
1. Considerações preliminares 389
2. Bem jurídico tutelado 390
3. Sujeitos ativo e passivo 392
4. Crimes omissivos próprios 393
5. Tipo objetivo: adequação típica 394
   5.1 Elementares típicas: possibilidade e ausência de risco pessoal 395
6. Tipo subjetivo: adequação típica 397
7. Concurso de pessoas nos crimes omissivos 397
8. Consumação e tentativa 399
9. Classificação doutrinária 399
10. Figuras majoradas 400
   10.1 Figuras majoradas: relação de causalidade 400
11. Pena e ação penal 400

CAPÍTULO XVI | CONDICIONAMENTO DE ATENDIMENTO MÉDICO-HOSPITALAR EMERGENCIAL
1. Considerações preliminares 402
2. Bem jurídico tutelado 403
3. Sujeitos ativo e passivo 404
4. Tipo objetivo: adequação típica 404
5. Tipo subjetivo: adequação típica 406
6. Classificação doutrinária 406
7. Consumação e tentativa 406
8. Pena e ação penal 407

CAPÍTULO XVII | MAUS-TRATOS

1. Considerações preliminares 408
2. Bem jurídico tutelado 409
3. Sujeitos ativo e passivo 410
4. Elementar especial: relação subordinativa entre sujeitos ativo e passivo ... 410
5. Tipo objetivo: adequação típica 411
6. Tipo subjetivo: adequação típica 413
7. Consumação e tentativa 414
8. Classificação doutrinária 414
9. Formas qualificadas 414
   9.1 Figura majorada 415
10. Pena e ação penal 415

CAPÍTULO XVIII | RIXA

1. Considerações preliminares 416
2. Bem jurídico tutelado 417
3. Sujeitos ativo e passivo 418
4. Participantes da rixa 418
5. Tipo objetivo: adequação típica 420
6. Tipo subjetivo: adequação típica 420
7. Consumação e tentativa 421
8. Rixa e legítima defesa 421
9. Classificação doutrinária 422
10. Figuras qualificadas 422
11. Pena e ação penal 423

CAPÍTULO XIX | CALÚNIA

1. Considerações preliminares 425
2. Bem jurídico tutelado 425
   2.1 Consentimento do ofendido como excludente de tipicidade 426
3. Sujeitos ativo e passivo 427
   3.1 Crimes contra a honra e a pessoa jurídica como sujeito passivo 429
4. Tipo objetivo: adequação típica 430
   4.1 Imputar, falsamente, fato definido como crime 431
   4.2 Propalação da calúnia 432
5. Elemento normativo do tipo: falsamente 433
6. Calúnia contra os mortos 434
7. Tipo subjetivo: adequação típica 434
8. Semelhanças e dessemelhanças entre calúnia, difamação e injúria ... 435
9. Consumação e tentativa 437

10. Classificação doutrinária 437
11. Exceção da verdade 437
    11.1 Exceção da verdade e foro privilegiado: competência 439
12. Calúnia e imputação verdadeira de fato definido como crime: ausência da elementar "falsamente" 440
13. Calúnia e denunciação caluniosa: distinção 443
14. Crime de calúnia e exercício da advocacia: incompatibilidade 444
15. Pena e ação penal 445

CAPÍTULO XX | DIFAMAÇÃO

1. Considerações preliminares 447
2. Bem jurídico tutelado 447
3. Sujeitos ativo e passivo 448
4. Tipo objetivo: adequação típica 449
5. Tipo subjetivo: adequação típica 451
6. Consumação e tentativa 451
7. Classificação doutrinária 452
8. Figuras majoradas 452
9. Exceção da verdade 452
    9.1 Exceção da notoriedade 454
10. Pena e ação penal 455

CAPÍTULO XXI | INJÚRIA

1. Considerações preliminares 456
2. Bem jurídico tutelado 457
3. Sujeitos ativo e passivo 458
4. Tipo objetivo: adequação típica 459
5. Tipo subjetivo: adequação típica 460
6. Consumação e tentativa 461
7. Classificação doutrinária 462
8. Exceção da verdade: inadmissibilidade 462
9. Perdão judicial: direito público subjetivo 463
    9.1 Provocação reprovável e retorsão imediata 463
        9.1.1 Quando o ofendido, de forma reprovável, provoca diretamente a injúria 464
        9.1.2 No caso de retorsão imediata, que consista em outra injúria ... 465
    9.2 Compensação de injúrias 466
10. Injúria real contra injúria real, legítima defesa e provocação 466
11. Injúria real (qualificada) 467
    11.1 Injúria real: a elementar "violência" e lesões corporais — distinção ... 470

11.2 Injúria real e por preconceito; desvalor da ação e desvalor do resultado 471
12. Injúria racial, qualificada como injúria preconceituosa 472
    12.1 Elemento subjetivo especial da injúria preconceituosa 474
    12.2 Pena e ação penal da injúria preconceituosa 476
    12.3 Racismo estrutural e as alterações previstas pela Lei n. 14.532 de janeiro de 2023 477
        12.3.1 A injúria racial é crime imprescritível 478
        12.3.2 O Brasil foi o último País a abolir a escravidão africana 478
        12.3.3 Além de imprescritível a injúria racial como crime de racismo é inafiançável 479
13. Concurso de crimes e absorção 480
14. O necessário cotejamento entre os crimes de injúria majorada e desacato ... 480
15. Pena e ação penal 483

CAPÍTULO XXII | DISPOSIÇÕES COMUNS AOS CRIMES CONTRA A HONRA

1. Considerações preliminares 485
2. Formas majoradas dos crimes contra a honra 486
    2.1 Contra o presidente da República ou contra chefe de governo estrangeiro 486
    2.2 Contra funcionário público, em razão de suas funções 487
    2.3 Na presença de várias pessoas, ou por meio que facilite a divulgação da calúnia, da difamação ou da injúria 488
    2.4 Contra criança, adolescente, pessoa maior de 60 (sessenta) anos ou pessoa com deficiência, exceto na hipótese prevista no § 3º do art. 140 deste Código 489
    2.5 Mediante paga ou promessa de recompensa 490
    2.6 Redes sociais da rede mundial de computadores 490
    2.7 Contra a mulher por razões da condição do sexo feminino 490
3. Causas especiais de exclusão de crimes 491
    3.1 Natureza jurídica das excludentes especiais 491
    3.2 Excludentes especiais e elemento subjetivo 492
    3.3 Espécies de excludentes especiais 493
        3.3.1 Ofensa irrogada em juízo (I) — imunidade judiciária 494
            3.3.1.1 Limites subjetivos da imunidade judiciária 494
        3.3.2 Inviolabilidade profissional: em juízo ou fora dele 496
            3.3.2.1 No exercício da atividade: em juízo ou fora dele 498
        3.3.3 Crítica literária, artística ou científica (II) 498
        3.3.4 Conceito desfavorável emitido por funcionário público (III) 499

4. Retratação	500
4.1 Efeitos da retratação	501
4.2 Forma, conteúdo e momento processual da retratação	502
4.3 Retratação nos crimes de ação pública condicionada: possibilidade	503
5. Pedido de explicações em juízo: interpelação judicial	504
5.1 Competência para julgamento das explicações	505
6. Ação penal nos crimes contra a honra	506
6.1 Espécies de ação penal	506
6.1.1 Ação penal pública	506
6.1.2 Ação penal privada	507
6.2 Ação penal nos crimes de calúnia, difamação e injúria	509

CAPÍTULO XXIII | CONSTRANGIMENTO ILEGAL

1. Considerações preliminares	510
2. Bem jurídico tutelado	511
3. Sujeitos ativo e passivo	511
4. Tipo objetivo: adequação típica	512
4.1 Formas ou meios de execução	514
4.2 Crime de constrangimento ilegal e crime de tortura	517
5. Tipo subjetivo: adequação típica	518
6. Consumação e tentativa	518
7. Concurso com crimes praticados com violência	519
8. Classificação doutrinária	520
9. Formas majoradas (§1º)	520
10. Natureza subsidiária	522
11. Exclusão de tipicidade	523
12. Pena e ação penal	524

CAPÍTULO XXIV | INTIMIDAÇÃO SISTEMÁTICA (*BULLYING*)

1. Considerações preliminares	525
2. Bem jurídico tutelado	526
3. Sujeitos ativo e passivo	526
4. Tipo objetivo: adequação típica	527
5. Tipo subjetivo: adequação típica	527
6. Consumação e tentativa	528
7. Classificação doutrinária	528
8. Pena e ação penal	529

CAPÍTULO XXV | AMEAÇA

1. Considerações preliminares	530

2. Bem jurídico tutelado 531
3. Sujeitos ativo e passivo 531
4. Tipo objetivo: adequação típica 532
5. Tipo subjetivo: adequação típica 535
6. Consumação e tentativa 536
7. Classificação doutrinária 537
8. Natureza subsidiária 537
9. Pena e ação penal 537

CAPÍTULO XXVI | PERSEGUIÇÃO OBSESSIVA
1. Considerações preliminares 539
2. Bem jurídico tutelado 540
3. Sujeitos ativo e passivo do crime 541
4. Tipo objetivo: adequação típica 542
5. Tipo subjetivo: adequação típica 544
6. Consumação e tentativa 545
7. Classificação doutrinária 546
8. Natureza subsidiária 547
9. Modos ou formas de execução 547
10. Causas de aumento ou de majoração da pena 548
11. Pena e ação penal 549
    11.1 Cumulação de penas a aplicar 549

CAPÍTULO XXVII | VIOLÊNCIA PSICOLÓGICA CONTRA A MULHER
1. Considerações preliminares 551
2. Bem jurídico tutelado 552
3. Sujeitos ativo e passivo 554
4. O nome ou rubrica do crime não se confunde com sua tipificação 555
5. Tipo objetivo: adequação típica 555
    5.1 Meios de execução do crime de causar dano emocional e consequências materiais de sua realização 557
    5.2 Subsidiariedade típica 558
6. Dano emocional e princípio da insignificância 559
7. Tipo subjetivo do crime de dano emocional: adequação típica 561
8. Consumação e tentativa 561
9. Classificação doutrinária 563
10. Pena e ação penal 563

CAPÍTULO XXVIII | SEQUESTRO E CÁRCERE PRIVADO
1. Considerações preliminares 564
2. Bem jurídico tutelado 565

3. Sujeitos ativo e passivo 566
4. Tipo objetivo: adequação típica 566
5. Tipo subjetivo: adequação típica 568
6. Consumação e tentativa 568
7. Classificação doutrinária 569
8. Formas qualificadas 569
    8.1 Se a vítima é ascendente, descendente, cônjuge ou companheiro do agente ou maior de sessenta anos (§ 1º, I) 570
    8.2 Se o crime é praticado mediante internação da vítima em casa de saúde ou hospital (§ 1º, II) 571
    8.3 Se a privação da liberdade dura mais de quinze dias (§ 1º, III) 571
    8.4 Se o crime é praticado contra vítima menor de dezoito anos (§ 1º, IV)... 572
    8.5 Se o sequestro ou cárcere privado é praticado com finalidade libidinosa (§ 1º, V) 572
    8.6 Se resulta à vítima, em razão de maus-tratos ou da natureza da detenção, grave sofrimento físico ou moral (§ 2º) 572
9. Concurso entre os crimes de sequestro e de roubo 573
10. Pena e ação penal 574

CAPÍTULO XXIX | REDUÇÃO A CONDIÇÃO ANÁLOGA À DE ESCRAVO

1. Considerações preliminares 575
2. Bem jurídico tutelado 576
3. Sujeitos ativo e passivo 578
4. Tipo objetivo: adequação típica 578
5. Tipo subjetivo: adequação típica 580
6. Consumação e tentativa 581
7. Classificação doutrinária 581
8. Redução a condição análoga à de escravo e crimes afins 581
9. Pena e ação penal 582
10. As alterações procedidas pela Lei n. 10.803/2003 582
    10.1 Considerações preliminares 582
    10.2 As inovações conferidas pelo novo diploma legal 584
        10.2.1 Figuras assimiladas de redução a condição análoga à de escravo 586
    10.3 Causas especiais de aumento: as "neomajorantes" 586
    10.4 As novas sanções penais: pena de multa, além da correspondente à violência 587

CAPÍTULO XXX | TRÁFICO DE PESSOAS

1. Considerações preliminares 589
2. Bens jurídicos tutelados 591

2.1	Bem jurídico tutelado no crime de redução a condição análoga à de escravo	592
2.2	Bens jurídicos tutelados no crime de tráfico de pessoas para fins sexuais	592
3. Sujeitos ativo e passivo		593
4. Tipo objetivo: adequação típica		594
4.1	Elementares normativas da constituição típica	595
	4.1.1 Mediante grave ameaça	595
	4.1.2 Mediante violência	596
	4.1.3 Mediante coação	596
	4.1.4 Mediante fraude ou abuso	597
4.2	Elementares subjetivas do tipo penal — finalidades específicas	598
	4.2.1 Remover-lhe órgãos, tecidos ou partes do corpo	598
	4.2.2 Submetê-la a trabalho em condições análogas à de escravo ou a qualquer tipo de servidão	599
	4.2.3 Adoção ilegal	600
	4.2.4 Exploração sexual	602
5. Tipo subjetivo: adequação típica		603
6. Consumação e tentativa		605
7. Classificação doutrinária		605
8. Sanção penal, majorantes, minorante e ação penal		606

CAPÍTULO XXXI | VIOLAÇÃO DE DOMICÍLIO

1. Considerações preliminares		609
2. Bem jurídico tutelado		609
2.1	Definição jurídico-penal de "domicílio"	611
2.2	Definição jurídico-penal de "casa"	612
3. Sujeitos ativo e passivo		614
4. Tipo objetivo: adequação típica		615
4.1	Formas de entrada ou permanência: francas, astuciosas ou clandestinas	616
5. Tipo subjetivo: adequação típica		617
6. Consumação e tentativa		617
7. Classificação doutrinária		618
8. Formas qualificadas: tipos derivados		618
9. Formas majoradas: causas de aumento		621
10. Invasão de domicílio e conflito aparente de normas: subsidiariedade		624
11. Causas de exclusão da antijuridicidade		627
11.1	Excludentes especiais	628
11.2	"Novas" excludentes constitucionais	631

| 11.3 Excludentes gerais | 631 |
| 12. Pena e ação penal | 632 |

CAPÍTULO XXXII | VIOLAÇÃO DE CORRESPONDÊNCIA

1. Considerações preliminares	634
2. Bem jurídico tutelado	634
3. Sujeitos ativo e passivo	635
4. Tipo objetivo: adequação típica	636
4.1 Violação de correspondência	636
4.1.1 Elemento normativo do tipo: "indevidamente". Inconstitucionalidade das "exceções legais"	637
4.2 Apossamento de correspondência	638
4.3 Violação de comunicação telegráfica, radioelétrica ou telefônica	639
4.4 Interceptação de comunicação telefônica	640
4.5 Impedimento de comunicação ou conversação	641
4.6 Instalação ou utilização ilegal de estação ou aparelho radioelétrico	642
5. Tipo subjetivo: adequação típica	642
6. Consumação e tentativa	643
7. Classificação doutrinária	643
8. (I)legitimidade da devassa de correspondência pelo cônjuge do destinatário	643
9. Formas majoradas e qualificadas	644
10. Subsidiariedade	644
11. Exclusão de ilicitude	645
12. Pena e ação penal	645

CAPÍTULO XXXIII | CORRESPONDÊNCIA COMERCIAL

1. Considerações preliminares	647
2. Bem jurídico tutelado	647
3. Sujeitos ativo e passivo	648
4. Tipo objetivo: adequação típica	649
5. Tipo subjetivo: adequação típica	649
6. Consumação e tentativa	650
7. Classificação doutrinária	650
8. Pena e ação penal	650

CAPÍTULO XXXIV | DIVULGAÇÃO DE SEGREDO

1. Considerações preliminares	651
2. Bem jurídico tutelado	652
3. Sujeitos ativo e passivo	653
4. Tipo objetivo: adequação típica	654

  4.1 Definição de documento particular ou correspondência confidencial.... 654
  4.2 Elemento normativo do tipo: sem justa causa 656
  4.3 Natureza do segredo tutelado: tipo aberto 657
5. Tipo subjetivo: adequação típica... 657
6. Consumação e tentativa... 658
7. Classificação doutrinária 658
8. Nova figura penal acrescentada pela Lei n. 9.983/2000........................ 659
9. Pena e ação penal... 660

CAPÍTULO XXXV | VIOLAÇÃO DO SEGREDO PROFISSIONAL

1. Considerações preliminares... 661
2. Bem jurídico tutelado.. 661
3. Sujeitos ativo e passivo 662
4. Tipo objetivo: adequação típica 663
5. Tipo subjetivo: adequação típica... 664
6. Consumação e tentativa... 664
7. Elemento normativo da descrição típica: sem justa causa..................... 665
8. Classificação doutrinária 666
9. Pena e ação penal... 666

CAPÍTULO XXXVI | INVASÃO DE DISPOSITIVO INFORMÁTICO

1. Considerações preliminares... 668
2. Bem jurídico tutelado.. 669
3. Sujeitos ativo e passivo 670
4. Tipo objetivo: adequação típica 671
  4.1 Elementos subjetivos especiais do injusto.................................... 672
    4.1.1 Com o fim de obter, adulterar ou destruir dados ou informações sem autorização expressa ou tácita do usuário do dispositivo... 672
    4.1.2 Com o fim de instalar vulnerabilidades para obter vantagem ilícita 673
5. Eliminação do elemento normativo: mediante violação indevida de mecanismo de segurança 673
  5.1 Conteúdo de um dispositivo informático (§ 3º). Definição de documento particular 675
  5.2 Com o fim de obter, adulterar ou destruir dados ou informações sem autorização expressa ou tácita do titular do dispositivo 678
6. Figuras equiparadas: produção, oferta, distribuição, venda ou difusão de dispositivo ou programa de computador.. 678
  6.1 Com o intuito de permitir a prática da conduta definida no *caput*... 679

    6.2   Majorante aplicável somente às figuras descritas no *caput* e no § 1º: ocorrência de prejuízo econômico (§ 2º) 680
7. Figuras qualificadas: violação de comunicações eletrônicas privadas, segredo e informações sigilosas 680
    7.1   Obtenção de conteúdo de comunicações eletrônicas privadas 681
    7.2   Obtenção de segredos comerciais ou industriais 681
    7.3   Obtenção de informações sigilosas, assim definidas em lei............ 682
    7.4   Obtenção de controle remoto não autorizado do dispositivo invadido.... 682
8. Majorantes aplicáveis à figura qualificada constante do § 3º 683
    8.1   Se houver divulgação 683
    8.2   Se houver comercialização 684
    8.3   Se houver transmissão a terceiros 684
9. Tipo subjetivo: adequação típica............ 685
10. Consumação e tentativa............ 686
11. Classificação doutrinária 686
12. Pena e ação penal............ 687
    12.1   Penas 687
    12.2   Ação penal............ 688

Bibliografia 689

NOTA DO AUTOR À 20ª EDIÇÃO

Agradecemos a compreensão e agilidade da prestigiosa Editora Saraiva que, prontamente, suspendeu a impressão em curso para 2020 de nosso *Tratado de Direito Penal*, e nos concedeu o período natalino para que pudéssemos atualizar os cinco volumes, principalmente os três primeiros, que sofreram alterações significativas das Leis n. 13.964 e 13.968, ambas publicadas nos dias 24 e 26 de dezembro, respectivamente.

No primeiro volume trabalhamos o insignificante acréscimo relativo à legítima defesa de terceiros, que já existia no *caput* do art. 25; a definição do juiz de execução para executar a pena de multa considerada dívida de valor, como defendemos há décadas; o pequeno acréscimo nas condições do livramento condicional e o inconstitucional acréscimo do art. 91-A, que cria, sub-repticiamente, a inconstitucional "pena de confisco" travestida de "efeito da condenação". Examinamos, ainda, com mais profundidade as novas *causas suspensivas da prescrição* acrescidas no art. 116, que abordamos no capítulo da prescrição. No entanto, aprofundamos o exame das alterações acrescidas no art. 112 da LEP, sobre as quais sustentamos sua inconstitucionalidade porque, na nossa concepção, suprimem a possibilidade de "progressão nos crimes hediondos". Tecemos fundadas considerações sobre essa inconstitucionalidade, no capítulo da pena de prisão, que, certamente, acabará sendo declarada pelo STF, como já ocorreu relativamente à Lei n. 8.072 (que criou os crimes hediondos), no julgamento do HC 82.959.

No segundo volume, os acréscimos sugeridos pelo Projeto de Lei n. 13.964 nos arts. 121 e 141 foram vetados. No entanto, a Lei n. 13.968 alterou, profundamente, o art. 122 acrescentando ao estímulo ao suicídio a *automutilação*, redefinindo, inclusive, o crime anterior, com o acréscimo de vários parágrafos e incisos. Esse capítulo do volume segundo tivemos que reescrever por completo, com sérias críticas à elaboração do novo texto legal, principalmente por não ter sido criado um tipo penal autônomo dedicado exclusivamente à automutilação, que é, por certo, uma conduta extremamente grave e necessita de uma disciplina adequada para combater e reprimir um *modismo* que está se espalhando perigosamente entre a juventude, não apenas no Brasil, mas também no exterior.

No terceiro volume, com pequenas alterações, além da mudança da natureza da ação penal no crime de estelionato, houve, basicamente, o acréscimo de uma *causa especial de aumento* no crime de roubo, qual seja o *emprego de arma de uso restrito ou proibido*. No quarto volume, por sua vez, não houve alterações legais, mas fizemos as correções e ajustes de entendimentos, e, finalmente, no quinto volume, houve somente uma correção na pena do crime de concussão (art. 316), elevando a pena máxima para 12 anos, com o objetivo de adequá-la às penas aplicadas ao peculato e aos crimes de corrupção (ativa e passiva), considerados de mesma gravidade.

Assim, desejando um feliz Ano Novo a todos, encerramos nossas atualizações na noite de sábado, dia 4 de janeiro de 2020. Em breve os volumes atualizados do nosso *Tratado* estarão disponíveis nas principais livrarias e *e-commerces*.

Que Deus abençoe a todos nós!

Rio de Janeiro, 4 de janeiro de 2020.

O autor

NOTA DO AUTOR À 3ª EDIÇÃO

É com grande satisfação que trazemos a público a 3ª edição do segundo volume de nosso trabalho, que, a exemplo do primeiro, passa a denominar-se *Tratado de Direito Penal*, em razão de certa profundidade que achamos necessária para podermos imprimir alguma renovação conceitual, particularmente em relação à Parte Especial.

No início do novo século e do novo milênio, nosso país perde um de seus mais expressivos juristas, o saudoso Ministro Francisco de Assis Toledo, penalista invulgar, magistrado exemplar e responsável pela renovação do Direito Penal brasileiro na segunda metade do século XX, tendo presidido a Comissão da Reforma Penal de 1984. Até como forma de homenageá-lo, na abordagem da Parte Especial procuramos revigorar lições que o tempo não apagou e elaborar conceitos que o pensamento jurídico atual aprimorou, tentando adequar o tratamento dos crimes em espécie à "Nova Parte Geral" (Lei n. 7.209/84) do vetusto Código Penal de 1940. Em outros termos, tentamos fazer uma releitura dos velhos tipos penais de acordo com a atual dogmática e, particularmente, segundo os princípios que inspiraram a referida reforma empreendida pela Lei n. 7.209/84. Essa, enfim, é a razão fundamental da linha crítica que adotamos em nosso trabalho.

Por fim, atendendo à solicitação do meio acadêmico, incluímos o texto legal dos respectivos crimes analisados, objetivando facilitar a consulta de todos os operadores do Direito, que, assim, podem dispensar o acompanhamento de um exemplar do Código Penal.

As críticas, como sempre, além de bem-vindas, serão sempre recebidas como estímulo.

CRIMES CONTRA A PESSOA E RESPONSABILIDADE PENAL — I

Sumário: 1. Considerações introdutórias. 2. Princípio da reserva legal e Estado Democrático de Direito. 3. Responsabilidade penal da pessoa jurídica. 3.1. Antecedentes históricos. 3.1.1. O Direito Romano. 3.1.2. Os glosadores. 3.1.3. Os canonistas. 3.1.4. Os pós-glosadores. 3.2. Incompatibilidades dogmáticas da responsabilidade penal da pessoa jurídica. 3.2.1. Função do Direito Penal. 3.2.2. A (in)capacidade de ação da pessoa jurídica. 3.2.3. A (in)capacidade de culpabilidade das pessoas jurídicas. 3.3. Criminalidade moderna e Direito Administrativo sancionador. 3.4. Responsabilidade penal da pessoa jurídica à luz da Constituição Federal.

1. Considerações introdutórias

O Código Criminal do Império inaugurava a sua Parte Especial tipificando os crimes contra o Estado, enquanto organismo político-jurídico, e a encerrava com os crimes contra a pessoa. O Código Penal republicano de 1890 seguiu a mesma orientação, revelando os diplomas legais a preeminência do Estado sobre a pessoa.

Essa hierarquia de valores foi rompida, em boa hora, pelo Código Penal de 1940, cuja Parte Especial continua em vigor. Com efeito, o atual Código Penal inicia a Parte Especial tratando dos crimes contra a pessoa e a encerra com os crimes contra o Estado, colocando o ser humano como o epicentro do ordenamento jurídico, atribuindo à pessoa humana posição destacada na tutela que o Direito Penal pretende exercer.

Nosso Código Penal encontra-se dividido em duas Partes: Geral e Especial. Da Parte Geral nos ocupamos no 1º volume desta obra. Na Parte Especial reúne-se a grande maioria das figuras delitivas, embora não esgote a totalidade das condutas definidas como crimes, pois a chamada legislação extravagante ou complementar encarrega-se de disciplinar e tipificar outras figuras delituosas que, em tese, são exigidas pela modernidade.

A Parte Especial encontra-se dividida, por sua vez, em onze títulos, na seguinte ordem:

I — *Crimes contra a pessoa (arts. 121 a 154-B);*

II — *Crimes contra o patrimônio (arts. 155 a 183);*

III — *Crimes contra a propriedade imaterial (arts. 184 a 196);*

IV — *Crimes contra a organização do trabalho (arts. 197 a 207)*;
V — *Crimes contra o sentimento religioso e o respeito aos mortos (arts. 208 a 212)*;
VI — *Crimes contra a dignidade sexual (arts. 213 a 234-C)*;
VII — *Crimes contra a família (arts. 235 a 249)*;
VIII — *Crimes contra a incolumidade pública (arts. 250 a 285)*;
IX — *Crimes contra a paz pública (arts. 286 a 288-A)*;
X — *Crimes contra a fé pública (arts. 289 a 311-A)*;
XI — *Crimes contra a Administração Pública (arts. 312 a 359-H)*.

Neste volume ocupar-nos-emos somente do primeiro título, ou seja, *Dos crimes contra a pessoa*, que se divide nos seguintes capítulos: *I — Dos crimes contra a vida (arts. 121 a 128); II — Das lesões corporais (art. 129); III — Da periclitação da vida e da saúde (arts. 130 a 136); IV — Da rixa (art. 137); V — Dos crimes contra a honra (arts. 138 a 145); VI — Dos crimes contra a liberdade individual (arts. 146 a 154)*, que, por sua vez, subdivide-se em quatro seções: *Dos crimes contra a liberdade pessoal (arts. 146 a 149); Dos crimes contra a inviolabilidade do domicílio (art. 150); Dos crimes contra a inviolabilidade de correspondência (arts. 151 e 152); Dos crimes contra a inviolabilidade dos segredos (arts. 153 a 154-B)*.

A numeração dos capítulos do livro não segue a do Código Penal, apesar de possuírem o mesmo conteúdo, pois este, de regra, reúne alguns crimes em cada capítulo, ao contrário do critério metodológico que adotamos. Preferimos atribuir um capítulo para cada crime e, eventualmente, um capítulo para determinadas disposições especiais, como ocorre com o primeiro ou com as disposições específicas dos crimes contra a honra. No entanto, examinamos cada crime na mesma sequência em que é regulado pelo Código Penal, procurando facilitar a consulta do leitor.

O ordenamento jurídico-penal brasileiro protege a pessoa humana desde a sua concepção, isto é, antes mesmo do seu nascimento. Embora, em princípio, se imagine que a proteção jurídico-penal da pessoa exclua a pessoa jurídica, em inúmeras circunstâncias esta pode ser sujeito passivo de infrações penais, e, modernamente, ganha espaço a corrente que sustenta a viabilidade dogmática de a pessoa jurídica figurar também como sujeito ativo de crime. Assim, em razão da importância, atualidade e complexidade do tema, dedicamos-lhe um tópico específico para melhor examiná-lo.

2. Princípio da reserva legal e Estado Democrático de Direito

O *princípio da legalidade* ou da reserva legal constitui uma *efetiva* limitação ao poder punitivo estatal. Embora seja hoje um princípio fundamental do Direito Penal, seu reconhecimento envolve um longo processo, com avanços e recuos, não passando, muitas vezes, de simples "fachada formal" de determinados Estados. Feuerbach, no início do século XIX, consagrou o *princípio da reserva legal* por meio da fórmula latina *nullum crimen, nulla poena sine lege*. O princípio da reserva legal é um imperativo que não admite desvios nem exceções e representa uma conquista da consciência jurídica que obedece a exigências de justiça, o que somente os regimes totalitários têm negado.

Claus Roxin afirma que "uma lei indeterminada ou imprecisa e, por isso mesmo, pouco clara não pode proteger o cidadão da arbitrariedade, porque não implica uma autolimitação do *ius puniendi* estatal ao qual se possa recorrer. Ademais, contraria o princípio da divisão dos poderes, porque permite ao juiz realizar a interpretação que quiser, invadindo, dessa forma, a esfera do legislativo"[1].

Não se desconhece que, por sua própria natureza, a ciência jurídica admite certo grau de *indeterminação*, uma vez que, como regra, todos os termos utilizados pelo legislador admitem várias interpretações. O tema ganha proporções alarmantes quando se utilizam excessivamente "conceitos que necessitam de complementação valorativa", isto é, não descrevem efetivamente a *conduta proibida*, requerendo do magistrado um juízo valorativo para complementar a descrição típica, com graves violações à segurança jurídica e ao princípio da reserva legal. Não se desconhece, no entanto, que o legislador não pode abandonar por completo os *conceitos valorativos*, expostos como *cláusulas gerais*, os quais permitem, de certa forma, melhor adequação da norma de proibição ao comportamento efetivado. Na verdade, o problema são os extremos, isto é, ou a proibição total da utilização de conceitos normativos gerais ou o exagerado uso dessas cláusulas gerais valorativas, que não descrevem com precisão as condutas proibidas. Sugere-se que se busque um meio-termo que permita a proteção dos bens jurídicos relevantes contra aquelas condutas tidas como gravemente censuráveis, de um lado, e o uso equilibrado das ditas *cláusulas gerais* valorativas, de outro, além do que a *indeterminação* será inconstitucional.

Vários critérios, arrolados por Claus Roxin[2], são propostos para encontrar esse equilíbrio, como, por exemplo: 1º) segundo o *Tribunal Constitucional Federal* alemão, a exigência de determinação legal aumentaria junto com a quantidade de pena prevista para o tipo penal (como se a legalidade fosse necessária somente para os delitos mais graves), e a consagração pela jurisprudência de uma lei indeterminada atenderia ao mandamento constitucional (ferindo o princípio constitucional da divisão dos Poderes e da garantia individual); 2º) haverá inconstitucionalidade quando o legislador, dispondo da possibilidade de uma redação legal mais precisa, não a adotar. Embora seja um critério razoável, ignora que nem toda previsão legal menos feliz pode ser tachada de inconstitucional, além de incitar a indesejada ampliação da punibilidade, violando o princípio da *ultima ratio*; 3º) o *princípio da ponderação*, segundo o qual os *conceitos necessitados de complementação valorativa* serão admissíveis se *os interesses* em uma justa solução do caso concreto forem *preponderantes* em relação ao *interesse da segurança jurídica*. Este critério é objetável porque relativiza o princípio da legalidade. Os pontos de vista da justiça e da necessidade de pena devem ser considerados dentro dos limites da reserva legal, sob pena de estar-se renunciando ao princípio da determinação em favor das concepções judiciais sobre a justiça. Enfim, todos esses critérios sugeridos

---

1. Claus Roxin, *Derecho Penal*; Parte General: fundamentos. La estructura de la teoría del delito, p. 169.
2. Claus Roxin, *Derecho Penal*, p. 172.

são insuficientes para disciplinar os limites da permissão do uso de *conceitos necessitados de complementação por meio de juízos valorativos*, sem violar o princípio constitucional da legalidade.

Claus Roxin[3] sugere que a solução correta deverá ser encontrada por intermédio dos "princípios da interpretação em Direito Penal", pois, segundo esses princípios, "um preceito penal será suficientemente preciso e determinado se e na medida em que do mesmo se possa deduzir um claro fim de proteção do legislador e que, com segurança, o teor literal siga marcando os limites de uma extensão arbitrária da interpretação". No entanto, a despeito de tudo, os textos legais e até constitucionais continuam abusando do uso excessivo de expressões valorativas, dificultando, quando não violando, o próprio *princípio da reserva legal*.

Por fim, precisa-se ter presente que o *princípio da reserva legal* não se limita à tipificação de crimes, estendendo-se às *consequências jurídicas destes*, especialmente à pena e à medida de segurança, ou o cidadão não terá como saber quais são as consequências que poderão atingi-lo. Por isso, afirma Roxin[4], "a doutrina exige, em geral com razão, no mínimo, a fixação da modalidade de pena", caso contrário se esbarra exatamente nessa *indeterminação* da classe ou modalidade de pena, *não oferecendo garantia suficiente em face da arbitrariedade*. Essa falta de garantia e certeza sobre a natureza, espécie ou quantidade da sanção penal caracteriza a mais flagrante inconstitucionalidade!

3. Responsabilidade penal da pessoa jurídica

No pórtico deste livro, que se dedica à ousada e árdua tarefa de começar a examinar os crimes em espécie do Código Penal, pareceu-nos conveniente examinar, em primeiro plano, a responsabilidade da pessoa jurídica à luz da atual Constituição Federal, que se abre para essa possibilidade, na medida em que, sem impô-la, não a repele; ao contrário, deixa, prudentemente, ao sabor da evolução da dogmática jurídica, atenta à globalização e aos modernos movimentos jurídicos que se intensificam em vários países sobre essa temática.

Duas correntes debatem há longo tempo a possibilidade de aplicar sanções penais às pessoas jurídicas: nos países filiados ao sistema *romano-germânico*, que representam a esmagadora maioria, vige o princípio *societas delinquere non potest*, segundo o qual é inadmissível a punibilidade penal das pessoas jurídicas, aplicando-se-lhes somente a punibilidade administrativa ou civil; de outro lado, nos países anglo-saxões e naqueles que receberam suas influências, vige o princípio da *common law*, que admite a responsabilidade penal da pessoa jurídica. É bem verdade que essa orientação começa a conquistar espaço entre os países que adotam o sistema romano-germânico, como, por exemplo, a Holanda e, mais recentemente, a França, a partir da reforma de seu Código Penal de 1992, e a Dinamarca, a partir da reforma de seu Código Penal de 1996[5].

---

3. Claus Roxin, *Derecho Penal*, p. 172.
4. Claus Roxin, *Derecho Penal*, p. 174.
5. Silvina Bacigalupo, *La responsabilidad penal de las personas jurídicas*, Barcelona, Bosch, 1998, p. 30.

Embora o princípio *societas delinquere non potest* seja, historicamente, adotado na maioria dos países da Europa Continental e da América Latina, a outra corrente começa a ganhar grandes espaços nos debates dogmáticos de vários países, ante a dificuldade de punir eficazmente a chamada *criminalidade moderna*, na qual as pessoas jurídicas começam a exercer importante papel.

Os argumentos fundamentais para não se admitir a responsabilidade penal das pessoas jurídicas resumem-se, basicamente, à *incompatibilidade* da pessoa jurídica com os *institutos dogmáticos* da ação, da culpabilidade e da função e natureza da própria sanção penal. Há mais de um século se debate a incompatibilidade dos conceitos dogmáticos do Direito Penal com a natureza e essência da pessoa jurídica, culminando, inevitavelmente, na comparação entre pessoa física e pessoa jurídica.

Mas será esse o único critério, a *dessemelhança* entre os sujeitos — pessoa física e pessoa jurídica —, para um dia encontrar-se a solução necessária e indispensável dessa desinteligência secular?

3.1 *Antecedentes históricos*

Para melhor analisar a possibilidade de admitir a responsabilidade penal da pessoa jurídica, recomenda-se um pequeno retrospecto histórico das diversas concepções que esse tema mereceu nos diferentes estágios da história da civilização humana.

A evolução social e filosófica reflete-se no desenvolvimento dos conceitos dogmáticos do Direito. Essa evolução levou, no Direito Penal, ao reconhecimento exclusivo da responsabilidade individual. Contudo, para se entender e avaliar os fundamentos que deram origem a essa *responsabilidade individual* é fundamental que se conheçam os primórdios dessas elaborações.

3.1.1 O Direito Romano

Embora já existissem conjuntos de pessoas aos quais se reconheciam certos direitos subjetivos, o *Direito Romano*, em princípio, não conheceu a figura da *pessoa jurídica*. Distinguia-se perfeitamente entre os direitos e as obrigações da corporação — *universitas* — e os dos seus membros — *singuli*. Apesar de o conceito de *pessoa jurídica* ser desconhecido, nessa época, segundo Ulpiano, podia ser exercida a *actio de dolus malus* (a acusação) contra o município, que era a corporação mais importante. Quando o "coletor de impostos" fizesse cobranças indevidas, por exemplo, enganando os contribuintes e enriquecendo indevidamente a cidade, podia ser exercida a *actio de dolus malus* contra o município. Comprovada a (ir)responsabilidade dos "coletores", os habitantes da cidade deviam indenizar os contribuintes lesados (Digesto, 4, 3, 15, 1). A partir desse entendimento, os *romanistas* passaram a sustentar a existência da *capacidade delitiva das corporações* no Direito Romano.

A *distinção* entre os direitos e obrigações da *corporação* e dos seus membros foi, sem dúvida, uma das maiores contribuições ao estudo em exame. Em outros termos, o próprio Direito Romano já admitia, em certas circunstâncias, a *responsabilidade de uma corporação*, como era o caso do Município. Por outro lado, a distinção feita pelo Direito Romano entre a *universitas* e os *singuli* pode ser considerada como a raiz mais remota da importante evolução que esse instituto vai ter na Idade Média[6].

Enfim, as fontes do *Direito Romano* mostram não só a existência de responsabilidade delitiva de uma corporação como também as raízes da distinção entre *responsabilidade coletiva* e *responsabilidade individual*[7].

3.1.2 Os glosadores

No início da Idade Média, quando as *corporações* começam a desfrutar de maior importância, tanto na esfera econômica quanto na política, entra em pauta o debate sobre a *responsabilidade penal dessas instituições*. Os Estados começam a responder pelos excessos que cometiam contra a *ordem social*, especialmente em relação às cidades que estavam adquirindo sua independência. Hoje, a despeito de toda a sorte de abusos e desmandos que o Estado pratica contra o cidadão, não vemos os "representantes da sociedade" (Ministério Público, Defensoria Pública, Ombudsman etc.) saírem em defesa do cidadão lesado. Todos submetem-se à vontade soberana do leviatã, indistintamente.

Os glosadores, a exemplo do Direito Romano, não criaram uma teoria sobre a pessoa jurídica, que, na verdade, não existia nas fontes do Direito Romano. No entanto, embora os glosadores não tivessem conhecido um conceito de *pessoa jurídica*, não ignoraram a figura da *corporação*, entendida como *a soma e a unidade dos membros titulares de direitos*. Essas *corporações* podiam delinquir. Havia crime da corporação quando a totalidade de seus membros iniciava uma ação penalmente relevante *por meio de uma decisão conjunta*. Era indispensável, para configurar um crime conjunto da corporação, a existência de uma *ação corporativa*, decorrente de uma *decisão coletiva* dos membros da corporação. A ação realizada com base nas decisões tomadas por maioria era *equiparada* à ação decorrente de decisão da totalidade do conjunto. Fora dessas hipóteses, a responsabilidade pela ação era atribuída ao membro da corporação individualmente responsável, segundo os princípios da *imputação individual*. Constata-se que já nessa época os glosadores distinguiam a responsabilidade coletiva e a individual, apesar de reconhecerem a responsabilidade das instituições corporativas: qualquer de seus membros podia ser individualmente responsabilizado pelos atos que praticasse no seio da corporação.

Enfim, os glosadores sustentavam que a *universitas* era responsável por suas ações civil e penalmente. Para eles, os direitos da corporação eram ao mesmo tempo

---

6. Silvina Bacigalupo, *La responsabilidad penal de las personas jurídicas*, p. 44.
7. Apud Silvina Bacigalupo, *La responsabilidad penal*, p. 44.

direitos de seus membros. Os glosadores limitaram-se, na verdade, a reconhecer certos direitos à corporação e a admitir sua capacidade delitiva.

3.1.3 Os canonistas

A dificuldade prática em explicar o fenômeno real da *organização eclesiástica*, a partir da concepção dos glosadores, forçou os canonistas a elaborarem uma nova teoria que atendesse a essa *instituição*. Segundo a Igreja, os direitos não pertenciam à totalidade de seus fiéis, mas a Deus. Com fundamento nessa premissa, os *canonistas* começaram a elaborar um *conceito técnico-jurídico de pessoa jurídica*. Partiam da aceitação da capacidade jurídica da *universitas*, distinta da capacidade jurídica dos seus membros, e procuravam, assim, abranger todas as corporações e, especialmente, a Igreja, que seria a corporação mais importante. Nessa nova concepção, passou-se a sustentar que os titulares dos *direitos eclesiásticos* não eram os membros da comunidade religiosa, mas Deus, na figura de seu representante terrestre (Papa). Esse entendimento cristaliza o conceito de *instituição eclesiástica*, distinto do conceito de *corporação* adotado pelos glosadores, concebendo-a como pessoa sujeito de direito. Aparece aqui, pela primeira vez, a distinção entre o *conceito jurídico de pessoa* e *conceito real da pessoa* como ser humano, a pessoa natural. Esse rompimento da identificação entre a *corporação eclesiástica* e a pessoa como ser humano dá origem ao *conceito de pessoa jurídica*, que, por ficção, passa a ter *capacidade jurídica*.

Nessa linha de pensamento, o Papa Inocêncio IV, por razões eclesiásticas, sustentou que a *universitas* era *uma pessoa fictícia*, como um ser sem alma, e, por isso, não podia ser excomungada. Pelas mesmas razões, sustentava Inocêncio IV, a *universitas* também não tinha capacidade de ação, e, consequentemente, capacidade delitiva. Essa concepção de *pessoa ficta* foi adotada pelos decretos papais seguintes, consagrada no *Concilio de Lyon* (1245) e na coleção de decretos de Jorge IX[8]. Segundo Gierke e Binder, pode-se afirmar que esses canonistas foram os *pais espirituais* da moderna concepção de *corporação*. Indiscutivelmente esta teoria dos canonistas também traz em seu bojo a origem do dogma *societas delinquere non potest*[9]. Na verdade, a partir daqui a pessoa jurídica passa a ser considerada uma *pessoa ficta*, cujo entendimento chega até nossos dias. Constata-se do exposto que há grande semelhança entre a teoria elaborada pelos canonistas e a *teoria da ficção* do século XIX, que recebeu o conhecido polimento de Savigny.

Pode-se concluir, enfim, que os canonistas foram os primeiros a distinguir a corporação e seus membros, bem como a responsabilidade destes e daquela, que existiam paralelamente.

---

8. O. Gierke, *Das deutsche Genossenschaftsrecht*, t. 3, p. 245.
9. Silvina Bacigalupo, *La responsabilidad penal*, p. 49.

3.1.4 Os pós-glosadores

Os pós-glosadores aceitaram a definição dos canonistas, segundo a qual a *universitas* era uma *pessoa ficta*, que não se confundia com seus membros; no entanto, ao contrário dos canonistas, admitiram a possibilidade de ela praticar crimes. Nesse sentido, Bartolus (1314-1357) sustentava a capacidade delitiva da *universitas* como uma *fictio iuris* e distinguia os crimes da corporação em *próprios* e *impróprios*. *Delicta propia* seriam aquelas ações estritamente relacionadas com a *essência* e o *âmbito especial* dos "deveres da corporação". *Delicta impropia*, por sua vez, seriam aquelas ações que a corporação somente poderia realizar por intermédio de um representante. Pelos *delicta propia* responderia a corporação, e pelos *delicta impropia* responderiam as pessoas físicas que os praticaram, excluindo-se a *universitas* dessa responsabilidade. Constata-se que, a exemplo dos glosadores, os pós-glosadores distinguiam a responsabilidade individual da coletiva, mesmo em relação aos fatos praticados no seio das corporações (pessoas jurídicas ou sociedades).

Silvina Bacigalupo sintetiza, afirmando que "na Idade Média a responsabilidade penal das corporações (pessoas jurídicas) surge como uma necessidade exclusivamente prática da vida estatal e eclesiástica"[10], em razão, como já afirmamos, da importância político-econômica que referidas instituições haviam adquirido. Essa concepção perdurou até fins do século XVIII; apenas o *Direito Natural* afastou o *conteúdo espiritual* originário da *pessoa ficta* — que os canonistas lhe haviam atribuído —, dando-lhe um novo conteúdo e relacionando-a com a personalidade coletiva da corporação. As ideias do *Iluminismo* e do Direito Natural, no entanto, diminuíram o autoritarismo do Estado e das corporações, que haviam atingido seu auge no fim da Idade Média, assegurando um novo espaço ao indivíduo na ordem social. Essa nova *orientação, libertadora do indivíduo* das velhas e autoritárias relações medievais, implica, necessariamente, a recusa de qualquer *responsabilidade penal coletiva*. A responsabilidade coletiva é incompatível com a nova realidade de liberdade e de autodeterminação do indivíduo, que representam conquistas democráticas da Revolução Francesa. A mudança filosófica de concepção do indivíduo, do Estado e da sociedade conduz, necessariamente, à *responsabilidade individual*. Os autores, dentre os quais se destaca Malblanc[11], passaram a sustentar a impossibilidade de manter-se a teoria da responsabilidade penal da pessoa jurídica. Malblanc negava tanto a *capacidade delitiva* da pessoa jurídica como sua capacidade de entender a aplicação da pena.

A consagração do princípio *societas delinquere non potest*, ao contrário do que sustentam alguns autores de escol, não decorreu da importância da *teoria ficcionista* da pessoa jurídica de Savigny[12], que negava a capacidade de vontade e, por consequência, a capacidade delitiva da pessoa jurídica, na medida em que essa ficção não foi obstáculo

---

10. Silvina Bacigalupo, *La responsabilidad penal*, p. 53.
11. Malblanc, *Opuscula ad ius criminale spectantia*, Erlangen, 1793.
12. "O Direito Penal trata somente com pessoas como seres pensantes e com vontade. A pessoa jurídica não tem essas qualidades e, por isso, deve ficar excluída do âmbito do Direito Penal" (Savigny, *System des heutigen Römischen Rechts*, t. 2, p. 312).

aos glosadores e pós-glosadores, que admitiam a responsabilidade penal da pessoa jurídica. Na verdade, não foram razões jurídicas, mas conveniências políticas, que determinaram a desaparição da punibilidade das corporações, uma vez que estas perderam a importância e o poder que tinham na Idade Média. E, ainda, como destaca Bacigalupo[13], aliaram-se contra as corporações dois poderes antagônicos: o *absolutismo* dos príncipes e o *liberalismo* do Iluminismo. Assim, a monarquia absoluta suprimiu todo o poder daqueles que poderiam competir com o Estado, procurando eliminar as corporações ou, pelo menos, retirar-lhes o poder político e os direitos que detinham. O Iluminismo, por sua vez, admitia que as liberdades do indivíduo somente poderiam ser, dentro de determinados critérios, limitadas pelo Estado. Esse esvaziamento da importância e do poder político que as *corporações* desfrutavam na Idade Média *tornou desnecessária a responsabilidade penal* destas. A negação de responsabilidade, adotada de plano pela doutrina penal, foi igualmente recepcionada pelo próprio Feuerbach[14], que, segundo sustentava, mesmo com a deliberação unânime da corporação, seria impossível a responsabilidade penal, já que, nesse caso, não estariam atuando de acordo com a finalidade da associação, mas com finalidade distinta do seu desiderato.

3.2 Incompatibilidades dogmáticas da responsabilidade penal da pessoa jurídica

Considerando que o fator fundamental, como afirmamos acima, que tornou desnecessária a responsabilidade penal da pessoa jurídica (corporação) foi a perda de importância e do poder político que desfrutava na Idade Média, poderia ser invocado, na atualidade, na defesa do retorno de dita *responsabilidade penal coletiva*, exatamente o extraordinário poder e importância — dir-se-ia globalizados — que as corporações adquiriram a partir da segunda metade do século XX. Contudo esse aspecto seria verdadeiro, como demonstraremos adiante, não fosse outro fator muito mais relevante, no plano jurídico-científico, que inviabiliza o aspecto puramente pragmático, qual seja *a evolução científico-dogmática da teoria geral do delito* (culpabilidade, antijuridicidade e tipicidade), que não existia no final da Idade Média, pelo menos não com o mesmo acabamento científico-metodológico.

Enfim, o Direito Penal de outrora não é o mesmo Direito Penal de agora (a rima é proposital), como passaremos a demonstrar. A polêmica sobre a *responsabilidade penal* das pessoas jurídicas apresenta inúmeros problemas, dentre os quais se podem destacar, como principais, os seguintes: a) questões de política criminal; b) o problema da (in)capacidade de ação; c) a (in)capacidade de culpabilidade; d) o princípio da personalidade da pena; e) as espécies ou natureza das penas aplicáveis às pessoas jurídicas. Analisaremos, neste limitado ensaio, apenas algumas dessas questões, aquelas que nos parecem fundamentais no presente contexto.

---

13. Silvina Bacigalupo, *La responsabilidad penal*, p. 55.
14. Feuerbach, *Lehrbuch des gemeinen in Deutschland gultigen peinlichen Rechts*, 14. ed., Aalen, 1973, p. 52.

3.2.1 Função do Direito Penal

Segundo Welzel, o Direito Penal tem, basicamente, *as funções ético-social* e *preventiva*. A função ético-social é exercida por meio da proteção dos valores fundamentais da vida social, que deve configurar-se com a proteção de *bens jurídicos*. Os *bens jurídicos* são bens vitais da sociedade e do indivíduo, que merecem proteção legal exatamente em razão de sua significação social. O Direito Penal objetiva, assim, assegurar a validade dos *valores ético-sociais* positivos e, ao mesmo tempo, o reconhecimento e proteção desses valores, que, em outros termos, caracterizam o conteúdo *ético-social* positivo das normas jurídico-penais[15]. A soma dos bens jurídicos constitui, afinal, a *ordem social*. O valor ético-social de um bem jurídico, no entanto, não é determinado de forma isolada ou abstratamente; ao contrário, sua configuração será avaliada em relação à totalidade do ordenamento social. A função ético-social é inegavelmente a mais importante do Direito Penal, e, baseada nela, surge a sua segunda função, que é a *preventiva*.

Na verdade, o Direito Penal protege, dentro de sua função ético-social, o comportamento humano daquela maioria capaz de manter uma mínima vinculação ético-social, que participa da construção positiva da vida em sociedade por meio da família, escola e trabalho. O Direito Penal funciona, num primeiro plano, garantindo a segurança e a estabilidade do juízo ético-social da comunidade, e, em um segundo plano, reage, diante do caso concreto, contra a violação ao ordenamento jurídico-social com a imposição da pena correspondente. Orienta-se o Direito Penal segundo a escala de valores da vida em sociedade, destacando aquelas ações que contrariam essa escala social, definindo-as como comportamentos desvaliosos, apresentando, assim, os limites da liberdade do indivíduo na vida comunitária. A violação desses limites, quando adequada aos princípios da tipicidade e da culpabilidade, acarretará a responsabilidade penal do agente. Essa consequência jurídico-penal da infração ao ordenamento produz como resultado ulterior o *efeito preventivo* do Direito Penal, que caracteriza a sua segunda função.

Enfim, o Direito Penal tem como objetivo a proteção dos valores ético-sociais da ordem social, que necessariamente devem ser representados e identificados por bens jurídicos especificamente protegidos. Na verdade, a função principal do Direito Penal, para Welzel, é a *função ético-social*, e a *função preventiva* surge como consequência lógica daquela.

3.2.2 A (in)capacidade de ação da pessoa jurídica

A doutrina dominante, ainda hoje, entende que a *pessoa jurídica* não tem *capacidade de ação*, e todas as *atividades* relativas a ela são realizadas por pessoas físicas, mesmo na qualidade de membros de seus conselhos diretivos[16]. A *incapacidade de*

---

15. Welzel, *Derecho Penal alemán*, p. 11-2.
16. Jescheck, *Tratado de Derecho Penal*; Parte General, trad. da 4. ed. de 1988, de José Luis Manzanares Samaniago, Granada, Ed. Comares, 1993, p. 205: "As pessoas jurídicas e as associações sem personalidade podem atuar somente através dos seus órgãos, razão pela qual elas próprias não podem ser punidas".

ação da pessoa jurídica não decorre do *conceito de ação* que se adote — causal, social ou final —, mas da *absoluta falta de capacidade natural de ação*. O Direito Penal atual estabelece que o único sujeito com *capacidade de ação* é o indivíduo. Tanto para o *conceito causal* quanto para o *conceito final de ação* o essencial é o *ato de vontade*. *Ação, segundo a concepção causalista*, é o movimento corporal voluntário que causa modificação no mundo exterior. A *manifestação de vontade*, o *resultado* e a *relação de causalidade* são os três elementos do conceito de ação.

Para Welzel[17], "ação humana é exercício de atividade final. A ação é, portanto, um acontecer '*final*' e não puramente '*causal*'. A '*finalidade*' ou o caráter final da ação baseia-se em que o homem, graças a seu saber causal, pode prever, dentro de certos limites, as consequências possíveis de sua conduta. Em razão de seu saber causal prévio pode dirigir os diferentes atos de sua atividade de tal forma que oriente o acontecer causal exterior a um fim e assim o determine finalmente". "A atividade final — prossegue Welzel — é uma atividade dirigida conscientemente em função do fim, enquanto o acontecer causal não está dirigido em função do fim, mas é a resultante causal da constelação de causas existentes em cada caso. A finalidade é, por isso — dito graficamente — '*vidente*' e a causalidade é '*cega*'"[18]. Em sentido semelhante, Maurach afirmava que "uma ação em sentido jurídico-penal é uma conduta humana socialmente relevante, dominada ou dominável por uma vontade final e dirigida a um resultado"[19].

Enfim, *a ação*, como primeiro elemento estrutural do crime, é o comportamento humano voluntário conscientemente dirigido a um fim. A ação compõe-se de um comportamento exterior, de conteúdo *psicológico*, que é *vontade* dirigida a um fim, da *representação* ou antecipação mental do resultado pretendido, da escolha dos meios e da consideração dos efeitos concomitantes ou necessários e do *movimento corporal* dirigido ao fim proposto. Como sustentar que a *pessoa jurídica*, um ente abstrato, uma ficção normativa, destituída de *sentidos* e *impulsos*, possa ter *vontade* e *consciência*? Como poderia uma *abstração jurídica* ter "representação" ou "antecipação mental" das consequências de sua "ação"?

Por ser o crime uma *ação humana*, somente o ser vivo, nascido de mulher, pode ser autor de crime, embora em tempos remotos tivessem sido condenados, como autores de crimes, animais, cadáveres e até estátuas[20]. A *conduta* (ação ou omissão) é produto exclusivo do homem. Juarez Tavares, seguindo essa linha, afirma que: "A *vontade* eleva-se, pois, à condição de '*espinha dorsal da ação*'. Sem *vontade* não há ação, pois o homem não é capaz nem de cogitar de seus objetivos, se não se lhe reconhece o poder concreto de prever os limites de sua atuação"[21]. René Ariel Dotti

---

17. Welzel, *Derecho Penal alemán*, p. 5; *El nuevo sistema*, p. 25.
18. Welzel, *El nuevo sistema*, p. 25.
19. Maurach e Zipf, *Derecho Penal*, p. 265 e 269.
20. João José Leal, *Curso de Direito Penal,* Porto Alegre, Sérgio A. Fabris Editor, 1991, p. 147. In: Cezar Roberto Bitencourt, *Tratado de Direito Penal* — Parte Geral, 25. ed., São Paulo, Saraiva, 2019, p. 314.
21. Juarez Tavares, *Teorias do delito*, São Paulo, Revista dos Tribunais, 1980, p. 59.

destaca, com muita propriedade, que "O conceito de ação como *'atividade humana conscientemente dirigida a um fim'* vem sendo tranquilamente aceito pela doutrina brasileira, o que implica no *poder de decisão pessoal* entre fazer ou não fazer alguma coisa, ou seja, num atributo inerente às pessoas naturais"[22]. Com efeito, a *capacidade de ação* e de *culpabilidade* exige a presença de uma *vontade*, entendida como *faculdade psíquica* da pessoa individual, que somente o ser humano pode ter.

O *dolo*, elemento essencial da *ação final*, compõe o *tipo subjetivo*. Pela sua definição, constata-se que o *dolo* é constituído por dois elementos: um *cognitivo*, que é o conhecimento do fato constitutivo da ação típica; e um *volitivo*, que é a vontade de realizá-la. O primeiro elemento, o *conhecimento*, é pressuposto do segundo, que é a *vontade*, que não pode existir sem aquele. Para a configuração do dolo exige-se a *consciência* daquilo que se pretende praticar. Essa *consciência* deve ser *atual*, isto é, deve estar presente no momento da ação, quando ela está sendo realizada. A *previsão*, isto é, a *consciência*, deve abranger correta e completamente todos os elementos essenciais do tipo, sejam eles descritivos, normativos ou subjetivos. Quando o *movimento corporal* do agente não for orientado pela *consciência* e *vontade* não se poderá falar em *ação*. Em termos jurídico-penais, *consciência*, na lição de Zaffaroni[23], "é o resultado da atividade das funções mentais. Não se trata de uma faculdade do psiquismo humano, mas do resultado do funcionamento de todas elas". Quando essas *funções mentais* não funcionam adequadamente se diz que há *estado de inconsciência*, que é incompatível com a *vontade*, e sem vontade não há ação.

A *vontade*, por sua vez, deve abranger a ação, o resultado e o nexo causal. A *vontade* pressupõe a *previsão*, isto é, a representação, na medida em que é impossível querer conscientemente senão aquilo que se previu ou *representou* na nossa mente, pelo menos, parcialmente. A *previsão* sem *vontade* é algo completamente inexpressivo, indiferente ao Direito Penal, e a vontade sem representação, isto é, sem previsão, é absolutamente impossível. Para Welzel, a *vontade* é a espinha dorsal da ação final, considerando que a *finalidade* baseia-se na *capacidade de vontade* de prever, dentro de certos limites, as consequências de sua intervenção no curso causal e de dirigi-la, por conseguinte, conforme um plano, à consecução de um fim. Sem a *vontade*, que dirige o suceder causal externo, convertendo-o em uma ação dirigida finalisticamente, a *ação* ficaria destruída em sua estrutura e seria rebaixada a um *processo causal* cego. A *vontade final*, sustentava Welzel[24], como fator que configura *objetivamente* o acontecer real, pertence, por isso, à ação. Como se poderá pensar em ação sem *vontade* ou sem *consciência*, ou, pior, sem ambas? Por mais benevolente e compreensivo que se possa ser, será impossível admitir que a *pessoa jurídica*

---

22. René Ariel Dotti, A incapacidade criminal da pessoa jurídica, *Revista Brasileira de Ciências Criminais*, IBCCrim, n. 11 (jul./set. 1995), p. 191.
23. Zaffaroni, *Manual de Derecho Penal*, p. 363.
24. Welzel, *El nuevo sistema*, p. 26.

seja dotada de *vontade* e de *consciência* "pessoais". À evidência que esses dois atributos — consciência e vontade — são típicos da *pessoa natural*, que não se confunde com a abstração da *pessoa jurídica*!

Na verdade, os *elementos subjetivos* que compõem a estrutura do tipo penal assumem transcendental importância na definição da conduta típica. É por meio do *animus agendi* que se consegue identificar e qualificar a *atividade comportamental* do agente. Somente conhecendo e identificando a intenção — *vontade* e *consciência* — do agente se poderá classificar um comportamento como típico. Especialmente quando a figura típica exige também, para a corrente tradicional, o *dolo específico*, ou seja, o *especial fim de agir*, pois esses elementos subjetivos especiais do tipo não podem ser caracterizados nas atividades passíveis de serem executadas por uma pessoa jurídica.

Enfim, sem esses dois elementos — *consciência* e *vontade* —, exclusivos da *pessoa natural*, é impossível falar, tecnicamente, em *ação*, que é o primeiro elemento estrutural do crime. A menos que se pretenda destruir o Direito Penal e partir, assumidamente, para a *responsabilidade objetiva*. Mas para isso — adoção da responsabilidade objetiva — não é preciso suprimir essa conquista histórica da civilização contemporânea, o Direito Penal, como meio de controle social formalizado, na medida em que existem tantos outros ramos do Direito com menores exigências garantistas e que podem ser muito mais eficazes e funcionais que o Direito Penal, dispondo de um arsenal de sanções avassaladoras da pessoa jurídica, algumas até extremistas, como, por exemplo, a decretação da *extinção da corporação*, que, em outros termos, equivaleria à *pena de morte* da empresa, algo inadmissível no âmbito do Direito Penal da culpabilidade.

3.2.3 A (in)capacidade de culpabilidade das pessoas jurídicas

Segundo Welzel[25], "o Direito Penal não parte da *tese indeterminista* de que a decisão de cometer o delito proceda inteiramente, ou parcialmente, de uma vontade livre e não do concurso da disposição do mundo circundante; parte do conhecimento antropológico de que o homem, como ser determinado à responsabilidade, está existencialmente em condições de dirigir finalmente (conforme ao sentido) a dependência causal dos impulsos. A culpabilidade não é um ato de livre autodeterminação, mas precisamente a falta de uma decisão conforme ao sentido em um sujeito responsável". A culpabilidade é a *reprovabilidade* do fato antijurídico individual, e o que se reprova "é a resolução de vontade antijurídica em relação ao fato individual"[26]. De certo modo, o *conteúdo material da culpabilidade finalista* tem como base *a capacidade de livre autodeterminação* de acordo com o sentido do autor, ou, em

---

25. Welzel, *El nuevo sistema*, p. 93-4.
26. Welzel, *El nuevo sistema*, p. 100.

outros termos, *o poder ou a faculdade de atuar de modo distinto de como atuou*. Disso depende, pois, a *capacidade de culpabilidade ou imputabilidade*.

Depois de fazer algumas considerações sobre os problemas na determinação da *capacidade de culpabilidade*, Welzel argumenta que a *culpabilidade individual* não é mais que a concretização da *capacidade de culpabilidade* em relação ao ato concreto, de tal forma que a *reprovabilidade* encontra sua base "nos mesmos elementos concretos cuja concorrência em caráter geral constitui a *capacidade de culpabilidade*. Isto é, o autor tem de conhecer o *injusto* ou, pelo menos, tem de poder conhecê-lo e, igualmente, poder decidir-se por uma conduta conforme ao Direito em virtude desse conhecimento (real ou potencial). A *culpabilidade concreta* (reprovabilidade) está, pois, constituída (paralelamente à capacidade geral de culpabilidade) por elementos intelectuais e voluntários"[27].

A culpabilidade tem, por sua vez, como seus elementos constitutivos a *imputabilidade*, a *potencial consciência da ilicitude* e a *exigibilidade de conduta diversa*. "*Imputabilidade*" é a capacidade de culpabilidade[28], é a aptidão para ser culpável. A *capacidade de culpabilidade* apresenta dois momentos específicos: um *cognoscitivo ou intelectual* e outro *volitivo ou de vontade*, isto é, a *capacidade de compreensão* do injusto e a *determinação da vontade* conforme essa compreensão. Deve-se ter presente, no entanto, que somente os dois momentos conjuntamente constituem, pois, a *capacidade de culpabilidade*. Como afirma Muñoz Conde[29], "quem carece desta capacidade, por não ter maturidade suficiente, ou por sofrer de graves alterações psíquicas, não pode ser declarado culpado e, por conseguinte, não pode ser responsável penalmente pelos seus atos, por mais que sejam típicos e antijurídicos". Assim, sem a *imputabilidade* entende-se que o sujeito carece de liberdade e de *faculdade* para comportar-se de outro modo, com o que não é capaz de culpabilidade, sendo, portanto, inculpável. Pode-se afirmar, de uma forma genérica, que estará presente a *imputabilidade*, segundo o Direito Penal brasileiro, toda vez que o agente apresentar *condições de normalidade* e *maturidade psíquica*. "Maturidade" e "alterações psíquicas" são atributos exclusivos da *pessoa natural*, e, por consequência, impossível serem trasladados para a *pessoa fictícia*. Enfim, a pessoa jurídica carece de "maturidade e higidez mental", logo, é "inimputável".

Como se poderá exigir que uma empresa comercial ou industrial possa formar a "*consciência da ilicitude*" da atividade que, por intermédio de seus diretores ou prepostos, desenvolverá? Nessas circunstâncias, nem seria razoável formular um *juízo de reprovabilidade* em razão da "conduta" de referida empresa que, por exemplo, contrarie a ordem jurídica.

---

27. Welzel, *El nuevo sistema*, p. 100-1.
28. Welzel, *Derecho Penal alemán*, p. 216.
29. Muñoz Conde, *Teoria geral do delito*, p. 137.

Por fim, o terceiro elemento da culpabilidade, que é a *"exigibilidade de obediência ao Direito"*. Embora esse elemento, em tese, possa ser exigido da pessoa jurídica, esbarra no *caráter sequencial* dos demais, uma vez que a *exigibilidade de obediência ao direito* pressupõe tratar-se de *agente imputável* e de estar configurada a *potencial consciência da ilicitude*, que, como já referido, é impossível no caso da pessoa jurídica. Assim, ausentes os dois primeiros elementos — *imputabilidade* e *consciência da ilicitude*—, será impossível a caracterização do terceiro — *exigibilidade de conduta conforme ao Direito* —, que configura a possibilidade concreta do autor — capaz de culpabilidade — de poder adotar sua decisão de acordo com o conhecimento do injusto. E, por derradeiro, a falta de qualquer dos três elementos examinados impedirá que se configure a culpabilidade, e sem culpabilidade não se admitirá, na seara do Direito Penal, a aplicação de pena, já que *nullum crimen, nulla poena sine* culpabilidade.

3.3 Criminalidade moderna e Direito Administrativo sancionador

Fala-se abundantemente em "criminalidade moderna", que abrangeria a *criminalidade ambiental internacional, criminalidade industrial, tráfico internacional de drogas, comércio internacional de detritos*, na qual se incluiria a *delinquência econômica* ou criminalidade de "colarinho branco". Essa dita "criminalidade moderna" tem uma dinâmica estrutural e uma capacidade de produção de efeitos incomensuráveis, que o *Direito Penal clássico* não consegue atingir, diante da dificuldade de definir bens jurídicos, de individualizar culpabilidade e pena, de *apurar* a responsabilidade individual ou mesmo de admitir a presunção de inocência e o *in dubio pro reo*.

Como sentencia Hassemer[30], "nestas áreas, espera-se a intervenção imediata do Direito Penal, não apenas depois que se tenha verificado a inadequação de outros meios de controle não penais. O venerável princípio da subsidiariedade ou a *ultima ratio* do Direito Penal é simplesmente cancelado, para dar lugar a um Direito Penal visto como *sola ratio* ou *prima ratio* na solução social de conflitos: a resposta penal surge para as pessoas responsáveis por estas áreas cada vez mais frequentemente como a primeira, senão a única saída para controlar os problemas". Para combater a "criminalidade moderna" o *Direito Penal da culpabilidade* seria absolutamente inoperante, e alguns dos seus princípios fundamentais estariam completamente superados. Nessa criminalidade moderna, é necessário orientar-se pelo perigo em vez do dano, pois quando o dano surgir será tarde demais para qualquer medida estatal. A sociedade precisa dispor de meios eficientes e rápidos que possam reagir ao simples perigo, ao risco, deve ser sensível a qualquer mudança que possa desenvolver-se e transformar-se em problemas transcendentais. Nesse campo, o Direito tem de organizar-se preventivamente. É fundamental que se aja no nascedouro, preventivamente, e não representativamente. Nesse aspecto os bens coletivos são mais importantes que os bens individuais; é fundamental a *prevenção*, porque a *repressão* vem tarde demais.

---

30. Hassemer, *Três temas*, p. 48.

Na criminalidade moderna, inclui-se particularmente a *delinquência econômica*, com destaque especial aos crimes praticados por meio das *pessoas jurídicas*. Nesse tipo de criminalidade, as instituições, as organizações empresariais não agem individualmente, mas em grupo, realizando a *exemplar divisão de trabalho* de que fala Jescheck[31]. Normalmente, as decisões são tomadas por diretoria, de regra por maioria. Assim, a decisão criminosa não é individual, como ocorre na criminalidade de massa, mas coletiva, embora, por razões estatutárias, haja adesão da maioria vencida. E mais: punindo um ou outro membro da organização, esta continuará sua atividade, lícita ou ilícita, por intermédio dos demais.

Sem endossar a nova doutrina do Direito Penal funcional, mas reconhecendo a necessidade de um combate mais eficaz em relação à *criminalidade moderna*, Hassemer[32] sugere a criação de um novo Direito, ao qual denomina *Direito de Intervenção*, que seria um meio-termo entre o Direito Penal e o Direito Administrativo, que não aplique as pesadas sanções de Direito Penal, especialmente a pena privativa de liberdade, mas que seja eficaz e possa ter, ao mesmo tempo, garantias menores que as do Direito Penal tradicional.

Não se questiona a necessidade de o Direito Penal manter-se ligado às mudanças sociais, respondendo adequadamente às interrogações de hoje, sem retroceder ao dogmatismo hermético de ontem. Quando a sua intervenção se *justificar* deve responder eficazmente. *A questão decisiva, porém, será: de quanto de sua tradição e de suas garantias o Direito Penal deverá abrir mão a fim de* manter *essa atualidade?* Nessa linha de raciocínio, e respondendo à nossa interrogação, Muñoz Conde, referindo-se ao Projeto de Código Penal espanhol de 1994, a respeito da necessidade de eventual criminalização, recomenda: "se no entanto for necessário criar algum novo tipo penal, faça-se, porém, nunca se perca de vista a identificação de um bem jurídico determinado e a tipificação do comportamento que possa afetá-lo, com uma técnica legislativa que permita a incriminação penal somente de comportamento doloso ou, excepcionalmente, modalidade culposa que lesione efetivamente ou, pelo menos, coloque em perigo concreto o bem jurídico previamente identificado"[33].

---

31. Jescheck, *Tratado de Derecho Penal*, p. 937; Hans Welzel, *Derecho Penal alemán*, Santiago, Editorial Jurídica de Chile, 1987, p. 155.
32. Hassemer, *Três temas*, p. 59 e 95: "Há muitas razões para se supor que os problemas 'modernos' de nossa sociedade causarão o surgimento e desenvolvimento de um *Direito interventivo* correspondentemente 'moderno' na zona fronteiriça entre o Direito administrativo, o Direito Penal e a responsabilidade civil pelos atos ilícitos. Certamente terá em conta as leis do mercado e as possibilidades de um sutil controle estatal, sem problemas de imputação, sem pressupostos de culpabilidade, sem um processo meticuloso, mas, então, também, sem a imposição de penas criminais".
33. Muñoz Conde, Principios políticos criminales que inspiran el tratamiento de los delitos contra el orden socioeconómico en el Proyecto de Código Penal español de 1994, *Revista Brasileira de Ciências Criminais*, número especial, n. 11, 1995, p. 11.

Para a proteção da chamada "ordem econômica estrita" — assim entendida aquela dirigida ou fiscalizada diretamente pelo Estado —, foram criados os crimes fiscais, crimes monetários, crimes de contrabando, crimes de concorrência desleal, os chamados crimes falimentares. Mais recentemente, surgiram novas figuras delitivas, como, por exemplo, grandes estelionatos, falsidades ideológicas, crimes contra as relações de consumo, monopólios irregulares, os escândalos financeiros e mesmo as grandes falências, com prejuízos incalculáveis. É inegável que para a prevenção e repressão de infrações dessa natureza se justifica a utilização de graves sanções, inclusive privativas de liberdade.

No entanto, é preciso cautela para não se fazer tábula rasa, violando, inclusive, os princípios da *intervenção mínima*, da culpabilidade, do bem jurídico definido e do devido processo legal, entre outros. Não se pode igualmente esquecer que a pena privativa de liberdade também deve obedecer à *ultima ratio*, recorrendo-se a ela somente quando não houver outra forma de sancionar eficazmente.

3.4 *Responsabilidade penal da pessoa jurídica à luz da Constituição Federal*

Como já afirmamos, os autores contemporâneos mantêm, majoritariamente, o entendimento contrário à *responsabilidade penal da pessoa jurídica*. Maurach já sustentava a incapacidade penal das pessoas jurídicas, afirmando que "... o reconhecimento da capacidade penal de ação da pessoa jurídica conduziria a consequências insustentáveis. Isso já era assim, segundo o conceito tradicional de ação. Inobstante, uma concepção similar seria inaceitável de acordo com os critérios do finalismo, os quais distanciam o conceito de ação do mero *provocar* um resultado penalmente relevante e apresentam a ação de modo incomparavelmente mais forte, como um produto original do indivíduo, isto é, do homem em particular. Mesmo a partir de uma perspectiva mais *realista*, não é possível equiparar a vontade da 'associação' com a vontade humana, na qual se apoia a ação"[34]. Nessa linha de raciocínio, conclui Maurach, a *incapacidade penal de ação da pessoa jurídica* decorre da essência da *associação* e da própria *ação*.

Seguindo a mesma orientação, Jescheck enfatiza que "as pessoas jurídicas e as associações sem personalidade somente podem atuar através de seus órgãos, razão pela qual elas próprias não podem ser punidas. Frente a elas carece, ademais, de sentido a *desaprovação ético-social* inerente à pena, visto que a reprovação de culpabilidade somente pode ser formulada a pessoas individualmente responsáveis, e não perante membros de uma sociedade que não participaram do fato nem perante uma massa patrimonial"[35].

Contudo, todos esses aspectos dogmáticos não impediram que o legislador espanhol passasse a adotar uma espécie *sui generis* de *imputação de responsabilidade*

---
34. Reinhart Maurach e Heinz Zipf, *Derecho Penal*, Buenos Aires, Ed. Astrea, 1994, v. 1, p. 238.
35. H. H. Jescheck, *Tratado de Derecho Penal*, Barcelona, Bosch, 1981, p. 300.

penal às pessoas jurídicas (art. 31 *bis* do CPE, introduzido pela LO n. 5/2010). Segundo esse novo dispositivo do Código Penal espanhol, a *responsabilidade penal da pessoa jurídica* não está fundamentada na *capacidade de ação*, porque aquela não a tem, mas pela prática de determinados crimes (aqueles que o legislador especifica taxativamente no Código Penal), por pessoas físicas, que atuam em nome e em benefício da pessoa jurídica. Segundo Muñoz Conde, é necessário constatar os seguintes requisitos: "em primeiro lugar, o crime deve ser cometido por uma pessoa física vinculada à pessoa jurídica, que se encontre em uma destas duas situações: a) ser representante, administrador de fato ou de direito, ou empregado com faculdade para obrigar a pessoa jurídica, ou b) ser empregado submetido à autoridade dos anteriores e cometer o delito porque aqueles não exerceram o devido controle sobre as atividades do agente. Em segundo lugar, o crime deve ser cometido *em nome ou por conta* da pessoa jurídica, e, ademais, em seu proveito, o que constitui a base da imputação. Estão excluídos, consequentemente, os *crimes individuais* desvinculados da atividade da pessoa jurídica, ou cometidos em benefício próprio ou de terceiros"[36].

Para significativo setor da doutrina espanhola, trata-se de um "*novo* Direito Penal", construído para as pessoas jurídicas, distinguindo-se, por conseguinte, dos critérios utilizados para as pessoas físicas. Na realidade, essa construção do legislador espanhol não passa de um grotesco simulacro de direito, por que de direito penal não se trata, na medida em que adota responsabilidade por fato de outrem. De plano, constata-se que essa previsão legal espanhola afronta toda a estrutura da dogmática penal, especialmente de um *direito penal da culpabilidade*, que se pauta pela responsabilidade penal subjetiva e individual. Trata-se, na verdade, de uma *engenhosa construção ficcionista* do legislador espanhol, capaz de fazer inveja aos maiores ilusionistas da pós-modernidade, negando toda a histórica evolução dogmática/garantista de um *direito penal da culpabilidade*, que não abre mão da responsabilidade penal subjetiva. Na verdade, o legislador espanhol criou uma espécie de *responsabilidade penal delegada* (*v.g.*, a revogada Lei de Imprensa, pelo STF), isto é, pura ficção, incompatível com as categorias sistemáticas da teoria do delito, bem como aos moldes de autêntica *responsabilidade penal objetiva*.

Com efeito, o legislador espanhol adota uma *presunção objetiva de responsabilidade penal*, satisfazendo-se com a simples *realização de um injusto típico como fundamento da pena*, o que é incompatível com a atual concepção tripartida do delito, como conduta típica, antijurídica *e culpável*. Com efeito, com a reforma introduzida no Código Penal espanhol, abre-se a possibilidade de imputar a prática de um crime, com a correspondente imposição de pena, sem que seja necessário indagar sobre a concreta posição individual daquele que teria infringido as normas penais, ou seja, sem valorar as circunstâncias de imputabilidade e exigibilidade. Dito de outra forma, o legislador espanhol está desprezando, com essa previsão legal, o *atributo da culpabilidade*, que outra coisa não é senão a adoção de *autêntica responsabilidade penal objetiva*.

---

36. Muñoz Conde, *Derecho Penal. Parte Especial*, Valencia, Tirant lo Blanch, 2010, p. 630.

Surpreendentemente, Muñoz Conde, revelando certa complacência, faz o seguinte comentário: "no caso das pessoas jurídicas, a diferenciação entre injusto e culpabilidade não é tão nítida como no caso das pessoas físicas", porque "para as pessoas jurídicas é exigível uma posição comum e igual frente ao ordenamento jurídico, sem que pareça aplicável aos entes coletivos uma concreta valoração de suas circunstâncias 'pessoais' e 'individuais' que são atributo e exigência dos seres humanos"[37]. No entanto, para tranquilidade de todos, Muñoz Conde, assim como Mir Puig, não compartilham dessa orientação retrógrada e equivocada do legislador espanhol, cuja evolução exige a atenção de todos os *experts* no universo abrangido pelo sistema jurídico romano/germânico.

No Brasil, a *obscura previsão* do art. 225, § 3º, da Constituição Federal, relativamente ao *meio ambiente*, tem levado alguns penalistas a sustentar, *equivocadamente*, que a Carta Magna consagrou a *responsabilidade penal da pessoa jurídica*. No entanto, a *responsabilidade penal* ainda se encontra limitada à *responsabilidade subjetiva* e individual[38]. Nesse sentido manifesta-se René Ariel Dotti, afirmando que, "no sistema jurídico positivo brasileiro, a responsabilidade penal é atribuída, exclusivamente, às pessoas físicas. Os crimes ou delitos e as contravenções não podem ser praticados pelas pessoas jurídicas, posto que a *imputabilidade* jurídico-penal é uma qualidade inerente aos seres humanos"[39]. A *conduta* (ação ou omissão), pedra angular da Teoria Geral do Crime, é produto essencialmente do homem. A doutrina, quase à unanimidade, repudia a hipótese de a conduta ser atribuída à pessoa jurídica. No mesmo sentido também é o entendimento atual de Muñoz Conde, para quem a capacidade de ação, de culpabilidade e de pena exige a presença de uma *vontade*, entendida como *faculdade psíquica da pessoa individual*, que não existe na pessoa jurídica, mero *ente fictício* ao qual o Direito atribui capacidade para outros fins distintos dos penais[40].

Para combater a tese de que a atual Constituição consagrou a responsabilidade penal da pessoa jurídica, trazemos à colação o disposto no seu art. 173, § 5º, que, ao regular a *Ordem Econômica e Financeira*, dispõe: "A lei, sem prejuízo da *responsabilidade individual dos dirigentes* da pessoa jurídica, *estabelecerá a res-*

---

37. Muñoz Conde e García Arán, *Derecho Penal*, 8. ed., 2010, p. 631.
38. Para aprofundar o exame sobre a responsabilidade penal da pessoa jurídica ver Luiz Regis Prado, Responsabilidade penal da pessoa jurídica: modelo francês, *Boletim do IBCCrim*, n. 46, set. 1996; Crime ambiental: responsabilidade penal da pessoa jurídica? *Boletim do IBCCrim*, n. 65, 1998; Ataídes Kist, *Responsabilidade penal da pessoa jurídica*, São Paulo, Led Editora, 1999; Sérgio Salomão Shecaira, *Responsabilidade penal da pessoa jurídica*, São Paulo, Revista dos Tribunais, 1998; Luiz Flávio Gomes (org.), *Responsabilidade penal da pessoa jurídica e medidas provisórias em matéria penal*, São Paulo, Revista dos Tribunais, 1999.
39. René Ariel Dotti, A incapacidade criminal da pessoa jurídica, *Revista Brasileira de Ciências Criminais*, n. 11, p. 201, 1995.
40. Muñoz Conde e García Arán, *Derecho Penal*, 3. ed., Valencia, 1996, p. 236.

ponsabilidade desta, sujeitando-a *às punições compatíveis com sua natureza*, nos atos praticados contra a ordem econômica e financeira e contra a economia em particular" (grifamos).

Dessa previsão podem-se tirar as seguintes conclusões: 1ª) a *responsabilidade pessoal* dos dirigentes não se confunde com a *responsabilidade da pessoa jurídica*; 2ª) a Constituição não dotou a pessoa jurídica de *responsabilidade penal*. Ao contrário, condicionou a sua *responsabilidade* à aplicação de sanções compatíveis com a sua natureza.

Enfim, a *responsabilidade penal continua a ser pessoal* (art. 5º, XLV). Por isso, quando se identificar e se puder *individualizar* quem são os *autores físicos* dos fatos praticados em nome de uma pessoa jurídica tidos como criminosos, aí sim deverão ser responsabilizados penalmente. Em não sendo assim, corremos o risco de ter de nos contentar com a pura *penalização formal das pessoas jurídicas*, que, ante a dificuldade probatória e operacional, esgotaria a real atividade judiciária, em mais uma comprovação da *função simbólica* do Direito Penal, pois, como denuncia Raúl Cervini[41], "a '*grande mídia*' incutiria na opinião pública a suficiência dessa satisfação básica aos seus anseios de Justiça, enquanto as pessoas físicas, verdadeiramente responsáveis, poderiam continuar tão impunes como sempre, atuando através de outras sociedades". Com efeito, ninguém pode ignorar que por trás de uma pessoa jurídica sempre há uma pessoa física, que utiliza aquela como simples "fachada", pura cobertura formal. Punir-se-ia a *aparência formal* e deixar-se-ia a *realidade* livremente operando encoberta em outra *fantasia*, uma nova pessoa jurídica, com novo CGC, em outro endereço, com nova razão social etc.

Mas isso não quer dizer que o ordenamento jurídico, no seu conjunto, deva permanecer impassível diante dos abusos que se cometam, mesmo por meio de *pessoa jurídica*. Assim, além da sanção efetiva aos *autores físicos* das condutas tipificadas (que podem facilmente ser substituídos), devem-se punir severamente também e, particularmente, as *pessoas jurídicas*, com sanções próprias a esse gênero de *entes morais*. A experiência dolorosa nos tem demonstrado a necessidade dessa punição. Klaus Tiedemann relaciona cinco modelos diferentes de punir as pessoas jurídicas, quais sejam: "responsabilidade civil", "medidas de segurança", "sanções administrativas", "verdadeira responsabilidade criminal" e, finalmente, "medidas mistas". Essas medidas mistas, não necessariamente penais, Tiedemann[42] exemplifica com: a) dissolução da pessoa jurídica (uma espécie de pena de morte); b) *corporation's probation* (imposição de condições e intervenção no funcionamento da empresa); c) a imposição de um administra-

---

41. Raúl Cervini, Macrocriminalidad económica — apuntes para una aproximación metodológica, *Revista Brasileira de Ciências Criminais*, n. 11, p. 77, 1995.
42. Klaus Tiedemann, Responsabilidad penal de personas jurídicas y empresas en derecho comparado, *Revista Brasileira de Ciências Criminais*, número especial, 1995.

dor etc. E, em relação às medidas de segurança, relaciona o "confisco" e o "fechamento do estabelecimento". No mesmo sentido conclui Muñoz Conde[43]: "concordo que o atual Direito Penal disponha de um arsenal de meios específicos de reação e controle jurídico-penal das pessoas jurídicas. Claro que estes meios devem ser adequados à própria natureza destas entidades. Não se pode falar de penas privativas de liberdade, mas de sanções pecuniárias; não se pode falar de inabilitações, mas sim de suspensão de atividades ou de dissolução de atividades, ou de intervenção pelo Estado. Não há, pois, por que se alarmar tanto, nem rasgar as próprias vestes quando se fale de responsabilidade das pessoas jurídicas: basta simplesmente ter consciência de que unicamente se deve escolher a via adequada para evitar os abusos que possam ser realizados".

Mereceria uma análise especial a desajeitada, inadequada e equivocada Lei n. 9.605/98, que, além de criminalizar condutas lesivas ao meio ambiente, pretende disciplinar a responsabilidade penal da pessoa jurídica; no entanto, não dispomos de espaço suficiente para tanto neste capítulo. Pode-se concluir, no entanto, com a afirmação de Silvina Bacigalupo, que "a simples introdução no ordenamento jurídico de uma norma prevendo a responsabilidade penal da pessoa jurídica não será solução, enquanto não se determinar previamente os pressupostos de dita responsabilidade"[44]. O reconhecimento da pessoa jurídica como destinatária da norma penal supõe, antes de tudo, a aceitação dos princípios de imputação penal, como fez, por exemplo, o atual Código Penal francês de 1992, em seu art. 121, ao introduzir a responsabilidade penal da pessoa jurídica. Com efeito, a recepção legal deve ser a culminação de todo um processo, onde devem estar muito claros os pressupostos de aceitação da pessoa jurídica como sujeito de Direito Penal e os respectivos pressupostos dessa imputação, para não se consagrar uma indesejável responsabilidade objetiva. Desafortunadamente, não houve, em nosso ordenamento jurídico, aquela prévia preparação que, como acabamos de afirmar, fez o ordenamento jurídico francês.

Concluindo, como tivemos oportunidade de afirmar, "o Direito Penal não pode — a nenhum título e sob nenhum pretexto — abrir mão das conquistas históricas consubstanciadas nasd suas garantias fundamentais. Por outro lado, não estamos convencidos de que o Direito Penal, que se fundamenta na culpabilidade, seja instrumento eficiente para combater a *moderna criminalidade* e, particularmente, a *delinquência econômica*"[45]. Por isso, a sugestão de Hassemer[46]

---

43. Muñoz Conde, Principios políticos criminales..., *Revista* cit., p. 16.
44. Bacigalupo, *La responsabilidad penal*, p. 151.
45. Cezar Roberto Bitencourt, *Juizados Especiais Criminais e alternativas à pena de prisão*, 3. ed., Porto Alegre, Livr. do Advogado Ed., 1997, p. 48.
46. Winfried Hassemer, *Três temas de Direito Penal*, Porto Alegre, publicação da Escola Superior do Ministério Público, 1993, p. 59 e 95.

de criar um novo Direito, ao qual denomina *Direito de intervenção*, que seria um meio-termo entre Direito Penal e Direito Administrativo, que não aplique as pesadas sanções do Direito Penal, especialmente a pena privativa de liberdade, mas que seja eficaz e possa ter, ao mesmo tempo, garantias menores que as do Direito Penal tradicional, para combater a *criminalidade coletiva*, merece, no mínimo, uma profunda reflexão.

HOMICÍDIO II

Sumário: 1. Considerações preliminares. 2. Bem jurídico tutelado. 3. Sujeitos ativo e passivo. 3.1. Sujeito passivo especial. 4. Tipo objetivo: adequação típica. 4.1. Materialidade do homicídio: crime que deixa vestígios. 5. Tipo subjetivo: adequação típica. 6. Consumação e tentativa. 6.1. Circunstâncias alheias à vontade do agente. 7. Tentativa branca: homicídio e perigo para a vida ou saúde de outrem. 8. Classificação doutrinária. 9. Figuras típicas do homicídio. 10. Homicídio simples. 10.1. Homicídio simples e crime hediondo: atividade típica de grupo de extermínio. 11. Homicídio privilegiado. 11.1. Impelido por motivo de relevante valor social. 11.2. Impelido por motivo de relevante valor moral. 11.3. Sob o domínio de violenta emoção, logo em seguida a injusta provocação da vítima. 11.4. Homicídio privilegiado: obrigatoriedade da redução de pena. 11.5. Concurso com qualificadoras subjetivas: homicídio privilegiado/qualificado. 12. Homicídio qualificado. 12.1. Motivos qualificadores. 12.2. Meios qualificadores. 12.3. Modos qualificadores. 12.4. Fins qualificadores. 13. Homicídio cometido contra integrantes de órgãos da segurança pública e seus familiares. 13.1. Sujeito ativo do homicídio qualificado. 13.2. Sujeitos passivos do crime. 13.2.1. Extensão da qualificadora para outros agentes. 13.2.1.1. Guardas municipais. 13.2.1.2. Agentes de segurança viária. 13.2.1.3. Servidores aposentados: regra geral, não integram. 13.2.2. Familiares das autoridades, agentes e integrantes dos órgãos de segurança pública. 13.2.3. Parentes por afinidade não estão abrangidos. 13.3. No exercício da função ou em decorrência dela. 13.4. Filho adotivo — parentesco civil. 14. Homicídio culposo. 14.1. Estrutura típica do crime culposo. 14.2. Relação de causalidade no homicídio culposo. 14.3. Culpa imprópria e erro culposo. 14.4. Dolo eventual e culpa consciente. 14.5. Concorrência e compensação de culpas. 14.6. Crime preterdoloso e crime qualificado pelo resultado. 14.6.1. Inadmissibilidade de tentativa no homicídio preterintencional. 14.7. Concurso de pessoas em homicídio culposo. 14.8. Homicídio culposo no trânsito. 14.8.1. Capacidade psicomotora alterada em razão da influência de álcool ou substância psicoativa. 14.8.2. Desvalor da ação e desvalor do resultado nos crimes culposos de trânsito. 15. A multa reparatória no Código de Trânsito Brasileiro. 16. Majorantes do crime de homicídio. 16.1. Majorante para o homicídio culposo (§ 4º, 1ª parte). 16.1.1. Natureza da omissão de socorro no homicídio culposo: omissão própria ou omissão imprópria. 16.2. Homicídio doloso contra menor de 14 anos ou maior de 60 anos (§ 4º, 2ª parte). 16.3. Homicídio doloso praticado por milícia privada. 16.4 Majorantes no feminicídio. 17. Isenção de pena ou perdão judicial: natureza jurídica. 18. Homicídio e *aberratio ictus*. 19. Inexigibilidade de outra conduta: coação irresistível e obediência hierárquica. 20. Crime impossível ou tentativa inidônea. 21. Pena e ação penal.

PARTE ESPECIAL
TÍTULO I | DOS CRIMES CONTRA A PESSOA
Capítulo I
DOS CRIMES CONTRA A VIDA

Homicídio simples

Art. 121. *Matar alguém:*

Pena — reclusão, de seis a vinte anos.

Caso de diminuição de pena

§ 1º Se o agente comete o crime impelido por motivo de relevante valor social ou moral, ou sob o domínio de violenta emoção, logo em seguida a injusta provocação da vítima, o juiz pode reduzir a pena de um sexto a um terço.

Homicídio qualificado

§ 2º Se o homicídio é cometido:

I — mediante paga ou promessa de recompensa, ou por outro motivo torpe;

II — por motivo fútil;

III — com emprego de veneno, fogo, explosivo, asfixia, tortura ou outro meio insidioso ou cruel, ou de que possa resultar perigo comum;

IV — à traição, de emboscada, ou mediante dissimulação ou outro recurso que dificulte ou torne impossível a defesa do ofendido;

V — para assegurar a execução, a ocultação, a impunidade ou vantagem de outro crime:

Pena — reclusão, de doze a trinta anos.

Feminicídio

• Incluído pela Lei n. 13.104, de 2015.

VI — Revogado pela Lei n. 14.994, de 2024;

VII — contra autoridade ou agente descrito nos arts. 142 e 144 da Constituição Federal, integrantes do sistema prisional e da Força Nacional de Segurança Pública, no exercício da função ou em decorrência dela, ou contra seu cônjuge, companheiro ou parente consanguíneo até terceiro grau, em razão dessa condição:

• Incluído pela Lei n. 13.142, de 2015.

VIII — com emprego de arma de fogo de uso restrito ou proibido:

• Incluído pela Lei n. 13.964, de 2019.

Homicídio contra menor de 14 (quatorze) anos

• Incluído pela Lei n. 14.344, de 2022.

IX — contra menor de 14 (quatorze) anos:

• Incluído pela Lei n. 14.344, de 2022.

Pena — reclusão, de doze a trinta anos.

§ 2º-A. *Revogado pela Lei n. 14.994, de 2024.*

§ 2º-B. *A pena do homicídio contra menor de 14 (quatorze) anos é aumentada de:*
- Incluído pela Lei n. 14.344, de 2022.

I — 1/3 (um terço) até a metade se a vítima é pessoa com deficiência ou com doença que implique o aumento de sua vulnerabilidade;
- Incluído pela Lei n. 14.344, de 2022.

II — 2/3 (dois terços) se o autor é ascendente, padrasto ou madrasta, tio, irmão, cônjuge, companheiro, tutor, curador, preceptor ou empregador da vítima ou por qualquer outro título tiver autoridade sobre ela;
- Incluído pela Lei n. 14.344, de 2022.

III — 2/3 (dois terços) se o crime for praticado em instituição de educação básica pública ou privada.
- Incluído pela Lei n. 14.811, de 2024.

Homicídio culposo

§ 3º *Se o homicídio é culposo:*
Pena — detenção, de um a três anos.

Aumento de pena

§ 4º *No homicídio culposo, a pena é aumentada de 1/3 (um terço), se o crime resulta de inobservância de regra técnica de profissão, arte ou ofício, ou se o agente deixa de prestar imediato socorro à vítima, não procura diminuir as consequências do seu ato, ou foge para evitar prisão em flagrante. Sendo doloso o homicídio, a pena é aumentada de 1/3 (um terço) se o crime é praticado contra pessoa menor de 14 (quatorze) ou maior de 60 (sessenta) anos.*
- Redação dada pela Lei n. 10.741, de 2003.

§ 5º *Na hipótese de homicídio culposo, o juiz poderá deixar de aplicar a pena, se as consequências da infração atingirem o próprio agente de forma tão grave que a sanção penal se torne desnecessária.*
- Incluído pela Lei n. 6.416, de 24-5-1977.

§ 6º *A pena é aumentada de 1/3 (um terço) até a metade se o crime for praticado por milícia privada, sob o pretexto de prestação de serviço de segurança, ou por grupo de extermínio.*
- Incluído pela Lei n. 13.104, de 2015.

§ 7º *Revogado pela Lei n. 14.994, de 2024.*

---

1. Considerações preliminares

O Código Penal brasileiro de 1890 adotou a terminologia *homicídio* para definir o crime de matar alguém, não seguindo a orientação da maioria dos diplomas legais alienígenas, que, não raro, prefeririam classificá-lo em *assassinato*, quando, por alguma razão, apresentasse maior gravidade, e *homicídio*, para a modalidade comum.

Nosso Código Penal de 1940, a exemplo do primeiro Código Penal republicano (1890), preferiu utilizar a expressão *homicídio* como *nomen iuris* do crime que suprime a vida alheia, independentemente das condições ou circunstâncias em que esse crime é praticado. Distinguiu, no entanto, três modalidades: *homicídio simples* (art. 121, *caput*), *homicídio privilegiado* (art. 121, § 1º) e *homicídio qualificado* (art. 121, § 2º).

O atual Código preferiu não criar figuras especiais, tais como *parricídio*, *matricídio* ou *fratricídio*, rejeitando, enfim, a longa catalogação que o Código anterior prescrevia (art. 294, § 1º, do CP de 1890). As circunstâncias e peculiaridades concretas é que deverão determinar a gravidade do fato e a sua adequada tipificação em uma das três modalidades de homicídio que disciplina — *simples*, *privilegiado* ou *qualificado*.

Homicídio é a eliminação da vida de alguém levada a efeito por outrem. Embora a vida seja um bem fundamental do ser individual-social, que é o homem, sua proteção legal constitui um interesse compartido do indivíduo e do Estado. A importância do bem vida justifica a preocupação do legislador brasileiro, que não se limitou a protegê-la com a tipificação do homicídio, em graus diversos (simples, privilegiado e qualificado), mas lhe reservou outras figuras delituosas, como o aborto, o suicídio e o infanticídio, que, apesar de serem figuras autônomas, não passam de extensões ou particularidades daquela figura central, que pune a supressão da vida de alguém.

Na verdade, o direito protege a vida desde a sua formação embrionária, resultante da junção dos elementos genéticos; desde então até o início do parto, a sua eliminação tipifica o crime de aborto, uma vez que o ser evolutivo ainda não é uma criatura humana. Iniciado o parto, a conduta de suprimir-lhe a vida já tipificará o crime de homicídio. A proteção penal à vida abrange, como se constata, a vida *intrauterina* e a vida *extrauterina*. Contudo, se durante ou logo após o parto a própria mãe, sob a influência do estado puerperal, puser fim à vida do *neonato*, o crime será o de infanticídio, que não deixa de ser uma modalidade *sui generis* de homicídio privilegiado. Por fim, nosso Código pune quem *induz*, *instiga* ou *auxilia* outrem a suicidar-se, embora o suicídio, em si mesmo, não seja punível, pelas razões que demonstramos em capítulo próprio.

Em outros tipos penais, nos quais a morte não é objeto do tipo penal, sua superveniência pode representar causa de maior reprovabilidade, refletindo maior punição. Assim, por exemplo, nas lesões corporais seguidas de morte, omissão de socorro, rixa, abandono de incapaz, abandono de recém-nascido ou nos crimes contra a dignidade sexual, de perigo comum etc.

Pode-se afirmar que os crimes *contra a vida* estão divididos em dois grupos distintos: *crimes de dano* e *crimes de perigo*. Os *crimes de dano* são aqueles disciplinados no Capítulo I do Título I da Parte Especial do Código Penal, denominados especificamente *crimes contra a vida*, quais sejam: *homicídio, participação em suicídio, infanticídio* e *aborto*. São, aliás, os crimes que a Constituição Federal atribui à competência do Tribunal do Júri (art. 5º, XXXVIII, *d*). Desses crimes, somente o homicídio pode apresentar as formas dolosa ou culposa, sendo que, na segunda hipótese, a competência é do juiz singular. Os *crimes de perigo*, por sua vez, nem estão definidos como crimes contra a vida, encontrando-se alojados no Capítulo III do mesmo Título I da Parte Especial sob a denominação *crimes de periclitação da vida e da saúde*, pois colocam em perigo a vida de pessoa determinada. São eles: *perigo de contágio venéreo, perigo de contágio de moléstia grave, perigo para a vida ou saúde de outrem, abandono de incapaz, exposição ou abandono de recém-nascido, omissão de socorro* e *maus-tratos*. Quando, no entanto, o perigo pode atingir número indeterminado de pessoas, os fatos que podem expor a vida a perigo, como regra, estão disciplinados em outro capítulo, sob a rubrica *crimes contra a incolumidade pública* (Título VIII).

Por fim, a Lei 13.964, publicada no dia 24 de dezembro de 2019, em seu art. 5º, altera, entre outros diplomas legais, além do Código Penal, o art. 1º da Lei 8.072, de 25 de julho de 1990, para incluir, entre os crimes hediondos, alguns crimes previstos neste código, quais sejam: I — homicídio (art. 121), quando praticado em atividade típica de grupo de extermínio, ainda que cometido por um só agente, e homicídio qualificado (art. 121, § 2º, incisos I, II, III, IV, V, VI, VII, VIII e IX) (Redação dada pela Lei n. 14.344/2022); II — o crime de roubo: a) circunstanciado pela restrição de liberdade da vítima (art. 157, § 2º, inciso V); b) circunstanciado pelo emprego de arma de fogo (art. 157, § 2º-A, inciso I) ou pelo emprego de arma de fogo de uso proibido ou restrito (art. 157, § 2º-B); c) qualificado pelo resultado lesão corporal grave ou morte (art. 157, § 3º); III — extorsão qualificada pela restrição da liberdade da vítima, ocorrência de lesão corporal ou morte (art. 158, § 3º); (...) IX — furto qualificado pelo emprego de explosivo ou de artefato análogo que cause perigo comum (art. 155, § 4º-A).

Em relação aos crimes hediondos, sobretudo daqueles com resultado morte, como as espécies de homicídio qualificado acima indicadas, destaca-se que recentemente o STJ fixou a tese, no Tema Repetitivo n. 1196, de que "É válida a aplicação retroativa do percentual de 50% (cinquenta por cento), para fins de progressão de regime, a condenado por crime hediondo, com resultado morte, que seja reincidente genérico, nos moldes da alteração legal promovida pela Lei n. 13.964/2019 no art. 112, inciso VI, alínea *a*, da Lei n. 7.210/84 (Lei de Execução Penal), bem como a posterior concessão do livramento condicional, podendo ser formulado posteriormente com base no art. 83, inciso V, do Código Penal, o que não configura combinação de leis na aplicação retroativa de norma penal material mais benéfica" (STJ, REsp n. 2.012.101/MG, relator Ministro Jesuíno Rissato (Desembargador Convocado do TJDFT), Terceira Seção, julgado em 22-5-2024, *DJe* de 27-5-2024). Trata-se, portanto, de uma consagração do princípio da legalidade, permitindo tratamento mais benéfico ao condenado, ainda que se trate de um crime hediondo com resultado morte.

2. Bem jurídico tutelado

Dentre os bens jurídicos de que o indivíduo é titular e para cuja proteção a ordem jurídica vai ao extremo de utilizar a própria repressão penal, a *vida* destaca-se como o mais valioso. A conservação da pessoa humana, que é a base de tudo, tem como condição primeira a vida, que, mais que um direito, é a condição básica de todo direito individual, porque sem ela não há personalidade, e sem esta não há que se cogitar de direito individual. Segundo Leclerc, "há o dever de aceitar a vida e o direito de exigir o seu respeito por parte de outrem; há também o dever de respeitar a vida alheia e o direito de defender sua própria vida"[1].

Embora esse bem jurídico constitua a essência do indivíduo enquanto ser vivo, a sua proteção jurídica interessa conjuntamente ao indivíduo e ao próprio Estado, recebendo, com acerto, assento constitucional (art. 5º, *caput*, da CF). O respeito à vida

---

1. Abbé Jacques Leclerc, *Leçons de Droit Naturel*, v. 4, 1937, p. 13.

humana é, nesse contexto, um imperativo constitucional, que, para ser preservado com eficácia, recebe ainda a proteção penal. A sua extraordinária importância, como base de todos os direitos fundamentais da pessoa humana, vai ao ponto de impedir que o próprio Estado possa suprimi-la, dispondo a Constituição Federal que *não haverá pena de morte*, "salvo em caso de guerra declarada, nos termos do art. 84, XIX" (art. 5º, inciso XLVII, letra *a*). Todo ser humano tem direito à vida, que integra os chamados direitos do homem, ou seja, os direitos que o indivíduo deve ter reconhecidos enquanto pessoa humana e que devem ser protegidos não apenas contra os abusos do Estado e dos governantes, mas principalmente nas relações dos indivíduos entre si.

Com efeito, embora seja um *direito público subjetivo*, que o próprio Estado deve respeitar, também é um *direito privado*, inserindo-se entre os direitos constitutivos da personalidade. Contudo, isso não significa que o indivíduo possa dispor livremente da *vida*. Não há um direito sobre a vida, ou seja, um direito de dispor, validamente, da própria vida[2]. Em outros termos, *a vida é um bem jurídico indisponível*, porque constitui elemento necessário de todos os demais direitos! A vida não é um bem que se aceite ou se recuse simplesmente. Só se pode renunciar o que se possui, e não o que se é. "O direito de viver — *pontificava Hungria* — não é um direito sobre a vida, mas à vida, no sentido de correlativo da obrigação de que os outros homens respeitem a nossa vida. E não podemos renunciar o direito à vida, porque a vida de cada homem diz com a própria existência da sociedade e representa uma função social"[3]. Em sentido semelhante manifestava-se Frederico Marques, ao afirmar que "O homem não tem poder disponível sôbre (sic) a vida, e sim, um complexo de poderes para manter sua existência, o seu ser, a sua personalidade"[4]. Por conseguinte, o suicídio, embora não constitua crime em si mesmo, não é um ato lícito, conforme demonstramos em capítulo próprio.

Enfim, o bem jurídico tutelado, no crime de homicídio, indiscutivelmente, é a *vida humana*, que, "em qualquer situação, por precária que seja, não perde as virtualidades que a fazem ser tutelada pelo Direito"[5]. Nesse sentido, destaca Alfonso Serrano Gomez[6], "O Direito Penal protege a vida desde o momento da concepção até que a mesma se extinga, sem distinção da capacidade física ou mental das pessoas", daí a extraordinária importância em definir, com precisão cirúrgica, quando a vida começa e quando ela se extingue definitivamente.

A importância da vida justifica a proteção legal mesmo antes da existência do homem, isto é, desde o início do processo da existência do ser humano, com a formação do ovo, e estende-se até seu final, quando ela se extingue. Mas o crime de homicídio limita-se à supressão da vida somente a partir do início do parto, ou seja, quando o novo ser começa a tornar-se independente do organismo materno. É indiferente que a vítima

---

2. Arturo Rocco, *L'oggetto del reato*, 1932, p. 16.
3. Hungria, *Comentários ao Código Penal*, v. 5, p. 227.
4. José Frederico Marques, *Tratado de Direito Penal*, São Paulo, Saraiva, 1961, v. 4, p. 62.
5. Eusebio Gomez, *Tratado de Derecho Penal*, 1939, v. 2, p. 22.
6. Alfonso Serrano Gomez, *Derecho Penal*; Parte Especial, Madrid, Dykinson, 1997, p. 6.

se encontre prestes a morrer, sendo irrelevante que a vida tenha sido abreviada por pouco tempo. Como destacava Aníbal Bruno, "O respeito à vida é uma imposição absoluta do Direito. Não importa o desvalor que o próprio indivíduo ou a sociedade lhe possam atribuir em determinadas circunstâncias; que ela possa parecer inútil ou nociva, porque constitui para quem a possui fonte de sofrimento e não de gozo dos bens legítimos da existência, ou porque represente para a sociedade um elemento negativo ou perturbador"[7].

Pelas mesmas razões, para a ordem jurídica, é irrelevante a pouca probabilidade de o neonato sobreviver. Condições físico-orgânicas que demonstrem pouca ou nenhuma probabilidade de sobreviver não afastam seu direito à vida, tampouco o dever de respeito à vida humana, imposto por lei.

3. Sujeitos ativo e passivo

Sujeito ativo do crime de homicídio pode ser qualquer pessoa, pois, em se tratando de *crime comum*, não requer nenhuma condição particular. O sujeito ativo pode agir só ou associado a outrem. Pode praticá-lo pelos meios mais diversos e das formas mais variadas e por uma pluralidade de razões.

Sujeito passivo pode ser qualquer ser vivo, nascido de mulher, isto é, o ser humano nascido com vida. Essa afirmação, aparentemente simples, apresenta de plano a primeira indagação: afinal, que é vida? Quando começa a vida?

A velha concepção segundo a qual "não ter respirado é não ter vivido" está completamente superada. Inegavelmente, a respiração é a prova por excelência da existência de vida, mas não é a única prova de sua existência, nem é imprescindível que tenha havido respiração para que haja existido vida. Na verdade, mesmo que não tenha havido respiração, a vida pode ter-se manifestado por meio de outros sentidos, tais como movimentos circulatórios, pulsações do coração etc.

A *vida* começa com o início do *parto*, com o rompimento do *saco amniótico*; é suficiente a vida, sendo indiferente a capacidade de viver. Antes do início do parto, o crime será de *aborto*. Assim, a simples destruição da vida biológica do feto, no início do parto, já constitui o crime de homicídio.

Modernamente, não se distingue mais entre *vida biológica* e vida autônoma ou *extrauterina*[8]. É indiferente a existência de capacidade de vida autônoma, sendo suficiente a presença de *vida biológica*, que pode ser representada pela "existência do mínimo de atividades funcionais de que o feto já dispõe antes de vir à luz, e das quais é o mais evidente atestado a circulação sanguínea"[9].

Enfim, para o nosso Código Penal, a destruição ou eliminação do feto durante o parto já caracteriza o homicídio (excepcionalmente pode caracterizar o infanticídio),

---

7. Aníbal Bruno, *Crimes contra a pessoa*, p. 64.
8. Foderré: "A vida não consiste no exercício de todas as funções, mas em algumas delas, entre as quais a do coração é essencial para o feto" (apud Magalhães Noronha, *Direito Penal*, p. 55).
9. Nélson Hungria, *Comentários*, v. 5, p. 258.

mesmo que ainda não se tenha constatado a possibilidade de vida extrauterina. Na verdade, o produto da concepção torna-se objeto idôneo do crime de homicídio desde o início do parto. Em sentido semelhante era o magistério de Maggiore, que, comentando o *Código Rocco* (art. 441), afirmava: "O Código atual, para cortar cerce a controvérsia científica, resolveu a questão não considerando a vitalidade como elemento essencial para a existência do homem, e incrimina sob o título de *homicídio* até mesmo o *feticídio*, ou seja, a ocisão de um feto durante o parto. Há, portanto, homicídio toda vez que se destrua a vida de um recém-nascido... ainda que *não vital*, posto que *vivo*, salvo quando a vida seja, por algum defeito de conformação, apenas aparente"[10].

Não se admite como *sujeito ativo* do homicídio, por fim, a própria vítima, uma vez que não é crime matar a si próprio, e, ainda que crime fosse, não seria homicídio, mas *suicídio*. Essa conduta, isoladamente, constitui um indiferente penal. *Típica* é a conduta de *matar alguém*, isto é, terceira pessoa, e não a si mesmo.

3.1 Sujeito passivo especial

Quando o sujeito passivo se tratar de vítima menor de 14 ou maior de 60 anos, a pena será majorada em um terço (2ª parte do § 4º do art. 121 do CP, com redação da Lei n. 10.741/2003).

Quando se trata de homicídio simples praticado em ação típica de grupo de extermínio e de homicídio qualificado, são definidos como crimes hediondos (art. 1º, I, da Lei n. 8.072/90, com redação da Lei n. 14.344/2022).

Questão interessante refere-se à situação dos gêmeos *xifópagos*: haverá um ou dois homicídios? Não se ignora que o agente tanto pode pretender matar apenas um dos *xifópagos* como, com uma única ação, visar a morte de ambos. Como regra, ainda que a ação do agente objetive a morte somente de um dos irmãos, responderá o agente por duplo homicídio doloso, pois seu ato acarretará, por necessidade lógica e biológica, a supressão da vida de ambos, na medida em que, geralmente, a morte de um implica a morte dos dois. Nesse caso, a morte dos irmãos xifópagos decorre de dolo direto. Em relação à vítima visada, o dolo direto é de primeiro grau, e, em relação ao outro, o dolo direto é de segundo grau.

Afinal, por que em relação à vítima não visada o agente também responde por dolo direto e não por dolo eventual? Para respondermos a essa indagação, precisamos fazer um pequeno exame sobre o que se entende por dolo direto. Com efeito, no *dolo direto* o agente quer o resultado representado como fim de sua ação, isto é, a morte de um dos xifópagos. A vontade do agente é dirigida à realização do fato típico. O objeto do dolo direto é o *fim proposto*, mas também os *meios escolhidos* e os *efeitos colaterais* representados como *necessários* à realização do fim pretendido. Assim, o

---

10. Apud Nélson Hungria, *Comentários*, p. 36-7.

dolo direto compõe-se de três aspectos: a) a *representação* do resultado, dos meios necessários e das consequências secundárias; b) o *querer* o resultado, bem como os meios escolhidos para a sua consecução, c) o *anuir* na realização das consequências previstas como certas, necessárias ou possíveis, decorrentes do uso dos meios escolhidos para atingir o fim proposto ou da forma de utilização desses meios.

Em relação ao *fim proposto* e aos *meios escolhidos*, o dolo direto é classificado como de primeiro grau, e, em relação aos *efeitos colaterais*, representados como *necessários*, é classificado como de segundo grau. Como sustenta Juarez Cirino dos Santos, "o *fim proposto* e os *meios escolhidos* (porque necessários ou adequados à realização da finalidade) são abrangidos, *imediatamente*, pela vontade consciente do agente: essa *imediação* os situa como objetos do *dolo direto*".

Já os *efeitos colaterais* representados como *necessários* (em face da natureza do fim proposto, ou dos meios empregados) são abrangidos, *mediatamente*, pela vontade consciente do agente, mas a sua *produção necessária* os situa, também, como objetos do dolo direto: não é a relação de *imediatidade*, mas a relação de *necessidade* que os inclui no dolo direto. Por isso, a morte do irmão visado decorre de *dolo direto de primeiro grau*, ao passo que a morte do outro irmão, como *consequência necessária*, abrangida *mediatamente* pela vontade do agente, decorre de *dolo direto de segundo grau*. O agente pode até lamentar, ou deplorar, a sua ocorrência, mas *se esta representa* efeito colateral necessário (e, portanto, parte *inevitável* da ação típica), então constitui objeto do *dolo direto* (vê-se, aqui, a insuficiência do critério definidor de dolo direto na lei penal brasileira: *quis o resultado*). Em síntese, quando se trata do *fim* diretamente desejado pelo agente, denomina-se *dolo direto de primeiro grau*, e, quando o resultado é desejado como *consequência necessária* do meio escolhido ou da natureza do fim proposto, denomina-se *dolo direto de segundo grau* ou *dolo de consequências necessárias*. As duas modalidades de dolo direto (de primeiro e de segundo graus) são compreendidas pela definição do Código Penal brasileiro (art. 18, I, primeira parte). Há *dolo direto de primeiro grau*, por exemplo, quando o agente, querendo matar alguém, desfere-lhe um tiro para atingir o fim pretendido. No entanto, há *dolo direto de segundo grau* quando o agente, querendo matar alguém, coloca uma bomba no automóvel de determinada autoridade, que explode, matando todos. Inegavelmente, a morte de todos foi *querida* pelo agente, como *consequência necessária* do meio escolhido. Em relação à vítima visada o dolo direto foi de primeiro grau; em relação às demais vítimas o dolo direto foi de segundo grau.

Convém destacar, desde logo, para evitar equívocos, que a simples presença, em uma mesma ação, de *dolo direto de primeiro grau* concomitantemente com dolo direto de segundo grau não configura, por si só, concurso formal impróprio, pois a duplicidade dos referidos graus no dolo direto não altera a *unidade de elemento subjetivo*. Com efeito, essa distinção de graus do elemento subjetivo reflete a *intensidade* do dolo e não sua diversidade (ou pluralidade), pois os dois eventos, no exemplo dos irmãos xifópagos, são apenas um perante a consciência e a vontade do agente, não caracterizando, por conseguinte, o conhecido "desígnios autônomos", configurador do concurso formal impróprio[11]. Haverá, contudo, pluralidade de elementos subjetivos, se a conduta do agente for orientada pelo dolo de suprimir a vida de ambos.

Na hipótese excepcional, porém, de um dos xifópagos sobreviver, graças, por exemplo, a eficaz intervenção cirúrgica, o agente responderá por um homicídio consumado e outro tentado, ambos com dolo direto (o sistema de aplicação de penas — exasperação ou cumulação — dependerá do elemento subjetivo).

Nas duas hipóteses — querendo o agente a morte de somente um dos xifópagos ou querendo a morte de ambos — haverá *concurso formal* de crimes: na primeira, o concurso será *formal próprio*; na segunda, será *formal impróprio*, pois o que identifica a natureza do concurso é a *unidade de ação*, e não a pluralidade de resultados. No concurso formal próprio, à unidade de ação corresponde a *unidade de elemento subjetivo*, enquanto no concurso formal impróprio há unidade de ação e pluralidade de elementos subjetivos, o que, na linguagem do Código Penal, denomina-se *desígnios autônomos*. No primeiro caso, aplica-se o sistema de exasperação de pena; no segundo, o sistema do cúmulo material.

4. Tipo objetivo: adequação típica

Matar alguém é o enunciado mais conciso, objetivo, preciso e inequívoco de todo o Código Penal brasileiro, e, aliás, já era a fórmula preconizada pelos nossos dois Códigos anteriores (1830 e 1890). As próprias Ordenações Filipinas, um pouco mais prolixas, possuíam definição semelhante, ao prescrever que "qualquer pessoa que matar outra ou mandar matar morra por ele".

A concisão desse tipo penal — *matar alguém* — representa, ao mesmo tempo, sua extraordinária amplitude, na medida em que não estabelece nenhuma limitação à conduta de matar alguém, e nisso reside toda a sua abrangência, pois, sempre que o

---

11. Cezar Roberto Bitencourt, *Tratado de Direito Penal* — Parte Geral, 29. ed., São Paulo, Saraiva, 2023, v. 1, p. 850: "Mas o concurso formal também pode ser impróprio (imperfeito). Nesse tipo de concurso, o agente deseja a realização de mais de um crime, tem consciência e vontade em relação a cada um deles. Ocorre aqui o que o Código Penal chama de desígnios autônomos, que se caracteriza pela unidade de ação e multiplicidade de determinação de vontade, com diversas individualizações. Os vários eventos, nesse caso, não são apenas um, perante a consciência e a vontade, embora sejam objeto de uma única ação. Por isso, enquanto no concurso formal próprio adotou-se o sistema de exasperação da pena, pela unidade de desígnios, no concurso formal impróprio aplica-se o sistema do cúmulo material, como se fosse concurso material, diante da diversidade de intuitos do agente (art. 70, § 2º). Enfim, o que caracteriza o crime formal é a unidade de conduta, mas o que justifica o tratamento penal mais brando é a unidade do elemento subjetivo que impulsiona a ação".

legislador pretende ampliar o tipo — seja adjetivando, seja elencando hipóteses, condições, formas ou meios —, acaba limitando seu alcance, quando não por exclusão. Como destacam Diéz Ripollés e Gracia Martín, "O homicídio é um crime de resultado em que o tipo não estabelece meios específicos de execução da ação, pelo que, em princípio, admite qualquer tipo de ação dirigida pela vontade do autor à produção do resultado morte"[12]. O legislador não ignorou, contudo, determinadas circunstâncias especiais ou particulares que podem concorrer no crime de homicídio, mas, sabiamente, procurou discipliná-las fora do tipo: algumas o qualificam, outras o privilegiam, mas a sua ausência ou inocorrência não afasta a tipicidade do tipo básico.

Trata-se, com efeito, de um tipo penal que se constitui tão somente do verbo e seu objeto, sem prescrever qualquer circunstância ou condição particular da ação do agente, a não ser aquelas próprias do conceito de crime e que estão implícitas na sua definição. Circunstâncias particulares que ocorrerem na realização do homicídio estarão fora do tipo, mas poderão, como já referimos, integrar as qualificadoras ou privilegiadoras do crime.

A conduta típica *matar alguém* consiste em eliminar a vida de outrem. A ação de matar é aquela dirigida à antecipação temporal do lapso de vida alheia. *Alguém* significa outro ser humano que não o agente, ou seja, o homicídio exige, no mínimo, a inclusão de dois sujeitos, o que mata e o que morre. Nesse sentido pontificava Aníbal Bruno: "O homicídio exige a existência e a inclusão no fato de dois homens pelo menos, o que mata e o que é morto"[13].

O verbo *matar*, que está presente também no *infanticídio* e no *genocídio*, indica uma *conduta de forma livre*, admitindo as mais variadas formas de atuar do agente para levar alguém à morte, excetuando-se apenas aquelas que foram distinguidas por suas especificidades, como o *suicídio* e o *aborto* (aborto também é matar o feto com a interrupção da gravidez).

A expressão *alguém*, contida no tipo legal, abrange, indistintamente, o universo de seres humanos, ou seja, qualquer deles pode ser sujeito passivo do homicídio. *Cadáver, no entanto*, não é *alguém*, além de não dispor de *vida* para lhe ser suprimida, que é o bem jurídico tutelado. Assim, quem pretender matar cadáver incorrerá em *crime impossível*, por absoluta impropriedade do objeto (art. 17 do CP).

Em todos os casos em que sobrevém a morte conjugada com outro crime, para que este possa ser considerado *qualificado pelo resultado*, o evento morte não pode ser doloso, caso contrário haveria crime doloso contra a vida em concurso com outro crime, e não crime qualificado pelo resultado.

---

12. José Luis Díez Ripollés e Luis Gracia Martín, *Delitos contra bienes jurídicos fundamentales — vida humana independiente y libertad*, Valencia, Tirant lo Blanch, 1993, p. 40.
13. Aníbal Bruno, *Crimes contra a pessoa*, 5. ed., Rio de Janeiro, Ed. Rio, 1979, p. 63.

Por fim, o crime de homicídio pode ser produzido tanto por uma conduta ativa do agente quanto por uma conduta omissiva[14].

4.1 Materialidade do homicídio: crime que deixa vestígios

O *senso comum* não desconhece que não se pode falar em homicídio se não existir cadáver, pois a literatura, inclusive a não especializada, tem certa predileção pelos enigmas e pelas complexidades que as relações pessoais são pródigas em oferecer, especialmente quando culminam em resultados violentos, como a morte. A própria jurisprudência encarregou-se de oferecer exemplos dos riscos que se corre quando se admitem como prova outros meios, na ausência de cadáver, e o caso conhecido como dos "Irmãos Naves" paira como fantasma a advertir sobre a necessidade de acautelar-se quando a prova do homicídio não obedecer estritamente aos termos legais.

No entanto, a ausência de cadáver, por si só, não é fundamento suficiente para negar a existência de homicídio, pois o próprio ordenamento jurídico admite, como exceção, outros meios de prova que podem levar à convicção segura da existência da morte de alguém. De plano, não se pode ignorar que o homicídio é um *crime material*, e, por conseguinte, o *resultado* integra o próprio tipo penal, ou seja, para a sua consumação é indispensável que o resultado ocorra, tanto que, nesses crimes, a ausência do resultado da ação perpetrada caracteriza a tentativa. A morte, que é o resultado pretendido pelo agente, é abrangida pelo dolo; logo, integra o próprio tipo penal. Ademais, dentro dos crimes materiais, classifica-se entre aqueles que, na linguagem do Código de Processo Penal, *deixam vestígios*. E, para esses crimes, por segurança, o referido diploma legal exige que a sua *materialidade* seja comprovada por meio do *auto de exame de corpo de delito* (art. 158). A despeito de tratar-se de matéria processual, por sua pertinência, faremos uma pequena análise das modalidades dessa prova, com a *venia* dos processualistas.

A questão fundamental é: afinal, em que consiste o exame de corpo de delito? Quais as feições que tal exame pode assumir? Exame indireto e prova testemunhal seriam a mesma coisa? A resposta a essas indagações exige uma análise de dois artigos do CPP, pelo menos, *in verbis*: "Quando a infração deixar vestígios, será indispensável o exame de corpo de delito, direto ou indireto, não podendo supri-lo a confissão do acusado" (art. 158); "Não sendo possível o exame de corpo de delito, por haverem desaparecido os vestígios, a prova testemunhal poderá suprir-lhe a falta" (art. 167).

Doutrinariamente, há duas correntes; uma majoritária, para a qual exame de corpo de delito indireto e prova testemunhal supletiva são a mesma coisa; outra, minoritária, à qual nos filiamos, que distingue exame indireto e prova testemunhal. A jurisprudência dominante, *por razões puramente pragmáticas*, endossa a linha doutrinária majoritária, despreocupada com a segurança jurídica que o art. 158 do CPP quis garantir.

No entanto, não nos convence o entendimento majoritário, que repousa apenas em fundamentos pragmáticos, colocando em risco a segurança jurídica, e ignora a

---

14. Alfonso Serrano Gomez, *Derecho Penal*; Parte especial, p. 14.

exigência expressa do exame de corpo de delito. Façamos uma análise sucinta das duas correntes sobre o tema.

A tendência majoritária vem respaldada por eminentes processualistas, tais como Tourinho Filho, Espínola Filho, Frederico Marques, entre outros. Para Tourinho Filho, "às vezes, por razões várias, os peritos não podem proceder ao exame, porquanto os vestígios desapareceram. Neste caso, em face da absoluta impossibilidade de ser feito o exame direto, permite-se que a prova testemunhal possa suprir-lhe a falta — é o que se denomina exame indireto de corpo de delito. É preciso que as testemunhas compareçam perante Autoridade Policial ou judicial e declarem o que viram, e, tendo em vista o que disseram, a Autoridade deve ter por suprido o exame direto"[15]. No mesmo sentido era o magistério de Espínola Filho, *in verbis*: "Nem há qualquer formalidade para constituição dêsse (sic) corpo de delito indireto; não se lavra termo algum; inquirindo a testemunha, o juiz perguntará sôbre (sic) a materialidade do fato, como sôbre (sic) as demais circunstâncias"[16]. Não era outro o entendimento de Magalhães Noronha, que, referindo-se ao *exame indireto*, afirmava: "O indireto forma-se por depoimentos testemunhais, sem formalidade especial; não se lavra auto ou termo, mas simplesmente inquirem-se testemunhas acerca da materialidade do fato e suas circunstâncias"[17].

No entanto, seguindo a orientação minoritária, a nosso juízo com acerto, Hélio Tornaghi sustenta: "O exame indireto não se confunde com o mero depoimento de testemunhas, o qual pode suprir o exame de corpo de delito (art. 167). Nele, no exame indireto, há sempre um juízo de valor feito pelos peritos. Uma coisa é afirmarem as testemunhas que viram tais ou quais sintomas, e outra os peritos concluírem daí que a *causa mortis* foi essa ou aquela"[18].

E, quanto ao suprimento do exame de corpo de delito pela prova testemunhal, Tornaghi acrescenta que: "Poderia parecer que seria melhor facultar a aceitação de qualquer prova: documento, filme, fotografia, radiografia, laudo anterior podem até servir melhor como sub-rogados do exame de corpo de delito que o mero depoimento de testemunhas. Mas o juiz que dispõe de algum daqueles elementos deve mandar que os peritos opinem, à vista deles. E isso é o exame indireto. Somente quando impossível o exame direto e também o indireto é que a lei admite o suprimento pela prova testemunhal"[19].

Aos judiciosos e científicos argumentos de Tornaghi acrescentamos as nossas reflexões sobre o tema. Com efeito, não pode o intérprete equiparar aquilo que o

---

15. Fernando da Costa Tourinho Filho, *Código de Processo Penal comentado*, São Paulo, Saraiva, 1996, v. 1, p. 329.
16. Eduardo Espínola Filho, *Código de Processo Penal brasileiro anotado*, edição histórica, Rio de Janeiro, Ed. Rio, 1990, v. 1, p. 465.
17. E. Magalhães Noronha, *Curso de Direito Processual Penal*, 21. ed., São Paulo, Saraiva, 1992, p. 105.
18. Hélio Tornaghi, *Curso de Processo Penal*, 4. ed., São Paulo, Saraiva, 1987, v. 1, p. 319.
19. Hélio Tornaghi, *Curso de Processo Penal*, p. 320.

legislador distinguiu. No art. 158, o Código estabelece a obrigatoriedade do exame de corpo de delito, *direto ou indireto*; já no art. 167, na impossibilidade do "exame de corpo de delito", admite seu suprimento pela "prova testemunhal". A redação desse artigo deixa muito claro que, para o legislador, "exame de corpo de delito" e "prova testemunhal" são coisas absolutamente distintas. Seria contraditório, paradoxal e incoerente que o texto legal estabelecesse que na impossibilidade do exame de corpo de delito este fosse suprido pela prova testemunhal, e que esta seria uma espécie daquele. Seria mais coerente, nesse caso, se dissesse simplesmente que a prova testemunhal constitui a forma indireta desse exame. Mas não disse. Ora, quando o art. 167 estabelece que o "exame de corpo de delito" pode ser suprido por "prova testemunhal", está afirmando que esta não se confunde com aquele, caso contrário não poderia supri-lo, pois seria o *próprio* em sua forma *indireta*. Pelo menos, esse é o sentido e a estrutura do nosso vernáculo: aquilo que é não supre nem substitui a si próprio: simplesmente "é"!

Convém, somente para ilustrar, destacar que *corpo de delito* é o conjunto de vestígios materiais produzidos pelo crime, ou seja, é a sua materialidade, é aquilo que é palpável, que se vê, se ouve ou sente, isto é, que é perceptível pelos sentidos. São os vestígios do crime, marcas, pegadas, impressões, rastros, resíduos, resquícios e fragmentos de materiais deixados no local, instrumentos e produtos do crime, ou, na expressão autorizada de Malatesta, "corpo de delito é tudo que representa a exteriorização material e a aparência física do delito". E *exame de corpo de delito* é exatamente a perícia que analisa esses dados constitutivos do *corpo de delito*; a *formalização* de referido exame chama-se *auto de exame de corpo de delito*. Segundo o magistério de Tourinho Filho, "o 'exame de corpo de delito', a que alude o C. P. Penal, no artigo 158, é, assim, a comprovação pericial dos elementos objetivos do tipo, no que diz respeito, principalmente, ao evento produzido pela conduta delituosa"[20]. Ora, se as consequências do crime são visíveis, palpáveis, isto é, se o crime é daqueles que "deixam vestígios", nada mais justo que se exija o seu exame, o *exame de corpo de delito*, na linguagem do Código de Processo Penal. Por essa razão, o Superior Tribunal de Justiça entende que: "Quando a infração deixar vestígios, é indispensável o exame de corpo de delito, direto ou indireto, não podendo supri-lo a confissão do acusado" (STJ, AgRg no HC n. 918.926/MS, relator Ministro Messod Azulay Neto, Quinta Turma, julgado em 6-8-2024, *DJe* de 19-8-2024).

Na verdade, há três formas de comprovar a *materialidade* dos *crimes que deixam vestígios*, quais sejam: *exame de corpo de delito direto*, *exame de corpo de delito indireto* e *prova testemunhal*.

a) *Exame de corpo de delito direto*

O *exame de corpo de delito*, na definição de Tourinho Filho, "Diz-se direto quando os próprios peritos examinam os vestígios deixados pelo crime, isto é, o corpo de delito, e respondem ao questionário que lhes formulam a autoridade e as

---

20. Fernando da Costa Tourinho Filho, *O processo penal*, 2. ed., São Paulo, Jalovi, 1977, v. 3, p. 142.

partes"²¹. Ou seja, no *exame direto*, os peritos examinam o próprio "corpo de delito", que constitui a materialidade da suposta infração penal.

Como se vê, quanto a essa modalidade de exame de corpo de delito, que, inegavelmente, é uma perícia, não há qualquer dificuldade interpretativa quer na doutrina quer na jurisprudência. Surge a desinteligência quando se aborda o exame de corpo de delito indireto, que, para alguns, confunde-se com a prova testemunhal, enquanto para outros são coisas distintas, sendo que aquele, além de ser realizado por peritos, encerra sempre juízo de valor, conforme demonstraremos a seguir.

b) *Exame de corpo de delito indireto*

Muitas causas podem inviabilizar o exame direto do corpo de delito: desaparecimento dos vestígios, inacessibilidade ao local dos fatos, desaparecimento do corpo de delito etc. Quando, por alguma razão, for impossível o *exame direto* do corpo de delito, será admitido o *exame indireto*. Nessa linha, sustenta Hélio Tornaghi que o *exame indireto* não se confunde com o mero depoimento de testemunhas, que até pode suprir esse exame (art. 167); a diferença fundamental reside no seguinte: no exame indireto há sempre um juízo de valor feito pelos peritos, algo que não ocorre com a prova testemunhal supletiva[22].

Sintetizando, o *exame indireto* será sempre e necessariamente realizado por *peritos*, ou não será exame de corpo de delito, mas haverá somente a sua *substituição* por *prova testemunhal*.

c) *Prova testemunhal supletiva*

Segundo Hélio Tornaghi, somente "quando impossível o exame direto e também o indireto é que a lei admite o suprimento pela prova testemunhal"[23]. Quando houver resquícios do corpo de delito, ou mesmo documentos, filmes, fotografias, radiografias, laudos anteriores ou outros dados secundários, deve-se determinar o exame indireto de corpo de delito, por meio dos peritos. Mas é possível que tais dados tampouco existam, restando, então, somente a possibilidade da prova testemunhal, que, se houver, poderá suprir o exame de corpo de delito, direto ou indireto (art. 167).

Convenhamos, uma coisa é afirmarem as testemunhas que viram tais ou quais aspectos ou vestígios, e outra é os peritos concluírem através da análise realizada pela existência da materialidade do crime. Todos recordam a fatídica perda do saudoso Ulysses Guimarães, em 1992, com a queda do helicóptero no mar. Aquela situação poderia dar lugar ao exame indireto do corpo de delito ou, dependendo das circunstâncias, ser este suprido pela prova testemunhal. Se tivessem sido encontrados no fundo do mar vestígios da queda do helicóptero, com pertences da vítima, destroços com peças de seu vestuário ou até partes de

---

21. Fernando da Costa Tourinho Filho, *Código de Processo Penal comentado*, p. 321.
22. Hélio Tornaghi, *Curso de Processo Penal*, p. 319.
23. Hélio Tornaghi, *Curso de Processo Penal*, p. 320.

seu organismo, caberia o exame indireto de corpo de delito, a ser realizado pelos peritos. Contudo, se nada disso fosse encontrado, o exame indireto seria impossível, mas poderia ser suprido pela prova testemunhal, inquirindo-se alguém que tivesse presenciado o embarque na aeronave, o sobrevoo do mar com dificuldades de sustentação e a própria queda no mar; estar-se-ia diante da hipótese do art. 167 do CPP.

Enfim, o exame indireto de corpo de delito é procedido por peritos, indiretamente, enquanto a hipótese da prova testemunhal limita-se à tomada de depoimentos: nesta, há observação e declaração; naquele, há observação, avaliação e declaração. O testemunho é retrospectivo, pois se refere a fatos passados; a perícia é, por sua vez, retrospectiva, pois também relata fatos passados, mas é prospectiva, na medida em que aponta eventos futuros como consequência dos anteriores.

Técnica e cientificamente, concluindo, *exame indireto* e *prova testemunhal* são espécies inconfundíveis, o que não impede que doutrina e jurisprudência continuem a adotá-los como equivalentes, sacrificando não só a boa técnica e o vernáculo mas principalmente a garantia da certeza jurídica que deve presidir as decisões judiciais, além dos princípios mais elementares da verdade processual.

5. Tipo subjetivo: adequação típica

É por meio da análise do *animus agendi* que se consegue identificar e qualificar a *atividade comportamental* do agente. Somente conhecendo e identificando a intenção — *vontade e consciência* — deste se poderá classificar um comportamento como típico.

O *elemento subjetivo* que compõe a estrutura do tipo penal do crime de homicídio é o *dolo*, que pode ser direto ou eventual. Segundo a definição do nosso Código Penal, o crime é doloso "quando o agente *quis* o resultado ou *assumiu* o risco de produzi-lo" (art. 18, I). Essa previsão legal equipara *dolo direto* e *dolo eventual*.

Na expressão de Welzel, "dolo, em sentido técnico penal, é somente a vontade de ação orientada à realização do tipo de um delito"[24]. Dolo é a *consciência* e a *vontade* de realização da conduta descrita em um tipo penal; no caso do homicídio, é a vontade e a consciência de matar alguém. Trata-se de *dolo de dano* e não de perigo, uma vez que a subjetividade típica exige que o sujeito ativo tenha a intenção de realmente produzir dano no bem jurídico tutelado.

Pela sua definição, constata-se que o *dolo* é constituído por dois elementos: um *cognitivo*, que é o conhecimento do fato constitutivo da ação típica, e um *volitivo*, que é a vontade de realizá-la. O primeiro elemento, o *conhecimento*, é pressuposto do segundo, que é a *vontade*, que não pode existir sem aquele. A *consciência*, elementar do dolo, deve ser *atual*, efetiva, ao contrário da *cons-*

---

24. Hans Welzel, *Derecho Penal alemán*, trad. Juan Bustos Ramírez e Sergio Yáñez Pérez, Santiago, 1970, p. 95.

ciência da ilicitude, que pode ser *potencial*. Mas a *consciência do dolo* abrange somente a representação *dos elementos integradores do tipo penal*, ficando fora dela a *consciência da ilicitude*, que hoje está deslocada para o interior da culpabilidade. Enfim, em termos bem esquemáticos, *dolo é a vontade de realizar o tipo objetivo, orientada pelo conhecimento de suas elementares no caso concreto*.

Para a configuração do dolo exige-se a *consciência* daquilo que se pretende praticar, no caso do homicídio, matar alguém, isto é, suprimir-lhe a vida. Essa *consciência* deve ser *atual*, isto é, deve estar presente no momento da ação, quando ela está sendo realizada. É insuficiente, segundo Welzel[25], a *potencial consciência* das circunstâncias objetivas do tipo, uma vez que prescindir da atualidade da consciência equivale a destruir a linha divisória entre dolo e culpa, convertendo aquele em mera ficção.

A *previsão*, isto é, a representação, deve abranger correta e completamente todos os elementos essenciais do tipo, sejam eles descritivos, normativos ou subjetivos. Enfim, a *consciência* (previsão ou representação) abrange "a realização dos elementos descritivos e normativos, do nexo causal e do evento (delitos materiais), da lesão ao bem jurídico, dos elementos da autoria e da participação, dos elementos objetivos das circunstâncias agravantes e atenuantes que supõem uma maior ou menor gravidade do injusto (*tipo qualificado ou privilegiado*) e dos elementos acidentais do tipo objetivo"[26].

A *vontade*, por sua vez, deve abranger a ação ou omissão (conduta), o resultado e o nexo causal. A vontade pressupõe a previsão, isto é, a representação, na medida em que é impossível querer conscientemente senão aquilo que se previu ou representou na nossa mente, pelo menos parcialmente. A *previsão* sem vontade é algo completamente inexpressivo, indiferente ao Direito Penal, e a vontade sem representação, isto é, sem previsão, é absolutamente impossível[27].

A vontade de realização do tipo objetivo pressupõe a possibilidade de *influir no curso causal*, pois tudo o que estiver fora da possibilidade de influência concreta do agente pode ser desejado ou esperado, mas isso não significa necessariamente querer realizá-lo. Somente pode ser objeto da norma jurídica algo que o agente possa realizar ou omitir. O dolo é o *dolo natural*, despojado completamente de todo e qualquer elemento normativo. Dessa forma, o dolo, puramente psicológico, completa-se com a *vontade* e a *consciência* da ação, do resultado tipificado como injusto e da relação de causalidade.

---

25. Welzel, *Derecho Penal alemán*, p. 96.
26. Luiz Regis Prado e Cezar Roberto Bitencourt, *Elementos de Direito Penal*, São Paulo, Revista dos Tribunais, 1995, v. 1, p. 86.
27. Welzel, *Derecho Penal alemán*, p. 95: "O dolo como simples resolução é penalmente irrelevante, visto que o Direito Penal não pode atingir o puro ânimo. Somente nos casos em que conduza a um fato real e o governe passa a ser penalmente relevante".

Para a *teoria da vontade*, tida como clássica, *dolo* é a vontade dirigida ao resultado. A *essência do dolo* deve estar na *vontade*, não de violar a lei, mas de realizar a ação e obter o resultado. Essa teoria não nega a existência da *representação* (consciência) do fato, que é indispensável, mas destaca, sobretudo, a importância da vontade de causar o resultado. A *teoria da vontade*, como critério aferidor do *dolo eventual*, pode ser traduzida na posição do autor de *assumir* o *risco* de produzir o resultado representado como possível.

Embora a teoria da vontade seja a mais adequada para extremar os limites entre *dolo* e *culpa*, mostra-se insuficiente, especialmente naquelas circunstâncias em que o autor demonstra somente uma *atitude de indiferença* ou de desprezo. Segundo a *teoria da representação*, cujos principais defensores, em sua fase inicial, foram Von Liszt e Frank, para a existência do dolo é suficiente a *representação subjetiva* ou a previsão do resultado como certo ou provável. Essa é uma teoria hoje completamente desacreditada, e até mesmo seus grandes defensores, Von Liszt e Frank, acabaram reconhecendo que somente a representação do resultado é insuficiente para exaurir a noção de dolo, sendo necessário um momento de mais intensa ou íntima relação psíquica entre o agente e o resultado. Na definição de dolo eventual, Von Liszt e Frank, enfim, acabaram aderindo à teoria da vontade ao admitir a insuficiência da simples representação do resultado, exigindo, nesse caso, o consentimento do agente[28]. E *consentir* nada mais é do que uma forma de querer. Na verdade, a simples representação da probabilidade de ofensa a um bem jurídico não é suficiente para demonstrar que o agente tenha assumido o risco de produzir determinado resultado, pois, embora sua produção seja provável, poderá o agente, apostando em sua sorte, acreditar seriamente que o resultado não acontecerá.

As divergências entre as duas teorias anteriores foram consideravelmente atenuadas pela *teoria do consentimento*, chegando-se à conclusão de que dolo é, ao mesmo tempo, representação e vontade. Para essa teoria, também é dolo a vontade que, embora não dirigida diretamente ao resultado previsto como provável ou possível, *consente* na sua ocorrência ou, o que dá no mesmo, *assume o risco* de produzi-lo. A *representação* é necessária, mas não suficiente à existência do dolo, e *consentir* na ocorrência do resultado é uma forma de *querê-lo*.

Na realidade, o nosso Código Penal, ao contrário do que alguns afirmam, adotou duas teorias: a *teoria da vontade* em relação ao dolo direto, e a *teoria do consentimento* em relação ao dolo eventual.

O dolo, *no crime de homicídio, pode ser direto ou eventual*. O surgimento das diferentes espécies de dolo é ocasionado pela necessidade de a vontade abranger o objetivo pretendido pelo agente, o meio utilizado, a relação de causalidade, bem como o resultado. Afirma Juarez Tavares, com acerto, que "não há mesmo razão científica alguma na apreciação da terminologia de dolo de ímpeto, dolo alternativo, dolo determinado, dolo indireto, dolo específico ou dolo genérico, que podem so-

---

28. Apud Nélson Hungria, *Comentários ao Código Penal*, v. 1, t. 2, p. 115.

mente trazer confusão à matéria e que se enquadram ou entre os elementos subjetivos do tipo ou nas duas espécies mencionadas"[29].

No *dolo direto* o agente *quer* o resultado representado como *fim* de sua ação. A vontade do agente é dirigida à realização do fato típico, qual seja, eliminar a vida alheia. O objeto do dolo direto são o *fim proposto*, os *meios escolhidos* e os *efeitos colaterais* representados como necessários à realização do fim pretendido. Assim, o dolo direto compõe-se de três aspectos: a) a *representação* do resultado, dos meios necessários e das consequências secundárias; b) o *querer* o resultado, bem como os meios escolhidos para a sua consecução; c) o *anuir* na realização das consequências previstas como certas, necessárias ou possíveis, decorrentes do uso dos meios escolhidos para atingir o fim proposto ou da forma de utilização desses meios.

No *dolo eventual* o agente não quer diretamente a realização do tipo, mas a aceita como possível ou até provável, *assumindo o risco* da produção do resultado (art. 18, I, *in fine*, do CP). No dolo eventual o agente *prevê* o resultado como *provável* ou, ao menos, como *possível*, mas, apesar de prevê-lo, age aceitando o risco de produzi-lo[30]. Como afirmava Hungria[31], *assumir o risco* é alguma coisa mais que ter consciência de correr o risco: é consentir previamente no resultado, caso este venha efetivamente a ocorrer. Essa espécie de dolo tanto pode existir quando a intenção do agente se dirige a um *fim penalmente típico* como quando se dirige a um resultado extratípico.

A *consciência* e a *vontade*, que representam a essência do dolo, também devem estar presentes no *dolo eventual*. Para que este se configure é insuficiente a mera *ciência da probabilidade do resultado* morte ou a atuação *consciente* da possibilidade concreta da produção desse resultado, como sustentam os defensores da *teoria da probabilidade*. É indispensável determinada *relação de vontade* entre o resultado e o agente, e é exatamente esse *elemento volitivo* que distingue o dolo da culpa. Como lucidamente sustenta Alberto Silva Franco, "tolerar o resultado, consentir em sua provocação, estar a ele conforme, assumir o risco de produzi-lo não passam de formas diversas de expressar um único momento, o de aprovar o resultado alcançado, enfim, o de querê-lo"[32]. Com todas as expressões — aceita, anui, assume, admite o risco ou o resultado — pretende-se descrever um *complexo processo psicológico* em que se misturam elementos intelectivos e volitivos, conscientes e inconscientes, impossíveis de ser reduzidos a um conceito unitário de dolo. No entanto, como a distinção entre *dolo eventual* e *culpa consciente* paira sob uma penumbra, uma zona gris, é fundamental que se estabeleça com a maior clareza possível essa região fronteiriça, diante do tratamento jurídico diferenciado que se dá às duas categorias.

---

29. Juarez Tavares, Espécies de dolo e outros elementos subjetivos do tipo, *Revista de Direito Penal*, n. 6, Rio de Janeiro, Borsoi, 1972, p. 22.
30. Aníbal Bruno, *Direito Penal*, p. 73.
31. Nélson Hungria, *Comentários ao Código Penal*, v. 1, t. 2, p. 122.
32. Alberto Silva Franco et al., *Código Penal e sua interpretação jurisprudencial*, 6. ed., São Paulo, Revista dos Tribunais, 1997, p. 284.

Ademais, o *dolo eventual* não se confunde com a mera esperança ou simples desejo de que determinado resultado ocorra, como no exemplo trazido por Welzel, do sujeito que manda seu adversário a um bosque, durante uma tempestade, na esperança de que seja atingido por um raio[33]. Vê-se aqui, por exemplo, a desnecessidade de socorrer-se da *teoria da imputação objetiva* para solucionar essa situação. Contudo, se o agente não conhece com certeza os elementos requeridos pelo tipo objetivo, mas, mesmo na dúvida sobre a sua existência, age, aceitando essa possibilidade, estará configurado o dolo eventual.

O crime de homicídio, na sua concisão e objetividade descritiva típica, não exige elemento subjetivo especial do tipo. Mas o *especial fim de agir*, que integra as definições de determinados crimes e condiciona ou fundamenta a *ilicitude* do fato, também pode ocorrer no crime de homicídio, a despeito da sua desnecessidade para a tipificação do crime. Dependendo da natureza ou espécie desse *especial fim de agir*, poderá qualificar o crime de homicídio, nos termos do art. 121, § 2º, V.

O crime de homicídio admite a modalidade culposa, que será analisada em tópico específico.

6. Consumação e tentativa

Consuma-se o crime de homicídio quando da ação humana resulta a morte da vítima. Aliás, a consumação, nos crimes materiais, é a fração última e típica do agir criminoso, que passa pela *cogitatio*, pelos atos preparatórios, pelos atos executórios e culmina com a produção do resultado, que, no homicídio, materializa-se com a morte do sujeito passivo. Na afirmação de Aníbal Bruno, "a consumação é a fase última do atuar criminoso. É o momento em que o agente realiza em todos os seus termos o tipo legal da figura delituosa, e em que o bem jurídico penalmente protegido sofre a lesão efetiva ou a ameaça que se exprime no núcleo do tipo"[34].

A morte prova-se com o *exame de corpo de delito*, que pode ser direto ou indireto (art. 158 do CPP). Na impossibilidade desse exame — direto ou indireto — admite-se, supletivamente, a produção de *prova testemunhal* (art. 167 do CPP), que, como sustentamos (item 4.1 deste capítulo), não se confunde com *exame de corpo de delito indireto*. Convém registrar, no entanto, que somente será admissível a *prova testemunhal* supletiva quando também for impossível o *exame de corpo de delito indireto*, e não apenas o direto. Ademais, a própria confissão do acusado não supre a ausência dessa *prova qualificada* da materialidade do crime de homicídio, como de resto de qualquer crime material que deixa vestígio.

O homicídio, como *crime material*, também admite a *tentativa*. Segundo a dicção do art. 14, II, do Código Penal, diz-se *tentado* o homicídio quando, iniciada a sua execução, ou seja, a agressão ao bem jurídico vida, não se consuma, isto é, não se verifica o evento morte, por circunstâncias alheias à vontade do agente. A tentativa é a realização incompleta do tipo penal, ou seja, *matar alguém*. Na tentativa há a

---

33. Welzel, *Derecho Penal alemán*, p. 97.
34. Aníbal Bruno, *Direito Penal*, 3. ed., Rio de Janeiro, Forense, 1967, v. 2, p. 254.

prática de atos de execução, mas o sujeito não chega à consumação por circunstâncias que independem de sua vontade. Na tentativa, o movimento criminoso para em uma das fases da execução (desferindo facadas, disparando tiros etc.), impedindo o agente de prosseguir no seu desiderato, por circunstâncias estranhas ao seu querer.

A tentativa é um tipo penal ampliado, um tipo penal aberto, um tipo penal incompleto, mas um tipo penal. A tipicidade da tentativa de homicídio decorre da conjugação do tipo penal (art. 121) com o dispositivo que a define e que prevê a sua punição (art. 14, II), que tem eficácia extensiva, uma vez que por força dele é que se *amplia* a proibição contida nas *normas penais incriminadoras* a fatos que o agente realiza de forma incompleta.

Relativamente às fases de realização do crime em geral, não há distinção quanto ao *elemento subjetivo* entre o crime consumado e o crime tentado. A diferença reside somente no resultado final: no homicídio consumado há a supressão de uma vida, e no homicídio tentado há o risco de eliminação dessa vida, que, por circunstâncias alheias à vontade do agente, não se verifica.

No homicídio *tentado*, o agente deve agir dolosamente, isto é, deve querer a *ação* e o *resultado* final que concretize o crime perfeito e acabado, qual seja, a morte de alguém. É necessário que o agente tenha intenção de produzir um resultado mais grave do que aquele que vem efetivamente a conseguir. Não existe um *dolo especial de tentativa*, diferentemente do *elemento subjetivo* informador do crime consumado. *O dolo da tentativa é o mesmo do crime consumado.* Quem *mata* age com o mesmo *dolo* de quem *tenta matar*. Logo, o *elemento subjetivo* orientador da conduta de quem mata é o mesmo que orienta a conduta daquele que tenta matar, residindo a diferença exclusivamente na *parte objecti*, no resultado final. No entanto, nem sempre é possível demonstrar o *animus necandi* do agente, a despeito da utilização de dados ou aspectos objetivos, como, por exemplo, sede da lesão, natureza da arma, distância entre agente e vítima etc. Nesse caso, o agente deve responder por lesões corporais ou por perigo para a vida ou a saúde de outrem, de acordo com as demais circunstâncias, mas não por tentativa de homicídio. Em sentido semelhante pontificava Magalhães Noronha, afirmando: "Ressalve-se, naturalmente, o caso em que pode haver dúvida quanto ao resultado, impondo-se, então, a solução favorável ao acusado"[35]. Não era outro o entendimento de Aníbal Bruno, para quem "o julgamento da tentativa terá de ser feito sempre em relação com o tipo que se realizou no dolo do agente. Assim, ter-se-á de distinguir, por exemplo, se ele quis matar ou somente ferir, se há na hipótese uma tentativa de homicídio ou uma lesão corporal consumada. Aí, também, a dúvida conduz à conclusão mais favorável ao réu"[36].

Ao definir o crime tentado, em geral, o Código Penal de 1940 adotou a *teoria objetiva*, exigindo o início da execução de um fato típico, ou seja, a existência de uma ação

---

35. Magalhães Noronha, *Direito Penal*, p. 26.
36. Aníbal Bruno, *Crimes contra a pessoa*, p. 84.

que penetre na *fase executória* do crime: uma atividade que se dirija no sentido da realização de um tipo penal. O legislador brasileiro recusou a *teoria subjetiva*, que se satisfaz com a exteriorização da vontade por meio da prática de *atos preparatórios*, bem como a *teoria sintomática*, que se contenta com a manifestação da *periculosidade subjetiva*.

A *tentativa* só é punível a partir do momento em que a ação penetra *na fase de execução*. Só então se pode precisar a direção do atuar voluntário do agente no sentido de determinado tipo penal. As teorias subjetiva e objetiva procuram explicar as razões da punibilidade da tentativa, que não deixa de ser um crime frustrado, sob o aspecto subjetivo.

Para a *teoria subjetiva*, a punibilidade da tentativa fundamenta-se *na vontade do autor*, que é contrária ao Direito. Para essa teoria o elemento moral, a vontade do agente, é decisiva, porque esta é completa, perfeita. *Imperfeito* é o delito sob o aspecto objetivo, pois não chega a consumar-se. Por isso, segundo essa teoria, a pena da tentativa deve ser a mesma do crime consumado, pois, desde que a vontade criminosa se manifeste nos atos de execução do fato punível, a punibilidade estará justificada. Para a *teoria objetiva*, por sua vez, a punibilidade da tentativa fundamenta-se no *perigo a que é exposto o bem jurídico*, e a repressão se justifica desde que seja *iniciada a execução* do crime. Destaca que, como a lesão é menor ou não ocorre qualquer resultado lesivo ou perigo de dano, o fato cometido pelo agente deve ser punido menos severamente, pois é o perigo efetivo que representa diretamente para o bem jurídico tutelado que torna a tentativa punível. Não se equipara o dano ou perigo ocorrido na tentativa com o que resultaria do crime consumado.

Essa é a teoria que inspirou a maioria das legislações modernas, inclusive o nosso Código Penal, que dispõe: "Salvo disposição em contrário, pune-se a tentativa com a pena correspondente ao crime consumado, diminuída de um a dois terços" (art. 14, parágrafo único). A razão da punibilidade da tentativa é que, como dizia Aníbal Bruno, "materialmente, com ela se põe em perigo um bem jurídico tutelado pela lei penal, e, formalmente, nela se inicia a realização do tipo".

Mas para punir a tentativa é fundamental que se defina com precisão que tipo de atos constituem tentativa e que atos não a constituem, ou, em outros termos, que são atos preparatórios e que são atos executórios, na medida em que os primeiros são, em tese, penalmente irrelevantes, enquanto os últimos constituem crimes. Com efeito, para o nosso Código Penal os *atos preparatórios* não integram o conceito de tentativa, que só existe com o início da execução. Os *atos preparatórios* são externos ao agente, que passa da *cogitatio* (1ª fase do *iter criminis*) à *ação objetiva*, arma-se dos instrumentos necessários à prática da infração penal, procura o local mais adequado ou a hora mais favorável para a realização do crime etc. Mas, de regra, os *atos preparatórios* não são puníveis, apesar da opinião dos positivistas, que reclamavam a punição como medida de prevenção criminal (teoria subjetiva), uma vez que o nosso Código Penal exige o *início da execução*. No entanto, algumas vezes, o legislador transforma esses atos em *tipos penais especiais*, fugindo à regra geral, como ocorre com "petrechos para falsificação de moeda" (art. 291); "atribuir-se falsamente autoridade para celebração de casamento" (art. 238), que seria apenas a preparação da simulação de casamento (art. 239) etc. De sorte que esses atos, que teoricamente seriam preparatórios, constituem, por si mesmos, figuras delituosas.

Os *atos de execução*, na lição de Welzel, "começam com a atividade com a qual o autor se põe em relação imediata com a ação típica". Atos de execução, com efeito, são aqueles por meio dos quais o agente realiza a conduta nuclear descrita no tipo penal: mata, subtrai, falsifica etc. Aqui surge um dos problemas mais complexos dos graus de realização do crime: qual o critério diferenciador seguro entre *ato preparatório* e *ato executório*. A doutrina não negligenciou na busca de regras gerais que distinguissem tais *atos* com alguma precisão. Vários foram os *critérios propostos* para a diferenciação. Alguns autores consideraram os *atos remotos* ou distantes como meramente preparatórios, uma vez que não seriam perigosos em si, enquanto os atos mais próximos seriam executórios, pois colocariam em risco o bem jurídico. Os distantes seriam equívocos e os próximos (executórios) seriam inequívocos[37]. Os critérios mais aceitos, porém, são os do "ataque ao bem jurídico", critério material, quando se verifica se houve perigo ao bem jurídico, e o do "início da realização do tipo", critério formal, que foi adotado pelo Código Penal brasileiro (art. 14, II).

O *critério material* vê o elemento diferencial no ataque direto ao objeto da proteção jurídica, ou seja, no momento em que o bem juridicamente protegido é posto realmente em perigo pelo atuar do agente. Assim, o crime define-se, materialmente, como lesão ou ameaça a um bem jurídico tutelado pela lei penal. O ato que não constitui ameaça ou ataque direto ao objeto da proteção legal é simples *ato preparatório*. No *critério formal*, o começo da execução é marcado pelo início da realização do tipo, ou seja, quando se inicia a realização da conduta núcleo do tipo: matar, ofender, subtrair etc. No caso do *homicídio*, por esse critério formal (teoria objetiva) serão atos *preparatórios*, por exemplo, a compra da arma ou do instrumento adequado, a procura do lugar apropriado, a perseguição da vítima, a campana dos seus movimentos etc.; são *atos executórios*, por sua vez, o disparo de arma, a colocação de veneno na alimentação destinada à vítima, o golpe de facão etc. Na dúvida sobre a natureza dos atos, se preparatórios ou executórios, o juiz deve optar pela natureza preparatória de referidos atos, negando, consequentemente, a *configuração da tentativa*.

6.1 *Circunstâncias alheias à vontade do agente*

Iniciada a execução de um crime, pode ela ser interrompida por duas razões: pela própria vontade do agente ou por circunstâncias estranhas a ela. Na primeira hipótese, pode haver *desistência voluntária ou arrependimento eficaz*; na segunda, estará configurada a *tentativa*.

O agente que inicia a realização de uma conduta típica pode, *voluntariamente*, interromper sua execução (desistência voluntária) ou impedir que o resultado se

---

37. Cezar Roberto Bitencourt, *Tratado de Direito Penal — Parte Geral*, 25. ed., São Paulo, Saraiva, 2019, v. 1, p. 546.

produza (arrependimento eficaz). Mas em nenhuma dessas hipóteses impeditivas a inocorrência do resultado deve-se "a circunstância alheia à vontade do agente". Logo, não caracterizam a figura da *tentativa punível*, por faltar-lhes a *elementar* "circunstâncias alheias à vontade do agente", configurando tentativa abandonada, que é impunível. Logicamente, o agente deverá responder pelos atos já praticados que, em si mesmos, constituírem crime.

Enfim, para que se tipifique a tentativa punível é necessário que a circunstância impeditiva do resultado pretendido seja, segundo o Código Penal, "alheia à vontade do agente".

Quando o agente não consegue praticar todos os atos necessários à consumação, por interferência externa, diz-se que há *tentativa imperfeita* ou tentativa propriamente dita. O processo executório é interrompido por circunstâncias estranhas à vontade do agente, como, por exemplo, "o agressor é seguro quando está desferindo os golpes na vítima para matá-la". Na tentativa imperfeita o agente não exaure toda a sua *potencialidade lesiva*, ou seja, não chega a realizar todos os atos executórios necessários à produção do resultado inicialmente pretendido, por circunstâncias estranhas à sua vontade. Por outro lado, quando o agente realiza todo o necessário para obter o resultado, mas mesmo assim não o atinge, diz-se que há tentativa perfeita ou crime falho. A fase executória realiza-se integralmente, mas o resultado visado não ocorre, *por circunstâncias alheias à vontade do agente*. A execução se conclui, mas o crime não se consuma.

Concluindo, na tentativa perfeita, o agente desenvolve toda a atividade necessária à produção do resultado, mas este não sobrevém; por exemplo, descarrega sua arma na vítima, ferindo-a gravemente, mas esta é salva por intervenção médica.

Podem ocorrer hipóteses em que, a despeito da morte da vítima, o agente só deva responder por *tentativa*, como, por exemplo, no caso da ocorrência de uma *causa superveniente* que, por si só, produza o resultado morte (art. 13, § 1º); podem existir, ainda, outras hipóteses em que o agente nem sequer deve responder por tentativa, quando, por exemplo, a despeito da conduta da vítima e do *animus necandi*, a realização do crime é absolutamente impossível, quer pela absoluta impropriedade do objeto, quer pela ineficácia absoluta do meio empregado.

7. Tentativa branca: homicídio e perigo para a vida ou saúde de outrem

As circunstâncias fáticas, por vezes, apresentam singularidades de difícil solução, na medida em que, para a definição da conduta punível, é fundamental que se conheça o *elemento subjetivo* que a orientou. A *vontade consciente* do agente pode dirigir-se não a um resultado de dano, mas a um resultado de perigo, e, nesse caso, em vez de constituir homicídio, o crime assumirá outra conotação.

Convém ter presente que o *homicídio* é um crime de dano, e o *perigo para a vida ou saúde de outrem* é um crime de perigo. No primeiro, o dolo é de dano; no segundo, é de perigo.

Com efeito, as condutas de *exposição a perigo* (da vida ou da saúde) e as condutas que objetivam lesar a vida, a saúde ou a integridade física são orientadas por elementos subjetivos distintos: a *tentativa de lesão* (da vida ou da integridade física) é orientada pelo dolo de dano (*animus necandi* ou *animus laedendi*), e no crime de *exposição a perigo* (da vida ou da saúde) o dolo é de perigo. Aliás, concretamente, em determinadas circunstâncias, especialmente nos casos de "tentativa branca" e de crime de exposição a perigo (vida ou saúde), o grande traço distintivo limita-se ao *elemento subjetivo*: quem, por exemplo, perceber, a determinada distância, alguém que, ao disparar um tiro contra outrem, erra o alvo, deverá ficar com uma dúvida atroz: afinal, estará diante de *tentativa de homicídio*, de *tentativa de lesões corporais* ou da *hipótese do art. 132*? Os aspectos objetivos são exatamente iguais: a arma, o disparo, a eficácia da arma, o risco corrido pela vítima etc. A única diferença residirá exatamente no *elemento subjetivo* — o agente teria pretendido matar a vítima ou simplesmente expô-la a perigo? Enfim, a mesma conduta, com o mesmo evento, poderá ter tipificação distinta, de acordo com o dolo que a tiver orientado.

No crime de perigo para a vida ou saúde de outrem é desnecessário o dano, sendo suficiente a exposição a perigo; a *ação física* cria a situação de perigo, mas não objetiva o dano, embora não o desconheça; se, no entanto, o objetivasse, o crime seria de dano, e a sua não ocorrência configuraria uma figura tentada (de homicídio ou de lesão corporal). Para a existência do crime de perigo é suficiente que o agente crie para a vítima uma situação de fato em que sua vida ou saúde seja exposta a um perigo direto e iminente, isto é, a um perigo concreto. Por isso, a mesma conduta, objetivamente considerada, pode, subjetivamente, pretender resultados diversos, tipificando, consequentemente, crimes distintos.

O *elemento subjetivo* é representado pela consciência e vontade do perigo criado com a ação ou omissão, sendo definido como *dolo de perigo*, que poderá ser direto ou eventual. O *elemento subjetivo* desse tipo penal, como crime de perigo, limita-se à *consciência* e *vontade* de expor a vítima a grave e iminente perigo, estando absolutamente excluído o *dolo de dano*, ou seja, eventual *animus necandi* ou *animus laedendi* caracterizará outro tipo penal, e não este. Se, no entanto, o agente pretender atingir a vida ou saúde de alguém com sua ação, estar-se-á diante de tentativa de homicídio ou de tentativa de lesão corporal, respectivamente. A diferença está na natureza do dolo: nesses casos, o dolo será de dano.

8. Classificação doutrinária

Crime comum, que pode ser praticado por qualquer pessoa independentemente de condição ou qualidade especial; *material*, pois somente se consuma com a ocorrência do resultado, que é uma exigência do tipo; *simples*, na medida em que protege somente um bem jurídico: a vida humana, ao contrário do chamado crime complexo; *crime de dano*, pois o elemento subjetivo orientador da conduta visa ofender o bem jurídico tutelado e não simplesmente colocá-lo em perigo; *instantâneo*, pois se esgota com a ocorrência do resultado. Instantâneo não significa praticado rapidamente, mas, uma vez realizados os seus elementos, nada mais se poderá fazer para impedir sua consumação. Ademais, o fato de o agente continuar a se beneficiar com o resultado, como no furto, não altera sua qualidade de instantâneo. No entanto, embora seja instantâneo, é de efeito permanente. Doloso – não há previsão de modalidade culposa; unissubjetivo, podendo ser praticado individualmente, sem necessidade da participação de terceiros; unissubsistente, que pode completar-se com ato único.

9. Figuras típicas do homicídio

A ação de matar alguém pode ser executada pelos mais diversos meios e das mais distintas formas ou modos e pelos mais diversos motivos. Essa diversidade possível de suprimir a vida alheia, merecedora de mais ou menos censura penal, é a causa determinante que levou o Código Penal a prescrever três figuras ou espécies de homicídio doloso: simples, privilegiado e qualificado.

Por exclusão, o homicídio será "simples" quando o fato não se adequar a qualquer das hipóteses de homicídio "privilegiado" ou "qualificado", encontrando-se descrito no *caput* do art. 121, objetivamente: *matar alguém*. Será "privilegiado" o homicídio quando sua execução fundar-se em relevante motivação social ou moral, representando sua forma mais branda, descrita no § 1º do mesmo artigo: *Se o agente comete o crime impelido por motivo de relevante valor social ou moral, ou sob o domínio de violenta emoção, logo em seguida a injusta provocação da vítima, o juiz pode reduzir a pena de um sexto a um terço*. Por fim, o homicídio será "qualificado" quando ocorrer alguma das circunstâncias contidas no § 2º. Algumas dessas qualificadoras referem-se aos *motivos*, outras ao *modo* de ação ou *natureza dos meios empregados*, mas todas se caracterizam por revelar maior perigosidade ou perversidade do sujeito ativo. Em síntese, trata-se de homicídio qualificado: *se o homicídio é cometido mediante paga ou promessa de recompensa, ou por outro motivo torpe; por motivo fútil; com emprego de veneno, fogo, explosivo, asfixia, tortura ou outro meio insidioso ou cruel, ou de que possa resultar perigo comum; à traição, de emboscada ou mediante dissimulação ou outro recurso que dificulte ou torne impossível a defesa do ofendido; ou para assegurar a execução, a ocultação, a impunidade ou vantagem de outro crime; contra a mulher por razões da condição de sexo feminino; contra autoridade ou agente descrito nos arts. 142 e 144 da Constituição Federal, integrantes do sistema prisional e da Força Nacional de Segurança Pública, no exercício da função ou em decorrência dela, ou contra seu cônjuge, companheiro ou parente consanguíneo até terceiro grau, em razão dessa condição; com emprego de arma de fogo de uso restrito ou proibido; contra menor de 14 (quatorze) anos* (§ 2º).

O *homicídio* ainda pode ser classificado como *doloso* (§§ 1º e 2º), *culposo* (§ 3º) e *preterdoloso* (art. 129, § 3º). Esta última modalidade é denominada pelo Código Penal *lesões corporais seguidas de morte*, razão pela qual será estudada no capítulo em que tratamos das lesões corporais. O *homicídio culposo*, ainda, pode ser *simples* (§ 3º) ou *majorado* (§ 4º, 1ª parte), que não se confunde com qualificado[38].

---

38. Como tivemos oportunidade de afirmar em nosso *Tratado de Direito Penal*, 30. ed., v. 1, p. 897: "Alguns doutrinadores não fazem distinção entre as majorantes e minorantes e as

10. Homicídio simples

Homicídio simples é a figura básica, elementar, original na espécie. É a realização estrita da conduta tipificada de *matar alguém*. Na verdade, o *homicídio qualificado* apenas acrescenta ao homicídio simples maior *desvalor da ação*, representado por particulares circunstâncias que determinam sua maior reprovabilidade, na medida em que a conduta nuclear típica é exatamente a mesma, *matar alguém*.

O homicídio simples, em tese, não é objeto de qualquer motivação especial, moral ou imoral, tampouco a natureza dos meios empregados ou dos modos de execução apresenta algum relevo determinante, capaz de alterar a reprovabilidade, para além ou para aquém da simples conduta de matar alguém.

Ademais, ao longo do tempo, cristalizou-se corrente jurisprudencial segundo a qual a *ausência de motivo* não caracteriza futilidade da ação homicida, isto é, a absoluta ausência de motivo é menos grave do que a existência de algum motivo, ainda que irrelevante. Trata-se, na verdade, de um paradoxo que somente a exigência de absoluto respeito ao princípio da estrita legalidade nos convence a aceitar, embora no plano lógico, sociológico e ético seja absolutamente insustentável.

10.1 *Homicídio simples e crime hediondo: atividade típica de grupo de extermínio*

As chacinas de Vigário Geral, do Carandiru e da Candelária, como ficaram conhecidas, escancararam a violência grupal, que estava encoberta pelos interesses superiores de alguns grupos sociais, mas que se sucedia nas grandes capitais brasileiras, com o extermínio de membros das classes desfavorecidas. Esses três grandes massacres desnudaram essa forma de extermínio, tão condenável quanto são os genocídios que de tempos em tempos ocorrem nos mais variados países, nas mais diversas classes econômicas. Para combater essa "neocriminalidade", a Lei n. 8.930/94 tachou-a de crime hediondo, alterando a redação da Lei n. 8.072/90.

Quando o *homicídio simples* é cometido em *atividade típica de grupo de extermínio*, mesmo por um único executor, é definido como *crime hediondo* (art. 1º, I, da Lei n. 8.072/90, com redação da Lei n. 14.344/2022). A redação do dispositivo em exame não é das mais felizes, uma vez que prevê a execução por uma única pessoa como ação típica de atividade de grupo. Teria sido menos desafortunada se se tivesse limitado a referir-se a *ação típica de extermínio*.

---

qualificadoras. No entanto, as qualificadoras constituem verdadeiros tipos penais — tipos derivados — com novos limites, mínimo e máximo, enquanto as majorantes e minorantes, como simples causas modificadoras da pena, somente estabelecem a sua variação. (...) Ademais, as majorantes e minorantes funcionam como modificadoras na terceira fase do cálculo da pena, o que não ocorre com as qualificadoras, que estabelecem limites mais elevados, dentro dos quais será calculada a pena-base. Assim, por exemplo, enquanto a previsão do art. 121, § 2º, caracteriza uma qualificadora, a do art. 155, § 1º, configura uma majorante".

Extermínio é a matança generalizada, é a chacina que elimina a vítima pelo simples fato de pertencer a determinado grupo ou determinada classe social ou racial, como, por exemplo, mendigos, prostitutas, homossexuais, presidiários etc. A impessoalidade da ação genocida é uma de suas características fundamentais, sendo irrelevante a unidade ou pluralidade de vítimas. Caracteriza-se a ação de extermínio mesmo que seja morta uma única pessoa, desde que se apresente a impessoalidade da ação, ou seja, pela razão exclusiva de pertencer ou ser membro de determinado grupo social, ético, econômico, étnico etc.

Para caracterizar *atividade de grupo de extermínio* não é indispensável que seja executada por pessoas fanáticas de determinadas ideologias, instigadoras ou não de desavenças políticas, econômicas, religiosas etc. Aliás, os três grandes exemplos brasileiros antes referidos não tiveram, pelo que se sabe, qualquer dessas motivações, e, no entanto, configuram, claramente, atividades de grupos de extermínio. Na realidade, no caso, as motivações foram outras, tais como o ódio entre as classes sociais (comerciantes e empresários em busca de segurança pessoal e patrimonial); corporações policiais movidas pela propina etc.

Na realidade, o *homicídio simples*, como tipo fundamental, pode ser acrescido de circunstâncias particulares que alteram sua reprovabilidade, para mais ou para menos, segundo a natureza dessas particularidades. Com efeito, após criminalizar determinadas condutas, o Código Penal passa a considerar certas circunstâncias que, somando-se ao tipo básico, podem alterar-lhe a fisionomia, aumentando ou diminuindo sua gravidade. Ora configura um crime autônomo, com título próprio e pena autônoma, superior ou inferior ao tipo básico; ora mantém o crime básico, com o mesmo *nomen iuris*, cominando-lhe somente sanção maior ou menor. Em termos bem esquemáticos, o legislador ora cria um tipo qualificado, ora cria um tipo privilegiado. Abordaremos primeiramente o crime privilegiado, que pode assumir duas feições (§ 1º). O § 1º apresenta as seguintes hipóteses: *a) quando o agente é impelido por motivo de relevante valor social ou moral; b) quando o agente se encontra sob o domínio de violenta emoção, logo em seguida a injusta provocação da vítima.*

Por fim, a Lei 13.964, publicada no dia 24 de dezembro de 2019, em seu art. 5º, altera, entre outros diplomas legais, além do Código Penal, o art. 1º da Lei 8.072, de 25 de julho de 1990, para incluir, entre os crimes hediondos, alguns crimes previstos neste código, ou apenas reforçando alguns, como é o caso do homicídio, do homicídio simples ou qualificado "I — homicídio (art. 121), quando praticado em atividade típica de grupo de extermínio, ainda que cometido por um só agente, e homicídio qualificado (art. 121, § 2º, incisos I, II, III, IV, V, VI, VII, VIII e IX)". (Redação dada pela Lei n. 14.344/2022).

11. Homicídio privilegiado

As circunstâncias especialíssimas elencadas no § 1º do art. 121 minoram a sanção aplicável ao homicídio, tornando-o um *crimen exceptum*. Contudo, não se trata de elementares típicas, mas de causas de diminuição de pena, também conhecidas como minorantes, que não interferem na estrutura da descrição típica, permanecendo esta inalterada. Por essa razão, as "privilegiadoras" não se comunicam na hipótese de concurso de pessoas (art. 30 do CP). A Exposição de Motivos afirma que se cuida de "homicídio com pena especialmente atenuada" (Item n. 30), que a doutrina encarregou-se chamar de *homicídio privilegiado*. Mas homicídio privilegiado ou *delictum exceptum* também é o *infanticídio*, embora este constitua crime autônomo, com a sua pena correspondente e com *nomen juris* igualmente distinto.

As duas primeiras figuras privilegiadas contidas no art. 121, § 1º, estão relacionadas aos motivos determinantes do crime, no caso, relevante valor social ou moral.

O *motivo determinante* do crime ganhou grande destaque na concepção da Escola Positiva, pois, segundo Ferri, é ele que dá significado moral e jurídico a todo ato humano[39]. Os motivos constituem a fonte propulsora da vontade criminosa. Não há crime gratuito ou sem motivo. Como afirmava Pedro Vergara, "os motivos determinantes da ação constituem toda a soma dos fatores que integram a personalidade humana e são suscitados por uma representação cuja ideomotricidade tem o poder de fazer convergir, para uma só direção dinâmica, todas as nossas forças psíquicas".

Os *motivos* que, eventualmente, levam à prática do crime de homicídio podem ser, segundo Hungria[40], *morais*, *imorais*, *sociais* e *antissociais*. Quando os motivos têm *natureza social ou moral*, "privilegiam" a ação de matar alguém; quando, no entanto, a motivação tem *natureza imoral ou antissocial*, está-se diante de homicídio qualificado.

Façamos a análise das hipóteses consagradas no § 1º do art. 121, quais sejam, do denominado *homicídio privilegiado*[41]. Destaque-se, desde logo, que a ação continua punível, apenas a sua reprovabilidade é mitigada, na medida em que diminui o seu contraste com as exigências ético-jurídicas da consciência comum. A relevância social ou moral da motivação é determinada pela escala de valores em que se estrutura a sociedade.

11.1 *Impelido por motivo de relevante valor social*

É bom que se diga, desde logo, que a opção do legislador, distinguindo *valor social* e *valor moral*, criticada no passado por alguns doutrinadores, tem o condão de evitar interpretações duvidosas, a despeito de alguns entendimentos contrários.

Motivo de relevante valor social é aquele que tem motivação e interesse coletivos, ou seja, a motivação fundamenta-se no interesse de todos os cidadãos de determinada coletividade; *relevante* é o importante ou considerável *valor social*, isto é, do interesse de todos em geral, ao contrário do *valor moral*, que, de regra,

---

39. Enrico Ferri, *Princípios de Direito Criminal*, trad. Lemos d'Oliveira, 1931, p. 300.
40. Nélson Hungria, O arbítrio judicial na medida da pena, *Revista Forense*, n. 90, jan. 1943, p. 66.
41. A nosso juízo o verdadeiro homicídio privilegiado é o *infanticídio*, que recebe um tipo especial; o outro não passa de um homicídio simples com pena minorada.

encerra interesse individual. Age impelido por motivo de relevante valor social quem mata sob a pressão de sentimentos nobres segundo a concepção da moral social, como, por exemplo, por amor à pátria, por amor paterno ou filial etc.

Não será qualquer motivo social ou moral que terá a condição de privilegiar o homicídio: é necessário que seja considerável; não basta que tenha valor social ou moral, sendo indispensável seja relevante, isto é, importante, notável, digno de apreço.

11.2 Impelido por motivo de relevante valor moral

Relevante *valor moral*, por sua vez, é o valor superior, enobrecedor de qualquer cidadão em circunstâncias normais. Faz-se necessário que se trate de valor considerável, isto é, adequado aos princípios éticos dominantes, segundo aquilo que a moral média reputa nobre e merecedor de indulgência. O *valor social ou moral* do motivo deve ser considerado sempre objetivamente, segundo a média existente na sociedade, e não subjetivamente, segundo a opinião do agente, que pode ser mais ou menos sensível.

Será motivo de *relevante valor moral* aquele que, em si mesmo, é aprovado pela ordem moral, pela moral prática, como, por exemplo, a compaixão ou piedade ante o irremediável sofrimento da vítima. Admite-se, por exemplo, como *impelido por motivo de relevante valor moral* o denominado homicídio piedoso, ou, tecnicamente falando, a eutanásia. Aliás, por ora, é dessa forma que nosso Código Penal disciplina a famigerada eutanásia[42], embora sem utilizar essa terminologia.

É insuficiente, porém, para o reconhecimento da privilegiadora, o valor social ou moral do motivo: é indispensável que se trate de *valor relevante*, como destaca o texto legal. E a relevância desse valor, social ou moral, é avaliada de acordo com a sensibilidade média da sociedade e não apenas segundo a sensibilidade maior ou menor do sujeito ativo, embora não se possa esquecer que a relevância do valor social ou moral é subjetiva e não puramente objetiva. Em sentido semelhante é o magistério de Paulo José da Costa Jr., para quem a relevância dos valores social ou moral deve ser considerada objetivamente, "segundo os padrões da sociedade e não conforme o entendimento pessoal do agente"[43].

Por fim, deve-se destacar que os motivos de "relevante valor social ou moral" também estão relacionados no art. 65, III, *a*, do CP como circunstâncias atenuantes. Por isso, quando reconhecida uma privilegiadora, é inadmissível, pelo mesmo motivo, admiti-la como atenuante, para se evitar o *bis in idem*, que, no caso concreto, beneficiaria, injustamente, o infrator.

---

42. Eutanásia é o auxílio piedoso para que alguém que esteja sofrendo encontre a morte desejada. Um intenso sentimento de piedade leva alguém bom e caridoso à violência de suprimir a vida de um semelhante, para minorar-lhe ou abreviar-lhe um sofrimento insuportável. Esse é um autêntico motivo de relevante valor moral que justifica o abrandamento da pena no homicídio dito privilegiado.
43. Paulo José da Costa Jr., *Comentários ao Código Penal*; Parte Especial, São Paulo, Saraiva, 1988, v. 2, p. 7.

11.3 Sob o domínio de violenta emoção, logo em seguida a injusta provocação da vítima

A outra modalidade de homicídio privilegiado é a *emocional*, que deve ser imediatamente precedida de *injusta provocação da vítima*. Convém destacar, desde logo, que o Código Penal, em seu art. 28, I, declara que a emoção não exclui a responsabilidade penal, embora aqui lhe atribua a condição de *privilegiar* o crime de homicídio.

Emoção é uma viva excitação do sentimento. É uma forte e transitória perturbação da afetividade a que estão ligadas certas variações somáticas ou modificações particulares das funções da vida orgânica. "A emoção é um estado afetivo que produz momentânea e violenta perturbação da personalidade do indivíduo. Afeta o equilíbrio psíquico, ou seja, o processo sedativo, acarretando alterações somáticas, com fenômenos neurovegetativos (respiratórios, vasomotores, secretores etc.) e motores (expressões e mímicas)"[44]. A *paixão* é a emoção em estado crônico, perdurando como um sentimento profundo e monopolizante (amor, ódio, vingança, fanatismo, desrespeito, avareza, ambição, ciúme etc.).

Emoção e *paixão* praticamente se confundem, embora haja pequena diferença entre ambas e esta se origine daquela. Kant dizia que a *emoção* é como "uma torrente que rompe o dique da continência", enquanto a *paixão* é o "charco que cava o próprio leito, infiltrando-se, paulatinamente, no solo". A emoção é uma descarga emocional passageira, de vida efêmera, enquanto a paixão, pode-se afirmar, é o estado crônico da emoção, que se alonga no tempo, representando um estado contínuo e duradouro de perturbação afetiva. Em outras palavras, a emoção passa, enquanto a paixão permanece, alimentando-se nas suas próprias entranhas. Alguns pensadores chegam a situar a paixão, por suas características emocionais, entre a emoção e a loucura.

É extremamente difícil distinguir, com segurança, *emoção* e *paixão*, pois não apresentam diversidades de natureza ou de grau, já que esta nasce daquela, e, assim como há paixões violentas e emoções calmas, o inverso também é verdadeiro, embora se diga que *a emoção é aguda e a paixão é crônica*. A única diferença que se pode afirmar com certeza é que a emoção é passageira e a paixão é duradoura.

No entanto, em nosso Direito positivo a *emoção* e a *paixão* não apresentam maiores problemas, embora possam reduzir, inegavelmente, a *vis electiva* entre o certo e o errado. Esses estados emocionais não eliminam a censurabilidade da conduta (art. 28, I, do CP), embora possam diminuí-la, quando violentos, com a correspondente redução de pena, como preveem os arts. 121, § 1º, e 129, § 4º, 2ª parte, desde que satisfeitos, simultaneamente, determinados requisitos legais. Esses requisitos são: a provocação *injusta* da vítima, o *domínio de emoção violenta* e a *imediatidade entre provocação e reação*. Na verdade, a violenta emoção recebe tratamento

---

44. Heleno Cláudio Fragoso, *Lições de Direito Penal*; Parte Geral, 2. ed., São Paulo, Bushatsky, 1962, v. 1, p. 43.

diferenciado segundo o grau de influência que possa ter sobre a autodeterminação do agente: de um lado, poderá assumir a condição de mera *atenuante* de pena (quando tiver simples "influência"), ou, então, como pode ocorrer nos crimes de homicídio e de lesões corporais, caracterizar causa de diminuição de pena ou *minorante* (quando assumir o "domínio"). Em qualquer hipótese, é indispensável que tenha sido originada por comportamento injusto da vítima contra o sujeito ativo, ou seja, na terminologia do Código Penal, desde que resulte de *injusta provocação*.

a) *Sob o domínio de violenta emoção*

A emoção pode, na verdade, ser graduada em mais ou menos intensa, mais ou menos aguda e mais ou menos violenta. O Direito Penal reconhece essa pluralidade de intensidade que o estado emocional pode apresentar e o valora proporcionalmente, como ocorre quando reconhece, no homicídio e nas lesões corporais, o "domínio" de violenta emoção e a "influência" de violenta emoção nas demais infrações penais e ignora completamente a simples *emoção* como fator determinante de uma conduta delituosa (art. 28, I, do CP).

Constata-se, com efeito, que não é qualquer *emoção* que pode assumir a condição de privilegiadora, no homicídio, mas somente a emoção intensa, violenta, absorvente, que seja capaz de reduzir quase que completamente a *vis electiva*, em razão dos motivos que a eclodiram, *dominando*, segundo os termos legais, o próprio autocontrole do agente. A *intensidade da emoção* deve ser de tal ordem que o sujeito seja dominado por ela, ou seja, o sujeito ativo deve agir sob o ímpeto do choque emocional. *Sob o domínio de violenta emoção* significa agir sob choque emocional próprio de quem é absorvido por um estado de ânimo caracterizado por extrema excitação sensorial e afetiva, que subjuga o sistema nervoso do indivíduo. Nesses casos, os freios inibitórios são liberados, sendo orientados, basicamente, por ímpetos incontroláveis, que, é verdade, não justificam a conduta criminosa, mas reduzem sensivelmente a sua censurabilidade, como reconhece o art. 121, § 1º, 2ª parte.

Na hipótese de mera atenuante (art. 65, *c*), o agente estaria apenas sob a influência da violenta emoção, ao contrário dos casos de minorantes, que exigem que aquele se encontre *dominado* pela emoção violenta. Ademais, no caso da atenuante não há a exigência do requisito temporal "logo em seguida", pois é indiferente que o crime tenha sido praticado algum tempo depois da injusta provocação da vítima.

Convém registrar, contudo, que, tanto sob o domínio quanto sob a influência de violenta emoção, nenhum dos dois estados justifica a ação ou exclui a sua censurabilidade, pois o sujeito ativo sempre terá a opção de não praticar o crime. Em outros termos, em nenhuma das hipóteses o sujeito perderá a consciência (não exclui a imputabilidade), e não se configura a inexigibilidade de outra conduta (não afasta a culpabilidade). Logo, permanece íntegra a responsabilidade penal do *criminoso emocional*.

b) *Injusta provocação da vítima*

Com efeito, além da *violência emocional*, é fundamental que a *provocação* tenha partido da própria vítima e seja *injusta*, o que não significa, necessariamente, antijurídica, mas quer dizer não justificada, não permitida, não autorizada por lei, ou, em outros termos, ilícita. A *injustiça da provocação* deve ser de tal ordem que justifique, de acordo com o consenso geral, a repulsa do agente, a sua indignação. Essa repulsa não se confunde com legítima defesa, como *injusta provocação* tampouco se confunde com *agressão injusta*. Com efeito, se a ação que constitui a provocação for legítima, e, nesse caso, cabe ao sujeito ativo submeter-se a ela, não se pode falar em privilegiadora ou causa de diminuição de pena, por faltar um requisito ou elementar indispensável, que é a *injustiça* da provocação.

Elucidativa, nesse sentido, a Exposição de Motivos do Código Penal de 1940, do Ministro Francisco Campos, afirmando que o legislador "não deixou de transigir, até certo ponto, cautelosamente, com o *passionalismo*: não o colocou fora da psicologia normal, isto é, não lhe atribuiu o efeito de exclusão da responsabilidade, só reconhecível no caso de autêntica alienação ou grave deficiência mental; mas reconheceu-lhe, sob determinadas condições, uma influência minorativa da pena. Em consonância com o Projeto Alcântara, não só incluiu entre as circunstâncias atenuantes explícitas a de 'ter o agente cometido o crime sob a influência de *violenta emoção, provocada por ato injusto de outrem*', como fez do *homicídio passional*, dadas certas circunstâncias, uma espécie de *delictum exceptum*, para o efeito de *facultativa* redução da pena (art. 121, § 1º)... E o mesmo critério foi adotado no tocante ao crime de *lesões corporais*".

Por fim, convém registrar, *provocação* não se confunde com *agressão*. Se aquela colocar em risco a integridade do ofendido assumirá a natureza de agressão, autorizando a legítima defesa.

c) *Imediatidade entre provocação e reação*

Para reconhecer a minorante em apreço, nosso Código Penal vinculou a ação "sob domínio de violenta emoção" a um requisito temporal: *logo em seguida a injusta provocação da vítima*.

Com efeito, a *reação* tem de ser imediata, ou seja, é necessário que entre a *causa* da emoção (injusta provocação) e esta praticamente inexista intervalo. Com efeito, a reação à provocação injusta deve ser imediata, de pronto, sem intervalo, isto é, *ex improviso*. O impulso emocional e a ação dele resultante devem ocorrer imediatamente após a provocação injusta da vítima. Em sentido semelhante era o magistério de Hungria, que afirmava: "Segundo o critério adotado pelo Código, a mora na reação exclui a causa de atenuação, pois, de outro modo, estaria criado um motivo de sistemático favor a criminosos. Não transige o preceito legal com o ódio guardado, com o rancor concentrado, com a vingança tardia"[45]. Efetivamente, a reação à pro-

---

45. Nélson Hungria, *Comentários ao Código Penal*, 3. ed., Rio de Janeiro, Forense, 1955, v. 5, p. 150.

vocação injusta não pode ser motivada pela cólera, pelo ódio, fundamentadores de vingança desautorizada.

Contudo, sustentamos que a expressão "logo em seguida" deve ser analisada com certa parcimônia e admitida quando a ação ocorrer em breve espaço de tempo e perdurar o estado emocional dominador. Logo, deve-se reconhecer a privilegiadora quando o agente *reagir* logo depois, sem demora, em breve espaço temporal, ou seja, enquanto perdurar o "domínio da violenta emoção", pois inúmeras razões podem ter impedido a *reação imediata*, sem, contudo, abastar ou eliminar o *estado emocional dominador*[46].

No entanto, a elasticidade do requisito temporal não deve ser de tal ordem que permita a vingança privada ou a premeditação. Assim, por exemplo, o homicídio praticado friamente horas após a pretendida *injusta provocação* da vítima não pode ser considerado *privilegiado*. Efetivamente, a simples existência de *emoção*, nos termos do art. 28, I, do CP, não basta para o reconhecimento da privilegiadora, pois não se pode outorgar privilégios aos irascíveis ou às pessoas que facilmente se deixam dominar pela cólera.

Concluindo, se a *emoção* for menor, apenas *influenciando* a prática do crime, ou não for *logo em seguida a injusta provocação da vítima*, não constituirá a privilegiadora, mas a atenuante genérica do art. 65, III, *c*, última parte. A distinção situa-se na *intensidade* da emoção sentida e na *imediatidade* da reação. No *homicídio privilegiado*, o agente age *sob o domínio* de violenta emoção, e logo após a provocação da vítima; na *atenuante genérica*, ele se encontra *sob a influência* da emoção, sendo indiferente, nesse caso, o requisito temporal.

Ressalvados esses casos (homicídio e lesões corporais), os *estados emocionais* ou *passionais só* poderão servir como *modificadores da culpabilidade* se forem sintomas de uma doença mental, isto é, se forem *estados emocionais patológicos*. Mas, nessas circunstâncias, já não se tratará de *emoção* ou *paixão* estritamente falando: o caso pertencerá à *anormalidade psíquica*, cuja origem não importa, se tóxica, traumática, congênita, adquirida ou hereditária. O *trauma emocional* pode fazer eclodir um *surto psicótico*, e, nesse estado, pode o agente praticar um delito. No entanto, aí o problema deve ser analisado à luz da *inimputabilidade* ou da *culpabilidade diminuída*, nos termos do art. 26 e seu parágrafo único. Por exemplo, a extrema agressividade de uma personalidade paranoica, que demonstra um desequilíbrio emocional

---

46. Nesse sentido, ver Antonio Quintano Ripollés, *Curso de Derecho Penal*, Madrid, Revista de Derecho Privado, 1963, t. 1, p. 420: "En el requisito de inmediatez el criterio cronológico, a menudo demasiado fielmente seguido por la jurisprudencia, no siempre hay de ser el decisivo, debiéndose coordinar, en todo caso, con el de la adecuación; de donde se infiere que una gravísima provocación o amenaza puede dar mayor margen de tiempo a su réplica, y otra que no lo sea tanto puede suplir su menor gravedad por la prontitud. No hay que olvidar, sobre todo si se insiste en el subjetivismo de la atenuante, que la provocación no opera de modo matemático y cronométrico igual en todas las personas, por lo que el relativismo hay de ser norma a tener muy en cuenta".

patológico; a própria embriaguez pode, pela habitualidade, levar à eclosão de uma psicose tóxica, deixando de ser um problema de embriaguez (ou qualquer outra substância tóxica) para ser tratada à luz do mesmo dispositivo legal.

11.4 Homicídio privilegiado: obrigatoriedade da redução de pena

Há grande divergência doutrinária sobre a obrigatoriedade ou faculdade de redução da minorante prevista neste dispositivo. No entanto, o Supremo Tribunal sumulou *cominando* nulidade absoluta à não formulação de quesito da defesa relativamente ao homicídio privilegiado, antes das circunstâncias agravantes (Súmula 162), embora a aplicação da Súmula seja atualmente questionável diante da ausência de quesito sobre agravantes (art. 492, I, "b", do CPP). Não se pode esquecer, ademais, que se trata de um quesito de defesa. Logo, não teria sentido atribuir extraordinária importância à necessidade da formulação de tal quesito, a ponto de inquinar de nulidade a sua omissão, e, num segundo momento, deixar a exclusivo arbítrio do juiz a redução ou não da sanção penal reconhecida pelo corpo de jurados. Com efeito, reconhecida pelo Conselho de Sentença, ante a soberania do Júri (art. 5º, XXXVIII, da CF), a redução se impõe.

Trata-se, em realidade, de um direito público subjetivo do condenado quando reconhecido pelo Tribunal do Júri, nos crimes contra a vida, e, nos demais casos, quando comprovadamente estiverem presentes os requisitos objetivos e subjetivos. Como lembrava Frederico Marques, esses direitos públicos subjetivos, quando satisfazem os requisitos objetivos e subjetivos, passam a integrar o patrimônio individual do acusado, não se os podendo negar, sob pena de violar o *status libertatis* deste.

A discricionariedade que tem o juiz limita-se ao *quantum* de redução, e é exatamente a isso que a expressão "pode" se refere. A redução, mais ou menos, dentro do limite de 1/6 a 1/3, essa sim será fixada de forma discricionária pelo juiz.

11.5 Concurso com qualificadoras subjetivas: homicídio privilegiado/qualificado

O concurso entre *causa especial de diminuição de pena* (privilegiadora) do art. 121, § 1º, e as *qualificadoras objetivas*, que se referem aos meios e modos de execução do homicídio, a despeito de ser admitido pela doutrina e jurisprudência, apresenta graus de complexidade que demandam alguma reflexão. Em algumas oportunidades o Supremo Tribunal manifestou-se afirmando que as privilegiadoras e as qualificadoras objetivas podem coexistir pacificamente; mas o fundamento dessa interpretação residiria na prevalência das privilegiadoras subjetivas sobre as qualificadoras objetivas, seguindo, por analogia, a orientação contida no art. 67 do Código Penal, que assegura a *preponderância dos motivos determinantes* do crime.

Embora o concurso das privilegiadoras com as *qualificadoras objetivas* seja, teoricamente, admissível, o Tribunal Popular, formado por representantes da coletividade, deve avaliar, cuidadosamente, alguns aspectos fundamentais na hora de reconhecer a configuração de homicídio privilegiado/qualificado, a começar, por exemplo, pelo exame da possibilidade de alguém, *dominado por violenta emoção*, poder arquitetar, com lucidez, formas mais gravosas de matar alguém. Nesse sentido, acertadamente, é o magistério de Márcio Bártoli e André Panzeri, *in verbis*: "a compatibilidade que a interpretação da redação legal autoriza não deve ser acolhida de modo automático pelo conselho de sentença, mas aferida, caso a caso, após o exame das circunstâncias concretas do crime. Dito de outro modo, no fundo, o que se quer é constatar o grau de influência do real estado de perturbação de consciência que acomete o agente, bem como a sua liberdade de selecionar um meio ou modo de execução que possam demonstrar culpabilidade exacerbada e necessidade de punição mais severa"[47]. Faz-se necessário, porém, o exame da (in)compatibilidade das privilegiadoras, que são sempre subjetivas, com qualificadoras, igualmente subjetivas, como são os casos das motivadoras (art. 121, § 2º, I e II, CP). Enfim, alguns aspectos especiais merecem maior atenção do intérprete sempre que, concretamente, houver a possibilidade da configuração de privilegiadoras e essa modalidade de *qualificadoras*. Esses aspectos todos ganham relevo quando se tem presente que os crimes de homicídio doloso, por previsão constitucional, são julgados pelo Tribunal do Júri, que, formado por leigos, decide por íntima convicção.

Temos sustentado que as *privilegiadoras* são incompatíveis com as *qualificadoras subjetivas*. Essas privilegiadoras não podem concorrer com as qualificadoras subjetivas por absoluta incompatibilidade da intersubjetividade motivadora, proveniente do choque de motivos nobres, relevantes, moral e socialmente, que caracterizam aquelas (privilegiadoras), com a imoralidade ou antissocialidade (futilidade ou torpeza) da motivação que, invariavelmente, caracterizam estas (qualificadoras). Assim, sendo respondidos positivamente os quesitos das privilegiadoras, ficam prejudicados aqueles referentes às qualificadoras subjetivas. Invocando o disposto no art. 67, que mencionamos acima, Bártoli e Panzeri afirmam que, "por isso, também, torna-se incongruente o reconhecimento do homicídio privilegiado e, ao mesmo tempo, das qualificadoras referentes aos motivos subjetivos, que são paga ou promessa de recompensa, torpeza e futilidade"[48]. Com efeito, é difícil compreender que alguém, por *motivo de relevante valor moral ou social*, ou *sob o domínio de violenta emoção*, logo em seguida a injusta provocação da vítima, possa matar alguém por motivo fútil ou torpe. Esse "choque de motivos" nobres, de um lado (privilegiadores), e antissociais, de outro (qualificadores), não podem coexistir sem uma profunda confusão mental, que, convenhamos, nem Freud explicaria. Como afirmou o saudoso Ministro Assis Toledo, "seria uma verdadeira monstruosidade essa figura: um crime hediondo cometido por motivo de relevante valor moral ou social. Seria uma *contradictio in terminis*"[49]. Por

---

47. Márcio Bártoli e André Panzeri, in Alberto Silva Franco e Rui Stoco (coord.), *Código Penal e sua interpretação jurisprudencial*.
48. Márcio Bártoli e André Panzeri, in Alberto Silva Franco e Rui Stoco (coord.), *Código Penal e sua interpretação jurisprudencial*, p. 630.
49. Apud Alberto Silva Franco, *Crimes hediondos*, 6. ed., São Paulo, Revista dos Tribunais, 2007, p. 357.

essa razão, concluindo, afastamos terminantemente a possibilidade da coexistência de privilegiadoras, que, repetindo, são sempre subjetivas, com qualificadoras também subjetivas: reconhecidas aquelas, fica prejudicado o exame destas.

12. Homicídio qualificado

Destaca-se, preliminarmente, que o homicídio qualificado é definido como crime hediondo, nos termos do art. 1º, I, da Lei n. 8.072/90, com redação determinada pela Lei n. 14.344/2022. Todos conhecem as razões que levaram o Congresso Nacional a editar este último diploma legal. O homicídio qualificado é *crime hediondo* tanto em sua forma tentada quanto na consumada, conforme determina o inciso I do art. 1º da Lei n. 8.072/90. A Lei n. 13.964/2019 incluiu o inciso VIII (homicídio qualificado funcional) no § 2º do art. 121, enquanto a Lei n. 14.344/2022 acrescentou o inciso IX (homicídio contra menor de 14 anos). Consta do art. 1º da Lei n. 8.072/90 que são considerados *hediondos* os seguintes crimes, todos tipificados no Decreto-Lei n. 2.848, de 7 de dezembro de 1940 — Código Penal, consumados ou tentados: "I — homicídio (art. 121), quando praticado em atividade típica de grupo de extermínio, ainda que cometido por um só agente, e homicídio qualificado (art. 121, § 2º, incisos I, II, III, IV, V, VI, VII, VIII e IX)".

As circunstâncias que *qualificam* o homicídio são mais complexas e variadas que aquelas que o *privilegiam*, e dividem-se em: a) *motivos* (paga, promessa de recompensa ou outro motivo torpe ou fútil — art. 121, § 2º, I e II); b) *meios* (veneno, fogo, explosivo, asfixia, tortura ou outro meio de que possa resultar perigo comum — III); c) *modos* (traição, emboscada, mediante dissimulação ou outro recurso que dificulte ou torne impossível a defesa da vítima — IV); d) *fins* (para assegurar a execução, ocultação, impunidade ou vantagem de outro crime — V). Façamos uma análise sucinta de cada circunstância qualificadora a seguir.

12.1 *Motivos qualificadores*

Ao contrário do que ocorre nas figuras do homicídio privilegiado, os *motivos* que, eventualmente, fundamentam a prática do crime de homicídio podem ser *imorais e antissociais*. O Código Penal agrupou-os nos incisos I e II do § 2º do art. 121; são eles: *mediante paga ou promessa de recompensa, motivo torpe e motivo fútil*.

a) *Mediante paga ou promessa de recompensa*

Este é um crime típico de execução atribuída aos famosos "jagunços"; é um crime mercenário. Trata-se de uma das modalidades de *torpeza* na execução de homicídio, esta especificada. Na *paga* o agente recebe previamente a recompensa pelo crime, o que não ocorre na *promessa de recompensa*, em que há somente a *expectativa de paga*, cuja efetivação está condicionada à prática do crime de homicídio. Não é necessário que a recompensa ou sua promessa seja em dinheiro, podendo revestir-se de qualquer vantagem para o agente, de natureza patrimonial ou pessoal. Respondem pelo crime qualificado o que praticou a conduta e o que pagou ou prometeu a recompensa.

É desnecessário que o agente receba a recompensa para qualificar o homicídio, sendo suficiente que tenha havido a sua promessa. Com muito mais razão, haverá a qualificadora se o agente receber parte dela. É indiferente que tenha havido a fixação prévia do valor, natureza ou espécie da recompensa, pois poderá ser determinado após a execução do crime ou até mesmo ser fixado pelo próprio agente. No entanto, adotamos o entendimento de que a *paga* ou *promessa* de recompensa deve ter natureza econômica, que é o fundamento que move o *autor imediato* a praticar o crime. Na verdade, a qualificação do crime de *homicídio mercenário* justifica-se pela ausência de razões pessoais para a prática do crime, cujo pagamento caracteriza a sua torpeza.

A maior reprovabilidade do "crime mercenário" repousa na venalidade do agente. Os *mandados gratuitos* não qualificam o crime, tampouco eventuais benefícios concedidos *a posteriori*, com relação aos quais não haja acordo prévio. No entanto, não é pacífico o entendimento de que somente a *paga* ou *promessa* de recompensa de natureza econômica qualificam o crime, embora seja a orientação dominante.

Trata-se, nessa modalidade, de crime bilateral ou de concurso necessário, no qual é indispensável a participação de, no mínimo, duas pessoas: quem paga para o crime ser cometido e quem o executa pela paga ou recompensa.

b) *Motivo torpe*

Torpe é o motivo que atinge mais profundamente o sentimento ético-social da coletividade, é o motivo repugnante, abjeto, vil, indigno, que repugna à consciência média. O motivo não pode ser ao mesmo tempo torpe e fútil. A torpeza afasta naturalmente a futilidade. O *ciúme*, por si só, como sentimento comum à maioria da coletividade, não se equipara ao motivo torpe. Na verdade, o *ciúme patológico* tem a intensidade exagerada de um sentimento natural do ser humano que, se não serve para justificar a ação criminosa, tampouco serve para qualificá-la. O motivo torpe não pode coexistir com o motivo fútil. A qualificadora do homicídio, para ser admitida na pronúncia, exige a presença de indícios, e sobre eles, sucintamente, deve manifestar-se o magistrado[50].

Nem sempre a *vingança* é caracterizadora de motivo torpe, pois a *torpeza* do motivo está exatamente na causa da sua existência. Em sentido semelhante, sustenta Fernando de Almeida Pedroso que "a vingança, como sentimento de represália e desforra por alguma coisa sucedida, pode, segundo as circunstâncias que a determinaram, configurar ou não o motivo torpe, o que se verifica e dessume pela sua origem e natureza"[51].

---

50. STJ, AgRg no HC n. 767.652/PE, rel. Min. Reynaldo Soares da Fonseca, Quinta Turma, julgado em 25-10-2022, *DJe* de 4-11-2022.
51. Fernando de Almeida Pedroso, *Homicídio — participação em suicídio, infanticídio e aborto*, São Paulo, Aide, 1995, p. 114.

Com efeito, os fundamentos que alimentam o sentimento de vingança, que não é protegido pelo direito, podem ser nobres, relevantes, éticos e morais; embora não justifiquem o crime, podem privilegiá-lo, quando, por exemplo, configurem relevante valor social ou moral, v. g., quando o próprio pai mata o estuprador de sua filha. E um homicídio privilegiado não pode ser ao mesmo tempo qualificado por motivo fútil ou torpe. O STJ, em acórdão relatado pelo Ministro Rogerio Schietti Cruz, já decidiu nesse sentido, inclusive para afastar a natureza hedionda do fato imputado: "A vingança, por si só, não torna torpe o motivo do delito. Análise do contexto fático-probatório. Ainda que reprovável a conduta do réu, mostra-se desarrazoado imputar a torpeza a ela na situação dos autos, uma vez que o agente haveria praticado o delito para vingar as ameaças da vítima à vida dele e de sua família, bem como as agressões físicas e a tentativa de golpes de faca que ele teria sofrido na noite anterior ao crime"[52].

Os motivos que qualificam o crime de homicídio, na hipótese de concurso de pessoas, são incomunicáveis, pois a motivação é individual, e não constituem elementares típicas, segundo o melhor entendimento doutrinário.

c) *Motivo fútil*

Fútil é o motivo insignificante, banal, desproporcional à reação criminosa. *Motivo fútil* não se confunde com *ausência de motivo*, pois o que qualifica o homicídio é a *futilidade da motivação* e não a ausência dela. Segundo entendimento da doutrina, *motivo fútil* é aquele que se revela *desproporcional* à ação perpetrada pelo agente. Nesse sentido, para Alberto Silva Franco, "Motivo fútil é aquele tão pequeno, que não é causa para levar o agente ao cometimento do homicídio. É o motivo insignificante, banal, com natureza de grande desproporcionalidade. A futilidade deve ser apreciada sempre objetivamente, diante do senso médio, e não pela opinião do sujeito ativo"[53]. Na visão de Ney Moura Teles, "Fútil é o motivo ínfimo, insignificante, mesquinho, vazio, leviano, frívolo, extremamente desproporcionado ou de somenos importância, que impele o sujeito a matar, revelando, assim, a intensa insensibilidade que o domina. É o motivo banal"[54].

Motivo fútil não se confunde com *motivo injusto*, uma vez que o *motivo justo* pode, em tese, excluir a ilicitude, afastar a culpabilidade ou privilegiar a ação delituosa. Vingança não é motivo fútil, embora, eventualmente, possa caracterizar motivo torpe. O ciúme, por exemplo, não se compatibiliza com motivo fútil. Motivo fútil, segundo a Exposição de Motivos, é aquele que, "pela sua mínima importância, não é causa suficiente para o crime". Na verdade, essa declaração da Exposição de Motivos não é das mais felizes, porque, se for "causa suficiente para o crime", justificá-lo-á, logo, será excludente de criminalidade.

---

52. STJ, AgI no AREsp n. 1.770.465/MT, rel. Min. Rogerio Schietti Cruz, Sexta Turma, julgado em 24-5-2022, *DJe* de 30-5-2022.
53. Alberto Silva Franco et al., *Código Penal e sua interpretação jurisprudencial*.
54. Ney Moura Teles, *Direito Penal*, 2. ed., São Paulo, Atlas, 2006, p. 23.

Motivo fútil não se confunde com *motivo injusto*, pois este não apresenta aquela desproporcionalidade referida na Exposição de Motivos. E um motivo aparentemente insignificante pode, em certas circunstâncias, assumir determinada relevância. Por outro lado, todo motivo que não *justifique*[55] o crime, excluindo-lhe a antijuridicidade ou eximindo a culpabilidade, é, tecnicamente, sempre *injusto*; sendo *justo* o motivo, não se poderá falar em crime.

A *insuficiência de motivo* não pode, porém, ser confundida com *ausência de motivos*. Aliás, motivo fútil não se confunde com *ausência de motivo*. Essa é uma grande aberração jurídico-penal. Fazemos aqui, apenas para reflexão, uma conclusão provocativa sobre a ilogicidade do sistema penal: a presença de um motivo, fútil ou banal, qualifica o homicídio. No entanto, a completa *ausência de motivo*, que, teoricamente, deve tornar mais censurável a conduta, pela gratuidade e maior reprovabilidade, não o qualifica. *Absurdo lógico:* homicídio motivado é qualificado; homicídio sem motivo é simples. Mas o princípio da reserva legal não deixa alternativa, não havendo como considerá-lo qualificado, embora seja permitido ao julgador ao efetuar a dosimetria penal, sopesar a *gratuidade* da violência que levou à morte de alguém, valorando negativamente a ausência de motivo. Não há dúvida alguma de que a "ausência de motivo" revela uma perigosa anormalidade moral que atinge as raias da demência".

12.2 Meios qualificadores

Os *meios* utilizados na prática do crime de homicídio também podem qualificá-lo. O Código, após enumerar alguns, utiliza uma expressão genérica para sintetizá-los como espécies: *meio insidioso, meio cruel* e *meio de que possa resultar perigo comum* (art. 121, § 2º, III).

De acordo com o ensinamento autorizado de Roberto Lyra, "o código exemplifica o meio insidioso (veneno), o meio cruel (asfixia, tortura) e o meio extensivamente perigoso (fogo, explosivo), mas qualquer outro meio insidioso, cruel ou extensivamente perigoso, isto é, de que possa (basta o dano potencial, não é necessário o efetivo) resultar perigo comum, encerra a circunstância"[56]. Nessa linha de Roberto Lyra, de acordo com a natureza do meio empregado, temos a seguinte classificação: a) *emprego de meio insidioso: veneno;* b) *emprego de meio cruel: fogo, tortura;* c) *emprego de meio de que pode resultar perigo comum: fogo e explosivo.* Constata-se que o Código utiliza uma fórmula casuística inicial, exemplificando com o emprego de veneno, fogo, explosivo, asfixia ou tortura, e complementa com uma fórmula genérica, qual seja, "ou outro meio insidioso ou cruel, ou de que possa resultar perigo comum".

a) *Emprego de veneno*

A *utilização de veneno*, que é meio insidioso, só qualifica o crime se for feita *dissimuladamente*, isto é, com estratagema, como cilada. Para o envenenamento

---

55. As causas *justificadoras* do crime encontram-se relacionadas no art. 23 do CP; são as chamadas excludentes.
56. Roberto Lyra, *Noções de Direito Penal*; Parte Especial, 1944, v. 1, p. 54.

constituir *meio insidioso* é indispensável que a vítima desconheça a circunstância de estar sendo envenenada. O emprego de veneno é um meio legal insidioso excepcional, e seu êxito está vinculado exatamente à dissimulação no seu uso.

Veneno é toda substância, biológica ou química, que, introduzida no organismo, pode produzir lesões ou causar a morte[57]. Para fins penais, *veneno* é *qualquer* substância vegetal, animal ou mineral que tenha idoneidade para provocar lesão no organismo humano. Uma substância teoricamente inócua pode assumir a condição de venenosa, segundo as condições especiais da vítima. Nesse sentido, ministrar açúcar em quantidades razoáveis a pessoa diabética é um modo ou forma de envenená-la. O que caracteriza o veneno não é a forma de introdução no organismo, nem seu aspecto insidioso, mas a sua maneira de agir no organismo, alterando a saúde ou causando a morte por processo químico ou bioquímico, distinguindo-se, nesse particular, de outras substâncias de ação física, como água quente, ferro candente etc.

Sua administração forçada ou com o conhecimento da vítima não qualifica o crime. Se for ministrado com violência, poderá caracterizar meio cruel *lato sensu*, com o propósito de causar grave sofrimento à vítima, também poderá caracterizar meio cruel *lato sensu*, mas não constituirá *meio insidioso*. Convém destacar, desde logo, que o envenenamento exige a prova pericial toxicológica, nos termos do arts. 158 e s. do CPP.

b) *Emprego de fogo ou explosivo*

Fogo e *explosivo* podem constituir *meio cruel* ou *meio de que pode resultar perigo comum*, dependendo das circunstâncias. Aliás, foram elencados no Código como exemplos de crime insidioso ou cruel, como vem ocorrendo nos ateamentos de fogo em mendigos pelas ruas das grandes cidades nos últimos tempos.

Explosivo é qualquer objeto ou artefato capaz de provocar explosão ou qualquer corpo capaz de se transformar rapidamente em uma explosão. O *emprego de explosivo* pode ocorrer pelo manuseio de dinamite ou qualquer outro material explosivo, v. g., bomba caseira, coquetel molotov etc. Exemplifica-se o *emprego de fogo* com a utilização de produto inflamável seguido do ateamento de fogo. Aliás, como exemplo moderno e atual da qualificadora "emprego de fogo" pode-se invocar o caso do *índio patachó* que foi embebido em combustível e depois incendiado por alguns marginais da classe média da capital brasileira, amplamente divulgado pela mídia. Essa modalidade de homicídio qualificado, até então incomum em nossa sociedade, proliferou perigosamente nas grandes cidades.

c) *Emprego de asfixia*

Asfixia é o impedimento da função respiratória, com a consequente falta de oxigênio no sangue do indivíduo[58]. Essa supressão do oxigênio, por determinado período, leva a vítima à morte.

---

57. Damásio de Jesus, *Direito Penal*, p. 68.
58. Nélson Hungria, *Comentários*, p. 166.

A *asfixia* pode ser: a) *mecânica* — enforcamento, afogamento etc.; b) *tóxica* — uso de gás asfixiante. A *asfixia mecânica*, segundo doutrina e jurisprudência, pode ser produzida por enforcamento, estrangulamento, afogamento, esganadura ou sufocação. As definições de cada um desses modos, embora sejam repetidas em todos os *Manuais de Direito Penal*, estão mais bem elaboradas nos livros de Medicina Legal. A asfixia tóxica pode ser produzida por gases deletérios, como monóxido de carbono, gás de iluminação, e pelos próprios vícios do ambiente decorrentes de poluição.

A reforma penal de 1984 excluiu a *asfixia* das agravantes genéricas, permanecendo somente como qualificadora do homicídio, ou seja, o indivíduo que asfixiar a vítima, produzindo-lhe lesões corporais, sem *animus necandi*, não responderá pela agravante da "asfixia" nem pela qualificadora, uma vez que esta se limita ao homicídio.

d) *Emprego de tortura*

É meio que causa prolongado, atroz e desnecessário padecimento. A nosso juízo, a tortura é uma modalidade de meio cruel, distinguindo-se somente pelo aspecto temporal, exigindo ação um pouco mais prolongada.

A Lei n. 9.455, de 7 de abril de 1997, ao definir o crime de tortura, cominou-lhe a pena de 8 a 16 anos de reclusão para a hipótese de resultar a morte da vítima (art. 1º, § 3º, 2ª parte). A partir desse diploma legal, deve-se agir com profunda cautela na análise da conduta típica. Se, ao torturar alguém, o sujeito ativo agir com *animus necandi*, deverá responder pelo crime de homicídio qualificado pela tortura (art. 121, § 2º, III, 5ª figura). Contudo, se o resultado morte for preterdoloso, isto é, se a tortura tenha sido dolosa, mas o resultado morte, enquanto evento qualificador, for produto de culpa, estaremos diante da figura capitulada na Lei n. 9.455/97, que configuraria uma nova modalidade de homicídio preterintencional, além daquele do art. 129, § 3º, do CP. Contudo, como lembra Damásio de Jesus[59], se durante a tortura o sujeito ativo resolve matar a vítima, há dois crimes em concurso material: tortura (art. 1º da Lei n. 9.455/97) e homicídio (art. 121 do CP).

e) *Meio insidioso*

Meio insidioso é aquele utilizado com estratagema, perfídia. Insidioso é o recurso dissimulado, consistindo na ocultação do verdadeiro propósito do agente, que, assim, surpreende a vítima, que tem sua defesa dificultada ou até impossibilitada. Insidioso é o meio disfarçado, sub-reptício, ardiloso, que objetiva surpreender a vítima desatenta e indefesa[60]. Segundo a Exposição de Motivos do CP, é aquele dissimulado na sua eficiência maléfica, ou seja, o meio insidioso é, ao mesmo tempo, dissimulado. E a própria Exposição de Motivos destaca que os *meios insidiosos* não se confundem com *modo insidioso* de execução do crime afirmando que: "São também qualificativas do homicídio as agravantes que tra-

---

59. Damásio de Jesus, *Direito Penal*, p. 69.
60. Fernando de Almeida Pedroso, *Homicídio*, p. 119.

duzem um *modo* insidioso da atividade executiva do crime (não se confundindo, portanto, com o emprego de *meio* insidioso), impossibilitando ou dificultando a defesa da vítima (como a *traição*, a *emboscada*, a *dissimulação* etc.)".

f) *Meio cruel*

Meio cruel é a forma brutal de perpetrar o crime, é meio bárbaro, martirizante, que revela ausência de piedade, v. g., pisoteamento da vítima, dilaceração do seu corpo a facadas etc. Meio cruel é o que causa a esta sofrimento desnecessário. Pelo meio cruel o agente objetiva o padecimento de sua vítima; revela sadismo. Não é outra a orientação da própria Exposição de Motivos, ao afirmar que *meio cruel* é o que "aumenta inutilmente o sofrimento da vítima, ou revela uma brutalidade fora do comum ou em contraste com o mais elementar sentimento de piedade" (Exposição de Motivos, n. 38).

A crueldade realizada após a morte da vítima não qualifica o crime. Nesse sentido era o magistério de Frederico Marques, que advertia: "... os atos que podem traduzir a crueldade somente são tais, como é óbvio, enquanto a pessoa está com vida. Não há, pois, perversidade brutal ou crueldade naquele que, depois de abater e matar a vítima, lhe mutila o cadáver ou lhe esquarteja o corpo para melhor fazer desaparecer os rastros do crime"[61].

São cruéis aqueles meios que aumentam inútil e desnecessariamente o sofrimento da vítima ou revelam brutalidade ou sadismo fora do comum, contrastando com os sentimentos de dignidade, de humanidade e de piedade. Age com crueldade, por exemplo, quem revela, com a sua conduta, particularmente dolorosa, absoluta ausência de qualquer sentimento humanitário.

g) *Meio de que possa resultar perigo comum*

Deve-se, de plano, distinguir as qualificadoras do homicídio que resultar em *perigo comum* daqueles denominados *crimes de perigo comum* (Título VIII, Capítulo I), porque a finalidade do agente é a morte da vítima e não o *perigo comum*. A diferença está no elemento subjetivo[62].

Meio de que possa resultar perigo comum é aquele que pode atingir um número indefinido ou indeterminado de pessoas. Nada impede que haja *concurso formal* do homicídio com um crime de perigo comum, quando o *meio escolhido* pelo sujeito ativo, além de atingir a vítima visada, criar também situação concreta de perigo para um número indeterminado de pessoas, como, por exemplo, *incêndio* (art. 250), *explosão* (art. 251), *inundação* (art. 254), *desabamento* (art. 256) etc.

h) *Meio demolidor*

O legislador, dentre tantos modos (ou formas), motivos, fins e meios de praticar o crime de homicídio qualificado, o legislador encontrou mais um, qual seja, o

---

61. José Frederico Marques, *Tratado de Direito Penal*; Parte Especial, São Paulo, Saraiva, 1961, p. 105.
62. Nélson Hungria, *Comentários*, p. 168.

"emprego de arma de fogo de uso restrito ou proibido", que, na ausência de melhor solução, acabamos definindo-o, por conta e risco, como "meio demolidor". Nossa opção decorre do potencial destrutivo e, por que não dizer, *demolidor* dessa modalidade de arma de fogo, de "uso restrito ou proibido", ou seja, arma de fogo não liberado para uso normal do cidadão, exatamente por seu potencial ofensivo.

Nesse sentido, vale destacar que o homicídio praticado com o emprego de arma de fogo, por si só, não qualifica e tampouco majora esse crime, por se tratar do uso de instrumento normal para a prática desse tipo de crime. No entanto, o emprego de arma de fogo de uso restrito ou proibido apresenta um potencial destruidor da vida humana muito superior aos demais meios comuns para a prática desse crime, logo, justifica-se a intenção do legislador de qualificar o homicídio praticado com armas desse potencial ofensivo. Portanto, na nossa ótica, referida qualificadora do crime de homicídio justifica-se plenamente.

12.3 *Modos qualificadores*

Nas hipóteses do inciso IV do § 2º do art. 121, o que qualifica o homicídio não é o meio escolhido ou empregado para a prática do crime, mas o *modo insidioso* com que o agente o executa, utilizando, para isso, recurso que *dificulta ou torna impossível a defesa do ofendido*. No inciso IV, a qualificação do homicídio não decorre do meio utilizado, mas do modo insidioso com que a atividade delituosa é praticada, dificultando ou impossibilitando a defesa da vítima. O Código, nesse inciso, exemplifica alguns desses modos de execução do homicídio, como a *traição*, a *emboscada* e a *dissimulação*, que servem apenas de paradigma dos diversos modos de execução do crime de homicídio que dificultam ou tornam impossível a defesa da vítima.

a) *À traição*

Traição é o ataque sorrateiro, inesperado, v. g., tiro pelas costas (que não se confunde com tiro nas costas). Homicídio à traição, no magistério de Hungria, "é o cometido mediante ataque súbito e sorrateiro, atingida a vítima, descuidada ou confiante, antes de perceber o gesto criminoso"[63]. *Traição*, como qualificadora de homicídio, é a *ocultação moral* ou mesmo *física* da intenção do sujeito ativo, que viola a confiança da vítima; é a deslealdade. Não se caracteriza unicamente por haver o golpe letal ter sido desferido pelas costas da vítima.

Não se configura a traição se a vítima pressente a intenção do agente, pois essa percepção pela vítima elimina a insídia, o fator surpresa ou a dificuldade de defesa, pelo menos em tese. Não se configura igualmente se houver tempo para a vítima fugir.

b) *De emboscada*

Emboscada é a tocaia, a espreita, verificando-se quando o agente se esconde para surpreender a vítima; é a ação premeditada de aguardar oculto a presença da vítima

---

63. Nélson Hungria, *Comentários*, p. 168.

para surpreendê-la com o ataque indefensável. É a espera dissimulada da vítima em lugar por onde esta terá de passar. Na emboscada, o criminoso aguarda escondido a passagem da vítima desprevenida, que é surpreendida.

O homicídio qualificado pela emboscada é sempre um crime premeditado, pois o sujeito ativo desloca-se com antecedência, examina o local, projeta os próximos passos, coloca-se à espera da passagem da vítima para, com segurança e sem risco, abatê-la. A vítima, nessa modalidade, não tem nenhuma possibilidade de defesa. Trata-se de uma das formas mais covardes da ação humana criminosa.

c) *Mediante dissimulação*

Dissimulação é a ocultação da intenção hostil, do projeto criminoso, para surpreender a vítima. O sujeito ativo dissimula, isto é, mostra o que não é, faz-se passar por amigo, ilude a vítima, que, assim, não tem razões para desconfiar do ataque e é apanhada desatenta e indefesa. Por meio de *dissimulação* o agente esconde ou disfarça o seu propósito para surpreender a vítima desprevenida. É uma modalidade de *surpresa*. Tanto a *ocultação* do propósito quanto o *disfarce* utilizado para se aproximar da vítima qualificam o homicídio.

d) *Recurso que dificulta ou impossibilita a defesa*

Recurso que dificulta ou impossibilita a defesa somente poderá ser hipótese análoga à traição, emboscada ou dissimulação, do qual são exemplificativas. Em outros termos, é necessário que "o outro recurso" tenha a mesma natureza das qualificadoras elencadas no inciso, que são os exemplos mais característicos de recurso que dificulta ou torna impossível a defesa da vítima. Exemplo típico e mais frequente é a *surpresa*.

Essa regra geral tem a finalidade de permitir a qualificadora mesmo quando o recurso utilizado para a prática do crime tenha dificuldade de adequar-se a uma ou outra das modalidades especificadas no dispositivo.

e) *Surpresa*

A *surpresa* constitui um ataque inesperado, imprevisto e imprevisível; além do procedimento inesperado, é necessário que a vítima não tenha razão para esperar a agressão ou suspeitar dela. A surpresa assemelha-se muito à traição. Não basta que a agressão seja inesperada; é necessário que o agressor atue com *dissimulação*, procurando, com sua ação repentina, dificultar ou impossibilitar a defesa da vítima.

Para se configurar a surpresa, isto é, *recurso que torna difícil ou impossível a defesa do ofendido*, é necessário que, além do procedimento inesperado, não haja razão para a espera ou, pelo menos, suspeita da agressão, pois é exatamente a dificuldade ou mesmo a impossibilidade de defesa da vítima que fundamenta a qualificadora.

Por vezes, a surpresa confunde-se com a traição. Por exemplo, matar a vítima dormindo ora pode caracterizar traição, ora pode caracterizar surpresa, dependendo das circunstâncias. Por exemplo, ao matar a vítima dormindo, violar a confiança e a lealdade que esta lhe depositava, como é o caso de quem convive sob o mesmo teto. No entanto, haverá surpresa se o sujeito ativo, ao procurar a vítima para matá-la, encontra-a adormecida, exterminando-lhe a vida.

Na realidade, traição, emboscada, dissimulação e surpresa são recursos insidiosos que dificultam ou, muitas vezes, tornam impossível a defesa da vítima.

12.4 Fins qualificadores

O elenco de qualificadoras, motivos, meios e modos é complementado pelos *fins do crime*, independentemente de ser tentado ou consumado, sendo suficiente que o crime tenha sido praticado com o fim de *assegurar a execução, ocultação, impunidade ou vantagem de outro crime*, qualquer que seja.

Na primeira hipótese, "assegurar a execução", o que qualifica o homicídio não é a prática efetiva de outro crime, mas *o fim de assegurar* a execução desse outro crime, que pode até não vir a ocorrer. Por exemplo, quem, para sequestrar alguém, mata o guarda-costas que pretendia evitar o sequestro responderá pelo homicídio qualificado, mesmo que, a seguir, desista de efetuar o sequestro. Nas duas alternativas seguintes — assegurar... *ocultação* ou *impunidade* —, a finalidade do sujeito passivo é destruir a prova de outro crime ou evitar-lhe as consequências jurídico-penais: o sonegador mata o fiscal que o surpreende; o falsário, com medo de ser delatado, mata o copartícipe etc. E, finalmente, na última hipótese — assegurar... *vantagem de outro crime* —, é garantir o êxito do empreendimento delituoso, o aproveitamento da vantagem que o crime assegurado pode proporcionar-lhe, patrimonial ou não, direta ou indireta.

Em qualquer das quatro hipóteses elencadas no inciso V é irrelevante que o autor do homicídio aja no interesse próprio ou de terceiro. Não se trata de crime complexo, mas de simples conexão entre o homicídio e o outro crime, que, se for efetivamente executado, determinará o cúmulo material das penas. Não desaparece a qualificadora do homicídio, mesmo que se extinga a punibilidade do outro crime, consoante determina o art. 108, 2ª parte, do CP.

Essas qualificadoras constituem o *elemento subjetivo especial do tipo*[64], representado pelo *especial fim* de agir, que não é exigido para a configuração típica do homicídio. O outro crime pode ter sido praticado por outra pessoa. Fala-se em qualificadora por conexão. Nesse caso, o homicídio é cometido para garantir a prática de outro crime ou evitar a sua descoberta. Se, no entanto, o *crime-fim* também for praticado, haverá concurso material de crimes. Para a configuração da qualificadora é irrelevante que o homicídio tenha sido praticado antes ou depois do crime que se deseja "assegurar", ou mesmo que o agente desse crime desista ou se arrependa de praticá-lo.

Concluindo, os *meios*, *modos* e *fins* que qualificam o homicídio referem-se à exacerbação da natureza ilícita da conduta, integrando a própria figura típica, razão pela qual devem ser abrangidos pelo dolo, podendo, consequentemente, ser excluídos pela ocorrência de erro. Assim, por exemplo, a vítima morre por *asfixia*, que não foi querida, nem mesmo eventualmente, pelo sujeito ativo, mas resultou de erro na execução; não se qualificará o homicídio. O agente deve ter,

---

64. Cezar Roberto Bitencourt, *Tratado de Direito Penal*, 29. ed., São Paulo, Saraiva, 2023, v. 1, p. 351.

por exemplo, consciência de que age à traição, de emboscada ou com surpresa para a vítima.

A *premeditação*, por fim, não qualifica o crime. A preordenação criminosa nem sempre será causa de exasperação de pena em razão da maior censurabilidade da conduta. Poderá, muitas vezes, significar relutância, resistência à prática criminosa, em vez de revelar intensidade de dolo. O art. 59 será a sede adequada para avaliar a natureza dessa circunstância.

13. Homicídio cometido contra integrantes de órgãos da segurança pública e seus familiares

Com a Lei n. 13.142, de 9 de julho de 2015[65], o legislador brasileiro prossegue em seu desiderato irrefreável de transformar todos os crimes mais graves em *crimes hediondos*, com todos os consectários que lhes são característicos, no velho estilo de usar simbolicamente o direito penal, como panaceia de todos os males que afligem a nossa sociedade. Assim, será *hediondo* o homicídio praticado "contra autoridade ou agente descrito nos arts. 142 e 144 da Constituição Federal, integrantes do sistema prisional e da Força Nacional de Segurança Pública, no exercício da função ou em decorrência dela, ou contra seu cônjuge, companheiro ou parente consanguíneo até terceiro grau, em razão dessa condição". Será igualmente hediondo o crime de lesão corporal gravíssima e a seguida de morte da vítima, como veremos adiante.

Aqui, mais uma vez o pródigo legislador extrapola ao ampliar abusivamente a abrangência dessa nova majoração penal para alcançar não apenas "integrantes do sistema prisional e da Força Nacional de Segurança Pública", mas também os crimes de homicídio cometidos "contra cônjuge, companheiro ou parente consanguíneo até terceiro grau" daqueles agentes.

Condicionou, contudo, que tais crimes contra esses sujeitos passivos ocorram no "exercício da função ou em decorrência dela, ou contra seu cônjuge, companheiro ou parente consanguíneo até terceiro grau, em razão dessa condição". Desenvolveremos a seguir os aspectos principais dessa novel legislação penal.

Esqueceu, contudo, mais uma vez o voraz legislador, de equiparar a crimes hediondos a gama de assassinatos de dezenas de milhares de menores que ocorrem todos os anos neste país, e que, segundo as estatísticas, a maioria deles cometida por policiais, no exercício da função ou não.

13.1 *Sujeito ativo do homicídio qualificado*

Sujeito ativo deste homicídio pode ser qualquer pessoa, homem ou mulher,

---

65. A Lei n. 13.142/2015 acrescentou o inciso VII ao § 2º do art. 121 do CP prevendo o seguinte:
Art. 121. Matar alguém:
Pena — reclusão, de seis a vinte anos.
(...)
Homicídio qualificado

independentemente de qualquer qualidade ou condição especial, tratando-se, por conseguinte, de *crime comum*. O que qualifica o homicídio é a condição ou situação da vítima (sujeito passivo) e a motivação do sujeito ativo.

13.2 Sujeitos passivos do crime

São as autoridades ou agentes relacionados nos arts. 142 e 144 da Constituição Federal, além dos integrantes do sistema prisional e da Força de Segurança Nacional. Estão, igualmente, incluídos como possíveis sujeitos passivos *os familiares das autoridades, agentes e integrantes dos órgãos de segurança pública*. No entanto, nessa hipótese, o legislador limitou aos *parentes consanguíneos*[66], dentre os quais não se incluem os *parentes civis e por afinidade*. Contudo, a situação do *filho adotivo* — parente por afinidade, mas de origem eminentemente civil — merece um comentário à parte, uma vez que a Constituição proíbe a distinção entre filho adotivo, legítimo, ilegítimo, adulterino, espúrio etc. Trataremos desse aspecto em tópico especial mais adiante.

No primeiro artigo da Constituição supramencionado, estão relacionados os integrantes das *Forças Armadas* (Marinha, Exército ou Aeronáutica); no segundo, estão as autoridades ou agentes que integram ou exercem atividades de *segurança pública*, propriamente dita, quais sejam, I — polícia federal; II — polícia rodoviária federal; III — polícia ferroviária federal; IV — polícias civis; V — polícias militares e corpos de bombeiros militares.

Os *membros do sistema prisional* igualmente integram, *lato sensu*, o sistema de segurança pública, e, por consequência, também se encontram protegidos por essa previsão legal. E nessa categoria estão abrangidos, como destaca Rogério Sanches, "não apenas os agentes presentes no dia a dia da execução penal (diretor da penitenciária, agentes, guardas etc.), mas também aqueles que atuam em certas etapas da execução (comissão técnica de classificação, comissão de exame criminológico, conselho penitenciário etc.). E não poderia ser diferente. Imaginemos um egresso, revoltado com os vários exames criminológicos que o impediram de conquistar prematura liberdade, buscando vingar-se daqueles que subscreveram o exame, contra eles pratica homicídio. Parece evidente que o

---

§ 2º Se o homicídio é cometido:

(...)

VII — contra autoridade ou agente descrito nos arts. 142 e 144 da Constituição Federal, integrantes do sistema prisional e da Força Nacional de Segurança Pública, no exercício da função ou em decorrência dela, ou contra seu cônjuge, companheiro ou parente consanguíneo até terceiro grau, em razão dessa condição:

Pena — reclusão, de doze a trinta anos.

66. Afirma-se que há três espécies de parentesco no Direito Civil: a) parentesco consanguíneo ou natural (decorrente do vínculo biológico); b) parentesco por afinidade (decorrente do casamento ou da união estável); c) parentesco civil (decorrente de uma outra origem que não seja biológica nem por afinidade).

crime de homicídio, além de outras qualificadoras (como a do inc. II), será também qualificado pelo inc. VII"[67].

A *Força Nacional de Segurança Pública* (FNSP), ou Departamento da Força Nacional de Segurança Pública, criado em 2004, com sede em Brasília/DF, é um *programa de cooperação de segurança pública*, coordenado pela Secretaria Nacional de Segurança Pública (SENASP), do Ministério da Justiça. Na verdade, não se trata de nenhuma *força especial*, estruturada e organizada pela União, mas resulta do recrutamento das polícias dos Estados que fornecem seus melhores policiais de acordo com as necessidades eventuais, quando devidamente requisitadas pela União. Trata-se, a rigor, de um certo "arranjo brasileiro" para cobrir uma emergência, que vai se eternizando em nosso País, sempre afeito a "medidas provisórias", sem trocadilhos, que viram permanentes.

Sintetizando, o programa conta com um contingente de polícia à disposição da União, com a designação pomposa de *Força Nacional de Segurança Pública*, que faz o papel de polícia militar em distúrbios sociais ou em situações excepcionais nos estados brasileiros, sempre que a ordem e a segurança públicas são colocadas em situação de grave risco, concreto ou aparente. Em outros termos, a *Força de Segurança Nacional* tem também *função preventiva* e não apenas repressiva, como pode parecer à primeira vista. A sua composição resulta da requisição dos melhores quadros integrantes das polícias de cada Estado da Federação e da Polícia Federal.

13.2.1 Extensão da qualificadora para outros agentes

Como o texto legal não se limitou ao *caput* dos arts. 142 e 144 da CF, a previsão da qualificadora constante do inciso VII do § 2º do art. 121 estende-se necessariamente a outros agentes relacionados em seus parágrafos e incisos. Como a lei não restringiu essa abrangência, não cabe ao intérprete fazê-lo. Vejamos esses outros agentes a seguir.

13.2.1.1 Guardas municipais

O legislador não restringiu a previsão dessa qualificadora às autoridades relacionadas no *caput* do art. 144 da CF/88. As *guardas municipais* estão descritas no art. 144, § 8º, e também são agentes de segurança pública *lato sensu*. O texto legal inclui o art. 144 da CF/88, sem qualquer restrição. Esse dispositivo constitucional é composto não apenas pelo *caput*, mas também, repetindo, por parágrafos. Essa previsão legal objetiva proteger os servidores públicos que desempenham atividades de segurança pública, por se encontrarem mais expostos a riscos do que as demais pessoas. O Estatuto das Guardas Municipais (Lei n. 13.022/2014) prevê, dentre as competências destes, também a sua atuação em prol da segurança pública das cidades (arts. 3º e 4º da Lei), em determinadas circunstâncias.

---

67. Disponível em: <http://www.portalcarreirajuridica.com.br/noticias/nova-lei-13-142-15-breves-comentarios-por-rogerio-sanches-cunha. Acesso em: 20 jul. 2015.

13.2.1.2 Agentes de segurança viária

Pelas mesmas razões que esta qualificadora se estende aos guardas municipais, abrange os *agentes da segurança viária*, os quais, igualmente, integram a segurança pública do País, nos estritos termos do § 10 do art. 144 da CF/88: "A segurança viária, exercida para a preservação da ordem pública e da incolumidade das pessoas e do seu patrimônio nas vias públicas:

I — compreende a educação, engenharia e fiscalização de trânsito, além de outras atividades previstas em lei, que assegurem ao cidadão o direito à mobilidade urbana eficiente; e II — compete, no âmbito dos Estados, do Distrito Federal e dos Municípios, aos respectivos órgãos ou entidades executivos e seus agentes de trânsito, estruturados em Carreira, na forma da lei".

Por essa previsão, restam desnecessárias maiores considerações para demonstrarmos que esses agentes também exercem, em maior ou menor medida, funções de segurança pública em prol do cidadão.

13.2.1.3 Servidores aposentados: regra geral, não integram

Regra geral, todos os agentes e autoridades integrantes do sistema de segurança pública, com a aposentadoria deixam de ser alcançados pela qualificadora que ora examinamos, pois, com a aposentadoria, deixam de ser autoridade, agente ou integrante da segurança pública. Por essa razão, não estão abrangidos pela nova normativa penal, por falta de previsão expressa do texto legal, sendo inadmissível interpretação extensiva ou analógica em matéria penal repressiva.

Contudo, excepcionalmente, o *servidor aposentado* também poderá ser alcançado por essa proteção penal, pois o texto legal fala em "no exercício da função ou em decorrência dela". Com efeito, se mesmo após estar aposentado, um policial é reconhecido e, por retaliação de sua atuação funcional, é assassinado por alguém por vingança de determinado caso em que atuou, não há como se deixar de aplicar essa qualificadora do inciso VII do § 2º deste art. 121 do CP. Embora o crime não tenha sido praticando *durante o exercício da função*, mas, inegavelmente, o foi em "decorrência dela", sendo, impossível, portanto, negar a relação de causalidade entre o homicídio sofrido pela vítima e o fato de ter exercido sua função e em decorrência da qual acabou sendo assassinado, mesmo após sua aposentadoria.

13.2.2 Familiares das autoridades, agentes e integrantes dos órgãos de segurança pública

A Lei n. 13.142/2015 estende esta qualificadora do homicídio para o crime praticado *contra cônjuge, companheiro ou parente consanguíneo até 3º grau das autoridades, agentes e integrantes dos órgãos de segurança pública*. Pareceria desnecessário destacar que, quando o texto legal refere-se a cônjuge ou companheiro, está incluindo tanto relacionamentos heteroafetivos como homoafetivos. Contudo, por via das dúvidas, convém que se realce esse aspecto, para se evitar interpretações equivocadas. Assim, matar um companheiro homoafetivo de um desses agentes, em retaliação por sua atuação funcional, é *homicídio qualificado*, nos termos do art. 121, § 2º, VII, do CP.

A locução "parentes consanguíneos até 3º grau" abrange: *ascendentes* (pais, avós, bisavós); *descendentes* (filhos, netos, bisnetos); *colaterais* até o 3º grau (irmãos, tios e sobrinhos). Todos, portanto, podem ser vítimas desse homicídio qualificado, desde que esteja vinculado ao exercício da função do agente público ou seja em decorrência dela.

13.2.3 Parentes por afinidade não estão abrangidos

Não estão abrangidos os parentes por afinidade, ou seja, aqueles que a pessoa adquire em decorrência do casamento ou união estável, como cunhados, sogros, genros, noras etc. Assim, se o delinquente assassinar sogro, cunhado, genro, nora etc. de um policial que o investigou, não cometerá o homicídio qualificado do art. 121, § 2º, VII, do CP. Nada impede que possa configurar-se outra qualificadora, mas não esta. A situação do *filho adotivo*, por sua complexidade e peculiaridades, merece um tópico à parte, onde será abordado.

13.3 *No exercício da função ou em decorrência dela*

Em todas essas hipóteses, para que se configure a qualificadora, é necessário que o crime tenha sido cometido contra o agente público no "exercício da função ou em decorrência dela". Por isso, eventual assassinato de um policial, por exemplo, em seu dia de folga, em circunstância sem qualquer vínculo com sua função, não se caracterizará esta qualificadora, ainda que o assassino tenha conhecimento de que se trata de um policial, mas essa circunstância não foi a causa da morte. Em outros termos, a vítima não se encontrava em serviço e a morte não tem qualquer ligação com a função ou cargo que aquela exercia. Poderá incidir, eventualmente, qualquer outra qualificadora, por exemplo, motivo fútil ou recurso que dificultou a defesa do ofendido etc., mas não esta.

Sintetizando, a presente qualificadora não protege a pessoa da autoridade ou agente da segurança pública, discriminando os demais cidadãos que não desempenhem tais funções, o que poderia gerar suspeita de inconstitucionalidade, por tratá-los diferentemente. A rigor, esta nova qualificadora tutela a *função pública* desempenhada por essas autoridades. Com efeito, a função pública é o bem jurídico tutelado pela Lei n. 13.142, de 9 de julho de 2015.

13.4 *Filho adotivo — parentesco civil*

A locução "parentes consanguíneos até 3º grau" abrange *ascendentes* (pais, avós, bisavós); *descendentes* (filhos, netos, bisnetos) e *colaterais* até o 3º grau (irmãos, tios e sobrinhos). No entanto, a *filiação adotiva* cria uma relação de *parentesco civil*, que não se confunde com o *parentesco consanguíneo*, exigido na previsão legal da nova qualificadora do crime de homicídio.

Contudo, a Constituição Federal proíbe *quaisquer designações discriminatórias relativas à filiação*, logo, para o texto constitucional vigente não existe *filho adotivo*, natural, consanguíneo, legítimo, ilegítimo, espúrio ou qualquer outra terminologia que se queira usar: filhos são todos iguais, e, ademais, assegura a Carta Magna[68]: "*Os filhos, havidos ou não da relação do casamento, ou por adoção, terão os mesmos direitos e qualificações*, proibidas quaisquer designações discriminatórias relativas à filiação". Portanto, para o texto constitucional é inadmissível a antiga adjetivação de filho adotivo, legítimo, ilegítimo etc.

Por outro lado, na dicção do atual Código Civil (art. 1.593), "o parentesco é natural ou civil, conforme resulte de consanguinidade ou outra origem". A despeito de ser um diploma legal posterior, essa definição do Código Civil não está muito adequada ao preceito constitucional que, repetindo, proíbe "quaisquer designações discriminatórias relativas à filiação" (§ 6º do art 227). A rigor, essa conceituação do Código Civil não chega a criar maiores dificuldades, pois, afinal, o parentesco natural (biológico) também é civil.

De todo o exposto, constata-se que o legislador penal ao tipificar o inciso VII do § 2º do art. 121 cometeu um grave equívoco ao restringir o seu alcance somente *às vítimas que sejam "parentes consanguíneas"* da autoridade ou agente de segurança pública, principalmente por não incluir o *parentesco civil lato sensu*. Houvesse utilizado somente a expressão "parente", sem adjetivar, estariam inclusas todas as modalidades de parentesco, embora — deve-se reconhecer —, ficaria extremamente abrangente, pois incluiria todos os "agregados", *por afinidade*, segundo definição que mencionamos acima.

Em outros termos, a nosso juízo, a restrição constante desse inciso VII é *inconstitucional* por discriminar exatamente em matéria que a Constituição determina expressamente que não admite *qualquer discriminação*, qual seja, quanto à *filiação*. Aliás, na prática ainda se teria outra dificuldade que é descobrir a *natureza da filiação*, pois, a partir da atual Carta Magna, não consta nos assentos do registro de nascimento dita natureza, e os procedimentos anteriores, em caso de *adoção*, são sigilosos.

Aqui, nesse choque de legislação (constitucional e infraconstitucional), cria-se uma verdadeira *vexata quaestio*: como proceder? Incluir elementar não constante de uma qualificadora (norma penal repressiva, que não admite analogia, interpretação extensiva etc.) ou respeitar o mandamento constitucional? Ademais, há outro dogma penal-constitucional que também não pode ser ignorado, qual seja, *nullum crimen, nulla poena sine lege*.

Em termos bem esquemáticos, pode-se dizer que, pelo *princípio da legalidade*, a elaboração de normas incriminadoras é função exclusiva da lei, isto é, nenhum fato pode ser considerado crime e nenhuma pena criminal pode ser aplicada sem que antes da ocorrência desse fato exista uma lei definindo-o como crime e cominando-lhe a sanção correspondente. A lei deve definir com precisão e de forma cristalina a conduta proibida. Assim, seguindo a orientação pós-moderna, a Cons-

---

68. Art. 227, § 6º, da Constituição Federal de 1988.

tituição brasileira de 1988, ao proteger os direitos e as garantias fundamentais, em seu art. 5º, XXXIX, determina que "não haverá crime sem lei anterior que o defina, nem pena sem prévia cominação legal"[69].

Quanto ao *princípio de reserva legal*, que complementa o princípio de legalidade, significa que a regulação de determinadas matérias deve ser feita, necessariamente, por meio de *lei formal*, de acordo com as previsões constitucionais a respeito. Nesse sentido, o art. 22, I, da Constituição brasileira estabelece que compete privativamente à União legislar sobre Direito Penal.

A adoção expressa desses princípios significa que o nosso ordenamento jurídico cumpre com a exigência de segurança jurídica postulada pelos iluministas. Além disso, para aquelas sociedades que, a exemplo da brasileira, estão organizadas por meio de um sistema político democrático, o *princípio de legalidade* e de *reserva legal* representam a garantia política de que nenhuma pessoa poderá ser submetida ao poder punitivo estatal, se não com base em leis formais que sejam fruto do consenso democrático.

Com efeito, aqui reside a maior dificuldade interpretativa, que precisa encontrar uma solução sem ferir o *princípio da tipicidade estrita* e, inclusive, não desrespeitar o texto constitucional.

Acreditamos que a melhor solução será, necessariamente, a *declaração de inconstitucionalidade* da locução "parente consanguíneo", para resolver essa limitação legal relativamente ao *filho adotivo*, ou, mais precisamente, afastando somente o adjetivo "consanguíneo". Contudo, ainda que se aceite este caminho, teremos outro problema, que é a delimitação dessa declaração de inconstitucionalidade. À primeira vista deveria ser *com redução de texto*, mas, nessa hipótese, ficaria extremamente abrangente, pois alcançaria cunhado(a), sogros, genro e nora, os quais, claramente, o legislador não pretendeu abranger.

Por isso, quer nos parecer que a declaração de inconstitucionalidade deve ser *sem redução de texto*, para permitir a inclusão do *filho adotivo*, que, aliás, nem deve ser assim denominado.

Num primeiro momento, com essa sugestão de *inconstitucionalidade*, poder-se-ia interpretar como uma *nova inconstitucionalidade* por incluir *parente* não previsto no texto legal ou por ampliar a abrangência de referido texto. No entanto, não vemos por essa ótica, pois a *interpretação* que sugerimos não acresce nenhuma locução, nenhuma elementar ao texto penal, mas apenas *suprime* o adjetivo "consanguíneo" para afastar uma inconstitucionalidade. E *suprimir* é diferente de *acrescer*, ainda que se amplie a sua abrangência, o que não se pode negar, mas o é por um bem maior, qual seja, salvar o texto legal, que não é de todo ruim.

---

69. Cezar Roberto Bitencourt, *Tratado de Direito Penal* — Parte Geral, 25. ed., São Paulo, Saraiva, 2019, v. 1, p. 55.

14. Homicídio culposo

As legislações modernas adotam o princípio da *excepcionalidade do crime culposo*, isto é, a regra é a de que as infrações penais sejam imputadas a título de dolo, e só *excepcionalmente* a título de culpa e, nesse caso, quando expressamente prevista a modalidade culposa da figura delituosa (art. 18, parágrafo único). Com a simples análise da norma penal incriminadora constata-se esse fenômeno: quando o Código admite a modalidade culposa, há referência expressa à figura culposa; quando não a admite, silencia a respeito da culpa. Por isso, quando o sujeito pratica o fato culposamente e a figura típica não admite a forma culposa, não há crime.

O art. 121, § 3º, do Código Penal dispõe, laconicamente: "Se o homicídio é culposo". A neutralidade e a laconicidade dessa previsão exigem que sua interpretação seja complementada pelo disposto no art. 18, II, do mesmo diploma legal, que prescreve: "Diz-se o crime culposo, quando o agente deu causa ao resultado por imprudência, negligência ou imperícia". Ao estabelecer as modalidades de culpa, o legislador brasileiro esmerou-se em preciosismos técnicos, que apresentam pouco ou quase nenhum resultado prático. Tanto na *imprudência* quanto na *negligência* há a inobservância de cuidados recomendados pela experiência comum no exercício dinâmico do quotidiano humano. E a *imperícia*, por sua vez, não deixa de ser somente uma *forma especial* de imprudência ou de negligência; enfim, embora não sejam mais que simples e sutis distinções de uma conduta substancialmente idêntica, ou seja, omissão, descuido, falta de cautela, inaptidão, desatenção, como o Código Penal não as definiu, a doutrina deve encarregar-se de fazê-lo.

a) *Imprudência*

Imprudência é a prática de uma conduta arriscada ou perigosa, e tem caráter comissivo. É a imprevisão ativa *(culpa in faciendo* ou *in committendo)*. Conduta imprudente é aquela que se caracteriza pela intempestividade, precipitação, insensatez ou imoderação. Imprudente é, por exemplo, o motorista que, embriagado, viaja dirigindo seu veículo automotor, com visível diminuição de seus reflexos e acentuada liberação de seus freios inibitórios. Como destaca Muñoz Conde[70], "A imprudência no homicídio, como nos demais crimes, constitui o limite mínimo para a imputação do resultado delitivo". Essa advertência aplica-se igualmente às hipóteses de negligência e imperícia.

b) *Negligência*

Negligência é a displicência no agir, a falta de precaução, a indiferença do agente, que, podendo adotar as cautelas necessárias, não o faz. É a imprevisão passiva, o desleixo, a inação *(culpa in ommittendo)*. É não fazer o que deveria ser feito. Negligente será, por exemplo, o motorista de ônibus que trafegar com as portas do coletivo abertas, causando a queda e morte de um passageiro.

---

70. Francisco Muñoz Conde, *Derecho Penal*; Parte Especial, 12. ed., Valencia, Tirant lo Blanch, 1999, p. 38.

Em outros termos, a negligência não é um fato psicológico, mas sim um *juízo de apreciação*, exclusivamente: a comprovação que se faz de que o agente tinha possibilidade de prever as consequências de sua ação (previsibilidade objetiva). Enfim, o autor de um crime cometido por negligência não pensa na possibilidade do resultado. Este fica fora do seu pensamento.

c) *Imperícia*

Imperícia é a falta de capacidade, despreparo ou insuficiência de conhecimentos técnicos para o exercício de arte, profissão ou ofício. Não se confunde com erro profissional: este é um acidente escusável, justificável e, de regra, imprevisível, que não depende do uso correto e oportuno dos conhecimentos e regras da ciência. Esse tipo de *acidente* não decorre da má aplicação de regras e princípios recomendados pela ciência. Deve-se à *imperfeição* e *precariedade* dos conhecimentos humanos, operando, portanto, no campo do imprevisto e transpondo os limites da prudência e atenção humanas. Não há um direito ao *erro*. No entanto, embora o médico não tenha *carta branca*, não pode, ao mesmo tempo, ficar limitado por dogmas inalteráveis. Tendo agido racionalmente, segundo os preceitos fundamentais da *lexis artis*, ou deles se afastado, tendo-o feito por motivos justificáveis, não terá de prestar contas à Justiça Penal por eventual resultado fatídico.

A inabilidade para o desempenho de determinada atividade fora do campo profissional ou técnico tem sido considerada modalidade de culpa imprudente ou negligente, conforme o caso.

Mas a *culpa* pode receber ainda uma outra classificação — *consciente e inconsciente* —, muito mais importante que aquela definição contida no art. 18, II, na medida em que envolve o grau de subjetividade da previsibilidade do resultado produzido pela conduta descuidada.

O Código Penal brasileiro não distingue *culpa consciente* e *culpa inconsciente* para o fim de dar-lhes tratamento diverso. Afora a dificuldade prática de comprovar, *in concreto*, na maioria dos casos, qual das duas espécies ocorreu, destaca-se a praticamente inexistente de diferença entre não prever um resultado antijurídico e prevê-lo, mas confiar, levianamente, na sua não ocorrência, se este, de qualquer sorte, se verificar. Na verdade, tem-se questionado se a *culpa consciente* não seria, muitas vezes, indício de *menor insensibilidade ético-social*, de maior atenção na execução de atividades perigosas, pois na *culpa inconsciente* o descuido é muito maior e, consequentemente, mais perigoso, uma vez que a exposição a risco poderá ser mais frequente, na medida em que o agente nem percebe a possibilidade de ocorrência de um evento danoso. Nesse sentido, afirmava Köller, "mais culpado é aquele que não cuidou de olhar o caminho diante de si, em cotejo com aquele que teve esse cuidado, mas credulamente se persuadiu de que o obstáculo se afastaria a tempo"[71]. Por isso, a maior ou menor gravidade da culpa deve ser deixada à apreciação do juiz ao dosar

---

71. José Cerezo Mir, *Curso de Derecho Penal español*; Parte General, p. 279.

a pena, diante de cada caso concreto. No entanto, mesmo assim, vejamos as definições que, tradicionalmente, se dão à culpa consciente e à culpa inconsciente.

a) *Culpa consciente*

Há *culpa consciente*, também chamada *culpa com previsão*, quando o agente, deixando de observar a diligência a que estava obrigado, prevê um resultado, mas confia convictamente em que ele não ocorra. Quando o agente, embora prevendo o resultado, espera sinceramente que não se verifique, estar-se-á diante de culpa consciente, e não de dolo eventual. No entanto, como bem destaca Juarez Tavares na análise desta espécie de culpa, deve-se agir com cautela, pois a *simples previsão do resultado* não significa, por si só, que o agente age com *culpa consciente*, uma vez que, mais que a *previsão*, o que a caracteriza efetivamente é a *consciência* acerca da lesão ao dever de cuidado[72]. Logo, nada impede que possa ocorrer *erro de proibição* quando o agente se equivocar a respeito da existência ou dos limites do dever objetivo de cuidado.

Na culpa consciente, segundo a doutrina dominante, a *censurabilidade* da conduta é maior do que na culpa inconsciente, pois esta é produto de mera desatenção.

b) *Culpa inconsciente*

A ação sem previsão do resultado possível constitui a chamada culpa inconsciente, culpa *ex ignorantia*. No dizer de Hungria, "previsível é o fato cuja possível superveniência não escapa à perspicácia comum"[73].

A previsibilidade do resultado é o elemento identificador das duas espécies de culpa. A *imprevisibilidade* desloca o resultado para o caso fortuito ou força maior. Na culpa inconsciente, no entanto, apesar da presença da *previsibilidade*, não há a *previsão* por descuido, desatenção ou simples desinteresse. A culpa inconsciente caracteriza-se pela ausência absoluta de nexo psicológico entre o autor e o resultado de sua ação.

14.1 *Estrutura típica do crime culposo*

A estrutura do *tipo culposo* é diferente da do *tipo doloso:* neste, é punida a conduta dirigida a um *fim ilícito*, enquanto no *injusto culposo* pune-se a *conduta mal dirigida*, normalmente destinada a um fim penalmente irrelevante, quase sempre lícito. O *núcleo do tipo de injusto* nos delitos culposos consiste na divergência entre a ação efetivamente praticada e a que devia realmente ter sido realizada, em virtude da observância do dever objetivo de cuidado.

A *direção finalista* da ação, nos crimes culposos, não corresponde à diligência devida, havendo uma contradição essencial entre o *querido* e o *realizado* pelo agente. Como afirma Cerezo Mir, "o fim perseguido pelo autor é geralmente irrelevante,

---

72. Juarez Tavares, *Direito Penal da negligência*, p. 172.
73. Nélson Hungria, *Comentários*, v. 2, p. 188.

mas não os meios escolhidos, ou a forma de sua utilização"[74]. O agente que conduz um veículo e causa, de forma não dolosa, a morte de um pedestre *realiza uma ação finalista:* conduzir o veículo. O *fim da ação* — ir a um lugar determinado — é jurídico-penalmente irrelevante. O *meio* escolhido, o veículo, neste caso, também o é. No entanto, será jurídico-penalmente relevante a *forma* de utilização do meio se o agente, por exemplo, conduzir a uma velocidade excessiva.

A *tipicidade* do crime culposo decorre da realização de uma *conduta não diligente* causadora de uma lesão ou de perigo a um bem jurídico-penalmente protegido. Contudo, a falta do cuidado objetivo devido, configurador da imprudência, negligência ou imperícia, é de natureza objetiva. Em outros termos, no plano da tipicidade, trata-se, apenas, de analisar se o agente agiu com o cuidado necessário e normalmente exigível. No entanto, o emprego adequado da diligência necessária deve ser aferido nas condições concretas existentes no momento do fato, além da necessidade objetiva, naquele instante, de proteger o bem jurídico.

A indagação sobre se o agente tinha *as condições*, isto é, se *podia*, no caso concreto, ter adotado as cautelas devidas, somente deverá ser analisada no plano da culpabilidade. Por outro lado, nada impede que uma conduta seja *tipicamente culposa* e, no entanto, não seja antijurídica. Pode o agente realizar uma *conduta culposa típica*, mas encontrar-se ao abrigo de uma *excludente de antijuridicidade*. Por exemplo, o corpo de bombeiros, chamado com urgência para apagar um grande incêndio em uma refinaria, atinge, involuntariamente, no percurso, e sem tê-lo previsto, um pedestre, matando-o. À evidência que se encontrava em estado de necessidade *(observados, claro, seus requisitos)*[75].

A *culpabilidade* nos crimes culposos tem a mesma estrutura da culpabilidade nos crimes dolosos: *imputabilidade, consciência potencial da ilicitude e exigibilidade de comportamento conforme ao Direito*. O questionamento sobre as *condições pessoais* do agente, para constatar se *podia agir* com a diligência necessária e se lhe era *exigível*, nas circunstâncias concretas, tal conduta, é objeto do *juízo de culpabilidade*. A *inexigibilidade* de outra conduta é perfeitamente admissível, como excludente de culpabilidade, nos crimes culposos. Quando um indivíduo, por exemplo, realiza uma conduta sem observar os cuidados devidos, quando, no caso concreto, apresentava-se impraticável ou de difícil observância, ou, em outros termos, era inexigível outra conduta, não pode ser *censurável* por eventual resultado danoso que, involuntariamente, produzir.

Assim como a *tipicidade* do crime culposo se define pela divergência entre a ação efetivamente praticada e a que devia ter sido realizada, e a *antijuridicidade* pela inobservância do cuidado objetivo devido, a *culpabilidade* tem a *previsibilidade subjetiva* como um de seus pressupostos. Nesse sentido manifestava-se o próprio

---

74. José Cerezo Mir, *Curso de Derecho Penal*, p. 279.
75. Fabio Roberto D'Avila, Lineamentos estruturais do crime culposo, in *Crime e sociedade* (obra coletiva), Curitiba, Ed. Juruá, 1999.

Welzel, afirmando que, enquanto a chamada previsibilidade *objetiva* constitui a tipicidade e antijuridicidade da ação, a chamada previsibilidade *subjetiva* constitui um elemento da *reprovabilidade* da ação típica e antijurídica. Quando o agente realiza efetivamente o *juízo de causalidade adequada* ao empreender a ação, age, com referência ao resultado possível, com *culpa consciente*, e, se ele podia realizar esse juízo sem tê-lo efetivamente realizado, age com *culpa inconsciente*[76].

Nada impede, por outro lado, que possa ocorrer *erro de proibição* nos crimes culposos, quando, por exemplo, o erro incidir sobre *os limites* do dever objetivo de cuidado. Aliás, não é nada incomum a dúvida, no tráfego de veículos, sobre o direito de prioridade ou a obrigação de esperar. De qualquer sorte, elemento característico da conduta punível, seja dolosa ou culposa, é a *reprovabilidade*.

O *tipo culposo*, como já referimos, tem uma estrutura completamente diferente do injusto doloso, não contendo o chamado *tipo subjetivo*, em razão da natureza normativa da culpa[77]. Seguindo essa orientação, Juarez Tavares sustenta que "o delito culposo contém, em lugar do tipo subjetivo, uma característica normativa aberta: *o desatendimento ao cuidado objetivo exigível ao autor*"[78]. Não se desconhece, no entanto, a existência de certo *componente subjetivo* no crime culposo, formado pela *relação volitiva final*, e de um *componente objetivo*, expresso na *causalidade*. Mas, como a *relevância da ação* é aferida por meio de um *juízo comparativo* entre a conduta realizada e aquela que era imposta pelo dever objetivo de cuidado, não tem sentido a divisão do tipo penal em objetivo e subjetivo, sendo irrelevante a relação volitiva final para a realidade normativa.

O tipo de injusto culposo apresenta os seguintes elementos constitutivos: *inobservância do cuidado objetivo devido; produção de um resultado e nexo causal; previsibilidade objetiva do resultado; conexão interna entre desvalor da ação e desvalor do resultado*. Cada um desses elementos foi detidamente examinado em nosso *Manual de Direito Penal*; Parte Geral, para onde remetemos o leitor.

Em 1930, Engisch destacou que entre a simples conexão causal da ação e o resultado e a culpabilidade havia um terceiro elemento fundamental para configurar o crime culposo: o *dever objetivo de cuidado*[79].

O *essencial* no tipo de injusto culposo não é a simples *causação do resultado*, mas sim a *forma* com que a ação causadora se realiza. Por isso, a *observância do dever objetivo de cuidado*, isto é, a diligência devida, constitui o elemento fundamental do tipo de injusto culposo, cuja análise constitui uma questão preliminar no exame da culpa. Na dúvida, impõe-se o dever de abster-se da realização da conduta, pois quem se arrisca, nessa hipótese, age com *imprudência*, e, sobrevindo um resultado típico, torna-se autor de um crime culposo.

---

76. Welzel, Culpa e delitos de circulação, p. 38.
77. Welzel, *Derecho Penal alemán*, p. 187.
78. Juarez Tavares, *Direito Penal da negligência*, p. 134. No mesmo sentido Heitor da Costa Junior, *Teoria dos delitos culposos*, p. 69.
79. Muñoz Conde, *Teoria geral do delito*, p. 70.

A *inobservância do cuidado objetivamente devido* resulta da comparação da *direção finalista real* com a *direção finalista exigida* para evitar as lesões dos bens jurídicos. A infração desse dever de cuidado representa o injusto típico dos crimes culposos. No entanto, é indispensável investigar o que teria sido, *in concreto*, para o agente, o dever de cuidado. E, como segunda indagação, deve-se questionar se a ação do agente correspondeu a esse comportamento "adequado". Somente nesta segunda hipótese, quando negativa, surge a *reprovabilidade da conduta*. A análise dessas questões deve ser extremamente criteriosa, na medida em que uma ação meramente arriscada ou perigosa não implica necessariamente a violação do dever objetivo de cuidado. Com efeito, além das normas de cuidado e diligência, será necessário que o *agir descuidado* ultrapasse os limites de perigos *socialmente aceitáveis* na atividade desenvolvida. Não se ignora que determinadas atividades trazem na sua essência determinados graus de perigos. No entanto, o progresso e as necessidades quotidianas autorizam a assunção de certos riscos que são da natureza de tais atividades, como, por exemplo, médico-cirúrgica, tráfego de veículos, construção civil em arranha-céus etc. Nesses casos, somente quando faltarem a *atenção e cuidados especiais* que devem ser empregados, poder-se-á falar em *culpa*. À evidência, convém registrar, quanto mais perigosa for a atividade, maior deve ser a prudência e vigilância do agente, não apenas em razão das previsões regulamentares, mas também em razão das sugestões da experiência do dia a dia do próprio conhecimento científico.

14.2 *Relação de causalidade no homicídio culposo*

O resultado integra o próprio tipo penal do crime culposo. Como tivemos oportunidade de afirmar, "o crime culposo não tem existência real sem o resultado. Há crime culposo quando o agente não quer e nem assume o risco da produção de um resultado, previsível, mas que mesmo assim ocorre. Se houver inobservância de um dever de cuidado, mas se o resultado não sobrevier, não haverá crime"[80]. Assim, a norma de cuidado pode ter sido violada, a conduta pode ter sido temerária, mas, por felicidade, pode não se configurar um delito culposo, por faltar-lhe o resultado, que o tipificaria.

Mas é indispensável que o *resultado* seja consequência da *inobservância do cuidado devido*, ou, em outros termos, é necessário que este seja a causa daquele. Com efeito, quando for observado o dever de cautela, e ainda assim o resultado ocorrer, não se poderá falar em crime culposo[81]. Atribuir, nessa hipótese, a responsabilidade ao *agente cauteloso* constituirá autêntica *responsabilidade objetiva*, pela ausência de nexo causal. Os *limites* da *norma imperativa* encontram-se no poder de seu cumprimento pelo sujeito; por isso, o *dever de cuidado* não pode ir além desses

---

80. Cezar Roberto Bitencourt, *Lições de Direito Penal*, 3. ed., Porto Alegre, Livr. do Advogado Ed., 1995, p. 80.
81. Heitor da Costa Junior, *Teoria dos delitos culposos*, Rio Janeiro, Lumen Juris, 1988, p. 66.

limites. A *inevitabilidade* do resultado exclui a própria tipicidade. Ou seja, é indispensável que a *inobservância do cuidado devido seja a* causa *do* resultado *tipificado como crime culposo.* Por isso, *não haverá crime culposo quando o agente, não observando o dever de cuidado devido, envolver-se em um evento lesivo, produzindo a morte de alguém, morte essa que não se verificaria se a diligência devida tivesse sido adotada.*

A teoria da ação finalista permite uma melhor compreensão do injusto dos tipos culposos. É inegável, contudo, que um elemento essencial dos crimes culposos — o resultado produzido — fica fora da ação finalista, constituindo, assim, a maior dificuldade da *doutrina finalista* nos crimes culposos. Como destaca Cerezo Mir, "o resultado fica fora do nexo final, pois não estava incluído na vontade de realização e em muitos casos (culpa inconsciente) não havia sido sequer previsto"[82].

14.3 *Culpa imprópria e erro culposo*

Só *impropriamente* se pode admitir falar de *culpa* em uma conduta que *prevê* e *quer* o resultado produzido, sob pena de se violentar os conceitos dogmáticos da teoria do delito.

A chamada *culpa imprópria* só pode decorrer de erro, e de *erro culposo* sobre a legitimidade da ação realizada. E erro culposo não se confunde com crime culposo. Com efeito, a *culpa imprópria*, culpa por extensão ou assimilação decorre do erro de tipo *evitável* nas descriminantes putativas ou do excesso nas causas de justificação. Nessas circunstâncias, o agente quer o resultado em razão de a sua vontade encontrar-se viciada por um *erro* que, com mais cuidado, poderia ser evitado. Quando, no entanto, o *erro for inevitável*, não há que se falar em culpa, própria ou imprópria, na medida em que a *inevitabilidade* do erro exclui, por completo, a responsabilidade penal.

Na hipótese de *erro culposo* não se está criando nenhuma *culpa*, própria ou imprópria, mas se está somente, como afirma Jescheck[83], adotando uma cominação do tipo imprudente. Na verdade, *antes da ação*, isto é, durante a elaboração do *processo psicológico*, o agente valora mal uma situação ou os meios a utilizar, incorrendo em erro, *culposamente*, pela falta de cautela nessa avaliação; já no momento subsequente, *na ação propriamente dita*, age *dolosamente*, finalisticamente, objetivando o resultado produzido, embora calcado em erro culposo.

Gallas não admitia a confusão que se fazia entre *crime culposo* e *erro culposo*. Sustentando tratar-se de crime doloso, afirmava: "Quem mata uma pessoa, crendo erroneamente que seria agredido injustamente por ela, sabe que mata, mas acredita que na situação representada isso fosse lícito"[84]. No mesmo sentido manifestava-se

---

82. Cerezo Mir, *Curso*, p. 280.
83. Jescheck, *Tratado*, p. 636, n. 34.
84. Gallas, La struttura del concetto di illecito penale, *Rivista di Diritto e Procedura Penale*, ano 25, 1982, p. 463.

Graf Zu Dohna: "Quem sabe que mata, porém crê que pode fazê-lo, mata dolosamente, e não só por culpa"[85].

14.4 Dolo eventual e culpa consciente

Os *limites fronteiriços* entre dolo eventual e culpa consciente constituem um dos problemas mais tormentosos da Teoria do Delito. Há entre ambos um traço comum: a *previsão* do resultado proibido. Mas, enquanto no *dolo eventual* o agente anui ao advento desse resultado, *assumindo o risco* de produzi-lo, em vez de renunciar à ação, na *culpa consciente*, ao contrário, repele a hipótese de superveniência do resultado, na esperança convicta de que este não ocorrerá.

Na hipótese de dolo eventual, a *importância negativa* da previsão do resultado é, para o agente, menos importante do que o *valor positivo* que atribui à prática da ação. Por isso, entre desistir da ação e praticá-la, mesmo correndo o risco da produção do resultado, opta pela segunda alternativa. Já na culpa consciente, o *valor negativo* do resultado possível é, para o agente, mais forte do que o *valor positivo* que atribui à prática da ação. Por isso, se estivesse convencido de que o resultado poderia ocorrer, sem dúvida desistiria da ação. Não estando convencido dessa possibilidade, calcula mal e age.

Como afirmava Paul Logoz, no *dolo eventual* o agente decide agir por *egoísmo*, a qualquer custo, enquanto na *culpa consciente* o faz por *leviandade*, por não ter refletido suficientemente[86].

O fundamental é que o dolo eventual apresente estes dois componentes: representação da possibilidade do resultado e anuência à sua ocorrência, assumindo o risco de produzi-lo. Enfim, como sustenta Wessels[87], haverá *dolo eventual* quando o autor não se deixar dissuadir da realização do fato pela possibilidade próxima da ocorrência do resultado e sua conduta justificar a assertiva de que, em razão do fim pretendido, ele se tenha conformado com o risco da produção do resultado ou até concordado com a sua ocorrência, em vez de renunciar à prática da ação.

Duas teorias, fundamentalmente, procuram distinguir dolo eventual e culpa consciente: *teoria da probabilidade* e *teoria da vontade* ou do consentimento. A primeira, diante da dificuldade de demonstrar o *elemento volitivo*, o querer o resultado, admite a existência do *dolo eventual* quando o agente representa o resultado como de muito provável execução e, apesar disso, atua, admitindo ou não a sua produção. No entanto, se a produção do resultado for menos provável, isto é, pouco provável, haverá *culpa consciente*. Para a segunda, é insuficiente que o agente represente o resultado como de provável ocorrência, sendo necessário que a probabilidade da produção do resultado seja incapaz de remover a vontade de agir. Haveria *culpa consciente* se, ao contrário, desistisse da ação se estivesse con-

---

85. Graf Zu Dohna, *La estructura*, p. 76.
86. Paul Logoz, *Commentaire du Code Pénal suisse*, 2. ed., Paris, Delachaux & Niestlé, 1976, p. 66.
87. Wessels, *Direito Penal*; Parte Geral, p. 53.

vencido da probabilidade do resultado. No entanto, não estando convencido, calcula mal e age, produzindo o resultado. Como se constata, a *teoria da probabilidade* desconhece o elemento volitivo, que é fundamental na distinção entre dolo eventual e culpa consciente, que, por isso mesmo, é mais bem delimitado pela *teoria do consentimento*.

Por fim, a distinção entre dolo eventual e culpa consciente resume-se à aceitação ou rejeição da possibilidade de produção do resultado. Persistindo a dúvida entre um e outra, dever-se-á concluir pela solução menos grave: pela *culpa consciente*.

14.5 *Concorrência e compensação de culpas*

Há *concorrência de culpas* quando dois indivíduos, um ignorando a participação do outro, concorrem, culposamente, para a produção de um fato definido como crime. Imagine-se, por exemplo, o choque de dois veículos em um cruzamento com lesões recíprocas, em que os dois condutores estejam igualmente errados, um trafegando em velocidade excessiva e o outro ultrapassando o sinal fechado. Havendo *concorrência de culpa*, os agentes respondem, isoladamente, pelo resultado produzido. De observar-se que, nessa hipótese, não se pode falar em *concurso de pessoas*, ante a *ausência do vínculo subjetivo*. Na realidade, verifica-se uma das hipóteses da chamada *autoria colateral*, em que não há adesão de um na conduta de outro, ignorando os agentes que contribuem reciprocamente para a realização da mesma ação.

Igualmente, não se admite *compensação de culpa* em Direito Penal. Eventual culpa da vítima não exclui a do agente; elas não se compensam. As *culpas recíprocas* do ofensor e do ofendido não se extinguem. A *teoria da equivalência dos antecedentes causais*, adotada pelo nosso Código Penal, não autoriza outro entendimento. Somente a *culpa exclusiva da vítima* exclui a daquele, para quem, nesse caso, a ocorrência do evento foi pura *infelicitas facti*. No entanto, à evidência, a contribuição da vítima deverá ser valorada na aplicação da pena-base (art. 59 — *comportamento da vítima*).

14.6 *Crime preterdoloso e crime qualificado pelo resultado*

Além das duas modalidades de crimes — dolosa e culposa — expressamente reguladas pelo nosso Código Penal, doutrina e jurisprudência reconhecem a existência de uma terceira, que costumam designar como *crime preterdoloso* ou crime qualificado pelo resultado, que, para Muñoz Conde, "não é mais que um subcaso de homicídio culposo"[88].

Crime preterdoloso ou *preterintencional* tem recebido o significado de crime cujo resultado vai além da intenção do agente, isto é, a ação voluntária inicia dolosamente e termina culposamente, porque, a final, o resultado efetivamente produzido estava fora da abrangência do dolo. Nesse sentido, é elucidativa a afirmação de José Luis Díez Ripollés e Luis Gracia Martín, segundo os quais: "É preciso, portanto, que a conduta inicial seja uma constitutiva de lesões dolosas. Não haverá

---

88. Francisco Muñoz Conde, *Derecho Penal*; Parte Especial, 12. ed., Valencia, Tirant lo Blanch, 1999, p. 37.

homicídio preterintencional se concorre o dolo, direto ou eventual, relativamente ao resultado morte"[89]; e concluem: "Não pode ocorrer a figura do homicídio preterintencional, sob nenhum título, quando o resultado morte seja fortuito".

Doutrina e jurisprudência espanholas, a partir da *Reforma Parcial e Urgente do Código Penal espanhol de 1983*, passaram a entender, majoritariamente, que, na hipótese de lesão corporal seguida de morte, tipificada em nosso Código Penal (art. 129, § 3º), verifica-se concurso formal de crimes — lesões corporais (das quais nem sempre se sabe a gravidade) e homicídio culposo. A despeito das inúmeras objeções teóricas que se possa fazer a essa orientação e das incontáveis dificuldades práticas que o casuísmo pode oferecer, o entendimento doutrinário-jurisprudencial dominante na vigência do atual Código Penal espanhol (Lei Orgânica n. 10/95) sustenta a validade daquele entendimento, ante a absoluta omissão do novo diploma legal, que consagra somente duas formas de imputação subjetiva: dolosa ou culposa[90].

Têm-se utilizado, a nosso juízo equivocadamente, as expressões *crime preterdoloso* e *crime qualificado pelo resultado* como sinônimas. No entanto, segundo a melhor corrente, especialmente na Itália, no crime *qualificado pelo resultado*, ao contrário do *preterdoloso*, o resultado ulterior, mais grave, derivado *involuntariamente* da conduta criminosa, lesa um bem jurídico que, por sua natureza, não contém o bem jurídico precedentemente lesado. Assim, enquanto a *lesão corporal seguida de morte* (art. 129, § 3º) seria preterintencional, o *aborto seguido da morte da gestante* (arts. 125 e 126, c/c o art. 127, *in fine*) seria crime qualificado pelo resultado. O raciocínio é simples: nunca se conseguirá matar alguém sem ofender sua saúde ou integridade corporal, enquanto para matar alguém não se terá necessariamente de fazê-lo abortar.

14.6.1 Inadmissibilidade de tentativa no homicídio preterintencional

A *tentativa* é inadmissível no chamado *homicídio preterintencional*, isto é, naquele crime cujo resultado preterdoloso foi maior do que o inicialmente pretendido pelo agente. Logo, como a tentativa fica aquém do resultado desejado, conclui-se ser ela impossível nos crimes preterintencionais. Em sentido semelhante manifestava-se Nélson Hungria, afirmando que "a tentativa de homicídio é o inverso do homicídio preterintencional ou *ultra voluntatem* (art. 121, § 3º): neste, não há o *animus occidendi*, mas verifica-se o evento 'morte'; naquela, há o *animus occidenti*, mas o evento 'morte' não se verifica"[91].

A doutrina brasileira não estabelece com precisão a diferença entre crime *preterdoloso* e crime qualificado pelo resultado. Segundo uma corrente doutrinária, especial-

---

89. José Luis Díez Ripollés e Luis Gracia Martín, *Delitos contra bienes jurídicos fundamentales — vida humana independiente y libertad*, Valencia, Tirant lo Blanch, 1993, p. 63.
90. Muñoz Conde, *Derecho Penal*; Parte Especial, p. 43; José Luis Díez Ripollés e Luis Gracia Martín, *Delitos contra bienes jurídicos fundamentales*, p. 64-5.
91. Nélson Hungria, O arbítrio judicial na medida da pena, *Revista Forense*, n. 90, jan. 1943, p. 66.

mente na Itália, no crime *qualificado pelo resultado*, ao contrário do *preterintencional*, o resultado ulterior, mais grave, derivado involuntariamente da conduta criminosa, lesa um bem jurídico que, por sua natureza, não contém o bem jurídico precedentemente lesado. Assim, enquanto a lesão corporal seguida de morte seria preterintencional, o aborto seguido de morte da gestante seria crime qualificado pelo resultado.

Damásio de Jesus e Julio Mirabete, apesar de não fazerem clara distinção entre crimes preterintencionais e crimes qualificados pelo resultado, admitem, quanto a estes, a possibilidade da tentativa, quando o resultado final, dizem eles, for abrangido pelo dolo.

14.7 Concurso de pessoas em homicídio culposo

A doutrina alemã não admite a possibilidade de coautoria nos crimes culposos, entendendo que qualquer contribuição na causa produtora do resultado não querido caracteriza, em si, a autoria. Para Welzel, toda contribuição em uma ação que não observa o dever de cuidado fundamenta a autoria[92]. No mesmo sentido é a orientação de Jescheck, para quem é inadmissível a coautoria nos delitos culposos diante da inexistência de acordo comum. Quando houver a cooperação imprudente de vários autores — continua Jescheck — a contribuição de cada um deve ser avaliada separadamente, pois cada um será *autor acessório*[93]. Essa concepção germânica decorre da adoção da "teoria do domínio do fato", visto que nos crimes culposos esse domínio não existe. Já em relação à participação em sentido estrito (instigação e cumplicidade), o Código Penal alemão determina expressamente que ela só é possível na forma dolosa (§§ 26 e 27).

Em sentido diametralmente oposto, a doutrina espanhola admite não só a coautoria nos crimes culposos como a participação em sentido estrito. O comum acordo, impossível quanto ao resultado, é perfeitamente admissível na conduta imprudente, que, de regra, é voluntária[94]. Um dos grandes argumentos dos espanhóis é que a *participação*, além de permitir melhor graduação da responsabilidade penal, mantém o *princípio da acessoriedade*. Assim, por exemplo, aquele que induz outrem a uma atividade perigosa para si não será castigado se ocorrer um acidente com lesão ou morte. Sua cooperação esbarraria na atipicidade da conduta de *matar-se* ou de *autolesionar-se*. Bettiol também admitia a possibilidade de participação em crime culposo[95].

A doutrina brasileira, à unanimidade, admite a *coautoria* em crime culposo, rechaçando, contudo, a *participação*[96]. Pode existir na verdade um vínculo subjetivo na

---

92. Welzel, *Derecho Penal alemán*, p. 145.
93. H. H. Jescheck, *Tratado de Derecho Penal*, trad. Santiago Mir Puig e Francisco Muñoz Conde, Barcelona, Bosch, 1981, p. 940.
94. Santiago Mir Puig, *Derecho Penal*; Parte General, Barcelona, PPU, 1985, p. 336.
95. Giuseppe Bettiol, *Direito Penal*, trad. Paulo José da Costa Jr. e Alberto Silva Franco, São Paulo, Revista dos Tribunais, 1977, v. 1.
96. Por todos, Damásio de Jesus, *Direito Penal*; Parte Geral, 20. ed., São Paulo, Saraiva, v. 1, p. 417.

realização da conduta, que é voluntária, inexistindo, contudo, tal vínculo em relação ao resultado, que não é desejado. Os que *cooperam na causa*, isto é, na falta do dever de cuidado objetivo, agindo sem a atenção devida, são *coautores*. Nesse aspecto, a concepção brasileira assemelha-se, na essência, com a alemã, ao sustentar que toda contribuição causal a um delito não doloso equivale a produzi-lo, na condição de autor, para os alemães, na de coautor, para os brasileiros, pois, como dizia Welzel, "a coautoria é uma forma independente de autoria... A coautoria é autoria. Por isso, cada coautor há de ser autor, isto é, possuir as qualidades pessoais (objetivas e subjetivas) de autor..."[97]. Assim, passageiro que induz o motorista de táxi a dirigir em velocidade excessiva e contribui diretamente para um atropelamento, que para os alemães seria autor, para os espanhóis seria simples partícipe[98], e, para a doutrina brasileira, coautor[99].

14.8 *Homicídio culposo no trânsito*

O homicídio culposo e a lesão corporal culposa recebem, no Código Penal, sanções de 1 a 3 anos de detenção e de 2 meses a 1 ano de detenção, respectivamente; no novo diploma legal (Código de Trânsito Brasileiro) essas sanções são de 2 a 4 anos de detenção, para o primeiro delito, e de 6 meses a 2 anos de detenção, para o segundo.

Alguns juristas de escol já se ocuparam desse tema, mantendo, de modo geral, certa uniformidade crítica. Assim, por exemplo, Rui Stoco afirma que o art. 302, que "tipifica" o homicídio culposo, está contaminado pelo vício da *inconstitucionalidade*, por ofender o *princípio da isonomia*; para Sérgio Salomão Shecaira referido dispositivo "não só feriu o princípio da isonomia como também inseriu espécie de objetividade na culpabilidade"[100].

Rui Stoco, seguindo sua linha de raciocínio, sustenta: "Não nos parece possível esse tratamento distinto e exacerbado, pois o que impende considerar é a maior ou menor gravidade na *conduta* erigida à condição de crime e não nas circunstâncias em que este foi praticado ou os meios utilizados"[101]. E, prossegue Stoco, "tal ofende o princípio constitucional da isonomia, e o direito subjetivo do réu a um tratamento igualitário".

Passamos a fazer o seguinte questionamento: para começar, a *ação* do indivíduo que, limpando sua arma de caça, em determinado momento, involuntariamente, dispara, atingindo um "pedestre" que passava em frente a sua casa, será igual à *ação* de um motorista que, *dirigindo embriagado*, atropela e mata alguém? A *ação* do indivíduo que, desavisadamente, joga um pedaço de madeira de cima de uma construção,

---

97. Welzel, *Derecho Penal alemán*, p. 158.
98. Santiago Mir Puig, *Derecho Penal*, p. 336.
99. Damásio de Jesus, *Direito Penal*, 20. ed., v. 1, p. 417-8.
100. Rui Stoco, Código de Trânsito Brasileiro: disposições penais e suas incongruências; Sérgio Salomão Shecaira, Primeiras perplexidades sobre a nova lei de trânsito, *Boletim do IBCCrim*, n. 61, dez. 1997, p. 9 e 3, respectivamente.
101. Rui Stoco, Código de Trânsito..., *Boletim* cit., p. 9.

atingindo e matando um transeunte, terá o mesmo *desvalor* da *ação* de um motorista que, *dirigindo em excesso de velocidade* ou passando o *sinal fechado*, colhe e mata um pedestre? Inegavelmente o *resultado* é o mesmo: morte de alguém; o *bem jurídico lesado* também é o mesmo: a vida humana. Mas a *forma* ou *modalidade* de praticar essas *ações desvaliosas* seriam as mesmas, isto é, o *desvalor das ações* seria igual? As respostas a essas indagações exigem, a nosso juízo, uma reflexão mais profunda.

A *dogmática clássica*, fundamentando seu *conceito de delito* na distinção entre o *injusto*, compreendido de forma *puramente objetiva*, e a *culpabilidade*, concebida em caráter *puramente subjetivo*, limitou o conceito de *antijuridicidade* à valoração do estado causado pelo fato.

Antes da entrada em vigor da Lei n. 12.971/2014, as majorantes específicas para o homicídio culposo cometido na direção de veículo automotor estavam previstas no parágrafo único do art. 302 do CTB, autorizando o aumento variável de pena de um terço até a metade. Com a publicação e vigência do aludido Diploma Legal, operou-se modificação na estrutura do art. 302, consistente na renumeração do parágrafo único, que passou a ser o § 1º, e introdução do § 2º, no qual se prevê uma modalidade *sui generis* de tipificação, que não é uma qualificadora (tem a mesma pena do *caput*), criando grande dificuldade para se adequar sua aplicação. Posteriormente, as Leis n. 13.281/2016 e 13.546/2017 também produziram modificações no referido dispositivo A renumeração do parágrafo único não implicou, contudo, alteração do conteúdo da norma, que continua tratando das majorantes, isto é, das causas especiais de aumento de pena aplicáveis, especificamente, ao homicídio culposo na direção de veículo automotor, cominando, ainda, a mesma quantidade de aumento. O acréscimo encontra-se somente no antigo § 2º, que, após sua revogação, parte de seu conteúdo passou a ser contido no novo § 3º, que será analisado no próximo tópico.

14.8.1 Capacidade psicomotora alterada em razão da influência de álcool ou substância psicoativa

Antes da revogação do §2º e da inserção do §3º ao art. 302 do CP, discordávamos do entendimento que parcela significativa da doutrina adotava, segundo o qual o §2º do art. 302 representava uma figura qualificada do crime culposo na direção de veículo automotor. Apesar de a revogação do dispositivo citado ter tornado esse debate menos necessário, explicaremos as razões da discordância.

Especificou o legislador, como conduta autônoma, no § 2º do art. 302, a hipótese de ter sido o homicídio culposo produzido por motorista que "conduz veículo automotor com capacidade psicomotora alterada em razão da influência de álcool ou de outra substância psicoativa que determine dependência ou participa, em via, de corrida, disputa ou competição automobilística ou ainda de exibição ou demonstração de perícia em manobra de veículo automotor, não autorizada pela autoridade competente".

Inegavelmente, tal como estava tipificado, constituía *crime autônomo* e não apenas uma qualificadora do homicídio culposo de trânsito. Quanto à primeira parte do dispositivo, não restava a menor dúvida que se aplicava somente a essa modalidade de crime culposo; quanto à segunda, comportava longas digressões doutrinárias e, provavelmente, jurisprudenciais, como veremos adiante.

Como já referimos, introduziu-se uma *"figura sui generis"* no art. 302 do CTB, pela Lei n. 12.971/2014, que acrescentou o § 2º no referido dispositivo, "atualmente revogado". Criou-se uma figura esdrúxula, que não se confunde com uma modalidade qualificada de homicídio culposo, previsto no *caput*, o que constitui, no mínimo, uma metodologia assistemática da técnica legislativa penal. Não deixa de trazer em si mesma certa contradição na sua essência, ao punir, nesse parágrafo, uma conduta menos grave com a mesma pena cominada no *caput* à prática de homicídio culposo.

Não se trata, a rigor, de uma modalidade qualificada do crime de "homicídio culposo", a despeito de que tenha sido assim interpretada, pois cominava-lhe as mesmas sanções penais do suposto crime básico, previsto no *caput*. Com efeito, em toda e qualquer *figura qualificada* as sanções cominadas são sabidamente mais graves que aquela aplicada à modalidade simples, o que não ocorre no caso *sub examine*; aliás, o §2º sequer se referia a crime de homicídio, doloso ou culposo, limitando-se a referir a determinada *condição* que o agente pode apresentar, qual seja, conduzir veículo automotor com "capacidade psicomotora alterada em razão da influência de álcool ou de outra substância psicoativa". Essa *condição* — capacidade psicomotora alterada — não era nem podia ser considerada uma qualificadora do homicídio culposo, pois, repetindo, acabava sendo-lhe cominada a mesma pena, isto é, dois a quatro anos de reclusão, que é a sanção prevista no *caput* para a hipótese do homicídio.

Havia, na verdade, uma absoluta *desproporcionalidade* entre as duas condutas, além da disparidade relativa à importância dos respectivos bens jurídicos pretensamente tutelados. Seria uma *modalidade qualificada* se, por exemplo, previsse que praticar o homicídio culposo no trânsito, com "capacidade psicomotora alterada em razão da influência de álcool ou de outra substância psicoativa", e lhe fosse cominada pena superior àquela prevista no *caput*, para a figura simples. Mas não é o que ocorre.

Não se pode ignorar, por outro lado, que parágrafos e incisos não têm autonomia tipológica, ficam diretamente vinculados ao *caput* do artigo e a ele se subordinam técnica, jurídica e dogmaticamente, não constituindo crimes autônomos completamente desvinculados do crime descrito na base. Por isso, essa condição que era prevista no referido § 2º antes de sua revogação, e que agora é prevista, com outros termos, no §3º, somente terátinha aplicação quando viesser vinculada à prática de um homicídio culposo na di-reção de veículo automotor. Assim, quando as autoridades surpreendessem algum motorista na condição descrita nesse parágrafo, em circunstâncias não vinculadas a um homicídio culposo de trânsito, aplicar-se-ia, se for o caso, a previsão constante no art. 308, *caput*, deste mesmo diploma legal, que é uma figura autônoma e específica para esse tipo de conduta.

Na verdade, essa "figura esdrúxula" caracteriza-se pela especificação de circunstância subjetiva da ação perpetrada pelo motorista, que torna, inegavelmente, o homicídio culposo na direção de veículo automotor uma conduta mais grave, merecedora de maior reprovabilidade. Estaria tecnicamente correta se, por exemplo, houvesse sido prevista como uma *causa especial de aumento de pena*, aplicável ao tipo principal previsto no *caput* do art. 302 do CTB, ou se, vinculado ao *caput*, cominasse-lhe uma sanção mais grave, o que configuraria uma forma *qualificada* do mesmo crime. Tal como estava, criava grande dificuldade para a sua adequada aplicação, pois se tratava de dois crimes distintos, com a mesma punição, a despeito de representarem lesividades diversas: o homicídio culposo, que seria em tese o crime bem mais grave, e a condução de veículo automotor com "*capacidade psicomotora alterada* em razão da influência de álcool ou de outra substância psicoativa que determine dependência". Havia concurso material ou formal nessa hipótese? Logicamente, tratando-se de conduta única, a nosso juízo, a melhor interpretação recomendaria que se considerasse *concurso formal* de crime, aplicando-se a pena do crime de homicídio, elevada de um sexto até metade. Contudo, considerando a gravidade da punição constante do art. 308, § 2º, parecia-nos admissível adotar-se o concurso material, em nome da harmonia e da proporcionalidade por equiparação. A rigor, não havia menor segurança em assumir esta ou aquela interpretação, pois todo o contexto e o texto levavam-nos a um paradoxo insustentável.

Essa previsão legal do §2º consagrava, finalmente, o entendimento de que o motorista *embriagado* podia, nessas circunstâncias, provocar o resultado morte de alguém a título de culpa. Dito de outra forma, esclareceu-se que assumir a direção de veículo automotor sob o influxo do álcool ou de outra substância psicoativa que determine dependência não implicava, necessariamente, a *presunção de dolo eventual* em relação ao resultado morte, com base no detestável jargão popular de que "quem bebe ou se droga quando dirige assume o risco de produzir o resultado morte". Essa previsão legal recomendava que a jurisprudência dominante em nossos Tribunais Superiores seja revista. De qualquer forma, com a revogação do art. 302, §2º, do CTB, e a nova redação do §3º, a discussão está em grande parte superada, pois a pena prevista à conduta do §3º comporta pena de "reclusão, de cinco a oito anos, e suspensão ou proibição do direito de se obter a permissão ou a habilitação para dirigir veículo automotor", ou seja, mais grave que a pena do *caput*.

14.8.2 Desvalor da ação e desvalor do resultado nos crimes culposos de trânsito

A evolução dos estudos da *teoria do delito*, no entanto, comprovou que a *antijuridicidade* do fato não se esgota na *desaprovação do resultado*, mas que "a forma de produção" desse resultado, juridicamente desaprovado, também deve ser incluída no *juízo de desvalor*[102].

Surgiu, assim, na *dogmática contemporânea*, a impostergável distinção entre o *desvalor da ação* e o *desvalor do resultado*. Na *ofensa* ao bem jurídico reside o *desvalor do resultado*, enquanto na *forma* ou *modalidade de concretizar a ofensa* situa-se o *desvalor da ação*. Por exemplo, nem toda lesão da propriedade sobre imóveis constitui o *injusto típico* da *usurpação* do art. 161 do CP, mas somente a ocupação realizada com violência ou intimidação à pessoa. Aqui, o *conteúdo material do injusto* está integrado pela *lesão ao direito real* de propriedade (desvalor do resultado) e pelo *modo violento* com que se praticou tal lesão (desvalor da ação)[103].

---

102. Jescheck, *Tratado de Derecho Penal*, trad. Mir Puig e Muñoz Conde, Barcelona, Bosch, 1981, p. 322.
103. Gonzalo Rodriguez Mourullo, *Derecho Penal*, Madrid, Civitas, 1978, p. 332.

Os dois *aspectos desvaliosos* foram, conjuntamente, considerados pela lei na configuração do *injusto típico* do crime de *usurpação*.

Com efeito, a *lesão* ou *exposição a perigo* do bem ou interesse juridicamente protegido constitui o *desvalor do resultado* do fato; já a *forma* de sua execução configura o *desvalor da ação*. Por isso, não nos convence a afirmação do caríssimo Rui Stoco, segundo o qual o que se deve considerar "é a maior ou menor gravidade na *conduta* erigida à condição de crime e não nas circunstâncias em que este foi praticado ou os meios utilizados"[104]. O desvalor da ação é constituído tanto pelas *modalidades externas* do comportamento do autor como pelas suas *circunstâncias pessoais*. É indiscutível que o *desvalor da ação*, hoje, tem uma importância fundamental, ao lado do desvalor do resultado, na integração do *conteúdo material da antijuridicidade*. É de uma clareza meridiana a diferença e a maior desvalia das *ações "descuidadas"* praticadas no trânsito daquelas demais ações supracitadas, que podem ocorrer no quotidiano social. Com efeito, referindo-nos às *penas alternativas* aplicáveis aos "crimes de trânsito", previstas no Código Penal (arts. 47, III, e 57), tivemos oportunidade de afirmar: "O aumento da criminalidade no trânsito hoje é um fato incontestável. O veículo transformou-se em instrumento de vazão da agressividade, da prepotência, do desequilíbrio emocional, que se extravasam na direção perigosa de veículos. E uma das finalidades desta sanção é afastar do trânsito os autores de delitos culposos que, no mínimo, são *uns descuidados*"[105]. Nesse sentido já advertia Basileu Garcia, afirmando que: "Não há dever mais ajustado ao mister do motorista que o de ser cauteloso e, assim, respeitar a integridade física alheia"[106]. Não vemos, com efeito, na diferença de punições, nenhuma inconstitucionalidade.

Ademais, essa preferência, enfatizando o maior *desvalor da ação*, não é novidade em nosso Direito Penal. Quando o atual Código Penal, por exemplo, pune mais severamente o *homicídio qualificado* — que tem o mesmo resultado do homicídio simples —, *prioriza* o maior desvalor da ação em relação ao desvalor do resultado, naquelas condutas que elenca no art. 121, § 2º, quer pelo *modo*, quer pela *forma* ou *meio* de executá-las. E isso, com a devida consideração ao entendimento contrário, não significa *negar* "tratamento igualitário" a quem matou alguém de forma *qualificada*, e não *simples*, até porque as condutas são diferentes, como diferente é *matar alguém* acidentalmente, no trânsito, das outras hipóteses inicialmente exemplificadas. É bem verdade que essa desinteligência, provavelmente, não existiria se se houvesse optado por incluir, simplesmente, um novo parágrafo no art. 121 do CP, cominando sanção diferente para o homicídio culposo praticado no trânsito das demais hipóteses da mesma figura culposa. Por isso, não vemos nenhuma inconstitucionalidade nas combatidas punições diferenciadas.

---

104. Rui Stoco, Código de Trânsito..., *Boletim*, cit.
105. Cezar Roberto Bitencourt, *Tratado de Direito Penal*; Parte Geral, 25. ed., São Paulo: Saraiva, 2019, v. 1, p. 708.
106. Basileu Garcia, *Instituições de Direito Penal*, São Paulo, Max Limonad, 1982, p. 521.

Alguns autores, como Welzel, sustentam que o *desvalor da ação* tem importância preponderante em relação ao *desvalor do resultado*, como, por exemplo, nos *crimes culposos* em que o *resultado* é o mesmo que o produzido pela *ação dolosa*, mas é sancionado com menor penalidade[107]. Por isso, destacou Welzel que "a lesão do bem jurídico (o desvalor do resultado) tem relevância no Direito Penal somente dentro de uma ação pessoalmente antijurídica (dentro do desvalor da ação)"[108].

Outros autores, como Jescheck e Rodriguez Mourullo[109], defendem a preponderância do desvalor do resultado, embora admitam a relevância do desvalor da ação. Caso contrário, afirma Jescheck, nos *crimes dolosos* ter-se-ia de equiparar a *tentativa* acabada à *consumação*, e nos fatos *imprudentes* deveriam ser penalizados todos os comportamentos descuidados. No mesmo sentido, Rodriguez Mourullo lembra que o Código Penal espanhol pune diferentemente a tentativa da consumação (como a maioria dos Códigos Penais contemporâneos), na qual a *ação desvaliosa* é a mesma, mas o resultado é absolutamente diferente, determinando menor punição.

Rodriguez Mourullo, finalmente, destaca a impotência do "valor da ação" para excluir a antijuridicidade quando concorre o desvalor do resultado. E cita como exemplo a *crença errônea* de que concorre uma *causa de justificação*, que não elimina a antijuridicidade da ação. Nesse caso, a *ação não é desvaliosa*; ao contrário, *é valiosa*, pois o agente atua na crença de que age conforme ao direito e para fazer prevalecer a ordem jurídica[110]. Afinal, nesses casos, a *lesão do bem jurídico* (desvalor do resultado) fundamenta a antijuridicidade do fato, apesar da falta de desvalor da ação. Essa situação poderá, apenas, excluir a culpabilidade.

Na verdade, o ordenamento jurídico *valora* os dois aspectos: de um lado, o *desvalor da ação*, digamos, com uma *função seletiva*, destacando determinadas condutas como intoleráveis para o Direito Penal, e, de outro, o *desvalor do resultado*, que torna relevante, para o Direito Penal, aquelas ações que produzem lesões aos bens jurídicos tutelados. Em realidade, o *injusto penal* somente estará plenamente constituído quando ao desvalor da ação acrescentar-se o desvalor do resultado.

Ao analisar o desvalor da ação devem-se igualmente considerar os *componentes pessoais* que integram o *injusto* da ação, que, aliás, podem alterar substancialmente o desvalor da ação e sua relação comparativa com o desvalor do resultado. Esses componentes pessoais, que são elementos constitutivos da tipicidade, exercem efetivamente uma função fundamental na *ponderação* do desvalor da ação. Tais componentes seriam o *dolo, como componente típico,* os *elementos subjetivos de autoria* (que distinguem *crimes comuns* e *especiais* ou *crimes próprios* e *crimes de mão própria*) e os *elementos subjetivos do injusto*, que, no entanto, não podem ser analisados neste pequeno espaço[111].

---

107. Welzel, *Derecho Penal alemán*, Santiago, Ed. Jurídica de Chile, 1970, p. 183.
108. Welzel, *Derecho Penal alemán*, p. 92.
109. Jescheck, *Tratado de Derecho Penal*, p. 322; Rodriguez Mourullo, *Derecho Penal*, p. 332.
110. Rodriguez Mourullo, *Derecho Penal*, p. 332.
111. Cezar Roberto Bitencourt, *Tratado de Direito Penal*, v. 1, Capítulo XVIII — Tipo de injusto doloso.

Embora, em *determinados delitos* ou em determinada *forma de execução*, ora prevaleça o desvalor da ação, ora o desvalor do resultado, o ideal na fundamentação do *injusto penal* é a busca de certo equilíbrio entre esses dois fatores. Por isso, segundo Muñoz Conde, "parece supérflua a polêmica sobre a prioridade entre o desvalor da ação e o desvalor do resultado. Não existe uma hierarquia lógica ou valorativa entre eles, uma vez que ambos contribuem, no mesmo nível, para constituir a antijuridicidade de um comportamento"[112].

Ocorre que, por razões *de política criminal*, o legislador, na hora de configurar os tipos delitivos, pode destacar ou dar *prioridade* a um ou outro *desvalor*. É exatamente o que acontece com a punibilidade do *homicídio culposo* e da *lesão corporal culposa* praticadas no tráfego de veículos automotores, procurando responder às assustadoras *estatísticas oficiosas*.

Combatemos duramente a *política criminal do terror*, que se instalou em nosso país nos anos noventa[113]. No entanto, preocupados com os excessos cometidos no tráfego de veículos automotores, ante a transformação da *lesão corporal culposa* em crime de *ação pública condicionada*, antecipamos nossa expectativa sobre a necessidade de reconhecer o maior *desvalor da ação*, por meio "de uma forma mais eficaz de procurar afastar do trânsito, ainda que temporariamente, os infratores inveterados que, no mínimo, são uns *descuidados*"[114]. Com isso pretendíamos duas coisas: 1ª) evitar que a *lesão corporal culposa* praticada no trânsito fosse de ação pública condicionada, para afastar a impunidade; 2ª) combater e evitar que se ampliasse a corrente jurisprudencial — lamentavelmente nascida no Rio Grande do Sul — que começou a reconhecer, indiscriminadamente, a existência de *dolo eventual* nos acidentes automobilísticos com *repercussão social*. Pelo visto, não conseguimos nem uma coisa nem outra.

Uma questão, no entanto, é irrespondível: a punição mais grave da lesão corporal culposa do que a da lesão corporal dolosa, que não teve nova cominação penal[115]!

15. A multa reparatória no Código de Trânsito Brasileiro

A *multa reparatória* é outro tema que tem sido objeto de contundentes críticas manifestadas por respeitável setor da doutrina penal brasileira. Nesse sentido, somente para ilustrar, podemos destacar alguns desses entendimentos, que já foram publicados, referindo-se à previsão do art. 297 do CTB.

---

112. Francisco Muñoz Conde e Mercedez Garcia Arán, *Derecho Penal*, Valencia, Tirant lo Blanch, 1996, p. 322.
113. Cezar Roberto Bitencourt, *Juizados Especiais e alternativas à pena privativa de liberdade*, 3. ed., Porto Alegre, Livr. do Advogado Ed., 1997, p. 43-50.
114. Cezar Roberto Bitencourt, *Juizados Especiais e alternativas à pena privativa de liberdade*, p. 100.
115. Sérgio Salomão Shecaira, Primeiras perplexidades..., *Boletim* cit., p. 3; William Terra de Oliveira, CTB — controvertido natimorto tumultuado, *Boletim do IBCCrim*, n. 61, dez. 1997, p. 5.

William Terra de Oliveira afirma: "Foi adotada a 'multa reparatória' na esfera penal. Tal disposição é no mínimo absurda, pois além de desnaturar a função natural do processo penal, não oferece o mínimo de garantismo (violando inclusive os princípios constitucionais do contraditório e ampla defesa)"[116]. Nessa mesma linha, Luiz Otavio de Oliveira Rocha, sustentando a inconstitucionalidade do art. 297, conclui: "Em suma, entendemos que o legislador, ao instituir a possibilidade de responsabilização patrimonial do autor de infração criminosa, em quantia definida e apurada em autos de processo criminal, que não contém mecanismos adequados à discussão acerca do *quantum* devido, gerou norma inconstitucional, que fere frontalmente as garantias da ampla defesa e do contraditório insertas no art. 5º, inc. LV, da Constituição Federal"[117]. Damásio de Jesus, após percuciente análise sobre o princípio da reserva legal, alia-se aos críticos da multa reparatória, afirmando: "De modo que a pena de 'multa reparatória', por falta de cominação legal (princípio da reserva da lei), não pode ser aplicada pelo juiz. Ela não existe, pois não se sabe a que crimes aplicá-la. Pena sem cominação não é pena. É uma alma perdida vagando pela imensidão do Direito Penal à procura de um corpo"[118].

No entanto, embora respeitando e reconhecendo a importância científico-doutrinária que os autores citados representam, não comungamos do entendimento esboçado, que combate a consagração legal da *multa reparatória*. Ao contrário, de há muito advogamos a importância político-criminal em adotar essa modalidade de sanção pecuniária[119]. Mas, para melhor compreendermos o instituto da *multa reparatória*, é recomendável fazer uma pequena digressão, enfatizando o tratamento que o direito criminal brasileiro tem dado à vítima do delito, especialmente a partir da reforma penal de 1984.

Na verdade, durante um longo período, a *"reparação"* confundiu-se com a *pena*, e, por isso, a *história da reparação* está intimamente ligada à *história da pena*.

Tem predominado o entendimento de que o *dano sofrido pela vítima do crime* não deve ser *punido*, mas *reparado* pelo agente. Enfim, os argumentos são os mais variados, mas acabam todos produzindo sempre uma mesma e injusta consequência: o *esquecimento da vítima do delito*, que fica desprotegida pelo ordenamento jurídico e abandonada por todos os organismos sociais que, de regra, preocupam-se somente com o agente, e não com a vítima. Na realidade, como tivemos oportunidade de afirmar, "Os acenos que mais se aproximaram de uma pálida tentativa de reparar uma das mais graves injustiças que o Direito Penal, historicamente, tem cometido com a vítima, referem-se à *multa reparatória*"[120].

---

116. William Terra de Oliveira, CTB — controvertido natimorto tumultuado, *Boletim do IBCCrim*, n. 61, p. 5.
117. Luiz Otavio de Oliveira Rocha, Código de Trânsito Brasileiro: primeiras impressões, *Boletim do IBCCrim*, n. 61, dez. 1997, p. 7.
118. Damásio de Jesus, Dois temas da parte penal do Código de Trânsito Brasileiro, *Boletim do IBCCrim*, n. 61, dez. 1997, p. 10.
119. Cezar Roberto Bitencourt, Penas pecuniárias, *Revista dos Tribunais*, v. 619, 1987; *Lições de Direito Penal*, 3. ed., Porto Alegre, Livr. do Advogado Ed., 1995, p. 186; *Tratado de Direito Penal*, 25. ed., São Paulo, Saraiva, 2019, v. 1, p. 772.
120. Cezar Roberto Bitencourt, *Juizados Especiais Criminais e alternativas à pena de prisão*, p. 77.

A *multa reparatória* ou indenizatória chegou a ser prevista pela Comissão que elaborou o Anteprojeto da Reforma Penal de 1984. Infelizmente, porém, mercê das severas críticas recebidas, a própria *Comissão Revisora* houve por bem suprimi-la do texto final. Aliás, a ideia da multa reparatória não é nova. Garofalo, no século passado, em congressos penitenciários realizados em Roma e Bruxelas (em 1889) e na Rússia (em 1890), propunha, para determinados casos, a *substituição das penas curtas privativas de liberdade* por multas indenizatórias. Reconhecendo a importância dessa sanção pecuniária, referindo-nos à Comissão de Reforma, presidida pelo Min. Evandro Lins e Silva, tivemos oportunidade de afirmar: "Espera-se que a atual comissão para reforma do Código Penal não perca mais uma oportunidade de estabelecer a multa reparatória, ao invés de criar o confisco, como se tem anunciado"[121]. Com efeito, o Código Penal brasileiro de 1940 não o consagrava e a própria Constituição o proibia, restando somente, como *efeito da condenação*, o *"confisco dos instrumentos e produtos do crime"*, em determinadas circunstâncias. No entanto, a *liberal* Constituição de 1988, em verdadeiro retrocesso, criou a possibilidade de adoção do *confisco* como pena, sob a eufemística e disfarçada expressão *perda de bens*. Aliás, até a atual Constituição paraguaia de 1992, em seu art. 20, proíbe o *confisco de bens* como sanção criminal.

Para ser honesto, sempre lamentamos que o legislador de 1984 tenha dispensado essa modalidade de multa.

Finalmente, a Lei n. 9.099/95 dá uma importância extraordinária para a *reparação do dano "ex delicto"*, que surge como uma obrigação natural decorrente da realização da infração penal, tornando-a prioritária em relação à composição penal. Enfim, um diploma legal que se preocupa com o *primo pobre* da *complexa* relação processual criminal, voltando "seus olhos míopes, ainda que tardiamente, para a desventurada vítima"[122]. A reparação do dano desfruta de tal relevância que, conseguida a sua composição, na *ação penal privada* ou *pública condicionada à representação*, acarreta a *renúncia* ao direito de queixa ou representação (art. 74, parágrafo único). Da mesma forma, a não reparação do dano é causa de obrigatória revogação da suspensão do processo (art. 89, § 3º).

Não se pode negar que, efetivamente, o ordenamento jurídico brasileiro sempre adotou a *separação das jurisdições* penal e civil, admitindo, no máximo, a sentença condenatória como *título judicial*. Mas isso, longe de constituir um *acerto*, representa, na verdade, uma *aporia do passado*, que urgia se começasse a removê-la. Com a Lei n. 9.099/95 passa-se a adotar o *sistema*, ainda que excepcionalmente, de *"cumulação das jurisdições"*, vencendo resistências, como destacou Antonio Scarance Fernandes: "em que pese a divergência, vai-se firmando tendência em admitir, de maneira mais ou menos ampla, a resolução da questão civil em processo criminal"[123].

---

121. Cezar Roberto Bitencourt, *Tratado de Direito Penal* — Parte Geral, 30. ed., v. 1, p. 828.
122. Cezar Roberto Bitencourt, *Juizados Especiais Criminais*, p. 114.
123. Antonio Scarance Fernandes, *O papel da vítima no processo criminal*, São Paulo, Malheiros Ed., 1995, p. 171.

Aliás, o Código de Trânsito segue essa nova *política criminal* em relação à vítima, adotada pela lei que disciplinou os Juizados Especiais Criminais. Com efeito, ao fixar os princípios orientadores do Juizado Especial Criminal, o art. 62 da Lei n. 9.099/95 destaca, como um dos objetivos, "*sempre que possível, a reparação dos danos sofridos pela vítima...*". Assim, a preocupação com a reparação do dano *ex delicto*, autorizada no Código de Trânsito, por meio da multa reparatória, não constitui mais novidade em nosso direito e representa somente a sedimentação da *política criminal* que se começou a adotar na Lei n. 9.099/95. Interpretando corretamente a *mens legislatoris*, neste particular, afirma Luiz Otavio de Oliveira Rocha, com muita propriedade, que "quis o legislador brasileiro, com a 'multa reparatória', abreviar o longo percurso que em geral as vítimas de acidentes de trânsito necessitam percorrer, utilizando-se dos meios tradicionais de composição dos litígios civis, para obter ressarcimento pelos prejuízos sofridos"[124].

Concluindo, não vemos nenhuma dificuldade para aplicar o disposto no art. 297 do CTB. O *contraditório* e a *ampla defesa* assegurados para a *instrução criminal* serão estendidos à comprovação do *prejuízo material resultante do crime* e à *execução* da multa reparatória. A *extensão* da referida multa está definida no § 1º do art. 297, isto é, "*não poderá ser superior ao valor do prejuízo demonstrado no processo*". Por outro lado, sua fixação não será aleatória, mas deverá ser, devidamente, demonstrada no processo, como estabelece o parágrafo supracitado.

O próprio art. 297 define a multa reparatória como o "pagamento, mediante depósito judicial em favor da vítima, ou seus sucessores, de quantia calculada com base no disposto no § 1º do art. 49 do Código Penal, sempre que houver prejuízo material resultante do crime". Esse dispositivo, além de definir em que consiste a multa reparatória, define também a sua *natureza civil* e seu *caráter privado*, permitindo que seja paga aos sucessores da vítima.

Instruído o processo e demonstrado o "prejuízo material resultante do crime", observados o *contraditório*, *a ampla defesa e o devido processo legal* (no mesmo processo e na mesma jurisdição criminais), como fazem alguns países europeus, não há nenhuma dificuldade legal ou constitucional para operacionalizar essa previsão legal. Por fim, a ação civil *ex delicto*, que é mais abrangente, por poder abarcar todo o dano sofrido pelo ofendido, inclusive o moral, poderá ser proposta normalmente. Apenas o dano material já composto na esfera criminal deverá ser deduzido.

16. Majorantes do crime de homicídio

A majorante representa um *plus* de culpabilidade, ao contrário da qualificadora, que integra a tipicidade. As majorantes e minorantes não se confundem com qualificadoras ou agravantes e atenuantes genéricas. Funcionam como *modificadoras da pena*, na terceira fase do cálculo de sua aplicação. Ademais, as majorantes e minorantes estabelecem o *quantum*, fixo ou variável, de aumento ou diminuição,

---

124. Luiz Otavio de Oliveira Rocha, Código de Trânsito Brasileiro: primeiras impressões, *Boletim* cit., p. 7.

ao contrário das demais operadoras. O § 4º prevê majorantes diferenciadas para homicídio culposo e doloso.

16.1 Majorante para o homicídio culposo (§ 4º, 1ª parte)

Para o homicídio culposo o Código distingue, casuisticamente, quatro modalidades de circunstâncias que determinam a majoração da pena cominada a essa infração penal. Essa numeração não só é taxativa como também é, desnecessariamente, exaustiva. Embora as circunstâncias aqui relacionadas possam ocorrer com mais frequência nos crimes culposos praticados no tráfego de veículos, as majorantes aplicam-se a todas as formas de crimes culposos, sempre, logicamente, que se configurarem.

a) *Inobservância de regra técnica de profissão, arte ou ofício*

Esta *majorante* não se confunde com a *imperícia* (modalidade de culpa), que indica inaptidão, inabilidade profissional ou insuficiência de capacidade técnica. Nesta majorante, o agente conhece a regra técnica, mas não a observa; há displicência a respeito da regra técnica. O fundamento da culpa é outro; essa desatenção serve somente para graduar a culpa, majorando-lhe a pena. Por isso, esta majorante, ao contrário da *imperícia*, a nosso juízo, aplica-se somente a *profissional*[125].

A *imperícia* é modalidade ou espécie de culpa, que se localiza na topologia estrutural do crime culposo, isto é, no tipo penal. Já a *inobservância de regra técnica* importa em *maior* reprovabilidade da conduta, seja qual for a modalidade da culpa. Situa-se, portanto, na culpabilidade, graduando a reprovabilidade da conduta praticada. Daí a distinção que se estabelece entre imprudência ou imperícia e a *inobservância de regra técnica*. Qualquer que seja a modalidade de culpa — imprudência, negligência ou imperícia —, permite a majoração da punição do autor pelo *plus* decorrente de especial reprovabilidade no *agir descuidado*[126].

b) *Omissão de socorro à vítima*

Aqui a *omissão de socorro* não constitui crime autônomo (o crime continua a ser de resultado: morte, ao contrário do crime omissivo próprio), como ocorre com a previsão do art. 135, em que o crime tem como sujeito ativo indivíduo que não foi o causador do fato precedente que atingiu a vítima. Em razão da *especialidade dessa previsão*, afasta-se a adequação típica dos arts. 135 e 13, § 2º, c, ambos do CP.

Seria desnecessário afirmar que essa majorante somente pode ser aplicada quando o socorro omitido pudesse ter sido prestado. Por isso, a despeito de alguns textos legais prolixos, pretendendo punir crime impossível, em autêntica responsabilidade objetiva, a *morte instantânea da vítima* ou mesmo seu imediato socorro por terceiro impedem a incidência dessa majorante. Embora, convém que se diga, esses aspectos, por si sós, não impeçam que o sujeito ativo possa ser processualmente demandado

---

125. Contra: *RTJ*, 56:695.
126. Nesse sentido: TARS, AC, rel. Tupinambá Pinto de Azevedo, *RT*, 731:643.

em ação própria, pois poderá ser necessária a instrução criminal para concluir que a prestação de socorro, nas circunstâncias, não era possível, que houve morte instantânea da vítima, que terceiros prestaram socorro imediato à vítima etc.

A presença de *risco pessoal* afasta esta majorante. Por isso, no caso do agente que deixa o local do acidente temeroso de alguma represália por parte dos parentes da vítima ou de terceiros, que possuem condições de prestar socorro, não há que se falar em adequação típica da referida majorante, pela falta da elementar "sem risco pessoal". É irrelevante que no § 4º em exame não conste expressamente essa elementar típica, pois somente a *omissão de socorro injusta*, isto é, típica e antijurídica, admite a responsabilização do omitente. Por outro lado, para quem não admite essa orientação, se o sujeito ativo deixa de prestar socorro em razão de *risco pessoal*, configura-se, plenamente, a *inexigibilidade de outra conduta*, que é uma excludente supralegal da culpabilidade.

c) *Não procurar diminuir as consequências do comportamento*

Essa previsão não passa de uma especificação da previsão da norma mandamental que pune a *omissão de socorro*. Por isso, a referência é redundante, na medida em que não deixa de ser uma forma de omitir socorro[127]. Na verdade, *mutatis mutandis*, essa previsão tem certa conotação de arrependimento posterior, a exemplo da previsão do art. 16 do CP. A nosso juízo, ao menos como política criminal, acreditamos que seria mais positivo e teria melhor resultado em termos de obediência à norma se, em vez de elevar a pena pela omissão, estabelecesse uma minorante pela ação. O resultado seria duplamente positivo, pois, além de minorar o drama da vítima, estimularia o agente a solidarizar-se com o ser humano que fora vitimado.

d) *Fuga para evitar prisão em flagrante*

Esta majorante constitui uma espécie *sui generis* de *elemento subjetivo do tipo* majorado. Normalmente ela se confunde com a omissão de socorro. A dificuldade da identificação de uma ou outra é, aparentemente, indiferente, na medida em que se aplica somente uma majoração. No entanto, exige-se redobrada cautela da defesa, tendo em vista que a *omissão de socorro* não exige *elemento subjetivo do tipo*. Por isso, o *risco pessoal iminente* afasta a tipicidade da própria conduta omissiva, e não somente da majorante, descaracterizando o crime.

Esta majorante, igualmente, em termos de política criminal, não é das mais felizes, especialmente na atualidade, quando se exacerba a ânsia pela prisão em flagrante de eventuais autores de crimes culposos no tráfego de veículos. Essa "política equivocada", em vez de reprimir a fuga, tem estimulado muitos motoristas irresponsáveis a abandonar o local do acidente, para evitar a prisão em flagrante, mostrando-se essa previsão legal absolutamente contraproducente, já que contribui também para diminuir a prestação de socorro.

É mais importante para o Estado, para a coletividade e particularmente para as vítimas que os "infratores do asfalto" criem uma cultura de que podem e devem,

---

127. Heleno Fragoso, *Lições de Direito Penal*, Parte Especial, v. 1, p. 47.

sempre e acima de tudo, prestar socorro às vítimas e/ou minorar-lhes as consequências, sem se preocupar com eventual possibilidade de prisão em flagrante. Para estimular essa prática saudável, o Estado deve abrir mão desse direito em nome da solidariedade humana e do mais pronto e eficaz socorro às vítimas. Acreditamos que essa seria, no mínimo, uma política criminal mais inteligente, mais humana e ao mesmo tempo mais eficaz. Até porque, na prática, são muito poucos os que acabam sofrendo prisão em flagrante: assim, quem permanece no local quer para prestar socorro, quer para minimizar as consequências de sua ação não pode ser preso em flagrante delito. Aliás, prisão em flagrante que não tem efeito processual, coercitivo ou probatório algum, na medida em que se trata de crime afiançável.

16.1.1 Natureza da omissão de socorro no homicídio culposo: omissão própria ou omissão imprópria

Questão extremamente interessante e, ao mesmo tempo, complexa é a que envolve o exame da (im)possível configuração do *crime omissivo impróprio*, transformando a majorante do homicídio culposo — *omissão de socorro* — em homicídio doloso, que ocorreria no seguinte exemplo: o sujeito ativo atropela, imprudentemente, alguém e, podendo prestar socorro à vítima, não o faz, ausentando-se do local do fato; houvesse prestado o *imediato socorro*, não teria ocorrido o óbito. Poder-se-á, na hipótese, imputar ao sujeito ativo do crime de homicídio culposo precedente a responsabilidade por homicídio doloso (em vez da majorante tipificada no art. 121, § 4º, do CP), na forma *omissiva imprópria*, em razão de haver-se tornado o *garantidor* da não ocorrência do evento morte (art. 13, § 2º, do CP)?

Segundo Mirabete, "caso fique comprovado que o agente poderia evitar a morte da vítima, socorrendo-a, responderá ele por homicídio doloso diante do que dispõe o art. 13, § 2º, *c*, do Código Penal"[128]. Parece-nos que Jefferson Ninno e Jefferson Aparecido Dias concordam com esse entendimento, pois, após citá-lo, concluem: "Nesse último caso, inicialmente o sujeito ativo agiu com culpa, mas depois, diante da possibilidade do resultado gravoso para a vítima, deixa de socorrê-la, assumindo o risco de que ocorra a sua morte, sendo correta sua punição a título de dolo (indireto)"[129].

Trata-se de verdadeira *vexata quaestio*, que exige profunda reflexão dogmática, conjugando-se alguns primados das partes geral e especial do Código Penal. (a) Inicialmente, convém destacar que a previsão legal da responsabilidade penal da figura do *garantidor* está contida em *norma geral* (art. 13, § 2º, do CP), abrangente e genérica, destinada a toda e qualquer hipótese que não tenha *previsão especial* em sentido contrário. Por outro lado, o disposto no art. 121, § 4º, do CP — a majorante de *omissão de socorro* à vítima de um homicídio culposo — é objeto de *norma especial*, que, naturalmente, afasta a norma geral, segundo os velhos princípios de hermenêutica e de conflito aparente de normas. (b) Por sua vez, o elemento subjetivo invocado, no caso, *o dolo eventual*, representado pela *assunção do risco da ocorrência da morte* da vítima, não se presume, demonstra-se, ao contrário da conclusão dos últimos dois

---

128. Julio Fabbrini Mirabete, *Manual de Direito Penal*, 25. ed., São Paulo, Atlas, 2007, p. 48.
129. Jefferson Ninno e Jefferson Aparecido Dias, in Alberto Silva Franco e Rui Stoco (coords.), *Código Penal e sua interpretação — doutrinária e jurisprudencial*, p. 650.

autores citados. A simples *omissão de socorro* à vítima da conduta anterior do próprio agente, que podia socorrê-la, não implica, necessariamente, o *dolo eventual* de ocasionar-lhe a morte (assumindo o risco de sua ocorrência), sendo possível, não se pode ignorar, a configuração de *culpa* em qualquer de suas modalidades, especialmente a *culpa consciente*. Na verdade, não é a *evitabilidade do resultado*, no caso, a morte da vítima, que caracteriza o crime *omissivo impróprio*, mas sim a presença de todos os seus pressupostos legais[130], acrescidos, por óbvio, da ausência de norma especial que, *in concreto*, os afaste. (c) E, principalmente, qual é a espécie de *dever* imposto legalmente, no dispositivo em exame, ao sujeito ativo da conduta culposa precedente: *prestar socorro à vítima*, a exemplo do que ocorre na hipótese da previsão do art. 135, ou *evitar que se produza o resultado morte*, pressuposto do crime omissivo impróprio? Destaque-se, ainda, que o *dever de agir*, isto é, de não se omitir, não se confunde com o *dever agir para evitar o resultado*, que seria o fundamento da punição do *garantidor omitente*, e, aliás, nisso reside a distinção entre crimes *omissivo puro* (ou próprio) e *omissivo impróprio* (comissivo por omissão).

Com efeito, para a tipificação do *crime omissivo próprio* basta a abstenção da conduta devida, sendo suficiente a desobediência ao *dever de agir* para que o crime se consuma; mostra-se irrelevante a eventual produção de algum resultado decorrente da conduta omissiva, que, no máximo, poderá configurar uma majorante penal, como ocorre, por exemplo, no crime de *omissão de socorro* (art. 135)[131]. Ademais, a morte da vítima é o elemento material que tipifica o crime culposo, sem o qual o crime não se configura, como tivemos oportunidade de afirmar[132]. No crime *omissivo impróprio*, por sua vez, o *dever de agir* não se limita ao simples cumprimento da norma mandamental, como se dá no omissivo próprio, mas implica o *dever de impedir a produção de um resultado* concreto. Neste crime — omissivo impróprio —, o agente tem a obrigação de impedir que determinado dano aconteça, ou seja, *deve agir* com a finalidade de evitar que referido evento se produza, assumindo, como destaca a melhor doutrina[133], a condição de *garantidor* de sua não ocorrência.

Em síntese, para a tipificação de *crime omissivo impróprio* não é suficiente o *dever de agir* e a possibilidade de fazê-lo, sendo necessária outra *condição*, ou seja, é preciso que o sujeito tenha o *dever de evitar o resultado*, isto é, o *especial dever* de impedi-lo, ou, em outros termos, que ele seja *garantidor* da sua não ocorrência (art. 13, § 2º). Pois esse *dever de impedir o resultado*, indispensável para a configuração de um *crime comissivo por omissão*, não se encontra no bojo da norma contida no art. 121, § 4º, que se limita a impor simplesmente o *dever de agir*. Com efeito, a majorante do referido parágrafo descreve: "... se o crime *resulta* de inobservância..., ou se o agente deixa de prestar imediato socorro à vítima...", locução que caracteriza pura omissão. Entendimento diverso importaria em *ampliar*, desautorizadamente, norma incriminadora, atribuindo-lhe conteúdo que o legislador não

---

130. Cezar Roberto Bitencourt, *Tratado de Direito Penal* — Parte Geral, 29. ed., São Paulo, Saraiva, 2023, v. 1, p. 297-298.
131. Cezar Roberto Bitencourt, *Tratado de Direito Penal*; Parte Geral, 2023, v. 1, p. 340.
132. Cezar Roberto Bitencourt, *Tratado de Direito Penal*; Parte Geral, 2023, v. 1, p. 363.
133. Guillermo Sauer, *Derecho Penal*, Barcelona, Bosch, 1956, p. 156.

lhe conferiu, como pretende o entendimento que ora questionamos, violando o dogma da *tipicidade estrita*, corolário do princípio da reserva legal. Não esquecendo nunca, como já afirmamos, na hipótese de que trata o dispositivo em exame, a eventual omissão de socorro não constitui crime autônomo, ao contrário do que acontece na hipótese do art. 135, mas configura somente uma *majorante especial* do crime de homicídio culposo, agravando-se o *desvalor da ação* incriminada.

A prevalecer a orientação adotada por Mirabete, havendo omissão de socorro, dificilmente se admitiria a tipificação do homicídio culposo, que, sem dúvida alguma, não deixa de ser uma interpretação, *venia concessa*, paradoxal. Assim, o aplicador da lei, invocando recursos hermenêuticos, ignora a tipificação estrita criada pelo legislador e cria uma figura mais grave, no caso, de homicídio doloso, não legislado pelo poder constitucionalmente legítimo para tal fim.

16.2 Homicídio doloso contra menor de 14 anos ou maior de 60 anos (§ 4º, 2ª parte)

A Lei n. 8.069/90 (Estatuto da Criança e do Adolescente) acrescentou causa de aumento de homicídio doloso contra criança no § 4º do art. 121, constituindo verdadeira impropriedade técnica, pois referido dispositivo disciplinava causas de aumento incidentes somente no homicídio culposo.

Trata-se de causa de aumento de natureza objetiva e de aplicação obrigatória, incidindo sempre que o homicídio praticado contra menor de 14 anos for doloso, em qualquer de suas modalidades: simples, privilegiado ou qualificado. Como o Código Penal adotou a teoria da atividade (art. 4º), considera-se a menoridade na data da prática da ação delituosa, ainda que outra seja a da produção do resultado.

Embora essa previsão incluída pelo ECA tenha endereço certo — os grupos de extermínio —, sua aplicação atinge todos os sujeitos ativos, quando o homicídio for praticado contra menor de 14 anos, majorando a pena em um terço.

A Lei n. 10.741/2003 (Estatuto da Pessoa Idosa), por sua vez, modificou novamente a redação do § 4º, estendendo a *causa de aumento de pena* do homicídio doloso no caso de este ser praticado contra pessoa maior de 60 anos. Com isso, não só o homicídio doloso contra criança, mas também o praticado contra *pessoa idosa*, passa a ter a pena majorada.

Acompanhando, enfim, os objetivos do *Estatuto da Pessoa Idosa*, é natural que crime praticado contra *pessoa idosa* represente maior gravidade e seja considerado merecedor de resposta penal majorada, a despeito de discordarmos da *fixação legal* para o início da *velhice*, especialmente quando a ciência comprova o aumento da *longevidade* do brasileiro e a própria *aposentadoria* é consideravelmente alterada pelo mesmo governo brasileiro. Enfim, o marco inicial da *velhice* é legal: maior de 60 anos. A idade de 60 anos, pela nova redação, não autoriza a majoração penal. Com efeito, ao contrário da redação de outros dispositivos, este somente contempla o *maior de 60 anos* (e não o igual ou superior), significando que vítima com idade igual a 60 anos não *majora* a pena do homicídio.

E o mais grave é que esse "penduricalho" de qualificadoras e majorantes pode continuar aumentando: *hoje*, menoridade, velhice; *amanhã*, quem sabe, desempregado, sem-teto, negro, pobre etc.

Quando se configurar a majorante, isto é, a *causa de aumento*, não incidirá a *agravante genérica* do art. 61, II, *h*, do CP (crime contra criança ou idoso). Ademais, é indispensável que a idade da vítima seja abrangida pelo dolo, ou seja, é fundamental que o sujeito ativo tenha consciência da sua menoridade ou de sua condição de idoso, caso contrário a majorante é inaplicável. O desconhecimento da idade da vítima por parte do sujeito ativo pode configurar erro de tipo. No entanto, a dúvida sobre a idade caracteriza dolo eventual, pois agir nessas circunstâncias significa assumir o risco.

16.3 Homicídio doloso praticado por milícia privada

A Lei n. 12.720/2012, que criou o crime de *constituição de milícia privada*, aproveitou para acrescer duas *majorantes* (causas de aumento), uma para o crime de homicídio (§ 6º do art. 121), e outra, semelhante, para o crime de lesões corporais, alterando a redação do § 7º do art. 129 do Código Penal. Assim, na prática do crime de homicídio, a partir de agora, a pena será aumentada de um terço (1/3) até a metade "se o crime for praticado por milícia privada, sob o pretexto de prestação de serviço de segurança, ou por grupo de extermínio". Logicamente, desde que reste comprovado que a motivação foi, como afirma o texto legal, "sob o pretexto de prestação de serviço de segurança". Curiosamente, ao contrário da definição do novo crime previsto no art. 288-A, nesta majorante o texto refere-se expressamente a "grupo de extermínio".

Na aplicação dessa majorante deve-se agir com extremo cuidado para não incorrer em *bis in idem*, aplicando dupla punição pelo mesmo fato, isto é, condenar o agente pelo art. 288-A e, ao mesmo tempo, condená-lo pelo homicídio com o acréscimo da majorante aqui prevista. No caso, a condenação deverá ser somente pela prática do crime de constituição de milícia privada (art. 288-A) e pelo de homicídio (simples ou qualificado, dependendo das demais circunstâncias), mas sem essa nova majorante, pois, a nosso juízo, configura um odioso *bis in idem*. Consideramos um grave e intolerável equívoco, numa repetição da equivocada, mas felizmente já revogada, Súmula 174 do STJ, que considerava arma de brinquedo idônea para tipificar o crime de roubo e, ao mesmo tempo, majorar-lhe a pena pelo "emprego de arma".

Em síntese, se o agente for condenado pela prática do crime de *constituição de milícia privada*, ainda que tenha cometido um homicídio, não poderá sofrer a majorante por tal crime ter sido praticado por integrante de milícia privada, pois representaria uma dupla punição por um mesmo fundamento. Em outros termos, essa majorante somente pode ser aplicada se o autor do homicídio for reconhecido no julgamento do homicídio como suposto integrante de milícia privada, mas que não tenha sido condenado por esse crime.

Por outro lado, não justifica interpretação em sentido contrário a invocação de orientação equivocada do Supremo Tribunal Federal, que não está reconhecendo *bis in idem* quando se está diante de quadrilha ou bando armado e roubo majorado pelo emprego de arma. Aquele princípio constitucional de *proibição do excesso* aplicável ao Parlamento também vige para a Suprema Corte, que não pode ignorar suas próprias limitações constitucionais. O fato de ter a última palavra sobre a aplicação e interpretação de nosso ordenamento jurídico – e se autoautorizar a errar por último – não legitima os condenáveis excessos ignorando o texto constitucional que deve proteger.

A interpretação sistemática, espera-se, deverá prevalecer, e nossa Suprema Corte, certamente, logo perceberá o equívoco que está cometendo ao conceber a aplicação cumulativa de punições penais pelo mesmo fundamento, violando o *ne bis in idem*.

16.4 *Majorantes no feminicídio*

Há também majorantes previstas para a hipótese em que o agente pratica o feminicídio, que estão dispostas no art. 121-A, § 2º, do Código Penal, quais sejam, se o crime for praticado: durante a gestação ou nos 3 (três) meses posteriores ao parto ou se a vítima é a mãe ou a responsável por criança, adolescente ou pessoa com deficiência de qualquer idade; contra pessoa menor de 14 (catorze) anos, maior de 60 (sessenta) anos, com deficiência ou portadora de doenças degenerativas que acarretem condição limitante ou de vulnerabilidade física ou mental; na presença física ou virtual de descendente ou de ascendente da vítima; em descumprimento das medidas protetivas de urgência previstas nos incisos I, II e III do *caput* do art. 22 da Lei n. 11.340, de 7 de agosto de 2006, conforme será abordado com mais detalhes adiante; e nas circunstâncias previstas nos incisos III, IV e VIII do § 2º do art. 121 deste Código.

17. Isenção de pena ou perdão judicial: natureza jurídica

A previsão do § 5º do art. 121 refere-se à hipótese em que o agente é punido diretamente pelo próprio fato que praticou, em razão das gravosas consequências produzidas, que o atingem profundamente. A *gravidade das consequências* deve ser aferida em função da pessoa do agente, não se cogitando aqui de critérios objetivos. As consequências de que se cogita não se limitam aos danos morais, podendo constituir-se de danos materiais. Quando as consequências atingem o agente, via indireta, exige-se entre este e a vítima *vínculo afetivo* de importância significativa.

Doutrina e jurisprudência têm procurado definir essa possibilidade de deixar de aplicar a pena em algumas hipóteses expressamente previstas em lei. O entendimento dominante prefere denominar de *perdão judicial*, que é o instituto mediante o qual a lei possibilita ao juiz deixar de aplicar a pena diante da existência de certas circunstâncias expressamente determinadas (exs.: arts. 121, § 5º, 129, § 8º, 140, § 1º, I e II, 180, § 5º, 1ª parte, 242, parágrafo único, e 249, § 2º). Na legislação especial também se encontram algumas hipóteses de perdão judicial.

No delito de injúria, a lei prevê o perdão judicial quando o ofendido, de modo reprovável, provocá-la diretamente, ou no caso de retorsão imediata; no homicídio e lesão corporal culposos, se as consequências da infração atingirem o próprio agente de forma tão grave que a sanção penal se torne desnecessária. Mesmo quando a lei possibilita o *perdão judicial* "conforme as circunstâncias" ou "tendo em consideração as circunstâncias" (arts. 176, parágrafo único, e 180, § 3º, do CP), prevê *requisito implícito*, qual seja, a *pequena ofensividade da conduta*, que, se estiver caracterizada, obrigará à concessão do perdão.

Enfim, se, ao analisar o contexto probatório, o juiz reconhecer que os requisitos exigidos estão preenchidos, não poderá deixar de conceder o perdão judicial por mero capricho ou qualquer razão desvinculada do referido instituto.

Embora as opiniões dominantes concebam o *perdão judicial* como mero *benefício ou favor do juiz*, entendemos que se trata de *um direito público subjetivo de liberdade* do indivíduo, a partir do momento em que preenche os requisitos legais. Como dizia Frederico Marques[134], os benefícios são também direitos, pois o campo do *status libertatis* se vê ampliado por eles, de modo que, satisfeitos seus pressupostos, o juiz é obrigado a concedê-los. Ademais, é inconcebível que uma causa extintiva de punibilidade fique relegada ao *puro arbítrio judicial*. Deverá, contudo, ser negado quando o réu não preencher os requisitos exigidos pela lei.

Para afastar a desinteligência das diversas interpretações que existiam sobre a natureza jurídica da sentença que concede o perdão judicial, a reforma penal de 1984 incluiu-o entre as causas extintivas de punibilidade e explicitou na Exposição de Motivos (n. 98) que a sentença que o concede não produz efeitos de sentença condenatória. O acerto da inclusão do perdão judicial no art. 107, IX, não se repetiu ao tentar reforçar no art. 120 a natureza da sentença concessiva, propiciando a sobrevivência do equivocado entendimento de que se trata de sentença condenatória, que somente livra o réu da pena e do pressuposto da reincidência[135]. A nosso juízo, referida sentença é, simplesmente, *extintiva da punibilidade*, sem qualquer efeito penal, principal ou secundário. *Em sentido semelhante, aliás, é a Súmula 18 do STJ*: "A sentença concessiva do perdão judicial é declaratória da extinção da punibilidade, não subsistindo qualquer efeito condenatório".

Concluindo, no Direito Penal da Culpabilidade, próprio de um Estado Democrático de Direito, não há espaço para meras *faculdades* do julgador, quando os preceitos legais estão satisfeitos, como ocorre, por exemplo, em todas as outras *causas de extinção da punibilidade*, sendo injustificável, na hipótese de *perdão judicial*, um tratamento discriminatório[136]. Por essa razão, constatando-se que se trata, inequivocamente, da hipótese de *perdão judicial*, e sendo a decisão que o concede, como sustentamos, meramente *declaratória de extinção da punibilidade*, pode ser concedido a qualquer momento, inclusive com a rejeição da denúncia, até por economia processual. Justifica-se, na verdade, o prosseguimento do procedimento criminal somente quando depender da dilação probatória para comprovar se efetivamente se está diante da hipótese de perdão judicial; caso contrário, não há razão alguma para prolongar-se a *persecutio criminis*, podendo, a nosso juízo, o próprio Ministério Público postular o arquivamento do inquérito policial (investigações preliminares) com esse fundamento.

---

134. José Frederico Marques, *Tratado de Direito Penal*, v. 3, p. 262, 264 e 276.
135. Damásio de Jesus, *Direito Penal*, 16. ed., v. 1, p. 598. Ver Súmula 18 do STJ.
136. Alberto Silva Franco e Rui Stoco (coord.), *Código Penal e sua interpretação — doutrinária e jurisprudencial*, 8. ed., São Paulo, Revista dos Tribunais, 2007, p. 654.

18. Homicídio e *aberratio ictus*

A *aberratio ictus* ou erro na execução não se confunde com o *erro quanto à pessoa* (art. 20, § 3º), no qual há apresentação equivocada da realidade, pois o agente acredita tratar-se de outra pessoa. Não se trata propriamente de erro de representação, mas de erro no uso dos meios de execução, proveniente de acidente ou de inabilidade na execução (pode até ser hábil, mas circunstâncias alheias à sua vontade podem provocar o erro).

O erro na execução ocorre quando — nos termos do art. 73 —, "por acidente ou erro no uso dos meios de execução, o agente, ao invés de atingir a pessoa que pretendia ofender, atinge pessoa diversa", como, por exemplo: Tício atira em Mévio, mas o projétil atinge Caio, que estava nas proximidades, matando-o. Nessa hipótese, Tício responde como se tivesse praticado o crime contra Mévio. O ordenamento jurídico-penal protege bens e interesses sem se preocupar com a sua titularidade. Não é a vida de Mévio ou de Caio que é protegida, mas a vida humana como tal. Essa já era a conclusão de Beling[137], para quem o tipo só exige matar um homem; consequentemente, basta para a configuração do dolo que o agente se tenha proposto a matar alguém, não importando quem seja.

No erro de execução a pessoa visada é a própria, embora outra venha a ser atingida, involuntária e acidentalmente. O agente dirige a conduta contra a vítima visada, o gesto criminoso é dirigido corretamente, mas a execução sai errada e a vontade criminosa vai concretizar-se em pessoa diferente[138]. Não é o elemento psicológico da ação que é viciado — como ocorre no *error in persona* —, mas é a fase executória que não corresponde exatamente ao representado pelo agente, que tem clara percepção da realidade. O erro na *aberratio* surge não no processo de formação da vontade, mas no momento da sua exteriorização, da sua execução. A *aberratio ictus* pode acontecer — como afirma Damásio de Jesus[139] — "*por acidente ou erro no uso dos meios de execução*, como, por exemplo, erro de pontaria, desvio da trajetória do projétil por alguém haver esbarrado no braço do agente no instante do disparo, movimento da vítima no momento do tiro, desvio de golpe de faca pela vítima, defeito da arma de fogo etc.".

Ocorre a *aberratio ictus* com *unidade simples* (resultado único) quando o agente, errando o alvo, atinge somente a pessoa não visada, matando-a. Na realidade teria havido tentativa de homicídio em relação à vítima virtual e homicídio culposo em relação à vítima efetiva. Contudo, pelo dispositivo em exame, considera-se somente o homicídio doloso, como praticado contra a vítima virtual. A tentativa fica subsumida.

E há *aberratio ictus* com *unidade complexa* (resultado duplo) quando, além da pessoa visada, o agente atinge também uma terceira. Nessa hipótese, com uma só conduta o agente pratica dois crimes, e, diante da *unidade da atividade criminosa*,

---

137. Ernest von Beling, *Esquema de Derecho Penal. La doctrina del delito tipo*, trad. Sebastian Soler, Buenos Aires, Depalma, 1944, § 24, III, "a".
138. Antonio Quintano Ripollés, *Compendio de Derecho Penal*, Madrid, Revista de Derecho Privado, 1958, p. 207.
139. Damásio de Jesus, *Direito Penal*, 16. ed., 1992, v. 1, p. 277.

justifica-se a determinação do Código de dispensar o mesmo tratamento do concurso formal próprio. Contudo, se o agente agir com dolo eventual em relação ao terceiro não visado, deve responder pelos dois crimes. Nesta última hipótese, o concurso permanece formal, porém as penas devem somar-se, como ocorre no concurso formal impróprio, diante dos desígnios autônomos do agente.

Nas hipóteses de *erro na execução* consideram-se as qualidades ou condições da pessoa visada — a vítima virtual — e não as da pessoa atingida — a vítima efetiva. Por exemplo, o agente, pretendendo matar um forasteiro, atira e vem a matar seu próprio pai, que se encontrava próximo. Sobre o fato não incide a agravante genérica da relação de parentesco (art. 61, II, *e*, 1ª figura). Agora, se o agente, pretendendo matar o próprio pai, atira e vem a matar um forasteiro, sobre o fato incide a agravante genérica antes referida.

19. Inexigibilidade de outra conduta: coação irresistível e obediência hierárquica

Comprovadas a autoria e a materialidade do homicídio, sendo devidamente reconhecidas a adequação típica e a antijuridicidade, passa-se ao exame da *culpabilidade*. Seguindo o magistério de Welzel, uma vez configuradas a *imputabilidade* e a *possibilidade de conhecimento do injusto*, fica caracterizada materialmente a *culpabilidade*, o que não quer dizer, no entanto, que o ordenamento jurídico-penal tenha de fazer a *reprovação de culpabilidade*, em qualquer fato delituoso, e não apenas em relação ao homicídio. Em determinadas circunstâncias, poderá renunciar a dita reprovação e, por conseguinte, *exculpar* e absolver o agente. Efetivamente, o *conhecimento do injusto*, por si só, não é fundamento suficiente para reprovar a resolução de vontade. Isto somente poderá ocorrer quando o autor, numa situação concreta, podia adotar sua decisão de acordo com esse conhecimento.

Existem situações em que não é exigida uma conduta adequada ao Direito, ainda que se trate de sujeito imputável e que realize dita conduta com conhecimento da antijuridicidade que lhe é própria, como ocorre, por exemplo, nos casos de *coação irresistível* e estrita *obediência hierárquica, causas legais (art. 22) que excluem expressamente a culpabilidade do agente*. Nessas circunstâncias, ocorre o que se chama de *inexigibilidade de conduta diversa*, que afasta o terceiro elemento da culpabilidade, eliminando-a, consequentemente.

Coação irresistível, com idoneidade para afastar a culpabilidade, é a *coação moral irresistível*, a conhecida *ameaça grave*, uma vez que a *coação física* exclui a própria ação, não havendo, consequentemente, conduta típica. Coação irresistível é tudo o que pressiona a vontade, impondo determinado comportamento, eliminando ou reduzindo o poder de escolha. A *coação física irresistível*, *vis absoluta*, por sua vez, exclui a própria ação por ausência de vontade. Nesse caso, o *executor* é considerado apenas um *instrumento* de realização da vontade do coator, que, na realidade, é o autor mediato. No mesmo sentido manifestava-se Everardo da Cunha Luna, *in verbis*: "A coexistência de agentes, na coação irresistível, leva-nos a ver, nesta, apenas a coação moral, a *vis compulsiva*, porque, na coação física, na *vis absoluta*, em lugar de dois, apenas *um* agente concorre — aquele que coage e que domina, como simples instrumento, o *outro* aparentemente agente".

Na *coação moral irresistível* existe vontade, embora seja viciada. Nas circunstâncias em que a ameaça é *irresistível* não lhe é exigível que se oponha a essa ameaça para se manter em conformidade com o Direito. Como já antecipava Cuello Calón, "o indivíduo que nesta situação executa um fato criminoso não é considerado culpável porque sua vontade não pode determinar-se livremente". Entender diferente equivaleria a exigir do agente um comportamento heroico, que somente um ser superior, que se diferenciasse dos demais, quer pela coragem, quer pelo idealismo, ou, enfim, por qualquer outra razão, poderia realizar. Mas o Direito destina-se a pessoas comuns, a seres normais, e não a heróis, como seria o caso.

A *irresistibilidade* da coação deve ser medida pela gravidade do mal ameaçado, ou seja, dito graficamente, a *ameaça* tem de ser, necessariamente, *grave*. Essa gravidade deve relacionar-se com a natureza do mal e, evidentemente, com o *poder* do coator em produzi-lo. Na verdade, não pode ser algo que independa da vontade do coator, alguma coisa que dependa de um fator aleatório, fora da disponibilidade daquele. Nesse caso, deixa de ser grave o mal ameaçado, deixa de ser *irresistível* a coação, porque se trata de uma ameaça cuja realização encontra-se fora da disponibilidade do coator. *Ameaças vagas* e imprecisas não podem ser consideradas suficientemente graves para configurar *coação irresistível* e justificar a isenção de pena. Somente o mal *efetivamente grave* e *iminente* tem o condão de caracterizar a *coação irresistível* prevista pelo art. 22 do CP. A *iminência* aqui mencionada não se refere à imediatidade tradicional, puramente cronológica, mas significa *iminente à recusa*, isto é, se o coagido recusar-se, o coator terá condições de cumprir a ameaça em seguida, seja por si mesmo, seja por interposta pessoa.

É indiferente que a vítima do mal ameaçado seja o próprio coagido ou alguém de suas ligações afetivas. O importante é que esse mal, essa ameaça, constitua, necessariamente, uma coação moral irresistível. O que importa é que o *temor* do agente impeça-lhe de deliberar livremente: ou obedece à *ordem* ou o mal que teme se concretiza.

Nessa hipótese de *irresistibilidade*, a solução legal é considerar punível, exclusivamente, o coator, que, no caso, é o *autor mediato*, uma vez que o *executor* é mero instrumento, agindo inculpavelmente. Não há propriamente *concurso de pessoas*, mas simples *autoria mediata*: o coator é o único responsável pelo fato, do qual tinha o *domínio final*.

E, na hipótese de coação *resistível*, não haverá exclusão da culpabilidade penal, logicamente, porque o sujeito pode agir em conformidade com o Direito, e, nesse caso, haverá *concurso de pessoas*. Porém, como há a *coação*, como há ameaça efetiva, embora resistível, e o agente age por causa dessa ameaça, há uma diminuição do grau de reprovação, do grau de censura, e, consequentemente, uma redução de pena caracterizada por uma atenuante genérica, a *coação resistível* (art. 65, III, *c*, 1ª figura). O *coator*, por sua vez, será sempre punível: na coação irresistível, na condição de autor mediato; na coação resistível, na condição de coautor ou de partícipe, dependendo das demais circunstâncias. Somente quando a coação for resistível o coator sofrerá a agravante do art. 62, II, porque, na coação irresistível, ele será autor mediato, e esta será o meio de sua execução. Caso contrário, haveria *bis in idem*.

A segunda parte do art. 22 prevê a *obediência hierárquica*, que requer — segundo a doutrina tradicional — *uma relação de direito público*, e somente de direito público. A *hierarquia privada*, própria das relações da iniciativa privada, não é abrangida por esse dispositivo, conclui essa doutrina. No entanto, embora tenhamos concordado com esse entendimento, por algum tempo, passamos a questioná-lo, por dois fundamentos básicos: a) de um lado, *ordem de superior hierárquico* produz, independentemente de a relação hierárquica ser de natureza pública ou privada, o mesmo efeito, qual seja, a *inexigibilidade de conduta diversa*; b) de outro lado, o Estado Democrático de Direito não admite qualquer resquício de responsabilidade penal objetiva, e sempre que, por qualquer razão, a *vontade* do agente for *viciada* (deixando de ser absolutamente livre), sua conduta não pode ser *penalmente censurável*.

Os efeitos ou consequências da *estrita obediência hierárquica*, numa visão radical e positivista, seriam mantidos segundo o entendimento adotado pela redação original do Código Penal de 1940, que sustentava a *suposição* indispensável de uma relação de direito administrativo; a *estrita obediência hierárquica* estaria ainda limitada à ordem emanada de autoridade pública, como fora concebida naquele Estado de Exceção. Nessa hipótese, constituiria uma causa legalmente expressa de *isenção de pena*. Contudo, reinterpretando o mesmo texto da *Reforma Penal de 1984*, sob o marco de um Estado Democrático de Direito, a *estrita obediência hierárquica a ordem não manifestamente ilegal* caracteriza, independentemente de emanar de "autoridade" pública ou privada, a *inexigibilidade de outra conduta*.

Ninguém pode ignorar que a *desobediência a ordem superior*, no plano da iniciativa privada, está sujeita a consequências mais drásticas e imediatas que o seu descumprimento no âmbito público-administrativo. Com efeito, na relação de direito público, dificilmente algum subalterno corre o risco de perder o emprego por *desobedecer* ordem de seu superior hierárquico, podendo, no máximo, responder a uma sindicância, cujas sanções estão legal e taxativamente previstas e, dentre as quais, para essa infração disciplinar, não está cominada a demissão do serviço público, ao menos como regra geral. No entanto, na relação empregatícia da iniciativa privada a consequência é, naturalmente, mais drástica e imediata: a simples *desobediência* pode ter como consequência a *demissão imediata*, sem justa causa; justificando-se, consequentemente, o maior temor à ordem de superior na iniciativa privada, pois, como se sabe, ao contrário do que ocorre no setor público, *não há estabilidade* no emprego. O risco de demissão ou perda de emprego, inegavelmente, é fator inibidor de qualquer cidadão. Na realidade, aquele entendimento tradicional ficou completamente superado a partir da redemocratização do País, com uma nova ordem constitucional, que consagra a *responsabilidade penal subjetiva e individual*, sob o marco de um *direito penal da culpabilidade*. Não se pode esquecer, por outro lado, que o vetusto Código Penal de 1940, produto do *Estado Novo* (1937 a 1945), apenas *presumia* a *liberdade de vontade*, como deixava claro em sua *Exposição de Motivos*: "Ao direito penal... não interessa a questão, que transcende à experiência humana, de saber se a vontade é absolutamente livre. *A liberdade de vontade é pressuposto das disciplinas práticas*, pois existe nos homens a convicção de ordem empírica de que cada um de nós é capaz de escolher entre os motivos determinantes da vontade e, portanto, moralmente responsável"[140] (grifamos). Com efeito, não há nenhum fundamento legal (constitucional) para limitar a consequência jurídico-penal à *desobediência* de ordem superior na relação hierárquica de direito público, na medida em que o texto legal não faz essa restrição.

Por fim, um argumento irrefutável: a *inexigibilidade de outra conduta* é uma excludente de culpabilidade que não precisa estar escrita, pois simplesmente elimina um de seus elementos constitutivos (a exigibilidade de conduta conforme a norma), afastando-a consequentemente. Assim, qualquer causa que exclua a exigibilidade de conduta conforme ao direito, afasta a culpabilidade, com ou sem previsão legal, e a *estrita obediência hierárquica* é apenas uma de suas duas versões expressas. Por isso, independentemente de tratar-se de relação hierárquica de direito público ou de direito privado, a *estrita obediência* a *ordem não manifestamente ilegal* de superior hierárquico produz o mesmo efeito: a inexigibilidade de outra conduta.

Sintetizando, em virtude da *subordinação hierárquica*, o subordinado cumpre *ordem do superior*, desde que a ordem não seja *manifestamente ilegal*, podendo, no entanto, ser apenas *ilegal*. Porque, se a ordem for legal, o problema deixa de ser de culpabilidade, podendo caracterizar causa de exclusão de ilicitude. Se o agente cumprir ordem legal de superior hierárquico, estará no exercício de *estrito cumprimento de dever legal*. A estrita obediência de *ordem legal* não apresenta nenhuma conotação de ilicitude, ainda que configure alguma conduta típica; ao contrário, caracteriza a sua exclusão (art. 23).

No momento em que se examina a culpabilidade já foi superada a análise positiva da tipicidade e da antijuridicidade do fato, admitindo-as, já que, quando afastada qualquer delas, desnecessário será examinar a culpabilidade. Então, a ordem pode ser *ilegal*, mas não *manifestamente* ilegal, não flagrantemente ilegal. Quando a ordem for ilegal, mas não *manifestamente*, o subordinado que a cumpre não agirá com culpabilidade, por ter *avaliado incorretamente* a ordem recebida, incorrendo numa espécie de *erro de proibição*. Agora, quando cumprir *ordem manifestamente ilegal, ou seja, claramente, escancaradamente ilegal*, tanto o *superior hierárquico* quanto o *subordinado* são puníveis, respondendo pelo crime em concurso. O subordinado não tem a obrigação de cumprir ordens ilegais. Ele tem a obrigação de cumprir ordens inconvenientes, inoportunas, mas não ilegais. Não tem o direito, como subordinado, de discutir a *oportunidade* ou *conveniência* de uma ordem, mas a *ilegalidade*, mais que o *direito*, tem o *dever* de apontá-la, e negar-se a cumprir ordem *manifestamente* ilegal. Por essa razão, destacava Frederico Marques, se o superior dá a ordem, nos limites de sua respectiva competência, revestindo-se das formalidades legais necessárias, o subalterno ou presume a licitude da ordem ou "se sente impossibilitado de desobedecer o funcionário de onde a ordem emanou (inexigibilidade de outra

---

140. Exposição de Motivos do Código Penal de 1940, item 4, último parágrafo.

conduta): de uma forma ou de outra, é incensurável o proceder do inferior hierárquico, e, por essa razão, o fato praticado não é punível em relação a ele". Contudo, *se a ilegalidade for manifesta*, o subalterno tem não apenas o direito, mas também o *dever legal* de não cumpri-la, denunciando a quem de direito o *abuso de poder* a que está sendo submetido.

20. Crime impossível ou tentativa inidônea

Podem ocorrer hipóteses em que, a despeito da morte da vítima, o agente só deva responder por *tentativa*, como, por exemplo, no caso da ocorrência de uma causa superveniente que, por si só, produza o resultado morte (art. 13, § 1º); podem existir, ainda, outras hipóteses em que o agente nem sequer deve responder por *tentativa*, quando, por exemplo, a despeito da conduta da vítima e do *animus necandi*, a realização do crime é absolutamente impossível, quer pela absoluta impropriedade do objeto, quer pela ineficácia absoluta do meio empregado.

Quando o agente não consegue praticar todos os atos necessários à consumação, por interferência externa, diz-se que há *tentativa imperfeita* ou tentativa propriamente dita. O processo executório é interrompido por circunstâncias estranhas à vontade do agente, como, por exemplo, "o agressor é seguro quando está desferindo os golpes na vítima para matá-la". Na tentativa imperfeita o agente não exaure toda a sua *potencialidade lesiva*, ou seja, não chega a realizar todos os atos executórios necessários à produção do resultado inicialmente pretendido, por circunstâncias estranhas à sua vontade.

Por outro lado, quando o agente realiza todo o necessário para obter o resultado, mas mesmo assim não o atinge, diz-se que há *tentativa perfeita* ou crime falho. A fase executória realiza-se integralmente, mas o resultado visado não ocorre, por circunstâncias alheias à vontade do agente. A execução se conclui, mas o crime não se consuma. Aqui, ensina Damásio de Jesus, "o crime é subjetivamente consumado em relação ao agente que o comete, mas não o é objetivamente em relação ao objeto ou pessoa contra o qual se dirigia". A circunstância impeditiva da produção do resultado é eventual no que se refere ao agente, ou, como dizia Asúa, "*o resultado não se verifica por mero acidente*". Concluindo, na tentativa perfeita, o agente desenvolve toda a atividade necessária à produção do resultado, mas este não sobrevém. Por exemplo, descarrega sua arma na vítima, ferindo-a gravemente, mas esta é salva por intervenção médica.

Muitas vezes, após a prática do fato, constata-se que o agente jamais conseguiria consumar o crime, quer pela ineficácia absoluta do meio empregado, quer pela absoluta impropriedade do objeto. Ocorre o que se denomina crime impossível ou tentativa inidônea. Há, portanto, duas espécies diferentes de crime impossível: a) *por ineficácia absoluta do meio empregado*; b) *por absoluta impropriedade do objeto*. São hipóteses em que, se os meios fossem idôneos ou próprios fossem os objetos, haveria, no mínimo, início de execução de um crime.

Na primeira hipótese, o *meio*, por sua natureza, é inadequado, inidôneo, absolutamente ineficaz para produzir o resultado pretendido pelo agente. É indispensável que o meio seja inteiramente ineficaz. Se a ineficácia do meio for relativa, haverá tentativa punível. Os exemplos clássicos de *ineficácia absoluta do meio* são o da tentativa de homicídio por envenenamento com a aplicação de farinha em vez de veneno, e o do agente que aciona o gatilho, mas a arma encontra-se descarregada.

Ocorre a segunda hipótese de crime impossível quando o *objeto é absolutamente impróprio* para a realização do crime visado. Aqui também a inidoneidade tem de ser absoluta. Há crime impossível, por exemplo, nas manobras abortivas em mulher que não está grávida, no disparo de arma de fogo, com *animus necandi*, em cadáver.

21. Pena e ação penal

Para o homicídio simples a pena é de reclusão, de 6 a 20 anos; para as figuras qualificadas do § 2º, incisos I a IX, de 12 a 30 anos. Na forma culposa, a pena será de detenção, de 1 a 3 anos. Há ainda a possibilidade da aplicação de minorantes (§ 1º) e majorantes (§ 4º), além da possibilidade do perdão judicial (§ 5º).

O direito de ação penal consiste na faculdade de exigir a intervenção do poder jurisdicional para que se investigue a procedência da *pretensão punitiva* do Estado-Administração nos casos concretos. *Ação* é, pois, o direito de *invocar* a prestação jurisdicional, isto é, o direito de requerer em juízo a reparação de um direito violado.

Mas, ao mesmo tempo que o Estado *determina* ao indivíduo que se abstenha da prática de ações delituosas, *assegura-lhe* também que só poderá puni-lo se violar aquela determinação, dando origem ao *ius puniendi*. Isso representa a consagração do princípio *nullum crimen, nulla poena sine praevia lege*. No entanto, violada a proibição legal, a sanção correspondente só poderá ser imposta por meio do *devido processo legal*, que é a autolimitação que o próprio Estado se impõe para exercer o *ius persequendi*, isto é, o *direito subjetivo* de promover a "persecução" do autor do crime.

Cumpre lembrar, no entanto, que a *ação penal* constitui apenas uma fase da *persecução penal*, que pode iniciar com as investigações policiais (inquérito policial), sindicância administrativa, Comissão Parlamentar de Inquérito etc. Essas investigações preliminares são meramente preparatórias de uma futura ação penal. A ação penal propriamente somente nascerá em juízo com o oferecimento de *denúncia* pelo Ministério Público, em caso de ação pública, ou de *queixa*, pelo particular, quando se tratar de ação penal privada. O *recebimento* de uma ou de outra marcará o início efetivo da ação penal.

A ação penal, quanto à legitimidade para a sua propositura, classifica-se em *ação penal pública* e *ação penal privada*. Ambas comportam, no entanto, uma subdivisão: a ação penal pública pode ser *incondicionada* e *condicionada*; e a ação privada, *exclusivamente privada* e *privada subsidiária da pública*.

O homicídio é crime de ação penal pública incondicionada ou absoluta. O Ministério Público é o *dominus litis* da ação penal pública (art. 129, I, da CF), que a propõe com o oferecimento da denúncia em juízo, devendo conter a exposição do fato criminoso, com todas as suas circunstâncias, a qualificação do acusado ou esclarecimentos pelos quais se possa identificá-lo, a classificação do crime e, quando necessário, o rol das testemunhas (art. 41 do CPP).

A regra geral é a de que a ação penal seja pública incondicionada. Assim, de regra, os crimes previstos na Parte Especial do Código Penal, bem como na legislação especial, são de ação pública incondicionada ou absoluta. Isso quer dizer que o Ministério Público não necessita de autorização ou manifestação de vontade de quem quer que seja para iniciá-la. Basta constatar que está caracterizada a prática do crime para promover a ação penal. Nas mesmas circunstâncias, a autoridade policial, ao ter conhecimento da ocorrência de um crime de ação pública incondicionada, deverá, de ofício, determinar a instauração de inquérito policial para apurar responsabilidades, nos termos do art. 5º, I, do CPP.

A *inércia* ministerial possibilita ao ofendido, ou a quem tenha qualidade para representá-lo, iniciar a ação penal mediante *queixa*, substituindo o Ministério Público e a denúncia que iniciaria a ação penal. Essa ação penal denomina-se ação privada *subsidiária* da pública.

Contudo, convém destacar que o pedido de arquivamento, de diligências, de baixa dos autos, a suscitação de conflito de atribuições etc. não configuram *inércia* do Ministério Público e, consequentemente, não legitimam a propositura subsidiária de ação privada. Somente se o prazo de 5 dias para réus presos e de 15 para réus soltos escoar sem qualquer atividade ministerial, aí sim haverá a possibilidade legal, hoje constitucional (art. 5º, LIX, da CF), de o ofendido propor ação penal, pelo prazo decadencial de 6 meses. Esgotado esse prazo, o particular decai do direito de *queixa subsidiária* e o Ministério Público, que mantinha legitimidade concorrente, continua legitimado a propor a ação penal, enquanto não se operar a prescrição.

A *ação penal*, no entanto, *não se transforma em privada*, mantendo a sua natureza de *pública*, e, por essa razão, o querelante que a propuser não poderá dela desistir, renunciar, perdoar ou ensejar a perempção. O Ministério Público poderá aditar a queixa, oferecer denúncia substitutiva, requerer diligências, produzir provas, recorrer e, a qualquer momento, se houver negligência do querelante, retomar o prosseguimento da ação (art. 29 do CPP). Por isso que na ação penal privada *subsidiária*, mesmo após esgotado o prazo decadencial do ofendido, o Ministério Público poderá intentar a ação penal, desde que ainda não se tenha operado a prescrição. Percebe-se que na *ação privada subsidiária* a decadência do direito de queixa não extingue a punibilidade, permanecendo o *ius puniendi* estatal, cuja titularidade pertence ao Ministério Público.

FEMINICÍDIO: CRIME DISCRIMINATÓRIO POR RAZÕES DE GÊNERO — III

Sumário: 1. Considerações preliminares. 2. Impropriedade terminológica: "feminicídio". 3. Algumas alterações significativas operadas pela Lei n. 14.344, de 25 de maio de 2022. 3.1. Homicídio qualificado: vítima menor de 14 anos de idade (inciso IX do § 2º-B). 4. Matar alguém: feminicídio ou homicídio. 4.1. Elementos qualificadores do feminicídio. 4.1.1. Violência doméstica e familiar. 4.1.2. Menosprezo ou discriminação da mulher. 4.2. Sujeitos ativo e passivo. 4.2.1. Sujeito ativo. 4.2.2. Sujeito passivo. 5. Majorantes ou causas especiais de aumentos. 5.1. Durante a gestação ou nos três meses posteriores ao parto. 5.2. Contra pessoa menor de 14 anos e maior de 60, com deficiência ou portadora de doenças degenerativas que acarretem condição limitante ou de vulnerabilidade física ou mental. 5.3. Na presença física ou virtual de descendente ou de ascendente da vítima. 5.4. Em descumprimento das medidas protetivas de urgência previstas nos incisos I, II e III do *caput* do art. 22 da Lei n. 11.340, de 7 de agosto de 2006. 6. Ação penal pública incondicionada e penas aplicáveis. 6.1. Ação penal pública subsidiária.

Art. 121-A. Matar mulher por razões da condição do sexo feminino:
- Incluído pela Lei n. 14.994, de 2024.

Pena — reclusão, de 20 (vinte) a 40 (quarenta) anos.
- Incluído pela Lei n. 14.994, de 2024.

§ 1º Considera-se que há razões da condição do sexo feminino quando o crime envolve:
- Incluído pela Lei n. 14.994, de 2024.

I — violência doméstica e familiar;
- Incluído pela Lei n. 14.994, de 2024.

II — menosprezo ou discriminação à condição de mulher.
- Incluído pela Lei n. 14.994, de 2024.

§ 2º A pena do feminicídio é aumentada de 1/3 (um terço) até a metade se o crime é praticado:
- Incluído pela Lei n. 14.994, de 2024.

I — durante a gestação, nos 3 (três) meses posteriores ao parto ou se a vítima é a mãe ou a responsável por criança, adolescente ou pessoa com deficiência de qualquer idade;
- Incluído pela Lei n. 14.994, de 2024.

II — contra pessoa menor de 14 (catorze) anos, maior de 60 (sessenta) anos, com deficiência ou portadora de doenças degenerativas que acarretem condição limitante ou de vulnerabilidade física ou mental;
- Incluído pela Lei n. 14.994, de 2024.

III — na presença física ou virtual de descendente ou de ascendente da vítima;
- Incluído pela Lei n. 14.994, de 2024.

IV — em descumprimento das medidas protetivas de urgência previstas nos incisos I, II e III do caput do art. 22 da Lei n. 11.340, de 7 de agosto de 2006 (Lei Maria da Penha);
- Incluído pela Lei n. 14.994, de 2024.

V — nas circunstâncias previstas nos incisos III, IV e VIII do § 2º do art. 121 deste Código.
- Incluído pela Lei n. 14.994, de 2024.

Coautoria
- Incluído pela Lei n. 14.994, de 2024.

§ 3º Comunicam-se ao coautor ou partícipe as circunstâncias pessoais elementares do crime previstas no § 1º deste artigo.
- Incluído pela Lei n. 14.994, de 2024.

1. Considerações preliminares

Desde antes da publicação da Lei n. 14.994/2024, que modificou substancialmente o tipo penal de feminicídio, tornando-o autônomo, preferiu-se tratar desse dispositivo em capítulo separado. Isso ocorreu por razões didáticas e pragmáticas, e procurando dar maior destaque no tratamento dessa matéria tão importante, como é o caso do *feminicídio* que, embora fosse uma qualificadora do crime de homicídio e, consequentemente, se devesse abordá-lo no mesmo capítulo (como fizéramos inicialmente), decidimos abordá-lo em capítulo próprio, autônomo, destacado do próprio crime de homicídio ao qual dá uma qualificação muito especial, talvez a mais importante delas. A despeito de todas essas considerações, a decisão está tomada e trabalharemos esta temática em capítulo próprio, dando-lhe maior dignidade contextual e, inclusive, facilitando ao leitor, que poderá procurá-lo no sumário desta obra e encontrá-lo com mais presteza. De qualquer forma, com a Lei n. 14.994/2024, a abordagem separada se tornou ainda mais correta e necessária, considerando que o feminicídio passou a se tornar um tipo penal autônomo, previsto no art. 121-A do Código Penal.

A violência representa uma das maiores ameaças à humanidade, fazendo-se presente em todas as fases da História da civilização humana. Pode-se dizer que a violência é parte significativa do cotidiano, retratando a trajetória humana através dos tempos, e que é intrínseca à existência da própria civilização. Como parte desse fenômeno, inserida num contexto histórico-social e com raízes culturais, encontra-se a violência familiar (violência conjugal, violência contra a mulher, maus-tratos infantis, abuso sexual intrafamiliar etc.). Essa violência é um fenômeno complexo e multifacetado, que atinge todas as classes sociais e todos os níveis socioeducativos; apresenta diversas formas, por exemplo, maus-tratos físicos, psicológicos, abuso sexual, abandono e, principalmente, a agressão física, chegando, muitas vezes, a ceifar a vida da mulher, da companheira e de filhos.

Destacamos, em especial, a *violência contra a mulher por ser mulher*, uma das mais graves formas de agressão ou violação, pois lesa a honra, o amor-próprio, a autoestima e seus direitos fundamentais, apresentando contornos de *durabilidade* e *habitualidade*; trata-se, portanto, de um crime que deixa mais do que marcas físicas, atingindo a própria dignidade da mulher, enquanto ser humano e cidadã, que merece, no mínimo, um tratamento igualitário, urbano e respeitoso por sua própria condição de mulher.

A origem da violência contra a mulher, por outro lado, transcende as fronteiras das culturas e tem seus precedentes nos primórdios da civilização humana; percorrendo o longo período medieval, ultrapassa a modernidade e chega a nossos dias tão aviltante, constrangedora e discriminatória, como sempre foi. Segundo Alice Bianchini, "Ao longo da História, nos mais distintos contextos socioculturais, mulheres e meninas são assassinadas pelo tão só fato de serem mulheres. O fenômeno forma parte de um contínuo de violência de gênero expressada em estupros, torturas, mutilações genitais, infanticídios, violência sexual nos conflitos armados, exploração e escravidão sexual, incesto e abuso sexual dentro e fora da família"[1].

Atendendo a Convenção Interamericana para Prevenir, Punir e Erradicar a Violência contra a Mulher, concluída em Belém do Pará, em 9 de junho de 1994, na linha da Lei Maria da Penha (Lei n. 11.340/2006), o Brasil editou a Lei n. 13.104/2015, criando a qualificadora do "feminicídio", exasperando a sua punição. O *feminicídio* — afirma Alice Bianchini — constitui a manifestação mais extremada da violência machista, fruto das relações desiguais de poder entre os gêneros[2]. Seguindo uma linha político-criminal semelhante e aprimorando o tratamento jurídico dessa hipótese delitiva, a Lei n. 14.994/2024 tornou autônomo o tipo penal de feminicídio, majorando-lhe a pena cominada, dentre outras modificações que serão abordadas adiante.

Convém destacar, de plano, que estamos diante de uma *política repressora* da criminalidade discriminatória da mulher e precisamos, nessa área, também de políticas preventivas que busquem diminuir essa violência condenável e insuportável em um Estado Democrático de Direito, prevenindo sua ocorrência. Devemos, mais que punir, buscar salvar vidas cuja perda será sempre irreparável[3]. Na realidade, quan-

---

1. Alice Bianchini, *O feminicídio*. Disponível em: <http://www.professoraalice.jusbrasil.com.br/artigos/171335551/o-feminicidio>. Acesso em: 10 maio 2015.

2. Alice Bianchini, *O feminicídio*.

3. Estima-se que no Brasil, entre 2001 e 2011, ocorreram mais de 50 mil assassinatos de mulheres: ou seja, em média, 5.664 mortes de mulheres por causas violentas a cada ano, 472

do o Poder Judiciário é chamado a intervir na seara penal, já houve a perda de uma vida, que é em si mesma inaceitável. Por isso, precisamos antes prevenir, orientar, educar, ou, em outros termos, impedir que se chegue a esse trágico desfecho, não apenas mudando toda uma herança histórico-cultural machista, mas formando novos cidadãos e cidadãs, procurando sepultar todo um passado cujas raízes remontam ao período medieval, que precisa, de uma vez por todas, ser superado, sem machismo ou feminismo, onde mulheres e homens possam conviver harmonicamente, sem qualquer disputa de gênero, na qual todos perdem mais do que ganham. Por outro lado, também é importante destacar a importância de políticas públicas que visem à redução dos prejuízos familiares causados pela prática do crime debatido neste capítulo. Um interessante exemplo é a Lei n. 14.717/2023, que institui pensão especial aos filhos e dependentes menores de 18 (dezoito) anos de idade que se tornaram órfãos em razão da prática do delito descrito no art. 121, §2º, inciso VI, do Código Penal, desde que a renda familiar mensal per capita seja igual ou inferior a 1/4 do salário mínimo. Medidas como essa são essenciais para minorar os efeitos que essa espécie de conduta implica aos dependentes da vítima do delito.

Também nessa perspectiva, destaca-se o entendimento mais recente do STF, que foi firmado no julgamento da ADPF n. 779/DF, em que se fixou a tese de que "É inaceitável, diante do sublime direito à vida e à dignidade da pessoa humana, que o acusado de feminicídio seja absolvido, na forma do art. 483, inciso III, § 2º, do Código de Processo Penal, com base na esdrúxula tese da "legítima defesa da honra". Há de se exigir um controle mínimo do pronunciamento do tribunal do júri quando a decisão de absolvição se der por quesito genérico, de forma a avaliar, à luz dos atos processuais praticados em juízo, se a conclusão dos jurados se deu a partir de argumentação discriminatória, indigna, esdrúxula e inconstitucional referente ao uso da tese da legítima defesa da honra" (STF, ADPF 779, Relator Min. Dias Toffoli, Tribunal Pleno, julgado em 1º-8-2023, publicado em 6-10-2023). Embora a referida decisão possa ser debatida sob a perspectiva da autonomia profissional do advogado e sobre a desnecessidade de fundamentação para que o Júri absolva no quesito genérico, trata-se de mais um exemplo sobre como os Tribunais têm sido mais condizentes à perspectiva político-criminal descrita neste item.

2. Impropriedade terminológica: "feminicídio"

Tecnicamente, a nosso juízo, antes da Lei n. 14.994/2024, era um erro grosseiro repetir a linguagem da imprensa afirmando "que foi criado um crime de feminicídio", pois, na realidade, matar alguém continuava sendo um *homicídio*, e tanto mulher como homem estavam abrangidos por esse pronome indefinido, alguém, que não faz exceção a nenhum ser humano. Com efeito, quando examinamos o crime

---

a cada mês, 15,52 a cada dia, ou uma morte a cada 1h 30min. Esses dados foram divulgados pelo Instituto de Pesquisa Econômica Aplicada (Ipea) em uma pesquisa inédita, que reforçou as recomendações realizadas pela CPMI (Comissão Parlamentar Mista de Inquérito), que avaliou a situação da violência contra mulheres no Brasil.

de homicídio, em nosso *Tratado de Direito Penal*, afirmamos que: "A expressão alguém, contida no tipo legal, abrange, indistintamente, o universo de seres humanos, ou seja, qualquer deles pode ser sujeito passivo do homicídio"[4]. Por outro lado, à época, o legislador ainda não havia criado nenhum novo tipo penal, apenas acrescentou uma qualificadora especial para ampliar o combate à violência de gênero, que continua dizimando milhares de mulheres todos os anos em nosso país. Portanto, convém não se olvidar que o tal feminicídio constituía somente uma qualificadora especial do homicídio discriminatório de mulher, praticado em "situação caracterizadora" de (i) violência doméstica e familiar, ou "motivado" por (ii) menosprezo ou discriminação à condição de mulher. Evidentemente, a situação foi modificada pela Lei n. 14.994/2024, que tornou autônomo o tipo penal de feminicídio.

No entanto, a despeito da terminologia utilizada, quer nos parecer que, no particular, isto é, seja criando uma *qualificadora especial*, seja por meio de um tipo penal autônomo, andou bem o legislador, porque conseguiu, adequadamente, ampliar a proteção da mulher vitimada pela violência de gênero, assegurando-lhe maior proteção sem incorrer em inconstitucionalidade por dedicar-lhe uma proteção excessiva e discriminatória, o que, a nosso juízo, poderia ocorrer se, em vez da qualificadora, houvesse criado um novo tipo penal, isto é, uma nova figura penal paralela ao homicídio, com punição mais grave sempre que se tratasse de vítima do sexo feminino, como é o caso da legislação atual. Assim, a opção político-legislativa foi feliz e traduz a preocupação com a situação calamitosa sofrida por milhares de mulheres discriminadas por sua simples condição de mulher, permitindo, na prática, a execução de uma política criminal mais eficaz no combate a essa chaga que contamina toda a sociedade brasileira.

3. Algumas alterações significativas operadas pela Lei n. 14.344, de 25 de maio de 2022

Para manter registrado o tratamento do feminicídio antes da Lei n. 14.994/2024, destaca-se que a Lei n. 13.964/2019 incluiu o inciso VIII (homicídio qualificado funcional) no § 2º do art. 121. A Lei n. 14.344/2022, por sua vez, inseriu no mesmo artigo o inciso IX, com a seguinte redação: "contra menor de 14 (quatorze) anos". Essa lei de 2022 deu nova redação ao dispositivo legal, excluindo a expressão "vítima menor de 14 anos", em razão da sua inserção, como qualificadora, no inciso IX do § 2º, que passou a prever uma *qualificadora* quando a vítima tiver exatamente essa idade de 14 anos. Entretanto, caso o juiz opte pela qualificadora do feminicídio na dosimetria da pena, deixa de existir essa majorante específica, sem prejuízo de incidência da majorante genérica do § 4º, que prevê, entretanto, a fração taxativa de um terço, enquanto o dispositivo em estudo, antes da alteração legislativa, possibilitava ao julgador a aplicação de um terço até metade de aumento de pena.

---

4. Cezar Roberto Bitencourt, *Tratado de Direito Penal — Dos crimes contra a pessoa*; Parte Especial, 29. ed., São Paulo, Saraiva, 2023, v. 2, p. 65.

No particular, essa alteração, a nosso juízo, apresenta-se mais benéfica e, por esse fundamento, deve retroagir para abarcar fatos anteriores. Com efeito, aplicando-se a qualificadora do "feminicídio", e a vítima sendo menor de 14 anos de idade, pela norma anterior, haveria a majoração de um terço até a metade. Com a alteração legislativa, há apenas a causa de aumento do § 4º do art. 121, de um terço da pena, aliás, que fora introduzido pela Lei n. 10.741/2003.

O *homicídio qualificado*, inclusive pelo feminicídio, é crime hediondo, em qualquer de suas formas, tentado ou consumado, conforme determina o art. 1º, I, da Lei n. 8.072/90. Vale mencionar que a Lei n. 13.964/2019 modificou o teor de referido dispositivo para incluir o inciso VIII (homicídio qualificado funcional), enquanto a Lei n. 14.344/2022 acrescentou o inciso IX com uma nova qualificadora (contra menor de 14 anos), com pena de 12 a 30 anos. Essa mesma lei alterou as majorantes do crime de *feminicídio*, que é praticado em virtude da condição do sexo feminino (gênero), o que inclui a *violência doméstica e familiar e o menosprezo ou discriminação à condição de mulher*. Pois essas majorantes, previstas no § 7º do art. 121, são específicas para o *feminicídio*, ou seja, modalidades de *feminicídio majorado* (causa de aumento): a pena do feminicídio é aumentada de 1/3 (um terço) até a metade se o crime for praticado: I — durante a gestação ou nos 3 (três) meses posteriores ao parto; II — contra pessoa maior de 60 (sessenta) anos, com deficiência ou portadora de doenças degenerativas que acarretem condição limitante ou de vulnerabilidade física ou mental; III — na presença física *ou virtual* de descendente ou de ascendente da vítima; IV — em descumprimento das medidas protetivas de urgência previstas nos incisos I, II e III do *caput* do art. 22 da Lei n. 11.340, de 7 de agosto de 2006.

Em outros termos, o texto legal teve sua redação alterada somente para incluir expressamente a *configuração da majorante no caso de "presença virtual"*, que entrou em vigor a partir de sua *vacatio legis* de 45 dias. Assim, o magistrado deverá aplicar a maior ou menor parcela de aumento considerando o maior ou menor impacto psicológico, o número de pessoas atingidas e a proximidade afetiva de quem assiste à dramática e traumatizante violência sexual de uma mulher de seu círculo social íntimo.

3.1 *Homicídio qualificado: vítima menor de 14 anos de idade (inciso IX do § 2º-B)*

A Lei n. 14.344/2022 acrescentou uma nova qualificadora ao crime de homicídio, ao inserir o inciso IX ao § 2º do art. 121, após um caso de grande comoção social, em que o menino Henry foi assassinado no apartamento em que morava com a mãe e o padrasto, na Barra da Tijuca, na cidade do Rio de Janeiro/RJ. Assim, acrescentou-se nova qualificadora ao crime de homicídio, qual seja quando tiver crianças como vítimas (menor de 12 anos) ou adolescentes menores de 14 anos de idade. Além disso, também incluiu *majorantes específicas* na qualificadora de vítima menor de 14 anos de idade, à semelhança do feminicídio. Esse § 2º-B do art. 121 criou duas hipóteses de aumento de pena (majorantes), na terceira fase da dosimetria penal, se o homicídio for qualificado em razão de o sujeito passivo ser menor de 14 anos de idade, nos seguintes termos: o § 2º-B prevê que a pena do homicídio contra menor de 14 (quatorze) anos é aumentada de: I — 1/3 (um terço) até a metade *se a vítima for pessoa com deficiência ou com doença* que implique o aumento de sua vulnerabilidade; II — 2/3 (dois terços) se o autor é ascendente, padrasto ou madrasta, tio, irmão, cônjuge, companheiro, tutor, curador, preceptor ou empregador da vítima ou por qualquer outro título tiver autoridade sobre ela; e III — 2/3 (dois terços) se o crime for praticado em instituição de educação básica pública ou privada (hipótese incluída pela Lei n. 14.811/2024).

a) *Se a vítima for pessoa com deficiência ou com doença que implique o aumento de sua vulnerabilidade*

A primeira *majorante* acrescida ao crime de feminicídio, pelo inciso I do § 2º-B, prevê a elevação de um terço até a metade, incidindo se a vítima for pessoa com deficiência ou com doença que implique o aumento de sua vulnerabilidade. Assim, se a *criança ou adolescente menor de 14 anos de idade* for, por exemplo, pessoa *com deficiência*, incidirá a majorante. O juiz deve estabelecer o *quantum* de majoração, que deverá levar em conta a maior ou menor *vulnerabilidade* da vítima. Pode-se supor uma criança com *deficiência auditiva parcial*, que não foi determinante para a violência e a *vulnerabilidade* no caso, que decorreu mais da idade; o juiz pode aplicar uma fração menor de aumento, como a de um terço, por exemplo. Por outro lado, se a *vulnerabilidade* for maior, a fração de aumento deve se aproximar do máximo. Pode-se imaginar um adolescente de 13 anos de idade que, por ser *pessoa com deficiência*, é *cadeirante*, o que o torna ainda *mais vulnerável* à ação homicida. Por ter sido determinante para o crime, aumentando sobremaneira a sua *vulnerabilidade*, o juiz deve aproximar a elevação da pena próximo ao máximo, fixado pelo legislador em metade. A *vulnerabilidade* maior também pode *decorrer de doença*, como no caso de a *criança* ser portadora de epilepsia e ter sido vítima desse grave crime no momento em que foi acometida de uma crise decorrente de sua condição de saúde.

b) *Se o autor é ascendente, padrasto ou madrasta, tio, irmão, cônjuge, companheiro, tutor, curador, preceptor ou empregador da vítima ou por qualquer outro título tiver autoridade sobre ela*

A segunda majorante do crime de feminicídio acrescida pelo inciso II do § 2º-B, por sua vez, relaciona-se à maior proximidade entre sujeito ativo e sujeito passivo, o que constitui um fundamento mais objetivo e, por isso mesmo, o legislador estabeleceu uma fração fixa de aumento de pena, qual seja 2/3. Nesse aspecto, equivocou-se duplamente o legislador: primeiro, porque estabeleceu uma majorante exageradamente elevada, qual seja dois terços, quase dobrando a condenação a título de majorante; segundo, porque a estabeleceu de forma fixa, engessando o julgador, impedindo-o de individualizá-la adequadamente ao caso congresso. Aliás, espremeu o julgador, não lhe deixando nenhum espaço (elasticidade) para dosar e adequar a pena ao caso concreto, tratando-se de um erro clássico do legislador brasileiro que deseja, deliberadamente, *engessar o julgador impedindo-o de individualizar a pena* adequada à situação concreta dos fatos. Essa majorante incide se o agente for *ascendente, padrasto ou madrasta, tio, irmão, cônjuge, companheiro, tutor, curador, preceptor ou empregador* da vítima ou que, por qualquer outro título, tiver autoridade sobre ela. Nessas hipóteses, indiscutivelmente, o maior *desvalor da conduta* incriminada consiste na violação da *relação de confiança* entre a vítima e o infrator, que, como destacou, percucientemente, Michael Procopio Avelar[5], "inclusive tem projeção social, tornando a sociedade menos vigilante dessa relação, confiante do bom trato do menor de idade por esse indivíduo".

A Lei n. 14.344/2022 reforça o *sistema de proteção de crianças e adolescentes contra a violência*, especialmente da doméstica e familiar, criando mecanismos especiais para prevenção e enfrentamento dessa modalidade de violência. A definição de violência será a prevista pela Lei n. 13.431, de 4 de abril de 2017, que, em seu art. 4º, menciona como suas formas: a *física*, a *psicológica*, a *sexual*, a *institucional* e, a partir da alteração desta Lei n. 14.344/2022, também a *patrimonial*. Esta lei altera quatro diplomas legais (CP, ECA, LEP e a Lei dos Crimes Hediondos), criando, inclusive, um *sistema de garantia de direitos da criança ou adolescente* que seja vítima ou testemunha de violência de qualquer natureza.

4. Algumas alterações significativas operadas pela Lei n. 14.994/2024

Conforme já indicado, a Lei n. 14.994/2024 promoveu diversas modificações no tratamento jurídico do feminicídio. A nova lei não excluiu por completo os dispositivos anteriores, mantendo-lhes vigentes em sua totalidade e acrescentando ou modificando alguns elementos. Os principais foram a inclusão do feminicídio como um tipo penal autônomo, não mais como uma qualificadora do homicídio, e o aumento da pena abstrata cominada ao delito para a pena de reclusão, de 20 a 40 anos, tratando-se da maior pena máxima prevista abstratamente em nosso sistema jurídico até o presente momento. Além disso, a lei acrescentou determinações nas majorantes previstas no art. 121-A, § 2º, do Código Penal, para incluir situações antes não previstas. A nova redação define um aumento de pena de 1/3 à metade se o crime é praticado: a) durante a gestação, nos 3 (três) meses posteriores ao parto ou se a vítima é a mãe ou a responsável por criança, adolescente ou pessoa com deficiência de qualquer idade; b) contra pessoa menor de 14 (catorze) anos, maior de 60 (sessenta) anos, com deficiência ou portadora de doenças degenerativas que acarretem condição limitante ou de vulnerabilidade física ou mental; c) na presença física ou virtual de descendente ou de ascendente da vítima; d) em descumprimento das medidas protetivas de urgência previstas nos incisos I, II e III do *caput* do art. 22 da Lei n. 11.340, de 7 de agosto de 2006 (Lei Maria da Penha); e) nas circuns-

---

5. Michael Procopio Avelar, Alguns aspectos penais da Lei n. 14.344/2022, cognominada de Lei Henry Borel, *Conjur*, 2022.

tâncias previstas nos incisos III, IV e VIII do § 2º do art. 121 deste Código. Em relação a essas circunstâncias do art. 121, § 2º, trata-se das situações de emprego de veneno, fogo, explosivo, asfixia, tortura ou outro meio insidioso ou cruel, ou de que possa resultar perigo comum, à traição, de emboscada, ou mediante dissimulação ou outro recurso que dificulte ou torne impossível a defesa do ofendido e, por fim, se o crime é cometido com emprego de arma de fogo de uso restrito ou proibido. Portanto, no caso do feminicídio, há utilização, como majorantes, de circunstâncias que originariamente qualificam o homicídio simples. Por fim, destaca-se a inclusão do art. 121-A, § 3º, ao Código Penal, segundo o qual: "Comunicam-se ao coautor ou partícipe as circunstâncias pessoais elementares do crime previstas no § 1º deste artigo".

5. Matar alguém: feminicídio ou homicídio

Antes da Lei n. 14.994/2024, não existia crime de feminicídio como tipo penal autônomo, ao contrário do que era apregoado, pois, "matar alguém" continuava sendo homicídio, que, se fosse motivado pela discriminação da condição de mulher, ou seja, por razões de gênero, era qualificado, e essa qualificadora recebeu expressamente o *nomen iuris* de "feminicídio". Aliás, o próprio texto legal referia-se a homicídio, *verbis*: "se o homicídio é cometido por questões de gênero".

Em outros termos, a lei pretendeu criar uma qualificadora especial do homicídio para a hipótese de ser *motivado por razões de gênero*, caracterizadora de (i) violência doméstica e/ou familiar; (ii) menosprezo ou discriminação pela condição de mulher. "Não se trata — destaca Alice Bianchini — de dar um tratamento vantajoso para as mulheres à custa dos homens, senão de se conceder uma tutela reforçada a um grupo da população cuja vida, integridade física e moral, dignidade, bens e liberdade encontram-se expostas a uma ameaça específica e especialmente intensa, evitando violarmos o princípio da proteção deficiente"[6].

Essa alteração foi realizada pela Lei n. 13.104/2015 com o acréscimo do inciso VI no § 2º do art. 121 do Código Penal, destacando que "se o homicídio é cometido contra a mulher por razões de gênero". E, em seguida, o próprio texto legal define objetivamente o que sejam "razões de gênero", acrescentando o § 2º-A, *verbis*: "Considera-se que há razões de gênero quando o crime envolve: I — violência doméstica e familiar; II — menosprezo ou discriminação à condição de mulher". Reforçando a maior punição dessa infração penal, o legislador criou também uma majorante "feminicista", no § 7º, prevendo o acréscimo de 1/3 (um terço) até a metade se o crime for praticado: "I — durante a gestação ou nos 3 (três) meses posteriores ao parto; II — contra pessoa menor de 14 (quatorze) anos, maior de 60 (sessenta) anos ou com deficiência; III — na presença de descendente ou de ascendente da vítima". Aproveitou, ainda, o legislador para atribuir a qualidade de hediondo a esse homicídio qualificado, aliás, apenas atualizou o art. 1º

---

6. Alice Bianchini, *O feminicídio*.

da Lei n. 8.072/90, pois, como homicídio qualificado, a hediondez é uma decorrência natural.

Especificamente em relação ao homicídio qualificado previsto no art. 121, §2º, VI, do Código Penal, a Lei n. 14.717/2023 instituiu uma "pensão especial aos filhos e dependentes crianças ou adolescentes, órfãos em razão do crime de feminicídio tipificado no inciso VI do § 2º do art. 121 do Decreto-lei n. 2.848, de 7 de dezembro de 1940 (Código Penal), cuja renda familiar mensal *per capita* seja igual ou inferior a 1/4 (um quarto) do salário mínimo".

Dentre os requisitos e características do benefício indicado, destaca-se que ele tem valor de 1 (um) salário mínimo que será pago ao conjunto dos filhos e dependentes menores de 18 (dezoito) anos de idade na data do óbito de mulher vítima de feminicídio. Além disso, o benefício poderá ser concedido, ainda que provisoriamente, mediante requerimento, sempre que houver fundados indícios de materialidade do feminicídio, na forma definida em regulamento, vedado ao autor, coautor ou partícipe do crime representar as crianças ou adolescentes para fins de recebimento e administração da pensão especial.

Conforme já indicado anteriormente, contudo, a Lei n. 14.994/2024 se diferenciou da legislação anterior ao transformar o feminicídio em um tipo penal autônomo, reiterando, contudo, que o elemento essencial para a configuração das "razões da condição do sexo feminino" ainda são a constatação de violência doméstica e familiar, bem como menosprezo ou discriminação à condição de mulher. Dessa forma, a modificação foi mais sobre a disposição estrutural dos dispositivos no Código Penal do que sobre o conteúdo da incriminação.

5.1 *Elementos caracterizadores do feminicídio*

Convém destacar, contudo, que não basta tratar-se de homicídio de mulher, isto é, ser mulher o sujeito passivo do homicídio para caracterizar essa novel figura típica autônoma. Com efeito, para que se configure o tipo penal do feminicídio[7] é necessário que o homicídio discriminatório seja praticado em situação caracterizadora de (i) violência doméstica e familiar, ou motivado por (ii) menosprezo ou discriminação à condição de mulher. No mesmo sentido, manifesta-se Rogério Sanches afirmando: "Feminicídio, comportamento objeto da Lei em comento, pressupõe violência baseada no gênero, agressões que tenham como motivação a opressão à mulher. É imprescindível que a conduta do agente esteja motivada pelo menosprezo ou discriminação à condição de mulher da vítima". Não difere muito o entendimento de Rogério Greco, *verbis*: "Devemos observar, entretanto, que não é pelo fato de uma mulher figurar como sujeito passivo do delito tipificado no art. 121 do Código Penal que já estará caracterizado o deli-

---

7. Rogério Sanches Cunha, *Lei do Feminicídio: breves comentários*. Disponível em: <http://rogeriosanches2.jusbrasil.com.br/artigos/172946388/lei-do-feminicidio-breves-comentarios>. Acesso em: 18 maio 2015.

to qualificado, ou seja, o feminicídio. Para que reste configurada a qualificadora, nos termos do § 2º-A, do art. 121 do diploma repressivo, o crime deverá ser praticado *por razões de condição de sexo feminino*, o que efetivamente ocorrerá quando envolver: I — violência doméstica e familiar; II — menosprezo ou discriminação à condição de mulher"[8].

Em outros termos, nem todos os crimes de homicídio em que figure uma mulher como vítima configuram este tipo penal, pois somente será caracterizado quando a ação do agente for motivada pelo menosprezo ou pela discriminação à condição de mulher da vítima. Com efeito, a tipicidade estrita exige que esteja presente, alternativamente, a situação caracterizadora de (i) violência doméstica e familiar, ou a motivação de (ii) menosprezo ou discriminação à condição de mulher (§ 2º-A do art. 121, CP). Assim, *v.g.*, se alguém (homem ou mulher), que é credor de uma mulher, cobra-lhe o valor devido e esta se nega a pagá-lo, enraivecido o cobrador desfere-lhe um tiro e a mata. Nessa hipótese, não se trata de um crime de gênero, isto é, o homicídio não foi praticado em razão da condição de mulher, mas sim de devedora, e tampouco foi decorrente de violência doméstica e familiar; logo, não incidirá a figura típica do feminicídio, embora possa incidir a qualificadora do motivo fútil, por exemplo.

5.1.1 Violência doméstica e familiar

Chama atenção que a redação do § 1º do art. 121-A apresente-se, no mínimo, inadequada, para não dizer imprópria, *verbis*: "violência doméstica e familiar". Efetivamente, observando-se numa análise estrita do vernáculo, esse texto legal está exigindo que a situação fática apresente dupla característica, qual seja, que a situação em que ocorra o crime seja de violência doméstica e familiar, como se fosse a mesma coisa. No entanto, embora possa ser a regra, ela não é exclusiva, embora possa ser excludente. Explicamos: nem toda violência doméstica é familiar e vice-versa. Na verdade, poderá haver violência doméstica que não se inclua na familiar, *v.g.*, alguém estranho à relação familiar que, por alguma razão, esteja coabitando com o agressor, ou então, que a violência recaia sobre um empregado ou empregada que presta serviços à família etc. Pois essa relação, a despeito de caracterizar-se como doméstica, não é estritamente familiar, assim, a ligação com a preposição aditiva "e" poderá gerar intermináveis discussões sobre a necessidade de a referida violência abranger as duas circunstâncias, "doméstica e familiar", em obediência ao princípio da tipicidade estrita. Por isso, a nosso juízo, teria andado melhor o legislador se tivesse adotado uma fórmula alternativa, qual seja, "violência doméstica ou familiar".

---

8. Rogério Greco, *Feminicídio — Comentários sobre a Lei n. 13.104, de 9 de março de 2015*. Disponível em: <http://rogeriogreco.jusbrasil.com.br/artigos/173950062/feminicidio-comentarios-sobre-a-lei-n-13104-de-9-de-marco-de-2015>. Acesso em: 18 maio 2015.

5.1.2 Menosprezo ou discriminação da mulher

Embora se trate de um crime que tem como fundamento político-legislativo a *discriminação da mulher*, pode-se constatar que o texto legal exige, para a caracterização do feminicídio, duas hipóteses distintas, quais sejam, (i) quando se tratar de violência doméstica e familiar, ou (ii) quando for motivado por menosprezo ou discriminação à condição de mulher[9]. Na primeira hipótese, o legislador presume o menosprezo ou a discriminação, que estão implícitos, pela vulnerabilidade da mulher vítima de violência doméstica ou familiar, isto é, os ambientes doméstico e/ou familiar são as situações caracterizadoras em que ocorre com mais frequência a violência contra a mulher por discriminação; na segunda hipótese, o próprio móvel do crime é o menosprezo ou a discriminação à condição de mulher, mas é, igualmente, a *vulnerabilidade da mulher* tida, física e psicologicamente, como mais frágil, que encoraja a prática da violência por homens covardes, na presumível certeza de sua dificuldade em oferecer resistência ao agressor machista.

5.2 Sujeitos ativo e passivo

5.2.1 Sujeito ativo

O tipo penal pode ser praticado por qualquer pessoa, homem ou mulher, independentemente do gênero masculino ou feminino. Não há exigência de qualquer qualidade ou condição especial para ser autor dessa forma qualificada de homicídio, basta a conduta adequar-se à descrição típica, e que esteja presente, alternativamente, a situação *caracterizadora* de (i) violência doméstica ou familiar, (ii) ou *motivadora* de menosprezo ou discriminação à condição de mulher (§ 2º-A do art. 121, CP).

5.2.2 Sujeito passivo

É, via de regra, uma mulher, ou seja, *pessoa do gênero feminino*, e que o crime tenha sido cometido *por razões de sua condição de gênero*, ou que ocorra em situação caracterizadora de violência doméstica ou familiar. O substantivo *mulher* abrange, logicamente, lésbicas, transexuais e travestis, que se identifiquem como do gênero feminino. Além das esposas, companheiras, namoradas ou amantes, também podem ser vítimas desse crime filhas e netas do agressor, como também mãe, sogra, avó ou qualquer outra parente que mantenha vínculo familiar com o sujeito ativo.

No entanto, uma questão, outrora irrelevante, na atualidade mostra-se fundamental, e precisa ser respondida: quem pode ser considerado *mulher* para efeitos da tipificação da presente figura típica? Seria somente um critério jurídico, ou também poderia ser biológico e psicológico? Há alguns critérios para buscar a melhor definição sobre quem é ou pode ser considerada mulher, para efeitos deste tipo penal. Vejamos a seguir algumas reflexões a respeito.

---

9. § 2º-A Considera-se que há razões de condição de sexo feminino quando o crime envolve: I — violência doméstica e familiar; II — menosprezo ou discriminação à condição de mulher.

Vários critérios poderão ser utilizados para uma possível definição, com razoável aceitação, de quem pode ser considerada *mulher* para efeitos da presente figura típica. Assim, por exemplo, pelo *critério de natureza psicológica*, isto é, alguém que, mesmo sendo do gênero masculino, acredita pertencer ao gênero feminino, ou, em outros termos, mesmo tendo nascido biologicamente homem, acredita, psicologicamente, ser do gênero feminino, como, sabidamente, acontece com transgêneros e transexuais.

Por essa razão, consideramos perfeitamente possível admitir o transexual como vítima da violência de gênero caracterizadora do feminicídio, conforme demonstraremos adiante. De qualquer forma, vale rememorar que o STF consolidou o entendimento, em sede de repercussão geral, no sentido de que "O transgênero tem direito fundamental subjetivo à alteração de seu prenome e de sua classificação de gênero no registro civil, não se exigindo, para tanto, nada além da manifestação da vontade do indivíduo, o qual poderá exercer tal faculdade tanto pela via judicial como diretamente pela via administrativa"[10].

Contudo, não se admite que o *homoafetivo masculino*, que assumir na relação homoafetiva o suposto "papel ou a função de mulher", possa figurar como vítima do feminicídio, a despeito de entendimentos em sentido diverso. Com efeito, o texto do inciso VI do § 2º do art. 121 não nos permite ampliar a sua abrangência, pois é taxativo: "se o homicídio é cometido contra a mulher por razões de gênero". E o novo § 2º-A — acrescido pela Lei n. 13.104/2015 — reforça esse aspecto ao esclarecer que "Considera-se que há razões de condição de sexo feminino quando o crime envolve: I — (...) II — menosprezo ou discriminação à condição de mulher". Aqui, claramente, o legislador pretendeu destacar e proteger a mulher, isto é, pessoa do gênero feminino, *pela sua condição de mulher*, quer para evitar o preconceito, quer por sua fragilidade física, por sua compleição menos avantajada que a do homem, quer para impedir o prevalecimento de homens fisicamente mais fortes etc. É necessário, em outros termos, que a conduta do agente seja motivada pela violência doméstica ou familiar, e/ou pelo menosprezo ou discriminação à *condição de mulher*, que o homoafetivo masculino não apresenta.

Não se trata, por outro lado, de norma penal que objetive proteger a homoafetividade ou coibir a homofobia, e tampouco permite sua ampliação para abranger o homoafetivo masculino na relação homoafetiva, ao contrário do que pode acontecer com o denominado crime de "violência doméstica" (art. 129, § 9º, do CP, acrescentado pela Lei n. 10.886/2004). Com efeito, neste caso, independentemente do gênero, o ser masculino também pode ser vítima de violência doméstica, como sustentamos ao examinarmos esse crime previsto no referido dispositivo legal, no volume 2º de nosso *Tratado de Direito Penal*[11], para onde remetemos o leitor.

---

10. STF, RE 670.422, rel. Min. Dias Toffoli, Tribunal Pleno, julgado em 15-8-2018, publicado em 10-3-2020. Em sentido semelhante: STF, ADI 4275, Relator Marco Aurélio, Relator p/ Acórdão Edson Fachin, Tribunal Pleno, julgado em 1º-3-2018, publicado em 7-3-2019.
11. Cezar Roberto Bitencourt, *Tratado de Direito Penal — Dos crimes contra a pessoa*; Parte Especial, 19. ed., São Paulo, Saraiva, 2019, v. 2, p. 283-291.

Ademais, o homoafetivo masculino não é mulher, mas apenas tem como orientação sexual a preferência por pessoa do mesmo sexo. E ainda que pretendesse ou pretenda ser mulher, e aja como tal, mulher não é, além de não ser legalmente reconhecido como tal. Além disso, admiti-lo como sujeito passivo de feminicídio implica ampliar a punição, indevidamente, para considerar uma figura típica com situação ou condição que não a caracteriza (é do gênero masculino), tornando-se, portanto, uma punição absurda, ilegal, arbitrária e intolerável pelo direito penal da culpabilidade, cujos fundamentos repousam em seus sagrados dogmas da tipicidade, antijuridicidade e culpabilidade, próprios de um Estado Democrático de Direito.

E, por fim, o eventual desiderato dramático da morte de um homem por seu companheiro não terá sido pela discriminação de sua condição de mulher, pois de mulher não se trata, logo, não será um homicídio "contra a mulher por razões da condição de sexo feminino", como é tipificado no texto legal (art. 121, § 2º, VI, CP). Estar-se-ia violando o princípio da tipicidade estrita. Poderá até tipificar um homicídio qualificado, quiçá, por motivo fútil, motivo torpe etc., mas, certamente, não tipificará o tipo penal de gênero.

Uma questão precisa ser esclarecida: a Lei do Feminicídio (Lei n. 13.104/2015) não tem a mesma abrangência da Lei Maria da Penha. Esta trata, fundamentalmente, de medidas protetivas, corretivas e contra a discriminação, independentemente da orientação sexual. Nessa seara, por apresentar maior abrangência e não se tratar de matéria penal, admitem-se, sem sombra de dúvidas, analogia, interpretação analógica e interpretação extensiva, inclusive para proteger pessoas do sexo masculino nas relações homoafetivas. Nesse sentido, há, inclusive, decisões de nossos Tribunais superiores reconhecendo essa aplicabilidade. Não é outro o entendimento de Luiz Flávio Gomes e Alice Bianchini, *verbis*: "Na qualificadora do feminicídio, o sujeito passivo é a mulher. Aqui não se admite analogia contra o réu. Mulher se traduz num dado objetivo da natureza. Sua comprovação é empírica e sensorial. De acordo com o art. 5º, parágrafo único, a Lei 11.340/2006 deve ser aplicada, independentemente de orientação sexual. Na relação entre mulheres hétero ou transexual (sexo biológico não correspondente à identidade de gênero; sexo masculino e identidade de gênero feminina), caso haja violência baseada no gênero, pode caracterizar o feminicídio"[12].

Por outro lado, admitimos, sem maior dificuldade, a possibilidade de figurarem na relação homoafetiva feminina, ambas, tanto como autora quanto como vítima, indistintamente, do crime de feminicídio. Rogério Sanches destaca, com muita propriedade, que "A incidência da qualificadora reclama situação de violência praticada contra a mulher, em contexto caracterizado por relação de poder e submissão, praticada por homem ou mulher sobre mulher em situação de vulnerabilidade"[13].

---

12. Luiz Flávio Gomes e Alice Bianchini. *Feminicídio: entenda as questões controvertidas da Lei 13.104/2015*. Disponível em: <http://professorlfg.jusbrasil.com.br/artigos/173139525/feminicidio-entenda-as-questoes-controvertidas-da-lei-13104-2015?ref=topic_feed>. Acesso em: 18 maio 2015.

13. Rogério Sanches Cunha, Lei do Feminicídio: breves comentários.

Na hipótese de relação homoafetiva entre mulheres, por sua vez, é absolutamente irrelevante quem exerça o papel feminino ou masculino no quotidiano de ambas, pois, em qualquer circunstância, ocorrendo um homicídio, nas condições definidas no texto legal, estará configurado o feminicídio.

Pelo critério biológico, identifica-se uma mulher em sua concepção genética ou cromossômica. Segundo os especialistas, o "sexo morfológico ou somático resulta da soma das características genitais (órgão genitais externos, pênis e vagina, e órgãos genitais internos, testículos e ovários) e extragenitais somáticas (caracteres secundários — desenvolvimento de mamas, dos pelos pubianos, timbre de voz, etc.)". Com essas características todas, certamente, não será difícil identificar o sexo de qualquer pessoa, pelo menos, teoricamente.

Mas, na atualidade, com essa diversificação dos "espectros" de orientação sexual e de gênero, para fins penais, precisa-se mais do que simples critérios biológicos ou psicológicos para definir-se o sexo das pessoas, para identificá-las como femininas ou masculinas. Por isso, quer nos parecer que devemos nos socorrer de um critério estritamente jurídico, por questões de segurança jurídica em respeito à tipicidade estrita, sendo insuficientes simples critérios psicológicos ou biológicos para definir quem pode ser sujeito passivo deste tipo penal.

Por isso, na nossa ótica, somente quem for oficialmente identificado como mulher (certidão do registro de nascimento, identidade civil ou passaporte), isto é, apresentar sua documentação civil identificando-a como mulher, poderá ser sujeito passivo do tipo penal de feminicídio. Nesse sentido, é irrelevante que tenha nascido do gênero feminino, ou que tenha adquirido posteriormente, por decisão judicial, a condição legalmente reconhecida como do gênero feminino. Nesses casos, não cabe discutir no juízo penal a justiça ou a injustiça, a correção ou a incorreção da natureza de seu gênero. Cumpridas essas formalidades, a pessoa é reconhecida legalmente como do gênero feminino e ponto-final. É *mulher* e tem o direito de receber as mesmas garantias à mesma proteção legal dispensada a quem nasceu mulher.

Assim, concluindo, entre os critérios psicológico, biológico e jurídico, somente este último apresenta-nos a segurança necessária para efeitos de reconhecimento da condição de mulher, para fins penais, considerando que estamos diante de uma norma penal incriminadora, a qual deve ser interpretada restritivamente, evitando-se uma indevida ampliação do seu conteúdo, o que ofenderia diretamente o princípio da legalidade estrita.

6. Majorantes ou causas especiais de aumentos

A Lei n. 13.771, de 19 de dezembro de 2018, alterou a redação do § 7º do art. 121 do Código Penal, o qual foi acrescentado pela Lei n. 13.104/2015, além de acrescentar-lhe o inciso IV. Mantendo o aumento de pena de um terço (1/3) até metade se o crime for praticado: I — durante a gestação ou nos 3 (três) meses posteriores ao parto; II — contra pessoa menor de 14 (catorze) anos, maior de 60 (sessenta) anos, com deficiência ou portadora de doenças degenerativas que acarretem condição limitante ou de vulnerabilidade física ou mental; III — na presença física ou virtual de descendente ou de ascendente da vítima; IV — em descumprimento das medidas protetivas de urgência previstas nos incisos I, II e III do *caput* do art. 22 da Lei n. 11.340, de 7 de agosto de 2006. O inciso I manteve a redação anterior.

Por outro lado, a Lei n. 14.994/2024 revogou o § 7º em sua integralidade, mas reproduziu todo o seu conteúdo, acrescentando mais algumas disposições, no atual art. 121-A, § 2º, do Código Penal. O novo dispositivo define que a pena do feminicídio é aumentada de 1/3 até a metade se o crime é praticado: I — durante a gestação, nos 3 (três) meses posteriores ao parto ou se a vítima é a mãe ou a responsável por criança, adolescente ou pessoa com deficiência de qualquer idade; II — contra pessoa menor de 14 (catorze) anos, maior de 60 (sessenta) anos, com deficiência ou portadora de doenças degenerativas que acarretem condição limitante ou de vulnerabilidade física ou mental; III — na presença física ou virtual de descendente ou de ascendente da vítima; IV — em descumprimento das medidas protetivas de urgência previstas nos incisos I, II e III do *caput* do art. 22 da Lei n. 11.340, de 7 de agosto de 2006 (Lei Maria da Penha); V — nas circunstâncias previstas nos incisos III, IV e VIII do § 2º do art. 121 deste Código.

6.1 *Durante a gestação ou nos três meses posteriores ao parto ou se a vítima é a mãe ou a responsável por criança, adolescente ou pessoa com deficiência de qualquer idade*

Esta majorante não se aplica a partir do nascimento, como parecem ter entendido alguns doutrinadores, sendo despiciendo definir quando se inicia efetivamente o parto, pois, durante este e até três meses após o nascimento da criança, o fato continua a integrar essa majorante. Contudo, para nós, a despeito da grande divergência doutrinária, inicia-se o parto com a dilatação ampliando-se o colo do útero; a seguir, o nascente é impelido para o exterior, caracterizando a fase da expulsão. Por fim, a placenta destaca-se e é expulsa pelo organismo, sendo esvaziado o útero. Com isso encerra-se o parto. Quando o parto é produto de cesariana, o começo do nascimento é determinado pelo início da operação, ou seja, pela incisão abdominal.

Essa qualificadora perdura, por outro lado, até três meses após a conclusão do parto. Como tivermos oportunidade de afirmar: "O Direito Penal protege a vida humana desde o momento em que o novo ser é gerado. Formado o ovo, evolui para o embrião e este para o feto, constituindo a primeira fase da formação da vida"[14]. *Gestação*, por sua vez, pressupõe gravidez em curso, sendo irrelevante que o feto ainda se encontre com vida ou não. O período em que vigora a possível configuração dessa majorante encerra-se na data em que se completarem noventa dias da realização do parto. Esse marco é taxativo, não admitindo, por nenhuma razão, qualquer prorrogação.

---

14. Cezar Roberto Bitencourt, *Direito Penal — Dos crimes contra a pessoa*; Parte Especial, 15. ed. São Paulo, Saraiva, 2015, v. 2, p. 169.

Por fim, a Lei n. 14.994/2024 acrescentou a esse inciso a hipótese de "se a vítima é a mãe ou a responsável por criança, adolescente ou pessoa com deficiência de qualquer idade".

6.2 Contra pessoa menor de 14 anos e maior de 60, com deficiência ou portadora de doenças degenerativas que acarretem condição limitante ou de vulnerabilidade física ou mental

Esta causa de aumento segue a mania do legislador contemporâneo em agravar sempre as punições, de qualquer crime, quando o vitimado for menor de 14 anos ou maior de 60. Não deixa de ser uma previsão discriminatória, como se a vida de pessoas nessas faixas etárias, por si só, fosse superior à dos demais mortais. E esse penduricalho pode aumentar: hoje menoridade, velhice, amanhã, quem sabe, desempregado, sem-teto, sem juízo etc. De certa forma, repete a previsão que já constava no § 4º do mesmo art. 121, embora, nesse parágrafo, o aumento seja fixo de um terço, ao contrário deste, cujo aumento varia de um terço até a metade.

Como já havíamos antecipado, o legislador com esta nova lei resolveu ampliar as hipóteses previstas neste inciso II para aumentar a pena, tendo resultado na seguinte redação: "Contra pessoa menor de 14 (catorze) anos e maior de 60 (sessenta) ou com deficiência ou portadora de doenças degenerativas que acarretem condição limitante ou de vulnerabilidade física ou mental". Trata-se de uma real proteção penal a pessoas nas condições descritas no inciso II do § 7º.

Na hipótese de cometimento de homicídio qualificado contra criança (menor de 14 anos) ou sexagenário (60 anos), bem como contra vítima portadora de qualquer deficiência física ou mental, ou que, por enfermidade degenerativa, se encontre em condição de vulnerabilidade, será aplicada a mesma majorante.

Contudo, convém destacar que a aplicação desse tipo de punição supletiva não ocorre automaticamente, isto é, exige, necessariamente, que o agente tenha conhecimento dessa condição físico-mental da suposta vítima, sob pena de consagrar-se autêntica responsabilidade penal objetiva, repudiada pelo direito penal da culpabilidade e pelo Estado Democrático de Direito.

Trata-se de uma norma penal em branco heterogênea, necessitando de complemento, ante a ausência de definição da abrangência da locução "deficiência". O Decreto n. 3.298, de 20 de dezembro de 1999, que regulamentou a Lei n. 7.853, de 24 de outubro de 1989, em seus arts. 3º e 4º, expõe o que considera "pessoa portadora de deficiência", *in verbis*:

Art. 3º Para os efeitos deste Decreto, considera-se: I — deficiência — toda perda ou anormalidade de uma estrutura ou função psicológica, fisiológica ou anatômica que gere incapacidade para o desempenho de atividade, dentro do padrão considerado normal para o ser humano; II — deficiência permanente — aquela que ocorreu ou se estabilizou durante um período de tempo suficiente para não permi-

tir recuperação ou ter probabilidade de que se altere, apesar de novos tratamentos; e III — incapacidade — uma redução efetiva e acentuada da capacidade de integração social, com necessidade de equipamentos, adaptações, meios ou recursos especiais para que a pessoa portadora de deficiência possa receber ou transmitir informações necessárias ao seu bem-estar pessoal e ao desempenho de função ou atividade a ser exercida.

Art. 4º É considerada pessoa portadora de deficiência a que se enquadra nas seguintes categorias: I — deficiência física — alteração completa ou parcial de um ou mais segmentos do corpo humano, acarretando o comprometimento da função física, apresentando-se sob a forma de paraplegia, paraparesia, monoplegia, monoparesia, tetraplegia, tetraparesia, triplegia, triparesia, hemiplegia, hemiparesia, ostomia, amputação ou ausência de membro, paralisia cerebral, nanismo, membros com deformidade congênita ou adquirida, exceto as deformidades estéticas e as que não produzam dificuldades para o desempenho de funções; II — deficiência auditiva — perda bilateral, parcial ou total, de quarenta e um decibéis (dB) ou mais, aferida por audiograma nas frequências de 500Hz, 1.000Hz, 2.000Hz e 3.000Hz; III — deficiência visual — cegueira, na qual a acuidade visual é igual ou menor que 0,05 no melhor olho, com a melhor correção óptica; a baixa visão, que significa acuidade visual entre 0,3 e 0,05 no melhor olho, com a melhor correção óptica; os casos nos quais a somatória da medida do campo visual em ambos os olhos for igual ou menor que 60°; ou a ocorrência simultânea de quaisquer das condições anteriores; IV — deficiência mental — funcionamento intelectual significativamente inferior à média, com manifestação antes dos dezoito anos e limitações associadas a duas ou mais áreas de habilidades adaptativas, tais como: a) comunicação; b) cuidado pessoal; c) habilidades sociais; d) utilização dos recursos da comunidade; e) saúde e segurança; f) habilidades acadêmicas; g) lazer; e h) trabalho; V — deficiência múltipla — associação de duas ou mais deficiências (Redação dada pelo Decreto n. 5.296, de 2004).

6.3 Na presença física ou virtual de descendente ou de ascendente da vítima

Destacamos inicialmente que a locução do texto legal "na presença de" significa algo que acontece ou se realiza diante de alguém, perante alguém que está presente, isto é, *in loco*. Nessa análise, havíamos escrito o seguinte: "Em outros termos, a conduta agressiva realiza-se no mesmo local em que se encontra, fisicamente, ascendente ou descendente da vítima. A nosso juízo, o princípio da tipicidade estrita não admite que se dê interpretação mais abrangente para incluir, por exemplo, os mecanismos avançados da tecnologia virtual, tipo câmeras de vídeos, filmadoras, telefone, televisão, Skype etc.". Em sentido contrário, no entanto, manifesta-se Rogério Sanches Cunha[15], *verbis*: "Ao exigir que o comportamento criminoso ocor-

---

15. Rogério Sanches Cunha, *Lei do Feminicídio*: breves comentários.

ra na 'presença', parece dispensável que o descendente ou o ascendente da vítima esteja no local da agressão, bastando que esse familiar esteja vendo (ex.: por Skype) ou ouvindo (ex.: por telefone) a ação criminosa do agente". *Venia concessa*, discordamos do eminente professor, por tratar-se de norma penal criminalizadora. Pois, agora é lei: aplica-se a majorante, por este fundamento, tanto para a "presença física como virtual". Damos-nos por vencidos.

Logicamente, como se trata de crime doloso, é absolutamente indispensável que o sujeito ativo (agressor) tenha conhecimento da existência dos fatos ou circunstâncias que caracterizem qualquer das majorantes elencadas, sob pena de atribuir-se-lhe autêntica responsabilidade penal objetiva, o que é absolutamente vedado em matéria penal. Consideramos desnecessário examinarmos aqui o concurso de qualificadoras e privilegiadoras objetivas e subjetivas, pois já abordamos essa matéria no item 11.5 do capítulo em que tratamos do homicídio.

6.4 *Em descumprimento das medidas protetivas de urgência previstas nos incisos I, II e III do* caput *do art. 22 da Lei n. 11.340, de 7 de agosto de 2006*

A Lei Maria da Penha criou, ainda que tardiamente, mecanismos para coibir a violência doméstica e familiar contra a mulher, em atenção ao disposto no § 8º do art. 226 da Constituição Federal, da Convenção sobre a Eliminação de Todas as Formas de Discriminação contra as Mulheres e da Convenção Interamericana para Prevenir, Punir e Erradicar a Violência contra a Mulher; dispõe sobre a criação dos Juizados de Violência Doméstica e Familiar contra a Mulher; altera o Código de Processo Penal, o Código Penal e a Lei de Execução Penal; e dá outras providências.

Destacam-se, entre outras, as Medidas Protetivas de Urgência elencadas no art. 22 da própria Lei Maria da Penha, que obrigam o agressor a respeitá-las, sob pena, inclusive de prisão. Referidas medidas foram ampliadas por outros diplomas legais mais recentes, além da criação e da ampliação dos mecanismos na seara criminal para reduzir essa violência que ignora as políticas públicas e as próprias sanções cíveis e penais, tanto que a violência contra mulher só tem aumentado nos últimos anos, mesmo com a criação da qualificadora do "feminicídio", com pena de reclusão de até 30 anos de reclusão, abordado acima.

6.5 *Nas circunstâncias previstas nos incisos III, IV e VIII do § 2º do art. 121 deste Código*

Talvez por economia na redação desse inciso da majorante, o legislador preferiu realizar uma referência integral a dispositivos que qualificam o tipo penal de homicídio, previsto no art. 121 do Código Penal. Dessa forma, para o tipo de feminicídio, essas circunstâncias não constituirão qualificadoras, mas sim majorantes de pena. As circunstâncias referidas pelo novo dispositivo são as seguintes: "com emprego de veneno, fogo, explosivo, asfixia, tortura ou outro meio insidioso ou cruel, ou de que possa resultar perigo comum"; "à traição, de emboscada, ou mediante dissimulação ou outro recurso que dificulte ou torne impossível a defesa do ofendido"; "com emprego de arma de fogo de uso restrito ou proibido".

7. Ação penal pública incondicionada e penas aplicáveis

Assim como o homicídio, o feminicídio é crime de ação penal pública incondicionada ou absoluta. O Ministério Público é o *dominus litis* da ação penal pública (art. 129, I, da CF), que a propõe com o oferecimento da denúncia em juízo, devendo conter a exposição do fato criminoso, com todas as suas circunstâncias, a qualificação do acusado ou esclarecimentos pelos quais se possa identificá-lo, a classificação do crime e, quando necessário, o rol das testemunhas (art. 41 do CPP).

A regra geral é a de que a ação penal seja pública incondicionada. Assim, de regra, os crimes previstos na Parte Especial do Código Penal, bem como na legislação especial, são de ação pública incondicionada ou absoluta. Isso quer dizer que o Ministério Público não necessita de autorização ou manifestação de vontade de quem quer que seja para iniciá-la. Basta constatar que está caracterizada a prática do crime para promover a ação penal. Nas mesmas circunstâncias, a autoridade policial, ao ter conhecimento da ocorrência de um crime de ação pública incondicionada, deverá, de ofício, determinar a instauração de inquérito policial para apurar responsabilidades, nos termos do art. 5º, I, do CPP.

7.1 *Ação penal pública subsidiária*

A *inércia* ministerial possibilita ao ofendido, ou a quem tenha qualidade para representá-lo, iniciar a ação penal mediante *queixa*, substituindo o Ministério Público e a denúncia que iniciaria a ação penal. Essa ação penal denomina-se ação privada *subsidiária* da pública.

HOMICÍDIO CULPOSO NA DIREÇÃO DE VEÍCULO AUTOMOTOR | IV

Sumário: 1. Considerações preliminares. 2. Bem jurídico tutelado. 3. Desvalor da ação e desvalor do resultado nos crimes culposos de trânsito. 4. Sujeitos ativo e passivo. 5. Tipo objetivo: adequação típica. 5.1. Estrutura típica do crime culposo. 6. Tipo subjetivo: adequação típica. 6.1. Dolo eventual e culpa consciente. 6.2. Concorrência e compensação de culpas. 7. Homicídio culposo de trânsito qualificado. 7.1. Se o agente conduz veículo automotor sob a influência de álcool ou de qualquer outra substância psicoativa que determine dependência. 7.2. Semelhanças e dessemelhanças das locuções "sob influência de bebida alcoólica" e com capacidade psicomotora alterada pela influência de álcool. 8. Concurso de pessoas em homicídio culposo. 9. Majorantes do crime de homicídio culposo na direção de veículo automotor. 9.1. Ausência de permissão para dirigir ou de carteira de habilitação. 9.2. Homicídio culposo praticado em faixa de pedestres ou na calçada. 9.3. Omissão de socorro à vítima do acidente. 9.4. Homicídio culposo praticado por motorista profissional na direção de veículo de transporte de passageiros. 10. Conflito de normas mais que aparente: revogado § 2º do art. 302 e art. 308, § 2º. 11. Consumação e tentativa. 12. Classificação doutrinária. 13. Aplicabilidade do perdão judicial. 14. (In)suficiência da substituição da pena de prisão no homicídio culposo de trânsito. 14.1. *Modus operandi*: sem violência ou grave ameaça à pessoa (art. 44, I, do CP) — desvalor da ação e do resultado. 14.2. Desvalor da ação e desvalor do resultado como objetos de valoração do injusto culpável. 14.3. Valoração (negativa) das circunstâncias do crime: omissão da sentença. 15. Penas e ação penal.

Art. 302. *Praticar homicídio culposo na direção de veículo automotor:*

Penas — detenção, de dois a quatro anos, e suspensão ou proibição de se obter a permissão ou a habilitação para dirigir veículo automotor.

§ 1º No homicídio culposo cometido na direção de veículo automotor, a pena é aumentada de um terço à metade, se o agente:

I — não possuir Permissão para Dirigir ou Carteira de Habilitação;

II — praticá-lo em faixa de pedestres ou na calçada;

III — deixar de prestar socorro, quando possível fazê-lo sem risco pessoal, à vítima do do sinistro;

• Inciso com redação determinada pela Lei n. 14.599/2023.

IV — no exercício de sua profissão ou atividade, estiver conduzindo veículo de transporte de passageiros.

- Inciso V revogado pela Lei n. 11.705/2008.
- § 1º com redação determinada pela Lei n. 12.971/2014.
- § 2º revogado pela Lei n. 13.281, de 2016.

§ 3º Se o agente conduz veículo automotor sob a influência de álcool ou de qualquer outra substância psicoativa que determine dependência:

Penas — reclusão, de cinco a oito anos, e suspensão ou proibição do direito de se obter a permissão ou a habilitação para dirigir veículo automotor.

- O § 3º foi incluído pela Lei n. 13.546, de 2017.

1. Considerações preliminares

A incriminação do homicídio esteve tradicionalmente prevista no Código Penal, inclusive na sua modalidade culposa, conforme o disposto no art. 121, § 3º. Com a entrada em vigor do CTB, nosso ordenamento jurídico passou a contar com a figura específica do *homicídio culposo na direção de veículo automotor*, de modo que a vida humana passou a contar com mais esta figura legal para sua proteção através do Direito Penal. Como veremos em continuação, o novo tipo penal suscitou inquietações em determinado setor da doutrina, que questionou sua necessidade e constitucionalidade, e, inclusive, sua inadequada descrição típica.

Devido à grande *instabilidade* deste dispositivo legal, faz-se necessário contextualizar, neste momento, as idas e vindas de sua moldura típica, gerando, igualmente, reviravoltas em sua interpretação e, por extensão, também em sua aplicação. Parece que o mesmo virou objeto de distração do legislador que, na falta de preocupação mais relevante, alterava a sua estrutura típica, acrescentando ou suprimindo parágrafos, diminuindo ou aumentando as sanções penais, apresentando alguma dificuldade relativamente à lei aplicável aos fatos concretos. Apresentava-se, inicialmente, com *caput* simples e parágrafo único no qual elencava causas de aumento de pena.

Em 2014, a Lei n. 12.971/2014 substituiu o parágrafo único por dois parágrafos: no primeiro manteve as mesmas majorantes (simples renumeração de parágrafo único) e no segundo trazia o que denominamos de uma "espécie *sui generis* de qualificadora", na medida em que não qualificava nada, pois cominou a mesma pena do *caput*, qual seja, dois a quatro de reclusão (a transformação de detenção em reclusão, a nosso juízo, não qualifica crime algum). Esse texto tinha a seguinte qualificadora: "§ 2º Se o agente conduz veículo automotor com capacidade psicomotora alterada em razão da influência de álcool ou de outra substância psicoativa que determine dependência ou participa, em via, de corrida, disputa ou competição automobilística ou ainda de exibição ou demonstração de perícia em manobra de veículo automotor, não autorizada pela autoridade competente".

Essa nova "qualificadora" referia-se ao fato de o agente *causar a morte* de alguém conduzindo veículo automotor com "capacidade psicomotora alterada em razão da influência de álcool ou de outra substância psicoativa que determinasse dependência ou participando", em via, de corrida, disputa ou competição automobilística ou ainda de exibição ou demonstração de perícia em manobra de veículo automotor, não autorizada pela autoridade competente; nessa hipótese, a pena passava a ser de reclusão, contudo, com os mesmos limites previstos no *caput*, qual seja, de dois a quatro anos. Rogério Sanches, no entanto, destaca, acertadamente, a existência dessa insignificante diferença, nos seguintes termos: "A então nova legislação não alterava o *quantum* da pena em relação ao *caput*, mas modificava sua natureza, que passava de detenção para reclusão, com a clara intenção de possibilitar ao juiz a imposição de regime inicial fechado nos casos de agente reincidente, providência impossível na figura básica do crime diante da vedação que a pena de detenção tenha seu início no regime mais severo"[1].

Já em 2016, novamente, a lei revoga essa "novel disposição" (Lei n. 13.281/2016), ficando o dito pelo não dito! Finalmente, é publicada em 19 de dezembro de 2017 a Lei n. 13.546, que entrou em vigor em 18 de abril de 2018, completando o festival de revogações e alterações desses dispositivos do Código de Trânsito Brasileiro. Referida lei acrescenta nos arts. 302 e 303 parágrafos que tratam a *embriaguez ao volante* como *circunstância qualificadora* dos crimes de homicídio e lesão corporal culposos, além de acrescentar parágrafos no art. 291 e alterar o *caput* do art. 308, todos do mesmo código. No entanto, por razões didáticas, cada alteração será analisada no exame do dispositivo legal correspondente.

2. Bem jurídico tutelado

Conforme já indicado no Capítulo II desta obra, homicídio é a eliminação da vida de alguém levada a efeito por outrem. Dentre os bens jurídicos de que o indivíduo é titular e para cuja proteção a ordem jurídica vai ao extremo de utilizar a própria repressão penal, a *vida* destaca-se como o mais valioso. A conservação da pessoa humana, que é a base de tudo, tem como condição primeira a vida, que, mais que um direito, é a condição básica de todo direito individual, porque sem ela não há personalidade, e sem esta não há que se cogitar de direito individual.

Embora esse bem jurídico constitua a essência do indivíduo enquanto ser vivo, a sua proteção jurídica interessa conjuntamente ao indivíduo e ao próprio Estado, recebendo, com acerto, assento constitucional (art. 5º, *caput*, CF). O respeito à vida humana é, nesse contexto, um imperativo constitucional, que, para ser preservado com eficácia, recebe ainda a proteção penal. A sua extraordinária importância, como base de todos os direitos fundamentais da pessoa humana, vai a ponto de impedir que o próprio Estado possa suprimi-la, dispondo a Constituição Federal que *não*

---

1. Rogério Sanches Cunha, *Lei 13.546/17: Altera disposições do Código de Trânsito Brasileiro*. Disponível em: <http://meusitejuridico.com.br/2017/12/20/lei-13-54617-altera-disposicoes--codigo-de-transito-brasileiro/>. Acesso em: 20 fev. 2018.

haverá pena de morte, "salvo em caso de guerra declarada, nos termos do art. 84, XIX" (art. 5º, XLVII, letra *a*). Todo ser humano tem direito à vida, que integra os chamados direitos do homem, ou seja, os direitos que o indivíduo deve ter reconhecidos enquanto pessoa humana e que devem ser protegidos não apenas contra os abusos do Estado e dos governantes, mas principalmente nas relações dos indivíduos entre si.

Com efeito, embora seja um *direito público subjetivo*, que o próprio Estado deve respeitar, também é um *direito privado*, inserindo-se entre os direitos constitutivos da personalidade. Contudo, isso não significa que o indivíduo possa dispor livremente da *vida*. Não há um direito sobre a vida, ou seja, um direito de dispor, validamente, da própria vida[2]. Em outros termos, *a vida é um bem jurídico indisponível*, porque constitui elemento necessário de todos os demais direitos! A vida não é um bem que se aceite ou se recuse simplesmente. Só se pode renunciar ao que se possui, e não ao que se é. "O direito de viver — *pontificava Hungria* — não é um direito sobre a vida, mas à vida, no sentido de correlativo da obrigação de que os outros homens respeitem a nossa vida. E não podemos renunciar o direito à vida, porque a vida de cada homem diz com a própria existência da sociedade e representa uma função social"[3]. Em sentido semelhante manifestava-se José Frederico Marques, ao afirmar que "O homem não tem poder disponível sôbre (*sic*) a vida, e sim, um complexo de poderes para manter sua existência, o seu ser, a sua personalidade"[4]. Por conseguinte, o suicídio, embora não constitua crime em si mesmo, não é um ato lícito, conforme demonstramos em capítulo próprio em nosso *Tratado de Direito Penal*[5].

Enfim, o bem jurídico tutelado, no crime de homicídio, indiscutivelmente, é a *vida humana*, que, "em qualquer situação, por precária que seja, não perde as virtualidades que a fazem ser tutelada pelo Direito"[6]. Nesse sentido, destaca Alfonso Serrano Gómez[7], "O Direito Penal protege a vida desde o momento da concepção até que a mesma se extinga, sem distinção da capacidade física ou mental das pessoas", daí a extraordinária importância em definir, com precisão cirúrgica, quando a vida começa e quando ela se extingue definitivamente.

A importância da vida justifica a proteção legal mesmo antes da existência do homem, isto é, desde o início do processo da existência do ser humano, com a for-

---

2. Arturo Rocco, *L'oggetto del reato e della tutela giuridica penale*, Roma, Società Editrice del Foro Italiano, 1932, p. 16.
3. Nélson Hungria, *Comentários ao Código Penal*, Rio de Janeiro, Forense, 1958, v. V, p. 227.
4. José Frederico Marques, *Tratado de Direito Penal*, São Paulo, Saraiva, 1961, v. 4, p. 62.
5. Cezar Roberto Bitencourt, *Tratado de Direito Penal*; Parte Especial, 19. ed., São Paulo, Saraiva, 2019, v. 2, p. 197.
6. Eusebio Gómez, *Tratado de Derecho Penal*, v. 2, p. 22.
7. Alfonso Serrano Gómez, *Derecho Penal*; Parte Especial, Madrid, Dykinson, 1996, p. 6.

mação do ovo, e estende-se até seu final, quando ela se extingue. Mas o crime de homicídio limita-se à supressão da vida somente a partir do início do parto, ou seja, quando o novo ser começa a tornar-se independente do organismo materno. É indiferente que a vítima se encontre prestes a morrer, sendo irrelevante que a vida tenha sido abreviada por pouco tempo. Como destacava Aníbal Bruno, "O respeito à vida é uma imposição absoluta do Direito. Não importa o desvalor que o próprio indivíduo ou a sociedade lhe possam atribuir em determinadas circunstâncias; que ela possa parecer inútil ou nociva, porque constitui para quem a possui fonte de sofrimento e não de gozo dos bens legítimos da existência, ou porque represente para a sociedade um elemento negativo ou perturbador"[8].

Pelas mesmas razões, para a ordem jurídica, é irrelevante a pouca probabilidade de o neonato sobreviver. Condições físico-orgânicas que demonstrem pouca probabilidade de sobreviver não afastam seu direito à vida, tampouco o dever de respeito à vida humana, imposto por lei.

A incriminação do homicídio esteve tradicionalmente prevista no Código Penal, inclusive na sua modalidade culposa, conforme o disposto no art. 121, § 3º. Com a entrada em vigor do CTB, nosso ordenamento jurídico passou a contar com a figura específica do *homicídio culposo na direção de veículo automotor*, de modo que a vida humana passou a contar com mais esta figura legal para sua proteção através do Direito Penal. Como veremos em continuação, o novo tipo penal suscitou inquietações em determinado setor da doutrina, que questionou sua necessidade e sua constitucionalidade.

3. Desvalor da ação e desvalor do resultado nos crimes culposos de trânsito

Com a tipificação no art. 302 do CTB do *homicídio culposo na direção de veículo automotor* levantou-se o questionamento na doutrina acerca de sua constitucionalidade, problemática que também abrangeu a incriminação específica da *lesão corporal culposa na direção de veículo automotor*, tipificada no art. 303 do CTB. O debate foi suscitado porque o homicídio culposo e a lesão corporal culposa recebem, no Código Penal, sanções de 1 a 3 anos de detenção e de 2 meses a 1 ano de detenção, respectivamente; enquanto no novo diploma legal (CTB) essas sanções são de 2 a 4 anos de detenção, para o primeiro delito, e de 6 meses a 2 anos de detenção, para o segundo.

Alguns juristas de escol se ocuparam desse tema logo após a publicação do CTB, mantendo, de modo geral, certa uniformidade crítica. Assim, por exemplo, Rui Stoco[9] afirmou que o art. 302, que "tipifica" o homicídio culposo, estaria contami-

---

8. Aníbal Bruno, *Crimes contra a pessoa*, 5. ed., Rio de Janeiro, Editora Rio, 1979, p. 64.
9. Rui Stoco, Código de Trânsito brasileiro: disposições penais e suas incongruências, *Boletim do IBCCrim*, n. 61, dez. 1997, p. 9.

nado pelo vício da *inconstitucionalidade*, por ofender o *princípio da isonomia*; para Sérgio Salomão Shecaira, o referido dispositivo "não só feriu o princípio da isonomia como também inseriu espécie de objetividade na culpabilidade"[10]. Rui Stoco, seguindo sua linha de raciocínio, sustentou: "Não nos parece possível esse tratamento distinto e exacerbado, pois o que impende considerar é a maior ou menor gravidade na *conduta* erigida à condição de crime e não nas circunstâncias em que este foi praticado ou os meios utilizados"[11]. E, prosseguiu Stoco, "Tal ofende o princípio constitucional da isonomia, e o direito subjetivo do réu a um tratamento igualitário".

Adotando entendimento diverso, desde o surgimento deste Código, fizemos o seguinte questionamento: para começar, a *ação* do indivíduo que, limpando sua arma de caça, em determinado momento, involuntariamente dispara, atingindo um "pedestre" que passava em frente a sua casa, será igual à *ação* de um motorista que, *dirigindo embriagado*, atropela e mata alguém? A *ação* do indivíduo que, desavisadamente, joga um pedaço de madeira de cima de uma construção, atingindo e matando um transeunte, terá o mesmo *desvalor* da *ação* de um motorista que, *dirigindo em excesso de velocidade* ou passando o *sinal fechado*, colhe e mata um pedestre? Inegavelmente o *resultado* é o mesmo: morte de alguém; o *bem jurídico lesado* também é o mesmo: a vida humana. Mas a *forma* ou a *modalidade* de praticar essas *ações desvaliosas* seriam as mesmas, isto é, o *desvalor das ações* seria igual? As respostas a essas indagações exigem, a nosso juízo, uma reflexão mais profunda.

A *dogmática clássica*, fundamentando seu *conceito de delito* na distinção entre o *injusto*, compreendido de forma *puramente objetiva*, e a *culpabilidade*, concebida em caráter *puramente subjetivo*, limitou o conceito de *antijuridicidade* à valoração do estado causado pelo fato. A evolução dos estudos da *teoria do delito*, no entanto, comprovou que a *antijuridicidade* do fato não se esgota na *desaprovação do resultado*, mas que "a forma de produção" desse resultado, juridicamente desaprovado, também deve ser incluída no *juízo de desvalor*[12].

Surgiu, assim, na *dogmática contemporânea*, a impostergável distinção entre o *desvalor da ação* e o *desvalor do resultado*. Na *ofensa* ao bem jurídico reside o *desvalor do resultado*, enquanto na *forma* ou na *modalidade de concretizar a ofensa* situa-se o *desvalor da ação*. Por exemplo, nem toda lesão da propriedade sobre imóveis constitui o *injusto típico* da *usurpação* do art. 161 do CP, mas somente a ocupação realizada com violência ou intimidação à pessoa. Aqui, o *conteúdo material do injusto* está integrado pela *lesão ao direito real* de propriedade (desvalor do resultado) e pelo *modo violento* com que se praticou tal lesão (desvalor da ação)[13]. Os dois *aspectos desvaliosos* foram, conjuntamente, considerados pela lei na configuração do *injusto típico* do crime de *usurpação*.

---

10. Sérgio Salomão Shecaira, Primeiras perplexidades sobre a nova lei de trânsito, *Boletim do IBCCrim*, n. 61, dez. 1997, p. 3.
11. Rui Stoco, Código de Trânsito brasileiro: disposições penais e suas incongruências, cit., p. 9.
12. H. H. Jescheck, *Tratado de Derecho Penal*, trad. Santiago Mir Puig e Francisco Muñoz Conde, Barcelona, Bosch, 1981, p. 322.
13. Gonzalo Rodríguez Mourullo, *Derecho Penal*, Madrid, Civitas, 1978, p. 332.

Com efeito, a *lesão* ou *exposição a perigo* do bem ou interesse juridicamente protegido constitui o *desvalor do resultado* do fato; já a *forma* de sua execução configura o *desvalor da ação*. Por isso, não nos convence a afirmação do caríssimo Rui Stoco, segundo o qual o que se deve considerar "é a maior ou menor gravidade na *conduta* erigida à condição de crime e não nas circunstâncias em que este foi praticado ou os meios utilizados"[14]. O desvalor da ação é constituído tanto pelas *modalidades externas* do comportamento do autor como pelas suas *circunstâncias pessoais*. É indiscutível que o *desvalor da ação*, hoje, tem uma importância fundamental, ao lado do desvalor do resultado, na integração do *conteúdo material da antijuridicidade*. É de uma clareza meridiana a diferença e a maior desvalia das *ações "descuidadas"* praticadas no trânsito daquelas demais ações supracitadas, que podem ocorrer no quotidiano social. Com efeito, referindo-nos às *penas alternativas* aplicáveis aos "crimes de trânsito", previstas no Código Penal (arts. 47, III, e 57), tivemos oportunidade de afirmar: "O aumento da criminalidade no trânsito hoje é um fato incontestável. O veículo transformou-se em instrumento de vazão da agressividade, da prepotência, do desequilíbrio emocional, que se extravasam na direção perigosa de veículos. E uma das finalidades desta sanção é afastar do trânsito os autores de delitos culposos que, no mínimo, são *uns descuidados*"[15]. Nesse sentido, já advertia Basileu Garcia, afirmando que: "Não há dever mais ajustado ao mister do motorista que o de ser cauteloso e, assim, respeitar a integridade física alheia"[16]. Não vemos, com efeito, na diferença de punições nenhuma inconstitucionalidade, posto que devidamente justificada pelo *maior desvalor da ação* dos motoristas imprudentes e irresponsáveis.

Ademais, essa preferência, enfatizando o maior *desvalor da ação*, não é novidade em nosso Direito Penal. Quando o atual Código Penal, por exemplo, pune mais severamente o *homicídio qualificado* — que tem o mesmo resultado do homicídio simples —, *prioriza* o maior desvalor da ação em relação ao desvalor do resultado, naquelas condutas que elenca no art. 121, § 2º, quer pelo *modo*, quer pela *forma* ou *meio* de executá-las. E isso, com a devida consideração àqueles que adotam entendimento contrário, não significa *negar* "tratamento igualitário" a quem matou alguém de forma *qualificada*, e não *simples*, até porque as condutas são diferentes, como diferente é *matar alguém* acidentalmente, no trânsito, das outras hipóteses inicialmente exemplificadas. É bem verdade que essa desinteligência, provavelmente, não existiria se se houvesse optado por incluir, simplesmente, um novo parágrafo no art. 121 do CP, cominando sanção diferente para o homicídio culposo praticado no trânsito das demais hipóteses da mesma figura culposa. Por isso, não vemos nenhuma inconstitucionalidade nas combatidas punições diferenciadas.

Alguns autores, como Welzel, sustentam que o *desvalor da ação* tem importância preponderante em relação ao *desvalor do resultado*, como, por exemplo, nos

---

14. Rui Stoco, Código de Trânsito brasileiro: disposições penais e suas incongruências, cit., p. 9.
15. Cezar Roberto Bitencourt, *Tratado de Direito Penal*; Parte Geral, 25. ed., v. 1, p. 708.
16. Basileu Garcia, *Instituições de Direito Penal*, São Paulo, Max Limonad, 1982, p. 521.

crimes culposos em que o *resultado* é o mesmo que o produzido pela *ação dolosa*, mas é sancionado com menor penalidade[17]. Por isso, destacou Welzel que "a lesão do bem jurídico (o desvalor do resultado) tem relevância no Direito Penal somente dentro de uma ação pessoalmente antijurídica (dentro do desvalor da ação)"[18].

Outros autores, como Jescheck[19] e Rodríguez Mourullo[20], defendem a preponderância do desvalor do resultado, embora admitam a relevância do desvalor da ação. Caso contrário, afirma Jescheck, nos *crimes dolosos* ter-se-ia de equiparar a *tentativa* acabada à *consumação*, e nos fatos *imprudentes* deveriam ser penalizados todos os comportamentos descuidados. No mesmo sentido, Rodríguez Mourullo lembra que o Código Penal espanhol pune diferentemente a tentativa da consumação (como a maioria dos Códigos Penais contemporâneos), na qual a *ação desvaliosa* é a mesma, mas o resultado é absolutamente diferente, determinando menor punição.

Rodríguez Mourullo, finalmente, destaca a impotência do "valor da ação" para excluir a antijuridicidade quando concorre o desvalor do resultado. E cita como exemplo a *crença errônea* de que concorre uma *causa de justificação*, que não elimina a antijuridicidade da ação. Nesse caso, a *ação não é desvaliosa*; ao contrário, *é valiosa*, pois o agente atua na crença de que age conforme ao direito e para fazer prevalecer a ordem jurídica[21]. Afinal, nesses casos, a *lesão do bem jurídico* (desvalor do resultado) fundamenta a antijuridicidade do fato, apesar da falta de desvalor da ação. Essa situação poderá, apenas, excluir a culpabilidade.

Na verdade, o ordenamento jurídico *valora* os dois aspectos: de um lado, o *desvalor da ação*, digamos, com uma *função seletiva*, destacando determinadas condutas como intoleráveis para o Direito Penal, e, de outro, o *desvalor do resultado*, que torna relevante, para o Direito Penal, aquelas ações que produzem lesões aos bens jurídicos tutelados. Em realidade, o *injusto penal* somente estará plenamente constituído quando ao desvalor da ação acrescentar-se o desvalor do resultado.

Ao analisar o desvalor da ação devem-se igualmente considerar os *componentes pessoais* que integram o *injusto* da ação, que, aliás, podem alterar substancialmente o desvalor da ação e sua relação comparativa com o desvalor do resultado. Esses componentes pessoais, que são elementos constitutivos da tipicidade, exercem efetivamente uma função fundamental na *ponderação* do desvalor da ação.

Embora, em *determinados delitos* ou em determinada *forma de execução*, ora prevaleça o desvalor da ação, ora o desvalor do resultado, o ideal na fundamentação do *injusto penal* é a busca de certo equilíbrio entre esses dois fatores. Por isso, segundo Muñoz Conde, "parece supérflua a polêmica sobre a prioridade entre o desvalor da ação e o desvalor do resultado. Não existe uma hierarquia lógica ou valorativa entre

---

17. Hans Welzel, *Derecho Penal alemán*, edición castellana, traducción de la 12ª edición alemana Juan Bustos Ramírez e Sergio Yáñez Pérez, Santiago, Ed. Jurídica de Chile, 1970, p. 183.
18. Hans Welzel, *Derecho Penal alemán*, 1970, p. 92.
19. H. H. Jescheck, *Tratado de Derecho Penal*, p. 322.
20. Gonzalo Rodríguez Mourullo, *Derecho Penal*, p. 332.
21. Gonzalo Rodríguez Mourullo, *Derecho Penal*, p. 332.

eles, uma vez que ambos contribuem, no mesmo nível, para constituir a antijuridicidade de um comportamento"[22]. Ocorre que, por razões *de política criminal*, o legislador, na hora de configurar os tipos delitivos, pode destacar ou dar *prioridade* a um ou outro *desvalor*. É exatamente o que acontece com a punibilidade do *homicídio culposo* e da *lesão corporal culposa* praticados na direção de veículos automotores, procurando responder às assustadoras *estatísticas oficiosas*.

O Supremo Tribunal Federal pronunciou-se a respeito, no julgamento do Recurso Extraordinário 428.864/SP, publicado no *DJe* de 14 de novembro de 2008, declarando a constitucionalidade do art. 302 do CTB, sob o acertado argumento de que "o princípio de isonomia não impede o tratamento diversificado das situações quando houver elemento de *discrímen* razoável", o que efetivamente ocorre em relação à prática de homicídio culposo na direção de veículo automotor, postura mantida no Agravo Regimental no Agravo de Instrumento 847.110 AgR/RS, publicado no *DJe* de 17 de novembro de 2011. Mais recentemente, com enfoque na constitucionalidade da suspensão de habilitação, o Tribunal Pleno do STF voltou a declarar a constitucionalidade do dispositivo indicado, conforme consta no acórdão do RE 607.107, publicado em 14-4-2020.

Analisando a "aparente" desproporcionalidade entre as sanções adotadas pelo Código de Trânsito comparativamente àquelas aplicadas pelo Código Penal, e, principalmente, com as alterações trazidas pela Lei n. 13.546/2017, que agravou ainda mais as penas dos denominados *crimes culposos qualificados* (homicídio culposo e lesão corporal culposa), o Prof. Rogério Sanches Cunha, com a lucidez de sempre, destaca: "Na lesão corporal a desproporcionalidade é ainda maior, pois, no Código Penal, a lesão *dolosa* de natureza grave tem pena mínima de um ano e a gravíssima é apenada com no mínimo dois anos; na nova disciplina do CTB, a lesão *culposa* grave ou gravíssima cometida sob a influência de álcool é apenada com no mínimo dois anos. Estas novas penas nos crimes de trânsito, dada a relevância da lesão aos bens jurídicos que se busca tutelar, são adequadas, mas revelam a necessidade de uma análise profunda de determinadas reprimendas cominadas no Código Penal, cujas disposições, em muitos casos, não têm garantido a devida retribuição a condutas de alta gravidade"[23].

Compartilhamos, de certa forma, dessa preocupação do Prof. Sanches Cunha, embora não se possa ignorar que o fato determinante da gravidade de uma infração penal não se limita, como demonstramos acima, à relevância do bem jurídico protegido ou atingido, isto é, o fundamento da gravidade de determinada infração não se esgota no *desvalor do resultado*, mas deve, necessariamente, considerar, e por vezes até com preponderância, o *desvalor da ação*, exatamente como é o caso desses crimes de trânsito.

---

22. Francisco Muñoz Conde e Mercedes García Arán, *Derecho Penal*; Parte General, Valencia, Tirant lo Blanch, 1996, p. 322.

23. Rogerio Sanches Cunha, *Lei 13.546/17: Altera disposições do Código de Trânsito Brasileiro*. Disponível em: <http://meusitejuridico.com.br/2017/12/20/lei-13-54617-altera-disposicoes-codigo-de-transito-brasileiro/>. Acesso em: 22 fev. 2018.

Na *ofensa* ao bem jurídico reside o *desvalor do resultado*, enquanto na *forma* ou na *modalidade de concretizar a ofensa* situa-se o *desvalor da ação*. Os mesmos crimes — homicídio e lesão corporal culposos — previstos no Código Penal lesam os mesmos bens jurídicos que os seus crimes similares capitulados no Código de Trânsito Brasileiro, ou seja, ofendem bens jurídicos da mesma natureza, simbolizando o mesmo desvalor do resultado de condutas similares previstas em ambos os diplomas legais.

Contudo, não se pode afirmar que o desvalor ou desvalia das ações praticadas, falando nas modalidades culposas, seja o mesmo nas duas situações em ambos os diplomas legais, imaginando-se, por exemplo, o disparo acidental de uma arma de fogo que mata alguém, com a hipótese de alguém que, deliberadamente, embriaga-se com os amigos, e depois, irresponsavelmente, sai dirigindo veículos automotores, e, acidentalmente, acaba matando alguém ou ferindo-o gravemente. Inegavelmente, essa conduta, ainda que igualmente culposa, é consideravelmente mais desvaliosa, muito mais grave e que, por isso mesmo, merece maior reprovação não apenas social, mas também penal. Por isso, como afirmamos no tópico terceiro deste capítulo, não vemos grave desproporcionalidade, a ponto de atingir níveis de inconstitucionalidade nas cominações dos crimes de homicídio e lesão culposos tipificados no CTB.

Para arrematar, é de uma clareza solar a diferença e a maior desvalia das *ações "descuidadas"* praticadas no trânsito daquelas demais ações supracitadas, que podem ocorrer no quotidiano social. O aumento da criminalidade no trânsito, especialmente nas grandes cidades e nas rodovias deste país, é fato incontestável. O veículo transformou-se em instrumento de vazão da agressividade, da prepotência, do desequilíbrio emocional, que se extravasam na direção perigosa de veículos. E uma das finalidades destas sanções é "afastar do trânsito os autores de delitos culposos que, no mínimo, são *uns descuidados*"[24]. Não vemos, com efeito, na diferença de punições, nenhuma inconstitucionalidade, posto que devidamente justificada pelo *maior desvalor da ação* dos motoristas imprudentes e irresponsáveis.

4. Sujeitos ativo e passivo

Sujeito ativo do crime de homicídio tipificado no art. 302 do CTB pode ser, em princípio, qualquer pessoa, tratando-se, por conseguinte, de crime comum; contudo, o legislador especifica, à diferença do disposto no art. 121, § 3º, do CP, que esse homicídio tenha sido praticado na direção de veículo automotor. Com essa redação, o tipo penal do art. 302 contém um *elemento especializante*, na medida em que requer que o sujeito ativo esteja, no momento dos fatos, realizando uma atividade específica, isto é, na direção de veículo automotor. *Sujeito passivo* pode ser qualquer ser vivo, nascido de mulher, isto é, o ser humano nascido com vida. Essa afirmação, aparentemente simples, apresenta de plano a primeira indagação: afinal, o que é vida? Quando começa a vida?

---

24. Cezar Roberto Bitencourt, *Tratado de Direito Penal*; Parte Geral, 25. ed., v. 1, p. 708.

A velha concepção segundo a qual "não ter respirado é não ter vivido" está completamente superada. Inegavelmente, a respiração é a prova por excelência da existência de vida, mas não é a única prova de sua existência, nem é imprescindível que tenha havido respiração para que tenha havido vida. Na verdade, mesmo que não tenha havido respiração, a vida pode ter-se manifestado por meio de outros sentidos, como movimentos circulatórios, pulsações do coração etc.

A *vida* começa com o início do *parto*, com o rompimento do *saco amniótico*; é suficiente a vida, sendo indiferente a capacidade de viver. Assim, a simples destruição da vida biológica do feto, no início do parto, já constitui o crime de homicídio. A destruição da vida antes do início do parto caracteriza o crime de *aborto*, nas hipóteses tipificadas nos arts. 124 a 126 do CP. Esse não seria, contudo, o caso da retirada do feto anencéfalo, que, após longa discussão no STF na ADPF 54/DF, passou a ser considerado juridicamente morto, entendimento que sustentamos muito antes dessa decisão de nossa Suprema Corte. Enfim, para o nosso Código Penal, a destruição ou a eliminação do feto durante o parto já caracteriza o homicídio (excepcionalmente pode caracterizar o infanticídio), mesmo que ainda não se tenha constatado a possibilidade de vida extrauterina. Na verdade, o produto da concepção torna-se objeto idôneo do crime de homicídio desde o início do parto.

Não se admite como *sujeito ativo* do homicídio, por fim, a própria vítima, uma vez que não é crime matar a si próprio, e, ainda que crime fosse, não seria homicídio, mas *suicídio*. Essa conduta, isoladamente, constitui um indiferente penal, como sustentamos em nosso *Tratado de Direito Penal*[25]. Típica é a conduta de *matar alguém*, isto é, terceira pessoa, e não a si mesmo.

5. Tipo objetivo: adequação típica

Na redação do tipo penal, o legislador não descreve diretamente em que consiste a conduta incriminada, optando pela menção da fórmula "praticar homicídio culposo na direção de veículo automotor". Homicídio, na dicção do art. 121 do CP, é matar alguém, logo o tipo objetivo do art. 302 do CTB é o mesmo do art. 121, com a peculiaridade de que, no caso do art. 302 do CTB, o legislador especifica o modo como o sujeito ativo do delito pratica o homicídio, concretamente, na direção de veículo automotor. A conduta típica *matar alguém* consiste em eliminar a vida de outrem. A ação de matar é o comportamento idôneo a produzir a antecipação temporal do lapso de vida alheia. Alguém significa outro ser humano que não o agente, ou seja, o homicídio exige, no mínimo, a inclusão de dois sujeitos, o que mata e o que morre.

O anexo I do CTB define veículo automotor, como "todo veículo a motor de propulsão que circule por seus próprios meios, e que serve normalmente para o transporte viário de pessoas e coisas, ou para a tração viária de veículos utilizados para o transporte de pessoas e coisas. O termo compreende os veículos conectados

---

25. Cezar Roberto Bitencourt, *Tratado de Direito Penal*; Parte Especial, São Paulo, Saraiva, v. 2, em todas as edições.

a uma linha elétrica e que não circulam sobre trilhos (ônibus elétrico)". Se o homicídio culposo fora praticado na direção de veículo movido a propulsão humana ou a tração animal, a hipótese seria de aplicação do art. 121, § 3º, do CP.

O *resultado morte* é elemento imprescindível do tipo penal, sem o qual o crime não se caracteriza, especialmente no caso do homicídio culposo, uma vez que o nosso ordenamento jurídico não tipificou, como veremos, a tentativa de crime culposo. Dessa forma, é necessário demonstrar, em primeiro lugar, o nexo de causalidade entre a conduta praticada na direção de veículo automotor e o resultado morte, e, em segundo lugar, em termos de imputação objetiva, que aquele resultado é, precisamente, a *realização do risco* proibido criado ou incrementado pelo agente[26]. Com efeito, o *nexo de causalidade física* e o *nexo de imputação jurídica* nos servirão de base para decidir se a ação ou omissão do agente pode ser valorada como típica, adequando-se ao art. 302 do CTB.

Nos crimes materiais, como é o caso do homicídio, o resultado integra o próprio tipo penal. Para caracterização do tipo consumado, é necessário constatar o advento do resultado morte. Se o resultado morte não acontecer, mas a conduta praticada for idônea para matar, cabe a possibilidade da punibilidade da tentativa, mas esta somente se estivermos diante de um comportamento doloso, segundo o disposto no art. 14, II, do CP. Na medida em que *não se admite tentativa de crime culposo, este só é punível se houver sido consumado.* O crime culposo não tem, portanto, existência real sem que haja consumação. A inobservância de uma norma de cuidado não é relevante sob o ponto de vista jurídico-penal se o crime culposo não estiver consumado. Assim, a norma de cuidado pode ter sido violada, a conduta pode ter sido temerária, mas se, por felicidade, não se realizar o resultado requerido no tipo culposo, não há que se falar *dessa modalidade* de crime.

Por outro lado, é indispensável que o *resultado* seja consequência da *inobservância do cuidado devido*, ou, em outros termos, é necessário que este seja a causa física e jurídica daquele. Quando for observado o *dever de cautela* exigível nas circunstâncias, e, ainda assim, o resultado morte ocorrer, não se poderá falar em crime, muito menos em crime culposo. Atribuir, nessa hipótese, a responsabilidade ao *agente cauteloso* constituirá autêntica arbitrariedade, pela ausência de nexo jurídico, configurando-se a odiosa responsabilidade penal objetiva. Se o motorista cumpre com as normas de trânsito e ainda assim se produz a morte de outrem, apesar da existência de nexo de causalidade física entre a conduta do agente e o evento morte, *não será possível imputar juridicamente este resultado ao comportamento que o precede*, em face da inexistência de criação de um risco proibido. Sem a existência de um nexo jurídico, o resultado morte deve ser considerado como consequência do

---

26. Claus Roxin, *Derecho Penal*. Fundamento. La estructura de la teoría del delito, trad. Diego-Manuel Luzón Peña, Miguel Díaz y García Conlledo y Javier de Vicente Remesal, Madrid, Civitas, 1997, t. I, p. 363 e s. Para conhecer os principais postulados da teoria da imputação objetiva, confira Cezar Roberto Bitencourt, *Tratado de Direito Penal;* Parte Geral, 25. ed., v. 1, p. 340-350.

caso fortuito. Além disso, como veremos em seguida, se o agente cumpre com o dever de cuidado exigível na direção de veículo automotor não há que se falar em crime culposo. Admitir o contrário implicaria, repetindo, a atribuição de *responsabilidade objetiva*. Com efeito, os *limites* da *norma imperativa* encontram-se no poder de seu cumprimento pelo sujeito; por isso, o *dever de cuidado* não pode ir além desses limites. A *inevitabilidade* do resultado exclui a própria tipicidade. Ou seja, é indispensável que a *inobservância do cuidado devido*, isto é, a infração das normas de trânsito, seja a *causa* do *resultado tipificado como crime culposo*.

5.1 Estrutura típica do crime culposo

Como descrito no Capítulo II desta obra, a estrutura do *tipo culposo* é diferente da do *tipo doloso*: neste, é punida a conduta dirigida a um *fim ilícito*, enquanto no *injusto culposo* pune-se a *conduta mal dirigida*, normalmente destinada a um fim penalmente irrelevante, quase sempre lícito. O *núcleo do tipo de injusto* nos delitos culposos consiste na divergência entre a ação efetivamente praticada e a que devia realmente ter sido realizada, em virtude da observância do dever objetivo de cuidado.

A *direção finalista* da ação, nos crimes culposos, não corresponde à diligência devida, havendo uma contradição essencial entre o *querido* e o *realizado* pelo agente. Como afirma Cerezo Mir, "o fim perseguido pelo autor é geralmente irrelevante, mas não os meios escolhidos, ou a forma de sua utilização"[27]. O agente que conduz um veículo e causa, de forma não dolosa, a morte de um pedestre *realiza uma ação finalista*: conduzir o veículo. O *fim da ação* — ir a um lugar determinado — é jurídico-penalmente irrelevante. O *meio* escolhido, o veículo, neste caso, também o é. No entanto, será jurídico-penalmente relevante a *forma* de utilização do meio se o agente, por exemplo, conduzir a uma velocidade excessiva.

A *tipicidade* do crime culposo decorre da realização de uma *conduta não diligente* causadora de uma lesão ou de perigo a um bem jurídico-penalmente protegido. Contudo, a falta do cuidado objetivo devido, configurador da imprudência, negligência ou imperícia, é de natureza objetiva. Em outros termos, no plano da tipicidade, trata-se, apenas, de analisar se o agente agiu com o cuidado necessário e normalmente exigível. No entanto, o emprego adequado da diligência necessária deve ser aferido nas condições concretas existentes no momento do fato, além da necessidade objetiva, naquele instante, de proteger o bem jurídico.

A indagação sobre se o agente tinha *as condições*, isto é, se *podia*, no caso concreto, em face de sua condição pessoal, ter adotado as cautelas devidas, somente deverá ser analisada no plano da culpabilidade. Por outro lado, nada impede que uma conduta seja *tipicamente culposa* e, no entanto, não seja antijurídica. Pode o agente realizar uma *conduta culposa típica*, mas encontrar-se ao abrigo de uma *excluden-*

---

27. José Cerezo Mir, *Curso de Derecho Penal español*; Parte General, 4. ed., Madrid, Civitas, 1995, p. 279.

te de antijuridicidade. Por exemplo, o corpo de bombeiros, chamado com urgência para apagar um grande incêndio em uma refinaria, atinge, no percurso, e sem tê-lo previsto, um pedestre, matando-o. À evidência que a condução com excesso de velocidade se encontrava justificada pelo estado de necessidade de terceiros (*observados, claro, seus requisitos*)[28].

A *culpabilidade* nos crimes culposos tem a mesma estrutura da culpabilidade nos crimes dolosos: *imputabilidade, consciência potencial da ilicitude e exigibilidade de comportamento conforme ao Direito*. O questionamento sobre as *condições pessoais* do agente, para constatar se *podia agir* com a diligência necessária e se lhe era *exigível*, nas circunstâncias concretas, tal conduta, é objeto do *juízo de culpabilidade*. A *inexigibilidade* de outra conduta é perfeitamente admissível, como excludente de culpabilidade, nos crimes culposos. Quando um indivíduo, por exemplo, realiza uma conduta sem observar os cuidados devidos, quando, no caso concreto, apresentava-se impraticável ou de difícil observância, ou, em outros termos, era inexigível outra conduta, não pode ser *censurável* por eventual resultado danoso que, involuntariamente, produzir.

Assim como a *tipicidade* do crime culposo se define pela divergência entre a ação praticada com a inobservância do cuidado objetivo devido e a que devia ter sido realizada, e a *antijuridicidade* pela contrariedade às normas do ordenamento jurídico, a *culpabilidade* tem a *previsibilidade subjetiva* como um de seus pressupostos. Nesse sentido, manifestava-se o próprio Welzel, afirmando que, enquanto a chamada previsibilidade *objetiva* constitui a tipicidade e antijuridicidade da ação, a chamada previsibilidade *subjetiva* constitui um elemento da *reprovabilidade* da ação típica e antijurídica. Quando o agente realiza efetivamente o *juízo de causalidade adequada* ao empreender a ação, age, com referência ao resultado possível, com *culpa consciente*, e, se ele podia realizar esse juízo sem tê-lo efetivamente realizado, age com *culpa inconsciente*[29].

Nada impede, por outro lado, que possa ocorrer *erro de proibição* nos crimes culposos, quando, por exemplo, o erro incidir sobre *os limites* do dever objetivo de cuidado. Aliás, não é nada incomum a dúvida, no tráfego de veículos, sobre o direito de prioridade ou a obrigação de esperar. De qualquer sorte, elemento característico da conduta punível, seja dolosa, seja culposa, é a *reprovabilidade*.

O *tipo culposo*, como já referimos, tem uma estrutura completamente diferente do injusto doloso, não contendo o chamado *tipo subjetivo*, em razão da natureza normativa da culpa[30]. Seguindo essa orientação, Juarez Tavares sustenta que "o

---

28. Fabio Roberto D'Avila, Lineamentos estruturais do crime culposo, in Cezar Roberto Bitencourt (Org.), *Crime e sociedade*, Curitiba, Juruá, 1998, v. 1, p. 113-141.
29. Hans Welzel, Culpa e delitos culposos, *Revista de Direito Penal*, Rio de Janeiro, n. 3, 1971, p. 38.
30. Hans Welzel, *Derecho Penal alemán*, 3. ed. castellana, traducción de la 12ª edición alemana Juan Bustos Ramírez e Sergio Yáñez Pérez, Santiago, Ed. Jurídica de Chile, 1987, p. 187.

delito culposo contém, em lugar do tipo subjetivo, uma característica normativa aberta: *o desatendimento ao cuidado objetivo exigível ao autor*"[31]. Não se desconhece, no entanto, a existência de certo *componente subjetivo* no crime culposo, formado pela *relação volitiva final*, e de um *componente objetivo*, expresso na *causalidade*. Mas, como a *relevância da ação* é aferida por meio de um *juízo comparativo* entre a conduta realizada e aquela que era imposta pelo dever objetivo de cuidado, não tem sentido a divisão do tipo penal em objetivo e subjetivo, sendo irrelevante a relação volitiva final para a realidade normativa.

O tipo de injusto culposo apresenta os seguintes elementos constitutivos: *inobservância do cuidado objetivo devido; produção de um resultado e nexo causal; previsibilidade objetiva do resultado; conexão interna entre desvalor da ação e desvalor do resultado*. O *essencial* no tipo de injusto culposo não é a simples *causação do resultado*, mas sim a *forma* com que a ação causadora se realiza. Por isso, a valoração de se houve, ou não, a *observância do dever objetivo de cuidado*, isto é, a diligência devida, constitui o elemento fundamental da caracterização do tipo de injusto culposo, cuja análise constitui uma questão preliminar no exame da culpa. Na dúvida, impõe-se o dever de abster-se da realização da conduta, pois quem se arrisca, nessa hipótese, age com *imprudência*, e, sobrevindo um resultado típico, torna-se autor de um crime culposo.

A *inobservância do cuidado objetivamente devido* resulta da comparação da *direção finalista real* com a *direção finalista exigida* para evitar as lesões dos bens jurídicos. A infração desse dever de cuidado representa o injusto típico dos crimes culposos. No entanto, é indispensável investigar o que teria sido, *in concreto*, para o agente, o dever de cuidado. E, como segunda indagação, deve-se questionar se a ação do agente correspondeu a esse comportamento "adequado". Somente nessa segunda hipótese, quando negativa, surge a *reprovabilidade da conduta*. A análise dessas questões deve ser extremamente criteriosa, na medida em que uma ação meramente arriscada ou perigosa não implica necessariamente a violação do dever objetivo de cuidado. Com efeito, além das normas de cuidado e diligência, será necessário que o *agir descuidado* ultrapasse os limites de perigos *socialmente aceitáveis* na atividade desenvolvida. Não se ignora que determinadas atividades trazem na sua essência determinados graus de perigos. No entanto, o progresso e as necessidades quotidianas autorizam a assunção de certos riscos que são da natureza de tais atividades, como, por exemplo, médico-cirúrgica, tráfego de veículos, construção civil em arranha-céus etc. Nesses casos, somente quando faltarem a *atenção e os cuidados especiais* que devem ser empregados poder-se-á falar em *culpa*. À evidência, convém registrar, quanto mais perigosa for a atividade, maior deve ser a prudência e a vigilância do agente, não apenas em razão das previsões regulamentares, mas também em razão das sugestões da experiência do dia a dia do próprio conhecimento científico.

---

31. Juarez Tavares, *Direito Penal da negligência*, São Paulo, RT, 1985, p. 134. No mesmo sentido, Heitor da Costa Junior, *Teoria dos delitos culposos*. Rio de Janeiro: Lumen Juris, 1988, p. 69.

6. Tipo subjetivo: adequação típica

As legislações modernas adotam o princípio da *excepcionalidade do crime culposo*, isto é, a regra é a de que as infrações penais sejam imputadas a título de dolo, e só *excepcionalmente* a título de culpa e, nesse caso, quando expressamente prevista a modalidade culposa da figura delituosa (art. 18, parágrafo único). No CTB, contudo, somente se tipifica a prática de homicídio culposo, de modo que, se o homicídio na direção de veículo automotor for perpetrado de forma dolosa, o comportamento se enquadrará no art. 121 do CP.

O legislador não explica no art. 302 do CTB o que é a prática de homicídio culposo, como tampouco o fez no art. 121, § 3º, do CP, em que dispõe, laconicamente: "Se o homicídio é culposo". A neutralidade e a laconicidade dessa previsão exigem que sua interpretação seja complementada pelo disposto no art. 18, II, do CP, que prescreve: "Diz-se o crime culposo, quando o agente deu causa ao resultado por imprudência, negligência ou imperícia". Ao estabelecer as modalidades de culpa, o legislador brasileiro esmerou-se em preciosismos técnicos, que apresentam pouco ou quase nenhum resultado prático. Tanto na *imprudência* quanto na *negligência* há a inobservância de cuidados recomendados pela experiência comum no exercício dinâmico do quotidiano humano. E a *imperícia*, por sua vez, não deixa de ser somente uma *forma especial* de imprudência ou de negligência; enfim, embora não sejam mais que simples e sutis distinções de uma conduta substancialmente idêntica, ou seja, descuido, falta de cautela, inaptidão, desatenção, como o Código Penal não as definiu, a doutrina deve encarregar-se de fazê-lo.

a) *Imprudência*

Imprudência é a prática de uma conduta arriscada ou perigosa, e tem caráter comissivo. É a imprevisão ativa (*culpa in faciendo* ou *in committendo*). Conduta imprudente é aquela que se caracteriza pela intempestividade, precipitação, insensatez ou imoderação. Imprudente é, por exemplo, o motorista que, embriagado, viaja dirigindo seu veículo automotor, com visível diminuição de seus reflexos e acentuada liberação de seus freios inibitórios.

b) *Negligência*

Negligência é a displicência, a falta de precaução, a indiferença do agente, que, podendo adotar as cautelas necessárias, não o faz. É a imprevisão passiva, o desleixo, a inação (*culpa in ommittendo*). É não fazer o que deveria ser feito, quando o agente conhece ou tem a cognoscibilidade dos fatores de riscos e omite as medidas de cuidado necessárias, que estava obrigado a cumprir, para evitar que o resultado típico acontecesse. Negligente será, por exemplo, o motorista de um caminhão que trafega sem assegurar a amarração da carga transportada, criando uma situação de risco para os demais participantes no trânsito, com o desprendimento de parte da carga pela via, e nada faz para evitar que motoristas de outros veículos sejam atingidos, sofrendo lesões corporais.

Em outros termos, a negligência não é um fato psicológico, mas sim um *juízo normativo de apreciação* que decorre, da mesma forma que na imprudência, da constatação de que o agente tinha possibilidade de prever as consequências de sua ação (previsibilidade objetiva), mas com a especificidade de que na negligência o agente omite o comportamento devido para evitar que o resultado típico aconteça.

c) *Imperícia*

Imperícia é a culpa do profissional no exercício de determinada atividade, que depende de conhecimentos técnicos específicos, sem os quais ela não deve ser realizada. É a atuação sem a capacitação exigível, o despreparo ou a insuficiência de conhecimentos técnicos para o exercício de arte, profissão ou ofício. Não se confunde com erro profissional: este é um acidente escusável, justificável e, de regra, imprevisível, que não depende do uso correto e oportuno dos conhecimentos e das regras da ciência. Esse tipo de *acidente* não decorre da má aplicação de regras e princípios recomendados pela ciência. Deve-se à *imperfeição* e à *precariedade* dos conhecimentos humanos, operando, portanto, no campo do imprevisto e transpondo os limites da prudência e da atenção humanas. Não há um direito ao *erro*. No entanto, embora o médico não tenha *carta branca*, não pode, ao mesmo tempo, ficar limitado por dogmas inalteráveis. Tendo agido racionalmente, segundo os preceitos fundamentais da *lexis artis*, ou deles se afastado, tendo-o feito por motivos justificáveis, não terá de prestar contas à Justiça Penal por eventual resultado fatídico.

A inabilidade para o desempenho de determinada atividade fora do campo profissional ou técnico tem sido considerada modalidade de culpa imprudente ou negligente, conforme o caso. Mas a *culpa* pode receber ainda uma outra classificação — *consciente e inconsciente* —, muito mais importante que aquela definição contida no art. 18, II, do CP, na medida em que envolve o grau de subjetividade da previsibilidade do resultado produzido pela conduta descuidada.

O Código Penal brasileiro não distingue *culpa consciente* e *culpa inconsciente* para o fim de dar-lhes tratamento diverso. Afora a dificuldade prática de comprovar, *in concreto*, na maioria dos casos, qual das duas espécies ocorreu, destaca-se a praticamente inexistente diferença entre não prever um resultado antijurídico e prevê-lo, mas confiar, levianamente, na sua não ocorrência, se este, de qualquer sorte, se verificar. Na verdade, temos questionado se a *culpa consciente* não seria, muitas vezes, indício de *menor insensibilidade ético-social*, de maior atenção na execução de atividades perigosas, pois na *culpa inconsciente* o descuido é muito maior e, consequentemente, mais perigoso, uma vez que a exposição a risco poderá ser mais frequente, na medida em que o agente nem percebe a possibilidade de ocorrência de um evento danoso. Por isso, a maior ou a menor gravidade da culpa deve ser deixada à apreciação do juiz ao dosar a pena, diante de cada caso concreto. No entanto, mesmo assim, vejamos as definições que se dão, tradicionalmente, à culpa consciente e à culpa inconsciente.

a) *Culpa consciente*

Há *culpa consciente*, também chamada *culpa com previsão*, quando o agente, deixando de observar a diligência a que estava obrigado, prevê um resultado, mas confia convictamente em que ele não ocorra, pois acredita erroneamente que é capaz de controlar os fatores de risco. O agente conhece os fatores de risco, sabe que infringe as normas de cuidado, prevê a possibilidade do resultado, mas espera sinceramente que não se verifique. Nesse caso estar-se-á diante de culpa consciente, e não de dolo eventual. Na culpa consciente, segundo a doutrina dominante, a *censurabilidade* da conduta é maior do que na culpa inconsciente, pois esta é produto de mera desatenção.

b) *Culpa inconsciente*

A ação sem previsão do resultado possível constitui a chamada culpa inconsciente, culpa *ex ignorantia*. No dizer de Hungria, "previsível é o fato cuja possível superveniência não escapa à perspicácia comum"[32].

A previsibilidade objetiva do resultado é o elemento identificador das duas espécies de culpa. A *imprevisibilidade* desloca o resultado para o caso fortuito. Na culpa inconsciente, no entanto, apesar da presença da *previsibilidade*, não há a *previsão* por descuido, desatenção ou simples desinteresse do próprio agente. Na culpa inconsciente, há a cognoscibilidade dos fatores de risco, isto é, o agente tem a seu alcance todos os elementos necessários para identificar os perigos desencadeados pelo seu comportamento, bem como a possibilidade de ajustar o seu comportamento aos padrões de cuidado exigíveis, mas não o faz por absoluta displicência. A culpa inconsciente caracteriza-se pela ausência absoluta de nexo psicológico entre o autor e o resultado de sua ação.

6.1 Dolo eventual e culpa consciente

Os *limites fronteiriços* entre dolo eventual e culpa consciente constituem um dos problemas mais tormentosos da Teoria Geral do Delito. Há entre ambos um traço comum: a *previsão,* por parte do agente, do resultado proibido. Mas, enquanto no *dolo eventual* o agente anui ao advento desse resultado, *assumindo o risco* de produzi-lo (art. 18, I, *in fine*, do CP), em vez de renunciar à ação, na *culpa consciente,* ao contrário, repele a hipótese de superveniência do resultado, na esperança convicta de que este não ocorrerá.

Na hipótese de dolo eventual, a *importância negativa* da previsão do resultado é, para o agente, menos importante do que o *valor positivo* que atribui à prática da ação. Por isso, entre desistir da ação e praticá-la, mesmo correndo o risco da produção do resultado, opta pela segunda alternativa. Já na culpa consciente, o *valor negativo* do resultado possível é, para o agente, mais forte do que o *valor positivo* que atribui à prática da ação. Por isso, se estivesse convencido de que o resultado poderia ocorrer, sem dúvida desistiria da ação. Não estando convencido dessa possibilidade, calcula mal e age.

Como afirmava Paul Logoz, no *dolo eventual* o agente decide agir por *egoísmo*, a qualquer custo, enquanto na *culpa consciente* o faz por *leviandade*, por não ter refletido suficientemente[33]. De maneira similar, Juarez Cirino afirma que "o dolo

---

32. Nélson Hungria, *Comentários ao Código Penal*, Rio de Janeiro, Forense, 1942, v. II, p. 188.
33. Paulo Logoz, *Commentarie du Code Pénal suisse*, 2. ed., Paris, Delachaux & Niestlé, 1976, p. 66.

eventual caracteriza-se, no nível intelectual, por *levar a sério a possível* produção do resultado típico e, no nível da atitude emocional, por *conformar-se* com a eventual produção desse resultado", enquanto "a imprudência consciente caracteriza-se, no nível intelectual, pela representação de *possível* produção do resultado típico e, no nível da atitude emocional, pela *leviana confiança* na ausência ou exclusão desse resultado, por habilidade, atenção, cuidado, etc. na realização concreta da ação"[34].

O fundamental é que o *dolo eventual* apresente estes dois componentes: representação da possibilidade do resultado e anuência à sua ocorrência, assumindo o risco de produzi-lo. Enfim, como sustenta Wessels[35], haverá *dolo eventual* quando o autor não se deixar dissuadir da realização do fato pela possibilidade próxima da ocorrência do resultado e sua conduta justificar a assertiva de que, em razão do fim pretendido, ele se tenha conformado com o risco da produção do resultado ou até concordado com a sua ocorrência, em vez de renunciar à prática da ação.

Duas teorias, fundamentalmente, procuram distinguir dolo eventual e culpa consciente: *teoria da probabilidade* e *teoria da vontade* ou do consentimento. A primeira, diante da dificuldade de demonstrar o *elemento volitivo*, o querer o resultado, admite a existência do *dolo eventual* quando o agente representa o resultado como de muito provável execução e, apesar disso, atua, admitindo ou não a sua produção. No entanto, se a produção do resultado for menos provável, isto é, pouco provável, haverá *culpa consciente*. Para a segunda, é insuficiente que o agente represente o resultado como de provável ocorrência, sendo necessário que a probabilidade da produção do resultado seja incapaz de remover a vontade de agir. Haveria *culpa consciente* se, ao contrário, desistisse da ação se estivesse convencido da probabilidade do resultado. No entanto, não estando convencido, calcula mal e age, produzindo o resultado. Como se constata, a *teoria da probabilidade* desconhece o elemento volitivo, que é fundamental na distinção entre dolo eventual e culpa consciente, que, por isso mesmo, é mais bem delimitado pela *teoria do consentimento*. Para essa teoria, também é dolo a vontade que, embora não dirigida diretamente ao resultado previsto como provável ou possível, *consente* na sua ocorrência ou, o que dá no mesmo, *assume o risco* de produzi-lo. A *representação* é necessária, mas não suficiente à existência do dolo, e *consentir* na ocorrência do resultado é uma forma de *querê-lo*.

A *consciência* e a *vontade*, que representam a essência do dolo, devem estar presentes no *dolo eventual*. Para que este se configure, é insuficiente a mera *ciência da probabilidade do resultado* morte ou a atuação *consciente* da possibilidade concreta da produção desse resultado, como sustentam os defensores da *teoria da probabilidade*. É indispensável determinada *relação de vontade* entre o resultado e o agente, e é exatamente esse *elemento volitivo* que distingue o dolo da culpa. Como lucidamente

---

34. Juarez Cirino dos Santos, *Direito Penal*; Parte Geral, 5. ed., Florianópolis, ICPC, 2012, p. 181.
35. Johannes Wessels, *Direito Penal*; Parte Geral, trad. Juarez Tavares, Porto Alegre, Sérgio A. Fabris, Editor, 1976, p. 53.

sustenta Alberto Silva Franco, "Tolerar o resultado, consentir em sua provocação, estar a ele conforme, assumir o risco de produzi-lo não passam de formas diversas de expressar um único momento, o de aprovar o resultado alcançado, enfim, o de querê-lo"[36]. Com todas as expressões — aceita, anui, assume, admite o risco ou o resultado — pretende-se descrever um *complexo processo psicológico* em que se misturam elementos intelectivos e volitivos, conscientes e inconscientes, impossíveis de ser reduzidos a um conceito unitário de dolo. No entanto, como a distinção entre *dolo eventual* e *culpa consciente* paira sob uma penumbra, uma zona gris, é fundamental que se estabeleça com a maior clareza possível essa região fronteiriça, diante do tratamento jurídico diferenciado que se dá às duas categorias.

Por fim, a distinção entre dolo eventual e culpa consciente resume-se à aceitação ou à rejeição da possibilidade de produção do resultado, respectivamente. Persistindo a dúvida entre um e outra, dever-se-á concluir pela solução menos grave: pela *culpa consciente*.

A distinção teórica hoje é isenta de problemas; as controvérsias, entretanto, podem existir na valoração dos casos concretos, pois não é possível extrair da mente do agente se este consentiu, ou não, na ocorrência do resultado morte previsível. Somente quando as circunstâncias do caso demonstrarem, em face do conjunto probatório, que o agente, consciente dos fatores de risco e da possibilidade de ocorrência do resultado morte, continuou atuando com desprezo acerca da lesão do bem jurídico é que estaria inequivocamente caracterizado o homicídio doloso. Nesses termos, a infração consciente das normas do trânsito não implica a caraterização de homicídio doloso quando o resultado morte sobrevém, *ao contrário do que vem entendendo, equivocadamente, a orientação jurisprudencial majoritária*. Para tanto, é necessário demonstrar que o agente, representando o evento morte como possível, continuou atuando com total indiferença a sua ocorrência, *assumindo claramente o risco* de produzi-lo. Tal circunstância pode ser demonstrada especialmente quando o agente deixa de adotar manobras defensivas instantes antes de uma colisão ou atropelo, quando pelas condições de visibilidade e de tempo se constata que o agente poderia ter desviado o curso do veículo etc.

O posicionamento dos nossos tribunais superiores tem sido equívoco a esse respeito, deixando, não raro, à mercê de julgamento pelo Tribunal do Júri, que, como se sabe, constituído por leigos, não tem a menor condição de avaliar tecnicamente a distinção de algo tão complexo como é a distinção entre *dolo eventual* e *culpa consciente*. Significa que, em outros termos, ainda que nossos tribunais não admitam expressamente, têm consentido na existência de *presunção do dolo eventual* em relação ao resultado morte, que é um dos mais graves pecados capitais em termos de dogmática penal. Esse erro crasso tem sido ainda mais frequente quando a conduta precedente do agente constitua uma das mais graves infrações de trânsito, como são as hipóteses de embriaguez ao volante ou de excesso de velocidade. A *não admissão da presunção do dolo* pela jurisprudência não tem passado de simples

---

36. Alberto Silva Franco et al., *Código Penal e sua interpretação jurisprudencial*, 6. ed., São Paulo, Revista dos Tribunais, 1997, p. 284.

retórica, que a prática tem demonstrado exatamente o contrário, especialmente nas duas Turmas do STJ, com algumas exceções. Essas exceções, louváveis, é bom que se destaque, podem ser conferidas nos seguintes julgamentos, os quais, aliás, pelo acerto dogmático, deveriam ser a regra: a) STF no *Habeas Corpus* 107.801/SP (*DJe* 196, publicado em 13-10-2011, *RJTJRS* v. 47, n. 283, 2012, p. 29-44); b) STJ no *Habeas Corpus* 58.826/RS (2006/0099967-9 — 8-9-2009, julgado em 19-6-2009); c) STJ no REsp 1.943.262/SC, rel. Min. Antonio Saldanha Palheiro, Sexta Turma, julgado em 5-10-2021, *DJe* de 8-10-2021; d) STJ no EREsp n. 908.790/RN, relator Min. Benedito Gonçalves, Primeira Seção, julgado em 12-6-2024, *DJe* de 18-6-2024. Esses quatro julgamentos, afora a impecável correção dogmática, correspondem à garantia constitucional que um Estado Democrático e Constitucional de Direito assegura, porque, afinal, dogmas penais também são garantias e sinônimo de segurança jurídica, que não podem ser violadas no marco de um Direito Penal do fato e da culpabilidade.

6.2 *Concorrência e compensação de culpas*

Há *concorrência de culpas* quando dois indivíduos, um ignorando a participação do outro, concorrem, culposamente, para a produção de um fato definido como crime. Imagine-se, por exemplo, o choque de dois veículos em um cruzamento com lesões recíprocas, em que os dois condutores estejam igualmente errados, um trafegando em velocidade excessiva e o outro ultrapassando o sinal fechado. Havendo *concorrência de culpa*, os agentes respondem, isoladamente, pelo resultado produzido. De observar-se que, nessa hipótese, não se pode falar em *concurso de pessoas*, ante a *ausência do vínculo subjetivo*. Na realidade, verifica-se uma das hipóteses da chamada *autoria colateral*, em que não há adesão de um na conduta de outro, ignorando os agentes que contribuem reciprocamente para a realização da mesma ação.

Igualmente, não se admite *compensação de culpa* em Direito Penal. Eventual culpa da vítima não exclui a do agente; elas não se compensam. As *culpas recíprocas* do ofensor e do ofendido não se extinguem. A *teoria da equivalência dos antecedentes causais*, adotada pelo nosso Código Penal, não autoriza outro entendimento. Somente a *culpa exclusiva da vítima* exclui a daquele, para quem, nesse caso, a ocorrência do evento foi pura *infelicitas facti*. No entanto, à evidência, a contribuição da vítima deverá ser valorada na aplicação da pena-base (art. 59 — *comportamento da vítima*).

7. Homicídio culposo de trânsito qualificado

Falar-se em crime "culposo qualificado" soa muito estranho no sistema jurídico pátrio na medida em que se trata de uma nova forma de agravar figuras culposas, quando agravadas por determinadas circunstâncias que elevam, inegavelmente, a sua *reprovabilidade social*, ainda que o seja na modalidade culposa. Pois o que seria inusitado em termos de nosso Código Penal transforma-se quando se pensa em termos de Código de Trânsito, cujas infrações assumem dimensões superdimensionadas pelos resultados catastróficos que podem produzir. Ora, é exatamente o que ocorre nas previsões de homicídio e de lesão corporal culposos, cujas qualificadoras foram acrescentadas pela Lei n. 13.546, de 19 de dezembro de 2017 (com *vacatio legis* de 120 dias), conforme analisaremos em cada tipo penal correspondente.

Com efeito, referido diploma legal acrescentou nos arts. 302 e 303 do CTB parágrafos (3º e 2º, respectivamente) que qualificam o homicídio culposo e a lesão corporal culposa, quando ocorrerem com ou sob o estado de embriaguez, passando a considerar a *embriaguez*, nas circunstâncias em que a descrevem, como *qualificadora* desses crimes, *verbis*:

"§ 3º Se o agente conduz veículo automotor sob a influência de álcool ou de qualquer outra substância psicoativa que determine dependência:

Penas — reclusão, de cinco a oito anos, e suspensão ou proibição do direito de se obter a permissão ou a habilitação para dirigir veículo automotor."

"§ 2º A pena privativa de liberdade é de reclusão de dois a cinco anos, sem prejuízo das outras penas previstas neste artigo, se o agente conduz o veículo com capacidade psicomotora alterada em razão da influência de álcool ou de outra substância psicoativa que determine dependência, e se do crime resultar lesão corporal de natureza grave ou gravíssima."

Constata-se que a "causa ou condição qualificadora", em ambos os crimes, é a presença da "embriaguez", em situações similares. No caso do *homicídio*, se o motorista causador da morte estiver dirigindo *sob a influência* de álcool ou qualquer outra substância psicoativa que determine dependência, a sanção penal cominada é reclusão de cinco a oito anos (art. 302, § 3º). No entanto, na hipótese da *lesão corporal culposa*, "se o agente conduz o veículo com *capacidade psicomotora alterada em razão da influência de álcool ou de outra substância* psicoativa que determine dependência, e se do crime resultar lesão corporal de natureza grave ou gravíssima". Relativamente à lesão corporal culposa, abordaremos nos comentários do próximo artigo, ainda que se trate de matéria similar.

Há, inegavelmente, distinção na normatização dos efeitos ou da intensidade da embriaguez (embora sejam similares) nas hipóteses de homicídio e lesão corporal culposos, exigindo, no primeiro, a *influência* e, na segunda, a *alteração da capacidade psicomotora* em razão da influência do álcool ou de substância similar. Denota-se pelo texto legal a existência de diferença de grau ou de intensidade dos efeitos da substância ingerida. Segundo o texto legal, na hipótese de *homicídio culposo*, se o motorista estiver dirigindo *sob a influência* de álcool ou qualquer outra substância psicoativa que determine dependência, ao passo que na de *lesão corporal culposa* se o condutor estiver *com capacidade psicomotora alterada* pela ingestão da mesma substância.

No entanto, Rogério Sanches sustenta, com boa dose de razão, que essa distinção é puramente aparente, nos seguintes termos, *verbis*: "No primeiro caso, a determinação do legislador parece ser de que basta que se demonstre a ingestão da substância; no segundo, seria necessário estabelecer que a ingestão de álcool alterou a capacidade psicomotora do motorista. A nosso ver, no entanto, não há sentido em diferenciar. O procedimento para apurar a embriaguez é um só, disciplinado em Resolução do

CONTRAN (n. 432/2013) que estabelece as formas por meio das quais se dá a 'confirmação da alteração da capacidade psicomotora em razão da influência de álcool ou de outra substância psicoativa'. O motorista que provoca um acidente e mata ou fere alguém será submetido aos procedimentos usuais para apurar a ingestão de álcool: exame sanguíneo, exame laboratorial, etilômetro ou verificação de sinais que indiquem a alteração de sua capacidade psicomotora. Não há um procedimento para provar apenas a ingestão e outro para provar a alteração da capacidade psicomotora alterada"[37].

Vejamos no tópico abaixo em que consiste essa nova qualificadora do homicídio culposo praticado no trânsito brasileiro.

7.1 Se o agente conduz veículo automotor sob a influência de álcool ou de qualquer outra substância psicoativa que determine dependência

A Lei n. 13.281/2016 revogou o § 2º do art. 302, que havia sido acrescido pela Lei n. 12.971/2014. A Lei n. 13.546/2017, por sua vez, traz de volta essa previsão ao acrescentar o § 3º, agora, repetindo, como uma *qualificadora* do homicídio culposo, cuja pena cominada é a de reclusão de cinco a oito anos e suspensão ou proibição do direito de obter a permissão ou a habilitação para dirigir veículo automotor. Por essa razão, não vemos como possível o concurso entre os crimes dos arts. 302 e 306, na medida em que o conteúdo deste está contido no § 2º daquele.

O legislador, com esse texto legal, tipificou no § 3º do art. 302 a direção de veículo automotor embriagado como qualificadora de eventual homicídio culposo, nos seguintes termos: "*se o agente conduz veículo automotor sob a influência de álcool ou de qualquer outra substância psicoativa que determine dependência*"; estabeleceu, como punição, a reclusão de cinco a oito anos, superior, portanto, à prevista no *caput*, o que caracteriza efetivamente uma qualificadora *sui generis* de crime culposo. Na verdade, *a direção de veículo automotor sob a influência de álcool ou de qualquer outra substância psicoativa similar* qualifica essa ação, a despeito de tratar-se de crime culposo, tornando-o muito mais grave que a descrita no *caput*, merecedora, por essa razão, de maior reprovação. Na realidade, a condução de veículo automotor sob a *influência de álcool ou de outra substância similar* aumenta consideravelmente o *desvalor da conduta* incriminada e a sua censurabilidade, justificando-se plenamente essa majoração penal.

Por outro lado, a tipificação dessa qualificadora de direção de veículo automotor, nessas circunstâncias, consagra o entendimento de que o motorista *embriagado, a exemplo daquele que participa de "racha" pode, nessas condições, provocar a morte de alguém a título de culpa*. Dito de outra forma, esclareceu-se que assumir

---

37. Rogério Sanches Cunha, *Lei 13.546/17: Altera disposições do Código de Trânsito Brasileiro*. Disponível em: <http://meusitejuridico.com.br/2017/12/20/lei-13-54617-altera-disposicoes--codigo-de-transito-brasileiro/>. Acesso em: 23 fev. 2018.

a direção de veículo automotor sob o influxo do álcool ou de outra substância psicoativa que determine dependência, ou *participar de disputa ilegal* de corrida não implica, necessariamente, a *presunção de dolo eventual* em relação ao resultado morte, com base nos detestáveis jargões populares de que "quem bebe ou se droga quando dirige" ou de que "quem participa de racha", quando dirige, assume o risco de produzir o resultado morte. Essa previsão legal recomenda que a jurisprudência dominante em nossos Tribunais Superiores seja revista e adequada às novas previsões do Código de Trânsito Brasileiro.

Além disso a edição dessa qualificadora aponta, claramente, para a *subsidiariedade* do crime de *embriaguez ao volante*, tipificado no art. 306 do CTB, quando o agente, nas circunstâncias ali descritas, e no mesmo contexto fático, der causa ao resultado morte por imprudência. A casuística aqui tratada refere-se às hipóteses em que restar comprovado que o motorista conduzia o veículo automotor com consciência de que detinha a capacidade psicomotora alterada, em razão da influência de álcool ou de outra substância psicoativa que determine dependência, dando causa ao resultado morte, de forma previsível, mas não querida, com a rejeição da possibilidade de produção deste resultado.

Como a Lei n. 13.546/2017 incluiu a *embriaguez*, para concluir este tópico, nos crimes de homicídio e de lesão corporal culposos, a exemplo do entendimento de Rogério Sanches, também sustentamos que, como circunstância qualificadora do homicídio culposos e lesão corporal culposa, impede a ocorrência de concurso (material ou formal) com o crime de "embriaguez ao volante" (art. 306), pois este constitui a elementar tipificadora das referidas qualificadoras, absorvendo, portanto, esta última infração penal.

7.2 Semelhanças e dessemelhanças das locuções "sob influência de bebida alcoólica" e com capacidade psicomotora alterada pela influência de álcool

Tem-se questionado a diferença de tratamento relativamente ao consumo de bebida alcoólica e outras substâncias análogas, visto que, para o homicídio culposo, refere-se *sob influência de bebida alcoólica* e determinadas substâncias (§ 3º do art. 302), enquanto para a lesão corporal culposa refere-se à *capacidade psicomotora alterada* em razão da influência de álcool ou outra substância. Aparentemente, o legislador teria sido mais *benevolente* em relação a este segundo crime. Alguns autores, como Rogério Sanches, por exemplo, sustentam que foi apenas um equívoco do legislador e que, por isso, dever-se-á dar a mesma interpretação, isto é, sendo necessária, também no homicídio culposo, a *alteração da capacidade psicomotora* do condutor pela influência de álcool e substâncias similares, até porque, complementa Sanches Cunha[38], a forma ou o procedimento de constatação do nível alcoólico são exatamente os mesmos.

---

38. Rogério Sanches Cunha, *Lei 13.546/17: Altera disposições do Código de Trânsito Brasileiro*. Disponível em: <http://meusitejuridico.com.br/2017/12/20/lei-13-54617-altera-disposicoes--codigo-de-transito-brasileiro/>. Acesso em: 23 fev. 2018.

A despeito dessa interpretação mostrar-se bem razoável, quer nos parecer que não seria, *venia concessa,* a melhor, embora entenda que a locução "sob influência de bebida alcoólica" não signifique que o simples fato de comprovar-se que houve ingestão de tais substâncias autorize a interpretação de que referido condutor encontra-se "sob influência" de bebida alcoólica. As coisas não são assim, e assim não podem ser interpretadas. A rigor, deve-se destacar que *não se trata de mera aparência de ingestão de bebida alcoólica* ou que efetivamente a tenha ingerido em pequena quantidade, pois, *para que haja influência de tal substância* faz-se necessária a ingestão de determinada quantidade que possa *alterar* (ou influir sobre) *os controles sensoriais do indivíduo,* demandando, no mínimo, a comprovação de ingestão superior ao mínimo exigido para caracterizar a infração penal descrita no art. 306 deste mesmo Código. Caso contrário, se assim não se interpretar, cometer-se-ão graves injustiças, desrespeitando a exigência da elementar típica "sob influência", ferindo de morte o *princípio da tipicidade estrita,* e aceitando a simples *aparência de ingestão de bebida alcoólica,* que não tipifica o homicídio culposo pela *insuficiência de reflexo nos controles sensoriais,* embora possa caracterizar a corresponde infração administrativa do CTB.

Na verdade, a nosso juízo, o legislador fez, particularmente, um raciocínio correto — o que, convenhamos, não lhe tem sido nada peculiar —, na medida em que foi mais exigente na *censura* da embriaguez para o crime mais grave (homicídio), e mais condescendente com aquele considerado de menor gravidade (lesão corporal), ao estabelecer o nível consentido do uso de álcool *no sentido inverso da gravidade do resultado da conduta humana incriminada.*

Dito de outra forma, para o homicídio culposo *a censura é maior,* sendo tolerada, por isso mesmo, menor quantidade de ingestão de álcool, enquanto para a lesão corporal, que é uma infração consideravelmente menos grave, tolera-se maior ingestão de bebida alcoólica, desde que não chegue a alterar a sua *capacidade psicomotora.* Essa inversão, na nossa concepção, da gravidade do crime com a quantidade de ingestão de bebida alcoólica para qualificá-lo vem ao encontro dos *princípios da proporcionalidade e da razoabilidade,* o que não impede que se exija a comprovação efetiva de que a ingestão dessas substâncias proibidas na direção de veículo automotor altere *os controles sensoriais* do condutor infrator, caso contrário não se pode afirmar que estava *sob a sua influência.*

8. Concurso de pessoas em homicídio culposo

A doutrina alemã não admite a possibilidade de coautoria nos crimes culposos, entendendo que qualquer contribuição na causa produtora do resultado não caracteriza, em si, a autoria. Para Welzel[39], toda contribuição em uma ação que não observa o

---

39. Hans Welzel, *Derecho Penal alemán,* 1970, p. 145.

dever de cuidado fundamenta a autoria. No mesmo sentido é a orientação de Jescheck[40], para quem é inadmissível a coautoria nos delitos culposos diante da inexistência de acordo comum. Quando houver a cooperação imprudente de vários autores — continua Jescheck —, a contribuição de cada um deve ser avaliada separadamente, pois cada um será *autor acessório*. Essa concepção germânica decorre da adoção da "teoria do domínio do fato", visto que nos crimes culposos esse domínio não existe. Já em relação à participação em sentido estrito (instigação e cumplicidade), o Código Penal alemão determina expressamente que ela só é possível na forma dolosa (§§ 26 e 27).

Em sentido diametralmente oposto, a doutrina espanhola admite não só a coautoria nos crimes culposos como a participação em sentido estrito. O comum acordo, impossível quanto ao resultado, é perfeitamente admissível na conduta imprudente, que, de regra, é voluntária[41]. Um dos grandes argumentos dos espanhóis é que a *participação*, além de permitir melhor graduação da responsabilidade penal, mantém o *princípio da acessoriedade*. Assim, por exemplo, aquele que induz outrem a uma atividade perigosa para si não será castigado se ocorrer um acidente com lesão ou morte. Sua cooperação esbarraria na atipicidade da conduta de *matar-se* ou de *autolesionar-se*. Bettiol também admitia a possibilidade de participação em crime culposo[42].

A doutrina brasileira, à unanimidade, admite a *coautoria* em crime culposo, rechaçando, contudo, a *participação*[43]. Pode existir, na verdade, um vínculo subjetivo na realização da conduta perigosa, que é voluntária, inexistindo, contudo, tal vínculo em relação ao resultado, que não é desejado. Os que *cooperam na causa*, isto é, na falta do dever de cuidado objetivo, agindo sem a atenção devida, são *coautores*. Nesse aspecto, a concepção brasileira assemelha-se, na essência, com o posicionamento clássico alemão, partidário da teoria final da ação, ao sustentar que *toda contribuição causal a um delito não doloso* equivale a produzi-lo, na condição de autor, para os alemães, na de coautor, para os brasileiros, pois, como dizia Welzel, "a coautoria é uma forma independente de autoria... A coautoria é autoria. Por isso, cada coautor há de ser autor, isto é, possuir as qualidades pessoais (objetivas e subjetivas) de autor..."[44]. Assim, passageiro que induz o motorista de táxi a dirigir em velocidade excessiva e contribui diretamente para um atropelamento, que para os alemães seria autor, para os espanhóis seria simples partícipe[45], e, para a doutrina brasileira, coautor[46].

---

40. H. H. Jescheck, *Tratado de Derecho Penal*, p. 940.
41. Santiago Mir Puig, *Derecho Penal*; Parte General, Barcelona, PPU, 1985, p. 336.
42. Giuseppe Bettiol, *Direito penal*, trad. Paulo José da Costa Jr. e Alberto Silva Franco, São Paulo, Revista dos Tribunais, 1977, v. 1.
43. Por todos, Damásio de Jesus, *Direito Penal*; Parte Geral, 20. ed., São Paulo, Saraiva, 1997, v. 1, p. 417.
44. Hans Welzel, *Derecho Penal alemán*, 1970, p. 158.
45. Santiago Mir Puig, *Derecho Penal*; Parte General, p. 336.
46. Damásio de Jesus, *Direito Penal*; Parte Geral, v. 1, p. 417-418.

9. Majorantes do crime de homicídio culposo na direção de veículo automotor

A majorante representa um *plus* de culpabilidade, ao contrário da qualificadora, que integra a tipicidade. As majorantes e as minorantes não se confundem com qualificadoras ou agravantes e atenuantes genéricas. Funcionam como *modificadoras da pena*, na terceira fase do cálculo de sua aplicação. Ademais, as majorantes e as minorantes estabelecem o *quantum*, fixo ou variável, de aumento ou diminuição, ao contrário das demais operadoras.

O § 1º do art. 302 do CTB prevê majorantes específicas para o homicídio culposo cometido na direção de veículo automotor, sendo o aumento de pena variável de um terço até a metade. Atualmente, esse parágrafo do art. 302 distingue, casuisticamente, quatro modalidades de circunstâncias que determinam a majoração da pena cominada a essa infração penal. Essa numeração é taxativa. A Lei n. 11.275/2006 havia incluído uma nova majorante, que consistia no fato de o agente cometer homicídio culposo estando sob a influência de álcool ou de substância tóxica ou entorpecente de efeitos análogos, mas esta foi revogada pela Lei n. 11.705/2008.

As circunstâncias majorantes do homicídio culposo cometido na direção de veículo automotor se caracterizam quando o agente: a) não possuir Permissão para Dirigir ou Carteira de Habilitação; b) praticá-lo em faixa de pedestres ou na calçada; c) deixar de prestar socorro, quando possível fazê-lo sem risco pessoal, à vítima do acidente; d) no exercício de sua profissão ou atividade, estiver conduzindo veículo de transporte de passageiros. Analisemos cada uma delas separadamente.

9.1 *Ausência de permissão para dirigir ou de carteira de habilitação*

A majorante se aplica quando o agente não possuir *Permissão para Dirigir, nem Carteira de Habilitação*. Essa circunstância majorante refere-se ao fato de o agente não estar habilitado, isto é, de *não estar autorizado a dirigir*, e não ao fato de o agente conduzir sem o porte do documento. Esta última *circunstância* consistiria em uma simples infração administrativa (leve), de acordo com o art. 232, c/c art. 159, § 1º, do CTB.

A *Permissão para Dirigir* é obtida, nos termos do art. 148 do CTB, após aprovação do candidato nos exames de habilitação. Se o condutor aprovado, ao término de um ano, não tiver cometido nenhuma infração de natureza grave ou gravíssima, nem for reincidente em infração média, lhe será conferida a *Carteira Nacional de Habilitação* (CNH).

Questão controvertida diz respeito à condução do veículo com documentos vencidos. Seria equiparável a ausência de Permissão para Dirigir ou de Carteira de Habilitação, no momento da condução? Tal equiparação, no entanto, é inconcebível para fins penais, sob risco de ampliar a proibição constante da norma penal incriminadora, o que é vedado em Direito Penal, presumindo que o sujeito não adquiriu permissão ou habilitação para dirigir veículo automotor, o que não corresponde à realidade. Com efeito, o fato de tais documentos encontrarem-se com sua validade vencida constitui somente infração administrativa para a qual o próprio Código de Trânsito prevê a respectiva punição.

Na realidade, somente é possível interpretar como inexistente a autorização para dirigir veículo, quando: a) após o período de 1 ano, o portador da Permissão para Dirigir tiver negada a concessão da CNH, nos termos do art. 148, § 3º, do CTB, hipótese em que deixará de estar autorizado a dirigir, devendo reiniciar todo o processo de habilitação; ou b) o portador de CNH vencida não puder mais utilizar este documento em face da declaração da suspensão do direito de dirigir ou da cassação propriamente dita da CNH, nos termos dos arts. 261 e 263, respectivamente. Nessas duas hipóteses, realmente o indivíduo não dispõe mais da permissão ou habilitação para dirigir veículo automotor. Nessas duas hipóteses, portanto, justifica-se a majoração da sanção criminal, por autorizada interpretação jurídico-dogmática.

A majorante aplica-se, portanto, quando o agente cometer homicídio culposo na direção de veículo automotor, sem possuir o direito de dirigir, no momento do fato. Sua incidência afasta a aplicação da agravante genérica prevista no art. 298, III, do CTB, por tratar-se a majorante de causa de aumento de pena específica, cuja aplicação é prioritária, pelo princípio da especialidade (conflito aparente de normas). Admitir a aplicação simultânea da agravante e da majorante seria uma grave afronta ao princípio do *ne bis in idem*, erronia inaceitável no âmbito penal.

Cabe ainda ressaltar que o art. 309 do CTB tipifica como delito autônomo a conduta de "Dirigir veículo automotor, em via pública, sem a devida Permissão para Dirigir ou Habilitação ou, ainda, se cassado o direito de dirigir, gerando perigo de dano". Trata-se de crime de perigo concreto, que se constata com a criação de perigo de dano aos demais participantes no tráfico viário. Com essa previsão legal surge a dúvida de se haveria concurso formal entre o crime de perigo do art. 309 e o homicídio culposo do art. 302, quando o perigo criado pelo agente resultasse na morte de outrem. Contudo, a específica previsão da majorante do art. 302, parágrafo único, I, impede a configuração do concurso formal quando o perigo de dano criado pelo agente que dirige veículo automotor, sem a devida Permissão para Dirigir ou Habilitação, realiza-se no resultado morte não desejado, sendo aqui aplicável o princípio da consunção.

9.2 Homicídio culposo praticado em faixa de pedestres ou na calçada

A majorante aqui descrita revela o *maior desvalor da ação* do condutor que comete infração de trânsito atingindo pedestres que transitam nas zonas a eles destinadas, cuja segurança lhes é assegurada pelas normas de trânsito. A expectativa é de que o motorista seja mais cauteloso ao trafegar próximo à faixa de pedestre e de que seja respeitoso, eximindo-se de avançar sobre as calçadas e faixas de segurança, que, aliás, é o que possibilita a participação de pedestres no tráfico. O *princípio da confiança* se vê gravemente afetado quando o motorista infringe as normas do trânsito que estão dirigidas à proteção do pedestre, que está em evidente desvantagem em relação aos veículos. Por isso, quando o pedestre morre ao ser atingido na faixa de pedestre ou na calçada, pune-se mais severamente o motorista infrator, exatamente em razão do *maior desvalor* de sua ação imprudente.

A aplicação dessa majorante afasta a incidência da agravante genérica do art. 298, VII, por tratar-se aquela de *causa de aumento de pena específica*, cuja aplicação é prioritária, *pelo princípio da especialidade*. Admitir a aplicação simultânea da agravante e da majorante seria uma grave afronta ao princípio do *ne bis in idem*.

9.3 Omissão de socorro à vítima do acidente

Segundo a redação do art. 304 do CTB determinada pela Lei n. 14.599/2023, constitui um delito a conduta de "Deixar o condutor do veículo, na ocasião do sinistro, de prestar imediato socorro à vítima, ou, não podendo fazê-lo diretamente, por justa causa, deixar de solicitar auxílio da autoridade pública".

Aqui a *omissão de socorro* não constitui crime autônomo (o crime continua a ser de resultado, ao contrário do crime omissivo próprio), a exemplo do que ocorre com a previsão do art. 304 do CTB, pois, neste, o crime tem como sujeito ativo o condutor de veículo automotor envolvido em acidente com vítima que não contribuiu para a ocorrência do sinistro nem mesmo a título de culpa[47]. O sujeito ativo do art. 302 do CTB, ao contrário, é responsabilizado pela morte da vítima, em razão da *inobservância do dever de cuidado* exigível nas circunstâncias, incidindo a majorante da omissão de socorro quando, após a causação culposa do acidente, deixa de prestar socorro à vítima, podendo fazê-lo sem risco pessoal. Não caberia, portanto, sequer cogitar da caracterização do concurso material entre os crimes dos arts. 302 e 304 do CTB, pois neste, repetimos, a omissão de socorro se refere única e exclusivamente ao motorista que não contribuiu para a ocorrência do sinistro nem mesmo a título de culpa, enquanto naquele há causação culposa do sinistro com o resultado morte da vítima e posterior omissão de socorro. Em razão da *especificidade da previsão da majorante*, afasta-se a adequação típica do art. 304 do CTB.

Seria desnecessário afirmar que essa majorante somente pode ser aplicada quando o socorro omitido pudesse ter sido prestado. Por isso, sustentamos que a *morte instantânea da vítima* impede a incidência da majorante[48], e, ainda que o socorro fosse prestado, seria absolutamente inexitoso. Esse não é, contudo, o entendimento que vem se consolidando na jurisprudência, notadamente após a manifestação do STF no julgamento do *Habeas Corpus* 84.380/MG, rel. Min. Gilmar Mendes, publicado no *DJ* em 3 de junho de 2005. No caso, o paciente requereu a desconside-

---

47. Confira Fernando Capez e Vitor Eduardo Rios Gonçalves, *Aspectos criminais do Código de Trânsito brasileiro*, p. 36; Maurício Antonio Ribeiro Lopes, *Crimes de trânsito*, p. 210; Marcelo Cunha de Araújo, *Crimes de trânsito. Atualizado com a Lei n. 10.259/2001*, p. 72; Marcellus Polastri Lima, *Crimes de trânsito. Aspectos penais e processuais*, p. 183-185.
48. De maneira similar também se manifestam, entre outros, Fernando Capez e Vitor Eduardo Rios Gonçalves, *Aspectos criminais do Código de Trânsito brasileiro*, p. 38; Marcellus Polastri Lima, *Crimes de trânsito. Aspectos penais e processuais*, p. 187.

ração da *causa de aumento de pena* prevista no art. 121, § 4º, do Código Penal, sob a alegação de que, diante da morte imediata da vítima, não seria cabível a incidência da causa de aumento da pena, em razão de o agente não ter prestado socorro. No entanto, o STF, por maioria de votos, indeferiu a ordem, ao entender que a alegação é improcedente, pois "Ao paciente não cabe proceder à avaliação quanto à eventual ausência de utilidade de socorro", adotando, nessa hipótese, responsabilidade objetiva em matéria penal. Esse entendimento equivocado também foi aplicado em relação ao homicídio culposo do art. 302, parágrafo único, III, pelo STJ, no julgamento do AgRg no Ag 1.140.929/MG, rel. Min. Laurita Vaz, publicado no *DJe* em 8 de setembro de 2009, segundo a qual é "Irrelevante o fato de a vítima ter falecido imediatamente, tendo em vista que não cabe ao condutor do veículo, no instante do acidente, supor que a gravidade das lesões resultou na morte para deixar de prestar o devido socorro". Também no STJ, já foi decidido que "A norma contida no inciso III, do parágrafo único, do art. 302, do Código de Trânsito Brasileiro impõe um dever de solidariedade no sentido de socorrer prontamente a vítima, sendo culpado ou não o condutor pelo atropelamento, não lhe competindo levantar suposições acerca das condições físicas daquela para o fim de deixar de lhe prestar a devida assistência" (STJ, RHC 34.096/RJ, rel. Min. Moura Ribeiro, Quinta Turma, julgado em 6-5-2014, *DJe* de 13-5-2014).

Como veremos adiante, no estudo específico dos elementos característicos da *omissão de socorro*, o interesse na preservação da vida e da saúde pessoal contra perigos graves é o que fundamenta o *dever de solidariedade humana*. Sob esse ponto de partida, não é lógico nem coerente estabelecer o *dever de socorro à vítima* de acidente que se sabe morta, pois não há mais vida a preservar, *o bem jurídico tutelado não mais existe*. Se, ainda assim, pretende o legislador obrigar o motorista a *solidarizar-se com o corpo do "de cujus"*, deveria esclarecer que visa proteger bem jurídico diverso, ou seja, não somente a vida, que se extinguiu com o evento morte, mas também o respeito aos mortos. Se essa fosse a hipótese, então seria necessário alterar o texto da lei, e não dar-lhe interpretação extensiva para punir mais severamente o agente do crime culposo, algo inadmissível em relação à norma penal incriminadora, violando a tipicidade estrita.

Da mesma forma, pelas mesmas razões, o imediato socorro da vítima por terceiro, antes mesmo de que o motorista causador do sinistro possa fazê-lo, impede a incidência da majorante. Embora, convém que se diga, esses aspectos, por si sós, não impeçam que o sujeito ativo possa ser processualmente demandado em ação própria, pois poderá ser necessária a instrução criminal para concluir que a prestação de socorro, nas circunstâncias, não era possível, ou que houve morte instantânea da vítima, ou que terceiros prestaram socorro imediato à vítima etc.

A presença de *risco pessoal* afasta esta majorante. Por isso, no caso do agente que deixa o local do acidente temeroso de alguma represália por parte dos parentes da vítima ou de terceiros, que possuem condições de prestar socorro, não há que se falar em adequação típica da referida majorante, pela falta da elementar "sem risco pessoal".

Cabe ainda observar que caso o motorista constate, após a ocorrência do acidente por ele provocado, que a vítima encontra-se em perigo de vida, necessitando de imediato socorro, e aquele deliberadamente se negue a prestá-lo, abandonando a vítima de forma consciente e intencionada no local do sinistro, deverá ser ele responsabilizado pelo resultado morte a título de dolo, por crime comissivo por omissão ou omissivo impróprio, sendo aqui aplicável a regra do art. 13, § 2º, *c*, do Código Penal. Como sua conduta anterior, mesmo que imprudente, foi a causadora da situação de perigo, transformou-se no *garantidor*, tendo a obrigação de impedir que o resultado morte ocorra, e, não o fazendo, responde pela morte, dolosamente. Com isso, evidenciamos que se o evento morte não é consequência direta e imediata do sinistro provocado culposamente pelo motorista, mas da posterior falta de socorro dolosa, isto é, havendo condições de sobrevivência da vítima e vindo esta a falecer porque o motorista decide, com a representação consciente do resultado morte, deixar a vítima morrer, então aquele deverá ser responsabilizado pela prática de homicídio doloso, tipificado no art. 121, *caput*, do CP. Nesse caso, o homicídio praticado em *comissão por omissão*, o dolo projeta-se sobre o segundo momento do comportamento do motorista, que é omissivo (o primeiro foi comissivo), por isso, assume o papel de garantidor, nos termos do art. 13, § 2º, *c*, do CP.

9.4 *Homicídio culposo praticado por motorista profissional na direção de veículo de transporte de passageiros*

O transporte de passageiros constitui atividade que demanda cuidados e habilidades especiais no trânsito. Por isso, a *maior reprovabilidade da conduta* do motorista que infringe as normas de cuidado no tráfico, dando lugar à causação da morte de outrem, quando na direção de veículo de transporte de passageiros.

Essa majorante aplica-se, portanto, ao motorista profissional, isto é, àquele que não se encontra em eventual transporte de passageiros, mas ao que o faz de maneira habitual e rotineira, no qual os passageiros depositam a necessária confiança para a realização do transporte pelas vias terrestres.

10. Conflito de normas mais que aparente: revogado § 2º do art. 302 e art. 308, § 2º

Embora esteja atualmente revogada, a figura prevista no art. 302, § 2º, segunda parte, do CTB produza perplexidade quando comparada com o também "novo tipo penal", esse sim *qualificado*, introduzido pela mesma Lei n. 12.971/2014 no § 2º do art. 308 do CTB. Isso porque o art. 308 criminaliza, justamente, o comportamento de quem *"participar, na direção de veículo automotor, em via pública, de corrida, disputa ou competição automobilística não autorizada pela autoridade competente, gerando situação de risco à incolumidade pública ou privada"*. Com efeito, o legislador penal estipulou que, se referido comportamento perigoso gerar o resultado morte, *por culpa do motorista*, aplicar-se-á não o art. 302, *caput*, e § 2º, segunda parte, mas o *novo tipo qualificado* introduzido no § 2º do art. 308, que estabelece de forma diferente, *verbis*: "Se da prática do crime previsto no *caput* resultar morte, e as circunstâncias demonstrarem que o agente não quis o resultado nem assumiu o risco de produzi-lo, a pena privativa de liberdade é de reclusão de 5 (cinco) a 10 (dez) anos, sem prejuízo das outras penas previstas neste artigo". Nessa hipótese, estamos diante de um crime *preterdoloso*, segundo essa previsão legal, ou seja, uma previsão intermediária entre o crime doloso e o crime culposo, e capaz de proteger adequadamente os bens jurídicos tutelados e objetos de lesão desautorizada.

Tem-se, portanto, no mesmo diploma legal, a tipificação de *dois crimes de homicídio*, em circunstâncias muito parecidas, mas um *culposo*, com a punição concomitante do *comportamento perigoso* autonomamente incriminado (art. 302, *caput*, e § 2º), e outro *preterdoloso* (art. 308, § 2º). Embora o conteúdo das condutas criminosas seja muito semelhante, em ambos os dispositivos, especialmente a descrição do *caput* do art. 308 e a descrição do § 2º do art. 302, relativamente à participação em "racha", comportam, contudo, alguma diferenciação em seus próprios termos. Vejamos em que consiste essa distinção. Antes de prosseguirmos nesse exame, destacamos, desde logo, que, em boa hora, esse § 2º do art. 302 foi revogado pela Lei n. 13.281 de 2016, suprimindo esse verdadeiro "conflito, mais que aparente, de normas".

Na hipótese do art. 302, o resultado morte está no *caput* (com a respectiva sanção), e decorre de *culpa*; na hipótese do art. 308, a morte ou a lesão corporal grave são *preterdolosas* e estão nos §§ 1º e 2º, daí resultar em maior gravidade nas suas cominações penais, configurando hipóteses *preterdolosas* da previsão do *caput* do art. 308. E aí reside a grande diferença: repetindo, o *resultado* morte previsto no art. 302 decorre de *culpa* do agente, ao passo que o *resultado* morte previsto no § 2º do art. 308 decorre de *preterdolo* (ocorre fenômeno semelhante com a previsão do § 1º relativamente à lesão corporal). Logicamente, a casuística apresentava grandes dificuldades para se identificar, *in concreto*, se determinado fato que se apresenta configura culpa ou *preterdolo*. Essa era a grande *vexata quaestio* desses dispositivos legais! Mas, repetindo, esse "conflito" desapareceu com a revogação do § 2º do art. 302, pela Lei n. 13.281 de 2016.

Pode-se destacar mais alguma distinção, embora não muito significativa.

Enquanto o § 2º do art. 302, já revogado, referia-se ao motorista que participasse, *em via pública*, de corrida, disputa ou competição automobilística ou ainda de exibição ou demonstração de perícia em manobra de veículo automotor, não autorizada pela autoridade competente, o § 2º do art. 308 criminaliza a conduta do motorista que participa das mesmas condutas, *em via pública, e gerando situação de risco à incolumidade pública ou privada*. Por outro lado, na hipótese do § 2º do art. 302, previa, em sua primeira parte, "Se o agente conduz veículo automotor com capacidade psicomotora alterada em razão da influência de álcool ou de outra substância psicoativa que determine dependência...", ao passo que inexistia previsão semelhante no art. 308.

Nesses termos, seria, em princípio, possível diferenciar o contexto das circunstâncias que produziram a morte, para efeito de identificar o tipo penal aplicável.

Caso o racha se realizasse em via pública gerando a ocorrência do resultado morte, situação de risco à incolumidade pública ou privada, aplicar-se-ia o tipo penal preterdoloso do § 2º do art. 308. Mas, inegavelmente, enfrentar-se-iam, com frequência, embates hermenêuticos sobre os fundamentos ou a melhor aplicação deste ou daquele dispositivo legal etc. Contudo, essas dificuldades interpretativas restaram superadas com a revogação do referido parágrafo do art. 302, e, principalmente, com a alteração do *caput* do art. 308, restando assegurada a configuração das figuras preterdolosas de lesão corporal e homicídio, como demonstramos no exame do respectivo dispositivo legal.

11. Consumação e tentativa

Consuma-se o crime de homicídio quando da ação ou da omissão humana resulta a morte da vítima. Aliás, a consumação, nos crimes materiais, é a fração última e típica do agir criminoso, que, no homicídio, materializa-se com a morte do sujeito passivo. A morte prova-se com o *exame de corpo de delito*, que pode ser direto ou indireto (art. 158 do CPP). Na impossibilidade desse exame — direto ou indireto —, admite-se, supletivamente, a produção de *prova testemunhal* (art. 167 do CPP). Convém registrar, no entanto, que somente será admissível a *prova testemunhal* supletiva quando também for impossível o *exame de corpo de delito indireto*, e não apenas o direto. Ademais, a própria confissão do acusado não supre a ausência dessa *prova qualificada* da materialidade do crime de homicídio, como de resto de qualquer crime material que deixa vestígio.

Enquanto crime culposo, não se admite tentativa, porque esta, de acordo com o art. 14, II, do CP, caracteriza-se com o início da execução do crime e sua não consumação decorre de circunstâncias alheias à *vontade* do agente. Não havendo elemento volitivo na culpa, não há que se cogitar da tipicidade e da punibilidade da tentativa de crime culposo. Nesses termos, para que se configure o homicídio *tentado*, o agente deve agir dolosamente, isto é, deve querer a *ação* e o *resultado* final que concretize o crime perfeito e acabado, qual seja, a morte de alguém.

12. Classificação doutrinária

O homicídio tipificado no art. 121 do CP é um *crime comum*, que pode ser praticado por qualquer pessoa, independentemente de condição ou qualidade especial; contudo, a redação do art. 302 do CTB especifica que *esse* homicídio culposo só pode ser cometido na direção de *veículo automotor*. Sob esse aspecto, podemos afirmar que o homicídio culposo praticado na direção de veículo automotor é *crime especial*, que exige determinada condição ou característica do autor; *material*, pois somente se consuma com a ocorrência do resultado morte, que é elemento integrante do tipo; *crime de dano*, pois o resultado morte que realiza o crime constitui um *dano* ao bem jurídico vida; *simples*, na medida em que protege somente um bem jurídico: a vida humana, ao contrário do chamado crime complexo; *instantâneo*, pois esgota-se com a ocorrência do resultado. Instantâneo não significa praticado rapidamente, mas, uma vez realizados os seus elementos, nada mais se poderá fazer para impedir sua consumação. No entanto, embora seja instantâneo, é de efeito permanente.

13. Aplicabilidade do perdão judicial

Perdão judicial é o instituto através do qual se possibilita ao juiz deixar de aplicar a pena diante da existência de determinadas circunstâncias expressamente determinadas. Apresenta-se como *causa de extinção da punibilidade*, prevista no art. 107, IX, do CP, que só pode ser aplicado nos casos expressos em lei. Ocorre que o CTB não disciplina o perdão judicial. No entanto, o Código Penal, no § 5º do art. 121, prevê a aplicação do perdão judicial ao homicídio culposo, quando "as consequências da infração atingirem o próprio agente de forma tão grave que a sanção penal se torne desnecessária". O CTB, repetindo, não contém nenhuma previsão sobre essa temática. Em verdade, o texto original do CTB previa no art. 300 o seguinte: "Nas hipóteses de *homicídio culposo* e *lesão corporal culposa*, o juiz poderá deixar de aplicar a pena, se as consequências da infração atingirem, exclusivamente, o cônjuge ou companheiro, ascendente, descendente, irmão ou afim em linha reta, do condutor do veículo". Contudo, referido artigo foi vetado, e as razões do veto presidencial foram as seguintes: "O artigo trata do perdão judicial, já consagrado pelo Direito Penal. Deve ser vetado, porém, porque as hipóteses previstas pelo § 5º do art. 121 e § 8º do art. 129 do Código Penal disciplinam o instituto de forma mais abrangente". Dessa forma, podemos constatar que o veto presidencial não pretendeu levar a inaplicabilidade do perdão judicial ao homicídio culposo do art. 302 do CTB, pelo contrário, pretendeu exatamente garantir que o *perdão judicial* previsto para o homicídio culposo no art. 121, § 5º, do CP, por ser mais abrangente, pudesse ser igualmente aplicável ao homicídio e à lesão corporal culposos praticados na direção de veículo automotor.

O instituto do Perdão Judicial é admitido toda vez que as consequências do fato afetem o respectivo autor, de forma tão grave que a aplicação da pena não teria sentido. A *gravidade das consequências* deve ser aferida em função da pessoa do agente, não se cogitando aqui de critérios objetivos. As consequências de que se cogita não se limitam aos *danos morais*, podendo constituir-se também de danos materiais. Quando as consequências atingem o agente, via indireta, exige-se entre este e a vítima *vínculo afetivo* de importância significativa.

Embora alguns doutrinadores concebam o perdão judicial como mero benefício ou favor do juiz, entendemos que se trata de *um direito público subjetivo de liberdade* do indivíduo, a partir do momento em que preencha os requisitos legais. Como dizia Frederico Marques[49], os benefícios são também direitos, pois o campo do *status libertatis* se vê ampliado por eles, de modo que, satisfeitos seus pressupostos, o juiz é obrigado a concedê-los. Enfim, se, ao analisar o contexto probatório, o juiz reconhecer que os requisitos exigidos estão preenchidos, não poderá deixar de conceder o perdão judicial por mero capricho ou qualquer razão desvinculada do referido instituto.

---

49. José Frederico Marques, *Tratado de Direito Penal*, São Paulo, Saraiva, 1961, v. 3, p. 262, 264 e 276.

Para afastar a desinteligência das diversas interpretações que existiam sobre a *natureza jurídica da sentença* que concede o perdão judicial, a reforma penal de 1984 incluiu-o entre as causas extintivas de punibilidade e explicitou na Exposição de Motivos (n. 98) que a sentença que o concede não produz efeitos de sentença condenatória. O acerto da inclusão do perdão judicial no art. 107, IX, não se repetiu ao tentar reforçar no art. 120 a natureza da sentença concessiva, propiciando a sobrevivência do equivocado entendimento de que se trata de sentença condenatória, que somente livra o réu da pena e do pressuposto da reincidência[50]. A nosso juízo, referida sentença é, simplesmente, *extintiva da punibilidade*, sem qualquer efeito penal, principal ou secundário. *Em sentido semelhante, aliás, é a Súmula 18 do STJ*: "A sentença concessiva do perdão judicial é declaratória da extinção da punibilidade, não subsistindo qualquer efeito condenatório".

Concluindo, no Direito Penal da Culpabilidade, próprio de um Estado Democrático de Direito, não há espaço para meras *faculdades* do julgador, quando os preceitos legais estão satisfeitos, como ocorre, por exemplo, em todas as outras *causas de extinção da punibilidade*, sendo injustificável, na hipótese de *perdão judicial*, um tratamento discriminatório[51]. Por essa razão, constatando-se que se trata, inequivocamente, da hipótese de *perdão judicial*, e sendo a decisão que o concede, como sustentamos, meramente *declaratória de extinção da punibilidade*, pode ser concedido a qualquer momento, inclusive com a rejeição da denúncia, até por economia processual. Justifica-se, na verdade, o prosseguimento do procedimento criminal somente quando depender da dilação probatória para comprovar se efetivamente se está diante da hipótese de perdão judicial; caso contrário, não há razão alguma para prolongar-se a *persecutio criminis*, podendo, a nosso juízo, o próprio Ministério Público postular o arquivamento do inquérito policial (investigações preliminares) com esse fundamento.

14. (In)suficiência da substituição da pena de prisão no homicídio culposo de trânsito

Trazemos nossa reflexão sobre essa temática, com uma preocupação mais específica, qual seja, a *desnecessidade de violentar a dogmática penal* interpretando erroneamente um crime culposo, como se doloso fosse, tão somente para aplicar pena mais grave do que a efetivamente cominada ao fato. Estamos nos referindo à interpretação forçada que setores do Ministério Público e do próprio Poder Judiciário têm dado a muitos acidentes de trânsito com morte. Em outros termos, ignorando as diferenças e as consequências dogmáticas entre *dolo eventual* e *culpa consciente*, rompendo com uma das mais elaboradas construções científicas em matéria de Direito Penal, que data de mais de dois séculos, além de violentar o próprio Código Penal brasileiro, que equipara o dolo eventual ao denominado dolo

---

50. Damásio de Jesus, *Direito Penal*; Parte Geral, v. 1, p. 598.
51. Alberto Silva Franco e Rui Stoco (coord.), *Código Penal e sua interpretação* – doutrinária e jurisprudencial, 8. ed., São Paulo, Revista dos Tribunais, 2007, p. 654.

direto (art. 18, I), e somente admite o *crime culposo* excepcionalmente (parágrafo único do mesmo art. 18). Basta que se utilizem adequadamente os parâmetros legais que nosso ordenamento jurídico oferece, sob pena de consagrar a proscrita *responsabilidade penal objetiva*, além de violar o *princípio da reserva legal*. Enfim, demonstramos que, mesmo em se tratando de crime culposo, a *anormalidade das circunstâncias* pode *desrecomendar a substituição de penas* e, assim, levar o autor do fato a cumprir pena privativa de liberdade.

A nossa reflexão sobre esses aspectos, aparentemente, altera a concepção sobre a *substituibilidade* de penas nos crimes culposos. Dizemos *aparentemente*, porque essa visão, na verdade, prende-se a *anormalidade das circunstâncias* e a "insuficiência da substituição", que devem ser criteriosamente examinadas. Vejamos então.

Os critérios para a avaliação da *suficiência da substituição* da pena de prisão são representados pela *culpabilidade, antecedentes, conduta social* e *personalidade do condenado*, bem como pelos *motivos* e *circunstâncias do fato*, todos previstos no art. 44, III, do Código Penal. Dos elementos do art. 59 somente "as consequências do crime" e o "comportamento da vítima" foram desconsiderados para a *formação* do que denominamos *juízo de suficiência da substituição*.

Como paradigma para o exercício dessa reflexão, tomamos o acidente da Gol em 2006, voo 1.907, que ceifou a vida de 154 pessoas inocentes. Examinando todos esses fatores (requisitos) relacionados no dispositivo referido, o digno magistrado sentenciante reconheceu que, embora não sejam todos favoráveis aos dois condenados americanos (Pilotos do Legacy), ainda assim, *seria recomendável a substituição* da pena privativa de liberdade *aplicada de quatro anos e quatro meses de detenção*. Nesse sentido, arrematou o digno magistrado: "E a redação do inciso III do artigo 44 do Código Penal não autoriza a conclusão imediata de que, valoradas negativamente aquelas circunstâncias ali indicadas, o juiz não deve substituir a pena. A lei, após apontar as circunstâncias a serem consideradas, autoriza o juiz a promover a substituição se elas 'indicarem que essa substituição seja suficiente'" (p. 77 da sentença).

No entanto, essa conclusão do digno e culto magistrado é, no particular, absolutamente equivocada, e, ademais, contraditória, considerando-se que, ao proceder ao cálculo da pena-base, reconheceu, expressamente, que a *culpabilidade é grave*, senão gravíssima, *in verbis*: "O contexto indica que a culpabilidade foi além do que seria normal e, se é que não se pode considerá-la gravíssima, não há exagero algum em reputá-la grave" (p. 73 da sentença).

Em *circunstâncias normais*, a nosso juízo, essa conclusão do digno e culto julgador até poderia ser, eventualmente, admitida. No entanto, não se pode admitir que *um desastre aéreo do qual resultaram 154 mortes*, em que os pilotos ignoraram as normas mais comezinhas de segurança da *aviação internacional*, possa ser admitido como tendo ocorrido em "circunstâncias normais". Logo, a *anormalidade das circunstâncias* desrecomenda a substituição de penas. Essa "anormalidade das circunstâncias" deve ser examinada cotejando-se os fatos concretos com nosso sistema penal em seu conjunto, isto é, encontrando-se o *elemento sistemático*, conforme demonstraremos adiante.

Considerando que *a substituição de penas* em nosso ordenamento jurídico *exige mais que o simples reconhecimento de que tais "condições sejam favoráveis"*, na verdade, essa *favorabilidade* não passa de simples *pressuposto da substituição*. Decisiva é a conclusão de que tal *favorabilidade* mostre-se "suficiente à substituição", ou seja, é necessário que dita *substituição* não neutralize a indispensável *reprovação* da conduta incriminada, como expressamente prevê o art. 44, III, *in fine*, do CP. Ou seja, a simples dúvida sobre a "suficiência da substituição" da pena de prisão, por si só, recomenda que o juiz não a aplique, como tem entendido a doutrina mais autorizada.

Em outros termos, o Código Penal *presume* que a *substituição* da pena privativa de liberdade por uma *restritiva de direito* não é *"socialmente recomendável"*, se dita *substituição* não se mostrar *suficiente* à "reprovação e prevenção do crime". Para a correta interpretação da substituibilidade, no entanto, deve-se conjugar o disposto no art. 44, III, *in fine* — que cuida da substituição de pena —, com o art. 59, *caput*, *in fine*, que disciplina a sua aplicação! Não se pode olvidar, por outro lado, que o art. 59 adota a conhecida *pena necessária* consagrada por von Liszt, que deve ser a pena *justa*, exigida pelo Estado Democrático de Direito.

Na verdade, o Estado não pode, em nenhuma hipótese, *renunciar* ao seu *dever constitucional* e institucional de *garantir a ordem pública* e a proteção de bens jurídicos individuais ou coletivos. A rigor, além daquelas circunstâncias do art. 44, III, serem positivas, é indispensável que se configure aquilo que chamamos de *"prognose favorável de suficiência da substituição"*[52]. Nessa avaliação, deve-se ter presente a relação entre *infração, infrator e sociedade*, sobretudo quando se tem *exacerbado desvalor da ação*, bem como *elevadíssimo desvalor do resultado*, mesmo em crimes culposos; nas circunstâncias, *"socialmente recomendável"* poderá ser exatamente *"a não substituição"* da pena privativa de liberdade aplicada. Com efeito, sob a ótica da coletividade, e observando-se o *princípio da proporcionalidade*, "socialmente recomendável" poderá ser mesmo *a não substituição da pena de prisão* aplicável.

Examinando as novas regras da *substituição da pena de prisão* por alternativas, acrescidas pela Lei n. 9.714/98, tivemos oportunidade de afirmar, quanto ao "juízo de suficiência da substituição", o seguinte: "Considerando a grande elevação das *hipóteses de substituição*, deve-se fazer uma análise bem mais rigorosa desse requisito, pois será através dele que o Poder Judiciário poderá equilibrar e evitar eventuais excessos que a nova previsão legal pode apresentar. Na verdade, aqui, como na *suspensão condicional*, o risco a assumir na *substituição* deve ser, na expressão de Jescheck, *prudencial*, e diante de *sérias dúvidas sobre a suficiência da substituição* esta não deve ocorrer, sob pena de o Estado *renunciar* ao seu dever constitucional de garantir a ordem pública e a proteção de bens jurídicos tutelados"[53].

---

52. Cezar Roberto Bitencourt, *Tratado de Direito Penal*; Parte Geral, 25. ed., São Paulo, Saraiva, 2019, v. 1, p. 685.
53. Cezar Roberto Bitencourt, *Tratado de Direito Penal*, v. 1, p. 685; *Novas penas alternativas*,

Afinal de contas, até que ponto a sociedade deve ser obrigada a suportar esses indivíduos em liberdade — condenados a pena superior a quatro anos — desfrutando do convívio social? Seria tolerável (razoavelmente adequado) conceder-lhes a *substituição*, sem cumprirem nenhum dia de prisão, isto é, seria *socialmente recomendável* conceder-lhes *pena substitutiva da prisão*, depois de causarem a morte de 154 pessoas absolutamente inocentes, que não concorreram para isso? Pois esse é o outro lado da moeda, que também precisa ser avaliado, quando se examina a *necessidade* e a *suficiência* de substituição de pena privativa de liberdade por penas alternativas, que devem ser suficientes à reprovação e à prevenção do crime.

Nesse sentido, não se pode esquecer que o Direito Penal não é necessariamente *assistencial*, e objetiva, em primeiro lugar, a *Justiça Distributiva*, responsabilizando o infrator pela violação da ordem jurídica, especialmente quando o *desvalor* de sua conduta criminosa atinge o bem mais valioso — a vida — de mais de uma centena e meia de pessoas. E isso — a *justiça distributiva* — segundo o magistério de Jescheck, "não pode ser conseguido sem dano e sem dor, especialmente nas penas privativas de liberdade, a não ser que se pretenda subverter a hierarquia dos valores morais e utilizar a prática delituosa como oportunidade para *premiar*, o que conduziria ao reino da utopia. Dentro destas fronteiras, impostas pela natureza de sua missão, todas as relações humanas reguladas pelo Direito Penal devem ser presididas pelo princípio de humanidade"[54].

Segundo Claus Roxin[55], tanto a *prevenção especial* como a *prevenção geral* devem figurar como *fins da pena*, por isso, a sanção aplicada em uma sentença condenatória deverá ser adequada para alcançar ambas as finalidades preventivas da pena. E deverá fazê-lo da melhor forma possível, isto é, equilibrando ditas finalidades. Assim, de um lado, a pena deverá atender ao *fim de ressocialização* quando seja possível estabelecer uma cooperação com o condenado. Aqui, Roxin manifesta sua adesão à *prevenção especial positiva* e sua rejeição às medidas de *prevenção especial negativa*. De outro lado, a pena deverá projetar seus efeitos sobre a sociedade, pois com a imposição de penas demonstra-se a eficácia das normas penais motivando os cidadãos a não infringi-las. A pena teria, sob essa ótica, mais que um fim intimidatório, o *fim de reforçar a confiança da sociedade* no funcionamento do ordenamento jurídico através do cumprimento das normas, o que produziria, finalmente, como efeito, a pacificação social. Dessa forma, Roxin manifesta sua adesão a uma *compreensão mais moderna da prevenção geral*, combinando aspectos da prevenção geral negativa e aspectos da prevenção geral positiva.

São Paulo, Saraiva, 1999, p. 85; *Penas alternativas*, 4. ed., São Paulo, Saraiva, 2013, p. 105.
54. H. H. Jescheck, *Tratado de Derecho Penal*, p. 1.155.
55. Claus Roxin, *Derecho Penal. Fundamentos. La estructura de la teoría del delito*, trad. Diego Manuel Luzón Peña, Miguel Díaz y García Conlledo y Javier de Vicente Remesal, Madrid, Civitas, 1997, t. 1, p. 95-98.

Se fizermos uma *interpretação literal*, puramente gramatical, por certo, estando presentes todos os requisitos (que não é o caso), *ad argumentandum tantum*, constantes do art. 44, III, do CP, poder-se-á, em princípio, admitir a substituição da pena de prisão por penas restritivas de direitos previstas no art. 43 do mesmo diploma legal. Contudo, como reiteradamente recomendam os hermeneutas, a melhor e mais segura interpretação será sempre a *sistemática*, que permite uma avaliação global do interpretado. Pois bem, adotando essa orientação exegética, constata-se que dentre os *requisitos exigíveis para permitir a substituição de pena* está a indicação de "que essa substituição seja suficiente" (art. 44, III, *in fine*, do CP). Logo, por esse dispositivo, é indispensável que a *favorabilidade* das circunstâncias assegure "que essa substituição seja suficiente" para a reprovação penal. Pois essa exigência legal impõe uma avaliação global, sistemática e mais apurada relativamente à "suficiência da reprovação penal", que é uma exigência da aplicação da pena adequada (art. 59, *caput, in fine*, do CP). Nessa linha, deve-se realizar uma *avaliação da suficiência da substituição* à luz da *proporcionalidade*, da reprovação penal e da razoabilidade.

Na aplicação de pena — superior a dois anos —, isto é, que esteja excluída da competência dos Juizados Especiais Criminais, o juiz deve escolher a pena mais adequada, isto é, aquela que melhor se adapte *à situação do condenado, mas que também atenda à ordem jurídica,* **bem como** *às exigências de prevenção geral e especial*, objetivos indeclináveis *dos fins da pena* em nosso sistema penal.

Por isso, conclusão que se impõe: se, pelas circunstâncias do caso concreto, a pena privativa de liberdade for indispensável, ou, pelo menos, *for recomendável* (hipótese em que a substituição não se mostre suficiente à reprovação do crime), *o julgador não poderá efetuar a sua substituição por penas alternativas*, podendo fixar, logicamente, o *regime aberto ou semiaberto* para o seu cumprimento, como ocorre *in casu*. Dito de outra forma, ainda que todos os requisitos relacionados no inciso III do art. 44 sejam considerados favoráveis, é possível que a *substituição da pena*, no caso concreto, *não se mostre suficiente à reprovação e prevenção do crime* (arts. 44, III, e 59, *caput*, ambos, *in fine*). Nessa hipótese, o julgador não pode e não deve proceder a essa substituição.

14.1 Modus operandi: *sem violência ou grave ameaça à pessoa (art. 44, I, do CP) — desvalor da ação e do resultado*

Ao disciplinar a substituição de penas privativas de liberdade, *o legislador, claramente, afastou aquelas infrações penais cometidas com violência ou grave ameaça à pessoa*, independentemente de serem *dolosas* ou *culposas*. Com a ampliação do cabimento das *penas alternativas*, e, ao mesmo tempo, a exclusão das *infrações praticadas com violência ou grave ameaça à pessoa*, passa-se a considerar, necessariamente, não só o *desvalor do resultado*, mas, também, o *desvalor da ação*, que, nos *crimes violentos*, é, sem dúvida, muito mais grave, e, consequentemente, seu *autor* não deve merecer o *benefício da substituição*.

Por isso, afasta-se, prudentemente, a possibilidade de *substituição* de penas para aquelas infrações que forem praticadas com esse *modus operandi* (art. 44, I). Dito de outra forma, também para permitir a *substituição* de penas o legislador adota o *princípio da proporcionalidade* e leva em consideração, para a aplicação de penas alternativas, tanto o *desvalor da ação* quanto o *desvalor do resultado*, que passamos a examinar.

14.2 Desvalor da ação e desvalor do resultado como objetos de valoração do injusto culpável

A evolução dos estudos da teoria do delito comprovou que a *antijuridicidade* do fato não se esgota na *desaprovação do resultado*, mas que "a forma de produção" desse resultado juridicamente desaprovado também deve ser incluída no *juízo de desvalor*. Surge, assim, na dogmática contemporânea, a impostergável distinção entre o *desvalor da ação* e o *desvalor do resultado*. Na ofensa ao bem jurídico reside o *desvalor do resultado*, enquanto na *forma* ou na *modalidade de concretizar a ofensa* situa-se o *desvalor da ação*. Por exemplo, nem toda lesão da propriedade sobre imóveis constitui o injusto típico do crime de *usurpação* do art. 161, mas somente a ocupação realizada *com violência ou intimidação à pessoa*. Nessa hipótese, o *conteúdo material do injusto* está integrado pela lesão ao direito real de propriedade (desvalor do resultado), e pelo modo violento com que se praticou tal lesão (desvalor da ação). Os dois aspectos *desvaliosos* foram, conjuntamente, considerados pela lei na configuração do injusto típico do delito de usurpação.

Com efeito, a lesão ou a exposição a perigo do bem ou interesse juridicamente protegido constitui o *desvalor do resultado do fato*; na hipótese concreta, *foram dizimadas 154 vidas humanas*; já a forma de sua execução configura o *desvalor da ação*. Em outros termos, esse *desvalor* é constituído tanto pelas modalidades externas do comportamento do autor como pelas suas *circunstâncias pessoais*, no caso, dos pilotos condenados. É indiscutível que o *desvalor da ação*, hoje, tem uma importância fundamental, ao lado do *desvalor do resultado*, na integração do conteúdo material da antijuridicidade.

No caso do "VOO 1.907 DA GOL" (que é o paradigma que adotamos), o *desvalor da ação* — representado pela displicência, descaso, inconsequência e desleixo dos pilotos condenados — agrava sobremodo a *conduta omissiva* e, no mínimo, *negligente*, dos mesmos, somando-se ao *desvalor do resultado*, representado pelo aterrador ceifamento das 154 vidas inocentes que não concorreram para esse desfecho. Aliás, ainda que, *in casu*, se tratasse de *ação menos desvaliosa*, não esmaeceria a gravidade do desvalor do resultado produzido, indicador da antijuricidade da conduta típica. Em sentido semelhante, invocamos o magistério de Rodríguez Mourullo, que destaca a *impotência* do "valor da ação" para excluir a antijuridicidade quando concorre o desvalor do resultado. Rodríguez Mourullo cita como exemplo a crença errônea de que concorre uma *causa de justificação* (excludente putativa), que não elimina a antijuridicidade da ação. Nessa hipótese, *a ação não é desvaliosa*, ao contrário, é *valiosa*, pois o agente atua na crença de que *age* conforme ao direito e para fazer prevalecer a ordem jurídica[56], pois, nesses casos, a *lesão do bem jurídico* (des-

---

56. Gonzalo Rodríguez Mourullo, *Derecho Penal*, p. 332.

valor do resultado) fundamenta a antijuridicidade do fato, apesar da falta de desvalor da ação. Essa situação poderia, eventualmente, excluir a *culpabilidade* (legítima defesa putativa, por exemplo), mas não a *antijuridicidade*. Não é o caso dos autos.

Pois essa gravidade do *desvalor do resultado*, configurador da antijuridicidade, reflete-se diretamente na reprovação penal, isto é, no *grau de censura*, representado pela categoria sistemática do delito, conhecida como *culpabilidade*. Por outro lado, não se pode dissociar o *desvalor da ação* do *desvalor do resultado*, como destacamos anteriormente, e a gravidade de um reflete-se na gravidade do outro, fundamentando igualmente a maior ou menor reprovação penal. Logo, quanto maior o desvalor do resultado provável de determinada conduta imprudente ou negligente, maior a exigência de cuidado objetivo na conduta a ser praticada, cuja inobservância acarreta seu maior desvalor (da ação). No entanto, a despeito dessa maior exigência de cuidado, na situação concreta, os pilotos condenados portaram-se com displicência tal que pareciam simples passageiros da aeronave, despreocupados com possíveis consequências que pudessem produzir.

E, por conseguinte, essa *maior desvalia da ação* negligente fundamenta, ao mesmo tempo, *maior reprovação penal*, significando maior gravidade da *culpabilidade* do agente, que é, ademais, um dos elementos (o mais importante) constantes do art. 44, III, do CP. Aliás, o próprio magistrado considerou na sentença a *culpabilidade* como circunstância grave, *in verbis*: "**Culpabilidade**. O Ministério Público Federal observa, nos seus memoriais, que a culpabilidade acentuada dos agentes deve ser levada em conta na dosagem da pena. De fato, a culpabilidade, entendida como reprovação da conduta, justifica que se proceda a um aumento da pena-base. Ficou dito na fundamentação que os pilotos ficaram quase uma hora sem verificar o painel, sem efetuar as checagens necessárias, sem exercer com diligência a função de monitoramento da aeronave. Durante uma hora foram passageiros! Tempo aproximado de uma viagem de Porto Alegre a São Paulo. Tempo em que se pode percorrer a extensão de um país. É muito. Tivesse decorrido um período de dez minutos entre o desligamento e a percepção, talvez não se pudesse censurar demasiadamente a conduta nessa fase. Mas não. Uma hora, no tempo da aviação, é uma eternidade. Está plenamente justificado, portanto, o aumento. O contexto indica que a culpabilidade foi além do que seria normal e, se é que não se pode considerá-la gravíssima, não há exagero algum em reputá-la grave" (sentença fl. 73).

Não se pode esquecer, por outro lado, que a *culpabilidade* é a medida da pena, a qual não pode, ao mesmo tempo, ir além desse limite. Deve-se, por outro lado, reconhecer que a *culpabilidade* repercute diretamente na pena e, consequentemente, também na sua *substituição*. "A culpabilidade nos crimes culposos tem a mesma estrutura dos crimes dolosos: imputabilidade, consciência potencial da ilicitude e exigibilidade de comportamento conforme ao Direito. O questionamento sobre as *condições pessoais* do agente, para se constatar se *podia agir* com a diligência necessária e se lhe era *exigível*, nas circunstâncias concretas, tal conduta, é objeto do *juízo de culpabilidade*"[57].

---

57. Cezar Roberto Bitencourt, *Tratado de Direito Penal*, v. 1, p. 384.

Na verdade, o ordenamento jurídico *valora* os dois aspectos: de um lado, o *desvalor da ação*, digamos, com uma função *seletiva*, destacando determinadas condutas como intoleráveis para o Direito Penal, e, de outro lado, o *desvalor do resultado*, que torna relevante para o Direito Penal aquelas ações que produzem lesões graves aos bens jurídicos tutelados. Assim, *quanto maior a lesão — no caso, a eliminação de 154 vidas — maior a reprovação penal* da conduta praticada pelos infratores.

Segundo Hassemer, a exigência de *proporcionalidade* deve ser determinada mediante "um juízo de ponderação entre a carga 'coativa' da pena e o fim perseguido pela cominação penal"[58]. Com efeito, pelo *princípio da proporcionalidade* na relação entre crime e pena deve existir um equilíbrio — *abstrato* (legislador) e *concreto* (judicial) — entre a gravidade do injusto penal e a pena aplicada. Ainda segundo a doutrina de Hassemer, o princípio da proporcionalidade não é outra coisa senão "uma concordância material entre ação e reação, causa e consequência jurídico-penal, constituindo parte do postulado de Justiça: ninguém pode ser incomodado ou lesionado em seus direitos com medidas jurídicas desproporcionadas"[59]. Mas, por outro lado, o Estado também não pode abrir mão da *punição proporcional à gravidade da ação delituosa*, observando os parâmetros legais de necessidade e suficiência da reprovação e prevenção do crime (art. 59).

A pena deve manter-se dentro dos limites do *Direito Penal do fato e da proporcionalidade*, e somente pode ser imposta através de um procedimento cercado de todas as garantias jurídico-constitucionais. Hassemer[60] afirma que "através da pena estatal não só se realiza a luta contra o delito, como também se garante a juridicidade, a formalização do modo social de sancioná-lo". Para a aplicação da pena proporcionalmente adequada, a *dogmática penal* socorre-se também da *culpabilidade*, aqui vista não como fundamento da pena, mas como limite desta.

A *prevenção geral positiva limitadora* está em condições de legitimar a existência de um instituto jurídico como a pena, isto é, a compreensão da prevenção geral positiva ajustada aos valores e princípios do Estado Democrático de Direito é capaz de responder *razoavelmente* à pergunta *por que castigar*[61], de modo que a finalidade de proteção de bens jurídicos, que legitima as normas penais, vê-se integrada como substrato valorativo da finalidade de prevenção da pena, evitando que esta possa ser desvirtuada, pelo menos no plano teórico. Sob essa perspectiva, é possível oferecer não só garantias ao indivíduo, mas, ao mesmo tempo, um grau razoável de estabilidade ao sistema normativo.

---

58. Winfried Hassemer, *Fundamentos del Derecho Penal*, trad. Francisco Muñoz Conde e Luis Arroyo Zapatero, Barcelona, Bosch, 1984, p. 279.
59. Winfried Hassemer, *Fundamentos del Derecho Penal...*, p. 279.
60. Winfried Hassemer, Los fines de la pena, in *Três temas de Direito Penal*, Porto Alegre, Escola Superior do Ministério Púbico, 1993, p. 136.
61. Bernardo Feijóo Sánchez, *Retribución y prevención general. Un estudio sobre la teoría de la pena y las funciones del Derecho Penal*, Montevideo/Buenos Aires, B de F, 2007, p. 516.

Quanto aos efeitos da postura assumida na determinação ou na individualização judicial da pena, o primeiro aspecto a levar em consideração, como pressuposto lógico da *finalidade de prevenção geral positiva limitadora*, é a atribuição de *culpabilidade* ao autor do fato passado, que, no caso concreto, foi em grau bastante elevado, aliás, reconhecido na sentença pelo seu digno prolator. A pena, então, deverá pautar-se de acordo com o desvalor do injusto praticado e as circunstâncias pessoais dos autores (desvalor da ação + desvalor do resultado). Esse ponto de partida implica a aplicação dos princípios da proporcionalidade, igualdade e humanidade, que têm dois polos, o dos acusados e o da sociedade. Neste caso, a sociedade não pode ficar desprotegida, com uma interpretação equivocada, com a devida vênia, como a que ocorreu nos presentes autos.

Concluindo, por todas as razões expostas, a *substituição da pena de prisão* — no caso concreto — por penas alternativas não se mostra suficiente à reprovação e à prevenção do crime, como exige o ordenamento jurídico brasileiro (art. 44, III, *in fine*, e art. 59, *caput, in fine*, ambos do CP). Não apenas as *culpabilidades* dos pilotos (valoradas negativamente na sentença), como também as *circunstâncias do crime* — ignoradas pelo julgador —, não indicam a *suficiência da substituição*, pelo contrário, recomendam, claramente, a sua não *substituição*, em razão de sua clara e precisa *insuficiência*, no caso concreto. Faremos, a seguir, as considerações relativas às circunstâncias do crime.

14.3 *Valoração (negativa) das circunstâncias do crime: omissão da sentença*

O digno e culto magistrado, ao examinar as operadoras do art. 44, III, olvidou-se, inacreditavelmente, de valorar — *as circunstâncias do crime* — seguramente uma das mais importantes moduladoras elencadas tanto nesse dispositivo como no art. 59, *caput*. Essa relevância está diretamente relacionada com alguns aspectos, tais como: (i) *o local do crime* — espaço aéreo; (ii) *modus operandi*; (iii) absoluta displicência dos acusados (pilotos), comportando-se como verdadeiros passageiros; (iiii) *sua duração e atitude dos autores durante a omissão* — mais de uma hora sem observar o desligamento do *transponder* etc.

Examinando as moduladoras do art. 59 (seis delas repetidas no art. 44, III), tivemos oportunidade de afirmar: "Circunstâncias do crime, na verdade, são dados, fatos, elementos ou peculiaridades que apenas *circundam* o fato principal. Não integram a figura típica, podendo, contudo, contribuir para aumentar ou diminuir a sua gravidade"[62]. Em sentido semelhante, é o magistério de Alberto Silva Franco: "As circunstâncias são elementos acidentais que não participam da estrutura própria de cada tipo, mas que, embora estranhas à configuração típica, influem sobre a quantidade punitiva para efeito de agravá-la ou abrandá-la. (...) Entre tais circunstâncias, podem ser incluídos o *lugar* do crime, o *tempo* de sua duração, o relacionamento

---

62. Bitencourt, *Tratado de Direito Penal*, v. 1, p. 829.

existente entre autor e vítima, *a atitude assumida* pelo delinquente no decorrer da realização do fato criminoso etc."[63]. No mesmo sentido, referindo-se às "circunstâncias do crime", Aníbal Bruno[64] sentenciava: "são condições acessórias, que acompanham o fato punível, mas não penetram na sua estrutura conceitual e, assim, não se confundem com os seus elementos constitutivos. Vêm de fora da figura típica, como alguma coisa que se acrescenta ao crime já configurado, para impor-lhe a marca de maior ou menor reprovabilidade".

Em outros termos, para valorar "as circunstâncias do crime" o magistrado deve considerar todos esses aspectos que acabamos de referir, os quais contribuem para a agravação ou atenuação da sanção aplicável, dependendo das peculiaridades do caso concreto. No caso do acidente da Gol, por exemplo, para se valorar, adequadamente, sejam os elementos do art. 59, sejam aqueles repetidos no art. 44, III, o julgador não pode jamais perder de vista que houve uma verdadeira catástrofe com a vitimização de 154 pessoas, que decorreu, fundamentalmente, da conduta negligente e imprudente dos acusados.

Ademais, pequenos detalhes técnicos, baseados no maior ou menor rigor interpretativo, podem definir o comportamento dos pilotos como *crime doloso* (assumiram o risco do resultado), ou *culposo* (conscientes do risco do resultado, que não assumiram). Em outros termos, uma zona gris separa o *dolo eventual* da *culpa consciente*, a despeito da abismal diferença entre as sanções cominadas. Aliás, o próprio Magistrado reconheceu na sentença que "(...) se cuida de uma tragédia, e não de um acidente qualquer"[65], tais as proporções que referido fato atingiu e repercutiu na sociedade como um todo. Nesse sentido, pedimos *venia* para adotar, por sua pertinência, a manifestação incensurável do Prof. René Ariel Dotti, em seu judicioso parecer, *in verbis*: "61. O cometimento do crime *no interior de uma aeronave com passageiros em pleno voo* (*lugar* do fato delituoso) é o primeiro aspecto apto a ensejar a valoração negativa das *circunstâncias do crime*. Com efeito, o *risco* assumido pelos pilotos, através de uma conduta incrivelmente imperita e negligente em velocidade e altitude elevadas, traduz-se em hipótese de crime culposo de *circunstâncias* muito mais reprováveis do que nos crimes culposos em geral" (fl. 29 do parecer).

Ainda, no plano fático das "circunstâncias do crime", deve-se considerar sobremodo o *aspecto temporal*, mais especificamente, o lapso de tempo que os pilotos "desligaram-se" de suas responsabilidades de conduzir uma aeronave — em torno de uma hora —, negligenciando o controle dos instrumentos de navegação, circunstância que não pode ser desconsiderada quando da elaboração da "prognose de suficiência da substituição" da pena de prisão. Esse aspecto não foi ignorado pelo julgador, *embora não o tenha valorado como circunstância negativa*. Vejamos, no particular, o registro de Sua Excelência, *in verbis*: "O que a prova diz, inequívoca-

---

63. Alberto Silva Franco e Rui Stoco (coord.), *Código Penal e sua interpretação* – doutrinária e jurisprudencial, p. 346-347. Destaques meus.
64. Aníbal Bruno, *Direito Penal*, 3. ed., Rio de Janeiro, Forense, 1967, t. 3, p. 67.
65. Sentença, p. 29.

mente, é que os pilotos não cumpriram o seu dever *de checar com regularidade o equipamento*. *O transponder foi desligado às 19:01:53, a colisão ocorreu às 19:56:54. Quase uma hora desligado. Uma hora, no tempo da aviação, é uma enormidade.* É como se, em um voo de Porto Alegre a São Paulo, os pilotos não fizessem procedimentos de verificação, de checagem, comportando-se como se passageiros fossem — para utilizar a expressão pedagógica do senhor Jenkins"[66].

Pois esse registro do ilustre julgador descreve autêntica "circunstância do crime", que revela o grave *erro omissivo* dos pilotos, que ocasionaram não apenas um acidente, com uma ou outra vítima, como poderia ocorrer em um acidente de trânsito, *mas causaram efetivamente a morte de 154 pessoas*; aliás, previsível em se tratando de acidente aéreo, por isso, *a maior gravidade da conduta* negligente e imperita de pilotos de aviões comerciais.

O relatório do CENIPA (Centro de Investigação e Prevenção de Acidentes Aeronáuticos), por sua vez, destaca a consequência natural nos órgãos de controle da negligência dos pilotos: "a perda de informações do *transponder* do N600XL ocorreu simultaneamente em cinco telas de console radar diferentes, sendo que as demais aeronaves, voando próximas ao setor com seus *transponders* ligados, permaneceram sendo percebidas normalmente pelos órgãos de controle de tráfego aéreo" (Relatório do CENIPA, fls. 39).

Nesse sentido, a lapidar e contundente síntese que o Prof. Ariel Dotti faz em seu impecável parecer, ao referir-se às "circunstâncias do crime", *in verbis*: "62. Sim, pois se tratava do risco de morte de, *pelo menos, todos* os que se encontravam no avião. No mínimo, 7 (sete) pessoas morreriam. Além disso, deve-se contabilizar na gravidade da quebra do dever de cuidado nessas *circunstâncias* a grande probabilidade de, em uma queda, pessoas em solo serem atingidas, com a dizimação de famílias inteiras. Ou, ainda, a possibilidade concreta de, mediante a *ausência de consulta ao painel de controle por 1 (uma) hora* — o qual indicava permanentemente o desligamento do *transponder* —, o avião que os pilotos do Legacy conduziam vir a chocar-se com *outro avião* também em voo, causando a morte de, certamente, *mais de uma centena de pessoas*. Infelizmente, foi essa última hipótese que, aqui, verificou-se. E o *fato*, que se não pode sonegar na presente análise, é o seguinte: *o risco de que tudo isso ocorresse era de conhecimento dos pilotos*, os quais, ainda assim, não empregaram os cuidados imprescindíveis para evitá-lo".

Concluindo, enfim, este tópico: a *negligência* dos dois acusados de (quase) 1 (uma) hora — como *circunstância do crime* — é muito mais grave do que aquela que dura por um minuto. O longo período mencionado na sentença — *uma enormidade, no tempo da aviação* —, ou seja, basicamente a duração de uma viagem de Belo Horizonte a Brasília, comprova que essas *circunstâncias* de um *crime culposo* devem ser, necessariamente, *valoradas negativamente*. Dito de outra forma, as "circunstâncias do

---

66. Sentença, p. 47 (grifamos).

crime" demonstram a extraordinária gravidade do crime, que não pode ser ignorada quando do exame da *(in)suficiência da substituição*, para *prevenir* e *reprimir* o crime objeto da ação penal.

15. Penas e ação penal

As penas cominadas são, cumulativamente, de detenção, de dois a quatro anos, e suspensão ou proibição de se obter a permissão ou a habilitação para dirigir veículo automotor. Não cabe aplicação da transação penal, pois não se trata de crime de menor potencial ofensivo, nem a suspensão condicional do processo, pois a pena mínima aplicável é superior a um ano. O § 1º relaciona causas especiais de aumento autorizando a elevação de um terço até metade da pena aplicada.

O tipo penal autônomo previsto no § 3º do art. 302, por sua vez, estabelece que a pena privativa de liberdade é de cinco a oito anos de *reclusão*, cominando, ainda, cumulativamente, a suspensão ou a proibição de se obter a permissão ou a habilitação para dirigir veículo automotor. Em ambos os casos não cabe aplicação da transação penal, pois não se trata de crime de menor potencial ofensivo, nem a suspensão condicional do processo, pois a pena mínima aplicável é superior a um ano.

O magistrado, na fixação das penas, deve decidir motivadamente, atendendo aos critérios estabelecidos no art. 59 do CP, inclusive para a determinação da pena restritiva de direito de suspensão ou proibição de obter a permissão ou a habilitação para dirigir veículo automotor que, de acordo com o art. 293 do CTB, tem a duração de 2 meses a 5 anos. Nesse sentido, manifestou-se o STJ no julgamento do Recurso Especial 1.286.511/MG, rel. Min. Gilson Dipp, publicado no *DJe* de 23 de abril de 2012: "A fixação da pena restritiva de direitos prevista no art. 302 do CTB — suspensão ou proibição de se obter a permissão ou a habilitação para dirigir veículo automotor — deve ser fundamentada em dados concretos, em eventuais circunstâncias desfavoráveis do art. 59 do Código Penal — que não a própria gravidade do delito — e demais circunstâncias a ela relativas. Diante do reconhecimento da inexistência de condições desfavoráveis ao réu, a suspensão da habilitação para dirigir deve ser fixada em seu mínimo legal, seguindo a reprimenda corporal, que restou estabelecida também no seu patamar mínimo". Lamentavelmente, há julgados recentes que contradizem o entendimento acima indicado, afirmando que "[...] a norma não estabelece os critérios para a fixação do lapso para a suspensão da habilitação para dirigir, devendo o juiz estabelecer o prazo de duração da medida considerando as peculiaridades do caso concreto, tais como a gravidade do delito e o grau de censura do agente, não ficando adstrito à análise das circunstâncias judiciais do art. 59 do Código Penal" (STJ, AgRg no AREsp 1.677.731/SP, rrel. Min. Reynaldo Soares da Fonseca, Quinta Turma, julgado em 18-8-2020, *DJe* de 24-8-2020). Admitir tamanha discricionariedade na aplicação da pena restritiva de direitos indicada pode resultar em hipóteses nas quais o prazo utilizado será desproporcional à conduta do agente.

A observação pode parecer desnecessária, pela sua obviedade, mas inúmeras são as sentenças criminais condenatórias reformadas pelo descumprimento das regras aplicáveis à dosimetria da pena no que tange à fixação da penalidade de suspensão ou proibição de se obter a permissão ou a habilitação para dirigir veículo automotor.

Por último, cabe aqui a aplicação da pena de *multa reparatória* prevista no art. 297 do CTB, pois, em se tratando de homicídio, há que se cogitar da ocorrência de prejuízo material e moral resultante do crime. A ação penal, quanto à legitimidade para a sua propositura, é pública incondicionada, sendo desnecessária qualquer manifestação das pessoas legitimadas a representar.

V
INDUZIMENTO, INSTIGAÇÃO OU AUXÍLIO A SUICÍDIO E À AUTOMUTILAÇÃO

Sumário: 1. Considerações preliminares. 2. Bem jurídico tutelado. 3. Natureza jurídica da morte e das lesões corporais de natureza grave. 4. Sujeitos ativo e passivo. 5. Tipo objetivo: adequação típica. 5.1. Prestação de auxílio mediante omissão. 6. Tipo subjetivo. 7. Consumação e tentativa de auxílio ao suicídio ou à automutilação. 7.1 *Nomen iuris* e estrutura do tipo penal. 7.2 Crime material: plurissubsistente. 7.3 Espécie de tentativa. 8. Classificação doutrinária. 9. Causas de aumento de pena e transformação da imputação. 9.1 Duplicação da pena em razão da motivação, menoridade ou diminuição da capacidade de resistência (§ 3º). 9.2. A pena é aumentada até o dobro se a conduta for realizada por meio da rede de computadores, de rede social ou transmitida em tempo real (§ 4º). 9.3. A pena é aumentada em metade se o agente for líder ou coordenador de grupo ou de rede virtual (§ 5º). 9.4. A infeliz transformação de um crime tentado em outro consumado mais grave. 9.5. A vulnerabilidade absoluta da vítima converte suicídio e automutilação em homicídio. 9.5.1 Abrangência do conceito de vulnerabilidade e da violência implícita. 9.6. Autoria mediata e a teoria do domínio o fato. 10. Questões especiais. 11. Pena e ação penal.

Art. 122. *Induzir ou instigar alguém a suicidar-se ou a praticar automutilação ou prestar-lhe auxílio material para que o faça:*

Pena — *reclusão, de 6 (seis) meses a 2 (dois) anos.*

§ 1º *Se da automutilação ou da tentativa de suicídio resulta lesão corporal de natureza grave ou gravíssima, nos termos dos §§ 1º e 2º do art. 129 deste Código:*

Pena —*reclusão, de 1 (um) a 3 (três) anos.*

§ 2º *Se o suicídio se consuma ou se da automutilação resulta morte:*

Pena — *reclusão, de 2 (dois) a 6 (seis) anos.*

§ 3º *A pena é duplicada:*

I — *se o crime é praticado por motivo egoístico, torpe ou fútil;*

II — *se a vítima é menor ou tem diminuída, por qualquer causa, a capacidade de resistência.*

§ 4º *A pena é aumentada até o dobro se a conduta é realizada por meio da rede de computadores, de rede social ou transmitida em tempo real.*

§ 5º *Aumenta-se a pena em metade se o agente é líder ou coordenador de grupo ou de rede virtual.*

§ 6º *Se o crime de que trata o § 1º deste artigo resulta em lesão corporal de natureza gravíssima e é cometido contra menor de 14 (quatorze) anos ou contra* quem, por enfermidade ou deficiência mental, não tem o necessário discernimento para a prática do ato, ou que, por qualquer outra causa, não pode oferecer resistência, responde o agente pelo crime descrito no § 2º do art. 129 deste Código.

§ 7º Se o crime de que trata o § 2º deste artigo é cometido contra menor de 14 (quatorze) anos ou contra quem não tem o necessário discernimento para a prática do ato, ou que, por qualquer outra causa, não pode oferecer resistência, responde o agente pelo crime de homicídio, nos termos do art. 121 deste Código.

• Texto com redação integral da Lei n. 13.968, de 26 de dezembro de 2019.

1. Considerações preliminares

Antes de fazermos as considerações preliminares especificamente sobre o *induzimento e instigação ao suicídio*, bem como sobre *a automutilação*, pedimos escusas, para dedicarmos algumas palavras sobre o infeliz texto produzido pela Lei n. 13.968, de 26 de dezembro de 2019, alterando o conteúdo original deste art. 122 do Código Penal, para acrescer, inadequadamente, o "estímulo à automutilação", não que tal conduta não deva ser criminalizada, mas pela forma escolhida pelo legislador para fazê-lo. Com a nova redação a conduta descrita no *caput* do art. 122 foi transformada em *crime formal*, e o crime material propriamente, que seria, em tese, praticamente a mesma que se encontrava no *caput*, foi deslocada para o § 2º, com o acréscimo da *automutilação*, sendo colocada, pode-se afirmar, em um plano secundário, *mutilando* a previsão clássica do Código Penal de 1940 sobre o *suicídio*. Com efeito, a redação do *caput* desse dispositivo ficou assim: "induzir ou instigar alguém a suicidar-se ou a praticar automutilação ou prestar-lhe auxílio material para que o faça", cominando-lhe a pena de seis meses a dois anos de reclusão.

Constata-se que a descrição do *caput* foi transformada em um crime sem resultado, meramente *formal*, portanto, e, ao contrário da previsão anterior, consuma-se com a própria ação, sem a produção de resultado algum. A rigor, referido crime limita-se a *instigar, induzir* ou *auxiliar* alguém a praticar a conduta ou condutas desejadas, sem qualquer resultado, e nisso consiste a nova descrição do crime do *caput*, com a pena correspondente de 6 (seis) meses a 2 (dois) anos de reclusão, que era de dois a seis anos, se o crime se consumasse, e de um a três anos se da tentativa de suicídio resultasse lesão corporal de natureza grave. Agora, o crime material de "estimular" a prática do suicídio, propriamente, foi deslocado para o seu § 2º, nos seguintes termos: "se o suicídio se consuma ou se da automutilação resulta morte, a pena é de reclusão, de 2 (dois) a 6 (seis) anos". Esse, portanto, mas com outros termos, era, basicamente, o crime material previsto anteriormente no *caput* do mesmo artigo, acrescido, agora, do crime da *automutilação*, que, a nosso juízo, ficaria melhor em dispositivo autônomo, independente, respeitando a fisionomia, tecnicamente impecável, da antiga redação, sem *deformá-la*, ou, fazendo um trocadilho, sem *mutilá-la*, como acabou acontecendo com esse infeliz, impróprio, inadequado e mal redigido texto da *novatio legis*.

Aqui se observa um fenômeno *contraditório*, aliás, sem nenhuma técnica metodológica na redação de tipos penais, desdobrando a criminalização no sentido inverso, isto é, desmembrando o tipo anterior, deixando no *caput* somente a descrição formal (sem resultado material) da instigação e induzimento ao suicídio (acrescentado da automutilação). O crime de resultado propriamente (suicídio ou mutilação) foi deslocado para o § 2º, criando uma certa *disfuncionalidade metodológica* e, inclusive, interpretativa. Teria sido mais adequado ou, no mínimo, menos infeliz, na nossa concepção, manter-se a mesma redação do *caput* deste art. 122, apenas acrescentando a nova figura da *automutilação*, visto que era esse o desejo do legislador contemporâneo. Contudo, repetindo, deveria, por absoluta impropriedade técnica, ter sido vetado esse texto, possibilitando, em uma outra oportunidade, a tipificação autônoma do crime de "estímulo" à automutilação, respeitando-se, pelo menos, a anatomia original do invejável Código Penal de 1940, por sua estrutura metodológica, sistematização e precisão terminológica.

Embora não se reconheça ao ser humano a *faculdade* de dispor da própria vida, a ação de matar-se escapa à consideração do Direito Penal. A não incriminação do suicídio não exclui, contudo, o seu caráter *imoral* e *ilícito*. Fundamentos utilitaristas, basicamente, tornam inócua a sua definição como crime e sua consequente punição. Se o fato consumou-se, o *suicida* deixou de existir e escapou do Direito Penal assim como lhe escapou a própria vida. Se, eventualmente, o suicida falhar em sua tentativa, qualquer sanção que lhe pudesse ser imposta serviria somente para reforçar-lhe a deliberação de morrer. Ademais, não haveria oportunidade para a sanção penal exercer qualquer de suas finalidades, "nem — como afirmava Aníbal Bruno — a ação segregadora, porque aí autor e vítima estão dentro do mesmo indivíduo, nem a influência intimidativa, porque quem não temeu a morte e a angústia de matar-se não poderá ser sensível à injunção de qualquer espécie de pena, e somente fora de todo domínio penal, e mesmo do poder público, se poderia exercer sobre o suicida frustrado uma influência emendativa ou dissuasória"[1].

Não sendo criminalizada a ação de matar-se ou a sua tentativa, a *participação* nessa *conduta atípica*, consequentemente, tampouco poderia ser penalmente punível, uma vez que, segundo a *teoria da acessoriedade limitada*, adotada pelo ordenamento jurídico brasileiro, a punibilidade da *participação em sentido estrito*, que é uma atividade secundária, "exige que a conduta principal seja típica e antijurídica"[2]. A despeito dessa correta orientação político-dogmática, as legislações modernas, considerando a importância fundamental da vida humana, passaram a prever uma figura *sui generis* de crime, quando alguém, de alguma forma, concorrer para a realização do suicídio. Nosso Código Penal de 1940 (ainda em vigor, na sua Parte Especial), nessa mesma linha, adotou a seguinte fórmula: "Art. 122. Induzir, instigar alguém a suicidar-se ou prestar-lhe auxílio para que o faça: Pena — reclusão, de 2

---

1. Aníbal Bruno, *Crimes contra a pessoa*, 5. ed., Rio de Janeiro, Ed. Rio, 1979, p. 133-4.
2. Cezar Roberto Bitencourt, *Manual de Direito Penal*; Parte Geral, 5. ed., São Paulo, Revista dos Tribunais, p. 441.

(dois) a 6 (seis) anos, se o suicídio se consuma; ou reclusão, de 1 (um) a 3 (três) anos, se da tentativa de suicídio resulta lesão corporal de natureza grave".

Na verdade, os verbos nucleares do tipo penal descrito no art. 122 — *induzir, instigar* e *auxiliar* — assumem conotação completamente distinta daquela que têm quando se referem à *participação em sentido estrito*. Não se trata de *participação* — no sentido de atividade acessória, secundária, como ocorre no instituto da *participação "stricto sensu"* —, mas de atividade principal, nuclear típica, representando a conduta proibida lesiva direta do bem jurídico vida. Por isso, quem realizar qualquer dessas ações, em relação ao sujeito passivo, não será *partícipe*, mas autor do *crime de concorrer para o suicídio alheio*, visto que sua atividade não será acessória, mas principal, única, executória e essencialmente típica. E essa *tipicidade* não decorre de sua natureza acessória, mas de sua definição legal caracterizadora de conduta proibida. Não vemos, aí, nenhuma incoerência dogmática.

2. Bem jurídico tutelado

O *bem jurídico* tutelado, indiscutivelmente, é a vida humana. Ferri sustentava que o homem pode livremente renunciar à vida, e, por isso, a lei penal não deveria intervir[3]. Não existe o "direito de morrer" de que falava Ferri, na medida em que não há um direito sobre a própria vida, ou seja, um direito de dispor, validamente, sobre a sua vida. Em outros termos, a vida é um bem jurídico indisponível! Lembrava Heleno Fragoso que *"não há direitos e deveres jurídicos perante si mesmo"*[4]. O fundamento da *participação em suicídio* não é, como sustentava Carrara, "a inalienabilidade do direito à vida" (§ 49). A vida não é um bem que se aceite ou se recuse simplesmente. Só se pode renunciar o que se possui, e não o que se é. "O direito de viver — pontificava Hungria — não é um direito sobre a vida, mas à vida, no sentido de correlativo da obrigação de que os outros homens respeitem a nossa vida. E não podemos renunciar o direito à vida, porque a vida de cada homem diz com a própria existência da sociedade e representa uma função social"[5].

Afora a insensatez que seria criminalizar o *suicídio* em si, observando-se as finalidades declaradas da sanção criminal, sob o ponto de vista *repressivo* seria indefensável uma pena contra um cadáver (*mors omnia solvit*); sob o ponto de vista *preventivo*, seria absolutamente inócua a "coação psicológica" contra quem não se intimida sequer com a superveniência imediata da própria morte. Por política criminal o Estado renuncia à punição de quem, desorientado, desequilibrado e amargurado, lança-se em busca da própria morte como solução dos seus conflitos interiores, com os quais — além de não conseguir resolvê-los — não consegue conviver.

---

3. Enrico Ferri, *L'omicidio-suicidio*, p. 527, apud Nélson Hungria, *Comentários ao Código Penal*, 5. ed., Rio de Janeiro, Forense, 1979, v. 5, p. 226.
4. Heleno Cláudio Fragoso, *Lições de Direito Penal*; Parte Especial, 11. ed., Rio de Janeiro, Forense, 1995, v. 1, p. 70.
5. Hungria, *Comentários*, p. 227.

Nem mesmo seria legítimo pensar na punição da simples *tentativa de suicídio*, como destaca Nélson Hungria, "pois tanto importaria aumentar no indivíduo o seu desgosto pela vida e em provocá-lo, consequentemente, à secundação do gesto de autodestruição".

O suicídio ofende interesses morais e éticos do Estado, e só não é punível pela inocuidade de tal proposição, aliás, bem como a *automutilação* agora acrescido paralelamente à regulação penal da indução, instigação ou auxílio ao suicídio. No entanto, a ausência de tipificação criminal dessa conduta não lhe afasta a ilicitude, já que a supressão de um bem jurídico indisponível caracteriza sempre um ato ilícito. Nesse sentido manifestava-se Arturo Rocco, afirmando que "a participação em suicídio é, portanto, um crime, porque é participação em um fato (suicídio) que, se não é crime, não é, entretanto, um ato juridicamente lícito, e não é lícito precisamente porque não é o exercício de nenhum direito subjetivo (sobre a própria vida)"[6]. O ordenamento jurídico vê no *suicídio* e na própria *automutilação* um fato imoral e socialmente danoso, que deixa de ser penalmente indiferente quando concorre – em qualquer dos dois fatos — com a atividade da vítima outra energia individual provinda da manifestação da vontade de outro ser humano. E é exatamente sua natureza ilícita que legitima, excepcionalmente, a *coação* exercida para impedi-lo (art. 146, § 3º, II, do CP), sem constituir o crime de *constrangimento ilegal*[7]. Assim, embora não seja considerado crime (faltando-lhe tipicidade e culpabilidade), constata-se que tanto o *suicídio* quanto a *automutilação* não são indiferentes para o Direito Penal. E, para reforçar a proteção da vida humana ante a dificuldade e inocuidade em punir o suicídio, o legislador brasileiro, com acerto, pune toda e qualquer *participação em suicídio*, seja moral, seja material. A repressão, enfim, da *participação em suicídio* é politicamente justificável, e a sanção penal é legitimamente aplicável, objetivando suas finalidades declaradas.

Por fim, para que se possa falar em crime, é indispensável que resulte morte ou, no mínimo, lesão corporal de natureza grave. Igualmente, para se falar em crime a *automutilação* induzida ou instigada necessita, no mínimo, que resulte lesão grave ou gravíssima (§ 1º). Não sobrevindo nenhum desses resultados, não se poderá falar em crime.

3. Natureza jurídica da morte e das lesões corporais de natureza grave

Segundo a corrente majoritária da doutrina nacional, o resultado morte ou lesão corporal grave constitui *condição objetiva de punibilidade* do crime de participação em suicídio. Nélson Hungria sustentava que, "embora o crime se apresente consumado com o simples induzimento, instigação ou prestação de auxílio, a punição está

---

6. Arturo Rocco, *L'oggetto del reato*, p. 16-7.
7. No caso das "testemunhas de Jeová", especialmente nas transfusões de sangue, a intervenção médica compulsória está protegida pelo art. 146, § 3º, do Código Penal; uma hipótese *sui generis* de estado de necessidade.

condicionada à superveniente *consumação* do suicídio ou, no caso de mera tentativa, à produção de *lesão corporal de natureza grave* na pessoa do frustrado desertor da vida"[8]. No entanto, deve-se adotar outra concepção, a partir da nova construção deste art. 122, transformando-o em um crime formal, com a inclusão da *automutilação*, bem como a cominação de penas pela simples prática das mesmas ações tipificadas, independentemente da produção de qualquer resultado, como deixa claro sua construção tipológica e a respectiva cominação de seis meses a dois anos de reclusão. Aliás, essa interpretação fica cristalizada ao ser complementada com o disposto em seus §§1º e 2º da nova tipificação. Mas esses aspectos examinaremos mais adiante.

Pode-se destacar na doutrina duas correntes relativamente à definição das *condições objetivas de punibilidade*: de um lado a orientação segundo a qual as condições objetivas de punibilidade, como acontecimentos futuros e incertos, são indispensáveis para a integração jurídica do crime. Elas integrariam o conceito amplo de tipo penal, que abrangeria não apenas aqueles elementos constitutivos fundamentadores do injusto, mas também aqueles que condicionam a sua punibilidade; de outro lado, sustenta-se que as condições objetivas de punibilidade pressupõem a existência de um crime completo e acabado com todos os seus elementos constitutivos, representando, somente, condição indispensável para a concreta aplicação da sanção criminal[9]. Assim, referidas condições não constituiriam elementos ou requisitos do crime, que já estaria perfeito e acabado, mas apenas condicionariam a imposição da respectiva sanção penal. Filiamo-nos a esta segunda orientação, muito bem sintetizada por Regis Prado[10], nos seguintes termos: "De fato, as condições objetivas de punibilidade são alheias à noção de delito — ação ou omissão típica, ilícita ou antijurídica e culpável — e, de conseguinte, ao nexo causal. Ademais, atuam objetivamente, ou seja, não se encontram abarcadas pelo dolo ou pela culpa. São condições exteriores à ação e delas depende a punibilidade do delito, por razões de política criminal (oportunidade e conveniência)".

Para nós, no entanto, contrariando o entendimento majoritário, a *morte* e as *lesões corporais graves* não podem ser consideradas como simples *condições objetivas da punibilidade*, em razão da própria definição que temos dessas *condições*, como alheias à constituição do crime, além de não serem abrangidas pelo dolo ou pela culpa. Ora, como a morte e as lesões corporais graves integram a definição legal do crime de *participação em suicídio* e, por conseguinte, devem ser abrangidas pelo dolo, à evidência não se confundem com tais condições objetivas de punibilidade. Nesse sentido já se manifestava Jiménez de Asúa, afirmando que: "Não faltaram escritores — Soler, por exemplo — que enumeraram entre as condições ob-

---

8. Hungria, *Comentários*, p. 236. No mesmo sentido, Aníbal Bruno, *Crimes contra a pessoa*, cit., p. 137.
9. Luiz Regis Prado, *Curso de Direito Penal brasileiro*; Parte Geral, São Paulo, Revista dos Tribunais, 1999, p. 481.
10. *Curso*, cit., p. 482.

jetivas de punibilidade, a consumação do suicídio, no crime de indução a que outro se lhe suprima a vida, conforme consignamos antes. Observamos, no entanto, que isto não é uma *condição objetiva de punibilidade*, mas a própria essência da instigação e do mandado. Se o crime não se consuma, o instigador ou mandante não é responsável"[11]. Modernamente, socorre-nos, com muita propriedade, Fernando de Almeida Pedroso, afirmando que a morte e as lesões graves, no crime de participação em suicídio, "não constituem condições objetivas de punibilidade, pois representam o objetivo e propósito a que se direcionava e voltava o intento do agente. Trata-se no caso, portanto, do resultado naturalístico ou tipológico do crime"[12].

Ninguém discute que a infração penal em exame – na forma tipificada no Código Penal de 1940 — constitui um *crime material*, embora *sui generis*, na medida em que, para muitos, não admite a figura tentada, a despeito de sua punição expressa constante do nosso Código Penal (§ 1º). Ora, nos crimes materiais o *resultado* integra o próprio tipo penal, ou seja, para a sua consumação é indispensável que o resultado ocorra, tanto que, nesses crimes, a ausência do resultado da ação perpetrada caracteriza a tentativa. A *morte* e as *lesões corporais* são o resultado pretendido pelo agente. Por isso, no crime de *participação em suicídio*, a não ocorrência da morte ou da lesão corporal grave *torna a conduta atípica* e não constitui simplesmente causa impeditiva da punibilidade, como pretende a corrente contrária. Nessa mesma linha orienta-se Damásio de Jesus, para quem "a morte e as lesões corporais de natureza grave devem estar no âmbito do dolo do terceiro participante. Logo, constituem o tipo e não se revestem dos caracteres das condições objetivas de punibilidade"[13].

4. Sujeitos ativo e passivo

O *sujeito ativo* do crime de participação em suicídio ou em automutilação pode ser qualquer pessoa, não requerendo nenhuma condição particular, pois se trata dos chamados *crimes comuns*. É indispensável, no entanto, que o sujeito ativo seja capaz de *induzir, instigar* ou *auxiliar* a colocação em prática da *vontade de alguém de suicidar-se ou automutilar-se*. Não se admite, porém, como *sujeito ativo*, à evidência, a própria vítima, uma vez que não é crime uma pessoa *matar-se ou mutilar-se*. Essa conduta, isoladamente, constitui um indiferente penal. *Típica* é a conduta de *participar* — moral ou materialmente — do suicídio de outrem (mas o *auxílio* tem que ser material, agora expressamente determinado). Da mesma forma, embora o modismo atual sustentando a *responsabilidade penal da pessoa jurídica*, esta, ainda que produza o material ingerido pela vítima, causador de sua morte, não poderá ser *sujeito ativo* desse crime.

---

11. Luís Jiménez de Asúa, *La ley y el delito*, 1954, p. 456.
12. Fernando de A. Pedroso, *Homicídio — participação em suicídio, infanticídio e aborto*, Rio de Janeiro, Aide, 1995, p. 217.
13. Damásio E. de Jesus, *Direito Penal*; Parte Especial, São Paulo, Saraiva, 1979, v. 2, p. 90. No mesmo sentido, Heleno Cláudio Fragoso, *Lições*, v. 1, p. 72-3.

Embora se trate de "participação em suicídio ou em automutilação", essa infração penal admite tanto a *coautoria* quanto a *participação em sentido estrito*. Assim, se alguém *induz* outrem a suicidar-se ou automutilar-se, aquele será autor do crime; se, no entanto, duas pessoas, de comum acordo, praticarem essa mesma atividade, serão coautoras; se, porém, alguém induzir outrem a *instigar* uma terceira pessoa a suicidar-se, o "indutor" será *partícipe* (teve uma atividade meramente acessória) e o "instigador" será autor da *participação em suicídio ou em automutilação*, pois realizou a atividade típica descrita no modelo legal. Deve-se ter presente, enfim, que as atividades de partícipes e coautores não se confundem. E *induzir, instigar* e *auxiliar*, que, como regra geral, descrevem a atividade do *partícipe*, neste tipo penal, *constituem* o núcleo do tipo penal, isto é, representam as condutas tipificadas e quem as pratica será autor ou coautor e não mero partícipe. Nesse caso, *induzir, instigar e auxiliar* não representam somente uma atividade secundária, meramente acessória, como seria a participação em sentido estrito, mas identificam a própria conduta proibida violadora do tipo penal.

Sujeito passivo, por sua vez, será a pessoa induzida, instigada ou auxiliada a suicidar-se ou a automutilar-se. Pode ser qualquer ser humano vivo, capaz de entender o significado de sua ação e de determinar-se de acordo com esse entendimento. Como, nesse crime, a *vítima se autoexecuta*, é indispensável essa capacidade de discernimento[14]. Caso contrário, estaremos diante de um homicídio praticado por meio da *autoria mediata, especialmente agora com a previsão do § 7º, acrescido pela Lei n. 13.968, de 26 de dezembro de 2019*. É indispensável que a atividade humana destine-se a participar do suicídio ou da automutilação de uma pessoa determinada, não se configurando o crime em exame quando visar um número indeterminado de pessoas[15], como, por exemplo, a publicação de uma obra literária recomendando, como alternativa honrosa de vida, o suicídio ou a automutilação, ainda que leve a esse desiderato um sem-número de pessoas.

Contudo, a partir do disposto no § 4º, com a redação determinada pela Lei n. 13.968/19, a prática desse crime "por meio *da rede de computadores, de rede social ou transmitida em tempo real*" poderá, por esse meio especial, visar um número indeterminado de vítimas, pelo alcance, pela abrangência e pela capacidade de atingir grande número de destinatários simultaneamente; aliás, para ser mais específico, será praticamente impossível *visar uma única vítima ou pretender que apenas determinado indivíduo* seja atingido pela rede mundial de computadores ou por rede social, como previsto no dispositivo retromencionado.

Se, no entanto, a vítima for forçada a suicidar-se ou automutilar-se, ou não tiver condições de oferecer resistência alguma (§ 7º), haverá, inequivocamente, homicídio, e não participação em suicídio.

---

14. Flávio Augusto Monteiro de Barros, *Crimes contra a pessoa*, São Paulo, Saraiva, 1997, p. 46.
15. Enrico Altavilla fala em três modalidades de suicídio, segundo as causas que o originam: ocasionais, passionais e anormais (*La psicologia del suicidio*, Napoli, 1910).

5. Tipo objetivo: adequação típica

A conduta típica consiste em *induzir* (suscitar, fazer surgir uma ideia inexistente), *instigar* (animar, estimular, reforçar uma ideia existente) ou *auxiliar* (ajudar materialmente) *alguém* a *suicidar-se*, ou, no caso da nova e atual redação do texto, *automutilar-se*. Trata-se de um tipo penal de conteúdo variado, isto é, ainda que o agente pratique, cumulativamente, todas as condutas descritas nos verbos nucleares, em relação à mesma vítima, praticará um mesmo crime. *Induzir* significa suscitar o surgimento de uma ideia, tomar a iniciativa intelectual, fazer surgir no pensamento de alguém uma ideia até então inexistente. Por meio da *indução* o indutor anula a vontade de alguém, que, finalmente, acaba suicidando-se *ou automutilando-se*; logo, a intervenção daquele é que decide o resultado final; por isso, a conduta do indutor é mais *censurável* do que a conduta do instigador, que veremos adiante. Essa forma de "instigação" *lato sensu* — por meio da indução — os autores têm denominado "determinação", quando se referem à *participação em sentido estrito*, que nós, também lá, preferimos chamá-la *induzimento*, para manter a harmonia com o sentido que é utilizado nesse tipo penal. *Instigar*, por sua vez, significa animar, estimular, reforçar uma ideia existente. Ocorre a *instigação* quando o instigador atua sobre a vontade do autor, no caso, do instigado. O instigador limita-se a provocar a resolução de vontade da indigitada vítima, não tomando parte nem na execução nem no domínio do fato. Tanto no induzimento quanto na instigação é a própria vítima que se autoexecuta.

É indiferente o *meio* utilizado tanto para o *induzimento* quanto para a *instigação*, desde que persuadam ou animem o *suicida* a agir: persuasão, conselho, dissuasão etc. Para que haja essa forma de "participação moral" é necessária uma *influência* decisiva no processo de formação da vontade, abrangendo os aspectos *volitivo* e *intelectivo*. Afastam-se, assim, o *erro* e a *coação*: aquele suprime a *consciência*, e esta a *liberdade*. Não é suficiente *criar* uma situação tentadora para a vítima, o que poderia configurar cumplicidade. A "contribuição" deve dirigir-se a um fato específico, assim como a um "candidato" ou "candidatos" determinados ao suicídio ou à automutilação. Em resumo, o induzimento e a instigação são espécies de "*participação moral*" em que o sujeito ativo age sobre a vontade do autor, quer provocando para que surja nele a vontade de cometer o crime (induzimento), quer estimulando a ideia existente (instigação), mas, de qualquer modo, influindo *moralmente* para a prática do crime, no caso, na prática de um ato imoral e ilícito.

Prestar auxílio representa, ao contrário das duas modalidades anteriores, uma "participação" ou contribuição material do sujeito ativo, que pode ser exteriorizada mediante um comportamento, um auxílio material. Pode efetivar-se, por exemplo, por meio do empréstimo da arma do crime. *Auxiliar*, segundo o magistério de Magalhães Noronha, "é ajudar, favorecer e facilitar. Diante da oração do dispositivo é assistência *física*; é forma de concurso *material*. Auxilia quem dá ao suicida o revólver ou o veneno; quem ensina ou mostra o modo de usar a arma; quem impede a intervenção de pessoa, que poderia frustrar o ato de desespero etc."[16]. O auxílio pode ocorrer desde

---

16. Magalhães Noronha, *Direito Penal*, p. 43.

a *fase da preparação* até a *fase executória* do crime, ou seja, pode ocorrer antes ou durante o suicídio ou a automutilação, *desde que não haja intervenção nos atos executórios*, caso contrário estaremos diante de homicídio, como exemplifica Manzini: o agente puxa a corda de quem se quer enforcar; segura a espada contra a qual se atira o suicida; provoca imissão de gás no quarto onde a vítima está acamada e deseja morrer; ajuda a amarrar uma pedra no pescoço de quem se joga ao mar.

Um aspecto muito peculiar deve-se destacar em todas as modalidades de condutas tipificadas relativas à participação em suicídio ou automutilação objetivam a morte ou mutilação de alguém que "tem o desejo de suicidar-se ou automutilar-se", ressalvada a primeira hipótese, onde o sujeito ativo *induz* a vítima — que, como já afirmamos, não tinha essa resolução de — suicidar-se ou automutilar-se[17]. Nada impede que a *prestação de auxílio* também ocorra sob a forma de *omissão*, quando o sujeito ativo tem o *dever jurídico de evitar o suicídio (ou a automutilação)*, como seria o caso, por exemplo, do carcereiro que deixa, propositadamente, o preso com a cinta, para facilitar-lhe o enforcamento, sabendo dessa intenção do suicida.

Por derradeiro, qualquer que seja a forma ou espécie de "participação", moral ou material, é indispensável a presença de dois requisitos: *eficácia causal* e *consciência de "participar"* na ação voluntária de outrem de suicidar-se ou automutilar-se. É insuficiente a exteriorização da vontade de "participar". Não basta realizar a atividade descrita no tipo penal se esta não influir na atividade final do suicida. Não tem relevância a "participação" se o "suicídio" ou a "automutilação" não for, pelo menos, tentado. Que importância teria o empréstimo da arma se o suicida não a utiliza na sua auto-execução ou nem sequer se sente encorajado a praticá-lo com tal empréstimo? Por outro lado, é indispensável saber que "coopera" na ação de suicidar-se de outrem ou de automutilar-se, mesmo que a vítima desconheça ou até recuse a "cooperação". O *sujeito ativo* precisa ter *consciência* e *vontade* de participar na autoexecução e no resultado dessa ação.

Enfim, induzir, instigar e auxiliar que, teoricamente, representariam mera atividade de *partícipe*, neste tipo, constituem o núcleo do tipo penal. Assim, quem realizar qualquer dessas ações, em relação ao sujeito passivo, não será *partícipe*, mas autor do crime. Por isso, é um equívoco falar em *participação* quando se trata de um único sujeito ativo; ainda que houvesse mais de um sujeito ativo que, de comum acordo, realizasse qualquer das atividades representadas pelos verbos nucleares do tipo, seriam coautores e não partícipes. Na verdade, as condutas de autores ou coautores dirigem-se à pessoa do próprio "candidato" ao suicídio ou à automutilação e não se destinam a influenciar a decisão deste ou aquele possível autor do fato.

---

17. Alfonso Serrano Gomes, *Derecho Penal*; Parte Especial, Madrid, Dykinson, 1997, p. 43. Relativamente à *indução ao suicídio*, ainda, muito interessante a seguinte afirmação de Alfonso Serrano Gomes, que a considera um verdadeiro homicídio, *in verbis*: "Estamos diante de um homicídio, pelo que esta figura não tem razão de ser. Devia desaparecer do Código Penal e condenar-se como homicida quem consegue que outro se suicide ao induzi-lo eficazmente a isso" (*Derecho Penal*, cit., p. 45).

Nada impede, no entanto, que *alguém* desempenhe a atividade de *partícipe*, instigando, induzindo ou auxiliando o sujeito ativo a realizar uma das condutas descritas no tipo penal. Mas, nesta hipótese, não estará desenvolvendo sua ação diretamente relacionada à vítima, mas sim em relação ao autor material do fato que o executará. Não se pode esquecer que "o partícipe não pratica a conduta descrita pelo preceito primário da norma penal, mas realiza uma atividade secundária que contribui, estimula ou favorece a execução da conduta proibida. Não realiza atividade propriamente executiva"[18]. *Alguém*, expressão utilizada no tipo penal, significa outro ser humano, além do sujeito ativo. O *suicídio*, em si mesmo considerado, não é crime. *Matar-se* é uma conduta atípica. O mesmo ocorre com a ação de *automutilar-se*, não constitui crime, desde que não o faça, por exemplo, para receber um seguro previamente adquirido.

Por fim, ainda que as várias condutas — *induzir, instigar e auxiliar* — sejam todas praticadas, o sujeito ativo participará de um único crime, uma vez que este tipo penal é daqueles classificados pela doutrina como de *conteúdo variado* ou de *ação múltipla*.

5.1 *Prestação de auxílio mediante omissão*

A questão sobre a possibilidade da prática deste crime por meio da *prestação de auxílio*, sob a forma omissiva, não tem sido muito pacífica na doutrina e na jurisprudência. Para Nélson Hungria, no entanto, "A prestação de auxílio pode ser comissiva ou omissiva. Neste último caso, o crime só se apresenta quando haja um dever jurídico de impedir o suicídio"[19]. Na verdade, essa afirmação de Hungria está plenamente de acordo com o sistema estrutural do nosso Código, o qual adota a *teoria da equivalência das condições*, que não distingue *causa* e *condição*. Para que se admita a *prestação de auxílio* ao suicídio ou a automutilação mediante omissão, é indispensável, contudo, a existência do *dever jurídico de evitar* que alguém coloque em prática o ato de suicidar-se[20] ou automutilar-se.

Deixar de impedir um evento que se tem o *dever jurídico* de evitar é, sem sombra de dúvida, uma forma de prestar auxílio (contribuir, concorrer, auxiliar etc.) para a ocorrência de tal evento. Diante do art. 13 do CP, que não distingue *causa* e *condição*, não há como negar essa possibilidade. Deve-se analisar esse tema à luz da doutrina relativa aos crimes *omissivos impróprios*, onde a figura do *agente garantidor* ocupa especial relevo. Nesses crimes, o *garante* não tem simplesmente o *dever de agir*, mas a obrigação de *agir para evitar que determinado resultado ocorra*. Equivoca-se, inequivocamente, a orientação que não admite o *auxílio ao suicídio* sob a modalidade *omissiva imprópria*. Deixar de impedir a ocorrência de um evento que se tem o dever jurídico de evitar é, com certeza, uma forma de *prestar auxílio* à sua realização.

---

18. Cezar Roberto Bitencourt, *Manual de Direito Penal*; Parte Geral, p. 436.
19. Hungria, *Comentários*, p. 232.
20. Em sentido semelhante, Serrano Gomes, *Derecho Penal*, p. 47.

6. Tipo subjetivo: adequação típica

O dolo é o elemento subjetivo do tipo e consiste na vontade livre e consciente de provocar a morte da vítima por meio do suicídio ou sua automutilação, ou, no mínimo, assunção do risco de levá-la a esse desiderato. A vontade do agente deve abranger a ação, o resultado e o nexo causal: vontade e consciência do fato, vontade de alcançar o resultado morte ou mutilação, não através de ação própria, mas da autoexecução. O agente deve, em outros termos, ter consciência e vontade de levar a vítima ao suicídio ou à automutilação. O dolo não se limita à *ação participativa*, que é um simples *meio*, mas estende-se, necessariamente, ao fim desejado, que é a morte ou a automutilação da vítima. Deve querer que esta efetivamente se suicide ou se automutile, ou seja, são objetos do dolo "o fim proposto, os meios escolhidos e, inclusive, os efeitos colaterais representados como necessários à realização do fim pretendido"[21].

Ao dolo do agente deve corresponder a intenção da vítima de suicidar-se ou de automutilar-se. Não haverá crime se, por exemplo, a vítima estivesse zombando de alguém que acreditava em sua insinuação e, por erro, vem a falecer. Solução diferente deveria ser dada, lembra Fragoso, com acerto, "se a morte fosse condição objetiva da punibilidade, pressuposta a idoneidade da ação, em que muitos julgam estar o momento consumativo. Esse entendimento, como já deixamos consignado, é insustentável"[22]. Nada impede que o dolo orientador da conduta do agente configure-se em sua forma eventual. A doutrina procura citar alguns exemplos que, para ilustrar, invocaremos: o pai que expulsa de casa a "filha desonrada", havendo fortes razões para acreditar que ela se suicidará; o marido que sevicia a esposa, conhecendo a intenção desta de vir a suicidar-se, reitera as agressões. A *consciência* e a *vontade*, que representam a essência do dolo, também devem estar presentes no *dolo eventual*, para configurar determinada *relação de vontade* entre o resultado e o agente, que é exatamente o elemento que distingue o dolo da culpa. É fundamental, enfim, que o agente represente a possibilidade de levar a vítima ao suicídio e anua à sua ocorrência, assumindo o risco de produzi-lo.

Não há previsão da *forma culposa* dessa infração penal. Quando o agente, por culpa, leva alguém a *suicidar-se* ou se *automutilar*, tampouco responderá por homicídio culposo, e o fundamento dessa premissa é irretorquível: se a cooperação voluntária à morte do suicida não constitui homicídio doloso, como poderá constituir homicídio culposo a cooperação imprudente ao suicídio? Se o mesmo ato não constitui homicídio quando praticado dolosamente, como poderá sê-lo quando é praticado culposamente? Normativamente não se confundem os atos destinados à *causação* direta do homicídio e aqueles destinados a levar alguém a suicidar-se. Ante a ausência de previsão da modalidade culposa da participação em suicídio, a provocação culposa deste constitui conduta atípica.

---

21. Cezar Roberto Bitencourt, *Manual de Direito Penal*; Parte Geral, 5. ed., p. 249.
22. Fragoso, *Lições*, p. 74-5.

7. Consumação e tentativa de auxílio ao suicídio ou à automutilação

Consuma-se a *participação em suicídio* com a morte da vítima e a participação na automutilação com a sua execução material pela própria vítima. Consuma-se a ação criminosa quando o tipo penal está inteiramente realizado, isto é, quando o fato concreto se subsume no tipo abstrato da lei penal. Sem a supressão da vida da vítima não se pode falar em *suicídio consumado, mesmo que a ação produza lesão corporal grave,* posto que a ela o preceito primário não se refere[23]. Do mesmo modo, sem a efetiva mutilação do próprio corpo pela vítima, seja decepando seus membros, superiores ou inferiores, inteiros ou parte deles, seja deformando seu rosto ou o próprio corpo tampouco se pode falar em *automutilação consumada*. Com essa afirmação deixamos claro, desde logo, que a produção de lesões corporais graves não consuma o tipo penal na forma de suicídio; contudo, dependendo da natureza, extensão ou profundidade da lesão deformando o seu corpo ou decepando seus membros, certamente, estar-se-á diante da consumação da nova figura da automutilação.

Aliás, lesões corporais de natureza grave, como caracterizadoras da tentativa perfeita, apareciam na redação anterior, somente no preceito secundário, quando determinava, expressamente, *"se da tentativa de suicídio resulta lesão corporal de natureza grave"*. Convém destacar que, ao contrário do que afirmava Hungria, mero *induzimento, instigação* ou *auxílio* não consumam o crime de participação em suicídio[24], a menos que se tratasse de crime formal, mas os crimes que deixam vestígios são definidos como crimes materiais por excelência, e este não era diferente.

No entanto, com a nova redação atribuída pela Lei nº 13.968/19 a conduta descrita no *caput* do art. 122 foi transformada em *crime formal*, e o *crime material* propriamente, que seria, em tese, praticamente a mesma que se encontrava no caput, foi deslocada para o § 2º, com o acréscimo da *automutilação*, sendo colocada, pode-se afirmar, em um plano secundário, mutilando a previsão clássica do Código Penal de 1940. Com efeito, a redação do *caput* desse dispositivo ficou assim: "induzir ou instigar alguém a suicidar-se ou a praticar automutilação ou prestar-lhe auxílio material para que o faça". Constata-se, que a descrição do *caput* foi transformada em um crime sem resultado, meramente formal, portanto, e, ao contrário da previsão anterior, consuma-se com a própria ação, sem a produção de resultado algum. A rigor, referido crime limita-se a *instigar ou induzir alguém a praticar a conduta ou condutas desejadas* e, nisso, consiste o novo crime do *caput*, com a pena correspondente de 6 (seis) meses a 2 (dois) anos de reclusão. Esse aspecto *puramente formal* da conduta não era punível na previsão original do Código Penal de 1940, consequentemente, não pode retroagir para alcançar condutas praticadas antes do

---

23. Veja, em sentido contrário: Magalhães Noronha, *Direito Penal*, p. 48; Paulo José da Costa Junior, *Comentários*, p. 23; Damásio de Jesus, *Direito Penal*, p. 94.
24. Hungria, *Comentários*, p. 235.

dia 26 de dezembro de 2019, data da publicação da referida lei, que entrou imediatamente em vigor.

Agora, o *crime material* de "estimular" ou auxiliar materialmente a prática do suicídio ou da automutilação, propriamente, foi deslocado para o seu § 2º, nos seguintes termos: "se o suicídio se consuma ou se da automutilação resulta morte, a pena é de reclusão, de 2 (dois) a 6 (seis) anos, a mesma que era prevista na redação do *caput* anterior. Essa, portanto, e com outros termos, era, basicamente, o crime material previsto no *caput* do mesmo artigo, acrescido do *crime da automutilação*, que, a nosso juízo, repetindo, ficaria melhor em dispositivo autônomo, respeitando a metodologia, tecnicamente impecável, da antiga redação, sem *deformá-la*, ou, fazendo um trocadilho, *mutilá-la*, como acabou acontecendo com esse infeliz, impróprio, inadequado e mal redigido texto da *novatio legis*.

Essa infração penal, agora desdobrada em crime formal e crime material, admite tentativa? Claramente a figura descrita no caput da nova redação, como *crime formal*, por excelência, isto é, sem resultado, não admite tentativa, aliás, não apenas por isso, mas porque o seu *iter criminis* não permite fracionamento, não há como interromper ou fracionar as condutas ali descritas! Contudo, como *crime material* a figura descrita no § 2º admite a tentativa das condutas que descreve. No entanto, trata-se de uma *figura complexa* que prevê no próprio tipo a sua forma tentada, que poderíamos chamar de *tentativa qualificada*, na medida em que a pune somente se decorrer *lesão de natureza grave*. A antiga doutrina tradicional, especialmente aquela de meados do século passado, de um modo geral, afirmava, singelamente, que esse tipo penal não admitia tentativa[25]. Contudo, acreditamos que já é hora de aprofundar um pouco mais a reflexão sobre este tema (afirmação que fazemos desde o início da década de 90), especialmente se levando em consideração a definição do *tipo penal* (participação em suicídio e automutilação), sua natureza de *crime material* e o próprio instituto da *tentativa*, que pode estar sempre presente naqueles crimes cuja ação admite fracionamento. Façamos uma pequena análise desses aspectos especiais.

7.1 Nomen iuris *e estrutura do tipo penal*

O tipo penal descrito no art. 122 ficou conhecido tanto na doutrina quanto na jurisprudência como "participação em suicídio", abrangendo as três modalidades definidas de participação (induzimento, instigação e auxílio); ninguém discute o sentido técnico-jurídico do vocábulo "participação", que é de todos conhecido. O significado da palavra *suicídio*, por sua vez, seja no campo etimológico, antropológico, sociológico, ético, moral ou jurídico, não apresenta diferenças significativas.

---

25. Nélson Hungria, *Comentários*, p. 236-7; Aníbal Bruno, *Crimes contra a pessoa*, p. 144-5; Magalhães Noronha, *Direito Penal*, p. 48-9; Damásio de Jesus, *Direito Penal*, p. 95; Paulo José da Costa Jr., *Comentários*, p. 24; Julio Fabbrini Mirabete, *Manual de Direito Penal*; Parte Especial, São Paulo, Atlas, 1987, v. 2, p. 66; Flávio Augusto Monteiro de Barros, *Crimes contra a pessoa*, p. 50.

Em todas essas áreas do conhecimento humano, suicidar-se tem o sentido de matar-se, de autoexecutar-se, ou seja, de eliminação da vida pelo próprio suicida. E mais: só haverá *suicídio* com a superveniência do resultado morte produzido pelo próprio. Em outros termos, sem supressão da vida, isto é, sem o resultado morte não se poderá falar em suicídio. Ninguém, coerentemente, poderá falar em suicídio consumado de pessoa viva! A supressão da vida (a morte) integra o próprio tipo penal. E, para concluir, a *lesão corporal de natureza grave* como consequência da participação de alguém que livre e conscientemente queria o resultado morte, provocado pela própria vítima, é a comprovação mais contundente de que, a despeito do dolo do agente, o resultado ficou aquém do pretendido (qual seja, a morte), e isso não é outra coisa senão tentativa.

Por outro lado, o *preceito secundário*, isto é, a sanção penal, deixa muito claro que existe, normativamente, a possibilidade de o *suicídio* apresentar-se sob duas formas: *consumada* e *tentada*! Ora, ao cominar-lhe a pena de dois a seis anos de reclusão, "se o suicídio se consuma", está admitindo a possibilidade de essa conduta ficar na forma tentada e que, igualmente, deverá ser sancionada, embora com outros limites. E, ademais, a segunda parte do preceito secundário, que é de uma clareza meridiana, espanta qualquer dúvida que pudesse existir e confirma a possibilidade de ocorrer *tentativa punível* da infração conhecida como "participação em suicídio", embora com critério distinto daquele estabelecido no antigo parágrafo único do art. 14 do CP (agora renumerado para § 1º), aliás, lá expressamente ressalvado.

7.2 Crime material: plurissubsistente

Há igualmente entendimento dominante tanto na doutrina quanto na jurisprudência de que o crime de participação em suicídio inclui-se nos chamados crimes materiais. Nos crimes materiais, a execução pode desdobrar-se em vários atos sucessivos, de tal sorte que a ação e o resultado típicos separam-se espacialmente, permitindo a observação e a constatação clara dos diversos estágios do *iter criminis*. Esses crimes denominam-se *plurissubsistentes* e admitem o fracionamento da ação em atos distintos, sem afastar-lhes a unidade delitiva, e é exatamente essa circunstância que permite identificar a possibilidade da tentativa. São os *crimes unissubsistentes*, que se constituem de ato único, cujo processo executivo unitário não permite fracionamento, pois a ação coincide temporalmente com a consumação. É um contrassenso admitir a participação em suicídio como crime material e negar-lhe a possibilidade do *conatus*. Não é razoável, igualmente, admitir, em tese, a possibilidade da tentativa, mas sustentar que, no nosso ordenamento jurídico, ela é impunível, ante o disposto na segunda parte do preceito primário, que prevê a punição da lesão corporal grave, pois esta não se confunde com tentativa de homicídio, inclusive em sua punição.

Na verdade, o texto legal (§ 1º) destaca que é punível "se automutilação ou da tentativa de suicídio resulta lesão corporal de natureza grave ou gravíssima...". Como negar-lhe a possibilidade de tentativa ou, então, negar-lhe a punibilidade, diante de tanta clareza? Podemos questionar a espécie de tentativa, a natureza de sua constituição, os limites de sua punibilidade, os critérios utilizados para o seu sancionamento etc., mas não podemos afirmar que ela é impossível ou, então, o que é pior, que ela seja impunível!

Os seguidores de Nélson Hungria, que sustentam a impossibilidade da tentativa, confundem esse crime — que é material — com um *crime formal*. Essa infração penal, embora descreva um resultado, este não precisa verificar-se para ocorrer a consumação. Nesses crimes, "basta a ação do agente e a vontade de concretizá-lo, configuradoras do dano potencial, isto é, do *eventus periculi* (ameaça, injúria verbal). Afirma-se que no crime formal o legislador antecipa a consumação, satisfazendo-se com a simples ação do agente..."[26], exatamente o que não ocorre no crime de *participação em suicídio*, no qual a ausência concreta do resultado torna a conduta atípica. O próprio Hungria não só se encarregou de confundir esse crime com um crime formal como contribuiu na divulgação desse equívoco, afirmando que "não se pode abstrair que o crime não é o evento 'suicídio' visado pelo réu, mas o fato de induzir, instigar ou prestar auxílio ao suicídio"[27]. Essa afirmação de Hungria seria correta se se tratasse de crime formal, o que, como já procuramos demonstrar, não é verdadeiro. Na realidade, o que levou o grande Mestre brasileiro a equivocar-se, nesse particular, foi a interpretação não menos equivocada de que o resultado do crime de participação em suicídio não passa de simples condição objetiva de punibilidade. Assim, era inevitável que em cima de uma premissa falsa acabasse chegando a uma conclusão igualmente equivocada. Na realidade, Nélson Hungria contradizia-se, repetidamente, quando tratava desse tema. Com efeito, antes de afirmar a "impossibilidade jurídica da tentativa", linhas atrás, ao traçar um paralelo entre o Código Penal anterior e o atual, afirmava o seguinte: "É, portanto, uma inovação do atual Código a punibilidade desse crime, mesmo no caso de simples tentativa de suicídio, desde que desta resulte lesão corporal grave, isto é, qualquer das lesões previstas nos §§ 1º e 2º do art. 129"[28]. Ou seja, nesse crime, Hungria disse e se desdisse!

7.3 *Espécie de tentativa*

Outro fator que deve ter contribuído para a desinteligência a respeito da existência ou inexistência, possibilidade ou impossibilidade da figura tentada desse crime foi a especial cominação da pena para o *conatus* no próprio preceito secundário, fugindo à regra geral do nosso Código Penal. A definição e a punibilidade da tentativa estão localizadas no art. 14, II e seu parágrafo único, respectivamente. A regra geral, segundo esse dispositivo, é que se puna a tentativa com a mesma pena do crime consumado, reduzida de um a dois terços. Mas o próprio parágrafo único ressalva a possibilidade de o Código prever formas diferenciadas de punir a tentativa, sem desnaturar-lhe sua condição de crime tentado. A cominação prevista para a "tentativa de suicídio", quando sobrevier lesão corporal grave, configura uma

---

26. Cezar Roberto Bitencourt, *Manual de Direito Penal*, p. 183.
27. Hungria, *Comentários*, p. 237.
28. Hungria, *Comentários*, p. 236.

dessas formas ressalvadas, a exemplo do que também ocorre com o crime previsto no art. 352 do CP (evadir-se ou tentar evadir-se). Nesse caso, o Código pune a tentativa, abstratamente, com a mesma pena do crime consumado, o que não quer dizer que referido tipo penal não admite tentativa. Os limites abstratos da pena aplicável são os mesmos tanto para a infração consumada quanto para a figura tentada (evasão ou tentativa de evasão). Concretamente, contudo, a pena será adequada em sua individualização, quando, certamente, deverá ser considerada a maior ou menor censura e a maior ou menor gravidade do resultado alcançado.

Com efeito, para encontrarmos a tipicidade e a punibilidade da tentativa, estamos acostumados a fazer um exercício de conjugação de normas, a norma principal, tipificadora do crime consumado, de um lado, e, de outro lado, a norma de extensão, dita secundária, que cria "novos tipos penais", transformando em puníveis fatos que seriam atípicos se não houvesse essa norma de extensão, em razão do princípio da reserva legal. Na verdade, como tivemos oportunidade de afirmar, "a tipicidade da tentativa decorre da conjugação do tipo penal com o dispositivo que a define e prevê a sua punição, que tem eficácia extensiva, uma vez que, por força dele, é que se amplia a proibição contida nas normas incriminadoras a fatos que o agente realiza de forma incompleta"[29].

Para concluir a análise da admissibilidade da tentativa, nessa infração penal, convém lembrar a tradicional classificação das espécies de tentativa consagrada pela doutrina: tentativa perfeita e tentativa imperfeita. A diferença fundamental entre as duas espécies reside no seguinte: na tentativa imperfeita o processo executório é interrompido durante o seu curso, impedindo ao agente a realização de todos os atos necessários à obtenção do resultado querido; na tentativa perfeita, a fase executória realiza-se integralmente, faltando somente o resultado pretendido, que, tanto nessa espécie quanto naquela, não ocorre por circunstâncias estranhas ao querer do agente. Ora, segundo esse entendimento, a lesão corporal grave será o resultado parcial da atividade do agente, que fica aquém do desejado, que seria a morte da vítima. Trata-se, na verdade, da espécie definida como tentativa perfeita, na medida em que a execução se conclui, mas o suicídio não se consuma. Com efeito, o *iter criminis* percorre toda a fase executória, desenvolvendo-se toda a atividade necessária e idônea para produzir o resultado, que não sobrevém por circunstâncias alheias à vontade do agente.

É verdade que o texto legal faz exigências especiais para punir a tentativa, isto é, não pune toda e qualquer tentativa. Em primeiro lugar, aquela tentativa que não produz qualquer resultado, conhecida como tentativa branca, é impunível, constituindo uma conduta atípica; em segundo lugar, a tentativa imperfeita, aquela que é interrompida no curso da execução, em tese, não poderá produzir resultado penalmente relevante; em terceiro lugar, para que a tentativa perfeita seja punível é necessário que produza, pelo menos, lesão de natureza grave. A simples lesão leve, por

---

29. Cezar Roberto Bitencourt, *Manual de Direito Penal*, p. 409; Damásio de Jesus, *Direito Penal*, p. 287.

política criminal, é impunível. Precisa-se ter presente que a participação em suicídio constitui um "crime complexo", ou melhor, um crime cujo "processo executório é complexo", uma vez que a sua realização exige a participação voluntária tanto do sujeito ativo quanto do sujeito passivo, e, para a sua consumação, é indispensável que a atividade dos dois sujeitos — ativo e passivo — seja eficaz. Esse crime é plurissubjetivo, ou, se preferirem, de concurso necessário.

A nosso juízo, ao contrário do que se tem afirmado, o Código Penal brasileiro não considera o crime de suicídio consumado[30], quando determina a punição diferenciada para a hipótese de sobrevir somente lesão corporal grave. Ao contrário, nessa hipótese, pune a tentativa, uma tentativa diferenciada, uma tentativa qualificada, mas sempre uma tentativa, na medida em que, além de distinguir o tratamento dispensado à não consumação da supressão da vida da vítima, reconhece-lhe uma menor censura, à qual atribui igualmente uma menor punição, em razão do menor desvalor do resultado: a punição do crime consumado é uma e a punição do crime tentado (com lesão grave) é outra.

Em síntese, a participação em suicídio ou automutilação, nos termos do nosso Código Penal, não admite tentativa branca (sem a lesão grave). Pune somente a tentativa cruenta, e mais que isso, no mínimo, com lesão grave, caso contrário, não será punível.

8. Classificação doutrinária

Crime de mão própria, por excelência, pois não pode ser praticado por qualquer outra pessoa; formal, na previsão do caput com redação determinada pela Lei n. 13.968/19; material, pois somente se consuma com a ocorrência do resultado, que é uma exigência do próprio tipo penal; simples, na medida em que protege somente um bem jurídico: a vida humana, ao contrário do chamado crime complexo; crime de dano, pois o elemento subjetivo orientador da conduta visa ofender o bem jurídico tutelado e não simplesmente colocá-lo em perigo; crime de conteúdo variado, ou seja, ainda que o agente realize as três condutas contidas no tipo penal, ainda assim cometerá crime único; instantâneo, pois se esgota com a ocorrência do resultado, e, por outro lado, instantâneo não significa praticado rapidamente, mas, uma vez realizados os seus elementos, nada mais se poderá fazer para impedir sua consumação; de efeitos permanentes, embora seja instantâneo, é de efeito permanente, pois, o fato de o agente continuar a se beneficiar com o resultado, como no furto, não altera sua qualidade de instantâneo. A ação é instantânea, mas os efeitos são permanentes, como *v. g.*, a morte da vítima ou lesões graves ou gravíssimas; unissubjetivo (pode ser cometido por uma única pessoa, não necessitando de mais de um parceiro); plurissubsistente (a conduta pode ser desdobrada em vários atos, dependendo do caso do caso concreto.

9. Causas de aumento de pena e transformação da imputação

As causas especiais de aumento (majorantes) deste crime estão relacionadas nos parágrafos 3º ao 5º deste artigo 122, as quais foram tipificadas de uma forma mui-

---

30. Flávio Augusto Monteiro de Barros, *Crimes contra a pessoa*, p. 49.

to peculiar, ou, digamos, assistemática, violentando a estrutura metodológica utilizada pelo Código Penal de 1940, mantida pela Reforma Penal de 1.984. Essa nova sistemática adotada pelo legislador dificulta, inclusive, sua interpretação, e aplicação, como veremos a seguir.

Paradoxalmente, define e comina pena primeiro à tentativa (§ 1º) e depois ao crime consumado (§ 2º), ao contrário de todos os demais crimes tipificados no Código Penal, ou seja, nesta nova redação o legislador começa pelo fim, isto é, definindo primeiramente a tentativa e só depois a figura consumada do crime, e o fez expressamente.

A regra geral do Código Penal é tão-somente definir a figura típica, com todas as suas elementares constitutivas, deixando o trabalho interpretativo a cargo da doutrina e da jurisprudência, inclusive de avaliação e valoração sobre a possibilidade ou não da forma tentada. Este método político-legislativo aqui adotado pelo legislador contemporâneo destrói, tipologicamente e tecnicamente, a tipificação do crime de induzimento, instigação e auxílio a suicídio, tão-somente para acrescentar a proibição da automutilação, que poderia, com melhor sistematização, ser incluída no Código Penal em um tipo penal autônomo, independente, em dispositivo legal específico para esse crime, pois se tratam de coisas completamente diferentes, inclusive o próprio bem jurídico.

9.1 Duplicação da pena em razão da motivação, da menoridade ou diminuição da capacidade de resistência (§ 3º)

Este § 3º determina a duplicação da pena se o crime for praticado por motivo egoístico, torpe ou fútil, bem como se a vítima for menor de 14 anos ou tiver diminuída, por qualquer causa, a capacidade de resistência. Vejamos, sucintamente, o significado de cada uma dessas causas especiais de duplicação da pena.

A) *Por motivo egoístico, torpe ou fútil*

A.a) *Motivo egoístico*

Essa motivação do crime apresenta, quanto ao aspecto subjetivo, uma inovação que a previsão do *caput*, sem essa majoração, não exige, qual seja, o elemento subjetivo especial *do tipo* ou, em outros termos, o *especial fim de agir*, que é o motivo egoístico. Egoísmo, na expressão de Magalhães Noronha, "é o excessivo amor ao interesse próprio, sem consideração pelo dos outros"[31]. Por isso, quando o egoísmo for o móvel da ação, esta será considerávelmente mais desvaliosa, justificando-se a maior punição ante o alto grau de insensibilidade e falta de caráter revelado pelo agente. Essa obstinação pela busca de vantagem pessoal, a qualquer preço, chegando ao extremo de sacrificar uma vida humana, impõe a necessidade da proporcional elevação da sanção penal correspondente.

---

31. Magalhães Noronha, *Direito Penal*, p. 49.

A.b) *Motivo torpe*

Torpe é o motivo que atinge mais profundamente o sentimento ético-social da coletividade, é o motivo repugnante, abjeto, vil, indigno, que repugna à consciência média. O motivo não pode ser ao mesmo tempo torpe e fútil. A torpeza afasta naturalmente a futilidade. O ciúme, por si só, como sentimento comum à maioria da coletividade, não se equipara ao motivo torpe. Na verdade, o ciúme patológico tem a intensidade exagerada de um sentimento natural do ser humano que, se não serve para justificar a ação criminosa, tampouco serve para qualificá-la. O motivo torpe não pode coexistir com o motivo fútil.

Nem sempre a vingança é caracterizadora de motivo torpe, pois a torpeza do motivo está exatamente na causa da sua existência. Em sentido semelhante, sustenta Fernando de Almeida Pedroso que "a vingança, como sentimento de represália e desforra por alguma coisa sucedida, pode, segundo as circunstâncias que a determinaram, configurar ou não o motivo torpe, o que se verifica e dessume pela sua origem e natureza"[32]. Com efeito, os fundamentos que alimentam o sentimento de vingança, que não é protegido pelo direito, podem ser nobres, relevantes, éticos e morais; embora não justifiquem o crime, podem privilegiá-lo, quando, por exemplo, configurem relevante valor social ou moral, v. g., quando o próprio pai mata o estuprador de sua filha. E um crime privilegiado não pode ser ao mesmo tempo qualificado por motivo fútil ou torpe. O STJ, em acórdão relatado pelo Ministro Félix Fischer, já decidiu nesse sentido, inclusive para afastar a natureza hedionda do fato imputado: "A vingança, por si, isoladamente, não é motivo torpe. III — A troca de tiros, em princípio, sem outros dados, afasta a qualificadora do inciso IV do art. 121, § 2º, do Código Penal. IV — Se, inequivocamente, sem qualquer discussão, a *imputatio facti* não apresenta situação típica própria de homicídio qualificado, os efeitos processuais da Lei n. 8.072/90 devem ser, ainda que provisoriamente, afastados. V — Consequentemente, inexistindo motivos para a segregação *ad cautelam*, deve o acusado aguardar o julgamento em liberdade. *Habeas corpus* deferido"[33].

A.c) *Motivo fútil*

Fútil é o motivo insignificante, banal, desproporcional à reação criminosa. Motivo fútil não se confunde com motivo injusto, uma vez que o motivo justo pode, em tese, excluir a ilicitude, afastar a culpabilidade ou privilegiar a ação delituosa. Vingança não é motivo fútil, embora, eventualmente, possa caracterizar motivo torpe. O ciúme, por exemplo, não se compatibiliza com motivo fútil. Motivo fútil, segundo a Exposição de Motivos, é aquele que, "pela sua mínima importância, não é causa suficiente para o crime". Na verdade, essa declaração da Exposição de Motivos não é das mais felizes, porque, se for "causa suficiente para o crime", justificá-lo-á, logo, será excludente de criminalidade. Motivo fútil não se confunde com motivo injusto,

---

32. Fernando de Almeida Pedroso, *Homicídio — participação em suicídio, infanticídio e aborto*, São Paulo, Aide, 1995, p. 114.
33. STJ, HC 5.356, rel. Min. Félix Fischer.

pois este não apresenta aquela desproporcionalidade referida na Exposição de Motivos. E um motivo aparentemente insignificante pode, em certas circunstâncias, assumir determinada relevância. Por outro lado, todo motivo que não justifique[34] o crime, excluindo-lhe a antijuridicidade ou eximindo a culpabilidade, é, tecnicamente, sempre injusto; sendo justo o motivo, não se poderá falar em crime.

A insuficiência de motivo não pode, porém, ser confundida com ausência de motivos. Aliás, motivo fútil não se confunde com ausência de motivo. Essa é uma grande aberração jurídico-penal. Fazemos aqui, apenas para reflexão, uma conclusão provocativa sobre a ilogicidade do sistema penal: a presença de um motivo, fútil ou banal, qualifica o homicídio. No entanto, a completa ausência de motivo, que, teoricamente, deve tornar mais censurável a conduta, pela gratuidade e maior reprovabilidade, não o qualifica. Absurdo lógico: homicídio motivado é qualificado; homicídio sem motivo é simples. Mas o princípio da reserva legal não deixa alternativa, não havendo como considerá-lo qualificado, embora seja permitido ao julgador ao efetuar a dosimetria penal, sopesar a gratuidade da violência que levou à morte de alguém, valorando negativamente a ausência de motivo. Não há dúvida alguma de que a "ausência de motivo" revela uma perigosa anormalidade moral que atinge as raias da demência".

B) *Vítima menor de 14 anos*

O texto legal anterior não estabelecia qual deveria ser o limite da idade do menor, obrigando-nos a uma interpretação sistemática, passando, inclusive, pela análise da imputabilidade penal. Essa deficiência, pelo menos, foi suprida pelo atual diploma legal, a despeito de seus equívocos e seus excessos. Não se pode esquecer, contudo, que o menor, para ser vítima de suicídio ou automutilação, precisa dispor de certa capacidade de discernimento e de ação. Como, nesse crime, a vítima se autoexecuta, é indispensável que tenha essa capacidade de entender e deliberar, bem como capacidade de se autoexecutar[35], caso contrário, estaremos diante de um homicídio praticado por meio de autoria mediata, agora expressamente prevista no § 7º deste artigo, mas, doutrinariamente, já fazíamos essa afirmação, mesmo sem lei expressa.

Mas, afinal, a partir de que idade – questionávamos antes deste diploma legal — o menor adquirirá essa capacidade mínima para reunir as condições para ser vítima (sujeito passivo) de suicídio e de automutilação, e, ao mesmo tempo, fundamentar a majoração da pena contra o autor dessa violência, em razão de sua menoridade? Seria a partir dos quatorze anos, quando o art. 224, alínea a, não considera válida sua manifestação de vontade e o art. 218 não o considera corruptível? O art. 61, II, alínea h, utiliza o termo criança para agravar a pena aplicada, e, para essa finalidade, doutrina e jurisprudência têm entendido como criança aquele cuja idade não ultrapassa a sete ou oito anos. A imputabilidade penal, por sua vez, está esta-

---

34. As causas justificadoras do crime encontram-se relacionadas no art. 23 do CP; são as chamadas excludentes.
35. Flávio Augusto Monteiro de Barros, *Crimes contra a pessoa*, p. 46.

belecida para os maiores de dezoito anos. Veja-se, assim, a importância e a dificuldade que havia para definir qual o limite que deve ser entendido como prática desse crime contra menor. Finalmente, este diploma legal de 2019 definiu, certo ou errado, a idade inferior a quatorze anos (menor de quatorze), para evitar equívocos ou excessos em sua interpretação, trazendo, quando mais não seja, segurança jurídica com uma única definição sobre o sentido do termo menoridade para este crime.

Já vimos que o agente responde não responde por este crime, mas por homicídio quando a vítima não apresentar capacidade de discernimento ou houver ausência de qualquer capacidade de resistência. Antes dessa lei, a nosso juízo, a majorante sub examine só era aplicável a menor com idade entre quatorze e dezoito anos. Ademais, a menoridade penal cessa aos dezoito anos (art. 27). Para não maior de quatorze anos, o Código Penal já considerava o consentimento inválido e contra quem, quando vítima, já presumia a violência, eventual induzimento, instigação ou auxílio ao suicídio tipificará o crime de homicídio. Antes era presunção, agora é lei. Enfim, considerando a idade da vítima, poderemos ter as seguintes hipóteses: o sujeito ativo responderá por homicídio quando a vítima não for maior de quatorze anos; por participação em suicídio, com pena duplicada, quando a vítima tiver entre quatorze e dezoito anos (§ 3º); e por participação em suicídio ou automutilação com a pena normal, quando a vítima tiver dezoito anos completados.

C) *Capacidade de resistência diminuída* por qualquer causa

Esta majorante do § 3º prevê também somente a redução da capacidade de resistência e não a sua ausência ou eliminação. Essa incapacidade relativa (resistência diminuída) poderá decorrer de herança genética, enfermidade, embriaguez ou qualquer outro fator ou causa que dificulte, diminua ou reduza a capacidade de resistir da vítima. Exemplos: induzir um ébrio a suicidar-se; instigar um demente ao suicídio, auxiliar alguém a mutilar-se etc. A capacidade de resistência pode ser diminuída por qualquer causa, seja em razão de desenvolvimento mental incompleto ou retardado, seja em razão de enfermidade, embriaguez, drogodependência ou senilidade ou que, por qualquer causa, não pode oferecer resistência, como, pela vulnerabilidade da vítima que, por qualquer outra causa, não pode oferecer resistência.

A ausência absoluta de capacidade de resistência tipifica o crime de homicídio e não a simples participação em suicídio ou automutilação, como exemplifica o disposto no § 7º. Em outros termos, haverá homicídio se a vítima for forçada a suicidar-se ou a automutilar-se sobrevindo a própria morte ou não tiver condições, nessas hipóteses, de oferecer alguma resistência à ação do agente.

9.2 *A pena é aumentada até o dobro se a conduta for realizada por meio da rede de computadores, de rede social ou transmitida em tempo real (§ 4º)*

O texto legal fala expressamente "se a conduta for realizada por meio da rede de computadores, de rede social ou transmitida em tempo real", e não apenas transmitida, após realizada, por esses meios modernos de comunicação virtual. Na verdade, nessa hipótese, a rede de computadores ou a rede social são utilizadas como meio para a prática do crime, e não apenas como meio para transmitir a sua prática, ou seja, quando através delas se induz, instiga ou auxilia alguém a suicidar-se ou a automutilar-se. Convenhamos que não é muito difícil de conseguir, inclusive coletivamente, com a transmissão de programas motivacionais negativos, estimular, incentivar, persuadir alguma mente fraca, deprimida, suicida em potencial ou depressiva suicidar-se movida por tais programações. Talvez possa haver alguma dificuldade probatória, mas aí já estaremos no âmbito do procedimento penal e, nessa hipótese, passa a ser um problema do âmbito processual, e nela dever-se-á encontrar a solução devida.

A gravidade da conduta, autorizando aumento até o dobro da pena aplicada, reside no fato de sua abrangência mundial e o potencial para incentivar quantidade indeterminada de pessoas a prática desse crime. Realmente, a utilização desses "meios de comunicação virtual" para a prática de crime, cujos destinatários (e podem ser muitos) são pessoas fracas da cabeça ou com sérios problemas mentais ou existenciais, apresenta gravidade absurda que justifica tamanha majoração de pena.

9.3 A pena é aumentada em metade se o agente for líder ou coordenador de grupo ou de rede virtual (§ 5º)

Nesta previsão do § 5º o limite de majoração de pena é bem mais modesto do que as dos parágrafos anteriores – aumenta em metade da pena aplicada — mesmo assim, o faz em limite determinado, como fizeram os dois parágrafos anteriores. Constata-se que na tipificação do crime de suicídio e automutilação o legislador optou por adotar o critério fixo para as causas especiais de aumento que, metodologicamente, não apresenta nenhum desvio ou erro que comprometa sua tipificação. No entanto, convém destacar, que este não é o melhor critério e nem o mais adequado, porque não deixa margem ao julgador para adequar melhor a pena na hora da dosimetria penal de acordo com as circunstâncias que cercam o fato concreto, especialmente nos parágrafos 3º e 4º os quais determinam a duplicação da pena, em uma operação automática, impede a adequada dosimetria penal. Critério como esse contraria a orientação desde o iluminismo de permitir melhor adequação da pena ao aplicá-la no caso concreto, aliás, entendimento que o legislador (de 1940 e 1984) preferiu adotar, como regra, o critério variável para fixar as majorantes, tanto aquelas previstas na parte geral como as previstas na parte especial do Código Penal.

Por outro lado, desde a promulgação da Lei 13.850/13, é a primeira vez que o legislador não a utiliza, aliás, acertadamente, para agravação de pena (seja como majorante, seja como qualificadora), a participação em organização criminosa, preferindo referir-se "grupo" ou "rede virtual", pois, se adotasse a utilização de "organização criminosa" reduziria muito a possibilidade dessa agravação configurar-se. Contudo, não se trata aqui, neste parágrafo, da ocorrência ou da participação de reunião de pessoas (grupo) ou da utilização de rede virtual, mas somente de *o agente ser líder ou coordenador de grupo ou de rede virtual*, que é coisa bem diferente. A configuração de grupo poderá ocorrer com muito mais frequência, permitindo, assim, a sua aplicação em muito mais casos concretos, pois bastará que o dito grupo componha-se de pelo menos três pessoas (duas pessoas não formam um grupo, mas poderá, no máximo, configurar uma coautoria simples, a despeito da equivocada previsão para os crimes contra o tráfico de entorpecentes).

Deve-se destacar, contudo, que, inadvertidamente, o legislador majora a pena somente para a participação do "líder ou coordenador" de grupo (ou de rede social) e não de outros componentes do grupo ou da rede social, que, se participarem não configurará esta majorante.

9.4 *A infeliz transformação de um crime tentado em outro consumado mais grave*

No § 6º, inovando na forma de definir ou tipificar condutas criminosas, o legislador transforma esta infração penal, *que é contra a vida* (estímulo ao suicídio ou à automutilação), naquela descrita no § 2º do art. 129, *que é crime contra a integridade física* (lesão corporal grave), dificultando, inclusive, a sua interpretação e aplicação. Curiosamente, nessa inovação metodológica de majorar a punição de um crime tentado, transformando-o em outro mais grave (§ 2º do art. 129), consumado, cujo bem jurídico é distinto, com pena muito superior a que seria aplicável se o agente houvesse consumado o crime pretendido (art. 122), não encontra similar no Código Penal de 1940, ainda em vigor. No entanto, convém destacar, desde logo, que para a ocorrência dessa *transformação* de um crime tentado, em outro consumado, mais grave, é indispensável a ocorrência simultânea dos dois pressupostos legais: de um lado, a *gravidade* da lesão sofrida pela vítima, e, de outro lado, a *vulnerabilidade* da suposta vítima, como descrito ao final do § 6º. A falta de qualquer dessas duas elementares típicas inviabiliza a transformação do crime, em sua forma tentada, deste § 2º do art. 122, nas lesões corporais graves consumadas descritas no § 2º do art. 129.

A consequência dessa transformação ficou racionalmente indefensável, pois a punição da tentativa com lesões corporais graves ou gravíssimas (§ 1º), paradoxalmente, resulta maior do que a da sua consumação (§ 2º), pela sua transformação no crime do § 2º do art. 129. Dito de outra forma, o crime consumado descrito no § 2º art. 122 tem uma pena máxima de seis anos de reclusão, enquanto o crime descrito no § 2º do art. 129 tem a pena máxima de oito anos de reclusão, principalmente, considerando-se que a conduta do agente fora apenas tentada. Enfim, se o autor do crime de "estimular" a vítima a suicidar-se ou se automutilar, consumando-o estará sujeito a uma pena máxima de seis anos de reclusão. No entanto, paradoxalmente, não o consumando, mas resultando a vítima com lesão grave ou gravíssima, nos termos do § 6º, estará sujeito a uma pena máxima de oito anos de reclusão (art. 129, § 2º). Com efeito, se consumar seu intento sofrerá uma pena menor (seis anos), contudo, não o consumando, mas resultando lesão grave ou gravíssima, sujeitar-se-á a uma pena bem mais grave. Convenhamos que se trata da "lógica do absurdo" comparar a punição de um crime tentado com a de um crime consumado, bem mais grave, e com bens jurídicos distintos.

Como explicar esse paradoxo, se o legislador, aliado aos jurisconsultos, não avalia reflexivamente o que está produzindo? Provavelmente, o autor de uma conduta como a que hora examinamos, sabendo que a vítima se encontra hospitalizada com essa gravidade, ficará rezando para que vá a óbito para assim minimizar a sua pena! Lamentavelmente, doutrinadores, professores e aplicadores da lei não são auscultados quando da elaboração desses diplomas legais esdrúxulos, pois, com seus conhecimentos e experiências relevantes poderiam senão eliminar, pelo menos, ajudar a diminuir absurdos e heresias jurídicas que, com tanta frequência nos últimos tempos, temos sido brindados pelo parlamento brasileiro, especialmente na seara criminal.

Concluindo, a pena prevista para o crime consumado é a reclusão de dois a seis anos (§ 2º), como era na previsão anterior; para a tentativa, desde que produza lesão corporal de natureza grave, a pena é de um a três anos de reclusão (§ 1º). Contudo, a ação tipificada neste artigo 122 pode tornar-se ainda mais desvaliosa, quer em razão do que a impulsiona (§§ 1º e 2º), quer em razão das condições pessoais da vítima (§ 3º), quer seja realizada pelas redes sociais ou transmitidas em tempo real (§ 4º) e, finalmente, se o agente for líder ou coordenador de grupo ou rede social (§ 5º). Nas hipóteses previstas nos §§ 3º e 4º a pena é duplicada. Na hipótese do § 5º a pena será reduzida pela metade.

Mas, a nosso juízo, o paradoxo mais grave e mais absurdo verifica-se na previsão deste § 6º, quando compara a previsão do § 1º deste art. 122, com a previsão do § 2º do art. 129 (lesão corporal gravíssima), cujo resultado da ação criminosa é, basicamente, o mesmo, qual seja, "lesão gravíssima" da vítima. No entanto, na hipótese do § 1º a pena cominada é de um a três anos de reclusão, enquanto na hipótese do § 2º do art. 129, com o mesmo resultado lesão gravíssima, a pena cominada, contudo, é de oito anos de reclusão, ou seja, quase o triplo daquela. Questiona-se, afinal, haveria algum fundamento para esse disparate (?), qual seria, afinal, a razão dessa disparidade de tratamento para uma ação que produz, como disse, basicamente, o mesmo resultado, pelo menos aquele mais grave (lesão gravíssima)?

A rigor, esse fundamento, embora insuficiente, está na *vulnerabilidade* do sujeito passivo dessa incriminação, usando a terminologia do legislador quando criminalizou o *estupro de vulnerável*. Com efeito, o sujeito passivo, na hipótese deste parágrafo 6º, é, alternativamente, "menor de 14 (quatorze) anos, enfermo ou pessoa com deficiência mental, ou quem, por qualquer outra causa não pode oferecer resistência". Na verdade, a *vulnerabilidade do sujeito passivo* (vítima) torna a mesma conduta com o mesmo resultado mais grave (lesão gravíssima) muito mais desvaliosa que a prevista no § 1º, mas, sem sombra de dúvidas, não o suficiente para justificar aplicação de uma pena máxima, que para o § 1º é de três anos de reclusão, e para o § 6º é de oito anos, qual seja, a pena cominada para o § 2º do art. 129 § 6º deste artigo. No entanto, ainda que admitamos – e admitimos – que vítimas vulneráveis como as aqui relacionadas sejam razões suficientes para agravar a pena, contudo, não pode chegar ao absurdo de praticamente triplicar a sanção prevista no § 1º, resultando profundamente desproporcional, e a proporcionalidade, sabemos todos, é princípio constitucional que nunca pode ser violado em matéria criminalizadora e punitiva.

Com efeito, embora a condição das vítimas elencadas acresça maior desvalia na conduta praticada, a sua punição não pode ser superior à atribuída a própria conduta principal incriminada (§ 2º), cujo desvalor está na finalidade de conduzir o ser humano a suicidar-se ou automutilar-se. Aliás, o desvalor da ação normalmente concorre com o desvalor do resultado, às vezes, prepondera um, às vezes prepondera outro, como demonstramos quando examinamos essa temática em nosso Tratado de Direito Penal, Parte Geral[36] e é com base nessa preponderância que o legislador comina as penas. Isso fica muito claro quando comparamos um homicídio doloso com um homicídio culposo, nos quais o resultado é o mesmo, morte de alguém, mas as condutas de ambos são absolutamente distintas (uma dolosa, outra culposa), bem como a sanção de cada um, até vinte anos para o doloso e até três para o culposo, ambos com o mesmo resultado morte. De notar-se, repetindo, que o resultado, igualmente desvalioso, é o mesmo, tanto no crime doloso quanto no culposo, qual seja, a morte de alguém. No entanto, a grande distinção reside no desvalor da ação, que, inegavelmente, é muito mais desvaliosa no crime doloso do que aquela do culposo, por isso, a justificada grande desproporção entre as penas cominadas, para a produção do mesmo resultado.

Em outros termos, a previsão constante do § 6º deste art. 122 do CP, com a nova redação determinada pela Lei nº 13.968 sofre do vício de *inconstitucionalidade* por violar o princípio da *proporcionalidade*. Para melhor se compreender o significado e abrangência desta concepção recomendamos que se consulte o que desenvolvemos sobre o referido princípio quando examinamos o crime tipificado no art. 273[37], para não nos alongarmos aqui sobre o mesmo tema.

9.5 *A vulnerabilidade absoluta da vítima converte suicídio e automutilação em homicídio*

A despeito da semelhança do texto deste § 7º com aquele do § 6º que acabamos de examinar, o paradoxo que lá apontamos não se faz presente neste parágrafo, em razão do conteúdo diverso de ambos. Explica-se: naquele § 6º transforma-se um crime tentado (§ 1º) em outro crime consumado, com pena muito mais grave (§ 2º do art. 129); neste § 7º, em primeiro lugar, não existe essa *transmutação* de crime tentado para crime consumado, pois ambos são consumados, e mantém a imputação da prática de um crime contra a vida, alterando somente a sua capitulação, para o crime de homicídio simples; em segundo lugar, o resultado morte se faz presente nas duas capitulações (§ 2º do art. 122 e art. 121).

Neste particular, agiu com acerto o questionado legislador, pois, nas mesmas hipóteses que relacionou no parágrafo anterior, a vítima que não tem capacidade

---

36. Cezar Roberto Bitencourt, *Tratado de Direito Penal – Parte Geral*, 25. ed., São Paulo, Saraiva, 2019, vol. 1, p. 390.
37. Cezar Roberto Bitencourt. *Tratado de Direito Penal*, Parte Especial, 13. ed., São Paulo, Editora Saraiva, 2.019, vol. 4º.

para consentir e concorrer diretamente para que sua vida seja suprimida, não há outra capitulação possível que não a do art. 121 do Código Penal. Elogiável, nesse sentido, a decisão do legislador criando essa previsão legal absolutamente correta, além de preencher uma grande lacuna do nosso direito penal positivo, facilitando a capitulação do crime de homicídio, sem artificialismo jurídico-dogmático.

Trata-se, a rigor, de reclassificação do "crime de suicídio ou automutilação" para o crime de homicídio — por determinação legal — praticado mediante autoria mediata, posto que o agente, querendo, por qualquer razão, suprimir a vida da vítima, astuciosamente, a leva a automatar-se ou automutilar-se (com resultado morte), pois se trata de alguém "incapaz de entender o caráter ilícito da ação" e, consequentemente, sem capacidade para consentir e, muito menos, para audoterminar-se e eliminar sua própria vida. A rigor, o agente aproveita-se da fragilidade da situação de vulnerável da vítima, incapaz de consentir, para executar a sua vontade assassina, para levá-la a realizar a ação que o agente queria, sem "sujar as mãos", agindo, no entanto, como autêntico autor mediato e, por isso, deve responder pelo crime de homicídio, exatamente como, agora, o texto legal prevê.

9.5.1 Abrangência do conceito de vulnerabilidade e da violência implícita

O legislador atribui, a exemplo do que fez em relação alguns crimes contra a dignidade sexual (v. g., estupro de vulnerável etc.) a condição de vulnerável ao menor de quatorze anos ou a quem, por enfermidade ou deficiência mental, não tem o necessário discernimento para a prática do ato, ou que, por qualquer outra causa, não possa oferecer resistência. Embora o texto legal não diga, nem aqui, nem quando disciplinou os crimes contra a dignidade sexual, o enfermo ou pessoa com deficiência mental não precisa, necessariamente, ser inimputável, pois não se lhe está atribuindo a prática de crime algum. Na realidade, o texto legal, lá e cá, está reconhecendo a condição de vulnerável e carente de maior proteção penal às hipóteses que mencionam, reconhecendo sua maior incapacidade de se proteger ou, como dito no texto legal, de oferecer resistência.

Com efeito, o legislador reconhece a vulnerabilidade do menor de 14 anos e a estende ao enfermo ou pessoa com deficiência mental, aliás, o § 6º, ao contrário do § 7º, adota fórmula conhecida para contemplar a equiparação da vulnerabilidade do menor de 14 anos ao portador de doença ou enfermidade mental, qual seja, "ou a quem, por enfermidade ou deficiência mental não tem o necessário discernimento para a prática do ato". Ademais, em ambos os §§ 6º e 7º, o legislador adotou uma interpretação analógica (ou que, por qualquer outra causa, não pode oferecer resistência). Embora o § 7º não tenha destacado expressamente, como vulnerável, a "enfermidade ou deficiência mental da vítima", inegavelmente, ela está incluída na cláusula genérica "por qualquer outra causa, não pode oferecer resistência", constante dos dois parágrafos.

Trata-se de presunção legal absoluta de vulnerabilidade, ou seja, a própria lei determina que a vítima, nas circunstâncias que elenca, é, indiscutivelmente, vulnerável e ponto final. Não se questiona esse aspecto, ele é incontestável, trata-se de presunção *juris et jure*, que não admite prova em sentido contrário. Não importa nem mesmo que o exame concreto demonstre que a vulnerabilidade constatada é relativa, isto é, incompleta, apresenta-se em seu grau menor, pois, mesmo assim, essa conclusão é irrelevante, pois estamos falando da supressão da vida de alguém, ao contrário do que pode ocorrer na hipótese de estupro de vulnerável, conforme demonstramos no volume 4 do Tratado de Direito Penal.

Enfim, para concluir este tópico, destacamos que o legislador adotou aqui três espécies ou modalidades de vulnerabilidade, quais sejam, em síntese: a) real (do menor de 14 anos); b) equiparada (do enfermo ou pessoa com deficiência mental prevista só no § 7º); e, finalmente, c) por interpretação analógica (quem, por qualquer outra causa, não pode oferecer resistência). Aliás, repetindo, lembramos que embora a vulnerabilidade equiparada, ou seja, a do enfermo ou pessoa com deficiência mental, não tenha sido prevista no texto do § 7º, certamente, uma intepretação sistemática não pode deixar de incluí-la nesse rol genérico.

9.6 Autoria mediata e a teoria do domínio do fato

A doutrina consagrou a figura da autoria mediata, e algumas legislações, como a alemã (§ 25, I) e a espanhola (Código Penal de 1995, art. 28) admitem expressamente a sua existência. "É autor mediato quem realiza o tipo penal servindo-se, para execução da ação típica, de outra pessoa como *instrumento*"[38]. A teoria do domínio do fato molda com perfeição a possibilidade da figura do autor mediato, como ocorre na hipótese prevista neste § 7º da nova redação do art. 122. Todo o processo de realização da figura típica, segundo essa teoria, deve apresentar-se como obra da vontade reitora do "homem de trás", o qual deve ter absoluto controle sobre o executor do fato. Originariamente, a autoria mediata surgiu com a finalidade de preencher as lacunas que ocorriam com o emprego da "teoria da acessoriedade extrema da participação". A consagração da *acessoriedade limitada* não eliminou, contudo, a importância da autoria mediata. Modernamente defende-se a prioridade da *autoria mediata* diante da participação em sentido estrito. Em muitos casos se impõe a autoria mediata, mesmo quando fosse possível, sob o ponto de vista da *acessoriedade limitada*, admitir a participação (caso do executor inculpável), desde que o homem de trás detenha o domínio do fato. Nessas circunstâncias, o decisivo para distinguir a natureza da responsabilidade do "homem de trás" reside no *domínio do fato*. O executor, na condição de instrumento, *deve encontrar-se absolutamente subordinado em relação ao mandante*, caso típico do descrito no § 2º combinado com o § 7º ora *sub examine, pela vulnerabilidade e incapacidade de decidir da vítima*. Antes resultava de pura interpretação doutrinário-jurisprudencial, agora se encontra expressamente determinado nesse § 7º do art. 122.

O *autor mediato* realiza a ação típica através de outrem, *in caso* da própria vítima, como instrumento humano, cuja atuação pode ocorrer nas seguintes hipóteses: a) em virtude da situação de *erro* em que se encontra, devido à falsa represen-

---

38. Jescheck, *Tratado,* cit., p. 919.

tação da realidade (erro de tipo), ou do significado jurídico da conduta que realiza (erro de proibição) que é provocada pelo homem de trás, b) *coagido*, devido à ameaça ou violência utilizada pelo homem de trás[39], ou c) num contexto de inimputabilidade (com a utilização de inimputáveis)[40]. As hipóteses mais comuns de *autoria mediata* decorrem, portanto, do *erro*, da *coação irresistível* e do uso de *inimputáveis ou de "vulneráveis"* para a prática de crimes, como ocorre na hipótese prevista no referido § 7º. No entanto, o que nada impede a possibilidade de sua ocorrência em ações *justificadas* do executor, quando, por exemplo, o agente provoca deliberadamente uma situação de exclusão de criminalidade para aquele, que não é o caso *sub examine*.

Todos os pressupostos necessários de punibilidade devem encontrar-se na pessoa do "homem de trás", no *autor mediato (aquele que se aproveita da situação de vulnerabilidade descrito neste § 7º)*, e não no executor, *autor imediato*. Com base nesse argumento, Soler e Mir Puig, seguindo a orientação de Welzel, admitem, em princípio, a possibilidade de autoria mediata nos *crimes especiais* ou *próprios*, desde que o autor mediato reúna as qualidades ou condições exigidas pelo tipo[41]. Já nos "crimes de mão própria" será impossível a figura do autor mediato. Além desses casos especiais, a autoria mediata encontra seus limites quando o *executor* realiza um comportamento conscientemente doloso, o que não é o caso que ora examinamos, exatamente pela vulnerabilidade e impossibilidade de consentir da própria vítima colacionada no § 7º. Aí o "homem de trás" deixa de ter o *domínio do fato*, compartindo-o, no máximo, com quem age imediatamente, na condição de coautor, ou então fica na condição de partícipe, quando referido domínio pertence ao consorte.

A *teoria do domínio do fato* ganhou ao longo dos anos uma dimensão muito maior do que a simples referência aos crimes cometidos à época do nacional-socialismo, alcançando sofisticado desenvolvimento com os trabalhos levados a efeito pelo aclamado Prof. Claus Roxin. Nem uma teoria *puramente objetiva* nem outra *puramente subjetiva* são adequadas para fundamentar a essência da autoria e fazer, ao mesmo tempo, a delimitação correta entre autoria e participação. A *teoria do domínio do fato*, partindo do conceito restritivo de autor, tem a pretensão de sintetizar os aspectos objetivos e subjetivos, impondo-se como uma *teoria objetivo--subjetiva*. Embora o *domínio do fato* suponha um controle final, "aspecto subjetivo", não requer somente a *finalidade*, mas também uma posição objetiva que determine o efetivo domínio do fato. Autor, segundo essa teoria, é quem tem o poder de decisão sobre a realização do fato. Mas é indispensável que resulte demonstrado que quem detém posição de comando *determina* a prática da ação, sendo irrelevante, portanto, a simples "posição hierárquica superior", sob pena de caracterizar

---

39. Caracterizando os casos de *domínio da vontade* através da *coação*, referido por Claus Roxin, *Autoría y domínio del hecho*..., p. 167 e s.
40. Caracterizando os casos de *domínio da vontade* através da *utilização de inimputáveis*, referido por Claus Roxin, *Autoría y dominio del hecho*..., p. 259 e s.
41. A favor: Soler, *Derecho Penal argentino*, cit., v. 2, p. 247 e 248; Mir Puig, *Derecho Penal*, cit., p. 325.

autêntica responsabilidade objetiva. Autor, enfim, é não só o que executa a ação típica (autoria imediata), como também aquele que se utiliza de outrem, como instrumento, para a execução da infração penal (autoria mediata). Como ensinava Welzel, "a conformação do fato mediante a vontade de realização que dirige de forma planificada é o que transforma o autor em senhor do fato"[42]. Porém, como afirma Jescheck, não só a vontade de realização resulta decisiva para a autoria, mas também a importância material da parte que cada interveniente assume no fato[43]. Em outros termos, para que se configure o *domínio do fato* é necessário que o *autor* tenha controle sobre o *executor* do fato, e não apenas ostente uma posição de superioridade ou de representatividade institucional, como se chegou a interpretar na jurisprudência brasileira. Ou seja, *é insuficiente que haja indícios de sua ocorrência*, aliás, como é próprio do Direito Penal do fato, que exige um *juízo de certeza* consubstanciado em prova incontestável.

A *teoria do domínio* do fato reconhece a figura do *autor mediato*, desde que a realização da figura típica apresente-se como obra de sua vontade reitora, sendo reconhecido como o "homem de trás", e controlador do executor. Essa teoria tem as seguintes consequências: 1ª) a realização pessoal e plenamente responsável de todos os elementos do tipo fundamentam sempre a autoria; 2ª) é autor quem executa o fato utilizando outrem como instrumento (autoria mediata); 3ª) é autor o coautor que realiza uma parte necessária do plano global ("domínio funcional do fato"), embora não seja um ato típico, desde que integre a resolução delitiva comum. Ou, dito em outros termos, numa linguagem roxiniana[44], o *domínio do fato* pode ser exercido das seguintes formas: (i) *pelo domínio da ação*, que ocorre quando o agente realiza pessoalmente o fato típico, agindo, por conseguinte, como autor e não como simples partícipe (instigador ou cúmplice); (ii) *pelo domínio da vontade*, que ocorre quando o executor, isto é, o autor imediato, age mediante coação ou incorrendo em erro, não tendo domínio de sua vontade, que é controlada ou dominada pelo "homem de trás", que é o autor mediato, como veremos adiante. Assim, o "homem de trás" tem o domínio da vontade e o controle da ação, sendo o verdadeiro autor, ainda que mediato; (iii) *pelo domínio funcional do fato*, que ocorre na hipótese de coautoria, em que há, na dicção de Jescheck, uma *exemplar divisão de trabalho*, quando o agente realiza uma contribuição importante, ainda que não seja um ato típico, mas se revele necessária no plano global.

10. Questões especiais

A) *Greve de fome*

Afinal, o médico que tem o *dever* de assistir e velar pela vida do *grevista de fome*, especialmente no sistema prisional, poderá ser penalmente responsabilizado

---

42. Hans Welzel, *Derecho Penal alemán*, cit., p. 145.
43. Jescheck, *Tratado*, cit., p. 898.
44. Claus Roxin, *Autoría y dominio del hecho en Derecho Penal*, cit., p. 147.

por comissão e também por omissão: de um lado, se deixar o grevista morrer sem ministrar-lhe, forçadamente, a alimentação necessária; de outro lado, ao forçar-lhe tal alimentação, não poderá estar praticando possível coação ilegal?! O tema não é novo e está longe de encontrar uma orientação pacífica. As razões que podem levar a uma "greve de fome" podem ser as mais variadas — ideológica, política, ética, social, religiosa, utilitarista (chamar a atenção pública, melhorar as condições prisionais, busca de notoriedade, evitar a execução da pena, v. g., sequestradores do caso Diniz etc.) —, mas, em regra, o grevista *não tem a intenção de morrer*, embora, no decurso do "desjejum", possa acabar mudando de ideia e acabe admitindo ou aceitando a morte.

O médico, em princípio, não pode ministrar alimentação contra a vontade de quem se encontra, por opção, em "jejum voluntário". Contudo, essa regra não é absoluta e admite ressalvas, seguindo aquela orientação que inicialmente expusemos, segundo a qual *não existe um direito sobre a vida, mas um direito à vida*, e tampouco existe um "direito de morrer" de que falava Ferri. Assim, é vedado ministrar, forçadamente, alimentação ao grevista, *desde que se encontre em "pleno uso de suas faculdades mentais"* e não haja *"grave risco de vida"*. Não se pode esquecer, destaca com acerto Serrano Gomes, que o debilitamento que pressupõe a falta de alimentos e, especialmente, de água "pode influir na capacidade de decidir do sujeito, e, inclusive, pode, eventualmente, estar pressionado por questões políticas"[45].

O médico, na hipótese de greve de fome de prisioneiros, *tem o dever* de velar pela saúde e, por extensão, pela vida dos grevistas. Há determinado momento em que a não intervenção, com alimentação, permitirá que o grevista sofra lesões irreversíveis. Nesse momento, a intervenção médica ministrando alimentação ou medicação necessária estará protegida pelo disposto no art. 146, § 3º, do CP. Ademais, o médico está na posição de *garantidor*, e, pelo nosso direito, conjugando-se a previsão do dispositivo que acabamos de citar com a prescrição do art. 13, responderá pela morte do grevista, na forma *omissiva imprópria*, embora sejam muito raras mortes de prisioneiros em razão de greve de fome. O mesmo pode ocorrer com as "Testemunhas de Jeová", especialmente nas *transfusões de sangue*, cuja negativa decorre de motivos religiosos. A *transfusão* determinada pelo médico, quando não houver outra forma de salvar o paciente, está, igualmente, amparada pelo disposto no art. 146, § 3º, do CP. Eventual violação da *liberdade de consciência* ou da *liberdade religiosa* cede ante um *bem jurídico superior* que é a vida, na inevitável *relação de proporcionalidade* entre os bens jurídicos tutelados.

Quando os familiares ou pessoas encarregadas de menores ou incapazes negarem a assistência médica — mesmo por motivos religiosos —, quer ocultando a gravidade da situação, quer não apresentando o menor ou incapaz em um centro médico especializado, se sobrevier a morte, responderão por homicídio na forma *omissiva*

---

45. Serrano Gomes, *Derecho Penal*, p. 49.

imprópria[46]. Adotam orientação contrária Díez Ripollés e Silva Sanchez, entre outros, negando a posição de garantia do médico, em razão da oposição do paciente; Silva Sanchez, ademais, acrescenta a desnecessidade de pena; Bajo Fernandez os acompanha nesse entendimento, salvo se houver lei expressa[47], como ocorre no direito brasileiro (art. 13, § 2º, do CP).

B) *Suicídio a dois*

O chamado suicídio a dois pode apresentar alguma dificuldade, na medida em que a punibilidade está diretamente relacionada à atividade desenvolvida por cada um dos participantes e o resultado produzido.

a) *Duelo americano ou roleta russa*

Define-se como roleta russa, típica das películas americanas, aquela aposta em que os contendores rolam o tambor de arma contendo somente um projétil, disparando, cada um em sua vez, na própria direção. A solução indica a responsabilidade do sobrevivente pela "participação em suicídio", pois, com essa prática, no mínimo, instigou a vítima ao suicídio. Se, no entanto, algum dos contendores for coagido a participar da "aposta", sobrevivendo o *coator*, este responderá por homicídio doloso.

b) *Pacto de morte ou "suicídio a dois"*

Verifica-se o "pacto de morte" quando duas pessoas combinam, por qualquer razão, o duplo suicídio. Nessa hipótese, o sobrevivente responderá por homicídio quando tiver praticado o ato executório. No entanto, se somente houver *induzido, instigado ou auxiliado* seu parceiro, responderá pelo suicídio, na forma do art. 122. Se nenhum morrer, aquele que realizou atividade executória contra o parceiro responderá por tentativa de homicídio, e aquele que ficou somente na "contribuição" responderá pela tentativa qualificada, se houver pelo menos lesão corporal grave.

Nesse particular, são extremamente elucidativos os exemplos sugeridos por Damásio de Jesus[48], que pedimos *venia* para transcrever:

1º) A e B trancam-se em um quarto hermeticamente fechado. A abre a torneira de gás; B sobrevive.

Nesse caso, B responde por participação em suicídio.

2º) O sobrevivente é quem abriu a torneira: nessa hipótese, responde por homicídio, uma vez que praticou o ato executório de matar.

3º) Os dois abrem a torneira de gás, não se produzindo qualquer lesão corporal em face da intervenção de terceiro: ambos respondem por tentativa de homicídio, uma vez que praticaram ato executório de matar: A em relação a B; B em relação ao sujeito A.

---

46. Serrano Gomes, *Derecho Penal*, p. 52.
47. Díez Ripollés y Gracia Martin, *Delitos contra bienes jurídicos fundamentales*, p. 249.
48. Damásio de Jesus, *Direito Penal*, p. 96-7.

4º) Suponha-se que um terceiro abra a torneira de gás. Os dois se salvam, não recebendo lesão corporal de natureza grave. Responderiam os dois por participação em suicídio? E o terceiro? Na verdade, os dois não respondem por nada, pois a conduta que praticaram é atípica. O terceiro, que praticou ato executório de matar, responde por dupla tentativa de homicídio.

5º) Os dois sofrem lesão corporal de natureza grave, sendo que A abriu a torneira de gás, e B não. A responde por tentativa de homicídio; B, por *participação em suicídio*.

11. Pena e ação penal

Para a figura formal do *caput*, criada por este texto legal, comina-se a pena de seis meses a dois anos de reclusão, modalidade não prevista na redação anterior. Por sua vez, para qualquer das duas figuras consumadas a pena é de reclusão de dois a seis anos (§ 2º); se resultar somente *lesão corporal grave ou gravíssima* (§ 1º), tanto da *automutilação*, quanto da tentativa frustrada do *suicídio*, a pena será de um a três anos. No entanto, nas formas *majoradas* previstas nos §§ 3º e 4º, a pena será duplicada, ou seja: segundo o § 3º — I — *se o crime for praticado por motivo egoístico, torpe ou fútil*; ou, II — *se a vítima for menor ou tiver diminuída, por qualquer causa, a capacidade de resistência*; segundo o § 4º, a pena será aumentada até o dobro se a *conduta for realizada por meio da rede de computadores, de rede social ou transmitida em tempo real*. Por sua vez, segundo o § 5º, a pena será aumentada de metade *se o agente for líder ou coordenador de grupo ou de rede virtual*.

Por outro lado, o § 6º determina que "se do crime de que trata o § 1º deste artigo (automutilação ou tentativa de suicídio) resulta *lesão corporal de natureza gravíssima* e for cometido contra menor de 14 anos ou *contra pessoa vulnerável*[49], o agente responderá pelo crime de lesões corporais gravíssimas previstas no § 2º do art. 129 do Código Penal. De notar-se que, nesta hipótese, exige-se que ocorram, *simultaneamente* duas condicionantes, quais sejam, *lesão corporal gravíssima*, e, igualmente, *que seja praticado contra vítima menor de quatorze anos ou que se trate de alguém que apresente a qualidade ou condição especial de vulnerabilidade* que menciona.

E, finalmente, segundo o § 7º, o agente responderá pelo *crime de homicídio simples*, se o crime de que trata o § 2º deste artigo (se o suicídio se consuma ou se da automutilação resulta morte da vítima) for "cometido contra menor de 14 (quatorze) anos ou contra quem não tem o necessário discernimento para a prática do ato, ou que, por qualquer outra causa, não pode oferecer resistência, responde o agente pelo crime de homicídio, nos termos do art. 121 deste Código".

---

49. "menor de 14 (quatorze) anos ou contra quem, por enfermidade ou deficiência mental, não tem o necessário discernimento para a prática do ato, ou que, por qualquer outra causa, não pode oferecer resistência".

A *ação penal* é pública incondicionada. No entanto, não custa recordar, toda ação pública admite ação penal *privada subsidiária*, nos termos da Constituição Federal, desde que haja inércia do Ministério Público.

INFANTICÍDIO VI

Sumário: 1. Considerações preliminares. 2. Bem jurídico tutelado. 3. Sujeitos ativo e passivo. 4. O estado puerperal como elementar normativa. 5. Elemento normativo temporal. 6. Tipo objetivo: adequação típica. 7. Tipo subjetivo: adequação típica. 8. Consumação e tentativa. 9. Concurso de pessoas no *delictum exceptum*. 10. Classificação doutrinária. 11. Pena e ação penal.

Infanticídio

Art. 123. *Matar, sob a influência do estado puerperal, o próprio filho, durante o parto ou logo após:*

Pena — detenção, de 2 (dois) a 6 (seis) anos.

1. Considerações preliminares

O Código Criminal de 1830 tipificava o crime de *infanticídio* nos seguintes termos: "Se a própria mãe matar o filho recém-nascido para ocultar sua desonra: pena — de prisão com trabalho por 1 a 3 anos" (art. 198). Para contextualizar, adequadamente, convém recordar que referido Código cominava ao homicídio a pena, no máximo, de morte; na média, a de galés perpétua, e, no mínimo, a prisão com trabalho por vinte anos. Inexplicavelmente, o terceiro que matasse *recém-nascido*, nos primeiros sete dias de vida, mesmo que não fosse *honoris causae*, sujeitava-se a uma pena abrandada (de três a doze anos de prisão) em relação ao homicídio. Essa orientação considerava, equivocadamente, a morte de um infante *menos desvaliosa* que a morte de um adulto.

O Código Penal de 1890, por sua vez, deu ao infanticídio a seguinte tipificação: "Matar recém-nascido, isto é, infante, nos sete primeiros dias do seu nascimento, quer empregando meios diretos e ativos, quer recusando à víctima os cuidados necessários à manutenção da vida e a impedir sua morte: pena — de prisão cellular por seis a vinte e quatro anos. Parágrafo único. Se o crime fôr perpetrado pela mãe, para occultar a desonra propria: pena de prisão cellular por tres a nove anos" (*sic*) (art. 298).

O legislador de 1890 cominou, equivocadamente, para o *infanticídio* a mesma pena que cominara para o *homicídio* (seis a vinte e quatro anos). Nesse caso, tornou-se injustificável a distinção dos dois tipos de crimes. Somente quando o infanticídio fosse praticado pela mãe e por motivo de honra aquele diploma legal previa sensível abrandamento da pena (três a nove anos).

O *Projeto Galdino Siqueira* não considerava o infanticídio crime autônomo, mas uma espécie de homicídio privilegiado. O *Projeto Sá Pereira*, ao contrário, previa o infanticídio como crime autônomo, incluindo as elementares "durante o parto" e "sob influência do estado puerperal", a exemplo do que estabelecia o Código suíço de 1916, nos seguintes termos: "Aquela que, durante o parto, ou ainda sob a influência do estado puerperal, matar o filho recém-nascido, será punida com prisão de até 3 anos, ou com detenção de seis meses, no mínimo". O *Projeto Alcântara*, por sua vez, retornava ao critério do Código Criminal de 1830, fundamentando o privilégio na *honoris causae*.

Por fim, o Código Penal de 1940 consagrou a seguinte previsão: "Matar, sob a influência do estado puerperal, o próprio filho, durante o parto ou logo após".

2. Bem jurídico tutelado

O bem jurídico do crime de infanticídio, a exemplo do homicídio, é a *vida humana*. Protege-se aqui a vida do *nascente* e do *recém-nascido*. Comparativamente ao crime de homicídio apresentam-se duas particularidades: uma em relação aos sujeitos do crime e outra em relação ao período da vida a que se destina essa proteção legal. Relativamente aos sujeitos, no polo passivo pode figurar somente o filho, enquanto no polo ativo somente a mãe, emocionalmente fragilizada pelo puerpério, afora a possibilidade da participação de terceiro; em relação ao aspecto temporal, somente durante o parto ou logo após a sua consumação. Essas duas particularidades serão examinadas, detidamente, mais adiante.

Modernamente, não se distingue mais entre *vida biológica* e vida autônoma ou *extrauterina*[1]. É indiferente a existência de capacidade de vida autônoma, sendo suficiente a presença de vida biológica, que pode ser representada pela "existência do mínimo de atividades funcionais de que o feto já dispõe antes de vir à luz, e das quais é o mais evidente atestado a circulação sanguínea"[2].

3. Sujeitos ativo e passivo

Somente a mãe pode ser *sujeito ativo* do crime de infanticídio e desde que se encontre *sob a influência* do estado puerperal. O infanticídio é, na expressão de Magalhães Noronha, "crime da genitora, da puérpera"[3]. Trata-se de *crime próprio*, que não pode ser praticado por qualquer um.

Sujeito passivo, segundo expressão literal do art. 123, é "o próprio filho", vocábulo que abrange não só o *recém-nascido* mas também o *nascente*, diante da elementar contemplada no próprio dispositivo, *durante o parto* ou *logo após*.

---

1. Foderré: "A vida não consiste no exercício de todas as funções, mas em algumas delas, entre as quais a do coração é essencial para o feto" (apud Magalhães Noronha, *Direito Penal*, p. 55).
2. Nélson Hungria, *Comentários ao Código Penal*, v. 5, p. 258.
3. Edgard Magalhães Noronha, *Direito Penal*, p. 50.

Constata-se que o Código Penal de 1940 ampliou a concepção de infanticídio que era adotada pelo Código Penal de 1890, já que este diploma legal admitia, como *sujeito passivo,* somente o *recém-nascido,* nos seus primeiros sete dias de vida. A partir dessa orientação, adotada pelo atual Código Penal, *sujeito passivo* desse crime passou a ser não só o *recém-nascido* mas também o *feto nascente.* Essa expressão — *feto nascente* — tem sido alvo de crítica, pois quem está *nascendo* com vida não é feto — nem biológica nem juridicamente —, mas *pessoa*[4]. Neonato é o recém-nascido, e *nascente* é aquele que está nascendo.

Assim, a *vida extrauterina* autônoma do *neonato* deixou de ser condição indispensável do infanticídio, sendo suficiente a *vida biológica,* que pode ser comprovada pelos batimentos cardíacos, pela circulação sanguínea ou qualquer outro critério admitido pela ciência médica. Segundo o magistério de Nélson Hungria, "O feto vindo à luz já representa, do ponto de vista biológico, antes mesmo de totalmente desligado do corpo materno, uma *vida humana.* Sob o prisma jurídico-penal, é, assim, antecipado o início da *personalidade.* Remonta esta ao início do parto, isto é, à apresentação do feto no orifício do útero"[5].

Embora não possua ainda todas as funções vitais, não se pode negar que o *nascente* seja um ser vivo. Ao contrário do Código Rocco de 1930, que criou uma figura intermediária entre o aborto e o infanticídio — *feticídio* —, o Código Penal brasileiro de 1940 equiparou o *nascente* ao *recém-nascido,* não havendo, assim, espaço para algo intermediário entre aborto e infanticídio. *Sujeito passivo* do crime de infanticídio, enfim, somente pode ser o próprio filho, *recém-nascido* ou o que está *nascendo.* O *feto* sem vida não pode ser sujeito passivo, nem de infanticídio nem de homicídio.

Temporalmente ficou, igualmente, bem delimitado o momento fronteiriço entre *aborto* e *infanticídio*: antes de iniciado o parto, a ocisão do feto é aborto; após aquele ter começado, o crime é infanticídio, desde que seja praticado sob a influência do puerpério, logicamente.

4. O estado puerperal como elementar normativa

Os dois critérios mais conhecidos que fundamentam a consideração do crime de infanticídio como *delictum exceptum* são: psicológico e fisiológico. O *critério psicológico* pretende justificar-se no desejo de preservar a honra pessoal, como, por exemplo, a necessidade de ocultar a maternidade. O *critério fisiológico,* por sua vez, que foi o adotado pelo nosso Código Penal, admite *a influência do estado puerperal.*

O *estado puerperal* pode determinar, embora nem sempre determine, a alteração do psiquismo da mulher dita normal. Em outros termos, esse estado existe sempre,

---

4. Giuseppe Maggiore, *Diritto Penale,* Bologna, 1953, p. 747-8: "De fato, o feto nascente não é mais um feto, mas um homem, uma pessoa".

5. Nélson Hungria, *Comentários,* p. 257.

durante ou logo após o parto, mas nem sempre produz as *perturbações emocionais* que podem levar a mãe a matar o próprio filho. Nosso Código Penal, que adota o critério fisiológico, considera fundamental a *perturbação psíquica* que o estado puerperal *pode provocar* na parturiente. É exatamente essa perturbação decorrente do puerpério que transforma a morte do próprio filho em um *delictum exceptum* nas legislações que adotam o critério fisiológico. Não é outro o magistério de Frederico Marques, que pontificava: "Se não se verificar que a mãe tirou a vida do filho nascente ou recém-nascido, sob a influência do estado puerperal, a morte praticada se enquadrará na figura típica do homicídio. E isso, mesmo que o crime tenha sido cometido durante o parto. Nesse passo, não seguiu a lei pátria o que dispõem outras legislações penais, em que a eliminação da vida do nascente, durante o parto, é suficiente para a qualificação do crime como infanticídio"[6]. Em sentido semelhante proclama a própria Exposição de Motivos: "Esta cláusula (influência do estado puerperal), como é óbvio, não quer significar que o puerpério acarrete sempre uma perturbação psíquica: é preciso que fique averiguado ter esta realmente sobrevindo em consequência daquele, de modo a diminuir a capacidade de entendimento ou de autoinibição da parturiente. Fora daí, não há por que distinguir entre infanticídio e homicídio".

Enfim, é indispensável uma *relação de causalidade* entre o estado puerperal e a ação delituosa praticada; esta tem de ser consequência da influência daquele, que nem sempre produz perturbações psíquicas na mulher. Como destacava Frederico Marques, "durante ou depois do parto, pouco importa, sempre é necessário que a morte resulte da influência do estado puerperal"[7]. Não teria sentido, caso contrário, manter o *privilégio*, e o infanticídio representaria uma inversão odiosa da ordem natural dos valores protegidos pela ordem jurídica.

O indigitado *estado puerperal* pode apresentar quatro hipóteses, a saber: a) o puerpério não produz nenhuma alteração na mulher; b) acarreta-lhe perturbações psicossomáticas que são a causa da violência contra o próprio filho; c) provoca-lhe doença mental; d) produz-lhe perturbação da saúde mental diminuindo-lhe a capacidade de entendimento ou de determinação. Na primeira hipótese, haverá homicídio; na segunda, infanticídio; na terceira, a parturiente é isenta de pena em razão de sua inimputabilidade (art. 26, *caput*, do CP); na quarta, terá uma redução de pena, em razão de sua semi-imputabilidade.

Convém destacar que a *influência do estado puerperal*, como elemento normativo do tipo, deve conjugar-se com outro elemento normativo, este de natureza temporal, qual seja, *durante o parto ou logo após*. A presença de qualquer desses dois elementos, isoladamente, é insuficiente para tipificar o *delictum exceptum*.

---

6. Frederico Marques, *Tratado de Direito Penal*, São Paulo, Saraiva, 1961, v. 4, p. 142.
7. Frederico Marques, *Tratado*, cit.

5. Elemento normativo temporal

A circunstância de tempo — *durante o parto ou logo após* — é elemento normativo do tipo. O Código Penal de 1940 delimitou, assim, o período da influência do puerpério. Nesse sentido, lucidamente, observava Roberto Lyra: "O que ninguém nega, o que todos reconhecem e proclamam, sem sombra de dúvida, é que, durante o parto ou logo após, há estado puerperal. Não importa se começa antes ou vai além, o fato é que, infalivelmente, com maior ou menor intensidade, *ocorre durante o parto ou logo após*, isto é, no período mencionado pelo Código, podendo ter ou não a indispensável relação com o crime"[8]. Com efeito, ele pode ir além ou pode começar antes, mas para os efeitos do Código importa *sua influência durante ou logo após o parto*. Se a morte do feto ocorrer antes do início do parto será aborto; se não sobrevier logo após, será homicídio. Heleno Fragoso definia o parto como "o conjunto dos processos (mecânicos, fisiológicos e psicológicos) através dos quais o feto a termo ou viável separa-se do organismo materno e passa ao mundo exterior"[9]. Inicia-se o parto com a dilatação, ampliando-se o colo do útero; a seguir o nascente é impelido para o exterior, caracterizando a *fase da expulsão*. Por fim, a *placenta* destaca-se e também é expulsa pelo organismo, sendo esvaziado o útero. Com isso, está encerrado o parto, mesmo que o cordão umbilical não tenha sido cortado[10].

No entanto, qual é o verdadeiro sentido e o real alcance da elementar *durante o parto ou logo após*? Qual a conotação que, numa interpretação sistemática, se deve dar-lhe?

Heleno Fragoso afirmava que "esta expressão significa logo em seguida, imediatamente após, prontamente, sem intervalo"[11]. Expressões como essas, "logo após", "logo depois" e similares, são usuais no nosso ordenamento jurídico e, não raro, criam dificuldade de ordem prática, em razão da vagueza que encerram. Tourinho Filho[12], comentando o "flagrante impróprio" e o "flagrante presumido", representados pelas expressões "logo após" e "logo depois", respectivamente, afirma que o legislador quis estabelecer "uma relação de imediatidade", embora não de absoluta imediatidade, porque senão a hipótese seria outra.

A doutrina, de modo geral, tem sustentado que se deve dar uma interpretação mais ampla, para poder abranger todo o período do estado puerperal[13], com o que

---

8. Roberto Lyra, *Noções de Direito Criminal*, 1944, v. 1, n. 128.
9. Heleno Cláudio Fragoso, *Lições de Direito Penal*, p. 55.
10. Flamínio Fávero, *Medicina Legal*, 1938, p. 696.
11. Heleno Fragoso, *Lições*, p. 56.
12. Fernando da Costa Tourinho Filho, *Processo penal*, 2. ed., São Paulo, Jalovi, 1977, v. 3, p. 303.
13. Nélson Hungria, *Comentários*, p. 264: "Não lhe pode ser dada uma interpretação judaica, mas suficientemente ampla, de modo a abranger o variável período do choque puerperal"; no mesmo sentido manifestam-se ainda: José Frederico Marques, *Tratado*, cit., v. 4, p. 143;

estamos de pleno acordo. Magalhães Noronha, mais pragmático, lembrava, por sua vez, que "a lei não fixou prazo, como outrora alguns códigos faziam, porém, não se lhe pode dar uma interpretação mesquinha, mas ampla, de modo que abranja o variável período do choque puerperal. É essencial que a parturiente não haja entrado ainda na fase da *bonança*, em que predomina o instinto materno"[14]. Nélson Hungria também concordava com o termo-limite dessa liberalidade, destacando que era fundamental "que a parturiente ainda não tenha entrado na fase de *bonança* e quietação*", quando predominaria o instinto maternal[15]. Após esse período, todos estamos de acordo, o crime só poderá ser o homicídio.

Por fim, o fundamental de todo o exposto, deve-se concluir, é que nenhuma das elementares — nem a personalíssima nem a temporal — pode ser avaliada isoladamente. Ambas devem ser *analisadas* individualmente, é evidente, mas devem ser *avaliadas* conjuntamente. A elementar *logo após o parto* só alcançará seu verdadeiro sentido se estiver subordinada à elementar anterior — *sob a influência do estado puerperal*[16].

6. Tipo objetivo: adequação típica

A *ação nuclear* descrita no tipo penal é exatamente a mesma do homicídio: *matar*. Assim, toda e qualquer conduta que produzir a supressão da vida humana, tal como no homicídio, pode sinalizar o início da adequação típica do crime de infanticídio. Contudo, a norma que emerge do art. 123, definidor do crime de infanticídio, é produto de *lex specialis*, que exige, consequentemente, a presença de outros elementos da estrutura típica. A conduta típica consiste em *matar, sob a influência do estado puerperal, o próprio filho, durante o parto ou logo após*.

Trata-se, com efeito, de *crime próprio* (mãe e sob influência do estado puerperal) e *privilegiado*, pois o verbo núcleo do tipo é o mesmo do homicídio (art. 121), mas a pena cominada é bem reduzida, para a mesma ação de matar.

Pode-se destacar, para um exame analítico, as seguintes particularidades dessa *forma peculiar de matar alguém*, que a distinguem do homicídio convencional:

a) qualidade ou condição dos sujeitos ativo e passivo da ação delituosa; b) influência biopsíquica ou fisiopsicológica do *estado puerperal*; c) circunstância temporal contida no tipo: *durante o parto ou logo após*.

É crime próprio porque somente a mãe pode cometê-lo e contra o próprio filho, *nascente ou recém-nascido*. Não se trata, na verdade, somente da vida de quem acaba de *nascer*, mas também da de quem está *nascendo*, pois tanto um quanto outro podem *ser mortos*. Necessário, no entanto, que a mãe esteja *sob a influência*

Romeu de Almeida Salles Jr., *Código Penal interpretado*, São Paulo, Saraiva, 1996, p. 326; Flávio Augusto Monteiro de Barros, *Crimes contra a pessoa*, p. 58.
14. Magalhães Noronha, *Direito Penal*, p. 54.
15. Nélson Hungria, *Comentários*, p. 265.
16. Nélson Hungria, *Comentários*, p. 264.

do estado puerperal. O puerpério, elemento fisiopsicológico, é um estado febril comum às parturientes, que pode variar de intensidade de uma para outra mulher, podendo influir na capacidade de discernimento da parturiente. O infanticídio é, a rigor, uma modalidade especial de homicídio privilegiado.

O fato, contudo, de tratar-se de crime próprio não impede que possam existir coautores e partícipes, desde que tenham, logicamente, atividade secundária, acessória. Se o terceiro for quem executa a ação de matar o nascente ou recém-nascido, responderá por homicídio, e, neste caso, não há que se falar em violação da comunicabilidade da elementar típica (influência do estado puerperal), pois a ação principal não foi da mãe puérpera, mas do terceiro, como procuramos demonstrar no item n. 9 deste capítulo, onde examinamos o "concurso de pessoas no *delictum exceptum*".

E, finalmente, chama atenção a *circunstância temporal* contida no tipo, como elemento normativo, indicando que a ação só pode ser executada durante o parto ou logo após. Pela importância e peculiaridade dos dois elementos normativos — sob influência do estado puerperal e durante o parto ou logo após —, procuramos examiná-los, mais detidamente, em tópicos separados (itens n. 4 e 5).

Pode-se concluir, além dos sujeitos especiais (mãe e filho), antes do início do parto o crime será de aborto, e, se não houver a *influência do estado puerperal* ou o requisito temporal não existir (*durante o parto ou logo após*), o crime será de homicídio.

A desonra, por fim, não foi completamente ignorada nos crimes contra a vida, como eventual fundamentadora de diminuição de pena. A "proteção" — real ou pseudo — poderá caracterizar, excepcionalmente, "motivo de relevante valor moral", que constitui elementar do homicídio privilegiado, previsto no art. 121, § 1º, do CP. Assim, a morte de alguém (que não precisa ser recém-nascido), provocada por quem (não precisa ser a mãe) teme a própria desonra (mesmo sem influência do estado puerperal), poderá caracterizar o homicídio privilegiado, "por motivo de relevante valor moral" (art. 121, § 1º).

7. Tipo subjetivo: adequação típica

O *dolo* — direto ou eventual — é o elemento subjetivo do tipo e consiste na vontade livre e consciente de matar o próprio filho, durante o parto ou logo após, ou, no mínimo, na assunção do risco de matá-lo, ou, em outros termos, a mãe deve querer diretamente a morte do próprio filho ou assumir o risco de produzi-la. A *vontade* e a *consciência* devem abranger a *ação* da mãe puérpera, os *meios* utilizados na execução (comissivos ou omissivos), a *relação causal* e o *resultado* morte do filho. Convém registrar certa contradição na tipificação desse crime, que só admite a modalidade dolosa, lucidamente destacada por Heleno Fragoso, que afirmava: "Exige o dolo, porém, na forma de vontade viciada pelas perturbações resultantes da influência do estado puerperal"[17].

---

17. Heleno Cláudio Fragoso, *Lições*, p. 54.

A *consciência* e a *vontade*, que representam a essência do dolo, também devem estar presentes no *dolo eventual*, para configurar aquela *relação volitiva* mínima entre o agente e o resultado, sendo insuficiente a simples ciência da probabilidade do resultado. E essa *relação* assume transcendental importância neste tipo penal, que não admite a modalidade culposa, pois constitui o grande elemento diferenciador entre dolo e culpa, como já afirmamos.

Nosso Código Penal não exige o *elemento subjetivo especial* do tipo, isto é, o *especial fim de agir*, conhecido na linguagem da doutrina clássica como *dolo específico*, terminologia que não adotamos. Esse *elemento subjetivo especial* é indispensável naquelas legislações que adotam o *critério subjetivo*, pois a conduta de matar o próprio filho deve ser praticada com o *fim de ocultar desonra própria*.

Objetivamente considerada, a *ação* de matar o próprio filho é, em tese, *mais desvaliosa* que matar um estranho. No entanto, embora a "influência do estado puerperal" não constitua elemento estrutural do dolo, não se pode negar que a sua presença minimiza a intensidade deste. É exatamente essa *circunstância subjetiva especial* da puérpera que torna *menos desvaliosa* a ação de matar o próprio filho, comparando-se com a mesma ação de matar alguém, tipificadora do homicídio. Esse é o fundamento ético-jurídico do *privilegium* concedido ao crime de infanticídio.

Este tipo penal não prevê a *modalidade culposa*. Alguns sustentam que a mãe que matar o próprio filho durante o parto ou logo após, por não observar o dever objetivo de cuidado que, nas circunstâncias, se impõe, responderá por homicídio culposo[18], enquanto para outros esse fato é atípico[19]. Na verdade, comportamento como esse não encontra correspondência na definição do crime de infanticídio, silenciando o Código Penal quanto à tipificação culposa. Enfim, não havendo prova de que a mãe quis a morte do próprio filho ou assumiu o risco de produzi-la, não se pode falar em crime de infanticídio, em razão do *princípio da excepcionalidade* do crime culposo.

No entanto, suprimir a vida de alguém — independentemente do momento cronológico em que esse fato ocorra — por imprudência, negligência ou imperícia tipifica o *homicídio culposo*. Com efeito, matar alguém, culposamente, que nasce ou está nascendo vivo tipifica o homicídio culposo. A circunstância de o fato ocorrer no período próprio do *estado puerperal e durante ou logo após o parto* será matéria decisiva para a dosagem da pena e não constitui excludente nem elementar do tipo.

---

18. Magalhães Noronha, *Direito Penal*, p. 57: "Se, v., uma mulher já assaltada pelas dores do parto, porém, não convicta de serem as da *délivrance*, dá repentinamente à luz (há casos registrados em ônibus, bondes e trens), vindo o neonato a fraturar o crânio e morrer, deverá ser imputada por homicídio culposo". No mesmo sentido, Nélson Hungria, *Comentários*, p. 266.

19. Por todos, José Frederico Marques, *Tratado*, v. 4, p. 144; Damásio de Jesus, *Direito Penal*, p. 104.

É inconsistente o entendimento contrário, que sustenta tratar-se de conduta atípica. O *bem jurídico vida*, o mais importante na escala jurídico-social, exige essa proteção penal, e só admite a exclusão da responsabilidade penal quando a ação que o lesa não for consequência de dolo ou culpa.

8. Consumação e tentativa

Consuma-se o infanticídio com a morte do *filho nascente* ou *recém-nascido* levada a efeito pela própria mãe. Mas para que o crime possa existir é indispensável a existência do sujeito passivo, que só pode ser alguém *nascente* ou *recém-nascido*. Se, por exemplo, extemporaneamente, o organismo feminino *expulsa* um feto que, por sua própria imaturidade, é inviável, mas tem sua morte inevitável antecipada por ato violento da gestante, estaríamos diante de *aborto* ou *infanticídio*? Em outros termos, haveria crime?

Não se trata de infanticídio por faltar-lhe uma *elementar normativa*, qual seja, *durante ou logo após o parto*. Essa expulsão extemporânea não se confunde com *parto*, mesmo prematuro, e a *expulsão* não foi de alguém nascente, mas somente de um *feto inviável*, sem maturidade suficiente para ter e manter vida extrauterina. Em linguagem comum dir-se-ia que estamos diante de um *aborto*. No entanto, não se configura nenhuma das modalidades do *crime de aborto*, uma vez que a expulsão do feto deu-se espontaneamente. Enfim, o fato praticado pela gestante não constitui crime algum. Somente se a expulsão do feto tivesse sido *provocada* estaríamos diante de um crime de aborto. Convém, no entanto, ter cautela para não confundir com o *nascente* sem condições de sobreviver fora do útero, pois não mais se exige vida extrauterina, sendo suficiente a *vida biológica*. Logo, um recém-nascido inviável pode ser *sujeito passivo* do crime de infanticídio. "As leis não exigem a capacidade de continuação de vida extrauterina; basta estar vivo"[20].

Como crime material que é, o crime de infanticídio admite a tentativa, e esta se aperfeiçoa quando, apesar da ação finalista do sujeito ativo, a morte do filho não sobrevém por circunstâncias estranhas à vontade daquele. Iniciada a ação de matar, esta pode ser interrompida por alguém que impede sua consumação.

Haverá *crime impossível* quando a mãe, supondo estar viva, pratica o fato com a criança já morta. Não existirá crime, igualmente, quando a criança nasce morta e a mãe, com auxílio de alguém, procura desfazer-se do cadáver abandonando-o em lugar ermo.

9. Concurso de pessoas no *delictum exceptum*

O *terceiro* que contribui com a *parturiente* para matar o próprio filho, logo após o parto e sob a influência do estado puerperal, concorre para o crime de infanticídio ou de homicídio?

Uma corrente sustenta a comunicabilidade da *influência do estado puerperal* (Roberto Lyra, Magalhães Noronha, Frederico Marques, Basileu Garcia, Bento

---

20. Magalhães Noronha, *Direito Penal*, p. 55.

de Faria e Damásio de Jesus, entre outros). Outra respeitável corrente (Nélson Hungria, Heleno Cláudio Fragoso, Galdino Siqueira, Aníbal Bruno e Salgado Martins, entre outros, somente para citar os penalistas mais antigos) entende que referido *estado* não se comunica, e, por isso, o *participante* deve responder pelo crime de homicídio.

Essa conhecida controvérsia ganhou um argumento *sui generis* patrocinado por Nélson Hungria, que "criou" uma circunstância elementar inexistente no ordenamento jurídico brasileiro: o estado puerperal seria uma circunstância "personalíssima" e, por isso, sustentava Hungria, não se comunicaria a outros participantes da infração penal! Com essa afirmação Hungria pretendia afastar a aplicação do disposto no antigo art. 26 do Código Penal (atual art. 30), que estabelecia o seguinte: "Não se comunicam as circunstâncias de caráter pessoal, salvo quando elementares do crime".

Ninguém discute o fato de que a "influência do estado puerperal" constitui uma *elementar típica* do infanticídio. Pois é exatamente essa unanimidade sobre a natureza dessa *circunstância pessoal* que torna estéril e sem sentido a discussão sobre sua *comunicabilidade*. Como elementar do tipo, ela se comunica, e o terceiro que contribuir com a parturiente na morte de seu filho, nas condições descritas no art. 123, concorrerá para a prática do crime de *infanticídio* e não de homicídio, como sugeria Hungria.

A justiça ou injustiça do abrandamento da punição do terceiro participante no crime de infanticídio é inconsistente para afastar a orientação abraçada pelo Código Penal brasileiro, que consagrou a *teoria monística* da ação em seu art. 29 (antigo art. 25). Essa previsão é complementada pela norma do art. 30, que determina a *comunicabilidade* das "elementares do crime", independentemente de se tratar de *circunstâncias ou condições pessoais*. Assim, se o terceiro *induz, instiga* ou *auxilia* a parturiente a matar o próprio filho durante ou logo após o parto, *participa* de um crime de infanticídio. Ora, como a "influência do estado puerperal" é uma *elementar do tipo*, comunica-se ao participante (seja coautor seja partícipe), nos termos do art. 30 do CP.

A única forma jurídica de se afastar a *comunicabilidade* da elementar em exame seria, *de lege ferenda*, tipificar o infanticídio como outra espécie de *homicídio privilegiado*, quando então o "estado puerperal" deixaria de ser uma *elementar* do tipo (comunicável), para se transformar em simples *circunstância pessoal* (incomunicável), como sugeria Magalhães Noronha[21].

Isso não quer dizer, contudo, que o terceiro interveniente no ato da mãe de matar o próprio filho não possa concorrer, eventualmente, para o crime de homicídio. Vejamos as seguintes hipóteses:

1ª) *Mãe e terceiro praticam a conduta nuclear do tipo: matar o nascente ou recém-nascido (pressupondo a presença dos elementos normativos específicos).*

---

21. Magalhães Noronha, *Direito Penal*, p. 58. No mesmo sentido é o entendimento de Damásio de Jesus, *Direito Penal*, p. 109.

Está plenamente caracterizada uma *coautoria*, mas em que crime: homicídio ou infanticídio? Ora, ante a presença das elementares, *sob a influência do estado puerperal e durante* ou *logo após o parto*, inegavelmente a conduta da mãe vem a adequar-se à descrição típica do infanticídio; e, nessas circunstâncias, ante a comunicabilidade das elementares, determinadas pelo art. 30 do CP, o terceiro beneficia-se desse *privilegium* por meio da norma extensiva da coautoria, sob pena de violar-se o princípio da *teoria monística*, adotada pelo Código Penal brasileiro. *De lege lata*, essa é a solução técnico-jurídica, a despeito de sua injustiça social. Essa também é a orientação de Damásio de Jesus, que afirma: "Se tomarmos o infanticídio como fato, o terceiro também deverá responder por esse delito, sob pena de quebra do princípio unitário que vige no concurso de agentes"[22].

É fundamental, no entanto, a análise do *elemento subjetivo* que orientou a conduta do terceiro. É absolutamente normal que tenha agido com dolo normal — direto ou eventual — de concorrer para o crime de infanticídio, aderindo à ação e resultado pretendidos pela parturiente, sem acrescer-lhes outro interesse, distinto do pretendido pelo sujeito ativo desse crime próprio. Contudo, é possível, especialmente nesse tipo de *delictum exceptum*, que se faça presente o conhecido *desvio subjetivo de condutas*, que representa uma grande inovação consagrada legislativamente pela reforma penal de 1984 (art. 29, § 2º, do CP). Com efeito, o desvio subjetivo de condutas recebeu um tratamento especial e mais adequado da reforma penal, ao estabelecer no dispositivo ora mencionado que: "se algum dos concorrentes quis participar de crime menos grave, ser-lhe-á aplicada a pena deste; essa pena será aumentada até metade, na hipótese de ter sido previsível o resultado mais grave".

Na verdade, o legislador reconheceu uma *diminuição de capacidade na puérpera*, admitindo que o seu grau de discernimento e determinação é sensivelmente menor. O terceiro, por sua vez, em pleno uso de suas faculdades mentais e psicossomáticas, pode aproveitar-se das condições fragilizadas da puérpera para praticar a ação de matar o filho daquela. Ora, nesse caso, o terceiro age com dolo de matar alguém, age com dolo de homicídio, que, diríamos, é um *dolo qualificado*, pois tinha a finalidade adicional de utilizar a puérpera como instrumento para a obtenção do resultado efetivamente pretendido, que era dar a morte ao *nascente* ou *recém-nascido*.

Nesse caso, sugerimos que o terceiro responda normalmente pelo crime de homicídio, que foi o crime que efetivamente praticou. Já a parturiente, em razão do seu *estado emocional profundamente perturbado* pelos efeitos do puerpério, não pode ter sua situação agravada. Logo, não pode responder pelo homicídio a que responde o terceiro. Mas não estamos defendendo a violação da *unidade da ação*, não. Apenas sustentamos, nessa hipótese, que a *influência do estado puerperal* seja considerada como uma *especialíssima causa de diminuição de pena*. E assim, em vez de a puér-

---

22. Damásio de Jesus, *Direito Penal*, p. 108.

pera ser prejudicada, será beneficiada com a aplicação do parágrafo único do art. 26, que autoriza a redução de um a dois terços da pena aplicada. Na verdade, *sob a influência do estado puerperal* e pressionada por um terceiro, a puérpera não é "inteiramente capaz de entender o caráter ilícito do fato ou de determinar-se de acordo com esse entendimento". Sofre efetivamente *distúrbio funcional psíquico*, que configura uma *perturbação de sua saúde mental*, atingindo sua capacidade de culpabilidade. Como a *mãe puérpera* não foi autora da morte do filho, assumindo uma posição meramente secundária, conduzida por quem tinha o *domínio final do fato*, que é o terceiro, a *condição pessoal* daquela não é elementar do fato praticado. Nessas circunstâncias, a mãe concorreu para o crime de homicídio, mas nos termos do art. 29, § 2º, 1ª parte, do Código Penal, ou seja, com desvio subjetivo de condutas.

Com essa solução, afasta-se a injustiça de beneficiar o verdadeiro autor (ou coautor) de um homicídio, com a pena reduzida do infanticídio, e amplia-se o benefício da *mãe puérpera*, cuja pena mínima reduzida ao máximo de dois terços poderá concretizar-se em dois anos de reclusão. E não se diga que com essa interpretação estar-se-ia agravando a situação da mãe porque estaria respondendo por um crime mais grave, pois, na verdade, a *avaliação* e a conclusão devem ser completas, ou seja, somente com o resultado final é que se pode fazer um diagnóstico definitivo. E o resultado final leva a uma pena mais favorável do que a interpretação que a corrente dominante vem propondo, qual seja, a de responder pelo crime de infanticídio.

Essa circunstância pessoal — *influência do estado puerperal* — pode exercer diversas funções e produzir diferentes efeitos, dependendo do contexto em que se encontra. Assim, por exemplo, será elementar do tipo quando apenas influenciar a conduta de matar o próprio filho; quando, porém, sua intensidade for suficiente para perturbar-lhe a saúde mental a ponto de reduzir-lhe a capacidade de discernimento e determinação; ou, ainda, poderá excluir a imputabilidade, se atingir o nível de doença mental.

2ª) *O terceiro mata o* nascente *ou* recém-nascido, *com a participação meramente acessória da mãe.*

Qual o fato principal e qual o acessório que segue aquele? Inquestionavelmente, o fato principal praticado pelo terceiro é homicídio! Damásio de Jesus concorda com essa afirmação, mas, diante da previsão do art. 29 do CP (antigo art. 26), sugere que ambos respondam pelo crime de *infanticídio*[23], em razão da especial condição da *partícipe*.

Não podemos esquecer que o *acessório* segue o *principal*, e, pela solução proposta pelo mestre Damásio, opera-se uma inversão, pois o principal estaria seguindo o acessório, ou seja, em vez de as elementares do tipo principal (homicídio) estenderem-se ao *partícipe*, seriam as condições pessoais desta que se estenderiam ao fato principal! Com a devida *venia*, não podemos concordar com essa orientação, mesmo respeitando a teoria da *ação monística*. É igualmente insustentável a sugestão de Flávio Augusto Monteiro de Barros, segundo a qual a mãe deve responder por infan-

---

23. Damásio de Jesus, *Direito Penal*, p. 108.

ticídio e o terceiro pelo homicídio[24], uma vez que, para adequar "a lei à realidade do caso concreto", como sugere Flávio Monteiro, não se pode violar o sistema estrutural ignorando o tratamento unitário preconizado pelo Código Penal. Os participantes de uma infração penal devem responder pelo mesmo crime. As variantes autorizadas estão disciplinadas no art. 29 e seus parágrafos ou especialmente excepcionadas na Parte Especial do Código, como ocorre, por exemplo, no crime de aborto, de bigamia, de abandono, de corrupção etc.

Não podemos ignorar, igualmente, que a "participação em sentido estrito, como *espécie* do *gênero* concurso de pessoas, é a intervenção em um fato alheio, o que pressupõe a existência de um autor principal. O *partícipe* não pratica a conduta descrita pelo preceito primário da norma penal, mas realiza uma atividade secundária que contribui, estimula ou favorece a execução da conduta proibida"[25].

Na verdade, o sistema do Código Penal oferece-nos as condições necessárias para encontrarmos a solução mais adequada para a questão proposta. Ao analisarmos a punibilidade do concurso de pessoas, tivemos oportunidade de afirmar que a "reforma penal mantém a *teoria monística*. Adotou, porém, a *teoria restritiva de autor*, fazendo perfeita distinção entre *autor* e *partícipe* que, *abstratamente*, incorrem na mesma pena cominada ao crime que praticarem. Mas que, *concretamente*, variará segundo a *culpabilidade* de cada participante. E em relação ao *partícipe* variará ainda de acordo com a importância causal da sua contribuição"[26]. Com efeito, a reforma penal de 1984 adotou, como regra, a *teoria monística*, determinando que todos os participantes de uma infração penal incidam nas sanções de um único e mesmo crime, e, como exceção, admite a *concepção dualista*, mitigada, distinguindo a atuação de *autores* e *partícipes*, permitindo uma mais adequada dosagem de pena de acordo com a efetiva participação e eficácia causal da conduta de cada *partícipe*, na medida da culpabilidade perfeitamente individualizada.

Realmente, os parágrafos do art. 29 consagram aquilo que poderíamos chamar de *graus de participação*: *participação de menor importância* e *cooperação penal dolosamente distinta*.

Assim, embora o fato principal praticado pelo terceiro configure o crime de homicídio, certamente a *mãe puérpera* "quis participar de crime menos grave", como prevê o § 2º do art. 29. Por isso, à luz do disposto nesse dispositivo, há *desvio subjetivo de condutas*, devendo a *partícipe* responder pelo crime menos grave do qual *quis participar*, qual seja, o infanticídio. Essa nos parece a solução correta, caso contrário, estaríamos violando todo o sistema do Código e, particularmente, o disposto no art. 30, que afirma textualmente que "não se comunicam as circunstâncias e as condições de caráter pessoal", pois, o *estado puerperal*, na hipótese de simples *partícipe*, será mera condição pessoal, que é incomunicável; será *elementar*

---

24. Flávio Augusto Monteiro de Barros, *Crimes contra a pessoa*, p. 56.
25. Cezar Roberto Bitencourt, *Manual de Direito Penal*; Parte Geral, p. 385.
26. Cezar Roberto Bitencourt, *Manual*; Parte Geral, p. 396.

do tipo (aí comunicável) somente quando a própria mãe for autora (ou coautora) da morte do próprio filho.

10. Classificação doutrinária

O crime de infanticídio é próprio, material, de dano, plurissubsistente, comissivo e omissivo impróprio, instantâneo e doloso.

11. Pena e ação penal

A pena é a detenção de dois a seis anos, para o crime consumado. Não há previsão de qualificadoras, majorantes ou minorantes especiais nem modalidade culposa. A ação penal é pública incondicionada. Como toda ação penal pública, admite *ação privada subsidiária*, nos termos da Constituição Federal, desde que haja inércia do Ministério Público.

ABORTO VII

Sumário: 1. Considerações preliminares. 2. Bem jurídico tutelado. 3. Sujeitos ativo e passivo. 4. Tipo objetivo: adequação típica. 5. Espécies de aborto criminoso. 5.1. Aborto provocado pela gestante ou com seu consentimento. 5.1.1. Aborto "consentido" e teoria monística da ação. 5.2. Aborto provocado sem consentimento da gestante. 5.3. Aborto provocado com consentimento da gestante. 6. Tipo subjetivo: adequação típica. 7. Consumação e tentativa. 8. Classificação doutrinária. 9. Figuras majoradas de aborto. 10. Excludentes especiais da ilicitude: aborto necessário e aborto humanitário. 10.1. Aborto necessário ou terapêutico. 10.2. Aborto humanitário ou ético. 10.3. Aborto necessário ou humanitário praticados por enfermeira. 10.4. Aborto ético-humanitário – um caso concreto. 10.4.1 Contextualização dos fatos. 10.4.2. Aborto humanitário, ético ou sentimental. 10.4.3. Da neutralidade do exame técnico-jurídico dessa modalidade de aborto. 10.4.4. Inexigibilidade de conduta diversa: ausência de fundamento para censura social. 11. Aborto anencefálico: respeito à dignidade humana da gestante. 11.1. Inexigibilidade de conduta diversa: ausência de fundamento para censura social. 12. Ação penal e sanção penal.

Aborto provocado pela gestante ou com seu consentimento

Art. 124. Provocar aborto em si mesma ou consentir que outrem lho provoque:

Pena — detenção, de 1 (um) a 3 (três) anos.

Aborto provocado por terceiro

Art. 125. Provocar aborto, sem o consentimento da gestante:

Pena — reclusão, de 3 (três) a 10 (dez) anos.

Art. 126. Provocar aborto com o consentimento da gestante:

Pena — reclusão, de 1 (um) a 4 (quatro) anos.

Parágrafo único. Aplica-se a pena do artigo anterior, se a gestante não é maior de 14 (quatorze) anos, ou é alienada ou débil mental, ou se o consentimento é obtido mediante fraude, grave ameaça ou violência.

Forma qualificada

Art. 127. As penas cominadas nos dois artigos anteriores são aumentadas de um terço, se, em consequência do aborto ou dos meios empregados para provocá-lo, a gestante sofre lesão corporal de natureza grave; e são duplicadas, se, por qualquer dessas causas, lhe sobrevém a morte.

Art. 128. *Não se pune o aborto praticado por médico:*
Aborto necessário
I — se não há outro meio de salvar a vida da gestante;
Aborto no caso de gravidez resultante de estupro
II — se a gravidez resulta de estupro e o aborto é precedido de consentimento da gestante ou, quando incapaz, de seu representante legal.

1. Considerações preliminares

O Código Criminal do Império de 1830 não criminalizava o aborto praticado pela própria gestante. Punia somente o realizado por terceiro, com ou sem o consentimento da gestante. Criminalizava, na verdade, o *aborto consentido e o aborto sofrido,* mas não o *aborto provocado,* ou seja, o *autoaborto.* A punição somente era imposta a terceiros que interviessem no abortamento, mas não à gestante, em nenhuma hipótese. O fornecimento de meios abortivos também era punido, mesmo que o aborto não fosse praticado, como uma espécie, digamos, de criminalização dos *atos preparatórios.* Agravava-se a pena se o sujeito ativo fosse médico, cirurgião ou similar.

O Código Penal de 1890, por sua vez, distinguia o crime de aborto caso houvesse ou não a expulsão do feto, agravando-se se ocorresse a morte da gestante. Esse Código já criminalizava o aborto praticado pela própria gestante. Se o crime tivesse a finalidade de ocultar desonra própria a pena era consideravelmente atenuada. Referido Código autorizava o aborto para salvar a vida da parturiente; nesse caso, punia eventual imperícia do médico ou parteira que, culposamente, causassem a morte da gestante.

O Código Penal de 1940, por sua vez, tipificava três figuras de aborto: *aborto provocado* (art. 124), *aborto sofrido* (art. 125), e *aborto consentido* (art. 126). Na primeira hipótese, a própria mulher assume a responsabilidade pelo abortamento; na segunda, repudia a interrupção do ciclo natural da gravidez, ou seja, o aborto ocorre sem o seu consentimento; e, finalmente, na terceira, embora a gestante não o provoque, consente que terceiro realize o aborto.

As concepções médicas discordantes da presunção do Código Civil merecem consideração e, concretamente, são fundamentais na seara criminal, que não convive com meras presunções legais ou não.

O Código Penal de 1940 foi publicado segundo a cultura, costumes e hábitos dominantes na década de 30. Passaram-se mais de sessenta anos, e, nesse lapso, não foram apenas os valores da sociedade que se modificaram, mas principalmente os avanços científicos e tecnológicos, que produziram verdadeira revolução na ciência médica. No atual estágio, a Medicina tem condições de definir com absoluta certeza e precisão eventual anomalia do feto e, consequentemente, a inviabilidade de vida extrauterina. Nessas condições, é perfeitamente defensável a orientação do Anteprojeto de Reforma da Parte Especial do Código Penal, que autoriza o aborto quando o nascituro apresentar graves e irreversíveis anomalias físicas ou mentais, ampliando a abrangência do aborto eugênico ou piedoso.

O Código Civil procurou definir, no art. 1.597, a duração da gravidez, nos seguintes termos: "Presumem-se concebidos na constância do casamento os filhos: I — nascidos cento e oitenta dias, pelo menos, depois de estabelecida a convivência conjugal; II — nascidos nos trezentos dias subsequentes à dissolução da sociedade conjugal, por morte, separação judicial, nulidade e anulação do casamento; III — havidos por fecundação artificial homóloga, mesmo que falecido o marido; IV — havidos, a qualquer tempo, quando se tratar de embriões excedentários, decorrentes de concepção artificial homóloga; V — havidos por inseminação artificial heteróloga, desde que tenha prévia autorização do marido". Constata-se que referido diploma legal estabeleceu dois limites para a duração da gravidez: um máximo, de 300 dias, e um mínimo, de 180. Evidentemente que há um descompasso entre essa *presunção* do Código Civil e o entendimento dos especialistas em Medicina Legal. No entanto, embora o ponto de vista jurídico não se confunda com o ponto de vista médico, era necessário garantir a segurança e a paz da família, estando autorizado, portanto, o legislador a adotar algum limite como parâmetro. Quanto às previsões constantes dos incisos III, IV e V, por ora não demandam, em termos penais, nenhum comentário.

Modernamente, a Constituição de 1988 reconhece a igualdade de direitos e de qualificações relativamente à filiação, havida ou não da relação matrimonial, proibindo quaisquer designações discriminantes (art. 227, § 6º, da CF). Perdeu significado aquela presunção *juris tantum* do Código Civil. Assim, é absolutamente proibido adjetivar filiação com as designações "filhos legítimos", "naturais", "adulterinos", "incestuosos" etc.

2. Bem jurídico tutelado

O *bem jurídico protegido* é a vida do ser humano em formação, embora, rigorosamente falando, não se trate de crime contra a pessoa. O produto da concepção — *feto ou embrião* — não é pessoa, embora tampouco seja mera esperança de vida ou simples parte do organismo materno, como alguns doutrinadores sustentam, pois tem vida própria e recebe tratamento autônomo da ordem jurídica. Quando o aborto é provocado por terceiro, o tipo penal protege também a incolumidade da gestante.

Comparativamente ao crime de homicídio, apresentam-se duas particularidades: uma em relação ao objeto da proteção legal e outra em relação ao estágio da vida que se protege; relativamente ao objeto, não é a pessoa humana que se protege, mas a sua formação embrionária; em relação ao aspecto temporal, somente a vida intrauterina, ou seja, desde a *concepção* até momentos antes do início do parto.

O Código Civil também assegura os direitos do nascituro desde a concepção (arts. 1.609, 1.611 e 1.799).

3. Sujeitos ativo e passivo

Sujeito ativo no *autoaborto* e no *aborto consentido* (art. 124) é a própria mulher gestante. Somente ela própria pode provocar em si mesma o aborto ou consentir que alguém lho provoque, tratando-se, portanto, de crime de mão própria.

No *aborto provocado por terceiro*, com ou sem consentimento da gestante, *sujeito ativo* pode ser qualquer pessoa, independentemente de qualidade ou condição especial.

Sujeito passivo, no *autoaborto* e no *aborto consentido* (art. 124), é o feto, ou, genericamente falando, o *produto da concepção*, que engloba óvulo, embrião e feto (há divergência doutrinária). Nessa espécie de *aborto*, concordamos com Heleno Fragoso[1], a gestante não é ao mesmo tempo sujeito ativo e sujeito passivo, não havendo crime na autolesão. Ela é somente sujeito ativo do crime.

A gestante é *sujeito passivo* no *aborto provocado por terceiro* sem seu consentimento. Nessa espécie de *aborto*, há *dupla subjetividade passiva*: o feto e a gestante.

No crime de aborto não se aplica a agravante genérica do art. 61, II, *h* (crime contra gestante), pois fica subsumida no tipo central.

4. Tipo objetivo: adequação típica

De modo geral, os Códigos Penais não definem em que consiste o *aborto*, dando origem à dúvida sobre se é suficiente a expulsão do feto ou se é necessária a ocorrência da morte para caracterizá-lo. Nosso atual Código Penal também não o define, limitando-se a adotar a fórmula neutra e indeterminada *"provocar aborto"*, algo semelhante a, somente para exemplificar, *"provocar homicídio"*, em vez de *"matar alguém"*.

O Direito Penal protege a vida humana desde o momento em que o novo ser é gerado. Formado o ovo, evolui para o embrião e este para o feto, constituindo a primeira fase da formação da vida. A destruição dessa vida até o *início do parto* configura o *aborto*, que pode ou não ser criminoso. Após iniciado o parto, a supressão da vida *constitui* homicídio, salvo se ocorrerem as especiais circunstâncias que caracterizam o *infanticídio*, que é uma figura privilegiada do homicídio (art. 123).

Aborto é a interrupção da gravidez antes de atingir o limite fisiológico, isto é, durante o período compreendido entre a *concepção* e o início do parto, que é o marco final da vida intrauterina. "É a solução de continuidade, artificial ou dolosamente provocada, do curso fisiológico da vida intrauterina." Segundo Aníbal Bruno, "provocar aborto é interromper o processo fisiológico da gestação, com a consequente morte do feto"[2]. Para se configurar o crime de *aborto* é insuficiente a simples expulsão prematura do feto ou a mera interrupção do processo de *gestação*, mas é indispensável que ocorram as duas coisas, acrescidas da morte do feto, pois somente com a ocorrência desta o crime se consuma. Hélio Gomes nos dá a defini-

---

1. Heleno Cláudio Fragoso, *Lições de Direito Penal*; Parte Especial, 11. ed., Rio de Janeiro, Forense, 1995, v. 1, p. 80.
2. Aníbal Bruno, *Crimes contra a pessoa*, p. 160.

ção, a nosso juízo, mais completa do *aborto criminoso,* nos seguintes termos: "É a interrupção ilícita da prenhez, com a morte do produto, haja ou não expulsão, qualquer que seja seu estado evolutivo, desde a concepção até momentos antes do parto". Essa definição, além de destacar que a *interrupção deve ser ilícita,* ou seja, não autorizada por lei, sustenta, com absoluto acerto, a *irrelevância de eventual expulsão do feto* e estabelece o momento derradeiro em que a conduta pode tipificar o crime de aborto, qual seja, "momentos antes do parto".

O crime de aborto pressupõe gravidez em curso e é indispensável que o feto esteja vivo. A *morte do feto* tem de ser resultado direto das manobras abortivas. A partir do início do parto, o crime será homicídio ou infanticídio.

5. Espécies de aborto criminoso

Como crime de forma livre, qualquer meio e qualquer forma de comportamento podem ser utilizados na "provocação" do aborto, desde que tenha idoneidade para produzir o resultado. Assim, benzedeiras, rezas, despachos e similares não são idôneos para provocar o aborto e caracterizam *crime impossível,* por absoluta ineficácia do meio (art. 17 do CP).

A ação de *provocar* o aborto tem a finalidade de interromper a gravidez e eliminar o produto da concepção. Ela se exerce sobre a gestante ou também sobre o próprio feto ou embrião. E só há crime quando o aborto é provocado; se é espontâneo, não existe crime. Se os peritos não podem afirmar, por exemplo, que o aborto foi provocado, não há certeza da existência de crime, e sem tal certeza não se pode falar em aborto criminoso.

O núcleo dos tipos, em suas três variações, é o verbo *provocar,* que significa causar, promover ou produzir o aborto. As elementares especializantes, como "em si mesma", "sem o consentimento da gestante" e "com o consentimento da gestante", determinarão a modalidade ou espécie de aborto, além da particular figura "consentir", que complementa o crime próprio ao lado do autoaborto. Assim, temos as figuras do aborto provocado (autoaborto) ou consentido (duas figuras próprias); aborto consensual (com consentimento) e aborto sem consentimento da gestante.

O crime de aborto exige as seguintes condições jurídicas: dolo, gravidez, manobras abortivas e a morte do feto, embrião ou óvulo.

5.1 *Aborto provocado pela gestante ou com seu consentimento*

O art. 124 tipifica duas condutas por meio das quais a própria gestante pode interromper sua gravidez, causando a morte do feto: com a primeira, ela mesma *provoca* o abortamento; com a segunda, *consente* que terceiro lho provoque. Trata-se, nas duas modalidades, de *crime de mão própria*[3], isto é, que somente a gestante pode realizar. Mas, como qualquer crime de mão própria, admite a participação,

---

3. Cezar Roberto Bitencourt, *Manual de Direito Penal;* Parte Geral, 6. ed., São Paulo, Saraiva, 2000, v. 1, p. 148; Damásio de Jesus, *Direito Penal,* p. 186.

como atividade acessória, quando o partícipe se limita a instigar, induzir ou auxiliar a gestante tanto a praticar o autoaborto como a consentir que terceiro lho provoque[4]. Contudo, se o terceiro for além dessa mera atividade acessória, intervindo na realização propriamente dos atos executórios, responderá não como coautor, que a natureza do crime não permite, mas como autor do crime do art. 126.

A conduta típica, com efeito, no *autoaborto*, consiste em *provocar o aborto* em si mesma, isto é, interromper a sua própria gestação; mas a gestante pode praticar o mesmo crime com outra conduta, qual seja, a de *consentir* que outrem lhe provoque o aborto. Nesta segunda figura, consentir no aborto, exigem-se dois elementos: a) consentimento da gestante; b) execução do aborto por terceiro.

Concluindo, a mulher que *consente* no aborto incidirá nas mesmas penas do *autoaborto*, isto é, como se tivesse provocado o aborto *em si mesma*, nos termos do art. 124 do CP. A mulher que *consente* no próprio aborto e, na sequência, auxilia decisivamente nas manobras abortivas pratica um só crime, pois *provocar aborto em si mesma* ou *consentir* que outrem lho provoque é *crime de ação múltipla* ou de conteúdo variado. Quem provoca o aborto, com o *consentimento da gestante*, pratica o crime do art. 126 do mesmo estatuto e não o do art. 124. Assim, por exemplo, o agente que leva a amásia à casa da parteira, contrata e paga os seus serviços é autor do crime tipificado no art. 126, enquanto a amásia, que consentiu, incorre no art. 124. Enfim, o aborto consentido não admite coautoria entre o terceiro e a gestante, constituindo uma das exceções à *teoria monística da ação*, que é a consagrada pelo nosso Código Penal. E quem provoca aborto sem consentimento da gestante incorre nas sanções do art. 125.

5.1.1 Aborto "consentido" e teoria monística da ação

A segunda figura do art. 124 — *consentir que lhe provoquem o aborto* — encerra dois crimes: um para a gestante que *consente* (art. 124), outro para o sujeito que provoca o aborto (art. 126). Em relação à gestante que consente e ao autor que provoca materialmente o crime de aborto consentido não se aplica o disposto no *caput* do art. 29 do CP, constituindo uma das exceções à *teoria monística da ação*, que é a teoria adotada pelo Código Penal brasileiro.

Na verdade, referida teoria não faz qualquer distinção entre *autor* e *partícipe*, instigação e cumplicidade. Todo aquele que concorre para o crime causa-o em sua totalidade e por ele responde integralmente[5]. Embora o crime seja praticado por diversas pessoas, permanece único e indivisível. O crime é o resultado da conduta de cada um e de todos, indistintamente. Essa concepção parte da teoria da equivalência das condições necessárias à produção do resultado. No entanto, o fundamento maior de tal teoria é político-criminal, que prefere punir igualmente a todos os participantes de uma mesma infração penal[6].

---

4. No mesmo sentido, Flávio Augusto Monteiro de Barros, *Crimes contra a pessoa*, p. 73.
5. F. Antolisei, *Manual de Derecho Penal*, Buenos Aires, UTEHA, 1960, p. 395.
6. Santiago Mir Puig, *Derecho Penal*, p. 309.

Essa foi a teoria adotada pelo Código Penal de 1940, que evitou uma série de questões que naturalmente decorreriam das definições de autores, partícipes, auxílio necessário, auxílio secundário, participação necessária etc.[7]. A reforma penal de 1984 permanece acolhendo essa teoria. Procurou, contudo, atenuar os seus rigores, distinguindo com precisão a punibilidade de autoria e participação. Estabeleceu alguns princípios disciplinando determinados *graus de participação*. Adotou, como regra, a teoria monística, determinando que todos os participantes de uma infração penal incidem nas sanções de um único e mesmo crime e, como exceção, a concepção dualista, mitigada, distinguindo a atuação de autores e partícipes, permitindo uma adequada dosagem de pena de acordo com a efetiva participação e eficácia causal da conduta de cada partícipe, na medida da culpabilidade perfeitamente individualizada[8]. Na verdade, os parágrafos do art. 29 aproximaram a teoria monística da teoria dualística ao determinar a punibilidade diferenciada da participação.

5.2 *Aborto provocado sem consentimento da gestante*

O *aborto sem consentimento* da gestante (art. 125) — aborto sofrido — recebe punição mais grave e pode assumir duas formas: *sem consentimento real* ou ausência de *consentimento presumido* (não maior de 14 anos, alienada ou débil mental). Nessa modalidade de *aborto*, a ausência de consentimento constitui *elementar negativa do tipo*. Logo, se houver consentimento da gestante, afastará essa adequação típica. Logicamente que, em se tratando de aborto, o eventual consentimento não elimina simplesmente a tipicidade, mas apenas a desloca para outro dispositivo legal, pelas peculiaridades do próprio crime de aborto, que pode ser com ou sem consentimento. É oportuno, nessa análise, invocar o que dissemos sobre o sentido e função do consentimento do ofendido, *in verbis*: "... se fizermos uma análise, ainda que superficial, constataremos que em muitas figuras delituosas, de qualquer Código Penal, a *ausência de consentimento* faz parte da estrutura típica como uma *característica negativa do tipo*. Logo, a presença de consentimento afasta a tipicidade da conduta que, para configurar crime, exige o *dissenso* da vítima, como, por exemplo, a *invasão de domicílio* (art. 150), a *violação de correspondência* (art. 151) etc. Outras vezes, o consentimento do ofendido constitui verdadeira *elementar do crime*, como ocorre, por exemplo, no *aborto consentido* (art. 126). Nesse caso, o consentimento é elemento essencial do tipo penal"[9].

O *agente que provoca aborto* sem consentimento da gestante não responde pelo crime de *constrangimento ilegal*, uma vez que esse constrangimento integra a definição desse crime de aborto, cuja sanção é consideravelmente superior em razão exatamente dessa contrariedade da gestante[10].

---

7. Julio Fabbrini Mirabete, *Manual de Direito Penal*, p. 223.
8. Paulo José da Costa Jr., *Comentários ao Código Penal*, São Paulo, Saraiva, 1986, v. 1, p. 232.
9. Cezar Roberto Bitencourt, *Manual de Direito Penal*, 6. ed., p. 248.
10. No mesmo sentido, Flávio Augusto Monteiro de Barros, *Crimes contra a pessoa*, p. 76.

Para *provocar aborto sem consentimento* da gestante não é necessário que seja mediante violência, fraude ou grave ameaça; basta a *simulação* ou mesmo *dissimulação*, ardil ou qualquer outra forma de burlar a atenção ou vigilância da gestante. Em outros termos, é suficiente que a gestante desconheça que nela está sendo praticado o aborto.

5.3 Aborto provocado com consentimento da gestante

Aborto com consentimento, ou *aborto consensual* (art. 126), constitui exceção à *teoria monística* adotada pelo nosso Código, como já afirmamos. Quem provocar aborto *com consentimento da gestante* não será coautor do crime capitulado no art. 124, a despeito do preceito do art. 29 do CP, mas responderá pelo delito previsto no art. 126.

Essa exceção à teoria monística, no crime de *aborto consensual*, fundamenta-se no *desnível do grau de reprovabilidade* que a conduta da gestante que *consente* no aborto apresenta em relação à daquele que efetivamente pratica o aborto consentido. Com efeito, a censura da conduta da gestante que consente, na ótica do legislador, é consideravelmente inferior à conduta do terceiro que realiza as manobras abortivas consentidas. O *desvalor do consentimento* da gestante é menor que o *desvalor da ação abortiva* do terceiro que, concretamente, age, isto é, realiza a atividade de provocar o aborto. *Consentir* merece determinado grau de censura, ao passo que executar a conduta consentida, definida como crime de aborto, recebe uma *censurabilidade* bem mais elevada, pois implica a comissão do aborto criminalizado: a conduta da primeira assemelha-se à *conivência*, embora não possa ser adjetivada de omissiva, enquanto a do segundo é *comissiva*.

Convém destacar que o *aborto consentido* (art. 124, 2ª figura) e o *aborto consensual* (art. 126) são crimes de *concurso necessário*, pois exigem a *participação* de duas pessoas, a gestante e o terceiro realizador do aborto, e, a despeito da necessária participação de duas pessoas, cada um responde, excepcionalmente, por um crime distinto.

6. Tipo subjetivo: adequação típica

O *elemento subjetivo* do crime de aborto é o *dolo*, que consiste na vontade livre e consciente de interromper a gravidez, matando o produto da concepção ou, no mínimo, assumindo o risco de matá-lo. Na primeira hipótese, configura-se o *dolo direto*, na segunda, o *dolo eventual*, embora este também possa decorrer da dúvida quanto ao estado de gravidez.

Matar mulher que sabe estar grávida configura também o crime de aborto, verificando-se, no mínimo, *dolo eventual*; nessa hipótese, o agente responde, em concurso formal, pelos crimes de homicídio e aborto. Se houver desígnios autônomos, isto é, a intenção de praticar os dois crimes, o concurso formal será impróprio, aplicando-se cumulativamente a pena dos dois crimes, caso contrário será próprio e o sistema de aplicação de penas será o da *exasperação*[11].

---

11. Cezar Roberto Bitencourt, *Manual de Direito Penal*; Parte Geral, 6. ed., São Paulo, Saraiva, 2000, v. 1, p. 526.

Heleno Cláudio Fragoso sustentava que, "se o agente quis apenas praticar lesão corporal na mulher (cuja gravidez conhecia ou não podia desconhecer) e sobrevém o aborto em razão da violência, o crime será de lesão corporal gravíssima (art. 129, § 2º, V)"[12]. No entanto, nas mesmas circunstâncias, se o agente quis matar a gestante, conhecendo ou não podendo desconhecer a existência da gravidez, responde pelos crimes de homicídio em concurso com o crime de aborto; o primeiro com dolo direto, o segundo com dolo eventual. Da mesma forma, quem desfere violento pontapé no ventre de mulher visivelmente grávida, acarretando-lhe a expulsão e a morte do feto, pratica o crime de *aborto provocado* e não o de *lesão corporal de natureza gravíssima,* previsto no art. 129, § 2º, V, do CP.

O aborto culposo é impunível, restando somente a eventual reparação de dano.

7. Consumação e tentativa

Consuma-se o crime de aborto, em qualquer de suas formas, com a morte do feto ou embrião. Pouco importa que a morte ocorra no ventre materno ou fora dele. É irrelevante, ainda, que ocorra a expulsão do feto ou que este não seja expelido das entranhas maternas. Enfim, consuma-se o aborto com o perecimento do feto ou a destruição do ovo. Logo, a materialidade do *aborto* pressupõe a existência de um feto vivo, consequentemente, uma gravidez em curso. Ou seja, finda a gravidez, não se poderá praticar aborto, já que a morte do feto tem de ser resultado das manobras abortivas ou da imaturidade do feto para viver fora do ventre materno, em decorrência dessas manobras. Em outros termos, é indispensável comprovar que o feto ou embrião, isto é, o *ser em formação,* estava vivo quando a ação abortiva foi praticada e que foi esta que lhe produziu a morte, ou seja, é necessária uma *relação de causa e efeito* entre a ação e o resultado produzido. Em outros termos, o emprego de meios abortivos, por si só, é insuficiente para concluir, com certeza, a produção do crime de aborto. É indispensável que se prove que o aborto é consequência do meio abortivo utilizado. A prova testemunhal, por conseguinte, é insuficiente para comprovar essa relação.

É necessária prova de que o feto estava vivo no momento da ação. Como crime material, além de suas particularidades especiais, a prova do aborto *exige* o *auto de exame de corpo de delito,* disciplinado nos arts. 158 e s. do CPP, aplicando-se a esse crime tudo o que dissemos a respeito da materialidade do crime de homicídio, no capítulo próprio, para onde remetemos o leitor.

Desnecessário afirmar que os meios preventivos ou anticonceptivos não são abrangidos pelo conceito de aborto, que se estende desde o momento em que duas células germinais unem-se, constituindo o ovo, até aquele em que se inicia o processo de parto. É irrelevante a fase da evolução fetal em que o aborto é praticado, sendo igualmente indiferente o momento em que ocorre a morte do feto, se no interior do útero ou após a sua expulsão.

---

12. Heleno Fragoso, *Lições de Direito Penal,* p. 82.

O crime de aborto, como crime material, admite a figura da *tentativa*, desde que, a despeito da utilização, com eficácia e idoneidade de meios ou manobras abortivas, não ocorra a interrupção da gravidez com a morte do feto, por causas alheias à vontade do agente.

Por política criminal sustenta-se a *impunibilidade da tentativa* do autoaborto, pois o ordenamento jurídico brasileiro não pune a autolesão. No entanto, nosso Código não consagra essa impunibilidade. E, ademais, a tentativa de autoaborto está mais para desistência voluntária ou arrependimento eficaz do que propriamente para tentativa punível, que o próprio Código Penal declara impuníveis, igualmente por razões de política criminal, quais sejam, para estimular o agente a não prosseguir no objetivo de consumar o crime. Por outro lado, eventuais lesões que possam decorrer da *tentativa de autoaborto*, que poderiam constituir crime em si mesmas, são, como afirmamos, impuníveis. Por esses fundamentos, enfim, endossamos a não punibilidade da referida tentativa.

Há *crime impossível*, por exemplo, nas manobras abortivas em mulher que não está grávida ou no caso de o feto já estar morto antes da prática dos atos abortivos, por absoluta *impropriedade do objeto*; ou, ainda, por *inadequação absoluta do meio*, quando for inteiramente inidôneo para produzir o resultado, como rezas, feitiçarias ou a administração de substâncias absolutamente inócuas.

Podem ocorrer, com efeito, nas outras figuras de *aborto*, as hipóteses de *desistência voluntária* e *arrependimento eficaz*, mas, nesse caso, o agente responderá pelos atos praticados que, em si mesmos constituírem crime, ressalvada, logicamente, como destacamos, a hipótese de *autoaborto*.

8. Classificação doutrinária

Trata-se de *crime de mão própria* (no autoaborto e no consentido), que somente a gestante pode praticar; crime comum, de dano, material, instantâneo e doloso.

9. Figuras majoradas de aborto

O art. 127 prevê duas *causas especiais de aumento* de pena, que impropriamente recebem a rubrica "forma qualificada", para o crime de aborto praticado com ou sem consentimento da gestante: pela primeira, *lesão corporal de natureza grave*, a pena é elevada em um terço; pela segunda, *morte da gestante*, a pena é duplicada.

Consciente de nossa responsabilidade com a formação das novas gerações e futuros juristas, preocupamo-nos com a precisão técnica, por isso temos insistido em que "as qualificadoras constituem verdadeiros tipos penais — tipos derivados — com novos limites, mínimo e máximo, enquanto as majorantes, como simples causas modificadoras da pena, somente estabelecem a sua variação. Ademais, as majorantes e minorantes funcionam como modificadoras na terceira fase do cálculo da pena, o que não ocorre com as qualificadoras, que estabelecem limites mais elevados, dentro dos quais será calculada a pena-base. Assim, por exemplo, enquanto a previsão do art. 121, § 2º, caracteriza uma qualificadora, a do art. 155, §1º, configura uma majorante"[13]. Nesse particular, equivocou-se também o legislador ao denominar "forma qualificada" quando na realidade é *majorada*.

Segundo a dicção do referido dispositivo, somente a lesão corporal de natureza grave ou a morte da gestante "qualificam" o crime de aborto. As ditas "qualificadoras" aplicam-se ao *aborto praticado por terceiro* (arts. 125 e 126) e não ao aborto praticado pela própria gestante (art. 124). Aliás, nem teria sentido, pois não se pune a autolesão nem o ato de matar-se. É indiferente que o resultado "qualificador" — morte ou lesão — decorra do próprio aborto ou das manobras abortivas. Significa dizer que a majoração da pena pode ocorrer ainda quando o aborto não se consuma, sendo suficiente que o resultado majorador decorra das manobras abortivas.

Se em decorrência do aborto a vítima sofre lesões corporais leves, o agente responde somente pelo crime de aborto, sem a aplicação da majorante constante do art. 127, pois essa lesão integra o resultado natural da prática abortiva.

Para que se configure o *crime qualificado pelo resultado*, é indispensável que o evento morte ou lesão grave decorra, pelo menos, de culpa (art. 19 do CP). No entanto, se o dolo do agente abranger os resultados lesão grave ou morte da gestante, excluirá a aplicação do art. 127, que prevê uma espécie *sui generis* de crime preterdoloso (dolo em relação ao aborto e culpa em relação ao resultado agravador). Nesse caso, o agente responderá pelos dois crimes, em concurso formal — aborto e homicídio doloso ou aborto e lesão corporal grave.

10. Excludentes especiais da ilicitude: aborto necessário e aborto humanitário

O art. 128 do CP determina que: "Não se pune o aborto praticado por médico: I — se não há outro meio de salvar a vida da gestante; II — se a gravidez resulta de estupro e o aborto é precedido de consentimento da gestante ou, quando incapaz, de seu representante legal". O próprio Código atribui os *nomen juris* de "aborto necessário", ao primeiro, e "aborto no caso de gravidez resultante de estupro", que doutrina e jurisprudência encarregaram-se de definir como sentimental, humanitário.

É uma forma diferente e especial de o legislador excluir a ilicitude de uma infração penal sem dizer que "não há crime", como faz no art. 23 do mesmo diploma legal. Em outros termos, o Código Penal, quando diz que "não se pune o aborto", está afirmando que o aborto é lícito naquelas duas hipóteses que excepciona no dispositivo em exame. Lembra, com propriedade, Damásio de Jesus que "haveria causa pessoal de exclusão de pena somente se o CP dissesse 'não se pune o médico'"[14], que não é o caso.

---

13. Cezar Roberto Bitencourt, *Manual de Direito Penal*; Parte Geral, p. 520.
14. Damásio de Jesus, *Direito Penal*, p. 124.

No entanto, a despeito de o art. 128 não conter *dirimentes de culpabilidade, escusas absolutórias* ou mesmo *causas extintivas de punibilidade,* convém ter presente que, como em qualquer crime, pode haver alguma excludente de culpabilidade, legal ou supralegal, quando, por exemplo, apresentar-se a gravidez e a necessidade ou possibilidade do aborto, mas faltar algum dos requisitos legalmente exigidos pela excludente especial, não haver médico disponível.

10.1 *Aborto necessário ou terapêutico*

O *aborto necessário* também é conhecido como *terapêutico* e constitui autêntico *estado de necessidade,* justificando-se quando não houver outro meio de salvar a vida da gestante.

O *aborto necessário* exige dois requisitos, simultâneos: a) *perigo de vida da gestante*; b) *inexistência de outro meio para salvá-la.* O requisito básico e fundamental é o *iminente perigo à vida da gestante,* sendo insuficiente o perigo à saúde, ainda que muito grave. O aborto, ademais, deve ser o único meio capaz de salvar a vida da gestante, caso contrário o médico responderá pelo crime. Logo, a necessidade não se faz presente quando o fato é praticado para preservar a saúde da gestante ou para evitar a desonra pessoal ou familiar.

Quando o *perigo de vida for iminente,* na falta de médico, outra pessoa poderá realizar a intervenção[15], fundamentada nos arts. 23, I, e 24. Na hipótese de *perigo de vida iminente,* é dispensável a *concordância da gestante* ou de seu representante legal (art. 146, § 3º, do CP), até porque, para o *aborto necessário,* ao contrário do aborto humanitário, o texto legal não faz essa exigência, que seria restritiva da liberdade de agir e de decidir.

Nessa linha de orientação, sustentamos que o *aborto necessário* pode ser praticado mesmo contra a vontade da gestante. A intervenção médico-cirúrgica está autorizada pelo disposto nos arts. 128, I (aborto necessário), 24 (estado de necessidade) e 146, § 3º (intervenção médico-cirúrgica justificada por iminente perigo de vida). Ademais, tomando as cautelas devidas, agirá no *estrito cumprimento de dever legal* (art. 23, III, 1ª parte), pois, na condição de *garantidor,* não pode deixar perecer a vida da gestante. Enfim, o *consentimento da gestante* ou de seu representante legal somente é exigível para o aborto humanitário, previsto no inciso II do art. 128.

É fundamental essa *cobertura legal do "expert",* garantindo a licitude de sua conduta profissional, mesmo contra a vontade da gestante, pois esta não pode sacrificar a sua vida em prol do nascituro, o que, no entanto, não impede que o faça ou, pelo menos, tente. No entanto, tratando-se de perigo mediato, ainda que haja exigência legal, é recomendável que obtenha o consentimento da gestante, sem o qual não deve proceder ao aborto.

Cumpre destacar que o Código Penal, lamentavelmente, não legitima a realização do chamado *aborto eugenésico,* mesmo que seja provável que a criança nasça com deformidade ou enfermidade incurável. Contudo, sustentamos que a gestante que

---

15. Flávio Augusto Monteiro de Barros, *Crimes contra a pessoa,* p. 79.

provoca o *autoaborto* ou *consente que terceiro* lho pratique está amparada pela excludente de culpabilidade inexigibilidade de outra conduta, sem sombra de dúvida.

10.2 Aborto humanitário ou ético

O aborto humanitário, também denominado *ético* ou sentimental, é autorizado quando a gravidez é consequência do *crime de estupro* e a gestante *consente* na sua realização. Pelo nosso Código Penal não há limitação temporal para a estuprada-grávida decidir-se pelo abortamento.

Para se autorizar o aborto humanitário são necessários os seguintes requisitos: a) *gravidez resultante de estupro*; b) *prévio consentimento da gestante ou, sendo incapaz, de seu representante legal*. A prova tanto da ocorrência do estupro quanto do consentimento da gestante deve ser cabal.

O consentimento da gestante ou de seu representante legal, quando for o caso, deve ser obtido por escrito ou na presença de testemunhas idôneas, como garantia do próprio médico.

A prova do crime de estupro pode ser produzida por todos os meios em Direito admissíveis. É desnecessário *autorização judicial,* sentença condenatória ou mesmo processo criminal contra o autor do crime sexual. Essa *restrição* não consta do dispositivo, e, consequentemente, sua ausência não configura o crime de aborto. O médico deve procurar certificar-se da autenticidade da afirmação da paciente, quer mediante a existência de inquérito policial, ocorrência policial ou processo judicial, quer por quaisquer outros meios ou diligências pessoais que possa e deva realizar para certificar-se da veracidade da ocorrência de estupro. Acautelando-se sobre a veracidade da alegação, somente a gestante responderá criminalmente (art. 124, 2ª figura) se for comprovada a falsidade da afirmação. A boa-fé do médico caracteriza erro de tipo, excluindo o dolo, e, por consequência, afasta a tipicidade.

A excludente em exame estende-se ao crime praticado com *violência implícita* (art. 217-A). A *permissão legal* limita-se a referir-se ao crime de estupro, sem adjetivá-lo. Como o legislador não desconhece a existência das duas formas de violência, elementares desse crime — real (art. 213) e implícita (art. 217-A) —, ao não limitar a excludente à presença de qualquer delas, não pode o intérprete restringir onde a lei não faz qualquer restrição, especialmente para criminalizar a conduta do médico. Com efeito, interpretação restritiva, no caso, implica criminalizar uma conduta autorizada, uma espécie de interpretação extensiva *contra legem*, ou seja, *in malam partem*.

10.3 Aborto necessário ou humanitário praticados por enfermeira

A análise dessa questão é complexa e exige uma série de considerações que, circunstancialmente, podem alterar as consequências da ação praticada, pois não se pode perder de vista que o Código exclui a ilicitude de duas espécies de aborto, ou, melhor dito, por dois fundamentos distintos: um por *estado de necessidade* e outro por *razões sentimentais* ou humanitárias.

Na primeira hipótese — *aborto necessário* —, não havendo outro meio de salvar a vida da gestante, nem a enfermeira nem qualquer pessoa que lhe faça as vezes responderá por crime algum[16]. Na verdade, a previsão do art. 128, I, é absolutamente desnecessária[17], pois, em *estado de necessidade,* todas as condutas proibidas no Código Penal são excepcionalmente autorizadas, afastando-se a proibição. Assim, nesse caso, a enfermeira não responde pelo crime de aborto, mas com fundamento no art. 24 do CP e não no art. 128, I, uma vez que, não sendo médica, não pode invocar essa *excludente especial*. É bem verdade que, a despeito de desnecessária a previsão em exame, sua prescrição facilita, simplifica e agiliza a atividade médica ante um caso de emergência, e, só por isso, em todo caso, já estaria justificada a *excludente especial*. A despeito do que afirmamos, convém destacar que, apesar das semelhanças que apresentam, a previsão do art. 128, I, não se confunde com o estado de necessidade disciplinado no art. 24, pois há diversidade de requisitos intrínsecos e extrínsecos.

Na segunda hipótese — aborto proveniente de estupro — a solução é diversa. Para Damásio de Jesus, "a enfermeira responde pelo delito, uma vez que a norma permissiva faz referência expressa à qualidade do sujeito que pode ser favorecido: deve ser médico"[18]. Comungamos desse entendimento apenas parcialmente. Na verdade, a conduta da enfermeira, na hipótese, não está acobertada pela excludente especial da ilicitude, que exige uma condição especial — ser médico —, não possuída pela enfermeira. Logo, essa conduta reveste-se de tipicidade e de antijuridicidade. Contudo, isso não esgota a análise casuística dos fatos. Queremos dizer que é de todo recomendável analisar, na fase seguinte, a hipótese de poder configurar-se a *inexigibilidade de outra conduta*, que, se reconhecida, excluirá a culpabilidade. Somente se, concretamente, se afastar essa possibilidade a enfermeira deverá responder pelo crime de aborto.

Por fim, se a enfermeira auxilia o médico na realização de qualquer das modalidades de aborto legal, deve responder pelo crime?

Ora, se o fato praticado pelo médico, que é o autor, for lícito, não há como punir o partícipe, e o fundamento da impunibilidade da conduta da enfermeira, enquanto partícipe, respalda-se na *teoria da acessoriedade limitada da participação,* a qual "exige que a conduta principal seja *típica e antijurídica*. Isso quer dizer que a participação é acessória da ação principal, de um lado, mas que também depende desta até certo ponto. Não é necessário que o autor seja culpável. É suficiente que sua ação seja antijurídica, isto é, contrária ao direito, sem necessidade de ser culpável. O fato é comum, mas a culpabilidade é individual"[19].

---

16. Damásio de Jesus, *Direito Penal*, p. 124.
17. Nesse sentido, Paulo José da Costa Jr., *Comentários ao Código Penal*, São Paulo, Saraiva, 1988, v. 2, p. 37. Não têm razão aqueles que pensam o contrário, porque o aborto necessário não depende do consentimento da gestante, seja com fundamento no art. 128, I, seja com fundamento no art. 24, ou até mesmo com base no art. 146, § 3º.
18. Damásio de Jesus, *Direito Penal*, p. 124.
19. Cezar Roberto Bitencourt, *Manual de Direito Penal*; Parte Geral, 6. ed., São Paulo, Saraiva, 2000, v. 1, p. 390.

10.4 *Aborto ético-humanitário – um caso concreto*

10.4.1 Contextualização dos fatos

Por razões puramente didáticas, diante da grande repercussão que esse caso concreto causou e por se tratar de uma hipótese emblemática, decidimos incluir este estudo aqui e faremos, neste espaço, algumas reflexões jurídico-penais relativamente ao estupro sofrido por uma criança de 10 anos, que vinha sendo violentada sexualmente há alguns anos por seu próprio tio, do que resultou sua gravidez, felizmente interrompida, despreconceituosamente, por dignos, sérios, competentes e honrados médicos em Recife, comprometidos com a vida e a dignidade humana, mormente em se tratando de uma vítima criança.

O art. 128 do CP determina que: "Não se pune o aborto praticado por médico: I — se não há outro meio de salvar a vida da gestante; II — se a gravidez resulta de estupro e o aborto é precedido de consentimento da gestante ou, quando incapaz, de seu representante legal". O próprio Código Penal atribui os *nomen juris* de *"aborto necessário"*, ao primeiro, e *"aborto no caso de gravidez resultante de estupro"*, que doutrina e jurisprudência encarregaram-se de definir como sentimental, humanitário. Portanto, qualquer das duas modalidades de aborto é legal, ética e humanitária para preservar a vida, na primeira hipótese e, na segunda, no mínimo, para aliviar um pouco o sofrimento da vítima e restaurar, dentro do possível, um pouco da sua dignidade. Trata-se de uma forma diferente e especial de o legislador excluir a ilicitude de uma infração penal sem dizer que "não há crime", com o faz no art. 23 do mesmo diploma legal. Em outros termos, o Código Penal, quando diz que "não se pune o aborto", está afirmando que o aborto é lícito, isto é, legal, naquelas duas hipóteses que excepciona no dispositivo legal supramencionado.

No entanto, a despeito de o art. 128 não conter *dirimentes de culpabilidade, escusas absolutórias* ou mesmo *causas extintivas de punibilidade,* convém termos presente que, como em qualquer crime, pode haver alguma excludente de culpabilidade, legal ou supralegal, quando, por exemplo, apresentarem-se a gravidez e a necessidade ou possibilidade do aborto, mas faltar algum dos requisitos legalmente exigidos pela excludente especial, ou não houver médico disponível. Trataremos desses aspectos a seguir.

10.4.2 Aborto humanitário, ético ou sentimental

O aborto humanitário, também denominado *ético* ou sentimental, é autorizado pelo ordenamento jurídico brasileiro, quando a gravidez for consequência ou decorrência de um *crime de estupro* e a gestante, ou seu representante legal, *consentir* na sua realização. Pelo nosso Código Penal não há limitação temporal para a estuprada-grávida decidir-se pelo abortamento. No entanto, para se autorizar realização do aborto humanitário é necessária a satisfação de alguns requisitos básicos, quais sejam: a) *gravidez resultante de estupro*; b) *prévio consentimento da gestante ou, sendo incapaz, de seu representante legal.* A prova tanto da ocorrência do estupro quanto do consentimento da gestante deve ser induvidosa. O consentimento da gestante ou de seu representante legal, como é o caso concreto (além da própria manifestação dela, como divulgado pela mídia), quando for o caso, deve ser obtido por escrito ou na presença de testemunhas idôneas, como garantia do próprio médico.

A prova do crime de estupro pode ser produzida por todos os meios em Direito admissíveis. No caso de estupro é desnecessária *autorização judicial,* ou mesmo processo criminal contra o autor do crime sexual, enfim, é indispensável uma demonstração concreta da ocorrência do estupro. Trata-se de uma segurança de que efetivamente se trata de crime de estupro, aliás, a nosso juízo, essa prova pode ser produzida por qualquer meio legítimo e não proibido em lei. Apenas o médico deve procurar certificar-se da autenticidade da afirmação da paciente, quer mediante a existência de inquérito policial, ocorrência policial ou processo judicial, quer por quaisquer outros meios ou diligências pessoais que possa e deva realizar para certificar-se da veracidade da ocorrência de estupro. Acautelando-se sobre a veracidade da alegação, somente a gestante responderá criminalmente se for comprovada, *a posteriori,* a falsidade da afirmação, o que não é o caso destes fatos. A boa-fé do médico caracteriza *erro de tipo,* se ocorrer, excluindo o dolo, e, por consequência, afasta a própria tipicidade da conduta médica.

Essa excludente, ora examinada, estende-se ao crime praticado com *violência implícita* (art. 217-A), presunção *juris et de iure.* A *permissão legal* limita-se a referir-se ao *crime de estupro,* sem adjetivá-lo, consequentemente não importa a sua espécie ou natureza. Como o legislador não desconhece a existência das duas formas de violência, real e implícita, elementares desse crime — real (art. 213) e implícita (art. 217-A) — e não as delimitou, não poderá o intérprete fazê-lo, ou seja, restringir onde a lei não faz qualquer restrição, especialmente para, por exemplo, para *in caso,* criminalizar a conduta do médico. Com efeito, interpretação restritiva, *in caso,* implica criminalizar uma conduta autorizada, uma espécie de interpretação extensiva *contra legem,* ou seja, *in malam partem, desautorizada pelo direito penal de um Estado Democrático de Direito.*

10.4.3 Da neutralidade do exame técnico-jurídico dessa modalidade de aborto

Essa espécie de aborto – *uma criança de dez anos estuprada pelo tio* – deve ser tratada não sob os aspectos ético, religioso, social, moral ou emocional, mas deve-se fazer uma análise, dentro do possível, *neutra,* ou seja, um exame estritamente jurídico. Deve-se ter presente que se trata de um crime gravíssimo, brutal e desumano, que humilha e deprime a vítima gestante, por isso, o próprio sistema jurídico oferece, por lei, a autorização para interromper, legitimamente, a gravidez, inclusive, sem autorização judicial, pela urgência da medida. A rigor, será apenas uma *faculdade* que, se não desejar, não precisará usá-la, sem, ademais, ficar submetida aos rigores próprios da violação de norma jurídico-penal, com suas drásticas consequências punitivas.

Em outros termos, a vítima gestante não pode ser "condenada" a abrigar, em seu ventre, um tormento – *produto de estupro* – que a aniquila, brutaliza, desumaniza e a destrói emocional e psicologicamente, posto que, ao contrário de outras gestantes – que se preparam para dar à luz a vida, regozijam-se com a beleza da repetição milenar da natureza –, a estuprada afoga-se na tristeza, no desgosto e na desilusão de ser "condenada", pela lei da natureza, a continuar abrigando em seu ventre um ser produto de tamanha violência desumana, um "ser" não querido, não desejado e para cuja ocorrência não concorreu. Não pode ser obrigada a ficar, mesmo na infância (pois nem adolescente é), aguardando o dia em que, ao invés de brindar o nascimento do filho, como todas as mães sonham, terá que ver o nascimento e conviver com a dor de seu sofrimento e a angústia que a acompanhará pelo resto de seus dias.

Por outro lado, relativamente à gestante, a gravidez indesejada, decorrente de estupro, para uma criança de dez anos é potencialmente perigosa, apresentando sérios e graves riscos, inclusive à vida e à saúde da gestante, além dos graves efeitos psicológicos, com consequências depressivas, angustiantes etc., aliás, como já estava ocorrendo. Ademais, o consentimento da gestante, ainda que se trate de uma criança, afasta-lhe a *autoincriminação, autopunição*, além de assegurar-lhe, nesses casos, benefícios de ordem física, psíquica e psicológica, podendo-se esperar que consiga, com acompanhamento psicológico, quando adulta, levar uma vida normal, sem maiores traumas.

Transcorridos oitenta anos da promulgação do Código Penal brasileiro de 1940, cuja Parte Especial ainda se encontra em vigor, questionam-se muitos dos seus dispositivos, esquecendo-se, geralmente, que a vida é dinâmica e que não só os usos e costumes evoluem, como também, e principalmente, a ciência e a tecnologia, de tal sorte que aquele texto publicado em 1940 deve ser adaptado à realidade atual mediante os métodos de interpretação, dando-se-lhe vida e atualidade para disciplinar as relações sociais deste início de novo milênio. Com efeito, o Direito Penal não pode ficar alheio ao desenvolvimento tanto da ciência quanto dos usos e costumes, bem como da evolução histórica do pensamento, da cultura e da ética em uma sociedade em constante mutação. O Direito Penal — não se ignora essa realidade — é um fenômeno histórico-cultural que se submete permanentemente a um interminável processo de ajustamento de uma sociedade dinâmica e transformadora por natureza. Vive-se esse turbilhão de mutações que caracteriza a sociedade pós-moderna, que reclama permanente atualização do direito positivo que, em regra, foi ditado e editado em outros tempos, e somente pela interpretação do cientista ganha vida e atualidade, evoluindo de acordo com as necessidades e aspirações sociais, respondendo às necessidades da civilização humana.

Assim, surgem, por vezes, situações inusitadas e que reclamam aplicação das normas penais de outrora. Nessas horas, não é permitido à ciência e ao cientista ignorarem os avanços culturais, técnicos, científicos e tecnológicos da sociedade em geral e, no caso, da medicina em particular, mesmo diante das mais profundas transformações que tantas décadas possam ter produzido, sejam éticas, culturais, médicas ou científicas. É nessa sociedade que, pela hermenêutica, deve-se encontrar o verdadeiro sentido de normas que ganharam vida através do legislador, mesmo em outro século, objetivando *normatizar* uma sociedade que se pautava por outro padrão de comportamento. Como destacava Jiménez de Asúa, "os juízes não podem ficar alheios às transformações sociais, jurídicas e científicas. Por isso, a vontade da lei não deve ser investigada somente em relação à época em que nasceu o preceito, mas sim tendo em conta o momento de sua aplicação. O magistrado adapta o texto da lei às evoluções sofridas pela vida, da qual, em última consideração, o Direito é forma. Decorre daí o dever de ajustá-la a situações que não foram imaginadas na remota hora de seu nascimento. Assim têm podido viver velhos textos como o Código Penal francês, que tem mais de século e meio de existência"[20].

É nessas condições, pois, que se deve enfrentar a questão atualíssima do denominado, ironicamente, *aborto sentimental*, com as gravíssimas consequências que traz consigo.

A *interrupção voluntária da gestação*, que são os casos de aborto ocorridos em nome da autonomia reprodutiva da gestante ou do casal, isto é, situações em que se interrompe a gestação porque a mulher, ou o casal, não mais deseja a gravidez, seja ela fruto de estupro ou de uma relação consensual. Muitas legislações que permitem a interrupção voluntária da gravidez impõem limites gestacionais à sua prática[21].

Partimos do princípio de que nenhuma mulher quer abortar, pois não desconhecemos que o aborto é uma agressão da natureza. Fizemos questão de recuperar essas nossas concepções sobre o *aborto*[22] para que nossas afirmações, neste tópico, não sejam utilizadas de forma descontextualizada. Em síntese, para se configurar o crime de *aborto* é insuficiente a simples expulsão prematura do feto ou a mera interrupção do processo de *gestação*, mas é indispensável que ocorram as duas coisas, acrescidas da morte do feto, pois o crime somente se consuma com a ocorrência desta

10.4.4 Inexigibilidade de conduta diversa: ausência de fundamento para censura social

Além da excludente do suposto "crime de aborto" (art. 128, II do CP), haveria dirimente de culpabilidade, na linguagem rebuscada do saudoso Ministro Francisco de Assis Toledo[23], qual seja, da inexigibilidade de conduta diversa, mais conhecida com causa excludente da *culpabilidade*, que, ao contrário da antijuridicidade, não se esgota na *relação de desconformidade* entre ação e ordem jurídica. Com efeito, a *reprovação pessoal* contra o agente do fato fundamenta-se na não omissão da ação contrária ao Direito ainda e quando podia havê-la omitido[24]. A essência da culpabilidade radica, segundo o finalismo, no "poder em lugar de..." do agente referentemente à representação de sua vontade antijurídica, e é exatamente aí que se en-

---

20. Luis Jiménez de Asúa, *El criminalista*, Buenos Aires, TEA, 1949, t. III, p. 139.
21. Diniz, Débora e Almeida, Marcos de. Bioética e aborto, in Sérgio Ibiapina Ferreira Costa, Gabriel Oselka e Volnei Garrafa (coordenadores), *Iniciação à Bioética*, Brasília, Conselho Federal de Medicina, 1998.
22. Bitencourt, Cezar Roberto, *Tratado de Direito Penal* – Crimes contra a pessoa, 20. ed., São Paulo, Saraiva Jur, 2020, capítulo VI.
23. Francisco de Assis Toledo, *Princípios básicos de direito penal*, 5. ed. (10. tiragem), São Paulo, Saraiva, 2002, p. 311.
24. Cezar Roberto Bitencourt, *Tratado de Direito Penal*, 25. ed., São Paulo, Saraiva, 2019, v. 1, p. 463-464.

contra o *fundamento da reprovação pessoal*, que se levanta contra o autor por sua conduta contrária ao Direito.

Segundo Welzel, culpabilidade é a *reprovabilidade* da configuração da vontade. Portanto, toda culpabilidade é culpabilidade de vontade, ou seja, somente se pode reprovar ao agente, como culpabilidade, aquilo a respeito do qual pode algo voluntariamente[25]. Para justificar a imposição de uma sanção, não é suficiente que o autor tenha obrado típica e antijuridicamente. O *juízo de desvalor* somente pode ser emitido quando existir a possibilidade de formular uma *reprovação* ao autor do fato. E essa possibilidade só existirá quando, no momento do fato, o autor *puder* determinar-se de outra maneira, isto é, pelo dever jurídico.

Culpabilidade, em outros termos, é reprovabilidade, e o que se reprova é a resolução de vontade contrária ao direito. No entanto, o *conhecimento do injusto*, por si só, não é fundamento suficiente para se *reprovar* a resolução de vontade. Isto somente poderá ocorrer quando o autor, numa situação concreta, puder adotar sua decisão de acordo com esse *conhecimento*. "Não se trata aqui — afirmava Welzel — da *capacidade geral de decisão* conforme o sentido, por conseguinte, da *imputabilidade*, que existe independentemente da situação dada, mas de *possibilidade concreta* do autor, *capaz de culpabilidade*, de poder adotar sua decisão de acordo com o conhecimento do injusto"[26].

Um dos elementos mais importantes da *reprovabilidade* vem a ser exatamente essa *possibilidade concreta* que tem a autora de determinar-se conforme o sentido em favor da conduta jurídica. O Direito exige, geralmente, do sujeito imputável, isto é, daquele que pode conhecer a antijuridicidade do seu ato, que tome sua resolução de vontade de acordo com esse conhecimento possível. Porém, existem situações em que não é exigida uma conduta adequada ao Direito, ainda que se trate de sujeito imputável – que não é o caso – e que realize dita conduta com conhecimento da antijuridicidade que lhe é própria[27]. Nessas circunstâncias, ocorre o que se chama de *inexigibilidade de outra conduta*, que afasta o terceiro elemento da culpabilidade, eliminando-a, consequentemente.

Na verdade, como a culpabilidade é *juízo de reprovação social*, compõe-se, além da imputabilidade (na hipótese da criança já não há), mas apenas para argumentar prosseguimos, e da consciência da ilicitude, como já nos referimos, de outro elemento, qual seja, a *"exigibilidade de outra conduta"*, pois *culpável* é a pessoa que praticou o fato quando outro comportamento lhe era exigido, e, por isso, exclui-se a culpa pela *inexigibilidade de comportamento diverso* daquele que, nas circunstâncias, adotou. Assim, a *inexigibilidade de outra conduta* exclui, portanto, a culpabilidade, não bastando, por conseguinte, a prática de um fato típico e antijurídico para que seja socialmente reprovável.

---

25. Hans Welzel, *Derecho Penal alemán*, p. 197-198.
26. Hans Welzel, *El nuevo sistema del Derecho Penal*, p. 125.
27. Háns Welzel, *El nuevo sistema del Derecho Penal*, p. 125-126.

Concluindo, evidentemente que aqui nos referimos mais especificamente aos profissionais que realizaram a intervenção cirúrgica (posto que a vítima propriamente é inimputável), já que não se pode falar em *reprovabilidade social* nem em *censurabilidade da conduta* de quem interrompe uma gravidez decorrente da prática de um crime de estupro do qual foi vítima do seu próprio tio.

Mesmo na hipótese do *anencéfalo*[28], a *antecipação do evento* morte em nome da saúde física e psíquica da mulher (criança) não se contrapõe ao *princípio da dignidade humana*, em sua perspectiva da liberdade, intimidade e autonomia privada de uma vítima de estupro, especialmente quando se trata de uma criança de dez anos, como é o caso dessa vítima de estupro de seu próprio tio. Nessa hipótese, devem-se ponderar os bens entre os valores jurídicos tutelados pelo direito – a vida extrauterina de feto decorrente de estupro e a liberdade e autonomia privada da vítima (uma criança) –, devendo prevalecer a dignidade desta vítima e *o direito de liberdade de escolher aquilo que melhor representa seus interesses pessoais*, suas convicções morais e religiosas, seu sentimento pessoal, a fim de diminuir o máximo possível as sequelas da violência que sofreu e, se possível, impedir que esse fantasma a persiga pelo resto da vida.

Por fim, para concluir, o Brasil ratificou a convenção interamericana *para prevenir, punir e erradicar a violência contra a mulher*, a Convenção Americana de Direitos Humanos, "Pacto de San José da Costa Rica" (1969), além de muitos outros Tratados e Convenções. Segundo o magistério de Flávia Piovesan, "os direitos garantidos nos Tratados de Direitos Humanos de que o Brasil é parte, integram, portanto, o elenco dos direitos constitucionalmente consagrados. Esta conclusão advém ainda da interpretação sistemática e teleológica do texto, especialmente em face da força expansiva dos valores da dignidade humana e dos direitos fundamentais, com parâmetros axiológicos a orientar a compreensão do fenômeno constitucional"[29]. Por derradeiro, nos termos da nossa Constituição Federal (art. 5º, § 2º), os Tratados Internacionais de Direitos Humanos que forem ratificados pelo Brasil constituem dogmas constitucionais e integram as garantias fundamentais, com *status* de cláusulas pétreas (art. 60, § 4º, IV, da CF).

Nessa linha, adotamos a conclusão de Carlos Artidório Allegretti[30], o qual preconiza que: "É impensável que, no Brasil, em horizonte visível, se possa chegar à descriminalização do aborto. O tema está impregnado, ainda, de intolerância religiosa e moral. E, todavia, dever-se-ia pensar no assunto muito séria e racionalmente. O Brasil rural, sem espaços públicos para discussão da autonomia e liberdades públicas, ambiente em que foi editado o código penal que vigorou em 1940, não existe mais. Deu lugar

---

28. Cezar Roberto Bitencourt, *Tratado de Direito Penal – Crimes contra a pessoa*, 20. ed., São Paulo, Saraiva Jur, 2020, v. 2, p. 271-4.
29. Flávia Piovesan, *Direitos humanos e o Direito Constitucional Internacional*, São Paulo, Max Limonad, 1996, p. 83.
30. Carlos A. Allegretti, Revisão crítica do conceito do crime de aborto.

a um país urbano e favelizado, com imensas diferenças sociais, com enorme índice de exclusão, com absoluto desrespeito pelas minorias, mas com paradoxal consciência do coletivo, de espaços conquistados na direção da cidadania, dos direitos individuais e transindividuais e dos direitos humanos. O direito como legislação e como interpretação tem que recuperar o tempo perdido, eis que evoluiu menos do que a sociedade".

Procuramos, nesses termos, fazer um exame racional do tema — talvez não tenhamos conseguido — sem ignorar a discussão metafísica, mas nos afastando, dentro do possível, e não ingressando na *guerrilha linguística* da argumentação passional, movida, principalmente, por pressupostos religiosos ou morais, com o que será difícil, para não dizermos impossível, atingir ao menos um consenso mínimo sobre tema tão grave e ao mesmo tempo tão complexo e delicado, como é um crime de estupro, com consequente gravidez contra uma criança de dez nãos.

Procuramos apenas trazer aqui, para conhecimento da sociedade, algumas considerações sobre essa tragédia que foi a violência sexual sofrida por aquela infeliz vítima, pedindo escusas a quem porventura achar nossas reflexões inoportunas: certamente terá sido um juízo de oportunidade de nossa parte, mas a intenção é apenas a de contribuir com a reflexão jurídico-penal a respeito dessa fatalidade.

11. Aborto anencefálico: respeito à dignidade humana da gestante

Trataremos neste tópico de um tema — *aborto anencefálico* — não sob os aspectos ético, religioso, social, moral ou emocional, mas procuraremos fazer uma análise, dentro do possível, neutra. Teremos presente que nossa conclusão não representará uma *obrigação* — que constrange, humilha e deprime a gestante —, mas, pelo contrário, será apenas uma *faculdade* que, se não desejar, não precisará usá-la, sem, ademais, ficar submetida aos rigores próprios da violação de norma jurídico--penal com suas drásticas consequências punitivas. Apenas, se preferir, a gestante poderá aguardar o curso natural do ciclo biológico, mas, em contrapartida, não será "condenada" a abrigar dentro de si um tormento que a aniquila, brutaliza, desumaniza e destrói emocional e psicologicamente, visto que, ao contrário de outras gestantes que se preparam para dar à luz a vida, regozijando-se com a beleza da repetição milenar da natureza, afoga-se na tristeza, no desgosto e na desilusão de ser condenada a — além da perda irreparável — continuar abrigando em seu ventre um ser inanimado, disforme e sem vida, aguardando o dia para, ao invés de brindar o nascimento do filho como todas as mães sonham, convidar os vizinhos para ajudá-la a enterrar um natimorto, que nunca teve chance alguma de nascer com vida.

Preliminarmente, no entanto, convém que se examinem dois aspectos dos mais relevantes para esta matéria, quais sejam, o *bem jurídico* protegido e o *sujeito passivo* dessa (im)possível infração penal.

a) *Bem jurídico tutelado*

O *bem jurídico* protegido, como afirmamos anteriormente, é a vida do ser humano em formação. O produto da concepção — *feto* ou *embrião* —, embora ainda não seja pessoa, tem vida própria e recebe tratamento autônomo da ordem jurídica. Quando o aborto é provocado por terceiro, o tipo penal protege também a incolumidade da gestante (integridade física e psicológica). No entanto, *a antecipação consentida do parto* na hipótese de comprovada gravidez de feto anencéfalo não afeta nenhum desses bens jurídicos que a ordem constitucional protege. Na hipótese de gestação de feto anencéfalo não há vida viável em formação. Em outros termos, falta o suporte fático-jurídico, qual seja, a potencial vida humana a ser protegida, esvaziando-se o conteúdo material que fundamentaria a existência da norma protetiva.

Por outro lado, relativamente à gestante, a gravidez anencefálica é potencialmente perigosa, apresentando sérios e graves riscos à vida e à saúde da gestante, além dos graves efeitos psicológicos, com consequências depressivas, angustiantes etc. Ademais, o consentimento da gestante afasta a autoincriminação, além de assegurar-lhe, nesses casos, somente benefícios de ordem física e psíquica. Não era outro o entendimento de Hungria, que já, a seu tempo, examinando essa temática, pontificava: "Não está em jogo a vida de outro ser, não podendo o produto da concepção atingir normalmente vida própria, de modo que as consequências dos atos praticados se resolvem unicamente contra a mulher. O *feto expulso* (para que se caracterize o abôrto) (*sic*) deve ser um produto fisiológico, e não patológico. Se a gravidez se apresenta como um processo verdadeiramente mórbido, de modo a não permitir sequer uma intervenção cirúrgica que pudesse salvar a vida do feto, não há falar-se em abôrto (*sic*), para cuja existência é necessária a presumida possibilidade de continuação da vida do feto"[31].

b) *Sujeito passivo*

Sujeito passivo, no *autoaborto* e no *aborto consentido* (arts. 124 e 126), é o feto, ou, genericamente falando, o *produto da concepção*, que engloba óvulo, embrião e feto. Na hipótese de *aborto anencefálico*, no entanto, o *feto* não incorpora a condição de *sujeito passivo*, por faltarem-lhe as condições fisiológicas que lhe permitam tornar-se um dia pessoa, não passando de um produto patológico sem qualquer possibilidade de vida. Na verdade, somente o feto que apresente potencial capacidade de tornar-se pessoa pode ser *sujeito passivo* do crime de aborto. A antecipação do parto, nessas circunstâncias, portanto, não pode ter repercussão penal, considerando-se que somente a conduta que frustra ou impede o nascimento ou surgimento de um ser humano ou que cause danos à integridade física ou à vida da gestante pode adequar-se à descrição típica do crime de aborto.

Transcorridos mais de sessenta e cinco anos da promulgação do Código Penal brasileiro de 1940, cuja Parte Especial ainda se encontra em vigor, questionam-se muitos dos seus dispositivos, esquecendo-se, geralmente, que a vida é dinâmica, e que não só os usos e costumes evoluem, como também, e principalmente, a ciência e a tecnologia, de tal sorte que aquele texto publicado em 1940 deve ser adaptado à realidade atual mediante os métodos de interpretação, dando-se-lhe vida e atuali-

---

31. Nélson Hungria, *Comentários ao Código Penal*, Rio de Janeiro, Forense, 1958, v. 5, p. 297-8.

dade para disciplinar as relações sociais deste início de novo milênio. Com efeito, o Direito Penal não pode ficar alheio ao desenvolvimento tanto da ciência quanto dos usos e costumes, bem como da evolução histórica do pensamento, da cultura e da ética em uma sociedade em constante mutação. O Direito Penal — não se ignora essa realidade — é um fenômeno histórico-cultural que se submete permanentemente a um interminável processo de ajustamento de uma sociedade dinâmica e transformadora por natureza. Vive-se esse turbilhão de mutações que caracteriza a sociedade moderna, e que reclama permanente atualização do direito positivo que, em regra, foi ditado e editado em outros tempos, e somente pela interpretação do cientista ganha vida e atualidade, evoluindo de acordo com as necessidades e aspirações sociais, respondendo às necessidades da civilização humana.

Assim, surgem, por vezes, situações inusitadas e que reclamam aplicação das normas penais de outrora. Nessas horas, não é permitido à ciência e ao cientista ignorarem os avanços culturais, técnicos, científicos e tecnológicos da sociedade em geral e, no caso, da medicina em particular, mesmo diante das mais profundas transformações que tantas décadas possam ter produzido, sejam éticas, culturais, médicas ou científicas. É nessa sociedade que, pela hermenêutica, deve encontrar-se o verdadeiro sentido de normas que ganharam vida através do legislador, mesmo em outro século, objetivando *normatizar* uma sociedade que se pautava por outro padrão de comportamento. Como destacava Jiménez de Asúa, "os juízes não podem ficar alheios às transformações sociais, jurídicas e científicas. Por isso, a vontade da lei não deve ser investigada somente em relação à época em que nasceu o preceito, mas sim tendo em conta o momento de sua aplicação. O magistrado adapta o texto da lei às evoluções sofridas pela vida, da qual, em última consideração, o Direito é forma. Decorre daí o dever de ajustá-la a situações que não foram imaginadas na remota hora de seu nascimento. Assim têm podido viver velhos textos como o Código Penal francês, que tem mais de século e meio de existência"[32].

É nessas condições, pois, que se deve enfrentar a questão atualíssima do *aborto anencefálico*, a começar pelo exame da adequação ou inadequação da denominação *aborto*, na medida em que se trata de *feto sem vida*, ou, na linguagem médica moderna, trata-se de um *feto com morte cerebral*. Examinando-se nosso Código Penal de 1940, constata-se que o legislador de então, ao criminalizar o aborto, não foi radical, pois admitiu como lícito, ainda que excepcionalmente, o *aborto necessário* e o *aborto sentimental* (art. 128). Isso permite concluir que, se, na época, houvesse o arsenal de conhecimento e tecnologia de hoje, provavelmente também teria admitido o denominado *aborto anencefálico*, diante da *absoluta certeza da inexistência de vida*, como ocorre na atualidade.

Para contextualizarmos o tema, é conveniente que iniciemos examinando o entendimento doutrinário vigente na primeira metade do século XX, quando nosso

---

32. Luis Jiménez de Asúa, *El criminalista*, Buenos Aires, TEA, 1949, t. III, p. 139.

Código entrou em vigor. Para tanto, nada mais justo que se recorde o entendimento de Nélson Hungria, o maior defensor do referido diploma legal, que emitiu o seguinte entendimento sobre essa temática, tendo afirmado: "andou acertadamente o nosso legislador em repelir a legitimidade do aborto eugenésico, que não passa de uma das muitas *trouvailles* dessa pretensiosa charlatanice que dá pelo nome de 'eugenia'. Consiste esta num amontoado de hipóteses e conjeturas, sem nenhuma sólida base científica. Nenhuma prova irrefutável pode ela fornecer no sentido da previsão de que um feto será, fatalmente, um produto degenerado. Eis a lição de Von Franqué: 'Não há doença alguma da mãe ou do pai, em virtude da qual a ciência, de modo geral ou nalgum caso particular, possa, com segurança, prever o nascimento de um produto degenerado, que mereça, sem maior indagação, ser sacrificado... Os enfermos mentais, posto que capazes de reprodução, podem ter descendentes interinamente sãos e de alta espiritualidade... A grande maioria dos tuberculosos gera filhos perfeitamente sãos e até mesmo robustos'"[33].

Com uma rápida leitura desse texto de Hungria, constata-se, de plano, que os tempos eram outros, que a ciência médica ainda desconhecia a anatomia humana e ignorava os avanços que em pouco tempo se poderia atingir. Com efeito, quando Hungria fez tais afirmações, a expressão "eugenia" carregava, em seu bojo, uma profunda carga de rejeição social, emocional e até racial, refletindo-se no pensamento não só da ciência médica como dos próprios penalistas da época, como ocorria com o próprio Hungria. Na verdade, como primeiro passo para facilitar a compreensão e principalmente fundamentar uma decisão livre de *pré-conceitos* cheios de ranços *ético-raciais* e até de desconhecimentos médico-científicos, devemos começar buscando uma terminologia mais adequada para abordarmos esse tema que assume proporções dramáticas, dependendo da solução que se venha adotar como orientação definitiva. Justifica-se que ainda se continue falando em "eugenia" como fazia, a seu tempo, Nélson Hungria, com toda sua *carga emocional-racial* que o termo carregou consigo em meados do século passado, especialmente a partir do *nacional-socialismo*?

Alberto Silva Franco, a propósito, define a questão de forma definitiva: "Não se desconhece que inúmeras palavras, além de seu sentido puramente descritivo, têm o condão de provocar nas pessoas, que as ouvem, ou que as leem, reações emocionais. Fala-se, então, do 'significado emotivo' dessas palavras que se adiciona ao seu 'significado descritivo'. 'Eugenia' é um dos vocábulos capazes de gerar, além de restrições a respeito de seu significado descritivo, um nível extremamente alto de rejeição emocional, e tal reação está vinculada ao uso que dele foi feito, na Alemanha, durante o período nacional-socialista. A 'Lei para a purificação da raça' (*Erbgesundheitgesetz*) introduziu, por motivos da chamada 'saúde do povo' (*Volksgesundheit*), a justificação dos casos de indicação eugênica (esterilização, interrupção da

---

33. Nélson Hungria, *Comentários ao Código Penal*, Rio de Janeiro, Forense, 1958, v. I, p. 314.

gravidez, extirpação de glândulas sexuais). 'Eugenia' tornou-se palavra tabu"[34]. Assim, as locuções *indicação eugênica* ou *aborto eugênico* devem ser analisadas racionalmente, sem a indesejável e prejudicial carga de *rejeição emocional* que pode até inviabilizar um exame mais aprofundado e que leve a alguma conclusão mais racional. Deve-se, de plano, afastar-se aquela concepção que lhe concedeu o *nacional-socialismo alemão*: não se pode mais falar em *aborto eugênico* com a finalidade de obter-se uma raça de "super-homens" e tampouco para a conservação da "pureza" de uma *raça superior*. Esse período, o mais sombrio de todos os tempos da civilização humana, está morto e enterrado, e somente deve ser lembrado para impedir o seu ressurgimento, em qualquer circunstância.

Limitar-nos-emos a tecer considerações tão somente ao assunto do momento, qual seja, ao que se está denominando "aborto anencefálico". Em termos bem esquemáticos, o tema limita-se à seguinte hipótese: *o feto não tem cérebro e a sua vida extrauterina é inviável, segundo comprovação médico-pericial*. A expulsão do feto, nessas condições, isto é, sem vida, constitui aborto? Em outros termos, o exame da tipicidade, numa posição invertida da pirâmide, exige uma análise criteriosa.

A doutrina especializada (da área médica) apresenta uma classificação de situações de *aborto* que, genericamente, oferece um espectro interessante e, ao mesmo tempo, abrangente que serve à doutrina penal para fazer o exame jurídico, nos seguintes termos:

1. *Interrupção eugênica da gestação (IEG)*, que são os casos de aborto ocorridos em nome de práticas eugênicas, isto é, situações em que se interrompe a gestação por valores racistas, sexistas, étnicos. Comumente sugere o tipo praticado pela medicina nazista, quando mulheres foram obrigadas a abortar por serem judias, ciganas ou negras.

2. *Interrupção terapêutica da gestação (ITG)*, que são os casos ocorridos em nome da saúde materna, isto é, situações em que se interrompe a gestação para salvar a vida da gestante. Hoje em dia, em face do avanço tecnológico experimentado pela Medicina, são cada vez mais raros os abortos inscritos nessa tipologia.

3. *Interrupção seletiva da gestação (ISG)*, que são os casos de *abortos* ocorridos em nome de *anomalias fetais*, em que se interrompe a gestação pela constatação de lesões no feto, apresentando patologias incompatíveis com a vida extrauterina, como é o caso da *anencefalia*.

4. *Interrupção voluntária da gestação (IVG)*, que são os casos de aborto ocorridos em nome da autonomia reprodutiva da gestante ou do casal, isto é, situações em que se interrompe a gestação porque a mulher, ou o casal, não mais deseja a gravidez, seja ela fruto de estupro ou de uma relação consensual. Muitas legislações que permitem a IVG impõem limites gestacionais à sua prática[35].

---

34. Alberto Silva Franco, Aborto por indicação eugênica, *RJTJSP, 132*:9.
35. Débora Diniz e Marcos de Almeida, Bioética e aborto, in Sérgio Ibiapina Ferreira Costa, Gabriel Oselka e Volnei Garrafa (coordenadores), *Iniciação à Bioética*, Brasília, Conselho

Com exceção da primeira hipótese, Interrupção eugênica da gestação — IEG, todas as demais formas de aborto levam em consideração a *vontade da gestante* ou do próprio casal. O valor da autonomia da gestante é um dos pilares da teoria *principialista*, a mais difundida na Bioética da atualidade, mas que não poderá ser objeto de análise neste espaço[36].

No último parágrafo do item 4 deste mesmo capítulo, procurando definir o aborto criminoso, afirmamos que "o crime de *aborto* pressupõe gravidez em curso e é indispensável que o feto esteja vivo". E mais: que "a morte do feto tem de ser resultado direto das manobras abortivas". Quando definimos o *bem jurídico tutelado*[37] na tipificação do crime de aborto (item 2), no entanto, sustentamos, claramente, que o produto da concepção — *feto* ou *embrião* — "tem vida própria e recebe tratamento autônomo da ordem jurídica"; embora, no mesmo tópico, reconheçamos que o *objeto da proteção legal* da criminalização do aborto não seja a pessoa humana, como ocorre no homicídio, mas a sua formação embrionária. Esse raciocínio justifica-se com a permissão de, nas circunstâncias que excepciona (art. 128, I e II), ser autorizada a realização legal do aborto, enquanto, em nenhuma circunstância, o legislador autoriza a supressão da vida humana (não vale argumentar com as excludentes de criminalidade, por tratar-se de situações distintas).

Fizemos questão de recuperar essas nossas concepções sobre o *aborto* para que nossas afirmações, neste tópico, não sejam utilizadas de forma descontextualizada. Partimos do princípio de que nenhuma mulher quer abortar, pois não desconhecemos que o aborto é uma agressão violenta, não apenas contra o feto, mas também contra a mulher, física, moral e psicologicamente, e que, naturalmente, a expõe a enormes e imprevisíveis riscos relativos à sua saúde e à sua própria vida. Quando a mulher opta pelo abortamento, não se pode ignorar que ela tomou uma decisão grave, com sérios riscos que podem produzir consequências irreversíveis sobre sua vida, seu corpo, sua psique e seu futuro. Nesse sentido, acrescenta Marco Antonio Becker: "certamente, a

---

Federal de Medicina, 1998, apud Carlos Artidório Allegretti, *Considerações sobre o aborto* (inédito), p. 6 do artigo.

36. A quem se interessar por esse aspecto, recomendamos a leitura do artigo do Prof. Allegretti, aqui amplamente citado, que faz percuciente e autorizada análise desse tema.

37. Carlos Artidório Allegretti, Revisão crítica do crime de aborto: a busca de um consenso possível, in *Livro homenagem...*: "*o bem jurídico* tutelado, no caso do aborto, é a vida ou o direito à vida? A resposta a essa pergunta deve ser precedida de profunda reflexão. A lei pátria não protege a vida, em seu valor intrínseco ou sagrado, mas o direito do feto de viver e de continuar vivendo. O tratamento legal indica que o embrião é um *sujeito de direito*, pois ... tem vida própria e recebe tratamento autônomo da ordem jurídica além de que *a lei põe a salvo, desde a concepção, os direitos do nascituro*. A discussão é importante, na medida em que alcança o cerne do positivismo jurídico: quem concorda que o embrião é um *sujeito de direitos* e, portanto, seus interesses devem ser protegidos, adotará o projeto positivista, que não admite a imbricação do direito com a moral e com a política e cujo primado é a lei; quem concorda com a proteção do feto porque a vida é inviolável e tem valor intrínseco e sagrado, orienta-se sobre princípios e concorda, via de regra, que o direito é valor social e, portanto, aceita a interação direito/moral e direito/política".

manutenção da gravidez indesejada de um anencéfalo acarretará graves distúrbios psicológicos na gestante, em decorrência da tortura sofrida e de um tratamento degradante, vedado pelo art. 5º, inciso III, da Constituição Federal".

No Brasil, a atual "lei de transplante de órgãos" (Lei n. 9.434/97) autoriza a extração destes, com o simples reconhecimento médico da — na terminologia médico-moderna — denominada "morte cerebral", cuja simples pronúncia, certamente, deve deixar Hungria contorcendo-se em seu "leito sepulcral". Ou seja, a simples "morte cerebral" — que mantém os demais órgãos do corpo humano "vivos" — autoriza a extração de todos esses órgãos, imediatamente, isto é, enquanto *vivos*, pois, *mortos*, de nada serviriam —, consagrando o reconhecimento não apenas médico, mas agora também legal, de que a *vida* não se encerra somente quando "o coração deixa de bater". A *lei de transplante de órgãos*, por certo, não está autorizando um *homicídio*, ainda que se lhe reconheça "fins humanitários", ou que uma vida "suprimida" pode representar a preservação de várias, ou, ainda, que aquela vítima teria apenas uma sobrevida etc. Não, certamente não, especialmente para um país católico, com formação cristã e que jamais fez concessões a orientações de cunho *neossocialista*. Diante dessas constatações, sempre tivemos grande dificuldade em admitir que a *expulsão antecipada de um feto*, sem vida, pudesse configurar *aborto, provocado ou consentido*, criminoso ou não. Pois agora, aflorado esse debate, aumentou nossa convicção no sentido negativo. Mas era apenas uma convicção pessoal, produto de elaborado raciocínio lógico-jurídico, de alguém leigo em medicina. Mas, felizmente, para nosso conforto pessoal, recebemos a confirmação científica, emitida por especialistas da área médica, que concluem nesse sentido, sendo lapidar a afirmação do médico Marco Antonio Becker, Secretário do Conselho Federal de Medicina, que sustenta: "Quando a mãe pede para retirar esse feto e o médico pratica o ato, isto não configura propriamente aborto, com base no art. 126 do Código Penal, pois o feto, conceitualmente, não tem vida"[38]. E complementa Becker: "a morte não é um evento, mas sim um processo. O conceito jurídico de morte considera um determinado ponto desse processo biológico. Durante séculos adotou-se a parada cardiorrespiratória como índice demarcador da vida".

O entendimento do legislador brasileiro, não há dúvida alguma, seguindo a evolução médico-científica, reconhece que "a morte cerebral" põe termo à vida humana. Ora, se a "morte cerebral" significa *a morte*, ou, se preferirem, ausência de vida humana, a ponto de autorizar o "esquartejamento médico" para fins científico--humanitários, o que se poderá dizer de um feto que, comprovado pelos médicos, nem cérebro tem? Portanto, a *interrupção de gravidez* em decorrência de *anencefalia* não satisfaz aqueles elementos, que destacamos anteriormente, de que "o crime de aborto pressupõe gravidez em curso e é indispensável que o feto esteja vivo", e ainda que "a morte do feto seja resultado direto das manobras abortivas". Com

---

38. Marco Antonio Becker, Anencefalia e possibilidade de interrupção da gravidez, *Revista Medicina*, Conselho Federal de Medicina, n. 155, maio/jul. 2005, p. 10.

efeito, na hipótese da *anencefalia*, embora a gravidez esteja em curso, o feto não está vivo, e sua morte não decorre de manobras abortivas. Diante dessa constatação, na nossa ótica, essa *interrupção de gravidez* revela-se absolutamente *atípica* e, portanto, nem sequer pode ser tachada como *aborto*, criminoso ou não. Para nossa satisfação doutrinário-científica, não é outra a conclusão do ilustre médico gaúcho Marco Antonio Becker, na conclusão de seu belíssimo artigo científico: "Não há porque adicionar outra excludente ao art. 128 do Código Penal, pois pelas razões expostas o ordenamento jurídico já existente autoriza o médico a retirar o feto de anencéfalo da gestante, a seu pedido, sem que com isso incorra em infração penal ou ética, pois, repetimos: se não há vida, não há que se falar em aborto"[39].

Em síntese, para se configurar o crime de *aborto* é insuficiente a simples expulsão prematura do feto ou a mera interrupção do processo de *gestação*, mas é indispensável que ocorram as duas coisas, acrescidas da morte do feto, pois o crime somente se consuma com a ocorrência desta, que, segundo a ciência médica, nesses casos de anencéfalo, acontecera *antes*.

Vale indicar que o Supremo Tribunal Federal, na Arguição de Descumprimento de Preceito Fundamental n. 54/DF, com efeito *erga omnes* e publicado em 30-4-2013, determinou que "Mostra-se inconstitucional interpretação de a interrupção da gravidez de feto anencéfalo ser conduta tipificada nos artigos 124, 126 e 128, incisos I e II, do Código Penal", de modo a reconhecer como atípica a referida conduta na hipótese debatida neste item.

Deixamos claro no terceiro tópico deste capítulo que não fazemos distinção entre vida biológica e vida autônoma ou extrauterina e tampouco a existência de capacidade de vida autônoma. Assim, não nos interessa ingressar no plano metafísico dessa discussão, e nos limitamos à constatação científica da *inexistência de vida em feto anencefálico*. Ainda, somente para refletirmos, uma outra questão: que crime cometeria quem, expelido o feto anencefálico, lhe desferisse um tiro, destroçando-o? Maggiore, comentando o Código Rocco (art. 441) afirmava: "Há, portanto, homicídio toda vez que se destrua a vida de um recém-nascido... ainda que *não vital*, posto que vivo, salvo quando a vida seja, por algum defeito de conformação, apenas aparente"[40]. Ora, está respondida a questão: na hipótese de *feto anencefálico* expelido não há que falar em vida, e sem vida não se pode falar em homicídio do "feto expelido". Estar-se-ia, portanto, diante de um *crime de homicídio impossível*, por absoluta impropriedade do objeto. *Mutatis mutandis*, pelas mesmas razões, reconhecendo-se que, pelo menos no Brasil, a *morte legal* (Lei n. 9.434/97) é a "morte cerebral", a expulsão voluntária antecipada de *feto anencefálico* não constitui *aborto*, criminoso ou não. Trata-se, na verdade, de comportamento atípico, ante a ausência de elementares típicas do crime de aborto.

---

39. Marco Antonio Becker, Anencefalia e possibilidade de interrupção da gravidez, p. 10.
40. Apud Nélson Hungria, *Comentários ao Código Penal*, cit., p. 36-37.

11.1 Inexigibilidade de conduta diversa: ausência de fundamento para censura social

A *culpabilidade*, ao contrário da antijuridicidade, não se esgota na *relação de desconformidade* entre ação e ordem jurídica, mas, ao contrário, a *reprovação pessoal* contra o agente do fato fundamenta-se na não omissão da ação contrária ao Direito ainda e quando podia havê-la omitida[41]. A essência da culpabilidade radica, segundo a teoria finalista, no "poder em lugar de..." do agente referentemente à representação de sua vontade antijurídica, e é exatamente aí que se encontra o *fundamento da reprovação pessoal*, que se levanta contra o autor por sua conduta contrária ao Direito.

Segundo Welzel, culpabilidade é a *reprovabilidade* da configuração da vontade. Portanto, toda culpabilidade é culpabilidade de vontade, ou seja, somente se pode reprovar ao agente, como culpabilidade, aquilo a respeito do qual pode algo voluntariamente[42]. Para justificar a imposição de uma sanção, não é suficiente que o autor tenha obrado típica e antijuridicamente. O *juízo de desvalor* somente pode ser emitido quando existir a possibilidade de formular uma *reprovação* ao autor do fato. E essa possibilidade só existirá quando, no momento do fato, o autor *puder* determinar-se de outra maneira, isto é, pelo dever jurídico.

Culpabilidade, em outros termos, é reprovabilidade, e o que se reprova é a resolução de vontade contrária ao direito. No entanto, o *conhecimento do injusto*, por si só, não é fundamento suficiente para se *reprovar* a resolução de vontade. Isto somente poderá ocorrer quando o autor, numa situação concreta, puder adotar sua decisão de acordo com esse *conhecimento*. "Não se trata aqui — afirmava Welzel — da *capacidade geral de decisão* conforme o sentido, por conseguinte, da *imputabilidade*, que existe independentemente da situação dada, mas de *possibilidade concreta* do autor, *capaz de culpabilidade*, de poder adotar sua decisão de acordo com o conhecimento do injusto"[43].

Um dos elementos mais importantes da *reprovabilidade* vem a ser exatamente essa *possibilidade concreta* que tem o autor de determinar-se conforme o sentido em favor da conduta jurídica. O Direito exige, geralmente, do sujeito imputável, isto é, daquele que pode conhecer a antijuridicidade do seu ato, que tome sua resolução de vontade de acordo com esse conhecimento possível. Porém, existem situações em que não é exigida uma conduta adequada ao Direito, ainda que se trate de sujeito imputável e que realize dita conduta com conhecimento da antijuridicidade que lhe é própria[44]. Nessas circunstâncias, ocorre o que se chama de *inexigibilidade de outra conduta*, que afasta o terceiro elemento da culpabilidade, eliminando-a, consequentemente.

---

41. Cezar Roberto Bitencourt, *Tratado de Direito Penal*, 25. ed., São Paulo, Saraiva, 2019, v. 1, p. 463-464.
42. Hans Welzel, *Derecho Penal alemán*, p. 197-198.
43. Hans Welzel, *El nuevo sistema del Derecho Penal*, p. 125.
44. Welzel, *El nuevo sistema del Derecho Penal*, p. 125-126.

Na verdade, como a culpabilidade é *juízo de reprovação social*, compõe-se, além da imputabilidade e consciência da ilicitude, como já nos referimos, de outro elemento, qual seja, a *"exigibilidade de outra conduta"*, pois *culpável* é a pessoa que praticou o fato, quando outro comportamento lhe era exigido, e, por isso, exclui-se a culpa pela *inexigibilidade de comportamento diverso* daquele que, nas circunstâncias, adotou. Assim, a *inexigibilidade de outra conduta* exclui, portanto, a culpabilidade, não bastando, por conseguinte, a prática de um fato típico e antijurídico para que seja socialmente reprovável.

Com efeito, quando uma gestante de posse de laudo médico assegurando-lhe que o feto que está em seu ventre não tem cérebro e não lhe resta nenhuma possibilidade de vida extrauterina, quem poderá, afinal, nas circunstâncias, *censurá-la* por buscar o abortamento? Com que autoridade moral o Estado poderá exigir dessa gestante que aguarde o ciclo biológico, mantendo em seu ventre um ser inanimado, que, quando a natureza resolver expeli-lo, não terá alternativa senão prantéa-lo, enterrá-lo ou cremá-lo?! A *inexigibilidade de conduta diversa*, nessa hipótese, deve ser aceita como *causa excludente da culpabilidade*. Assim, as circunstâncias especiais e complexas que envolvem o fato em exame não podem ser esquecidas. Enfim — na hipótese de *anencefalia* —, não se pode *reprovar o abortamento* que a gestante possa pretender, pois, à evidência, *outra conduta não se pode exigir* de uma aflita e desesperada gestante. Seria social e juridicamente inadmissível, além de ferir o *princípio da dignidade humana*, exigir que a gestante, contra a sua vontade, levasse a termo uma gravidez nessas circunstâncias, pois, como lembra, mais uma vez, o médico Marco Antonio Becker: "Todas as mães — afirma esse especialista — têm a feliz expectativa de vestir seu bebê logo após o nascimento; mas a genitora de um anencéfalo sabe que sua roupa será, irremediavelmente, um pequeno caixão"[45]. Por que, então, condená-la a essa angustiante e aterradora espera?

Concluindo, não se pode falar em *reprovabilidade social* nem em *censurabilidade da conduta* de quem interrompe uma gravidez ante a *inviabilidade de um feto anencéfalo*, que a ciência médica assegura, com cem por cento de certeza, a absoluta impossibilidade de vida extrauterina. É desumano exigir-se de uma gestante que suporte a gravidez até o fim, com todas as consequências e riscos, para que, ao invés de comemorar o nascimento de um filho, pranteie o enterro de um feto disforme, acrescido do dissabor de ser obrigada a registrar o nascimento de um natimorto. A esse propósito, destaca Allegretti[46], com muita propriedade, que "o direito brasileiro considera a gravidez *um mero fato*, que tem limites fisiológicos — a concepção e o início do parto. Há pouca ou nenhuma preocupação com a higidez psicológica da gestante, ou, mesmo, do embrião, como futura pessoa. A angústia pela deformação do próprio corpo, a preocupação sobre se a criança vai nascer sadia, a afetividade, a certeza das deformações diagnosticadas intrauterinamente, a incerteza sobre que tipo de vida a futura criança vai ter, são questões que passam ao largo na

---

45. Marco Antonio Becker, Anencefalia e possibilidade de interrupção da gravidez, p. 10.
46. Carlos Artidório Allegretti, Revisão crítica do conceito do crime de aborto.

abordagem jurídico-penal ortodoxa. Fêmeas irracionais parem sem essas preocupações e o tratamento legal visível parece não fazer diferença entre elas e as racionais (tanto isso é verdade que Hélio Gomes trata o crime de aborto como *interrupção ilícita da prenhez...*)".

Exigir que a gestante leve a termo sua gravidez, em situação de reconhecida anencefalia, constitui, inquestionavelmente, uma forma brutal de submetê-la a odioso "tratamento desumano"[47], em flagrante violação ao disposto no art. 5º da Constituição Federal, segundo o qual, *ninguém será submetido a tratamento desumano*. Ademais, permitir a realização de *aborto anencéfalo* constitui somente uma *faculdade*, que a gestante apenas usará se o desejar, que é muito diferente de sua proibição, imposta por norma jurídica cogente, acrescida de sanção criminal privativa de liberdade. Essa linha era seguida pelo relator do HC 84.025-6/RJ, Min. Joaquim Barbosa, conforme deixou claro na seguinte passagem de seu magnífico voto: "em se tratando de feto com vida extrauterina inviável, a questão que se coloca é: não há possibilidade alguma de que esse feto venha a sobreviver fora do útero materno, pois, qualquer que seja o momento do parto ou a qualquer momento que se interrompa a gestação, o resultado será invariavelmente o mesmo: a morte do feto ou do bebê. A antecipação desse evento morte em nome da saúde física e psíquica da mulher contrapõe-se ao princípio da dignidade humana, em sua perspectiva da liberdade, intimidade e autonomia privada? Nesse caso, a eventual opção da gestante pela interrupção da gravidez poderia ser considerada crime? Entendo

---

47. Carlos A. Allegretti, Revisão crítica do conceito do crime de aborto: "O direito à saúde da mulher — incluindo-se a saúde sexual e reprodutiva — tem-se constituído em componente essencial dos direitos humanos, concepção refletida em diversos documentos produzidos nas conferências internacionais das Nações Unidas nas últimas décadas. A Conferência de Teerã, de 1968 (Primeira Conferência Mundial sobre os Direitos Humanos) reconheceu o direito humano fundamental de pais e mães de determinarem livremente o número de filhos ou filhas e os intervalos de seus nascimentos. A partir das Conferências do Cairo (Conferência Internacional sobre População em Desenvolvimento — 1994) e de Pequim (IV Conferência Mundial sobre a Mulher — 1995), a comunidade internacional passou a reconhecer expressamente o aborto inseguro como um grave problema de saúde pública e recomendou aos governos que considerem a possibilidade de reformar as leis que estabelecem medidas punitivas contra as mulheres que tenham sido submetidas a abortos ilegais, bem como que garantam às mulheres, em todos os casos, o acesso a serviços de qualidade para tratar complicações derivadas do aborto. Vale lembrar que o Brasil assinou os documentos das conferências acima, e assumiu perante a comunidade internacional o compromisso político e moral de revisar as leis internas que punem as mulheres submetidas a aborto ilegal. Aliás, o Brasil é signatário dos principais tratados internacionais de proteção aos direitos humanos, tais como a Convenção sobre a Eliminação de Todas as Formas de Discriminação Contra a Mulher (Convenção da Mulher, ONU, 1979) e a Convenção Interamericana para Prevenir, Punir e Erradicar a Violência Contra a Mulher (Convenção de Belém do Pará, OEA, 1994). É essa matéria constitucional que tem permitido ao judiciário brasileiro tomar, em relação ao aborto, algumas decisões mais arrojadas, como tem feito nos últimos tempos".

que não, Sr. Presidente. Isso porque, ao proceder à ponderação de bens entre os valores jurídicos tutelados pelo direito, a vida extrauterina inviável e a liberdade e autonomia privada da mulher, entendo que, no caso em tela, deve prevalecer a dignidade da mulher, deve prevalecer o direito de liberdade desta de escolher aquilo que melhor representa seus interesses pessoais, suas convicções morais e religiosas, seu sentimento pessoal"[48].

Por fim, para concluir, o Brasil ratificou a convenção interamericana para prevenir, punir e erradicar a violência contra a mulher, a Convenção Americana de Direitos Humanos, "Pacto de San José da Costa Rica" (1969), além de muitos outros Tratados e Convenções. Segundo o magistério de Flávia Piovesan, "os direitos garantidos nos Tratados de Direitos Humanos de que o Brasil é parte, integram, portanto, o elenco dos direitos constitucionalmente consagrados. Esta conclusão advém ainda da interpretação sistemática e teleológica do texto, especialmente em face da força expansiva dos valores da dignidade humana e dos direitos fundamentais, com parâmetros axiológicos a orientar a compreensão do fenômeno constitucional"[49]. Por derradeiro, nos termos da nossa Constituição Federal (art. 5º, § 2º), os Tratados Internacionais de Direitos Humanos, que forem ratificados pelo Brasil, constituem dogmas constitucionais e integram as garantias fundamentais, com *status* de cláusulas pétreas (art. 60, § 4º, IV, da CF).

Nessa linha, adotamos a conclusão de Carlos Artidório Allegretti[50], que preconiza: "É impensável que, no Brasil, em horizonte visível, se possa chegar à descriminalização do aborto. O tema está impregnado, ainda, de intolerância religiosa e moral. E, todavia, dever-se-ia pensar no assunto muito séria e racionalmente. O Brasil rural, sem espaços públicos para discussão da autonomia e liberdades públicas, ambiente em que foi editado o código penal que vigorou em 1940, não existe mais. Deu lugar a um país urbano e favelizado, com imensas diferenças sociais, com enorme índice de exclusão, com absoluto desrespeito pelas minorias, mas com paradoxal consciência do coletivo, de espaços conquistados na direção da cidadania, dos direitos individuais e transindividuais e dos direitos humanos. O direito como legislação e como interpretação tem que recuperar o tempo perdido, eis que evoluiu menos do que a sociedade".

Procuramos, nesses termos, fazer um exame racional do tema — talvez não tenhamos conseguido — sem ignorar a discussão metafísica, mas nos afastando,

---

48. HC 84.025-6/RJ, rel. Min. Joaquim Barbosa. O objeto desse *habeas corpus* era exatamente a antecipação do parto de *feto anencefálico*. Desafortunadamente, antes que o julgamento pudesse ocorrer, a gravidez chegou a seu termo final, e o feto, como era previsível, morreu sete minutos após o parto. O digno relator, no entanto, com acerto, divulgou o seu elogiável voto.
49. Flávia Piovesan, *Direitos humanos e o Direito Constitucional Internacional*, São Paulo, Max Limonad, 1996, p. 83.
50. Carlos A. Allegretti, Revisão crítica do conceito do crime de aborto.

dentro do possível, e não ingressando, como destaca Carlos Allegretti, na *guerrilha linguística* da argumentação passional, movida, principalmente, por pressupostos religiosos ou morais, com o que será difícil, para não dizermos impossível, atingir ao menos um consenso mínimo sobre tema tão grave e ao mesmo tempo tão complexo e tão delicado.

12. Ação penal e sanção penal

No *autoaborto* (art. 124) a pena é de detenção, de 1 a 3 anos; *no aborto provocado por terceiro, sem consentimento* (art. 125), a pena é de reclusão, de 3 a 10 anos; no *aborto consensual* (art. 126), a pena é de reclusão, de 1 a 4 anos. Se a gestante for absolutamente incapaz, a pena do aborto consensual também será de 3 a 10 anos. Nas ditas formas "qualificadas", as penas serão majoradas em um terço se a gestante sofrer lesão corporal grave, e duplicadas se lhe sobrevier a morte.

A ação penal, a exemplo de todos os crimes contra a vida, é pública incondicionada; nem podia ser diferente, pois esses crimes atacam o bem jurídico mais importante do ser humano, que é a vida, tanto uterina quanto extrauterina. Nesses crimes, as autoridades devem agir *ex officio*.

LESÃO CORPORAL VIII

Sumário: 1. Considerações preliminares. 2. Bem jurídico tutelado. 3. Sujeitos ativo e passivo. 4. Autolesão: impunível. 5. Tipo objetivo: adequação típica. 6. Lesão corporal leve e princípio da insignificância. 7. Tipo subjetivo: adequação típica. 8. Consumação e tentativa. 9. Classificação doutrinária. 10. Lesão corporal leve ou simples. 11. Lesão corporal preterdolosa: previsão legal. 12. Lesão corporal grave. 12.1. Incapacidade para as ocupações habituais, por mais de 30 dias. 12.1.1. Exame complementar: validade. 12.2. Perigo de vida. 12.3. Debilidade permanente de membro, sentido ou função. 12.4. Aceleração de parto. 13. Lesão corporal gravíssima. 13.1. Incapacidade permanente para o trabalho. 13.2. Enfermidade incurável. 13.3. Perda ou inutilização de membro, sentido ou função. 13.4. Deformidade permanente. 13.5. Aborto. 14. Lesão corporal seguida de morte. 15. Lesões majoradas. 15.1. Lesão corporal praticada por milícia privada. 15.2. Lesão corporal dolosa contra policiais e familiares. 16. Figuras privilegiadas. 16.1. Lesões corporais privilegiadas: obrigatoriedade da redução de pena. 17. Lesão corporal culposa. 18. Isenção de pena ou perdão judicial. 19. Violência doméstica ou lesões corporais domésticas. 19.1. Considerações preliminares. 19.2. Violência doméstica: adequação típica. 19.3. Violência e lesão corporal: distinção. 19.4. Natureza da ação penal no crime de "violência doméstica". 19.5. Descumprimento de medidas protetivas de urgência. 19.5.1. Bem jurídico tutelado. 19.5.2. Sujeitos do crime. 19.5.3. Tipo objetivo: adequação típica. 19.5.4. Tipo subjetivo: adequação típica. 20. Pena e ação penal.

Capítulo II
DAS LESÕES CORPORAIS

Lesão corporal

Art. 129. *Ofender a integridade corporal ou a saúde de outrem:*

Pena — detenção, de 3 (três) meses a 1 (um) ano.

Lesão corporal de natureza grave

§ 1º *Se resulta:*

I — incapacidade para as ocupações habituais, por mais de 30 (trinta) dias;

II — perigo de vida;

III — debilidade permanente de membro, sentido ou função;

IV — aceleração de parto:

Pena — reclusão, de 1 (um) a 5 (cinco) anos.

§ 2º Se resulta:

I — incapacidade permanente para o trabalho;

II — enfermidade incurável;

III — perda ou inutilização de membro, sentido ou função;

IV — deformidade permanente;

V — aborto:

Pena — reclusão, de 2 (dois) a 8 (oito) anos.

Lesão corporal seguida de morte

§ 3º Se resulta morte e as circunstâncias evidenciam que o agente não quis o resultado, nem assumiu o risco de produzi-lo:

Pena — reclusão, de 4 (quatro) a 12 (doze) anos.

Diminuição de pena

§ 4º Se o agente comete o crime impelido por motivo de relevante valor social ou moral ou sob o domínio de violenta emoção, logo em seguida a injusta provocação da vítima, o juiz pode reduzir a pena de um sexto a um terço.

Substituição da pena

§ 5º O juiz, não sendo graves as lesões, pode ainda substituir a pena de detenção pela de multa:

I — se ocorre qualquer das hipóteses do parágrafo anterior;

II — se as lesões são recíprocas.

Lesão corporal culposa

§ 6º Se a lesão é culposa:

Pena — detenção, de 2 (dois) meses a 1 (um) ano.

Aumento de pena

§ 7º Aumenta-se a pena de um terço, se ocorrer qualquer das hipóteses dos §§ 4º e 6º do art. 121 deste Código.

• § 7º com redação determinada pela Lei n. n. 12.720, de 27 de setembro de 2012.

§ 8º Aplica-se à lesão culposa o disposto no § 5º do art. 121.

• § 8º com redação determinada pela Lei n. 8.069, de 13 de julho de 1990.

Violência doméstica

§ 9º Se a lesão for praticada contra ascendente, descendente, irmão, cônjuge ou companheiro, ou com quem conviva ou tenha convivido, ou, ainda, prevalecendo-se o agente das relações domésticas, de coabitação ou de hospitalidade:

Pena — reclusão, de 2 (dois) a 5 (cinco) anos.

• § 9º com redação determinada pela Lei n. 14.994, de 9 de outubro de 2024.

§ 10. Nos casos previstos nos §§ 1º a 3º deste artigo, se as circunstâncias são as indicadas no § 9º deste artigo, aumenta-se a pena em 1/3 (um terço).

• § 10 acrescentado pela Lei n. 10.886, de 17 de junho de 2004.

§ 11. *Na hipótese do § 9º deste artigo, a pena será aumentada de um terço se o crime for cometido contra pessoa portadora de deficiência.*
- § 11 acrescentado pela Lei n. 11.340, de 7 de agosto de 2006.

§ 12. *Se a lesão for praticada contra autoridade ou agente descrito nos arts. 142 e 144 da Constituição Federal, integrantes do sistema prisional e da Força Nacional de Segurança Pública, no exercício da função ou em decorrência dela, ou contra seu cônjuge, companheiro ou parente consanguíneo até terceiro grau, em razão dessa condição, a pena é aumentada de um a dois terços.*
- § 12 acrescentado pela Lei n. 13.142, de 6 de julho de 2015.

§ 13. *Se a lesão é praticada contra a mulher, por razões da condição do sexo feminino, nos termos do § 1º do art. 121-A deste Código:*
Pena — reclusão, de 2 (dois) a 5 (cinco) anos.
- § 13 com redação determinada pela Lei n. 14.994, de 9 de outubro de 2024.

1. Considerações preliminares

O Código Criminal do Império, influenciado pelo Código francês de 1810, punia as perturbações à integridade física (art. 201), atribuindo ao crime o *nomen iuris* "ferimentos e outras ofensas físicas". O Código republicano de 1890, por sua vez, já utilizava a terminologia "lesões corporais" (art. 303) e punia a ofensa física, com ou sem derramamento de sangue, incluindo no crime também a dor.

Finalmente, o atual Código Penal excluiu a dor da definição do crime de lesões corporais, preferindo criminalizar a *ofensa à integridade corporal ou à saúde de outrem*.

Lesão corporal consiste em todo e qualquer dano produzido por alguém, sem *animus necandi*, à integridade física ou à saúde de outrem. Ela abrange qualquer ofensa à normalidade funcional do organismo humano, tanto do ponto de vista anatômico quanto do fisiológico ou psíquico. Na verdade, é impossível uma perturbação mental sem um dano à saúde, ou um dano à saúde sem uma ofensa corpórea. O objeto da proteção legal é a integridade física e a saúde do ser humano.

2. Bem jurídico tutelado

O *bem jurídico* penalmente protegido é a integridade corporal e a saúde da pessoa humana, isto é, a incolumidade do indivíduo. A proteção legal abrange não só a integridade anatômica como a normalidade fisiológica e psíquica.

Esse bem jurídico protegido é de natureza *individual*, devendo preponderar assim, pelo menos teoricamente, o interesse particular perante o interesse do Estado. No entanto, historicamente, perante nosso ordenamento jurídico, sempre se sustentou que o consentimento da vítima autorizando lesões à sua integridade física é irrelevante. Contudo, também nessa área a evolução cultural se faz presente, e a própria indisponibilidade da integridade física se relativiza, pois a ação penal relativa às lesões corporais leves e às lesões culposas passa a depender da vontade discricionária da vítima, que poderá ou não representar contra o ofensor. E que será essa "condição" se não a disponibilidade da integridade física, pelo menos perante lesões de menor gravidade?

Já se sustentou que no crime de lesão corporal o que se pretende proibir não é uma lesão do corpo, mas a *lesão de um interesse relacionado com o corpo*, que seria o bem jurídico tutelado. Beling definiu esse interesse em três aspectos: interesse de estar bem, de sentir-se bem e de parecer bem[1], e, nessa linha, a lesão corporal nada mais seria do que a lesão de um interesse corporal.

3. Sujeitos ativo e passivo

O *sujeito ativo* pode ser qualquer pessoa, não se requerendo nenhuma condição particular, pois se trata de crime comum, e o tipo penal não faz qualquer referência relativa ao sujeito ativo.

Sujeito passivo também pode ser qualquer pessoa humana viva, com exceção das figuras qualificadas (§§ 1º, IV, e 2º, V). Nessas figuras qualificadas, somente a *mulher grávida* pode figurar na condição de sujeito passivo do crime de lesões corporais. Eventuais danos produzidos em cadáver, à evidência, não vêm a se adequar à conduta descrita no art. 129. As restrições à autoria são aquelas próprias limitadas pela própria dogmática penal, que afastam a imputabilidade. Qualquer ser humano vivo pode ser sujeito passivo do crime de lesões corporais.

4. Autolesão: impunível

Não constitui crime a ação do agente que ofende a sua própria integridade física ou saúde. A *autolesão* não tipifica o crime de lesão corporal. Poderá constituir *elementar* de uma figura do crime de *estelionato*, quando, por exemplo, o agente lesa a própria integridade física ou saúde com o fim de obter indenização ou valor de seguro (art. 171, § 2º, V). Nesse caso, a punição não é pela autolesão como entidade autônoma, mas como uma espécie de estelionato, que é crime contra o patrimônio e não contra a pessoa, como é o caso da lesão corporal. Se, por outro lado, com a autolesão, o agente pretende criar ou simular *incapacidade física* para ficar inabilitado para o serviço militar, deve responder pelo crime do art. 184 do CPM. Nessa hipótese, o CPM não está punindo, igualmente, a autolesão, mas o meio fraudulento utilizado contra o serviço militar.

Contudo, convém destacar que, se um *inimputável, menor, ébrio* ou por qualquer razão incapaz de entender ou de querer, por determinação de outrem, praticar em si mesmo uma lesão, quem o conduziu à autolesão responderá pelo crime, na condição de *autor mediato* (art. 20, § 2º, do CP).

Algo semelhante, embora com fundamento diferente, ocorre quando alguém, agredido por outrem, para defender-se, acaba ferindo-se. A *causa* do ferimento foi a ação do agressor; logo, deverá responder pelo resultado lesivo. Convém atentar, ademais, que o ato da vítima de ferir-se ao defender-se do ataque constitui uma *causa superveniente relativamente independente*, mas que *não produziu, por si só,*

---

1. Ernest von Beling, *Esquema de Derecho Penal*. La doctrina del delito tipo; trad. Sebastian Soler, Buenos Aires, Depalma, 1944, p. 77.

o resultado. Com efeito, afastando-se a *causa anterior*, isto é, a agressão e a autolesão também desapareceria; logo, esse fato anterior é *causa* e, portanto, o agressor deve responder pela lesão[2].

5. Tipo objetivo: adequação típica

A conduta típica do crime de lesão corporal consiste em *ofender*, isto é, lesar, ferir a *integridade corporal ou a saúde de outrem*. Ofensa à integridade corporal compreende a alteração, anatômica ou funcional, interna ou externa, do corpo humano, como, por exemplo, equimoses, luxações, mutilações, fraturas etc.

Ofensa à saúde compreende a alteração de funções fisiológicas do organismo ou perturbação psíquica. A simples perturbação de ânimo ou aflição não é suficiente para caracterizar o crime de lesão corporal por ofensa à saúde. Mas configurará o crime qualquer alteração ao normal funcionamento do psiquismo, mesmo que seja de duração passageira. Podem caracterizar essa ofensa à saúde os distúrbios de memória, e não apenas os distúrbios de ordem intelectiva ou volitiva.

Enfim, o crime de *lesão corporal* abrange qualquer dano à integridade física ou à saúde de outrem, sem *animus necandi*. No entanto, a pluralidade de lesões não altera a unidade do crime, representando somente o desdobramento em vários atos (crime plurissubsistente) de uma única ação.

A simples dor física ou crise nervosa, sem dano anatômico ou funcional, não configuram lesão corporal, embora não seja necessária violência física para produzi-la. Assim, pode-se ofender a integridade física ou a saúde de alguém por meio de efeitos morais. Para transmitir moléstia por contágio, por exemplo, não é necessária a violência tradicional, e não deixa de ser uma forma de produzir lesões corporais, mesmo fora das hipóteses dos arts. 130 e 131 do CP. A dor, por si só, não caracteriza o crime de lesão corporal, em razão de sua elevada subjetividade torná-la praticamente indemonstrável.

Questão que assume transcendental importância, na atualidade, refere-se à disponibilidade ou *indisponibilidade da integridade física* ou da saúde do ser humano capaz, como já antecipamos. Essa controvertida natureza do bem jurídico em questão tem relevância prática, na medida em que, tratando-se de bem jurídico disponível, o *consentimento do ofendido* afasta a tipicidade de eventual lesão corporal.

Heleno Cláudio Fragoso, simpatizando com a disponibilidade da integridade corporal, sustentava que o *consentimento do ofendido*, validamente obtido, exclui a ilicitude e que é com base nesse consentimento que se afasta a antijuridicidade da extração de órgãos de pessoas vivas para transplantes[3]. Discordamos dessa orientação somente quanto ao efeito do consentimento, que, a nosso juízo[4], exclui a tipicidade e não a ilicitude, particularmente quando autoriza a extração de órgãos: ora,

---

2. Cezar Roberto Bitencourt, *Manual de Direito Penal*; Parte Geral, p. 185.
3. Heleno Cláudio Fragoso, *Lições de Direito Penal*; Parte Especial, 11. ed., Rio de Janeiro, Forense, 1995, v. 1, p. 92.
4. Cezar Roberto Bitencourt, *Manual de Direito Penal*, 6. ed., p. 248.

uma conduta autorizada (extração de órgãos) não pode ser ao mesmo tempo proibida (definida como crime).

Na verdade, sustentamos que, no ordenamento jurídico brasileiro, a integridade física apresenta-se como *relativamente disponível,* desde que não afronte interesses maiores e não ofenda os bons costumes, de tal sorte que as pequenas lesões podem ser livremente consentidas, como ocorre, por exemplo, com as perfurações do corpo para a colocação de adereços, antigamente limitados aos brincos de orelhas. Ademais, seguindo essa linha de raciocínio, a caminho da disponibilidade, a própria ação penal perdeu seu caráter publicístico absoluto, passando a ser condicionada à representação do ofendido, quando se tratar de lesão corporal leve ou culposa.

As lesões podem ser classificadas em: *leves (caput), graves* (§ 1º), *gravíssimas* (§ 2º), *seguidas de morte* (§ 3º), *privilegiadas* (§§ 4º e 5º), *culposas* (§ 6º) e *majoradas* (§ 7º).

6. Lesão corporal leve e princípio da insignificância

A tipicidade penal exige uma ofensa de alguma gravidade aos bens jurídicos protegidos, pois nem sempre qualquer ofensa a esses bens ou interesses é suficiente para configurar o *injusto típico.* Segundo esse princípio, é imperativa uma *efetiva proporcionalidade* entre a *gravidade* da conduta que se pretende punir e a *drasticidade da intervenção estatal.* Frequentemente, condutas que se amoldam a determinado tipo penal, sob o ponto de vista formal, não apresentam nenhuma *relevância material.* Nessas circunstâncias, pode-se afastar liminarmente a tipicidade penal, porque em verdade o bem jurídico não chegou a ser lesado.

Seguindo essa orientação, sustentamos que a lesão à integridade física ou à saúde deve ser, juridicamente, relevante. É indispensável, em outros termos, que o dano à integridade física ou à saúde não seja *insignificante.* Nesse sentido já se manifestava o saudoso Aníbal Bruno, afirmando: "Não caberia, evidentemente, punir como lesão corporal uma picada de alfinete, um beliscão ou pequena arranhadura, um resfriado ligeiro, uma dor de cabeça passageira"[5]. Pequenas contusões que não deixam vestígios externos no corpo da vítima, provocando apenas dor momentânea, não possuem dignidade penal, e estão aquém do mínimo necessário para justificar uma sanção criminal.

Destaque-se, por fim, que *insignificância* não se confunde com *infração de menor potencial ofensivo,* e a previsão desta não impede nem elimina a existência ou reconhecimento daquela. O fato de determinada conduta tipificar uma infração penal de *menor potencial ofensivo* (art. 98, I, da CF) não quer dizer que tal conduta configure, por si só, *o princípio de insignificância.* Os delitos de lesão corporal leve, de ameaça, injúria, por exemplo, já sofreram a *valoração* do legislador, que, atendendo às necessidades sociais e morais históricas dominantes, determinou as consequências jurídico-penais de sua violação. Os limites do desvalor da ação, do

---

5. Aníbal Bruno, *Crimes contra a pessoa,* p. 185.

desvalor do resultado e as sanções correspondentes já foram valorados pelo legislador. As ações que lesarem tais bens, embora menos importantes se comparados a outros bens, como a vida e a liberdade sexual, são *social e penalmente relevantes*.

Assim, a *irrelevância* ou *insignificância* de determinada conduta deve ser aferida não apenas em relação à importância do bem juridicamente atingido, mas especialmente em relação ao *grau de sua intensidade*, isto é, *pela extensão da lesão produzida*, como, por exemplo, nas palavras de Roxin, "mau-trato não é qualquer tipo de lesão à integridade corporal, mas somente uma lesão relevante; uma forma delitiva de injúria é só a lesão grave à pretensão social de respeito. Como *força* deve ser considerada unicamente um obstáculo de certa importância, igualmente também a ameaça deve ser *sensível* para ultrapassar o umbral da criminalidade"[6].

Concluindo, a *insignificância da ofensa* afasta a *tipicidade*. Mas essa insignificância só pode ser valorada através da *consideração global* da ordem jurídica, observando-se a proporcionalidade e, particularmente, o grau ou extensão da lesão sofrida pelo bem jurídico protegido. Assim, uma infração de menor potencial ofensivo pode ou não caracterizar a insignificância, dependendo exatamente da gravidade do dano sofrido pelo bem atingido.

7. Tipo subjetivo: adequação típica

O *elemento subjetivo* do crime de lesões corporais é representado pelo *dolo*, que consiste na vontade livre e consciente de ofender a integridade física ou a saúde de outrem. É insuficiente que a ação causal seja voluntária, pois no próprio *crime culposo*, de regra, a ação também é voluntária. É necessário, com efeito, o *animus laedendi*. O dolo deve abranger o fim proposto, os meios escolhidos e, inclusive, os efeitos colaterais necessários. Os elementos volitivos e intelectivos do dolo devem abarcar a ação (conduta), o resultado e o nexo causal, sob pena de o agente incorrer em erro de tipo.

O que distingue o crime de *lesão corporal* da *tentativa de homicídio cruenta* é exatamente o elemento subjetivo: neste há o dolo de matar; naquela, tão somente o de lesar o corpo ou a saúde. Contudo, se o *dolo* é somente de lesar a integridade física, mas a vítima morre por causa da lesão, o *homicídio é preterdoloso* (ou lesão corporal seguida de morte, na linguagem da lei). Dependendo do *elemento subjetivo* que orienta a conduta do agente, pode dar vazão a diferentes tipos penais, com a mesma ação física, como, por exemplo, *maus-tratos* (art. 136), *tentativa de homicídio* (arts. 121 e 14, II), *tentativa de lesões corporais* (arts. 129 e 14, II), *perigo para a vida ou a saúde de outrem* (art. 132).

Indiscutivelmente, o dolo pode ser direto ou eventual; particularmente, essa modalidade de infração penal é uma das poucas que admitem a possibilidade da terceira modalidade, qual seja, o *preterdolo*, em determinadas figuras qualificadas: a ofensa à integridade física é punida a título de dolo, e o resultado qualificador, a título de culpa.

---

6. Claus Roxin, *Política criminal y sistema del Derecho Penal*, Barcelona, Bosch, 1972, p. 53.

8. Consumação e tentativa

Consuma-se com a lesão efetiva à integridade ou à saúde de outrem; consuma-se no exato momento em que se produz o dano resultante da conduta ativa ou omissiva. A pluralidade de lesões infligidas num único processo de atividade não altera a unidade do crime, que continua único. As diversas lesões representam somente a pluralidade de atos constitutivos da ação, própria dos crimes plurissubsistentes. Somente desaparecerá a unidade de crime quando houver uma interrupção da atividade criminosa e o ato sucessivo for produto de nova determinação de vontade, constituindo novo fato, ou melhor, novo crime.

Discordamos, de certa forma, da orientação de Nélson Hungria, quando afirma que "aplicar-se-á a regra do *concurso material* quando, embora com uma só ação ou omissão, sejam voluntariamente atingidas várias pessoas"[7]. Na realidade, trata-se de *concurso formal impróprio*, perfeitamente distinguido pelo Código Penal. Os "desígnios autônomos", por sua vez, a despeito da natureza do concurso, fundamentam a adoção do *sistema do cúmulo material de penas,* somando-se as sanções correspondentes aos diversos crimes praticados com ação única. Com efeito, *sistema do cúmulo material* de penas não se confunde com *concurso material de crimes*; aquele se refere à aplicação de penas; este define a espécie concurso de crimes, que pode receber a aplicação do sistema do cúmulo material, do cúmulo jurídico, da absorção ou da exasperação[8], de acordo com a opção de cada ordenamento jurídico.

Como crime material que é, a *tentativa* é tecnicamente admissível, com exceção das formas culposa e preterdolosa, cuja impossibilidade decorre da natureza de ambas, aliás, dogmaticamente explicadas.

Parte da doutrina tem dificuldade em admitir a viabilidade da tentativa do crime de lesões corporais. Confundem-se, na realidade, coisas diversas: a admissibilidade da tentativa com a dificuldade de prova de sua existência. A dificuldade probatória, em princípio, refoge do âmbito do Direito Penal para repousar no seio do Direito Processual Penal, onde deverá encontrar solução. Ademais, a referida dificuldade não ocorre somente no presente crime, pois nem sempre é fácil distinguir *tentativa de furto e roubo,* quando o agente, por exemplo, é surpreendido dentro de casa habitada (haveria intenção de violência contra a pessoa ou não?), entre outras hipóteses.

É indiscutível a possibilidade da tentativa de lesões corporais dolosas quando o agente age com dolo de ferir, mas é impedido por terceiro, que intercepta o golpe. Não se pode falar em *tentativa de vias de fato,* se o meio empregado pelo agente é capaz de causar dano à incolumidade física da vítima. Por outro lado, configura-se tentativa do crime de lesão corporal se a ação do agente traduz manifesto e inequívoco *animus laedendi*, só não se concretizando por ter sido impedido por terceiro.

---

7. Nélson Hungria, *Comentários ao Código Penal*, p. 326.
8. Cezar Roberto Bitencourt, *Manual de Direito Penal*, 6. ed., p. 526.

9. Classificação doutrinária

A lesão corporal é crime comum, podendo ser praticado por qualquer sujeito ativo, sem exigir nenhuma qualidade ou condição especial; crime material e de dano, que somente se consuma com a produção do resultado, isto é, com a lesão ao bem jurídico; instantâneo, podendo apresentar-se sob as formas dolosa, culposa ou preterdolosa.

10. Lesão corporal leve ou simples

A definição de lesão corporal leve é formulada por exclusão, ou seja, configura-se quando não ocorre nenhum dos resultados previstos nos §§ 1º, 2º e 3º do art. 129. Lesão corporal leve, simples ou comum é a lesão tipificada em seu tipo fundamental, ou seja, a ofensa à integridade física ou à saúde de outrem, nos limites do *caput* do artigo mencionado.

Lesão corporal não é apenas ofensa à integridade corpórea, mas também à saúde. A lesão à saúde abrange tanto a saúde do corpo como a mental. Se alguém, à custa de ameaças, provoca em outra um choque nervoso, convulsões ou outras alterações patológicas, pratica lesão corporal, que pode ser leve ou grave, dependendo de sua intensidade.

A lesão tipificada no *caput* do artigo é sempre dolosa, e para que se reconheça essa natureza é suficiente que a ação humana seja orientada pelo *animus laedendi*, mesmo que a produza de forma indireta. Assim, por exemplo, o agente desfere uma "porretada" na vítima, que, agilmente, desvia-se do golpe, mas resvala, perde o equilíbrio e cai, ferindo-se na queda. Nesse caso, o agente agressor responde por lesão corporal dolosa.

A lesão corporal dolosa compõe-se dos seguintes requisitos essenciais: a) dano à integridade física ou à saúde de outrem; b) relação causal entre ação e resultado; c) *animus laedendi*.

A previsão do disposto no § 5º destina-se somente à lesão corporal leve, como *lesão privilegiada*, mas, por razões didáticas, preferimos destinar-lhe um tópico em separado, na sequência lógica do próprio dispositivo.

11. Lesão corporal preterdolosa: previsão legal

O Código Penal em vigor teria previsto como figura distinta e autônoma a *lesão corporal preterdolosa*, ou seja, quando o resultado produzido é mais grave do que aquele efetivamente querido pelo sujeito ativo? Calma, a figura disciplinada no § 3º do art. 129 — *lesão corporal seguida de morte* — cuida somente do *homicídio preterdoloso*, que é coisa distinta. Mas e "se — parodiando o disposto nesse parágrafo — resulta lesão grave ou gravíssima e as circunstâncias evidenciam que o agente não quis o resultado, nem assumiu o risco de produzi-lo", ou seja, desejou apenas produzir lesões corporais leves? Como fica? Não responde pela lesão mais grave por falta de previsão legal? Ou responde, a despeito de se constatar que o resultado mais grave é produto de culpa e que, nesse particular, o Código Penal é omisso? Afinal, o que tem acontecido historicamente nos meios forenses?

Esse questionamento não tem recebido a devida atenção da doutrina e da jurisprudência brasileiras, que, invariavelmente, entendem que o agente, no exemplo sugerido, responde pelo disposto nos §§ 1º e 2º do art. 129, conforme o caso. Assim, responde pelo crime do art. 129, § 1º, III, tanto quem, com um objeto qualquer (p. ex., um instrumento perfurante), desfere um golpe contra a vista do ofendido, vazando-a, como quem dá um soco no rosto da vítima, que, caindo ao solo, resulta com a perda de um olho. Na primeira hipótese houve vontade direta de vazar uma vista da vítima; na segunda, não houve tal intenção, mas os dois fatos incidem no mesmo dispositivo. Em outras palavras, pode-se afirmar que, como o § 3º, os dois anteriores também tipificam *lesões qualificadas pelo resultado*.

Lembrava Sebastian Soler que muitos viam nessa previsão uma espécie de *responsabilidade objetiva*[9], a despeito da existência de dolo no *minus delictum* e de culpa no *majus delictum*, na medida em que responde por esse resultado mais grave a título de dolo quando o produziu por culpa.

Na realidade, se prestarmos bem atenção ao conteúdo dos dois parágrafos questionados (1º e 2º), constataremos que são utilizadas expressões ou locuções típicas de *crimes preterdolosos* ou mesmo qualificados pelo resultado, quais sejam, "se resulta". Essa *condicionante* nunca é utilizada na definição ou tipificação de condutas dolosas, mas sempre para prever *resultados agravadores*, típicos de crimes preterintencionais. Ou seja, em outros termos, os dois primeiros parágrafos do art. 129 tipificam lesões preterintencionais, a exemplo do homicídio preterintencional, consagrado no § 3º, com a mesma condicionante: "se resulta a morte...".

Mas essa conclusão nos leva, por sua vez, a outra consequência: os dois parágrafos que tratam das lesões corporais graves e gravíssimas, prescrevendo as *formas preterdolosas*, deixaram de prever as *formas dolosas*?! No entanto, essa conclusão não pode ser sustentada, por não ser racional prescrever condutas preterdolosas sem as correspondentes figuras dolosas, ou seja, punir conduta que produza determinado resultado preterdoloso e não punir a mesma conduta que produza idêntico resultado doloso. A redação do dispositivo deve ter conteúdo tal que, ao descrever conduta-resultado preterdoloso, contenha, no mínimo implicitamente, a correspondente figura dolosa, sob pena de o agente responder por crime preterdoloso e ficar impune quando, nas mesmas circunstâncias, houver agido dolosamente.

Na verdade, deve-se buscar interpretação que possa harmonizar essas discrepâncias, permitindo a punição adequada tanto daquele que — no exemplo do vazamento do olho da vítima — quis vazá-lo como do que não o desejou. Com efeito, aquele que *não quis* vazar o olho da vítima *quis dolosamente os meios utilizados*, que, por sua natureza, produziram o resultado mais grave, e essa *escolha dolosa dos meios* o torna tão responsável pelo resultado mais grave quanto aquele que teve a intenção direta de produzi-lo. Tal colocação assemelha-se àquela orientação do *dolo direto de segundo grau*, segundo a qual "os *efeitos colaterais* representados como *necessários* (em face da natureza do fim proposto, ou dos meios empregados) são

---

9. Sebastian Soler, *Derecho Penal argentino*, Buenos Aires, TEA, 1970, v. 3, p. 132-3.

abrangidos, *mediatamente*, pela vontade consciente do agente, mas a sua produção *necessária* os situa, também, como objetos do dolo direto: não é a relação de *imediatidade*, mas a relação de *necessidade* que os inclui no dolo direto"[10]. Enfim, quando se trata do *fim* diretamente desejado pelo agente, denomina-se *dolo direto de primeiro grau*, e, quando o resultado é "desejado" como consequência necessária do meio escolhido ou da natureza do fim proposto, denomina-se *dolo direto de segundo grau* ou *dolo de consequências necessárias*.

No entanto, indiscutivelmente a gravidade do comportamento daquele que fura o olho da vítima com um objeto cortante ou perfurante, vale dizer, com a intenção de vazá-lo, é muito mais grave do que aquele que o vazou sem essa intenção manifesta. Nesse caso, compete ao magistrado na dosimetria penal procurar adequar a pena *in concreto* convenientemente, pois, logicamente, a *lesão preterdolosa* merece tratamento menos grave que a *lesão dolosa*. E, por fim, é indispensável que esse resultado mais grave seja, no mínimo, produto de *culpa*, caso contrário não pode ser imputado ao agente, devendo a infração ser desclassificada. Assim, se o *resultado agravador* da lesão, mais grave do que o desejado, decorre de *caso fortuito*, interrompe-se o processo causal da conduta (art. 13, § 1º). Nesse caso, o sujeito passivo somente pode responder pelo crime de lesões corporais leves.

As lesões "qualificadas pelo resultado" podem ser graves, gravíssimas ou seguidas de morte; estas últimas, doutrina e jurisprudência preferem denominar "homicídio preterdoloso" ou preterintencional. Façamos sua análise.

12. Lesão corporal grave

O § 1º relaciona quatro hipóteses que, digamos, *qualificam* a *lesão corporal*, pois lhe atribuem novos parâmetros, máximo e mínimo, de pena, que são de 1 a 5 anos de reclusão.

12.1 *Incapacidade para as ocupações habituais, por mais de 30 dias*

A incapacidade referida neste dispositivo relaciona-se ao aspecto *funcional* e não puramente econômico. Trata-se da *efetiva* impossibilidade de realização de sua *atividade ocupacional*, tradicional, regular, de natureza lícita. As *ocupações habituais* a que se refere o art. 129, § 1º, I, do CP não têm o sentido de trabalho diário, mas de ocupações do quotidiano do indivíduo, como, por exemplo, trabalho, lazer, recreação etc. Por elas não se devem entender somente as ocupações de natureza lucrativa.

A lei tem em vista a atividade habitual do indivíduo *in concreto*; é indiferente que não seja economicamente apreciável. Esse destaque é relevante na medida em que crianças, menores ou bebês também podem ser sujeitos passivos dessa espécie de lesões corporais. Como bebês não têm atividades profissionais ou

---

10. Cezar Roberto Bitencourt, *Manual de Direito Penal*, 6. ed., p. 210.

laborais, deve-se observar se a lesão afetou sua coordenação motora, impede o engatinhamento, dificulta suas caminhadas, brincadeiras ou corridas nos locais em que lhes são permitidas etc. por mais de 30 dias. Comprovada pericialmente a relação causa e efeito, estará plenamente tipificada a incapacidade para as ocupações habituais por mais de 30 dias para crianças de qualquer idade. O mesmo ocorre com pessoas idosas, que, embora não tenham mais atividade laboral, podem ficar privadas de suas caminhadas, ginástica etc. Essa incapacidade, especialmente para crianças e idosos, pode ser causada por meios físicos, psíquicos ou mentais.

A simples vergonha de aparecer em público, mesmo que decorrente de marcas ou cicatrizes deixadas pelas lesões, não carateriza a qualificadora em exame.

A atividade habitual que pode ter qualquer natureza não pode, logicamente, ser ilícita, isto é, proibida por lei. Assim, o marginal que, ferido, não puder retomar a prática de crimes por mais de 30 dias não carateriza a qualificadora em questão. Contudo, a exclusão de atividades ilícitas não abrange atividades imorais, evidentemente aquelas que não se revistam de ilegalidade, como, por exemplo, a *prostituição*, que pode ser imoral, mas não é, em si mesma, ilícita. Eventual prostituta, por exemplo, que, ferida, não puder retomar suas atividades normais por mais de 30 dias, configurará a qualificadora. O reconhecimento dessa qualificadora não significa proteger condutas imorais, tampouco agravar injustamente a situação do réu, mas tratar igualitariamente todo e qualquer cidadão que tenha sua integridade física violada, desde que não se refira à prática de condutas ilegais, o que não é o caso da prostituição.

12.1.1 Exame complementar: validade

Destaque-se que somente o exame de corpo de delito é insuficiente para a caracterização da qualificadora da incapacidade para as ocupações habituais por mais de 30 dias, devendo ser complementado por outro exame. Quando o exame pericial tiver a finalidade de determinar a gravidade da infração penal, o *exame complementar* deverá ser realizado logo que tenha decorrido o prazo de 30 dias, a contar da data do fato. O prazo é material, por isso deve obedecer à regra do art. 10 do CP, incluindo-se o dia do começo. Esse exame é absolutamente necessário (art. 168, § 2º, do CPP).

A impossibilidade de sua realização pode ser suprida por prova testemunhal (§ 3º). No entanto, é imprestável, como prova, a lacônica resposta "sim" ao quesito específico, desacompanhada de qualquer explicação fundamentadora, consoante reiterada jurisprudência.

O exame realizado antes do decurso do prazo de 30 dias é inidôneo, assim como aquele que vier a ser realizado muito tempo depois de sua expiração. Somente não perderá a validade se permanecerem as circunstâncias que permitam apurar a incapacidade da vítima.

12.2 Perigo de vida

Não se trata de mera *possibilidade*, mas de *probabilidade* concreta e efetiva de morte, quer como consequência da própria lesão, quer como resultado do *processo patológico* que esta originou. Os peritos devem diagnosticar e não simplesmente fazer prognóstico, uma vez que não se trata de perigo presumido, mas concreto, efetivo, real. O perigo deve ser pericialmente comprovado. O resultado morte deve ser provável e não meramente possível. Não basta a resposta laconicamente afirmativa da existência de perigo de vida; o laudo pericial deve descrever objetiva e fundamentadamente em que consiste o perigo de vida.

Não é suficiente a idoneidade da lesão para criar a situação de perigo; é necessário que esta realmente se tenha verificado. Nesse sentido, exemplificava Magalhães Noronha, "Um ferimento no pulmão é geralmente perigoso; todavia, pode, no caso concreto, a constituição excepcional do ofendido, a natureza do instrumento ou qualquer outra circunstância, impedir que se verifique esse risco. A lesão grave só existe, portanto, se, em um dado momento, a vida do sujeito passivo esteve *efetivamente* em perigo"[11]. Com efeito, a simples sede das lesões não justifica a presunção de perigo, que deve ser demonstrado, embora não se possa negar que o simples fato de a vítima apresentar *traumatismo craniano* e *comoção cerebral* seja suficiente para o reconhecimento do perigo de vida.

Por fim, a probabilidade de morte da vítima não deve ser objeto do dolo do agente, caso contrário deveria responder por tentativa de homicídio, e não por lesão corporal grave com risco de vida.

12.3 Debilidade permanente de membro, sentido ou função

Debilidade é a redução ou enfraquecimento da capacidade funcional da vítima. *Permanente*, por sua vez, é a debilidade de duração imprevisível, que não desaparece com o correr do tempo. Apesar do sentido etimológico de *permanente*, tem-se admitido que não é necessário que seja definitiva. Na verdade, para o reconhecimento da gravidade da lesão por resultado *debilidade permanente*, não é necessário que seja perpétua e impassível de tratamento reeducativo ou ortopédico. Essa recuperação artificial já é, por si só, caracterizadora do *estado permanente* da debilidade acarretada pela lesão; é mais que suficiente para atestar a gravidade da lesão.

Membros são partes do corpo que se prendem ao tronco, podendo ser superiores e inferiores: braços, mãos, pernas e pés; *sentido* é a faculdade de percepção, de constatação e, por extensão, de comunicação: visão, audição, olfato, paladar e tato; *função* é a atividade específica de cada órgão do corpo humano (ex.: respiratória, circulatória, digestiva, secretora, locomotora, reprodutora e sensitiva). Nélson Hungria criticava esse dispositivo por considerá-lo redundante, nos seguintes termos: "O dispositivo legal é um tanto redundante, ao falar em *sentido* e, a

---

11. Magalhães Noronha, *Direito Penal*, p. 79-80.

seguir, em *função*; pois cada *sentido* representa uma *função*. Tecnicamente, bastaria que se referisse à *função*, de modo genérico"[12]. No entanto, tratando-se de lei penal incriminadora, é preferível que o legislador peque pela excessiva clareza de redação que pela concisão ou simples omissão que possam dificultar o primado da reserva legal.

12.4 *Aceleração de parto*

Aceleração de parto é a antecipação do nascimento do feto com vida. Segundo Hungria, "é a expulsão precoce do produto da concepção, mas em tal estado de maturidade, que pode continuar a viver fora do útero materno"[13]. A terminologia legal "aceleração de parto" deve ser entendida como *antecipação de parto*, pois somente se pode acelerar aquilo que está em andamento[14], e a previsão legal quis, na verdade, abranger não apenas o parto em movimento, mas todo o parto prematuro, ou seja, a expulsão precoce do produto da concepção.

É indispensável que o feto esteja vivo, nasça com vida e continue a viver, caso contrário, se morrer, no útero ou fora dele, configurar-se-á aborto, e a lesão corporal será qualificada como gravíssima (§ 2º, V).

É necessário que o agente tenha conhecimento da gravidez da vítima, sob pena de se consagrar a responsabilidade objetiva. Consciente da gravidez, a aceleração do parto pode ser produto de culpa, uma vez que esta será no mínimo consciente. Agora, o desconhecimento da gravidez determina a desclassificação para lesões leves. Com efeito, o desconhecimento da gravidez da vítima impede a imputação do crime de lesão grave, no caso de aceleração do parto, bem como a imputação de lesão gravíssima, na hipótese de resultar aborto.

Todas as "qualificadoras" contidas no § 1º são de natureza objetiva. Significa dizer que, em havendo concurso de pessoas, elas se comunicam, desde que, logicamente, tenham sido abrangidas pelo dolo do participante.

13. Lesão corporal gravíssima

O § 2º relaciona, por sua vez, cinco hipóteses que *qualificam* a lesão corporal, atribuindo-lhe novos limites de pena, fixados entre 2 e 8 anos de reclusão. Em razão das semelhanças que estas apresentam com aquelas tratadas no parágrafo anterior, deve-se fazer uma análise comparativa, quando se constatará que há diversidade profunda de gravidade da lesão e de intensidade de consequências naturais.

O Código Penal não utiliza o *nomen iuris lesão corporal gravíssima*, mas a doutrina e a jurisprudência o consagraram, para distingui-lo da lesão corporal grave, disciplinada no parágrafo anterior. Nas *lesões gravíssimas*, ao contrário das graves, a dimensão das consequências do crime é consideravelmente mais grave. Os efeitos da lesão, de regra, são irreparáveis, justificando, por isso, sua maior penalização.

---

12. Nélson Hungria, *Comentários ao Código Penal*, p. 334.
13. Nélson Hungria, *Comentários*, p. 335.
14. Flávio Augusto Monteiro de Barros, *Crimes contra a pessoa*, p. 100.

13.1 Incapacidade permanente para o trabalho

Incapacidade permanente para o trabalho não se confunde com *incapacidade para as ocupações habituais* do parágrafo anterior: naquela, a incapacidade é temporária para ocupações habituais da vítima; nesta, a incapacidade é permanente e para o trabalho em geral, e não somente para a atividade específica que a vítima estava exercendo[15]. Assim, se ficar incapacitada para esta *atividade específica*, mas puder exercer outra atividade laboral, não se configura a *lesão gravíssima*, ainda que a incapacidade específica seja permanente[16]. Desclassifica-se a infração penal para lesão corporal grave.

A incapacidade, nesta espécie de lesões, não é para "as ocupações habituais da vítima", mas somente para o *trabalho*, isto é, para o desempenho de uma *atividade laboral*, profissional, lucrativa (129, § 2º, I), ao contrário do que ocorre com as lesões graves (129, § 1º). Essa impossibilidade pode ser física ou psíquica, indiferentemente. O vocábulo "trabalho", segundo Hungria, "é empregado em sentido restrito, isto é, como livre movimento ou emprego do corpo para um fim econômico"[17].

Aqui, a incapacidade também não é *temporária*, como lá, mas definitiva. No entanto, não se exige que seja perpétua, bastando um prognóstico firme de *incapacidade irreversível*. A "incapacidade permanente" deve ser de duração incalculada, ou seja, que a natureza das lesões não ofereça condições de diagnosticar a época de uma possível cessação. Com efeito, "permanente", na linguagem do Código, tem o sentido contrário de "transitório" ou "temporário", isto é, significa durável, e não perene ou definitivo.

Por fim, é irrelevante que a vítima se apresente clinicamente curada: se a incapacidade, a despeito disso, restou comprovada, a lesão sofrida é qualificada como gravíssima.

13.2 Enfermidade incurável

Enfermidade, segundo os especialistas, é um processo patológico em curso. *Enfermidade incurável* é a doença cuja *curabilidade* não é conseguida no atual

---

15. Paulo José da Costa Jr., *Comentários ao Código Penal*, p. 47.
16. Frederico Marques, *Tratado de Direito Penal*; Parte Especial, São Paulo, Saraiva, 1961, v. 4, p. 215: "A incapacidade tem de ser para o trabalho em geral, e não apenas para o trabalho próprio e pessoal da vítima. Se a debilitação permanente que um violinista sofre em um dos dedos lhe pode tornar impossível a volta à profissão de músico, mas não impede de entregar-se a outro gênero de trabalho, não se enquadra a figura delituosa na espécie descrita no art. 129, 2º, n. I". Paulo José da Costa Jr. acrescenta, contudo, com acerto, "que se se tratasse de um grande virtuose do violino, que se visse de um momento para outro impossibilitado de dar concertos, onde auferia grandes receitas, sujeitando-se a um trabalho qualquer, devendo começar tudo de novo, a lesão é gravíssima" (*Comentários ao Código Penal*, p. 47).
17. Nélson Hungria, *Comentários ao Código Penal*, p. 336.

estágio da Medicina, pressupondo um processo patológico que afeta a saúde em geral. A *incurabilidade* deve ser confirmada com dados da ciência atual, com um *juízo de probabilidade*. Incurável deve ser entendido em sentido relativo, sendo suficiente o *prognóstico pericial* para caraterizá-la, pois em termos de ciência médica nada é certo, tudo é provável, pode-se afirmar num exagero de expressão. Seguindo nessa linha, Roberto Lyra, considerando que se trata de incurabilidade relativa, sentenciava: "No caso concreto, se individualizará, diretamente, o cálculo de probabilidade. Se se apura alteração permanente da saúde do ofendido; se, sòmente (*sic*) em casos excepcionais, ela pode ser tida como curável, está caracterizada a incurabilidade no sentido do art. 129, 2º, n. II"[18].

São inexigíveis intervenções cirúrgicas arriscadas ou tratamentos duvidosos. Nem sempre é fácil distinguir *debilidade permanente de função* (lesão grave) e *enfermidade incurável*. Enfermidade incurável não se confunde com debilidade permanente. Para Frederico Marques, "a doença ou enfermidade pressupõe um processo em ato e dinâmico, enquanto que a debilidade é um fato estático residual, um processo encerrado e findo. Quando agressão corporal provoca, por exemplo, a fratura de um osso da perna, pode suceder que o ofendido se cure da lesão, mas permaneça coxo, isto é, com debilidade permanente em um membro. Todavia, se êle (*sic*) não se cura e no osso fraturado forma-se a sede de 'um processo osteomielítico tuberculoso', provàvelmente (*sic*) incurável, verifica-se a existência de enfermidade incurável"[19].

Distinção que, por sua pertinência, merece ser destacada é a que sustentava Binda[20], segundo o qual *debilidade permanente* é o estado consecutivo a uma lesão traumática, que limita duradouramente o uso, a extensão e energia de uma função, sem comprometer o estado geral do organismo. A *enfermidade*, ao contrário, deve ser entendida como o estado que duradouramente altera e progressivamente agrava o teor de um organismo. Essa distinção, a nosso juízo, é a que melhor define as diferenças que as duas hipóteses encerram e permite a solução mais justa para cada caso concreto.

13.3 *Perda ou inutilização de membro, sentido ou função*

A semelhança deste dispositivo, que considera a "perda ou inutilização", com aquele do parágrafo anterior, que disciplina a *debilidade permanente* de membro, sentido ou função, é manifesta, recomendando-se redobrada cautela no seu exame. A *debilidade permanente* (§ 1º, III) caracteriza lesão grave, e a *perda ou inutilização* (§ 2º, III), por sua vez, configura lesão gravíssima.

Há *perda* quando cessa o sentido ou função, ou quando o membro ou órgão é extraído ou amputado. Perda é a extirpação ou eliminação de órgão (membro,

---

18. Roberto Lyra, *Noções de Direito Criminal*; Parte Especial, v. 1, 1944.
19. Frederico Marques, *Tratado de Direito Penal*, p. 216.
20. Apud Enrico Altavilla, *Dei delitti contro la persona*, 1934, p. 74.

sentido ou função). A perda pode operar-se por meio de *mutilação* ou *amputação*: a primeira ocorre no momento da ação delituosa, seccionando o órgão; a segunda decorre de intervenção cirúrgica, com a finalidade de minorar as consequências. Há *inutilização* quando cessa ou interrompe-se definitivamente a atividade do membro, sentido ou função; na *inutilização,* não há a exclusão, mas a subsistência, embora inoperante. *Inutilização* de membro, sentido ou função não é outra coisa que a sua *perda funcional*; e *perda* é o perecimento físico, é a eliminação material do órgão. Na *inutilização* o membro permanece ligado ao corpo, mas inoperante em sua atividade própria ou função.

Nem sempre é fácil distinguir *debilidade permanente* e *perda* ou *inutilização*. A perda de um olho (debilidade) não se confunde com a perda da visão (perda de sentido). Sobre as definições de membro, sentido ou função *vide* anotação no parágrafo anterior. Damásio de Jesus procura definir e exemplificar a distinção entre *debilidade, perda* e *inutilização*, nos seguintes termos: "... se o ofendido, em consequência da lesão corporal, sofre paralisia de um braço, trata-se de inutilização de membro. Se, em face da lesão corporal, perde a mão, cuida-se também de inutilização de membro. Entretanto, vindo a perder um dedo da mão, hipótese de debilidade permanente. Por último, se vem a perder todo o braço, o fato constitui perda de membro"[21].

13.4 *Deformidade permanente*

A *deformidade,* para caracterizar essa qualificadora, precisa representar lesão estética de certa monta, capaz de produzir desgosto, desconforto a quem vê e vexame ou humilhação ao portador. Não é, por conseguinte, qualquer dano estético ou físico capaz de configurar a qualificadora. Evidentemente que o sexo da vítima também contribui para o grau de exigência da deformidade, pois, inegavelmente, uma cicatriz na face de uma jovem causa-lhe prejuízo superior, talvez intolerável, ao que sofreria, nas mesmas circunstâncias, um jovem varão.

A deformidade não se limita ao rosto da vítima, mas pode ser em qualquer outra parte do corpo onde o defeito seja visível, como, por exemplo, lesão óssea em membros inferiores, obrigando a vítima a coxear, ou na coluna vertebral, tornando-a gibosa etc.

Deformidade permanente implica a existência de dano estético considerável, decorrente de *defeito físico permanente*. É necessário que haja comprometimento permanente, definitivo, irrecuperável do aspecto físico-estético. A deformidade não perde o caráter de permanente quando pode ser dissimulada por meios artificiais, como, por exemplo, cirurgia plástica, a que ninguém está obrigado.

A decisão judicial precisa optar, reconhecendo expressamente se houve *debilidade* (§ 1º, III) ou *deformidade* permanente (§ 2º, IV)[22]. O dano deve causar desconforto, desagrado. A *deformidade* que somente pode ser eliminada ou removida mediante cirurgia plástica constitui, comprovadamente, a qualificadora.

---

21. Damásio de Jesus, *Direito Penal*, p. 138.
22. Nosso Pretório Excelso já se manifestou nesse sentido: *RTJ, 97*:197.

Por fim, não caracteriza a "perda de membro, sentido ou função" a cirurgia que extrai órgãos genitais externos de transexual, com a finalidade de curá-lo ou de reduzir seu sofrimento físico ou mental. Aliás, essa conduta é atípica, não sendo proibida pela lei, nem mesmo pelo Código de Ética Médica. Falta o dolo de ofender a integridade física ou saúde de outrem.

13.5 Aborto

A definição de aborto foi emitida no capítulo específico que trata desse tema, para onde remetemos o leitor. Trata-se de crime preterdoloso, ou seja, há dolo em relação à lesão corporal e culpa em relação ao aborto; este é provocado involuntariamente: o agente não o quer nem assume o risco de provocá-lo. Para que possa caracterizar-se a qualificadora da lesão corporal gravíssima, não pode ter sido objeto de dolo do agente, pois, nesse caso, terá de responder pelos dois crimes, lesão corporal e aborto, em concurso formal impróprio, ou, ainda, por *aborto qualificado,* se a lesão em si mesma for grave.

É necessário que o agente tenha conhecimento da gravidez, sem, contudo, querer o aborto. Se a ação do agente visar o aborto, o crime será o do art. 125. O desconhecimento da gravidez, porém, afasta a qualificadora, constituindo erro de tipo.

Não se deve confundir as figuras dos arts. 127, 1ª parte, e 129, § 2º, V, pois há uma inversão de situações: na primeira, o aborto é querido e a lesão não; na segunda, a lesão é o resultado desejado, enquanto o aborto não, nem mesmo eventualmente[23].

14. Lesão corporal seguida de morte

Também é conhecido como *homicídio preterdoloso*: dolo nas lesões, culpa na morte. Se o resultado morte for imprevisível ou decorrente de caso fortuito, o sujeito responderá somente pelas lesões corporais. Se houver dolo eventual quanto ao resultado mais grave, o crime será de homicídio.

A tipificação do crime como *lesão corporal seguida de morte* está condicionada a que as circunstâncias do fato acontecido evidenciem que o querer do agente não inclui, nem mesmo eventualmente, o resultado "morte" que produz. Se o resultado não foi objeto do querer do agente, mas situa-se na esfera da previsibilidade, o crime é preterdoloso (art. 129, § 3º), não havendo homicídio doloso. Se a ação não foi orientada pelo ânimo de lesar, mas executada com imprudência, configura-se homicídio culposo.

Apesar de o evento morte integrar esta figura típica, a competência é do juiz singular. Note-se que este tipo penal não se encontra no capítulo "dos crimes contra a vida", que são da competência do Tribunal do Júri, mas está localizado no capítulo das lesões corporais.

---

23. Nélson Hungria, *Comentários ao Código Penal*, p. 341.

Por fim, tudo o que dissemos sobre crime preterdoloso, no capítulo em que tratamos do homicídio, no item n. 15.6, aplica-se à *lesão corporal seguida de morte*.

15. Lesões majoradas

A pena pode ser aumentada em um terço, segundo prescreve o § 7º, se ocorrer qualquer das hipóteses do art. 121, §§ 4º e 6º. Tudo o que dissemos sobre essas majorantes para o homicídio (item 17) aplica-se, *mutatis mutandis*, ao crime de lesões corporais.

15.1 *Lesão corporal praticada por milícia privada*

A Lei n. 12.720/2012, que criou o crime de *constituição de milícia privada*, aproveitou para acrescer duas *majorantes* (causas de aumento), uma para o crime de homicídio (§ 6º do art. 121), e outra, semelhante, para o crime de lesões corporais, alterando a redação do § 7º do art. 129 do Código Penal. Assim, na prática dos crimes de homicídio e de lesão corporal, a partir de agora, a pena será aumentada de um terço (1/3) até a metade "se o crime for praticado por milícia privada, sob o pretexto de prestação de serviço de segurança, ou por grupo de extermínio". Logicamente, desde que reste comprovado que a motivação foi, como afirma o texto legal, "sob o pretexto de prestação de serviço de segurança". Curiosamente, ao contrário da definição do novo crime previsto no art. 288-A, nesta majorante o texto refere-se expressamente a "grupo de extermínio".

Na aplicação dessa majorante deve-se agir com extremo cuidado para não incorrer em *bis in idem*, aplicando dupla punição pelo mesmo fato, isto é, condenar o agente pelo crime do art. 288-A e, ao mesmo tempo, condená-lo pelo homicídio ou pela lesão corporal com o acréscimo da majorante aqui prevista. No caso, a condenação deverá ser somente pela prática do crime de constituição de milícia privada (art. 288-A) e pelo de homicídio (simples ou qualificado, ou pela lesão corporal, dependendo das demais circunstâncias), mas sem esta nova majorante, pois, a nosso juízo, configura um odioso *bis in idem*. Consideramos um grave e intolerável equívoco, numa repetição da equivocada Súmula 174 do STJ, felizmente já revogada, que considerava arma de brinquedo idônea para tipificar o crime de roubo e, ao mesmo tempo, majorar-lhe a pena pelo "emprego de arma".

Em síntese, se o agente for condenado pela prática do crime de *constituição de milícia privada*, ainda que tenha cometido um homicídio, não poderá sofrer a majorante por tal crime ter sido praticado por integrante de milícia privada, pois representaria uma dupla punição por um mesmo fundamento. Em outros termos, essa majorante somente pode ser aplicada se o autor do homicídio for reconhecido no julgamento do homicídio como suposto integrante de milícia privada, mas que não tenha sido condenado por esse crime.

Por outro lado, não justifica interpretação em sentido contrário, a invocação de orientação equivocada do Supremo Tribunal Federal, que não está reconhecendo *bis in idem* quando se está diante de quadrilha ou bando armado e roubo majorado pelo emprego de arma. Aquele princípio constitucional de *proibição do excesso* aplicável ao Parlamento também vige para a Suprema Corte, que não pode ignorar suas próprias limitações constitucionais. O fato de ter a última palavra sobre a aplicação e interpretação de nosso ordenamento jurídico – e se autoautorizar a errar por último – não legitima os condenáveis excessos ignorando o texto constitucional que deve proteger.

A interpretação sistemática, espera-se, deverá prevalecer, e nossa Suprema Corte, certamente, logo perceberá o equívoco que está cometendo ao conceber a aplicação cumulativa de punições penais pelo mesmo fundamento, violando o *ne bis in idem*.

15.2 *Lesão corporal dolosa contra policiais e familiares*

Na mesma linha do que fez com a "qualificação" de "homicídio hediondo", o legislador contemporâneo com a Lei n. 13.142, de 9 de julho de 2015, aproveitou para criar novas causas especiais de majoração de pena, nos mesmos crimes contra os mesmos destinatários, acrescentando o § 12 ao art. 129, que tipifica o crime de lesões corporais, com o seguinte conteúdo: "Se a lesão for praticada contra autoridade ou agente descrito nos arts. 142 e 144 da Constituição Federal, integrantes do sistema prisional e da Força Nacional de Segurança Pública, no exercício da função ou em decorrência dela, ou contra seu cônjuge, companheiro ou parente consanguíneo até terceiro grau, em razão dessa condição, a pena é aumentada de um a dois terços".

Essa *causa de aumento*, elevando em um a dois terços a pena, aplica-se a todas as modalidades de lesões corporais dolosas, da mais leve até as lesões corporais gravíssimas e a seguida de morte. Fica excluída, portanto, dessa majoração, somente a *lesão corporal* culposa independentemente de sua gravidade.

Na mesma oportunidade, o atento legislador atualizou a Lei dos Crimes Hediondos dispondo no art. 3º do novo diploma legal que: "O art. 1º da Lei n. 8.072, de 25 de julho de 1990 (Lei de Crimes Hediondos), passa a vigorar com a seguinte redação:

'Art. 1º (...)

I — homicídio (art. 121), quando praticado em atividade típica de grupo de extermínio, ainda que cometido por um só agente, e homicídio qualificado (art. 121, § 2º, incisos I, II, III, IV, V, VI e VII);

I-A — lesão corporal dolosa de natureza gravíssima (art. 129, § 2º) e lesão corporal seguida de morte (art. 129, § 3º), quando praticadas contra autoridade ou agente descrito nos arts. 142 e 144 da Constituição Federal, integrantes do sistema prisional e da Força Nacional de Segurança Pública, no exercício da função ou em decorrência dela, ou contra seu cônjuge, companheiro ou parente consanguíneo até terceiro grau, em razão dessa condição'".

Em outros termos, aproveitou-se para transformar em *crimes hediondos* não apenas o *homicídio qualificado* contra policiais mencionados nos arts. 142 e 144 da Constituição Federal, integrantes do sistema prisional e da Força Nacional de Segurança Pública e familiares, mas também a lesão corporal gravíssima e a lesão corporal seguida de morte, contra os mesmos sujeitos passivos, nas mesmas circunstâncias.

Aqui, mais uma vez, o pródigo legislador extrapola ao ampliar abusivamente a abrangência dessa nova majoração penal para alcançar não apenas "integrantes do sistema prisional e da Força Nacional de Segurança Pública", mas também os crimes de homicídio cometidos "contra cônjuge, companheiro ou parente consanguíneo até terceiro grau" daqueles agentes.

16. Figuras privilegiadas[24]

As formas *privilegiadas* são as seguintes: a) *impelido por motivo de relevante valor social*; b) *impelido por motivo de relevante valor moral*; c) *sob o domínio de violenta emoção, logo em seguida a injusta provocação da vítima*.

As duas primeiras figuras privilegiadas contidas no art. 129, § 1º, estão relacionadas aos motivos determinantes do crime, no caso, relevante valor social ou moral.

Os *motivos* que, eventualmente, levam à prática de um crime, como já destacamos, podem ser *morais, imorais, sociais* e *antissociais*. Quando o motivo for de relevância moral ou social, a ação continua punível, apenas a sua reprovabilidade é reduzida, na medida em que diminui o seu contraste com as exigências ético-jurídicas da consciência comum. A relevância social ou moral da motivação é determinada pela escala de valores em que se estrutura a sociedade.

Motivo de relevante valor social é aquele que tem motivação e interesse coletivos, ou seja, a motivação fundamenta-se no interesse de todos os cidadãos de determinada coletividade; *relevante* é o importante ou considerável *valor social*, isto é, do interesse de todos em geral, ao contrário do *valor moral*, que, em regra, encerra interesse individual. Age impelido por motivo de relevante valor social quem mata sob a pressão de sentimentos nobres segundo a concepção da moral social, como, por exemplo, por amor à pátria, por amor paterno ou filial etc.

Não será qualquer motivo social ou moral que terá a condição de privilegiar o crime: é necessário que seja relevante; não basta que tenha valor social ou moral, sendo indispensável que seja relevante, isto é, importante, notável, digno de apreço.

Relevante *valor moral*, por sua vez, é o valor superior, engrandecedor de qualquer cidadão em circunstâncias normais. Faz-se necessário que se trate de valor considerável, isto é, adequado aos princípios éticos dominantes, segundo aquilo que a moral média reputa nobre e merecedor de indulgência. O *valor social ou moral* do motivo deve ser considerado sempre objetivamente, segundo a média existente

---

24. Parágrafo 7º com redação determinada pela Lei n. 12.720/2012, que tipificou o crime de *constituição de milícia privada* e acrescentou uma majorante ao homicídio e também à lesão corporal.

na sociedade, e não subjetivamente, segundo a opinião do agente, que pode ser mais ou menos sensível.

Será motivo de *relevante valor moral* aquele que, em si mesmo, é aprovado pela ordem moral, pela moral prática, como, por exemplo, a compaixão ou piedade ante o irremediável sofrimento da vítima.

É insuficiente, porém, para o reconhecimento da privilegiadora o valor social ou moral do motivo: é indispensável que se trate de *valor relevante*, como destaca o texto legal. E a relevância desse valor, social ou moral, é avaliada de acordo com a sensibilidade média da sociedade e não apenas segundo a sensibilidade maior ou menor do sujeito ativo, embora não se possa esquecer que a relevância do valor social ou moral é subjetiva e não puramente objetiva, segundo os padrões da sociedade e não conforme o entendimento pessoal do agente.

A outra modalidade de lesões corporais privilegiadas é a *emocional*, que deve ser imediatamente precedida de *injusta provocação da vítima*. Convém destacar, desde logo, que o Código Penal, em seu art. 28, I, declara que a emoção não exclui a responsabilidade penal, embora aqui lhe atribua a condição de *privilegiar* o crime de lesões corporais.

Os estados emocionais — emoção e paixão — não eliminam a censurabilidade da conduta (art. 28, I, do CP), embora possam diminuí-la, quando violentos, com a correspondente redução de pena, como preveem os arts. 121, § 1º, e 129, § 4º, 2ª parte, desde que satisfeitos, simultaneamente, determinados requisitos legais. Esses requisitos são: a provocação *injusta* da vítima, o *domínio de emoção violenta* e a *imediatidade entre provocação e reação*.

a) *Sob o domínio de violenta emoção*

A emoção pode, na verdade, ser graduada em mais ou menos intensa, mais ou menos aguda e mais ou menos violenta. Não é qualquer *emoção* que pode assumir a condição de privilegiadora na lesão corporal, mas somente a emoção intensa, violenta, absorvente, que seja capaz de reduzir quase que completamente a *vis electiva*, em razão dos motivos que a fizeram eclodir, *dominando*, segundo os termos legais, o próprio autocontrole do agente.

Sob o domínio de violenta emoção significa agir sob choque emocional, próprio de quem é absorvido por um estado de ânimo caracterizado por extrema excitação sensorial e afetiva, que subjuga o sistema nervoso do indivíduo. Nesses casos, os freios inibitórios são liberados, sendo orientados, basicamente, por ímpetos incontroláveis, que, é verdade, não justificam a conduta criminosa, mas reduzem sensivelmente a sua censurabilidade, como reconhece o art. 129, § 4º, 2ª parte. A *intensidade da emoção* deve ser de tal ordem que o sujeito seja *dominado* por ela; a reação tem de ser *imediata*, e a provocação tem de ser *injusta*. Se a emoção for menor, apenas *influenciando* a prática do crime, ou não for *logo em seguida*, não constituirá a *privilegiadora*, mas a atenuante genérica do art. 65, III, *c*, última parte. Presente qualquer das condições *privilegiadoras*, que, na verdade, são *minorantes,* a pena pode ser reduzida de um sexto a um terço.

b) *Injusta provocação da vítima*

Além da *violência emocional*, é fundamental que a *provocação* tenha partido da própria vítima e seja *injusta*, o que não significa, necessariamente, antijurídica, mas quer dizer não justificada, não permitida, não autorizada por lei ou, em outros termos, ilícita. A *injustiça da provocação* deve ser de tal ordem que justifique, de acordo com o consenso geral, a repulsa do agente, a sua indignação. Essa *repulsa* não se confunde com legítima defesa, como *injusta provocação* tampouco se confunde com *agressão injusta*. Com efeito, se a ação que constitui a provocação for legítima, e, nesse caso, cabe ao sujeito ativo submeter-se a ela, não se pode falar em privilegiadora ou causa de diminuição de pena, por faltar um requisito ou elementar indispensável, que é a *injustiça* da provocação.

Por fim, *provocação* não se confunde com *agressão*. Se aquela colocar em risco a integridade do ofendido assumirá a natureza de agressão, autorizando a legítima defesa.

c) *Imediatidade entre provocação e reação*

A *reação* tem de ser imediata, ou seja, é necessário que entre a *causa* da emoção (injusta provocação) e esta praticamente inexista intervalo. Com efeito, a reação à provocação injusta deve ser imediata, de pronto, sem intervalo, isto é, *ex improviso*. O impulso emocional e a ação dele resultante devem ocorrer imediatamente após a provocação injusta da vítima. Efetivamente, a reação à provocação injusta não pode ser motivada pela cólera, pelo ódio, fundamentadores de vingança desautorizada.

No entanto, a expressão "logo em seguida" deve ser analisada com certa parcimônia e admitida quando a ação ocorrer em breve espaço de tempo e perdurar o estado emocional dominador. Logo, deve-se reconhecer a privilegiadora quando o agente *reagir* logo depois, sem demora, em breve espaço temporal, ou seja, enquanto perdurar o "domínio da violenta emoção", pois inúmeras razões podem ter impedido a *reação imediata*, sem, contudo, abastar ou eliminar o *estado emocional dominador*[25].

Em se tratando de lesão corporal, de homicídio ou lesão corporal seguida de morte, a *privilegiadora da violenta emoção* incide somente se o crime é cometido logo em seguida a injusta provocação (emoção-choque) e quando a violência da emoção *domina* o agente. Já a atenuante genérica do art. 65, III, *c*, do CP não exige a emoção-choque, mas somente a emoção-estado, que identifica a *influência* de violenta emoção.

Estando presente qualquer das minorantes relacionadas no § 4º, ou se as lesões forem recíprocas (§ 5º), à pena de detenção poderá ser substituída por multa. Essa previsão legal, que teve extraordinária importância no passado, perdeu seu destaque a partir das modernas reformas penais e particularmente com a Lei n. 9.714/98, que permite a aplicação da *multa substitutiva*, isoladamente, para pena de um ano de privação de liberdade.

---

25. Antonio Quintano Ripollés, *Curso de Derecho Penal*, Madrid, Revista de Derecho Privado, 1963, t. 1, p. 420.

Para não sermos repetitivos, veja-se tudo o que dissemos a respeito do homicídio privilegiado, que, *mutatis mutandis*, aplica-se às lesões corporais.

16.1 Lesões corporais privilegiadas: obrigatoriedade da redução de pena

Ao examinarmos o homicídio privilegiado, constatamos que o Supremo Tribunal Federal sumulou *cominando* nulidade absoluta à não formulação de quesito da defesa relativamente ao homicídio privilegiado, antes das circunstâncias agravantes (Súmula 162), embora a aplicação da súmula seja questionável em razão da nova redação do art. 491, I, "b", do CPP. A situação não é muito diferente quando se tratar das mesmas privilegiadoras relativas ao crime de lesões corporais.

Trata-se, em realidade, de um *direito público subjetivo* do condenado, quando comprovadamente estiverem presentes os requisitos objetivos e subjetivos de qualquer das privilegiadoras contidas no § 4º do art. 129. Como lembrava Frederico Marques, esses direitos públicos subjetivos, quando satisfazem os requisitos objetivos e subjetivos, passam a integrar o patrimônio individual do acusado, não se os podendo negar, sob pena de violar seu *status libertatis*.

Assim, a discricionariedade que tem o juiz limita-se ao *quantum* de redução, e é exatamente a isso que a expressão "pode" se refere. A redução, mais ou menos, dentro do limite de um sexto a um terço, essa sim será fixada de forma discricionária pelo juiz.

Por fim, as privilegiadoras constantes do § 4º do art. 129 aplicam-se somente às lesões corporais graves, gravíssimas ou seguidas de morte. Para a hipótese de lesões corporais leves, as privilegiadoras aplicáveis são aquelas do § 5º, e não estas.

17. Lesão corporal culposa

A lesão corporal será culposa desde que presentes os seguintes requisitos: *comportamento humano voluntário; descumprimento do dever de cuidado objetivo; previsibilidade objetiva do resultado; lesão corporal involuntária.*

O Código Penal, ao contrário do Código Civil, não faz a graduação da culpa. A lesão culposa não recebe, consequentemente, a qualificação de leve, grave e gravíssima, como a lesão dolosa. Mas, a despeito dessa omissão legislativa, não se pode simplesmente ignorar essa realidade, devendo a graduação da culpa, por conseguinte, ser objeto da dosimetria da pena.

Em não havendo a tipificação da lesão culposa em modalidades *grave* e *gravíssima*, as consequências do crime, mais ou menos graves, devem ser valoradas na análise das circunstâncias judiciais (art. 59) no momento da dosagem da pena. Não há nenhuma previsão legal que afaste essa possibilidade. Apesar de ser crime culposo, o *desvalor do resultado* é muito maior em uma *lesão grave* ou *gravíssima* do que em uma *lesão leve*. Não se pode ignorar que tanto uma lesão corporal leve quanto uma lesão corporal com resultados graves ou gravíssimos, na modalidade culposa, sofrerão a mesma tipificação e receberão exatamente a mesma sanção (2 meses a 1 ano de detenção). Assim, quem, culposamente, provoca leves escoriações em alguém está sujeito às mesmas penas de quem, nas mesmas circunstâncias, deixa a vítima tetraplégica; por isso, é completamente equivocado sustentar que as "consequências do crime", enquanto circunstâncias judiciais, são irrelevantes, além da inexistência de amparo legal para esse entendimento.

As considerações que fizemos sobre o homicídio culposo aplicam-se às lesões corporais culposas.

18. Isenção de pena ou perdão judicial

O § 8º do art. 129, que disciplina o crime de lesões corporais, prescreve que em se tratando de *lesão culposa* aplica-se o "perdão judicial", exatamente nos mesmos termos em que está previsto para o homicídio culposo. Com efeito, a previsão do § 5º do art. 121 refere-se à hipótese em que o agente é punido diretamente pelo próprio fato que praticou, em razão das gravosas consequências produzidas, que o atingem profundamente. A *gravidade das consequências* deve ser aferida em função da pessoa do agente, não se admitindo aqui critérios objetivos. As consequências de que se cogita não se limitam aos danos morais, podendo constituir-se de danos materiais. Quando atingem o agente, por via indireta, exige-se entre este e a vítima *vínculo afetivo* de importância significativa.

Doutrina e jurisprudência têm procurado definir essa possibilidade de deixar de aplicar a pena em algumas hipóteses expressamente previstas em lei. O entendimento dominante prefere denominar de *perdão judicial*, que é o instituto mediante o qual a lei possibilita ao juiz deixar de aplicar a pena diante da existência de certas circunstâncias expressamente determinadas (exs.: arts. 121, § 5º, 129, § 8º, 140, § 1º, I e II, 180, § 5º, 1ª parte, 242, parágrafo único, e 249, § 2º). Na legislação especial também se encontram algumas hipóteses de perdão judicial, que foram por nós examinadas (além da parte especial), quando tratamos desse instituto ao desenvolvermos nossas considerações no capítulo que trata do crime de homicídio.

Enfim, se, ao analisar o contexto probatório, o juiz reconhecer que os requisitos exigidos estão preenchidos, não poderá deixar de conceder o perdão judicial por mero capricho ou qualquer razão desvinculada do referido instituto.

Embora as opiniões dominantes concebam o *perdão judicial* como mero *benefício ou favor do juiz*, entendemos que se trata de *um direito público subjetivo de liberdade* do indivíduo, a partir do momento em que preenche os requisitos legais. Como dizia Frederico Marques, os benefícios são também direitos, pois o campo do *status libertatis* se vê ampliado por eles, de modo que, satisfeitos seus pressupostos, o juiz é obrigado a concedê-los. Ademais, é inconcebível que uma causa extintiva de punibilidade fique relegada ao *puro arbítrio judicial*. Deverá, contudo, ser negado quando o réu não preencher os requisitos exigidos pela lei.

19. Violência doméstica ou lesões corporais domésticas

A discriminadora Lei n. 11.340, de 7 de agosto de 2006, que, segundo sua ementa, "cria mecanismos para coibir a violência doméstica e familiar contra a mulher, nos termos do § 8º do art. 226 da Constituição Federal, da Convenção sobre a Eliminação de Todas as Formas de Discriminação contra as Mulheres e da Convenção Interamericana para Prevenir, Punir e Erradicar a Violência contra a Mulher, dispõe sobre a criação dos Juizados de Violência Doméstica e Familiar contra a Mulher; altera o Código de Processo Penal, o Código Penal e a Lei de Execução Penal; e dá outras providências", abusou na definição das espécies e quantidade de "violência doméstica e familiar" e, dentre outras, classificou as seguintes: violência física, violência psicológica, violência sexual, violência patrimonial e violência moral (art. 7º).

No entanto, a despeito de toda essa elástica previsão, que tem natureza puramente programática em seara criminal, o novo diploma legal não trouxe nenhum acréscimo à definição da violência física, que preferimos denominar "lesões corporais domésticas", ressalvada a cominação sancionatória que recebeu novos limites, mínimo e máximo, cujas considerações serão acrescidas ao final deste capítulo.

Assim, não vemos necessidade de fazermos maiores considerações sobre o que escrevemos nos subitens a seguir, quando nos referirmos à Lei n. 10.886/2004, além de acrescentarmos, ao final deste capítulo, algumas considerações mais específicas; apenas convém destacar que se perdeu mais uma grande oportunidade para definir a natureza da ação penal dessa infração, para considerá-la pública incondicionada.

19.1 Considerações preliminares

Ninguém desconhece que a criação deste *tipo penal especial* é produto da grande atuação dos movimentos feministas, que, é bom que se diga, por justiça, receberam apoio de inúmeros segmentos da sociedade, sem qualquer ranço social, ideológico ou político. Procurou-se, por outro lado, minimizar o *drama da violência doméstica* que assola o país, fazendo diariamente milhares de vítimas, em sua imensa maioria constituídas por mulheres e crianças. Acreditam os movimentos engajados na luta que a instituição dos Juizados Especiais Criminais contribuiu para o aumento desse flagelo que atinge especialmente as camadas sociais desprivilegiadas (o que não quer dizer que esse tipo de violência não exista entre as classes mais altas).

Embora a consagração da denominada *justiça consensual*, por meio do procedimento preconizado pela Lei n. 9.099/95 (Lei dos Juizados Especiais), não possa ser responsabilizada pelo grande aumento dessa modalidade de violência, não se pode negar que concorreu com boa parcela da "culpa", principalmente devido à determinação constitucional de aplicar *penas alternativas* aos autores de infrações penais definidas como de *menor potencial ofensivo*, em sede de "transação penal". Na verdade, mais que a obrigatoriedade da aplicação de *penas não privativas de liberdade*, estamos convencidos de que a alteração da *natureza da ação* penal nos crimes de *lesões corporais*, condicionando-a à *representação criminal* do ofendido ou de seu representante legal (art. 88 da Lei n. 9.099/95), dificulta a punição dos autores desse tipo de infração, que, normalmente, no recesso dos lares, é praticado contra mulheres e crianças. Condicionar a punibilidade dessa espécie de "violência doméstica" à *representação da vítima* significa, ainda que indiretamente, dificultar-

-lhe o alcance da tutela penal, na medida em que, quando não por outras razões, pela simples *coabitação com o agressor* (normalmente mais forte, quase sempre temido ou respeitado), a vítima não tem coragem nem independência suficientes para manifestar livremente sua vontade de requerer/autorizar a coerção estatal.

Por isso, a nosso juízo, mais que tipificar novas figuras penais e/ou majorar as sanções cominadas, é indispensável alterar, mediante previsão legal, a natureza da ação penal, ou seja, excepcionar as *lesões corporais leves* quando praticadas nas condições descritas no novo dispositivo: a ação penal deve ser *pública incondicionada*! A Súmula 542 do STJ ratifica essa posição. Lamentamos que o legislador contemporâneo não se tenha dado conta dessa necessidade, tampouco da utilidade político-criminal de tal orientação. Poder-se-ia adotar previsão semelhante àquela do art. 225, § 1º, II, do Código Penal, para os *crimes sexuais*, cuja regra geral é ser a *ação penal de iniciativa privada*, salvo as hipóteses ali excepcionadas. A redação desse dispositivo é a seguinte: "Procede-se, entretanto, mediante ação pública: (...) II — se o crime é cometido com abuso do pátrio poder, ou da qualidade de padrasto, tutor ou curador". Ora, redação semelhante, com os acréscimos necessários, poderia ter sido incluída na Lei n. 10.886/2004, que tipificou as lesões leves a que foi atribuído o *nomen iuris* de "violência doméstica". Ademais, a despeito do *nomen iuris* imponente da nova figura típica, continuava circunscrito ao espaço da definição de *infração de menor potencial ofensivo* (art. 2º, parágrafo único, da Lei n. 10.259/2001); mas, nesse particular, foi alterada pela Lei Maria da Penha (Lei n. 11.340/2006), que elevou a pena cominada para três anos de detenção, excluindo, assim, a competência do Juizado Especial Criminal.

Mais recentemente, a Lei n. 14.994/2024 aumentou ainda mais a pena cominada ao tipo penal examinado, levando-a ao patamar de reclusão, de dois a cinco anos.

19.2 *Violência doméstica: adequação típica*

Inicialmente, convém reafirmar que tudo o que escrevemos nos tópicos 5 e 10 deste capítulo sobre a conceituação de *lesão corporal leve* aplica-se à "violência doméstica", que, como veremos, outra coisa não é senão uma modalidade especial de *lesão corporal leve*. Não é, por certo, a agravação da sanção cominada, aleatoriamente ou não, que torna a infração penal mais ou menos grave, como podem interpretar alguns, mas, certamente, a sua gravidade está diretamente relacionada com os efeitos, resultados ou, mais especificamente, com os danos que causa ou pode causar ao bem jurídico ofendido. Em outros termos, é a lesividade ou o potencial lesivo que traz em seu bojo que autoriza o reconhecimento da real gravidade de uma infração penal. Aliás, os próprios limites, mínimo e máximo, que foram sensivelmente alterados, também autorizam interpretá-la como lesão leve, pois a despeito de tal alteração ter elevado exageradamente seu limite máximo, trouxe, ao mesmo tempo, seu limite mínimo para três meses de detenção, o mesmo do *caput* do art. 129.

No entanto, nesta infração penal *sui generis* dois fatores aleatórios são os verdadeiros definidores senão da gravidade da conduta incriminada, pelo menos da sanção cominada, quais sejam: *(a) de um lado os sujeitos passivos da conduta incriminada,* e (b), de outro lado, o *vínculo decorrente das relações domésticas, de coabitação ou de hospitalidade*. Por essa razão, certamente, é que Rogério Sanches[26] afirma: "está clara a preocupação do legislador em proteger não apenas a incolumidade física individual da vítima (homem ou mulher), como também tutelar a tranquilidade e harmonia dentro do âmbito familiar. Manifesta o agente, nesses casos, clara insensibilidade moral, violando sentimentos de estima, solidariedade e apoio mútuo que deve nutrir para com parentes próximos ou pessoas com quem convive (ou já conviveu)". Na verdade, o bem jurídico protegido por essa figura típica não se limita à integridade corporal e à saúde da pessoa humana (incolumidade e normalidade fisiológica e psíquica), mas abrange também, fundamentalmente, a harmonia, a solidariedade, o respeito e a dignidade que orientam e fundamentam a célula familiar.

Esse *novo tipo penal*, aparentemente simples, apresenta mais complexidade, dogmaticamente falando, do que se pode imaginar, a começar pelo *nomen iuris*, *violência doméstica*, distinto das demais figuras contidas no mesmo art. 129, que se referem, todas, a *lesões corporais*, de uma ou outra gravidade, mas sempre lesões corporais. No entanto, o *preceito primário* contido no novo § 9º refere-se à "lesão praticada", e não à "violência praticada". Há, inegavelmente, um descompasso entre o *nomen iuris* e a descrição da conduta no preceito primário. Em nosso entendimento, essa opção do legislador apresenta certa *impropriedade técnica*, que, embora não seja inédita, não deixa de ser inadequada, na medida em que se presta a equívocos e divergências interpretativas, especialmente quando se tem claro, ao contrário do que imaginava a velha doutrina[27], que o termo "violência" não é sinônimo de "lesão corporal". Na verdade, "violência" tem significado mais abrangente do que "lesão corporal", como demonstraremos adiante, em tópico específico.

A novel figura recebeu a seguinte tipificação: "Se a lesão for praticada contra ascendente, descendente, irmão, cônjuge ou companheiro, ou com quem conviva ou tenha convivido, ou, ainda, prevalecendo-se o agente das relações domésticas, de coabitação ou de hospitalidade". Convém destacar que referida tipificação não foi criada ou elaborada pela Lei Maria da Penha, que se limitou a alterar a respectiva sanção penal da disposição que já existia desde 2004 (Lei n. 10.886/2004), mantendo, por sua vez, intacto o preceito primário.

Considerando que a conduta tipificada limita-se a criminalizar a *lesão*, que outra coisa não é senão a *lesão corporal leve*, eventuais *vias de fato*, por si sós, não configuram esta infração penal. *Vias de fato*, segundo doutrina e jurisprudência, caracterizam-se pela prática de atos agressivos, sem *animus vulnerandi*, dos quais não resultem danos corporais. Aliás, é exatamente a inexistência de lesões corporais, aliada à ausência de *animus leadendi*, que caracteriza a ofensa como *vias de fato*. Em outros termos, pode-se considerar *vias de fato* a ação violenta contra alguém

---

26. Rogério Sanches Cunha, *Direito Penal*; Parte Especial, 1. ed., 2. tir., São Paulo, Revista dos Tribunais, 2008, v. 3, p. 52.
27. Por todos, Heleno Cláudio Fragoso, *Lições de Direito Penal*, v. 1, p. 401, e Magalhães Noronha, *Direito Penal*, v. 2, p. 327.

com a intenção de causar-lhe um mal físico, sem, contudo, feri-lo. Em síntese, para as pretensões da Lei Maria da Penha, que discrimina o tratamento dispensado à mulher, *vias de fato*, efetivamente, podem representar uma *violência* (aliás, uma violência não apenas contra a mulher), mas não tipificam o crime de *violência doméstica*, nos termos em que esta foi insculpida no § 9º do art. 129 do Código Penal, sob pena de se violentar o princípio da tipicidade estrita. Esse aspecto somente poderá ser resolvido *de lege ferenda*.

Essa não abrangência das "vias de fato" na criminalização das *lesões corporais domésticas* coloca em destaque a deficiência e a insuficiência desse novo tipo penal, que, para atender às aspirações dos movimentos sociais referidos, mereceria outra redação, mais abrangente, mais técnica e menos excludente. Para atingir esse desiderato, seria recomendável que ao lado do verbo nuclear fosse incluída a locução "violência" ou mesmo "violência doméstica", exatamente pela extensão de seu significado.

A descrição típica, que tem o objetivo declarado de coibir a *violência praticada no interior dos lares*, não é clara quanto ao local em que tal infração pode ser praticada. Seu conteúdo descritivo permite a interpretação segundo a qual, havendo a *relação* normativa exigida pelo tipo penal entre *sujeito ativo* e *sujeito passivo*, eventual *lesão leve* praticada pode ser definida como "violência doméstica". Mas as coisas não são tão simples. Com efeito, afora o *nomen iuris* "violência doméstica", explícito no tipo penal, e a *relação exaustiva* das pessoas que podem ser *sujeito passivo* desse crime[28], deve-se destacar que o crime pode ser praticado "prevalecendo-se o agente das relações domésticas, de coabitação ou de hospitalidade", elementar normativa que tem aplicação suplementar. Essa confusa redação autoriza, em outros termos, a admitir como *sujeito passivo* dessa infração não apenas aqueles elencados expressamente no tipo penal, mas também outros, desde que haja *prevalecimento*, por parte do agente, das relações mencionadas na descrição típica.

Assim, acreditamos que, pela descrição típica, a *lesão* praticada contra *ascendente, descendente, irmão, cônjuge ou companheiro, ou com quem conviva ou tenha convivido*, pode ser praticada *em qualquer local*, e não apenas nos limites territoriais da "morada da família": comprovando-se essa *relação* com o sujeito passivo, eventual *crime de lesão corporal leve* encontrará adequação típica no § 9º, e não no *caput* do art. 129, como ocorria até o advento da Lei n. 10.886, de 17 de junho de 2004, desde que, segundo os termos legais, "prevaleça-se" da situação doméstica. Nesse sentido, vale a pena destacar magistério de Rogério Sanches[29] que adverte que uma vez que *"prevalecer tem o sentido de levar vantagem, aproveitar-se da condição (ou situação)*, pensamos que a hipótese necessariamente pressupõe que o agente se valha da vantagem doméstica, de coabitação ou de hospitalidade em relação à vítima,

---

28. Na violência praticada contra os sujeitos passivos mencionados no parágrafo em exame é irrelevante a comprovação de que o sujeito ativo tenha-se prevalecido das relações domésticas, de coabitação ou de hospitalidade.
29. Rogério Sanches Cunha, *Direito Penal*, p. 52.

merecendo interpretação restritiva. Aqui enquadramos, por exemplo, as agressões praticadas pela babá contra a criança, desde que, é claro, não se revista de requintes de tortura". Com a redação adotada, na verdade, o legislador brasileiro, na definição de *violência doméstica*, foi mais longe do que pretendia.

Com efeito, afora o elenco de *sujeitos passivos* contido no § 9º, a dita "violência doméstica" pode ser praticada *contra outros sujeitos passivos*, desde que *se prevaleça das relações domésticas, de coabitação ou de hospitalidade*. A locução "ou ainda prevalecendo-se" quer significar que a mesma conduta proibida pode tipificar-se quando for praticada contra "outros sujeitos", além daqueles expressamente mencionados, apenas com o acréscimo da elementar "prevalecendo-se das relações" mencionadas. Significa ainda, *a contrario sensu*, que a mesma conduta, para adequar-se ao tipo penal em exame, não exige a presença desse *elemento normativo*, qual seja, *prevalecer-se* de "relações domésticas, de coabitação ou de hospitalidade", quando a vítima for uma daquelas mencionadas expressamente no texto legal. Nessa linha, cabem ainda mais distinções: 1) o crime contra os *sujeitos passivos* expressos no dispositivo legal, como já afirmamos, pode ser praticado em qualquer lugar; 2) em relação àqueles contra os quais só pode ser praticado com "prevalecimento das relações", pode ocorrer somente, em tese, nos limites territoriais onde existam as relações domésticas, de coabitação ou de hospitalidade. Será, pois, nesses locais que o *sujeito ativo* poderá *abusar* de tais *relações* e, consequentemente, onde os *sujeitos passivos* poderão sentir-se inferiorizados.

Por fim, cabe registrar que "relações domésticas" não se confundem com a "relação empregatícia", que existe entre patrões e trabalhadores domésticos. Nada impede, entretanto, que entre eles também possam existir relações domésticas e até mesmo relações de coabitação ou hospitalidade, como ocorre, por exemplo, com os crimes tão em moda praticados por babás no recesso do lar de seus empregadores. Na verdade, somente em cada caso concreto é que se poderá examinar a existência ou não dessas modalidades de relação, sejam domésticas, de coabitação ou de hospitalidade.

Somente para reforçar, em relação aos sujeitos passivos expressamente elencados no dispositivo, o *prevalecimento das relações* está implícito, não precisando ser *provado*. Por outro lado, cabe mais um registro: embora a criminalização da "violência doméstica" tenha resultado, merecidamente, do trabalho dos movimentos feministas, a verdade é que *as mulheres e filhos*, geralmente *vítimas*, também podem ser sujeitos ativos desse crime.

19.3 *Violência e lesão corporal: distinção*

No tópico anterior, afirmamos que o termo "violência" — *nomen iuris* do novo tipo penal — tem significado mais abrangente que a simples *lesão corporal*, expressão utilizada na descrição típica da conduta incriminada. Pois bem: qual é o real *sentido*, quais os limites de *abrangência* do vocábulo "violência", que o legislador utiliza tão frequentemente no Código Penal, às vezes adjetivado, às vezes não? Algumas vezes o utiliza acompanhado da locução "grave ameaça", outras o limita, para abranger somente a "violência física", como forma de excluir a que se convencionou chamar *violência moral* (a grave ameaça); por vezes, ainda, o faz acompanhar da locução "vias de fato", como na definição da *injúria real* (art. 140, § 2º), quando esta consiste em "violência ou vias de fato".

Enfim, percebe-se que pode haver grande distinção entre os significados técnico-jurídicos de *violência* e *lesão corporal*, na medida em que a *violência* não consiste necessariamente em "lesão corporal", tampouco somente em "vias de fato". Para não sermos repetitivos, transcrevamos o que dissemos ao tratar do tema em relação à injúria real, *in verbis*: "Convém distinguir (...) *violência*, que pode produzir lesão corporal (não a produz necessariamente), de *vias de fato*, que, quando não integrar a *injúria real*, será apenas *contravenção* (art. 21 da LCP)".

O termo *"violência"* empregado no texto legal significa a força física, material, a *vis corporalis*. Essa *violência* pode ser produzida pela própria energia corporal do agente, que, no entanto, poderá preferir utilizar outros meios, como fogo, água, energia elétrica etc. Não é necessário que a violência utilizada seja irresistível ou idônea para produzir graves danos; basta que possa ser definida como violência e tenha condições de *produzir lesões corporais* (e não que as produza necessariamente)".

Mutatis mutandis, essa distinção que fizemos entre "violência" e "lesão corporal" na injúria real aplica-se igualmente aqui, na "violência doméstica". Mais: a *grave ameaça* e as *vias de fato*, tradicionalmente classificadas como espécies do gênero *violência*, inegavelmente não se confundem com *lesão corporal*. Só estes últimos dois aspectos — grave ameaça e vias de fato — já dão uma boa ideia da imensa diferença de abrangência entre *violência* e *lesão corporal*, deixando claro que *esta* é apenas mais uma das espécies *daquela*.

Não se discute em doutrina que a *grave ameaça* constitui uma espécie do gênero *violência*. No entanto, a exemplo do que ocorre na injúria real — praticada com violência —, pode-se sustentar que a "violência" mencionada no *nomen iuris* — violência doméstica — não abrange a violência moral, isto é, a grave ameaça (*vis compulsiva*), pois, quando o legislador deseja integrá-la ao tipo incriminador, o faz expressamente. Na verdade, sempre que o Código Penal emprega a expressão "violência" sem a alternativa "ou grave ameaça" está excluindo a denominada "violência moral", limitando-se a adotar a violência física, ou seja, aquela que é empregada sobre o corpo da vítima.

Por fim, o texto legal descritor do *preceito primário* consagra: "se a *lesão* for praticada...", sem qualquer referência a "violência ou grave ameaça", que representa a demonstração mais eloquente de que a elas o *tipo incriminador* não quis se referir. E a ausência do termo "corporal" não favorece entendimento contrário, pois se adota técnica semelhante nos §§ 5º e 6º, nos quais se define a *substituição de pena* e a *lesão culposa*: "não sendo graves as lesões" e "se a lesão é culposa", respectivamente. Em nenhum deles, a exemplo do § 9º, emprega-se o adjetivo "corporal"; na verdade, todo o art. 129 disciplina o *crime de lesão corporal*, daí a desnecessidade de sua repetição nos respectivos parágrafos.

O § 11, por sua vez, acrescenta uma *majorante específica*, quando a denominada *violência doméstica*, isto é, aquela praticada nas condições definidas no § 9º, ora em exame, tiver como destinatário "pessoa portadora de deficiência". Trata-se de uma *causa de aumento aberta*, na medida em que não define natureza, espécie ou extensão da deficiência. A despeito dessa inadequada previsão, não nos parece que se possa utilizar o "conceito de pessoa portadora de deficiência" contido nos arts. 3º e 4º do Decreto n. 3.298, de 20 de dezembro de 1999, que regulamentou a Lei n. 7.853, de 24 de outubro de 1989. No particular, discordamos do entendimento de Rogério Sanches que invoca exatamente o subsídio do referido decreto. Nossa discordância, com a *venia* devida, reside no fato de tratar-se de um decreto regulamentador de uma lei que não exige regulamentação, pelo menos não foi ela expressa nesse sentido. Admitir-se a majoração de penas por decreto presidencial implica ferir o princípio da reserva legal.

A nosso juízo, a aplicação dessa majorante exige a comprovação médico-legal da existência efetiva da "deficiência" da vítima, além da necessidade de o autor da violência ter conhecimento de que se trata de pessoa portadora de deficiência, sob pena de consagrar-se a odiosa responsabilidade penal objetiva, como reconhece Rogério Sanches[30].

Vale também ressaltar que a Lei n. 14.188/2021 incluiu uma outra forma qualificada de lesão corporal, descrita no art. 129, §13, do CP: "Se a lesão for praticada contra a mulher, por razões da condição do sexo feminino, nos termos do § 2º-A do art. 121 deste Código". A pena aplicável é de reclusão de um a quatro anos.

A redação desse dispositivo foi modificada com o advento da Lei n. 14.994/2024, estando vigente agora o seguinte tipo penal: "§ 13. Se a lesão é praticada contra a mulher, por razões da condição do sexo feminino, nos termos do § 1º do art. 121-A deste Código". A pena cominada, por sua vez, é de dois a cinco anos de reclusão.

Finalmente, apenas para provocar a reflexão: para aqueles que sustentam que o *nomen iuris* integra a definição típica, talvez seja legítimo defender que a *lesão doméstica* possa abranger qualquer espécie de violência, mesmo atingindo a intensidade e gravidade de lesão corporal.

19.4 Natureza da ação penal no crime de "violência doméstica"

Qual será, afinal, a natureza da ação penal no novel crime de "violência doméstica"? De que é crime de ação pública não resta a menor dúvida, mas será

---

30. Sanches Cunha, *Direito Penal*, p. 53.

condicionada ou incondicionada? Essa questão pode assumir a dimensão de uma *vexata quaestio*, e isso afronta a história e a tradição do nosso Código Penal, que sempre identificou com clareza e, nessa linha, precisou a espécie ou modalidade de ação penal de cada crime: a regra geral é que todos os crimes sejam de ação pública incondicionada; a exceção, quando houver, estará expressa no texto legal.

Contudo, essa polêmica relativa à natureza da ação penal no denominado crime de "violência doméstica", acabou sendo pacificada com a manifestação de nossos Tribunais Superiores (STJ e STF). Ambos declararam que a ação penal respectiva é de natureza *pública incondicionada*, adotando, a nosso juízo, o melhor entendimento, considerando a finalidade específica dessa criminalização. Nesse sentido, o STF bateu o martelo no julgamento da ADI 4.424 declarando que a ação penal é pública incondicionada, independentemente de a violência doméstica ser dolosa ou culposa[31]. O STJ, por sua vez, seguiu o mesmo entendimento do STF, editando a Súmula 542, com o seguinte verbete: "A ação penal relativa ao crime de lesão corporal resultante de violência doméstica contra a mulher é pública incondicionada".

Ora, com a "violência doméstica" não pode ser diferente: a ação penal deve ser facilmente identificável. No entanto, para que essa operação seja possível é indispensável que se supere uma preliminar: de que crime estamos tratando? Violência doméstica ou lesão corporal leve? Se admitirmos que se trata somente de um *tipo especial de lesão corporal leve*, evidentemente que a ação penal será pública condicionada, nos termos do art. 88 da Lei n. 9.099/95. Contudo, se sustentarmos que a *violência doméstica* é um crime autônomo, distinto do crime de lesão corporal, inegavelmente *a ação penal será pública incondicionada*. Provavelmente, haverá essas duas correntes.

Na linha de toda a nossa exposição, fica muito claro que para nós, tecnicamente, o conteúdo do § 9º descreve um tipo especial do crime de *lesão corporal leve*, e, por isso, a ação penal, necessariamente, só pode ser *pública condicionada à representação do ofendido*. Dogmaticamente, essa é a alternativa correta. No entanto, por questões de *política criminal* e considerando as razões que levaram à criminalização da chamada "violência doméstica", admitimos ser razoável sustentar que se trata de crime de *ação pública incondicionada*, sob pena de continuar tudo igual ao que era antes da vigência da Lei n. 10.886/2004, dificultando, senão inviabilizando, a punição desse tipo de "violência". Acreditamos que a *jurisprudência*, acertadamente, adotará essa orientação.

---

31. Relator Min. MARCO AURÉLIO, Tribunal Pleno, julgado em 9-2-2012, Processo eletrônico *DJe*-148; Div. em 31-07-2014; Pub. em 1º-08-2014. Mais recentemente, o posicionamento pode ser verificado neste julgado: "O Plenário desta Suprema Corte assentou que, em crime de lesão corporal no contexto de violência doméstica, a natureza da ação penal é pública incondicionada. Precedentes" (STF, HC 212506 AgR, Relatora Min. Rosa Weber, Primeira Turma, julgado em 11-4-2022, publicado em 18-4-2022).

19.5 Descumprimento de medidas protetivas de urgência

A Lei n. 13.641/2018 incluiu na Lei n. 11.430/2006 (Lei Maria da Penha) o art. 24-A, com a seguinte redação: Descumprir decisão judicial que defere medidas protetivas de urgência previstas nesta Lei. A pena era detenção de 3 (três) meses a 2 (dois) anos, tendo sido aumentada, contudo, pela Lei n. 14.994/2024, que comina a pena de reclusão, de 2 a 5 anos, e multa. Configura-se o crime independentemente da competência civil ou criminal do juiz que deferiu as medidas (§ 1º). Na hipótese de prisão em flagrante, apenas a autoridade judicial poderá conceder fiança (§ 2º). Ademais, a previsão neste artigo não exclui a aplicação de outras sanções cabíveis (§ 3º).

19.5.1 Bem jurídico tutelado

Neste tipo penal, há duplo bem jurídico protegido, sendo o primeiro deles a Administração da Justiça, objetivando assegurar o efetivo cumprimento das decisões jurisdicionais, particularmente aquelas proferidas na proteção da mulher, em situações protegidas pela conhecida Lei Maria da Penha (Lei n. 11.340/2006). Convém destacar, desde logo, que a presente tipificação objetiva coibir a desobediência de decisão judicial que impõe medida cautelar protetiva de vítima.

19.5.2 Sujeitos do crime

Sujeito ativo somente pode ser aquele que descumpriu decisão judicial que defere medidas protetivas de urgência previstas na Lei Maria da Penha (Lei n. 11.340/2006). Nada impede, contudo, que possa haver participação em sentido estrito, ampliando a adequação típica, na forma do concurso eventual de pessoas. Sujeito passivo direto, imediato, é a pessoa a favor de quem foi concedida medida protetiva de urgência prevista no referido diploma legal; indiretamente, se pode reconhecer que o Estado é sempre titular do bem jurídico ofendido Administração da Justiça. O Estado, na concepção clássica, é sempre sujeito passivo de qualquer crime, como temos reiteradamente insistido.

19.5.3 Tipo objetivo: adequação típica

A conduta incriminada é descumprir decisão judicial que defere medidas protetivas de urgência previstas na Lei Maria da Penha. Descumprir significa desatender, desobedecer, deixar de observar a decisão emanada por autoridade judicial competente. Ganha relevo este descumprimento na medida em que se trata de "medida protetiva de urgência" e determinada por autoridade judicial, sendo intolerável qualquer forma de desatendimento, que outra coisa não é que desobediência a uma decisão judicial, injustificadamente. A prática de um único ato já caracteriza violação da proibição imposta, isto é, já se aperfeiçoa sua adequação típica.

19.5.4 Tipo subjetivo: adequação típica

O tipo subjetivo é constituído pelo dolo, que é representado pela vontade consciente de desobedecer decisão judicial. Desnecessário enfatizar que o sujeito ativo deve ter pleno conhecimento de todos os elementos constitutivos do tipo, especialmente da existência de decisão judicial impondo as referidas medidas protetivas de urgência, sob pena de não se aperfeiçoar o tipo subjetivo. É desnecessário que o sujeito ativo seja movido pela finalidade específica de descumprir a decisão judicial, isto é, dispensa a presença do especial fim de agir, que configuraria elemento subjetivo especial do tipo penal.

A pena cominada, repetindo, é reclusão, de 2 a 5 anos, com a aplicação cumulada de multa. Por se tratar de crime, não pode ser acrescentado pelo julgador em razão da natureza criminal dessa sanção. Por outro lado, ante o silêncio da lei a ação penal deste crime é pública incondicionada.

20. Pena e ação penal

Na *lesão leve* a pena é de detenção, de 3 meses a 1 ano; na *grave*, reclusão, de 1 a 5 anos; na *gravíssima*, reclusão, de 2 a 8 anos; na *seguida de morte*, reclusão, de 4 a 12 anos. Na forma *culposa*, a pena será de detenção, de 2 meses a 1 ano. Há ainda a possibilidade da aplicação de minorantes (§§ 4º e 5º) e majorantes (§ 7º).

Os crimes de lesão corporal leve e lesão corporal culposa, com o advento do art. 88 da Lei n. 9.099/95, são de ação penal pública condicionada. Esse diploma legal, comparado à versão original do Código Penal, é mais benéfico, uma vez que subordina o exercício da pretensão punitiva do Estado à representação do ofendido. Deve, pois, retroagir, pouco importando esteja ou não o processo com a instrução criminal iniciada. Para as demais espécies de lesões corporais, a ação penal continua sendo pública incondicionada. Para o crime de "violência doméstica", dolosa ou culposa, por sua vez, a ação penal é pública incondicionada (ADI 4.424 do STF e Súmula 542).

A Lei n. 10.886/2004, ao incluir um tipo especial de lesão corporal leve, com o *nomen iuris* de "violência doméstica", cominou-lhe a pena de detenção, de 6 meses a 1 ano — superior, portanto, àquela prevista no *caput* do art. 129, que é de 3 meses a 1 ano de detenção. Posteriormente, com a Lei n. 11.340/2006, voltou-se a elevar a sanção dessa infração penal, nitidamente com a finalidade de afastá-la da competência dos Juizados Especiais. Sendo fixado entre três meses e três anos de detenção, excluiu, pelos próprios critérios eleitos pelo legislador, a competência dos Juizados Especiais Criminais, tornando-se desnecessária a equivocada previsão do art. 41, que determina a não aplicação da Lei n. 9.099/95, de duvidosa constitucionalidade (art. 98, I, da CF).

Conforme já destacado, a Lei n. 14.994/2024 aumentou ainda mais a pena cominada a esse tipo penal, elevando-a para a de reclusão, de dois a cinco anos, assim como a pena cominada ao § 13 do art. 129 do Código Penal.

Não obstante, considerando que neste capítulo também foram realizados apontamentos sobre a contravenção penal das vias de fato, destaca-se que essa nova lei também incluiu ao art. 21 da Lei de Contravenções Penais dois parágrafos, sendo que o § 1º define que: "Aumenta-se a pena de 1/3 (um terço) até a metade se a vítima é maior de 60 (sessenta) anos" e o § 2º que: "Se a contravenção é praticada contra a mulher por razões da condição do sexo feminino, nos termos do § 1º do art. 121-A do Decreto-lei n. 2.848, de 7 de dezembro de 1940 (Código Penal), aplica-se a pena em triplo". Dessa forma, mesmo quando estamos diante de vias de fato, a pena será maior nas hipóteses descritas por cada dispositivo.

Aproveitou o legislador de 2004 para criar a majorante de 1/3 para os casos dos §§ 1º a 3º do mesmo artigo, se as circunstâncias forem as mesmas (§ 10). Prosseguindo em sua sanha exasperadora, o legislador aproveita para nova majorante (elevação em um terço) quando a *lesão corporal doméstica* for cometida "contra pessoa portadora de deficiência" (§ 11), acrescida pela Lei n. 11.340/2006. Resta em aberto, ainda, a definição da espécie ou dos limites da locução "portadora de deficiência", que deve, a nosso juízo, circunscrever-se à *deficiência física, mental e psíquica*, devidamente comprovada nos autos, não se aplicando, como afirmamos acima, a previsão do Decreto n. 3.298/99.

LESÃO CORPORAL CULPOSA NO TRÂNSITO IX

Sumário: 1. Considerações preliminares. 2. Bem jurídico tutelado. 3. Sujeitos ativo e passivo. 4. Tipo objetivo: adequação típica. 5. Elementos estruturais da lesão corporal culposa. 6. Causas especiais de aumento de pena na lesão corporal culposa. 6.1. Ausência de permissão para dirigir ou de carteira de habilitação. 6.2. Lesão corporal culposa praticada em faixa de pedestres ou na calçada. 6.3. Omissão de socorro à vítima do acidente. 6.4. Lesão corporal culposa praticada por motorista profissional na direção de veículo de transporte de passageiros. 7. Lesão corporal culposa qualificada. 7.1. Capacidade psicomotora alterada em razão da influência de álcool ou de outra substância psicoativa. 7.2. Que do crime resulte lesão corporal de natureza grave ou gravíssima. 7.2.1. Incapacidade para as ocupações habituais, por mais de 30 dias. 7.2.2. Perigo de vida. 7.2.3. Debilidade permanente de membro, sentido ou função. 7.2.4. Aceleração de parto. 7.3. Lesão corporal gravíssima. 7.3.1. Incapacidade permanente para o trabalho. 7.3.2. Enfermidade incurável. 7.3.3. Perda ou inutilização de membro, sentido ou função. 7.3.4. Deformidade permanente. 7.3.5. Aborto. 8. Tipo subjetivo: adequação típica da lesão qualificada culposa. 9. Consumação e tentativa. 10. Classificação doutrinária. 11. Aplicabilidade do perdão judicial. 12. Pena e natureza da ação penal.

Art. 303. *Praticar lesão corporal culposa na direção de veículo automotor:*

Penas — detenção, de seis meses a dois anos e suspensão ou proibição de se obter a permissão ou a habilitação para dirigir veículo automotor.

§ 1º Aumenta-se a pena de um terço à metade, se ocorrer qualquer das hipóteses do § 1º do artigo anterior.

§ 2º A pena privativa de liberdade é de reclusão de dois a cinco anos, sem prejuízo das outras penas previstas neste artigo, se o agente conduz o veículo com capacidade psicomotora alterada em razão da influência de álcool ou de outra substância psicoativa que determine dependência, e se do crime resultar lesão corporal de natureza grave ou gravíssima. (NR)

- O § 2º foi acrescentado pela Lei n. 3.546, de 19 de dezembro de 2017.

---

1. Considerações preliminares

Lesão corporal consiste em todo e qualquer dano produzido por alguém, sem *animus necandi*, à integridade física ou à saúde de outrem. Ela abrange qualquer ofensa significativa à normalidade funcional do organismo humano, tanto do ponto de vista anatômico quanto do fisiológico ou psíquico. O objeto da proteção legal é a integridade física e a saúde do ser humano. A lesão corporal será culposa desde que presentes os seguintes requisitos: *comportamento humano voluntário; descumprimento do dever de cuidado objetivo; previsibilidade objetiva do resultado; lesão corporal involuntária.*

O Código Penal e o Código Brasileiro de Trânsito, ao contrário do Código Civil, não fazem a graduação da culpa. A lesão culposa não recebe, consequentemente, a qualificação de leve, grave e gravíssima, como a lesão dolosa. Mas, a despeito dessa omissão legislativa, não se pode simplesmente ignorar essa realidade, devendo a graduação da culpa, por conseguinte, ser objeto da dosimetria da pena.

Em não havendo a tipificação da lesão culposa em modalidades *grave* e *gravíssima*, as consequências do crime, mais ou menos graves, devem ser valoradas na análise das circunstâncias judiciais (art. 59) no momento da dosagem da pena. Não há nenhuma previsão legal que afaste essa possibilidade. Apesar de ser crime culposo, o *desvalor do resultado* é muito maior em uma *lesão grave* ou *gravíssima* do que em uma *lesão leve*. Não se pode ignorar que tanto uma lesão corporal leve quanto uma lesão corporal com resultados graves ou gravíssimos, na modalidade culposa, sofrerão a mesma tipificação e receberão exatamente a mesma sanção (seis meses a dois anos de detenção). Assim, quem, culposamente, provoca leves escoriações em alguém está sujeito às mesmas penas de quem, nas mesmas circunstâncias, deixa a vítima tetraplégica; por isso, é completamente equivocado sustentar que as "consequências do crime", enquanto circunstâncias judiciais, são irrelevantes, além da inexistência de amparo legal para esse entendimento. Ademais, as lesões corporais culposas provocadas no trânsito, não raro, são extremamente graves.

2. Bem jurídico tutelado

O *bem jurídico* penalmente protegido é a integridade corporal e a saúde da pessoa humana, isto é, a incolumidade do indivíduo. A proteção legal abrange não só a integridade anatômica como a normalidade fisiológica e psíquica.

Esse bem jurídico protegido é de natureza *individual*, devendo preponderar assim, pelo menos teoricamente, o interesse particular perante o interesse do Estado. No entanto, historicamente, perante nosso ordenamento jurídico, sempre se sustentou que o consentimento da vítima autorizando lesões à sua integridade física é irrelevante. Contudo, também nessa área a evolução cultural se faz presente, e a própria indisponibilidade da integridade física se relativiza, pois a ação penal relativa às lesões corporais leves e às lesões culposas, inclusive as lesões corporais culposas produzidas na direção de veículo automotor, depende da vontade discricionária da vítima, que poderá ou não representar contra o ofensor, de acordo com o art. 88 da Lei n. 9.099/95. E o que será essa "condição" se não a disponibilidade da integridade física, pelo menos perante lesões de menor gravidade?

Dúvidas poderiam surgir quanto aos efeitos do consentimento quando a vítima da lesão corporal inicialmente consentisse em participar de atividade perigosa realizada por outrem, concordando, por exemplo, em ir de carona no veículo dirigido por motorista embriagado, e resultasse ferida após a ocorrência de acidente de trânsito por culpa daquele. Isto é, a decisão livre da vítima de participar em atividade perigosa, realizada por outrem, impediria o exercício do direito de representação para a propositura de ação penal, contra o motorista, pelo crime de lesão corporal culposa na direção de veículo automotor? Entendemos que não, pois o consentimento nesse caso não tem o condão de retirar os efeitos das normas de cuidado que vinculam todos os participantes no tráfico viário, a ponto de eliminar o desvalor do comportamento do motorista ou o desvalor do resultado ilícito produzido. Ademais, o consentimento na exposição ao perigo realizado por outrem não implica, no caso, o consentimento quanto à produção do resultado de lesão corporal. E mesmo que estivéssemos diante de uma vítima masoquista, não deve ser considerado como válido o consentimento do titular do bem jurídico para que outrem realize atividades lesivas a sua integridade física e a sua saúde, quando o resultado lesivo não esteja dirigido a uma melhoria das condições de saúde e bem-estar do titular do bem jurídico afetado. No nosso exemplo, as lesões culposas produzidas na direção de veículo automotor pelo motorista embriagado ao carona não podem, sob nenhuma hipótese, ser vistas como uma atividade dirigida à melhoria da saúde do titular deste bem jurídico, motivo pelo qual poderá a vítima, sim, representar contra o motorista para que o crime do art. 303 do CTB seja devidamente apurado.

3. Sujeitos ativo e passivo

O *sujeito ativo* do crime de lesão corporal culposa, tipificado no art. 302 do CTB, pode ser, em princípio, qualquer pessoa, contudo o legislador especifica, à diferença do disposto no art. 129 do CP, que o crime tenha sido praticado na direção de veículo automotor. Com essa redação, o tipo penal do art. 303 contém um elemento especializante, tornando sua aplicação preferente em relação ao tipo penal do art. 129, § 6º, na medida em que requer que o sujeito ativo esteja, no momento dos fatos, realizando uma atividade específica, isto é, na direção de veículo automotor.

Sujeito passivo pode ser qualquer pessoa humana viva, desde o início do parto, como demonstramos no capítulo anterior, quando nos referimos ao bem jurídico tutelado no crime de homicídio.

4. Tipo objetivo: adequação típica

A conduta incriminada, neste dispositivo, é "praticar lesão corporal culposa na direção de veículo automotor", incorrendo na mesma erronia cometida na tipificação do *homicídio culposo* nos termos do art. 302 deste diploma legal. *Homicídio* e *lesão corporal* não são, tradicionalmente, elementares do tipo penal, mas ambas as expressões têm sido utilizadas como *nomen iuris* dessas infrações penais.

O verbo nuclear do tipo é "praticar", cujo significado é facilmente compreendido, mas o que seria, afinal, "lesão corporal"? O legislador, adotando uma péssima técnica legislativa, não descreveu no art. 303 em que consiste o crime de *lesão corporal*, cuja definição, para efeito de delimitação do comportamento incriminado, deve ser obtida através do disposto no art. 129 do CP. Com efeito, no diploma legal de 1940 o legislador, com boa técnica, descreve o comportamento incriminado, como "ofender a integridade corporal ou a saúde de outrem". Nesses termos, a conduta típica do crime de lesão corporal consiste em *ofender*, isto é, lesar, ferir a *integridade corporal ou a saúde de outrem*. *Ofensa à integridade corporal* compreende a alteração, anatômica ou funcional, interna ou externa, do corpo humano, produzindo, por exemplo, equimoses, luxações, mutilações, fraturas, hematomas etc.

Em outros termos, *ofensa à saúde* compreende a alteração de funções fisiológicas do organismo ou mesmo perturbação psíquica da vítima. A simples perturbação de ânimo ou aflição não é suficiente para caracterizar o crime de lesão corporal por ofensa à saúde. Mas configurará o crime qualquer alteração ao normal funcionamento do psiquismo, mesmo que seja de duração passageira. Podem caracterizar essa ofensa à saúde os distúrbios de memória, e não apenas os distúrbios de ordem intelectiva ou volitiva.

Enfim, o crime de *lesão corporal* abrange qualquer dano significativo à integridade física ou à saúde de outrem, sem *animus necandi*. No entanto, a pluralidade de lesões não altera a unidade do crime, representando somente o desdobramento de uma única ação. A simples dor física ou crise nervosa, sem dano anatômico ou funcional, não configuram lesão corporal, embora não seja *indispensável* a violência física para produzi-la. A dor, por si só, não caracteriza o crime de lesão corporal, porque, em razão de sua elevada subjetividade, *torna-se* praticamente indemonstrável.

A particularidade do presente tipo penal consiste em que a lesão produzida deve ser o resultado do comportamento culposo realizado pelo agente que se encontrava na direção de um *veículo automotor*. O anexo I do CTB define veículo automotor, como "todo veículo a motor de propulsão que circule por seus próprios meios, e que serve normalmente para o transporte viário de pessoas e coisas, ou para a tração viária de veículos utilizados para o transporte de pessoas e coisas. O termo compreende os veículos conectados a uma linha elétrica e que não circulam sobre trilhos (ônibus elétrico)".

Do ponto de vista objetivo deve-se demonstrar a *relação de causalidade* existente entre o comportamento do agente, que se encontrava na direção do veículo automotor, e o resultado *lesão corporal* produzido. Mas, como já advertimos no estudo do art. 302 do CTB, não basta a mera causação naturalística do evento lesivo para que o fato adquira relevância típica. É necessário, ademais, constatar o *nexo jurídico* existente, para efeito de *imputação objetiva* do resultado, ou seja, é necessário demonstrar que o agente, através de seu comportamento na direção de veículo automotor, criou ou incrementou uma determinada situação de perigo para a integridade física da vítima, ultrapassando os níveis de risco tolerados no tráfico viário, e que esse risco proibido foi o que precisamente se realizou no resultado de lesão corporal.

Questão que assume transcendental importância, na atualidade, refere-se à disponibilidade ou *indisponibilidade da integridade física* ou da saúde do ser humano capaz, como já antecipamos. Essa controvertida natureza do bem jurídico em questão tem relevância prática, na medida em que, tratando-se de bem jurídico disponível, o *consentimento do ofendido* para a prática da lesão afasta a tipicidade de eventual lesão corporal praticada por terceiro.

Heleno Cláudio Fragoso, simpatizando com a disponibilidade da integridade corporal, sustentava que o *consentimento do ofendido*, validamente obtido, exclui a ilicitude e que é com base nesse consentimento que se afasta a antijuridicidade da extração de órgãos de pessoas vivas para transplantes[1]. Discordamos dessa orientação somente quanto ao efeito do consentimento, que, a nosso juízo, exclui a própria tipicidade e não a ilicitude, particularmente quando autoriza a prática de comportamentos permitidos, como é o caso da disposição gratuita de tecidos, órgãos e partes do corpo humano, nos termos da Lei n. 9.434/97: ora, uma conduta autorizada, que não constitui ilícito em outro âmbito do ordenamento jurídico, não pode ser ao mesmo tempo típica (definida como crime), nem tampouco indiciária da antijuridicidade. Com efeito, não tem sentido tipificar um comportamento lícito para em seguida concluir que o consentimento produz efeitos para afastar a antijuridicidade. As normas penais incriminadoras não criam novos âmbitos de ilicitude ou de antijuridicidade, pelo contrário, somente são constitutivos de crime comportamentos que já representam infrações em outros âmbitos do ordenamento jurídico; a concepção do Direito Penal como instrumento de proteção subsidiária de bens jurídicos, como *ultima ratio* do sistema, justifica nosso posicionamento, de modo que um comportamento previamente lícito não pode ser selecionado pelo Direito Penal para constituir um comportamento típico[2].

Na verdade, sustentamos que, no ordenamento jurídico brasileiro, a integridade física apresenta-se como *relativamente disponível*, desde que não afronte interesses maiores, às práticas socialmente admitidas, e quando represente uma manifestação da autodeterminação da pessoa em proveito de sua saúde ou de seu bem-estar, de tal sorte que as pequenas lesões podem ser livremente consentidas, como ocorre, por exemplo, com as perfurações do corpo para a colocação de adereços, antigamente limitados a brincos de orelhas, a realização de tatuagens, a cirurgias estéticas, sem finalidade curativa etc. A *relevância do consentimento*, nesses casos, está condicionada ao conhecimento informado, por parte do lesionado, do significado e do alcance da conduta do terceiro que realiza o ato lesivo. O que não está presente, por conseguinte, nos casos em que a vítima simplesmente consente em participar de atividade perigosa realizada por terceiro, sem que o seu consentimento abranja o resultado de lesão corporal. Dessa forma, como já evidenciamos *acima*, quando a vítima concorda, por exemplo, em ir de carona no veículo dirigido por motorista embriagado e resulta ferida após a ocorrência de acidente de trânsito por culpa daquele, o consentimento da vítima não tem o condão de afastar a tipicidade das lesões produzidas, para efeito de evitar a aplicabilidade do art. 303 do CTB. Ademais, nesses casos, o consentimento da vítima não está vinculado ao resultado lesivo, mas simplesmente em acompanhar o sujeito ativo naquelas condições, esperando que nada aconteça. O que pode ocorrer, seguindo a linha de entendimento da relativa disponibilidade do bem

---

1. Heleno Cláudio Fragoso, *Lições de Direito Penal*; Parte Especial, 11. ed., Rio de Janeiro, Forense, 1995, v. 1, p. 92.
2. Cezar Roberto Bitencourt, *Tratado de Direito Penal*; Parte Geral, 25. ed., v. 1, p. 58 e s.

jurídico, é que a vítima deixe de apresentar representação para o desencadeamento da ação penal, que perdeu seu caráter publicístico absoluto, passando a ser condicionada à representação do ofendido, quando se tratar de lesão corporal leve ou culposa.

5. Elementos estruturais da lesão corporal culposa

A lesão corporal será culposa desde que estejam presentes os seguintes requisitos: *comportamento humano voluntário; descumprimento do dever de cuidado objetivo; previsibilidade objetiva do resultado de lesão corporal.* São aplicáveis aqui os comentários feitos quando analisamos o homicídio culposo (art. 302 do CTB). O art. 303 do CTB não faz a graduação da culpa, como tampouco faz graduação da própria lesão corporal. A lesão culposa não recebe, consequentemente, a qualificação de leve, grave e gravíssima, como a lesão dolosa. Mas, a despeito dessa omissão legislativa, não se pode simplesmente ignorar essa realidade, devendo a graduação da culpa, por conseguinte, ser objeto da dosimetria da pena, adotando-se, evidentemente, extremo cuidado nessa valoração, até porque o art. 59 do CP não faz essa previsão.

Em não havendo a tipificação da lesão culposa em modalidades *grave* e *gravíssima*, as consequências do crime, mais ou menos graves, devem ser valoradas na análise das circunstâncias judiciais (art. 59) no momento da dosagem da pena. Não há nenhuma previsão legal que afaste essa possibilidade. Apesar de ser crime culposo, o *desvalor do resultado* é muito maior em uma *lesão grave* ou *gravíssima* do que em uma *lesão leve*. Não se pode ignorar que tanto uma lesão corporal leve quanto uma lesão corporal com resultados graves ou gravíssimos, na modalidade culposa, sofrerão a mesma tipificação, mas a graduação da pena deve levar em consideração as consequências do crime para a saúde e a integridade física da vítima. Assim, quem, culposamente, provoca leves escoriações em alguém não deve ser necessariamente penalizado com a mesma quantidade de pena de quem, nas mesmas circunstâncias, deixa a vítima tetraplégica; por isso, é completamente equivocado sustentar que as "consequências do crime", enquanto circunstâncias judiciais, são irrelevantes, além da inexistência de amparo legal para esse entendimento.

As considerações que fizemos sobre a estrutura típica do homicídio culposo, da concorrência e compensação de culpas e a do concurso de pessoas em homicídio culposo aplicam-se às lesões corporais culposas. Ademais, também são válidos aqui os comentários às majorantes do homicídio culposo, pois de acordo com o disposto no § 1º do art. 303 do CTB "aumenta-se a pena de um terço à metade, se ocorrer qualquer das hipóteses do parágrafo único do artigo anterior".

6. Causas especiais de aumento de pena na lesão corporal culposa

O § 1º do art. 303 tipificador do *crime de lesão corporal culposa* determina que sejam aplicadas a este crime as mesmas causas de aumento previstas no § 1º do art. 302, o qual prevê majorantes específicas para o *homicídio culposo* cometido na direção de veículo automotor, sendo o aumento de pena variável de um terço até a metade. As circunstâncias majorantes do homicídio culposo, por força dessa remissão, são igualmente aplicáveis, quando se verificarem, na hipótese do crime de lesão corporal culposa cometido na direção de veículo automotor, consoante análise que segue.

6.1 Ausência de permissão para dirigir ou de carteira de habilitação

A majorante se aplica quando o agente não possuir *Permissão para Dirigir, nem Carteira de Habilitação*. Essa circunstância majorante refere-se ao fato de o agente não estar habilitado, isto é, *de não estar autorizado a dirigir*, e não ao fato de o agente conduzir sem o porte do documento. Esta última *circunstância* consistiria em uma simples infração administrativa (leve), de acordo com o art. 232, c/c art. 159, § 1º, do CTB.

A *Permissão para Dirigir* é obtida, nos termos do art. 148 do CTB, após aprovação do candidato nos exames de habilitação. Se o condutor aprovado, ao término de um ano, não tiver cometido nenhuma infração de natureza grave ou gravíssima, nem for reincidente em infração média, lhe será conferida a *Carteira Nacional de Habilitação* (CNH).

Questão controvertida diz respeito à condução do veículo com documentos vencidos. Seria equiparável a ausência de Permissão para Dirigir ou de Carteira de Habilitação, no momento da condução? Tal equiparação, no entanto, é inconcebível para fins penais, sob risco de ampliar a proibição constante da norma penal incriminadora, o que é vedado em Direito Penal, presumindo que o sujeito não adquiriu permissão ou habilitação para dirigir veículo automotor, o que não corresponde à realidade. Com efeito, o fato de tais documentos encontrarem-se com sua validade vencida constitui somente infração administrativa para a qual o próprio Código de Trânsito prevê a respectiva punição.

Na realidade, somente é possível interpretar como inexistente a autorização para dirigir veículo, quando: a) após o período de 1 ano, o portador da Permissão para Dirigir tiver negada a concessão da CNH, nos termos do art. 148, § 3º, do CTB, hipótese em que deixará de estar autorizado a dirigir, devendo reiniciar todo o processo de habilitação; ou b) o portador de CNH vencida não puder mais utilizar este documento em face da declaração da suspensão do direito de dirigir ou da cassação propriamente dita da CNH, nos termos dos arts. 261 e 263, respectivamente. Nessas duas hipóteses, realmente o indivíduo não dispõe mais da permissão ou habilitação para dirigir veículo automotor. Nessas duas hipóteses, portanto, justifica-se a majoração da sanção criminal, por autorizada interpretação jurídico-dogmática.

A majorante aplica-se, portanto, quando o agente cometer crime culposo na direção de veículo automotor, sem possuir o direito de dirigir, no momento do fato. Sua incidência afasta a aplicação da agravante genérica prevista no art. 298, III, do CTB, por tratar-se de majorante de causa de aumento de pena específica, cuja aplicação é prioritária, pelo princípio da especialidade (conflito aparente de normas). Admitir a aplicação simultânea da agravante e da majorante seria uma grave afronta ao princípio do *ne bis in idem*, erronia inaceitável no âmbito penal.

303

Cabe ainda ressaltar que o art. 309 do CTB tipifica como delito autônomo a conduta de "Dirigir veículo automotor, em via pública, sem a devida Permissão para Dirigir ou Habilitação ou, ainda, se cassado o direito de dirigir, gerando perigo de dano". Trata-se de crime de perigo concreto, que se constata com a criação de perigo de dano aos demais participantes no tráfico viário. Com essa previsão legal surge a dúvida de se haveria concurso formal entre o crime de perigo do art. 309 e a lesão corporal culposa do art. 303, quando o perigo criado pelo agente resultasse na morte de outrem. Contudo, a específica previsão da majorante do art. 302, § 1º, impede a configuração do concurso formal quando o perigo de dano criado pelo agente que dirige veículo automotor, sem a devida Permissão para Dirigir ou sem Habilitação, realiza-se no resultado lesão corporal não desejada, sendo aqui aplicável o princípio da consunção.

6.2 Lesão corporal culposa praticada em faixa de pedestres ou na calçada

A majorante aqui descrita revela o *maior desvalor da ação* do condutor que comete infração de trânsito atingindo pedestres que transitam nas zonas a eles destinadas, cuja segurança lhes é assegurada pelas normas de trânsito. A expectativa é de que o motorista seja mais cauteloso ao trafegar próximo à faixa de pedestre e de que seja respeitoso, eximindo-se de avançar sobre as calçadas e faixas de segurança, que, aliás, é o que possibilita a participação de pedestres no tráfico. O *princípio da confiança* se vê gravemente afetado quando o motorista infringe as normas do trânsito que estão dirigidas à proteção do pedestre, que está em evidente desvantagem em relação aos veículos. Por isso, quando o pedestre morre ao ser atingido na faixa de pedestre ou na calçada, pune-se mais severamente o motorista infrator, exatamente em razão do *maior desvalor* de sua ação imprudente.

A aplicação dessa majorante, por sua vez, afasta a incidência da agravante genérica do art. 298, VII, por tratar-se aquela de *causa de aumento de pena específica*, cuja aplicação é prioritária, *pelo princípio da especialidade*. Admitir a aplicação simultânea da agravante e da majorante seria uma grave afronta ao princípio do *ne bis in idem*. Na verdade, somente pode ser aplicada uma das duas sanções, e não ambas.

6.3 Omissão de socorro à vítima do acidente

Aqui a *omissão de socorro* não constitui crime autônomo (o crime continua a ser de resultado, ao contrário do crime omissivo próprio), a exemplo do que ocorre com a previsão do art. 304 do CTB, pois, neste, o crime tem como sujeito ativo o condutor de veículo automotor envolvido em acidente com vítima que não contribuiu para a ocorrência do sinistro nem mesmo a título de culpa. O sujeito ativo do art. 303 do CTB, ao contrário, é responsabilizado pela lesão da vítima, em razão da *inobservância do dever de cuidado* exigível nas circunstâncias, incidindo a majorante da omissão de socorro quando, após a causação culposa do acidente, deixa de prestar socorro à vítima, podendo fazê-lo sem risco pessoal. Não caberia, portanto, sequer cogitar da caracterização do concurso material entre os crimes dos arts. 303

e 304 do CTB, pois neste, repetimos, a omissão de socorro se refere única e exclusivamente ao motorista que não contribuiu para a ocorrência do sinistro nem mesmo a título de culpa, enquanto naquele há causação culposa do sinistro com o resultado morte da vítima e posterior omissão de socorro. Em razão da *especificidade da previsão da majorante*, afasta-se a adequação típica do art. 304 do CTB.

Seria desnecessário afirmar que essa majorante somente pode ser aplicada quando o socorro omitido pudesse ter sido prestado. Por isso, sustentamos que a *morte instantânea da vítima* impede a incidência da majorante[3], e, ainda que o socorro fosse prestado, seria absolutamente inexitoso. Esse não é, contudo, o entendimento que vem se consolidando na jurisprudência, notadamente após a manifestação do STF no julgamento do *Habeas Corpus* 84.380/MG, rel. Min. Gilmar Mendes, publicado no *DJ* em 3 de junho de 2005. No caso, o paciente requereu a desconsideração da *causa de aumento de pena* prevista no art. 121, § 4º, do Código Penal, sob a alegação de que, diante da morte imediata da vítima, não seria cabível a incidência da causa de aumento da pena, em razão de o agente não ter prestado socorro. No entanto, o STF, por maioria de votos, indeferiu a ordem, ao entender que a alegação é improcedente, pois "Ao paciente não cabe proceder à avaliação quanto à eventual ausência de utilidade de socorro", adotando, nessa hipótese, responsabilidade objetiva em matéria penal. Esse entendimento equivocado também foi aplicado em relação ao homicídio culposo do art. 302, parágrafo único, III, pelo STJ, no julgamento do AgRg no Ag 1.140.929/MG, rel. Min. Laurita Vaz, publicado no *DJe* em 8 de setembro de 2009, segundo a qual é "Irrelevante o fato de a vítima ter falecido imediatamente, tendo em vista que não cabe ao condutor do veículo, no instante do acidente, supor que a gravidade das lesões resultou na morte para deixar de prestar o devido socorro".

O imediato socorro da vítima por terceiro, antes mesmo de que o motorista causador do sinistro possa fazê-lo, impede a incidência da majorante. Embora, convém que se diga, esses aspectos, por si sós, não impeçam que o sujeito ativo possa ser processualmente demandado em ação própria, pois poderá ser necessária a instrução criminal para concluir que a prestação de socorro, nas circunstâncias, não era possível, ou que terceiros prestaram socorro imediato à vítima etc. Configurada uma dessas hipóteses, a absolvição se impõe pelo fato não constituir crime.

A presença de *risco pessoal* afasta esta majorante. Por isso, no caso do agente que deixa o local do acidente temeroso de alguma represália por parte dos parentes da vítima ou de terceiros, que possuem condições de prestar socorro, não há que se falar em adequação típica da referida majorante, pela falta da elementar "sem risco pessoal".

Cabe ainda observar que, caso o motorista constate, após a ocorrência do acidente por ele provocado, que a vítima encontra-se em perigo de vida, necessitando de imediato socorro, e aquele deliberadamente se negue a prestá-lo, abandonando a vítima

---

3. De maneira similar também se manifestam, entre outros, Fernando Capez e Vitor Eduardo Rios Gonçalves, *Aspectos criminais do Código de Trânsito brasileiro*, p. 38; Marcellus Polastri Lima, *Crimes de trânsito. Aspectos penais e processuais*, p. 187.

de forma consciente e intencionada no local do sinistro, deverá ser ele responsabilizado pelo resultado que produziu a título de dolo, por crime comissivo por omissão ou omissivo impróprio, sendo aqui aplicável a regra do art. 13, § 2º, *c*, do Código Penal. Como sua conduta anterior, mesmo que imprudente, foi a causadora da situação de perigo, transformou-se em *garantidor*, tendo a obrigação de impedir que, por exemplo, o resultado morte ou lesão grave ou gravíssima ocorra, e, não o fazendo, responde pelo resultado que deveria impedir, dolosamente. Com isso, evidenciamos que, se o evento não é consequência direta e imediata do sinistro provocado culposamente pelo motorista, mas da posterior falta de socorro dolosa, isto é, havendo, por exemplo, condições de sobrevivência da vítima e vindo esta a falecer porque o motorista decide, com a representação consciente do resultado morte, deixar a vítima morrer, então aquele deverá ser responsabilizado pela prática de homicídio doloso, tipificado no art. 121, *caput*, do CP. Nesse caso, o homicídio praticado em *comissão por omissão*, o dolo projeta-se sobre o segundo momento do comportamento do motorista, que é omissivo (o primeiro foi comissivo), por isso assume o papel de garantidor, nos termos do art. 13, § 2º, *c*, do CP.

6.4 *Lesão corporal culposa praticada por motorista profissional na direção de veículo de transporte de passageiros*

O transporte de passageiros constitui atividade que demanda cuidados e habilidades especiais no trânsito. Por isso, a *maior reprovabilidade da conduta* do motorista que infringe as normas de cuidado no tráfico, dando lugar a lesão corporal gravíssima ou lesão corporal seguida de morte, por exemplo, quando na direção de veículo de transporte de passageiros. Essa majorante aplica-se, portanto, ao motorista profissional, isto é, àquele que não se encontra em eventual transporte de passageiros, mas ao que o faz de maneira habitual e rotineira, no qual os passageiros depositam a necessária confiança para a realização do transporte pelas vias terrestres.

7. Lesão corporal culposa qualificada

O Legislador estabeleceu esta qualificadora do crime de lesão corporal, no § 2º do art. 303, nos seguintes termos: "se o agente conduz o veículo com capacidade psicomotora alterada em razão da influência de álcool ou de outra substância psicoativa que determine dependência, e se do crime resultar lesão corporal de natureza grave ou gravíssima". Cominou-lhe, para essa hipótese, as penas de reclusão de 2 (dois) a 5 (cinco) anos, sem prejuízo das demais penas cominadas no *caput* deste dispositivo legal, contrariando a legislação anterior que lhe previa a mesma pena do *caput*, ou seja, dois a quatro anos.

Sobre essa qualificadora surge, de imediato, um questionamento: para sua configuração será suficiente demonstrar que houve a ingestão de bebida alcoólica como causa de lesão grave ou gravíssima para tipificar referida qualificadora? Por outro lado, para qualificá-la seria suficiente o atropelamento de alguém causando-lhe lesão de natureza grave ou gravíssima, constatando-se, *a posteriori*, que havia ingerido bebida alcoólica inferior, contudo, àquela exigida para tipificar o crime do art. 306 deste Código, por exemplo?

O primeiro e mais importante destaque que se deve fazer, desde logo, refere-se à exigência da presença *simultânea* de suas duas "condicionantes", como elementares constitutivas dessa qualificadora, quais sejam: (i) *que o condutor do veículo apresente capacidade psicomotora alterada em razão da influência de álcool ou de outra substância psicoativa que determine dependência* e (ii) *que do crime resulte lesão corporal de natureza grave ou gravíssima* decorrente do estado etílico de seu causador. É exatamente essa relação de *causa e efeito* exigida pelo legislador contemporâneo: a ingestão de álcool alterador da sua "capacidade motora", *como causa*, e a produção de "lesão corporal grave ou gravíssima, *como efeito*, ou consequência da ingestão excessiva de bebida, sem se abster de conduzir veículo automotor. Por isso, se houver pequena ou insuficiente ingestão de álcool (insuficiente para alterar a capacidade psicomotora do condutor), ainda que, nessa condição, atropele alguém causando-lhe lesão grave ou gravíssima, não tipificará esta qualificadora; por outro lado, se o agente conduz o veículo *com capacidade psicomotora alterada* em razão da influência de álcool e, acidentalmente, em via pública, causa lesão corporal culposa leve, igualmente, não tipificará esta qualificadora. Falta-lhe a elementar típica lesão grave ou gravíssima.

Em sentido semelhante, é o entendimento de Eduardo Cabette e Francisco Sannini, *verbis*: "(...) a redação do § 2º, do artigo 303, do CTB, também pode suscitar interpretações diversas na doutrina. Alguns podem argumentar que o crime seria qualificado independentemente do estado de embriaguez do agente, bastando, para tanto, que ele tenha dado causa a uma lesão corporal culposa de natureza grave ou gravíssima, nos termos do artigo 129, §§ 1º e 2º, do CP. Não é esse o nosso entendimento. Pensamos que a qualificadora em questão só se caracteriza quando o agente estiver embriagado (ou sob o efeito de outra substância psicoativa que cause dependência) e, por conta disso, provoque um acidente que resulte em uma lesão corporal culposa de natureza grave ou gravíssima. Note-se que na redação do dispositivo o legislador se valeu da conjunção aditiva 'e', razão pela qual exige-se a constatação das duas hipóteses fáticas descritas no tipo. Isso significa que, se o motorista estiver embriagado e provocar uma lesão corporal de natureza leve, não se aplica a qualificadora, podendo, todavia, responder pela embriaguez ao volante (art. 306) em concurso com a lesão corporal leve (art. 303, *caput*), situação que, vale lembrar, inviabiliza a concessão dos benefícios da transação penal, da composição civil dos danos e faz com que o crime de lesão corporal se torne de ação penal pública, nos termos do art. 291, § 1º, CTB"[4].

---

4. Eduardo Luiz Santos Cabette; Francisco Sannini Neto, *Embriaguez ao volante, morte e a incansável busca do legislador pela adequação típica da conduta*. Disponível em: <https://canalcienciascriminais.com.br/embriaguez-volante-morte-legislador/>. Acesso em: 22 fev. 2018, p. 1. Rogério Sanches Cunha, *Lei 13.546/17: Altera disposições do Código de Trânsito Brasileiro*. Disponível em: <http://meusitejuridico.com.br/2017/12/20/lei-13-54617-altera-disposicoes-codigo-de-transito-brasileiro/>. Acesso em 23 fev. 2018.

A despeito de destacarmos a necessidade da *cumulatividade* da presença desses dois aspectos — *capacidade psicomotora alterada e lesão grave ou gravíssima* —, por razões didáticas, examinaremos separadamente cada um deles, para melhor compreensão do leitor.

7.1 Capacidade psicomotora alterada em razão da influência de álcool ou de outra substância psicoativa

As inovações trazidas pela Lei n. 13.546/2017 agravam excepcionalmente o homicídio culposo e a lesão corporal culposa, especialmente quando praticados associados ao uso de bebida alcoólica Referem-se a ações mais perigosas no trânsito, ou seja, com maior potencial lesivo, quais sejam, conduzir veículo automotor "sob influência de bebida alcoólica" ou "com *capacidade psicomotora alterada* em razão da influência de álcool ou de outra substância psicoativa que determine dependência". Trata-se efetivamente, com essa nova redação, de verdadeiras qualificadoras dos crimes de homicídio e de lesões corporais culposos, cujas penas privativas de liberdade são consideravelmente superiores àquelas previstas no *caput* dos respectivos artigos.

Contudo, agora referindo-nos exclusivamente à lesão corporal culposa, ambas as condutas referidas neste § 2º — conduzir e participar — somente terão aplicação quando vierem vinculadas à prática do crime de lesão corporal culposa na condução de veículo automotor, em via pública. Nessa hipótese, aplicar-se-á somente a penalidade prevista no § 2º, combinado com o *caput* do art. 303, logicamente. Por isso, quando as autoridades surpreenderem, eventualmente, algum motorista na condição descrita, nesse parágrafo, em circunstâncias não vinculadas a um crime de lesão corporal culposo de trânsito, aplicar-se-á, se for o caso, a previsão constante no art. 306 ou no art. 308, *caput*, deste mesmo diploma legal, que são figuras autônomas e específicas.

Pretendemos, dessa forma, evidenciar que a circunstância descrita no § 2º do art. 303 está diretamente vinculada ao comportamento incriminado no *caput* do art. 302, de tal modo que o § 2º somente será aplicável quando houver a prática de uma lesão corporal culposa na direção de veículo automotor, nas circunstâncias ali descritas. Por outro lado, ainda que ocorram as circunstâncias descritas neste § 2º, ao contrário do que acontecia na legislação alterada, não será possível nenhuma modalidade de concurso de crimes (material ou formal) com o disposto nos arts. 306 e 308, pois as elementares normativas desses dispositivos legais constituem exatamente esta qualificadora do crime de lesões corporais culposas.

E, por fim, a "capacidade psicomotora alterada em razão da influência de álcool ou de outra substância psicoativa que determine dependência" aumenta consideravelmente o *desvalor da conduta* incriminada, e a sua censurabilidade, justificando-se, assim, a sua maior punição. Essa previsão do § 2º do art. 3º desta lei consagra, finalmente, o entendimento de que o motorista *embriagado* ou o que participa de racha ou manobras diversionistas (em sentido literal) pode, nessas circunstâncias, provocar a morte de alguém a título de culpa. Dito de outra forma, esclareceu-se que assumir a direção de veículo automotor sob o influxo do álcool ou de outra substância psicoativa que determine dependência, ou para participar de disputa ilegal em via pública, não implica, necessariamente, a *presunção de dolo eventual* em relação ao resultado morte ou lesão corporal, com base nos detestáveis jargões populares de que "quem bebe ou se droga quando dirige assume o risco de produzir o resultado morte ou lesão corporal". Ademais, essa previsão legal recomenda que a jurisprudência dominante em nossos Tribunais Superiores seja revista.

Feita essa introdução, passamos a examinar mais concretamente em que consiste essa primeira elementar (dividida em duas partes) — *capacidade psicomotora alterada* (causa) e *influência de álcool ou de outra substância psicoativa* (efeito) —, além da segunda elementar típica — *lesão grave ou gravíssima* —, que será examinada logo em seguida.

Capacidade psicomotora alterada significa que o condutor deve ter tido afetado o *equilíbrio* que deve existir entre *a capacidade cognitiva, sensorial, psíquica* e *motora* necessárias para o desempenho seguro da direção de um veículo automotor. Além disso, é necessário provar que essa alteração deveu-se a *causas específicas*, ou mais precisamente, que ela foi produzida *em razão da influência de álcool ou de outra substância psicoativa que determine dependência*. O *desvalor da ação* do condutor de veículo, nessas condições, que justifica *a incriminação do seu comportamento* está precisamente associado às *causas da alteração da capacidade psicomotora do agente*, que, na hipótese, é a *ingestão excessiva de bebida alcoólica* ou substância com efeitos similares. Não basta, portanto, para a caracterização objetiva do crime em questão a mera constatação do consumo de álcool ou de outra substância psicoativa. É necessário que o *estado de alteração da capacidade psicomotora* seja efetivamente comprovado, pois se trata de elementar constitutiva do tipo penal, sem o qual não há que se falar em conduta típica. Convém destacar, ademais, que a comprovação dessa alteração demanda, necessariamente, a elaboração de *laudo pericial*, com as formalidades legais.

Por outro lado, é necessário comprovar-se que essa *condição* do condutor foi *causa*, senão a única, pelo menos, que concorreu diretamente para a produção do resultado representado pela lesão grave ou gravíssima. Ademais, deve-se reforçar que essa elementar é *cumulativa* com o resultado lesão corporal grave ou gravíssima, consoante se constata pela presença da conjunção aditiva "e", *verbis*: "*com capacidade psicomotora alterada em razão da influência de álcool ou de outra substância psicoativa que determine dependência, e se do crime resultar lesão corporal de natureza grave ou gravíssima*", como demonstraremos neste texto.

Com efeito, a nova redação desta qualificadora apresenta duas elementares normativas (a 1ª subdividida) vinculadas ao condutor e ao resultado decorrente de sua ação, quais sejam: (i) *capacidade psicomotora alterada (a)*, e que esta alteração seja produzida pelo *consumo de álcool* "ou" *outra substância psicoativa (b)*, e (ii) *se do crime resultar lesão corporal de natureza grave ou gravíssima*, ou seja, esta segunda elementar deve, necessariamente, resultar exatamente dessa ingestão excessiva de álcool ou outra substância análoga.

Para sua configuração não bastam os simples sinais de ingestão de bebida alcoólica, mas deve-se, também, *demonstrar as características, sintomas ou sinais que comprovem a alteração da capacidade psicomotora do condutor* para caracterizar a pretendida *elementar típica* configuradora desta qualificadora, desde que, logicamente, seja a causadora o resultado representado por *lesão corporal grave ou gravíssima*. Verifica-se, pois, a indispensabilidade de que esse resultado gravíssimo do crime decorra da ingestão excessiva de bebida alcoólica, numa relação direta de causa e efeito. Entendimento diverso implicaria admitir que o legislador estabeleceu uma *presunção* de "alteração da capacidade psicomotora", algo absolutamente inconcebível na construção de normas penais incriminadoras, em um direito penal do fato e da culpabilidade em um Estado Democrático de Direito.

De notar-se, por outro lado, que essa nova previsão da lesão corporal culposa qualificada consagra, como *elementar normativa* típica, a exigência da *capacidade psicomotora alterada* em razão *da influência de álcool* ou de outra substância psicoativa. Dito de outra forma, essa previsão legal exige, no plano da ingestão de bebida alcoólica, "causa" e "consequência", ou seja, que haja: (i) a *ingestão de substância alcoólica ou psicoativa*, como causa, e (ii) a *alteração da capacidade psicomotora*, como efeito ou consequência de referida ingestão, para satisfazer a exigência dessa elementar típica. Somente a presença de ambas — *ingestão de bebida alcoólica + alteração da capacidade psicomotora* — em um mesmo fato concreto pode satisfazer a exigência da adequação típica exigida pelo dispositivo legal *sub examine*. Em outros termos, não basta a ingestão da quantidade de álcool referida no tipo penal, sendo indispensável que, em decorrência dessa ingestão, haja efetiva *alteração da capacidade psicomotora do condutor* do veículo automotor, que, por sua vez, leve ao resultado gravíssimo mencionado no dispositivo legal. A ausência de qualquer desses dois aspectos, acima referidos, impede que ocorra a necessária adequação típica, *como causa*, logicamente, da produção de lesão corporal grave ou gravíssima, como efeito, sem o qual a tipicidade não se verifica.

Enfim, de acordo com Resolução n. 432/2013 do CONTRAN, sinais típicos de alteração da capacidade psicomotora podem afetar: a) a aparência do agente, quando apresente sonolência, vômito, soluços, desordem nas vestes, olhos vermelhos; b) as atitudes, quando o agente apresente agressividade, arrogância, exaltação, ironia, dispersão; c) a orientação, quando o condutor tenha dificuldades de saber onde está, a data e a hora; d) a memória, quando o agente não se lembre dos atos cometidos e tenha dificuldades de lembrar-se do seu endereço; e) a capacidade motora e verbal, quando o agente apresente dificuldade para manter o equilíbrio e apresente fala alterada.

Por fim, a edição dessa norma aponta, claramente, para a *subsidiariedade* do crime de embriaguez ao volante, tipificado no art. 306 do CTB, quando o agente, nas circunstâncias ali descritas, e no mesmo contexto fático, produzir lesão corporal em alguém, ou mesmo, quando der causa ao resultado morte por imprudência. A casuística aqui tratada se refere às hipóteses em que restar comprovado que o motorista conduzia o veículo automotor com consciência de que detinha a capacidade psicomotora alterada, em razão da influência de álcool ou de outra substância psicoativa que determine dependência, dando causa ao crime de lesão corporal, de forma previsível, mas não querida, com a rejeição da possibilidade de produção desse resultado.

7.2 Que do crime resulte lesão corporal de natureza grave ou gravíssima

Curiosamente o CTB adota, como condicionante da qualificadora da lesão corporal de natureza grave ou gravíssima, cumulativamente, com a *alteração da capacidade psicomotora* em razão da influência de álcool ou de outra substância psicoativa com efeitos similares, como demonstramos no tópico anterior. No entanto, não define em que consiste essa possível *gravidade* (grave ou gravíssima) da referida lesão, sendo, portanto, recomendável que se adote, analogicamente, a definição correlata do Código Penal sobre o seu significado. A possibilidade da complementação analógica dessa definição reside no fato de que ela não visa agravar a condição do infrator, mas, pelo contrário, assegurar-lhe segurança jurídica, representada pelo fato de possibilitar-lhe o conhecimento, com antecedência, da sua definição, observando-se, criteriosamente, os conceitos adotados pelo Código Penal.

Por essa razão, adotaremos aqui os mesmos conceitos que emitimos relativamente à conceituação dessas lesões quando comentamos o Código Penal. Sempre alertando a indispensabilidade de as duas circunstâncias — efeitos da ingestão de álcool ou de substância similar e a gravidade da lesão (grave ou gravíssima) — apresentarem-se simultaneamente, ou, pelo menos, *cumulativamente*, isto é, no mesmo fato. Em outros termos, a ocorrência somente de uma ou de outra elementar, isoladamente, não configurará a presente qualificadora.

Enfim, o § 1º do art. 121 do Código Penal relaciona quatro hipóteses que qualificam a lesão corporal dolosa, mas, como afirmamos antes, analogicamente, admitimos que, nas circunstâncias, possam qualificar a lesão corporal *culposa*, como *grave*, pois esta nova previsão lhe atribui novos parâmetros, máximo e mínimo, de pena, que são de 1 a 5 anos de reclusão. Vejamos abaixo em que consiste cada uma delas.

7.2.1 Incapacidade para as ocupações habituais, por mais de 30 dias

A incapacidade referida neste dispositivo relaciona-se ao aspecto *funcional* e não puramente econômico. Trata-se da *efetiva* impossibilidade de realização de sua *atividade ocupacional*, tradicional, regular, de natureza lícita. As *ocupações habituais* a que se refere o art. 129, § 1º, I, do CP não têm o sentido de trabalho diário, mas de ocupações do quotidiano do indivíduo, como, por exemplo, trabalho, lazer, recreação *etc*. Por elas não se devem entender somente as ocupações de natureza lucrativa.

A lei tem em vista a atividade habitual do indivíduo *in concreto*; é indiferente que não seja economicamente apreciável. Esse destaque é relevante na medida em que crianças, menores ou bebês também podem ser sujeitos passivos dessa espécie de lesões corporais. Como bebês não têm atividades profissionais ou laborais, deve-se observar se a lesão afetou sua coordenação motora, impede o engatinhamento, dificulta suas caminhadas, brincadeiras ou corridas nos locais em que lhes são permitidas *etc*. por mais de 30 dias. Comprovada pericialmente a relação causa e efeito, estará plenamente tipificada a incapacidade para as ocupações habituais por mais de 30 dias para crianças de qualquer idade. O mesmo ocorre com pessoas idosas, que, embora não tenham mais atividade laboral, podem ficar privadas de suas caminhadas, ginástica etc. Essa incapacidade, especialmente para crianças e idosos, pode ser causada por meios físicos, psíquicos ou mentais. A simples vergonha de aparecer em público, mesmo que decorrente de marcas ou cicatrizes deixadas pelas lesões, não caracteriza a qualificadora em exame.

A atividade habitual que pode ter qualquer natureza não pode, logicamente, ser ilícita, isto é, proibida por lei. Assim, o marginal que, ferido, não puder retomar a prática de crimes por mais de 30 dias não caracteriza a qualificadora em questão. Contudo, a exclusão de atividades ilícitas não abrange atividades imorais, evidentemente aquelas que não se revistam de ilegalidade, como, por exemplo, a *prostituição*, que pode ser imoral, mas não é, em si mesma, ilícita. Eventual prostituta, por exemplo, que, ferida, não puder retomar suas atividades normais por mais de 30 dias configurará a qualificadora. O reconhecimento dessa qualificadora não significa proteger condutas imorais, tampouco agravar injustamente a situação do réu, mas tratar igualitariamente todo e qualquer cidadão que tenha sua integridade física violada, desde que não se refira à prática de condutas ilegais, o que não é o caso da prostituição.

Destaque-se que somente o exame de corpo de delito é insuficiente para a caracterização da qualificadora da incapacidade para as ocupações habituais por mais de 30 dias, devendo ser complementado por outro exame. Quando o exame pericial tiver a finalidade de determinar a gravidade da infração penal, o *exame complementar* deverá ser realizado logo que tenha decorrido o prazo de 30 dias, a contar da data do fato. O prazo é material, por isso deve obedecer à regra do art. 10 do CP, incluindo-se o dia do começo. Esse exame é absolutamente necessário (art. 168, § 2º, do CPP). A impossibilidade de sua realização pode ser suprida por prova testemunhal (§ 3º). No entanto, é imprestável, como prova, a lacônica resposta "sim" ao quesito específico, desacompanhada de qualquer explicação fundamentadora, consoante reiterada jurisprudência.

O exame realizado antes do decurso do prazo de 30 dias é inidôneo, assim como aquele que vier a ser realizado muito tempo depois de sua expiração. Somente não perderá a validade se permanecerem as circunstâncias que permitam apurar a incapacidade da vítima.

7.2.2 Perigo de vida

Não se trata de mera *possibilidade,* mas de *probabilidade* concreta e efetiva de morte, quer como consequência da própria lesão, quer como resultado do *processo patológico* que esta originou. Os peritos devem diagnosticar e não simplesmente fazer prognóstico, uma vez que não se trata de perigo presumido, mas concreto, efetivo, real. O perigo deve ser pericialmente comprovado. O resultado morte deve ser provável e não meramente possível. Não basta a resposta laconicamente afirmativa da existência de perigo de vida; o laudo pericial deve descrever objetiva e fundamentadamente em que consiste o perigo de vida.

Não é suficiente a idoneidade da lesão para criar a situação de perigo; é necessário que esta realmente se tenha verificado. Nesse sentido, exemplificava Magalhães Noronha, "Um ferimento no pulmão é geralmente perigoso; todavia, pode, no caso concreto, a constituição excepcional do ofendido, a natureza do instrumento ou qualquer outra circunstância, impedir que se verifique esse risco. A lesão grave só existe, portanto, se, em um dado momento, a vida do sujeito passivo esteve *efetivamente* em perigo"[5]. Com efeito, a simples sede das lesões não justifica a presunção de perigo, que deve ser demonstrado, embora não se possa negar que o simples fato de a vítima apresentar *traumatismo craniano* e *comoção cerebral* seja suficiente para o reconhecimento do perigo de vida.

Por fim, a probabilidade de morte da vítima não deve ser objeto do dolo do agente, caso contrário deveria responder por tentativa de homicídio, e não por lesão corporal grave com risco de vida.

7.2.3 Debilidade permanente de membro, sentido ou função

Debilidade é a redução ou enfraquecimento da capacidade funcional da vítima. *Permanente*, por sua vez, é a debilidade de duração imprevisível, que não desaparece com o correr do tempo. Apesar do sentido etimológico de *permanente*, tem-se admitido que não é necessário que seja definitiva. Na verdade, para o reconhecimento da gravidade da lesão por resultado *debilidade permanente*, não é necessário que seja perpétua e impassível de tratamento reeducativo ou ortopédico. Essa recuperação artificial já é, por si só, caracterizadora do *estado permanente* da debilidade acarretada pela lesão; é mais que suficiente para atestar a gravidade da lesão.

Membros são partes do corpo que se prendem ao tronco, podendo ser superiores e inferiores: braços, mãos, pernas e pés; *sentido* é a faculdade de percepção, de constatação e, por extensão, de comunicação: visão, audição, olfato, paladar e tato; *função* é a atividade específica de cada órgão do corpo humano (ex.: respiratória, circulatória, digestiva, secretora, locomotora, reprodutora e sensitiva). Nélson Hungria criticava esse dispositivo por considerá-lo redundante, nos seguintes termos: "O dispositivo legal é um tanto redundante, ao falar em *sentido* e, a seguir, em *função*; pois cada *sentido* representa uma *função*. Tecnicamente, bastaria que se referisse à *função*, de modo genérico"[6]. No entanto, tratando-se de lei penal incriminadora, é preferível que o legislador peque pela excessiva clareza de redação que pela concisão ou simples omissão que possam dificultar o primado da reserva legal.

7.2.4 Aceleração de parto

Aceleração de parto é a antecipação do nascimento do feto com vida. Segundo Hungria, "é a expulsão precoce do produto da concepção, mas em tal estado de maturidade, que pode continuar a viver fora do útero materno"[7]. A terminologia legal

---

5. Magalhães Noronha, *Direito Penal*, p. 79-80.
6. Nélson Hungria, *Comentários ao Código Penal*, p. 334.
7. Nélson Hungria, *Comentários*, p. 335.

"aceleração de parto" deve ser entendida como *antecipação de parto*, pois somente se pode acelerar aquilo que está em andamento[8], e a previsão legal quis, na verdade, abranger não apenas o parto em movimento, mas todo o parto prematuro, ou seja, a expulsão precoce do produto da concepção. É indispensável que o feto esteja vivo, nasça com vida e continue a viver, caso contrário, se morrer, no útero ou fora dele, configurar-se-á aborto, e a lesão corporal será qualificada como gravíssima (§ 2º, V).

É necessário que o agente tenha conhecimento da gravidez da vítima, sob pena de se consagrar a responsabilidade objetiva. Consciente da gravidez, a aceleração do parto pode ser produto de culpa, uma vez que esta será no mínimo consciente. Agora, o desconhecimento da gravidez determina a desclassificação para lesões leves. Com efeito, o desconhecimento da gravidez da vítima impede a imputação do crime de lesão grave, no caso de aceleração do parto, bem como a imputação de lesão gravíssima, na hipótese de resultar aborto.

Todas as "qualificadoras" contidas no § 1º do art. 129 do CP são de natureza objetiva. Significa dizer que, em havendo concurso de pessoas, elas se comunicam, desde que, logicamente, tenham sido abrangidas pelo dolo do participante.

7.3 Lesão corporal gravíssima

O § 2º do mesmo art. 129 relaciona, por sua vez, cinco hipóteses que *qualificam* a *lesão corporal dolosa*, atribuindo-lhe novos limites de pena, fixados entre 2 e 8 anos de reclusão. Em razão das semelhanças que estas apresentam com aquelas tratadas no parágrafo anterior, deve-se fazer uma análise comparativa, quando se constatará que há diversidade profunda de gravidade da lesão e de intensidade de consequências naturais.

O Código Penal não utiliza o *nomen iuris lesão corporal gravíssima*, mas a doutrina e a jurisprudência o consagraram, para distingui-la da lesão corporal grave, disciplinada no parágrafo anterior. Nas *lesões gravíssimas,* ao contrário das graves, a dimensão das consequências do crime é consideravelmente mais grave. Os efeitos da lesão, de regra, são irreparáveis, justificando, por isso, sua maior penalização. Contudo, pelas mesmas razões analógicas, acima mencionadas, acreditamos que se possa aplicar essa classificação às lesões corporais culposas definidas no CTB, ante a omissão de sua definição.

7.3.1 Incapacidade permanente para o trabalho

Incapacidade permanente para o trabalho não se confunde com *incapacidade para as ocupações habituais* do parágrafo anterior: naquela, a incapacidade é temporária para ocupações habituais da vítima; nesta, a incapacidade é permanente e para o trabalho em geral, e não somente para a atividade específica que a vítima estava exercendo[9]. Assim, se ficar incapacitada para esta *atividade específica,*

---

8. Flávio Augusto Monteiro de Barros, *Crimes contra a pessoa*, p. 100.
9. Paulo José da Costa Jr., *Comentários ao Código Penal*, p. 47.

mas puder exercer outra atividade laboral, não se configura a *lesão gravíssima*, ainda que a incapacidade específica seja permanente[10]. Desclassifica-se a infração penal para lesão corporal grave.

A *incapacidade*, nesta espécie de lesões, não é para "as ocupações habituais da vítima", mas somente para o *trabalho*, isto é, para o desempenho de uma *atividade laboral*, profissional, lucrativa (129, § 2º, I), ao contrário do que ocorre com as lesões graves (129, § 1º). Essa impossibilidade pode ser física ou psíquica, indiferentemente. O vocábulo "trabalho", segundo Hungria, "é empregado em sentido restrito, isto é, como livre movimento ou emprego do corpo para um fim econômico"[11].

Aqui, a incapacidade também não é *temporária*, como lá, mas definitiva. No entanto, não se exige que seja perpétua, bastando um prognóstico firme de *incapacidade irreversível*. A "incapacidade permanente" deve ser de duração incalculada, ou seja, que a natureza das lesões não ofereça condições de diagnosticar a época de uma possível cessação. Com efeito, "permanente", na linguagem do Código, tem o sentido contrário de "transitório" ou "temporário", isto é, significa durável, e não perene ou definitivo.

Por fim, é irrelevante que a vítima se apresente clinicamente curada: se a incapacidade, a despeito disso, restou comprovada, a lesão sofrida é qualificada como gravíssima.

7.3.2 Enfermidade incurável

Enfermidade, segundo os especialistas, é um processo patológico em curso. *Enfermidade incurável* é a doença cuja *curabilidade* não é conseguida no atual estágio da Medicina, pressupondo um processo patológico que afeta a saúde em geral. A *incurabilidade* deve ser confirmada com dados da ciência atual, com um *juízo de probabilidade*. Incurável deve ser entendido em sentido relativo, sendo suficiente o *prognóstico pericial* para caracterizá-la, pois em termos de ciência médica nada é certo, tudo é provável, pode-se afirmar num exagero de expressão. Seguindo nessa linha, Roberto Lyra, considerando que se trata de incurabilidade relativa, sentenciava: "No caso concreto, se individualizará, diretamente, o cálculo de probabilidade. Se se apura alteração permanente da saúde do ofendido; se, sòmente (*sic*) em casos excepcionais, ela pode ser tida como curável, está caracterizada a incurabilidade no sentido do art. 129, 2º, n. II"[12].

---

10. Frederico Marques, *Tratado de Direito Penal*; Parte Especial, São Paulo, Saraiva, 1961, v. 4, p. 215: "A incapacidade tem de ser para o trabalho em geral, e não apenas para o trabalho próprio e pessoal da vítima. Se a debilitação permanente que um violinista sofre em um dos dedos lhe pode tornar impossível a volta à profissão de músico, mas não impede de entregar-se a outro gênero de trabalho, não se enquadra a figura delituosa na espécie descrita no art. 129, 2º, n. I". Paulo José da Costa Jr. acrescenta, contudo, com acerto, "que se se tratasse de um grande virtuose do violino, que se visse de um momento para outro impossibilitado de dar concertos, onde auferia grandes receitas, sujeitando-se a um trabalho qualquer, devendo começar tudo de novo, a lesão é gravíssima" (*Comentários ao Código Penal*, p. 47).
11. Nélson Hungria, *Comentários ao Código Penal*, p. 336.
12. Roberto Lyra, *Noções de Direito Criminal*; Parte Especial, v. 1, 1944.

São inexigíveis intervenções cirúrgicas arriscadas ou tratamentos duvidosos. Nem sempre é fácil distinguir *debilidade permanente de função* (lesão grave) e *enfermidade incurável*. Enfermidade incurável não se confunde com debilidade permanente. Para Frederico Marques, "a doença ou enfermidade pressupõe um processo em ato e dinâmico, enquanto que a debilidade é um fato estático residual, um processo encerrado e findo. Quando agressão corporal provoca, por exemplo, a fratura de um osso da perna, pode suceder que o ofendido se cure da lesão, mas permaneça coxo, isto é, com debilidade permanente em um membro. Todavia, se êle (*sic*) não se cura e no osso fraturado forma-se a sede de 'um processo osteomielítico tuberculoso', provàvelmente (*sic*) incurável, verifica-se a existência de enfermidade incurável"[13].

Distinção que, por sua pertinência, merece ser destacada é a que sustentava Binda[14], segundo o qual *debilidade permanente* é o estado consecutivo a uma lesão traumática, que limita duradouramente o uso, a extensão e energia de uma função, sem comprometer o estado geral do organismo. A *enfermidade*, ao contrário, deve ser entendida como o estado que duradouramente altera e progressivamente agrava o teor de um organismo. Essa distinção, a nosso juízo, é a que melhor define as diferenças que as duas hipóteses encerram e permite a solução mais justa para cada caso concreto.

7.3.3 Perda ou inutilização de membro, sentido ou função

A semelhança deste dispositivo, que considera a "perda ou inutilização", com aquele do parágrafo anterior, que disciplina a *debilidade permanente* de membro, sentido ou função, é manifesta, recomendando-se redobrada cautela no seu exame. A *debilidade permanente* (§ 1º, III) caracteriza lesão grave, e a *perda ou inutilização* (§ 2º, III), por sua vez, configura lesão gravíssima.

Há *perda* quando cessa o sentido ou função, ou quando o membro ou órgão é extraído ou amputado. Perda é a extirpação ou eliminação de órgão (membro, sentido ou função). A perda pode operar-se por meio de *mutilação* ou *amputação*: a primeira ocorre no momento da ação delituosa, seccionando o órgão; a segunda decorre de intervenção cirúrgica, com a finalidade de minorar as consequências. Há *inutilização* quando cessa ou interrompe-se definitivamente a atividade do membro, sentido ou função; na *inutilização*, não há a exclusão, mas a subsistência, embora inoperante. *Inutilização* de membro, sentido ou função não é outra coisa que a sua *perda funcional*; e *perda* é o perecimento físico, é a eliminação material do órgão. Na *inutilização* o membro permanece ligado ao corpo, mas inoperante em sua atividade própria ou função.

Nem sempre é fácil distinguir *debilidade permanente* e *perda ou inutilização*. A perda de um olho (debilidade) não se confunde com a perda da visão (perda de sentido). Sobre as definições de membro, sentido ou função *vide* anotação no parágrafo

---

13. Frederico Marques, *Tratado de Direito Penal*, p. 216.
14. Apud Enrico Altavilla, *Dei delitti contro la persona*, 1934, p. 74.

anterior. Damásio de Jesus procura definir e exemplificar a distinção entre *debilidade, perda* e *inutilização*, nos seguintes termos: "(...) se o ofendido, em consequência da lesão corporal, sofre paralisia de um braço, trata-se de inutilização de membro. Se, em face da lesão corporal, perde a mão, cuida-se também de inutilização de membro. Entretanto, vindo a perder um dedo da mão, hipótese de debilidade permanente. Por último, se vem a perder todo o braço, o fato constitui perda de membro"[15].

7.3.4 Deformidade permanente

A *deformidade*, para caracterizar essa qualificadora, precisa representar lesão estética de certa monta, capaz de produzir desgosto, desconforto a quem vê e vexame ou humilhação ao portador. Não é, por conseguinte, qualquer dano estético ou físico capaz de configurar a qualificadora. Evidentemente que o sexo da vítima também contribui para o grau de exigência da deformidade, pois, inegavelmente, uma cicatriz na face de uma jovem causa-lhe prejuízo superior, talvez intolerável, ao que sofreria, nas mesmas circunstâncias, um jovem varão.

A deformidade não se limita ao rosto da vítima, mas pode ser em qualquer outra parte do corpo onde o defeito seja visível, como, por exemplo, lesão óssea em membros inferiores, obrigando a vítima a coxear, ou na coluna vertebral, tornando-a gibosa *etc*.

Deformidade permanente implica a existência de dano estético considerável, decorrente de *defeito físico permanente*. É necessário que haja comprometimento permanente, definitivo, irrecuperável do aspecto físico-estético. A deformidade não perde o caráter de permanente quando pode ser dissimulada por meios artificiais, como, por exemplo, cirurgia plástica, a que ninguém está obrigado.

A decisão judicial precisa optar, reconhecendo expressamente se houve *debilidade* (§ 1º, III) ou *deformidade* permanente (§ 2º, IV)[16]. O dano deve causar desconforto, desagrado. A *deformidade* que somente pode ser eliminada ou removida mediante cirurgia plástica constitui, comprovadamente, a qualificadora. Por fim, não caracteriza a "perda de membro, sentido ou função" a cirurgia que extrai órgãos genitais externos de transexual, com a finalidade de curá-lo ou de reduzir seu sofrimento físico ou mental. Aliás, essa conduta é atípica, não sendo proibida pela lei, nem mesmo pelo Código de Ética Médica. Falta o dolo de ofender a integridade física ou saúde de outrem.

7.3.5 Aborto

A definição de aborto foi emitida em capítulo específico de nosso *Tratado de Direito Penal* (v. 2, 19. ed.) que trata desse tema, para onde remetemos o leitor. Trata-se de crime preterdoloso, ou seja, há dolo em relação à lesão corporal e culpa em relação ao aborto; este é provocado involuntariamente: o agente não o quer nem

---

15. Damásio de Jesus, *Direito Penal*, p. 138.
16. Nosso Pretório Excelso já se manifestou nesse sentido: *RTJ*, 97:197.

assume o risco de provocá-lo. Para que possa caracterizar-se a qualificadora da lesão corporal gravíssima, não pode ter sido objeto de dolo do agente, pois, nesse caso, terá de responder pelos dois crimes, lesão corporal e aborto, em concurso formal impróprio, ou, ainda, por *aborto qualificado,* se a lesão em si mesma for grave.

É necessário que o condutor tenha conhecimento da gravidez, sem, contudo, querer o aborto. Se a sua ação visar o aborto, o crime será doloso, previsto no art. 125 do Código Penal. O desconhecimento da gravidez, porém, afasta a qualificadora, constituindo erro de tipo. Não se deve confundir as figuras dos arts. 127, 1ª parte, e 129, § 2º, V, do Código Penal, pois há uma inversão de situações: na primeira, o aborto é querido e a lesão não; na segunda, a lesão é o resultado desejado, enquanto o aborto não, nem mesmo eventualmente[17].

Contudo, para deixar clara nossa posição quanto à possibilidade de aplicar-se essa qualificadora na lesão corporal culposa aqui capitulada, exatamente pela explicação que acabamos de fazer acima, o normal dessa lesão corporal culposa no trânsito é que o condutor infrator desconheça que outra condutora (ou pedestre) encontra-se grávida. Logo, como em regra o condutor infrator *desconhece a existência de gravidez* da vítima potencial, falta-lhe o conhecimento de uma circunstância pela qual não pode ser considerado culpado, sob pena de ocorrer *imputação de responsabilidade objetiva.*

Por essas razões, consideramos que referida qualificadora seja inaplicável em lesão corporal culposa de trânsito, definida neste dispositivo legal do Código Penal, a qual, repetindo, *destina-se a crime doloso,* e não culposo. No entanto, eventual circunstância, muito particular, que possa demonstrar que o condutor *tinha consciência* da gravidez da potencial vítima, e que ela se encontraria naquele local e naquelas circunstâncias, quiçá, a casuística, com suas particularidades, possa desautorizar esta nossa interpretação. Mas, nesse caso, deve ser devidamente descrita na denúncia em que consiste esse conhecimento do condutor e, igualmente, examinada e demonstrada na sentença a sua adequação excepcional no caso particular.

8. Tipo subjetivo: adequação típica da lesão qualificada culposa

O elemento subjetivo do tipo é o dolo, que se caracteriza pela realização com consciência e vontade dos elementos objetivos descritos no tipo penal. Isso significa que o agente, no momento da ação, sabe que consumiu previamente bebida alcoólica ou substância psicoativa e, ainda assim, assume voluntariamente a direção de veículo automotor. O dolo deve ser caracterizado nesse âmbito como *dolo de perigo,* pois ele incide sobre os elementos que constituem o comportamento típico perigoso. Em outras palavras, o dolo se caracteriza quando o agente assume deliberadamente a direção de veículo automotor, sabendo que seu comportamento é perigoso, porque consumiu previamente bebida alcoólica ou alguma substância psicoativa.

---

17. Nélson Hungria, *Comentários ao Código Penal*, p. 341.

Uma questão que pode gerar controvérsia é a necessidade de o dolo incidir sobre a alteração da capacidade psicomotora, isto é, seria necessário demonstrar que o agente sabia que não estava em condições de dirigir, porque tinha sua capacidade psicomotora alterada, para caracterizar essa qualificadora acrescida no § 2º pela Lei n. 13.546? Entendemos que não, pois somente em estágios muito avançados de embriaguez o agente realmente se dá conta de que está alterado. Em estágios iniciais de intoxicação por álcool ou drogas a capacidade psicomotora do agente pode estar comprometida sem que este se dê conta. A necessidade de demonstrar a consciência dos efeitos do consumo do álcool ou das drogas praticamente impediria a aplicabilidade da norma penal, desvirtuando sua finalidade político-criminal.

Nesses termos, ainda que a *alteração da capacidade psicomotora* seja um elemento do tipo penal, sem o qual o crime não se caracteriza, não é necessário que o agente saiba, no momento da ação, que a tem comprometida, bastando constatar que o mesmo, ao assumir a direção do veículo automotor, sabia que havia consumido previamente bebida alcoólica ou alguma substância psicoativa, e que, portanto, era plenamente consciente de que realizava um comportamento perigoso.

9. Consumação e tentativa

Consuma-se o crime com a lesão efetiva à integridade física ou à saúde de outrem, isto é, no exato momento em que se produz o dano resultante da conduta do condutor do veículo automotor. A pluralidade de lesões, infligidas à mesma vítima num único processo de atividade, não altera a unidade do crime, que continua único. As diversas lesões representam somente a pluralidade de atos constitutivos da ação, própria dos crimes plurissubsistentes. Somente desaparecerá a unidade de crime quando houver pluralidade de vítimas, podendo caracterizar-se o concurso formal de crimes, ou o concurso material, dependendo, respectivamente, da unicidade ou da pluralidade da ação ou omissão, nos termos dos arts. 70 e 69 do CP.

Enquanto crime culposo, não se admite tentativa, porque esta, de acordo com o art. 14, II, do CP, caracteriza-se com o início da execução do crime e sua não consumação por circunstâncias alheias à *vontade* do agente. Não havendo elemento volitivo na culpa, não há que se cogitar da tipicidade e punibilidade da tentativa de crime culposo.

10. Classificação doutrinária

A lesão corporal culposa tipificada no art. 129, § 6º, do CP é crime comum, podendo ser praticado por qualquer sujeito ativo, sem exigir nenhuma qualidade ou condição especial; contudo, a redação do art. 303 do CTB especifica que a lesão corporal culposa só pode ser cometida na direção de veículo automotor. Por esse motivo, podemos afirmar que se trata de *crime especial*, pela presença de elemento especializante; *crime material e de dano*, que somente se consuma com a produção do resultado, isto é, com a lesão ao bem jurídico, no caso a integridade física ou a saúde da vítima; *instantâneo*, pois esgota-se com a ocorrência do resultado.

11. Aplicabilidade do perdão judicial

O § 8º do art. 129 do CP prescreve que em se tratando de *lesão culposa* aplica-se o "perdão judicial", exatamente nos mesmos termos em que está previsto para o homicídio culposo, conforme o § 5º do art. 121 do CP. Como já expusemos acima, perdão judicial é o instituto através do qual se possibilita ao juiz deixar de aplicar a pena diante da existência de determinadas circunstâncias expressamente determinadas. Apresenta-se como causa de extinção da punibilidade, prevista no art. 107, IX, do CP, que só pode ser aplicado nos casos expressos em lei. Sucede que o CTB não disciplina o perdão judicial, mas sua aplicabilidade é reconhecida para os crimes de lesões corporais culposas na direção de veículo automotor, sendo válidos aqui os comentários feitos quando do estudo do art. 302 do CTB.

12. Pena e natureza da ação penal

As penas cominadas são, cumulativamente, de detenção, de seis meses a dois anos, e suspensão ou proibição de se obter a permissão ou a habilitação para dirigir veículo automotor. Trata-se de *infração de menor potencial ofensivo*, pois a pena privativa de liberdade máxima cominada é de dois anos, cabendo, portanto, a *transação penal* e a *suspensão condicional do processo*, pois a pena mínima aplicável não é superior a um ano, de acordo com os arts. 61, 76 e 89, todos da Lei n. 9.099/95.

Ainda de acordo com o art. 88 da Lei n. 9.099/95, a ação penal, quanto à legitimidade para a sua propositura, é *pública condicionada à representação* do ofendido, cabendo, inclusive, a *composição civil dos danos*, nos termos do art. 74 do mesmo diploma legal. Cabe, contudo, destacar o disposto no § 1º do art. 291 do CTB (*incluído pela Lei n. 11.705, de 2008*), como impedimento para aplicabilidade dos arts. 74, 76 e 88 da Lei n. 9.099/95, quando o agente estiver:

"I — sob a influência de álcool ou qualquer outra substância psicoativa que determine dependência;

II — participando, em via pública, de corrida, disputa ou competição automobilística, de exibição ou demonstração de perícia em manobra de veículo automotor, não autorizada pela autoridade competente;

III — transitando em velocidade superior à máxima permitida para a via em 50 km/h (cinquenta quilômetros por hora).

§ 2º Nas hipóteses previstas no § 1º deste artigo, deverá ser instaurado inquérito policial para a investigação da infração penal."

O magistrado, na fixação das penas, deve decidir motivadamente, atendendo aos critérios estabelecidos no art. 59 do CP, inclusive para a determinação da pena restritiva de direito de suspensão ou proibição de se obter a permissão ou a habilitação para dirigir veículo automotor que, de acordo com o art. 293 do CTB, tem a duração de 2 meses a 5 anos.

Por fim, deve-se destacar a aplicação da pena de *multa reparatória* prevista no art. 297 do CTB, pois em se tratando de lesão corporal há que se cogitar da ocorrência de dano material e moral resultantes do crime.

PERIGO DE CONTÁGIO VENÉREO   X

Sumário: 1. Considerações preliminares. 2. Bem jurídico tutelado. 3. Sujeitos ativo e passivo. 4. Tipo objetivo: adequação típica. 4.1. Tipo penal aberto e norma penal em branco. 5. Tipo subjetivo: adequação típica. 5.1. Elementos normativos: "sabe" ou "deve saber". 5.1.1. Postulados fundamentais das teorias do dolo e da culpabilidade. 5.1.2. Sentido e função das elementares "sabe" e "deve saber" na definição do crime de perigo de contágio venéreo. 5.2. Espécies de dolo: direto e eventual. 5.2.1. Dolo direto e eventual — "sabe" que está contaminado. 5.2.2. Dolo eventual — "deve saber" que está contaminado. 5.2.3. Qualificadora e elemento subjetivo especial do tipo. 6. Consumação e tentativa. 7. Crime impossível. 8. Classificação doutrinária. 9. Formas qualificadas. 10. Concurso de crimes e princípio da subsidiariedade. 11. Pena e ação penal.

Capítulo III
DA PERICLITAÇÃO DA VIDA E DA SAÚDE

Perigo de contágio venéreo

Art. 130. Expor alguém, por meio de relações sexuais ou qualquer ato libidinoso, a contágio de moléstia venérea, de que sabe ou deve saber que está contaminado:

Pena — detenção, de 3 (três) meses a 1 (um) ano, ou multa.

§ 1º Se é intenção do agente transmitir a moléstia:

Pena — reclusão, de 1 (um) a 4 (quatro) anos, e multa.

§ 2º Somente se procede mediante representação.

---

1. Considerações preliminares

Heleno Fragoso recordava que os antecedentes deste tipo penal, com certeza, encontram-se nos arts. 256 e 257 do Código Penal dinamarquês de 1930 e na chamada Lei de Kock, promulgada na Alemanha em 18 de fevereiro de 1927. Sustentando tratar-se de figura decorativa na lei brasileira, Fragoso ainda lembrava da previsão do Código italiano, que "somente punia o perigo do contágio se a moléstia efetivamente viesse a transmitir-se"[1].

---

1. Heleno Cláudio Fragoso, *Lições de Direito Penal*; Parte Especial, 11. ed., Rio de Janeiro, Forense, 1995, v. 1.

Aníbal Bruno, em seu tempo, já fez duras e justificadas críticas a este dispositivo, que tipifica o *perigo de contaminação de doença venérea* como uma infração penal autônoma e independente de outras ameaças ou espécies de lesões corporais. Admitia que, no passado, as chamadas doenças venéreas tivessem um tratamento diferenciado, e, na sua ótica, até se podia compreender, mas que nesta segunda metade de século, com o progresso da ciência médica e as facilidades de cura que se apresentam, a *criminalização* do perigo de transmissão de doença venérea estaria completamente superada[2].

Em tese, endossamos esse magistério do saudoso Aníbal Bruno, pois, com mais de vinte anos de atividades forenses, quer como membro do Ministério Público, quer como advogado criminalista, raramente nos deparamos com a imputação da prática desse crime. Ademais, com o surgimento dos antibióticos, especialmente da penicilina, eventuais vítimas de contágio venéreo preferem essa medicação a expor-se ao *strepitus fori*, desnudando também sua privacidade. Atento a essa evolução e consciente da inocuidade da criminalização do perigo de contágio venéreo, o natimorto Código Penal de 1969 chegou a suprimi-lo[3].

2. Bem jurídico tutelado

O *bem jurídico* protegido é a *incolumidade física e a saúde da pessoa*. A existência, harmonia e prosperidade da coletividade estão condicionadas à saúde, segurança e bem-estar de cada um de seus membros, e, por isso, são objetos do interesse público. Esse *interesse público*, no entanto, em razão da natureza da conduta incriminada, pode chocar-se com relevantes interesses individuais que igualmente recebem a proteção da ordem jurídica, como são, por exemplo, a harmonia familiar, o matrimônio, a fidelidade conjugal, a honra, entre outros. Aparentemente estamos diante de uma contradição: de um lado a importância do interesse público, que torna irrelevante eventual consentimento do ofendido na prática da ação, e, de outro lado, o próprio Estado, reconhecendo o possível conflito de valores e interesses do ofendido, que pode optar entre invocar a prestação jurisdicional ou silenciar, se lhe parecer o menos oneroso na avaliação das perdas. Esse já era o entendimento de Nélson Hungria, que, justificando o fundamento da natureza da ação penal pública condicionada, sustentava o seguinte: "A exigência da representação pode parecer contraditória com a reconhecida irrelevância do consentimento do ofendido, no tocante à existência do crime; mas não é tal. O instituto da representação tem o seu fundamento no conflito de interesses que o Estado e o sujeito passivo do crime podem ter, inversamente, no que respeita ao exercício da ação penal. Em certos casos, realmente, o interesse do Estado na repressão penal é contrariado pelo interesse do próprio ofendido em evitar o *strepitus judicii*, que lhe pode acarretar e à sua família maior detrimento"[4].

---

2. Aníbal Bruno, *Crimes contra a pessoa*, p. 217.
3. Flávio Augusto Monteiro de Barros, *Crimes contra a pessoa*, p. 114.
4. Nélson Hungria, *Comentários*, p. 409.

Alguns autores, como Magalhães Noronha[5], incluem "a vida" como bem jurídico tutelado. Não nos parece correta essa orientação, na medida em que nem sequer há previsão para punição se sobrevier a morte da vítima em decorrência do *efetivo contágio*. Essa omissão legislativa nos autoriza a afirmar que, neste dispositivo, pelo menos, não há qualquer preocupação direta com o bem jurídico da vida. Com isso não estamos sustentando que eventual resultado morte deva ficar impune. Não é isso. À evidência que a superveniência eventual da morte da vítima, decorrente de efetivo contágio venéreo, encontra proteção jurídico-penal no nosso ordenamento jurídico, mas em outra sede e com outros fundamentos que não os que serviram para justificar a *criminalização* da exposição de contágio venéreo. Na verdade, duas hipóteses podem ocorrer: se o agente agiu, neste caso, com dolo (de perigo ou de dano, não importa), responderá pelo crime de "lesão corporal seguida de morte" (art. 129, § 3º); se, no entanto, a *conduta precedente* (prática sexual sem preservativo, por exemplo) foi negligente ao não observar que podia estar contaminado, pelas circunstâncias pessoais e particulares, configurará uma conduta culposa, devendo responder por *homicídio culposo* (art. 121, § 3º).

3. Sujeitos ativo e passivo

Sujeito ativo pode ser qualquer pessoa, homem ou mulher, desde que sejam portadores de moléstia venérea. Estar contaminado ou portar moléstia venérea é uma *condição particular* exigida por esse tipo penal. A ausência dessa "condição" torna atípica a conduta do agente, ainda que aja com dolo de expor o ofendido à contaminação.

O próprio *cônjuge* (masculino ou feminino) pode ser sujeito ativo em relação ao seu consorte. Nem o matrimônio nem o exercício da prostituição constituem excludentes ou dirimentes da responsabilidade penal pela exposição *a contágio de moléstia venérea*: na relação matrimonial a infidelidade (real ou presumida) torna a ação delituosa mais *desvaliosa*, e, em relação à prostituição, a grande capacidade transmissora dos "promíscuos" eleva o *desvalor do resultado* decorrente da ação expositora, tornando, em qualquer das hipóteses, mais *censurável* a conduta do portador de moléstia venérea.

Sujeito passivo também pode ser qualquer ser vivo, nascido de mulher, sem qualquer condição particular. A exemplo do que afirmamos em relação ao sujeito ativo, também cônjuge e prostituta podem ser sujeitos passivos da exposição a moléstia venérea.

Trata-se, com efeito, de *interesse público* e, portanto, *indisponível*. O eventual consentimento do ofendido não afasta o interesse público em impedir a progressão dessas moléstias, que, se não forem combatidas com eficácia, podem adquirir dimensões preocupantes ou, quem sabe, até atingir o nível de epidemia. Nesse sentido, pontificava Nélson Hungria: "é irrelevante o *consentimento* do ofendido, isto é, o seu assentimento ao ato sexual, apesar de conhecer o risco do contágio"[6].

---

5. Magalhães Noronha, *Direito Penal*, p. 90.
6. Nélson Hungria, *Comentários*, p. 405.

4. Tipo objetivo: adequação típica

A *ação* consiste em *expor* (colocar em perigo) a contágio de moléstia venérea de que *sabe* ou *devia saber* ser portador. O perigo deve ser direto e iminente, isto é, concreto, demonstrado e não presumido. A possibilidade incerta ou remota é insuficiente. É suficiente a *exposição ao perigo*, sendo desnecessário o dano, que, se ocorrer, constituirá, em tese, somente o exaurimento do crime.

O *meio* de exposição a contágio venéreo é somente através de *relações sexuais* ou *qualquer outro ato libidinoso*. Na definição desse crime, o legislador utiliza a expressão "relações sexuais", ao contrário da *praxis* adotada na definição dos *crimes contra a dignidade sexual* (arts. 213 a 218-C do CP), na qual emprega sempre a expressão "conjunção carnal". À evidência que *relações sexuais* têm uma abrangência superior àquela compreendida pela expressão *conjunção carnal*. O vocábulo *relações sexuais*, além da dita *cópula vagínica*, abrange também, na linguagem clássica, as "relações sexuais anormais, tais como o coito anal ou oral, o uso de instrumentos roliços ou dos dedos para a penetração no órgão sexual feminino, ou a cópula vestibular, em que não há penetração"[7]. A expressão "relações sexuais", ademais, embora o texto legal seja todo ele de 1942, mostra-se mais atualizada, por seu alcance mais abrangente, pois englobaria também, além dos atos supraenunciados, as *relações homossexuais* (tidas, simplesmente, como *atos libidinosos diversos da conjunção carnal*), tão disseminadas na atualidade. *Conjunção carnal*, por sua vez, tem sido definida como *cópula vagínica*, isto é, alguns doutrinadores têm conceituado a *conjunção carnal* como "o *relacionamento sexual normal* (grifamos) entre homem e mulher, com a penetração completa ou incompleta, do órgão masculino na cavidade vaginal"[8]. A nosso juízo, está completamente superado falar em "relação sexual normal", pois dificilmente chegaríamos a um consenso sobre o que é "relação sexual anormal". *Ato libidinoso*, por fim, é todo ato carnal que, movido pela concupiscência sexual, apresenta-se objetivamente capaz de produzir a excitação e o prazer sexual, no sentido mais amplo, incluindo, logicamente, a conjunção carnal. São exemplos de atos libidinosos, diversos da conjunção carnal, a *fellatio in ore*, o *cunnilingus*, o *pennilingus*, o *annilingus*, a *sodomia* etc.

Não se poderá falar em crime de perigo de contágio venéreo se o perigo provir de qualquer outra ação física, como, por exemplo, ingestão de alimentos, aperto de mão, amamentação, uso de utensílios domésticos etc., pois a descrição típica, ao se limitar expressamente às relações sexuais e atos libidinosos, exclui qualquer outra forma de contágio. Se ocorrer contágio de moléstia venérea através de qualquer outro meio, poderá tipificar o crime do art. 131, desde que se trate de moléstia grave.

É indispensável a existência de *contato pessoal* entre os sujeitos ativo e passivo, ante a exigência da lei de que a *exposição de alguém a contágio venéreo se produ-*

---

7. Damásio E. de Jesus, *Direito Penal*, p. 97.
8. Damásio E. de Jesus, *Direito Penal*, cit., v. 3, p. 97.

za através de *relações sexuais* ou *qualquer outro ato libidinoso*; aliás, é impossível manter "relações sexuais" ou praticar qualquer "ato libidinoso" sem contato pessoal. Nosso Código Penal *ainda* não pune essas condutas "virtuais". Será atípica a conduta, pelo menos em relação a esse dispositivo, se o contágio ocorrer através de outros meios ou outras formas de condutas que não se caracterizem como *atos de libidinagem "lato sensu"*. Aliás, o *contágio efetivo* (mesmo através de relações sexuais) é o dano que concretiza o perigo, e constitui, em tese, simples exaurimento do crime.

Se o agente contaminado procura evitar a transmissão da moléstia, usando preservativos, por exemplo, estará, com certeza, afastando o dolo. Com esse comportamento, se sobrevier eventual contaminação, em tese, não deverá responder sequer por lesão corporal culposa, pois tomou os cuidados objetivos requeridos nas circunstâncias.

Se a moléstia venérea for grave, mas o ato não for libidinoso, ou se o ato for libidinoso, mas a moléstia não for venérea, tipificará o crime do art. 131 e não deste.

Por fim, para que se configure a infração penal descrita no art. 130 do CP não basta que o sujeito ativo *exponha* a vítima a contágio de moléstia venérea ou a contagie. Esse é apenas o aspecto objetivo, material, da descrição típica. Para que o crime tipificado no dispositivo referido se aperfeiçoe é indispensável que o agente "saiba", isto é, tenha *consciência* ou, pelo menos, "deva saber", ou seja, *possa ter consciência* de que está contaminado. Mas esse *"aspecto subjetivo"*, por razões metodológica e didática, será examinado no tópico em que abordaremos o *tipo subjetivo*.

4.1 Tipo penal aberto e norma penal em branco

O texto legal fala, genericamente, em *moléstia venérea*, sem qualquer outra definição ou limitação. Ante a omissão do texto legal, a definição de *moléstia venérea* compete à medicina. Assim, a exemplo do que ocorre com as *substâncias entorpecentes* (que causam dependência física ou psíquica), são admitidas como *moléstias venéreas*, para efeitos penais, somente aquelas que o Ministério da Saúde catalogar como tais, e esse rol deve variar ao longo do tempo, acompanhando não só a evolução dos costumes, mas, particularmente, os avanços da própria ciência médica.

A *AIDS*, que não é moléstia venérea e que não se transmite somente por atos sexuais, poderá tipificar o crime do art. 131, lesão corporal seguida de morte ou até mesmo homicídio, dependendo da intenção do agente, mas nunca o crime de perigo de contágio venéreo.

5. Tipo subjetivo: adequação típica

Para analisarmos o *elemento subjetivo* do crime de contágio venéreo, precisamos superar, preliminarmente, a divergência que temos sobre o *sentido* e *função* das elementares "sabe" ou "deve saber", contidas no tipo, relativos ao *grau de consciência* de estar "contaminado". Deixamos claro, desde logo, que não concordamos com a *doutrina tradicional*, para a qual referidas elementares referem-se às *espécies de dolo* (direto e eventual). Estender-nos-emos um pouco nesta análise, em razão de sua complexidade, mas o seu conteúdo servirá para todos os tipos que contiverem as mesmas expressões, dispensando seu reexame.

Examinando essas mesmas expressões, utilizadas pela Lei n. 9.426/96 na nova tipificação do crime de receptação (art. 180 do CP), afirmamos o seguinte: "O legislador brasileiro contemporâneo ao definir as condutas típicas continua empregando as mesmas técnicas que eram adotadas na primeira metade deste século, ignorando a extraordinária evolução da Teoria Geral do Delito. Continua utilizando expressões, como, 'sabe' ou 'deve saber', que, outrora, eram adotadas para identificar a *natureza ou espécie de dolo*. O emprego dessa técnica superada constitui uma demonstração evidente do desconhecimento do atual estágio da *evolução do dolo* e da *culpabilidade*. Ignora nosso legislador que a *consciência da ilicitude* não é mais elemento do dolo, mas da culpabilidade e que tal *consciência*, por construção dogmática, não precisa mais ser *atual*, bastando que seja *potencial*, independentemente de determinação legal. A *atualidade* ou simples *possibilidade* de *consciência da ilicitude* servirá, apenas, para definir o *grau de censura*, a ser analisado na dosagem de pena, sem qualquer influência na configuração da infração penal.

"Essa *técnica* de utilizar em alguns tipos penais as expressões 'sabe' ou 'deve saber' justificava-se, no passado, quando a *consciência da ilicitude* era considerada, pelos *causalistas*, elemento constitutivo do dolo, a exemplo do *'dolus malus'* dos romanos, um *dolo normativo*. No entanto, essa construção está completamente superada como superada está a utilização das expressões 'sabe' e 'deve saber' para distinguir a *natureza do dolo*, diante da consagração definitiva da *teoria normativa pura* da culpabilidade, a qual retirou o dolo da culpabilidade colocando-o no tipo, extraindo daquele a *consciência da ilicitude* e situando-a na culpabilidade, que passa a ser puramente normativa"[9].

Para facilitar a compreensão da nossa crítica sobre a *equivocada utilização* das expressões "sabe" e "deve saber", nas construções dos tipos penais, precisamos fazer uma pequena digressão sobre a evolução da *teoria do delito*, particularmente em relação ao dolo e à culpabilidade. Pedimos *venia* ao leitor para reproduzir, basicamente, o que escrevemos sobre o tema ao interpretarmos as disposições da Lei n. 9.426/96 relativas ao crime de receptação, publicado em nosso livro *Novas penas alternativas*.

5.1 Elementos normativos: "sabe" ou "deve saber"

Na verdade, o conteúdo da *culpabilidade finalista* exibe substanciais diferenças em relação ao modelo *normativo neokantiano*, que manteve dolo e culpa como seus elementos. Diga-se, mais uma vez, que, enquanto na *concepção causalista* o dolo e a culpa eram partes integrantes da culpabilidade, na *finalista* passam a ser elementos

---

9. Cezar Roberto Bitencourt, *Novas penas alternativas*, São Paulo, Saraiva, 1999, p. 57.

não desta, mas do injusto. Também, na *corrente finalista*, inclui-se o *conhecimento da proibição* na culpabilidade, de modo que o *dolo* é entendido somente como *dolo natural* (puramente psicológico), e não como no *causalismo*, que era considerado como o *dolus malus* dos romanos, constituído de *vontade, previsão e conhecimento da realização de uma conduta proibida*[10].

Para melhor compreendermos a estrutura do dolo e da culpabilidade e, particularmente, a *desintegração* e *reestruturação* de ambos, faz-se necessário, pelo menos, passar uma vista d'olhos na evolução das *teorias do dolo e da culpabilidade*.

5.1.1 Postulados fundamentais das teorias do dolo e da culpabilidade

A *teoria extremada do dolo*, a mais antiga, situa o dolo na culpabilidade e a *consciência da ilicitude*, que deve ser *atual*, no próprio dolo. Defende a existência de um *dolo normativo*, constituído de *vontade, previsão e conhecimento da realização de uma conduta proibida (consciência atual da ilicitude)*. Por isso, para essa teoria, o *erro jurídico-penal*, independentemente de ser erro de tipo ou erro de proibição, exclui sempre o dolo, quando inevitável, por anular ou o *elemento normativo* (consciência da ilicitude) ou o *elemento intelectual* (previsão) do dolo. Equipara, assim, as duas espécies de erro quanto aos seus efeitos[11].

Pois bem, a expressão "deve saber", se for considerada como indicativa de dolo — direto ou indireto —, revive, de certa forma, a superada *teoria limitada do dolo*, com sua "cegueira jurídica", sugerida por Mezger, ao recriar uma espécie de "dolo presumido". Na verdade, cabe relembrar, a *teoria limitada do dolo* foi apresentada como um aperfeiçoamento da *teoria extremada* e, procurando evitar as *lacunas de punibilidade* que esta possibilitava, equiparou ao "conhecimento atual da ilicitude" a "cegueira jurídica" ou "inimizade ao Direito". Segundo Welzel[12] o aperfeiçoamento da *teoria estrita do dolo* foi buscado, sem sucesso, de duas formas: criando, de um lado, um tipo auxiliar de "culpa jurídica", pela falta de informação jurídica do autor, e, de outro lado, pela relevância da "cegueira jurídica" ou "inimizade ao Direito", adotadas pelo Projeto de Código Penal de 1936. Para Mezger, há casos em que o autor do crime (normalmente um delinquente habitual) demonstra desprezo ou indiferença tais para com os valores do ordenamento jurídico que, mesmo não se podendo provar o *conhecimento da antijuridicidade*, deve ser castigado por

---

10. Manuel Vidaurri Aréchiga, *La culpabilidad en la doctrina jurídicopenal española* (tese de doutorado — inédita), Sevilla, 1989, p. 116.
11. Muñoz Conde, *El error en Derecho Penal*, Valencia, Tirant lo Blanch, 1989, p. 26 e 31. Para maior aprofundamento das teorias do dolo e da culpabilidade, ver: Francisco de Assis Toledo, Teorias do dolo e teorias da culpabilidade, *Revista dos Tribunais*, v. 566, 1982; Jorge de Figueiredo Dias, *O problema da consciência da ilicitude em Direito Penal*, 3. ed., Coimbra, Coimbra Ed., 1987, p. 150.
12. Hans Welzel, *El nuevo sistema del Derecho Penal — una introducción a la doctrina de la acción finalista*, trad. José Cerezo Mir, Barcelona, Ed. Ariel, p. 106.

crime doloso[13]. De certa maneira, ainda que por via transversa, com essa "equiparação" ou "ficção", Mezger substituiu, na teoria limitada do dolo, o *conhecimento atual* da ilicitude pelo *conhecimento presumido*, pelo menos nesses casos. Assim, Mezger, seu grande idealizador, introduziu, finalmente, o *polêmico elemento* denominado *culpabilidade pela condução de vida*, criando, dessa forma, a possibilidade de condenação do agente *não por aquilo que ele faz, mas por aquilo que ele é*, dando origem ao combatido *Direito Penal de Autor*.

No entanto, essa proposição de Mezger, de *presumir-se* o dolo quando a *ignorância da ilicitude* decorresse de "cegueira jurídica" ou de "animosidade com o Direito", isto é, de condutas incompatíveis com uma razoável concepção de direito ou de justo, não foi aceita, diante da incerteza de tais conceitos[14]. A mesma sorte merece ter a expressão "deve saber", que cria uma espécie de "dolo presumido", dissimulador de *autêntica responsabilidade objetiva*, incompatível com a teoria normativa pura da culpabilidade. A mesma *rejeição* recebida pela "variante" da teoria do dolo, sugerida por Mezger, com sua "cegueira jurídica", deve ser endereçada às "construções jurídicas" que se utilizam de subterfúgios como as expressões antes referidas, por violarem o *princípio da culpabilidade*.

Por outro lado, não se pode perder de vista que a teoria estrita da culpabilidade parte da *reelaboração* dos conceitos de *dolo* e de *culpabilidade*, empreendida pela *doutrina finalista*, com a qual surgiu, cujos representantes maiores foram Welzel, Maurach e Kaufmann. Essa teoria separa o *dolo* da *consciência da ilicitude*. Assim, o dolo, no seu aspecto puramente psicológico — *dolo natural* —, é transferido para o *injusto*, passando a fazer parte do tipo penal. A *consciência da ilicitude* e a *exigibilidade de outra conduta* passam a fazer parte da culpabilidade, num puro *juízo de valor*. A culpabilidade passa a ser um pressuposto básico do juízo de censura[15].

Enfim, dolo e *consciência da ilicitude* são, portanto, para a *teoria da culpabilidade*, conceitos completamente distintos e com diferentes funções dogmáticas. Como afirma Muñoz Conde[16], "o conhecimento da antijuridicidade, tendo natureza dis-

---

13. Mezger, em edições posteriores, explicou que "a *hostilidade ao direito*" é equiparável ao dolo em suas consequências jurídicas, e não no seu "*conceito*", como entenderam alguns (Edmund Mezger, *Derecho Penal*; Parte General, México, Cardenas Editor y Distribuidor, 1985, p. 251).

14. Mezger fez essa sugestão em 1952, segundo Juan Córdoba Roda (*El conocimiento de la antijuridicidad*, p. 62).

15. Cezar Roberto Bitencourt, *Manual de Direito Penal*; Parte Geral. A *teoria limitada da culpabilidade* tem muitos pontos em comum com a teoria extremada da culpabilidade. Ambas situam o dolo no tipo e a consciência da ilicitude na culpabilidade; adotam o erro de tipo como excludente do dolo, e admitem, quando for o caso, o crime culposo; defendem o erro de proibição inevitável como causa de exclusão da culpabilidade, sem possibilidade de punição a qualquer título (dolo ou culpa). Diferem somente no tratamento do erro que incidir sobre as causas de justificação.

16. Muñoz Conde, *El error*, p. 33. Para mais detalhes, veja-se Welzel, *El nuevo sistema*, p. 112 e s.

tinta do dolo, não requer o mesmo grau de consciência; o conhecimento da antijuridicidade não precisa ser atual, pode ser simplesmente potencial...".

5.1.2 Sentido e função das elementares "sabe" e "deve saber" na definição do crime de perigo de contágio venéreo

Dolo é o conhecimento e a vontade da realização do tipo penal. Todo dolo tem um aspecto *intelectivo* e um aspecto *volitivo*. O aspecto intelectivo abrange o *conhecimento atual* de todas as circunstâncias objetivas que constituem o tipo penal[17].

Para a configuração do *dolo* exige-se a *consciência* daquilo que se pretende praticar. Essa consciência, no entanto, deve ser *atual*, isto é, deve estar presente no momento da ação, quando ela está sendo realizada. É insuficiente, segundo Welzel, a *potencial consciência* das circunstâncias objetivas do tipo, uma vez que prescindir da *consciência atual* equivale a destruir a linha divisória entre dolo e culpa, convertendo aquele em mera ficção[18].

Na verdade, a *previsão*, isto é, a representação ou consciência, deve abranger correta e completamente todos os elementos essenciais do tipo, sejam eles descritivos ou normativos. Mas essa *previsão* constitui somente a *consciência dos elementos integradores do tipo penal*, ficando fora dela a *consciência da ilicitude*, que, como já afirmamos, está deslocada para o interior da culpabilidade[19]. É desnecessário o *conhecimento da proibição* da conduta, sendo suficiente o conhecimento das circunstâncias de fato necessárias à composição do tipo.

A *velha doutrina*, ao analisar as expressões "sabe" e "deve saber", via em ambas a identificação do *elemento subjetivo* da conduta punível: o *dolo direto* era identificado pela elementar "sabe", e o *dolo eventual* pela elementar "deve saber" (alguns autores identificavam, neste caso, a culpa)[20]. Aliás, foi provavelmente com esse sentido que se voltou a utilizar essas expressões, já superadas, na Lei n. 9.426/96, ao dar nova tipificação ao crime de receptação.

Na hipótese do "sabe" — afirmavam os doutrinadores — há *plena certeza* do agente de que está contaminado. Nesse caso, não se trata de mera suspeita, que pode oscilar entre a dúvida e a certeza, mas há, na realidade, a plena convicção de encontrar-se contaminado. Assim, a suspeita e a dúvida não servem para caracterizar o sentido da elementar "sabe". Logo — concluíam —, trata-se de *dolo direto*.

---

17. Welzel, *Derecho Penal alemán*, p. 96.
18. Welzel, *Derecho Penal alemán*, p. 96. No mesmo sentido, Gomez Benitez: "o momento cognoscitivo compreende o conhecimento real ou atual (não somente potencial) da realização dos elementos descritivos e normativos do tipo..." (*Teoría jurídica del delito — Derecho Penal*; Parte General, Madrid, Ed. Civitas, 1988, p. 205).
19. Cezar Roberto Bitencourt, *Manual*, 6. ed., p. 235.
20. Heleno Cláudio Fragoso, *Lições*, v. 1; Nélson Hungria, *Comentários*, v. 5, p. 405; Damásio de Jesus, *Direito Penal*, v. 2, p. 148, todos analisando o art. 130 do Código Penal.

Na hipótese, "deve saber" estar contaminado — afirmavam — significa somente a *possibilidade* de tal conhecimento, isto é, a *potencial consciência de uma elementar típica*. Nas circunstâncias, o agente *deve saber* que é portador de moléstia venérea, sendo desnecessária a *ciência efetiva*: basta a *possibilidade* de tal conhecimento. Dessa forma, na mesma linha de raciocínio, concluíam, trata-se de *dolo eventual*[21].

No entanto, essa interpretação indicadora do dolo, por meio do "sabe" ou "deve saber", justificava-se quando vigia, incontestavelmente, a *teoria psicológico-normativa* da culpabilidade, *que mantinha o dolo como elemento da culpabilidade*, situando a *consciência da ilicitude* no próprio *dolo*. Contudo, a sistemática hoje é outra: a elementar "sabe" que está contaminado significa *ter consciência* de que é um *agente transmissor*, isto é, ter consciência de um elemento do tipo, e a elementar "deve saber", por sua vez, significa *a possibilidade de ter essa consciência*.

A *consciência* do dolo, seu elemento intelectual, além de não se limitar a determinadas elementares do tipo, como "*sabe*" ou "*deve saber*", não se refere à *ilicitude do fato*, mas à sua configuração típica, devendo abranger todos os elementos objetivos, descritivos e normativos da figura típica, e não simplesmente um elemento normativo, "está contaminado". Ademais, o *conhecimento dos elementos objetivos do tipo*, ao contrário da *consciência da ilicitude*, tem de ser sempre *atual*, sendo insuficiente que seja *potencial* — deve saber —, sob pena de destruir a linha divisória entre *dolo* e *culpa*, como referia Welzel. Em sentido semelhante manifesta-se Muñoz Conde[22], afirmando que: "O conhecimento que exige o dolo é o conhecimento atual, não bastando um meramente potencial. Quer dizer, o sujeito deve saber o que faz, e não, haver devido ou podido saber".

Na verdade, a admissão da elementar "deve saber" como identificadora de *dolo eventual* impede que se demonstre *in concreto* a impossibilidade de o agente *ter* ou *adquirir o conhecimento* do seu estado de contagiado, na medida em que tal conhecimento é *presumido*. E essa *presunção legal* não é outra coisa que *autêntica responsabilidade objetiva*: presumir o dolo onde este não existe!

A expressão "deve saber", como elementar típica, é pura *presunção*, incompatível com o Direito Penal da culpabilidade. Precisa-se, enfim, ter sempre presente que não se admitem mais *presunções irracionais*, iníquas e absurdas, pois, a despeito de exigir-se uma *consciência profana* do injusto, constituída dos conhecimentos hauridos em sociedade, provindos das normas de cultura, dos princípios morais e éticos, não se pode ignorar a hipótese, sempre possível, de não se ter ou não se poder adquirir essa consciência. Com efeito, nem sempre o *dever jurídico* coincide com a lei moral. Não poucas vezes o Direito protege situações amorais e até imorais, contrastando com a *lei moral*, por razões de política criminal, de segurança social

---

21. Damásio de Jesus, em recente artigo publicado no *Boletim do IBCCrim*, n. 52, mar. 1997, p. 5-7.
22. Muñoz Conde e Mercedes García Arán, *Derecho Penal*; Parte General, 2. ed., Valencia, Tirant lo Blanch, 1996, p. 285.

etc. Assim, nem sempre é possível estabelecer, *a priori*, que seja o crime uma ação imoral[23]. A ação criminosa pode ser, eventualmente, até moralmente louvável. A norma penal, pela sua particular força e eficácia, induz os detentores do poder político a avassalar a tutela de certos interesses e finalidades, ainda que contrastantes com os interesses gerais do grupo social.

Por derradeiro, constar de texto legal a *atualidade* ou *potencialidade* da consciência de elementares, normalmente representadas pelas expressões "sabe" ou "deve saber", é uma erronia intolerável, já que a Ciência Penal encarregou-se de sua elaboração interpretativo-dogmática. A mera possibilidade de conhecimento de qualquer elemento do tipo é insuficiente para configurar o dolo, direto ou eventual.

Concluindo, a *previsão*, isto é, o *conhecimento*, deve abranger todos os elementos objetivos e normativos da descrição típica. E esse *conhecimento* deve ser *atual*, real, concreto e não *meramente presumido*. Agora, a *consciência do ilícito*, esta sim pode ser *potencial*, mas será objeto de análise somente no exame da *culpabilidade*, que também é predicado do crime[24].

Enfim, ignoramos completamente a existência das elementares "sabe" e "deve saber", para efeitos de classificação das *espécies de dolo*, possíveis no crime de perigo de contágio venéreo, até porque o *dolo eventual* não se compõe da simples *possibilidade de consciência* (deve saber), como sustentava a *teoria da probabilidade*.

5.2 Espécies de dolo: direto e eventual

Este tipo penal, segundo a doutrina tradicional, contém três figuras distintas: a) o agente *sabe* que está contaminado; b) não sabe, mas *devia saber* que está contaminado; c) sabe que está contaminado e *tem a intenção de transmitir a moléstia* (§ 1º). Dessa distinção origina-se a diversidade de *elementos subjetivos*: 1ª) (de que sabe) *dolo de perigo*, direto ou eventual; 2ª) (deve saber) *dolo eventual de perigo* (alguns sustentam até a existência de culpa, que é inconcebível; 3ª) (se é intenção... transmitir) *dolo de dano direto*, na figura do § 1º, mais o *elemento subjetivo especial do tipo* representado pelo fim especial de transmitir a moléstia. Enfim, *dolo de perigo*, nas hipóteses do *caput*, e *de dano*, na hipótese do § 1º. Vamos examinar essas questões à luz da nossa interpretação.

Não vemos nenhuma possibilidade de punir a modalidade do *crime culposo*, em razão do princípio de sua *excepcionalidade*, e, por isso mesmo, seria paradoxal admitir sua equiparação com o dolo. Relativamente à previsão do *caput* do art. 130, sustentamos a viabilidade de *dolo direto* e *dolo eventual*, pois, como o próprio Hungria reconhecia, "o elemento subjetivo limita-se à consciência ou possibilidade de consciência de quem com o voluntário contato sexual, se cria o perigo de contá-

---

23. Cezar Roberto Bitencourt, *Manual*, 6. ed., p. 350; *Teoria geral do delito*, p. 205.
24. Cezar Roberto Bitencourt, *Manual*, 6. ed., p. 294; *Teoria geral do delito*, p. 152.

gio"[25], embora, na época, Hungria desse outro sentido dogmático às expressões "consciência" e "possibilidade de consciência". É compreensível, pois, em seu tempo, vigia a *teoria psicológico-normativa* da culpabilidade, e a "consciência da ilicitude integrava o próprio dolo" que, por sua vez, era um dos elementos da culpabilidade.

E, em relação ao § 1º, onde um elemento subjetivo especial do injusto exerce uma função *sui generis* — qualificadora, o *dolo de dano* só pode ser direto.

5.2.1 Dolo direto e eventual — "sabe" que está contaminado

Quando o agente "sabe" que está contaminado, isto é, quando tem plena *consciência* do seu estado, de que é portador de moléstia venérea, podem ocorrer as duas espécies de dolo — direto e eventual. O dolo será sempre de perigo e consistirá na vontade livre e consciente de criar a situação de perigo de contágio venéreo (dolo direto) ou na aceitação do risco de criá-la (dolo eventual).

Na primeira hipótese — dolo direto — o agente "sabe" que está contaminado, tem consciência de seu estado e de que cria, com a sua ação, *uma situação de risco* para a vítima, mas não deixa de praticar o *ato libidinoso*, seja conjunção carnal seja qualquer outro ato de libidinagem. Não quer transmitir a moléstia venérea, mas tem plena *consciência* e vontade de expor a vítima a perigo de contagiar-se. Em outros termos, consciente e voluntariamente expõe a vítima a perigo de contágio venéreo.

Age, nessa hipótese, com *dolo direto*, pois a *vontade* do agente é dirigida à realização do fato típico. O objeto do dolo direto é o *fim proposto* (satisfação da libido), os *meios escolhidos* (práticas libidinosas) e os *efeitos colaterais* ou *secundários* (exposição a contágio de moléstia venérea) representados como necessários à realização do fim pretendido. Em relação ao fim proposto e aos meios escolhidos, o dolo direto é de *primeiro grau*, e, em relação aos efeitos colaterais, representados como necessários, o dolo direto é de *segundo grau*. Esse efeito colateral ou secundário — exposição a perigo de contágio — é abrangido *mediatamente* pela vontade consciente do agente — que sabe do risco —, mas é a sua produção ou existência necessária que o situa, também, como objeto do dolo direto: não é a sua relação de *imediatidade*, mas a relação de *necessidade* que o inclui no dolo direto[26].

Mas, mesmo na hipótese em que "sabe" que está contaminado, o agente pode agir com *dolo eventual* e não somente com *dolo direto*. Quando, por exemplo, o agente "sabe" que é portador de moléstia venérea, *prevê* a possibilidade de dar-se o contágio, mas não tem certeza de que a moléstia que tem é contagiosa. Na *dú-*

---

25. Nélson Hungria, *Comentários*, p. 402.
26. Cezar Roberto Bitencourt, *Manual*, 6. ed., p. 249. "Enfim, quando se trata do *fim* diretamente desejado pelo agente, denomina-se *dolo direto de primeiro grau* e quando o resultado é desejado como consequência necessária do meio escolhido ou da natureza do fim proposto, denomina-se *dolo direto de segundo grau* ou *dolo de consequências necessárias*" (p. 249-50).

vida sobre a natureza contagiosa, em vez de abster-se, mantém contato sexual com a vítima e a expõe a perigo. Quando o agente não tem certeza de alguns dos elementos da configuração típica não deve agir; se, no entanto, apesar da dúvida, age, assume o risco, não da produção do resultado como tal, mas da *aceitação da possibilidade* de sua verificação. Não se pode esquecer que a elementar "sabe" não se confunde com dolo, pois este se compõe de dois elementos — *intelectivo* (consciência ou previsão) e *volitivo* (vontade) —, e a ausência de qualquer deles é suficiente para impedir a configuração dolosa, tanto na forma direta quanto na eventual.

Não há, em nenhuma das hipóteses, qualquer intenção de transmitir a moléstia, tampouco a assunção do risco de transmiti-la, pois o dolo é de perigo. Mas o agente tem consciência do perigo de contágio, da possibilidade de que este ocorra, mas, a despeito disso, não desiste, mantém o contato libidinoso com a vítima, expondo-a a perigo.

5.2.2 Dolo eventual — "deve saber" que está contaminado

O agente percebe alguns sinais de doença venérea, mas não tem certeza de sua infecção e, quiçá, contaminação, e, no entanto, mantém relação sexual sem tomar qualquer precaução, expondo alguém a perigo. Na verdade, "devia saber", havia a possibilidade de ter essa consciência de seu estado, esse *elemento normativo* está presente, mas assume o risco de criar uma situação de perigo para terceiro, de criar uma situação de ameaça concreta de transmissão da moléstia. Nesse caso, na *dúvida sobre a possibilidade de estar contaminado* não podia agir, expondo alguém a perigo concreto. Como destaca Wessels[27], haverá *dolo eventual* quando o autor não se deixar dissuadir da realização do fato pela possibilidade próxima da ocorrência do resultado (na hipótese, da exposição a perigo) e sua conduta justificar a assertiva de que, em razão do fim pretendido, ele se tenha conformado com o risco da exposição ou até concordado com a sua ocorrência, em vez de renunciar à prática da ação.

Convém destacar que a *dúvida* do agente pode ser em relação à circunstância de estar contaminado (deve saber) ou, então, quanto a se tratar de moléstia contagiosa ou não (sabe que está contaminado). Na primeira hipótese, o dolo eventual que orienta a conduta do agente refere-se à elementar "deve saber", e a segunda refere-se à elementar "sabe".

Enfim, pode-se concluir, o *dolo eventual* pode configurar-se diante de qualquer das duas elementares — "sabe" e "deve saber"; o dolo direto é que não é admissível na hipótese do "deve saber".

5.2.3 Qualificadora e elemento subjetivo especial do tipo

Na hipótese do § 1º do art. 130, o agente quer transmitir a moléstia venérea, mantém a relação sexual com essa finalidade; a intenção de transmitir constitui o

---

27. Wessels, *Direito Penal*, p. 53.

móvel da ação. Se, no entanto, o agente praticar a relação sexual sabendo que está contaminado, tem consciência do risco a que expõe a companheira ou o companheiro, isto é, age com dolo eventual quanto ao contágio efetivo, responderá pelo art. 130, *caput*, e não pelo § 1º. Nesse sentido, questiona Hungria, "se o agente, sabendo-se infeccionado, não tem a intenção direta do contágio (dolo direto de dano), mas assume o risco de produzi-lo (dolo eventual de dano)?". A solução — propõe Hungria — não pode deixar de ser no sentido de que o agente incorre apenas na sanção do *caput* do art. 130, pois o § 1º exige a *intenção do dano* (vontade dirigida incondicionalmente ao evento "contágio")[28].

A previsão do § 1º, "*se é intenção do agente transmitir a moléstia*", exerce aqui, simultaneamente, dupla função dogmática: qualifica o crime (tipo derivado) e constitui *elemento subjetivo especial* do injusto. A diferença do *especial fim de agir*, disciplinado no dispositivo em exame, não está na necessidade de concretizar-se ou não (não precisa), mas reside na *função dogmática* que, nesse caso, exerce: naqueles tipos que o exigem, o *especial fim de agir* apenas, como elemento subjetivo especial do tipo, "condiciona ou fundamenta a ilicitude do fato", ampliando o aspecto subjetivo do tipo, sem integrar ou confundir-se com o dolo[29]; nesse caso — *intenção de transmitir a moléstia* —, constitui elemento estrutural e definidor do *tipo derivado*, qualificando a conduta tipificada. Mas mesmo nessa função *sui generis* — qualificadora do crime — não perde sua característica de *elemento subjetivo especial do injusto* (dupla função), pois também não precisa concretizar-se para o crime consumar-se e sua eventual concretização, da mesma forma, não altera a definição típica e representará somente o exaurimento do crime qualificado. Por isso, o agente, nesse caso, responderá pelo crime do art. 130, § 1º, contaminando ou não o ofendido.

Tem-se criticado o legislador pela inclusão da figura qualificada, na qual o agente *tem a intenção de transmitir a moléstia*, pois haveria uma *tentativa de lesões corporais*, punida, excepcionalmente, como crime autônomo, e a própria Exposição de Motivos se explica por essa opção[30]. Temos para nós que essa crítica não só é injusta como equivocada: em primeiro lugar, porque dificilmente se pune uma "tentativa de lesões corporais", e se punição houver será ínfima; em segundo lugar, afora cominar pena consideravelmente superior àquela das lesões corporais leves, trata-se de um *crime formal*, que se consuma com a simples produção do perigo; o eventual dano efetivo, que não precisa existir, representará somente o exaurimento. Ademais, pune-se aqui a simples *exposição a perigo de dano*, bastando que haja o dolo de lesar.

Enfim, o *desvalor da conduta* aqui descrita é muito mais grave do que as outras formas ou meios de tentar lesar a integridade física ou a saúde de alguém e, também por isso, é censurada com pena consideravelmente superior (um a quatro anos de reclusão).

---

28. Nélson Hungria, *Comentários*, p. 405-6.
29. Cezar Roberto Bitencourt, *Manual*; Parte Geral.
30. Nélson Hungria, *Comentários*, p. 406.

6. Consumação e tentativa

O crime de perigo de contágio venéreo *consuma-se* com a prática de *atos de libidinagem* (conjunção carnal ou não), capazes de transmitir a moléstia venérea, independentemente do contágio, que poderá ou não ocorrer. *Atos de libidinagem* podem ser representados pelas *relações sexuais* ou outros *atos libidinosos* diversos daquelas.

Por fim, a exemplo de outras figuras delituosas — como a *extorsão mediante sequestro*, *corrupção passiva* etc. —, a *efetiva contaminação* do ofendido constituirá simples *exaurimento* do crime de perigo de contágio venéreo, que, para alguns, *tipificaria um crime de dano*[31], que poderia ser, eventualmente, lesão corporal dolosa ou culposa, conforme o caso. Contudo, como o *dolo é de perigo*, presume-se que o agente não tenha querido transmitir a moléstia. Assim, no máximo, poderia responder pelo crime de *lesões corporais culposas*, que, no entanto, ficaria igualmente afastada em razão de sua sanção ser menor que a do crime de perigo. E, se houver a intenção de contagiar a vítima, o tipo será a figura qualificada do § 1º do art. 130, cuja sanção já é devidamente agravada.

Este crime admite a tentativa a despeito de tratar-se de crime de simples perigo. Como crime formal, compõe-se de ação e resultado, embora tenha sua execução antecipada, consumando-se com a prática da conduta nuclear típica. Contudo, frequentemente apresenta um *iter criminis*, que pode ser objeto de fracionamento, e esse fracionamento é a grande característica identificadora da possibilidade de reconhecimento da forma tentada. Haverá tentativa, por exemplo, quando o agente pretende manter relação sexual com a vítima e não consegue.

7. Crime impossível

O fato de o ofendido (sujeito passivo) encontrar-se contaminado e, até por isso, *consentir* no ato não afastará a configuração do crime ou não.

O *eventus periculi*, resultante da prática de atos libidinosos de portador de moléstia venérea com outra pessoa, é presumido, e essa presunção é *juris tantum*, ou seja, admite prova em contrário. É o mínimo que se pode exigir em um Estado Democrático de Direito, em que vige um Direito Penal da culpabilidade e é proscrita a responsabilidade penal objetiva, para se poder conviver com crimes de perigo presumido. Assim, quando se comprovar que o ofendido já era contaminado ou portador da mesma moléstia[32], não haverá crime, ou, na terminologia do Código Penal, configurar-se-á *crime impossível* (art. 17 do CP), por *absoluta impropriedade do objeto*. Em outros termos, não se pode expor a perigo de contaminação, ou mesmo contaminar, quem já está contaminado. Haverá, igualmente, *crime impossível* se o sujeito ativo supuser, erroneamente, que está contaminado.

---

31. Nesse sentido, Heleno Fragoso, que sustentava tratar-se sempre de crime subsidiário, devendo o agente responder pelas lesões que sobrevierem, a despeito do dolo de perigo (*Lições*, p. 106).
32. Heleno Cláudio Fragoso, *Lições*, p. 105.

8. Classificação doutrinária

O perigo de contágio venéreo é crime comum, pois não exige nenhuma qualidade especial de qualquer dos sujeitos, ativo ou passivo; é formal, consuma-se com a simples realização da conduta típica, independentemente da produção de qualquer resultado; instantâneo, comissivo e plurissubsistente. A conduta descrita no *caput* do artigo é crime de perigo e a descrita no § 1º é de dano.

9. Formas qualificadas

O § 1º do art. 130 define uma forma qualificada, *sui generis*, do crime de perigo de contágio venéreo, representada pelo *especial fim* de transmitir a moléstia. Nesse parágrafo, o legislador utiliza uma técnica *"sui generis"*, porque emprega o *especial fim de agir* não como simples elemento subjetivo do tipo, mas como elemento identificador e especializante do tipo derivado (qualificado). O *especial fim de agir*, que, de regra, constitui o *elemento subjetivo especial do tipo de injusto*, como tal, não precisa concretizar-se, basta que exista no psiquismo do sujeito ativo[33]. Mas sua concretização, naqueles tipos que exigem o *elemento subjetivo especial*, não altera a definição do crime. Nesse dispositivo, contudo, a existência da *intenção do agente* "qualifica o crime", embora também não precise concretizar-se. Por outro lado, concretizando-se a *transmissão da moléstia venérea*, o sujeito passivo responderá somente pelo previsto neste art. 130, § 1º.

Essa forma qualificada, *sui generis*, repetimos, pressupõe todos os elementos objetivos do tipo básico, isto é, necessita de toda a descrição típica do *caput* do art. 130, sem o que a conduta será atípica ou tipificará outra figura delituosa.

10. Concurso de crimes e princípio da subsidiariedade

Determinada corrente[34] sustenta que os *crimes de perigo*, em razão da sua própria natureza, são *subsidiários* em relação aos crimes de dano, e, por isso, sempre que da *exposição a perigo* — através de relações sexuais ou qualquer outro ato libidinoso — resultar dano efetivo, isto é, ocorrer concretamente a transmissão da moléstia, o agente responderá pelo crime de dano. Nessa hipótese, para se identificar o crime a imputar deve-se observar qual foi o elemento subjetivo que orientou a conduta do agente. Se este agiu somente com *dolo de perigo* (ou com culpa), a eventual superveniência da transmissão da moléstia deveria ser imputada a título de *lesão corporal culposa*, que, no entanto, fica afastada porque a sanção é menor que a do crime de perigo. Se, no entanto, agiu com *dolo de dano*, responderá por *lesão corporal dolosa*, simples, grave ou gravíssima, segundo a natureza desta.

Adotamos outra orientação, pois vemos no conteúdo do art. 130 uma *lex specialis* em relação ao crime de lesões corporais, especialmente quanto ao *caput* do

---

33. Cezar Roberto Bitencourt, *Manual de Direito Penal*; Parte Geral, São Paulo, Saraiva, 2000, p. 213.
34. Por todos, Magalhães Noronha, *Direito Penal*, p. 90; Heleno Fragoso, *Lições*, p. 106.

art. 129 e seu § 6º. Por isso, a nosso juízo, se ocorrer *eventual contaminação da vítima*, representará somente o *exaurimento* do crime de perigo de contágio venéreo, desde que o sujeito ativo tenha sido orientado pelo *dolo de perigo*. E o fundamento é simples: "a lei penal caracterizou o crime de contágio como infração de perigo, dispensando indagações ulteriores sobre a ocorrência de *eventus damni*"[35].

Na hipótese do § 1º, porém, em que o agente tem a *intenção* de "transmitir a moléstia", sobrevindo a contaminação efetiva, como ficará? Responderá pelo crime de perigo, pelo crime de dano ou por ambos, em concurso?

A resposta não é tão simples quanto pode parecer à primeira vista. Na hipótese deste parágrafo, não se pode ignorar, muda não só a natureza do crime (de *perigo* para *dano*) como também a natureza do elemento subjetivo: no caso do *caput*, o elemento subjetivo é *dolo de perigo*, e, no caso do § 1º, o elemento subjetivo é *dolo de dano*, pois a "intenção" é *transmitir a moléstia* e não simplesmente *expor a perigo*! Assim, se sobrevier o dano, isto é, se o ofendido for contaminado, de forma grave ou não, o sujeito ativo responderá exatamente pelo previsto no referido parágrafo: há a previsão de dano, o *elemento subjetivo* é de dano e a *agravação* da sanção existe exatamente em razão da finalidade pretendida, que acaba sendo atingida. Na verdade, é insustentável entendimento contrário, isto é, afirmar que o agente deve responder por eventual lesão corporal grave ou gravíssima.

Enfim, situando-se na esfera de lesões, leves, graves ou gravíssimas, o agente deverá continuar respondendo pelo previsto no art. 130, § 1º (crime de dano), cuja pena é mais elevada (reclusão de um a quatro anos e multa). Somente se em razão das lesões produzidas pela contaminação sobrevier a *morte da vítima* o agente poderá responder pelo crime de lesão corporal seguida de morte (art. 129, § 3º)[36]. As lesões corporais, com efeito, estão absorvidas pela "intenção de transmitir a moléstia"!

Embora haja alguma dificuldade prática, não afastamos a possibilidade de o agente, contaminado, manter relações sexuais com *dolo direto de perigo* (expor a perigo de contágio venéreo) e, ao mesmo tempo, com *dolo eventual de dano* (anuência e aceitação da provável superveniência da efetiva contaminação): nessa hipótese, ocorrendo a contaminação, deverá responder pela figura prevista no § 1º ou pelo *caput*? À evidência que só poderá ser pelo *caput*, pois em relação ao § 1º é indispensável o dolo direto de dano, e, ademais, nesse tipo de crime não se pode ignorar que qualquer indivíduo que, contaminado, praticar relação sexual sabe do risco da provável contaminação. Assim, a não abstenção da conduta implica dolo eventual de dano. Seria infantil imaginar o contrário, isto é, que não há assunção do risco de dano.

---

35. Frederico Marques, *Tratado de Direito Penal*, p. 288.
36. Victor Eduardo Rios Gonçalves, *Dos crimes contra a pessoa*, São Paulo, Saraiva, 1998, p. 65 (Col. Sinopses Jurídicas, v. 8); Damásio de Jesus, *Direito Penal*, p. 149.

Mas o crime de *perigo de contágio venéreo* poderá apresentar-se sob a forma de *concurso formal* com os crimes *contra a dignidade sexual*, quando o autor desses crimes souber ou puder saber que está contaminado por moléstia venérea. E ainda, na prática de qualquer dos crimes sexuais, com a intenção de transmitir a moléstia, continuará configurando *concurso formal*, mas, nesse caso, o concurso será *formal impróprio*, somando-se as penas como no *concurso material, por se tratar de desígnios autônomos*.

11. Pena e ação penal

A pena prevista para o crime descrito no *caput* é aplicável, alternativamente, de detenção de três meses a um ano, ou multa. Em se tratando da figura qualificada do § 1º, a pena será aplicada, cumulativamente, de reclusão de um a quatro anos, e multa.

Na dosimetria da pena, deve-se levar em consideração a distinção do *grau de censura* que merece quem "sabe" daquele que "deve saber".

O crime de perigo de contágio venéreo é de *ação pública condicionada* à representação, da vítima ou de seu representante legal. A representação do ofendido constitui somente uma condição de procedibilidade, também denominada pressuposto processual. O fundamento da *condicionabilidade* da ação penal reside na natureza da infração penal e pode trazer danos nefastos ao ofendido, seja no seio familiar seja no seio social.

PERIGO DE CONTÁGIO DE MOLÉSTIA GRAVE — XI

Sumário: 1. Considerações preliminares. 2. Bem jurídico tutelado. 3. Sujeitos ativo e passivo. 4. Tipo objetivo: adequação típica. 5. Tipo subjetivo: adequação típica. 5.1. Dolo direto — elemento subjetivo geral. 5.2. Elemento subjetivo especial do tipo e dolo eventual. 5.2.1. Elemento subjetivo especial do tipo ou elemento subjetivo especial do injusto. 5.2.2. Delitos de intenção. 6. Consumação e tentativa. 7. Crime impossível. 8. Erro de tipo e erro de proibição. 9. Classificação doutrinária. 10. Questões especiais. 11. Pena e ação penal.

Perigo de contágio de moléstia grave

Art. 131. Praticar, com o fim de transmitir a outrem moléstia grave de que está contaminado, ato capaz de produzir o contágio:

Pena — reclusão, de 1 (um) a 4 (quatro) anos, e multa.

---

1. Considerações preliminares

Alguns autores sustentam que, a exemplo da hipótese do art. 130, § 1º, teríamos aqui uma hipótese de *tentativa de lesões corporais* distinguida, excepcionalmente, em crime autônomo[1]. Não compartilhamos dessa orientação, na medida em que a ocorrência da "própria lesão", isto é, ainda que o contágio se concretize, não alterará a tipificação da conduta, pois representará o simples *exaurimento* do crime definido no art. 131 (e não se poderá afirmar que seja uma tentativa *sui generis*). Heleno Fragoso, para manter a coerência de sua orientação, defendia que, ao contrário, se a moléstia grave viesse a transmitir-se efetivamente, haveria apenas o crime de lesões corporais, em razão do princípio da *subsidiariedade*[2]. Esse fundamento também não nos convence, uma vez que é impossível admitir que um crime determinado possa ser *subsidiário* de outro crime menos grave (o art. 131 comina pena de 1 a 4 anos de reclusão e multa, enquanto o art. 129, *caput*, comina pena de 3 meses a 1 ano de detenção), e a simples lesão corporal leve poderá significar a efetiva transmissão da moléstia grave.

---

1. Heleno Cláudio Fragoso, *Lições de Direito Penal*, p. 106; Frederico Marques chega a afirmar que "a transmissão efetiva da moléstia constitui delito de lesão corporal..." (*Tratado de Direito Penal*, p. 300).
2. Heleno Cláudio Fragoso, *Lições*, p. 107.

2. Bem jurídico tutelado

O *bem jurídico protegido* é a incolumidade física e a saúde da pessoa humana. Apresenta a particularidade relativamente ao *meio* através do qual o bem jurídico pode ser atingido: *contágio de moléstia grave*. Trata-se de *lex specialis* em relação à proteção contida no art. 129, pois as condutas tipificadas como *crimes de contágio de moléstias* (venéreas ou graves) são *crimes de perigo* e poderiam enfrentar dificuldades práticas se permanecessem englobadas na generalidade do art. 129. Por isso, ampliando a proteção, mesmo para antes do dano, pune-se a simples *exposição a perigo*, que não é mais que a probabilidade de dano.

Não nos parece que a "vida" também integre o bem jurídico protegido pelo art. 131, como alguns autores chegam a sustentar. Tanto é verdade que, se sobrevier a morte da vítima, eventual punição por esse dano deslocará a tipificação da conduta para outro dispositivo que poderá ser o art. 121 ou o art. 129, § 3º, numa clara demonstração de que a vida não está protegida por este artigo legal[3], pelo menos imediatamente.

3. Sujeitos ativo e passivo

Sujeito ativo pode ser qualquer pessoa, homem ou mulher, desde que esteja contaminado por moléstia grave e contagiosa. A exemplo da exigência do artigo anterior, estar contaminado de moléstia grave é uma *condição particular* exigida pelo tipo penal (a diferença é que para aquele tipo importa somente a *moléstia venérea*; para este é indiferente a natureza da moléstia, desde que seja grave). A falta dessa "condição" torna atípica a conduta, mesmo que haja a intenção de transmitir moléstia grave, podendo, inclusive, caracterizar *crime impossível*, por ineficácia absoluta do meio (art. 17).

Sujeito passivo, igualmente, pode ser qualquer pessoa, desde que não esteja contaminada por igual moléstia. O *cônjuge* e a *prostituta* também podem ser sujeitos passivos do perigo de contágio de moléstia grave, desde que estejam presentes os elementos subjetivos (o dolo e o especial fim de agir).

4. Tipo objetivo: adequação típica

A ação típica punível é *praticar*, isto é, realizar ato capaz de transmitir *moléstia grave*. A transmissão pode ocorrer por meio de qualquer ato (inclusive libidinoso, desde que a moléstia grave não seja venérea), desde que capaz de produzir o contágio. O ato praticado precisa ter *idoneidade* para a transmissão, e a *moléstia*, além de *grave*, deve ser *contagiosa*.

O agente pode utilizar-se de qualquer *meio idôneo* para a prática do crime de *perigo de contágio de moléstia grave*, pois o texto legal não faz qualquer restrição, ao contrário do *perigo de contágio venéreo*, que só pode ocorrer através de *relações sexuais ou qualquer ato libidinoso* (art. 130).

---

3. Damásio de Jesus inclui a "vida" como *objetividade jurídica* desse dispositivo (*Direito Penal*, p. 155).

Os *meios* com idoneidade para produzir o *contágio de moléstia grave*, ao contrário da previsão do artigo anterior (que exige o contato pessoal), podem ser diretos ou indiretos. *Meios diretos* decorrem do contato físico do agente com a vítima, como beijo, aperto de mão, troca de roupa, amamentação etc., e *meios indiretos* decorrem da utilização de objetos, utensílios, alimentos, bebidas ou qualquer outro instrumento que o sujeito passivo pode utilizar para a transmissão da *moléstia grave* que porta. Nélson Hungria, sem, contudo, distingui-los expressamente em meios diretos ou indiretos, afirmava que os *atos idôneos* para produzir o contágio "podem consistir no contato direto entre o corpo do agente e o da vítima (contato do corpo infectado com uma mucosa ou descontinuidade *epitelial*, beijos, mordidas, aleitamento, etc.), ou no emprego de coisas ou objetos (copos, talheres, roupas, alimentos, seringas de injeção, etc.), que o agente infectou ou sabe infectados com os próprios micróbios ou germes patogênicos de que é portador"[4]. Enfim, neste crime, ao contrário do perigo de contágio venéreo, é desnecessário o contato pessoal.

E se os objetos ou coisas que o agente utilizar, com o fim de transmitir moléstia grave, estiverem infectados por micróbios ou germes dos quais não é portador? Responderá pelo crime descrito no art. 131? Certamente não, pois falta a elementar típica "de que está contaminado". Poderá, eventualmente, configurar o crime do art. 132, ou, se o contágio se concretizar, quem sabe, o crime de lesão corporal, dependendo das circunstâncias.

A conduta realizada tem de ter a *finalidade* de transmitir a moléstia. Assim, por exemplo, se a ama-seca amamentar a criança, desconhecendo que está contaminada ou então ignorando que a moléstia grave que porta é contagiosa, não responderá por esse crime. Se, contudo, sobrevier lesão corporal ou a morte da criança e ficar comprovada a existência de culpa, a ama-seca responderá por lesão corporal culposa ou homicídio culposo, conforme o caso. Se, ao contrário, a criança transmitir a moléstia grave à ama-seca, os pais da criança não responderão por esse crime; se houver dolo dos pais, responderão por perigo para a vida ou a saúde de outrem, lesão corporal, tentativa de homicídio ou homicídio, conforme o caso concreto e a natureza do dolo que orientou suas condutas.

O texto legal refere-se à transmissão de "moléstia grave", sem definir ou exemplificar o que deve ser entendido por *moléstia grave*, que, à evidência, deve ser *contagiosa*, isto é, transmissível. Mas essa omissão do legislador não implica, ao contrário do que se tem afirmado[5], *norma penal em branco*. Não será, com efeito, o regulamento da ONU ou do Ministério da Justiça que determinará a *gravidade* ou *contagiosidade* de uma ou outra moléstia. Ademais, o fato de determinada *moléstia grave* não constar, eventualmente, de regulamentos oficiais não lhe retirará, por certo, a idoneidade para tipificar esse crime. Ser *grave* e *contagiosa* decorre da

---

4. Nélson Hungria, *Comentários ao Código Penal*, p. 412.
5. Sustentam tratar-se de norma penal em branco, entre outros: Magalhães Noronha, *Direito Penal*, p. 94; Mirabete, *Manual de Direito Penal*, p. 106.

essência da moléstia e não de eventuais escalas oficiais. Por isso, a nosso juízo, o conteúdo do tipo penal do art. 131 não pode ser definido como *norma penal em branco*[6]. Trata-se, em verdade, daqueles crimes que, historicamente, a doutrina tem denominado *tipos anormais*, em razão da presença de elementos normativos ou subjetivos; neste caso, ambos estão presentes: a finalidade de transmitir a moléstia (elemento subjetivo) e moléstia grave (elemento normativo).

Com efeito, *moléstia grave* é somente um *elemento normativo*, que exige, para a sua compreensão, uma *atividade valorativa*, pois implica um *juízo de valor*, sendo insuficiente uma atividade meramente cognitiva. Por isso, a definição do que é moléstia grave cabe à medicina, pois se trata de um conceito médico. A moléstia grave, por fim, não contagiosa não é objeto de preocupação do art. 131.

O perigo de contágio de *moléstia grave* está tipificado no art. 131; contudo, se forem venéreas as moléstias e o *meio* do perigo de contágio for *ato de libidinagem* (relação sexual ou outro ato libidinoso), tipificará o crime descrito no art. 130. No entanto, se, a despeito de serem venéreas as moléstias graves, o *meio de transmissão* for qualquer outro, poderá tipificar o crime deste art. 131.

O perigo de contágio de moléstia grave deve ser concreto, logo, precisa ser efetivamente comprovado. Segundo Nélson Hungria, "a gravidade da moléstia, bem como a sua contagiosidade e a relação de causalidade entre a conduta do agente e o perigo concreto de contágio, tem de ser pericialmente averiguada"[7]. São moléstias graves e contagiosas, dentre outras, AIDS, varíola, tuberculose, cólera, lepra, tifo, independentemente de constarem de Regulamento do Ministério da Saúde.

A *moléstia grave* pode, inclusive, ser transmitida através de ato libidinoso e, desde que não seja venérea, tipificará o crime do art. 131; se, ao contrário, for venérea, tipificará o crime do art. 130. Da mesma forma, se a *moléstia grave for venérea*, mas o ato não for libidinoso, sua transmissão poderá tipificar o crime deste art. 131. Em outros termos, se a moléstia venérea for grave, mas o ato não for libidinoso, ou se o ato for libidinoso, mas a moléstia grave não for venérea, tipificará o crime do art. 131 e não deste.

5. Tipo subjetivo: adequação típica

Estamos diante de um *crime de perigo* com dolo de dano, que só se caracteriza quando o agente pratica a ação e *quer* transmitir a moléstia. Em outros termos, o *tipo subjetivo* do crime de *perigo de contágio de moléstia grave* compõe-se do *(a) dolo direto* — que é o elemento subjetivo geral do tipo — e do *(b) elemento subjetivo especial do injusto* — representado pelo *especial fim de agir* —, que é a *intenção* de transmitir a moléstia grave. Façamos a análise desses aspectos, a seguir.

---

6. Neste particular, mudamos a orientação que, sucintamente, anotamos em nosso *Código Penal anotado* (coautoria com Luiz Regis Prado), p. 489. No mesmo sentido do texto, Flávio Augusto Monteiro de Barros, *Crimes contra a pessoa*, p. 123.

7. Nélson Hungria, *Comentários ao Código Penal*, p. 411.

5.1 Dolo direto — elemento subjetivo geral

O *dolo*, como *elemento subjetivo geral*, requer sempre a presença de dois elementos constitutivos, quais sejam, o *elemento cognitivo* — consciência — e o *elemento volitivo* — vontade.

A *consciência*, como elemento do dolo, deve ser *atual*, isto é, deve existir no momento da ação, quando ela está acontecendo, ao contrário da *consciência da ilicitude* (elemento da culpabilidade), que pode ser *potencial*. Essa distinção se justifica porque o agente deve ter plena consciência daquilo que quer praticar. Assim, o agente deve ter não apenas consciência de que está contaminado ou de que sua moléstia grave é contagiosa, como sustentam alguns[8], mas, além disso, deve ter também consciência da ação que pretende praticar, das consequências desta e dos meios que pretende utilizar. E mais: além do *elemento intelectual*, como já dissemos, é indispensável o *elemento volitivo*, sem o qual não se pode falar em dolo, direto ou eventual. A *vontade* deve, igualmente, abranger a *ação* (praticar ato idôneo) ou, se for o caso, a omissão, o *resultado* (transmissão da moléstia), os *meios* (diretos ou indiretos) e o *nexo causal* (relação de causa e efeito).

Na verdade, o dolo somente se completa com a presença simultânea da consciência e da vontade de todos os elementos supramencionados. Com efeito, quando o processo *intelectual-volitivo* não abranger qualquer dos requisitos da ação descrita na lei, o *dolo* não se completa, e sem dolo não há crime, pois não há previsão da modalidade culposa.

É possível que o *dolo*, que, como vimos, esgota-se com a *consciência* e a *vontade* de praticar ato capaz de produzir o contágio, esteja presente e ainda assim não esteja completo o *tipo subjetivo*, que exige o *especial fim* de agir. Esse *fim* específico, a seguir examinado, impede que se admita a possibilidade de *dolo eventual*. Logo, o dolo do crime de contágio de moléstia grave só pode ser direto.

5.2 Elemento subjetivo especial do tipo e dolo eventual

O entendimento doutrinário, majoritário, sustenta que o crime de *perigo de contágio de moléstia grave* não admite o *dolo eventual*, porque, argumenta, "trata-se de crime de perigo com *dolo de dano* que apenas se caracteriza quando o agente quer transmitir a moléstia"[9]. Ninguém ignora, no entanto, que determinado agente, contaminado, pode praticar atos idôneos a transmitir moléstia grave com *dolo eventual*, isto é, *assumindo o risco* de transmiti-la a alguém. Nesse caso, porém, o tipo descrito no art. 131 não se aperfeiçoa, pois falta-lhe o *elemento subjetivo especial*, que é o *fim* de transmitir a moléstia grave. Para Heleno Cláudio Fragoso, nessa hipótese, "o dolo eventual poderá constituir tentativa de lesão corporal ou o crime consumado de perigo para a vida ou a saúde de outrem (art. 132, CP)"[10]. E

---

8. Flávio Augusto Monteiro de Barros, *Crimes contra a pessoa*, p. 123.
9. Victor Eduardo Rios Gonçalves, *Crimes contra a pessoa*, p. 65.
10. Heleno Cláudio Fragoso, *Lições*, cit., p. 180.

— acrescentamos —, se ocorrer a transmissão efetiva da moléstia grave, o crime poderá ser de lesão corporal dolosa ou lesão corporal seguida de morte, de acordo com o resultado que produzir.

Enfim, os tipos penais cujo *elemento subjetivo especial* identifica os chamados *crimes de intenção*[11], como é o caso do crime do art. 131, exigem a presença de *dolo direto*. Por isso, a mesma conduta que, objetivamente, assemelha-se à descrição típica não se aperfeiçoa pela ausência ou imperfeição da *tipicidade subjetiva*, se não houver o *especial fim* de agir. E, ademais, o *dolo eventual* é incompatível com *especial fim* de agir, que passamos a examinar mais detidamente.

5.2.1 Elemento subjetivo especial do tipo ou elemento subjetivo especial do injusto

Com efeito, pode figurar nos tipos penais, ao lado do *dolo*, uma série de características subjetivas que os integram ou os fundamentam. A doutrina clássica denominava, impropriamente, o *elemento subjetivo geral* do tipo *dolo genérico*, e o *especial fim* ou motivo de agir, de que depende a ilicitude de certas figuras delituosas, *dolo específico*. O próprio Welzel esclareceu que: "Ao lado do dolo, como momento geral *pessoal-subjetivo* daquele, que produz e configura a ação como acontecimento dirigido a um fim, apresentam-se, frequentemente, no tipo *especiais momentos subjetivos*, que dão colorido num determinado sentido ao conteúdo ético-social da ação"[12]. Assim, o *tomar* uma coisa alheia é uma atividade dirigida a um fim por imperativo do dolo; no entanto, seu sentido *ético-social* será inteiramente distinto se aquela atividade tiver como *fim* o uso passageiro ou se tiver o desígnio de apropriação.

Na verdade, o *especial fim* ou motivo de agir, embora amplie o aspecto subjetivo do tipo, não integra o dolo nem com ele se confunde, uma vez que, como vimos, o *dolo* esgota-se com a *consciência* e a *vontade* de realizar a ação com a finalidade de obter o resultado delituoso, ou na *assunção do risco* de produzi-lo. O *especial fim de agir* que integra determinadas definições de delitos condiciona ou fundamenta a *ilicitude* do fato, constituindo, assim, *elemento subjetivo do tipo* de ilícito, de forma autônoma e independente do dolo. A denominação correta, por isso, é *elemento subjetivo especial do tipo* ou *elemento subjetivo especial do injusto*, que se equivalem, porque pertencem à ilicitude e ao tipo que a ela corresponde[13].

A ausência desses *elementos subjetivos especiais* descaracteriza o tipo subjetivo, independentemente da presença do *dolo*. Enquanto o dolo deve materializar-se no fato típico, os elementos subjetivos especiais do tipo especificam o dolo, sem necessidade de se concretizarem, sendo suficiente que existam no psiquismo do autor[14]. Assim, o agente pode agir dolosamente, isto é, *praticar atos idôneos para transmitir*

---

11. Cezar Roberto Bitencourt, *Manual*; Parte Geral.
12. Welzel, *Derecho Penal*, trad. F. Balestra, p. 83.
13. Fragoso, *Lições*, p. 175.
14. Juarez Cirino dos Santos, *Direito Penal*, p. 80.

a moléstia grave a outrem, sabendo que está contaminado, mas se faltar o *especial fim* — de transmitir a moléstia — o crime não se configura. O dolo direto existe, mas a falta do elemento subjetivo especial não o especificou e reduziu o tipo penal subjetivo, desfigurando-o[15].

5.2.2 Delitos de intenção

A evolução dogmática do Direito nos revela que determinado ato poderá ser justo ou injusto, dependendo da *intenção* com que o agente o pratica. Um comportamento, que externamente é o mesmo, pode ser *justo* ou *injusto*, segundo o seu aspecto interno, isto é, de acordo com a *intenção* com que é praticado. Assim, por exemplo, quando o ginecologista toca a região genital da paciente com fins terapêuticos exercita, legitimamente, sua nobre profissão de médico; se o faz, no entanto, com intenções voluptuárias, sua conduta é ilícita.

Delitos de intenção requerem um *agir com ânimo*, finalidade ou *intenção adicional* de obter um resultado ulterior ou uma ulterior atividade, distintos da realização do tipo penal. Trata-se, portanto, de uma finalidade ou ânimo que vai além da realização do tipo. As *intenções especiais* integram a estrutura subjetiva de determinados tipos penais, exigindo do autor a persecução de um objetivo compreendido no tipo, mas que não precisa ser alcançado efetivamente. Faz parte do tipo de injusto uma *finalidade transcendente* — um especial fim de agir —, como, por exemplo, *para si ou para outrem* (art. 157); *com o fim de obter* (art. 159); *em proveito próprio ou alheio* (art. 180) etc. Como tivemos oportunidade de afirmar, "esta espécie de elemento subjetivo do tipo dá lugar, segundo o caso, aos atos chamados delitos de *resultado cortado* e delitos *mutilados de dois atos*. Os primeiros consistem na realização de um ato visando a produção de um resultado, que fica fora do tipo e sem a intervenção do autor"[16] (ex.: arts. 131 do CP — perigo de contágio de moléstia grave; 159 — extorsão mediante sequestro). Nesses tipos penais, o legislador corta a ação em determinado momento do processo executório, consumando-se o crime independentemente de o agente haver atingido o propósito pretendido, como é o caso do *crime de rapto* (art. 219). Consuma-se o crime com o simples rapto, independentemente da prática de atos libidinosos, desde que a prática de tais atos tenha orientado a conduta. Os segundos — *delitos mutilados de dois atos* — consumam-se quando o autor realiza o primeiro ato com o objetivo de levar a termo o segundo. O autor quer alcançar, após ter realizado o tipo, o resultado que fica fora dele (ex.: arts. 289 — moeda falsa; 290 — crimes assimilados ao de moeda falsa).

Em síntese, em ambos os casos, *a consumação é antecipada*, ocorrendo com a simples atividade típica unida à intenção de produzir um resultado ou efetuar uma segunda atividade, independentemente da produção ou ocorrência desse ulterior resultado ou atividade. Assim, no caso do crime de *perigo de contágio de moléstia*

---

15. Cezar R. Bitencourt, *Manual*, 6. ed., p. 212-3.
16. Luiz Regis Prado e Cezar Roberto Bitencourt, *Elementos de Direito Penal*, p. 88; em sentido semelhante, ver Bustos Ramirez, *Manual de Derecho Penal*, p. 186.

grave, a *consumação* ocorre com a simples prática de *ato idôneo* para transmitir o contágio. O *fim especial* — a transmissão da moléstia — não precisa se concretizar; basta que exista na mente do agente; contudo, o eventual contágio, se ocorrer, não desnaturará o tipo penal, pois representará somente o seu exaurimento.

6. Consumação e tentativa

O crime de perigo de contágio de moléstia grave *consuma-se* com a prática do ato idôneo para transmitir a moléstia, sendo indiferente a ocorrência efetiva da transmissão, que poderá ou não ocorrer. Esse crime pode consumar-se inclusive através de atos de libidinagem, desde que a moléstia grave não seja venérea, como também pode consumar-se com o risco de contágio de moléstia venérea grave, desde que os meios não constituam atos de libidinagem.

Por fim, a exemplo do perigo de contágio venéreo, a *efetiva contaminação* do ofendido constituirá simples *exaurimento* do crime de perigo de contágio de moléstia grave. Contudo, embora o crime seja de perigo, o *dolo é de dano*. Ademais, é indispensável a intenção de contagiar a vítima; a ausência desse *especial fim* afasta a adequação típica relativa ao art. 131.

Esse crime admite, em tese, a forma tentada. Trata-se de crime formal, compondo-se de ação e resultado; é conhecido como crime de "execução antecipada", consumando-se com a simples prática da ação descrita no tipo penal. Contudo, frequentemente, apresenta um *iter criminis* que pode ser objeto de fracionamento, e esse fracionamento é que caracteriza a possibilidade de ocorrência de tentativa.

7. Crime impossível

Haverá crime impossível se o sujeito passivo estiver contaminado pela mesma moléstia (art. 17). Em outros termos, não se pode expor a perigo de contaminação, ou mesmo contaminar, quem já está contaminado.

Se o meio utilizado for completamente inidôneo para produzir o contágio, haverá crime impossível; haverá, igualmente, crime impossível se o agente supuser, erroneamente, que está contaminado por moléstia grave e praticar ato com a finalidade de transmiti-la. Essa suposição equivocada será absolutamente insuficiente para tipificar o crime.

8. Erro de tipo e erro de proibição

Se o agente supõe que em relação a seu cônjuge não há a proibição de transmitir o contágio da moléstia grave, incorre em *erro de proibição*. Trata-se, no entanto, de erro inescusável, e, nesse caso, serviria somente para reduzir-lhe a pena (art. 21, 2ª parte).

Seria possível a ocorrência eventual de *erro de tipo*? Embora de difícil comprovação, em razão da necessidade do elemento subjetivo especial do tipo, parece-nos que, em tese, também pode ocorrer erro de tipo. Quando, por exemplo, o agente sabe que está contaminado, tem consciência de que é portador de determinada moléstia, mas não sabe que se trata de moléstia "grave". O desconhecimento dessa elementar — grave — pode configurar erro de tipo. A *escusabilidade* ou inescusabilidade somente diante do caso concreto se poderá definir.

Ou, ainda, o agente pode imaginar que está contaminado com uma *doença venérea* comum e, desejando transmiti-la, mantém relação carnal com terceiro, contaminando-o com moléstia grave, que não tem natureza venérea e cuja gravidade desconhecia. Como fica, houve erro de tipo ou o agente responderá pelo crime do art. 130, do art. 131 ou pelo do art. 129?

A resposta exige algumas considerações: em relação ao tipo penal do art. 130 — perigo de contágio venéreo (art. 130) —, houve erro de tipo em sentido inverso, uma espécie *sui generis* de crime putativo, ou seja, imaginou a presença de uma elementar típica — *moléstia venérea* — que não existia. Por isso, fica afastada a incidência do art. 130; deve-se examinar a possibilidade de a conduta tipificar o crime previsto no art. 131: em primeiro lugar, está presente o elemento subjetivo especial do tipo — o fim de transmitir a moléstia —; o meio utilizado — prática sexual — é idôneo para o fim proposto; no entanto, o agente desconhecia que se tratava de moléstia grave (venérea ou não). O *desconhecimento* dessa elementar configura, em relação ao crime do art. 131, *erro de tipo*, uma vez que seu dolo não abrangeu uma elementar típica — moléstia "grave".

Contudo, a desvaliosa conduta do agente, que foi dolosa e produziu um resultado danoso, não pode ficar impune, pois, de qualquer forma, ofendeu um bem jurídico tutelado, qual seja, a saúde do ofendido, que está protegida pelo art. 129 do CP. Como o dolo desse crime de perigo[17] é de dano e o dano produziu-se, acreditamos que se poderia falar em *erro de subsunção*, ou seja, o agente enganou-se quanto ao enquadramento legal da conduta[18], mas o bem jurídico protegido e lesado é o mesmo: a incolumidade física da pessoa humana. Na verdade, não se exige de nenhum infrator que saiba tipificar a conduta que pratica; isso é trabalho para os especialistas. Imaginar que infringe um dispositivo legal, quando na realidade infringe outro, insere-se naquela previsão da *ignorantia legis non escusat* (art. 2º, 1ª parte). Nesse sentido manifestava Welzel, ao afirmar que "o erro sobre o âmbito dos conceitos legais (das definições legais) não afeta o dolo. É um erro de subsunção"[19]. Assim, a nosso juízo, o agente deverá responder pelas lesões corporais que produzir ou, se sobrevier a morte, pelo próprio homicídio preterintencional.

9. Classificação doutrinária

Trata-se de crime de perigo com dolo de dano, formal, doloso, comum, comissivo e instantâneo. Como crime formal, tem sua consumação antecipada, não exi-

---

17. Para Damásio de Jesus, o perigo de contágio de moléstia grave é "crime de dano" (*Direito Penal*, 22. ed., São Paulo, 1999, v. 2, p. 155).
18. Cezar Roberto Bitencourt, *Manual*; Parte Geral.
19. Hans Welzel, *El nuevo sistema del Derecho Penal — una introducción a la doctrina finalista*, Barcelona, Ed. Ariel, 1961, p. 123.

gindo a produção do resultado, que, sobrevindo, o exaurirá. É crime de perigo porque a simples prática da conduta expondo a perigo o bem jurídico tutelado já configurará o tipo penal, e com dolo de dano porque exige a finalidade de transmitir a moléstia grave, que, potencialmente, produzirá um dano. Só admite a forma dolosa e não admite o dolo eventual, em razão do especial fim de transmitir a moléstia. É comum porque não exige qualquer condição ou qualidade especial do sujeito passivo, isto é, pode ser praticado por qualquer pessoa contaminada. O verbo núcleo "praticar" exige atividade, o que caracteriza um tipo comissivo, embora, excepcionalmente, possa receber a forma *omissiva*, quando, por exemplo, a mãe contaminada por moléstia grave e contagiosa permite que o filho a toque, com a intenção de transmitir-lhe a moléstia[20]. É crime instantâneo não porque a lesão ou ofensa ao bem jurídico não perdure, mas porque se completa em determinado instante, sem alongar-se no tempo.

10. Questões especiais

Como já afirmamos, eventual contaminação da vítima integra o próprio tipo do art. 131. Somente se configurar *lesão corporal gravíssima* o agente responderá exclusivamente por ela (art. 129, § 2º). Logo, entendemos que a própria *lesão corporal grave* (art. 129, § 1º) é abrangida pelo *exaurimento do crime*, em que pese o máximo da pena ser pouco acima do máximo da pena do crime previsto no art. 131. E isso se deve ao *dolo* que orientou a conduta do agente — transmitir a moléstia grave —, pois é exatamente o *elemento subjetivo* que nos permite identificar e classificar a conduta do agente. Nessa descrição típica do art. 131, o legislador já sopesou o *desvalor do resultado*, que, provavelmente, deve atingir a integridade e a saúde do ofendido. Convém destacar que a superveniência da morte da vítima, com o mesmo dolo, não é atribuída ao agente a título de dolo, mas tão somente a título de preterdolo. Assim, seria incoerente atribuir aquela lesão a título de dolo.

Se sobrevier a morte da vítima, com efeito, em razão da contaminação, o agente responderá por *lesão corporal seguida de morte* (art. 129, § 3º). Se a intenção for matar a vítima, poderá configurar *homicídio doloso* (tentado ou consumado). Se o sujeito ativo agir com dolo *eventual*, ou seja, assumir o risco de produzir o contágio de moléstia grave, não responderá pelo crime, que exige dolo direto. Contudo, se produzir lesão corporal responderá por ela. Se, no entanto, agir com culpa na transmissão de moléstia grave, responderá por lesão corporal culposa ou homicídio culposo, de acordo com o resultado que produzir.

Se, por fim, com sua ação, der causa ao surgimento de uma *epidemia*, responderá pelo crime dos arts. 131 e 267, § 2º (modalidade culposa), em concurso formal.

Dificilmente será possível a desclassificação para o crime de perigo de contágio venéreo, porque a ação penal do delito do art. 130 do CP é pública condicionada

---

20. O exemplo é de Flávio Augusto Monteiro de Barros, *Crimes contra a pessoa*, p. 122.

à representação (§ 2º), que, normalmente, não terá sido satisfeita antes do prazo decadencial.

11. Pena e ação penal

A pena é cumulativa, de um a quatro anos de reclusão e multa. A ação penal é pública incondicionada.

PERIGO PARA A VIDA OU SAÚDE DE OUTREM — XII

Sumário: 1. Considerações preliminares. 2. Bem jurídico tutelado. 3. Sujeitos ativo e passivo. 4. Tipo objetivo: adequação típica. 4.1. Subsidiariedade típica. 5. Tipo subjetivo: adequação típica. 6. Exclusão do crime. 7. Consumação e tentativa. 8. Classificação doutrinária. 9. Forma culposa. 10. Figura majorada: transporte de pessoas para a prestação de serviços. 11. Perigo para a vida ou saúde de outrem e porte ilegal de arma (Lei n. 10.826/2003). 11.1. Perigo para a vida ou saúde de outrem, disparo de arma de fogo e conflito aparente de normas. 12. Pena e ação penal.

Perigo para a vida ou saúde de outrem

Art. 132. *Expor a vida ou a saúde de outrem a perigo direto e iminente:*

Pena — detenção, de 3 (três) meses a 1 (um) ano, se o fato não constitui crime mais grave.

Parágrafo único. A pena é aumentada de um sexto a um terço se a exposição da vida ou da saúde de outrem a perigo decorre do transporte de pessoas para a prestação de serviços em estabelecimentos de qualquer natureza, em desacordo com as normas legais.

• Parágrafo único acrescentado pela Lei n. 9.777, de 29 de dezembro de 1998.

1. Considerações preliminares

Trata-se, como os demais crimes deste capítulo do Código Penal, de *crime de perigo*, que pretende proteger a vida e a saúde humanas contra determinadas *situações especiais* que possam colocá-las em risco efetivo, grave e iminente. É um crime essencialmente *subsidiário*, que só se tipifica "se o fato não constitui crime mais grave". Magalhães Noronha[1] afirmava que esse crime constitui uma "fórmula genérica" dos crimes de perigo e que os dois precedentes — *perigo de contágio de moléstia venérea e de moléstia grave* —, se não existissem, estariam incluídos em seu bojo.

O legislador brasileiro de 1940 inspirou-se no Código Penal suíço do início do século, procurando prevenir os acidentes de trabalho, cuja causa geral era o descaso dos empregadores na adoção dos cuidados devidos. Esse fundamento, contudo,

---

1. Magalhães Noronha, *Direito Penal*, p. 95.

parece ter sido praticamente esquecido, pois não é nada incomum a ocorrência de acidentes de trabalho, quando, por exemplo, o empregador, para minimizar os custos com medidas técnicas e material necessário, na execução da obra, expõe o operário a grave risco de acidente. Procurando, pois, resgatar o objetivo desse tipo penal foi que a Lei n. 9.777/98 acrescentou um parágrafo único ao art. 132, majorando-lhe a pena, mais especificamente para o caso dos "boias-frias", conforme veremos mais adiante.

A *Exposição de Motivos* procura destacar as características subsidiárias da figura delituosa descrita no art. 132, nos seguintes termos: "Trata-se de um crime de caráter eminentemente subsidiário. Não o informa o *animus necandi* ou o *animus laedendi*, mas apenas a consciência e vontade de expor a vítima a grave perigo. O perigo concreto, que constitui o seu elemento objetivo, é limitado a determinada pessoa, não se confundindo, portanto, o crime em questão com os de perigo comum ou contra a incolumidade pública". A natureza subsidiária desse crime, com efeito, vem expressa no seu próprio preceito secundário, que, ao cominar a sanção penal acrescenta: "se o fato não constitui crime mais grave".

No entanto, o *caráter subsidiário* dessa infração, entendido como *residualidade*, vai muito além dessa previsão expressa, pois, obedecendo-se ao *princípio da tipicidade*, estará presente sempre que a conduta humana adequar-se, especificamente, a qualquer outra descrição típica, independentemente da gravidade da sanção cominada: seja com igual punição, como ocorre com o crime de *perigo de contágio venéreo* (art. 130), seja com punição inferior, como ocorre com o crime de *maus-tratos* (art. 136). Na realidade, nestas últimas hipóteses, a prescrição do art. 132 é afastada pelo *princípio da especialidade*, segundo o qual a norma especial afasta a norma geral. Assim, toda conduta que *exponha a perigo* a vida ou a saúde alheias recebem a reprovação da ordem jurídica, pois, na ausência de outra tipificação específica, entrará em ação essa espécie de "soldado de reserva", funcionando a incriminação subsidiária ou residual do art. 132 do Código Penal[2].

Na verdade, a *fórmula genérica* adotada no art. 132 é extremamente ampla e poderia abranger todos os demais tipos do Capítulo III do Título I da Parte Especial do nosso Código Penal, como são os crimes de *perigo de contágio venéreo* e *perigo de contágio de moléstia grave*. Por isso, tem-se sugerido que teria sido mais técnico se o legislador tivesse situado esse dispositivo logo no início desse capítulo[3].

---

2. Em sentido semelhante manifestava-se Roberto Lyra, *in verbis*: "Tal dispositivo, como que suturando o sistema protetor da vida e da saúde da pessoa e satisfazendo os escrúpulos contrários à analogia, compreende tôdas (sic) as figuras incompletas ou qualquer outra... *análoga* às previstas. Temos assim, norma penal em branco, com função subsidiária, que é um recurso para as falhas e inconvenientes da proibição da analogia" (*Noções de Direito Criminal*, 1944, v. 1, p. 154).
3. Magalhães Noronha, *Direito Penal*, 15. ed., São Paulo, Saraiva, 1979, v. 2. p. 95.

É indiferente a motivação que orientou a conduta criadora da situação de perigo, desde que seja suficientemente idôneo para produzir a situação de perigo.

2. Bem jurídico tutelado

A vida e a saúde da pessoa humana, ou, em termos mais abrangentes, a *incolumidade pessoal* constitui o objeto da tutela penal, isto é, a vida e a integridade fisiopsíquica são os *bens jurídicos* protegidos. A prescrição do art. 132[4] incrimina a *exposição a perigo* não só da vida mas também da saúde de outrem, e, nesse particular, afasta-se da previsão do Código suíço do início do século que lhe serviu de fundamento, pois o diploma legal estrangeiro criminalizava somente a *exposição a perigo da vida humana*, que, aliás, era objeto de lamentação da doutrina suíça[5].

A importância desses bens jurídicos — vida e saúde — justifica a preocupação do legislador, que proíbe simples condutas que visem colocá-los em perigo; a ordem jurídica não espera que o dano se produza para protegê-los (crime de dano), sendo suficiente a criação de uma situação concreta de perigo a esses bens para receber a reprovação penal. Convém destacar que as condutas incriminadas não precisam objetivar a efetiva produção de dano aos referidos bens jurídicos protegidos; é suficiente que pretendam, simplesmente, colocá-los em perigo. A eventual superveniência de dano poderá tipificar outros crimes, que serão examinados mais adiante.

3. Sujeitos ativo e passivo

Qualquer pessoa pode ser *sujeito ativo* e *sujeito passivo* desse crime, desde que sejam determinados. Não se exige qualquer condição ou atributo especial dos sujeitos, e não se faz necessária, igualmente, nenhuma relação de subordinação, dependência ou assistência. Por isso, naqueles casos, em que o tipo penal exige *requisitos especiais* do sujeito para a legitimação criminal do agente, a ausência de qualquer deles poderá, subsidiariamente, levar à tipificação do crime descrito no art. 132[6]. Trata-se, com efeito, de *crime comum*. É indiferente a inexistência de uma especial relação jurídica entre um e outro; assim, é desnecessário um vínculo obrigacional entre sujeito ativo e sujeito passivo, ao contrário do que ocorre com os crimes previstos nos arts. 133, 134 e 136. Nesses crimes, o *sujeito ativo* é determinado expressamente, o que não ocorre com a infração prevista no art. 132, que estamos examinando. No crime de *abandono de incapaz*, por exemplo, há a infração de um

---

4. Heleno Cláudio Fragoso, *Lições de Direito Penal*; Parte Especial, 10. ed., Rio de Janeiro, Forense, 1988, v. 1, p. 180.
5. Paul Logoz, *Commentaire du Code Pénal suisse*, 1954, p. 70.
6. Discordamos, contudo, do entendimento que era adotado por Frederico Marques, para quem essa hipótese poderia ocorrer quando alguém, por exemplo, mantivesse conjunção carnal com outrem estando contaminado com moléstia contagiosa, de natureza não venérea. Nesse caso, para Frederico Marques, como a moléstia não era de natureza venérea, embora grave, o perigo de contágio enquadrar-se-ia na figura descrita no art. 132. A nosso juízo, essa hipótese configuraria o crime tipificado no art. 131 do CP.

dever ou relação jurídica particular de *cuidado, guarda, vigilância* ou *autoridade*, pressupondo-se que a vítima seja *incapaz de defender-se* do perigo decorrente do abandono; no crime de *abandono de recém-nascido*, além da limitação e identificação de quem pode ser sujeito (ativo e passivo), é indispensável o *fim especial* de "ocultar desonra própria"; no crime de *maus-tratos* há igualmente uma particular relação jurídica (de autoridade, guarda ou vigilância, para o fim de educação, ensino, tratamento ou custódia), que é infringida pelo sujeito ativo.

O *perigo* produzido pela conduta do agente deve *expor* pessoa certa e determinada, o que não impede que mais de uma pessoa possa ser exposta ao perigo, desde que perfeitamente individualizadas. Se, no entanto, o perigo recair sobre um número indeterminado de pessoas, o crime poderá ser de *perigo comum*, desde que venha a adequar-se a um dos tipos descritos nos arts. 250 a 259 do Código Penal.

Determinadas pessoas, no exercício de determinadas atividades, funções ou profissões, não podem, em tese, apresentar-se como *sujeito passivo* do crime descrito no art. 132. Com acerto, nesse sentido, Nélson Hungria destacava que: "deixa de haver o crime quando o periclitante tem o dever legal de afrontar ou suportar o perigo, como no caso dos *bombeiros*, dos *policiais* etc. Igualmente inexiste o crime quando se trata de perigo *inerente* a certas profissões ou atividades, como a dos *enfermeiros*, a dos *amansadores de animais*, a dos *toureiros*, a dos *corredores automobilísticos*, a dos operários em fábrica de explosivos, fogos de artifícios ou outros produtos químicos etc."[7].

4. Tipo objetivo: adequação típica

A ação tipificada é *expor*, que significa *colocar* em perigo, a vida ou a saúde de alguém. O perigo deve ser *direto* (em relação a pessoa determinada) e *iminente* (prestes a acontecer). Em outros termos, o perigo é concreto, efetivo, atual e imediato, demonstrado e não presumido. O *perigo* remoto e incerto, longínquo ou presumido não constitui o "perigo" contemplado no art. 132. A possibilidade futura, incerta ou remota é insuficiente para configurar perigo concreto, direto e determinado requerido por esse tipo penal. O perigo, convém destacar, deve apresentar-se, necessariamente, como uma *anormalidade*, como uma ação desaprovada pela moral jurídica e pela moral social, representando, em outros termos, o perigo não tolerável.

Esse crime pode apresentar-se sob a forma *omissiva*. O patrão, por exemplo, que não fornece o material de proteção necessário aos seus funcionários, desde que, em razão dessa *omissão*, resulte uma *situação concreta de perigo*, incorre nas sanções do art. 132 do CP. A comprovação efetiva de *perigo* é indispensável, na medida em que o simples descumprimento das normas de segurança, por si só, tipifica a *contravenção penal* prevista no art. 19 da Lei n. 8.213/91 (legislação relativa a benefícios previdenciários).

---

7. Nélson Hungria, *Comentários ao Código Penal*, 5. ed., p. 420.

É desnecessário o dano, sendo suficiente a exposição a perigo; a ação física cria a situação de perigo mas não objetiva o dano, embora este não lhe seja desconhecido; se, no entanto, o objetivasse, o crime seria de dano, e sua não ocorrência configuraria uma figura tentada. Para a existência do crime, objetivamente considerado, é suficiente que o agente crie para a vítima uma situação de fato em que sua vida ou saúde seja exposta a um perigo direto e iminente, isto é, um perigo concreto.

O perigo deve ser individual, isto é, deve referir-se a pessoa determinada, pois, se ocorrer *perigo comum*, isto é, extensivo a um número indeterminado de pessoas, o crime poderá ser "contra a incolumidade pública" e não se adequará ao tipo descrito no art. 132. Em sentido semelhante já era prescrição da Exposição de Motivos da lavra do Ministro Francisco Campos, *in verbis*: "O perigo concreto, que constitui o seu elemento objetivo, é limitado a determinada pessoa, não se confundindo, portanto, o crime em questão com os de perigo comum ou contra a incolumidade pública" (arts. 250 a 259 do CP).

Em outros termos, qualquer ação ou omissão que implique colocar em perigo "direto e iminente" a vida ou a saúde de outrem traduz comportamento humano perfeitamente adequado à figura delituosa descrita no art. 132. Enfim, havendo o "risco criado" para a vida ou saúde de outrem, estarão presentes todos os fatores objetivos que constituem esse tipo penal. Se, com uma única ação, o agente criar situação de perigo a várias pessoas perfeitamente determinadas e individualizadas, haverá concurso formal de crimes. Se, porém, com mais de uma conduta, criar situação de perigo a mais de uma pessoa, devidamente individualizadas, haverá concurso material de crimes. Não concordamos com as afirmações simplistas de que esse crime não admite concurso de crimes em razão da sua natureza *subsidiária*, pois são temas completamente distintos. O concurso de crimes é inadmissível, com efeito, entre a norma subsidiária e a norma principal; afora essa circunstância, não vemos nenhum impedimento político-dogmático.

É indiferente, para a configuração do crime de perigo para a vida ou a saúde de outrem, o eventual *consentimento da vítima*, em razão da *indisponibilidade* dos bens jurídicos protegidos; igualmente, irrelevante é o motivo impulsionador da ação.

Nélson Hungria, constatando a distinção dos bens jurídicos tutelados "vida" e "saúde" e, principalmente, a disparidade de valor entre um e outro, lembra, com muita propriedade, que "o que pode ser difícil, muitas vezes, nos casos concretos, é discernir se houve perigo de vida ou apenas perigo à saúde. E por isto mesmo, para atalhar o inconveniente, é que o nosso Código se inclinou pela equiparação das duas hipóteses, sujeitando-as ao mesmo tratamento penal"[8].

Distinguir, concretamente, entre "perigo para a vida" e "perigo para a saúde" é, normalmente, tarefa muito complexa. Expor a perigo a saúde de alguém é colocar em risco as suas funções vitais. Essa exposição a perigo à saúde admitirá, certamente, certa graduação, de sorte que o risco à saúde, em grau mais intenso, pode aproximar-se

---

8. Nélson Hungria, *Comentários*, p. 415.

do risco de eliminação da própria vida. Essa distinção, com certeza, será somente uma questão de intensidade, de graduação do risco criado, e, ante a equiparação legal, deve ser objeto de valoração somente no momento da dosimetria penal, pois inquestionavelmente a conduta que expõe a perigo a vida de alguém apresenta um *desvalor do resultado* muito superior àquela que põe em perigo a saúde.

4.1 Subsidiariedade típica

O próprio tipo penal deixa expresso o *caráter subsidiário* dessa infração penal; isso quer dizer que, em tese, fica subsumido por crime mais grave, especialmente quando concretizar crime de dano. Se a vítima vier a morrer em decorrência dessa ação, o crime será homicídio culposo (art. 121, § 3º); se chegar a sofrer *lesão corporal culposa*, o crime continuará sendo o do art. 132, cuja pena é mais grave do que a daquela, aplicando-se, nesse caso, o princípio da *subsunção*[9], "pois que o preceito sancionador do citado art. 132, contém cominação mais grave de pena, do que o art. 129, § 6º". É necessário, nessa interpretação, ter presente que o *dolo* do agente não é de *dano*, mas tão somente de *perigo*, e sempre que a conduta dolosamente orientada encontrar adequação típica, com sanção maior, deverá prevalecer ante eventual tipificação culposa, quando mais não fosse, até pelo princípio da excepcionalidade do crime culposo.

Embora doutrinária e jurisprudencialmente seja tido como — e na verdade é — *crime subsidiário*, quer-nos parecer que a fórmula descrita no art. 132 apresenta uma outra característica muito peculiar: é um *crime residual*! Em outros termos, só caracterizará esse crime aquelas condutas perigosas que exponham a perigo a vida ou a saúde de outrem que não estejam previstas em outras normas penais, quer sejam leis extravagantes, quer sejam integrantes do próprio Código Penal. Mais ou menos nesse sentido já se manifestava o saudoso Magalhães Noronha, ao afirmar: "Todavia, não é apenas quando se trata de crime mais grave que o art. 132 não tem aplicação. Não pode ele ser invocado, sempre que o caso estiver especificamente previsto em outra figura, ainda que com pena mais branda, como se dá com o delito do art. 136, ou com idêntica punição, como ocorre com o art. 130"[10]. E, se vivo estivesse, certamente Magalhães Noronha incluiria nesse exemplo muitos dos crimes previstos nessa hemorragia de leis especiais.

5. Tipo subjetivo: adequação típica

O *elemento subjetivo* é representado pela consciência e vontade do perigo criado com a ação ou omissão, sendo definido como *dolo de perigo*, que poderá ser direto

---

9. Frederico Marques, *Tratado de Direito Penal*, p. 308: "A progressão criminosa, no *iter delicti* do mundo físico, não encontra correspondência na esfera normativa, pois que maior rigor existe na punição do crime de perigo para a saúde de outrem, que no de lesão corporal culposa *simples*. Por essa razão, a *lex consumens*, no caso, é o art. 132, enquanto que o art. 129, § 6º, figura como *lex consunta*".
10. Magalhães Noronha, *Direito Penal*, p. 95.

ou eventual. O agente deve querer, conscientemente, o estado de perigo ou, no mínimo, admiti-lo, assumindo o risco de produzi-lo. O *elemento subjetivo* desse tipo penal, como crime de perigo, limita-se à *consciência* e *vontade* de expor a vítima a grave e iminente perigo, estando absolutamente excluído o *dolo de dano*, ou seja, eventual *animus necandi* ou *animus laedendi* caracterizará outro tipo penal e não este. Se, no entanto, o agente pretender atingir a vida ou a saúde de alguém com sua ação, estaremos diante de uma tentativa de homicídio ou tentativa de lesão corporal, respectivamente. A diferença está na natureza do dolo: nesses casos, o dolo será de dano.

O *dolo eventual*, com efeito, também pode configurar-se. O risco de criar com a ação ou omissão está presente na *consciência* do agente, que, apesar disso, realiza a conduta e acaba colocando efetivamente em perigo a vida ou a saúde de outrem. Determinado agente, por exemplo, pode praticar certa ação que poderá criar uma situação de perigo devidamente prevista. Apesar de não querê-lo, inescrupulosamente não se abstém, permanecendo indiferente à probabilidade de dano, ou, na linguagem do Código Penal, "assumindo o risco de produzi-lo".

6. Exclusão do crime

Não se configura o crime de *perigo para a vida ou a saúde de outrem* quando o sujeito passivo tem o *dever legal* de enfrentar o perigo, como é o caso dos bombeiros, policiais etc. No entanto, essa exclusão não é absoluta, pois, na hipótese em que o perigo extrapolar os limites dos riscos inerentes às atividades, poderá, eventualmente, existir uma figura delituosa.

Mesmo nessas atividades perigosas, há um limite que se pode exigir do cidadão, pois a ordem jurídica não pode pretender atos heroicos do ser humano. Quando o indivíduo, em qualquer dessas atividades, é exposto a perigo que ultrapassa os limites razoáveis ou desproporcionais às suas forças, pode ser reconhecido como sujeito passivo do crime de perigo para a vida e a saúde de outrem. O *poder agir* é um pressuposto básico de todo comportamento humano. É necessário que, além do dever, haja também a *possibilidade física* de agir, ainda que com risco pessoal.

7. Consumação e tentativa

Consuma-se o crime de *perigo para a vida ou a saúde de outrem* com o surgimento efetivo do perigo. Eventualmente pode ocorrer tentativa, embora de difícil configuração. Trata-se de crime de *perigo concreto*, cuja ocorrência deve ser comprovada, sendo inadmissível mera presunção. Se sobrevier a morte da vítima, o agente responderá por homicídio culposo, em razão da *subsidiariedade* do crime de perigo. Sobrevindo lesão corporal, o agente não responderá pela modalidade culposa, cuja sanção penal é inferior, desde que tenha sido demonstrada a existência do dolo de perigo. No entanto, se a exposição a perigo ocorrer na condução de veículo automotor, sobrevindo a lesão corporal, o agente responderá por lesão corporal culposa (sanção mais grave), ou se se tratar de lesão corporal majorada, nos termos do art. 129, § 7º, do CP.

Embora a dificuldade para demonstrar a sua ocorrência, é possível, teoricamente, a tentativa[11], apesar de tratar-se de crime de perigo.

A opção político-criminal do Código Penal de 1940 de ampliar a definição do crime à *exposição da saúde a perigo* foi duramente criticada, argumentando-se que, além da sua grande indeterminação, o fato poderia constituir *uma tentativa de lesão corporal*, tornando-se desnecessária sua incriminação especial, ou, então, deveria ser objeto da ação preventiva da polícia[12]. Essa afirmativa de que *expor a saúde a perigo* poderia constituir uma *tentativa do crime de lesões corporais* ignora uma questão fundamental da dogmática penal, qual seja, a de que toda conduta humana, penalmente responsável, deve ser orientada pelo elemento subjetivo, que, na linguagem finalista, denomina-se *finalidade*. E, nessa linha de raciocínio, as condutas de *exposição a perigo* (da vida ou da saúde) e as condutas que objetivam lesar a saúde ou a integridade física são orientadas por elementos subjetivos distintos: a *tentativa de lesão* é orientada pelo dolo de dano (*animus laedendi*), e no crime de *exposição a perigo* (da vida ou da saúde) o dolo é de perigo. Aliás, concretamente, em determinadas circunstâncias, especialmente nos casos de "tentativa branca" e do crime de exposição a perigo (vida ou saúde), o grande traço distintivo limita-se ao elemento subjetivo: quem, por exemplo, percebe, a determinada distância, alguém disparando um tiro contra outrem, errando o alvo, deverá ficar com uma dúvida atroz: afinal, estará diante de uma tentativa de homicídio, tentativa de lesões corporais ou de uma hipótese do art. 132? Os aspectos objetivos são exatamente iguais: a arma, o disparo, a eficácia da arma, o risco corrido pela vítima etc. A única diferença residirá exatamente no *elemento subjetivo* — o agente teria pretendido matar a vítima ou simplesmente expô-la a perigo? Enfim, a mesma conduta, com o mesmo evento, poderá ter tipificação distinta, de acordo com o dolo que a tiver orientado.

8. Classificação doutrinária

Trata-se de crime comum, não exigindo nenhuma qualidade ou condição especial dos sujeitos, ativo ou passivo; é formal, consumando-se com a simples realização da conduta típica, independentemente da produção de qualquer resultado, pois se trata de crime de perigo. É crime de perigo concreto, que não se presume, exigindo a sua comprovação. É crime doloso, de ação livre, instantâneo, comissivo ou omissivo, simples e essencialmente subsidiário.

9. Forma culposa

Não há previsão de modalidade culposa. Mas, se sobrevier o dano, efetivamente, responderá o agente, conforme o caso, por lesão corporal culposa (somente se

---

11. Discordamos do exemplo, trazido por Flávio Augusto de Barros Monteiro, do equilibrista que é impedido pela polícia de exibir-se sem a rede de proteção, devendo o dono do circo responder por tentativa. A nosso juízo, constituiria simples "atos preparatórios", que são impuníveis (*Crimes contra a pessoa*, p. 128).
12. Nélson Hungria, *Comentários*, p. 414.

for aquela prevista no Código de Trânsito Brasileiro) ou homicídio culposo. Em qualquer hipótese, será inadmissível a responsabilidade pelo crime de "lesão corporal seguida de morte", pela absoluta ausência do *dolo de dano*, que seria indispensável no "crime precedente" (lesão corporal). Por isso, a eventual morte da vítima, embora precedida de enfermidade decorrente da conduta do agente, não tem o condão de qualificar, como resultado mais grave, a conduta antecedente do agente. Enfim, é absolutamente inaplicável a previsão do crime preterdoloso (art. 129, § 3º, do CP).

10. Figura majorada: transporte de pessoas para a prestação de serviços

Embora se trate de simples *majorante*, seu conteúdo contém determinadas *elementares* que lhe dão características de *um novo tipo penal* — derivado. Assim, só se configurará essa majorante se o "transporte de pessoas" destinar-se à "prestação de serviços em *estabelecimentos* de qualquer natureza".

Referido *estabelecimento* pode ser *comercial, industrial, agrícola* ou similar e, ainda, público ou privado. Convém destacar que, se o "transporte de pessoas" destinar-se à "prestação de serviços" em outros locais, que não em "estabelecimentos", como, por exemplo, em *propriedades rurais, sítios, lavouras* etc., não estará, tecnicamente, configurada a *elementar típica* "em estabelecimentos de qualquer natureza". Da mesma forma, se o "transporte de pessoas" tiver outra destinação, seja de lazer, seja com objetivos religiosos ou políticos (que frequentemente utilizam transportes inadequados), não configurará a majorante em exame.

E, como já afirmamos, a ausência de qualquer das *elementares* impede a realização do tipo penal, ante a impossibilidade da adequação típica da conduta concretizada. O parágrafo único do art. 132 foi acrescentado pela Lei n. 9.777, de 29 de dezembro de 1998, que procura, de certa forma, resgatar as origens históricas que fundamentaram o surgimento desse dispositivo legal.

11. Perigo para a vida ou saúde de outrem e porte ilegal de arma (Lei n. 10.826/2003)

Até 1997, quem efetuasse um *disparo de arma de fogo* próximo à vítima, na via pública ou não, respondia pelo crime de *perigo para a vida ou saúde de outrem* (art. 132 do CP). Se o *disparo* fosse desferido para cima ou sem ninguém nas proximidades, sem expor a perigo pessoa determinada, responderia apenas pela *contravenção* do art. 28 da Lei das Contravenções Penais.

Essa solução, contudo, não pode mais persistir, desde o advento da "Lei do Porte de Arma" (Lei n. 9.437/97), que, no art. 10, § 1º, III, tipificou como crime o *disparo de arma de fogo*, nos seguintes termos: "disparar arma de fogo ou acionar munição em local habitado ou em suas adjacências, em via pública ou em direção a ela, desde que o fato não constitua crime mais grave". A pena cominada era de um a dois anos de detenção e multa, logo, muito mais grave do que aquelas cominadas pelo art. 28 da Lei das Contravenções Penais e pelo próprio art. 132 do

Código Penal. Posteriormente, esse diploma legal foi revogado pela Lei n. 10.826, de 22 de dezembro de 2003, que, em seu art. 15, repetiu tipo penal semelhante[13].

A partir desse novo panorama jurídico, podemos ter as seguintes hipóteses: a) *disparo próximo a pessoa determinada para gerar risco a ela ou disparo efetuado para cima* (sem visar pessoa determinada): caracterizam o crime mais grave da lei especial, desde que o fato ocorra na via pública ou em direção a ela; b) *disparo efetuado em local privativo*, se visa perigo a pessoa determinada, caracteriza o crime do art. 132, e, se não visa, é atípico; c) *se o agente efetua o disparo, qualquer que seja o local, com intenção de matar a vítima*, mas não a atinge, responde por tentativa de homicídio.

Na verdade, *disparo de arma de fogo* pode constituir *meio de execução* de inúmeras infrações penais (homicídio, tentativa de homicídio, latrocínio, lesão corporal, perigo para a vida ou a saúde de outrem etc.). Quando isso acontece, surge uma multiplicidade de problemas; afinal: será "fato único" ou uma "pluralidade de fatos"? Trata-se de "crime único" ou de uma "pluralidade delitiva"? Estaremos diante de um *conflito aparente de normas* ou de um *concurso de crimes*?

Da correção das respostas a todas essas indagações dependerá a definição dogmaticamente correta desse aparente "entrechoque" de leis penais!

Quando determinado *comportamento*, mesmo tipificado, como ocorre agora com "disparo de arma de fogo", constitui "meio executivo" de outro crime, integra a definição típica deste, configurando *fato único*, que é objeto de um único e mesmo *dolo*: de matar, de lesionar, de expor a perigo a vida ou a saúde de outrem etc. Convém destacar que, como tivemos oportunidade de afirmar, "o objeto do dolo direto é o *fim proposto*, os *meios escolhidos* e os *efeitos colaterais* representados como necessários à realização do fim pretendido", pois um dos aspectos fundamentais[14] do *dolo direto*, que não se esgota nesse elemento volitivo, é *querer* a ação, o *resultado* e os *meios escolhidos*. Ora, se o uso de arma de fogo foi o *meio escolhido*, à evidência que esse *meio* foi "querido" pelo agente; logo, é abrangido pelo dolo direto. Contudo, o fim pretendido — nesses crimes referidos — não é somente o *disparo de arma de fogo*, simples crime de perigo, mas vai além, objetiva atingir outros bens jurídicos, chegando, em alguns casos, inclusive, à perpetuação de crimes de dano, como homicídio, tentativa de homicídio, lesão corporal etc., ou mesmo a outros crimes de

---

13. "Art. 15. Disparar arma de fogo ou acionar munição em lugar habitado ou em suas adjacências, em via pública ou em direção a ela, desde que essa conduta não tenha como finalidade a prática de outro crime:
Pena — reclusão, de 2 (dois) a 4 (quatro) anos, e multa."
14. Cezar Roberto Bitencourt, *Manual de Direito Penal*, 5. ed., p. 239: "... o dolo direto compõe-se de três aspectos: a) a representação do resultado, dos meios necessários e das consequências secundárias; b) o *querer* o resultado, bem como os meios escolhidos para a sua consecução; c) o *anuir* na realização das consequências previstas como certas, necessárias ou possíveis, decorrentes do uso dos meios escolhidos para atingir o fim proposto ou da forma de utilização desses meios".

perigo, como expor a vida ou a saúde de alguém a perigo. Nesses casos, o *disparo de arma de fogo*, como meio normal para a realização da conduta pretendida, integra o *iter criminis,* já em sua fase executória, sendo impossível dissociá-lo em dois crimes para puni-los autonomamente. Ou alguém ousaria sustentar que a *fase executória* constitui um crime (disparo de arma de fogo) e a *consumação,* fase última do atuar criminoso, constitui outro crime? Isso equivaleria, por exemplo, em um crime de homicídio produzido por disparo de arma de fogo, a denunciar o agente pelos crimes de homicídio (art. 121), tentativa de homicídio, lesões corporais (art. 129) e perigo para a vida ou a saúde de outrem (art. 132), ou ainda, quem sabe, agora também pelo crime de disparo de arma de fogo, se for em via pública. O exemplo nos dá bem uma ideia do absurdo grotesco a que se pode chegar com uma interpretação equivocada.

Da conclusão da primeira indagação — *constitui fato único* — decorre, como corolário natural, respondendo à segunda pergunta, que se trata de *crime único* e, consequentemente, com somente uma punição, uma vez que *um único fato* não pode constituir dois ou mais crimes. Essa assertiva antecipa, de certa forma, a resposta à terceira indagação: estamos diante de um *conflito aparente de normas,* e não de um *concurso de crimes* que, em razão de sua complexidade, examinaremos, a seguir, em tópico separado.

11.1 *Perigo para a vida ou saúde de outrem, disparo de arma de fogo e conflito aparente de normas*

Há *concurso de crimes* quando o mesmo agente, por meio de uma ou de várias condutas, executa duas ou mais figuras delituosas, idênticas ou não. Pode haver unidade de conduta e pluralidade de crimes (concurso formal) ou pluralidade de condutas e pluralidade de crimes (concurso material). O *concurso formal de crimes,* que se caracteriza pela *unidade comportamental* e *pluralidade de resultado,* é o que apresenta maior aproximação ao *conflito aparente de normas ou de leis,* e, por vezes, tem conduzido alguns neófitos a equívocos. O conflito aparente de normas, no entanto[15], pressupõe a *unidade* de conduta ou de fato e a *pluralidade* de normas coexistentes e relação de hierarquia ou de dependência entre essas normas. Nos dois institutos há uma *semelhança* e uma *dessemelhança*: tanto no concurso formal de crimes quanto no conflito aparente de normas há *unidade de ação ou de fato* (semelhança); a *pluralidade,* porém, no concurso de crimes é de resultados ou de crimes, e, no concurso aparente de normas, a pluralidade é de leis, teoricamente incidentes sobre o mesmo fato (dessemelhança). E essa distinção os torna inconfundíveis.

A solução do *conflito de normas* deve ser encontrada através dos princípios da *especialidade,* da *subsidiariedade* e da *subsunção,* na medida em que não se trata de um *conflito efetivo,* aliás, inadmissível em um *sistema jurídico* ordenado e harmôni-

---

15. Preferimos adotar a terminologia "conflito" em vez de "concurso" como mais uma forma de evitar a confusão desse instituto — conflito aparente de normas — com o concurso de crimes.

co, onde as *normas* devem apresentar entre si uma relação de dependência e hierarquia, permitindo a aplicação de uma só lei ao caso concreto, excluindo ou absorvendo as demais. Assim, será através desses princípios que se deverão equacionar *aparentes conflitos* entre o *crime de disparo de arma de fogo* e outras infrações, tais como tentativa de homicídio, lesões corporais, perigo para a vida ou a saúde de outrem etc.

Não se questiona, dogmaticamente, que o crime de *perigo para a vida ou a saúde de outrem* é uma infração penal essencialmente *subsidiária*. Aliás, desconhecendo essa unanimidade, que o legislador não podia prever, deixou expresso no próprio dispositivo o seu caráter subsidiário. Curiosamente, no entanto, em relação ao crime de *disparo de arma de fogo*, definido pela Lei n. 10.826/2003, ao contrário do que alguns doutrinadores têm afirmado[16], o conflito aparente de normas não se resolve pelo princípio da subsidiariedade, a despeito de aquele crime ter essa natureza. Aliás, a grande curiosidade é que *ambos os crimes são naturalmente subsidiários*!

Com efeito, há relação de *primariedade* e *subsidiariedade* entre duas normas quando descrevem graus de violação de *um mesmo bem jurídico*[17], de forma que a norma subsidiária é afastada pela aplicabilidade da norma principal. O *fundamento material* da subsidiariedade reside no fato de distintas proposições jurídico-penais protegerem o *mesmo bem jurídico* em diferentes estádios de ataque. Ora, na hipótese que estamos examinando, o *bem jurídico* protegido pelos dois tipos penais são absolutamente distintos: o *perigo para a vida ou a saúde de outrem* protege exatamente a vida e a integridade físico-psíquica do ser humano, enquanto o crime de *disparo de arma de fogo* protege, segundo afirmavam os comentadores da Lei n. 9.437/97, "a segurança coletiva"[18]. Na verdade, frequentemente, estabelece-se a punibilidade de determinado comportamento para ampliar ou reforçar a proteção jurídico-penal de *certo bem jurídico*, sancionando-se com graduações menos intensas diferentes níveis de desenvolvimento de uma mesma ação delitiva[19]. Pois essas *graduações* menos intensas são subsidiárias e desaparecem quando surgem comportamentos com mais intensidade que atingem o mesmo bem jurídico, dando origem a outra figura delituosa. Na lição de Hungria[20], "a diferença que existe entre *especialidade* e *subsidiariedade* é que, nesta, ao contrário do que ocorre naquela, os fatos previstos em uma e outra norma não estão em relação de espécie e gênero, e se a pena do tipo principal (sempre mais grave que a do tipo subsidiário) é excluída por qualquer causa, a pena do tipo subsidiário pode apresentar-se como 'soldado de reserva' e aplicar-se pelo *residuum*".

Quando concorrer com *fato menos grave*, por outro lado, o *princípio* que permitirá o afastamento do crime de *disparo de arma de fogo*, com sanção maior, não

---

16. Luiz Flávio Gomes e William Terra de Oliveira, *Lei das Armas de Fogo*, São Paulo, Revista dos Tribunais, 1998, p. 185.
17. Aníbal Bruno, *Direito Penal*, t. 1, p. 263.
18. Luiz Flávio Gomes e William Terra de Oliveira, *Lei das Armas de Fogo*, p. 180.
19. Cezar Roberto Bitencourt, *Manual*; Parte Geral.
20. Hungria, *Comentários*, v. 1, p. 147.

será o da *subsidiariedade*, conforme sustentam Luiz Flávio Gomes e William Terra de Oliveira[21]. Afinal, só pode haver *subsidiariedade* de algo maior, mais grave, mais abrangente, e nunca o inverso. É contraditório e equivocado pretender com um fato maior e mais grave *subsidiar* um fato menor e menos grave, além de constituir uma afronta a todos os princípios da lógica. Nesse sentido pontificava Aníbal Bruno, afirmando que "a norma subsidiária é a menos grave, para a qual decai o fato se não se ajusta tìpicamente (*sic*) à norma principal"[22]. Assim, o afastamento do crime de disparo de arma de fogo — punível com detenção de um a dois anos e multa — para admitir a configuração do crime de lesão corporal leve ou perigo para a vida ou a saúde de outrem — puníveis com sanções menores — não decorre do princípio da subsidiariedade, como procuramos demonstrar.

Confrontando-se, enfim, os tipos penais de *perigo para a vida e a saúde de outrem* e *disparo de arma de fogo* — estando afastado o princípio da subsidiariedade —, tem-se a impressão da aplicabilidade do *princípio da consunção*, na medida em que disparo de arma de fogo pode constituir, em tese, *meio necessário* ou *fase normal de execução* do primeiro crime. Essa impressão, no entanto, somente seria correta se a situação fosse invertida, isto é, se o perigo para a vida ou a saúde de outrem pudesse ser considerado a *norma consuntiva, pois é ela que pode ser executada através de disparo de arma de fogo (meio de execução)*; porém, isso não ocorre, pois a descrição típica mais grave e, por conseguinte, com punição mais grave é a do *disparo de arma de fogo*, que deveria ser a *norma consunta*.

Pelo *princípio da consunção* ou absorção, a norma definidora de um crime constitui *meio necessário* ou *fase normal de preparação ou execução* de outro crime. Em termos bem esquemáticos, há *consunção* quando o fato previsto em determinada norma é compreendido em outra, mais abrangente, aplicando-se somente esta. Na relação *consuntiva*, os fatos não se apresentam em relação de gênero e espécie, mas de *minus* e *plus*, de continente e conteúdo, de todo e parte, de inteiro e fração[23]. A *norma consuntiva* constitui fase mais avançada na realização da ofensa a um bem jurídico, aplicando-se o princípio *major absorbet minorem*[24]. Por isso, o *crime consumado* absorve o crime tentado, o crime de perigo é absorvido pelo *crime de dano*. Assim, as lesões corporais que determinam a morte são absorvidas pela tipificação do homicídio, ou o furto com arrombamento em casa habitada absorve os crimes de dano e de violação de domicílio etc. A norma *consuntiva* exclui a aplicação da norma *consunta,* por abranger o delito definido por esta[25].

Seguramente, não era o caso da relação entre os tipos descritos no art. 132 do CP e do art. 10, § 1º, III, da Lei n. 9.437/97 (hoje substituído pelo disposto no

---

21. Luiz Flávio Gomes e William Terra de Oliveira, *Lei das Armas de Fogo*, p. 184-5.
22. Aníbal Bruno, *Direito Penal*, p. 263.
23. Oscar Stevenson, Concurso aparente de normas penais, in *Estudos de Direito e processo penal em homenagem a Nélson Hungria*, Rio de Janeiro, Forense, 1962, p. 41.
24. Damásio, *Direito Penal*, p. 99.
25. Sobre a impunibilidade do "antefato" e "pós-fato", ver Aníbal Bruno, *Direito Penal*, p. 263; também Oscar Stevenson, Concurso aparente de normas penais, in *Estudos*, cit., p. 42.

art. 15 da Lei n. 10.826/2003, pois a norma mais grave e, por isso mesmo, mais abrangente é a contida na lei especial (disparo de arma de fogo), enquanto o *meio de execução* — disparar arma de fogo — deveria referir-se ao crime definido pelo Código Penal (art. 132). Logo, esse descompasso *inviabiliza a aplicação do princípio da consunção*, além da inexistência da abrangência do crime de perigo para a vida ou a saúde de outrem pelo crime de disparo de arma de fogo, que pode ter inúmeras formas ou meios de ser executado, sem a utilização de arma de fogo.

Definitivamente, a solução do conflito entre disparo de arma de fogo e perigo para a vida ou a saúde de outrem não será encontrada por meio dos princípios da subsidiariedade e da consunção.

Resta analisar, nesse contexto todo, o *princípio da especialidade*, que, a nosso juízo, é o mais adequado quer para solucionar o conflito aparente entre os dois tipos penais de que estamos tratando, quer para resolver toda e qualquer hipótese da concorrência de qualquer infração menos grave, como ocorre, por exemplo, com a *lesão corporal leve*, produzida com disparo de arma de fogo.

Considera-se *especial* uma norma penal, em relação a outra *geral*, quando reúne todos os elementos desta, acrescidos de mais alguns, denominados *especializantes*. Ou seja, a *norma especial* acrescenta elemento próprio à descrição típica prevista na norma geral. Deve-se observar que nem todo disparo de arma de fogo constitui o tipo penal previsto na lei especial, mas tão somente aquele que for efetuado "em lugar habitado ou em suas adjacências, em via pública ou em direção a ela". O local em que for disparado o tiro constituirá exatamente o *elemento especializante*, que, expondo ou não a risco a vida ou a saúde de alguém, desloca a incidência do Código Penal para a lei extravagante em razão da especialidade.

A regulamentação especial tem a finalidade, precisamente, de excluir a lei geral, e, por isso, deve precedê-la. O princípio da especialidade evita o *bis in idem*, determinando a prevalência da norma especial em comparação com a geral, que pode ser estabelecida *in abstracto*, enquanto os outros princípios exigem o confronto *in concreto* das leis que definem o mesmo fato.

Por outro lado, é possível que haja disparo de arma de fogo sem se adequar a nenhum dos dois tipos penais, isto é, sem tipificar nem o crime do art. 132 do CP nem o do art. 15 da Lei n. 10.826/2003, por faltar-lhe uma elementar — a de perigo concreto, no caso do tipo descrito no CP — ou não se tratar de local habitado ou via pública, na hipótese da lei especial.

Por fim, a nosso juízo, definir se determinada conduta, concretizada, vem a adequar-se ao tipo do Código Penal ou ao da lei extravagante a rigor não depende fundamentalmente das regras do conflito aparente de normas. Com efeito, essa situação resolve-se, com tranquilidade, adotando-se o *princípio da tipicidade*, coisa que o velho Beling já fazia. Ora, temos dois aspectos que nos mostram muito bem a disparidade das descrições típicas: 1) nem todo *disparo de arma de fogo* expõe a perigo a vida ou a saúde de outrem, como tipifica o art. 132; 2) nem todo *disparo de arma de fogo* ocorre em local habitado ou em via pública, como prevê o art. 15

da lei especial. Logo, a ausência do perigo concreto afasta o disposto no art. 132 do CP, restando a possibilidade da adequação típica de acordo com o prescrito na lei especial; e a ausência da elementar — local habitado ou via pública (e similares: *adjacências* e *em direção a ela*) — afasta a adequação típica descrita na lei especial (10.826/2003), restando a possibilidade do tipo descrito no art. 132 do CP. E, por fim, é possível que o disparo de arma de fogo não tipifique nenhuma das duas prescrições: pode, com efeito, não expor a perigo a vida ou a saúde de ninguém e, igualmente, não ter sido executado nem em local habitado ou adjacências, nem em via pública ou em sua direção. Logo, nessas circunstâncias, o disparo de arma de fogo constitui conduta atípica, e para se chegar a essa conclusão não se faz necessário recorrer ao conflito aparente de normas, mas tão somente fazer um juízo de tipicidade, ou, no caso, de atipicidade.

Com efeito, a definição de qual norma incide em qualquer dessas condutas pode, naturalmente, ser encontrada por meio da *tipicidade*. Assim, se houver exposição a perigo (concreto) para vida ou a saúde de outrem, estaremos diante desse tipo penal (art. 132 do CP). Contudo, se essa exposição a perigo for produzida por disparo de arma de fogo e se esse disparo tiver sido efetuado em local habitado ou adjacências ou em via pública ou em direção a ela, estaremos diante do crime descrito na lei especial. Nessa hipótese, a própria ausência de perigo não afasta a tipicidade do crime de disparo de arma de fogo. Mas convém destacar que o decisivo para tipificar essas condutas em um ou em outro dispositivo são exatamente as *elementares típicas*, isto é, em outros termos, a *tipicidade*.

Se algum intérprete, no entanto, a despeito da clareza típica, desejar socorrer-se das recomendações do *conflito aparente de leis*, só poderá fazer uso do *princípio da especialidade*. Com efeito, para concluir, o princípio fundamental para a solução do conflito aparente de normas é o *princípio da especialidade*, que, por ser o de maior rigor científico, é o mais adotado pela doutrina. Os demais princípios são secundários, e somente devem ser lembrados quando o primeiro não resolver satisfatoriamente o conflito.

12. Pena e ação penal

A pena é a detenção de três meses a um ano, para a forma simples, e, para a *figura majorada*, haverá a elevação obrigatória de um sexto a um terço. A faculdade do magistrado limita-se ao *quantum* de majoração, dentre os limites fixados, e não implica a possibilidade de deixar de aplicar a majoração a seu talante. Na dosimetria penal deve-se levar em consideração a distinção do grau de censura em razão do maior *desvalor do resultado* quando o perigo referir-se à vida ou de menor *desvalor* quando a saúde for o bem exposto.

O crime de perigo para a vida ou a saúde de outrem é de ação penal *pública incondicionada*, não se exigindo qualquer formalidade ou manifestação da vítima ou de seu representante legal.

ABANDONO DE INCAPAZ — XIII

Sumário: 1. Considerações preliminares. 2. Bem jurídico tutelado. 3. Sujeitos ativo e passivo. 4. Tipo objetivo: adequação típica. 4.1. Abandono de incapaz e crimes omissivos impróprios: uma visão crítica. 5. Tipo subjetivo: adequação típica. 6. Consumação e tentativa. 7. Classificação doutrinária. 8. Formas qualificadas. 8.1. Majoração de pena. 8.2. Causa de aumento assegurada pelo Estatuto da Pessoa Idosa: maior de 60 anos. 9. Forma culposa. 10. Pena e ação penal.

Abandono de incapaz

Art. 133. *Abandonar pessoa que está sob seu cuidado, guarda, vigilância ou autoridade, e, por qualquer motivo, incapaz de defender-se dos riscos resultantes do abandono:*

Pena — detenção, de 6 (seis) meses a 3 (três) anos.

§ 1º Se do abandono resulta lesão corporal de natureza grave:

Pena — reclusão, de 1 (um) a 5 (cinco) anos.

§ 2º Se resulta a morte:

Pena — reclusão, de 4 (quatro) a 12 (doze) anos.

Aumento de pena

§ 3º As penas cominadas neste artigo aumentam-se de um terço:

I — se o abandono ocorre em lugar ermo;

II — se o agente é ascendente ou descendente, cônjuge, irmão, tutor ou curador da vítima;

III — se a vítima é maior de 60 (sessenta) anos.

• Inciso III acrescentado pela Lei n. 10.741, de 1º de outubro de 2003.

---

1. Considerações preliminares

Esta previsão do Código Penal amplia a proteção penal relativamente à tutela que o Código Penal de 1890 dispensava à *periclitação da vida ou da saúde* da pessoa proveniente de *abandono*. Esse diploma legal, em seu art. 292, I, limitava-se a proteger o *menor*, que, aos olhos do legislador, era *incapaz* de defender-se; para o legislador de quarenta, não apenas este pode ser *abandonado*, mas também outros indivíduos, de acordo com as circunstâncias, podem não apresentar condições de enfrentar os perigos decorrentes de um *abandono*.

O Código Criminal do Império (1830) não conheceu a figura do crime de abandono, em qualquer de suas formas[1]. Mas essa omissão não chega a surpreender, pois os próprios *direitos romano* e *germânico* não chegaram a contemplar o crime de abandono ou de exposição de incapaz como crime autônomo. Ao *Direito Canônico* coube a primazia em reconhecer, como crime de perigo, o *abandono* não só do recém-nascido, mas de todo ser humano que fosse incapaz de proteger-se contra os riscos a que tinha sido exposto. Mas o marco decisivo na criminalização dessa conduta veio a ocorrer com o Código Penal da Baviera, em 1813, que reconheceu como sujeito ativo qualquer pessoa e como sujeito passivo *qualquer incapaz*; mas, como visto, essa orientação do Código da Baviera não influenciou nosso Código Criminal do Império, que deixou de recepcionar tal figura delituosa.

O atual Código Penal preferiu, contudo, tratar o *abandono de incapaz* em duas figuras distintas: o *abandono de incapaz* (art. 133), que, para muitos[2], seria uma espécie de tipo fundamental, e o *abandono de recém-nascido* (art. 134), que seria a figura privilegiada, praticada por motivo de honra.

A figura descrita no *caput* do art. 133 é crime de perigo concreto, pois é o próprio núcleo típico — *abandonar* — que exige que o risco seja efetivo, real, concreto. As figuras *preterdolosas ou qualificadas pelo resultado*, no entanto, recepcionadas nos §§ 1º e 2º, são crimes de dano, para aqueles que sustentam a vigência desses parágrafos mesmo depois da reforma penal de 1984.

2. Bem jurídico tutelado

O *bem jurídico* protegido pela prescrição do art. 133 é a *segurança* da pessoa humana, o seu bem-estar pessoal, particularmente do *incapaz* de proteger-se contra situações de perigo decorrentes de *abandono*.

A despeito da unanimidade nacional, convém destacar que a definição do tipo penal não faz qualquer referência a "perigo para a vida ou a saúde de outrem". Ante essa *omissão*, seria lícito interpretar que a proteção jurídica desse dispositivo destina-se à vida ou à saúde da vítima? Não se estaria violando o princípio da tipicidade ao admitir elementares não contidas expressamente no tipo penal? Afinal, qual o sentido e função do tipo penal? Para respondermos a essas indagações precisamos fazer uma pequena digressão a partir da definição de tipo e de tipicidade.

Tipo é o conjunto dos elementos do fato punível *descrito no texto legal*. É uma construção que surge da imaginação do legislador que descreve legalmente as ações que considera, em tese, delitivas. Tipo é um modelo abstrato que descreve um comportamento proibido. Cada tipo possui características e elementos próprios que

---

1. Aníbal Bruno, *Crimes contra a pessoa*, 5. ed., Rio de Janeiro, Ed. Rio, 1979, p. 225.
2. Damásio de Jesus, *Direito Penal*, p. 163.

os distinguem uns dos outros, tornando-os todos *especiais*, no sentido de serem inconfundíveis, inadmitindo-se a adequação de uma conduta que não lhes corresponda perfeitamente. Cada tipo desempenha uma *função particular*, e a ausência de um tipo não pode ser suprida por analogia ou interpretação extensiva. O tipo exerce uma função *limitadora* e *individualizadora* das condutas humanas penalmente relevantes. *Tipicidade*, por sua vez, é a conformidade do fato praticado pelo agente com a moldura abstratamente descrita na lei penal. "Tipicidade é a correspondência entre o fato praticado pelo agente e a descrição de cada espécie de infração contida na lei penal incriminadora"[3]. Um fato, para ser adjetivado de típico, precisa adequar-se a um modelo descrito na lei penal, isto é, a conduta praticada pelo agente deve *subsumir-se na moldura descrita na lei*[4].

Pois bem, nessa linha de raciocínio, reconhecendo as funções *fundamentadora* e *limitadora* do tipo penal, que podem ser resumidas na *função de garantia* do cidadão, é que temos de resolver a questão sobre os limites prescritos pela definição do crime de *abandono de incapaz*. Referido tipo penal não estabelece, expressamente, que a proteção é contra a exposição *a perigo de vida ou da saúde*, ao contrário do que faz o Código Penal italiano[5]. No entanto, o reconhecimento de que é contra esse perigo que se protege o abandono do incapaz implica a limitação do alcance do tipo penal e, por consequência, traz mais segurança jurídica e respeita o princípio dos tipos fechados. Na verdade, a admissão de que os *bens jurídicos* protegidos referem-se à periclitação da vida e à saúde do abandonado, ainda que implicitamente, vem ao encontro da *função de garantia* que é atribuída aos tipos penais. Ademais, embora os *nomen iuris*, as denominações de títulos e capítulos não integrem a *objetividade jurídica* dos tipos penais, não deixam de estabelecer, genericamente, quais os bens jurídicos que pretendem proteger. Nessas circunstâncias, considerando que este capítulo destina-se aos crimes contra a "periclitação da vida e da saúde", admitimos que se permita uma *interpretação ampliativa* do conteúdo do art. 133, porque é *in bonam parte*. Embora pareça paradoxal, essa *interpretação extensiva* tem a finalidade exatamente de *restringir* a abrangência do dispositivo, pois exclui a *exposição* a qualquer outro perigo. Enfim, a posição sistemática do dispositivo, segundo Maurach, autoriza essa interpretação, além do receio político-criminal de chegar-se a uma extensão verdadeiramente alarmante da responsabilidade penal.

Em sentido amplo, enfim, pode-se afirmar que, em termos genéricos, aqui também se protege a vida e a integridade físico-psíquica do incapaz, como deixa claro o Capítulo III do Título I da Parte Especial do Código Penal.

---

3. Damásio de Jesus, *Direito Penal*, p. 228.
4. Para ampliar o exame da função do tipo penal, veja-se nosso *Manual de Direito Penal*; Parte Geral.
5. Silvio Ranieri, *Manuale di Diritto Penale*; Parte Speciale, Milano, 1952, v. 3, p. 29; Enrico Altavilla, *Delitti contro la persona*, Milano, 1934, p. 209.

É irrelevante o consentimento do ofendido, em razão da incapacidade para consentir do sujeito passivo e/ou da indisponibilidade dos bens jurídicos protegidos (a integridade física passou a bem jurídico relativamente disponível a partir do advento da Lei n. 9.099/95, que condiciona o crime de lesões corporais leves e culposas à representação do ofendido).

3. Sujeitos ativo e passivo

Sujeito ativo pode ser qualquer pessoa que tenha *especial* relação de *assistência* e proteção com a vítima, ou seja, desde que a vítima esteja sob seu *cuidado, guarda, vigilância ou autoridade*. Trata-se, por conseguinte, de *crime próprio*, que não pode ser praticado por quem não reúna essa circunstância especial. A ausência dessa *relação especial* entre os sujeitos desse crime afasta a sua adequação típica, podendo, eventualmente, configurar outra infração penal, como, por exemplo, omissão de socorro, abandono material, abandono intelectual, conforme o caso.

Qualquer indivíduo, sem nenhum vínculo, pode abandonar um incapaz, entregando-o à própria sorte, expondo-o a perigo, mas não será sujeito ativo do crime de abandono de incapaz, por faltar-lhe uma condição exigida pelo tipo penal, uma condição de "garante". Outras vezes, um indivíduo poderá ser constrangido a executar a ação de abandonar um incapaz, com o qual não tem nenhuma relação, não passando de mero executor da vontade de um terceiro; ou, então, alguém que reúne as condições exigidas pelo tipo para ser sujeito passivo do delito, pode praticar o fato mediante coação irresistível. Em todas essas hipóteses não se poderá falar em *sujeito ativo* do crime, mas, no máximo, em "autor" material do fato ou, mais propriamente, em mero executor, que não realiza a conduta típica.

Este tipo penal, por outro lado, nos dá um exemplo claro de que *autor* ou *executor* não pode ser confundido ou tido como sinônimo de *sujeito ativo* do crime. Convém destacar, para evitar equívocos, que *autor* também não se confunde com *executor*, embora ambos possam integrar um conceito amplo de *autoria*. Na verdade, como tivemos oportunidade de afirmar, o "conceito de autoria não pode circunscrever-se a quem pratica pessoal e diretamente a figura delituosa, mas deve compreender também quem se serve de outrem como 'instrumento' (autoria mediata)"[6]. Autor, segundo a *teoria do domínio do fato*, é quem tem o poder de decisão sobre a realização do fato. É não só o que executa a ação típica, como também aquele que se utiliza de outrem, como instrumento, para a execução da infração penal (autoria mediata). Como ensinava Welzel, "a conformação do fato mediante a vontade de realização que dirige de forma planificada é o que transforma o autor em senhor do fato"[7]. O sujeito ativo pode ser *autor mediato*. No magistério de Jescheck, "é autor mediato quem realiza o tipo penal servindo-se, para execução da ação típica, de outra pessoa como *instrumento*"[8]. A *teoria do domínio*

---

6. Cezar Roberto Bitencourt, *Manual*, 5. ed.
7. Hans Welzel, *Derecho Penal alemán*, p. 145.
8. Jescheck, *Tratado de Derecho Penal*, p. 919.

do fato molda com perfeição a possibilidade da figura do *autor mediato*. Todo o processo de realização da figura típica, segundo essa teoria, deve apresentar-se como obra da vontade reitora do "homem de trás", o qual deve ter absoluto controle sobre o executor do fato. O *autor mediato* realiza a ação típica através de outrem, que atua sem culpabilidade[9].

Todos os pressupostos necessários de punibilidade e condições especiais exigidos pelo tipo devem encontrar-se na pessoa do "homem de trás", no *autor mediato*, e não no executor, *autor imediato*. *Sujeito ativo*, nesse caso, não será o executor, mas o *autor mediato*, que, além de deter o *domínio do fato*, deverá reunir os requisitos especiais exigidos pelo tipo penal. Com base nesse argumento, Sebastian Soler e Santiago Mir Puig, seguindo a orientação de Welzel, admitem, em princípio, a possibilidade de *autoria mediata* nos *crimes especiais* ou *próprios*, desde que o autor mediato reúna as qualidades ou condições exigidas pelo tipo penal[10]. Já nos "crimes de mão própria" será impossível a figura do autor mediato[11].

Sintetizando, todos os requisitos exigidos pelo tipo, isto é, requisitos de "legitimidade ativa" (numa linguagem mais que figurada), exigidos pelo tipo penal, devem encontrar-se na pessoa do *sujeito ativo*, isto é, do autor (que pode ser mediato ou imediato), e não no *executor*. Aquele que não reunir as condições ou qualidades especiais (requisitos) exigidos por determinados tipos penais (crimes próprios) não pode ser sujeito ativo desses crimes.

Sujeito passivo pode ser *qualquer pessoa* que se encontre numa das relações antes referidas, e não somente o *menor*. Na verdade, exige-se do sujeito passivo a presença simultânea de dois requisitos fundamentais: a) incapacidade; b) relação de assistência com o sujeito ativo.

É indispensável que o sujeito passivo, além da *incapacidade* de enfrentar os riscos decorrentes do abandono, encontre-se numa das condições especiais da *relação de assistência* referidas no *caput* do art. 133. É necessário que a vítima seja *incapaz de defender-se dos riscos decorrentes do abandono*. Não se trata da *incapacidade* disciplinada no direito privado, como seriam exemplo aqueles que se acham sob o pátrio poder, a tutela ou a curatela, os anciões, os enfermos etc. À evidência que a incapacidade pode decorrer de *doença* ou de *transtornos mentais*, mas também pode provir de determinadas circunstâncias especiais, fáticas ou não, que, por alguma razão, inviabilizem o sujeito passivo de defender-se do perigo decorrente do abandono. Nesse sentido manifestava-se Frederico Marques, afirmando que "o preceito penal tem em vista uma situação de fato consistente na ausência de aptidão

---

9. Welzel, *Derecho Penal*, p. 146.
10. A favor: Soler, *Derecho Penal argentino*, p. 247 e 248; Mir Puig, *Derecho Penal*, p. 325; Welzel, *Derecho Penal alemán*, p. 150. Contra: Jescheck, *Tratado de Derecho Penal*, p. 920 e 921.
11. H. H. Jescheck, *Tratado de Derecho Penal*, p. 920. No entanto, segundo Welzel, a participação é possível nos crimes de mão própria, como em qualquer outro.

para a pessoa prover e cuidar da própria defesa e segurança"[12]. Com efeito, não se trata simplesmente de crianças, enfermos ou doentes mentais, como previam algumas legislações anteriores, e sim toda pessoa (capaz ou incapaz) *faticamente incapaz*, por qualquer razão, de cuidar, pessoalmente, de sua defesa.

4. Tipo objetivo: adequação típica

Abandonar significa deixar desassistido, desamparado, *incapaz* de defender-se dos riscos resultantes do *abandono*, que se encontre na *especial* relação de *assistência* já referida. Pune-se o abandono da própria pessoa e não o *abandono do dever* de assisti-la. É indiferente que o abandono seja temporário ou definitivo, desde que seja por espaço juridicamente relevante, isto é, capaz de colocar a vítima em risco.

O crime consiste em colocar em perigo, através de abandono, alguém incapaz, nas circunstâncias, de proteger-se dos riscos decorrentes do abandono e a quem o sujeito passivo encontra-se vinculado por deveres de assistência e proteção.

No caso de *abandono*, o agente *viola o dever de assistência* que lhe incumbe; contudo, a *transgressão desse dever* é insuficiente para constituir o crime, porque se pune o abandono da própria pessoa e não simplesmente o *abandono do dever* de assisti-la. Na verdade, o abandono, por si só, não realiza a figura típica, sendo indispensável que dele resulte um perigo concreto para a vida ou a saúde do abandonado. Trata-se, pois, de perigo concreto, que precisa ser comprovado. Assim, ainda que exista o abandono, se o perigo não se concretizar, quer pela intervenção imediata de terceiro, quer pela superação do abandonado, quer por qualquer outra razão, não se poderá falar em crime. Não haverá o crime se, por exemplo, ao abandonar a vítima, o agente procura evitar o risco ficando na espreita, aguardando e observando que alguém lhe preste o devido e eficaz socorro. Igualmente, não se configurará o crime se as circunstâncias demonstrarem que o abandonado não está exposto a risco algum.

A *incapacidade* pode ser circunstancial e transitória e, por isso, pode abranger pessoas civilmente capazes que, no entanto, encontrem-se, eventualmente, impossibilitadas e incapazes de defender-se, por si sós, dos perigos à vida e à saúde decorrentes do abandono. A prescrição desse tipo penal tem em vista determinada situação de fato que consista na falta de aptidão para a pessoa defender e cuidar de sua própria defesa[13]. Assim, a incapacidade, mais que fática, é jurídica; mais que anatômica, é físico-psíquica; mais que genética, é normativa. Em outros termos, somente a situação concreta, havendo a relação de assistência, poderá determinar se há ou não a *incapacidade de defesa* do sujeito passivo[14]. "Tão incapazes são as crianças e

---

12. Frederico Marques, *Tratado de Direito Penal*, p. 311.
13. Frederico Marques, *Tratado de Direito Penal*, p. 311.
14. Aníbal Bruno, *Crimes contra a pessoa*, p. 228: "Essa incapacidade de defender-se deve ser julgada não só conforme as condições pessoais da vítima, mas ainda segundo as circunstâncias em que se encontra. Pode tratar-se mesmo de adulto válido que se vê exposto em si-

os loucos quanto, em determinadas condições, os velhos, os paralíticos, os cegos, os enfermos, os bêbedos", como qualquer pessoa que, por qualquer motivo, não possa defender-se do risco a que fica exposta em razão do perigo. Inclui-se aí, com efeito, quem, em razão de deficiência física ou psíquica, por idade tenra ou pouco desenvolvida ou muito avançada, por defeito físico ou por enfermidade, esteja impossibilitado de prover a sua defesa, e, inclusive, qualquer pessoa, mesmo plenamente válida, que, em determinadas circunstâncias, está impossibilitada de defender-se, v. g., abandonado em alto-mar, em uma simples barcaça; aprendiz de alpinismo abandonado pelo orientador no alto da montanha etc.

Hungria definia, com muita propriedade, o verdadeiro sentido da *relação de assistência* nos seguintes termos: "*cuidado* significa a assistência a pessoas que, de regra, são capazes de valer a si mesmas, mas que, acidentalmente, venham a perder essa capacidade (ex.: o marido é obrigado a *cuidar* da esposa enferma e *vice-versa*). *Guarda* é a assistência a pessoas que não prescindem dela, e compreende necessariamente a *vigilância*. Esta importa zelo pela segurança pessoal, mas sem o rigor que caracteriza *guarda*, que pode ser alheia (ex.: o guia alpino *vigia* pela segurança de seus companheiros de ascensão, mas não os tem sob sua *guarda*). Finalmente, a assistência decorrente da relação de *autoridade* é a inerente ao vínculo de *poder* de uma pessoa sobre a outra, quer a *potestas* seja de Direito Público, quer de Direito Privado"[15]. Esse *dever de assistência*, evidentemente, deve existir antes da prática da conduta delituosa, porque, mais que elementar do tipo, constitui seu verdadeiro *pressuposto fático*. Se não houver a violação de nenhum *dever especial* de zelar pela segurança, incolumidade ou defesa do incapaz, o "abandono" não estará adequado à moldura descrita no art. 133.

As fontes dessa *especial relação de dever* de assistência e proteção podem provir de *lei*, de *convenção* ou de *situação anterior* (lícita ou ilícita) criada pelo próprio agente[16]. Segundo Aníbal Bruno, "pode ele resultar de uma norma de Direito, de contrato, de particular aceitação do dever por parte do agente ou de pura situação de fato que o tenha colocado na obrigação de assistir à vítima"[17]. Nessa mesma linha, Nélson Hungria[18] afirmava que: "Tal relação pode derivar: a) de preceito de lei, quer de direito público (Código de Menores[19], leis de assistência a alienados, etc.), quer

---

tuação de perigo, da qual não pode por si próprio libertar-se. Assim, por exemplo, o turista que o guia alpino conduziu e abandonou na montanha ou o jovem auxiliar que o lenhador levou à floresta frequentada de animais perigosos e lá deixou, sabendo que ele não conhecia os caminhos".

15. Hungria, *Comentários ao Código Penal*, v. 5, p. 429-30.
16. Frederico Marques, *Tratado de Direito Penal*, p. 311.
17. Aníbal Bruno, *Crimes contra a pessoa*, p. 228.
18. Nélson Hungria, *Comentários ao Código Penal*, p. 429.
19. O antigo Código de Menores foi substituído pelo ECA — Estatuto da Criança e do Adolescente.

de direito privado (Código Civil, arts. 1.566, III e IV, 1.630, 1.741 e 1.744); b) de um contrato ou convenção (ex.: enfermeiros e médicos, amas, diretores de colégio, chefes de oficina, respectivamente em relação aos enfermos, lactantes, alunos e aprendizes sob seus cuidados); c) de certos fatos, lícitos e ilícitos (ex.: quem recolhe uma pessoa abandonada assume, *ipso facto*, o dever de assisti-la; quem aceita, embora momentaneamente, a guarda ou vigilância de um incapaz, não pode eximir-se a tal obrigação, ainda que não retorne a pessoa de quem o recebeu; o caçador que leva em sua companhia uma criança não pode deixá-la perdida na mata; o raptor ou o agente do 'cárcere privado' estão adstritos a velar pela pessoa raptada ou retida)".

Por fim, são *elementares* constitutivas do crime de abandono de incapaz: a) *o abandono*; b) *a violação do especial dever de assistência*; c) *a superveniência efetiva de um perigo concreto à vida ou à saúde do abandonado;* d) *a incapacidade de defender-se da situação de perigo;* e) *a vontade e a consciência de abandonar incapaz expondo-o a perigo*. Ou, em termos bem esquemáticos, para a configuração do crime previsto no art. 133, o *crime de abandono* tem de se materializar *na violação de especial dever* de zelar pela segurança do incapaz, *na superveniência de um perigo à vida ou à saúde deste, em virtude do abandono, na incapacidade do sujeito passivo de defender-se de tal perigo e na vontade e consciência de abandonar* a vítima, expondo-a aos riscos do abandono, consciente de sua incapacidade para enfrentar tais riscos. A ausência de qualquer dessas elementares afasta a adequação típica correspondente à figura emoldurada no art. 133.

Mas o crime de *abandono de incapaz* tem uma peculiaridade toda especial, pois, embora não se trate de uma figura essencialmente subsidiária, seja crime de perigo e possa ser praticado por ação ou omissão, reúne, em tese, os pressupostos de um crime *omissivo impróprio*, prescritos no art. 13, § 2º e suas alíneas. Em outros termos, o *sujeito ativo* do crime de abandono de incapaz poderá tornar-se o *garantidor*, e, como tal, se não evitar o resultado danoso, decorrente da situação de perigo, deveria responder, como *garante*, pelo evento, na modalidade de crime *comissivo por omissão*, e não simplesmente como *crime qualificado pelo resultado*. Em razão da complexidade deste tema, faremos sua análise em tópico específico.

4.1 *Abandono de incapaz e crimes omissivos impróprios: uma visão crítica*

As fontes dessa *especial relação de dever* de assistência e proteção do incapaz, constantes do art. 133, podem provir de *lei*, de *convenção* ou de *situação anterior* (lícita ou ilícita) criada pelo próprio agente[20]. Coincidentemente, são basicamente as mesmas fontes contidas no art. 13, § 2º, que fundamentam a responsabilidade do *garantidor* pelo resultado que não evitar.

Quem abandonar alguém *capaz* (ou *incapaz* sem qualquer vínculo de assistência) não responderá por crime algum, salvo se a conduta adequar-se ao descrito na

---

20. Frederico Marques, *Tratado de Direito Penal*, p. 311.

definição do crime de omissão de socorro (art. 135); contudo, se o *abandonado for incapaz*, havendo o especial vínculo de assistência, responderá pelo crime de abandono de incapaz (art. 133). Mas, na primeira hipótese, existindo a condição de garantidor, o agente responderá por eventual resultado danoso, pelo crime de homicídio, por exemplo, se não evitá-lo (art. 13, § 2º); na segunda hipótese, sendo o abandonado *incapaz*, sobrevindo a morte, o agente responderá somente pelo *crime de abandono qualificado pelo resultado* (art. 133, § 2º). Será racional, lógico e jurídico que, nesse caso, o agente não responda, como garantidor, pelo resultado-homicídio — somente porque o sujeito passivo é *incapaz* de defender-se? Exatamente o incapaz, por sua condição, mais carente da proteção penal, quando a conduta de abandoná-lo é, teoricamente, mais desvaliosa, o agente não responde, como garantidor, pelo resultado morte. No entanto, nas mesmas circunstâncias, não havendo vínculo especial ou em se tratando de capaz abandonado em perigo grave, o agente que, com sua conduta, criou a situação responderá pelo resultado, se não evitá-lo.

Com efeito, a reforma penal de 1984 (Parte Geral), ao regular a *figura do garantidor,* determina que o *dever de agir,* para evitar o resultado, incumbe a quem: a) *tenha por lei obrigação de cuidado, proteção ou vigilância;* b) *de outra forma, assumiu a responsabilidade de impedir o resultado;* c) *com seu comportamento anterior, criou o risco da ocorrência do resultado* (art. 13, § 2º). *Mutatis mutandis,* apenas com uma terminologia mais moderna, são as mesmas *fontes* indicadas pelos doutrinadores anteriormente citados, para as hipóteses do crime de abandono de incapaz. A única diferença reside no fato de que as fontes citadas pela antiga doutrina, nesse crime, limitam-se à hipótese de o sujeito passivo ser *incapaz*, enquanto as fontes relativas à *causalidade da omissão relevante* referem-se a qualquer situação. Em outros termos, pode-se afirmar, com segurança: todas as hipóteses previstas nos dois parágrafos do art. 133, se evoluírem para um resultado danoso, constituiriam, pelo disposto no art. 13, § 2º, *crimes omissivos impróprios* (e não simples crimes qualificados pelo resultado).

No entanto, diante da específica previsão da Parte Especial, particularizando uma conduta e, assim, destacando-a da regra geral, transforma o sujeito ativo desse crime em um, digamos, "garantidor privilegiado", que não responde pelo resultado, como crime autônomo, conforme determina o art. 13, § 2º, mas responde somente pelo simples crime omissivo agravado pelo resultado (art. 133 e parágrafos). Embora pareça contraditório, ilógico e até irracional sustentar que a responsabilidade do *garantidor* somente existirá se o garantido não for incapaz e não se encontrar vinculado ao sujeito ativo, a despeito da maior improbabilidade de este autoproteger-se, vem ao encontro justamente das garantias representadas pelo tipo penal e pelo próprio princípio da tipicidade, que procuramos demonstrar no item n. 2 deste capítulo.

Com efeito, não deixa de ser paradoxal negar maior proteção exatamente ao incapaz, a quem o ordenamento jurídico considera hipossuficiente, pois, contraditoriamente, se do abandono de alguém capaz, maior, plenamente válido, resultar-lhe a morte, havendo aquele vínculo de "assistência", o agente responderá pelo crime de homicídio, na forma comissiva omissiva, ao passo que, nas mesmas circunstâncias, se do abandono de um incapaz resultar-lhe a morte, o agente responderá somente pelo abandono de incapaz, qualificado pelo resultado (art. 133). Evidentemente que esse paradoxo persiste e somente poderá ser afastado, *de lege ferenda*, com a simples aplicação dos parágrafos do art. 133, adequando-o à Parte Geral, especialmente ao disposto no art. 13, § 2º.

5. Tipo subjetivo: adequação típica

O *elemento subjetivo* desse crime é o *dolo de perigo*, representado pela *vontade* e *consciência* de expor a vítima a perigo através de abandono. O dolo pode ser direto ou eventual. Nesse caso, o agente deve, pelo menos, aceitar o risco de perigo concreto para a incolumidade pessoal do abandonado.

Seria até desnecessário enfatizar que é indispensável que o sujeito ativo tenha plena *consciência* do seu *dever de assistência*, decorrente de uma das hipóteses relacionadas no tipo penal, quais sejam, cuidado, guarda, vigilância ou autoridade. Essa *consciência*, elemento intelectual do dolo, precisa ser *atual*, isto é, real, concreta, efetiva, tem de existir no momento da ação, ao contrário da *consciência da ilicitude*, que pode ser *potencial*, mas esta é elemento normativo da culpabilidade, sem qualquer vínculo com o dolo, que é puramente psicológico. Prescindir da atualidade da consciência, enquanto elemento intelectual do dolo, equivale, segundo Welzel[21], a eliminar a linha divisória que existe entre dolo e culpa. Na verdade, a ausência dessa *consciência* ou mesmo da sua *atualidade* afasta a natureza dolosa da conduta, uma vez que todos os elementos estruturais do tipo devem ser completamente abrangidos pelo dolo do sujeito ativo. Este somente poderá ser punido pela prática de um fato doloso quando conhecer as circunstâncias fáticas que o constituem[22]. O eventual desconhecimento de um ou outro elemento constitutivo do tipo constitui erro de tipo, excludente do dolo.

O dolo de dano exclui o dolo de perigo e altera a natureza do crime, passando a ser de dano: tentativa (ou consumação) de homicídio, infanticídio, lesão corporal etc.

Não há exigência de qualquer *fim especial de agir*, sendo equivocada a afirmação de alguns doutrinadores de que esse tipo penal exige "dolo específico"[23]. Se, contudo, houver, concretamente, a presença de um *especial fim de agir*, provavelmente irá configurar outro crime.

---

21. Welzel, *Derecho Penal alemán*, p. 96.
22. Claus Roxin, *Teoría del tipo penal*, Buenos Aires, Depalma, 1979, p. 171.
23. O entendimento de Nélson Hungria sobre o tema não é nada claro, pois, quando elenca os elementos constitutivos do crime, inclui, entre eles, "e) o dolo específico". No entanto, quando passa a examinar o elemento subjetivo, define-o como dolo de perigo, representado pela vontade e consciência "de expor a perigo, com o abandono contrário ao especial dever de assistência, a vida ou a saúde do sujeito passivo". E acrescenta: "É irrelevante o *fim* do agente" (*Comentários ao Código Penal*, p. 428 e 433).

6. Consumação e tentativa

Consuma-se esse crime com o abandono efetivo do incapaz, desde que este corra perigo real, efetivo, isto é, *concreto*, ainda que momentâneo, pois é irrelevante a duração do abandono, ou melhor, da situação de perigo provocada pelo abandono. Se o agente, eventualmente, reassumir, mesmo após alguns instantes, o seu dever de assistência, socorrendo a hipotética vítima, ainda assim o crime já estará consumado[24]; o máximo que poderá acontecer será beneficiar-se com a *minorante* do arrependimento posterior (art. 16 do CP).

É indispensável que fique demonstrado que a vítima efetivamente ficou exposta a perigo, pois o perigo abstrato ou meramente presumido não tipifica esse crime. A eventual superveniência de dano não é abrangida pelo dolo, sob pena de configurar outra infração penal.

Teoricamente, é possível a *tentativa*, especialmente na forma *comissiva*, ainda que de difícil configuração. A consumação realiza-se num só momento, embora a situação criada possa prolongar-se no tempo. Isso não impede que possa haver um *iter criminis*, que pode ser interrompido a qualquer momento, possibilitando, em outros termos, a *tentativa*. O agente pode abandonar alguém, por exemplo, nas circunstâncias descritas pelo tipo penal, mas a pronta e imediata intervenção de terceiros pode impedir que o risco se concretize; ou ainda, como exemplificava Altavilla[25], quando a mãe vai expor o filho ao abandono, mas no seu caminho é surpreendida e impedida de realizar o intento.

Se é o próprio *incapaz* que foge da vigilância e assistência, colocando-se, consequentemente, em situação de abandono, não configurará o crime, pois faltará a conduta do responsável capaz de produzir o desamparo da vítima, criando-lhe o risco efetivo. Igualmente, não haverá crime, segundo preconizava Carrara[26], pela ausência de perigo concreto, quando o agente, ocultando-se, fica na expectativa de que alguém recolha o exposto, assim agindo para, em caso contrário, reassumir a assistência devida.

Por outro lado, acreditamos que essa figura típica, na sua modalidade fundamental, é incompatível com a *desistência voluntária* e o *arrependimento eficaz*, em razão da sua natureza de *crime de perigo*. Pelas mesmas razões, acreditamos que é, teoricamente, possível o *arrependimento eficaz* nas *figuras preterdolosas*, respondendo o agente pelos atos praticados que em si mesmos constituírem crimes, ou seja, responderá, nesse caso, somente pelo *caput* do art. 133.

7. Classificação doutrinária

Abandono de incapaz é *crime de perigo concreto*, não admitindo simples presunção; *próprio*, pois exige somente aqueles indivíduos que apresentarem o vínculo

---

24. Aníbal Bruno, *Crimes contra a pessoa*, p. 227.
25. Enrico Altavilla, *Trattato di Diritto Penale* (E. Florian), 1934, p. 216.
26. Francesco Carrara, *Programa de Derecho Criminal*, § 1.381.

representado por *especial relação* de cuidado, guarda, vigilância ou autoridade podem ser sujeitos (ativo e passivo) desse crime; *instantâneo com efeitos permanentes*, pois, a despeito de consumar-se de pronto, muitas vezes, após a consumação do crime pode persistir a situação de perigo, independentemente da vontade ou de nova atividade do agente; comissivo ou omissivo e somente doloso.

8. Formas qualificadas

Os §§ 1º e 2º do art. 133 preveem figuras qualificadas pelo resultado, se do abandono resultar (a) *lesão corporal de natureza grave*, ou (b) *a morte da vítima*.

Na verdade, *quem* abandona incapaz, *com o qual tem especial relação* de "assistência ou proteção", *cria, com a sua conduta, o risco da ocorrência do resultado*, e, nesse caso, assume a condição de *garantidor*, mas, no caso deste artigo, um "garantidor privilegiado", pois não responde pelo resultado, como prevê o art. 13, § 2º, alínea *c*.

8.1 *Majoração de pena*

O § 3º encarrega-se de prever a elevação de um terço da pena aplicada se: a) o abandono ocorre em lugar ermo; b) o agente é ascendente ou descendente, cônjuge, irmão, tutor ou curador da vítima; c) a vítima é maior de 60 anos. Os antigos doutrinadores referiam-se, nesse caso, a "agravantes especiais"[27]. No entanto, como preferimos adotar, dogmaticamente, a distinção entre qualificadora, majorante e agravante, conforme deixamos expresso em nosso *Tratado*, Parte Geral[28], destacamos que se trata de uma causa de aumento, também denominada majorante, pois estabelece a quantidade de aumento, no caso fixa, de um terço.

Lugar ermo é o local, geograficamente considerado, habitualmente solitário. Não basta que eventualmente o lugar se encontre isolado ou não frequentado. Tratando-se de um elemento normativo, é fundamental ser cauteloso em sua análise, pois as circunstâncias fático-temporais e espaciais é que deverão indicar se o lugar pode ser tido como ermo. Não o caracterizará, certamente, o fato de o incapaz ser abandonado durante a noite ou enquanto chove. O fundamento da majoração da pena, em se tratando de lugar ermo, reside na maior dificuldade ou, quem sabe, até impossibilidade de o incapaz encontrar socorro. O isolamento do local aumenta a probabilidade de dano e intensifica a situação de perigo. No entanto, como advertia Hungria, "para que haja a agravante, entretanto, é necessário que no momento do abandono o lugar habitualmente solitário não esteja, por exceção,

---

27. Nélson Hungria, *Comentários*, p. 435; Heleno Cláudio Fragoso, *Lições de Direito Penal*, p. 111; Frederico Marques, *Tratado de Direito Penal*, p. 315, fala em "figuras típicas qualificadas", e Magalhães Noronha (*Direito Penal*, p. 101) refere-se, corretamente, a "aumento de pena", para, em seguida, dizer que são "circunstâncias agravantes".
28. Cezar Roberto Bitencourt, *Tratado de Direito Penal*, v. 1.

frequentado, pois, em tal eventualidade, deixa de apresentar-se a *ratio essendi* da agravante, isto é, a maior gravidade do perigo consequente ao abandono"[29].

Na hipótese das majorantes relacionadas no inciso II do dispositivo em análise, o fundamento está na maior imperiosidade do dever que incumbe àquelas pessoas, cujo desvalor da ação desrespeitosa é muito superior, justificando-se a maior punição. A enumeração legal é taxativa, não se admitindo a analogia ou extensão analógica, como, por exemplo, pai ou filho adotivo, padrasto ou enteado, sogro ou genro da vítima[30] etc.

8.2 *Causa de aumento assegurada pelo Estatuto da Pessoa Idosa: maior de 60 anos*

O Estatuto da Pessoa Idosa (Lei n. 10.741/2003) acrescentou o inciso III ao § 3º do art. 133 do CP, inovando ao prever a majoração da pena também para as hipóteses de a vítima ser maior de 60 anos.

Acompanhando os objetivos do referido estatuto é natural que crime praticado contra pessoa considerada "idosa" represente maior gravidade e seja considerado merecedor de resposta penal majorada, a despeito de discordarmos da fixação legal para o início da velhice, como já registramos.

Enfim, o marco inicial da velhice é determinado por lei: maior de 60 anos. A idade de 60 anos, pela nova redação, não autoriza a majoração penal.

A majoração deixará de existir se qualquer das figuras elencadas constituir elementar do tipo ou sua qualificadora, como pode ocorrer, por exemplo, no crime de infanticídio. Não se aplica, igualmente, as agravantes do art. 61, II, alíneas *e* e *h*, para se evitar o *bis in idem*.

Se o abandono for praticado por qualquer das pessoas relacionadas no inciso II do § 3º do art. 133, em lugar ermo e contra vítima maior de 60 anos, ao contrário do que afirmam alguns doutrinadores, o princípio da consunção obriga a que a majoração da pena se proceda uma única vez[31].

9. Forma culposa

Não há modalidade culposa. No entanto, se, decorrentes de abandono culposo — que é impunível —, resultarem danos para a vítima, o agente responderá por eles, como, por exemplo, se for o caso, por lesão corporal culposa ou homicídio culposo, como crimes autônomos, na forma omissiva imprópria, e não como formas qualificadas desse tipo penal.

---

29. Nélson Hungria, *Comentários*, p. 436.
30. Nélson Hungria, *Comentários*, p. 436; Heleno Fragoso, *Lições*, p. 112.
31. Frederico Marques, *Tratado*, p. 316.

10. Pena e ação penal

Para a figura simples, a pena é de detenção, de seis meses a três anos; para as qualificadas, a pena é de reclusão, de um a cinco anos, se resulta lesão corporal de natureza grave, e de quatro a doze anos, se resulta a morte. Quaisquer dessas penas serão elevadas em um terço se houver qualquer das hipóteses previstas no § 3º.

A ação penal é de natureza pública incondicionada, não se exigindo qualquer formalidade para a sua instauração.

EXPOSIÇÃO OU ABANDONO DE RECÉM-NASCIDO XIV

Sumário: 1. Considerações preliminares. 2. Bem jurídico tutelado. 3. Sujeitos ativo e passivo. 4. Tipo objetivo: adequação típica. 5. Tipo subjetivo: adequação típica. 6. Consumação e tentativa. 7. Classificação doutrinária. 8. Formas qualificadas. 9. Forma culposa. 10. Pena e ação penal.

Exposição ou abandono de recém-nascido

Art. 134. *Expor ou abandonar recém-nascido, para ocultar desonra própria:*
Pena — detenção, de 6 (seis) meses a 2 (dois) anos.
§ 1º Se do fato resulta lesão corporal de natureza grave:
Pena — detenção, de 1 (um) a 3 (três) anos.
§ 2º Se resulta a morte:
Pena — detenção, de 2 (dois) a 6 (seis) anos.

1. Considerações preliminares

O Código Penal de 1890, em seu art. 292, I, inovou ao proteger o abandono do *menor* de sete anos, que era ignorado pelo Código Criminal do Império, como referimos no capítulo anterior. O atual Código Penal (1940) preferiu, contudo, tratar o *abandono de incapaz* em duas figuras distintas: o *abandono de incapaz* (art. 133) propriamente dito e o *abandono de recém-nascido* (art. 134).

Neste tipo penal, ao contrário do precedente, a conduta incriminada é "expor ou abandonar", que, segundo doutrinadores clássicos, são utilizadas como "sinônimos"[1], ou, segundo outros, como "equivalentes"[2], e, concluem, referidas expressões foram adotadas "apenas para evitar dúvidas relativamente ao abandono do recém-nascido"[3].

---

1. Heleno Cláudio Fragoso, *Lições de Direito Penal*, p. 113.
2. Nélson Hungria, *Comentários ao Código Penal*, p. 427 e 436.
3. Frederico Marques, *Tratado de Direito Penal*, p. 320; Roberto Lyra, *Noções de Direito Criminal*; Parte Especial, 1944, v. 1, n. 279, p. 168, afirmava: "A exposição é uma forma tradicional e inconfundível de abandono, que deveria ser, como foi, expressamente, nomeada para evitar dúvidas, pois do silêncio poderia parecer excluída, e não modificada, a previsão

Magalhães Noronha[4], embora afirmando que eram redundantes, reconhecia que a previsão do art. 134 remontava ao velho Código Penal francês (art. 349), modificado pela Lei de 19-4-1898: "exposé ou fait exposer, delaissé ou fait delaisser...". Seguindo essa previsão legal, a doutrina francesa sustentava que, com a *exposição*, interrompe-se a *guarda*, mas não a *vigilância* (ficando o agente, a distância ou disfarçadamente, na expectativa de que alguém, *misericordiae causa*, encontre e recolha o exposto), ao passo que, no *abandono*, cessam uma e outra[5]. Os Códigos suíço[6] e alemão também distinguiam a exposição de alguém indefeso e seu abandono ao desamparo. A insistência de Nélson Hungria e seus seguidores, por razões mais pragmáticas do que científicas, em que não há distinção entre *exposição* e *abandono* e que são *idênticas, sinônimas* ou foram utilizadas com o *mesmo sentido* não resiste a uma reflexão mais elaborada. Senão vejamos:

Será que aqueles diplomas legais da França, Suíça e Alemanha, países com larga tradição tanto na ciência quanto na codificação criminal, seriam redundantes, equivocados ou sem sentido? Será que o mesmo legislador que disciplinou o tema em dois dispositivos não percebeu o tratamento diferenciado que utilizou num e noutro dispositivo? Se as expressões têm sentido idêntico ou foram utilizadas como sinônimas e, ademais, os tipos apresentam uma relação de tipos fundamentais e privilegiados, por que o legislador não situou o tratamento do abandono em um mesmo artigo, apenas em parágrafos distintos?

Desde os primeiros anos universitários, estamos acostumados a ouvir que a lei, especialmente a penal, não tem palavras inúteis ou desnecessárias e cabe ao intérprete encontrar-lhes o verdadeiro significado dentro do sistema jurídico. Logo, o acréscimo do verbo nuclear "expor" não tem função puramente ornamental no tipo contido no art. 134.

Deve-se respeitar, ademais, a tradição e experiência dos franceses, alemães e suíços, que não só consagram legislativamente a distinção entre *exposição* e *abandono* como suas respectivas doutrinas encarregaram-se de extremar as diferenças que referidas expressões encerram. Por outro lado, o próprio legislador que distinguiu a proteção dos incapazes em geral em um dispositivo, e a dos recém-nascidos em outro, foi o mesmo que dispensou tratamento diferenciado a uns e outros, ampliando a proteção do *neonato*, que, além de abandonado, também pode ser exposto.

Por fim, se essa distinção, na ótica do legislador brasileiro, não existisse, não haveria nenhuma razão para tratar do abandono do recém-nascido em outro artigo, pois, como figura privilegiada; a melhor técnica legislativa recomenda que tivesse utilizado um parágrafo do mesmo art. 133, afirmando, por exemplo: "se o abandono

---

do direito anterior. Os casos de exposição e de abandono de infante, que não o recém-nascido, ou mesmo de recém-nascido, sem causa honorária, estão compreendidos no art. 133".
4. Magalhães Noronha, *Direito Penal*, p. 103.
5. Heleno Cláudio Fragoso, *Lições*, p. 113; Nélson Hungria, *Comentários*, p. 427.
6. Paul Logoz, *Commentaire du Code Pénal suisse*; Partie Spéciale, Neuchâtel-Paris, 1955, v. 1, p. 61 e 62.

for para ocultar desonra própria". Contudo, como pretendeu ampliar a proteção do recém-nascido, acrescentando a proibição da "exposição", teve de utilizar outro artigo, que, aliás, fê-lo com correção.

2. Bem jurídico tutelado

O *bem jurídico* protegido é a *segurança* do recém-nascido, que, na nossa concepção, conforme expusemos ao examinarmos o sujeito passivo, só pode ser quem veio ao mundo há poucos dias, não ultrapassando a um mês e cujo nascimento não se tenha tornado de conhecimento público. Aliás, o crime definido neste dispositivo difere do anterior pelos sujeitos ativo e passivo, pela motivação *honoris causa* e, fundamentalmente, pela ampliação do núcleo típico "expor ou abandonar".

Em sentido amplo, enfim, pode-se afirmar que, em termos genéricos, aqui também se protege a vida e a integridade fisiopsíquica do recém-nascido, consoante denominação do Capítulo III, "da periclitação da vida e da saúde", pelas razões e fundamentos que expusemos ao analisarmos o crime de abandono de incapaz.

3. Sujeitos ativo e passivo

O *sujeito ativo* do crime de abandono de recém-nascido somente pode ser a *mãe* (crime próprio), visto que objetiva ocultar *desonra própria*. É indiferente que se trate de viúva ou adúltera, como sustentava a antiga doutrina, admitindo-se a própria mulher solteira, especialmente em casos de gravidez cada vez mais precoce, que vem acontecendo inclusive com pré-adolescentes, especialmente nas pequenas comunidades, onde a rigidez moral, normalmente, é mais acentuada. As adolescentes e pré-adolescentes são excluídas pela *inimputabilidade*, mas deverão receber a "proteção" do Estatuto da Criança e do Adolescente.

É indispensável que se trate de *mulher honrada*, cujo conceito social possa ser abalado pela prova de uma *concepção* aviltante, caso contrário não haveria honra alguma para ocultar. No entanto, deve-se receber com grandes reservas a afirmação de que a *meretriz* não pode ser sujeito ativo do crime de abandono de recém-nascido. Essa assertiva exige, no atual contexto "globalizado", alguma reflexão: afinal, de que meretriz estamos falando, a dos bordéis tradicionais de prostitutas pobres ou, quem sabe, a das requintadas redes hoteleiras de cinco estrelas, das famosas "casas de massagens" ou daquelas que atendem em domicílio, com seus famosos *books* e luxuosos carros? Ora, a essas "belas mulheres" não se lhes atribui, em princípio, a qualificação pejorativa de "prostitutas" ou "meretrizes", logo, dificilmente seriam excluídas do *benefício excepcional* de abandonar recém-nascido para ocultar desonra própria. Ademais, para essas mulheres, mais "sigiloso" que o próprio nascimento de um filho indesejado é a natureza da atividade que desempenham, aliás, completamente desconhecida na localidade onde residem e criam laços familiares. Vivem em um bairro e "trabalham" em outro, mantendo reconhecido e elevado conceito onde residem!

Contudo, admitimos que a mulher já decaída no conceito público, cuja desonra seja notória, não pode ser sujeito ativo do *crimen exceptum*.

Com essa reflexão queremos somente chamar a atenção para o fato de que a exclusão de nenhuma mulher é absoluta, mas somente o caso concreto poderá demonstrar que o sujeito ativo, no caso mulher, é de tal forma *moralmente desonrado* que justifica o tratamento excepcional do art. 134. Na verdade, modernamente, essas mulheres ditas "de vida fácil" trabalham em locais distantes de onde residem, de tal sorte que seus vizinhos e familiares não raro ignoram a atividade que desempenham e, com frequência, desfrutam, em suas cercanias, de elevado conceito moral e social. Ninguém ignora esse fato: os tempos mudaram! Como negar-lhes, de forma absoluta, o direito que o texto legal não discrimina, por puro preconceito do intérprete? Por isso, em regra, não excluímos, *a priori*, a "prostituta" da possibilidade de também figurar como sujeito ativo do *crime de abandono de recém-nascido*, para ocultar desonra própria.

Damásio de Jesus, Heleno Fragoso e Nélson Hungria[7], entre outros, admitem que o *pai incestuoso* ou *adúltero* também poderia praticar o crime. Aníbal Bruno, contrariamente, não estendia essa "legitimidade" ao pai, em qualquer circunstância[8]. Era razoável o entendimento dominante, nos idos do início da década de quarenta, quando a censura moral era muito mais rígida e atingia quase com o mesmo rigor inclusive os varões que claudicassem na fidelidade conjugal.

Convém destacar, porém, que a *rigidez moral* no advento do século XXI não é a mesma das primeiras décadas do século XX, quando, qualquer mulher que desse à luz *extramatrimonium* era "excomungada" da sociedade civil. Segundo Aníbal Bruno[9], "o que justifica esse privilégio é a tortura moral em que se debate a mulher que concebeu em situação ilegítima, ante a perspectiva da iminente degradação social e das demais consequências que do seu extravio lhe possam advir". Pois bem, no liminar do século XXI, essa "tortura moral" e *degradação social* não recaem mais sobre o *pai adúltero, incestuoso* ou, a qualquer título, "extrafamília", pois as exigências e concepções ético-sociais são outras. Já não se fala em união conjugal, mas em *união estável*, não se mantêm mais "amantes", mas "namorados casados", e a própria legislação civil excluiu a distinção entre filiação legítima e ilegítima. Assim, não concordamos que se estenda o *privilegium exceptum* a eventual pai adúltero ou incestuoso, pois representaria somente um incentivo a mais para o extermínio de menores desafortunados e, até pouco tempo, discriminados inclusive pela ordem jurídica. Seguindo esse raciocínio, o pai adúltero, incestuoso ou, a qualquer título, "imoral" que expuser ou abandonar seu filho recém-nascido responderá pelo crime do art. 133, como abandono de incapaz, sem qualquer privilégio.

---

7. Damásio de Jesus, *Direito Penal*, p. 170; Heleno Cláudio Fragoso, *Lições*, p. 113; Frederico Marques, *Tratado*, p. 33; Magalhães Noronha, *Direito Penal*, p. 102; Nélson Hungria, *Comentários*, p. 437; mais recentemente: Flávio Augusto Monteiro de Barros, *Crimes contra a pessoa*, p. 138; Victor Eduardo Rios Gonçalves, *Dos crimes contra a pessoa*, p. 70.
8. Aníbal Bruno, *Crimes contra a pessoa*, p. 230.
9. Aníbal Bruno, *Crimes contra a vida*, p. 230-1.

O marido da mulher infiel que abandonar o recém-nascido adulterino tampouco gozará do privilégio. Discordamos, contudo, do fundamento que historicamente a doutrina tem invocado para essa exclusão, qual seja, porque "a desonra, em tal caso, não é dele, mas da esposa"[10]. Na verdade, a desonra decorrente da infidelidade conjugal não é exclusiva do cônjuge adúltero, mas atinge a ambos — traidor e traído —, desaba sobre a célula familiar, envolve ascendentes e descendentes, desgraça os parentes colaterais, enfim, fere a dignidade do seio familiar. Ninguém sai moralmente incólume quando a ética e a moral são atropeladas pela infidelidade conjugal, independentemente de falar-se em culpa ou responsável por sua eclosão.

Com efeito, essa exclusão do pai incestuoso ou adúltero, na nossa concepção, como sujeito ativo desse crime, fundamenta-se, basicamente, no fato de que se trata de *crime próprio*, e, à semelhança do infanticídio, somente a *mãe* (na nossa concepção) pode ser sujeito ativo do crime de abandono de recém-nascido. Esse raciocínio é coerente com nosso entendimento, que não admite, como sujeito passivo, o cônjuge adúltero ou incestuoso, no atual estágio da evolução social.

O *sujeito passivo* é o recém-nascido, com vida, fruto de relações extramatrimoniais. Ao contrário do nosso diploma legal, o Código Rocco italiano estabelece, segundo Manzini, que o *abandono* deve ocorrer "imediatamente após o parto"[11].

A omissão do Código Penal brasileiro em definir o recém-nascido, que preferiu uma linguagem menos precisa, provocou profundas divergências doutrinário-jurisprudenciais sobre limite e extensão desse conceito, que, mais que médico, é normativo, mais que lógico, é político. Segundo Hungria, sempre invocado como paradigma, afirmava que "O limite de tempo da noção de *recém-nascido* é o momento em que a *délivrance* se torna conhecida de outrem, fora do círculo da família, pois, desde então, já não há mais *ocultar* desonra"[12]. Magalhães Noronha, criticando a amplitude da definição de Hungria, sustentava que "*é o que nasceu há poucos dias*"[13]. Para Damásio de Jesus, na mesma linha de Ari Franco e Frederico Marques, "existe a figura do recém-nascido até o momento da queda do cordão umbilical"[14].

---

10. Nélson Hungria, *Comentários*, p. 437.
11. Vincenzo Manzini, *Trattato di Diritto Penale italiano*, 1947, v. 3, p. 295: "*neonato, subito dopo la nascita*" (art. 592).
12. Nélson Hungria, *Comentários*, p. 438.
13. Magalhães Noronha, *Direito Penal*, p. 103. Frederico Marques fez coro com as críticas de Magalhães Noronha, acrescentando: "Claro que o entendimento preconizado por Nélson Hungria não pode ser aceito por inadequado ao problema, uma vez que se relaciona, antes, com circunstâncias ligadas à *causa finalis* do abandono, deixando, por isso mesmo, sem limites, o espaço de tempo em que possa considerar-se, como recente, a concepção ou nascimento da vítima" (Frederico Marques, *Tratado*, p. 322). Frederico Marques preferia acompanhar Ari Franco, que limitava à queda do cordão umbilical (apud Frederico Marques, *Tratado*, cit.).
14. Damásio de Jesus, *Direito Penal*, p. 170.

Ante a imprecisão do Código, mas atento à finalidade do dispositivo, preferimos admitir como sujeito passivo, a exemplo de Heleno Fragoso[15], alguém nascido há poucos dias, não ultrapassando a um mês e desde que não se tenha tornado de conhecimento público.

4. Tipo objetivo: adequação típica

Expor a perigo é exercer uma *atividade* sobre a vítima, transportando-a, no espaço, da situação de segurança mais ou menos efetiva em que se encontrava para lugar onde ficará sujeita a risco contra a sua incolumidade pessoal. O *abandono* é, por sua vez, impropriamente um não fazer. Nesse caso, o agente não transporta a vítima de um para outro lugar onde venha a ficar em perigo. Recusa-se apenas a prestar-lhe os cuidados de que necessita. Afasta-se dela, geralmente, deixando-a ao desamparo, embora, no abandono propriamente dito, esse afastamento não seja de todo necessário. Basta que não lhe dê o socorro ou a assistência, como devia e lhe era possível fazer, criando por esse meio o perigo. O enfermeiro, por exemplo, que está presente, mas deliberadamente não presta ao doente grave que assiste os cuidados devidos, configura o crime, porém, não pela falta ao cumprimento do dever, mas por *abandono de enfermo*, com os riscos que daí decorrem.

Trate-se de *exposição* ou de *abandono*, o essencial no fato é que o recém-nascido, por obra da mãe, seja posto em situação de risco para a saúde ou a vida. Nessa linha, Maurach, seguindo o velho Código alemão, distinguia dois meios pelos quais o agente podia pôr em perigo o indefeso sob a sua proteção: a *exposição* propriamente dita e o *abandono*. Assim, concluía Maurach, a figura fundamental do crime cinde-se em dois tipos distintos, o de um *crime por atividade*, por *exposição* em sentido estrito, e o de um crime omissivo, por *abandono*. Welzel igualmente reconhecia duas formas dessa figura típica: um fazer positivo, em que a *exposição* se realiza, ou uma omissão, que é o *abandono* em situação de desamparo.

Ora, à evidência que o legislador brasileiro orientou-se pelos sábios ensinamentos das doutrinas germânica e francesa para disciplinar diferentemente a proteção do recém-nascido e do incapaz em geral.

Os autores, de modo geral, afirmam que o tipo penal pressupõe que o nascimento deve ter sido "sigiloso"[16] para justificar a tipificação do *delictum exceptum*. Aníbal Bruno, mais comedido, sustenta que "o nascimento da vítima se tenha dado *em segredo* e ainda não tenha vindo ao conhecimento de estranhos"[17]. Falar em "nascimento sigiloso" nos parece um rematado exagero, quer porque a restrição não consta da definição legal, quer pela inadmissibilidade de *conceber* e *gestar* por

---

15. Heleno Cláudio Fragoso, *Lições*, p. 113.

16. Heleno Cláudio Fragoso, *Lições*, p. 113; Flávio Augusto Monteiro de Barros, *Crimes contra a pessoa*, p. 140.

17. Aníbal Bruno, *Crimes contra a pessoa*.

longos nove meses "sigilosamente"! A finalidade de *ocultar a gravidez*, por questões de honra, não precisa ir além da cautela de não tornar público tanto o "estado gravídico" quanto o nascimento do *neonato*, mas isso está muito distante de ser "sigiloso", pois, inevitavelmente, os familiares e empregados, pelo menos, terão conhecimento. E essa ciência, ainda que limitada, de algumas pessoas é suficiente para afastar o indigitado "sigilo", e nem por isso excluirá o benefício consagrado no art. 134.

Desagrada-nos a adjetivação pejorativa que a doutrina, de modo geral, faz ao afirmar que se trata de *honra sexual*[18]. Parece-nos uma visão estreita que limita, injustificada e inadequadamente, a concepção de *honra*, na hipótese deste artigo, e que coloca o *sexo* como fundamento tanto da proteção legal quanto da motivação da mãe inconsequente. Na verdade, a *concepção* do fruto de uma *relação espúria*, de regra extramatrimonial, atinge um universo ético-moral muito mais abrangente, pois macula o dogma da fidelidade matrimonial, mancha e quebra a pureza da descendência sanguíneo-familiar (ao incluir *stranneus* na prole), viola os deveres conjugais e destrói a harmonia do lar. Em outros termos, a "desonra que se pretende ocultar" abrange todo um universo cultural, que pode chocar-se com o conhecimento de um "fruto proibido", que, certamente, receberia a sanção da censura social. Por tudo isso, é infeliz a afirmação de que a honra que se pretende ocultar é de natureza sexual.

Estamos de acordo que eventuais condenações, por outras infrações penais não desonram a mulher a ponto de afastar-lhe, por si só, o direito ao privilégio do *crimen exceptum*. Ademais, como tivemos oportunidade de afirmar em nosso *Tratado de Direito Penal* — Parte Geral, v. 1, "Porém, nem sempre o dever jurídico coincide com a lei moral. Não poucas vezes o Direito protege situações amorais e até imorais, contrastando com a lei moral, por razões de política criminal, de segurança social etc. Assim, nem sempre é possível estabelecer, *a priori*, que seja o crime uma ação imoral. A ação criminosa pode ser, eventualmente, até moralmente louvável. A norma penal, pela sua particular força e eficácia, induz os detentores do poder político a avassalar a tutela de certos interesses e finalidades, ainda que contrastantes com os interesses gerais do grupo social. Já no início do século XX, mais precisamente em 1910, Florian preocupava-se com esse aspecto e advertia: '*Nem todos os crimes são também ações imorais, reprovadas pelo sentimento e pelo costume*'"[19]. Nem mesmo a prática de outros *deslizes éticos* teria, por si só, o efeito de excluir a aplicação da previsão do art. 134.

Eventual repetição da ação de abandonar recém-nascido para ocultar desonra própria não configura a proibição descrita no art. 134. Essa exclusão não resulta da condenação anterior, mas da publicidade e repercussão que o fato anterior

---

18. Magalhães Noronha, *Direito Penal*, p. 102; Heleno Cláudio Fragoso, *Lições*, p. 113: "A honra que aqui se cogita seria a relativa aos bons costumes em matéria sexual..."; Damásio de Jesus, *Direito Penal*, p. 171; Flávio Augusto Monteiro de Barros, *Crimes contra a pessoa*, p. 141.
19. Cezar Roberto Bitencourt, *Tratado de Direito Penal* — Parte Geral, 30. ed., São Paulo, Saraiva, 2024, v. 1, p. 569.

produziu, não havendo mais honra a proteger (honra no sentido utilizado pelo texto legal)[20]. Na hipótese de gêmeos, o privilégio somente se justifica se a mãe abandonar a todos, caso contrário responderá pelo crime do art. 133, pois o abandono não teria sido para ocultar desonra própria. Abandonando gêmeos, a responsabilidade penal será na modalidade de concurso formal[21].

Estão excluídos do tipo privilegiado o *orgulho injustificado*, a *concepção* de eventual matrimônio anulado ou mesmo a *mulher devassa*, que já não tem honra a defender. As ações praticadas nessas circunstâncias, ainda que a vítima seja um recém-nascido, somente poderão tipificar o crime do artigo anterior, cuja pena é mais grave. A *incapacidade* de autodefesa do recém-nascido é de *presunção absoluta*, embora não o seja o *perigo* decorrente do abandono, que precisa ser demonstrado.

5. Tipo subjetivo: adequação típica

O *elemento subjetivo geral* desse crime, a exemplo do abandono de incapaz, é o *dolo de perigo*, representado pela *vontade* e *consciência* de abandonar o recém-nascido, expondo-o a perigo. O dolo de dano exclui o dolo de perigo e altera a natureza do crime, passando a ser de *dano*: tentativa (ou consumação) homicídio, infanticídio, lesão corporal etc. Exige, no entanto, um *elemento subjetivo especial do tipo*, qual seja, o especial fim de agir, que é "ocultar desonra própria", logo, é indispensável que o nascimento do *neonato* não seja do conhecimento público, isto é, do conhecimento de outras pessoas fora do ambiente familiar. Se a *causa* do abandono do recém-nascido for qualquer outra, o crime poderá ser o abandono de incapaz (art. 133).

O dolo, a nosso juízo, dificilmente poderá ser eventual. A exigência típica de *um fim especial* dificulta, tornando quase impossível a configuração de dolo eventual.

6. Consumação e tentativa

Consuma-se esse crime com o abandono efetivo do recém-nascido, desde que este corra perigo efetivo, isto é, *concreto*, ainda que momentâneo, pois é irrelevante a duração do abandono, ou melhor, da situação de perigo provocada pelo abandono. Se a *mãe*, eventualmente, reassumir, mesmo após alguns instantes, o seu dever de guarda e assistência, socorrendo o recém-nascido, ainda assim o crime já estará consumado[22]; o máximo que poderá acontecer será beneficiar-se com a *minorante* do arrependimento posterior (art. 16 do CP).

A consumação realiza-se num só momento, embora a situação criada possa prolongar-se no tempo. Isso não impede que possa haver um *iter criminis*, a exemplo

---

20. Damásio de Jesus, *Direito Penal*, p. 172.
21. Flávio Augusto Monteiro de Barros, *Crimes contra a pessoa*, p. 141.
22. Aníbal Bruno, *Crimes contra a pessoa*, p. 227.

do *abandono de incapaz*, que pode ser interrompido a qualquer momento, possibilitando, em outros termos, a *tentativa*. O agente pode abandonar um recém-nascido, por exemplo, nas circunstâncias descritas pelo tipo penal, mas a pronta e imediata intervenção de alguém pode impedir que o risco se concretize; ou, ainda, como exemplificava Altavilla[23], quando a mãe vai expor o filho ao abandono, mas no seu caminho é surpreendida e impedida de realizar o seu intento.

É indispensável que fique demonstrado que a vítima efetivamente ficou exposta a perigo, pois, a despeito de sua tenra idade, o perigo pode ter sido evitado pela empregada, familiares ou terceiros que, imediatamente, recolham o abandonado. À evidência que, nesse caso, com a intervenção de terceiro, familiares ou não, estaríamos diante de tentativa.

A eventual superveniência de dano não é abrangida pelo dolo, sob pena de configurar outra infração penal que, havendo a influência do estado puerperal, poderá configurar o infanticídio; caso contrário, será homicídio.

Igualmente, não haverá crime, pela ausência de perigo concreto, quando o agente, ocultando-se, fica na expectativa de que alguém recolha o exposto, assim agindo para, em caso contrário, reassumir a assistência devida.

7. Classificação doutrinária

Abandono de recém-nascido é crime de perigo concreto, não admitindo simples presunção; *próprio*, pois somente a mãe, para evitar desonra própria, pode ser sujeito ativo desse crime e somente o recém-nascido ser sujeito passivo; *instantâneo com efeitos permanentes*, pois, a despeito de consumar-se de pronto, muitas vezes, após a consumação do crime, pode persistir a situação de perigo, independentemente da vontade ou de nova atividade do agente; comissivo ou omissivo (próprio e impróprio) e somente doloso, com a presença do elemento *subjetivo especial do tipo*, representado pelo fim específico de "ocultar desonra própria". Essa exigência típica de um fim especial impede a possibilidade da configuração de dolo eventual.

8. Formas qualificadas

A exemplo do que afirmamos em relação ao crime de *abandono de incapaz*, a reforma penal de 1984, com a previsão do art. 13, § 2º, revogou os §§ 1º e 2º do art. 133. Esses dois dispositivos previam figuras *qualificadas pelo resultado*, se do abandono do recém-nascido resultasse (a) *lesão corporal de natureza grave* ou (b) *a morte da vítima*.

Na verdade, a *mãe* que abandona *recém-nascido*, absolutamente incapaz de defender-se de qualquer perigo, é *duplamente garantidora*, na condição de genitora (decorrente de lei — art. 13, § 2º, alínea *a*, do CP) e como criadora, *com a conduta*

---

23. Enrico Altavilla, *Trattato di Diritto Penale* (E. Florian), 1934, p. 216.

anterior, do risco da ocorrência do resultado (art. 13, § 2º, alínea *c*, do CP). Logo, se sobrevier algum *crime de dano*, a mãe responderá por este, como autora, na forma de comissão por omissão.

9. Forma culposa

Não há modalidade culposa. No entanto, se, decorrentes de abandono culposo, resultarem danos para a vítima, o agente responderá por eles, como, por exemplo, por lesão corporal culposa ou homicídio culposo, como crimes autônomos, e não como formas qualificadas desse tipo penal.

10. Pena e ação penal

Para a figura simples, detenção, de seis meses a dois anos; para as qualificadas (para os que entendem que os dois parágrafos do art. 134 continuam em vigor, mesmo depois da reforma penal de 1984), a pena é de detenção, de um a três anos, se resulta lesão corporal de natureza grave, e de dois a seis anos, se resulta a morte.

A ação penal, a exemplo do que ocorre com o similar crime de abandono de incapaz, é pública incondicionada, não se exigindo qualquer manifestação do ofendido ou de seu representante legal.

OMISSÃO DE SOCORRO XV

Sumário: 1. Considerações preliminares. 2. Bem jurídico tutelado. 3. Sujeitos ativo e passivo. 4. Crimes omissivos próprios. 5. Tipo objetivo: adequação típica. 5.1. Elementares típicas: possibilidade e ausência de risco pessoal. 6. Tipo subjetivo: adequação típica. 7. Concurso de pessoas nos crimes omissivos. 8. Consumação e tentativa. 9. Classificação doutrinária. 10. Figuras majoradas. 10.1. Figuras majoradas: relação de causalidade. 11. Pena e ação penal.

Omissão de socorro

Art. 135. *Deixar de prestar assistência, quando possível fazê-lo sem risco pessoal, à criança abandonada ou extraviada, ou à pessoa inválida ou ferida, ao desamparo ou em grave e iminente perigo; ou não pedir, nesses casos, o socorro da autoridade pública:*

Pena — detenção, de 1 (um) a 6 (seis) meses, ou multa.

Parágrafo único. A pena é aumentada de metade, se da omissão resulta lesão corporal de natureza grave, e triplicada, se resulta a morte.

1. Considerações preliminares

O *Código Criminal do Império*, de 1830, não disciplinava o crime de omissão de socorro, enquanto o *Código Penal republicano*, de 1890, somente a criminalizava quando a vítima fosse recém-nascido ou menor de sete anos (art. 293, § 4º), ao contrário do Código Penal italiano, de 1889 (Código de Zanardelli), que já contemplava essa figura delituosa (art. 389). Nosso *Código Penal de 1940* adota a seguinte tipificação: "Deixar de prestar assistência, quando possível fazê-lo sem risco pessoal, à criança abandonada ou extraviada, ou à pessoa inválida ou ferida, ao desamparo ou em grave e iminente perigo; ou não pedir, nesses casos, o socorro da autoridade pública".

O Direito Penal contém normas proibitivas e imperativas. A infração dessas normas imperativas constitui a essência do crime omissivo e consiste em não fazer a ação juridicamente ordenada. Logo, a omissão em si mesma não existe, pois somente a omissão de uma ação determinada pela norma configurará o crime omissivo.

Tipifica-se o *crime omissivo* quando o agente não faz o que pode e deve fazer, que lhe é juridicamente ordenado. Portanto, o crime omissivo consiste sempre na omissão de determinada ação que o sujeito tinha obrigação de realizar e que podia fazer[1]. O crime omissivo divide-se em *omissivo próprio* e *omissivo impróprio*. Os primeiros são *crimes de mera conduta*, como, por exemplo, a omissão de socorro, aos quais não se atribui resultado algum, enquanto os segundos, os omissivos impróprios, são *crimes de resultado*.

Os *crimes omissivos próprios* são obrigatoriamente previstos em tipos penais específicos, em obediência ao princípio da reserva legal[2], dos quais são exemplos típicos os previstos nos arts. 135, 244, 269 etc. Os *crimes omissivos impróprios*, por sua vez, como crimes de resultado, não têm uma *tipologia própria*, inserindo-se na tipificação comum dos crimes de resultado, como o homicídio, a lesão corporal etc. Na verdade, nesses crimes *não há uma causalidade fática,* mas *jurídica,* em que o *omitente,* devendo e podendo, não impede o resultado. Convém destacar, desde logo, que o *dever de evitar o resultado* é sempre decorrente de uma norma jurídica, não o configurando deveres puramente éticos, morais ou religiosos[3].

2. Bem jurídico tutelado

O *bem jurídico* protegido é, a exemplo dos artigos anteriores, a preservação da vida e da saúde do ser humano, e o fundamento da *criminalização* da omissão de socorro é o desrespeito ao *dever de solidariedade humana,* um *princípio moral* erigido, por esse dispositivo, à condição de *dever jurídico.* Essa previsão legal tornou *imperativo* o auxílio a quem, mesmo sem nossa culpa, encontre-se em situação de perigo e do qual não possa defender-se sozinho. Nélson Hungria enaltece essa preocupação do Direito Penal, afirmando que "... foi o direito penal, de sua exclusiva iniciativa, demonstrando a erronia dos que lhe atribuem uma função meramente sancionatória, que exigiu em norma coercitiva esse mandamento cristão de caridade"[4]. Trata-se, com efeito, de um *dever geral,* que se destina a todos, objetivando a assistência recíproca, necessária na sociedade dos tempos modernos. *A contrario sensu,* se a *omissão* violar algum *dever especial,* constituirá outro crime, e não este.

Sintetizando, o bem jurídico tutelado é a proteção da vida e da saúde por meio da solidariedade humana, que, como *dever geral,* obriga a intervenção de todos quando o sujeito passivo, qualificado no tipo penal, encontrar-se nas condições descritas. A *assistência* de um desobriga aos demais; contudo, como a obrigação é *solidária,* se a intervenção daquele for insuficiente ou inexitosa, os outros continuarão obrigados, e sua abstenção constituirá o crime omissivo.

Alguns autores admitiam a possibilidade de configurar-se o crime de *omissão de socorro* quando o perigo se relacionasse à *liberdade* ou até mesmo à

---

1. Muñoz Conde e García Arán, *Derecho Penal*, p. 253.
2. Juarez Tavares, *As controvérsias em torno dos crimes omissivos*, Rio de Janeiro, ILACP, 1996, p. 70-1.
3. Muñoz Conde e García Arán, *Derecho Penal*, p. 253; Juarez Tavares, *As controvérsias*, p. 43.
4. Nélson Hungria, *Comentários ao Código Penal*, p. 440.

honestidade[5]. Nessa linha, Magalhães Noronha concordava com a possibilidade de existir crime de omissão de socorro quando a liberdade pessoal encontrar-se em perigo[6], como, por exemplo, quem se depara com *vítima de cárcere privado* e, podendo auxiliá-la, não o faz. Há quem siga essa orientação atualmente. Paulo José da Costa Jr. vai ainda mais longe, afirmando que "pratica, pois, o crime de omissão de socorro aquele que, sabendo de um sequestro, não o notificar à autoridade"[7]. Em sentido contrário, a nosso juízo com razão, manifesta-se Damásio de Jesus, segundo o qual "... o código protege também a vida e a incolumidade pessoal do cidadão. Não passa daí, entretanto, a tutela penal, não estando protegidos outros interesses, como a honestidade, a liberdade pessoal e o patrimônio. Basta verificar que a omissão de socorro constitui delito de 'periclitação da vida e da saúde' para se concluir que não protege outros bens"[8].

Com efeito, o simples *conhecimento* da realização de uma infração penal ou até mesmo a *concordância psicológica* caracterizam, no máximo, "conivência", que não é punível, a título de *participação*, se não constituir, pelo menos, alguma forma de *contribuição causal* (art. 31 do CP), ou, então, constituir, por si mesma, uma infração típica. Ora, pelos exemplos lembrados por Magalhães Noronha e, especialmente, por Paulo José da Costa Júnior, estão pretendendo que o cidadão comum intercepte a realização de um crime, sem que assim o ordenamento jurídico brasileiro o determine. O Código de Processo Penal estabelece, efetivamente, que "Qualquer do povo poderá e as autoridades policiais e seus agentes deverão prender quem quer que seja encontrado em flagrante delito" (art. 301); em outros termos, o CPP *determina* que a autoridade policial e seus agentes intervenham e *faculta* a qualquer do povo a fazer o mesmo, se quiser, tiver coragem, puder agir etc. Mas, destaque-se, para o cidadão comum é apenas uma *faculdade* e, como tal, evidentemente, a não intervenção de "qualquer do povo" não pode ser punida a nenhum título, sob nenhum pretexto e em nenhuma seara do direito. E o próprio art. 135 tampouco exige que o cidadão comum interfira na execução de um crime, ainda que para salvar alguém, onde sua própria exposição a perigo seria inevitável.

Assim, conclui-se, os exemplos são infelizes, e o grave e iminente perigo de vida não pode incluir situações que tipifiquem crimes, especialmente quando o bem jurídico ofendido é a liberdade.

---

5. Sebastian Soler, *Derecho Penal argentino*, v. 3, p. 218; Eugenio Cuello Calón, *Derecho Penal*; Parte Especial, Madrid, 1955, p. 735.
6. Magalhães Noronha, *Direito Penal*, p. 105.
7. Paulo José da Costa Jr., *Comentários ao Código Penal*, p. 63; Flávio Augusto Monteiro de Barros, *Crimes contra a pessoa*, p. 144.
8. Damásio de Jesus, *Direito Penal*, p. 175.

3. Sujeitos ativo e passivo

O *sujeito ativo* pode ser qualquer pessoa, não requerendo nenhuma condição particular, pois o *dever genérico* é de *não se omitir*. O *sujeito ativo* deve estar no lugar e no momento em que o periclitante precisa do socorro; caso contrário, se estiver ausente, embora saiba do perigo e não vá ao seu encontro para salvá-lo, não haverá o crime[9], pois o crime é *omissivo*, e não comissivo. Poderá, nesse caso, haver egoísmo, insensibilidade, displicência, indiferença pela "sorte" da vítima, mas esses sentimentos, ainda que eticamente possam ser censuráveis, não tipificam a *omissão de socorro*, pois, como lembrava Magalhães Noronha[10], "um código penal não é um código de ética".

Sujeito passivo do crime de *omissão de socorro* somente pode ser (a) *criança* abandonada ou extraviada, (b) *pessoa* inválida ou ferida, desamparada *ou* (c) *qualquer pessoa* em grave e iminente perigo.

Criança abandonada é aquela que foi exposta ou deixada em algum lugar por seus responsáveis, entregue à própria sorte, sem condições de prover a sua própria subsistência, enfim, a que foi deixada *ao desamparo*. Esse crime não se confunde com os de *abandono de incapaz* ou *abandono de recém-nascido*, porque nestes é o próprio sujeito ativo que *abandona* a vítima, enquanto no crime de omissão de socorro o sujeito ativo já encontra a *criança abandonada ou extraviada* e não lhe presta socorro ou assistência; *criança extraviada* é aquela que perdeu o rumo de casa, está perdida, não sabe onde reside nem voltar para lá desconhece o caminho de volta. Com efeito, criança extraviada não se confunde com criança abandonada.

Por longo período discutiu-se sobre qual o limite de idade que, para efeitos penais, deve-se entender como criança, ante a omissão do Código Penal. O advento do Estatuto da Criança e do Adolescente — ECA não resolveu essa desinteligência, ao considerar *criança* quem tiver menos de 12 anos (art. 2º). Sustentamos, porém, que a solução deverá continuar sendo casuística e que será *criança*, para efeitos penais, toda aquela que, concretamente, for incapaz de autodefesa.

Pessoa inválida é aquela que, por si mesma, não pode prover à própria segurança e subsistência; é aquela que é indefesa. A *invalidez* pode decorrer das próprias condições pessoais, congênitas ou adquiridas, ou decorrer de acidentes (velhice, enfermidade, cegueira, paralisia, aleijão etc.); *pessoa ferida*, por sua vez, é aquela que sofreu um dano ou lesão em sua integridade corporal, acidental ou provocada, e, em consequência, sofre uma perda orgânico-funcional. É fundamental que tanto a invalidez quanto o ferimento eliminem a capacidade da vítima de autodefender-se. Tanto a pessoa inválida quanto a ferida precisam encontrar-se desamparadas, ou seja, sem possibilidade de exercer a própria defesa e sem quaisquer meios de proteção e assistência.

---

9. Em sentido contrário veja-se Damásio de Jesus, *Direito Penal*, p. 179.
10. Magalhães Noronha, *Direito Penal*, p. 105.

Finalmente, *qualquer pessoa*, independentemente de ser criança abandonada ou extraviada ou pessoa inválida ou ferida, desde que se encontre em *grave e iminente perigo*. Não basta a mera possibilidade ou simples presunção de perigo, mas é necessária a probabilidade da sua ocorrência; por outro lado, é indispensável que seja *grave*, isto é, que exponha efetivamente a perigo a vida ou a saúde da vítima, e, ademais, além de *grave* tem de ser *iminente*, isto é, prestes a acontecer. Em outros termos, o perigo, nesses casos, deve ser de "grandes proporções e prestes a desencadear-se"[11], como, por exemplo, pessoa que se está afogando ou presa em qualquer coisa prestes a ser soterrada etc.

Alguns autores não admitem, como sujeito passivo, ninguém além de "*criança abandonada ou extraviada e pessoa* inválida ou ferida, desamparada", e que somente estas deveriam estar em perigo grave e iminente[12]. Não lhes assiste razão, contudo, segundo o melhor e majoritário entendimento doutrinário[13]. Nesse sentido, merece destacar o indefectível magistério de Bernardino Gonzaga, *in verbis*: "Mas o único entendimento possível, se quiser assegurar ao texto em exame um sentido racional, será considerar os elementos '*pessoa inválida ou ferida*' limitados pela frase adjetiva ao '*desamparo*' e vincular as expressões '*em grave e iminente perigo*' ao substantivo '*pessoa*', de modo a constituir uma cláusula genérica, que abranja todas as situações não compreendidas na anterior"[14].

A *oposição* da vítima, por si só, não afasta o *dever geral* de prestar socorro, salvo se essa oposição inviabilizar a assistência, pois, na linguagem do texto legal, torna-se "impossível", já que os bens jurídicos protegidos são indisponíveis (ressalvado o disposto no art. 88 da Lei n. 9.099/95).

É indiferente quem criou a situação de perigo, se a própria vítima, terceiros ou fenômenos naturais etc. No entanto, se a situação de perigo foi criada pelo próprio omitente, dolosa ou culposamente, este transforma-se em *garantidor* e responderá não simplesmente por crime de perigo, mas por eventual resultado que advier da situação que criara, nos termos do art. 13, § 2º, do CP.

4. Crimes omissivos próprios

Os *crimes omissivos próprios* ou puros consistem numa desobediência a uma *norma mandamental*, norma esta que determina a prática de uma conduta que não

---

11. Victor Eduardo Rios Gonçalves, *Dos crimes contra a pessoa*, p. 73.
12. Aníbal Bruno, *Crimes contra a pessoa*, p. 257.
13. Nesse sentido: Heleno Cláudio Fragoso, *Lições de Direito Penal*, p. 115; João Bernardino Gonzaga, *O crime de omissão de socorro*, São Paulo, Max Limonad, p. 121; Frederico Marques, *Tratado de Direito Penal*, p. 331; Bento de Faria, *Código Penal brasileiro comentado*, Rio de Janeiro, Record Ed., 1961, v. 4, p. 139; Damásio de Jesus, *Direito Penal*, p. 177; Flávio Augusto Monteiro de Barros, *Crimes contra a pessoa*, p. 149.
14. João Bernardino Gonzaga, *O crime de omissão de socorro*, São Paulo, Max Limonad, 1957, p. 121.

é realizada. Há, portanto, a *omissão* de *um dever de agir* imposto normativamente. Como a omissão de socorro insere-se exatamente nessa classificação tipológica, convém, antes de tudo, fazer uma pequena digressão sobre a conceituação doutrinária dos crimes omissivos.

Nestes *crimes omissivos* basta a *abstenção*; é suficiente a desobediência ao *dever de agir* para que o delito se consume. O resultado que eventualmente surgir dessa omissão será irrelevante para a consumação do crime, podendo apenas configurar uma *majorante*, que alguns doutrinadores, sem primar pela correção técnica, denominam, genericamente, como uma *qualificadora*. Exemplo típico é o da *omissão de socorro*, quando o agente deixa de prestar *assistência* nas condições previstas no art. 135: com a simples *abstenção* consuma-se o crime de omissão de socorro. Pode acontecer, porém, que a pessoa em perigo, à qual foi omitido socorro, venha a sofrer uma lesão grave ou até morrer, concretizando uma consequência danosa, produzida por um processo causal estranho ao agente, no qual se negou a interferir. Nesse caso, o agente continua sendo responsabilizado por *crime omissivo próprio*, isto é, pela simples omissão, pela *mera inatividade*. O *eventual resultado* morte ou lesão grave, nessa hipótese, constituirá somente uma *majorante* a ser considerada no momento da aplicação da pena[15].

5. Tipo objetivo: adequação típica

O *crime omissivo* não se caracteriza pelo simples não fazer ou fazer coisa diversa, mas pelo não fazer o que a norma jurídica determina. A *omissão de socorro*, segundo a dicção do texto legal, pode ser praticada de duas formas, *direta ou imediata* e *indireta ou mediata*, ou seja, o art. 135 contém duas figuras típicas: a) *deixar de prestar assistência*; b) *não pedir socorro à autoridade pública*. Na primeira modalidade, o *dever de assistência* é pessoal e direto; na segunda, indireta, há o *dever de pedir socorro* à autoridade competente.

a) Deixar de prestar assistência — Quem se depara com a vítima, nas circunstâncias descritas no tipo penal, não pode deixar de prestar-lhe imediata assistência; somente se não puder prestá-la sem risco pessoal deve pedir socorro à autoridade. Se a prestação de socorro expuser a risco terceira pessoa, a omissão não excluirá a *tipicidade*, mas, certamente, não constituirá *fato antijurídico*, pois caracterizará *estado de necessidade* de terceiro, afastando sua *ilicitude*. Haverá, inegavelmente, um *conflito de deveres*, e o Estado não pode, nessa hipótese, obrigar o agente a optar por este ou aquele dever, como demonstramos quando examinada, no primeiro volume de nosso *Tratado de Direito Penal*, a excludente de "estado de necessidade", para onde remetemos o leitor.

---

15. Para aprofundar o estudo dos *crimes omissivos*, veja-se, entre outros: Sheila de Albuquerque Bierrenbach, *Crimes omissivos impróprios*, Belo Horizonte, Del Rey, 1996; Juarez Tavares, *As controvérsias em torno dos crimes omissivos*.

O *dever de assistência*, no crime de omissão de socorro, não está vinculado a *relações jurídicas especiais*, como ocorre no crime de *abandono de incapaz* (art. 133), decorrendo da solidariedade humana que deve existir na coletividade para a autoproteção da vida e da saúde do ser humano. *Qualquer pessoa*, sem nenhuma qualidade ou condição especial, está obrigada a prestar socorro, desde que haja possibilidade de fazê-lo sem risco pessoal, "à criança abandonada ou extraviada, ou à pessoa inválida ou ferida, ao desamparo ou em grave e iminente perigo", ou a pedir, nesses casos, o socorro da autoridade pública.

b) Não pedir socorro à autoridade pública — O pedido deve ser *imediato* e *necessário*, pois eventual atraso significará o descumprimento do *dever* de "pedir socorro". O pedido pode ser executado de qualquer forma, desde que idônea para o fim a que se destina e que chegue o mais rápido possível à autoridade competente.

A *assistência indireta é subsidiária* e somente pode ser utilizada quando a *direta* não puder ser prestada *sem risco pessoal* ou quando o socorro da autoridade pública, com certeza, puder, tempestivamente, ser prestado com eficácia. Se a urgência e a gravidade da situação de perigo não admitir demora, tornando ineficaz o pedido à autoridade, o sujeito ativo deverá prestar *assistência direta*, sob pena de responder pela omissão de socorro, ainda que o tenha pedido.

A alternativa de prestar pessoalmente o socorro ou "pedir" à autoridade pública que o faça não depende, exclusivamente, do "livre-arbítrio" do sujeito ativo, caso contrário facilmente se poderia frustrar a proteção legal. Se, por exemplo, a situação concreta *exige a assistência imediata*, o aviso à autoridade será inócuo e a *abstenção da assistência pessoal* constitui crime. Na verdade, a *solicitação de socorro* à autoridade pública somente exclui o crime quando a *assistência* dessa autoridade possa, tempestivamente, afastar o perigo.

Autoridade pública referida no texto legal é aquela que tem atribuição para intervir no caso, como, por exemplo, policial, bombeiro, comissário de menores, Ministério Público etc.

Quando, no entanto, o perigo puder ser afastado tanto pela ação direta do agente quanto pela ação da autoridade, aquele, o agente, tem a faculdade de eleger a alternativa que lhe pareça melhor.

Destaque-se que o perigo não pode, em tese, ter sido provocado, dolosa ou culposamente, pelo sujeito ativo, que, nessa hipótese, passaria à condição de *garantidor* (art. 13, § 2º, c), e aquele *dever geral de assistência* passa a ser um *dever especial de impedir o resultado*, sob pena de responder pelo crime que ele representar, na condição de *garantidor*, logicamente.

5.1 Elementares típicas: possibilidade e ausência de risco pessoal

A omissão somente tipifica o crime quando, nas circunstâncias, for *possível* prestar *assistência* ou pedir *socorro* à autoridade pública *sem risco pessoal*.

a) Possibilidade da conduta — *Poder agir* é um pressuposto básico de todo comportamento humano. Também na omissão, evidentemente, é necessário que o sujeito tenha a *possibilidade física* de agir, para que se possa afirmar que *não agiu voluntariamente*[16]. É insuficiente, pois, o *dever de agir*. É necessário que, além do dever, haja também a *possibilidade física* de agir, ainda que com risco pessoal. Essa possibilidade física falta, por exemplo, na hipótese de *coação física irresistível*, não se podendo falar em *omissão penalmente relevante*, porque o *omitente* não tinha a possibilidade física de agir. Aliás, a rigor, nem poderia ser chamado de *omitente*, porque lhe faltou a própria vontade.

A proteção penal da vida e da saúde pessoal contra perigos graves, fundamentada na solidariedade humana, deve ser bem delimitada, sob pena de colocar em perigo o direito de liberdade. Com efeito, a imposição legal excessivamente ampla ou indeterminada dos deveres de solidariedade e assistência social acabaria constituindo gravíssima ameaça ao *status libertatis*[17]. Por essa razão, o legislador brasileiro estreitou os limites em que o crime de omissão de socorro pode configurar-se, definindo os pressupostos e condições em que a assistência é legalmente obrigatória, estabelecendo e qualificando quem pode ser sujeito passivo dessa infração penal e condicionando-a à possibilidade de agir sem risco pessoal.

b) Sem risco pessoal — A possibilidade de *prestar socorro* deve existir sem que o agente se exponha a *risco pessoal*; aliás, estas duas elementares devem coexistir, são simultâneas. O Estado não tem o direito de obrigar ninguém a ser herói, ou seja, a sacrificar-se por solidariedade humana. Seria paradoxal, desumano e, não raro, ineficaz exigir que alguém sacrificasse a própria vida para salvar a alheia. No entanto, não será qualquer risco que terá o condão de afastar o *dever de agir*, mas somente um risco efetivo, real, concreto e que caracterize a probabilidade da iminência de um dano grave à saúde ou à vida da vítima, e que deverá ser considerado de acordo com as circunstâncias e as condições pessoais dos sujeitos.

O *risco*, porém, deve afetar a pessoa física. Assim, se o risco for puramente *patrimonial* ou *moral*, não excluirá o crime. Esses riscos poderão, eventualmente, caracterizar *estado de necessidade*, afastando, dessa forma, a antijuridicidade, mantendo-se a tipicidade. Conclui-se, portanto, sendo impossível prestar socorro sem risco pessoal, que a omissão de socorro será atípica, pois tanto a possibilidade quanto a ausência de risco pessoal são elementares do crime.

Acreditamos, inclusive, que a ausência do risco pessoal também constitui elementar típica na segunda modalidade de omissão de socorro, isto é, *não pedi-la, nos mesmos casos, à autoridade pública*. Tem-se sustentado[18] que, ao contrário da primeira modalidade, a lei não a ressalva expressamente, e, por isso, somente poderia excluir a antijuridicidade por meio do estado de necessidade. No entanto, as duas elementares da *assistência direta*, "possibilidade" e "sem risco pessoal", estão presentes

---

16. Juarez Tavares, *As controvérsias*, p. 75.
17. João Bernardino Gonzaga, *O crime de omissão de socorro*, p. 85-92.
18. Flávio Augusto Monteiro de Barros, *Crimes contra a pessoa*, p. 150.

na assistência indireta, segundo se pode interpretar do texto legal, "ou não pedir, nesses casos, socorro da autoridade pública". Ora, "nesses casos" significa nas mesmas circunstâncias, com as mesmas elementares, para as mesmas vítimas e "desde que possível e sem risco pessoal".

O *risco moral* ou *patrimonial* não afasta a tipicidade da omissão. *Risco para terceiro*, igualmente, não exclui a tipicidade, mas poderá excluir a ilicitude por meio do *estado de necessidade* (art. 24).

6. Tipo subjetivo: adequação típica

O *elemento subjetivo* desse crime é o *dolo* (de perigo), representado pela *vontade* de omitir com a *consciência* do perigo, isto é, o *dolo* deve abranger a *consciência* da concreta situação de perigo em que a vítima se encontra. O dolo poderá ser *eventual*, por exemplo, quando o agente, com sua conduta omissiva, *assume o risco* de manter o estado de perigo preexistente.

É necessário que o dolo abranja somente a situação de perigo; o *dolo de dano* exclui o *dolo de perigo* e altera a natureza do crime. Assim, se o agente quiser a morte da vítima, responderá por homicídio. Elucidativo, nesse sentido, o exemplo de Damásio de Jesus, que reflexiona: "Suponha-se que o agente, sem culpa, atropele a vítima. Verificando tratar-se de seu desafeto, foge do local, querendo a sua morte ou assumindo o risco de que ocorra em face da omissão de assistência. Responde por delito de homicídio"[19].

Esse crime não exige *elemento subjetivo especial do tipo*, qual seja, o *especial fim de agir*, que, se existir, poderá descaracterizar a omissão de socorro, dando origem a outro tipo penal.

7. Concurso de pessoas nos crimes omissivos

Os crimes omissivos próprios, na nossa concepção, admitem tanto a *coautoria* quanto a *participação em sentido estrito*. A distinção entre *coautoria* e *participação* deve ser encontrada na definição desses dois institutos e não na natureza do crime, omissivo ou comissivo. Se, por exemplo, duas ou mais pessoas presentes recusam-se a prestar socorro ao periclitante, respondem todas pelo crime, individualmente, segundo a regra geral. No entanto, se *deliberarem*, umas anuindo à vontade das outras, todas responderão pelo mesmo crime, mas em *coautoria*, em razão do *vínculo subjetivo*. Se alguém, porém, que não está no local, mas por telefone, sugere, *induz* ou *instiga* a quem está em condições de socorrer que não o faça, responderá também pelo crime, mas na condição de *partícipe*.

Não se pode confundir *participação em crime omissivo* com participação por omissão em crime comissivo. A *participação* no crime omissivo ocorre normalmente por meio de um agir positivo do partícipe que favorece o autor a descumprir o

---

19. Damásio de Jesus, *Direito Penal*, p. 180.

comando legal (tipificador do crime omissivo). O paciente que *instiga* o médico a não comunicar a existência de uma enfermidade contagiosa às autoridades sanitárias não é *autor* de delito autônomo, mas *partícipe* de um crime omissivo. Já o caixa que deixa o cofre aberto para facilitar o furto é *partícipe*, com sua ação omissiva, de um crime comissivo. Assim como o crime comissivo admite a participação mediante omissão, o crime omissivo também admite a participação por comissão. O que ocorre — segundo Bustos Ramirez — é a impossibilidade de participação omissiva em crime omissivo, sob a modalidade de instigação[20]. Não se pode instigar através de omissão, pela absoluta falta de eficácia causal dessa *inatividade*.

Se o agente estiver igualmente obrigado a agir, não será *partícipe*, mas *autor* ou, como pensamos ser possível, *coautor*, desde que haja a *vontade* e *consciência de anuir* à *omissão* de outrem. Esse *vínculo subjetivo*, caracterizador da *unidade delitual*, tem o mesmo efeito tanto na *ação ativa* quanto na *passiva*. Assim como o *comando* é comum nos crimes omissivos, a *proibição* da conduta criminosa é igualmente comum nos crimes comissivos, o que nem por isso impede a coautoria. Do afirmado fica claro que entendemos ser perfeitamente possível a *coautoria* em crime *omissivo próprio*[21]. Se duas pessoas deixarem de prestar socorro a outra gravemente ferida, podendo fazê-lo, sem risco pessoal, praticarão, individualmente, o crime autônomo de *omissão de socorro*. Agora, se essas duas pessoas, de *comum acordo*, deixarem de prestar socorro, nas mesmas circunstâncias, serão *coautoras* do crime de omissão de socorro. O princípio é o mesmo dos crimes comissivos: houve *consciência* e *vontade* de realizar um empreendimento comum, ou melhor, no caso, de não realizá-lo conjuntamente.

Pensamos que a *participação* também pode ocorrer nos chamados "crimes omissivos impróprios" (comissivos por omissão), "mesmo que o partícipe não tenha o dever jurídico de não se omitir". Claro, se tivesse tal dever seria igualmente autor, ou coautor, se houvesse a resolução conjunta de se omitir. É perfeitamente possível que um terceiro, que não está obrigado ao comando da norma, *instigue* o *garante* a não impedir o resultado. Qual seria a natureza da responsabilidade desse *instigador*, autor do crime consumado? Claro que não. A sua *atividade acessória*, secundária, contribuiu moralmente para a resolução criminosa do garante. Este é *autor* do crime ocorrido, do qual tinha o domínio do fato e o dever jurídico de impedir sua ocorrência; aquele, o *instigador*, que não estava obrigado ao comando legal e

---

20. Juan Bustos Ramirez: "não é possível uma instigação omissiva; quem não faz nada enquanto outro comete um fato delitivo, não instiga" (*Manual de Derecho Penal*, p. 296); Santiago Mir Puig, *Derecho Penal*, p. 345; Jescheck, *Tratado de Derecho Penal*, p. 961 e 967. Everardo da Cunha Luna admite a possibilidade da participação por omissão, e exemplifica com o pai que, impassível, assiste à esposa matar o filho comum por inanição. Na nossa concepção essa hipótese caracteriza autoria do pai, ou, se anuir à ação da mãe, coautoria, pois ambos têm o dever de assistência ao filho comum (O crime de omissão e a responsabilidade penal por omissão, *Revista de Direito Penal e Criminologia*, n. 33, 1982, p. 56).
21. Contra: Mirabete, *Manual de Direito Penal*, p. 86.

não dispunha do *domínio* da ação final, contribuiu decisivamente para a sua concretização. Não pode ficar impune, mas tampouco cometeu ilícito autônomo. A *tipicidade* de sua conduta só pode ser encontrada por meio da *norma integradora*, na condição de *partícipe*[22]. Se tiver o *dever jurídico* de não se omitir, será autor, ou coautor, mas jamais *partícipe*.

8. Consumação e tentativa

Consuma-se a *omissão de socorro* no lugar e no momento em que a atividade devida tinha de ser realizada, isto é, onde e quando o *sujeito ativo* deveria agir e não o fez. Segundo Frederico Marques[23], "tem-se a infração por consumada no local e tempo onde não se efetuou o que se deveria efetuar. Cometem-se, pois, delitos de omissão, ali onde o autor, para cumprir o dever jurídico a ele imposto, devesse praticá-lo, e não onde se encontrasse no momento de seu comportamento inerte". A consumação realiza-se num só momento, embora a situação criada possa prolongar-se no tempo.

A omissão de socorro, crime *omissivo próprio* ou *puro*, por excelência, não admite a *tentativa*, pois não exige um resultado naturalístico produzido pela omissão. Trata-se de crime de ato único, unissubsistente, que não admite fracionamento. Se o agente deixa passar o *momento* em que devia agir, consumou-se o delito; se ainda pode agir, não se pode falar em crime. Até o momento em que a atividade do agente ainda é eficaz, a ausência desta não constitui crime. Se nesse momento a atividade devida não ocorrer, consuma-se o crime.

Tratando-se de crime *omissivo impróprio*, ao contrário, como a omissão é forma ou meio de se alcançar um resultado, a consumação ocorre com o resultado lesivo e não com a simples inatividade do agente, como nos delitos *omissivos puros*. Naqueles, que produzem resultado naturalístico, ao contrário dos omissivos próprios, admite-se tentativa.

9. Classificação doutrinária

A omissão de socorro é crime *omissivo próprio* e *instantâneo*, consumando-se com a simples abstenção da conduta devida no instante em que o sujeito omite a prestação de socorro, independentemente da produção de qualquer resultado; trata-se de *crime de perigo*, pois se visar dano será alterada a tipificação da conduta; *crime comum*, que pode ser praticado por qualquer pessoa, independentemente de condição ou qualidade especial do sujeito ativo; *doloso*, não havendo previsão da modalidade culposa. O erro, porém, quanto à existência do perigo, quanto à *possibilidade* da conduta ou quanto à existência de *risco pessoal* exclui o dolo.

---

22. Delmanto só admite a participação nos crimes omissivos impróprios se o partícipe tiver o dever jurídico de impedir o resultado (*Código Penal comentado*, p. 56).
23. Frederico Marques, *Tratado*, p. 171.

10. Figuras majoradas

Não há crime de *omissão de socorro qualificado*, pois a omissão é *crime de perigo*, e eventual resultado "qualificador" a transformaria em *crime de dano*. Na realidade, eventual resultado decorrente da omissão — lesão grave ou morte — não constitui "forma qualificada", como alguns, pouco afeitos à precisão terminológica, chegam a afirmar. Com efeito, a superveniência de *lesão corporal grave* ou *morte* da vítima constitui *circunstância de aumento de pena*, isto é, *majorante*, que deve ser apreciada, no momento da aplicação da pena, na terceira operação (se houver antes agravantes ou atenuantes). Logo, esse *resultado majorador* não altera o tipo penal, que mantém os mesmos limites mínimo e máximo do *caput*.

Ao contrário do que ocorre nos crimes de *abandono de incapaz* e *abandono de recém-nascido*, não há necessidade de nenhum *vínculo especial* entre sujeito ativo e sujeito passivo. Por isso, não é possível conjeturar sobre a possibilidade de o omitente responder, como *garantidor*, por eventual lesão corporal grave ou morte, mas somente como *condição majorante* da sanção aplicável. Nesses crimes, o *dever* é somente de *agir*, e não de *evitar um resultado*, para o qual não concorreu.

Nos casos de homicídio culposo e lesão corporal culposa, a *omissão de socorro* não constitui crime autônomo, mas sim majorante daqueles (arts. 121, § 4º, e 129, § 7º)[24].

10.1 *Figuras majoradas: relação de causalidade*

Nas figuras *majoradas*, mesmo que a omissão de socorro seja um crime *omissivo próprio*, que se consuma com a simples *inatividade*, nesse caso é indispensável que se analise a *relação de causalidade*. Enfim, devemos indagar: a *ação omitida* (em si mesma punível) teria evitado o *resultado*? Resultado que, diga-se de passagem, não tinha obrigação de impedir, mas que ocorreu em virtude de sua abstenção, *por não ter desviado ou obstruído o processo causal em andamento*. A sua obrigação era *agir* e não *evitar* o resultado, e, por isso, em regra, os *crimes omissivos próprios* dispensam a investigação sobre a *relação de causalidade*, porque são delitos de *mera atividade*, ou melhor, *inatividade*. No entanto, como essa *majorante* representa um *resultado* material, é indispensável comprovar a *relação de causalidade* (de não impedimento) entre a omissão e o resultado ocorrido, para *legitimar* a majoração da pena, nos limites de um direito penal da culpabilidade.

11. Pena e ação penal

A sanção aplicável é, *alternativamente*, detenção de 1 a 6 meses ou multa, para a conduta tipificada no *caput* do art. 135. Se em razão da omissão sobrevier lesão corporal de natureza grave, a pena será majorada de metade; se sobrevier a morte,

---

24. Recomenda-se a análise da esdrúxula "omissão de socorro", tipificada como crime autônomo, no Código de Trânsito Brasileiro (Lei n. 9.503/97).

será triplicada. Essas majorações são *fixas*, não permitindo ao magistrado adotar outros percentuais de aumento, para mais ou para menos. Sua *faculdade*, portanto, limita-se à dosimetria penal em relação ao *caput*, que constitui a figura básica, e ao *reconhecimento* ou não da majorante. Assim, fixada a pena ao crime de omissão de socorro, se reconhecer uma das majorantes, o limite de elevação está fixado *ope legis*.

A ação penal é pública incondicionada, sendo desnecessária qualquer condição de procedibilidade.

CONDICIONAMENTO DE ATENDIMENTO MÉDICO-HOSPITALAR EMERGENCIAL — XVI

Sumário: 1. Considerações preliminares. 2. Bem jurídico tutelado. 3. Sujeitos ativo e passivo. 4. Tipo objetivo: adequação típica. 5. Tipo subjetivo: adequação típica. 6. Classificação doutrinária. 7. Consumação e tentativa. 8. Pena e ação penal.

Art. 135-A. Exigir cheque-caução, nota promissória ou qualquer garantia, bem como o preenchimento prévio de formulários administrativos, como condição para o atendimento médico-hospitalar emergencial:

Pena — detenção, de 3 (três) meses a 1 (um) ano, e multa.

Parágrafo único. A pena é aumentada até o dobro se da negativa de atendimento resulta lesão corporal de natureza grave, e até o triplo se resulta a morte.

• Artigo acrescentado pela Lei n. 12.653, de 29 de maio de 2012.

1. Considerações preliminares

A Lei n. 12.653, de 29 de maio de 2012, acrescentou à Parte Especial do Código Penal, mais precisamente no Capítulo III (Da periclitação da vida e da saúde), um novo crime, que, a nosso juízo, embora seja uma *conduta comissiva*, não deixa de ser uma espécie *sui generis* de crime omissivo, que, diríamos, como se fora uma modalidade de "omissão condicionada", com exigências formais postergando o atendimento médico emergencial de pacientes. Aliás, nesse sentido, a localização topográfica da nova infração penal é denunciadora — art. 135-A —, isto é, ao lado da *omissão de socorro*. Contudo, embora mascare, de certa forma, essa *omissão* com o retardamento burocrático, a verdade é que a conduta incriminada — *exigir* — constitui comportamento que só pode ser realizado *comissivamente*. Com efeito, não se pode ignorar que as *exigências* impostas pelos representantes das instituições de saúde, especialmente aquelas de *natureza emergencial*, trazem em seu bojo uma *omissão* representada pelo *retardamento indevido do atendimento* de vítima em situação que exige imediatidez (definida como urgente ou emergente, indiferentemente, pois ambas podem ser consideradas como sinônimas). Em outros termos, há uma *omissão* (de socorro) seguida de uma *comissão* (exigências de garantias e formalidades), resultando criminalizado, contudo, somente o segundo momento, qual seja, a *exigência da condição* imposta para o atendimento; nesse sentido, não vemos como exagero ou equívoco metodológico conceituá-la como uma espécie *sui generis* de omissão de socorro condicionada.

Rogério Sanches[1] destaca que esse procedimento rotineiro do atendimento de pacientes em situações emergenciais já era previsível, acrescentando que: "O Código de Defesa do Consumidor, desde 1990, preceitua que a exigência da garantia para o atendimento é prática abusiva que expõe o consumidor a desvantagem exagerada, causando desequilíbrio na relação contratual (art. 39). No mesmo espírito, o Código Civil de 2002 garante ser anulável o negócio jurídico por vício resultante de estado de perigo (art. 171, inc. II). A Resolução Normativa 44 da Agência Nacional de Saúde Suplementar, por sua vez, desde 2003, no seu art. 1º, já alertava: "Art. 1º Fica vedada, em qualquer situação, a exigência, por parte dos prestadores de serviços contratados, credenciados, cooperados ou referenciados das Operadoras de Planos de Assistência à Saúde e Seguradoras Especializadas em Saúde, de caução, depósito de qualquer natureza, nota promissória ou quaisquer outros títulos de crédito, no ato ou anteriormente à prestação do serviço".

No entanto, a despeito das proibições antecedentes constantes do Código Civil, do Código do Consumidor, da Resolução Normativa do Conselho Federal de Medicina, e, mais recentemente, da própria Agência Nacional de Saúde, constatou-se a necessidade de medidas coercitivas mais eficientes. Assim, respeitando sua *natureza subsidiária*, busca-se, finalmente, a proteção do Direito Penal, como *ultima ratio*, considerando que os demais meios de controle social não atingiram esse desiderato.

Estamos de acordo que algo precisava ser feito, com certa urgência, pois exigências semelhantes passaram a ser, há algum tempo, o comportamento padrão praticado por hospitais, clínicas médicas e outros estabelecimentos de saúde. O mais grave é que a impossibilidade de atendimento dessas exigências de cheque-caução, nota promissória ou outra garantia para que pacientes, em situação de emergência, possam receber atendimento, estão levando, sistematicamente, a recusa por esses estabelecimentos, resultando, não raro, na morte dos pacientes. O noticiário nacional nos tem informado, com frequência, a ocorrência desses abusos, principalmente quando resultam em morte da vítima.

Enfim, objetivando combater esse condenável comportamento das instituições de saúde, editou-se a Lei n. 12.653, em 28 de maio de 2012, que criou uma nova figura típica e evitou, com isso, a busca de alternativa onde tais condutas poderiam ser melhor tipificadas, seja como omissão de socorro (art. 135), ou mesmo como extorsão indireta (art. 160), esta de discutível adequação típica.

2. Bem jurídico tutelado

O *bem jurídico* protegido é, a exemplo dos artigos anteriores, a preservação da vida e da saúde do ser humano, mas não vai além disso, isto é, não estão protegidos outros interesses, como a honestidade, a liberdade pessoal e o patrimônio etc. Constata-se que — *o condicionamento de atendimento médico-hospitalar emergencial*

---

1. Rogério Sanches, *Novo art. 135-A: condicionamento de atendimento médico hospitalar emergencial*.

— não protege, enfim, outros bens jurídicos. O fundamento da *criminalização* de *exigência de condição* para o atendimento médico-hospitalar emergencial é também o desrespeito ao *dever de solidariedade humana*, um *princípio moral* elevado, por esse dispositivo, à condição de *dever jurídico*. Nélson Hungria, comentando o crime de omissão de socorro (art. 135) do Código Penal de 1940, destacou essa preocupação do Direito Penal, afirmando que "... foi o direito penal, de sua exclusiva iniciativa, demonstrando a erronia dos que lhe atribuem uma função meramente sancionatória, que exigiu em norma coercitiva esse mandamento cristão de caridade"[2].

Sintetizando, o bem jurídico tutelado é a proteção da vida e da saúde por meio da solidariedade humana, mas especialmente pelo *dever legal de agir* do sujeito ativo, quando o paciente/vítima encontrar-se na situação descrita no *caput*.

3. Sujeitos ativo e passivo

Sujeito ativo pode ser qualquer pessoa, não sendo necessária a presença de qualidade ou condição especial para esse fim; contudo, normalmente, deve figurar como sujeito ativo desta infração penal quem determina a necessidade de atendimento das condições relacionadas no tipo penal *sub examine*, seja diretor do estabelecimento de saúde, seja gestor, gerente ou encarregado do departamento responsável.

Temos dificuldade em admitir que o empregado, encarregado ou atendente (simples funcionário administrativo), que cumpre as ordens determinadas pela direção, responda como coautor desse crime. Na verdade, esse simples funcionário não passa de *longa manus* de quem detém o poder de decisão, isto é, daquele que tem o domínio do fato, que mantém o controle final; ora, o funcionário-atendente não passa de mero executor de ordem superior, ou cumpre as ordens ou perde o emprego! Na realidade, quem detém o *domínio final do fato*, nessas hipóteses, é o verdadeiro autor, ou seja, *autor mediato*; o atendente não é autor, mas mero executor. Poderá, no máximo, ser um mero partícipe, com participação de menor importância, respondendo na medida de sua culpabilidade.

Sujeito passivo, por sua vez, será naturalmente a vítima que necessita do atendimento emergencial, cuja demora poderá levá-la a morte. Poderá ser igualmente terceira pessoa, ou seja, aquela de quem for exigida que preste a garantia como condição para o atendimento emergencial, bem como o preenchimento prévio de formulários administrativos para o atendimento médico-hospitalar emergencial.

4. Tipo objetivo: adequação típica

A conduta incriminada é *exigir,* a qual tem o significado de impor, determinar, ordenar, obrigar, como *condição* para atendimento médico-hospitalar *emergencial*, a garantia formal de pagamento dos custos médico-hospitalares. Essas exigências constituem *garantias* que podem ser representadas por "cheque-caução, nota promissória ou qualquer garantia", além do "preenchimento prévio de formulários

---

2. Nélson Hungria, *Comentários ao Código Penal*, p. 440.

administrativos". Com a locução "ou qualquer garantia" abre-se o leque de opções de *meios*, instrumentos ou formas de assegurar o pagamento dos custos médico-hospitalares. Em outros termos, pode ser qualquer documento que represente o reconhecimento de dívida, e que, posteriormente, possa fundamentar uma ação de cobrança ou de execução, como se fora uma espécie de contrato. Aliás, essa é a finalidade da *exigência de garantia*, que o presente tipo penal visa proibir. Por isso, essa exigência deve ser satisfeita, em regra, pelo próprio paciente, por seus familiares, ou alguém por ele responsável, tornando seguros os eventuais débitos do paciente.

Por outro lado, a conduta incriminada de *exigir* também pode ser satisfeita com a exigência do *preenchimento prévio de formulários administrativos*. Na verdade, quaisquer dessas fórmulas representam entraves, demora e procrastinação no atendimento de uma *emergência* médico-hospitalar, agravando a situação do paciente que não pode esperar o atendimento de exigências burocráticas. Na realidade, o texto legal pretende impedir que o agente aproveite-se da fragilidade, circunstancial, do doente e de seus familiares, que se encontram absolutamente vulneráveis, e, consequentemente, sem condições de enfrentar adequadamente exigências dessa natureza e nessas circunstâncias.

Contudo, isso não significa que as casas de saúde não possam acautelar-se com a formalização das internações de pacientes, bem como com o compromisso de resgatarem seus débitos, apenas se pretende impedir que isso se torne prioritário em detrimento do pronto e imediato atendimento que a situação emergencial exige. Poderão fazê-lo, mas não antes de prestarem o pronto atendimento que o caso requer.

Essas exigências, contudo, somente tipificarão a conduta incriminada se ocorrerem antes do atendimento do paciente em situação emergencial, que acaba sendo retardado em razão de tais exigências. Por isso, se essas mesmas exigências forem apresentadas após o atendimento, não se adequarão à descrição típica que ora examinamos.

Questão que pode demandar alguma dificuldade é a interpretação do que pode ser interpretado por *atendimento médico-hospitalar emergencial*. Haverá, afinal, diferença significativa entre *urgência* e *emergência* médicas? A verdade é que, no senso comum, urgência e emergência são termos e situações ambivalentes e, o mais importante, tratando-se de saúde, questões puramente semânticas não podem afastar a abrangência do dispositivo penal. Na verdade, essa preocupação não é nova e já vem despertando a atenção dos setores especializados há algum tempo.

Com efeito, já em 1995, o Conselho Federal de Medicina procurou definir com a maior precisão possível os conceitos de *urgência* e *emergência*, e o fez através da Resolução n. 1.451, nos seguintes termos:

"Artigo 1º — Os estabelecimentos de Prontos Socorros Públicos e Privados deverão ser estruturados para prestar atendimento a situações de urgência-emergência, devendo garantir todas as manobras de sustentação da vida e com condições de dar continuidade à assistência no local ou em outro nível de atendimento referenciado.

Parágrafo Primeiro — Define-se por urgência a ocorrência imprevista de agravo à saúde com ou sem risco potencial de vida, cujo portador necessita de assistência médica imediata.

Parágrafo Segundo — Define-se por emergência a constatação médica de condições de agravo à saúde que impliquem em risco iminente de vida ou sofrimento intenso, exigindo, portanto, tratamento médico imediato".

Na verdade, situação de *urgência* ou de *emergência* demandam atendimento imediato, não podem esperar e devem ser atendidas com rapidez, pois qualquer demora pode significar o agravamento da situação ou até mesmo a perda de uma vida, intolerável em prontos-socorros ou hospitais de emergências. Em outros termos, embora o tipo penal refira-se somente a *atendimento emergencial*, deve-se compreender também o atendimento *urgente*, sendo entendido como aquele que não pode esperar, devendo ter primazia, sem burocracia ou exigência de garantia, sob pena de responder por esta infração penal. Aliás, não nos parece recomendável manter uma distinção de significados entre urgência e emergência, sob pena de corrermos o risco de cometermos erronias interpretativas, mas especialmente permitir atendimento equivocado de pacientes pelos destinatários da norma.

Por fim, apenas para esclarecer, a solicitação de garantia, sem, contudo, *condicionar o atendimento*, constitui conduta atípica, exatamente pela ausência dessa elementar normativa, que é ao mesmo tempo elementar típica.

5. Tipo subjetivo: adequação típica

O elemento subjetivo desta infração penal é exclusivamente o dolo, constituído pela vontade consciente de exigir garantia, em qualquer de suas formas mencionadas no tipo, como *condição* para o atendimento médico-hospitalar emergencial.

Não há necessidade de qualquer elemento subjetivo especial do injusto, e tampouco há previsão de modalidade culposa, ficando afastada a adequação típica de eventual conduta temerária, negligente ou imprudente.

6. Classificação doutrinária

Crime comum (não exige qualidade ou condição especial dos agentes, pois qualquer pessoa pode representar a instituição de saúde); *de perigo concreto* (deve ser demonstrado que a conduta do agente produz, efetivamente, uma situação de perigo para a vítima); *doloso* (não há previsão de modalidade culposa, embora em sua forma majorada configure crime preterdoloso); *de forma vinculada* (uma vez que o comportamento deve ser dirigido no sentido de exigir cheque-caução, nota promissória, ou qualquer garantia, bem como o preenchimento prévio de formulários administrativos, como condição para o atendimento médico-hospitalar emergencial); *comissivo* (a conduta nuclear somente pode ser praticada mediante ação, embora não deixe de encobrir, de certa forma, uma espécie de omissão de socorro); *instantâneo (não há distância temporal entre a ação e sua consequência, que é imediata);* *unissubjetivo* (não se trata de crime de concurso necessário, isto é, pode ser praticado por uma pessoa, embora admita naturalmente o concurso eventual de pessoas); *unissubsistente* (em tese, não admite fracionamento da conduta).

7. Consumação e tentativa

Consuma-se o crime no momento em que é formulada a exigência de cheque-caução, nota promissória ou qualquer garantia, bem como o preenchimento prévio de formulários administrativos, como condição para o atendimento médico-hospitalar emergencial, desde que ocorra antes do efetivo e indispensável atendimento do paciente.

É desnecessária, logicamente, produção naturalística de resultado, tais como, agravamento da saúde do paciente ou até mesmo a sua morte para que o crime resulte consumado, não se tratando, portanto, de crime de resultado. A simples prática da conduta fazendo qualquer das exigências definidas no dispositivo legal, como *condição* de atendimento emergencial, é suficiente para caracterizar e consumar o crime.

Por fim, a presente infração penal não admite a figura tentada, ante a impossibilidade de fracionamento de sua execução.

8. Pena e ação penal

A sanção aplicável é, *cumulativamente*, detenção de três meses a um ano e multa, para a conduta tipificada no *caput* do art. 135-A. Se da negativa de atendimento resultar lesão corporal de natureza grave, a pena poderá ser majorada até o dobro; se sobrevier a morte, a pena poderá ser majorada até o triplo. Essas majorações, ao contrário da previsão ao crime de *omissão de socorro* (art. 135, parágrafo único), não são *fixas*. Nesse crime omissivo não se permite ao magistrado adotar outros percentuais de aumento, para mais ou para menos. Sua *faculdade*, portanto, limita-se à dosimetria penal em relação ao *caput*, que constitui a figura básica, e ao *reconhecimento* ou não da majorante. Assim, fixada a pena ao crime de *omissão de socorro*, sendo reconhecida uma das majorantes, o limite de elevação já está fixado no próprio texto legal.

No entanto, neste art. 135-A, a cominação é diferente, isto é, no caso das majorantes a pena poderá ser elevada *até ao dobro*, para a hipótese de lesão corporal grave, e *até ao triplo* se resultar morte. Logo, fica a critério do julgador, observadas as demais circunstâncias, mensurar o *quantum* de elevação das penas, desde que não ultrapasse o dobro ou o triplo, para cada uma das hipóteses antes mencionadas.

Na hipótese de lesão corporal grave ou morte torna-se indispensável examinar-se a existência do nexo causal entre a conduta e a consequência que se lhe atribui. Dito de outra forma, se tais resultados não estiverem vinculados ao retardamento do atendimento, não se lhe pode atribuir responsabilidade por tais resultados, devendo-se responder somente pela previsão do *caput*.

Não acreditando na eficácia dessa previsão legal, especialmente com a pena cominada, nos parece que seria mais adequado, já que se optou por criminalizar essa situação, que se *cominasse* pena equivalente à prevista no art. 136 (maus-tratos), principalmente para as hipóteses em que resultarem lesão corporal grave ou morte da vítima.

A ação penal é pública incondicionada, sendo desnecessária qualquer condição de procedibilidade. Pelas penas cominadas, configura *infração de menor potencial ofensivo*, da competência dos Juizados Especiais Criminais (art. 61 da Lei n. 9.099/95), ressalvada a hipótese em que resultar morte da vítima.

MAUS-TRATOS XVII

Sumário: 1. Considerações preliminares. 2. Bem jurídico tutelado. 3. Sujeitos ativo e passivo. 4. Elementar especial: relação subordinativa entre sujeitos ativo e passivo. 5. Tipo objetivo: adequação típica. 6. Tipo subjetivo: adequação típica. 7. Consumação e tentativa. 8. Classificação doutrinária. 9. Formas qualificadas. 9.1. Figura majorada. 10. Pena e ação penal.

Maus-tratos

Art. 136. Expor a perigo a vida ou a saúde de pessoa sob sua autoridade, guarda ou vigilância, para fim de educação, ensino, tratamento ou custódia, quer privando-a de alimentação ou cuidados indispensáveis, quer sujeitando-a a trabalho excessivo ou inadequado, quer abusando de meios de correção ou disciplina:

Pena — detenção, de 2 (dois) meses a 1 (um) ano, ou multa.

§ 1º Se do fato resulta lesão corporal de natureza grave:

Pena — reclusão, de 1 (um) a 4 (quatro) anos.

§ 2º Se resulta a morte:

Pena — reclusão, de 4 (quatro) a 12 (doze) anos.

§ 3º Aumenta-se a pena de um terço, se o crime é praticado contra pessoa menor de 14 (catorze) anos.

- § 3º acrescentado pela Lei n. 8.069, de 13 de julho de 1990.

1. Considerações preliminares

Nos primórdios da civilização, a subordinação e a disciplina nas relações domésticas eram orientadas por um rigor desmedido. Desnecessário enfatizar que a Antiguidade não contemplava o crime de *maus-tratos*. No antigo Direito Romano, o *pater familias* não conhecia limites, e em relação aos filhos, à mulher e aos escravos podia fazer o que quisesse. O advento do Cristianismo representou o início do abrandamento da disciplina doméstica, que não devia ir além da *vis modica*. Reconhecia-se também um rigoroso poder disciplinar aos educadores e aos maridos. Na Idade Média admitia-se o direito de infligir castigos corporais, com exceção de lesões graves ou morte[1].

---

1. Heleno Cláudio Fragoso, *Lições de Direito Penal*.

No Projeto do Código Penal francês de 1810, constava que: "As violências e maus-tratos que excedam os limites de uma correção legítima, exercidos por tutores ou tutoras, que não sejam os pais, sobre seus pupilos, ou por preceptores sobre seus discípulos, por patrões sobre seus aprendizes, por carcereiros, guardas etc., sobre as pessoas detidas, serão punidas com prisão de onze dias a dois meses, além de multa de 50 a 200 francos, sem prejuízo de penas mais graves, segundo as circunstâncias". Essa previsão não foi, contudo, aprovada. Segundo os doutrinadores, o Código Penal sardo, de 1859, foi dos primeiros a incriminar eventuais excessos na correção disciplinar como infração penal autônoma (art. 514)[2].

Os Códigos Penais brasileiros do século XIX (1830 e 1890) não criminalizavam os "maus-tratos", sendo que o primeiro, inclusive, justificava a legitimidade da conduta "quando o mal consistir no castigo moderado que os pais derem a seus filhos, os senhores a seus escravos, e os mestres a seus discípulos, ou dêsse (*sic*) castigo resultasse, uma vez que a qualidade dele não seja contrária às leis" (art. 14, n. 6). Foi o Código de Menores de 1927, em seus arts. 137 a 140, que introduziu na nossa legislação a criminalização desses abusos corretivos quando praticados contra menores de 18 anos. O art. 141 do mesmo diploma legal considerava qualificado o crime se em razão de "castigos imoderados", "maus-tratos", "privação de alimentos ou cuidados indispensáveis" e "excesso de fadiga" resultasse lesão corporal grave ou comprometessem gravemente o desenvolvimento intelectual do menor, desde que tal resultado fosse previsível. Posteriormente, esses dispositivos incriminadores foram recepcionados pela Consolidação das Leis Penais de 1932 (art. 292, VI a X)[3].

2. Bem jurídico tutelado

Os *bens jurídicos* protegidos, a exemplo do art. 132, são a vida e a saúde da pessoa humana, ou seja, a integridade fisiopsíquica do ser humano, especialmente daqueles submetidos a autoridade, guarda ou vigilância para fins de educação, ensino, tratamento ou custódia. O pátrio poder deixou de ser um direito pleno em favor dos genitores e no interesse de quem o exerce, transformando-se em simples dever de proteção e direção, não mais do que um meio para satisfazer seus deveres, na medida em que o pátrio poder é instituto em benefício da família como um todo e somente em proveito dos genitores[4]. Tutela e curatela, à evidência, seguem a mesma orientação evolutiva e humanitária do pátrio poder.

Convém destacar que as condutas incriminadas não devem ter em vista a efetiva produção de dano aos referidos bens jurídicos protegidos; é suficiente que pretendam, simplesmente, exercer seu mister, excedendo-se nessa finalidade.

---

2. Heleno Cláudio Fragoso, *Lições*.
3. José Henrique Pierangelli, *Códigos Penais do Brasil*, São Paulo, Ed. Jalovi, 1980.
4. Washington de Barros Monteiro, *Curso de Direito Civil*; Direito de Família, São Paulo, Saraiva, 1984, p. 276.

3. Sujeitos ativo e passivo

Sujeito ativo é somente quem se encontre na *condição especial* de exercer a *autoridade, guarda* ou *vigilância*, para fins de *educação* (atividade destinada a aperfeiçoar a capacidade individual), *ensino* (ministrar conhecimentos visando a formação básica cultural), *tratamento* (cura e subsistência) ou *custódia* (detenção de uma pessoa para fim autorizado em lei). Trata-se, por conseguinte, de *crime próprio*, que não pode ser praticado por quem não reúna essa circunstância especial. A ausência dessa *relação especial* entre os sujeitos ativo e passivo desse crime afasta a sua *adequação típica*, podendo, eventualmente, configurar outra infração penal, como, por exemplo, o crime de exposição a perigo da vida ou da saúde de outrem (art. 132).

A concepção de *autoridade, guarda* ou *vigilância* já foi externada quando da análise do crime de abandono de incapaz (art. 133), para onde remetemos o leitor. Normalmente, podem figurar como sujeito ativo desse crime pais, tutores, curadores, professores, diretores de instituições de ensino, enfermeiros, carcereiros, entre outros, pois são essas pessoas que, em princípio, podem exercer as atividades de autoridade, guarda ou vigilância para fins de educação, ensino, tratamento ou custódia.

Não é qualquer pessoa, igualmente, que pode ser *sujeito passivo* do crime de *maus-tratos*, mas somente pessoa que se encontre subordinada para fins de educação, ensino, tratamento ou custódia. Qualquer outra subordinação ou submissão, para qualquer outra finalidade, além dessas relacionadas no tipo, não configurará o crime de maus-tratos.

A *mulher*, a despeito de, com muita frequência, ser vítima de "maus-tratos", segundo o linguajar popular, não pode ser *sujeito passivo* desse crime, tendo o marido ou "companheiro" como *sujeito ativo*, pois não há nenhuma relação de autoridade, guarda ou vigilância entre os cônjuges, seja para educação, ensino, tratamento, custódia ou qualquer outra finalidade. Quando o marido ou companheiro praticar violência contra a mulher, no recesso do lar ou fora dele, responderá por outro crime, como, por exemplo, lesões corporais, perigo para a vida ou a saúde de outrem etc. A situação será a mesma em relação ao filho maior, pois não há qualquer vínculo jurídico de subordinação entre pais e filhos maiores.

4. Elementar especial: relação subordinativa entre sujeitos ativo e passivo

Para tipificar o crime de maus-tratos é indispensável a existência de uma *relação de subordinação* entre os sujeitos ativo e passivo, isto é, na dicção do texto legal, uma relação de "autoridade, guarda ou vigilância, para fins de educação, ensino, tratamento ou custódia". Alguns autores sustentam tratar-se de *pressuposto do crime*[5], uma vez que a sua ausência afasta a configuração do crime de "maus-tratos",

---

5. Nélson Hungria, *Comentários ao Código Penal*, p. 451; Magalhães Noronha, *Direito Penal*, p. 109.

vindo a caracterizar outra infração penal; outros, como Frederico Marques[6], acreditam ser mais acertado falar simplesmente em *elemento constitutivo do tipo*.

Trata-se, na realidade, de uma *elementar típica especializante*, isto é, que torna essa figura típica um *crime próprio* ou especial, que só pode ser praticado por quem tenha uma das *modalidades vinculativas* elencadas com a vítima. A ausência dessa *especial relação de subordinação*, como já afirmado, afasta a adequação típica, mesmo que a conduta do sujeito ativo dirija-se a um fim educativo, corretivo ou disciplinar. Igualmente, embora existindo a referida relação, mas se a finalidade das condutas tipificadas não se destinar a "educação, ensino, tratamento ou custódia", o tipo penal deverá ser outro, quem sabe, dos arts. 132, 129 ou 121. Não é necessário, contudo, que haja coabitação do sujeito ativo com a vítima, nem que esta seja menor.

Autoridade, guarda e vigilância são utilizadas com o mesmo sentido que foi empregado no art. 133. *Educação* abrange toda atividade com a finalidade de ampliar, aperfeiçoar e acabar a formação individual, sob o aspecto intelectual, moral, técnico ou profissional; *ensino* consiste em ministrar conhecimentos que devem formar a base cultural do indivíduo, que pode ser básico, fundamental ou superior e podem ser praticados pelos pais, professores, instrutores técnicos ou não. O ensino, pode-se constatar, é menos abrangente que a educação; *tratamento* consiste não só no cuidado para a cura das moléstias como também no cuidado dispensado para a manutenção e subsistência das pessoas; *custódia*, segundo Hungria, deve ser entendida, em sentido restrito, como a detenção de uma pessoa para fim autorizado em lei. Seria o caso, por exemplo, do carcereiro, enfermeiro, diretor do hospital etc.[7].

5. Tipo objetivo: adequação típica

Várias condutas são tipificadas: a) *privar de alimentação*; b) *privar de cuidados indispensáveis*; c) *sujeitar a trabalho excessivo ou inadequado*; d) *abusar de meios corretivos ou disciplinares*. Nas três primeiras modalidades o crime é permanente; na última é *instantâneo*. Na verdade, o Código Penal de 1940 engloba sob uma mesma rubrica os crimes previstos na legislação anterior, como figuras autônomas, de "castigos imoderados", "maus-tratos", "privação de alimentos ou cuidados indispensáveis" e "excesso de fadiga". Ao contrário da legislação anterior que circunscrevia à proteção dos menores de 18 anos, o atual Código ampliou a todos que estejam sob autoridade, guarda ou vigilância de alguém, "para fim de educação, ensino, tratamento ou custódia".

Vejamos cada uma das condutas: a) *privar de alimentação* — para caracterizar os maus-tratos é suficiente a privação relativa de alimentos, pois a privação total pode constituir meio de execução do crime de homicídio (tentado ou consumado).

---

6. Frederico Marques, *Tratado de Direito Penal*, p. 338.
7. Nélson Hungria, *Comentários*, p. 450.

Logicamente que o crime pode ser perpetrado por meio da supressão absoluta da alimentação, desde que seja por um período razoável e depois volte a ser ministrada normalmente ou mesmo em quantidade reduzida; b) *privar de cuidados indispensáveis* — significa privar dos cuidados mínimos necessários à preservação da vida ou saúde da pessoa de que se trata. Esses cuidados podem ser materiais, afetivos ou morais, dependendo da idade, estado de saúde, condições de tempo e local, entre outros. Importa, concretamente, os riscos que a ausência de tais cuidados pode acarretar, como, por exemplo, privar o menor de higiene, atendimento médico, agasalho no inverno etc.; c) *sujeitar a trabalho excessivo ou inadequado* — será excessivo o trabalho que ultrapassar o limite das forças ou das capacidades da vítima ou que lhe causar cansaço além do suportável. Será inadequado o trabalho que não for compatível com as condições físico-orgânicas da vítima ou com suas aptidões pessoais e profissionais, de acordo com idade, sexo, compleição física etc. O referencial para o exame da natureza excessiva e imprópria do trabalho, segundo afirma, com propriedade, Flávio Augusto Monteiro de Barros[8], é a própria vítima, levando-se em consideração condicionamento físico, mental, força muscular, idade e sexo. Enfim, a análise casuística será fundamental; d) *abusar de meios corretivos ou disciplinares* — significa aplicar "castigos" excessivos que coloquem em risco a vida ou a saúde da vítima. Nélson Hungria, percucientemente, destacava a distinção do fundamento da natureza do excesso entre esta e as demais formas de conduta, nos seguintes termos: "Nas hipóteses anteriores, o agente procede por grosseria, irritabilidade, espírito de malvadez, prepotência, ódio, cupidez, intolerância; mas nesta última hipótese tem ele um fim em si mesmo justo, isto é, o fim de corrigir ou de fazer valer a sua autoridade. É bem de ver, porém, que o justo fim não autoriza o excesso de meio. Este é que a lei incrimina"[9].

Não se veda o direito de corrigir, como pode parecer, mas tão somente se proíbe o seu exercício abusivo. A ação inicialmente é lícita; o seu exercício abusivo é que a torna ilícita, atingindo o nível de crime. A *especial relação de subordinação* que vincula o sujeito passivo ao sujeito ativo pode decorrer do direito público, privado ou mesmo administrativo. A inexistência dessa *relação vinculativa* ou da finalidade prescrita no tipo exclui esse crime.

Enfim, o que caracteriza o crime de maus-tratos é o excesso do meio corretivo, disciplinar ou pedagógico que coloca em perigo a vida ou a saúde da vítima subordinada. O *direito de correção* conferido a pais, tutores e curadores deve ser exercido com moderação e finalidade educativa, sendo inadmissível o emprego de violência contra filho menor, pupilo ou curatelado. O corretivo aplicado pelo pai que resulta em leves escoriações ou hematomas, não afetando a saúde do menor, nem colocando em risco sua vida, não caracteriza o excesso do *ius corrigendi*. Contudo, nas mesmas circunstâncias, a produção desse mesmo resultado decorrente da

---

8. Flávio Augusto Monteiro de Barros, *Crimes contra a pessoa*, p. 158.
9. Nélson Hungria, *Comentários*, p. 451.

conduta de tutor, curador, professores, diretores de instituições de ensino, enfermeiros, carcereiros, entre outros, a nosso juízo, configura o crime de maus-tratos, residindo a diferença na distinção do grau de liberdade e intensidade das prerrogativas atribuídas aos pais em relação aos demais nominados. Em outros termos, os limites das atribuições dos genitores, inegavelmente, são muito superiores em relação aos dos outros possíveis sujeitos ativos desse crime.

Finalmente, a Lei n. 13.010, de 26 de junho de 2014, conhecida como "Lei da Palmada" (que alterou o Estatuto da Criança e do Adolescente), restringiu ainda mais os limites dos meios corretivos considerados legítimos. A rigor, trata-se de normatização puramente administrativa, e não terá maior influência na tipificação do crime de maus-tratos, mas dá uma diretriz que deve ser seguida no plano administrativo.

6. Tipo subjetivo: adequação típica

Além da vontade e da consciência de praticar o fato material, ao contrário do que imaginava Euclides Custódio da Silveira[10], é indispensável a *consciência do abuso* cometido. Aliás, a ausência *dessa consciência* afasta o dolo, ocorrendo o conhecido erro de tipo. Na verdade, para configurar o dolo é indispensável que o agente tenha vontade e consciência da ação, dos meios escolhidos e do excesso que pratica, no exercício da atividade que desempenha (autoridade, guarda ou vigilância) para o fim declinado no tipo, qual seja, de educação, ensino, tratamento ou custódia. Ora, se não tiver consciência de que se excede, de que abusa, de que ultrapassa os limites do razoável, não se poderá falar em dolo. Essa consciência, ao contrário da consciência da ilicitude, tem de ser atual, isto é, tem de existir efetivamente no momento da ação.

Pois bem, a despeito da *consciência atual* da ação, dos meios e do próprio abuso é possível que o agente não queira expor a vítima a perigo, isto é, a exposição a perigo pode não ser objeto de sua vontade. Contudo, nessas circunstâncias, é inevitável que, pelo menos, preveja a possibilidade, com o excesso que pratica, de expor a perigo a incolumidade da vítima. Nesse caso, prosseguindo na ação estará, no mínimo, assumindo o risco de colocá-la em perigo, configurando o dolo eventual. O risco de expor com a ação ou omissão está presente na *consciência* do agente, que, apesar disso, realiza a conduta e acaba colocando efetivamente em perigo a vida ou a saúde de outrem.

O *elemento subjetivo* desse tipo penal, como crime de perigo, limita-se à *consciência* e *vontade* de expor a vítima a grave e iminente perigo, estando absolutamente excluído o *dolo de dano*, ou seja, eventual *animus necandi* ou *animus laedendi* caracterizará outro tipo penal e não este.

---

10. Euclides Custódio da Silveira, *Crimes contra a pessoa*, 1959, p. 202 e 203. Custódio da Silveira adotava esse entendimento porque confundia essa consciência com "dolo específico", sem razão evidentemente.

7. Consumação e tentativa

Consuma-se o crime de *perigo para a vida ou a saúde de outrem* com a exposição da vítima a perigo efetivo. Logo, é suficiente a probabilidade de dano, sendo absolutamente desnecessária a ocorrência de qualquer *resultado material*. No entanto, trata-se de crime de *perigo concreto*, cuja ocorrência deve ser comprovada, sendo inadmissível mera presunção. A conduta descrita no art. 136 do CP pretende punir quem coloca em risco a vida ou a saúde de alguém subordinado nas condições ali especificadas para uma daquelas finalidades. Simples empurrão ou mero tapa, por mais antipedagógico que seja, à primeira vista, não configura o crime[11].

Embora a dificuldade para demonstrar a sua ocorrência, é possível, teoricamente, a tentativa, desde que o *eventus periculli* não ocorra por circunstâncias estranhas à vontade do agente. Quando o fato for suscetível de fracionamento, isto é, quando apresentar um *iter criminis*, será perfeitamente possível a tentativa. Contudo, ela será impossível nas modalidades de *privação de alimentos* ou *privação de cuidados indispensáveis*, que, a nosso juízo, exigem *habitualidade*; no entanto, naquelas modalidades em que um ato isolado é suficiente para consumar-se, sua repetição caracteriza crime continuado.

8. Classificação doutrinária

Trata-se de *crime próprio*, pois exige vínculo especial entre os sujeitos ativo e passivo; é formal, consumando-se com a simples realização da conduta típica, independentemente da produção de qualquer resultado, pois se trata de crime de perigo; é *crime de perigo concreto*, que não se presume, exigindo a sua comprovação; de *ação múltipla* ou de *conteúdo variado*, pois pode ser praticado através de mais de uma conduta perante a mesma vítima; *permanente* nas modalidades de privação de alimentos, privação de cuidados necessários e sujeição a trabalho excessivo ou inadequado; na modalidade de abuso de correção o crime é, em regra, *instantâneo*, mas eventualmente pode apresentar-se de forma permanente; doloso, comissivo e omissivo.

9. Formas qualificadas

São previstas duas formas qualificadas: quando da exposição resulta a) lesão corporal de natureza grave (§ 1º), ou b) resulta morte (§ 2º). Como crime qualificado pelo resultado, o evento mais grave deve ser previsível (art. 19).

Sobrevindo lesão corporal leve, o agente não responderá pela modalidade culposa, cuja sanção penal é inferior (somente detenção), desde que tenha sido demonstrada a existência do dolo de perigo.

---

11. *RT*, 725:613.

9.1 *Figura majorada*

O Estatuto da Criança e do Adolescente (Lei n. 8.069/90) acrescentou o § 3º, prevendo a elevação de um terço da pena em razão da menoridade da vítima. É necessário que o sujeito ativo saiba que a vítima é menor de quatorze anos. Como o texto legal fala em "menor de quatorze anos", se o fato ocorrer na data em que este completa essa idade, a majorante não será aplicável.

10. Pena e ação penal

A sanção penal é *alternativa*, para a figura simples: detenção, de dois meses a um ano, ou multa. Para as figuras qualificadas, reclusão, de um a quatro anos, se resulta lesão corporal de natureza grave (§ 1º), e de quatro a doze anos, se resulta a morte (§ 2º). Haverá uma majorante de um terço se a vítima for menor de quatorze anos (§ 3º). As *agravantes* previstas no art. 61, II, alíneas *e*, *f* e *h*, não incidem, pois são, em princípio, elementares do próprio tipo.

A ação penal é pública incondicionada, sendo desnecessária qualquer condição de procedibilidade.

RIXA XVIII

Sumário: 1. Considerações preliminares. 2. Bem jurídico tutelado. 3. Sujeitos ativo e passivo. 4. Participantes da rixa. 5. Tipo objetivo: adequação típica. 6. Tipo subjetivo: adequação típica. 7. Consumação e tentativa. 8. Rixa e legítima defesa. 9. Classificação doutrinária. 10. Figuras qualificadas. 11. Pena e ação penal.

Capítulo IV
DA RIXA

Rixa

Art. 137. Participar de rixa, salvo para separar os contendores:

Pena — detenção, de 15 (quinze) dias a 2 (dois) meses, ou multa.

Parágrafo único. Se ocorre morte ou lesão corporal de natureza grave, aplica-se, pelo fato da participação na rixa, a pena de detenção, de 6 (seis) meses a 2 (dois) anos.

1. Considerações preliminares

A criminalização da rixa, como crime autônomo, é relativamente recente. O Direito Romano não criminalizava a rixa como tal, limitando-se a disciplinar as lesões corporais graves ou o homicídio que, eventualmente, pudessem decorrer dela. Quando esses crimes ocorressem durante uma rixa investigava-se a possibilidade de atribuí-los a todos os participantes ou se buscava, quando possível, descobrir os causadores dos ferimentos[1].

Na Idade Média algumas legislações adotavam o critério romanístico, embora os práticos, em geral, preferissem o *princípio da solidariedade*, segundo o qual, na dúvida quanto à autoria, aplicavam a todos os participantes uma pena extraordinária, mais branda que a do homicídio. Mas, a exemplo do Direito Romano, a rixa não passava de oportunidade para o homicídio, não sendo criminalizada isoladamente. Com o surgimento das codificações penais, adotaram-se, basicamente, dois sistemas: um que disciplinava o *homicídio* ou *lesão corporal grave em rixa* e outro,

---

1. *Digesto*, 48, 8, 17.

a *participação em rixa*, como crime autônomo. Segundo Hungria, "O primeiro, por sua vez, apresenta duas formas: a da *solidariedade* (Códigos da Suécia e do Cantão de Friburgo) e a da chamada 'cumplicidade correlativa' (Códigos austríaco, húngaro e espanhol). Duas modalidades, igualmente, apresenta o segundo sistema: o da punibilidade da rixa em si mesma quando ocorra homicídio ou lesão corporal (Códigos alemão, holandês e italiano de 1889) e o da punibilidade da rixa simples, funcionando o eventual resultado letal ou lesivo como *condição de maior punibilidade*, ressalvada a responsabilidade individual do autor do homicídio ou lesão (Código do Cantão de Vaud, de 1844)"[2].

No Brasil, os Códigos de 1830 e de 1890 não tratavam do crime de rixa ou do próprio homicídio praticado em rixa. Finalmente, o Código Penal de 1940 introduziu no Direito brasileiro o crime de rixa, autonomamente, desvinculando-o, portanto, do homicídio e da lesão corporal grave. Assim, o atual Código não recepcionou os conhecidos sistemas da *solidariedade absoluta* e da *cumplicidade correspectiva*; pelo primeiro, todos os rixosos respondem pelo homicídio ou lesão grave, se ocorrer durante a rixa; pelo segundo, não sendo apurados os autores dos ferimentos causadores da morte ou das lesões graves, todos responderiam por esse resultado, fixando-se, porém, a pena num termo médio entre a que caberia ao autor e aquela que se aplicaria ao partícipe (sistema adotado pelo Código Zanardelli de 1889). O atual Código brasileiro preferiu o sistema da *autonomia*, incriminando a rixa, independentemente da morte ou lesão grave, que, se ocorrerem, somente qualificarão o crime.

2. Bem jurídico tutelado

Apesar de a rixa ameaçar e perturbar a ordem e a paz públicas, não são esses os bens jurídicos protegidos ou, pelo menos, não são predominantes na fundamentação da criação do crime de rixa.

Mas, a exemplo do que ocorre com os tipos penais dos arts. 133 e 134, neste não há referência expressa de perigo para a vida ou a saúde da vítima. Adotamos aqui os argumentos que utilizamos ao examinarmos o crime de *abandono de incapaz*. Assim, embora a descrição típica não se refira expressamente à vida ou à saúde do agente, sua preocupação com esses bens jurídicos está exatamente na punição da *simples participação na rixa*, pois o legislador reconhece que esta possibilita, em tese, a produção de maiores danos à integridade fisiopsíquica do indivíduo. E a própria posição geográfica desse tipo penal, a exemplo dos antecessores, admite a afirmação de que a objetividade jurídica é efetivamente a incolumidade da pessoa humana. Na verdade, embora a rixa seja um crime de perigo para a integridade físico-psíquica, a grande preocupação está no dano que dela pode resultar.

---

2. Nélson Hungria, *Comentários ao Código Penal*, 5. ed., Rio de Janeiro, Forense, 1980, v. 6, p. 10-1.

3. Sujeitos ativo e passivo

Os participantes da rixa são ao mesmo tempo sujeitos ativos e passivos, uns em relação aos outros: rixa é crime plurissubjetivo[3], recíproco, que exige a participação de, no mínimo, três contendores, no Direito pátrio, ainda que alguns sejam menores. No entanto, ninguém pode ser, ao mesmo tempo, sujeito ativo e passivo do crime de sua própria conduta. Na realidade, o rixoso é sujeito ativo da conduta que pratica em relação aos demais e sujeito passivo das condutas praticadas pelos demais rixosos. Os rixosos agem uns contra os outros; por isso esse misto de sujeito ativo-passivo do mesmo crime.

Secundariamente, pode-se afirmar que a própria ordem e tranquilidade públicas, que, inevitavelmente, acaba sendo atingida pela rixa, também constitui objeto da proteção jurídica. Trata-se, enfim, de crime de perigo para a vida e a saúde individual e, secundariamente, contra a *incolumidade pública*.

Os próprios rixosos são também sujeitos passivos, além de eventuais não participantes que possam ser atingidos pela rixa. Com efeito, o sujeito passivo pode ser, inclusive, alguém estranho à rixa, que acaba sendo atingido por ela.

4. Participantes da rixa

O Código Penal brasileiro, independentemente de identificar quem é o autor da morte ou das lesões, se houver, pune a todos os participantes da rixa, pelo simples fato de ter participado dela, pois, na visão do legislador brasileiro, ela representa uma ameaça concreta à ordem e segurança públicas e, particularmente, expõe a risco a vida e a integridade fisiopsíquica não só dos rixosos como de terceiros estranhos a ela[4].

Flávio Queiroz de Moraes definia o crime de rixa como "o conflito que, surgindo do improviso entre três ou mais pessoas, cria para estas uma situação de perigo imediato à integridade corporal ou à saúde"[5]. Ora, como na luta de duas pessoas dificilmente essa dificuldade existirá, é natural que não sirva para caracterizar o crime de rixa, pois, segundo Maggiore, razões de ordem filológica e jurídica impedem que se conceba a rixa entre somente duas pessoas[6]. Assim, é indispensável, pelo menos, a participação de três contendores, ainda que qualquer deles seja menor ou sequer seja identificado.

A rixa, como crime de *concurso necessário*, caracteriza-se pela pluralidade de participantes, que nunca poderá ser inferior a três. *Participante*, como regra, será todo aquele que estiver presente no lugar e no momento da rixa e entrar diretamente

---

3. Para aprofundar os estudos desses crimes, veja-se Sheila Jorge Selim de Sales, *Dos tipos plurissubjetivos*, Belo Horizonte, Del Rey, 1997.
4. Antonio Magarinos Torres, *Autoria incerta*, Rio de Janeiro, 1936.
5. Flávio Queiroz de Moraes, *Delito de rixa*, São Paulo, 1946, p. 35.
6. Maggiore, *Diritto Penale*; Parte Speciale, Bologna, 1958, v. 1, t. 2, p. 794.

no conflito ou auxiliando qualquer dos contendores. O fato de tratar-se de um crime de *concurso necessário* não impede, por si só, a possibilidade de existir a *participação em sentido estrito*, uma vez que o *partícipe*, em nossa definição, não intervém diretamente no fato material, "não pratica a conduta descrita pelo preceito primário da norma penal, mas realiza uma atividade secundária que contribui, estimula ou favorece a execução da conduta proibida. Não realiza atividade propriamente executiva"[7]. Essa "contribuição" do partícipe, que pode ser material ou moral, será perfeitamente possível, especialmente na rixa *ex proposito*. Por exemplo, não responde pelo crime de rixa quem participa somente da discussão, antes do início desta, salvo se, propositalmente, contribuiu para a sua eclosão. Nesse caso, o *partícipe* deverá responder pelo art. 137 combinado com o art. 29, pois a adequação típica de sua conduta é de *subordinação mediata*, depende da conjugação da norma principal — definidora do crime de rixa — com essa norma secundária de caráter extensivo. Caso contrário, a atividade do partícipe será uma conduta atípica.

Quem intervém para *separar* os rixosos não infringe o tipo penal, pois falta-lhe o elemento subjetivo, qual seja, a vontade consciente de participar do conflito. No entanto, se o "pacificador" exceder-se do intuito de apartar os rixosos, transforma-se em participante, e deverá responder pelo crime de rixa.

A velha doutrina, por vezes, procurava distinguir "participação na rixa" e "participação no crime de rixa": na primeira hipótese, há interferência pessoal na rixa, o ingresso efetivo no conflito; na segunda, há o concurso, material ou moral para a rixa, sem, contudo, a intervenção direta nesta[8]; é, em outros termos, a "participação em sentido estrito". Para fins penais, no entanto, nosso diploma legal faz diferença apenas no caso da segunda hipótese, como já referimos, o art. 137 deve ser conjugado com o art. 29, ambos do Código Penal.

Será atribuída a responsabilidade penal de todos os crimes que um ou alguns dos rixosos praticarem durante a rixa, desde que devidamente identificada a autoria. Responderá o autor identificado em concurso material com a rixa, simples ou qualificada. Excluem-se somente as *vias de fato*, que são integrantes do conteúdo do crime de rixa. Há quem sustente que o rixoso identificado como autor e responsável pelo homicídio ou lesão corporal grave não pode responder, pelo mesmo fundamento, por rixa agravada, pois violaria o princípio *ne bis in idem*[9], isto é, um mesmo fato não pode fundamentar duas punibilidades. No entanto, esse não é o entendimento sufragado pela maioria da doutrina[10]. Na verdade, há uma duplicidade subjetiva do agente, isto é, age com duplo dolo, qual seja, o de participar na rixa e o de causar a lesão grave ou a morte de alguém.

---

7. Cezar Roberto Bitencourt, *Tratado de Direito Penal* — Parte Geral, 30. ed., São Paulo, Saraiva, 2024, v. 1, p. 620.
8. Nélson Hungria, *Comentários*, p. 22.
9. Euclides Custódio da Silveira, *Crimes contra a pessoa*, p. 217-8.
10. Damásio de Jesus, *Direito Penal*, p. 194; Aníbal Bruno, *Crimes contra a pessoa*, p. 260; Magalhães Noronha, *Direito Penal*, p. 117-8.

5. Tipo objetivo: adequação típica

Rixa é uma briga entre mais de duas pessoas, acompanhada de vias de fato ou violência recíprocas. Para caracterizá-la é insuficiente a participação de dois contendores, pois aquela se caracteriza exatamente por certa confusão na participação dos contendores, dificultando, em princípio, a identificação da atividade de cada um[11]. Os rixosos agem individualmente, agredindo-se reciprocamente.

A conduta tipificada é *participar* de rixa, que se caracteriza pela existência de agressões recíprocas generalizadas. Essa *participação* pode ocorrer desde o início do conflito ou integrar-se durante a sua realização, desde que ocorra antes de cessada a luta. Estando definida a posição dos contendores, não haverá rixa. É indispensável que haja violência material, produzindo lesões corporais ou, pelo menos, vias de fato, constituída de empurrões, socos, pontapés, puxões de cabelos etc. Embora o conflito se apresente, geralmente, num "corpo a corpo", poderá configurar-se, a distância, através de tiros, arremesso de pedras, porretes e quaisquer outros objetos[12], pois não é indispensável o contato físico entre os rixosos. A simples altercação, troca de palavras ofensivas, não a caracterizam, ou, na expressão de Hungria, "É preciso que os contendores *venham às mãos*, formando-se o entrevero, ou que, embora sem o *contato dos brigadores*, estes se acometam reciprocamente, por exemplo, com pedradas ou disparos de arma de fogo"[13]. Tratando-se de disparo de arma de fogo, convém, no entanto, ter cautela, pois poderá constituir, em si mesmo, crime, como, por exemplo, tentativa de homicídio, perigo para a vida ou a saúde de outrem (art. 132), além do tipo penal específico de disparo de arma de fogo, descrito no art. 15 da Lei n. 10.826/2003.

A rixa simulada não constitui crime, ainda que, eventualmente, resulte alguma lesão. Nessa hipótese, quem produziu a lesão ou concorreu para ela deverá responder a título de culpa, não havendo qualquer outra responsabilidade.

6. Tipo subjetivo: adequação típica

O *elemento subjetivo* desse crime é o *dolo*, representado pela *vontade* e *consciência* de participar da rixa, isto é, consiste no conhecimento de que se trata de uma rixa e na vontade consciente de participar dela. A *rixa simulada* não constitui crime, pela ausência do *animus rixandi*, ainda que dessa simulação sobrevenha lesão corporal grave ou a morte de alguém. Nessa hipótese, os autores deverão responder por lesões corporais ou homicídio, conforme o caso, na modalidade culposa.

---

11. Ariosvaldo Alves de Figueiredo, *Comentários ao Código Penal*, São Paulo, 1986, v. 2, p. 88.
12. Antolisei, *Manuale di Diritto Penale*; Parte Speciale, Milano, 1977, p. 100.
13. Nélson Hungria, *Comentários*, 5. ed., v. 6, p. 20-1.

A causa que originou a rixa é irrelevante, e, por outro lado, não se exige qualquer *fim especial* de agir. Pune-se a simples troca de agressões, independentemente de qualquer dos participantes resultar ferido. O perigo é presumido *juris et de iure*.
Não há previsão legal de modalidade culposa de rixa.

7. Consumação e tentativa

Consuma-se o crime de rixa com a eclosão das agressões recíprocas, isto é, quando os contendores iniciam o conflito. Consuma-se no instante em que o participante entra na rixa para tomar parte dela voluntariamente. Magalhães Noronha, ao contrário, sustentava, sem razão: "consuma-se o delito no momento e no lugar onde cessou a atividade dos contendores"[14]. Ainda que um dos participantes desista da luta antes de esta ter chegado ao fim, responderá pelo crime, inclusive pela qualificadora (lesão grave ou morte), que pode ocorrer após a sua retirada. Para a consumação da rixa é desnecessário que resulte lesão em qualquer dos rixosos. Pelo princípio da autonomia, adotado pelo nosso Código Penal, a rixa é punida em razão do perigo que a sua prática produz.

Pela natureza complexa da *ação nuclear* é praticamente impossível configurar-se a tentativa, embora fosse admitida por Nélson Hungria, Fragoso, Magalhães Noronha e Damásio de Jesus[15]. O exemplo trazido por Hungria não serve, pois, segundo afirmava, seriam dois grupos rivais prestes a iniciar confronto previamente combinado quando são surpreendidos pela polícia. Ora, quando há participação de grupos bem definidos, não há rixa que se caracterize pelo tumulto, pela indeterminação da atividade dos participantes. Ou estaremos diante de atos preparatórios, que são impuníveis, ou poderá haver vias de fato, lesões corporais, homicídio, tentativa, mas não rixa.

Enfim, na rixa *ex improviso* é impossível a tentativa. No entanto, na rixa *ex proposito*, naquela que é previamente combinada, em tese, até se pode admitir a tentativa[16], aliás, repita-se, de difícil configuração.

8. Rixa e legítima defesa

Paira grande desinteligência a respeito da possibilidade de invocar-se legítima defesa no crime de rixa[17]. No entanto, a despeito de algumas dificuldades práticas, acreditamos na sua possibilidade. Quem, por exemplo, intervém na rixa em defesa

---

14. Magalhães Noronha, *Direito Penal*, p. 117.
15. Nélson Hungria, *Comentários*, p. 28; Heleno Fragoso, *Lições de Direito Penal*, p. 124; Magalhães Noronha, *Direito Penal*, p. 117; Damásio de Jesus, *Direito Penal*, p. 192.
16. Romeu de Almeida Salles Jr., *Código Penal interpretado*, São Paulo, Saraiva, 1996, p. 382.
17. Contra: Victor Eduardo Rios Gonçalves, *Dos crimes contra a pessoa*, p. 82; a favor: Aníbal Bruno, *Crimes contra a pessoa*, p. 260; Damásio de Jesus, *Direito Penal*, p. 192-3; Flávio Augusto Monteiro de Barros, *Crimes contra a pessoa*, p. 170-1.

própria ou de terceiros poderá invocar a excludente, pois não há participação em rixa sem *animus rixandi*[18]. A legítima defesa exclui a antijuridicidade da conduta específica daquele contendor por aquele resultado (lesão grave ou homicídio). No entanto, em razão do resultado agravado, a rixa continuará qualificada.

A reação contra uma suposta agressão — legítima defesa putativa — afasta a tipificação do crime de rixa, ainda que o erro seja evitável, pois, mesmo assim, faltaria a vontade consciente de participar de rixa (erro de tipo permissivo).

9. Classificação doutrinária

A rixa é crime de *concurso necessário* (participação de, pelo menos, três) de condutas contrapostas, pois há reciprocidade de agressões. Os crimes de quadrilha ou bando também são de concurso necessário, mas, diferentemente, são de condutas divergentes; de *perigo abstrato*, presumido *juris et de iure*, que decorre da simples troca de desforço físico, na sua modalidade simples; *instantâneo*, porque se consumam no momento da prática das agressões indiscriminadas; *crime plurissubsistente*, que não se completa com ato único; *doloso*, pois não há previsão de modalidade culposa; *comissivo*, pois só pode ser praticado por meio de uma ação ativa, sendo impossível executá-lo por meio de um não fazer.

10. Figuras qualificadas

A ocorrência de lesão corporal de natureza grave ou morte *qualificam a rixa*, respondendo por ela inclusive a vítima da lesão grave. Mesmo que lesão grave ou a morte atinja estranho não participante da rixa, alguém que passava no local, por exemplo, ainda assim se configura a qualificadora. Quando não é identificado o autor da lesão grave ou homicídio, todos os participantes respondem por rixa qualificada; sendo identificado o autor, os outros continuam respondendo por rixa qualificada, e o autor responderá pelo crime que cometeu em concurso material com a rixa qualificada.

A morte e as lesões graves devem ocorrer durante a rixa ou em consequência dela; não podem ser nem antes nem depois. Assim, se ocorrerem antes não a qualificam, simplesmente porque não foram sua consequência, mas sua causa[19]. É indispensável a relação de causalidade, isto é, que a rixa seja a causa do resultado, isto é, da lesão grave ou da morte. A ocorrência de mais de uma morte ou lesão grave não altera a unidade da rixa qualificada, que continua sendo crime único, embora devam ser consideradas na dosimetria penal as "consequências do crime".

O resultado agravado recairá sobre todos os que dela tomaram parte, inclusive sobre eventuais desistentes. O participante que sofrer lesão corporal grave também incorrerá na pena da *rixa agravada* em razão do ferimento que ele próprio recebeu[20].

---

18. Nélson Hungria, *Comentários*, p. 23.
19. Heleno Cláudio Fragoso, *Lições*, p. 124.
20. Aníbal Bruno, *Crimes contra a pessoa*, p. 260.

Não é punição pelo mal sofrido, mas pela *participação na rixa*, cuja gravidade é representada exatamente pela lesão que o atingiu. Todos respondem pelo mesmo crime, e, como este resultou agravado pela lesão, acabam respondendo pela gravidade de sua própria lesão. A vítima do ferimento grave foi ela, como poderia ser qualquer outra.

11. Pena e ação penal

A pena é *alternativa*; na figura simples, detenção, de quinze dias a dois meses, ou multa. Nas formas qualificadas — com lesão grave ou morte —, reclusão de seis meses a dois anos.

A ação penal é *pública incondicionada*, sendo desnecessária qualquer condição de procedibilidade para instaurá-la ou, no caso da autoridade policial, para iniciar as investigações.

CALÚNIA | XIX

Sumário: 1. Considerações preliminares. 2. Bem jurídico tutelado. 2.1. Consentimento do ofendido como excludente de tipicidade. 3. Sujeitos ativo e passivo. 3.1. Crimes contra a honra e a pessoa jurídica como sujeito passivo. 4. Tipo objetivo: adequação típica. 4.1. Imputar, falsamente, fato definido como crime. 4.2. Propalação da calúnia. 5. Elemento normativo do tipo: falsamente. 6. Calúnia contra os mortos. 7. Tipo subjetivo: adequação típica. 8. Semelhanças e dessemelhanças entre calúnia, difamação e injúria. 9. Consumação e tentativa. 10. Classificação doutrinária. 11. Exceção da verdade. 11.1. Exceção da verdade e foro privilegiado: competência. 12. Calúnia e imputação verdadeira de fato definido como crime: ausência da elementar "falsamente". 13. Calúnia e denunciação caluniosa: distinção. 14. Crime de calúnia e exercício da advocacia: incompatibilidade. 15. Pena e ação penal.

Capítulo V
DOS CRIMES CONTRA A HONRA

Calúnia

Art. 138. *Caluniar alguém, imputando-lhe falsamente fato definido como crime:*

Pena — *detenção, de 6 (seis) meses a 2 (dois) anos, e multa.*

§ 1º *Na mesma pena incorre quem, sabendo falsa a imputação, a propala ou divulga.*

§ 2º *É punível a calúnia contra os mortos.*

Exceção da verdade

§ 3º *Admite-se a prova da verdade, salvo:*

I — *se, constituindo o fato imputado crime de ação privada, o ofendido não foi condenado por sentença irrecorrível;*

II — *se o fato é imputado a qualquer das pessoas indicadas no n. I do art. 141;*

III — *se do crime imputado, embora de ação pública, o ofendido foi absolvido por sentença irrecorrível.*

1. Considerações preliminares

A honra, independentemente do conceito que se lhe atribua, tem sido através dos tempos um direito ou interesse penalmente protegido. Na Grécia e Roma antigas as ofensas à honra eram regiamente punidas. Entre os romanos a honra tinha o *status* de direito público do cidadão, e os fatos lesivos eram abrangidos pelo conceito amplo de injúria. Na Idade Média, o Direito Canônico também se ocupava das ofensas à honra. A proteção da honra, como bem jurídico autônomo, não constitui interesse exclusivo do indivíduo, mas da própria coletividade, que tem interesse na preservação da honra, da incolumidade moral e da intimidade, além de outros bens jurídicos indispensáveis para a harmonia social. Quando determinadas ofensas ultrapassam esses limites toleráveis justifica-se a sua punição, que, na disciplina do Código Penal vigente, pode assumir a forma de *calúnia, difamação* e *injúria*.

Somente em período relativamente moderno os crimes contra a honra ganharam autonomia. O Direito francês foi o primeiro a estabelecer distinção clara entre as modalidades que esse crime poderia assumir. O Código Penal francês de 1810 foi o primeiro a incriminar separadamente *calúnia* e *injúria*, embora ainda englobasse em um mesmo conceito calúnia e difamação. Em 1819 substituiu o termo "calúnia" por "difamação" e eliminou o requisito da *falsidade*.

O Código Criminal do Império, seguindo a orientação do Código Penal francês de 1810, fazia distinção entre calúnia e injúria. *Calúnia* era "o atribuir falsamente a alguém um fato que a lei tenha qualificado como criminoso e em que tenha lugar a ação popular ou procedimento oficial de justiça" (art. 229). Apesar de considerado um dos melhores Códigos do século passado, não foi feliz ao definir a injúria, nos seguintes termos: "a) na imputação de fato criminoso não compreendido no art. 229; b) na imputação de vícios ou defeitos, que possam expor ao ódio ou desprezo público; c) na imputação vaga de crimes, ou vícios sem fatos especificados; d) em tudo o que pode prejudicar a reputação de alguém; e) em discursos, gestos ou sinais reputados insultantes na 'opinião pública'".

O Código Penal de 1890 previa, igualmente, os crimes de calúnia e injúria. Calúnia era a imputação falsa de fato criminoso; injúria abrangia a imputação de vícios e defeitos e também fatos determinados ofensivos à reputação, ao decoro e à honra. Pela definição constata-se que a difamação, a exemplo do Código anterior, integrava o amplo conceito de injúria.

Embora não se possa ignorar que *calúnia e difamação* sejam crimes afins, preferimos abordá-las em capítulos separados.

2. Bem jurídico tutelado

Neste capítulo, o objeto da proteção jurídico-penal é o bem imaterial *honra*, que, na definição de Magalhães Noronha, pode "ser considerada como o complexo ou conjunto de predicados ou condições da pessoa que lhe conferem consideração social e estima própria"¹. Mas, neste dispositivo, o *bem jurídico* protegido, pela tipificação do crime de calúnia, para aqueles que adotam essa divisão, é a *honra objetiva*, isto é, a reputação do indivíduo, ou seja, é o conceito que os demais membros da sociedade têm a respeito do indivíduo, relativamente a seus atributos morais, éticos, culturais, intelectuais, físicos ou profissionais. É, em outros termos, o sentimento do outro que incide sobre as nossas qualidades ou nossos atributos, ou seja, enquanto a *honra subjetiva* representa o sentimento ou a concepção que temos a nosso respeito, a *honra objetiva* constitui o sentimento ou o conceito que os demais membros da comunidade têm sobre nós, sobre nossos atributos. Objetivamente, *honra* é um valor ideal, a consideração, a reputação, a boa fama de que gozamos perante a sociedade em que vivemos.

Mas, independentemente dessa distinção objetiva/subjetiva, que pode gerar dúvidas e levar a equívocos, honra é valor imaterial, insuscetível de apreciação, valoração ou mensuração de qualquer natureza, inerente à própria dignidade e personalidade humanas. Pela extensão que esse conceito abrange, não nos parece adequado nem dogmaticamente acertado distinguir honra objetiva e subjetiva, o que não passa de adjetivação limitada, imprecisa e superficial, na medida em que não atinge a essência do bem juridicamente protegido. Por isso, estamos com Heleno Cláudio Fragoso, pois qualquer dos crimes contra a honra — calúnia, difamação ou injúria — atinge "a pretensão ao respeito, interpenetrando-se os aspectos sentimentais e ético-sociais da honra"². Em outras palavras, o bem jurídico protegido é a pretensão ao respeito da própria personalidade.

Na proteção do bem jurídico *honra objetiva*, o Direito Penal não distingue a *honra comum* da *honra profissional*: a primeira refere-se à pessoa humana enquanto ser social; a segunda relaciona-se diretamente à atividade exercida pelo indivíduo, seus princípios ético-profissionais, a representatividade e o respeito profissional que a sociedade lhe reconhece e lhe atribui; nesse sentido, pode-se dizer, é a *honra especial*. O ataque, objetivamente considerado, tanto pode ofender a honra pessoal de alguém quanto a honra profissional, e, eventualmente, esta pode sofrer, inclusive, maiores danos que aquela.

2.1 Consentimento do ofendido como excludente de tipicidade

A honra, quer objetiva, quer subjetiva, é um dos bens jurídicos disponíveis por excelência³, pois, em princípio, o ordenamento jurídico pátrio reserva-lhe

---

1. Magalhães Noronha, *Direito Penal*, p. 122.
2. Heleno Cláudio Fragoso, *Lições de Direito Penal*, p. 130.
3. Luiz Carlos Rodrigues Duarte chega a sustentar que a Constituição Federal de 1988 excluiu a responsabilidade penal por ofensa à honra alheia, nos seguintes termos: "Na realidade, o Direito Criminal foi alijado da disciplinação dessa matéria, a qual foi transferida para a égide do Direito Civil. O moderno Constituinte Brasileiro decidiu eliminar as Ciências Penais desse campo, por entender que as violações à honra pessoal possuem *natureza privada*, consistindo

praticamente todos os institutos destinados aos crimes de exclusiva iniciativa privada, que, aliás, é a natureza jurídica da ação penal através da qual se poderá buscar a responsabilidade penal do sujeito ativo.

Dentre esses institutos destacam-se a *renúncia* (art. 104) e o *perdão* (arts. 105 e 106), que, se ocorrerem, extinguirão a punibilidade (art. 107, V). Da aplicabilidade desses institutos, qual seja, deixando à absoluta discricionariedade do sujeito passivo a decisão de processar ou não o sujeito ativo, e, mesmo após ter decidido iniciar a ação penal, facultando-lhe poder renunciar ao direito de queixa ou perdoar ao agente, decorre, inevitavelmente, que o *consentimento do ofendido* exclui a tipicidade da conduta do "ofensor". Ora, se, após movimentada a pesada máquina judiciária, comportamentos posteriores da vítima podem neutralizar a operação jurisdicional, é natural que se atribua esse efeito a manifestação anterior de concordância da vítima.

Convém destacar, porém, que o *consentimento do ofendido* somente surte esse efeito excludente em relação a bens de que o sujeito passivo tem *disponibilidade*. Se a ofensa ao bem jurídico disponível do sujeito passivo atingir também outro ou outros bens jurídicos que estejam fora da sua disponibilidade, seu consentimento será ineficaz. Se, por exemplo, com a *imputação falsa de crime*, o sujeito ativo faz movimentar o aparelho estatal, instaurando-se inquérito policial ou mesmo ação penal, referida conduta atinge, além da honra objetiva do indivíduo, também os interesses da Administração da Justiça, criminalizados como *denunciação caluniosa* (art. 339). Nessas circunstâncias, o consentimento do ofendido é absolutamente inoperante, pois, além de ofender outro bem jurídico indisponível (Administração da Justiça), trata-se de ação penal pública incondicionada.

3. Sujeitos ativo e passivo

O *sujeito ativo* pode ser qualquer pessoa física, desde que seja *imputável*, sem necessidade de reunir qualquer outra condição. A pessoa jurídica, por faltar-lhe a capacidade penal, não pode ser sujeito ativo dos crimes contra a honra.

Os inimputáveis, seja qual for a causa, não podem ser sujeito ativo do crime de calúnia[4], pelas razões que exporemos, embora, teoricamente, possam, a nosso juízo,

---

em *ultrajes personalíssimos* que só interessam aos titulares da honra objetiva ou subjetiva ultrajada. Só os diretamente ofendidos possuem legitimidade para exigir a devida reparação da ilicitude, mesmo porque um mesmo fato pode significar insustentável ofensa grave para uma determinada vítima e nada representar de ofensivo a outra pessoa. Desejando, as vítimas devem impulsionar o Poder Judiciário — não mais na busca da imposição de uma sanção penal privativa da liberdade — todavia, perseguindo indenizações que possam reparar e ressarcir os *danos materiais*, os *danos morais*, os *danos à imagem*, os *danos à vida privada* e os *danos à intimidade* causados pela ofensa irrogada. Por isso, houve evidente *transformação dos ilícitos penais em ilícitos civis*" (*Crimes contra a honra e descriminalização*, Porto Alegre, Universidade Federal do Rio Grande do Sul, 1998, p. 8).

4. Para Damásio de Jesus, em sentido contrário, "Por isso, nossa posição é a de que os doentes mentais podem ser caluniados" (*Direito Penal*, p. 201).

ser *sujeitos passivos* dos crimes contra a honra, dependendo, logicamente, da capacidade de entender o significado ultrajante da imputação.

O menor de *dezoito anos* e o *doente mental*, inimputáveis, não cometem crimes, mas podem praticar ou cometer "fatos definidos como crimes", que são coisas completamente diferentes (para os menores, a legislação especial — ECA — prefere denominar essas condutas "atos infracionais"). Antes de iniciar o exame dos atributos do crime (tipicidade, antijuridicidade e culpabilidade), deve-se ter presente o aspecto da *imputabilidade*, pois, segundo nosso ordenamento jurídico, nenhum dos dois — menor ou doente mental — é portador; ora, nessas circunstâncias, não se lhes pode *imputar* a autoria de crime, ainda que tenham praticado algum "fato definido como tal". Por serem inimputáveis, não são culpáveis, e sem culpabilidade não há crime. Desnecessário destacar que não admitimos a orientação que exclui a culpabilidade da definição de crime[5], pois essa teoria, a despeito de ser sustentada há algumas décadas na *terra brasilis*, não logrou adeptos *além-fronteiras*, e a teoria do delito, enquanto dogmática, é universal.

A despeito da orientação que seguimos, sustentamos que os inimputáveis também podem ser *sujeitos passivos* do crime de calúnia, isto é, podem ser *caluniados*, embora não possam ser sujeito ativo, isto é, adotamos fundamentos e razões distintos daqueles adotados por Damásio de Jesus, em cuja teoria os inimputáveis também praticam crimes[6]. Na verdade, *a conduta tipificada como crime de calúnia* não é "a imputação falsa da prática de crime"; com efeito, o legislador brasileiro teve o cuidado de *criminalizar* a conduta de imputar falsamente "fato definido como crime", que é completamente diferente de imputar falsamente "a prática de crime": inimputáveis, como já afirmamos, não praticam crimes, por faltar-lhes a condição de *imputáveis*, mas podem praticar "fatos definidos como crime", ou seja, condutas que encontram receptividade em alguma moldura proibitiva da lei penal; abstratamente são definidas como crime, mas, concretamente, não se configuram pela ausência de capacidade penal. Ora, algo parecido ocorre com os crimes próprios ou especiais: há a figura abstrata, que, apesar de realizada, não concretiza o crime, se faltar no agente a condição ou qualidade especial exigida pelo tipo.

Ademais, merece ser acrescida a crítica que fazemos sobre a injustificada distinção entre honra objetiva e honra subjetiva, que tem natureza puramente acadêmica, sem qualquer reflexo ontológico, na medida em que *honra* é um bem jurídico imaterial inerente à personalidade, e, nesse sentido, qualquer indivíduo é titular desse bem tutelado, imputável ou inimputável. Aquelas razões que justificam a inimputabilidade penal não podem prevalecer para excluir da proteção legal a reputação e o sentimento de dignidade que os inimputáveis possam ter. Assim, embora os inimputáveis não possam praticar crimes, podem ser sujeitos passivos do crime de calúnia,

---

5. Para observar nossa crítica a essa definição de crime, veja-se o Cap. XXII do nosso *Tratado de Direito Penal* — Parte Geral, v. 1, no qual examinamos a "culpabilidade como predicado do crime".

6. Damásio de Jesus, *Direito Penal*, p. 201.

pois, apesar de inimputáveis, não podem ser privados da proteção jurídica e deixados à mercê da agravação de qualquer um.

Enfim, qualquer pessoa pode ser *sujeito passivo*, inclusive os inimputáveis, sejam menores, sejam enfermos mentais, não se lhes exigindo, literalmente, qualquer condição especial.

Os *mortos* também podem ser *caluniados* (art. 138, § 2º), mas seus parentes serão os *sujeitos passivos*. A *honra* é um atributo dos vivos; somente estes têm personalidade, à qual se liga a honra. Contudo, como com a morte se extingue a personalidade, a ofensa punível não atinge a "pessoa" do morto, mas a sua memória. O que fundamenta a incriminação é o interesse dos parentes em preservar o bom nome do finado, e, por isso, eles é que são os sujeitos passivos desse crime. Como destacava, com acerto, Aníbal Bruno, "A calúnia ou a difamação que se pretenda lançar sobre um morto, deslustrando-lhe a memória, ofende a reputação dos vivos sobre a qual virá refletir-se. O que parece afronta à honra do que morreu é agravo à dignidade dos que ficam, dos parentes que sobrevivem e a quem caberá o direito à ação punitiva, no caso o cônjuge, ascendente, descendente ou irmão"[7].

Não é criminalizada no Direito brasileiro, por ora, a difamação e a injúria contra os mortos.

Quanto aos *desonrados, infames e depravados*, ao contrário do que previa o Direito Romano, também podem ser sujeitos passivos dos crimes contra a honra, pois a honra, enquanto bem imaterial, é atribuída a todo ser humano, incorporando-à sua personalidade, variável segundo as condições sociais e individuais, que pode ser diminuído, mas nunca totalmente suprimido. Por isso, modernamente, como lembrava Fragoso, "ninguém fica privado do direito à honra, havendo em todos os cidadãos, pelo menos, o oásis moral, a que alude Manzini, ou seja, uma zona intacta de retos princípios morais (ex.: será calúnia afirmar de uma prostituta, que prostitui a própria filha)"[8]. Por essas razões, punições como a declaração de infâmia, morte civil ou a perda total da capacidade jurídica foram proscritas do Direito moderno, pois violariam o princípio da dignidade humana.

Há grande divergência doutrinário-jurisprudencial sobre se a *pessoa jurídica* pode ser sujeito passivo de calúnia. O Anteprojeto Nélson Hungria, para afastar essa polêmica, definia como crime contra a honra da pessoa jurídica: "Propalar fatos, que sabe inverídicos, capazes de abalar o crédito de uma pessoa jurídica ou a confiança que esta merece do público" (art. 148).

3.1 Crimes contra a honra e a pessoa jurídica como sujeito passivo

Como prevalece, no Brasil, a teoria da ficção, a doutrina historicamente tem-se posicionado contra a possibilidade de a pessoa jurídica ser *sujeito passivo* do crime

---

7. Aníbal Bruno, *Crimes contra a pessoa*, p. 272.
8. Heleno Cláudio Fragoso, *Lições de Direito Penal*, p. 132.

de calúnia. Contudo, para aqueles que admitem que a Constituição Federal de 1988, em seus arts. 225, § 3º, e 173, § 5º, teria conferido *capacidade penal ativa* à pessoa jurídica nos crimes contra a ordem econômica e o sistema financeiro, economia popular e meio ambiente, passou-se a sustentar, mais enfaticamente, a possibilidade de a *pessoa jurídica* figurar como *sujeito passivo* do crime de calúnia[9].

Essa interpretação do texto constitucional, no entanto, é completamente equivocada, pois "a Constituição não dotou a pessoa jurídica de *responsabilidade penal*. Ao contrário, condicionou a sua responsabilidade à aplicação de sanções compatíveis com a sua natureza"[10]. Só isso. Na verdade, a simples introdução no ordenamento jurídico de uma norma prevendo a responsabilidade penal da pessoa jurídica não será solução enquanto não se determinar previamente os pressupostos de tal responsabilidade[11]. O reconhecimento da pessoa jurídica como destinatária da norma penal supõe, antes de tudo, a aceitação dos princípios de imputação penal, como fez, por exemplo, o atual Código Penal francês de 1994, em seu art. 121, ao introduzir a responsabilidade penal da pessoa jurídica[12]. Com efeito, a recepção legal deve ser a culminação de todo um processo, em que devem estar muito claros os pressupostos de aceitação da pessoa jurídica como sujeito de Direito Penal e os respectivos pressupostos dessa imputação, para não se consagrar uma indesejável responsabilidade objetiva. Desafortunadamente, não houve, no nosso ordenamento jurídico, aquela prévia preparação que, como acabamos de afirmar, fez o ordenamento jurídico francês.

Contudo, a despeito de todo o exposto, hoje os tempos são outros, e, aqui e acolá, neste ou naquele país, começam-se a criminalizar, pelo menos, alguns fatos passíveis, segundo sustentam, de serem praticados por pessoa jurídica, pois essa *política criminalizadora* de atividades empresariais, ainda que rarefeita, afasta o argumento, até então mais forte, contrário à possibilidade de a pessoa jurídica ser sujeito ativo de crime, pela singela razão de que, como estava, não praticava crime e, assim, não podia ser caluniada. Dessa forma, em tese, admitimos, por ora, a possibilidade de a pessoa jurídica figurar como sujeito passivo de crimes contra a ordem econômica e financeira, contra o meio ambiente e contra a economia popular.

4. Tipo objetivo: adequação típica

Calúnia é a *imputação falsa* a alguém de fato definido como crime. Na feliz expressão de Euclides Custódio da Silveira, honra "é o conjunto de dotes morais,

---

9. Flávio Augusto Monteiro de Barros, *Crimes contra a honra*, p. 179.
10. Cezar Roberto Bitencourt, *Tratado de Direito Penal — Parte Geral*, 25. ed., 2019, v. 1, p. 317; René Ariel Dotti, A incapacidade criminal da pessoa jurídica, *Revista Brasileira de Ciências Criminais*, 1995, v. 11, p. 201.
11. Silvina Bacigalupo, *La responsabilidad penal de las personas jurídicas*, Madrid, p. 151.
12. Luiz Regis Prado, Responsabilidade penal da pessoa jurídica, *Boletim do IBCCrim*, n. 65, abr. 1998.

intelectuais, físicos, e todas as demais qualidades determinantes do apreço que cada cidadão desfruta no meio social em que vive"[13]. A *calúnia* é, em outros termos, uma espécie de "difamação agravada" por imputar, *falsamente*, ao ofendido não apenas um fato desonroso, mas um fato definido como crime.

São previstas duas figuras típicas: a) *imputar* falsamente (*caput*): tem o sentido de atribuir, acusar; b) *propalar ou divulgar* (§ 1º): é tornar público.

4.1 Imputar, falsamente, fato definido como crime

Para que o fato imputado possa constituir *calúnia*, precisam estar presentes, simultaneamente, todos os requisitos do crime: a) *imputação de fato determinado qualificado como crime*; b) *falsidade da imputação*; c) *elemento subjetivo — "animus caluniandi"*. A ausência de qualquer desses elementos impede que se possa falar em fato definido como crime de calúnia.

a) Imputação de fato determinado qualificado como crime — A imputação deve referir-se a fato determinado, sendo insuficiente, por exemplo, afirmar que a vítima furtou. É indispensável individualizar as circunstâncias identificadoras do fato, embora não sejam necessários detalhes minuciosos que, muitas vezes, somente a própria investigação pode conseguir. Não é indispensável que se afirme categoricamente a imputação do fato, pois se pode caluniar colocando em dúvida a sua autoria, questionar a sua existência, supô-lo duvidoso ou até mesmo negar-lhe a existência (*calúnia equívoca ou implícita*); essas também são formas de caluniar alguém, ainda que simulada ou até dissimuladamente, frases requintadas de habilidades retóricas, de ironias equívocas ou antíteses afirmativas, como quando se recorre a figuras de linguagem como "é o sopro da barata", "o bater de asas com que o vampiro suaviza a mordedura"; e há negativas que, por antítese, afirmam, como nos exemplos lembrados por Hungria, quando alguém, discutindo com um fiscal, afirma: "Eu nunca andei desfalcando os cofres públicos"[14].

Há *calúnia reflexa* quando, por exemplo, imputa-se, falsamente, a alguma autoridade ter aceitado suborno (corrupção passiva). Ora, o terceiro que teria oferecido a propina também é, reflexamente, vítima de calúnia (corrupção ativa).

Como o tipo penal pune a imputação falsa de "crime", não pode ser ampliado para abranger também a imputação de *contravenção penal*. Quando a lei quis incluir a contravenção, fê-lo expressamente, como na *denunciação caluniosa*, acrescentando um parágrafo para incluir a contravenção penal (art. 339, § 2º). Assim, a imputação falsa de fato contravencional poderá constituir difamação, desde que seja desonroso, mas nunca calúnia.

b) Falsidade da imputação — Para que se configure a calúnia, é indispensável que a imputação seja falsa, isto é, não corresponda à verdade. O *fato*, além de *falso*,

---

13. Euclides Custódio da Silveira, *Direito Penal — crimes contra a honra*, São Paulo, Max Limonad, 1959, p. 91.
14. Nélson Hungria, *Comentários*, p. 67.

deve ser *definido como crime*. É necessário que qualquer pessoa, fora a vítima, tome conhecimento dessa imputação. E falsidade, como veremos, tanto pode referir-se ao fato em si como à autoria.

Afastamos completamente a hipótese, historicamente admitida pela doutrina brasileira[15], de a imputação verdadeira constituir crime, quando não se admite a *exceção da verdade*, conforme procuraremos demonstrar mais adiante.

c) *Elemento subjetivo* — "*animus caluniandi*" — É indispensável o propósito de caluniar. Todos os requisitos objetivos — descritivos e normativos — da calúnia podem estar presentes, mas, se não houver o *animus caluniandi*, não haverá crime. Esse requisito será mais bem examinado quando tratarmos do tipo subjetivo (item n. 7).

Magalhães Noronha sustentava que pode haver o crime de *calúnia* mesmo quando o imputado não é totalmente inocente, como: "(v. g., se alguém furtou e se diz que estuprou). Em tal hipótese, é claro, existe mudança *fundamental* do fato, como também ocorre se o crime foi *culposo* e a atribuição é pela forma *dolosa*. Diga-se o mesmo se esse imputa um homicídio a outrem, sabendo, entretanto, que foi cometido em legítima defesa"[16]. Convém acrescentar, todavia, que esses exemplos constituem somente o tipo objetivo, sendo indispensável a orientação subjetiva das imputações, qual seja, o propósito de caluniar. À evidência, quando se tratar de simples equívocos *técnico-jurídicos*, como empregar *roubo* por *furto*, por si só não caracterizará a calúnia.

Não há *calúnia* se o fato é produto de incontinência verbal decorrente de acirrada discussão, quando impropérios são proferidos irrefletidamente e sem avaliação do conteúdo que encerram.

Se o sujeito ativo, com sua ação, der causa a investigação policial ou processo judicial, responderá por *denunciação caluniosa* (art. 339).

4.2 *Propalação da calúnia*

Os verbos-núcleos, nesta forma de calúnia, são *propalar* ou *divulgar*, que têm sentido semelhante e consistem em levar ao conhecimento de outrem, por qualquer meio, a *calúnia* que, de alguma forma, tomou conhecimento. Embora tenham significados semelhantes, a abrangência das duas expressões é distinta: *propalar* limita-se, em tese, ao relato verbal, à comunicação oral, circunscreve-se a uma esfera menor, enquanto *divulgar* tem uma concepção mais ampla, que seria tornar público por qualquer meio, inclusive através da fala. Trata-se de crime de conteúdo variado.

Em qualquer caso, não se faz necessário que um número indeterminado de pessoas tome conhecimento da imputação; é suficiente que se comunique a outrem, mesmo em caráter confidencial. A propalação ou a divulgação são *atividades*, são condutas tipifi-

---

15. Magalhães Noronha, *Direito Penal*, p. 124.
16. Magalhães Noronha, *Direito Penal*, p. 124.

cadas e não *resultado*. Como afirmava Hungria[17], transmitida a uma só pessoa que seja, a falsa imputação torna-se acessível ao conhecimento de muitas outras, e basta isso para que se reconheça ter o agente *propalado ou divulgado* a calúnia.

Nesta modalidade, o *propalador* não cria a imputação *falsa*, que já foi obra de outro; quem a ouve a leva adiante, sabendo que a imputação é falsa. Com essa conduta, embora não tivesse criado o fato desonroso, amplia a sua potencialidade lesiva. É desnecessário que haja um grande número de pessoas a quem se propale, sendo suficiente apenas um ouvinte ou confidente que não seja o ofendido. Essa forma de conduta pode, afinal, acabar criando uma cadeia através da qual se amplia a divulgação do fato caluniador, com profunda repercussão negativa na personalidade da vítima.

A maliciosa estratégia, adotada por alguns especialistas, afirmando-se que não acredita na veracidade do fato que está propalando ou divulgando, não afasta a configuração típica, pois, mesmo na dúvida, não deixa de divulgá-lo, expondo a reputação da vítima. Embora a *consciência da falsidade*, como elemento do dolo, deva ser atual, quem, na dúvida, não se abstém assume o risco de ofender o bem jurídico protegido e, nessas circunstâncias, responde dolosamente pelo crime. Outras estratégias semelhantes, como, por exemplo, indicar a fonte da calúnia, reportar-se a indeterminações, tais como "ouvi dizer", "comentam", "falam por aí" etc., ou mesmo pedir segredo, não têm o condão de afastar o crime. Configura-se o crime mesmo quando se divulga a quem já tem conhecimento da calúnia, pois ela servirá de reforço na convicção do terceiro.

5. Elemento normativo do tipo: falsamente

A imputação, para constituir crime, tem de ser *falsa*. A falsidade da imputação pode ter duas ordens de razões: pode ocorrer a falsidade porque o fato não existiu, ou porque, embora o fato tivesse existido, a imputação da autoria não é verdadeira, ou seja, o fato existe, mas o imputado não é seu autor. Logo, a falsidade da imputação pode recair sobre o fato ou sobre a autoria do fato. Na primeira hipótese *o fato é inexistente*; na segunda, a existência ou ocorrência do fato é verdadeira, *falsa é a imputação da autoria*. Qualquer das duas falsidades satisfaz a elementar normativa exigida pelo tipo penal.

Presume-se a falsidade da imputação, até que se prove o contrário. Se o fato é verdadeiro, fica completamente afastada a ideia de crime, mesmo naquelas hipóteses em que não se admite a exceção da verdade, por faltar-lhe a elementar típica: *falsamente*.

Se o agente está convencido de que *a imputação é verdadeira*, não responde pelo crime, pois incorre em *erro de tipo*, por ignorar uma elementar do tipo — *falsamente* —, ou seja, não sabe o que faz. A certeza do agente, embora errônea, de que a imputação é verdadeira impede a configuração do dolo. Se tiver dúvida sobre a falsidade, deverá abster-se da ação de imputar o fato ao sujeito passivo, caso contrário responderá pelo crime, por dolo eventual, na modalidade do *caput*.

---

17. Nélson Hungria, *Comentários*, p. 74.

6. Calúnia contra os mortos

Apesar do entendimento unânime de que os mortos não são sujeitos passivos do crime de calúnia, pois a ofensa a sua memória atinge os interesses que seus parentes têm em cultuá-la, o legislador brasileiro preocupou-se em garantir-lhes o respeito, criminalizando a conduta de quem lhes imputar, *falsamente*, a prática de crime. Não se pretendeu atribuir-lhes a capacidade passiva, mas apenas preservar-lhes a dignidade e a reputação que interessa a seus parentes.

Aníbal Bruno destacava a possibilidade de haver interesse superior que, se ocorresse, afastaria o crime de calúnia contra os mortos. Assim, segundo Aníbal Bruno, "há o aspecto particular das narrativas da História, onde homens que participaram da vida pública do país têm os seus atos expostos e comentados, sem que o que aí se diga de desfavorável venha constituir afronta à sua memória. Então — prosseguia Aníbal Bruno — há o interesse superior, de ordem pública, da verdade histórica, pela exata determinação e relato dos acontecimentos, que se contrapõe ao interesse privado e o supera, excluindo a antijuridicidade do comportamento do autor"[18].

7. Tipo subjetivo: adequação típica

O elemento subjetivo geral do crime de calúnia é o dolo de dano, que é constituído pela vontade consciente de caluniar a vítima, imputando-lhe a prática de fato definido como crime, de que o sabe inocente. É indispensável que o sujeito ativo — tanto o caluniador quanto o propalador — tenha consciência de que a imputação é falsa, isto é, que o imputado é inocente da acusação que lhe faz. Na figura do *caput*, o dolo pode ser direto ou eventual; na do § 1º, somente o direto.

O *elemento subjetivo* que compõe a estrutura do tipo penal assume transcendental importância na definição da conduta típica. É através da identificação do *animus agendi* que se consegue visualizar e qualificar a atividade comportamental de alguém; somente conhecendo e identificando a intenção — *vontade* e *consciência* — do agente poder-se-á classificar um comportamento como típico, correspondente a este ou aquele dispositivo legal, particularmente quando a figura típica exigir também o *especial fim* de agir, como ocorre nos crimes contra a honra.

Não há *animus caluniandi* na conduta de quem se limita a analisar e argumentar dados, fatos, elementos, circunstâncias, sempre de forma impessoal, sem personalizar a interpretação. Na verdade, postura comportamental como essa caracteriza tão somente o *animus defendendi*, onde não há a visível intenção de ofender ou, igualmente, o *animus narrandi*, quando se tratar de *funcionário público*, no exercício de sua função, quando, por exemplo, tem o *dever legal* e a *atribuição funcional* de apurar toda e qualquer denúncia de irregularidade ocorrida na sua seara de administração. Por essa razão, não comete crime de *calúnia* funcionário público que tem o *dever de prestar informações*, na hipótese de mandado de segurança (art. 7º, I, da

---

18. Aníbal Bruno, *Crimes contra a pessoa*, p. 295.

Lei n. 12.016/2009), sendo o conteúdo de tais informações limitado pela extensão dos fatos, dos quais tem conhecimento, relacionados com o objeto do *mandamus*, desde que, é lógico, ressalte da exposição dos fatos tão somente o *animus narrandi*, sem a visível intenção de ofender. Não se vislumbra o intuito doloso de caluniar na conduta que se limita a prestar informações à autoridade judiciária ou ao Ministério Público, sem ultrapassar os limites do *animus narrandi*.

Além do dolo, é indispensável o *animus caluniandi*, elemento subjetivo especial do tipo, que parte da doutrina entende desnecessário. A *calúnia* exige, afinal, o *especial fim* de caluniar, a intenção de ofender, a vontade de desonrar, ou seja, o desejo de atingir a honra do ofendido, que, se não existir, não tipificará o crime. Inegavelmente, os crimes contra a honra não se configuram sem o propósito de ofender, que é o elemento subjetivo especial do injusto. Assim, é insuficiente que as palavras proferidas sejam idôneas para ofender; faz-se necessário que sejam proferidas com esse *fim*, especialmente em determinados meios sociais, onde é comum a utilização de palavras de baixo nível, até mesmo para elogiar alguém. Nesses casos falta o propósito de ofender, não se configurando crime contra a honra. Evidentemente, cabe a quem imputou demonstrar que não agiu com o objetivo de macular a honra do ofendido. Há, na hipótese, certa inversão do ônus da prova.

Na verdade, uma variedade de *animus* pode excluir, de alguma forma, a "responsabilidade penal" do agente: *animus jocandi* (intenção jocosa, caçoar); *animus consulendi* (intenção de aconselhar, advertir), desde que tenha dever jurídico ou moral de fazê-lo; *animus corrigendi* (intenção de corrigir), desde que haja a relação de autoridade, guarda ou dependência, exercida em limites toleráveis; *animus defendendi* (intenção de defender), que, inclusive, em relação à injúria e difamação, é excluído expressamente pelo art. 142, I, do CP; *animus narrandi*, quando o agente limita-se a relatar ou narrar o que sabe e deve fazer. Enfim, qualquer *animii* que, de alguma forma, afaste o *animus offendendi* exclui o elemento subjetivo. Na verdade, todas essas hipóteses relacionam-se melhor à injúria e à difamação, uma vez que no crime de calúnia a exigência do elemento cognitivo do dolo, qual seja, a consciência de que a imputação é falsa, afasta a própria tipicidade: não há crime de calúnia sem o *conhecimento da inocência* do imputado.

8. Semelhanças e dessemelhanças entre calúnia, difamação e injúria

Dos três crimes contra a honra, a *calúnia* e a *difamação* são os que mais se aproximam quanto a seus conteúdos materiais: em ambas há a imputação de fatos.

Por essa razão as duas primeiras admitem, em tese, retratação e exceção da verdade, e a injúria não, pois nesta, em que não há a imputação de fato, não há do que se retratar ou o que se provar, salvo a exceção que era prevista na Lei de Imprensa (atualmente declarada não recepcionada pela Constituição da República após julgamento da ADPF 130 pelo STF), que admitia a retratação nas três espécies de crimes contra a honra (art. 26).

As semelhanças essenciais entre calúnia e difamação são: ambas lesam a honra objetiva do sujeito passivo; referem-se a fatos e não a "qualidades" negativas ou conceitos depreciativos e necessitam chegar ao conhecimento de terceiro para consumar-se.

Semelhanças entre calúnia e injúria são praticamente inexistentes, salvo a previsão procedimental, que, em regra, é a mesma para ambas, quando for da competência de juiz singular e não houver previsão em lei especial (arts. 519 e s. do CPP). A única semelhança que se pode apontar entre a *difamação* e a *injúria* reside na não exigência do elemento normativo — falsidade —, que é uma exigência quase que exclusiva da calúnia, ou seja, naqueles dois crimes é irrelevante que a conduta desonrosa do agente ativo seja falsa ou verdadeira. Assim, em nossa concepção, imputar a autoria real da prática de fato definido como crime não constitui calúnia, pela falta do elemento normativo, falsidade, mesmo naquelas circunstâncias em que não seja, processualmente, permitida a utilização do procedimento especial da *exceção da verdade*, conforme demonstramos em tópico específico. Convém, contudo, não esquecer que a própria difamação, quando proferida contra funcionário público e em razão de suas funções, admite a exceção da verdade, distanciando-se, nesse particular, da natureza do crime de injúria.

A diferença existente entre *calúnia* e *difamação* reside, fundamentalmente, na natureza do fato imputado: na calúnia a imputação é da autoria de *fato definido como crime*, enquanto na difamação a imputação é de *fato ofensivo à reputação* do ofendido, depreciativo do seu apreço social, mas não é fato criminoso (fato criminoso = calúnia; fato ofensivo = difamação). Mas a maior diferença entre ambas consiste no elemento normativo, *falsidade*, que para a *calúnia* é indispensável; para a *difamação* é, de regra, irrelevante (salvo quando se tratar de funcionário público, nos termos do art. 139, parágrafo único). Em síntese, a calúnia exige que o fato imputado seja definido como crime e não prescinde da falsidade da imputação; são duas circunstâncias não contidas na definição da difamação.

A grande diferença entre *difamação* e *injúria* consiste, substancialmente, em que na difamação há imputação de fato ofensivo à reputação da vítima, enquanto na injúria a conduta do agente limita-se à emissão de conceitos depreciativos, sem imputar-lhe, objetivamente, a autoria de qualquer fato. E, nessa mesma linha, a diferença de injúria e calúnia consiste em que, nesta, há imputação da prática de fato criminoso (falsamente), enquanto naquela o agente emite juízos depreciativos do sujeito passivo, sendo irrelevante que seja falsa ou verdadeira a atribuição de qualidade negativa ou a exclusão de qualidade positiva. E a injúria, ao contrário da calúnia e da difamação, para consumar-se, não precisa chegar ao conhecimento de terceiro, basta que a própria vítima tome conhecimento.

Por fim, a identificação das três figuras típicas reside na espécie do bem jurídico protegido, *honra* (objetiva na calúnia e na difamação e subjetiva na injúria), e na natureza da ação penal; nestes crimes, a regra geral é invertida, pois são de exclusiva iniciativa privada.

9. Consumação e tentativa

Consuma-se o crime de calúnia, a exemplo do que ocorre com o crime de difamação, quando o conhecimento da imputação falsa chega a uma terceira pessoa, ou seja, quando se cria a condição necessária para lesar a reputação da vítima. Ao contrário da injúria, esses crimes não se consumam quando somente o ofendido toma conhecimento da imputação ilícita, pois não é o aspecto interno da honra que é lesado pelo crime. Nesse sentido, deve haver publicidade, caso contrário não existirá ofensa à "honra objetiva", à reputação do indivíduo.

Como regra, o crime de calúnia não admite a tentativa, embora, em tese, ela seja possível, dependendo do *meio* utilizado, através de *escrito*, por exemplo, quando já não se tratará de crime unissubsistente, existindo um *iter criminis* que pode ser fracionado. Através de *telegrama* e *fonograma*, apesar de serem meios escritos, a tentativa será impossível, pois os funcionários inevitavelmente tomarão conhecimento do conteúdo, embora sejam obrigados a manter sigilo.

Se, porém, o meio utilizado for a *fala*, entre a emissão da voz e a percepção pelo interlocutor, não há espaço para fracionamento, isto é, para interromper o *iter criminis*. Uma vez proferida a ofensa, ouvida por terceiro, consuma-se o crime; se não é ouvida, não há crime, pois não passou de monólogo, como se o sujeito ativo "falasse de si para si".

10. Classificação doutrinária

A calúnia é *crime formal*, pois, embora descreva ação e resultado, não exige sua ocorrência para consumar-se, isto é, consuma-se independentemente de o sujeito ativo conseguir obter o resultado pretendido, que é o dano à reputação do ofendido; *crime comum*, podendo ser praticado por qualquer pessoa, não sendo exigida nenhuma condição ou qualidade especial do sujeito ativo; *instantâneo*, consuma-se no momento em que a ofensa é proferida ou divulgada; *de conteúdo variado*, pois, mesmo que o agente impute falsamente a prática de crime e a seguir a divulgue, não pratica dois crimes, mas apenas um; *comissivo*, não podendo, em nenhuma de suas formas (imputar ou propalar), ser praticado através de conduta omissiva; *doloso*, não havendo previsão de modalidade culposa. Pode ser, finalmente, *unissubsistente* (via oral) e *plurissubsistente* (por escrito).

11. Exceção da verdade

Exceção da verdade significa a possibilidade que tem o *sujeito ativo* de poder provar a *veracidade* do fato imputado (art. 138, § 3º, do CP) através de *procedimento especial* (art. 523 do CPP). Calúnia é, por definição, a *imputação falsa*, ou seja, é da essência da calúnia a *falsidade* da acusação, quer em relação à existência do fato, quer em relação à autoria do fato.

Provada pelo agente que a imputação que faz é verdadeira, não se há que falar em *calúnia*. Contudo, convém ter presente que a *exceptio veritatis* não exclui nem a *tipicidade* nem a ilicitude ou antijuridicidade. E não as exclui por uma razão muito simples: porque elas nunca existiram e somente pode ser excluído algo que exista, isto é, algo que, ainda que efemeramente, tenha tido existência real. Com efeito, a imputação de fato verdadeiro não é típica; falta-lhe a elementar "falsamente". Em não sendo típica, não há razão nenhuma para prosseguir em sua análise em busca de possível antijuridicidade, pois, como dissemos alhures, trata-se de categorias sequenciais, devendo-se primeiramente analisar a tipicidade; constatada esta, passa-se ao exame da antijuridicidade; não sendo encontrada qualquer excludente, segue-se na consideração da culpabilidade etc.

Na *difamação*, em regra, não é admissível a exceção da verdade: somente quando o fato ofensivo for imputado a funcionário público e relacionar-se ao exercício de suas funções. *Difamação* cometida pela imprensa, porém, tem ampliada a possibilidade de *exceção da verdade* (art. 21, § 1º). Na *injúria*, como não há imputação de fato, mas a opinião que o agente emite sobre o ofendido, a exceção da verdade nunca é permitida.

Fala-se em dois *sistemas* relativamente à admissão da *exceptio veritatis*: um, *ilimitado*, que acolhe exceção da verdade, indiscriminadamente, para os crimes de calúnia e de difamação, e outro, *misto*, que estabelece expressamente os casos de concessão ou proibição desse instituto. O Código Penal brasileiro adotou o *sistema misto*, com critérios próprios: incrimina separadamente *calúnia* e *difamação* e admite a *exceção da verdade*, como *regra geral*, para a primeira, e, como *exceção*, para a segunda.

A *calúnia* admite exceção da verdade, salvo em três hipóteses: *nos crimes de ação privada, quando o ofendido não foi condenado por sentença irrecorrível* (§ 3º, I); *nos fatos imputados contra o presidente da República, ou contra chefe de governo estrangeiro* (§ 3º, II); *se o ofendido foi absolvido do crime imputado por sentença irrecorrível* (§ 3º, III).

a) Nos crimes de ação privada, quando o ofendido não foi condenado por sentença irrecorrível — Esta exceção vem a adequar-se à orientação político-criminal que atribui a ação penal, nesses crimes, à exclusiva iniciativa privada. Seria paradoxal que, deixando ao exclusivo arbítrio do ofendido a decisão de enfrentar o *strepitus judicii*, propondo ou não a ação penal, fosse permitido que terceiro, alheio à vontade daquele, viesse a juízo proclamar publicamente a existência do fato e ainda autorizá-lo a provar judicialmente.

Essa *exceção* somente desaparecerá se o *imputado* (sujeito passivo da imputação) sofrer por tal fato condenação irrecorrível. Não se configura, a nosso juízo, cerceamento de defesa, por duas ordens de razões: primeira, porque o ordenamento jurídico veda, previamente, o recurso da *demonstratio veri* (ao menos em procedimento próprio); assim, quem ignora essa proibição e não se abstém da imputação assume o ônus da ressalva legal; a segunda razão pela qual não se caracteriza o cerceamento de defesa é que, como sustentamos mais adiante, o agente apenas não dispõe desse "recurso" procedimental para demonstrar a veracidade da imputação, mas pode demonstrar, no exercício pleno de sua defesa, nos autos da ação penal a que responde, que a sua conduta é atípica, por faltar-lhe a elementar normativa, como sustentamos, a despeito da negativa da doutrina clássica.

b) Nos fatos imputados contra o presidente da República, ou contra chefe de governo estrangeiro — Aqui, com essa ressalva, pretende-se somente proteger o cargo e a função do mais alto mandatário da Nação e dos chefes de governos estrangeiros. A importância e a dignidade da função de chefe da Nação assegura-lhe uma espécie *sui generis* de "imunidade", garantindo que somente poderá ser acusado de ações criminosas pelas autoridades que tenham atribuições para tanto e perante a autoridade competente.

Estende-se o mesmo tratamento ao chefe de governo estrangeiro, abrangendo não apenas o chefe de Estado, mas também o chefe de governo (primeiro-ministro, presidente de conselho, presidente de governo etc.). A imputação da prática de fato criminoso, mesmo verdadeiro, vilipendiaria a autoridade que desempenha e exporia ao ridículo o presidente da República, além de levá-lo a um vexame incompatível com a grandeza de seu cargo. Na verdade, o chefe de Estado ou o chefe de governo de um país, de certa forma, personifica o Estado que representa, e as boas relações internacionais não admitem que qualquer cidadão de um país possa impunemente atacar a honra de um chefe de governo estrangeiro, mesmo que os fatos sejam verdadeiros, coisa que deve ser resolvida nos altos escalões diplomáticos; em caso contrário, pode sobrevir até mesmo o rompimento de relações diplomáticas.

c) Se o ofendido foi absolvido do crime imputado por sentença irrecorrível — Esta hipótese representa somente o reconhecimento da *autoridade* da coisa julgada. A *sentença penal absolutória* transitada em julgado em nenhuma hipótese pode ser revista, ao contrário de outras sentenças, que podem ser objeto de revisão criminal ou de ação rescisória e quiçá de ação anulatória. Esse caráter *político-jurídico* absoluto que impede a revisão de sentença penal absolutória, ainda que surjam novas e contundentes provas da culpa do absolvido, não pode admitir que qualquer do povo ou qualquer autoridade pública ou privada possa fazer prova contra a *res judicata*. Enfim, se a Justiça decidiu, irrecorrivelmente, pela improcedência da acusação, não pode quem quer que seja pretender demonstrar a veracidade do fato. É irrelevante, nessa hipótese, que se trate de crime de ação pública ou privada.

11.1 *Exceção da verdade e foro privilegiado: competência*

Questão importantíssima refere-se à competência para processar e julgar a *exceção da verdade*, quando o *excepto*, por qualquer razão, tiver foro privilegiado. Segundo o art. 85 do CPP, nesses casos, sendo interposta e aceita a exceção da verdade, o mesmo Tribunal será o competente para o julgamento da exceção.

Não se ignora o entendimento de uma corrente, sufragada pelo STF, segundo a qual ao juízo do processo de conhecimento original compete produzir a instrução também da exceção da verdade, *competindo ao Tribunal somente o julgamento da exceção*. Contudo, o entendimento contrário nos parece mais relevante e atende melhor às garantias fundamentais do *excepto*, uma vez que, nessas circunstâncias, também se encontra *sub judice*.

O festejado Tourinho Filho, comentando o entendimento do Supremo Tribunal Federal, com o qual não concorda, sustenta: "A Suprema Corte, contudo, entende competir ao Tribunal apenas o *julgamento* da exceção, mesmo porque o art. 85 fala tão só em julgamento. Evidente que a palavra 'julgamento', aí, compreende também o processo. Ademais, não faz sentido deva o órgão inferior proceder à instrução e, finda esta, remeter os autos ao órgão superior para o julgamento exclusivo da exceção. Se a exceção da verdade fosse processada em autos apartados, poder-se-ia pensar que o julgamento a que se refere o art. 85 do CPP se referisse unicamente a ela. Mas não é assim. Oposta e admitida a exceção da verdade, observada a regra do art. 523, passa o Juiz à fase instrutória, e, nesta, vai colher, conglutinadamente, a prova do fato imputado ao réu, na queixa ou denúncia, e a prova atinente à pretensa veracidade do fato que foi atribuído ao ofendido pelo réu. Da mesma forma que os arts. 29, VIII, e 96, III, da CF, autorizam o Tribunal de Justiça apenas a julgar as pessoas ali indicadas, ninguém ousará dizer que, nesses casos, o *processo* competirá a outro órgão. *Mutatis mutandis*, é o que se dá com o art. 85. O julgamento ali referido não é apenas da exceção, mas do fato principal. Compreende também o processo"[19].

Comentando, pois, esse entendimento majoritário da Suprema Corte, Tourinho Filho até o admitiria, em se tratando dos Tribunais Federais, ante a inexistência de regra, explícita ou implícita, sobre a *competência* desses Tribunais para julgar pessoas não mencionadas na Constituição. No entanto — sustenta —, esse entendimento não se justifica em relação aos Tribunais de Justiça. Nesses termos, afirma Tourinho Filho: "Não assim quando a vítima for uma das pessoas que têm o Tribunal de Justiça como seu Juiz natural. Nesse caso, oposta a exceção da verdade, deve o juiz remeter os autos ao Tribunal de Justiça, que, a partir daí, torna-se o órgão competente para o processo e julgamento, a menos que inadmita a exceção, quando, então, os autos voltam à Comarca de origem, por onde prosseguirão até julgamento final"[20].

Concluindo, o entendimento da Suprema Corte, com a devida *venia*, é insustentável, ante a impossibilidade lógica e jurídica de cindir o julgamento da ação e o da exceção, como se fossem autônomas e a prova de uma não incidisse na outra.

12. Calúnia e imputação verdadeira de fato definido como crime: ausência da elementar "falsamente"

Questão que, a nosso juízo, exige uma ampla revisão conceitual refere-se à (im)possibilidade de configurar-se o crime de calúnia quando for verdadeira a imputação da prática de fato definido como crime. Segundo orientação maciça da

---

19. Fernando da Costa Tourinho Filho, *Código de Processo Penal comentado*, São Paulo, Saraiva, 1996, p. 200.
20. Fernando da Costa Tourinho Filho, *Código de Processo Penal comentado*, cit., p. 201.

doutrina brasileira, não sendo admitida a *exceção da verdade*, no caso previsto no inciso II do § 3º do art. 138 do CP, a *falsidade* da imputação é *presumida*; nesses casos, *mesmo sendo verdadeira* a imputação, segundo sustenta, configura-se o crime de calúnia. Ignora que o Direito Penal da culpabilidade é incompatível com *presunções irracionais* e iníquas, que apenas procuram mascarar uma *responsabilidade penal objetiva*, proscrita do Direito Penal moderno.

Pela importância do tema e relevância do equívoco historicamente sustentado pelos mais respeitáveis penalistas brasileiros, justifica-se uma rápida transcrição das principais afirmações, a começar pelo saudoso Nélson Hungria, *in verbis*: "Em face do art. 138, a falsidade da imputação é *elemento constitutivo* da calúnia: se verdadeiro o seu conteúdo é objetivamente lícita ou juridicamente indiferente. Note-se, para logo, entretanto, que nem sempre assim acontece, isto é, nem sempre a calúnia é condicionada à inverdade da imputação: nos casos excepcionais, em que é vedada a *exceptio veritatis*, tem-se de reconhecer que a calúnia é a simples *imputação de fato definido como crime*, pouco importando se falsa ou verdadeira"[21]; Magalhães Noronha: "Todavia hipóteses há em que a calúnia dispensa a falsidade, o que sucede quando não se admite a prova da verdade, como ocorre com os casos do § 3º, do art. 138. Força é convir, então, que a imputação verdadeira constituirá o crime"[22]; Mirabete: "Admite a lei a prova da verdade a respeito do fato imputado (art. 138, § 3º). Sendo verdadeiro o fato atribuído, não há que se falar em calúnia. Pode, assim, o acusado isentar-se de responsabilidade através da arguição de exceção da verdade, demonstrando que o fato imputado por ele ao sujeito passivo é verdadeiro. Persiste o crime, entretanto, ainda que verdadeiros os fatos imputados, se não for possível opor-se a exceção da verdade, nos termos do artigo 138, § 3º"[23]; Damásio de Jesus: "Há hipótese em que, não obstante verdadeira a imputação, existe o crime de calúnia? Sim, nos casos do art. 138, § 3º, do CP, que estudaremos oportunamente"[24].

Para melhor compreendermos o sentido e a consequência da proibição da *exceção da verdade* quando se imputar fato definido como crime ao presidente da República ou a chefe de governo estrangeiro, deve-se, inicialmente, destacar dois aspectos:

a) Quando o ordenamento jurídico-penal brasileiro proíbe o uso da chamada "exceção da verdade", ou, em outros termos, "a prova da verdade" do fato imputado, está apenas *protegendo* a autoridade do presidente da República e do chefe de governo estrangeiro, evitando que se os exponha ao ridículo que, naturalmente, o *strepitus fori* produz. A *exceção da verdade* representa uma demanda judicial contra o *excepto*, colocando-o na condição de réu desse procedimento, implicando, inclusive, no caso, alteração do *juízo competente*.

---

21. Nélson Hungria, *Comentários ao Código Penal*, Rio de Janeiro, Forense, 1980, v. 6, p. 64.
22. Magalhães Noronha, *Direito Penal*, p. 124.
23. Mirabete, *Manual de Direito Penal*, p. 138.
24. Damásio de Jesus, *Direito Penal*, p. 210.

b) O fato de proibir que se faça *a prova da verdade* de fato imputado ao presidente da República, tido como criminoso, não cria, *ipso facto*, uma nova figura típica do crime de calúnia, tampouco elimina uma elementar normativa do crime definido no art. 138 do Código Penal: *calúnia é, por definição, uma imputação falsa*.

Colocadas essas duas premissas, deve-se fazer uma pequena análise sobre a tipicidade, particularmente a elementar "falsamente", como característica fundamental do crime de calúnia.

A *calúnia*, que é a imputação *falsa* de fato definido como crime, somente se configura se estiver presente o elemento normativo "falsamente", isto é, a *falsidade* da imputação é elementar do tipo. Isso quer dizer que a *imputação* da autoria de um fato, verdadeiro, definido como crime, constitui *conduta atípica*. E ninguém pode responder por um crime — *calúnia* — se a conduta que pratica — *imputação de fato verdadeiro* — não se adequar a uma descrição típica — *imputar falsamente* —, ou seja, se o seu comportamento não constitui crime.

Assim, a inadmissibilidade da *exceção da verdade* deve ser examinada sob dois ângulos: de um lado, sob o *aspecto formal*, puramente instrumental, qual seja, a impossibilidade de o autor da imputação "fazer a prova da verdade", ou seja, de comprovar que a sua afirmação é verdadeira, e não *falsa*; ou seja, essa vedação impede que o sujeito ativo demonstre em juízo, através de procedimento especial, a *autenticidade* da sua afirmação; de outro lado, sob o *aspecto material*, não se pode perder de vista que a conduta do *imputante*, para constituir crime de calúnia, tem de se adequar ao prescrito no art. 138 do CP, independentemente dos *meios de prova* ou *de defesa* que lhe sejam legal e moralmente permitidos. Em síntese: a *exceção da verdade* é apenas um *meio de prova* ou uma *forma procedimental* para produzir prova, cuja supressão não tem o condão de alterar a tipicidade do crime de calúnia.

Na verdade, a proibição da utilização do instituto da "exceção da verdade" representa, por razões de política-criminal, somente uma limitação aos meios de prova permitidos nos crimes de calúnia e de difamação, quando o sujeito passivo for o presidente da República ou chefe de governo estrangeiro, permanecendo a necessidade de o Ministério Público demonstrar, no processo criminal próprio, que o sujeito ativo praticou um fato "típico", antijurídico e culpável, isto é, que imputou, *falsamente*, um fato definido como crime: a elementar "falsamente" continua a integrar a descrição típica; apenas o sujeito ativo não dispõe do *procedimento especial* — exceção da verdade — para demonstrar que sua acusação não é falsa; deverá fazê-lo na ação penal, isto é, no processo de conhecimento, normalmente. Isso evita que os "primeiros mandatários" figurem como réus em um processo criminal especial.

Em outros termos, durante a instrução criminal o acusado tem todo o direito de comprovar que a sua conduta de imputar ao presidente da República ou chefe de governo estrangeiro a autoria de um fato definido como crime é *atípica*, isto é, não constitui crime, por não concorrer um dos elementos do tipo, qual seja, a "falsidade da imputação". Como condená-lo, somente porque não lhe é permitido fazer uso de determinado meio de prova — *exceção da verdade* —, quando todos os demais meios *moralmente legítimos e não vedados em lei* podem demonstrar a *atipicidade* do fato que lhe é imputado? O direito de *ampla defesa* não lhe assegura o direito de comprovar, nos autos da ação criminal a que responde, que o fato que imputou ao presidente é verdadeiro? Ora, se a *imputação* não é *falsa*, não é *calúnia*, e se não é calúnia, seu autor não infringiu a proibição contida no tipo penal. Aliás, o próprio Nélson Hungria afirmava que, "segundo a própria definição legal, é da essência da calúnia a *falsidade* da imputação (ou porque não seja verdadeiro o fato imputado, ou porque seja mentirosa a imputação de autoria de fato verdadeiro)"[25]. Por isso, é paradoxal, incoerente e contraditório o entendimento anteriormente citado de Hungria, ao admitir *calúnia de fato verdadeiro*. Só pode ser produto de irreflexão!

Enfim, admitir como *caluniosa* a imputação, a quem quer que seja, da autoria de *fato verdadeiro* definido como crime afronta a *razoabilidade*, ignora o *princípio da reserva legal*, cria uma figura esdrúxula de "calúnia de fato verdadeiro"; a *proibição legal* (o crime), segundo esse raciocínio, insere-se não na conduta praticada — caluniar —, mas na espécie do destinatário da imputação, isto é, do sujeito passivo: presidente da República ou chefe de governo estrangeiro. Assim, o "crime" estaria não na *ação*, "caluniar imputando falsamente", mas na ousadia de indicar quem foi, verdadeiramente, o autor do crime, configurando a mais absurda *heresia jurídico-penal*! "Crime" não seria mais a *ação típica, antijurídica e culpável*, mas *ousar apontar o verdadeiro autor de um crime, se este for o presidente da República*. Com o devido respeito, isso é autêntica *responsabilidade penal objetiva* e, o que é pior, por *fato não definido como crime*.

A lei não diz, em lugar algum, que é *calúnia* imputar ao presidente da República fato verdadeiro definido como crime. Diz, apenas, que quem o fizer não poderá dispor do instituto da exceção da verdade. Só isso! Terá de defender-se normalmente, como nos crimes comuns. Aliás, a *falsidade* da imputação e seu corolário natural da *exceptio veritatis* são conceitos que remontam à Antiguidade, pois Grécia e Roma já os valorizavam adequadamente.

Por fim, conclui-se, não se pode falar em crime sem a presença do *elemento subjetivo*, que, segundo a teoria dominante, integra a própria ação humana, que é a pedra angular do tipo penal. E quem imputa fato verdadeiro a alguém não age com o propósito de caluniar. Logo, não há *justa causa* para a ação penal pelo crime de calúnia se não for identificável ou se não houver o *animus caluniandi*, visto ser verdadeira a imputação.

13. Calúnia e denunciação caluniosa: distinção

Convém, neste particular, olvidar o vetusto Código Penal italiano (1930), que não distingue *calúnia* e *difamação*, considerando-as sob a denominação única de "difamação", e tipifica, como *calúnia*, a conduta que, para nosso Código Penal, é "denunciação caluniosa" (art. 339).

---

25. Nélson Hungria, *Comentários*, p. 77.

Para a ocorrência do crime de *denunciação caluniosa* (art. 339) não basta a *imputação falsa de crime*, mas é indispensável que em decorrência de tal *imputação* seja instaurada *investigação policial* ou *processo judicial*. A simples *imputação falsa* de fato definido como crime pode constituir *calúnia*, que, como acabamos de examinar, constitui infração penal contra a honra, enquanto a *denunciação caluniosa* é crime contra a *Administração da Justiça*.

A *sindicância* ou mero *expediente administrativo* (mesmo processo administrativo) não se equiparam ao elemento objetivo do tipo "investigação policial" ou "processo judicial".

Muitas vezes, a imputação da autoria de crime, quer por particular, quer por autoridade pública, mesmo dando causa à instauração de investigação policial ou de processo judicial, pode não tipificar o crime de denunciação caluniosa. Ou seja, pode caracterizar o *tipo objetivo*, importante, necessário, mas insuficiente para configurar o crime, que exige também o elemento subjetivo, que compõe o tipo subjetivo. A denunciação caluniosa, em especial, é um tipo peculiar, cujo elemento subjetivo está representado pela expressão "de que o sabe inocente". Exige, em outras palavras, a consciência da inocência do imputado, quer por não ter sido o autor do crime, quer porque o crime não existiu. E o único dolo possível é o direto — que não se confunde com o elemento subjetivo especial que acabamos de referir, mas é representado pela vontade de dar causa à instauração de investigação policial ou de processo judicial contra alguém através de denunciação falsa.

Na verdade, é um erro crasso qualificar como crime contra a honra o lançamento de expressões, reputadas caluniosas, contidas em *notitia criminis* postuladora de instauração de inquérito policial ou similar. É ingenuidade afirmar que, ao noticiar fato criminoso, a vítima comete crime contra a honra, se não extravasar os limites da narrativa legalmente autorizada (art. 5º, § 1º, *a*, do CPP). Se houver *imputação falsa*, o crime poderá ser, em tese, o de *denunciação caluniosa*, que é de ação penal pública, não o de calúnia, de ação penal, de regra, privada[26].

14. Crime de calúnia e exercício da advocacia: incompatibilidade

O *advogado*, no exercício de seu mister profissional, por exemplo, é obrigado a analisar todos os ângulos da questão em litígio e lhe é, ao mesmo tempo, facultado *emitir juízos de valor*, nos limites da demanda, que podem encerrar, não raro, conclusões imputativas a alguém, sem que isso constitua, por si só, crime de calúnia. Faz parte da sua atividade profissional, integra o exercício pleno da ampla defesa esgrimir, negar, defender, argumentar, apresentar fatos e provas, excepcionar, e, na

---

26. Nesse sentido já se manifestou o STJ, no julgamento do AgRg no HC 622.955/SC, rel. Min. Ribeiro Dantas, Quinta Turma, julgado em 1-6-2021, *DJe* de 7-6-2021.

sua ação, falta-lhe o *animus caluniandi*, pois o objetivo é *defender* os direitos de seu constituinte, e não acusar quem quer que seja.

Muitas vezes, com efeito, é indispensável a quem postula em juízo ampla liberdade de expressão para bem desempenhar seu mandato; nesses casos, no exercício regular e pleno de sua atividade profissional, eventuais *excessos de linguagem* que, porventura, cometa o advogado, na paixão do debate, não constituem crime de *calúnia* e devem ser relevados, pois são, quase sempre, recursos de defesa, cuja dificuldade da causa justifica ou, pelo menos, elide.

No entanto, a despeito da *reserva legal* e da *ampla defesa*, conquistas dos iluministas, da *tipicidade* criada por Belling e do Estatuto da Ordem dos Advogados do Brasil, o repertório jurisprudencial brasileiro é repleto de condenações ou, pelo menos, de admissão da instauração da ação penal por fatos dessa natureza. De regra, essas ações penais têm no polo passivo membros do Ministério Público ou do próprio Judiciário, aflorando um odioso sentimento *corporativista* arbitrário. Na maioria desses casos, não só a *liberdade de expressão* mas também, e principalmente, o *exercício profissional* sofrem profundo e revoltante *golpe de censura*, com o objetivo único e exclusivo de intimidar. Contudo, a preocupação do nosso ordenamento jurídico em assegurar o *livre exercício profissional* é tamanha que chegou a erigir em *crime de abuso de autoridade* qualquer atentado "aos direitos e garantias legais asseguradas ao exercício profissional" (art. 3º, letra *j*, da Lei n. 4.898/65).

No entendimento dessa orientação jurisprudencial, os causídicos, operários do Direito, na defesa dos sagrados interesses de seus constituintes, devem limitar-se a afagos e encômios às instituições operadoras do Direito e, no máximo, a uma sucinta e objetiva análise dos fatos, jamais ousando analisar decisões, posturas ou entendimentos de tais instituições, sob pena de ferir suscetibilidades de extrema sensibilidade.

Fatos semelhantes, ao contrário, devem ser objeto da concessão de *habeas corpus* para trancamento da ação penal. No entanto, não raro os tribunais têm negligenciado, nesses casos, amparados em dois *falaciosos* argumentos tradicionais: o *"habeas corpus" não é sede para exame de prova* e/ou *a denúncia descreve crime em tese!*

Concluindo, a regra geral é que o advogado, no exercício da sua atividade profissional, não comete crime de calúnia quando, na análise ou defesa de seu constituinte, imputa fato definido como crime a alguém, por faltar-lhe o elemento subjetivo, qual seja, o propósito de ofender.

A referida Lei n. 4.898/65 (abuso de autoridade) foi revogada pela Lei n. 13.869, de 5 de setembro de 2019, a vigorar 120 dias após a sua publicação (*vacatio legis*).

15. Pena e ação penal

A sanção penal é *cumulativa*, de seis meses a dois anos de detenção e multa, para a modalidade simples (*caput*). Há previsão de duas espécies distintas de *majorantes*: a) em um terço (art. 141, I, II, III e IV); ou b) duplicada (art. 145, parágrafo único).

A ação penal, como regra geral (aqui há inversão da regra geral), é de *exclusiva iniciativa privada*, salvo quando, no caso do art. 140, § 2º, da violência resulta lesão corporal (art. 145). Será, porém, *pública condicionada* quando: a) praticada contra presidente da República ou contra chefe de governo estrangeiro (a requisição do ministro da Justiça); b) contra funcionário público, em razão de suas funções, bem como na hipótese do § 3º do art. 140 (a representação do ofendido) (art. 145, parágrafo único).

Aliás, para sermos mais didáticos, a ação penal nos crimes contra a honra — *calúnia, difamação e injúria* —, como regra geral, é *de exclusiva iniciativa privada* (art. 145, *caput*), ao contrário da concepção geral do Código Penal, segundo a qual a ação penal é pública incondicionada, ressalvadas as exceções. Será, contudo, *pública condicionada* (art. 145, parágrafo único) quando: a) praticada contra presidente da República ou contra chefe de governo estrangeiro (com requisição do ministro da Justiça); b) contra funcionário público, em razão de suas funções (com representação do ofendido); c) tratar-se de *injúria preconceituosa* (§ 3º), segundo a nova redação do parágrafo único do art. 145 (Lei n. 12.033/2009). E, finalmente, a ação penal será *pública incondicionada* (arts. 140, § 2º, e 145, *caput*, 2ª parte) quando, na *injúria real*, da violência resultar *lesão corporal*.

Essa é uma peculiaridade exclusiva da *injúria*, que os outros crimes contra a honra — calúnia e difamação — não têm. No entanto, na nossa concepção, a ação penal será *pública incondicionada* somente em relação às lesões corporais, pois, em relação ao crime de *injúria*, a ação penal continua de exclusiva iniciativa privada. Ademais, com o advento da Lei n. 9.099/95, que transformou a natureza da ação penal no crime de lesões corporais leves, deve-se rever essa previsão no crime de injúria. Assim, quando da violência resultarem lesões corporais leves, a ação penal será pública condicionada à representação, e somente quando resultarem lesões graves será pública incondicionada.

DIFAMAÇÃO XX

Sumário: 1. Considerações preliminares. 2. Bem jurídico tutelado. 3. Sujeitos ativo e passivo. 4. Tipo objetivo: adequação típica. 5. Tipo subjetivo: adequação típica. 6. Consumação e tentativa. 7. Classificação doutrinária. 8. Figuras majoradas. 9. Exceção da verdade. 9.1. Exceção da notoriedade. 10. Pena e ação penal.

Difamação

Art. 139. *Difamar alguém, imputando-lhe fato ofensivo à sua reputação:*

Pena — detenção, de 3 (três) meses a 1 (um) ano, e multa.

Exceção da verdade

Parágrafo único. A exceção da verdade somente se admite se o ofendido é funcionário público e a ofensa é relativa ao exercício de suas funções.

1. Considerações preliminares

Embora a honra tenha sido objeto de proteção legal desde a Antiguidade, apenas o Código Napoleônico de 1810 começou a tratar separadamente injúria e calúnia, sendo que esta última abrangia também a difamação.

Os dois Códigos Penais brasileiros do século XIX — 1830 e 1890 — não tipificavam a difamação como crime autônomo, pois a englobavam em um conceito amplo, injúria. Na verdade, foi somente o Código Penal de 1940 que, com maior rigor técnico e objetividade, tipificou isoladamente os crimes contra a honra como calúnia, difamação e injúria; deu-lhes autonomia e estabeleceu-lhes os respectivos traços distintivos. O Código de Processo Penal encarregou-se, por sua vez, de estabelecer procedimento especial para o processo e julgamento da calúnia e da injúria.

2. Bem jurídico tutelado

A exemplo do crime de calúnia, o bem jurídico protegido é a honra, isto é, a reputação do indivíduo, a sua boa fama, o conceito que a sociedade lhe atribui.

A tutela da honra, como bem jurídico autônomo, não é um interesse exclusivo do indivíduo, mas a própria coletividade interessa-se pela preservação desse atributo, além de outros bens jurídicos, indispensáveis para a convivência harmônica em sociedade. Quando certas ofensas vão além dos limites suportáveis, justifica-se a sua punição, podendo configurar-se um dos crimes contra a honra disciplinados no nosso ordenamento jurídico.

Tudo o mais que se disse sobre bem jurídico relativamente ao crime de calúnia aplica-se ao de difamação.

3. Sujeitos ativo e passivo

Sujeito ativo pode ser qualquer pessoa, sem qualquer condição especial. Por ora, a *pessoa jurídica* não está legitimada a praticar esse tipo de crime, a despeito da decantada responsabilidade penal desta.

Igualmente, qualquer pessoa pode ser *sujeito passivo*. Os *inimputáveis* também podem ser *sujeitos passivos* do crime de *difamação*, isto é, podem ser difamados, desde que tenham capacidade suficiente para entender que estão sendo ofendidos em sua honra pessoal. Essa capacidade, evidentemente, não se confunde nem com a capacidade civil nem com a capacidade penal, uma vez que o próprio imputável pode tê-la. *Honra* é um valor social e moral do ser humano, bem jurídico imaterial inerente à personalidade, e, por isso, qualquer indivíduo é titular desse bem, imputável ou inimputável.

Há divergência doutrinário-jurisprudencial sobre se a *pessoa jurídica* pode ser *sujeito passivo* de difamação. Para Hungria, seria estranho que somente a pessoa jurídica, e não também qualquer coletividade organizada, tivesse direito à honra. Para uma corrente isso será possível somente nos crimes de imprensa.

Contudo, modernamente, vai-se ampliando a corrente que admite a possibilidade de a pessoa jurídica também ser *sujeito passivo* de crimes contra a honra. Aliás, os precedentes legislativos têm sido pioneiros em reconhecer a capacidade passiva de órgãos e entidades, indo além da legitimação da simples pessoa jurídica. Nesse particular, recordem-se os seguintes diplomas legais: o Decreto n. 4.776, de 1º de outubro de 1942, considerou "a Nação, o Governo, o regime e as instituições" como vítimas dos crimes de calúnia e injúria. A anterior "Lei de Imprensa", em seu art. 9º, parágrafo único, tipificava os crimes de *calúnia, difamação* e *injúria* praticados contra *entidades* que exercessem autoridade pública (Decreto n. 2.083, de 12-11-1953). A Lei n. 5.250, de 9-2-1967, previa uma majorante em seu art. 23, III, elevando em um terço se qualquer dos crimes, calúnia, difamação ou injúria, for cometido contra *órgão* ou *entidade* que exerça função de autoridade pública. mas não está mais vigente no ordenamento jurídico, em razão da decisão do STF na ADPF 130, conforme informado anteriormente.

Haveria alguma razão lógica, jurídica, ética ou moral para admitir a *capacidade passiva* somente das entidades e dos órgãos públicos e excluir tal capacidade das entidades privadas? Não, à evidência que não. Assim, as pessoas jurídicas tanto de direito público quanto de direito privado podem ser sujeito passivo do crime de difamação. Ninguém ignora os danos e abalos de créditos que as pessoas jurídicas podem sofrer se forem vítimas de imputações levianas de fatos desabonadores do conceito e da dignidade que desfrutam no mercado, e esses valores — *conceito e dignidade* — são definidos como honra relativamente à pessoa física. Logo, a ofensa a esses *valores* pode caracterizar, igualmente, crime, observadas as demais peculiaridades.

Não há previsão legal de crime de *difamação* contra a memória dos mortos, e, *ad argumentandum*, se houvesse, não seriam eles os sujeitos passivos, mas seus parentes, que se sentiriam ultrajados com tal desrespeito.

A ausência de previsão legal não pode ser suprida por *analogia* ou *interpretação analógica*. Embora sem invocar esses fundamentos, Gabriel Perez sustentava a admissibilidade do crime de difamação contra os mortos, nos seguintes termos: "embora não haja referência legal expressa à difamação aos mortos, esta se acha incriminada na cabeça do artigo 139 do Código Penal, porquanto qualquer denegrição à sua memória atinge a honra dos vivos, em cujo conceito se incluem as demais qualidades inerentes de sua personalidade, sendo que esta se torna também o patrimônio ético herdado dos ancestrais"[1]. Quando o legislador disciplinou o crime de calúnia, criou também a figura da *calúnia aos mortos* (art. 138, § 2º). Essa postura do legislador serve como sinalização de que a "honra dos mortos" não é objeto da tutela geral dos crimes contra a honra, pois, quando desejou abrangê-la, fê-lo expressamente. Assim, se não houvesse a previsão referida relativa à calúnia, ficaria menos difícil de sustentar a possibilidade de difamação aos mortos.

Os *desonrados*, *infames* e *depravados* também podem ser sujeitos passivos do crime de difamação, pois a honra é um atributo inerente à pessoa humana, incorporado à sua personalidade, conforme sustentamos quando examinamos o crime de calúnia. O amor-próprio e a dignidade humana aprisionam lá no íntimo de cada um esse atributo pessoal, mesmo que não seja reconhecido por mais ninguém.

4. Tipo objetivo: adequação típica

Difamação é a *imputação* a alguém de *fato ofensivo* à sua reputação. *Imputar* tem o sentido de atribuir, acusar de. O fato, ao contrário da calúnia, não precisa ser *falso* nem ser definido como crime.

Reputação é a estima moral, intelectual ou profissional de que alguém goza no meio em que vive; reputação é um conceito social. A difamação pode, eventualmente, não atingir essas virtudes ou qualidades que dotam o indivíduo no seu meio social, mas, assim mesmo, violar aquele respeito social mínimo a que todos têm direito. Esse, aliás, é um dos fundamentos pelos quais os desonrados também podem ser sujeito passivo desse crime, e também a ofensa não ser afastada pela notoriedade do fato imputado.

Difamar consiste em atribuir fato ofensivo à reputação do imputado — acontecimento concreto — e não conceito ou opinião, por mais gravosos ou aviltantes que possam ser. No enterro simbólico da vítima, por exemplo, poderá existir injúria, mas nunca difamação, embora, muitas vezes, a difamação absorva a própria injúria, quando ambas resultem de fato único, sendo impossível falar em concurso de crimes ante o princípio da consunção.

---

1. Gabriel Nettuzzi Perez, *Crime de difamação*, São Paulo, Resenha Universitária, 1976, p. 188.

A imputação, mesmo verdadeira, de fato ofensivo à reputação configura o crime. Constitui exceção a essa definição a imputação de fato ofensivo verdadeiro a *funcionário público* em razão de suas funções, pois, por razões políticas, não constitui crime, em razão de o Estado-Administração ter interesse em apurar a autenticidade da imputação, que, inclusive, pode constituir falta administrativa, embora não caracterize crime. Assim, enquanto na calúnia há imputação de fato definido como crime, na difamação o fato é somente desonroso, além de a calúnia exigir o elemento normativo da *falsidade* da imputação, irrelevante para o crime de difamação, que traz em seu bojo o sentido de *divulgar*, de dar a conhecer.

É indispensável que a imputação chegue ao conhecimento de outra pessoa que não o ofendido, pois é a reputação de que o imputado goza na comunidade que deve ser lesada, e essa lesão somente existirá se alguém tomar conhecimento da imputação desonrosa. Com efeito, a reputação de alguém não é atingida e especialmente comprometida por fatos que sejam conhecidos somente por quem se diz ofendido. A opinião pessoal do ofendido, a sua valoração exclusiva, é insuficiente para caracterizar o crime de difamação, pois, a exemplo da calúnia, não é o aspecto interno da honra que é lesado pelo crime.

Para que ocorra a difamação é necessário que o fato seja *determinado* e que essa determinação seja *objetiva*, pois a imputação vaga, imprecisa ou indefinida não a caracteriza, podendo, eventualmente, adequar-se ao crime de injúria. Dizer que alguém anda cometendo infrações penais não é atribuir-lhe fatos. É o mesmo que chamá-lo de infrator, é irrogar-lhe um atributo, uma qualidade depreciativa. Isso, porém, não configura difamação, mas injúria. *Difamação* é a imputação de fato, repetindo, fato determinado, individualizado, identificado, e não de defeitos ou de qualidades negativas.

Para que se possa admitir como configurada a difamação, tal como penalmente considerada, é necessário que se explique o prejuízo moral que dela redundou; não basta retirar um dito qualquer de uma frase, é mister que seja acompanhado de circunlóquios, como esclarecem doutrina e jurisprudência.

O art. 139, que tipifica a difamação, não contém previsão de "propalar ou divulgar" a difamação, como faz o artigo anterior relativamente à calúnia (art. 138, § 1º). À primeira vista, pode parecer que, ante essa omissão, o *propalador ou divulgador* não deve responder pelo crime de difamação. Contudo, essa impressão não é verdadeira e não se trata de analogia ou interpretação extensiva *in malam partem*. Ocorre que quem *propala ou divulga* fato desonroso imputado a alguém *difama-o*, isto é, pratica *nova difamação*.

Não se pode esquecer, ademais, que a *publicidade* da imputação integra proibição legal, pois é indispensável que a conduta *difamatória* chegue ao conhecimento de terceiro, pelo menos, sendo desnecessário um número indeterminado de pessoas. Ora, propalar ou divulgar a difamação produz uma danosidade muito superior à simples imputação, sendo essa ação igualmente muito mais *desvaliosa*. A nosso juízo, pune-se a *ação de propalar* mesmo quando — e até com mais razão — se desconhece quem é o autor da difamação original. E não se diga que esse entendimento fere o *princípio da reserva legal* ou da tipicidade, pois *propalar difamação* de alguém é igualmente *difamar* e, quiçá, com mais eficiência, mais intensidade e maior dimensão.

5. Tipo subjetivo: adequação típica

O *elemento subjetivo* do crime de *difamação* é o *dolo* de dano, que se constitui da vontade consciente de difamar o ofendido imputando-lhe a prática de fato desonroso; é irrelevante tratar-se de fato falso ou verdadeiro, e é igualmente indiferente que o sujeito ativo tenha consciência dessa circunstância. O dolo pode ser direto ou eventual.

Não há *animus diffamandi* na conduta de quem se limita a analisar e argumentar sobre dados, fatos, elementos, circunstâncias, sempre de forma impessoal, sem personalizar a interpretação. Na verdade, postura comportamental como essa não traduz a intenção de ofender, a exemplo de todas as hipóteses que referimos relativamente à calúnia.

Além do dolo, é indispensável o *animus diffamandi*, elemento subjetivo especial do tipo, como ocorre em todos os crimes contra a honra. A difamação também exige o *especial fim* de difamar, a intenção de ofender, a vontade de denegrir, o desejo de atingir a honra do ofendido. A ausência desse especial fim impede a tipificação do crime. Por isso, a simples idoneidade das palavras para ofender é insuficiente para caracterizar o crime, como ocorre, em determinados setores da sociedade, com o uso de palavras de baixo nível, por faltar-lhes o propósito de ofender.

Em verdade pode existir uma série de *animus* que excluem a "responsabilidade penal" do agente: *animus jocandi* (intenção jocosa, de caçoar); *animus consulendi* (intenção de aconselhar, advertir), desde que tenha dever jurídico ou moral de fazê-lo; *animus corrigendi* (intenção de corrigir), desde que haja a relação de autoridade, guarda ou dependência, exercida em limites toleráveis; *animus defendendi* (intenção de defender), que, em relação à injúria e difamação, é excluído expressamente pelo art. 142, I, do CP. Enfim, qualquer *animus* que, de alguma forma, afaste o *animus offendendi* exclui o elemento subjetivo do crime. Todas essas hipóteses relacionam-se melhor à injúria e à difamação, pois, no crime de calúnia, a exigência da consciência de que a imputação é falsa afasta a própria tipicidade.

Contudo, não cabe à vítima o ônus de provar que o fato desonroso tenha sido praticado intencionalmente, mas quem o imputou deve demonstrar a ausência do *animus diffamandi*.

Não há previsão de modalidade culposa.

6. Consumação e tentativa

Consuma-se o crime de difamação quando o conhecimento da imputação chega a uma terceira pessoa, ou seja, quando se cria a condição necessária para lesar a reputação do ofendido. Ao contrário da injúria, a difamação não se consuma quando apenas a vítima tem ciência da imputação ofensiva, pois não é o aspecto interno da honra que é lesado pelo crime, mas o externo, ou seja, a sua reputação perante a sociedade. Por isso, é indispensável a publicidade, caso contrário não existirá ofensa à "honra objetiva".

Normalmente, o crime de difamação não admite a tentativa, embora, em tese, ela seja possível, dependendo do *meio* utilizado, a exemplo da calúnia: através de *escrito*, por exemplo, quando já não se tratará de crime unissubsistente, existindo um *iter criminis* que pode ser fracionado.

Se, porém, o meio utilizado for a *fala*, entre a emissão da voz e a percepção pelo interlocutor não haverá espaço para fracionamento. A difamação verbal não admite tentativa. Aliás, a situação é exatamente a mesma do crime de *calúnia*, pois são crimes do mesmo gênero e da mesma espécie e que podem ser realizados pelos mesmos meios; enfim, a afinidade entre ambos é total.

7. Classificação doutrinária

Crime comum, podendo ser praticado por qualquer pessoa, não sendo exigida nenhuma condição ou qualidade especial do sujeito ativo; a difamação é *crime formal*, pois, apesar de descrever ação e resultado, não exige que este se verifique para o crime consumar-se, ou seja, consuma-se independentemente de o sujeito ativo conseguir obter o resultado pretendido, que é o dano à reputação do imputado; *instantâneo*, consuma-se no momento em que a ofensa é proferida ou divulgada; *comissivo*, não pode ser praticado através de conduta omissiva; *doloso*, não há previsão de modalidade culposa. Pode ser, finalmente, *unissubsistente* (via oral), completando-se com ato único, e *plurissubsistente* (por escrito), encerrando um *iter*, que permite fracionamento (elaboração do escrito e recepção do conteúdo pelo destinatário).

8. Figuras majoradas

Os crimes contra a honra, com exceção da injúria (real), não têm formas qualificadas; somente algumas figuras majoradas se o fato é cometido: contra o presidente da República ou chefe de governo estrangeiro; contra funcionário público, em razão de suas funções; na presença de três ou mais pessoas, ou por meio que facilite a divulgação da ofensa (art. 141, I, II e III), ou, ainda, quando é praticado mediante paga ou promessa de recompensa (art. 145, parágrafo único). Essas figuras são examinadas no capítulo em que tratamos das disposições comuns dos crimes contra a honra, para onde remetemos o leitor.

9. Exceção da verdade

Ninguém tem o direito de invadir a privacidade de ninguém, intrometendo-se na vida alheia, e, evidentemente, muito menos o de propalar ou divulgar o que outrem faz ou deixa de fazer. Por isso, a imputação de qualquer fato que atinja a honra de alguém tipificará o crime de difamação, e o agente não tem o direito de demonstrar que o fato é verdadeiro, pois o Estado não confere a ninguém o direito de arvorar-se em censor da honra alheia[2]. Como na difamação não há imputação de fato definido como crime, o Estado não tem interesse em saber o que as pessoas andam dizendo ou divulgando.

Com efeito, a difamação não admite *exceção da verdade*, salvo quando o fato ofensivo é imputado a *funcionário público* e relaciona-se ao exercício de suas funções, pois, nesse caso, o Estado tem interesse em saber que seus funcionários exercem suas funções com dignidade e decoro. Como afirmava Hungria, "ao funcionário público não basta ser honesto ou abster-se de abusos na sua atividade específica: é-lhe indispensável um conjunto de virtudes e de aptidões que o tornem digno do cargo que ocupa. A imputação de um deslize ou falta funcional, ainda que se não trate de violação do cap. I do tít. XI da parte especial do Cód. Penal, deixa de constituir, quando verdadeiro, um ilícito penal para ser uma ação meritória, em correspondência com o interesse público"[3]. Ademais, o servidor público deve ficar exposto à censura, razão pela qual se admite a *exceptio veritatis*.

Por tudo isso, mesmo o fato desonroso imputado a funcionário público somente admite a exceção da verdade se estiver relacionado ao exercício da função pública; caso contrário, isto é, se a imputação versar sobre fatos relativos à vida privada do funcionário, a *demonstratio veri* não será admitida, porque, referindo-se à vida privada do funcionário, o tratamento deve ser o mesmo dispensado ao cidadão comum, sem privilégios especiais, mas também sem ônus desnecessário.

Heleno Fragoso e Magalhães Noronha sustentavam que, se o ofendido já houver deixado o cargo, não será mais admitida a exceção da verdade, ainda que o fato imputado tenha sido praticado no exercício da função, pois é exigência legal que essa condição esteja presente[4]. Em sentido contrário, Bento de Faria sustentava que a lei não exige que o funcionário público se encontre no exercício da função, mas apenas que a ofensa seja relativa ao seu exercício. Assim, é irrelevante que já tenha deixado a atividade funcional: é admissível *exceptio veritatis* se a imputação desonrosa referir-se ao *exercício da função*[5].

Contudo, a dicção do texto legal, "se o ofendido é funcionário público e a ofensa é relativa ao exercício e suas funções", encaminha-nos para uma terceira solução, pois exige a presença de dois fatores, simultaneamente: *que a ofensa*

---

2. Tourinho Filho, *Código de Processo Penal comentado*, São Paulo, Saraiva, 1996, p. 158.
3. Nélson Hungria, *Comentários ao Código Penal*, p. 89.
4. Heleno Cláudio Fragoso, *Lições de Direito Penal*, p. 137-8; Magalhães Noronha, *Direito Penal*, p. 134.
5. Bento de Faria, *Código Penal brasileiro comentado*, p. 167: "Não exige a lei que o funcionário público esteja no exercício da função, mas tão somente que a ofensa seja relativa ao seu exercício. Assim sendo, pouco importa que já tenha deixado a atividade funcional — a prova da verdade será admissível se a imputação fôr (*sic*) referente à antiga função".

relacionada ao exercício das funções públicas seja contemporânea à condição de funcionário público. Assim, se o ofendido deixar o cargo após a consumação do fato imputado, o *sujeito ativo* mantém o direito à *demonstratio veri*; se, no entanto, quando proferida a ofensa relativa à *função pública*, o ofendido não se encontrava mais no cargo, a *exceptio veritatis* será inadmissível, ante a ausência da qualidade de funcionário público, que é uma elementar típica que deve estar presente no momento da imputação[6].

9.1 Exceção da notoriedade

Determinado segmento doutrinário tem sustentado que não se justifica punir alguém porque repetiu o que todo mundo sabe e todo mundo diz, pois está caracterizada sua *notoriedade*. Segundo Tourinho Filho, "se o fato ofensivo à honra é notório, não pode o pretenso ofendido pretender defender o que ele já perdeu, e cuja perda caiu no domínio público, ingressando no rol dos fatos notórios"[7].

No entanto, não nos convence esse entendimento, por algumas razões que procuraremos sintetizar. Em primeiro lugar, quando o Código Penal proíbe a *exceção da verdade* para o crime de difamação, está englobando a exceção da notoriedade; em segundo lugar, a notoriedade é inócua, pois é irrelevante que o fato difamatório imputado seja falso ou verdadeiro; em terceiro lugar, ninguém tem o direito de vilipendiar ninguém.

A *exceção da verdade*, enquanto meio de prova, é prevista pelo Código Penal, ou seja, é instituto de direito material; o Código de Processo Penal limita-se a disciplinar o seu procedimento, como faz em relação à própria ação penal e demais institutos. Nessa linha de raciocínio, convém destacar que o Código Penal, isto é, o direito material, não prevê a indigitada exceção de notoriedade, ou seja, ela não foi consagrada pelo atual direito material brasileiro; logo, não existe como instituto autônomo de prova. A simples referência à exceção de notoriedade feita pelo Código de Processo Penal não tem o condão de criá-la, pois, pela orientação adotada pelo nosso sistema repressivo, ao direito adjetivo compete somente disciplinar o uso dos institutos existentes, no caso, só existe a exceção da verdade, e, para a difamação, o Código Penal a proíbe.

O fundamento da *proibição da exceção da verdade* e por extensão da notoriedade é exatamente a irrelevância de o fato imputado ser ou não verdadeiro. Assim, que diferença faz ser ou não notório, se a falsidade ou autenticidade do fato não altera a sua natureza difamatória?

Por isso, sustentamos que a notoriedade do fato desonroso não autoriza a sua imputação ou propalação, pois sempre caracterizará o crime de difamação, salvo a

---

6. Nesse sentido, com absoluto acerto, Flávio Augusto Monteiro de Barros, *Crimes contra a pessoa*, p. 189.
7. Fernando da Costa Tourinho Filho, *Código de Processo Penal comentado*, cit., v. 2, p. 158.

hipótese de funcionário público. Nessa linha, por sua pertinência e cientificidade, vale a pena citar o entendimento de Campos Maria, *in verbis*: "Os difamadores costumam alegar que o fato imputado é notório; que esse mesmo fato anda na boca de toda gente; que, praticado o ato incriminado, não fizeram senão repetir, com propósitos inocentes, aquilo que ouviram da voz pública, não lhes cabendo a autoria nem da invenção nem da divulgação. Mas essa defesa, por ser *internamente* despida do sentimento da verdade, não tem a menor consistência jurídica"[8]. Com efeito, ninguém imputa ou divulga fatos desabonatórios "com propósitos inocentes".

Por fim, ninguém tem o direito de enxovalhar a honra de ninguém. Já afirmamos que os *desonrados* também podem ser sujeitos passivos do crime de difamação, por ser a honra um atributo inerente à pessoa humana. Ninguém é tão desonrado a ponto de não ter amor-próprio, de não ter direito à dignidade humana, assegurada a todos pela Constituição Federal. Ademais, como afirmava Heleno Fragoso, "ninguém fica privado do direito à honra, havendo em todos os cidadãos, pelo menos, o oásis moral, a que alude Manzini, ou seja, uma zona intacta de retos princípios morais (ex.: será calúnia afirmar de uma prostituta, que prostitui a própria filha)"[9]. Na verdade, o indivíduo, ainda que tenha tido a desgraça de ter cometido algum fato desonroso, não pode ficar à mercê dos mexeriqueiros, fofoqueiros, difamadores de plantão.

No entanto, muito excepcionalmente, a desonra do imputado pode ser tanta, tão generalizada e a destruição moral ser tão devastadora, como no famoso exemplo do Ébrio de Vicente Celestino, que a notoriedade pode representar a *insignificância da ofensa* e, como tal, excluir a tipicidade da imputação.

Por fim, para arrematar, o art. 523 do CPP, que refere, *à vol d'oiseau*, a exceção de notoriedade, integra o capítulo que disciplina o procedimento de calúnia e injúria. Essa constatação encerra a conclusão inevitável de que o procedimento ali previsto destina-se exclusivamente à calúnia, pois a difamação, regra geral, não admite aquela exceção. Logo, não se pode invocá-la como excludente.

10. Pena e ação penal

A sanção penal é *cumulativa*, de três meses a um ano de detenção e multa. Pode ser *majorada em um terço*, se o fato é cometido contra o presidente da República ou chefe de governo estrangeiro; contra funcionário público em razão de suas funções; na presença de três ou mais pessoas, ou por meio que facilite a divulgação da ofensa (art. 141, I, II e III), ou *duplicada*, quando é praticada mediante paga ou promessa de recompensa (art. 145, parágrafo único).

A *ação penal*, como regra geral (nos crimes contra a honra há inversão da regra geral), é de *exclusiva iniciativa privada* (art. 145). Será, porém, *pública condicionada* quando: a) praticada contra presidente da República ou contra chefe de governo estrangeiro (a requisição do ministro da Justiça); b) contra funcionário público, em razão de suas funções (a representação do ofendido) (art. 145, parágrafo único).

---

8. Campos Maia, *Delitos da linguagem contra a honra*, São Paulo, 1921, p. 138.
9. Heleno Cláudio Fragoso, *Lições*, p. 132.

INJÚRIA | XXI

Sumário: 1. Considerações preliminares. 2. Bem jurídico tutelado. 3. Sujeitos ativo e passivo. 4. Tipo objetivo: adequação típica. 5. Tipo subjetivo: adequação típica. 6. Consumação e tentativa. 7. Classificação doutrinária. 8. Exceção da verdade: inadmissibilidade. 9. Perdão judicial: direito público subjetivo. 9.1. Provocação reprovável e retorsão imediata. 9.1.1. Quando o ofendido, de forma reprovável, provoca diretamente a injúria. 9.1.2. No caso de retorsão imediata, que consiste em outra injúria. 9.2. Compensação de injúrias. 10. Injúria real contra injúria real, legítima defesa e provocação. 11. Injúria real (qualificada). 11.1. Injúria real: a elementar "violência" e lesões corporais — distinção. 11.2. Injúria real e por preconceito; desvalor da ação e desvalor do resultado. 12. Injúria racial, qualificada como injúria preconceituosa. 12.1. Elemento subjetivo especial da injúria preconceituosa. 12.2. Pena e ação penal da injúria preconceituosa. 12.3. Racismo estrutural e as alterações previstas pela Lei n. 14.532 de janeiro de 2023. 12.3.1. A injúria racial é crime imprescritível. 12.3.2. O Brasil foi o último País a abolir a escravidão africana. 12.3.3. Além de imprescritível a injúria racial como crime de racismo é inafiançável. 13. Concurso de crimes e absorção. 14. O necessário cotejamento entre os crimes de injúria majorada e desacato. 15. Pena e ação penal.

Injúria

Art. 140. *Injuriar alguém, ofendendo-lhe a dignidade ou o decoro:*
Pena — detenção, de 1 (um) a 6 (seis) meses, ou multa.
§ 1º O juiz pode deixar de aplicar a pena:
I — quando o ofendido, de forma reprovável, provocou diretamente a injúria;
II — no caso de retorsão imediata, que consista em outra injúria.
§ 2º Se a injúria consiste em violência ou vias de fato, que, por sua natureza ou pelo meio empregado, se considerem aviltantes:
Pena — detenção, de 3 (três) meses a 1 (um) ano, e multa, além da pena correspondente à violência.
§ 3º Se a injúria consiste na utilização de elementos referentes a religião ou à condição de pessoa idosa ou com deficiência:
Pena — reclusão, de 1 (um) a 3 (três) anos, e multa.

- § 3º com redação determinada pela Lei n. 14.532, de 11 de janeiro de 2023.

1. Considerações preliminares

O Direito francês foi o pioneiro na individualização dos crimes contra a honra. O Código de Napoleão de 1810 incriminava separadamente a calúnia e a injúria, englobando na primeira a difamação. Na Alemanha o Código Penal de 1870 adotou a "injúria" como título genérico dos crimes contra a honra, que foram divididos em injúria simples, difamação e calúnia. A difamação era a atribuição de fato desonroso que não se demonstrasse verdadeiro. A calúnia, por sua vez, era a imputação de fato desonroso, objetiva e subjetivamente falso.

O Código Penal republicano do século XIX (1890) situava a injúria real no capítulo dedicado às lesões corporais, atribuindo-lhe a seguinte definição: "servir-se alguém, contra outrem, de instrumento aviltante, no intuito de causar-lhe dor física e injuriá-lo". A injúria praticada através de vias de fato estava incluída, genericamente, na injúria simples.

A redação do Código Penal de 1940 teve como antecedente o Projeto Alcântara Machado (art. 321, § 1º), que retificou o Projeto Sá Pereira, que, equivocadamente, não distinguia *violência* e *vias de fato* (art. 211).

2. Bem jurídico tutelado

O objeto da proteção, neste crime, também é a *honra*, sobre a qual já discorremos longamente ao analisarmos os dois crimes anteriores. A diferença é que, neste dispositivo, para aqueles que adotam essa divisão, trata-se da *honra subjetiva*, isto é, a pretensão de respeito à dignidade humana, representada pelo sentimento ou concepção que temos a nosso respeito. O próprio texto legal encarrega-se de limitar os aspectos da honra que podem ser ofendidos: a *dignidade* ou o *decoro*, que representam atributos morais e atributos físicos e intelectuais, respectivamente[1].

Havendo dúvida razoável relativamente à atribuição de fato ou qualidade negativa, o intérprete deve optar pela injúria, não apenas por ser a figura menos grave das três que lesam a honra, mas especialmente por ser a mais abrangente, pois toda calúnia ou difamação injuriam o destinatário, mas nenhuma injúria o calunia ou o difama. Com essa opção não se corre risco de lesar ou ignorar o princípio da tipicidade.

A *injúria real*, definida no § 2º do art. 140, é um dos chamados crimes complexos, reunindo, sob sua proteção, dois bens jurídicos distintos: a honra e a integridade ou incolumidade física de alguém. Contudo, destacadamente, o *bem* visado e atingido, prioritariamente, é a honra pessoal. A *violência* ou *vias de fato* representam somente os meios pelos quais se busca atingir o fim de injuriar, de ultrajar o desafeto. O valor mais precioso que o agente objetiva atingir é imaterial, é interior, superior à própria dor ou sofrimento físico que o agente possa sentir, é o seu valor espiritual, a própria alma, é aquilo que interiormente o motiva a continuar a aventura humana na Terra: a sua honra pessoal. O corpo, a saúde, a integridade ou a incolumidade são atingidos reflexamente, como consequência necessária, quer quanto à intenção do agente, quer quanto ao sofrimento físico da vítima, mas, inegavelmente, também são atingidos, em maior ou menor intensidade.

---

1. Damásio de Jesus, *Direito Penal*.

3. Sujeitos ativo e passivo

Sujeito ativo do crime de injúria pode ser qualquer pessoa, sem qualquer condição especial. A pessoa jurídica, segundo o entendimento doutrinário-jurisprudencial mais aceito, não está legitimada a praticar esse tipo de crime, apesar do crescimento do entusiasmo pela responsabilidade penal[2].

Qualquer pessoa, igualmente, pode ser *sujeito passivo*, inclusive os inimputáveis. No entanto, relativamente aos inimputáveis, com cautela deve-se analisar casuisticamente, pois é indispensável que tenham a capacidade de entender o caráter ofensivo da conduta do sujeito ativo, isto é, devem ter consciência de que está sendo lesada sua dignidade ou decoro. Nesse sentido era o magistério de Aníbal Bruno, que, referindo-se ao incapaz, afirmava: "não há crime quando este não pode sentir-se ofendido por não ser capaz de compreender o agravo"[3]. Deve-se observar, contudo, que essa *capacidade* exigida não se confunde com a *capacidade civil*, tampouco com a *capacidade penal*, que são mais enriquecidas de exigências.

As *pessoas jurídicas*, a exemplo do crime de difamação, também podem ser sujeito passivo do crime de injúria? Afinal, alguém ignora os danos e abalos de crédito que podem sofrer quando são vítimas de assaques desabonadores ao conceito e à credibilidade de que desfrutam no mercado? Contudo, ainda predomina o entendimento segundo o qual a pessoa jurídica não possui honra subjetiva e, por isso, não pode ser sujeito passivo do crime de injúria[4], embora se admita que os titulares da pessoa jurídica podem ter a honra lesada, nessas circunstâncias, passando à condição de vítimas do crime.

Os mortos, ao contrário do que ocorre com o crime de calúnia, não podem ser *injuriados*. O Código Penal atual ab-rogou a previsão contida no Código Penal de 1890 (art. 324), e a ausência de previsão legal, criminalizadora, não pode ser suprida por analogia ou mesmo por interpretação extensiva. No entanto, quem desonrar a memória do morto poderá estar injuriando o vivo, reflexamente.

---

2. Ver, nesse sentido, nosso *Tratado de Direito Penal* — Parte Geral, 30. ed., São Paulo, Saraiva, 2024, v. 1, p. 340 e seguintes

3. Aníbal Bruno, *Crimes contra a honra*, p. 275. Sobre os loucos Aníbal Bruno sustentava: "Observe-se que ainda entre loucos há os capazes de sentir a ofensa e mesmo de exagerar essa sensibilidade até o extremo do sofrimento. Mais ainda podem ser atingidos pela difamação, com dano real sobre a sua vida atual ou futura. E o Direito Penal não pode negar-lhes proteção".

4. Florian, no entanto, a seu tempo já sustentava essa possibilidade, *in verbis*: "A pessoa jurídica possui no mundo contemporâneo uma consistência própria, e tende cada vez mais a consolidá-la e ampliá-la. Torna-se cada vez mais necessária, e florescem copiosamente as formas de atividade associada. E como subsiste independentemente das pessoas que a compõem, manifestando-se com modos especiais de atividade, pode ser sujeito passivo de difamação e injúria. A pessoa jurídica não é uma *fictio juris*, mas, sim, uma realidade palpitante, um elemento integrativo da vida social (especialmente da vida econômica), revestindo-se de dignidade civil, cercando-se de reputação. Esta última lhe é incontestável e pode tornar-se um fator propício, se boa, ou um fator prejudicial, se má" (Eugenio Florian, *Ingiuria e diffamazione*, 1939, p. 133).

4. Tipo objetivo: adequação típica

Injuriar é ofender a dignidade ou o decoro de alguém. A injúria, que é a expressão da opinião ou conceito do sujeito ativo, traduz sempre desprezo ou menoscabo pelo injuriado. É essencialmente uma manifestação de desprezo e de desrespeito suficientemente idônea para ofender a honra da vítima no seu aspecto interno.

Na injúria, ao contrário da calúnia e difamação, não há imputação de fatos, mas emissão de conceitos negativos sobre a vítima, que atingem esses atributos pessoais, a estima própria, o juízo positivo que cada um tem de si mesmo.

Dignidade é o sentimento da própria honorabilidade ou valor social, que pode ser lesada com expressões tais como "bicha", "ladrão", "corno" etc. *Decoro* é o sentimento, a consciência da própria respeitabilidade pessoal; é a decência, a respeitabilidade que a pessoa merece e que é ferida quando, por exemplo, se chama alguém de "anta", "imbecil", "ignorante" etc. Dignidade e decoro abrangem os atributos morais, físicos e intelectuais.

É preciso que a *injúria* chegue ao conhecimento do ofendido ou de qualquer outra pessoa, pois a ofensa proferida ou executada que não chega ao conhecimento de ninguém não existe juridicamente.

A injúria nem sempre decorre do sentido literal do texto ou das expressões proferidas, que, não raro, precisam ser contextualizadas para se encontrar seu verdadeiro sentido. De maneira semelhante manifestava-se Hungria, afirmando que: "Para aferir do cunho injurioso de uma palavra, tem-se, às vezes, de abstrair o seu verdadeiro sentido léxico, para tomá-lo na acepção postiça que assume na gíria. Assim, os vocábulos 'cornudo', 'veado', 'trouxa', 'banana', 'almofadinha', 'galego' etc."[5]. Convém registrar, no entanto, a lei não protege excessos de suscetibilidades, amor-próprio exacerbado, autoestima exagerada. É indispensável que seja lesado um mínimo daquela consideração e respeito a que todos têm direito. Por isso, não se deve confundir a injúria com grosseria, incivilidade, reveladoras, somente, de falta de educação.

A injúria pode ser: *imediata* (quando proferida pelo próprio agente); *mediata* (quando se utilizar de outro meio ou de outra forma para executá-la: uma criança, um papagaio repetindo ofensas etc.); *direta* (quando se refere ao próprio ofendido); *indireta* ou *reflexa* (quando, ofendendo alguém, atinge também a terceiro); *explícita* (quando é induvidosa); *equívoca* (quando se reveste de incertezas, de vacilações).

A *injúria simples* pode ser praticada de qualquer forma: gestos, palavras, símbolos, atitudes, figuras etc. Pode ser praticada por todos os meios idôneos para manifestar o pensamento. Se for empregada violência ou vias de fato na sua execução, com caráter aviltante, configurará *injúria real*, que é uma *forma qualificada* desse crime. Se tiver o propósito de discriminar poderá configurar a injúria preconceituosa, outra forma de injúria qualificada. A injúria também pode ser praticada

---

5. Nélson Hungria, *Comentários ao Código Penal*, p. 92.

pela omissão, como no exemplo lembrado por Magalhães Noronha[6]: se uma pessoa chega a uma casa, onde várias outras se acham reunidas, e as cumprimenta, recusando, entretanto, a mão a uma que lhe estende a destra, injuria-a.

Embora no crime de injúria não haja imputação de fatos, como ocorre na calúnia e na difamação, quando, no entanto, tratar-se de imputação de fatos vagos, genéricos, difusos, de difícil identificação, caracteriza-se a injúria. Assim, por exemplo, afirmar que alguém não costuma honrar seus compromissos, que é pouco afeito ao trabalho etc.

Por fim, é indispensável que a vítima seja pessoa determinada, embora não seja necessária a sua identificação nominal, sendo suficiente que seja possível a sua identificação com certa facilidade. Quando a ofensa é dirigida a determinada coletividade de razoável extensão, equipara-se a pessoa indeterminada, como se fora, por exemplo, proferir injúria contra "os comunistas", "os pretos", "os católicos" etc.

5. Tipo subjetivo: adequação típica

Uma das questões mais debatidas é a relativa ao elemento subjetivo nos crimes contra a honra. Afinal, em que consiste esse elemento subjetivo: será somente a simples consciência da natureza ofensiva dos atos, palavras ou gestos, ou será necessário também o propósito de injuriar?

Modernamente, essa dificuldade está superada, na medida em que o entendimento majoritário firmou-se não apenas na doutrina nacional, mas especialmente na doutrina europeia, no sentido da necessidade do *animus injuriandi*, sem o qual não se poderá falar em conduta típica contra a honra. Nesse sentido, o dolo, enquanto vontade livre e consciente da ação praticada e do eventual resultado antijurídico, é insuficiente para caracterizar o tipo subjetivo dos crimes contra a honra, particularmente do crime de injúria, que ora se examina. Com efeito, ter consciência da idoneidade ofensiva da conduta não implica, necessariamente, querer ou ter vontade de ofender. Aquela pode existir sem esta. Faz-se necessário esclarecer, porém, que *essa consciência não é a da ilicitude*, como sustentava a antiga doutrina (teoria psicológica), que agora está deslocada para a culpabilidade, como seu elemento normativo, mas trata-se do *elemento cognitivo* do dolo, que tem de ser atual, isto é, existir no momento próprio da ação, sem o qual não se poderá falar em crime doloso.

Enfim, o *elemento subjetivo* do crime de injúria é o *dolo de dano*, constituído pela vontade livre e consciente de injuriar o ofendido, atribuindo-lhe um juízo depreciativo.

Mas, além do dolo, faz-se necessário o *elemento subjetivo especial do tipo*, representado pelo especial fim de injuriar, de macular, de desonrar, ou seja, de atingir a honra do ofendido. Simples referência a adjetivos depreciativos, a utilização de palavras que encerram conceitos negativos, por si sós, são insuficientes para caracterizar o crime de injúria[7]. Assim, a testemunha que depõe não

---

6. Magalhães Noronha, *Direito Penal*, p. 139.

7. Nélson Hungria, *Comentários*, p. 52: "Se, por exemplo, *jocandi animo*, chamo 'velhaco' a

pratica injúria, a menos que seja visível a intenção de ofender. Em acalorada discussão, por falta do elemento subjetivo, não há injúria quando as ofensas são produto de incontinência verbal. Enfim, como referimos nos crimes anteriores, a existência de qualquer outro *animus* distinto do *animus offendendi* exclui o crime contra a honra.

A *injúria* pode configurar, em determinadas circunstâncias, os crimes de *desacato* (art. 331) ou *ultraje a culto* (art. 208).

Na injúria preconceituosa, deve estar presente especialmente a consciência de que ofende a honra alheia em razão de raça, cor, etnia, religião, origem ou condição de pessoa idosa ou portadora de deficiência.

6. Consumação e tentativa

Consuma-se o crime de injúria quando a ofensa irrogada chega ao conhecimento do ofendido. Ao contrário da difamação e da calúnia, para consumar-se não é necessário que alguém além da vítima tenha conhecimento da imputação ofensiva, pois não é o aspecto externo da honra que é lesado pelo crime, mas o interno, ou seja, aquele sentimento de valor e respeito que cada um deve ter de si próprio, isto é, a autoestima. Por isso, na injúria não é necessária a publicidade; basta que o destinatário da ofensa tome conhecimento da sua existência.

É irrelevante que a injúria seja proferida pessoal e diretamente à vítima; pode chegar a seu conhecimento através de terceiro ou de qualquer meio de correspondência ou envio de mensagens modernas. Sendo o ofendido funcionário público, e o fato tendo sido praticado na sua presença e em razão da função, poderá configurar-se o crime de *desacato* (art. 331), desde que o sujeito ativo conheça a circunstância de tratar-se de funcionário público.

Em princípio, o crime de injúria não admite a tentativa, embora, em tese, ela seja possível, dependendo do *meio* utilizado, a exemplo da calúnia e da difamação: através de *escrito*, por exemplo, quando já não se tratará de crime unissubsistente, existindo um *iter criminis* que pode ser fracionado. A injúria real, particularmente, admite a tentativa, quando, por exemplo, a violência ou as vias de fato aviltantes não se consumam por circunstâncias estranhas à vontade do agente.

Se for praticada através da *fala*, entre a emissão da voz e a percepção pelo interlocutor não haverá espaço para fracionamento. A injúria verbal também não admite tentativa. Aliás, a situação é exatamente a mesma dos crimes de *calúnia* e *difamação*, pois são do mesmo gênero e da mesma espécie e podem ser realizados pelos mesmos meios; enfim, a afinidade entre os três é muito grande.

---

um amigo íntimo ou lhe atribuo a paternidade de uma criança abandonada, o fato, na sua objetividade, constitui uma injúria ou uma difamação; mas, subjetivamente, não passa de um gracejo. Não me faltou a consciência do caráter lesivo da afirmação (nem a vontade de fazer a afirmação) e, no entanto, seria rematado despautério reconhecer-se, no caso, um crime contra a honra, por isso mesmo que inexistente o *pravus animus*, o *animus delinquendi*, o *animus injuriandi vel diffamandi*".

7. Classificação doutrinária

Crime comum, podendo ser praticado por qualquer pessoa, não sendo exigida nenhuma condição ou qualidade especial do sujeito ativo; a injúria é *crime formal*, pois, apesar de descrever ação e resultado, não é necessário que a vítima se sinta ofendida com as atribuições depreciativas que sofre, sendo suficiente que a conduta injuriosa tenha idoneidade para ofender alguém de discernimento; ou seja, consuma-se independentemente de o sujeito ativo conseguir obter o resultado pretendido, que é o dano à dignidade ou ao decoro do ofendido; *instantâneo*, consuma-se no momento em que a ofensa chega ao conhecimento do ofendido; *comissivo*, realiza-se com uma ação de fazer; dificilmente poderá ser praticado através de conduta omissiva, embora, doutrinariamente, seja admissível; *doloso*, somente pode ser executado sob a forma dolosa, não havendo previsão de modalidade culposa.

Trata-se, em regra, de crime simples, pois atinge somente um bem jurídico, a honra pessoal ou profissional; na injúria real, contudo, o crime é complexo, ofendendo dois bens jurídicos: a *honra*, que, *in casu*, é o bem jurídico principalmente visado, e a integridade física, secundariamente visada.

Pode ser, finalmente, *unissubsistente* (via oral), completando-se com ato único, e *plurissubsistente* (por escrito), encerrando um *iter*, que permite fracionamento (elaboração do escrito e recepção do conteúdo pelo destinatário).

8. Exceção da verdade: inadmissibilidade

A injúria é o único crime que em hipótese alguma admite a exceção da verdade, pois, como vimos na calúnia, sua admissão é a regra, e na difamação por exceção, quando for praticado contra funcionário público em razão do exercício de suas funções. E qual é a razão ou o fundamento para esse tratamento diferenciado entre os outros dois crimes e a injúria?

Desnecessário repetir que nos crimes de calúnia e difamação há a imputação de fato (definido como crime, no primeiro; somente desonroso, no segundo), enquanto na injúria não há imputação de fato, mas atribuição de conceito depreciativo ao ofendido. Se é natural que fatos possam ser provados, o mesmo não ocorre com a atribuição de "qualidades negativas" (defeitos) a alguém, *sob pena de consagrar-se o direito à humilhação alheia*. Por outro lado, nunca é demais repetir, a *veracidade* ou *autenticidade* dos juízos depreciativos que maculam a honra subjetiva do ofendido é absolutamente irrelevante para a caracterização da injúria.

A despeito da inadmissibilidade, no âmbito penal, da "exceção da verdade", no crime de *injúria*, a Lei n. 13.188, de 2015, que "Dispõe sobre o direito de resposta ou retificação do ofendido em matéria divulgada, publicada ou transmitida por veículo de comunicação social", destacou, expressamente, que "o agravo consistente em injúria não admitirá a prova da verdade" (parágrafo único do art. 6º). Contudo, pode ter a vantagem de evitar o equívoco de pretender-se invocar, analogicamente, a antiga Lei de Imprensa (art. 26 da Lei n. 5.250/67), a qual admitia a "exceção da verdade" também nesse crime, que atinge somente a honra subjetiva do ofendido.

9. Perdão judicial: direito público subjetivo

Perdão judicial é o instituto através do qual a lei possibilita ao juiz deixar de aplicar a pena diante da existência de determinadas circunstâncias expressamente determinadas (ex.: arts. 121, § 5º; 129, § 8º; 140, § 1º, I e II; 180, § 5º, 1ª parte; 242, parágrafo único; 249, § 2º). Na legislação especial também se encontram algumas hipóteses de perdão judicial.

Embora as opiniões dominantes concebam o *perdão judicial* como mero benefício ou favor do juiz, entendemos que se trata de *um direito público subjetivo de liberdade* do indivíduo, a partir do momento em que preenche os requisitos legais. Como dizia Frederico Marques, os benefícios são também direitos, pois o campo do *status libertatis* se vê ampliado por eles, de modo que, satisfeitos seus pressupostos, o juiz é obrigado a concedê-los. Ademais, é inconcebível que uma causa extintiva de punibilidade fique relegada ao *puro arbítrio judicial*. Deverá, contudo, ser negada quando o réu não preencher os requisitos exigidos pela lei.

No crime de *injúria*, a lei prevê o *perdão judicial* quando o ofendido, de modo *reprovável*, a *provoca* diretamente, ou no caso de *retorsão imediata*; no *homicídio e lesão corporal culposos*, se as consequências da infração atingirem o próprio agente de forma tão grave que a sanção penal se torne desnecessária. Mesmo quando a lei possibilita o *perdão judicial* "conforme as circunstâncias" ou "tendo em consideração as circunstâncias" (arts. 176, parágrafo único, e 180, § 3º, do CP), prevê *requisito implícito*, qual seja, a *pequena ofensividade da conduta*, que, se estiver caracterizada, obrigará à concessão do *perdão*.

Enfim, se, ao analisar o contexto probatório, o juiz reconhecer que os requisitos exigidos estão preenchidos, não poderá deixar de conceder o *perdão judicial* por mero capricho ou qualquer razão desvinculada do referido instituto.

Enfim, relativamente aos crimes contra a honra, o Código Penal prevê a possibilidade de o juiz deixar de aplicar a pena somente para o crime de injúria, nos seguintes casos: a) *quando o ofendido, de forma reprovável, provocou diretamente a injúria*; b) *no caso de retorsão imediata, que consiste em outra injúria*, que passamos a examinar.

9.1 *Provocação reprovável e retorsão imediata*

As duas hipóteses, embora semelhantes, são inconfundíveis: na *provocação reprovável* há somente uma injúria, a de quem reage à provocação, pois a conduta do provocador não assume a condição de injúria, caso contrário haveria retorsão; na *retorsão imediata*, por sua vez, há duas injúrias, a inicial, a originadora do conflito, que é revidada com outra injúria. Convém destacar que para existir retorsão é fundamental a existência de duas injúrias, real ou formal (Hungria chama de simbólica), isto é, não poderá haver a figura da retorsão de uma injúria contra outro crime qualquer, pois o texto legal fala em "retorsão imediata, que consiste em *outra injúria*" (grifamos). Nada impede que possa existir retorsão, a nosso juízo, na *injúria real*, desde que não se ignore o princípio da proporcionalidade, ou, nesse caso, talvez até seja mais adequado falar *da razoabilidade*. Dito isto, vejamos cada uma das hipóteses.

9.1.1 Quando o ofendido, de forma reprovável, provoca diretamente a injúria

A primeira hipótese de *perdão judicial* nos crimes contra a honra consiste na *provocação* direta e reprovável da injúria. O tratamento da *provocação*, no Código Penal, nunca passou de mera atenuante ou, no máximo, de facultativo perdão judicial, em determinadas circunstâncias, como ocorre no dispositivo que estamos examinando.

Provocação não se confunde com *agressão*, e a grande diferença reside na intensidade de ambas. A *provocação* não constitui crime, não chega ao nível da injúria, caso contrário estaríamos diante da *retorsão*[8]; mas deve ser suficientemente desagradável, inoportuna e capaz de afetar o equilíbrio emocional do ofensor a ponto de levá-lo a retorquir a provocação, proferindo a ofensa à dignidade ou ao decoro do provocador. Aliás, o texto legal deixa muito claro que a *provocação* tem de ser *reprovável*, ou seja, censurável, injusta, não autorizada em lei. Logo, não a constituem o exercício regular de direito ou o estrito cumprimento de dever legal, a menos que não se observem seus requisitos, agindo de forma ofensiva. Ora, provocação *justa* não é reprovável!

Na hipótese ventilada, o ofendido tem a iniciativa de provocar, de forma reprovável, diretamente a injúria; sua conduta não chega a ser uma injúria contra o ofensor, mas, censuravelmente provocativa, é a *causa* da injúria que acaba recebendo; o provocador é, em outros termos, o *causador* da injúria que sofre.

Reconhecendo que a *injúria* foi assacada em momento de irritação, com alteração emocional, causada pelo ofendido, irrefletidamente, o legislador reconhece o beneplácito do *perdão judicial*. No entanto, a provocação deve ser direta e pessoal, ou seja, deve ser praticada na presença do ofensor, caso contrário não será admitida a isenção de pena, pois o ofensor terá tempo para refletir e pensar em outra solução, de acordo com cânones do Direito.

Na hipótese de *provocação*, não há exigência de *proporcionalidade* absoluta, embora não seja tolerável uma absoluta *desproporcionalidade* entre a provocação e a injúria proferida, pois a complacência do legislador não pode servir de oportunidade para aproveitadores, insensíveis e difamadores vingarem-se ou simplesmente exterio-

---

8. Flávio Augusto Monteiro de Barros, seguindo a orientação de Magalhães Noronha, posiciona-se em sentido contrário, afirmando que: "A provocação pode consistir num crime de calúnia ou difamação, ameaça, lesão corporal etc., exceto injúria. Veja-se o seguinte exemplo: certa pessoa imputa a outra fato difamatório. Esta reage, imputando-lhe uma injúria. Se ambos vierem a ser processados, o difamador será condenado e o injuriador beneficiado pelo perdão judicial" (*Crimes contra a pessoa*, p. 197); Magalhães Noronha, *Direito Penal*, p. 141.

rizarem o mal que encerram dentro de si, quando algum ingênuo ou inculto indivíduo, por exemplo, com sua ação temerária, oportunize essa benevolência legal.

A provocação deve ser pessoal e direta, além, é claro, de censurável, ao passo que, como veremos, a retorsão deve ser imediata, pressupondo, nos dois casos, a necessidade da presença dos protagonistas para possibilitar a reação.

9.1.2 No caso de retorsão imediata, que consista em outra injúria

A segunda hipótese de *perdão judicial*, nos crimes contra a honra, consiste na *retorsão imediata*, consistente em outra injúria, como se fora uma modalidade *light* do "olho por olho, dente por dente", ou seja, injúria por injúria, desde que haja relação de imediatidade, isto é, sem intervalo de tempo entre uma e outra. Interessante invocar o exemplo lembrado por Magalhães Noronha de certo professor, irritado com o aluno que não sabia o ponto, bradar ao bedel: "'*Sr. F., traga um feixe de capim*', ao que o discípulo retrucou: '*Para mim uma xícara de café*'"[9].

Deve-se ter presente, inicialmente, que *retorsão imediata* não se confunde com *legítima defesa*, pois, quando aquela tem lugar, o crime de injúria já está consumado, algo impensável em termos de legítima defesa, cujo requisito temporal exige a *iminência ou atualidade* da agressão, que não se confunde com agressão passada. A reação do agredido, para caracterizar a *legítima defesa*, deve ser sempre *preventiva*, visando impedir o início ou prosseguimento da agressão. Na retorsão, a "agressão" já findou, consumou-se a injúria, embora, deve-se admitir, excepcionalmente, possa até haver uma pequena *confusão* entre legítima defesa e retorsão, no caso, por exemplo, quando a *retorsão* reage a uma *injúria prolongada*, que, se não for interrompida, produzirá dano ainda maior: v. g., alguém segue proferindo publicamente um "arsenal" de impropérios ou, então, age com violência ou vias de fato, cuja ação apresenta um *iter criminis* que, inclusive, pode alongar-se além do normal. Na *injúria real*, é bem mais fácil a admissibilidade da legítima defesa, quando, por exemplo, a retorsão imediata ocorrer antes de consumar-se a violência, estando presente o requisito da *atualidade ou iminência*, requerida pela excludente. Nesses casos, não é necessário que se espere o término definitivo da injúria para retorqui-la, e em o fazendo enquanto está sofrendo essa agressão, não deixa de caracterizar-se, ao mesmo tempo, uma legítima defesa.

A *retorsão imediata*, consistente em outra injúria, na verdade, assemelha-se mais ao *desforço imediato*, excepcionalmente permitido, na *defesa da posse*. Com efeito, a defesa da posse, pelo desforço imediato, autorizada pelo art. 502 do Código Civil, é um bom exemplo de *exercício regular de direito*, no caso de *esbulho possessório*, uma vez que o desforço realiza-se após a consumação do esbulho, sem o requisito da *atualidade*. Se houver esse requisito, será hipótese de *turbação da posse* e poderá caracterizar-se a legítima defesa da posse. Assim, desforço imediato (art. 502 do CC) e retorsão imediata (art. 140, § 1º, do CP) identificam-se pelo *requisito temporal*

---

9. Magalhães Noronha, *Direito Penal*, p. 141.

da imediatidade, que significa posterior, logo após. Ou seja, a *natureza jurídica* da retorsão imediata é *exercício regular de um direito*, instituído pelo dispositivo em exame e à luz do qual deve ser analisado.

Aliás, no caso da retorsão, mais que na provocação reprovável, a *proporcionalidade* assume importância relevante, não que se deva medir milimetricamente as *ofensas*, mas é inadmissível, por exemplo, retorquir uma *injúria comum* com uma *injúria real* ou, principalmente, com uma *injúria preconceituosa*. A desproporção e o abuso são flagrantes, e esse "aproveitamento" da situação é incompatível com os fins do Direito Penal. Isso poderá representar, em outros termos, o *excesso punível*.

9.2 Compensação de injúrias

A *retorsão imediata* não se confunde com *compensação de injúrias*, a não ser no plano puramente comportamental. No plano jurídico, essa compensação não existe, na medida em que o *perdão judicial* disciplinado no § 1º do art. 140 somente pode ser concedido àquele que respondeu com injúria à injúria que lhe havia sido atribuída. Quem proferiu a injúria retorquida deverá ser condenado sem qualquer benefício legal, pois foi sua a iniciativa e sua conduta criminosa desenvolveu-se livremente, sem uma *motivação especial* como a de quem responde à ofensa que sofre.

Nesse sentido, Pessina, citado por Nélson Hungria[10], ponderando que a compensação é incompatível com o fim da justiça punitiva, além de contrariar a própria natureza do crime, e era inadmissível "que os crimes recíprocos se compensassem entre si como débitos recíprocos, por isso que cada crime é sempre qualquer coisa que em si contém uma ofensa à ordem social, e, das injúrias proferidas, a primeira não deixa de ser crime porque outro crime lhe sobrevém, por ela provocado".

Efetivamente todo e qualquer crime que já se consumou não pode ser desfeito por nenhuma ação ou reação posterior. Pode-se tratar de diversas maneiras a sua punibilidade, mas nunca, com ação alguma, se poderá considerá-lo excluído ou inexistente, porque contrariaria toda a estrutura dogmática da teoria do crime: não há compensação de crimes em Direito Penal.

10. Injúria real contra injúria real, legítima defesa e provocação

A questão não é tão simples como pode parecer, demandando uma reflexão mais detida. Pode tratar-se de simples *retorsão* de uma injúria real já consumada com outra do mesmo gênero, pode tratar-se de resposta a uma provocação, mas pode também caracterizar-se uma excludente tradicional de criminalidade, como, por exemplo, uma legítima defesa.

A natureza do crime da injúria real permite, em tese, a possibilidade de ocorrer *legítima defesa*, quando, por exemplo, a injúria real é praticada para evitar que outra, do mesmo gênero, aconteça. Deve-se observar, no entanto, que os requisitos

---

10. Apud Nélson Hungria, *Comentários ao Código Penal*, p. 100.

da excludente devem fazer-se presentes, como a iminência ou atualidade da injúria que se quer evitar, que não tenha sido provocada por quem reage, que haja moderação na repulsa etc. Mas, se a injúria a que se quer responder já se consumou, não se pode falar em legítima defesa, por faltar-lhe um requisito fundamental: *iminência ou atualidade* da ofensa. Resultando, contudo, lesões corporais graves cumuladas com injúria real, nenhum dos figurantes terá, quanto àquelas, qualquer benefício.

Nesta última hipótese, já estaremos diante da *retorsão*, ou seja, a *injúria real* está revidando outra já *consumada* (falta o requisito da *iminência ou atualidade* para a legítima defesa), que também exige cautela na sua análise, pois os fatos podem assumir qualificações jurídicas distintas. Se houve, de parte a parte, somente *vias de fato*, a conjugação de dispositivos é uma, e, se houve *lesões corporais leves* cumuladas com a injúria real, os dispositivos serão outros. E, por fim, se resultaram *lesões corporais graves*, a consequência será absolutamente diferente.

Embora não esteja expresso no dispositivo, nem para incluir nem para excluir, sustentamos que as previsões do § 1º têm inteira aplicação às hipóteses dos dois parágrafos seguintes. Assim, no primeiro caso das formulações que propusemos — com *vias de fato* recíprocas —, aplica-se a previsão do inciso II do § 1º do art. 140, ou seja, "o juiz pode deixar de aplicar a pena, *no caso de retorsão imediata, que consiste em outra injúria*"; no segundo — com *lesões corporais leves* recíprocas —, os dispositivos aplicáveis a ambos (ofendidos e ofensores) são o art. 129, § 5º, II (em relação à pena pelas lesões corporais), e o art. 140, § 1º, II (em relação à pena pela injúria real); e, finalmente, no caso de lesões corporais graves, não haverá quanto a estas nenhum benefício, pois, para elas, não há nenhuma previsão legal do gênero.

E no caso de *provocação*, quando o provocado limita-se a retribuir com *injúria real* através de *vias de fato*? Deve-se notar que o ofendido, provocador, não praticou qualquer crime contra o ofensor, tendo-se limitado à simples provocação. Qual seria a solução: haveria algum benefício ao ofensor ou não? Em razão da provocação do ofendido, relativamente à injúria real, o ofensor pode beneficiar-se da previsão contida no § 1º, I, se a provocação, claro, puder ser definida como "de forma reprovável", exigida pela lei; caso contrário, essa complacência legal não terá aplicação; no entanto, em relação às lesões graves, o ofensor, sujeito ativo, não terá qualquer benefício, por falta de previsão legal. Nenhuma das *lesões* — leves ou graves — inclui-se na expressão "violência" contida na descrição típica da injúria real; a diferença é que, para as *leves*, há a previsão do art. 129, § 5º, II, enquanto para as *graves* não há qualquer previsão semelhante; ao contrário, a previsão que beneficia as lesões corporais leves exclui, expressamente, as lesões graves ("não sendo graves as lesões").

11. Injúria real (qualificada)

Injúria real é a que é praticada mediante violência ou vias de fato *que, por sua natureza ou pelo meio empregado,* se considerem aviltantes. Para caracterizá-la é necessário que tanto a violência quanto as vias de fato sejam, em si mesmas, aviltantes.

A despeito do meio utilizado — *violência ou vias de fato* —, o atual Código Penal situa a injúria real entre os crimes contra a honra, como uma espécie *sui generis* de injúria qualificada, atribuindo, corretamente, prevalência ao bem jurídico que o sujeito ativo pretende ofender. Tanto uma quanto outra necessitam ter sido empregadas com o *propósito de injuriar*, caso contrário subsistirá somente a ofensa à integridade ou à incolumidade pessoal. A distinção entre uma figura delituosa e outra reside exatamente no *elemento subjetivo do tipo* que distingue uma infração da outra, ainda que o fato objetivo seja o mesmo.

Convém distinguir, embora sejam elementares alternativas, *violência*, que "pode" produzir lesão corporal (não a produz necessariamente), e *vias de fato*, que, quando não integrar a *injúria real*, será apenas *contravenção* (art. 21 da LCP).

O termo "violência" empregado no texto legal significa a força física, material, a *vis corporalis*. Essa *violência* pode ser produzida pela própria energia corporal do agente, que, no entanto, poderá preferir utilizar outros meios, como fogo, água, energia elétrica etc. Não é necessário que a violência utilizada seja irresistível ou idônea para produzir graves danos; basta que possa ser definida como violência e tenha condições de *produzir* lesões corporais (e não que as produza necessariamente)[11].

No caso em apreço, a *grave ameaça*, isto é, a violência moral (*vis compulsiva*), não está incluída como elementar da injúria real, pois, quando o legislador deseja integrá-la, o faz expressamente. Com efeito, sempre que o Código Penal usa a expressão "violência" sem a alternativa "ou grave ameaça" está excluindo a violência moral, limitando-se à violência física, isto é, àquela que é empregada sobre o corpo da vítima.

Vias de fato, por sua vez, é expressão não definida pelo ordenamento jurídico brasileiro, que se limita a dizer: "praticar vias de fato contra alguém", sem emitir um conceito legal. Na ausência dessa definição, doutrina e jurisprudência têm procurado dar-lhe um contorno conceitual. Assim, as *vias de fato* caracterizam-se pela prática de atos agressivos, sem *animus vulnerandi*, dos quais não resultem danos corporais. Aliás, é exatamente a inexistência de lesões corporais aliada à ausência de *animus laedendi* que caracteriza a ofensa em vias de fato. Em outros termos, pode-se considerar *vias de fato* a ação violenta contra alguém com intenção de causar-lhe um mal físico, sem, contudo, feri-lo. Assim, são exemplos de *vias de fato* safanões, troca de empurrões ou mesmo de alguma bofetada, sem, no entanto, causar lesão corporal ou qualquer resultado danoso à saúde ou à integridade física. Ou, na feliz afirmação de Manoel Pedro Pimentel, "as *vias de fato* são, portanto, o mínimo de violência física possível, distinguindo-se das lesões corporais pela ausência de efetiva ofensiva física. Quando um delito se integra com a violência, as vias de fato são o mínimo dessa escala elementar"[12].

---

11. Cezar Roberto Bitencourt, *Tratado de Direito Penal*, 19. ed., v. 2, p. 288.
12. Manoel Pedro Pimentel, *Contravenções penais*, 2. ed., São Paulo, Revista dos Tribunais, 1978, p. 155.

A ausência do propósito de ofender, na injúria real, levará o agente a responder somente pelo crime de *lesões corporais* (art. 129 do CP) ou pela contravenção de *vias de fato* (art. 21 da LCP), se estiverem devidamente caracterizados.

Mas o simples uso de violência ou vias de fato é insuficiente para caracterizar a injúria real, sendo necessário questionar qual o propósito que levou à prática da ação, pois, se não pretender injuriar, isto é, ultrajar a vítima, subsistirá a ofensa a sua integridade ou incolumidade física. Na linguagem de Hungria, "mais que o *corpo*, é atingida a *alma*. Quer na intenção do agente, quer quanto à *dor* sofrida pelo ofendido, a ofensa moral sobreleva o ataque à incolumidade física"[13].

Por fim, além da violência ou vias de fato e do elemento subjetivo, é indispensável que as duas elementares referidas sejam em si mesmas ultrajantes, isto é, "que por sua natureza ou pelo meio empregado — diz a lei — sejam aviltantes"[14].

Pode-se exemplificar[15] como condutas tipificadoras de injúria real, desde que sejam praticadas com o propósito de ofender: raspagem de cabelo, chicotada, puxões de orelhas ou de cabelos, cuspir em alguém ou em sua direção, um tapa no rosto de pessoas adultas etc. O tapa no rosto, especialmente com a mão aberta ou com as costas da mão[16], traz em sua essência o desprezo pela vítima, a demonstração de prepotência, de superioridade, ferindo mais a dignidade humana do que a própria integridade física. Traço diferencial dessas condutas comparadas às lesões corporais e às vias de fato reside exatamente no elemento subjetivo, no objetivo pretendido pelo agente: se visar ofender a vítima, ou seja, se seu comportamento foi orientado pelo *animus injuriandi* ou *diffamandi*, constituirá *injúria real*; caso contrário, poderá caracterizar qualquer das outras duas infrações referidas (ou mesmo crime de perigo), subsistindo a ofensa à integridade ou à incolumidade pessoal.

Enfim, a simples *violência* ou *vias de fato* podem constituir apenas o tipo objetivo da injúria real, que é insuficiente para caracterizá-la. Será, como demonstramos, indispensável a complementação do tipo subjetivo, que se compõe do dolo e do elemento subjetivo especial do tipo, representado pelo *especial fim* de injuriar.

O § 2º, ora em exame, determina a aplicação da pena que comina, além da pena correspondente à violência. A contravenção, se existir, será naturalmente

---

13. Nélson Hungria, *Comentários*, p. 109.
14. Magalhães Noronha, *Direito Penal*, p. 143.
15. Nélson Hungria relaciona os seguintes exemplos: "a bofetada, o corte ou puxão de barba, a apalpação de certas partes do corpo (sem fim libidinoso), o levantar as saias a uma mulher ou rasgar-lhe as vestes, cavalgar o ofendido, pintar-lhe a cara com piche, virar-lhe o paletó pelo avesso etc.; e como exemplos da segunda hipótese: o bater em alguém com chicote ou rebenque, ou dar-lhe palmatoadas, ou atirar-lhe excremento ou outra imundície". Lembrava ainda Hungria que "o emprego de instrumento aviltante não constituirá injúria real, se o agente lançou mão dele acidentalmente, porque não tinha outro a seu alcance e deixando manifesta a só intenção da ofensa física" (*Comentários*, p. 109).
16. O rosto é a parte mais nobre do corpo humano; inclusive, esbofetear o rosto de alguém era considerado pelo Direito Romano uma injúria atroz.

absorvida pela injúria real, o que não ocorre com eventual crime concorrente. Neste último caso, as penas devem ser aplicadas cumulativamente, as correspondentes à injúria real e a relativa ao crime configurado pela violência praticada. No entanto, como sustentamos em outro capítulo, isso não significa que exista concurso material de crimes, como pode parecer. Na verdade, há concurso formal, em razão da unidade comportamental do agente, caracterizador dessa modalidade de *concursus delinquentius*; há somente a aplicação do *sistema de cumulação de penas*, em razão dos *desígnios autônomos* que orientaram a prática delitiva, nos termos do art. 70, *caput*, 2ª parte.

11.1 *Injúria real: a elementar "violência" e lesões corporais — distinção*

Discordamos do entendimento segundo o qual a violência, com o sentido com que o termo foi empregado, significa *lesões corporais*[17]. Na verdade, a *violência*, como elementar da *injúria real*, não se confunde com lesão corporal, caso contrário o legislador tê-lo-ia dito, como o fez em relação às *vias de fato*. É possível empregar violência, isto é, força física, gestos abruptos, exercendo-os injuriosamente, isto é, desrespeitosamente, sem, contudo, tipificar *lesões corporais*. Não se pode perder de vista que a injúria real, tal como está tipificada, é um *crime complexo*[18], pois há uma reunião de condutas distintas disciplinadas como apenas uma; protege-se a honra e a incolumidade pública em um único crime: *injúria*!

Na verdade, a "violência" e as "vias de fato" são elementares do crime de injúria real, e a respectiva *valoração* de todo o tipo penal (com todas as suas elementares) está representada pela elevada pena de três meses a um ano *cumulada* com multa, enquanto na injúria simples a pena é alternativa de um a seis meses ou multa.

Pelo entendimento que contestamos, nunca existirá somente o crime de injúria real praticado com violência, possibilitando que se lhe aplique somente a pena correspondente à injúria, pois sempre estará caracterizado o *concurso formal*, devendo-se aplicar a pena cumulativamente. Isso é um paradoxo que não encontra similar em nosso ordenamento jurídico: a definição de um crime que, praticado tal como o descreve a lei, gera, inevitavelmente, a punição de dois!? Poder-se-ia dizer, quem sabe, que se trata de um moderno "dois em um"? Ora, à evidência que não, pois o Direito Penal não faz liquidação, ofertas tentadoras nem economiza tipos penais, descrevendo "dois em um".

Na verdade, essa "cumulação compulsória" de pena não ocorre com a injúria real, enquanto crime complexo, pois, a exemplo do *roubo*, do *estupro* etc., há violação de dois bens jurídicos (honra e incolumidade física), mas representa somente uma *unidade delitiva*. É assim que é definido e é assim que deve ser punido, ou seja, haverá apenas um crime quando a violência não ultrapassar o umbral que lesa a integri-

---

17. Damásio de Jesus, *Direito Penal*, p. 224: "Por violência se entende a lesão corporal, tentada ou consumada, em qualquer de suas formas, leve, grave ou gravíssima (CP, art. 129)".
18. Luiz Regis Prado, *Curso de Direito Penal brasileiro*; Parte Geral, São Paulo, Revista dos Tribunais, 1999, p. 138.

dade física do ofendido, aplicando-se somente a pena correspondente ao crime contra a honra. No entanto, quando a *violência aviltante* constituir, em si mesma, crime, nesse caso (e somente nesse caso) aplicar-se-ão cumulativamente as penas da injúria e do crime correspondente à violência. Com a devida *venia*, essa é a interpretação que se pode dar ao dispositivo em exame, sem violentar a teoria do tipo penal.

11.2 *Injúria real e por preconceito; desvalor da ação e desvalor do resultado*

Quando abordamos a antijuridicidade, ao tratarmos da Parte Geral, destacamos a importância de dois *desvalores* que, necessariamente, integram as condutas proibidas: o *desvalor da ação* e o *desvalor do resultado*[19]; ora predomina um, ora outro, mas ambos, necessariamente, devem estar presentes no interior de cada tipo penal integrante da constelação tipológica do ordenamento jurídico de um Estado Democrático de Direito. Assim, um mesmo crime pode ser mais ou menos lesivo, mais ou menos grave, segundo o *modus operandi* adotado, o meio utilizado, a finalidade visada, o resultado produzido etc.

Embora os crimes contra a honra não sejam, em tese, praticados com *violência*, o Código Penal dispensa um tratamento mais duro para uma *figura especial de injúria*, que é praticada mediante *violência* ou *vias de fato*, também conhecida como injúria real. O fundamento jurídico-político do sancionamento mais grave dessa modalidade de injúria (acrescida, agora, da *injúria preconceituosa*) consiste no maior *desvalor* tanto da ação quanto do resultado, comparativamente à *injúria simples*.

Com efeito, na *ofensa* ao bem jurídico reside o *desvalor do resultado*, enquanto na *forma* ou *modalidade de concretizar a ofensa* situa-se o *desvalor da ação*. Em termos bem esquemáticos, a *lesão* ou *exposição a perigo* do bem ou interesse juridicamente protegido constitui o *desvalor do resultado* do fato; já a maneira ou o *modus operandi* de sua execução configura o *desvalor da ação*. O *desvalor da ação* é constituído tanto pelas *modalidades externas* do comportamento do autor como pelas suas *circunstâncias pessoais*. É indiscutível que o *desvalor da ação*, hoje, tem uma importância fundamental, ao lado do desvalor do resultado, na integração do *conteúdo material da antijuridicidade*. Nesse sentido, são de uma clareza meridiana a diferença e a maior desvalia entre *ações injuriosas* praticadas com violência ou vias de fato e, inclusive, aquelas realizadas com propósito discriminante, e a injúria simples. A lesividade daquelas é consideravelmente superior à destas. O *nomen juris* é o mesmo, o bem jurídico lesado também pode ser o mesmo, mas o dano, a dor, o sofrimento, a angústia que produzem são muito maiores. E, nesse particular, ainda que se trate do mesmo bem ou interesse tutelado, justifica-se maior rigor na punição (não estamos sustentando, evidentemente, o acerto da exagerada sanção da injúria por preconceito, claro que não). Na verdade, é fácil constatar, as condutas são

---

19. Cezar Roberto Bitencourt, *Tratado de Direito Penal — Parte Geral*, v. 1, Capítulo XX, "A antijuridicidade".

diferentes, como diferentes são os resultados da injúria grave e da injúria preconceituosa. O legislador brasileiro, nesses crimes, *valora* os dois aspectos: de um lado, o *desvalor da ação*, digamos, com uma *função seletiva*, destacando as condutas que tipificam as duas modalidades de injúrias "qualificadas", e, de outro lado, o *desvalor do resultado*, que torna relevante, para o Direito Penal, aquelas ações que produzem maior dano ao bem jurídico honra.

Admitimos que, por razões de *política criminal*, o legislador, na hora de configurar os tipos delitivos, possa destacar ou dar *prioridade* a um ou outro *desvalor*, ou, como ocorre no caso presente, simplesmente sobrevalorar a ambos, elevando a sanção aplicável. No entanto, em relação à injúria por preconceito, houve uma elevação desarrazoada, desproporcional, abusiva, causando uma desarmonia na orientação política do Código Penal, punindo desproporcionalmente os mais diferentes bens jurídicos que tutela.

12. Injúria racial, qualificada como injúria preconceituosa

A Lei n. 9.459, de 13 de maio de 1997, criou tipo penal do crime de injúria, conhecida como *injúria racial*, nos seguintes termos: "Se a injúria consiste na utilização de elementos referentes à raça, cor, etnia, religião ou origem. Pena — reclusão, de 1 (um) a 3 (três) anos e multa". Cumpre destacar, no entanto, que essa *"injúria racial"* (§ 3º no art. 140 do CP) não se confunde com o *crime de racismo* previsto na Lei n. 7.716/1989, embora os objetos de ambas as infrações sejam semelhantes, mas apresentam algumas diferenças marcantes. Na verdade, embora a injúria racial e o crime de racismo sejam crimes distintos, praticados por condutas igualmente diferentes, a criminalização de ambos tem, como finalidade, a pretendida *igualdade constitucional*, e, dessa forma, o legislador procura coibir toda forma de discriminação, preconceito e intolerância, que acompanha a civilização através dos tempos. O crime de *injúria racial (§ 3º do art. 140 do CP)* ofende a honra e a dignidade de pessoa determinada, com punição de um a três anos de reclusão, prescrevendo, *in abstracto*, em oito anos a partir da data do fato. Aquele é crime de ação pública incondicionada e esta — a infração penal praticada pela magistrada do Paraná — é crime de ação pública condicionada à representação do ofendido[20].

---

20. A referida Juíza cometeu um *crime de racismo* (injúria racial) ao condenar uma pessoa pobre e, *por ser negra*, considerou que a mesma integrava determinado "grupo criminoso", aumentando-lhe a pena aplicável e atribuindo-lhe esse fato, absurdamente, *"à sua raça negra"*, e também considerando razão suficiente para considerá-la "integrante do referido grupo criminoso" (**Proc. n. 0017441-07.2018.8.16.0013, 1ª V. Crim. Comarca de Curitiba**). Vejamos a fundamentação da ilustre magistrada na dosimetria da pena, *ipsis litteris*:
"Sobre sua conduta social nada se sabe. Seguramente integrante do grupo criminoso, **em razão da sua raça**, agia de forma extremamente discreta os delitos e o seu comportamento, juntamente com os demais, causavam o desassossego e a desesperança a população, pelo que deve ser valorada negativamente".
Afirmou, a digna magistrada que "sobre sua conduta social nada se sabe", mas a julgadora

Ademais, o fundamento político-jurídico da alteração e criminalização da injúria racial reside no fato de que a prática de crimes descritos na Lei n. 7.716/89 (preconceito de raça ou cor), não raro, era desclassificada para o crime de injúria; por isso, e por sua gravidade, houve a necessidade de criação de uma *injúria especial* para proteger esses fatos. Acreditando na injustiça de muitas dessas desclassificações, o legislador, em sua política criminalizadora, resolveu dar nova fisionomia às condutas tidas como racistas — a exemplo da conduta mencionada da referida magistrada — definindo-as como injuriosas, com boa elevação da sua consequência jurídico-penal. Será, portanto, preconceituosa ou discriminatória quando a ofensa à

---

presumiu ser ele "integrante do grupo criminoso, **em razão da sua raça**", e reconhecendo, implicitamente, a falta de prova, então **presumiu**, porque o pobre réu, e ainda negro, "agia de forma extremamente discreta os delitos e o seu comportamento" (sic) e ainda o "acusou" de ser culpado, com os demais, porque "causavam o desassossego e a desesperança a população"!

Parecendo-se com aquele ex-magistrado que destacou em sentença que não havia prova nos autos, mas ele tinha "a convicção da culpa de Lula" para condená-lo — referimo-nos, logicamente, ao Bel. Moro! Demonstrou nessa passagem a ilustre juíza, *além ser de racista*, não saber que qualquer condenação exige prova cabal, bem como qualquer agravação no cálculo da pena exige demonstração concreta de sua ocorrência. Postura como essa da dita magistrada envergonha a instituição a que serve, presta um desserviço à Justiça penal e desacredita a sua função perante a sociedade.

Esse comportamento *essencialmente racista* da referida juíza não condiz com a índole e a tradição da nação brasileira e, principalmente, com a filosofia, a postura e a orientação do Poder Judiciário brasileiro. Certamente, a conduta da juíza Inês Marcharek Zarpelon deve ser a exceção que confirma a regra no âmbito do Poder Judiciário paranaense. Para combater essa postura funcional, bem como a orientação discriminatoriamente racista da referida magistrada, para que não inspire outros colegas seus, deve ser exemplarmente punida para que condutas como essa nunca mais se repitam! Embora não apague a chaga criada pela julgadora, acrescida da flagrante injustiça para com esse cidadão, pelo menos que sirva de exemplo de que o juiz não pode tudo e não tem o direito de *adjetivar* e discriminar a pessoa de nenhum condenado e, muito menos, fazer afirmações de cunho eminentemente discriminatório, como essa.

É condenável a conduta de Sua Excelência, que fundamenta a agravação da pena aplicada, *invocando questão puramente racial*, especialmente por se tratar de jurisdicionado negro e pobre, além de *presumir*, por esse aspecto, sua participação "em grupo criminoso em razão pertencer a raça nega", afirmado literalmente na sentença. O conteúdo dessa decisão é indigna de uma magistrada em um Estado democrático de direito e, ao mesmo tempo, demonstra que não está à altura da grandeza de sua instituição, que tem relevantes serviços prestados ao longo e sua história. A postura criminosa de referida juíza, na 1ª Vara criminal de Curitiba, envergonha a instituição a que pertence, o Poder Judiciário do Estado do Paraná. A rigor, a douta juíza deve pedir desculpas ao povo brasileiro, principalmente ao condenado, devendo ser submetida a um processo criminal pela prática de injúria racial, além de dever ser afastada do exercício jurisdicional pelo próprio Poder Judiciário, por conduta incompatível com exercício da magistratura. Com a palavra o CNJ, no plano administrativo, com o devido e necessário afastamento do exercício jurisdicional, além de dever responder criminal e civilmente pelo gravíssimo ato que praticou.

dignidade ou ao decoro utilizar elementos referentes a *raça, cor, etnia, religião, origem ou condição de pessoa idosa ou portadora de deficiência*. O maior *desvalor da ação*, nesta modalidade de injúria — superior às injúrias tradicionais —, justifica uma maior reprovação penal e, consequentemente, sua maior punição, como prevista no dispositivo supracitado.

Para finalizar, apenas um comentário a mais: o diploma legal, autodenominado *Estatuto da Pessoa Idosa*, constitui a amostra mais eloquente das incoerências do legislador contemporâneo, que é incapaz de manter o mínimo de harmonia e logicidade nas excessivas e, normalmente, inadequadas alterações do vigente sistema jurídico-penal. Nessa linha, somente para exemplificar, olvidou-se de disciplinar as hipóteses em que a pessoa idosa figura como sujeito ativo de alguma infração penal (afinal, o estatuto é de proteção do idoso), *verbi gratia*, a contagem, pela metade, do lapso prescricional (art. 115 do CP). Nesse sentido, esqueceu-se de criar uma atenuante legal ou uma causa especial de diminuição da pena nos crimes praticados por idosos.

Com efeito, dentre tantas impropriedades, pode-se destacar, especificamente, na análise desse diploma legal, a diversidade de expressões utilizadas para definir quem pode ser tratado, legalmente, como "idoso": "pessoa idosa" (art. 140, § 3º); "com idade igual ou superior a 60 anos" (art. 183, III); "maior de 60 anos" (arts. 61, *caput*, 141, IV, e outros). Nessas circunstâncias, obedece-se ao disposto no art. 1º da Lei n. 10.741/2003, que proclama: "É instituído o Estatuto da Pessoa Idosa, destinado a regular os direitos assegurados às pessoas com idade igual ou superior a 60 (sessenta) anos". Não resta dúvida de que tais locuções são utilizadas com o mesmo significado, isto é, como sinônimas de pessoa idosa. Nossa insatisfação com o mau gosto e as impropriedades legislativas não chega ao ponto de sugerir outra interpretação, ou seja: a partir da vigência do cognominado *Estatuto da Pessoa Idosa*, deve-se, necessariamente, considerar "pessoa idosa" aquela "com idade igual ou superior a 60 anos". Contudo, para efeitos de atribuir-se a responsabilidade penal a alguém, é indispensável que eventual sujeito ativo de alguma infração penal contra o "idoso" *tenha plena consciência dessa condição da indigitada vítima*.

12.1 *Elemento subjetivo especial da injúria preconceituosa*

Desde o advento da presente lei, têm-se cometido equívocos deploráveis, pois simples desentendimentos, muitas vezes envolvendo autoridades persecutórias, sem qualquer comprovação efetiva de sua ocorrência e, principalmente, do elemento subjetivo, têm gerado prisões e processos criminais de duvidosa legitimidade, especialmente quando envolvem policiais negros e se invoca, sem qualquer testemunho idôneo, a prática de "crime de racismo", ou, então, em simples discussões rotineiras ou em caso de mau atendimento ao público, quando qualquer das partes é negra, invoca-se logo "crime de racismo". Ignora-se, frequentemente, (inclusive que o crime de racismo [Lei. 7.716/89] não se confunde com injúria racial ou discriminatória), independentemente do que de fato tenha havido. Em sentido semelhante, por sua pertinência, merece ser citada a percuciente, na época, crítica do saudoso Damásio de Jesus sobre o novo equívoco do legislador:

"Andou mal mais uma vez. De acordo com a intenção da lei nova, chamar alguém de 'negro', 'preto', 'pretão', 'negrão', 'turco', 'africano', 'judeu', 'baiano', 'japa' etc., desde que com vontade de ofender-lhe a honra subjetiva relacionada com a cor, religião, raça ou etnia, sujeita o autor a uma pena mínima de um ano de reclusão, além de multa, maior do que a imposta no homicídio culposo (1 a 3 anos de *detenção*, art. 121, § 3º) e a mesma pena do autoaborto (art. 124) e do aborto consentido (art. 125). Assim, matar o feto e xingar alguém de 'alemão batata' têm, para o legislador, idêntico significado jurídico, ensejando a mesma resposta penal e colocando as objetividades jurídicas, embora de valores diversos, em plano idêntico"[21].

Contudo, vivemos outros tempos, em que as ofensas raciais e sexuais ampliaram-se e atingiram níveis insustentáveis, demandando maior rigorismo, mais fiscalização e punição, exemplarmente rigorosa, para combater essa chaga da humanidade, qual seja, principalmente, a *discriminação racial e sexual*. Nessas ofensas discriminatórias de raça e de gênero *dispensa-se a exigência do elemento subjetivo especial do tipo*, porque em ambas ele está ínsito na conduta em si, isto é, na própria manifestação de cunho racial ou sexual. *Venia concessa*, nesses aspectos, relativamente à *discriminação de raça, cor e sexual*, mudamos nosso entendimento anterior.

Por outro lado, recomenda-se, mais que nos outros fatos delituosos, extrema cautela para não se correr o risco de inverter a discriminação preconceituosa, com o uso indevido e abusivo da proteção legal. A rigor, a simples referência aos "dados discriminatórios" contidos no dispositivo legal — com exceção de raça, cor, gênero sexual e deficiência —, regra geral, é insuficiente para caracterizar o "crime de injúria racial ou sexual". É bom que se destaque, por outro lado, que a *inafiançabilidade e a imprescritibilidade* (art. 5º, XLII, da CF) só são previstas para o *crime de racismo* (Lei 7.716/89), distinto, portanto, da injúria racial ou preconceituosa. Contudo, o STF acaba de decidir que a injúria racial é *imprescritível*, de acordo com o HC n. 154.248, de 28 de outubro de 2021. O entendimento indicado vem sendo repetido em diversos julgados, como ocorreu no ARE n. 1488521 AgR, de Relatoria do Ministro Gilmar Mendes, de 23 de agosto de 2024.

Para a configuração da *injúria por preconceito* é fundamental, além do *dolo* representado pela vontade livre e consciente de *injuriar*, também a presença do *elemento subjetivo especial do tipo*, constituído pelo *especial fim* de discriminar a vítima, com o objetivo de atingir a sua honra e a sua dignidade como pessoa humana, ofendendo-lhe, por razão de *raça, cor, etnia, religião ou origem*, a honra e a dignidade do ser humano, pois, na verdade, o (a) ofensor(a) *deseja humilhar e diminuir a vítima* na tentativa de demonstrar-lhe que ela é inferior ao ofensor (a). Na realidade, o (a) ofensor(a), nessas circunstâncias, pelo contrário, mostra que é inferior à vítima que deseja agredir e ofender, demonstrando ser indigno(a) — como no caso daquela juíza do Paraná — da honraria de que se julga detentor(a), na medida em que é incapaz de respeitar a dignidade e honra de seu semelhante. Trata-se, indiscutivelmente, de uma

---

21. Damásio de Jesus, *Direito Penal*, p. 225-6, no qual prossegue com seu extenso rol de exemplos.

das mais graves ofensas que podem atingir o ser humano, à qual o ofendido não pode revidar, da qual não pode se defender e, ademais, sofre essa discriminação desde sempre, causando-lhe angústia, sofrimento, depressão, por vezes incurável, legitimando, inclusive, a busca da devida reparação de dano no âmbito judicial, e tem que ser erradicada da sociedade contemporânea de uma vez por todas.

No entanto, como destacamos acima, o *crime de racismo*, assim considerado, não se confunde com a *injúria racial* ou sexual, que é um crime contra honra, realmente grave, tanto que é um crime qualificado, com limite mínimo e máximo especialmente para essa natureza de injúria (um a três anos de reclusão). Enfim, recomenda-se muita cautela, especialmente quando a suposta vítima seja alguma autoridade repressora — para não invocarem, inversa e indevidamente essa situação — ou seja, para evitar excessos e coibir as transgressões legais efetivas, sem contribuir para o aumento das injustiças, que, muitas vezes, ocorrem.

12.2 *Pena e ação penal da injúria preconceituosa*

A despeito de todos aplaudirmos o advento da "Lei do Racismo" para combater grandes parcelas da população, adeptas de preconceitos raciais e religiosos que não condizem com a índole e a tradição da nação brasileira, reconsiderando posição anterior reconhecemos a necessidade, a conveniência e a oportunidade do maior sancionamento penal para essas infrações. Referida sanção equipara-se à punição aplicável ao *homicídio culposo*, afora a existência de eventual majorante que pode duplicá-la, observando, a nosso juízo, o princípio da proporcionalidade exigido, inclusive, pelo nosso texto constitucional.

No entanto, a nosso juízo, a Lei n. 9.459/97, que introduziu no ordenamento jurídico brasileiro a *injúria por preconceito*, equivocou-se quanto à *natureza da ação penal* correspondente. Realmente, a despeito da correção sancionatória, manteve-a de *exclusiva iniciativa privada*, criando grande constrangimento às vítimas potenciais esse tipo discriminatório de infração contra a honra e a dignidade da pessoa. Com efeito, sendo a maioria delas pessoas simples, de pouco ou nenhum poder aquisitivo, como poderão contratar advogado competente para representá-las?

Sem pretender *constranger* o Estado, a *política criminal* adotada, no particular, é *preconceituosa*, para usar um trocadilho, pois trata de um tema tão relevante, causador de tantas injustiças às minorias que menciona, e, no entanto, deixa a ação penal, isto é, o uso do aparato estatal, à mercê da *exclusiva iniciativa privada*, como se para o Estado não se tratasse de um assunto relevante e como se o *bem jurídico lesado* (honra e dignidade) não justificasse a movimentação oficial da máquina judiciária. Trata-se, inegavelmente, de uma postura discriminatória do legislador que, ao "desincumbir-se" de uma missão espinhosa, qual seja, criminalizar mais fortemente a conduta injuriosamente discriminatória, "deu com uma mão e tirou com a outra": ou seja, criminalizou a conduta racista ou discriminatória, mas não impôs a obrigatoriedade da ação penal, isto é, não determinou tratar-se de crime de *ação pública incondicionada*!

Esta é uma reforma — das tantas que ocorrem com muita frequência — necessária, somente para transformar essa ação penal em *pública incondicionada*, caso contrário, como o jovem vítima daquele crime da magistrada do Paraná poderá *contratar advogado, com poderes especiais*, para processar logo uma juíza, pela prática do crime racial que sofreu?!

O legislador, em 2003, ao legislar sobre o Estatuto da Pessoa Idosa, desperdiçou mais uma chance de reparar o equívoco, contemplando como hipótese de *injúria preconceituosa* a ofensa em razão da condição de pessoa idosa e portadora de deficiência, e não exigindo ação penal pública para as formas de injúria qualificada. Contudo, finalmente, parece que ouvindo e recepcionando nossa contundente crítica quanto a esse grave equívoco, o legislador brasileiro, alterando a redação do parágrafo único do art. 145, determina que a *ação penal* do crime de *injúria preconceituosa* passa a ser de *natureza pública condicionada à representação do ofendido* (Lei n. 12.033, de 29 de setembro de 2009). Melhorou um pouco, mas ainda não o suficiente, pois deveria ser pública incondicionada, como defendemos acima. Essa modificação, contudo, foi realizada pela Lei n. 14.532/2023, e atualmente a injúria racial é um crime de ação penal pública incondicionada.

12.3 *Racismo estrutural e as alterações previstas pela Lei n. 14.532 de janeiro de 2023*

Ao longo do tempo uma maioria branca foi, digamos, "normalizando" ou procurando "normalizar" determinada *forma comum de racismo*, com a adoção de eufemismos para fazer referência a negros ou pretos, utilizando, por exemplo, as palavras "moreno", "pessoa de cor" etc. Essa atitude evidencia um desconforto das pessoas, em geral, ao utilizar as palavras "negro" ou "preto" pelo estigma social que a população negra recebeu ao longo dos anos, como se com aquelas palavras conseguissem afastar sua concepção racista, praticamente considerada *normal* na sociedade. Era uma postura histórica, digamos, uma espécie de *normalização* de uma concepção racista mais conservadora, sendo mais dócil e "menos agressiva" com aquele "ser inferior".

O *racismo* não é um problema brasileiro que se esgota em si mesmo, ele vai muito além disso. Essa *política racista-discriminatória* mina as potencialidades dos discriminados (negros), amplia desmesuradamente o abismo criado por desigualdades sociais, políticas, humanas etc. entre as classes sociais, com gravíssimos prejuízos à raça negra. Alguns números citados aqui e acolá demonstram a gravidade do problema, especialmente do denominado *racismo estrutural*. Tais números são suficientes para nos escandalizarmos por sua magnitude. O imenso potencial da *população carcerária, curiosamente, é constituída por negros*. Os noticiários nos advertem diariamente que pessoas negras são mortas com maior frequência e em muito maior proporção que pessoas brancas: os negros representam 75% das vítimas de homicídio, segundo o Atlas da Violência de 2019. São, igualmente, maioria em meio à camada mais pobre da população: dos 10% de brasileiros mais pobres, 75% são negros, segundo o IBGE. Enfim, em qualquer estatística que se busque verificar-se essa disparidade negativa em relação a raça negra, parecendo que os negros integram outra sociedade, outro país, que não o Brasil.

12.3.1 A injúria racial é crime imprescritível

A Lei n. 14.532 alterou, no início de 2023, entre tantas outras modificações, a tipificação do *crime de injúria racial*, definindo-a como *crime de racismo*, excluiu-a do Código Penal, transportando-a para a Lei n. 7.716/89, definidora do *crime de racismo*. Cominou-lhe a pena de dois a cinco anos de reclusão (art. 2º-A), majorando-a de metade "se o crime for *cometido mediante concurso de duas ou mais pessoas*" (parágrafo único). Além de prever "a suspensão de direitos em caso de *racismo* praticado no contexto de atividade esportiva ou artística" e cominar pena "para o *racismo religioso* e para o praticado por funcionário público", segundo sua própria ementa.

O bem jurídico tutelado no *crime de racismo* é a própria dignidade da pessoa humana, não individual, mas coletivamente, enquanto no crime de *injúria racial* o bem jurídico ofendido (tutelado) é a *honra subjetiva individual* da vítima pessoalmente ofendida. Em outros termos, no crime de racismo o bem jurídico é, digamos, universal na medida em que ofende ou agride criminosamente toda uma raça, todo um povo, todo um segmento pessoal, social, cultural ou histórico de determinado grupo de pessoas, cujo universo abrange toda uma coletividade social ou racial, representante de significativo segmento de pessoas e raças ou mesmo de habitantes de determinado território geográfico de qualquer dos Continentes.

Ainda sobre a referida lei, o legislador seguiu e complementou a orientação adotada pelo STF no julgamento do HC 154.248, iniciado a partir do dia 26 de novembro de 2020, no qual se discutia a *imprescritibilidade do crime de injúria racial*.

Nessa oportunidade, o rel. Ministro Edson Fachin *votou pela denegação da ordem*, pois, segundo ele, "a injúria racial traz em seu bojo o emprego de elementos associados ao que se define como raça, cor, etnia, religião ou origem para se ofender ou insultar alguém, havendo ataque à honra ou à imagem alheia, com violação de direitos, como os da personalidade, que estão ligados à dignidade da pessoa humana". Assim, segundo esse relator, "a injúria é uma forma de realizar o racismo, e agir dessa forma significa exteriorizar uma concepção odiosa e antagônica, revelando que é possível subjugar, diminuir, menosprezar alguém em razão de seu fenótipo, de sua descendência, de sua etnia, sendo possível enquadrar a conduta no conceito de discriminação racial previsto em diplomas internacionais quanto na definição de racismo já empregada pelo Supremo (HC 82.424)". Complementou destacando que *"a atribuição de valor negativo ao indivíduo em razão de sua raça cria as condições ideológicas e culturais para a instituição e a manutenção da subordinação, tão necessária para o bloqueio de acessos que edificam o racismo estrutural*, ampliando também o fardo desse manifesto atraso civilizatório e torna ainda mais difícil a já hercúlea tarefa de cicatrizar as feridas abertas pela escravidão para que se construa um país de fato à altura do projeto constitucional nesse aspecto".

12.3.2 O Brasil foi o último País a abolir a escravidão africana

No continente americano, o Brasil foi o último país a abolir a escravidão do povo africano, o que só veio a ocorrer, pelo menos formalmente, em 1888, cujo sentimento e postura comportamental racista continua presente em nosso país. O

Brasil nunca poderá olvidar que foi palco de uma histórica, brutal, desumana, imoral e vergonhosa escravidão por mais de 300 anos, responsável pela manutenção ainda arraigada na sociedade contemporânea de *uma cultura racista excludente*, que nos envergonha permanentemente. No continente americano, o Brasil foi o último país a abolir a escravidão do povo africano, o que só veio a ocorrer, pelo menos formalmente, em 1888, cujo sentimento e postura comportamental racista continua presente em nosso país. Essa *discriminação racial*, altamente condenável sob todos os aspectos, depois de quase um século e meio da abolição formal da escravatura, continua enraizada não apenas no inconsciente coletivo da sociedade brasileira, mas também na sua postura comportamental diária, que, injustificadamente, se considera superior às pessoas de cor ou de determinadas origens.

Trata-se de um sentimento e de um posicionamento absolutamente condenáveis, sob qualquer ponto de vista que se analise, na medida em que tal comportamento social, emocional, sentimental e, fundamentalmente, racial, que marginaliza discriminatoriamente as pessoas negras ou de origem negra e as exclui socialmente, impedindo-as de se sentirem e se constituírem como cidadãs plenas, com igualdade de direitos, prerrogativas sociais, comportamentais, profissionais etc. Esse péssimo e inadmissível sentimento de dominação e de superioridade discriminatória de grande parcela da sociedade brasileira vitimiza, avilta, diminui e violenta a honra e a dignidade da pessoa humana negra, sonegando-lhe o legítimo direito constitucional de cidadã(o) igual, com os mesmos direitos e prerrogativas asseguradas em nossa Carta Constitucional. Não há na sociedade brasileira, sob o manto da Constituição Federal de 1988, ninguém superior a ninguém, todos são iguais perante ela.

12.3.3 Além de imprescritível a injúria racial como crime de racismo é inafiançável

Por isso, o combate dessa *discriminação racial estrutural* tem que ser diuturno, permanente, sem tréguas, e com a aplicação de severas sanções àqueles que forem surpreendidos com a prática de *racismo, tanto que, em um primeiro momento, operou-se um simulacro de equiparação ao crime de racismo* (Lei n. 7.716/89). Finalmente, com a publicação da Lei n. 14.532, de fevereiro de 2023, mais que equiparar a injúria racial ao *crime de racismo*, tipificou-a também como uma *espécie do gênero crime de racismo*, aliás, destacado expressamente em sua ementa. Com efeito, o legislador brasileiro excluiu a "injúria racial" do Código Penal e transportou-a para a Lei n. 7.716/79, e também a definiu como *crime de racismo*. Enfim, a *injúria racial*, agora elevada a crime *inafiançável, imprescritível*, integrada e disciplinada pela *lei do racismo* (Lei n. 7.716/89), pode-se afirmar, passou a ser uma espécie do gênero *crime de racismo*, aliás, como destacado na própria ementa desse diploma legal.

Constata-se que houve mais do que uma alteração semântica do legislador na definição dos *crimes de racismo*, que ampliou seu leque, bem como suas consequências penais, alertando a sociedade para a gravidade dessas condutas e exigência de mudança comportamental de toda a comunidade brasileira. *Injúria racial* é efetivamente *crime de racismo*, disciplinado pela lei de racismo e sofre as mesmas consequências penais e procedimentais dessa infração penal. Enfim, recomenda-se que se adote uma postura cívica de permanente alerta e combate a qualquer atitude, gesto, movimento, ação, palavra ou insinuação que contenha embutido em seu bojo um sentimento racista e reacionariamente discriminatório contra qualquer pessoa negra, em qualquer ambiente, em qualquer lugar e em qualquer circunstância. Esse sentimento reacionário materializa-se, no Estado brasileiro, por exemplo, na ausência de políticas públicas que possam promover melhores condições de vida a essa população permanentemente discriminada em nossa sociedade.

13. Concurso de crimes e absorção

A *contravenção* "vias de fato" é absorvida, mas há concurso formal de crimes com eventuais lesões corporais, leves ou graves, pois o § 2º determina a aplicação da pena cominada, além da pena correspondente à violência. A questão é, afinal, a que violência o preceito secundário do referido parágrafo está se referindo? Será a toda *violência*, inclusive *vias de fato*, ou será somente àquela que, isoladamente, também constituir crime?

Constata-se que, embora "vias de fato" também constitua "violência", nesse caso específico a lei as distinguiu, determinando a cumulação de penas daqueles fatos *violentos*, distintos de *vias de fato*, que, em si mesmos, constituírem crimes, pois a violência, pura e simplesmente, e as vias de fato são *elementares* da injúria real, e, em sendo assim, já estão valoradas na cominação das penas de três meses a um ano de detenção e multa. Contudo, quando a violência, necessária para caracterizar a injúria real, for além, configurando em si mesma crime, como, por exemplo, lesões leves ou graves, nesses casos, e somente nesses casos, as penas devem ser *cumuladas*.

Registre-se que, ao contrário do que se tem afirmado, a simples previsão de cumulação das penas da violência e da injúria real não significa que se esteja reconhecendo ou instituindo uma modalidade *sui generis* de concurso material de crimes, como já tivemos oportunidade de discorrer longamente sobre o assunto em outro capítulo. Com efeito, o que define a natureza do concurso de crimes é a unidade ou pluralidade de condutas e não o sistema de aplicação de penas, que, no caso, é o do cúmulo material (art. 70, 2ª parte). Somente haverá concurso material se houver mais de uma conduta, uma com violência aviltante caracterizadora da injúria real e outra produtora de lesões (leves ou graves); caso contrário, o concurso será formal, embora com aplicação cumulativa de penas.

14. O necessário cotejamento entre os crimes de injúria majorada e desacato

A conduta de ofender funcionário público no exercício ou em razão de suas funções pode propiciar enquadramentos legais diversos, admitindo, como se verá, algumas variáveis. Normalmente, tem-se tipificado como crimes de *desacato* (artigo 331 do CP) ou *injúria majorada* (artigo 140 combinado com 141, II do CP). No entanto, a partir da admissão dos tratados de direitos humanos como normas supralegais, recomenda-se, no mínimo, uma revisão conceitual, destacando-se algumas diferenças fundamentais entre os crimes de injúria e desacato.

Considera-se que o crime de *desacato* alcança especialmente a função pública exercida por determinada pessoa. Configura-se o *desacato* quando a ofensa ao funcionário público tem a finalidade de *humilhar* o próprio funcionário e o prestígio da atividade pública. Por isso, é imprescindível que a ofensa seja proferida na presença do funcionário público, pois somente assim estará demonstrada a dupla finalidade de inferiorizar o funcionário público e, via oblíqua, a própria função pública. Portanto, somente é admissível o *desacato* direto e imediato do funcionário público cumulado com ofensa desarrazoada da própria função pública.

Já o *crime de injúria* atinge a *honra subjetiva do ofendido*. Logo, o crime de injúria consuma-se quando a ofensa à dignidade ou ao decoro chega ao seu conhecimento, direta ou indiretamente, ofendendo e menosprezando o conceito que tem de si mesmo. Por isso, é indiferente que a ofensa tenha sido proferida na presença da vítima (injúria imediata) ou que tenha chegado ao seu conhecimento por intermédio de interposta pessoa (injúria mediata). Quanto a *injúria* for praticada contra funcionário público, incidirá uma causa de aumento de pena.

O Superior Tribunal de Justiça, mais ou menos no sentido que viemos discorrendo sobre a inadequação do *crime de desacato*, mas por um outro viés, qual seja, o da "inconvencionalidade" do questionado *crime de desacato*[22], invocando o art. 13 da *Convenção Americana de Direito Humanos* (Pacto de São José da Costa Rica)[23], a qual tem *status* supralegal e garante a liberdade de pensamento e de expressão, a exemplo de nossa Carta Magna. Em outros termos, esses tratados internacionais de direitos humanos estão acima da legislação infraconstitucional[24]. Nesse sentido, seguindo a orientação da referida Convenção Americana, a 5ª Turma do STJ, a unanimidade, em *Habeas Corpus* da Relatoria do digno Ministro Ribeiro Dantas, destacou que:

"10. A Comissão Interamericana de Direitos Humanos — CIDH já se manifestou no sentido de que as leis de desacato se prestam ao abuso, como meio para silenciar ideias e opiniões consideradas incômodas pelo *establishment*, bem assim proporcionam maior nível de proteção aos agentes do Estado do que aos particulares, em contravenção aos princípios democrático e igualitário. 11. A adesão ao Pacto de São José significa a transposição, para a ordem jurídica interna, de critérios recíprocos de interpretação, sob pena de negação da universalidade dos valores insertos nos direitos fundamentais internacionalmente reconhecidos. Assim, o método hermenêutico mais adequado à concretização da liberdade de expressão reside no postulado *pro homine*, composto de dois princípios de proteção de direitos: a dignidade da pessoa humana e a prevalência dos direitos humanos. 12. A criminalização do desacato está na contramão do humanismo, porque ressalta a preponde-

---

22. Cezar Roberto Bitencourt. *Tratado de Direito Penal* — Parte Geral, 30. ed., São Paulo, Saraiva, 2024, v. 1, p. 283-284.
23. STF, RE 466.343, Rel. Min. Cezar Peluso, *DJe* de 5-6-2009.
24. Vige no plano intermediário entre as leis ordinárias e a Constituição Federal.

rância do Estado — personificado em seus agentes — sobre o indivíduo. 13. A existência de tal normativo em nosso ordenamento jurídico é anacrônica, pois traduz desigualdade entre funcionários e particulares, o que é inaceitável no Estado Democrático de Direito. 14. Punir o uso de linguagem e atitudes ofensivas contra agentes estatais é medida capaz de fazer com que as pessoas se abstenham de usufruir do direito à liberdade de expressão, por temor de sanções penais, sendo esta uma das razões pelas quais a CIDH estabeleceu a recomendação de que os países aderentes ao *Pacto* abolissem suas respectivas leis de desacato. 15. O afastamento da tipificação criminal do desacato não impede a responsabilidade ulterior, civil ou até mesmo de outra figura típica penal (calúnia, injúria, difamação etc.), pela ocorrência de abuso na expressão verbal ou gestual utilizada perante o funcionário público. 16. Recurso especial conhecido em parte, e nessa extensão, parcialmente provido para afastar a condenação do recorrente pelo crime de desacato (art. 331 do CP" (RESP n. 1.640.084 — SP, unânime, rel. Min. Ribeiro Dantas, j. 15-12-2016).

Dessa forma, mais ou menos na linha que já sustentávamos sobre os abusos dos denominados *crimes de desacato*, com essa decisão o STJ afasta a *convencionalidade* ("constitucionalidade"), desse crime, seguindo, com louvável perspicácia a orientação do *Pacto de São José da Costa Rica*.

Infelizmente, em sentido contrário ao julgado do STJ, no ano de 2020 o STF decidiu que "Foi recepcionada pela Constituição de 1988 a norma do art. 331 do Código Penal, que tipifica o crime de desacato" (STF, ADPF 496, rel. Min. Roberto Barroso, Tribunal Pleno, julgado 22-6-2020, publicado 24-9-2020).

Na verdade, examinando esse aspecto tivemos oportunidade de destacar que, "a partir da Emenda Constitucional n. 45/2004 deve-se interpretar que a locução "guarda da Constituição" constante do art. 102, I, *a*, abrange, além do texto da Constituição, também as *normas constitucionais equiparadas*, como são, por exemplo, os *tratados de direitos humanos*, hoje, material e formalmente constitucionais. Nesse sentido, é o magistério do internacionalista prof. Valério Mazzuoli, *verbis*: "ainda que a Constituição silencie a respeito de um determinado direito, mas estando esse mesmo direito previsto em tratado de direitos humanos constitucionalizado pelo rito do art 5º, § 3º, passa a caber, no Supremo Tribunal Federal, o controle concentrado de constitucionalidade/ convencionalidade (v. g., uma ADIn) para compatibilizar a norma infraconstitucional com os preceitos dos tratados constitucionalizados. Aparece, aqui, a possibilidade de invalidação *erga omnes* das leis domésticas incompatíveis com as normas dos tratados de direitos humanos"[25].

Dessa forma, com elogiável interpretação, o STJ, na senda da Comissão Interamericana de Direitos Humanos, afastou a *superproteção* adicional a funcionários públicos contra as insatisfações dos "súditos", na comparação com os cidadãos em geral. Reconheceu que um *Estado democrático de direito* deve submeter-se ao con-

---

25. Valerio de Oliveira Mazzuoli, *O controle jurisdicional da convencionalidade das leis*, 2. ed., São Paulo, Revista dos Tribunais, 2011, p. 147.

trole popular e deve procurar atender aos anseios dos cidadãos, exercendo uma boa atenção às suas demandas, sem criminalizar eventuais demonstrações mais agressivas de sua insatisfação com a administração pública.

15. Pena e ação penal

A sanção penal, para a figura simples, é *alternativa*, detenção de um a seis meses ou multa (*caput*); na injúria real, é *cumulativa*, detenção de três meses a um ano e multa, além da pena correspondente à violência (§ 2º); finalmente, a injúria por preconceito é sancionada, *cumulativamente*, com *reclusão* de um a três anos e multa (§ 3º).

A *ação penal*, a exemplo da calúnia e da difamação, como regra geral, é *de exclusiva iniciativa privada* (art. 145); será, no entanto, *pública condicionada* (art. 145, parágrafo único) quando: a) praticada contra presidente da República ou contra chefe de governo estrangeiro (com requisição do ministro da Justiça); b) contra funcionário público, em razão de suas funções (com representação do ofendido). A quarta exceção à regra geral, segundo o texto legal, ocorre quando, na *injúria real*, da violência resultar *lesão corporal* (arts. 140, § 2º, e 145, *caput*, 2ª parte). Essa é uma peculiaridade exclusiva da injúria, que os outros crimes contra a honra — calúnia e difamação — não têm.

No entanto, a partir da Lei n. 9.099/95, essa previsão merece uma reflexão mais detida. Na verdade, o art. 88 da referida lei estabelece que a lesão corporal leve ou culposa é de ação pública condicionada à representação. Assim, a nosso juízo, é indispensável que se estabeleça uma distinção entre lesão corporal leve e lesão corporal grave ou gravíssima: no caso da primeira, a ação penal será *pública condicionada à representação*; no caso das outras lesões, será *pública incondicionada*. Mas, nesta hipótese, há mais uma ressalva a fazer: a ação penal será pública incondicionada somente em relação às lesões, uma vez que em relação à injúria mantém-se a exclusiva iniciativa privativa do ofendido ou seu representante legal[26].

Na realidade, nessa hipótese, havendo interesse do ofendido em propor a ação privada pelo crime de injúria, cumulativa com a ação pública (condicionada, por lesões leves; incondicionada, por lesões graves), ocorrerá um *litisconsórcio ativo* entre o ofendido e o Ministério Público. Por fim, a injúria nunca será crime de ação pública incondicionada, mesmo quando da violência resultar lesão corporal grave.

---

26. Nélson Hungria, *Comentários*, p. 131.

DISPOSIÇÕES COMUNS AOS CRIMES CONTRA A HONRA — XXII

Sumário: 1. Considerações preliminares. 2. Formas majoradas dos crimes contra a honra. 2.1. Contra o presidente da República ou contra chefe de governo estrangeiro. 2.2. Contra funcionário público, em razão de suas funções. 2.3. Na presença de várias pessoas, ou por meio que facilite a divulgação da calúnia, da difamação ou da injúria. 2.4. Contra criança, adolescente, pessoa maior de 60 (sessenta) anos ou pessoa com deficiência, exceto na hipótese prevista no § 3º do art. 140 deste Código. 2.5. Mediante paga ou promessa de recompensa. 3. Causas especiais de exclusão de crimes. 3.1. Natureza jurídica das excludentes especiais. 3.2. Excludentes especiais e elemento subjetivo. 3.3. Espécies de excludentes especiais. 3.3.1. Ofensa irrogada em juízo (I) — imunidade judiciária. 3.3.1.1. Limites subjetivos da imunidade judiciária. 3.3.2. Inviolabilidade profissional: em juízo ou fora dele. 3.3.2.1. No exercício da atividade: em juízo ou fora dele. 3.3.3. Crítica literária, artística ou científica (II). 3.3.4. Conceito desfavorável emitido por funcionário público (III). 4. Retratação. 4.1. Efeitos da retratação. 4.2. Forma, conteúdo e momento processual da retratação. 4.3. Retratação nos crimes de ação pública condicionada: possibilidade. 5. Pedido de explicações em juízo: interpelação judicial. 5.1. Competência para julgamento das explicações. 6. Ação penal nos crimes contra a honra. 6.1. Espécies de ação penal. 6.1.1. Ação penal pública. 6.1.2. Ação penal privada. 6.2. Ação penal nos crimes de calúnia, difamação e injúria.

Disposições comuns

Art. 141. As penas cominadas neste Capítulo aumentam-se de um terço, se qualquer dos crimes é cometido:

I — contra o Presidente da República, ou contra chefe de governo estrangeiro;

II — contra funcionário público, em razão de suas funções, ou contra os Presidentes do Senado Federal, da Câmara dos Deputados ou do Supremo Tribunal Federal;

• Redação dada pela Lei n. 14.197, de 2021.

III — na presença de várias pessoas, ou por meio que facilite a divulgação da calúnia, da difamação ou da injúria;

IV — contra criança, adolescente, pessoa maior de 60 (sessenta) anos ou pessoa com deficiência, exceto na hipótese prevista no § 3º do art. 140 deste Código.

• Redação dada pela Lei n. 14.344, de 2022.

§ 1º Se o crime é cometido mediante paga ou promessa de recompensa, aplica-se a pena em dobro.

• Redação dada pela Lei n. 13.964, de 2019.

§ 2º Se o crime é cometido ou divulgado em quaisquer modalidades das redes sociais da rede mundial de computadores, aplica-se em triplo a pena.
- Incluído pela Lei n. 13.964, de 2019.

§ 3º Se o crime é cometido contra a mulher por razões da condição do sexo feminino, nos termos do § 1º do art. 121-A deste Código, aplica-se a pena em dobro.
- Incluído pela Lei n. 14.994, de 9 de outubro de 2024.

Exclusão do crime

Art. 142. Não constituem injúria ou difamação punível:

I — a ofensa irrogada em juízo, na discussão da causa, pela parte ou por seu procurador;

II — a opinião desfavorável da crítica literária, artística ou científica, salvo quando inequívoca a intenção de injuriar ou difamar;

III — o conceito desfavorável emitido por funcionário público, em apreciação ou informação que preste no cumprimento de dever do ofício.

Parágrafo único. Nos casos dos ns. I e III, responde pela injúria ou pela difamação quem lhe dá publicidade.

Retratação

Art. 143. O querelado que, antes da sentença, se retrata cabalmente da calúnia ou da difamação, fica isento de pena.

Parágrafo único. Nos casos em que o querelado tenha praticado a calúnia ou a difamação utilizando-se de meios de comunicação, a retratação dar-se-á, se assim desejar o ofendido, pelos mesmos meios em que se praticou a ofensa.
- Parágrafo único acrescido pela Lei n. 13.188, de 11 de novembro de 2015.

Art. 144. Se, de referências, alusões ou frases, se infere calúnia, difamação ou injúria, quem se julga ofendido pode pedir explicações em juízo. Aquele que se recusa a dá-las ou, a critério do juiz, não as dá satisfatórias, responde pela ofensa.

Art. 145. Nos crimes previstos neste Capítulo somente se procede mediante queixa, salvo quando, no caso do art. 140, § 2º, da violência resulta lesão corporal.

Parágrafo único. Procede-se mediante requisição do Ministro da Justiça, no caso do inciso I do caput do art. 141 deste Código, e mediante representação do ofendido, no caso do inciso II do mesmo artigo, bem como no caso do § 3º do art. 140 deste Código.
- Parágrafo único com redação determinada pela Lei n. 12.033, de 29 de setembro de 2009.

1. Considerações preliminares

Como se fosse um capítulo à parte, ou, pelo menos, uma seção especial, o Código prescreve *disposições comuns* aos crimes contra a honra, nos arts. 141 a 145. Na realidade, a rubrica do art. 141, "disposições comuns", não faz justiça aos demais artigos, pois estes também estabelecem regras especiais ou comuns a referidos crimes. Por isso, procurando resgatar-lhes esse crédito, preferimos tratar dos diversos temas disciplinados nesses dispositivos em capítulo próprio, sob o título "Disposições comuns aos crimes contra a honra".

2. Formas majoradas dos crimes contra a honra

Os crimes contra a honra, com exceção da injúria, não têm *figuras qualificadas*, como já afirmamos. No entanto, circunstâncias de *especial gravidade* relativas à condição ou qualidade do sujeito passivo, ou mesmo em relação ao modo, meio ou motivo da ação, podem autorizar a elevação da pena aplicável. Essas hipóteses, relacionadas no art. 141, que não se confundem com qualificadoras, são *majorantes*, também conhecidas como *causas de aumento*. Referidas causas permitem a elevação da pena aplicada em um terço, mas, se o fato for cometido *mediante paga ou promessa de recompensa*, o parágrafo único autoriza a duplicação da pena imposta.

Trata-se, na realidade, das mesmas ações que violam o mesmo bem jurídico honra, com a produção basicamente do mesmo evento. No entanto, o *desvalor* dessas ações, em determinadas circunstâncias, é consideravelmente maior e merecedor, portanto, de maior reprovação penal. Com efeito, a lesão ou exposição a perigo do bem ou interesse juridicamente protegido constitui o *desvalor do resultado* do fato, já a forma de sua execução configura o *desvalor da ação*. Este é constituído tanto pelas modalidades externas do comportamento do autor como pelas suas circunstâncias pessoais. É indiscutível que o *desvalor da ação*, hoje, tem importância fundamental, ao lado do desvalor do resultado.

Nesse particular, o legislador brasileiro preferiu considerar a maior desvalia da ação, ampliando, em obediência à proporcionalidade, a sanção correspondente quando a ofensa for proferida:

2.1 Contra o presidente da República ou contra chefe de governo estrangeiro

Desnecessário destacar, novamente, a importância de proteger a honra do presidente da República, como discorremos ao examinar a proibição da exceção da verdade. Como sustentava Magalhães Noronha, "por sua qualidade, pelas elevadas funções que exerce o Presidente, pode dizer-se que a ofensa a ele irrogada não deixa de refletir em todos os cidadãos"[1].

Essa proteção "reforçada" da honorabilidade do presidente da República estende-se expressamente a "chefe de governo estrangeiro" por razões não apenas de política criminal, mas também de política diplomática, que objetivam as boas relações internacionais. Eventual ofensa dirigida contra a honra de um governante estrangeiro reflete-se diretamente sobre a nação por ele governada. Enfim, a alta relevância política da função exercida pelo presidente da República, primeiro mandatário da Nação, justifica essa majoração legal.

Questão importante é definir se essa *majorante* abrange também o "chefe de Estado" naqueles casos em que outra autoridade exerce a função de "chefe de governo", como normalmente ocorre nos sistemas parlamentaristas. Nélson Hungria

---

1. Magalhães Noronha, *Direito Penal*, p. 145.

sustentava a admissibilidade dessa interpretação, afirmando que "a expressão 'chefe de governo' compreende não só o soberano ou chefe de Estado, como o 'primeiro-ministro' ou 'presidente de conselho', pois a este cabe também a alta direção governamental".

Basicamente, as mesmas razões que impedem a utilização do instituto da *exceção da verdade* nos crimes praticados contra a honra do presidente da República e de chefe de governo estrangeiro justificam a *majoração da pena*, considerando-se a alta relevância política das funções que exercem. Contudo, a interpretação do sentido ou da abrangência da locução "chefe de governo estrangeiro" *em se tratando de majorante* não pode ter a mesma liberalidade interpretativa concedida quando funciona como causa de exclusão da exceção da verdade. Ocorre que, nesta hipótese, trata-se de *norma permissiva*, enquanto naquela a *norma* que eleva a sanção penal é *repressiva*, sendo inadmissível *interpretação analógica* ou extensiva, sob pena de violar-se o princípio da reserva legal. Na verdade, nesse caso, não se discute a representatividade da autoridade do "chefe de governo" e do "chefe de Estado", nem sua importância no cenário internacional. Questionam-se simplesmente os limites das garantias históricas do Direito Penal, que não podem ser violadas a nenhum título ou pretexto e sob nenhum fundamento político ou jurídico sem macular a própria Constituição Federal.

Modernamente, ninguém discute a distinção entre "chefe de governo" e "chefe de Estado", que, eventualmente, podem fundir-se em uma mesma autoridade, mas quando exercidas por mandatários diferentes assumem características e atribuições completamente diversas. Não se pode pretender "agradar" às nações amigas com a punição ilegal e arbitrária dos "súditos brasileiros". Ademais, *não poder agravar a pena* de eventual ofensor da honra de "chefe de Estado" estrangeiro não significa nenhum desrespeito ou menosprezo a tal autoridade, tanto que o ofensor será punido com rigor, nos termos da lei e sob o império do Estado Democrático de Direito, e exatamente por respeito ao ordenamento jurídico não lhe será permitida a exceção da verdade; contudo, somente *será impossível agravar-lhe a pena*, exatamente pela falta de previsão legal (*nullum crimen nulla poena sine lege*).

Concluindo, para impedir a *exceção da verdade*, admitimos a ampliação do sentido da expressão "chefe de governo" para abranger "chefe de Estado" (art. 138, § 2º), porque objetiva preservar a honorabilidade dessa autoridade; mas essa ampliação interpretativa, contudo, será impossível para *majorar a pena* (art. 141, I), por violar o *princípio da reserva legal*, algo inadmissível em um Estado Democrático de Direito.

2.2 Contra funcionário público, em razão de suas funções

Na hipótese de o crime ser praticado contra funcionário público e em razão de suas funções, considera o Código Penal igualmente que o *desvalor da ação* é mais grave, e por isso comina-lhe uma majorante penal, objetivando preservar a integridade de seus órgãos e respectivas funções. Na verdade, a ofensa irrogada a funcionário público, nessas condições, desmerece toda a Administração Pública, e o dano dela decorrente é superior à proferida ao cidadão comum, repercutindo em toda a coletividade. É indispensável que, no momento do fato, o ofendido ostente a qualidade de *funcionário público* e que a ofensa lhe tenha sido dirigida em razão de suas funções, ou seja, é necessária uma espécie de vínculo ou de relação entre o ato ofensivo e a função exercida pelo ofendido. Deve, enfim, haver entre o exercício da função pública e a ofensa irrogada uma relação de causa e efeito, sendo insuficiente a simples condição de funcionário público ou a simples oportunidade.

Quando a ofensa referir-se à vida particular do funcionário público, sem qualquer relação com a função pública que desempenha, a agravante não existirá. Igualmente, quando a ofensa ocorrer após a demissão do cargo ou função pública, não haverá que se falar na majorante, pois não existe a atualidade da função exigida pela lei.

A ofensa ao funcionário público não atinge somente a sua dignidade pessoal, mas também, por extensão, o prestígio da própria função pública que exerce. Contudo, não chegamos ao exagero de alguns doutrinadores segundo os quais o verdadeiro sujeito passivo do crime contra a honra, nesses casos, não seria o funcionário público, mas o próprio Estado ou a Administração Pública. Ao contrário, *o bem jurídico protegido é a honra pessoal*, no caso, do funcionário público, que, por ostentar essa condição, merece maior proteção, e não do Estado, que tampouco é o ofendido da história, como demonstraremos abaixo, quando sustentamos a admissibilidade de retratação nos crimes de ação pública condicionada. Por outro lado, não se pode desconhecer qual é o verdadeiro bem jurídico protegido, pois este capítulo dos crimes contra a honra situa-se no título "Dos crimes contra a pessoa", ao passo que os crimes praticados contra o Estado são objeto do último capítulo do Código, que trata dos crimes contra a Administração Pública. Não se ignora, porém, que, mediatamente, a própria Administração acaba sendo atingida no seu prestígio e honorabilidade, e só por isso justifica-se a majoração penal. Tanto é verdade que, se o funcionário público ofendido não desejar, não será instaurada a ação penal, pois este detém a legitimidade para representar, e não o Estado.

Se, por fim, a ofensa é proferida na presença ou diretamente ao funcionário público, no exercício da função ou em razão dela, o crime deixa de ser contra a honra para tipificar o desacato (art. 331), que é crime contra a Administração Pública.

2.3 Na presença de várias pessoas, ou por meio que facilite a divulgação da calúnia, da difamação ou da injúria

Este inciso prevê, como majorante, uma situação de perigo e não de dano, que pode ser caracterizada de duas formas: *na presença de várias pessoas* ou *por meio que facilite a divulgação da ofensa*. Qualquer dessas formas possibilita a ocorrência de maior dano ao ofendido pela maior facilidade de divulgação da ofensa irrogada. Não é necessário que a ofensa seja *divulgada*, sendo suficiente que qualquer das formas empregadas seja idônea para divulgá-la, pois, como dissemos, estas configuram situação de perigo, e não de dano.

A primeira forma refere-se ao fato de a ofensa ser proferida *na presença de várias pessoas*, o que significa um grupo indeterminado: ilimitado no máximo e que contenha, no mínimo, três, excluídos autores e vítima. Na realidade, toda vez que o Código Penal, ao referir-se à pluralidade de pessoas, contenta-se com duas, di-lo expressamente; por isso, *várias pessoas* não podem ser menos de três. Ademais, é indispensável que as várias pessoas possam ouvir, perceber, entender ou presenciar a manifestação ofensiva. Assim, não integram o cômputo mínimo aquelas pessoas que, por deficiência de sentidos, forem incapazes de "testemunhar" a ofensa, como, por exemplo, o cego, o surdo, o louco, a criança inocente etc., ou quando a ofensa é proferida em idioma que os presentes desconhecem[2].

Desnecessário afirmar, evidentemente, que o agente deve estar ciente da existência da pluralidade de pessoas presentes. Se, por qualquer razão, mesmo em lugar público, a diversidade de pessoas não foi nem poderia ser vista ou não era do conhecimento do agente, a majorante não se configura, pois não fora abrangida pelo dolo.

A segunda modalidade contida no inciso em exame é expressa através de fórmula genérica: *por meio que facilite a divulgação da ofensa*. À evidência, meios de divulgação, por excelência, são aqueles que constituem a denominada *imprensa*, também conhecidos como "meios de comunicação"; a partir da decisão do STF na ADPF n. 130/DF, estão também ao alcance do Código Penal.

São outros meios que facilitam a divulgação: escritos e pichações em vias públicas e muros, pintura, escultura, disco, alto-falante etc.

Para caracterizar a majorante é desnecessária a prova de que houve a divulgação efetiva da ofensa, sendo suficiente que o meio empregado facilite a sua ocorrência. Basta, como já referimos, que se configure a *situação de perigo*, sendo irrelevante a sua concretização. Desde que se crie o perigo de divulgação ou propagação, pela natureza do meio, desde que utilizado com idoneidade, configura-se a majorante. Não é necessário que a divulgação tenha efetivamente ocorrido; basta o emprego de meio capaz de facilitá-la. Mas, não se pode esquecer, é preciso que o meio utilizado tenha condições de facilitar a divulgação, ou seja, deve ser usado de modo que crie o *perigo* da divulgação, caso contrário a majorante é inaplicável.

2.4 *Contra criança, adolescente, pessoa maior de 60 (sessenta) anos ou pessoa com deficiência, exceto na hipótese prevista no § 3º do art. 140 deste Código*[3]

O *desconhecimento* das condições de criança, adolescente, de pessoa maior de 60 (sessenta) anos ou pessoa com deficiência destaca-se de plano, afasta o dolo do agente. Relativamente aos crimes contra a honra, a Lei n. 14.344/2022 alterou suas formas majoradas e ampliou a sua abrangência ao incluir a possibilidade de crianças e adolescentes também figurarem como vítimas dessa *infâmia*. É indispensável, convém registrar de plano, que o sujeito ativo conheça as condições da vítima, quer

---

2. Aníbal Bruno, *Crimes contra a pessoa*, p. 321.
3. Redação dada pela Lei n. 14.344, de 2022.

de pessoa idosa (maior de 60 anos), quer de portadora de deficiência. *Vítima maior de 60 anos, com deficiência ou que padeça de doenças degenerativas que acarretem condição limitante ou de vulnerabilidade física ou mental*: exemplifica-se, a rigor, com um rol de debilidades ou deficiências de sujeitos passivos maiores de 60 anos, com grande dificuldade de resistência, que, a exemplo de *vítima gestante*, amplia o desvalor da conduta tipificada. Na verdade, trata-se de *vítimas com menor força física do que a média dos adultos* e, consequentemente, com maior dificuldade para se defender ou apresentar resistência, exatamente por *sua maior vulnerabilidade*.

Nesse art. 141 o legislador tomou o cuidado, embora fosse tecnicamente desnecessário, de ressalvar que na hipótese de injúria não incide a majorante ora examinada. Com efeito, a incidência no crime de *injúria* é afastada pelo princípio do *ne bis in idem*, pois praticá-la contra pessoa idosa ou portadora de deficiência incorre nas novas elementares típicas da *injúria qualificada*.

2.5 Mediante paga ou promessa de recompensa

Paga ou *promessa* de recompensa é prevista na Parte Geral do Código como agravante genérica (art. 62, VI), e, na Parte Especial, assume a condição de qualificadora na hipótese do crime de homicídio. Nos crimes contra a honra, a *paga ou promessa de recompensa* é excepcionalmente elevada à condição de *causa de aumento de pena*. Trata-se do chamado *crime mercenário*, que sempre revela maior torpeza do agente, tornando-o merecedor de maior reprovação penal. Nesse caso, em que a pena aplicada deve ser dobrada, mandante e executor respondem igualmente pelo crime com pena majorada. Fundamenta a majoração de pena a vileza do comportamento mercenário dos agentes.

Essa majorante não exige *habitualidade*, sendo suficiente a sua eventual ocorrência. Pode apresentar-se sob duas formas: *paga* ou *promessa*; na primeira, há o recebimento efetivo; na segunda, há o compromisso de recompensar. A recompensa normalmente é monetária, nada impedindo, porém, que possa assumir outra natureza de vantagem economicamente apreciável.

2.6 Redes sociais da rede mundial de computadores

Com a finalidade de reprimir com mais intensidade os delitos cometidos por meios virtuais, realidade que vem gradativamente crescendo na sociedade, a Lei n. 13.964/2019 acrescentou ao art. 141 do Código Penal o § 2º, segundo o qual: "Se o crime é cometido ou divulgado em quaisquer modalidades das redes sociais da rede mundial de computadores, aplica-se em triplo a pena". Conforme é possível observar, trata-se de uma possibilidade elevada de aumento de pena, já que será triplicada caso o delito tenha sido cometido nas circunstâncias objetivas descritas nesse dispositivo.

2.7 Contra a mulher por razões da condição do sexo feminino

Dentre outras modificações relevantes para o Código Penal, a Lei n. 14.994/2024 incluiu ao art. 141 do referido diploma legal seu atual § 3º, segundo o qual: "Se o crime é cometido contra a mulher por razões da condição do sexo feminino, nos termos do § 1º do art. 121-A deste Código, aplica-se a pena em dobro". Destaca-se que a referência ao art. 121-A, § 1º, do Código Penal decorreu da modificação que tornou o tipo de feminicídio autônomo, conforme abordado anteriormente.

3. Causas especiais de exclusão de crimes

As *causas excludentes* da antijuridicidade não são desconhecidas dos crimes contra a honra. Com efeito, as *excludentes gerais* da antijuridicidade — *estado de necessidade, legítima defesa, estrito cumprimento de dever legal e exercício regular de direito* — podem ocorrer normalmente nos crimes contra a honra. Mas, além dessas *causas justificantes* comuns a outras infrações penais, nestes crimes podem existir *circunstâncias especiais* capazes de, excepcionalmente, justificar a prática da conduta geralmente ofensiva. Essas circunstâncias preferimos denominá-las *causas especiais de exclusão de crime*, e estão relacionadas no art. 142 do CP.

Embora a honra como valor permanente da personalidade seja *irrenunciável*, o ofendido pode, circunstancialmente, declinar do direito à sua defesa; nesse sentido, até se pode falar em *disponibilidade* do bem jurídico; por seu caráter estritamente individual, cabe a seu titular decidir da conveniência e oportunidade de preservá-lo. Assim, o *consentimento do ofendido*, a despeito de algumas divergências, exclui a própria tipicidade da conduta ofensiva (alguns autores sustentam que é a antijuridicidade que fica excluída). Mas somente o titular do bem lesado pode consentir, e não seu representante legal. A *renúncia* ou o *perdão*, que não deixam de significar uma espécie de *consentimento*, ainda que tardiamente manifestado, excluem apenas a punibilidade, porque o crime já se aperfeiçoou.

3.1 *Natureza jurídica das excludentes especiais*

Há grande divergência na doutrina sobre a *natureza jurídica* das hipóteses relacionadas neste dispositivo sobre a *imunidade penal* ou *excludentes de crime*. A doutrina tem-se referido à natureza dessas excludentes, ora como *causas de exclusão de pena*, subsistindo, portanto, a estrutura criminosa da conduta, ora como *causas de exclusão da antijuridicidade*, quando subsistiria a tipicidade do fato, sendo, excepcionalmente, afastada somente a contrariedade ao direito em razão dessas circunstâncias que legitimariam a ação, e, finalmente, como *causas de exclusão da tipicidade*, ante a ausência do *animus vel diffamandi*, que não ignora, porém, a possibilidade da exclusão da ilicitude do fato. Na verdade, as duas últimas acepções praticamente se confundem ou se complementam.

Os seguidores de Hungria entendem que se trata de *exclusão ou isenção de pena*, persistindo a ofensa, que não é punível por razões de *política criminal*. Com efeito, Hungria, pontificando essa orientação, sustentava: "A rubrica lateral correspondente ao art. 142 seria mais fiel se, ao invés de 'exclusão do crime', dissesse 'exclusão de pena'. Segundo está expresso no texto desse artigo, o que se dá nos casos por ele enumerados não é a exclusão da ilicitude objetiva, mas da punibilidade. Trata-se de hipóteses de excepcional imunidade penal por presunção, ora *juris et de jure*, ora somente *juris* de ausência de dolo"[4]. Para Aníbal Bruno, no entanto, embora pareçam causas que eliminam a culpabilidade, trata-se de genuínas *excludentes de crime*, visto que "o próprio fim que a ordem jurídica reconhece dá legitimidade à ação, pois correspondente a particulares interesses de caráter público, a que o Direito concede especial proteção, sobrepondo a sua defesa à preservação da dignidade e da boa fama do indivíduo, e assim, eleva a hipótese a uma causa de exclusão do ilícito"[5].

Examinando-se todo o contexto, constata-se, desde logo, que a rubrica que acompanha o art. 142, que define essas *causas especiais*, classifica-as como "causas de exclusão de crime". O fato de o texto do artigo dizer que, nas circunstâncias, a injúria e a difamação não são "puníveis" não é suficiente para afastar o conteúdo eloquente de sua rubrica, que define a natureza das exceções elencadas[6]. Com efeito, a *exclusão é de crime* (e não de pena): ou desaparece a *tipicidade* (pela falta do *animus ofendendi*) ou desaparece a *antijuridicidade*, pela excepcional autorização da prática de uma conduta típica, para preservar interesse social relevante. As excludentes aqui relacionadas referem-se somente à *difamação* e à *injúria*, não abrangendo a calúnia, como já referido.

Na verdade, os preceitos contidos no art. 142 do CP são *constitutivos*, pois criam o fundamento das *causas especiais* de exclusão do crime. Não são puramente *declaratórios*, isto é, não têm a finalidade exclusiva de lembrar ao julgador que a ofensa perde o caráter de antijurídica quando constitui meio adequado para atingir um fim permitido. Ao fim e ao cabo, é indiferente que sejam considerados como constitutivos ou puramente declaratórios, desde que se reconheça que se trata de *causas especiais de exclusão de crime*, seja pela eliminação da tipicidade, seja pelo afastamento excepcional da antijuridicidade. Seria paradoxal adjetivar de *ilícito* um meio justo utilizado para um fim justo para só, finalmente, afirmar que a pena é inaplicável ante a especial autorização legal da conduta.

3.2 Excludentes especiais e elemento subjetivo

A antijuridicidade, entendida como relação de contrariedade entre o fato e a norma jurídica, tem sido definida, por um setor doutrinário, como *puramente objetiva*, sendo indiferente a relação anímica entre o agente e o *fato justificado*. No entanto, segundo o entendimento majoritário, assim como há elementos objetivos e subjetivos no tipo, originando a divisão em tipo objetivo e tipo subjetivo, nas *causas de justificação* há igualmente componentes *objetivos* e *subjetivos*[7]. Por isso, não basta que estejam presentes os pressupostos objetivos de uma causa de justificação, *sendo necessário que o agente tenha consciência de agir acobertado por uma excludente*, isto é, com vontade de evitar um dano pessoal ou alheio.

---

4. Nélson Hungria, *Comentários ao Código Penal*, p. 116.
5. Aníbal Bruno, *Crimes contra a honra*, p. 318.
6. Nesse sentido, Aníbal Bruno, *Crimes contra a pessoa*, p. 318.
7. Jescheck, *Tratado de Derecho Penal*, p. 447; Welzel, *Derecho Penal*, p. 121; Cerezo Mir, *Curso de Derecho Penal*, p. 451; Juarez Tavares, *Teorias do delito*, p. 69.

Como destaca Jescheck, para uma *teoria pessoal do injusto*, que faz depender o *injusto da ação* da direção da vontade do autor, é natural a exigência de que a intenção do autor dirija-se, em todas as descriminantes, a *uma meta socialmente valiosa*, pois somente assim desaparecerá no fato o *desvalor da ação*[8]. Em outros termos, a partir do momento em que se adota uma concepção do injusto que distingue o *desvalor da ação* do *desvalor do resultado*, é necessária a presença do elemento subjetivo em todas as causas de *justificação*, isto é, não basta que ocorra objetivamente a excludente de criminalidade, mas é necessário que o autor saiba e tenha a vontade de atuar de forma autorizada, isto é, de forma juridicamente permitida. *Mutatis mutandis*, como se exige o dolo para a configuração do tipo, exige-se igualmente o mesmo *dolo de agir autorizadamente*. Não estará, por exemplo, amparado em legítima defesa quem agir movido por vingança, ainda que se comprove, a seguir, que a vítima estava prestes a sacar sua arma para matá-lo. Em outras palavras, só age em legítima defesa quem o faz com *animus defendendi*. A presença do elemento subjetivo afasta o *desvalor da ação*, pois, na verdade, age conforme ao Direito.

A exemplo das *causas de justificação*, as chamadas *excludentes especiais* — todas elas — também exigem a presença do *elemento subjetivo*, isto é, não basta, repita-se, que ocorra objetivamente a excludente de criminalidade, mas é necessário que o autor saiba e tenha a vontade de atuar de forma autorizada, de forma juridicamente permitida, ou seja, nos moldes em que lhe assegura o art. 142. Quem, por exemplo, age movido por ódio, vingança ou simplesmente com o propósito de ofender à evidência não pode acobertar-se sob uma pretensa "imunidade" penal. Como destacava Aníbal Bruno, "o *animus injuriandi*, desnecessário para compor o dolo ou integrar o injusto típico, impede, entretanto, que se tome a ação como dirigida à proteção de um legítimo interesse, com o seu resultado eximente do crime"[9].

3.3 *Espécies de excludentes especiais*

De plano percebe-se que a imunidade contida no dispositivo em exame refere-se somente à difamação e à injúria, não abrangendo a calúnia. Ocorre que, quando a imputação refere-se a fato criminoso, não se justifica qualquer obstáculo ao seu esclarecimento; o interesse do Estado em investigar crimes e punir seus autores é superior a eventuais exceções que se possam atribuir ao ofensor, além de tratar-se também de crime bem mais grave que os outros dois. O Código Penal dispensa-lhe, no entanto, um tratamento democrático: *não lhe concede imunidade, mas permite a exceção da verdade!* É justo, pois ou o ofensor *prova a veracidade da acusação* ou responde por ela, sem imunidade.

São as seguintes as *excludentes especiais*, que passamos a examinar (todas do Código Penal): *ofensa irrogada em juízo (I) — imunidade judiciária; crítica literária, artística ou científica (II); conceito desfavorável emitido por funcionário público (III).*

---

8. Jescheck, *Tratado de Derecho Penal*, p. 448.
9. Aníbal Bruno, *Crimes contra a pessoa*, p. 314-5.

3.3.1 Ofensa irrogada em juízo (I) — imunidade judiciária

Não constitui crime a *injúria ou difamação* proferida em juízo, na discussão da causa, pela parte ou seu procurador. Para que haja a exclusão, a ofensa deve relacionar-se diretamente com a causa em questão, ou seja, somente incidirá a excludente se a ofensa irrogada em juízo tiver nexo com a discussão da causa. Logo, dois requisitos precisam fazer-se presentes: a) que a ofensa seja irrogada em juízo; b) que se relacione com a causa em discussão. Assim, é indispensável uma relação causal entre o embate e a ofensa.

A excludente, neste caso, justifica-se por duas razões básicas: de um lado, para assegurar a mais *ampla defesa* dos interesses postos em juízo, sem o receio de que determinado argumento ou determinada expressão possa ser objeto de imputação criminal; de outro lado, a veemência dos debates, o ardor com que se defende esses direitos pode resultar, eventualmente, em alusões ofensivas à honra de outrem, embora desprovidas do *animus ofendendi*.

A Constituição Federal de 1988 ampliou a imunidade do advogado, à semelhança do parlamentar, declarando-o "inviolável por seus atos e manifestações no exercício da profissão, nos limites da lei" (art. 133 da CF). Os limites e o conteúdo dessa inviolabilidade abordaremos em tópico especial, sob a rubrica *imunidade profissional*. Por fim, destaca-se que o art. 7º, §2º, do Estatuto da OAB definia que "O advogado tem imunidade profissional, não constituindo injúria, difamação ou desacato puníveis qualquer manifestação de sua parte, no exercício de sua atividade, em juízo ou fora dele, sem prejuízo das sanções disciplinares perante a OAB, pelos excessos que cometer". Todavia, esse dispositivo foi inexplicavelmente revogado pela Lei n. 14.365/2022. Diante da absurda e injustificável revogação, abordaremos todos os aspectos essenciais sobre a referida imunidade como se vigente fosse também no âmbito infraconstitucional, de modo a ressaltar sua importância para o sistema jurídico.

3.3.1.1 Limites subjetivos da imunidade judiciária

Ponto que precisa ser esclarecido refere-se aos *limites subjetivos* (ativo e passivo) da imunidade judiciária: afinal, qual é a abrangência dessa imunidade, quem está protegido por ela e contra quem a *ofensa imune* pode ser proferida? A imunidade judiciária abrangerá as ofensas irrogadas pela parte ou seu procurador contra pessoas estranhas à relação processual, como, por exemplo, perito, testemunha, escrivão etc.? E a eventual ofensa destinada ao juiz da causa, estaria acobertada pela imunidade? Por outro lado, o juiz e o órgão do Ministério Público estão protegidos pela excludente em exame? Enfim, são questões relacionadas aos limites subjetivos da imunidade judiciária que devemos examinar.

O texto legal menciona expressamente a "parte ou seu procurador". Parte é qualquer dos sujeitos da relação processual: autor, réu, litisconsorte e interveniente etc.; *procurador*, por sua vez, é o representante legal da parte com *capacidade postulatória*, ou seja, o advogado, que "é indispensável à administração da justiça" (art. 133, 1ª parte da CF). O Ministério Público é parte e se faz representar por um de seus órgãos. Expressões ofensivas podem ser trocadas entre e pelas partes ou dirigidas por estas a qualquer outro, mesmo estranho à relação processual, desde que se relacionem com a causa em debate.

Outros "agentes processuais", como, por exemplo, juiz, escrivão, perito, testemunha, não estão acobertados pela imunidade judiciária, podendo, eventualmente, resguardar-se pelo inciso III, na condição de funcionário público, ou, ainda, pelo art. 23, III (1ª parte), desde que ajam no "estrito cumprimento de dever legal".

Como o texto legal não diz que a injúria ou difamação deve ser dirigida contra a parte contrária ou seu procurador, não exclui a imunidade mesmo quando a ofensa é dirigida contra alguém estranho à relação processual (exemplo: testemunha, perito ou qualquer terceiro), desde que haja conexão com a causa em discussão. Essa ausência de restrição legal vem a adequar-se ao princípio da ampla defesa.

A imunidade judiciária abrange inclusive a ofensa que é irrogada contra o *juiz da causa*[10]. O Poder Judiciário tem demonstrado ao longo do tempo grande dificuldade em absorver a inviolabilidade do *advogado*, quando, no exercício da profissão, profere ofensa dirigida ao magistrado, embora o *Supremo Tribunal Federal* tivesse recomendado *tolerância* dos juízes (STF, *RTJ*, 87:54). Damásio de Jesus, admitindo-a, afirma que "A interpretação da disposição, ao contrário do que entende pacificamente a jurisprudência, não conduz à conclusão de que a exclusão da ilicitude não alcança a hipótese de ofensa irrogada ao juiz, na discussão da causa. O tipo permissivo não faz nenhuma restrição à pessoa ofendida"[11]. Trilhando o mesmo caminho, o saudoso Heleno Cláudio Fragoso igualmente repudiava o entendimento jurisprudencial, afirmando que: "Trata-se de distinção inadmissível, que cria uma

---

10. Heleno Cláudio Fragoso cita, a respeito, duas passagens que, por sua pertinência, merecem ser transcritas, *in verbis*: "O grande juiz *Rafael Magalhães*, um dos maiores que o Brasil já teve, quando presidente do Tribunal de Minas Gerais, numa decisão que se tornou antológica, salientava: 'Apontar os erros do julgador, profligar-lhe os deslizes, os abusos, as injustiças em linguagem veemente, é direito sagrado do pleiteante. *O calor da expressão há de ser proporcionado à injustiça que a parte julgue ter sofrido*. Nada mais humano do que a revolta do litigante derrotado. Seria uma tirania exigir que o vencido se referisse com meiguice e doçura ao ato judiciário e à pessoa do julgador que lhe desconheceu o direito. O protesto há de ser, por força, em temperatura alta. O juiz é quem tem de se revestir de couraça e da insensibilidade profissional necessária para não perder a calma e não cometer excessos'. Em belíssima oração, proferida na solenidade de abertura do ano judiciário, afirmava o grande juiz e mestre *Oscar Tenório*: 'Não se deve inquietar o magistrado com as asperezas de linguagem do advogado, com o clamor de supostos injustiçados, com a crítica, mesmo virulenta, a suas decisões. Deve ser tolerante. Na história das instituições judiciárias, o advogado exerce missão que torna igual, em grandeza, à do juiz. Classe viril. Em todas as frentes de defesa da liberdade, da honra e do patrimônio nós o encontramos'" (*Lições de Direito Penal*; Parte Especial, 10. ed., 1988, v. 1, p. 240).
11. Damásio de Jesus, *Direito Penal*, p. 229; no mesmo sentido, Flávio Augusto Monteiro de Barros, *Crimes contra a pessoa*, p. 206.

exceção não prevista em lei"[12]. A partir da Constituição de 1988 e da edição da Lei n. 8.906/94, finalmente, esse ranço corporativo jurisprudencial, que foi proscrito pela nova ordem constitucional, não tem mais razão de ser. Na realidade, a Constituição Federal assegura ao advogado, no exercício profissional, não apenas a *imunidade material* contida no art. 142, I, do CP, mas verdadeira *inviolabilidade profissional*, em juízo ou fora dele[13].

Não há que se falar em *imunidade*, no entanto, quando a ofensa for proferida fora do processo ou da discussão da causa, como, por exemplo, no recinto do fórum.

3.3.2 Inviolabilidade profissional: em juízo ou fora dele

Segundo a Constituição, o advogado é "inviolável por seus atos e manifestações no exercício da profissão, nos limites da lei" (art. 133). E a lei determinava que "O advogado tem imunidade profissional, não constituindo injúria, difamação ou desacato puníveis qualquer manifestação de sua parte, no exercício de sua atividade, em juízo ou fora dele, sem prejuízo das sanções disciplinares perante a OAB..." (art. 7º, § 2º, da Lei n. 8.906/94). A partir desse diploma legal, aquele entendimento jurisprudencial majoritário, segundo o qual as ofensas irrogadas contra o juiz não eram abrangidas pela imunidade penal do art. 142, encontrava-se completamente superado em relação ao advogado, a despeito da reticente posição do Supremo Tribunal Federal. A Constituição (art. 133) estabelece os limites que devem ser respeitados pelos nossos pretórios, especialmente pela Corte Suprema, que é o seu guardião. Aquele entendimento superado, a nosso juízo equivocado, restringe-se à parte, não podendo alcançar o advogado, que passou a ter *imunidade* semelhante à do parlamentar. Eventual excesso, ressalva a Lei n. 8.906/94, estará sujeito às "sanções disciplinares". Nessa mesma linha, para Damásio de Jesus, referindo-se à inviolabilidade profissional, "significa que não responde criminalmente pelos chamados delitos de opinião, estendendo-se ao desacato, desde que guardem relação com o exercício da profissão e a defesa de um direito. Trata-se de causa de isenção profissional de pena, de natureza impeditiva da pretensão punitiva, obstando o inquérito policial e a ação penal. O preceito constitucional não faz nenhuma restri-

---

12. Heleno Cláudio Fragoso, *Lições*, p. 143.

13. Em sentido semelhante, vejam-se os seguintes acórdãos: "Os excessos de linguagem vivaz para com o magistrado ocorridos na discussão da causa e que mantêm um liame com o objeto do litígio, estão acobertados pela imunidade judiciária, não configurando, na espécie, o delito de injúria. Inteligência do art. 142, I, do CP" (TRF (3ª Região), HC, rel. Domingos Braune, *RT*, 728:674). "É direito do advogado, no exercício de sua atividade, a utilização de linguagem vivaz para com o juiz, não havendo falar, em tal caso, de injúria" (TACrimSP, HC, rel. David Haddad, *RT*, 612:347). No mesmo sentido: STF, *RTJ*, 87:854; *RT*, 484:301. "Tem o advogado o direito imposterável de criticar, ainda que veementemente, os atos judiciais, demonstrando seus erros e falhas. Não será o receio de desgostar o juiz, de irritar seus melindres, de magoar seu amor-próprio que irá impedir o causídico de exercer suas funções e expor os desacertos do magistrado" (TACrimSP, HC, rel. Clineu Ferreira, *JTACrimSP*, 91:402).

ção quanto ao sujeito passivo da ofensa"[14]. Assim, constatados pelo Judiciário eventuais excessos, devem ser encaminhados à comissão de ética da OAB, para apurar responsabilidades administrativas, mas nunca pretender impor a lei penal, como tem ocorrido.

Ademais, a *imunidade* atribuída ao advogado que era disciplinada pela Lei n. 8.906/94, que inclui o crime de *desacato*, no exercício profissional, em juízo ou fora dele, é absolutamente *constitucional*[15], e não há nenhuma ilegitimidade no fato de não ser estendida essa inviolabilidade aos demais sujeitos da relação processual, especialmente às partes do processo. Aliás, o advogado não é parte, mas procurador, e a *inviolabilidade profissional* foi reconhecida somente a ele (art. 133) e não às partes, pela própria Constituição. Com efeito, o constituinte brasileiro percebeu a dificuldade do mister exercido pelo advogado e do múnus público que assume no patrocínio da busca da Justiça, reconhecendo a necessidade de assegurar-lhe a inviolabilidade de suas manifestações quando no exercício desse múnus, em juízo ou fora dele. O Ministério Público e o juiz têm suas próprias garantias constitucionais, que tampouco se estendem ao advogado, e nem por isso são inconstitucionais. Assim como aquelas — *vitaliciedade, inamovibilidade e irredutibilidade de vencimentos* — são inerentes às atividades daquelas autoridades, esta, a *inviolabilidade profissional*, agora assegurada pela Constituição Federal, é igualmente inerente à atividade profissional do advogado, aliás, reconhecido, pela própria Constituição Federal, como "indispensável à administração da justiça" (art. 133, 1ª parte).

Igualmente superado está aquele entendimento que foi, inicialmente, sustentado por Nélson Hungria, segundo o qual as ofensas não podem ser proferidas às autoridades públicas, em razão da importância da função que desempenham. Nesse sentido, o Promotor de Justiça Fábio Medina Osório, analisando a inviolabilidade do advogado à luz da Constituição Federal e da Lei n. 8.906, com acerto, sustenta: "Fora de dúvida que a atual legislação admite, como alvo das manifestações dos advogados, as autoridades públicas porque admite, inclusive, o delito de desacato, cujo sujeito passivo é a própria Administração Pública. O importante é verificar, no caso concreto, se houve necessidade de o advogado ofender o Juiz, o membro do Ministério Público, terceiros ou a parte contrária. O núcleo da imunidade aí reside: a necessidade das ofensas para o desempenho das funções"[16].

---

14. Damásio de Jesus, *Direito Penal*, p. 229.
15. Flávio Augusto Monteiro de Barros, *Crimes contra a pessoa*, p. 207.
16. Fábio Medina Osório, A imunidade penal do advogado na Lei 8.906 de 4.7.94 — Estatuto da OAB, *Revista Brasileira de Ciências Criminais*, n. 9, jan./mar. 1995, p. 98. Nesse sentido já se manifestou o STJ: "Havendo o advogado, no estrito exercício profissional do *animus defendendi*, pronunciado exacerbadas palavras contra o representante do MP, sem que se vislumbre o *animus calumniandi* ou *injuriandi*, não há como enquadrá-lo nas condutas típicas dos arts. 138, 140 e 141, II, do CP, como pretende a denúncia, posto que acobertado pela imunidade judiciária prevista na Carta Magna. Recurso provido para que seja trancada a ação penal por falta de justa causa" (STJ, RHC, rel. Flaquer Scartezzini, *RT*, 705:379).

3.3.2.1 No exercício da atividade: em juízo ou fora dele

A imunidade profissional, que era também disciplinada no Estatuto da OAB (Lei n. 8.906/97), representa a regulamentação do texto constitucional que elevou o advogado à condição de *indispensável à administração da justiça* e considerou-o *inviolável* por seus atos e manifestações no exercício da profissão, "nos limites da lei" (art. 133 da CF). Na verdade, a própria Carta Magna, que reconheceu a indispensabilidade do advogado na administração da justiça, atribuiu-lhe a *inviolabilidade no exercício de sua atividade profissional*, e ela própria delineou os seus limites, "nos termos da lei". Dessa orientação constitucional chega-se a duas conclusões inarredáveis: *a indispensabilidade do advogado na administração da justiça e a sua inviolabilidade profissional*. Pode-se discutir, evidentemente, os *limites* da inviolabilidade estabelecidos na lei, desde que não se chegue ao extremo de negá-la, como já ocorreu em alguns julgados.

A Lei n. 8.906/94, inegavelmente, ampliava a imunidade do advogado, que, pelo Código Penal, limitava-se às "ofensas irrogadas em juízo", isto é, a imunidade profissional resumia-se ao quotidiano forense; no entanto, a *atividade postulatória* é exercida em todos os pleitos em que alguém precise ou queira fazer-se representar por advogado, em juízo ou fora dele. Contudo, não se está sustentando inviolabilidade ilimitada; ao contrário, o seu limite está contido na própria lei, qual seja, "no exercício da atividade profissional". Claro está que não se trata de um privilégio especial para os advogados, mas somente uma efetiva garantia constitucional, indispensável para o bom desempenho do contraditório e da ampla defesa dos constituintes, a exemplo das garantias constitucionalmente asseguradas aos membros da magistratura e do Ministério Público — *vitaliciedade, inamovibilidade e irredutibilidade de vencimentos* —, que tampouco representam privilégios pessoais ou especiais.

Busca-se com a *inviolabilidade profissional* assegurar o exercício de uma advocacia ética e indispensável à *administração da justiça*, que não se confunde com autorização para, levianamente, usar os meios de comunicação de massa para realizar verdadeiros "debates processuais", com linguagem desnecessária e inadequada, resvalando, não raro, para ataques pessoais. Nem os advogados, nem magistrados e Ministério Público estão autorizados a abusar dos meios de comunicação, deslocando o cerne do processo, sob a *falácia da publicidade dos atos processuais*, os primeiros para atingir seus adversários ou oponentes, os outros para "condenar" perante a opinião pública quem ainda é "presumidamente inocente" pela Constituição Federal. Talvez não seja necessária a desvirtuada "Lei da Mordaça", desde que todos se conscientizem de suas funções e dos *limites da publicidade do processo*, que, necessariamente, estão conjugados com o princípio da presunção da inocência e do contraditório.

3.3.3 Crítica literária, artística ou científica (II)

Não comungamos do entendimento segundo o qual a *ratio legis* seja o interesse da cultura, cujo aperfeiçoamento depende da liberdade de crítica, como sustentam alguns. Para nós, essa avaliação crítica faz parte da *liberdade de expressão*, que se encontra no mesmo nível da própria expressão literária, artística e científica, que, hoje, não está mais sujeita à censura oficial.

Obras literária, artística ou científica estão, naturalmente, sujeitas a exame, análise ou avaliação críticas, das quais o autor não pode subtrair-se, a menos que prefira mantê-las inéditas. Como dizia Nélson Hungria, "Quem sai da retrocena e surge na ribalta, é para receber aplausos ou apupos. O desfavor da crítica é, aqui, um *risco profissional*"[17]. A crítica prudente, fundamentada, realizada com *animus criticandi*, não traz em seu bojo conteúdo ilícito, seja de natureza literária, artística ou científica. O fato é que o CP admite o exame crítico, por mais severo que seja, não apenas de determinada obra, mas da produção geral e, inclusive, da capacidade do próprio autor, desde que elaborada com a linguagem necessária e suficiente para exprimir o pensamento do crítico.

O próprio texto legal da excludente, por fim, ressalva que a *imunidade* não é aplicável quando for inequívoco o propósito de ofender, ou seja, é fundamental que a conduta seja orientada pelo *elemento subjetivo* (sem *animus ofendendi*), conforme demonstramos no tópico próprio. Nesse sentido, é muito significativo o exemplo que era citado por Magalhães Noronha: "Se se diz que um artista pintou seu quadro no escuro ou de olhos fechados, não se injuria; mas se se fala que aquilo é pintura de asno, é visível o ânimo de injuriar"[18]. Não seria ético nem justo permitir que o literato, o artista ou o cientista ficassem expostos ao ataque irresponsável e impune à sua dignidade e reputação por parte de quem quer que desejasse criticá-los.

3.3.4 Conceito desfavorável emitido por funcionário público (III)

O inciso III destina-se a *funcionário público* que, por dever de ofício, isto é, no cumprimento de dever funcional, emita *conceito desfavorável* em apreciação ou informação. Por vezes, o funcionário pode ser levado a usar termos ou expressões ofensivas, mas necessárias ao fiel relato dos fatos ou argumentos. É indispensável, para o bom exercício da função pública, conceder essa proteção ao servidor, que tem o dever legal de informar ou relatar, com seriedade e exatidão, o que seu cargo ou função lhe atribui. Essa imunidade aplica-se somente quando o conceito for emitido no cumprimento de dever de ofício[19], e, ainda, quando representar meio adequado ao exercício de um dever funcional, caso contrário, ultrapassará os limites do *estrito dever legal*.

---

17. Nélson Hungria, *Comentários*, p. 123.
18. Magalhães Noronha, *Direito Penal*, p. 144; Nélson Hungria, *Comentários*, p. 123: "O *pravus animus* de atassalhar a honra alheia não pode afivelar a máscara da liberdade de crítica. A presunção de ausência de dolo cede, aqui, à evidência em contrário. Se digo, por exemplo, a propósito de um livro, que é um 'atestado de ignorância' do seu autor, não incorro na sanção penal; mas já não será assim se afirmo que o livro revela um 'mísero plagiário'".
19. Heleno Cláudio Fragoso, *Lições*, p. 145: "É indispensável que se trate de ato praticado no cumprimento de dever funcional, ou seja, no desempenho de suas funções legais, dentro das atribuições do funcionário".

Convém destacar, desde logo, porém, que a *imunidade funcional* limita-se ao objeto do relatório, da informação, da comunicação ou parecer e nos limites do necessário; não há liberdade para ultrajar mesmo em nome do "dever de ofício", quando mostrar-se desnecessário, desarrazoado ou prepotente. Em outros termos, deve-se atentar para a *adequação do meio ao fim pretendido*. Assim, se a ofensa não tiver relação direta com o ato funcional, mas com o propósito de ofender, não se caracterizará a excludente especial, como, por exemplo, aquele que, ao relatar ou informar sobre determinado indivíduo, aproveita a oportunidade para tecer considerações desairosas sobre terceiro ou mesmo relativas ao próprio "relatado", quando as considerações ultrajantes forem descontextualizadas, deverá responder pela ofensa.

Com efeito, em qualquer das excludentes, inclusive da imunidade profissional, quando há a inequívoca intenção de ofender, é insustentável pretender que a conduta seja protegida pela imunidade do art. 142, sendo irrelevante a inexistência, nos incisos I e III, da ressalva constante do inciso II, conforme já demonstramos acima.

Responde pela injúria ou difamação quem dá *publicidade*, nas hipóteses dos itens I e III, isto é, o parágrafo único do art. 142 refere-se somente à ofensa irrogada em juízo e ao conceito desfavorável emitido por funcionário público no exercício de seu dever funcional.

A nosso juízo, não se deve confundir a *publicidade dos atos processuais* com *publicidade geral*, isto é, com a divulgação, seja através dos meios de comunicação de massa, seja através dos meios comuns de divulgar no sentido que examinamos quando tratamos do crime de calúnia. Se as duas formas de divulgação tivessem o mesmo significado, não teria sentido a proibição da publicidade das ofensas irrogadas em juízo, pois a regra é que os atos processuais sejam públicos; *segredo de justiça* constitui exceção[20]. Ademais, se pretendesse dar-lhe essa limitação, o legislador, certamente, tê-lo-ia dito expressamente.

A previsão do parágrafo único — dar publicidade — constitui crime autônomo, com uma nova ação, que exige o *animus infamandi*.

4. Retratação

A calúnia e a difamação admitem a retratação, antes da sentença. *Retratação* é o ato de desdizer, de retirar o que se disse. Retratação não se confunde com negação do fato ou negativa de autoria, pois pressupõe o reconhecimento de uma afirmação confessadamente errada, inverídica. Negar o fato não é retratar-se. Afirmar que não houve a intenção de ofender tampouco caracteriza a retratação, sendo indispensável que o agente se desdiga, isto é, retire expressamente o que afirmara. Pela retratação

---

20. Em sentido contrário: Flávio Augusto Monteiro de Barros, *Crimes contra a pessoa*, p. 208.

o agente reconsidera a afirmação anterior, e, assim, procura impedir o dano que poderia resultar da sua falsidade.

A retratação, nos crimes contra a honra, é admitida somente na calúnia e difamação, sendo inadmitida na injúria. Se, contudo, os crimes contra a honra fossem praticados através da imprensa, a retratação era permitida nos três crimes (art. 26 da Lei n. 5.250/67, declarada inconstitucional pelo STF). Na injúria, como afirmava Aníbal Bruno, "há só a ofensa da palavra ou do gesto, que ninguém pode retirar. Na calúnia e difamação o dano resulta da arguição falsa de fatos criminosos ou não criminosos. Se o acusador mesmo os nega, a vítima pode considerar-se desagravada e o seu crédito social livre de perigo, e com isso a punibilidade de ação típica se extingue. O direito atende ao gesto do ofensor que procura reparar o dano desdizendo-se".

Nos casos em que o querelado tenha praticado a calúnia ou a difamação utilizando-se de meios de comunicação, a *retratação* dar-se-á, se *assim desejar o ofendido*, pelos mesmos meios em que se praticou a ofensa, de acordo com o parágrafo único que a Lei n. 13.188/2015 acrescentou ao art. 143 do Código Penal. Nessa hipótese, diferentemente da calúnia ou difamação praticada por outros meios, dependerá do "consentimento da vítima" (se assim desejar o ofendido), isto é, "não poderá decorrer automaticamente da vontade e manifestação do ofensor". Aliás, a *retratação* até poderá ocorrer, *in concreto*, mas somente produzirá seus efeitos penais se for precedido da *aquiescência* do ofendido, e, ademais, desde que o faça "pelos mesmos meios em que se praticou a ofensa", ou seja, "utilizando-se de meios de comunicação".

Esse diploma legal — Lei n. 13.188/2015 — tem a finalidade de suprir lacuna decorrente da declaração de inconstitucionalidade da Lei n. 5.250/67, pelo STF, relativa ao direito de resposta a ofensas praticadas pelos meios de comunicação. Trata-se de lei que disciplina, basicamente, matéria cível, com exceção de dois tópicos: impossibilidade de "prova da verdade", em caso de injúria, e condicionar os efeitos da retratação na calúnia e difamação à aquiescência do ofendido.

A retratação ou *declaração da verdade* também exclui a punibilidade na *falsa perícia* ou no *falso testemunho*. A declaração da verdade é o meio de corrigir o silêncio com o qual o agente a ocultou (art. 342, § 2º). Nessa hipótese, a retratação deve ser completa e ocorrer antes da publicação da sentença no processo em que ocorreu a falsidade. A exemplo do que acontece com os crimes contra a honra, neste caso, a retratação não se comunica aos demais participantes[21].

4.1 Efeitos da retratação

Os efeitos decorrentes da retratação são limitados à área criminal, não havendo nenhum reflexo no plano indenizatório, por exemplo. O próprio Código Penal

---

21. Luiz Regis Prado, *Falso testemunho e falsa perícia*, São Paulo, Revista dos Tribunais, 1994, p. 143.

encarrega-se de definir a *natureza jurídica* da retratação ao relacioná-la como *causa extintiva da punibilidade* (art. 107, VI). Damásio de Jesus, não muito conformado com essa opção do Código, sustenta que "A retratação deveria constituir causa de diminuição da pena e não de extinção da punibilidade... Por mais cabal que seja a retratação, nunca poderá alcançar todas as pessoas que tomaram conhecimento da imputação ofensiva. Não havendo reparação total do dano à honra da vítima, não deveria a retratação extinguir a punibilidade, mas permitir a atenuação da pena"[22]. Sem discordar dos judiciosos argumentos citados, admitimos que foram razões puramente de *política criminal* que levaram o legislador de 1940 a optar por atribuir o efeito extintivo da punibilidade à retratação cabal e definitiva levada a efeito antes da sentença. Nesse sentido, admitimos o entendimento de Hungria, segundo o qual "A *retratação* é uma espécie de arrependimento eficaz (art. 13) que se opera após o *eventus sceleris*"[23].

A punição, efetivamente, é a consequência natural da realização da *ação típica, antijurídica e culpável*. No entanto, após a prática do fato delituoso podem ocorrer causas que impeçam a aplicação ou execução da sanção respectiva; não é a ação, porém, que se extingue, mas o *ius puniendi* do Estado, ou, em outros termos, como dizia o Min. Francisco Campos[24]: "O que se extingue, antes de tudo, nos casos enumerados, no art. 108 do projeto, é o próprio direito de punir por parte do Estado (a doutrina alemã fala em *Wegfall des staatlichen Staatsanspruchs*). Dá-se, como diz Maggiore, uma renúncia, uma abdicação, uma derrelição do *direito de punir do Estado*. Deve-se dizer, portanto, com acerto, que o que cessa é a *punibilidade* do fato, em razão de contingências ou por motivos vários de conveniência ou oportunidade". De observar-se, porém, que o crime, como fato, isto é, como ilícito penal, permanece gerando todos os demais efeitos civis, pois uma causa posterior não pode apagar o que já se realizou no tempo e no espaço; não impede, por exemplo, a propositura de *ação reparatória cível* (art. 67, II, do CPP).

4.2 Forma, conteúdo e momento processual da retratação

Não há exigência de qualquer formalidade para a validade da retratação. É suficiente que seja por escrito, nos autos; deve ser completa, cabal, isto é, abrangendo tudo o que o ofensor disse contra o ofendido, e incondicional. Sua incondicionalidade justifica-se por ser ato unilateral e produzir efeitos independentemente da aceitação da vítima. Pode ser feita pelo próprio ofensor ou por seu procurador com poderes especiais para esse fim.

É uma circunstância subjetiva, de caráter pessoal, que não se comunica aos demais participantes, na hipótese de concurso de pessoas. Em se tratando de con-

---

22. Damásio de Jesus, *Direito Penal*, p. 231.
23. Nélson Hungria, *Comentários*, p. 26.
24. Exposição de Motivos do Código Penal de 1940.

curso de crimes, calúnia e difamação, a retratação produz seus efeitos somente em relação ao crime (ou fato) a que se refere; isso significa que, havendo dois crimes, o agente pode retratar-se em relação a um e manter a imputação em relação a outro, sem que isso sirva para invalidar a retratação, e essa individualização tampouco pode ser entendida como retratação parcial, condicional ou incompleta, pois esses atributos são exigíveis em relação a cada fato em particular, capazes de configurar uma unidade delitiva.

A previsão legal, enfatizando, permite que a *retratação* possa ser feita somente até antes da publicação da sentença, embora haja decisão admitindo sua realização até antes do julgamento do recurso. Na verdade, retratação proferida após a publicação da sentença, mesmo recorrível, é absolutamente ineficaz para fins de extinção da punibilidade. Deverá, no máximo, ser considerada na dosimetria penal.

4.3 *Retratação nos crimes de ação pública condicionada: possibilidade*

O art. 143 do CP, ao consagrar o instituto da retratação, refere-se ao sujeito ativo da ofensa e passivo da relação processual penal como "querelado".

A doutrina e a jurisprudência, de modo geral, sustentam que a *retratação* somente é admissível *nos crimes de exclusiva iniciativa privada*, exatamente porque a lei se refere somente a "querelado", e este só existe nessa espécie de ação penal[25]. Mas os tribunais também já andaram admitindo que a *retratação* pode existir independentemente de tratar-se de ação privada ou pública condicionada[26].

Não negamos a relevância dos argumentos que lembram a literalidade do texto legal, que fala em "querelado", tampouco o forte interesse público "em preservar a integridade dos órgãos estatais no exercício de suas funções", como tem sustentado o Supremo Tribunal Federal[27]. Contudo, preferimos revisar essa orientação, na tentativa de trazê-la para o atual contexto jurídico-social, alinhando alguns argumentos que, esperamos, sejam suficientemente convincentes para afastar essa injustificada exclusão dos crimes em que a ação penal é pública condicionada.

Em primeiro lugar, deve-se ter presente que os crimes contra a honra, ao contrário do que ocorre com todo o Código Penal, são, regra geral, de *exclusiva iniciativa*

---

25. Damásio de Jesus, *Direito Penal*, p. 230; Magalhães Noronha, *Direito Penal*, p. 135; Flávio Augusto Monteiro de Barros, *Crimes contra a pessoa*, p. 209.
26. "A retratação nos delitos contra a honra — calúnia e difamação — em sendo inequívoca, reveladora de erro e arrependimento, admite-se, independentemente de o ser na ação privada ou pública condicionada, isto é, praticada a ofensa contra funcionário público, em razão de suas funções" (TAMG, AC, rel. Paulo Medina, *RT*, 646:318).
27. STF, RHC, rel. Min. Rafael Mayer, in Alberto Silva Franco et al., *Código Penal e sua interpretação jurisprudencial*, 6. ed., São Paulo, Revista dos Tribunais, 1997, v. 1, t. 2, p. 2281.

privada (art. 145, *caput*), enquanto em todos os demais capítulos do Código Penal os crimes são, regra geral, de ação pública (art. 100, *caput*). Essa inversão da regra pode ter levado o legislador a equívoco, falando em "querelado" como se esse pudesse ser o único sujeito ativo desses crimes, quando teria pretendido referir-se a acusado ou ofensor; em segundo lugar, como afirmava Hungria, "A retratação é mesmo mais útil ao ofendido do que a própria condenação penal do ofensor, pois esta, perante a opinião geral, não possui tanto valor quanto a confissão feita pelo agente, *coram judice*, de que mentiu"[28]. Ora, se é tão útil na ação de exclusiva iniciativa privada, não pode ser menos útil e proveitosa nos crimes de ação pública, onde a repercussão na opinião pública é mais relevante, exatamente pela importância do prestígio dos órgãos públicos; em terceiro lugar, finalmente, não é verdadeiro o argumento de que, quando a ofensa for irrogada a "funcionário público, em razão de suas funções", o sujeito passivo não será o indivíduo, mas o Estado ou Administração Pública, e não se objetiva a proteção imediata de sua incolumidade pública, mas a do Estado, "para preservar a integridade de seus órgãos e funções". Se essa assertiva fosse verdadeira, a *ação penal não poderia ser pública condicionada à representação*, mas deveria ser pública incondicionada, e, *ad argumentandum*, sendo *condicionada*, a representação do funcionário público deveria ser *sui generis*, isto é, irretratável; no entanto, não há nenhuma ressalva nesse sentido. Na verdade, quem decide se deseja ou não responsabilizar criminalmente o ofensor é o indivíduo — sujeito passivo da ofensa — e não o Estado, pois é aquele que decide se representa ou não contra o ofensor; e, como todos os demais ofendidos dos crimes de ação pública condicionada, pode decidir, enquanto não for "oferecida denúncia", se deseja ou não "retratar-se" (art. 102). Afinal, que ofendido é esse — o Estado — que não pode (mesmo sendo o titular do *ius puniendi*) decidir pela instauração da ação penal sem a representação do verdadeiro ofendido (funcionário público) e tampouco pode impedir que este, mesmo após ter representado, se desinteresse, desistindo da representação?

Ora, convenhamos, continuar afirmando que, nesses crimes, o verdadeiro sujeito passivo é o Estado e não o indivíduo e que objetiva primacialmente proteger a função pública e não a honra daquele é "forçar demais a barra", é o cego que não quer ver, é enxergar a floresta sem ver as árvores; é, enfim, ignorar o verdadeiro bem jurídico protegido, além de desconhecer que os crimes contra a Administração Pública estão disciplinados em outro capítulo.

Assim, *venia concessa*, sustentamos que a *retratação* pode existir nos crimes de calúnia e difamação, quando preencher seus requisitos legais, independentemente da natureza da ação penal, privada ou pública condicionada.

5. Pedido de explicações em juízo: interpelação judicial

Quando houver dúvida na manifestação de alguém, quem se julgar ofendido pode pedir *explicação em juízo*, nos precisos termos do art. 144: "Se, de referências,

---

28. Nélson Hungria, *Comentários*, p. 126.

alusões ou frases, se infere calúnia, difamação ou injúria, quem se julga ofendido pode pedir explicações em juízo". Quem se recusa a dá-las ou, a critério do juiz, não as dá satisfatoriamente responde pela ofensa. A "interpelação judicial" é providência de natureza cautelar, destinada a preparar a futura ação penal. O ofendido, ao formulá-la, postula uma tutela penal-cautelar, objetivando esclarecer situações equívocas, ambíguas ou dúbias, buscando viabilizar o exercício de futura ação penal.

A segunda parte do dispositivo em exame — *quem se recusa a dá-las ou, a critério do juiz, não as dá satisfatórias, responde pela ofensa* — é obscura e tem sido objeto de justificados equívocos. Com acerto, manifesta-se a respeito Damásio de Jesus, firmando que "sua segunda parte dá a entender que se o pretenso ofensor se recusa a dar explicações em juízo, ou as dá insatisfatórias, o juiz pode condená-lo no processo do pedido. Isso, porém, não ocorre"[29]. De fato, isso não ocorre; inclusive, o interpelado pode recusar-se a prestar explicações ou prestá-las insatisfatoriamente, e nem por isso poderá, por si só, ser considerado culpado; caso contrário teríamos aí um novo tipo penal implícito: "*Não prestar explicações em juízo ou prestá-las de forma insatisfatória*"! À evidência, isso não existe, pois deixar de prestar as explicações em juízo, solicitadas, ou prestá-las de forma insatisfatória apenas autorizará o recebimento da preambular da ação penal (queixa ou denúncia, conforme o caso). Só isso. Durante a instrução criminal é que se deverá provar a existência ou inexistência de crime, e dessa instrução é que se extrairá o resultado final, condenatório ou absolutório.

5.1 *Competência para julgamento das explicações*

O juiz que recebe o "pedido de explicações", que é uma "interpelação judicial", embora nosso Código não utilize essa terminologia, não deve emitir qualquer *juízo*, quer sobre a admissibilidade da interpelação, quer sobre a eficácia ou natureza das explicações prestadas ou deixadas de prestar.

O *juízo de equivocidade* é do próprio ofendido e não do juiz que processa o pedido de explicação. Aliás, o juiz não julga nem a equivocidade das palavras que podem ter caráter ofensivo nem a recusa ou a natureza das explicações apresentadas. A *competência* para avaliar (*julgar*, neste caso, parece-nos uma expressão muito forte) a *eficácia* ou *prestabilidade* das explicações será do juiz da eventual ação penal, quando esta for proposta, e se for. Na realidade, o juiz não julga a natureza das explicações ou a sua recusa, mas, havendo o oferecimento da peça preambular da ação penal (denúncia ou queixa), num exame prévio sobre a (in)existência de *justa causa*, avaliará se as explicações atendem aos postulados do art. 144. Concebendo-as como satisfatórias, rejeitará a queixa ou a denúncia; o mesmo deverá ocorrer com eventual recusa do interpelado, que silencia.

Os diplomas criminais — Código Penal e Código de Processo Penal — não disciplinam o rito do "pedido de explicações em juízo". Ante essa omissão, o rito

---

29. Damásio de Jesus, *Direito Penal*, p. 231-2.

processual ou procedimento será o das "notificações ou interpelações judiciais" disciplinadas no Código de Processo Civil (arts. 867 a 873).

6. Ação penal nos crimes contra a honra

O direito de ação penal consiste na faculdade de exigir a intervenção do poder jurisdicional para que se investigue a procedência da *pretensão punitiva* do Estado--Administração, nos casos concretos. *Ação* é, pois, o direito de invocar a prestação jurisdicional, isto é, o direito de requerer em juízo a reparação de um direito violado.

Mas, ao mesmo tempo que o Estado *determina* ao indivíduo que se abstenha da prática de ações delituosas, *assegura-lhe* também que só poderá puni-lo se violar aquela determinação, dando origem ao *ius puniendi*. Isso representa a consagração do princípio *nullum crimen, nulla poena sine praevia lege*. No entanto, violada a proibição legal, a sanção correspondente só poderá ser imposta através do *devido processo legal*, que é a autolimitação que o próprio Estado se impõe para exercer o *ius persequendi*, isto é, o *direito subjetivo* de promover a "persecução" do autor do crime.

Cumpre lembrar, no entanto, que a *ação penal* constitui apenas uma fase da *persecução penal*, que pode iniciar com as investigações policiais (inquérito policial), sindicância administrativa, Comissão Parlamentar de Inquérito etc. Essas investigações preliminares são meramente preparatórias de uma futura ação penal. A ação penal propriamente somente nascerá em juízo, com o oferecimento de *denúncia* pelo Ministério Público, em caso de ação pública, ou de *queixa*, pelo particular, quando se tratar de ação penal privada. O *recebimento* de uma ou de outra marcará o início efetivo da ação penal.

6.1 *Espécies de ação penal*

A ação penal, quanto à legitimidade para a sua propositura, classifica-se em *ação penal pública* e *ação penal privada*. Ambas comportam, no entanto, uma subdivisão: a ação penal pública pode ser *incondicionada* e *condicionada*, e a ação privada pode ser *exclusivamente privada* e *privada subsidiária da pública*.

6.1.1 Ação penal pública

O Ministério Público é o *dominus litis* da ação penal pública (art. 129, I, da CF), que se inicia com o oferecimento da denúncia em juízo e deverá conter a narração do fato criminoso, circunstanciadamente, a qualificação do acusado, a classificação do crime e o rol de testemunhas (art. 41 do CPP).

a) *Ação pública incondicionada*

A regra geral é a de que a ação penal seja pública incondicionada. Assim, de regra, os crimes previstos na Parte Especial do Código Penal, bem como na legislação especial, são de ação pública incondicionada ou absoluta.

Isso quer dizer que o Ministério Público não necessita de autorização ou manifestação de vontade de quem quer que seja para iniciá-la. Basta constatar que está caracterizada a prática do crime para promover a ação penal. Nas mesmas circunstâncias, a autoridade policial, ao ter conhecimento da ocorrência de um crime de ação pública incondicionada, deverá, de ofício, determinar a instauração de inquérito policial para apurar responsabilidades, nos termos do art. 5º, I, do CPP.

b) *Ação pública condicionada*

Continua sendo iniciada pelo Ministério Público, mas dependerá, para a sua propositura, da satisfação de uma *condição de procedibilidade*, sem a qual a ação penal não poderá ser instaurada: representação do ofendido ou de quem tenha qualidade para representá-lo, ou, ainda, requisição do ministro da Justiça.

Embora a ação continue *pública*, em determinados crimes, por considerar os efeitos mais gravosos aos interesses individuais, o Estado atribui ao ofendido o direito de avaliar a oportunidade e a conveniência de promover a ação penal, pois este poderá preferir suportar a lesão sofrida do que expor-se nos tribunais. Na ação penal pública condicionada há uma relação complexa de interesses, do ofendido e do Estado. De um lado, o direito legítimo do ofendido de manter o crime ignorado; de outro lado, o interesse público do Estado em puni-lo: assim, não se move sem a representação do ofendido, mas, iniciada a ação pública pela denúncia, prossegue até decisão final sob o comando do Ministério Público.

Em alguns casos, o *juízo de conveniência e oportunidade* é cometido ao ministro da Justiça, que, na realidade, faz um juízo político sobre tal conveniência. Esses casos são restritos: crimes praticados por estrangeiros contra brasileiros fora do Brasil (art. 7º, § 3º, do CP) e crimes praticados contra a honra do presidente ou contra chefe de governo estrangeiro (art. 145, parágrafo único, 1ª parte).

Nessas hipóteses, como afirma o Código, somente se procederá mediante requisição do ministro da Justiça.

6.1.2 Ação penal privada

Constitui exceção ao princípio publicístico da ação penal e, por isso, vem sempre expressa no texto legal, como, por exemplo, no art. 145, que determina que "somente se procede mediante queixa". A *ação privada*, em qualquer de suas formas, é iniciada sempre através da *queixa*, que não se confunde com a *notitia criminis* realizada na polícia e vulgarmente denominada "queixa".

A ação penal privada divide-se em: a) ação penal de exclusiva iniciativa privada; b) ação privada subsidiária da pública.

a) Ação de *exclusiva iniciativa* privada

Naquelas hipóteses em que, na avaliação do legislador, o interesse do ofendido é superior ao da coletividade, o Código atribui àquele o direito privativo de promover a ação penal.

Muitas vozes levantaram-se contra a ação penal privada, afirmando tratar-se de resquícios da *vindita privada*, alimentadora de sentimentos perversos. Esses argumentos, repetidos de tempos em tempos, não procedem, até porque, na realidade, a ação continua pública, uma vez que administrada pelo Estado através da sua função jurisdicional. E o que se permite ao particular é tão somente a iniciativa da ação, a legitimidade para movimentar a máquina judiciária, e nos estreitos limites do *devido processo legal*, que é de natureza pública. Essa iniciativa privada exaure-se com a sentença condenatória. A execução penal é atribuição exclusiva do Estado, onde o particular não tem nenhuma intervenção. Obtida a decisão condenatória, esgota-se o direito do particular de promover a ação penal. A partir daí o Estado reintegra-se na função de punir, que é intransferível[30]. Referida espécie de ação inspira-se em imperativos de foro íntimo e na colisão de interesses coletivos com interesses individuais, que o ofendido prefere afastar do *strepitus fori*, evitando a publicidade escandalosa que a divulgação processual provocaria; por isso o Estado permite a subordinação do interesse público ao particular. Essa orientação visa evitar novo e penoso sofrimento à vítima que, pela inexpressiva ofensa, desproporcional gravidade entre a lesão e a sanção estatal correspondente, ou pela especialíssima natureza do crime, lesando valores íntimos, prefere amargar a sua dor silenciosamente, já que a divulgação e a repercussão social podem causar ao ofendido ou a seus familiares dano maior do que a impunidade. Como afirma Paganella Boschi[31], "se para a imposição da pena tivéssemos que destroçar ainda mais uma vida, então o sistema jurídico seria uma iniquidade".

b) Ação privada *subsidiária* da pública

A *inércia* ministerial possibilita ao ofendido, ou a quem tenha qualidade para representá-lo, iniciar a ação penal através de *queixa*, substituindo ao Ministério Público e à denúncia que iniciaria a ação penal. Contudo, o pedido de arquivamento, de diligências, de baixa dos autos, a suscitação de conflito de atribuições etc. não configuram inércia e, consequentemente, não legitimam a propositura subsidiária de ação privada. Somente se o prazo de cinco dias para réus presos e de quinze para réus soltos escoar sem qualquer atividade ministerial, aí sim haverá a possibilidade legal, hoje constitucional (art. 5º, LIX, da CF), de o ofendido propor ação penal.

Porém, *a ação penal não se transforma em privada*, mantendo a sua natureza de pública, e, por essa razão, o querelante não pode dela desistir, renunciar, perdoar ou ensejar a perempção. O Ministério Público poderá aditar a queixa, oferecer denúncia substitutiva, requerer diligências, produzir provas, recorrer e, a qualquer momento, se houver negligência do querelante, retomar o prosseguimento da ação (art. 29 do CPP). Por isso que na ação penal privada *subsidiária*, mesmo após esgotado o prazo decadencial do ofendido, o Ministério Público poderá intentar a ação penal, desde que ainda não se tenha operado a prescrição. Percebe-se que na ação privada subsidiária a decadência do direito de queixa não extingue a puni-

---

30. Aníbal Bruno, *Direito Penal*, 3. ed., Rio de Janeiro, Forense, 1967, v. 3, p. 237.
31. José Antonio Paganella Boschi, *Ação penal*, Rio de Janeiro, Aide, 1993, p. 119.

bilidade, permanecendo o *ius puniendi* estatal, cuja titularidade pertence ao Ministério Público.

Finalmente, alguns autores relacionam ainda como uma terceira modalidade a *ação penal privada personalíssima*, para o crime de induzimento a erro essencial (art. 236), pela simples impossibilidade sucessória da legitimação ativa, por tratar-se de crime personalíssimo.

6.2 Ação penal nos crimes de calúnia, difamação e injúria

A ação penal nos crimes contra a honra, como regra geral, é *de exclusiva iniciativa privada* (art. 145), ao contrário da acepção do Código Penal, segundo a qual a ação penal pública incondicionada é a regra geral; será, no entanto, *pública condicionada* (art. 145, parágrafo único) quando: a) praticada contra presidente da República ou contra chefe de governo estrangeiro (com requisição do ministro da Justiça); b) contra funcionário público, em razão de suas funções (com representação do ofendido). E, finalmente, a ação penal será *pública incondicionada* (arts. 140, § 2º, e 145, caput, 2ª parte) quando, na *injúria real*, da violência resultar *lesão corporal* ou quando consistir em injúria racial. Essa é uma peculiaridade exclusiva da injúria, que os outros crimes contra a honra — calúnia e difamação — não têm. No entanto, a ação penal será pública incondicionada somente em relação às lesões corporais, pois, em relação ao crime de injúria, a ação penal continua de exclusiva iniciativa privada. Ademais, com o advento da Lei n. 9.099/95, que transformou a natureza da ação penal no crime de lesões corporais leves, deve-se rever essa previsão no crime de injúria. Assim, quando da violência resultarem lesões corporais leves, a ação penal será pública condicionada à representação, e somente quando resultarem lesões graves a ação penal será pública incondicionada.

CONSTRANGIMENTO ILEGAL XXIII

Sumário: 1. Considerações preliminares. 2. Bem jurídico tutelado. 3. Sujeitos ativo e passivo. 4. Tipo objetivo: adequação típica. 4.1. Formas ou meios de execução. 4.2. Crime de constrangimento ilegal e crime de tortura. 5. Tipo subjetivo: adequação típica. 6. Consumação e tentativa. 7. Concurso com crimes praticados com violência. 8. Classificação doutrinária. 9. Formas majoradas (§ 1º). 10. Natureza subsidiária. 11. Exclusão de tipicidade. 12. Pena e ação penal.

Capítulo VI
DOS CRIMES CONTRA A LIBERDADE INDIVIDUAL

Seção I
Dos Crimes contra a Liberdade Pessoal

Constrangimento ilegal

Art. 146. *Constranger alguém, mediante violência ou grave ameaça, ou depois de lhe haver reduzido, por qualquer outro meio, a capacidade de resistência, a não fazer o que a lei permite, ou a fazer o que ela não manda:*

Pena — detenção, de 3 (três) meses a 1 (um) ano, ou multa.

Aumento de pena

§ 1º As penas aplicam-se cumulativamente e em dobro, quando, para a execução do crime, se reúnem mais de três pessoas, ou há emprego de armas.

§ 2º Além das penas cominadas, aplicam-se as correspondentes à violência.

§ 3º Não se compreendem na disposição deste artigo:

I — a intervenção médica ou cirúrgica, sem o consentimento do paciente ou de seu representante legal, se justificada por iminente perigo de vida;

II — a coação exercida para impedir suicídio.

1. Considerações preliminares

O antecedente mais remoto do crime de *constrangimento ilegal* foi o crime *vis* do Direito Romano, que, com uma concepção ampla, abrangia toda a ação praticada por quaisquer meios violentos. Assim, a finalidade não era tutelar a liberdade em si mesma, mas impedir o emprego da violência, não autorizada em lei, para obter qualquer coisa[1].

Somente a partir do movimento reformador — *iluminista* — do século XVIII começou-se a proteger o *direito de liberdade* como um fim em si mesmo. O *nomen juris* "constrangimento ilegal", uma criação germânica, figurou no Direito brasileiro, pela primeira vez, no *Projeto Sá Pereira*, sendo desconhecido dos dois Códigos anteriores (1830 e 1890), embora esses dois diplomas legais não deixassem tal proteção da liberdade a descoberto. Com efeito, o Código Criminal do Império (1830), embora sem a mesma terminologia, já o incluía entre os "crimes contra a liberdade individual", punindo quem "impedir que alguém faça o que a lei permite, ou obrigar a fazer o que ela não manda". O Código Penal republicano (1890), por sua vez, o incluía entre os "crimes contra a liberdade pessoal", nos seguintes termos: "Privar alguém de sua liberdade pessoal, já impedindo de fazer o que a lei permite, já obrigando a fazer o que ela não manda".

2. Bem jurídico tutelado

O *bem jurídico protegido* é a liberdade individual ou pessoal de autodeterminação, ou seja, a liberdade do indivíduo de fazer ou não fazer o que lhe aprouver, dentro dos limites da ordem jurídica. A liberdade que se protege é a *psíquica* (livre formação da vontade, isto é, sem coação) e a *física*, ou seja, liberdade de movimento. A proteção desse bem jurídico, liberdade, ganhou assento constitucional, nos seguintes termos: "ninguém será obrigado a fazer ou deixar de fazer alguma coisa senão em virtude de lei" (art. 5º, II, da CF). Assegura-se, assim, ao indivíduo o direito de fazer tudo o que a lei não proibir, não podendo ser obrigado a fazer senão aquilo que a lei lhe impuser. Nesse sentido, percuciente a afirmação de Flávio Augusto Monteiro de Barros de que "a coação empregada para compelir a pessoa à prestação de ato ou abstenção de fato, fora dos casos em que a lei autoriza, constitui violação ao princípio da legalidade, dando ensejo à configuração do delito de constrangimento ilegal"[2].

O que se viola ou restringe, no crime de *constrangimento ilegal*, não é propriamente uma vontade juridicamente válida, mas a *liberdade* e o *direito de querer* e *atuar* (agir ou não agir), de acordo com as condições pessoais e individuais de cada um.

3. Sujeitos ativo e passivo

O *sujeito ativo pode ser qualquer pessoa*, não requerendo nenhuma qualidade ou condição particular; cuida-se, pois, de crime comum. Tratando-se, contudo, de *funcionário público*, desde que no exercício de suas funções, o crime praticado

---

1. Heleno Cláudio Fragoso, *Lições de Direito Penal*, p. 151.
2. Flávio Augusto Monteiro de Barros, *Crimes contra a pessoa*, São Paulo, Saraiva, 1997, p. 222.

poderá ser, de acordo com as circunstâncias, não este, mas qualquer outro, como, por exemplo, podia ser o art. 322 do CP, art. 3º da Lei n. 4.898/65 etc. A referida Lei n. 4.898/65 (abuso de autoridade) foi revogada pela Lei n. 13.869, de 5 de setembro de 2019, a vigorar 120 dias após a sua publicação (*vacatio legis*).

Sujeito passivo pode ser qualquer pessoa, desde que capaz de sentir a violência e *motivar-se* com ela; em outros termos, é necessária a *capacidade de autodeterminação*, ou seja, a capacidade de conhecer e se autodeterminar de acordo com esse conhecimento. Assim, estão excluídos os enfermos mentais, as crianças, os loucos de todo o gênero etc. Se, no entanto, o *constrangimento* for praticado contra seus representantes, com a finalidade de permitirem que se faça algo com eles, desautorizado em lei, os incapazes serão, nesse caso, *objeto do crime*, e seus responsáveis serão os sujeitos passivos[3]. A *incapacidade física*, isto é, a *incapacidade operacional* (deficientes físicos, paralíticos etc.) do sujeito passivo, não afasta a possibilidade de ser sujeito passivo do crime de constrangimento ilegal; aliás, poderá configurar uma *agravante* (art. 61, III, *h* (enfermo) ou *j* (desgraça particular do ofendido), conforme o caso).

Quando o *constrangimento* for praticado contra *criança*, constituirá o crime descrito no art. 232 da Lei n. 8.069/90 (Estatuto da Criança e do Adolescente), desde que esta se encontre "sob sua autoridade, guarda, ou vigilância". Essa previsão minimiza aquele entendimento de que incapaz não pode ser sujeito passivo daquele crime.

Nada impede que a violência ou a grave ameaça sejam exercidas contra pessoa diversa daquela que se pretende constranger. Nessa hipótese, se a *ameaça* for irresistível, e a conduta do ameaçado for tipificada criminalmente, haverá *autoria mediata*. O sujeito ativo será o *autor mediato* e o *constrangido* não será autor, mas mero *executor*, isto é, simples instrumento nas mãos daquele, autor mediato, que tem o *domínio final do fato*. Nesse caso, não haverá concurso de pessoas — coautoria ou participação —, pois o *executor* agiu sem culpabilidade; na verdade, faltou-lhe o próprio dolo, nem se podendo falar em ação que pressupõe voluntariedade, e, por extensão, não se pode falar em tipicidade.

O *autor mediato* responderá por dois crimes, em concurso material, pelo *constrangimento ilegal* e mais o crime que o *executor* for obrigado a praticar. São irrelevantes os motivos, os fins mediato ou ulterior do agente não interessam à norma penal.

4. Tipo objetivo: adequação típica

O núcleo do tipo é *constranger*, que significa obrigar, forçar, compelir, coagir alguém a fazer ou deixar de fazer alguma coisa a que não está obrigado. A finalidade pretendida pelo constrangimento ilegal pode ser qualquer prestação de ordem pessoal, moral, física, psíquica, social ou de qualquer natureza, profissional, econômica, comercial, jurídica etc., desde que não constitua infração penal. Se objetivar

---

3. Heleno Cláudio Fragoso, *Lições*, p. 152.

infração penal, que o constrangimento sirva de meio ou seja sua elementar, será por esta absorvido. Se se tratar de outra infração penal, poderá configurar o crime de tortura, como adiante analisaremos.

A conduta típica pode apresentar-se sob duas modalidades: a) fazer o que a lei não obriga; b) não fazer o que ela permite. Na primeira hipótese, a vítima é forçada a fazer alguma coisa: um cruzeiro, um passeio, uma cirurgia etc. Na segunda hipótese, a conduta do agente impõe uma omissão da vítima em relação a alguma coisa, sem exigência legal.

Com sua característica de generalidade, esse tipo penal abrange todo constrangimento à livre determinação de vontade que não tenha recebido configuração legal específica. Não há especificação legal sobre o que deve consistir o *fazer* ou o *não fazer* exigido pelo agente.

Se não for *ilegítima* a *coação*, não haverá constrangimento ilegal, podendo, eventualmente, caracterizar-se outro crime.

Se o *constrangimento* visar *pretensão* legítima do sujeito ativo, poderá caracterizar o crime do art. 345. Na verdade, se a finalidade pretendida pelo sujeito passivo pode ser obtida em juízo, que preferiu consegui-la coativamente, a tipificação de sua conduta desloca-se para os crimes contra a Administração da Justiça, qual seja, "exercício arbitrário das próprias razões" (art. 345).

Ainda que a finalidade do constrangimento seja legítima, pertencendo a terceiro, constituirá o crime de constrangimento ilegal. Se objetiva, por outro lado, evitar a prática de ato puramente *imoral*, não proibido por lei, haverá o crime de constrangimento ilegal, como, por exemplo, impedir o *incesto*, o exercício da *prostituição* etc. Ora, não sendo proibido nem ordenado por lei, não pode ser legitimamente impedido ou imposto pela força. No entanto, se o constrangimento for empregado para impedir a prática de uma infração penal ou qualquer conduta ilícita, não constituirá, em tese, crime, pois ninguém tem o direito ou a liberdade de delinquir. Evidentemente, deve-se obedecer aos princípios da razoabilidade e da proporcionalidade, sendo puníveis eventuais excessos.

Circunstâncias particulares que ocorrerem na realização do constrangimento estarão fora do tipo, mas poderão integrar as majorantes, ou até mesmo excluir a sua tipicidade.

Não é indispensável que o ofendido oponha resistência efetiva contra a coação ou procure superá-la através da fuga, pedindo socorro ou empregando qualquer outro recurso; é suficiente que, mediante violência ou grave ameaça, tenha-se violentado a sua liberdade interna, constrangendo-o, assim, a realizar o que lhe foi imposto, sem amparo legal.

A *ilegitimidade da coação* pode ser: a) *absoluta* — quando o agente não tem qualquer direito a ação ou omissão constrangida; b) *relativa* — há o direito, mas a vítima não pode ser forçada, como, por exemplo, constranger a vítima a pagar dívida de jogo.

É indispensável a *relação de causalidade* entre o emprego da violência ou grave ameaça ou qualquer outro meio e a submissão da vítima à vontade do coator.

O *erro* sobre a legitimidade da ação, se for inevitável, excluirá a responsabilidade penal a qualquer título; se for *evitável*, excluirá o dolo, restando, subsidiariamente, a culpa (art. 20, *caput*), que, nesse crime, é impunível, salvo se houver lesão corporal, que criminaliza a modalidade culposa.

4.1 Formas ou meios de execução

A lei estabelece as seguintes formas de realização do constrangimento ilegal: (a) mediante *violência* (força física, real), (b) *grave ameaça* (violência moral, intimidação, *vis compulsiva*) ou (c) *qualquer outro meio* (ingestão de álcool, drogas, hipnose etc.), *reduzindo-lhe a capacidade de resistência*. Esses *quaisquer outros meios* precisam ter a capacidade de reduzir ou diminuir a resistência da vítima. Há quem classifique esses meios de "violência física, violência moral, violência imprópria", algo semelhante ao que fazia Mezger[4].

a) *Mediante violência* — O termo *violência* empregado no texto legal significa a força física, material, a *vis corporalis*, com a finalidade de vencer a resistência da vítima. Essa violência pode ser produzida pela própria energia corporal do agente, que, no entanto, poderá preferir utilizar outros meios, como fogo, água, energia elétrica (choque), gases etc. A violência pode ser empregada através de omissão, como, por exemplo, submetendo o ofendido à fome ou sede, com a finalidade de fazê-lo ceder à vontade do agente. A violência poderá ser *imediata*, quando empregada diretamente contra o próprio ofendido, e *mediata*, quando utilizada contra terceiro ou coisa a que a vítima esteja diretamente vinculada.

Não é indispensável que a força empregada seja irresistível, basta que seja idônea para coagir a vítima a fazer ou não fazer o que o sujeito ativo quer. Se, no entanto, a força for resistível e o resultado da ação do coagido constituir crime, o coagido também responderá por ele, nos termos do art. 22 do CP, embora com pena atenuada (art. 65, III, *c*).

b) *Mediante grave ameaça* — Constitui forma típica da "violência moral", é a *vis compulsiva*, que exerce uma força intimidativa, inibitória, anulando ou minando a vontade e o querer do ofendido, procurando, assim, inviabilizar eventual resistência da vítima. Na verdade, a ameaça também pode perturbar, escravizar ou violentar a vontade da pessoa como a violência material. A *violência moral* pode materializar-se em gestos, palavras, atos, escritos ou qualquer outro meio simbólico. Mas somente a *ameaça grave*, isto é, aquela ameaça que efetivamente imponha medo, receio, temor na vítima, e que lhe seja de capital importância, opondo-se a sua liberdade de querer e de agir.

O *mal* prometido, a título de ameaça, além de *futuro* e *imediato*, deve ser *determinado*, sabendo o agente o que quer impor. Nesse sentido, referindo-se à natureza

---

4. Flávio Augusto Monteiro de Barros, *Crimes contra a pessoa*, p. 225.

do mal prometido, Magalhães Noronha pontificava: "Compreende-se que o mal deva ser *determinado*, pois indefinível e vago não terá grandes efeitos coativos; *verossímil* também, ou seja, que se possa realizar e não fruto de mera fanfarronice ou bravata; *iminente*, isto é, suspenso sobre o ofendido: nem em *passado*, nem em *futuro* longínquo, quando, respectivamente, não teria força coatora, ou esta seria destituída do vigor necessário; *inevitável*, pois, caso contrário, se o ofendido puder evitá-lo, não se intimidará; *dependente*, via de regra, da vontade do agente, já que, se depende da de outrem, perderá muito de sua inevitabilidade"[5]. Enfim, esses são os requisitos que, em tese, a ameaça de mal ou dano deve apresentar. Não são nem absoluto nem *numerus clausus*, podendo, no caso concreto, apresentar-se alguns e outros não, sem desnaturar a gravidade da ameaça. É indispensável que a ameaça tenha idoneidade intimidativa, isto é, que tenha condições efetivas de constranger a vítima.

Ao contrário do que ocorre com o *crime de ameaça*, no crime de constrangimento ilegal não é necessário que o mal prometido seja *injusto*, sendo suficiente que injusta seja a pretensão ou a forma de obtê-la. A injustiça do mal não se encerra em si mesma, mas deverá relacionar-se ao fim pretendido e à forma de consegui-lo. O mal pode ser justo, mas o fundamento que leva o agente a prometê-lo ou o método utilizado podem não sê-los.

c) *Qualquer outro meio, reduzindo-lhe a capacidade de resistência* — Esses outros *meios* devem ser empregados sub-reptícia ou fraudulentamente, isto é, sem violência física ou grave ameaça, caso contrário estariam incluídos nas outras duas alternativas. Estão abrangidos, pela expressão, qualquer outro meio, as ações químicas, estranhas ameaças, que restrinjam ou anulem a consciência, como, por exemplo, o emprego de inebriantes, entorpecentes ou similares, ou até mesmo a máquina da verdade ou pílulas da confissão, destinadas a violentar a vontade e a liberdade do ofendido, levando-o a declarar o que pretendia calar.

Magalhães Noronha exemplificava, como *qualquer outro meio*, "a ação dos narcóticos, anestésicos, álcool e mesmo da hipnose. São processos físico-psíquicos porque atuam sobre o físico da pessoa, mas produzem-lhe anormalidade psíquica, vedando-lhe a resistência à ação do agente"[6]. Como se tutela a liberdade pessoal em sentido amplo, o agente, empregando determinados meios, como os acima citados, impõe a sua vontade à da vítima, eliminando a vontade desta de querer e de agir, protegida por esse dispositivo.

Esses *quaisquer outros meios* precisam ter a capacidade de reduzir ou diminuir a resistência da vítima. Aqui, para descrever o *meio* possível de executar o constrangimento ilegal, após relacionar as duas hipóteses casuísticas — *mediante violência ou grave ameaça* —, o legislador adotou, como em tantas outras oportunidades, uma *fórmula genérica*, que não deixa de ser uma espécie de *interpretação analógica*, aliás, admissível em sede de criminalização, quando o próprio legislador a prevê para complementar hipóteses casuísticas.

---

5. Magalhães Noronha, *Direito Penal*, p. 163.
6. Magalhães Noronha, *Direito Penal*, p. 163-4.

A *interpretação analógica* é uma espécie de interpretação extensiva, na medida em que decorre de determinação expressa da própria lei. Ela não se confunde com a *analogia* — que é um *processo integrativo* da norma lacunosa —, mas é uma "interpretação por analogia", isto é, trata-se de um *processo interpretativo analógico* previamente determinado pela própria lei, ou seja, um *meio* indicado para *integrar* o preceito normativo dentro da própria norma, estendendo-o a *situações análogas*, como ocorre, por exemplo, no art. 71 do CP, quando determina "pelas condições de tempo, lugar, maneira de execução e outras semelhantes". Essa locução "e outras semelhantes" representa exatamente a *autorização legal* do uso da chamada *interpretação analógica* no processo interpretativo da lei penal incriminadora. Não é nada incomum a lei dispor que, além dos casos especificados, o preceito se aplique a outros análogos ou semelhantes, como ocorre no dispositivo *sub examine*, que, após relacionar — *mediante violência ou grave ameaça* —, complementa com a locução genérica "ou qualquer outro meio". No entanto, esse *qualquer outro meio* deve assemelhar-se aos dois enunciados expressamente pelo menos quanto aos seus efeitos, quais sejam, *reduzir a capacidade de resistência da vítima*. Completa-se, em outros termos, o conteúdo da norma com um processo de *interpretação extensiva*, aplicando-se *analogicamente* aos casos semelhantes que se apresentem, por determinação da própria norma[7]. Como destacava Jiménez de Asúa, "é a própria lei que a ordena e, por isso, não se trata de *analogia*, mas de *interpretação analógica*, posto que ela se vincula à própria vontade da lei"[8] (grifos acrescentados).

A *interpretação analógica* utilizada em muitos dispositivos penais, especialmente da Parte Especial do nosso Código Penal, não deixa de ser *uma espécie de interpretação extensiva*, conhecida como *interpretação analógica*, em que a própria lei determina que se amplie seu conteúdo ou alcance, e fornece critério específico para isso, como ocorre, por exemplo, no art. 146. A "interpretação analógica", repetindo, é *processo interpretativo*, distinguindo-se, portanto, da "analogia", que é *processo integrativo* e tem por objeto a aplicação de lei. No mesmo sentido, o penalista espanhol Polaino Navarrete afirma: "Por interpretação analógica deve-se entender a interpretação de um preceito por outro que prevê caso análogo, quando no último aparece claro o sentido que no primeiro está obscuro: com este entendimento, se a considera como uma espécie de *interpretação sistemática*. Distinta da interpretação analógica é a aplicação da lei por analogia, que consiste em fazer aplicável a norma a um caso semelhante, mas não compreendido na letra nem no pensamento da lei"[9]. Por isso, a *interpretação analógica*, ao contrário da *analogia*, pode ser, e normalmente é, aplicada às normas penais incriminadoras. Estas, em obediência ao princípio *nullum crimen, nulla poena sine lege*, não podem ter suas lacunas integradas

---

7. Aníbal Bruno, *Direito Penal*, 3. ed., Rio de Janeiro, Forense, 1967, t. 1, p. 213.
8. Luiz Jiménez de Asúa, *Principios de Derecho Penal*, cit., p. 140.
9. Miguel Polaino Navarrete, *Derecho Penal*; fundamentos científicos del Derecho Penal, Barcelona, Bosch, 1996, v. 1, p. 416.

ou colmatadas pela *analogia*, em obediência exatamente ao princípio *nullum crimen sine praevia lege*.

Concluindo, com o magistério de Asúa, *interpretação analógica* e *analogia* são coisas distintas, "porque a interpretação é o descobrimento da vontade da lei em seus próprios textos, ao passo que com a *analogia* não se interpreta uma disposição legal, que em verdade não existe, mas, ao contrário, aplica-se ao caso concreto uma regra que disciplina um caso semelhante. Naquela falta a expressão literal, mas não a vontade da lei, e na analogia falta também a vontade desta"[10].

4.2 Crime de constrangimento ilegal e crime de tortura

Se a *violência* ou a *grave ameaça* visar a prática de crime, configurará o crime de *tortura*, previsto no art. 1º, I, *b*, da Lei n. 9.455/97, que estabelece: "constranger alguém com emprego de violência ou grave ameaça, causando-lhe sofrimento físico ou mental para provocar ação ou omissão de natureza criminosa". Antes da vigência dessa lei, a doutrina sustentava que, nesses casos, ou seja, quando o constrangimento fosse para a prática de alguma conduta criminosa, o agente responderia pelo crime de constrangimento ilegal e o crime que a vítima fora obrigada a praticar (nesta hipótese, como *autor mediato*), em "concurso material".

A partir dessa nova lei, a situação mudou, e podem ocorrer duas situações distintas: o crime de tortura pode *consumar-se*, somente, mas pode também se *exaurir*. Esse tipo de crime de tortura tem a mesma natureza e estrutura do crime de *extorsão mediante sequestro* e assemelhados, nos quais a *consumação* não se confunde com o *exaurimento*, pois podem ocorrer em momentos distintos ou simplesmente não haver exaurimento, a despeito de consumarem-se. Na verdade, o *crime de tortura*, nessa hipótese, *consuma-se* com a simples conduta de constranger, na forma descrita no *caput* do art. 1º e inciso I, independentemente de a vítima praticar a conduta criminosa pretendida pelo sujeito ativo; se, no entanto, o torturado não "resistir" e praticar o comportamento criminoso exigido pelo sujeito ativo, ocorrerá somente o *exaurimento* do crime de tortura, que já se havia consumado.

Na primeira hipótese, quando o crime de tortura apenas se consumou, o *sujeito ativo* responde somente pelo crime de tortura, pois o constrangimento é *elementar típica* desse crime, ficando por ele absorvido, a exemplo do que ocorre com roubo, extorsão, estupro etc. Na segunda hipótese, no entanto, havendo *exaurimento* do crime de tortura, o sujeito ativo responderá, *cumulativamente*, pelo crime de tortura e pelo crime que o torturado coagido tiver praticado (em relação a este, como *autor mediato*). O *executor*, coagido, não responderá por nada, a menos que tenha agido com culpabilidade, e nos limites de sua culpabilidade[11].

---

10. Luiz Jiménez de Asúa, *Principios de Derecho Penal*, cit., p. 122.
11. Para melhor esclarecimento, veja-se o que escrevemos a respeito de *autoria mediata* e *teoria do domínio do fato* em nosso *Tratado de Direito Penal — Parte Geral*, v. 1, no capítulo sobre *concurso de pessoas* (Capítulo XXVII).

Assim, por exemplo, se a tortura for resistível, não tipificará o crime de tortura, pois um "constrangimento" resistível não teria gravidade suficiente para tipificar o crime de tortura, e, nesse caso, ambos — coator e coato — responderão pelo crime que este praticou, pois não haverá figura do simples executor. Poderão ser coautores, partícipe e autor etc., segundo a funcionalidade da posição de cada um e de acordo com a autonomia de vontade que existir, conforme procuramos demonstrar ao examinarmos a *teoria do domínio do fato* e a *autoria mediata*, para onde remetemos o leitor[12].

5. Tipo subjetivo: adequação típica

O *elemento subjetivo*, geral, é o dolo, que é representado pela vontade e a consciência de constranger a vítima, através de violência ou grave ameaça, a fazer o que a lei não determina ou não fazer o que ela manda. A consciência abrange a ilegitimidade da ação, dos meios escolhidos (violência ou grave ameaça) e a relação de causalidade entre o constrangimento e a ação ou omissão do sujeito passivo, sendo irrelevantes os motivos determinantes, com exceção daqueles que excluem a antijuridicidade da conduta. O dolo poderá ser direto ou eventual.

Se o constrangimento for praticado para satisfazer pretensão legítima, ou se a violência for praticada no exercício da função ou em razão dela, poderá configurar *exercício arbitrário das próprias razões* (art. 345) ou *violência arbitrária* (art. 322), de acordo com as demais circunstâncias.

E o *elemento subjetivo especial* do tipo é constituído pelo *especial fim de agir*, qual seja, o *fim* de constranger a vítima à ação ou omissão pretendida. Não havendo a finalidade de constranger o ofendido a fazer ou não fazer algo, ao desamparo da lei, o crime não será o de constrangimento ilegal, mas somente aquele que resultar da violência ou grave ameaça (vias de fato, ameaça, lesões corporais etc.) e desde que objetive a prática de alguma infração penal, pois, nesse caso, poderá configurar *crime de tortura* (Lei n. 9.455/97).

Não há constrangimento ilegal culposo.

6. Consumação e tentativa

Consuma-se o crime de constrangimento ilegal quando o ofendido *faz* ou *deixa de fazer* aquilo a que foi constrangido. Deve-se ter presente que *não se trata de crime de mera atividade*, que se consuma com a simples ação, mas de crime de lesão que tem uma *execução complexa*, exigindo duplicidade comportamental: a *ação coativa* do sujeito ativo e a *atividade coagida* do sujeito passivo, fazendo ou não fazendo aquilo a que foi constrangido. Assim, *consuma-se* o crime quando o *constrangido*, em razão da *violência* ou *grave ameaça* sofrida, começa a obedecer ou não obedecer a imposição do sujeito ativo. Enquanto o coagido não ceder à vontade do sujeito ativo, isto é, enquanto não der início ao "fazer ou não fazer", a *violência ou grave ameaça* poderão configurar somente a tentativa.

---

12. *Tratado de Direito Penal* — Parte Geral, v. 1, Capítulo XXVII.

Como *crime material*, admite a *tentativa*[13], que se verifica com o início da ação constrangedora, que pode ser fracionada. A exigência de uma execução complexa, com a ação do sujeito ativo, de um lado, e a atividade do coagido, de outro, facilita a identificação do *conatus*.

Podem ocorrer também as hipóteses de *desistência voluntária* e *arrependimento eficaz*, respondendo o agente, é claro, pelos atos já executados, nos termos do art. 15.

7. Concurso com crimes praticados com violência

Não nos convence o entendimento, praticamente unânime da doutrina clássica, segundo o qual o § 2º deste artigo "reconhece expressamente o concurso material"[14]. O questionamento é inevitável; afinal, esse dispositivo estaria dando *uma nova definição* para o "concurso material" ou limitou-se a *cominar a soma de penas*, adotando o sistema do *cúmulo material*, quando o crime de *constrangimento ilegal* for praticado com "violência tipificada", isto é, que constitua em si mesma crime?

Com efeito, o que caracteriza o *concurso material* de crimes não é a soma ou cumulação de penas, como prevê o dispositivo em exame, mas a *pluralidade de condutas*, pois, no *concurso formal impróprio*, isto é, naquele cuja conduta única produz dois ou mais crimes, resultantes de *desígnios autônomos*, as penas também são aplicadas *cumulativamente*[15]. Ora, esse comando legal — art. 146, § 2º —, determinando a aplicação cumulativa de penas, não autorizou o intérprete a confundir o concurso formal impróprio com o concurso material. Na verdade, concurso de crimes e sistema de aplicação de penas são institutos inconfundíveis; o primeiro relaciona-se à teoria do delito e o segundo à teoria da pena, por isso a confusão é injustificável.

Concluindo, o § 2º do art. 146 não criou uma espécie *sui generis* de concurso material, mas adotou tão somente o *sistema do cúmulo material* de aplicação de pena, a exemplo do que fez em relação ao *concurso formal impróprio* (art. 70, 2ª parte). Assim, quando a violência empregada na prática do crime de constrangimento ilegal constituir em si mesma outro crime, havendo unidade de ação e pluralidade de crimes, estaremos diante de concurso formal de crimes. Aplica-se, nesse caso, por expressa determinação legal, o sistema de aplicação de pena do cúmulo material, independentemente da existência ou não de "desígnios autônomos". A aplicação cumulativa de penas, mesmo sem a presença de "desígnios autônomos", constitui uma exceção da aplicação de penas prevista para o concurso formal impróprio.

---

13. Vincenzo Manzini, *Istituzioni di Diritto Penale italiano*; Parte Speciale, 3. ed., Padova, CEDAM, 1955, v. 2, p. 339.
14. Nélson Hungria, *Comentários ao Código Penal*, p. 156; Aníbal Bruno, *Crimes contra a pessoa*, p. 348; Damásio de Jesus, *Direito Penal*, p. 246; Flávio Augusto Monteiro de Barros, *Crimes contra a pessoa*, p. 230; Victor Eduardo Rios Gonçalves, *Dos crimes contra a pessoa*, p. 104.
15. Consulte-se, nesse sentido, nosso *Tratado de Direito Penal* — Parte Geral, v. 1, Capítulo XXXVII, onde analisamos o *concurso de crimes*.

No entanto, a despeito de tudo o que acabamos de expor, nada impede que, concretamente, possa ocorrer *concurso material*, como acontece com quaisquer outras infrações penais, do crime de constrangimento ilegal com outros crimes violentos, desde que, é claro, haja "*pluralidade* de condutas e *pluralidade* de crimes"[16], mas aí, observe-se, já não será mais o caso de unidade de ação ou omissão, caracterizadora do concurso formal.

8. Classificação doutrinária

Trata-se de *crime comum*, podendo ser praticado por qualquer pessoa, pois não exige qualquer qualidade ou condição especial; *material*, somente se consuma com a produção do resultado, representado pela atividade do ofendido que cumpre as exigências do sujeito ativo; eventualmente *subsidiário*, quando constitui meio de execução ou elementar de alguns tipos penais, como já foi exemplificado; *doloso*, não havendo previsão da modalidade culposa.

9. Formas majoradas (§ 1º)

Não há previsão de figuras *qualificadas*; o que existe são *figuras majoradas*[17]. As penas serão aplicadas em dobro e cumulativamente se houver qualquer das duas majorantes: *utilização de armas* ou *reunirem-se mais de três pessoas* para a execução do crime.

Para configurar-se a primeira majorante — *reunião de mais de três pessoas* —, será necessário que, no mínimo, quatro pessoas tenham participado da fase executória do crime, incluindo-se nesse número o próprio autor principal, se houver, menores e incapazes. Se qualquer delas participou somente da *preparação* do crime, sem intervir na execução, ou limitou-se à simples atividade de partícipe, instigando ou induzindo, não será computado no número mínimo necessário para caracterizar a *majorante*, uma vez que o texto legal exige que tenham participado da "execução do crime", e o simples *partícipe* não intervém na execução propriamente da conduta típica, segundo nosso entendimento[18]; ademais, o *fundamento* da majoração da pena reside no maior *desvalor da ação* e, especialmente, no aumento do temor infundido à vítima, diminuindo ou, muitas vezes, até eliminando a possibilidade de defesa. Por isso, a necessidade de o número mínimo dos participantes intervir diretamente na execução do crime. A relação desses "intervenientes" é regida pelos princípios que orientam o instituto do *concurso de pessoas*, para o qual não se exige o antigo "acordo prévio", sendo suficiente a existência do vínculo subjetivo, representado pela consciência de colaborar na empresa comum.

---

16. Cezar Roberto Bitencourt, *Tratado de Direito Penal* — Parte Geral, 30. ed., 2024, v. 1, p. 871.

17. Veja-se a distinção que fazemos entre "qualificadoras" e "majorantes" em nosso *Tratado de Direito Penal* — Parte Geral, 30. ed., 2024, v. 1, p. 794 e s.

18. Cezar Roberto Bitencourt, *Tratado de Direito Penal* — Parte Geral, v. 1, Capítulo XXVII — Concurso de pessoas.

A segunda majorante é o *emprego de armas*, que, segundo doutrina e jurisprudência, refere-se ao *gênero* e não ao *número* de "arma". Parece-nos, contudo, um pouco estranho que o legislador, tão conhecedor do vernáculo, adote um critério definidor do *número* — plural — para indicar o *gênero*. Armas, a nosso juízo, é *plural* e significa mais de uma. Para definir-se o gênero, ou se utilizaria o coletivo — arsenal — ou, quem sabe, arma branca, arma de fogo, armas proibidas etc. E, como a lei penal não emprega palavras inúteis ou desnecessárias e como o fundamento da majoração é a elevação do temor que o emprego de "armas" causaria à vítima, acreditamos que o texto legal, ao exigir a intervenção na execução do crime de mais de três pessoas, não ignorou que a participação de até três também é idônea para impingir maior temor; porém, para fundamentar a majoração exigiu que, pelo menos, alguns deles estivessem armados, por isso se referiu a "armas". Por outro lado, dependendo da forma, o emprego de uma arma poderá caracterizar somente a grave ameaça.

Mas, enfim, como Nélson Hungria, um dos coautores do Projeto do Código Penal de 1940, foi o primeiro a sustentar que o "plural" — armas — não significa mais de uma, mas somente *gênero*[19], não se ousou contestá-lo e até hoje se repete a mesma coisa. Assim, deixamos, pelo menos, nossa provocação à reflexão sobre os limites do *princípio da tipicidade*, sessenta anos após o emprego do vocábulo discutido.

As armas podem ser próprias ou impróprias: a) *próprias* são aquelas que têm a finalidade específica de ataque ou defesa. As armas próprias podem ser *de fogo*, como revólver, espingarda, bombas, granadas etc.; ou ainda ser armas brancas, como punhal, faca, facão etc.; b) *armas impróprias* são aqueles instrumentos cuja finalidade natural não se destina a ataque ou defesa, como as próprias, embora apresentem potencialidade lesiva; normalmente, têm sua finalidade desvirtuada, como, por exemplo, machado, foice, tesoura, navalha etc. Não podem, porém, ser equiparados a armas objetos como pedras, madeiras, sarrafos, cordas, móveis (mesas, cadeiras etc.).

Somente haverá incidência da majorante se as armas forem efetivamente empregadas na execução do crime. "Emprego" significa "uso" real, efetivo, concreto. Assim, o simples "portar" arma não o caracteriza, desde que não seja ostensivo e com finalidade intimidatória, pois o porte ostensivo com a finalidade de infundir medo pode ser uma forma de "emprego de arma" na execução do crime.

Finalmente, a discussão mais atual e, ao mesmo tempo, mais desproposiada é acerca da *arma de brinquedo*, a partir da infeliz e equivocada Súmula 174 do STJ, sobre a possibilidade de estender sua aplicação nessa majorante. A súmula tinha o seguinte verbete: "Nos crimes de roubo, a intimidação feita com arma de brinquedo autoriza o aumento da pena". A despeito da paradoxal infelicidade dessa sumulação, lá no crime de roubo, houve quem sustentasse sua aplicação analógica no crime de

---

19. Nélson Hungria, *Comentários*, p. 161-2.

constrangimento ilegal[20]. Essa orientação ignora os princípios mais comezinhos de Direito Penal, adota a analogia *in malam partem* e viola o princípio da legalidade e da tipicidade estrita. Curiosamente, ao analisar a "analogia *in malam partem*", o próprio Flávio Augusto Monteiro de Barros afirma que "é impossível empregar essa analogia no direito penal moderno, que é pautado pelo princípio da reserva legal", e, quando aborda a Parte Especial do Código Penal, sugere a aplicação da indigitada súmula no crime de constrangimento ilegal[21]. Nem mesmo se fizesse parte da prescrição legal definidora do crime de roubo ou de suas majorantes, poderia ser estendida ao crime de constrangimento ilegal sem expressa previsão legal.

Certamente, a edição da Súmula 174 — em boa hora revogada quando do julgamento do REsp 213.054-SP — não foi das mais felizes levada a efeito pelo Superior Tribunal de Justiça, a mais elevada Corte, no plano da jurisdição ordinária, do nosso país. Com efeito, a inidoneidade lesiva da arma de brinquedo, que é suficiente para caracterizar a ameaça tipificadora do crime de roubo, não tem o condão de qualificá-lo ou majorá-lo. Criticando a malsinada súmula nas edições anteriores deste trabalho, portanto antes de sua revogação, fizemos a seguinte afirmação: "Espera-se que, numa síndrome de *humildade*, o Superior Tribunal de Justiça, com a grandeza daqueles que crescem sobre um erro involuntário, reparando-o, quando dispõem dessa oportunidade, que nem todos têm, reveja a indigitada súmula, revogando-a, como o próprio Supremo Tribunal Federal fez recentemente com algumas das suas, que se encontravam superadas. Essa crítica contundente sobre a inconveniência do verbete sumulado não desmerece a Corte Superior nem atinge os seus membros, cuja honorabilidade, por todos reconhecida, está acima de eventuais desinteligências científico-dogmáticas discutíveis no plano acadêmico"[22].

Finalmente, a postura do STJ, ao revogar a indigitada Súmula 174[23], reconhecendo o equívoco que seu conteúdo representava, é uma demonstração de grandeza, que só enaltece essa respeitável Corte Superior de Justiça.

10. Natureza subsidiária

Não é recomendável afirmar, "simplistamente", que é um crime *tipicamente subsidiário*[24]; ao contrário, o § 2º determina que, "além das penas cominadas, aplicam-se as correspondentes à violência"; logo, o constrangimento ilegal não é *sempre* absorvido pela violência. Na verdade, somente haverá a *subsidiariedade* naqueles crimes em que o *constrangimento* constituir *meio* de realização ou for seu

---

20. Flávio Augusto Monteiro de Barros, *Crimes contra a pessoa*, p. 229; Victor Eduardo Rios Gonçalves, *Dos crimes contra a pessoa*, p. 105.
21. Flávio Augusto Monteiro de Barros, *Direito Penal*; Parte Geral, p. 21, e *Crimes contra a pessoa*, p. 229.
22. Cezar Roberto Bitencourt, *Tratado de Direito Penal*, Parte Especial, 3. ed., São Paulo, Saraiva, 2003, v. 2, p. 434.
23. Cancelada pela Terceira Seção, na sessão ordinária de 24-10-2001, conforme publicação no *DJU*, 6 nov. 2001.
24. Por todos, Julio Fabbrini Mirabete, *Manual de Direito Penal*; Parte Especial.

elemento integrante, tais como roubo, extorsão, estupro etc., ficando o constrangimento ilegal absorvido. Assim, pode-se admitir que se trata de um crime, *eventualmente subsidiário*. Por isso, parece mais adequado adotar a terminologia preferida por Manzini, segundo o qual se trata de um "meio repressivo suplementar", que subsiste somente quando não é meio ou elemento constitutivo de outro crime.

Quando determinado *comportamento*, mesmo tipificado, como ocorre com "constrangimento ilegal", constitui "meio executivo" ou "elemento constitutivo" de outro crime, integra a definição típica deste, configurando *fato único*, que é objeto de um único e mesmo *dolo*, como, por exemplo: roubar, extorquir, estuprar etc. Contudo, o *fim* pretendido — nesses crimes referidos — não é somente o "constrangimento" *de não fazer o que a lei não obriga ou abster do que a lei não proíbe*, mas vai além, objetiva atingir outros bens jurídicos, sendo o *constrangimento*, nesses casos, o *meio normal* e natural para a realização da conduta pretendida; este é parte de um todo, integrando o *iter criminis* já em sua fase executória. O fim proposto, efetivamente, é maior, mais abrangente, mais danoso, do qual o constrangimento apenas qualifica a natureza do *modus operandi*, como ocorre nos antes referidos crimes de roubo, extorsão, estupro etc., pois nesses crimes o constrangimento constitui elementar típica, ficando subsumido, como figura subsidiária.

Com efeito, há relação de *primariedade* e *subsidiariedade* entre duas normas quando descrevem graus de violação de *um mesmo bem jurídico*[25], de forma que a norma subsidiária é afastada pela aplicabilidade da norma principal. O *fundamento material* da subsidiariedade reside no fato de distintas proposições jurídico-penais protegerem o *mesmo bem jurídico* em diferentes estádios de ataque. Na verdade, frequentemente se estabelece a punibilidade de determinado comportamento para ampliar ou reforçar a proteção jurídico-penal de *certo bem jurídico*, sancionando-se com graduações menos intensas diferentes níveis de desenvolvimento de uma mesma ação delitiva[26]. Essas *graduações* menos intensas são subsidiárias e desaparecem quando surgem comportamentos com mais intensidade que atingem o mesmo bem jurídico, dando origem a outra figura delituosa. Na lição de Hungria[27], "a diferença que existe entre *especialidade* e *subsidiariedade* é que, nesta, ao contrário do que ocorre naquela, os fatos previstos em uma e outra norma não estão em relação de espécie e gênero, e, se a pena do tipo principal (sempre mais grave que a do tipo subsidiário) é excluída por qualquer causa, a pena do tipo subsidiário pode apresentar-se como 'soldado de reserva' e aplicar-se pelo *residuum*".

11. Exclusão de tipicidade

As *intervenções médicas* e *cirúrgicas* constituem, em regra, *exercício regular de direito*. Nada impede, é claro, que excepcionalmente caracterizem *estado de necessidade*, como ocorre, por exemplo, com situações semelhantes à prevista no

---

25. Aníbal Bruno, *Direito Penal*, t. 1, p. 263.
26. Cezar Roberto Bitencourt, *Tratado de Direito Penal* — Parte Geral, 29. ed., São Paulo, Saraiva, 2023, v. 1, p. 240.
27. Hungria, *Comentários*, v. 1, p. 147.

art. 146, § 3º, I, do CP, embora, nessa hipótese específica, constitua *exclusão da tipicidade*. A *intervenção do médico*, sem consentimento, ou a *coação*, nas circunstâncias descritas, *estão excluídas da adequação típica* contida no *caput* do art. 146, ou seja, a *intervenção médica* para evitar iminente perigo de vida ou a coação de qualquer pessoa para impedir o suicídio são *atípicas*. A *iminência de perigo de vida* ou de *suicídio* constitui causa *excludente de tipicidade*. No entanto, havendo o *consentimento do paciente* ou de seu representante legal, estará afastada a *exclusão da tipicidade*, pela ausência da elementar "sem consentimento", mas o *estado de necessidade* permanecerá como fundamento da intervenção. Em relação ao suicídio, embora não constitua crime em si mesmo (somente a participação o caracteriza), não deixa de ser um comportamento antijurídico, e impedir a sua prática, ainda que mediante violência ou grave ameaça, não constitui constrangimento ilegal, mas *legal*, diante da exceção aqui prevista. Essa previsão afasta, definitivamente, a controvérsia acerca do direito de pôr fim à própria vida, que é um *bem jurídico indisponível*, e essa indisponibilidade justifica a intervenção do Estado.

Resumindo, intervenções médicas ou cirúrgicas justificadas por iminente risco de vida ou a *coação* exercida para impedir o suicídio independem de consentimento de quem quer que seja (§ 3º). A presença dessas circunstâncias *exclui a própria tipicidade do fato*. O *fundamento* da previsão legal é o *estado de necessidade (de terceiro)*, mas *a existência da previsão* em si constitui causa de exclusão da adequação típica. São, digamos, hipóteses em que o *estado de necessidade* funciona não como excludentes da antijuridicidade, mas da tipicidade[28], em razão de expressa previsão legal. Ora, se esses fatos "não se compreendem na disposição" que tipifica o crime de constrangimento ilegal, constituem comportamentos atípicos. Assim, antes de serem antijurídicos, são atípicos, por não haver correspondência entre as situações excepcionadas e a norma incriminadora[29].

12. Pena e ação penal

A pena é *alternativa*, detenção de três meses a um ano, ou multa. No entanto, aplicam-se *cumulativamente* e em dobro, se houver utilização de armas, ou a reunião de mais de três pessoas para a execução do crime. Convém destacar que, configurando-se qualquer das majorantes, o magistrado não pode aplicar isoladamente a detenção ou a multa; deverá, necessariamente, aplicar as duas penas e duplicá-las. A operação deverá ser procedida da seguinte forma: primeiro se encontram as penas definitivas, depois se as soma e, finalmente, duplica-se.

A ação penal é *pública incondicionada*, sendo desnecessária qualquer condição de procedibilidade, devendo a autoridade competente proceder *ex officio*.

---

28. Flávio Augusto Monteiro de Barros, *Crimes contra a pessoa*, p. 231.
29. No mesmo sentido, Damásio de Jesus, *Direito Penal*, p. 246.

INTIMIDAÇÃO SISTEMÁTICA (BULLYING) XXIV

Sumário: 1. Considerações preliminares. 2. Bem jurídico tutelado. 3. Sujeitos ativo e passivo. 4. Tipo objetivo: adequação típica. 5. Tipo subjetivo: adequação típica. 6. Consumação e tentativa. 7. Classificação doutrinária. 8. Pena e ação penal.

Capítulo VI
DOS CRIMES CONTRA A LIBERDADE INDIVIDUAL

Seção I
Dos Crimes contra a Liberdade Pessoal

Intimidação sistemática (*bullying*)
Art. 146-A. *Intimidar sistematicamente, individualmente ou em grupo, mediante violência física ou psicológica, uma ou mais pessoas, de modo intencional e repetitivo, sem motivação evidente, por meio de atos de intimidação, de humilhação ou de discriminação ou de ações verbais, morais, sexuais, sociais, psicológicas, físicas, materiais ou virtuais:*
Pena – multa, se a conduta não constituir crime mais grave.

Intimidação sistemática virtual (*cyberbullying*)
Parágrafo único. Se a conduta é realizada por meio da rede de computadores, de rede social, de aplicativos, de jogos on-line ou por qualquer outro meio ou ambiente digital, ou transmitida em tempo real:
Pena – reclusão, de 2 (dois) anos a 4 (quatro) anos, e multa, se a conduta não constituir crime mais grave.

---

1. Considerações preliminares

Os mais recentes tipos penais que entraram em vigência na ordem jurídica do Brasil foram acrescentados pela Lei n. 14.811/2024, que: "Institui medidas de proteção à criança e ao adolescente contra a violência nos estabelecimentos educacionais ou similares, prevê a Política Nacional de Prevenção e Combate ao Abuso e Exploração Sexual da Criança e do Adolescente e altera o Decreto-lei n. 2.848, de 7 de dezembro de 1940 (Código Penal), e as Leis ns. 8.072, de 25 de julho de 1990 (Lei dos Crimes Hediondos), e 8.069, de 13 de julho de 1990 (Estatuto da Criança e do Adolescente)".

A nova lei é uma resposta direta do Congresso Nacional à crescente realidade social de prática de *bullying*, seja presencialmente ou por meio virtual, que consiste em uma prática que causa danos graves e, muitas vezes, irreversíveis às vítimas e que, infelizmente, tornam-se cada vez mais frequentes em ambientes domésticos e escolares. Dessa forma, um dos meios de enfrentamento dessa espécie de conduta foi a inclusão dos tipos penais do art. 146-A, *caput* e parágrafo único, do Código Penal, os quais serão abordados neste capítulo. Muitos dos termos utilizados nos tipos penais foram retirados da Lei n. 13.185/2015, que instituiu, de forma pioneira, o Programa de Combate à Intimidação Sistemática (*bullying*), com diversas diretrizes cíveis e administrativas.

2. Bem jurídico tutelado

Assim como no constrangimento ilegal, o *bem jurídico protegido* é a liberdade individual ou pessoal de autodeterminação, ou seja, a liberdade do indivíduo de fazer ou não fazer o que lhe aprouver, dentro dos limites da ordem jurídica. A liberdade que se protege é a *psíquica* (livre formação da vontade, isto é, sem coação) e a *física*, ou seja, liberdade de movimento. A proteção desse bem jurídico, liberdade, ganhou assento constitucional, nos seguintes termos: "ninguém será obrigado a fazer ou deixar de fazer alguma coisa senão em virtude de lei" (art. 5º, II, da CF). Assegura-se, assim, ao indivíduo o direito de fazer tudo o que a lei não proibir, não podendo ser intimidado sistematicamente para que faça qualquer coisa, senão aquilo que a lei lhe impuser.

O que se viola ou restringe, no crime de *intimidação sistemática*, seja aquela que é praticada presencialmente, seja a que é realizada por meio virtual, não é propriamente uma vontade juridicamente válida, mas a *liberdade* individual de fazer ou ser o que ou quem quiser, sem que seja submetido a qualquer forma de intimidação sistemática.

3. Sujeitos ativo e passivo

O *sujeito ativo pode ser qualquer pessoa*, não requerendo nenhuma qualidade ou condição particular; cuida-se, pois, de crime comum.

Sujeito passivo pode ser qualquer pessoa e, diferentemente do constrangimento ilegal, não é necessária a *capacidade de autodeterminação*, ou seja, a capacidade de conhecer e se autodeterminar de acordo com esse conhecimento. Assim, estão incluídos como sujeito passivo as crianças, que são geralmente o principal alvo dessa espécie de conduta.

Por outro lado, a *incapacidade física*, isto é, a *incapacidade operacional* (deficientes físicos, paralíticos etc.) do sujeito passivo, também não afasta a possibilidade de ser sujeito passivo do crime de constrangimento ilegal; aliás, poderá configurar uma *agravante* (art. 61, III, *h* (enfermo) ou *j* (desgraça particular do ofendido), conforme o caso).

4. Tipo objetivo: adequação típica

O núcleo do tipo penal é *intimidar sistematicamente*, que significa submeter uma ou mais pessoas, de forma contínua e reiterada, a atos de violência, seja física ou psicológica, com o intuito de causar dano à vítima. A finalidade pretendida pela intimidação sistemática pode ser a degradação da dignidade, a exclusão social, a humilhação, ou qualquer outra forma de opressão que cause sofrimento à vítima, não havendo necessidade de uma motivação evidente para tais atos.

A conduta típica pode manifestar-se sob diversas modalidades: violência física, violência psicológica, humilhação, discriminação, ações verbais, morais, sexuais, sociais, psicológicas, físicas, materiais ou virtuais. Em todas essas hipóteses, o elemento central é a repetição intencional das ações, criando um ambiente de medo, insegurança e degradação para a vítima.

Este tipo penal abrange toda forma de constrangimento repetitivo e intencional que não tenha recebido uma configuração legal específica em outros tipos penais. A generalidade do artigo permite abranger desde atos de *bullying* escolar até práticas de assédio moral no ambiente de trabalho, desde que sejam caracterizadas pela sistematicidade e pela intenção de intimidar ou humilhar a vítima.

Se a coação não for ilegítima ou não houver repetição intencional, não se configurará a intimidação sistemática, mas poderá caracterizar outro crime, como lesão corporal, ameaça ou injúria. A legitimidade de certas ações, como a aplicação de medidas disciplinares em contextos específicos, pode afastar a tipicidade do crime, desde que respeitados os princípios da razoabilidade e proporcionalidade.

Ainda que o ato intimidatório vise evitar uma conduta imoral ou socialmente reprovável, mas não proibida por lei, configurará o crime de intimidação sistemática, como, por exemplo, coagir alguém repetidamente a abandonar uma prática que, embora desaprovada moralmente, não é ilegal. No entanto, se a intimidação for empregada para evitar a prática de infração penal, a conduta pode ser justificável, desde que não haja excessos.

As particularidades do caso concreto, como a relação entre as partes envolvidas e o contexto social, poderão influenciar na gravidade da pena ou mesmo excluir a tipicidade, dependendo das circunstâncias.

Destaca-se, ainda, a figura típica do art. 146-A, parágrafo único, segundo a qual: "Se a conduta é realizada por meio da rede de computadores, de rede social, de aplicativos, de jogos on-line ou por qualquer outro meio ou ambiente digital, ou transmitida em tempo real", impõe-se uma pena maior, de "reclusão, de 2 (dois) anos a 4 (quatro) anos, e multa, se a conduta não constituir crime mais grave".

5. Tipo subjetivo: adequação típica

O elemento subjetivo do crime de intimidação sistemática, conforme descrito no art. 146-A do Código Penal, é o dolo, representado pela vontade e consciência de intimidar a vítima de forma sistemática, seja por violência física ou psicológica. O dolo no contexto da intimidação sistemática envolve a intenção deliberada e a consciência de submeter a vítima a um padrão contínuo de atos intimidatórios, sem motivação evidente, que pode incluir humilhações, discriminações ou outras formas de opressão.

Os motivos determinantes para a prática do crime são irrelevantes, exceto aqueles que possam excluir a antijuridicidade da conduta. O dolo pode ser direto ou eventual, dependendo da intenção do agente em causar sofrimento contínuo à vítima. Se a intimidação sistemática for praticada com o intuito de satisfazer uma pretensão legítima, ou se a violência ocorrer no exercício ou em razão da função do agente, isso pode configurar outro crime, como o exercício arbitrário das próprias razões (art. 345) ou violência arbitrária (art. 322), dependendo das circunstâncias específicas do caso. Não se reconhece o crime de intimidação sistemática culposo; a conduta deve ser praticada com dolo, ou seja, com a intenção clara de causar sofrimento contínuo à vítima.

6. Consumação e tentativa

O crime de intimidação sistemática, previsto no art. 146-A, consuma-se quando a vítima é efetivamente submetida a um padrão contínuo de intimidação, seja por violência física ou psicológica, de forma a sofrer os efeitos repetitivos e prejudiciais dessa conduta. Diferente de crimes de mera atividade, que se consumam com a simples ação do agente, o crime de intimidação sistemática é um crime de lesão, que exige a efetiva intimidação do sujeito passivo.

A consumação do crime ocorre quando a vítima, em razão da violência ou intimidação sistemática, começa a experimentar os efeitos da opressão, seja por meio de humilhação, discriminação ou outras formas de violência contínua. Enquanto a vítima não estiver efetivamente sujeita a esse padrão de intimidação, ou seja, enquanto não houver o início da experiência contínua de sofrimento, a conduta do agente poderá configurar apenas a tentativa.

Como crime material, a intimidação sistemática admite a tentativa, que se configura a partir do início dos atos intimidatórios. A tentativa pode ser fracionada, ou seja, a prática inicial de atos intimidatórios que ainda não resultaram em consumação completa do crime é suficiente para configurar a tentativa. A necessidade de uma execução complexa, que inclui a conduta do agente e a reação da vítima, facilita a identificação do *conatus* (início da execução).

Podem ocorrer também hipóteses de desistência voluntária e arrependimento eficaz. Se o agente decide interromper a prática da intimidação antes que a vítima sofra os efeitos continuados, ele pode responder pelos atos já praticados até aquele momento, podendo configurar delitos como os de ameaça ou constrangimento ilegal, conforme disposto no art. 15 do Código Penal.

7. Classificação doutrinária

Trata-se de *crime comum*, podendo ser praticado por qualquer pessoa, pois não exige qualquer qualidade ou condição especial; *material*, somente se consuma com a produção do resultado, representado pela atividade do ofendido que cumpre as exigências do sujeito ativo; eventualmente *subsidiário*, quando constitui meio de execução ou elementar de alguns tipos penais, como já foi exemplificado; *doloso*, não havendo previsão da modalidade culposa. É efetivamente um crime *tipicamente subsidiário*: se a *intimidação sistemática* deixa de ser um fim em si, já não se configura um crime autônomo, passando a constituir elemento, essencial ou acidental, de outro crime; a *intimidação sistemática*, nesses casos, é absorvida por esse outro crime. Em outras palavras, a intimidação sistemática será absorvida quando for elemento ou meio de outro crime.

8. Pena e ação penal

A pena da figura típica do *caput* do art. 146-A é de "multa, se a conduta não constituir crime mais grave", enquanto a do parágrafo único é de "reclusão, de 2 (dois) anos a 4 (quatro) anos, e multa, se a conduta não constituir crime mais grave".

A ação penal é *pública incondicionada*, sendo desnecessária qualquer condição de procedibilidade, devendo a autoridade competente proceder *ex officio*.

AMEAÇA XXV

Sumário: 1. Considerações preliminares. 2. Bem jurídico tutelado. 3. Sujeitos ativo e passivo. 4. Tipo objetivo: adequação típica. 5. Tipo subjetivo: adequação típica. 6. Consumação e tentativa. 7. Classificação doutrinária. 8. Natureza subsidiária. 9. Pena e ação penal.

Ameaça

Art. 147. *Ameaçar alguém, por palavra, escrito ou gesto, ou qualquer outro meio simbólico, de causar-lhe mal injusto e grave:*

Pena — detenção, de 1 (um) a 6 (seis) meses, ou multa.

§ 1º Se o crime é cometido contra a mulher por razões da condição do sexo feminino, nos termos do § 1º do art. 121-A deste Código, aplica-se a pena em dobro.

§ 2º Somente se procede mediante representação, exceto na hipótese prevista no § 1º deste artigo.

- §§ 1º e 2º incluídos pela Lei n. 14.994/2024.

1. Considerações preliminares

A ameaça, que é meio de execução do crime de constrangimento ilegal e elementar de outros, pode constituir, em si mesma, crime autônomo.

A Antiguidade e os tempos medievais não conheceram a ameaça como crime autônomo. O Código Penal francês de 1810 previa a ameaça entre os crimes contra a pessoa (art. 305), mas somente quando fosse *imperativa*, ou seja, fosse acompanhada de *ordem* ou *condição* e desde que fosse praticada por escrito.

A iniciativa moderna de distinguir o crime de ameaça do crime de constrangimento ilegal foi uma iniciativa do direito positivo alemão. O nosso Código Criminal do Império, de 1830, seguindo essa orientação germânica, disciplinava a ameaça entre os crimes contra a segurança individual. O Código Penal de 1890, inspirando-se no modelo italiano, incluía a ameaça entre os crimes contra a *liberdade pessoal*; mas, a exemplo do modelo germânico, em seu art. 184, ao definir o crime de ameaça, exigia a "promessa de crime" e limitava os "meios" da prática delituosa à palavra "oral ou escrita". Para o Código Penal de 1940, é suficiente que o mal seja injusto e grave e que a ameaça seja exteriorizada através de "palavra, escrito ou gesto, ou qualquer outro meio simbólico", sem repetir a exigência do diploma anterior, que se trate de "promessa de crime".

No crime de constrangimento ilegal, a ameaça e a consequente submissão da vontade do ofendido são meios para atingir outro fim, representado pelo fazer ou não fazer a que é constrangido. Na ameaça, ao contrário, a finalidade do agente esgota-se na própria intimidação e na perturbação da tranquilidade e paz espirituais do ofendido. Como afirmava Aníbal Bruno, "é um constrangimento que se contenta só com o constranger. O seu fim é realmente perturbar a paz do sujeito passivo e com este sentimento pessoal de insegurança restringe-se e muitas vezes se anula a sua liberdade de querer"[1].

2. Bem jurídico tutelado

O *bem jurídico protegido*, a exemplo do crime de *constrangimento ilegal*, é a liberdade pessoal e individual de autodeterminação, isto é, a liberdade psíquica do indivíduo, que será abalada pelo temor infundido pela ameaça. Nesse sentido manifestava-se Antolisei, asseverando que "... a tranquilidade individual é, sem possibilidade de contestação, importante bem na pessoa, ela é e deve ser considerada o verdadeiro objeto da tutela jurídica no delito de ameaça"[2]. A distinção desses dois crimes consiste em que, no *constrangimento ilegal*, o sujeito ativo pretende uma conduta positiva ou negativa da vítima, enquanto, na *ameaça*, deseja somente amedrontá-la, atemorizá-la, apavorá-la. Além da liberdade *psíquica* (livre formação da vontade), o dispositivo protege também a liberdade *física*, pois em razão da gravidade da ameaça produz-se grande temor acompanhado de sensação de insegurança, que tolhe a liberdade de movimento. E, como já afirmamos, a liberdade, enquanto bem jurídico, está protegida pela atual Constituição (art. 5º, II, da CF).

A ameaça de um mal injusto e grave perturba a tranquilidade e a paz interior do ofendido[3], que é corroída pelo medo, causando-lhe insegurança e desequilíbrio psíquico e emocional. O que se viola ou restringe, no crime de *ameaça*, não é propriamente uma vontade determinada, mas a liberdade de elaborar seus pensamentos, suas elucubrações, suas vontades e poder concretizá-las destemidamente.

3. Sujeitos ativo e passivo

Sujeito ativo pode ser qualquer pessoa, não requerendo nenhuma qualidade ou condição particular, tratando-se, pois, de crime comum. Tratando-se de funcionário público, no exercício de suas funções, a ameaça poderia configurar o crime de *abuso de autoridade* (art. 3º da Lei n. 4.898/65), mas a referida lei foi revogada pela Lei n. 13.869, de 5 de setembro de 2019, a vigorar 120 dias após a sua publicação (*vacatio legis*).

---

1. Aníbal Bruno, *Direito Penal*, p. 350.
2. Francesco Antolisei, *Manuale di Diritto Penale*; Parte Speciale, Milano, 1954, p. 118.
3. Aníbal Bruno, *Crimes contra a pessoa*, p. 350.

Sujeito passivo pode ser qualquer pessoa física, desde que seja capaz de sentir a idoneidade da ameaça e *motivar-se* com ela, atemorizando-se; em outros termos, é necessária a *capacidade* de conhecer e de se autodeterminar de acordo com esse conhecimento. Essa exigência afasta os enfermos mentais, as crianças de tenra idade, os loucos de todo o gênero etc., desde que não tenham capacidade de compreensão e entendimento, que não se confunde com capacidade jurídica. A falta de consciência, de capacidade mental para entender a gravidade do mal ameaçado, afasta a possibilidade do crime. Nesses casos, pode-se afirmar, haverá crime impossível, pela absoluta impropriedade do objeto (art. 17 do CP). Se, no entanto, a incapacidade for relativa, haverá o crime.

A pessoa jurídica não é dotada de capacidade de entender e não é portadora de liberdade psíquica. Ademais, não é intimidável e é incapaz de qualquer sentimento, como, por exemplo, de insegurança, medo etc. Assim, quando a ameaçada for uma pessoa jurídica, recairá sobre as pessoas que a compõem, e estas, se se sentirem atemorizadas, poderão ser os sujeitos passivos da ameaça. Nesse caso, haverá somente um crime, o de *ameaça* contra os representantes do ente jurídico; logicamente, se forem mais de um os ofendidos, a *conduta unitária* constituirá concurso formal, em razão da pluralidade de crimes. A despeito da unidade da conduta, caracterizadora do concurso formal, acreditamos que, nessas hipóteses, estarão bem configurados os "desígnios autônomos", justificando-se a imposição cumulativa das penas.

Somente pessoas determinadas podem ser sujeito passivo do crime de ameaça. Essa exigência não chega ao exagero de exigir rigorosa individualização da vítima, sendo suficiente que o conteúdo da ameaça conduza-se a determinada pessoa, que possa ser individualizada com facilidade. Enfim, ante os termos do art. 147 — "ameaçar *alguém*" —, pessoa *indeterminada* não pode ser sujeito passivo desse crime.

4. Tipo objetivo: adequação típica

Ameaçar significa procurar intimidar, meter medo em alguém, e pode configurar crime em si mesmo, como o previsto neste art. 147, mas pode ser e, geralmente é, prevista como *meio ou forma* de comportamento para atingir determinado resultado ou como elementar de certas condutas, ou seja, a *ameaça* pode figurar como a *violência* em sentido instrumental.

Medo é um sentimento cuja valoração é extremamente *subjetiva* e pode variar de pessoa para pessoa, de situação para situação, por isso se tem dito que a essência é menos importante que a aparência. Mas não se ignora que o temor pode ser de tal nível que cause uma perturbação da mente, impedindo completamente a livre determinação da vontade; pode a ameaça ser de tal forma aterradora e excluir totalmente a vontade, agindo como verdadeira *coação irresistível*.

O *crime de ameaça* consiste na promessa feita pelo sujeito ativo de um mal *injusto* e *grave* feita a alguém, violando sua liberdade psíquica. O *mal* ameaçado deve ser *injusto* e *grave*. Se o "mal" for justo ou não for grave, não constituirá o crime. A ameaça é a violência moral (*vis compulsiva*), que tem a finalidade de perturbar a liberdade psíquica e a tranquilidade do ofendido através da intimidação.

A *ameaça* para constituir o crime tem de ser idônea, séria e concreta, capaz de efetivamente impingir medo à vítima; quando a vítima não lhe dá crédito, falta-lhe potencialidade lesiva, não configura o crime, consequentemente. Se, no entanto, com esse comportamento intimidatório ineficaz, o agente tinha efetivamente o propósito de ameaçar, isto é, de intimidar a vítima, configura-se *crime impossível* pela absoluta ineficácia do meio empregado. É indiferente se o agente estava ou não disposto a cumpri-la, nem que seja possível cumpri-la. É suficiente que tenha idoneidade para constranger e que o agente tenha consciência dessa idoneidade. Magalhães Noronha sustentava que a ameaça pode ser formulada: "*diretamente*, o que ocorre quando o mal prometido visa à pessoa ou ao patrimônio do ameaçado. *Indiretamente*, quando recai sobre pessoa presa ao ofendido por laços de consanguinidade ou afeto (intimidar a mãe, por um mal ao filho; a esposa, por um dano ao cônjuge). *Explícita*, quando feita às claras, abertamente, sem subterfúgios: dizer a alguém que vai matá-lo; exibir-lhe uma arma em tom ameaçador etc. *Implícita*, quando o sentido está subentendido ou incluso: '*Costumo liquidar minhas questões com sangue*' etc. *Condicional*, quando dependente de um fato do sujeito passivo ou de outrem: '*Se repetir o que disse, eu lhe parto a cara*'; '*Se fulano me denunciar, eu matarei você*' etc."[4].

Não se confundem a ameaça desse crime e a do constrangimento ilegal; neste, ela visa obrigar a vítima à prática de determinada ação ou omissão, e, naquele, constitui um fim em si mesma. A gravidade da ameaça é avaliada pela extensão do dano prometido e relaciona-se com o mal prometido, que deve ser relevante e considerável, diante das circunstâncias.

Os *meios* enumerados pela lei englobam praticamente todas as possíveis formas de sua realização: a) *por palavra* (oral) — que pode ser diretamente, por telefone ou até mesmo gravada; b) *por escrito* — relativamente ao escrito é indiferente que seja assinado, anônimo ou com pseudônimo; c) *por gesto* (mímica) — determinados gestos ameaçadores podem simbolizar uma gravidade muito mais intensa da ameaça que as próprias palavras ou escrito, como, por exemplo, descobrir uma arma de fogo, ou apontá-la em direção à vítima etc.; d) *por qualquer outro meio simbólico* (simbolizada) — pode materializar-se através da exibição de bonecos perfurados com agulha, "despachos" etc.

Só a ameaça de *mal futuro*, mas de realização próxima, caracterizará o crime, e não a que se exaure no próprio ato; ou seja, se o mal concretizar-se no mesmo instante da ameaça, altera-se a sua natureza, e o crime será outro, e não este. Por outro lado, não o caracteriza a ameaça de mal para futuro remoto ou inverossímil, isto é, inconcretizável.

Não é injusta a ameaça de causar um "mal" autorizado pela ordem jurídica (prender o infrator; acionar judicialmente o infrator; hipotecar bens do devedor

---

4. Magalhães Noronha, *Direito Penal*, p. 170.

etc.). No entanto, a ameaça, enquanto meio de execução do crime de constrangimento ilegal, não precisa ser injusta.

A ameaça de causar *mal justo* constitui *exercício regular de direito* (desforço imediato na defesa da posse (art. 502), intervenção cirúrgica, protesto de títulos etc.) ou *estrito cumprimento de dever legal* (executar a sentença de morte, policial que prende o condenado, carcereiro que recolhe criminoso à prisão etc.), conforme o caso[5]. Mas, no crime de ameaça, *exercício regular de direito* ou *estrito cumprimento de dever legal*, não excluem a *antijuridicidade*, como estabelece o art. 23 em seu inciso III, mas a *tipicidade*, pois a *injustiça* do "mal ameaçado" constitui *elemento normativo* da conduta descrita[6]. Assim, aquela análise sequencial do *injusto típico* não chega até a antijuridicidade, encerrando-se no juízo de tipicidade.

Tem-se afirmado que a *ameaça condicional* ou retributiva não configura o crime. Discordamos, no entanto, dessa orientação[7]; a nosso juízo, a *ameaça* feita sob a forma condicional, subordinando a realização do mal à própria vontade ou conduta da pessoa ameaçada, ou mesmo a conduta de terceiro ou a fato alheio, não exclui o crime, pois crime existe em razão da simples intimidação. Nélson Hungria já se orientava nesse sentido, afirmando que: "a ameaça pode ser *condicional*, mas nem por isso se identifica com a tentativa e constrangimento ilegal: nesta, há o propósito de intimidação como *meio compulsivo* para uma determinada ação ou abstenção do paciente, ao passo que na ameaça condicional o principal fim do agente não deixa de ser simples incutimento de medo"[8].

O estado de *ira*, de *raiva* ou de *cólera* não exclui a *intenção* de intimidar. Ao contrário, a ira é a força propulsora da vontade de intimidar. Ademais, é incorreta a afirmação de que a ameaça do homem irado não tem possibilidade de atemorizar, pois exatamente por isso apresenta maior potencialidade de intimidação, pelo desequilíbrio que o estado colérico pode produzir em determinadas pessoas. Aliás, não raro os crimes de ameaça são praticados nesses estados. E exatamente o estado de ira ou de cólera é o que mais atemoriza o ameaçado. Nesse sentido, afirma Dante Busana, com muita propriedade, "a assertiva de que o crime de ameaça é incompatível com a ira e o dolo de ímpeto deve ser recebida com prudência, pois colide com o sistema legal vigente, que não reconhece à emoção e à paixão a virtude de excluírem a responsabilidade penal"[9].

---

5. Cezar Roberto Bitencourt, *Tratado de Direito Penal* — Parte Geral, v. 1, Capítulo XXI, "Causas de justificação", item 7, "Outras excludentes de criminalidade".
6. Flávio Augusto Monteiro de Barros, *Crimes contra a pessoa*, p. 235.
7. Nesse particular, estamos mudando a orientação que adotamos em nosso *Código Penal anotado*, 2. ed., elaborado em coautoria com Luiz Regis Prado.
8. Nélson Hungria, *Comentários ao Código Penal*, p. 186.
9. TACrimSP, AC, rel. Dante Busana, *RT*, 607:313.

Afirmação de que a ameaça proferida em *estado de embriaguez* não configura o crime, igualmente, deve ser recebida com reservas, pois não se podem ignorar os *vários estágios que o estado de embriaguez* pode apresentar, além dos mais diversificados efeitos que pode produzir nos mais variados indivíduos. Por isso, somente a análise casuística, *in concreto*, pode apresentar a solução mais adequada, admitindo-se ou excluindo-se a tipificação do comportamento. Aliás, a nosso juízo, a questão nem se resolve no exame da tipicidade, mas, como afirmamos ao examinarmos as excludentes de culpabilidade, "para nós, ocorrendo a *embriaguez não acidental* (voluntária ou culposa) deve-se analisar, *in concreto*, se o agente, nas circunstâncias, é capaz de culpabilidade..."[10]. *Mutatis mutandis*, para o exame da potencialidade lesiva da ameaça proferida, em estado de embriaguez, deve-se considerar o nível de capacidade de culpabilidade do agente, aliado, é claro, quanto à idoneidade da ameaça no incutimento de medo no ofendido. Se se mostrar suficientemente idônea para amedrontar a vítima, ainda que, concretamente, esta não sinta medo, a ameaça estará tipificada. Como lembra Damásio de Jesus, "é possível que o estado de embriaguez seja tal que exclua a seriedade exigida pelo tipo. É possível, porém, que a embriaguez do sujeito não exclua, mas, ao contrário, torne sério o prenúncio de mal injusto e grave, pelo que o crime deve subsistir"[11].

Por fim, a *ameaça* não se confunde com a simples *advertência*, porque, nesta, a superveniência do mal está condicionada à vontade do agente; não se confunde, igualmente, com a "praga" ou esconjuro, por duas razões básicas: primeiro, porque o evento não depende da vontade do sujeito ativo ou de alguém que lhe seja submisso; segundo, porque representa simples desejo ou intenção, e, como dizia Welzel, a vontade má, como tal, não se pune; só se pune a vontade má *realizada*[12].

5. Tipo subjetivo: adequação típica

O *dolo*, que pode ser direto ou eventual, representado pela *vontade* e a *consciência* de ameaçar alguém de mal injusto e grave, constitui o *elemento subjetivo*. A consciência, atual, da injustiça do mal e da sua gravidade é fundamental. Ao contrário da *consciência da ilicitude* (que pode ser potencial), a consciência que representa o elemento intelectual do dolo deve ser *atual*, pois, como dizia Welzel, afastar-lhe a *atualidade* equivale a destruir a linha divisória entre dolo eventual e culpa consciente, convertendo aquele em mera ficção, inadmissível no moderno Direito Penal. Assim, se o agente, na situação concreta, imagina ou supõe, equivocadamente, que tem o direito de praticar contra a vítima o mal que ameaça, incorre em erro, que lhe afasta a responsabilidade penal.

---

10. Cezar Roberto Bitencourt, *Tratado de Direito Penal* — Parte Geral, 29. ed., 2023, v. 1, p. 487.
11. Damásio de Jesus, *Direito Penal*, p. 253.
12. Hans Welzel, *Derecho Penal alemán*, p. 259.

Não é necessário que o dolo estenda-se à decisão de causar efetivamente o mal ameaçado, até porque, para caracterizar-se o crime de ameaça, não é necessário que o agente tenha a intenção de concretizá-la, sendo suficiente a finalidade de infundir medo.

O *animus jocandi* exclui o dolo. Mas a seriedade da ameaça comporta uma valoração subjetiva, muitas vezes de difícil comprovação; por isso, mais que ser séria a ameaça, importa parecer sê-lo. A idoneidade da ameaça não será avaliada segundo o grau de temor sentido pela vítima, mas será valorada de acordo com o padrão do homem normal em circunstâncias igualmente normais, de acordo com aquilo que naturalmente acontece na sociedade.

Além do dolo, está implícito o *elemento subjetivo especial do tipo*, que é constituído pelo *especial fim* de intimidar. Esse elemento subjetivo especial do crime de ameaça só se identifica na perversa intenção de incutir medo, exteriorizada seriamente e com ânimo frio pelo agente.

6. Consumação e tentativa

Consuma-se o crime no momento em que o teor da ameaça chega ao conhecimento do ameaçado. Se este a desconhece, não se pode dizer ameaçado. Consuma-se com o resultado da ameaça, isto é, com a intimidação sofrida pelo sujeito passivo ou simplesmente com a idoneidade intimidativa da ação. É desnecessário que a ameaça crie na vítima o temor da sua concretização ou que, de qualquer forma, perturbe a sua tranquilidade, tratando-se, pois, de crime formal. É suficiente que tenha idoneidade para atemorizar, para amedrontar, isto é, que tenha potencial intimidatório. O medo não é fundamental à existência do crime de ameaça, "que se esgota no aspecto intelectual da previsão do dano, como elemento determinante de um comportamento"[13]. Aliás, é igualmente desnecessária a presença do ofendido no momento em que a ameaça é exteriorizada pelo sujeito ativo.

A *tentativa* é de difícil configuração, embora, na *forma escrita*, haja quem sustente sua viabilidade. Como se trata de crime de ação pública condicionada, isto é, a que somente se procede mediante representação, destaca Damásio de Jesus, com muita precisão, que "se o sujeito exerce o direito de representação é porque tomou conhecimento do mal prenunciado. Se isso ocorreu, o crime é consumado e não tentado"[14].

Na nossa opinião, o extravio de carta ameaçadora, sugerida por Carrara, não passa de ato preparatório[15], que é impunível, salvo previsão expressa (art. 31).

Nosso entendimento contrário à possibilidade de tentativa do crime de ameaça não reside na sua natureza formal, até porque, a nosso juízo, a tentativa não é

---

13. Heleno Cláudio Fragoso, *Lições de Direito Penal*, p. 21.
14. Damásio de Jesus, *Direito Penal*, p. 251.
15. Magalhães Noronha o considerava tentativa (*Direito Penal*, p. 171).

exclusividade do crime material, pois o crime formal também contém, na sua essência, o resultado, que apenas não precisa verificar-se para que esse tipo se consuma. Na verdade, regra geral, o crime de ameaça é unissubsistente, ou seja, não é passível de fracionamento.

7. Classificação doutrinária

Trata-se de *crime comum*, que pode ser praticado por qualquer pessoa, pois, não exigindo qualquer qualidade ou condição especial; formal, pois a vítima não precisa sentir-se intimidada, basta a ação do agente e a vontade de amedrontá-la. A exemplo dos crimes materiais, o tipo descreve um resultado, mas este (que, no caso, seria o medo sentido pela vítima) não precisa verificar-se para que o crime se consuma. Nesse crime, o legislador "antecipa a consumação", satisfazendo-se com o simples desvalor da ação[16]; *subsidiário*, quando constitui meio de execução ou elementar de alguns tipos penais; *doloso*, não havendo previsão da modalidade culposa.

8. Natureza subsidiária

Trata-se efetivamente de um crime *tipicamente subsidiário*: se a *ameaça* deixa de ser um fim em si mesmo, já não se configura um crime autônomo, passando a constituir elemento, essencial ou acidental, de outro crime; a *ameaça*, nesses casos, é absorvida por esse outro crime. A ameaça será absorvida quando for elemento ou meio de outro crime.

A finalidade de incutir medo na vítima caracteriza o crime de ameaça, embora não se produza nesta a intimidação pretendida. Mas a existência de determinado fim específico do agente pode, com a mesma ação, configurar outro crime, como, por exemplo, constrangimento ilegal, entre outros.

9. Pena e ação penal

A *pena cominada ao crime de ameaça é, alternativamente*, a de detenção de um a seis meses, ou multa. A regra é que esse crime se resolva na *audiência preliminar* do Juizado Especial Criminal (art. 74 da Lei n. 9.099/95). Em tese, a pena de prisão não deverá ser aplicada, ante a política criminal implantada com a referida lei, reforçada pela Lei n. 9.714/99.

A ação penal é *pública condicionada à representação* do ofendido. A *natureza da ação penal* é pública, mas a iniciativa da autoridade (Polícia, na fase investigatória, e Ministério Público, para iniciar a fase processual) depende da provocação (ou aquiescência) da vítima. O ameaçado deverá avaliar a conveniência de instaurar-se o procedimento investigatório ou não.

---

16. Cezar Roberto Bitencourt, *Tratado de Direito Penal — Parte Geral*, 29. ed., 2023, v. 1, p. 265.

No caso específico do art. 147, § 1º, do Código Penal, a pena é majorada ao dobro: "Se o crime é cometido contra a mulher por razões da condição do sexo feminino, nos termos do § 1º do art. 121-A deste Código". Além disso, nesse caso, a ação penal é pública incondicionada, não dependendo de representação da vítima como condição objetiva de procedibilidade, conforme determina o art. 147, § 2º, do Código Penal.

PERSEGUIÇÃO OBSESSIVA XXVI

Sumário: 1. Considerações preliminares. 2. Bem jurídico tutelado. 3. Sujeitos ativo e passivo do crime. 4. Tipo objetivo: adequação típica. 5. Tipo subjetivo: adequação típica. 6. Consumação e tentativa. 7. Classificação doutrinária. 8. Natureza subsidiária. 9. Modos ou formas de execução. 10. Causas de aumento ou de majoração da pena. 11. Pena e ação penal. 11.1. Cumulação de penas a aplicar.

Perseguição

Art. 147-A. Perseguir alguém, reiteradamente e por qualquer meio, ameaçando-lhe a integridade física ou psicológica, restringindo-lhe a capacidade de locomoção ou, de qualquer forma, invadindo ou perturbando sua esfera de liberdade ou privacidade.

Pena — reclusão, de 6 (seis) meses a 2 (dois) anos, e multa.

§ 1º A pena é aumentada de metade se o crime é cometido:

I — contra criança, adolescente ou idoso;

II — contra mulher por razões da condição de sexo feminino, nos termos do § 2º-A do art. 121 deste Código;

III — mediante concurso de 2 (duas) ou mais pessoas ou com o emprego de arma.

§ 2º As penas deste artigo são aplicáveis sem prejuízo das correspondentes à violência.

§ 3º Somente se procede mediante representação.

• Artigo acrescentado pela Lei n. 14.132, de 31 de março de 2021.

1. Considerações preliminares

A Lei n. 14.132, que tipifica o "crime de perseguição", prática também conhecida como "*stalking*", decorrente do PL 1.369/2019 que foi sancionado no dia 31 de março do corrente ano e publicado no *Diário Oficial* do dia 1º de abril (mas não é mentira), entrando imediatamente em vigor. Portanto, a partir deste 1º de abril quem praticar esse tipo de conduta incorrerá no referido crime. A expressão *stalking* tem o significado de prática de ações, agora criminosas, por meios físicos ou virtuais, que interferem na *liberdade individual*, independentemente do sexo de vítima e do autor. No entanto, consta que a prática mais conhecida dessa ação, via de regra, seja atribuída a pessoas do sexo masculino, e, normalmente, contra alguém do sexo feminino. Nada impede, contudo, que possa ocorrer em sentido inverso, ou mesmo entre pessoas do mesmo sexo. Em sentido semelhante, comentando, lá em 2012, o Projeto do Novo Código Penal (PLS n. 236/2012), com muita propriedade, a conhecida professora penalista Alice Bianchini[1] destacou:

"A nova conduta proposta é descrita como a perseguição reiterada ou continuada a alguém, *ameaçando-lhe a integridade física ou psicológica, restringindo-lhe a capacidade de locomoção ou, de qualquer forma, invadindo ou perturbando sua esfera de liberdade ou privacidade*. Será a primeira previsão de proteção penal expressa à privacidade, pois, na legislação atual, a conduta de perseguir alguém de forma perturbadora ou acintosa é classificada, no máximo, como as contravenções penais de perturbação do trabalho ou do sossego alheios".

A versão original do projeto de lei previa pena de seis meses a dois anos de detenção, que foi alterada, na Câmara, para um a quatro anos de reclusão e multa. O Senado Federal, por sua vez, corretamente, manteve reclusão e multa, mas alterou a sua duração, sob a justificativa de *criar uma incongruência*, cominando uma pena demasiadamente elevada, que acaba ficando *desproporcional* comparada a crimes de maior gravidade". No entanto, o texto legal finalmente aprovado consagra algumas hipóteses de *majorantes específicas*, possibilitando a elevação da pena final em até metade, quando tais causas de aumento se verificarem.

O *nomen iuris*, originalmente, era "perseguição obsessiva", o qual foi alterado, excluindo-se a palavra "obsessiva", por receio de repercussões jurídicas que poderiam, eventualmente, beneficiar algum infrator que, concretamente, apresente *anomalia similar*, com substancial redução de pena (um a dois terços), aliás, prevista no Código Penal (art. 26, parágrafo único). Trata-se, pode-se afirmar, da criminalização de mais uma conduta, objetivando, regra geral, a proteção da mulher que, normalmente, é a vítima predileta desse tipo de comportamento discriminatório.

2. Bem jurídico tutelado

Trata-se, inegavelmente, da tipificação de um crime que objetiva *proteger* a *honra* e a *dignidade* da pessoa humana, que além de violentar sua liberdade de locomoção, de constrangê-la física, moral e psicologicamente, cria-lhe uma *insegurança permanente*. Submete-a à adoção de cuidados especiais tanto em relação a sua liberdade como em relação a sua privacidade, resultado desse tipo de "ameaça", ainda que não se trate do crime de ameaça propriamente. O *bem jurídico protegido*, a exemplo dos crimes de *constrangimento ilegal e de ameaça*, é a liberdade pessoal e individual de autodeterminação, isto é, a liberdade psíquica do indivíduo, que será

---

1. Alice Bianchini. Atração fatal: perseguição obsessiva ou insidiosa e a reforma do CP. *JusBrasil*. Artigos. Disponível em: <https://professoraalice.jusbrasil.com.br/artigos/121814386/atracao-fatal-perseguicao-obsessiva-ou-insidiosa-e-a-reforma-do-cp>. Acesso em: 5 abr. 2021.

abalada pelo temor infundido pela ameaça. Como diz, literalmente, o texto legal, a conduta ora criminalizada, além de *ameaçar* a integridade física e psicológica da vítima, *restringe-lhe* a capacidade de locomoção e, de qualquer forma, *invade* ou *perturba* sua esfera de liberdade e privacidade. O crime de "perseguição reiterada" *ameaça* a integridade física ou psicológica da vítima, *restringe* a capacidade de locomoção e *perturba* a esfera de liberdade ou privacidade desta e, por isso, é punido muito mais severamente que os crimes de *ameaça* e *constrangimento ilegal*. Na verdade, essa novel infração penal pode *absorver os dois crimes anteriores*, teórica e concretamente. Dito de outra forma, o *crime de perseguição reiterada* absorve ou contém os outros dois, *constrangimento ilegal* e *ameaça,* os quais, nessa relação, são *crimes subsidiários.*

Em outros termos, atinge os bens jurídicos integridade física e psicológica, a liberdade de ir e vir e a privacidade individual, e, de certa forma, faz a vítima sentir-se "aprisionada", virtualmente, e insegura, sentindo-se tolhida de usar sua liberdade plena no plano físico, psicológico, emocional e espiritual. Trata-se, enfim, de um crime de gravidade maior do que pode parecer à primeira vista, porque restringe a liberdade física, espiritual e emocional da vítima. Trata-se de ameaças reais ou potenciais que geram grande insegurança, medo e até pavor de algo que não se pode mensurar, podendo gerar graves problemas psíquicos e psicológicos de qualquer vítima desse tipo de crime.

3. Sujeitos ativo e passivo do crime

Sujeito ativo pode ser qualquer pessoa física, não requerendo nenhuma qualidade ou condição particular, sendo, pois, classificado como *crime comum*. Tratando-se de funcionário público, no exercício de suas funções, a *perseguição* poderá configurar crime de *abuso de autoridade* (Lei n. 13.869, de 5 de setembro de 2019). A pessoa jurídica, no entanto, como ente abstrato, não pode praticar este tipo de crime.

Sujeito passivo pode ser qualquer pessoa física, desde que seja capaz de sentir e entender a idoneidade da ameaça e *motivar-se* com ela, atemorizando-se; em outros termos, é necessária a *capacidade* de conhecer e de se autodeterminar de acordo com esse conhecimento. Essa exigência afasta os enfermos mentais, as crianças de tenra idade, os loucos de todo o gênero etc., desde que não tenham capacidade de compreensão e entendimento, que não se confunde com capacidade jurídica. A falta de consciência, de capacidade mental para entender a gravidade do mal ameaçado, afasta a possibilidade do crime. Nesses casos, pode-se afirmar, haverá *crime impossível*, pela absoluta impropriedade do objeto (art. 17 do CP). Se, no entanto, a incapacidade for relativa, haverá o crime.

Somente pessoas determinadas, individualizadas, podem ser sujeito passivo do *crime de perseguição*, a exemplo do que ocorre no crime de ameaça. Essa exigência não chega ao exagero de exigir rigorosa individualização da vítima, sendo suficiente que o conteúdo do crime de *perseguição* conduza-se a determinada pessoa, que possa ser individualizada com facilidade. Enfim, ante os termos do art. 147-A – "perseguir *alguém*" –, mas que precisa ser identificada, pessoa *indeterminada* não pode ser sujeito passivo desse crime. A *pessoa jurídica* não é dotada de capacidade de entender e não é portadora de liberdade psíquica. Ademais, não é intimidável e é incapaz de qualquer sentimento, como, por exemplo, de insegurança, medo etc. Assim, quando a *perseguida reiteradamente* (ameaçada) for uma pessoa jurídica, recairá sobre as pessoas que a compõem, e estas, se se sentirem atemorizadas, poderão ser os sujeitos passivos da perseguição reiterada. Nesse caso, haverá somente um crime, o de *perseguição* contra os representantes do ente jurídico, logicamente, se forem mais de um os ofendidos, a *conduta unitária* constituirá concurso formal, em razão da pluralidade de crimes.

4. Tipo objetivo: adequação típica

A *metodologia* adotada pelo legislador nesta tipificação do crime de "perseguir" alguém é *sui generis*, além de prolixa, na medida em que foge do estilo impessoal do legislador do Código Penal em vigor, v.g., *matar* alguém, *subtrair* coisa alheia, *caluniar, injuriar* etc. A forma extravagante de tipificar o crime de *perseguir alguém reiteradamente* "não se adequa a limpidez, clareza, correção vernacular, linguística e gramatical adotadas pelo legislador do Código de 1940, ainda em vigor. Embora a conduta tipificada seja "perseguir alguém", o uso exagerado de verbos no "gerúndio" dificulta demasiadamente a identificação e definição desta tipificação penal, v. g., "ameaçando", "restringindo", "invadindo" e "perturbando" alguém. Logicamente, todos esses verbos no *gerúndio* procuram indicar a *forma ou modo* como referida conduta pode realizar-se, até porque o "meio" de sua execução é aberto, ou seja, segundo o próprio texto legal, pode ser realizado "por qualquer meio" e "de qualquer forma".

No entanto, após esse elenco de *gerúndios* sobre o *modo de execução*, o legislador conclui essa tipificação admitindo "de qualquer forma" a invasão ou perturbação da "esfera de liberdade ou privacidade". Examinaremos em tópico a parte o significado desses verbos empregados no gerúndio, os quais, a nosso juízo, não identificam nenhuma conduta típica deste crime, mas representam o modo ou forma como tal crime pode realizar-se. Em outros termos, a *prolixidade textual* e a *impropriedade metodológica* do legislador dificultam sobremodo a *interpretação* mais adequada dessa nova figura delitiva incluída no Código Penal, a qual, na nossa concepção, é tipificada somente com um único verbo nuclear, qual seja, "perseguir" alguém, reiteradamente. Contudo, *convém* destacar que, segundo o texto legal, *qualquer meio* pode ser utilizado para *perseguir reiteradamente* alguém ameaçando a integridade física ou psicológica da vítima, restringindo-lhe a capacidade de locomoção, e, por outro lado, de *qualquer forma*, invadir ou perturbar sua esfera de liberdade ou privacidade. Trata-se, indiscutivelmente, de uma *tipificação aberta*, demasiadamente abrangente de tipificar referido tipo penal, ignorando o princípio dogmático que exige a *tipicidade estrita*, que seria mais consentânea com um direito penal da culpabilidade, próprio de um Estado democrático de direito. Tipificação aberta como essa possibilita uma interpretação mais ampla da abrangência dessa figura típica, isto é, do alcance da proibição de comportamentos que podem atingir os bens jurídicos protegidos por essa forma de criminalização.

Esta nova figura criminosa de "perseguir alguém, reiteradamente e por qualquer meio" não se confunde com o *crime de ameaça* previsto no art. 147, posto que a conduta nuclear descrita, neste crime de ameaça, é *instantânea* e *abstrata*, que se consuma com ação única, de "ameaçar alguém" de mal injusto e grave, sem nenhum outro complemento. O crime de *perseguição criminosa*, por sua vez, com seu *elemento normativo* – reiteradamente – exige, no mínimo, que a *perseguição* seja repetida, reiterada, insistente, persistente, com insistência, denotando um certo grau de *permanência* ou *repetição persistente*, incompatível com o tradicional *crime de ameaça*. Enquanto o *crime de ameaça* completa-se (consuma-se) com a obtenção do objetivo pretendido, qual seja, com a ameaça de *causar mal injusto e grave à vítima*, sem necessidade de reiteração ou qualquer outro complemento. Por outro lado, pode-se afirmar que o crime de *perseguir alguém*, por sua *reiteração*, consome e absorve o *crime de ameaça*, por ser mais abrangente, contundente e incisivo sobre a vítima. Admitimos, no entanto, que, na eventualidade da prática reiterada, repetida e persistente do mesmo *crime de ameaça (art. 147)*, contra a mesma vítima, possa caracterizar-se, eventualmente, como crime de *perseguição criminosa*. Ou seja, a repetição persistente, insistente, isto é, repetidamente do *crime de ameaça* pode, em tese, configurar o crime de *perseguir alguém reiteradamente*, justificando-se, sob essa ótica, a maior punição deste último.

No crime de *ameaça* a finalidade ou objetivo do agente esgota-se na *própria ação de intimidar* e *perturbar* a tranquilidade e a paz espiritual do ofendido. Como afirmava Aníbal Bruno, referindo-se ao crime de ameaça, "é um constrangimento que se contenta só com o constranger. O seu *fim* é realmente perturbar a paz do sujeito passivo e com este sentimento pessoal de insegurança restringe-se, e, muitas vezes, anula-se a sua liberdade de querer"[2]. Por outro lado, tampouco essa nova criminalização de "perseguir reiteradamente alguém" confunde-se com o crime de "constrangimento ilegal", no qual, a ameaça e a consequente *submissão da vontade do ofendido* são *meios* para atingir outro fim, representado pelo fazer ou não fazer algo a que é constrangida a vítima, ou seja, o crime de *constrangimento ilegal* tem um fim específico. No crime de ameaça, ao contrário, a *finalidade* do agente esgota-se na própria *intimidação* e *perturbação* da tranquilidade e da paz espiritual do ofendido. O seu fim é realmente perturbar a paz do sujeito passivo e com este sentimento pessoal de insegurança restringe-se e, muitas vezes, anula-se a sua liberdade de querer.

Na verdade, esses três crimes, *ameaçar alguém* (art. 147), constranger alguém (art. 146) e "perseguir reiteradamente alguém" (art. 147-A), distinguem-se na mesma medida em que se assemelham. Embora pareça um simples jogo de palavras, é mais real do que aparenta. Observando-se mais detidamente, constata-se que suas *semelhanças* são maiores do que suas *diferenças*. Em todos os três crimes há um objetivo comum muito claro da pretensão do sujeito ativo, qual seja, o de intimidar, amedrontar, afrontar ou criar uma situação constrangedora para a vítima, mas

---

2. Aníbal Bruno, *Direito Penal*, p. 350.

distinguem-se, normalmente, em suas finalidades ou objetivos de cada tipo penal. *Perseguir alguém*, no sentido do tipo penal, significa *importunar*, amedrontar, colocar medo ou insegurança na vítima, causar constrangimento ao ofendido. Porém, não se pode olvidar que este crime de *perseguir alguém, reiteradamente*, vai muito além do mero *constrangimento ilegal* ou da simples *ameaça*, que passaram a ser *crimes subsidiários* deste, ou seja, é a *perseguição* insistente, persistente, *reiterada* na qual o sujeito ativo realiza, repetidamente, *ações comportamentais ameaçadoras* sob o aspecto físico, psíquico ou psicológico contra alguém, isto é, condutas invasivas, agressivas e perturbadoras da esfera de liberdade e privacidade da vítima.

Concluindo, o crime de "perseguição reiterada" *ameaça* a integridade física ou psicológica da vítima, *restringe* sua capacidade de locomoção e *perturba* a esfera de liberdade e privacidade desta e, por isso, é punido mais severamente que os crimes de *ameaça* e *constrangimento ilegal*. Na verdade, essa nova infração penal pode *absorver os dois crimes anteriores*, teórica e concretamente, como uma espécie *sui generis* de "progressão criminosa". Dito de outra forma, o *crime de perseguição reiterada* absorve ou contém em si mesmo os outros dois crimes, de *constrangimento ilegal* e de *ameaça*, os quais, nessa *relação progressiva*, passam a ser *crimes subsidiários*. A rigor, pode-se dizer que tais crimes, integram-se, como *meio, modo* ou *forma* de outros crimes contra a pessoa humana, que integram o Título I do Código Penal (arts. 121 a 154-A).

5. Tipo subjetivo: adequação típica

O *elemento subjetivo* do crime de "perseguir reiteradamente" alguém é o *dolo*, que pode ser direto ou eventual e é constituído pela *vontade consciente* de perseguir alguém, reiteradamente, por qualquer *meio* ou *forma* – segundo declina o tipo penal –, *ameaçando-lhe* a integridade física ou psíquica, que o texto legal denomina *psicológica*. A rigor, a integridade psíquica ou psicológica apresenta diferença mínima, porque ambos os adjetivos são, genericamente, relativos à psique, isto é, à esfera mental e comportamental do indivíduo. Por isso mesmo, por ser relativo à psique achamos mais adequado falar-se em *integridade psíquica* do que psicológica.

A *consciência atual* da injustiça da perseguição e da sua gravidade é fundamental na configuração do *elemento subjetivo* deste crime, pois, como dizia Welzel, afastar-lhe a *atualidade* equivale a *destruir a linha divisória* entre *dolo eventual* e *culpa consciente*, convertendo aquele em mera ficção, inadmissível no Direito Penal da culpabilidade. Não é necessário que o dolo estenda-se à decisão de causar efetivamente dano à vítima e tampouco *restringir-lhe a capacidade de locomoção*, ou mesmo invadir, efetivamente, ou perturbar sua esfera de liberdade ou privacidade. Para caracterizar-se o crime de *perseguir alguém, reiteradamente*, não é necessário que o agente tenha a intenção efetiva de concretizá-lo, sendo suficiente a *finalidade* de perseguir alguém insistentemente, ameaçando, constrangendo. invadindo sua esfera de liberdade e privacidade. Não se trata de crime material, isto é, de resultado, assemelhando-se aos crimes de *constrangimento ilegal* e *de ameaça*, que são crimes formais, isto é, sem resultado material. Mas a seriedade e efetividade da *perseguição* comporta uma *valoração subjetiva*, muitas vezes de difícil comprovação, por isso, mais que ser séria, verdadeira a *perseguição*, importa parecer sê-lo. A idoneidade do *crime de perseguição* não será avaliada segundo o grau de temor sentido pela vítima, mas será valorada de acordo com o padrão do homem normal em circunstâncias igualmente normais, de acordo com aquilo que naturalmente acontece na sociedade.

Além de o dolo de *perseguir alguém* estar implícito no *elemento subjetivo especial do tipo*, que é constituído pelo *especial fim* de intimidar, amedrontar ou *causar medo* na vítima, é desnecessário que o *dolo* estenda-se à decisão de lesar efetivamente o *perseguido*, até porque, para caracterizar-se o crime de *perseguir reiteradamente alguém* não é necessário que o agente tenha a intenção ou vontade de concretizá-la, sendo suficiente a *finalidade* de infundir medo, pavor ou insegurança na pessoa perseguida, vítima dessa ação. Na realidade, se houver efetivamente a intenção de concretizar a *perseguição* em alguma conduta que tipifique um crime material, sua ação deixará de tipificar o *crime de perseguir*, passando a caracterizar *tentativa desse outro crime* e até mesmo, quem sabe, a sua consumação, conforme a fase percorrida do *iter criminis* no caso concreto.

Enfim, esse elemento subjetivo especial do crime de *perseguir alguém* já se identifica na má intenção de incutir medo, na vontade de amedrontar a vítima exteriorizada seriamente pelo agente e caracteriza-se, *a priori*, como *crime de perigo*, podendo, inclusive, funcionar como *meio* ou *modo*, isto é, como *elementar típica* de outros crimes materiais, a exemplo do que ocorre com os crimes de *ameaça* e de *constrangimento ilegal*.

6. Consumação e tentativa

Consuma-se o crime de *perseguir alguém* no momento em que o conteúdo ou existência da *perseguição* chega ao conhecimento do *perseguido*. Consuma-se o crime de *perseguir alguém* com a intimidação sofrida pelo sujeito passivo ou simplesmente com a idoneidade intimidativa da ação. É desnecessário que a *perseguição* crie na vítima o temor da sua concretização ou que, de qualquer forma, perturbe, *in concreto*, a sua tranquilidade, tratando-se, pois, de crime formal. É suficiente que a *perseguição* tenha idoneidade para atemorizar, para amedrontar, para causar preocupação ao *perseguido*, ou seja, é suficiente que a perseguição tenha potencial intimidatório. O medo, intimidação, tensão ou preocupação do perseguido não é fundamental à existência e configuração do crime de perseguição, porque são aspectos subjetivos e relativos ao perseguido, que pode ser mais ou menos sensível a esse tipo de evento. Aliás, é igualmente desnecessária a presença do ofendido no momento em que os *atos constitutivos* da "perseguição" são praticados.

A *tentativa* do crime de *perseguição de alguém* é de difícil configuração, embora, na *forma escrita*, haja quem sustente sua viabilidade. Como se trata de crime de *ação pública condicionada*, isto é, que somente se procede mediante *representação do ofendido*, se o sujeito exerce o *direito de representar* é porque tomou *conhecimento* do mal prenunciado. Se isso ocorreu, o crime consumou-se e não ficou apenas na tentativa, como, *mutatis mutandis*, nos termos em que sustentava o saudoso Damásio de Jesus, comentando o crime de ameaça[3].

No nosso entendimento, a exemplo do *extravio de carta ameaçadora*, sugerida por Carrara, não passa de *ato preparatório*[4], que é impunível, salvo previsão expressa em sentido contrário (art. 31). Se o *perseguido*, no entanto, *desconhece*, não lhe dá importância ou não se sente *perseguido*, não se configura esse crime por *inidoneidade* do meio utilizado, configurando-se o denominado *crime impossível*, que não é punível, especialmente considerando-se que se trata de *ação pública condicionada* a representação, sem a qual sequer há instauração de investigação criminal e muito menos de ação penal.

Não vemos a possibilidade de tentativa do *crime de perseguição de alguém* e essa impossibilidade não reside na sua natureza formal, até porque, a nosso juízo, a tentativa não é exclusividade do crime material, pois o crime formal também contém, na sua essência, o resultado, que apenas não precisa verificar-se para que esse tipo se consume. Na verdade, regra geral, o *crime de perseguição* é unissubsistente, ou seja, não é passível de fracionamento, consequentemente, não comporta a figura tentada, salvo eventual casuísmo que confirme a regra.

7. Classificação doutrinária

Trata-se de *crime comum*, que pode ser praticado por qualquer pessoa, não exigindo qualquer qualidade ou condição especial do sujeito ativo; *formal*, a vítima não precisa sentir-se intimidada, amedrontada, basta a ação do agente e a vontade de persegui-la, de amedrontá-la. A exemplo dos crimes materiais, o tipo descreve um resultado, mas este (que, no caso, seria o medo ou insegurança sentido pela vítima) não precisa verificar-se para que o crime se consume. Nesse crime, o legislador "antecipa a consumação", satisfazendo-se com o simples desvalor da ação[5]. No entanto, não se pode olvidar, que a descrição típica deixa a impressão da possibilidade de certa *habitualidade* desse crime, especialmente quando descreve a conduta de "perseguir alguém, reiteradamente por qualquer meio". Contudo, não se trata de *habitualidade natural*, tradicionalmente conhecida, desse tipo de conduta, mas sim que o autor dessa infração penal o faça incisivamente, repetidamente contra alguém em especial, isto é, individualizadamente; *subsidiário*, constitui meio ou modo de execução ou mesmo constitua elementar de algum tipo penal mais grave; *doloso*, não havendo previsão da modalidade culposa, *crime de dano*, pois o elemento subjetivo orientador da conduta visa a ofender o bem jurídico tutelado e não simplesmente a colocá-lo em perigo; *instantâneo*, pois se esgota com a ocorrência do resultado, e, por outro lado, instantâneo não significa praticado rapidamente, mas, uma vez realizados os seus elementos, nada mais se poderá fazer para impedir

---

3. Damásio de Jesus, *Direito Penal*, p. 251.
4. Magalhães Noronha o considerava tentativa (*Direito Penal*, p. 171).
5. Cezar Roberto Bitencourt, *Tratado de Direito Penal* — Parte Geral, 30. ed., 2024, v. 1, p. 335.

sua consumação; *unissubjetivo* (pode ser cometido por uma única pessoa, não necessitando de mais de um parceiro); *plurissubsistente* (a conduta pode ser desdobrada em vários atos, dependendo do caso concreto.

8. Natureza subsidiária

Trata-se, de forma efetiva, de um crime *tipicamente subsidiário*: se a *perseguição* deixa de ser um fim em si mesma, já não se configura um crime autônomo, passando a constituir elemento, essencial ou acidental, de outro crime; o *crime de perseguição*, nesses casos, é absorvido por esse outro crime mais grave. A *perseguição*, portanto, será absorvida quando for elemento ou meio constitutivo de outro crime mais grave.

A finalidade de incutir medo na vítima, de amedrontá-la, de deixá-la insegura, caracteriza o crime de perseguição, embora não se produza nesta a intimidação pretendida. Mas a existência de determinado fim específico do agente pode, com a mesma ação, configurar outro crime mais grave, no qual estejam presentes elementos constitutivos deste crime de perseguição.

9. Modos ou formas de execução

Pode impressionar, à primeira vista, ao observar-se a quantidade de verbos utilizados pelo legislador no gerúndio, nesta tipificação, e ao afirmarmos que referido tipo penal contém apenas um verbo nuclear, qual seja, "perseguir alguém". Com efeito, esse é o verbo nuclear, os demais empregados no gerúndio constituem somente os *modos* ou as *formas* pelas quais o infrator pode praticar a conduta de "perseguir" alguém. Realmente, nenhum desses verbos constitui ações típicas imputadas ao autor dessa infração penal. Assim, o legislador contemporâneo apenas enunciou as formas de sua realização. O crime de "perseguição reiterada" *ameaçando* a integridade física ou psicológica da vítima, *restringe* a capacidade de locomoção e *perturba* a esfera de liberdade ou privacidade desta e, por isso mesmo, é punido mais severamente que os crimes de *ameaça* e *constrangimento ilegal*. Na verdade, o *crime de perseguição reiterada* absorve ou contém os outros dois, *constrangimento ilegal* e *ameaça*, os quais, nessa relação, são *crimes subsidiários*.

Porém, não se pode perder de vista que, a despeito de ser mais abrangente e muito mais grave que os possíveis crimes-meios, *constrangimento ilegal* e *ameaça*, neste crime de *perseguir reiteradamente* a vítima, a exemplo dos dois anteriores, somente se instaura investigação criminal mediante *representação* da vítima ou de seu representante legal. Embora não seja comum construir tipos penais com uma série de verbos no gerúndio, não se trata de algo inédito, pois já existe em nosso Código Penal algo similar, como, por exemplo, a previsão constante no art. 179 de nosso vetusto diploma codificado. No entanto, apesar dessa repetição de verbos no gerúndio, nesse dispositivo legal, eles apenas representam a forma ou modo como o infrator pode "fraudar a execução", constituindo uma espécie *sui generis* de verbos *auxiliares*, indicando a forma ou modo de como praticar a ação tipificada, ou seja, apontam uma diversidade de maneiras de fraudar eventual execução ou cobrança de algum crédito referido naquele artigo.

Perseguir alguém, reiteradamente, como descrito no tipo penal, significa, repetindo, *importunar*, amedrontar, colocar medo ou insegurança, causar constrangimento ao ofendido. Essa tipificação contempla, por sua vez, três formas de execução ou caracterização desse crime, representadas por variadas formas verbais no gerúndio, as quais, a nosso juízo, não tipificam essa quantidade de condutas. Constituem modos ou formas de o autor da ação *perseguir*, reiteradamente, seu desafeto, "*ameaçando*-lhe a integridade física ou psicológica, *restringindo*-lhe a capacidade de locomoção ou, de qualquer forma, *invadindo* ou *perturbando* sua esfera de liberdade ou privacidade". Nenhum desses verbos – indicadores do modo ou forma – descrevem a conduta típica imputável ao autor desse crime, *ameaçando-lhe* a integridade física ou psicológica, *restringindo-lhe* a capacidade de locomoção ou, de qualquer forma, *invadindo* ou *perturbando* sua esfera de liberdade ou privacidade. Na realidade referidos verbos, no gerúndio, não passam de indicadores de formas de o sujeito ativo perseguir a vítima, ou seja, nenhum deles constitui o núcleo central do tipo penal, isto é, da ação típica, propriamente, imputada ao sujeito ativo, que é "perseguir, reiteradamente alguém".

10. Causas de aumento ou de majoração da pena

Este art. 147-A prevê, em seu §1º, que a pena é aumentada de metade se o crime for cometido:

I – *contra criança, adolescente ou idoso*; II – *contra mulher por razões da condição de sexo feminino*, nos termos do § 2º-A do art. 121 deste Código; III – *mediante concurso de 2 (duas) ou mais pessoas ou com o emprego de arma*. No inciso I consagra-se a *majorante* quando a *perseguição criminosa* for praticada contra *criança, adolescente ou idoso*, autêntica norma penal em branco *homogênea heterovitelina* (norma e complementos estão em diplomas distintos), pois os conceitos ou definições legais de *crianças e adolescentes* são extraídos do art. 2º do Estatuto da Criança e do Adolescente, e o conceito ou definição legal de *idoso* encontra-se no art. 1º da Lei n. 10.741/2003. Igualmente, no inciso II, quando o crime for praticado *contra mulher* por razões da condição de sexo feminino, previsto no §2º-A do art. 121 do Código Penal. Por fim, a majorante elencada no inciso III, com o mesmo aumento fixo de metade, quando o crime de *perseguição* for praticado mediante *concurso de 2 (duas) ou mais pessoas* ou *com o emprego de arma*. Regra geral, o legislador tem considerado que a participação de duas ou mais pessoas agrava o risco sofrido pela vítima, merecendo, consequentemente, maior punição.

Contudo, equivoca-se gravemente o legislador, na redação deste inciso, ao prever majorante ao crime, formal e abstrato de *perseguir alguém*, pelo emprego de arma em um crime, cujo comportamento incriminado, é puramente abstrato, aliás, sem qualquer reflexo material no mundo exterior. Nessa previsão legal, equivocadamente, o legislador não distingue a espécie de arma, branca ou de fogo, equiparando-as, a despeito de o uso de arma de fogo aumentar consideravelmente a gravidade de possível dano ou mesmo o grau de risco e de intimidação de qualquer pessoa. Relativamente ao *emprego de armas*, sustentamos que só pode ser considerado como tais, as armas efetivas, sejam brancas ou de fogo, não sendo admissível ampliar o seu alcance para abranger, por exemplo, qualquer outro objeto ou artefato que o agressor porventura tenha utilizado na prática do crime.

Ademais, temos seriíssimas restrições à previsão legal do uso ou *emprego de armas*, de qualquer natureza, na prática desse crime, porque, a rigor, nessa "perseguição" não existe, *in concreto*, a possibilidade de o infrator pretender agredir fisicamente a vítima. Ademais, se ocorrer tal hipótese, poderá caracterizar *concurso de crimes*, como, por exemplo, com o crime de lesões corporais (na forma tentada ou consumada). Ou, dito de outra forma, para a prática do crime previsto no art. 147-A, *perseguir alguém*, é incompatível, como meio de execução, *a utilização de armas*, de qualquer natureza, por tudo o que desenvolvemos neste capítulo. A utilização de armas na prática de crimes, regra geral, tipifica crime material, enquanto o crime de perseguir, nos termos postos no art. 147-A, é crime formal.

11. Pena e ação penal

A pena cominada ao crime de perseguição é reclusão, de 6 (seis) meses a 2 (dois) anos, e multa, *cumulativa*, além do acréscimo de metade da pena aplicada, na hipótese de se configurar qualquer das *causas de aumento* (majorantes) previstas no § 1º deste artigo. Com efeito, as penas aplicadas previstas no *caput* são aumentadas de metade se ocorrer qualquer das hipóteses previstas no § 1º, as quais serão aplicadas sem prejuízo das correspondentes à violência que, em si mesmas, constituírem crimes autônomos (§ 2º). Por fim, não se pode perder de vista que, a despeito de ser mais abrangente e muito mais grave que os crimes-meios, *constrangimento ilegal* e *ameaça*, digamos assim, neste crime *perseguir reiteradamente a vítima*, somente se procede mediante representação desta ou de seu representante legal, ou seja, trata-se de crime de *ação pública condicionada à representação* (§3º).

11.1 *Cumulação de penas a aplicar*

O § 2º do art. 147-A prevê que além das penas cominadas ao crime de *perseguição*, aplicam-se as penas correspondentes à violência. Ou seja, se decorrer de eventual *violência* utilizada pelo autor a tipificação de algum crime, v.g., lesões corporais, que, a nosso juízo, deverá ser incomum, nesse tipo de infração penal, configurará concurso material de crimes, para efeitos de aplicação da pena.

Pelas penas cominadas a esse crime, não superiores a dois anos, será naturalmente da competência dos Juizados Especiais Criminais, podendo resolver-se, inclusive na *audiência preliminar* (art. 74 da Lei n. 9.099/95). Em tese, a pena de prisão não deverá ser aplicada, ante a política criminal implementada com a referida lei, reforçada pela Lei n. 9.714/99. Contudo, se vier acompanhado de qualquer das causas de aumento previstas no § 1º, a competência para julgamento será direcionada para a Justiça Comum.

A ação penal é *pública condicionada à representação* do ofendido ou de seu representante legal, e, aliás, a própria iniciativa da autoridade policial dependerá de *representação da vítima*, que tem legitimidade para avaliar a conveniência e oportunidade de instaurar-se procedimento investigatório criminal ou não. O crime de *perseguição* em razão da elementar *reiteradamente*, apresenta certa nuance de *habitualidade*, por exigir a repetição dos atos por parte do sujeito ativo. Embora não se consume o crime com a mera prática de um ou outro ato, não se trata de crime habitual nos moldes do *curandeirismo e charlatanismo*, por isso, não vemos nele a característica de habitualidade no comportamento de *perseguir* alguém, reiteradamente. *Reiterar* a prática de determinada conduta é uma coisa, e praticá-la com *habitualidade* é outra muito diferente, para dizer o mínimo.

XXVII VIOLÊNCIA PSICOLÓGICA CONTRA A MULHER

Sumário: 1. Considerações preliminares. 2. Bem jurídico tutelado. 3. Sujeitos ativo e passivo. 4. O nome ou rubrica do crime não se confunde com sua tipificação. 5. Tipo objetivo: adequação típica. 5.1. Meios de execução do crime de causar dano emocional e consequências materiais de sua realização. 5.2. Subsidiariedade típica. 6. Dano emocional e princípio da insignificância. 7. Tipo subjetivo do crime de dano emocional: adequação típica. 8. Consumação e tentativa. 9. Classificação doutrinária. 10. Pena e ação penal.

Violência psicológica contra a mulher

Art. 147-B. Causar dano emocional à mulher que a prejudique e perturbe seu pleno desenvolvimento ou que vise a degradar ou a controlar suas ações, comportamentos, crenças e decisões, mediante ameaça, constrangimento, humilhação, manipulação, isolamento, chantagem, ridicularização, limitação do direito de ir e vir ou qualquer outro meio que cause prejuízo à sua saúde psicológica e autodeterminação:

Pena – reclusão, de 6 (seis) meses a 2 (dois) anos, e multa, se a conduta não constitui crime mais grave.

• Artigo incluído pela Lei n. 14.188, de 28 de julho de 2021.

1. Considerações preliminares

O art. 147-B, que tipifica este crime com o *nomen iuris* de "violência psicológica", apresenta-se com um texto de difícil compreensão, com péssima redação, pecando, inclusive, pela deficiente, para não dizer inexistente concordância verbal e nominal. É tão deficiente que deveria ser declarado inconstitucional por "assassinar" o nosso sofrível vernáculo. Tornam-se ainda mais graves suas deficiências especialmente porque destinam-se a criminalizar condutas que têm maiores exigências formais e dogmáticas, e, por isso mesmo, devem ser muito precisas, claras, escorreitas, exatamente por se tratar de um direito punitivo-sancionador, cercado de princípios indeclináveis em prol das garantias fundamentais. Com efeito, além da utilização de uma péssima e inadequada técnica legislativa, referido texto ainda se apresenta com uma formatação inadequada, imprópria para legislar em matéria penal, cuja construção não observa as regras mais elementares de redação e elaboração frasal da língua portuguesa, aliás, que chegou a ser denominada por Olavo Bilac, "a última flor do lácio, inculta e bela!¹"

E o mais grave, tecnicamente falando, o legislador confunde "dano psicológico" com "dano *emocional*" tratando-os como se tivessem o mesmo significado, resultassem das mesmas causas e produzissem as mesmas consequências. No entanto, as coisas não são assim tão simples e, muito menos, podem ser tomados um pelo outro, ao contrário do que fez o legislador na tipificação desta conduta.

Segundo os *experts, emoção* é um conjunto de respostas químicas e neurais baseadas nas memórias emocionais, e surgem quando o cérebro recebe um estímulo externo, bom ou ruim, indiferentemente. O *sentimento*, por sua vez, é uma resposta à emoção e diz respeito a como uma pessoa se sente diante daquela emoção experimentada. Em termos bem singelos, poder-se-ia dizer que *sentimento* é ou pode ser, em linhas gerais, resultado de uma emoção.

2. Bem jurídico tutelado

Examinando o bem jurídico do crime de lesão corporal, definimos como ofensa "a integridade corporal e a saúde da pessoa humana, isto é, a incolumidade do indivíduo. A proteção legal abrange não só a integridade anatômica como a normalidade fisiológica e psíquica da vítima"². De certa forma, a maioria dos penalistas hão de concordar, que nessa definição do art. 129 (lesão corporal) já se encontrava integrada a proteção da *"lesão psicológica* da vítima" eis que abrange a "saúde" desta, de qualquer sexo, a despeito de alguma dificuldade probatória. A partir de *agora este tipo penal foi desmembrado pela* Lei n. 14.188, de 28 de julho de 2021, que criou o crime de *"violência psicológica"*, tipificado no art. 147-B, uma *norma penal especializante*, deslocando, inclusive, dos "crimes contra a pessoa" para os "crimes contra a liberdade individual". Já se sustentou que no crime de *lesão corporal*, antes desta lei, o que se pretendia proibir *não era uma lesão do corpo*, mas a *lesão de um interesse relacionado com o corpo*, que seria o bem jurídico tutelado. Beling definiu esse interesse em três aspectos: interesse de estar bem, de sentir-se bem e de parecer bem³, e, nessa linha, nada mais seria do que a lesão de um interesse corporal. Só faltou acrescentar que a *lesão corporal* seria, também, lesão a um *interesse psicológico*, psíquico, interno, vinculado ao bem-estar moral e espiritual do ofendido.

---

1. A última flor é a *língua portuguesa*, considerada a última das filhas do latim. Refere-se ao fato de a língua portuguesa ser a última língua neolatina formada a partir do latim vulgar – falado pelos soldados da região italiana do Lácio, por isso a denominação atribuída pelo poeta Olavo Bilac, de a "Última flor do Lácio", em seu poema "Língua portuguesa".
2. Cezar Roberto Bitencourt. *Tratado de Direito Penal, Parte Especial*, 22. ed., São Paulo, Saraiva, 2021, vol. 2, p. 288.
3. Ernest von Beling, *Esquema de Derecho Penal*. La doctrina del delito tipo; trad. Sebastian Soler, Buenos Aires, Depalma, 1944, p. 77.

A rigor, o *bem jurídico* protegido, neste novo artigo, é o *estado emocional* da vítima – e não *psicológico* como sugere o *nomen iuris* do tipo –, aliás, expressamente destacado na descrição típica, mas, por extensão, pode acabar causando, secundariamente, como consequência dos meios utilizados, "prejuízo à sua saúde psicológica e autodeterminação". Contudo, essa consequência não passa de uma mera possibilidade, não chegando sequer a uma probabilidade.

Trata-se, inegavelmente, da tipificação de um crime que objetiva *proteger* a *honra* e a *dignidade* da pessoa humana, que além de violentar sua liberdade de locomoção, de constrangê-la física, moral e psicologicamente, cria-lhe uma *insegurança permanente*. Submete-a a adoção de cuidados especiais tanto em relação a sua liberdade como em relação a sua privacidade, resultado desse comportamento constrangedoramente ameaçador, ainda que de crime de ameaça propriamente não se trate. O *bem jurídico protegido*, a exemplo dos crimes de *constrangimento ilegal e de ameaça*, também é a liberdade pessoal e individual de autodeterminação, mas é, especialmente, a *integridade emocional* e psíquica da mulher, que será abalada pelo temor da conduta que lhe produz *danos emocionais* e, por extensão, também possíveis danos psicológicos. A conduta criminalizada neste art. 147-B, além de colocar em risco a integridade emocional, psíquica e psicológica da vítima, *restringe-lhe* a capacidade de locomoção e, de qualquer forma, *invade* e *perturba* sua esfera de privacidade. Em outros termos, esse crime, faz a vítima sentir-se virtualmente "aprisionada" e insegura, sentindo-se tolhida em usar sua liberdade plena no plano físico, psíquico, psicológico, emocional e espiritual.

Por fim, neste mesmo ano, com poucos meses de diferença (quatro), este é o segundo crime que criminaliza condutas que, direta ou indiretamente *ofendem* ou lesam o estado psicológico da vítima. O primeiro (art. 147-A) ocorreu com a Lei *n. 14.132, de 31 de março de 2021, que acrescentou ao Código Penal o crime de "perseguição reiterada"*, com técnica legislativa também deficiente; por sua vez, a Lei n. 14.188, de 28 de julho de 2021, apenas 04 (quatro) meses após, cria este novo crime de *violência psicológica contra a mulher*". No exame do bem jurídico desse crime, em parte dele, afirmamos o seguinte: "Como diz, literalmente, o texto legal, a conduta ora criminalizada, além de *ameaçar* a integridade física e psicológica da vítima, *restringe-lhe* a capacidade de locomoção e, de qualquer forma, *invade* ou *perturba* sua esfera de privacidade".

Emoção é uma viva excitação do sentimento. É uma forte e transitória perturbação da afetividade a que estão ligadas certas *variações somáticas* ou *modificações* particulares das funções da vida orgânica. A *paixão* é a emoção em estado crônico, perdurando como um sentimento profundo e monopolizante (amor, ódio, vingança, fanatismo, desrespeito, avareza, ambição, ciúme etc.)[4]. Emoção e paixão praticamente se confundem, embora haja pequena diferença entre ambas e esta se origine

---

4. Hungria, *Comentários ao Código Penal*, 5. ed., Rio de Janeiro, Forense, 1978, v. 1, t. 2, p. 367 e 369.

naquela. Kant dizia que a *emoção* é como "uma torrente que rompe o dique da continência", enquanto a *paixão* é o "charco que cava o próprio leito, infiltrando-se, paulatinamente, no solo". A *emoção* é uma descarga tensional passageira, de vida efêmera, enquanto a paixão, pode-se afirmar, é o estado crônico da emoção, que se alonga no tempo, representando um estado contínuo e duradouro de perturbação afetiva. Em outras palavras, a *emoção* dá e passa, enquanto a paixão permanece, alimentando-se nas suas próprias entranhas. Alguns pensadores chegam a situar a paixão, pelas suas características emocionais, entre a emoção e a loucura.

É extremamente difícil distinguir, com segurança, emoção e paixão, uma vez que não apresentam significativas diferenças de natureza ou de grau, pois esta nasce daquela, e, assim como há paixões violentas e emoções calmas, o inverso também é verdadeiro, embora se diga que a *emoção é aguda* e a *paixão é crônica*. A única diferença que se pode afirmar com certeza é que a emoção é passageira e a paixão é duradoura. No entanto, em nosso direito positivo a emoção e a paixão não apresentam maiores problemas, pois não constituem qualquer excludente de antijuridicidade, embora possam influenciar, inegavelmente, na *vis electiva* entre o certo e o errado.

3. Sujeitos ativo e passivo

Sujeito ativo pode ser qualquer pessoa física penalmente capaz, inclusive mulher, embora tenha como vítima somente mulher, não requerendo nenhuma qualidade ou condição especial, sendo, pois, classificado, doutrinariamente, como *crime comum*. A pessoa jurídica, no entanto, como ente abstrato, pelas razões conhecidas, não pode praticar este tipo de crime, como demonstramos no capítulo V deste volume.

Sujeito passivo, por sua vez, somente pode ser pessoa do sexo feminino, já em fase adulta, posto que o tipo penal refere-se, expressamente "contra mulher", não disse "pessoa do sexo feminino", o que poderia abranger, inclusive, pré-adolescentes. Certamente ocorrerá um debate sobre a inclusão, também, como possíveis vítimas deste crime, das meninas adolescentes. Mas essa definição, a nosso juízo, somente poderá ocorrer com a evolução e avaliação jurisprudencial, sendo prematuro, portanto, assumir doutrinariamente essa posição, no final de agosto de 2021 em que estamos comentando este dispositivo legal para nosso *Tratado de Direito Penal* a ser publicado no final de janeiro de 2022. Podemos sugerir que, provavelmente, a melhor orientação jurisprudencial inclinar-se-á pela abrangência ou inclusão, como possíveis vítimas dessa conduta criminosa, das adolescentes.

Somente mulher determinada e individualizada pode ser sujeito passivo deste *crime de dano emocional (psicológico) à mulher*. Essa exigência típica não chega ao exagero de exigir rigorosa individualização da vítima ou de cada vítima quando as ofendidas forem mais de uma, sendo suficiente que o conteúdo desse crime *contra a mulher* dirija-se a determinada mulher, e que possa ser individualizada com alguma facilidade. Enfim, como normalmente ocorre nos crimes contra a pessoa, cuja vítima precisa ser identificada, pessoa *indeterminada* não pode ser *sujeito passivo* desse crime. Nada impede, contudo, que a conduta incriminada dirija-se a mais de uma mulher, simultaneamente, mas, nessa hipótese, cada vítima deve ser identificada. Logicamente, havendo mais de uma ofendida, a conduta unitária constituirá *concurso formal*, em razão da pluralidade de crimes.

4. O nome ou rubrica do crime não se confunde com sua tipificação

O que determina o *nomen iuris* de um crime, regra geral, não é a sua consequência (ou dano resultante da ação), mas deve ser, por coerência dogmática, a *conduta tipificada, como, v.g., (homicídio)"matar alguém"*, (suicídio), (furto ou roubo) "subtrair coisa alheia móvel", dentre outros, ao contrário do que ocorre com este *novatio crimen* "violência psicológica". Observa-se, com efeito, que na descrição da conduta tipificada neste art. 147-B, não consta a descrição de nenhuma conduta que cause, produza ou ocasione "dano psicológico" em alguém, constando apenas em seu nomen iuris "violência psicológica". Aliás, o texto legal não tipifica o crime de "dano psicológico", tipifica somente "causar *dano emocional* à mulher". A rigor, somente o *nomen iuris* fala em "violência psicológica contra a mulher", embora não deixe de existir forte relação entre esses dois aspectos, quais sejam, *dano psicológico e dano emocional*, os quais, contudo, não se confundem.

No entanto, não se pode negar que *dano psicológico* e *dano emocional* têm ou podem ter significados distintos, e, pelo menos, o legislador deveria ter definido corretamente a existência de ofensa a *dano psicológico* da mulher, mas não o fez, preferiu referir-se a *dano emocional*, que não significa a mesma coisa descrita em seu *nomen iuris*. Dito de outra forma, o *nomen iuris deste crime refere-se* a uma coisa (violência psicológica) e o conteúdo descrito no tipo criminaliza outra coisa (dano emocional) relativo à emoção, que são, como demonstraremos, coisas absolutamente distintas.

5. Tipo objetivo: adequação típica

Trata-se de uma tipificação absolutamente anormal, com um texto extremamente longo e prolixo, composto de três partes, causa, consequências e meios utilizados, sendo estas duas últimas, na ordem inversa – gramaticalmente falando –, para a realização ou execução de uma única ação tipificada, qual seja, "causar dano emocional à mulher". No entanto, como destacamos acima quando examinamos o bem jurídico, *dano emocional* não se confunde com *dano psicológico, ainda que possam apresentar alguma similitude* e muita aproximação! A ação de "causar dano emocional", nesta previsão legal, é seguida de seus complementos, quais sejam, "que a prejudique e perturbe seu pleno desenvolvimento ou que vise a degradar ou a controlar suas ações, comportamentos, crenças e decisões". Referida complementação traduz as consequências que a ação tipificada – *causar dano emocional* – pode ou deve produzir na vítima mulher. E mais que isso, a segunda parte dessas consequências da ação praticada, constitui a *finalidade alternativamente almejada* pelo sujeito ativo da ação, isto é, "ou que vise a degradar ou a controlar suas ações, comportamentos, crenças e decisões".

Em outros termos, o crime de *causar dano emocional à vítima* configura *crime material*, pelos resultados objetivos almejados pelo infrator, que vão muito além do simples "causar dano emocional à vítima mulher", pois o próprio tipo penal define o objetivo ou a finalidade pretendida pelo autor do fato definido como crime. Significa, em outros termos, que se tais objetivos não constituírem o móvel ou motivação da conduta *sub examine*, não tipificará o crime descrito neste dispositivo legal. Com efeito, além de a conduta ser descrita com um único verbo nuclear – *causar* –, ela vem recheada de motivações ou finalidades que podem ou devem motivar a prática da conduta tipificada. Mas esses objetivos, finalidades ou motivações da única conduta tipificada (causar dano emocional à mulher) não apenas constituem como exaurem o próprio crime.

No entanto, a constituição, formação ou se preferirem a descrição da única conduta incriminada "causar dano" perde-se na prolixa, incompreensível, excessiva e desconexa utilização de complementos que acaba em um "amontoado" de palavras, sem sentido ortodoxo e sem adequada função complementadora da única conduta tipificadora do tipo penal. A rigor, essa tentativa de criminalizar o "dano psicológico contra a mulher" constitui um grande equívoco metodológico-dogmático não recomendável na constituição tipológica de condutas que se deseja torná-las típicas. Enfim, a construção tipológica do art. 147-B do Código Penal constitui um grande equívoco do legislador, o qual, seguramente, desconhece totalmente a dogmática penal e os limites exigidos pelos princípios da *reserva legal* e da *tipicidade estrita*. Na verdade, quanto maior o número de elementos formais, complementares ou adicionais da conduta tipificada, menor será seu campo de abrangência, pois complementos o restringem.

Dito de outra forma, quanto menores forem tais acréscimos formais (meios, modos, formas etc.), maior abrangência um dispositivo penal terá, por isso, os denominados *tipos abertos*, v.g., *matar alguém*, sofrem menores limitações exatamente pela ausência de limitadores típicos que a descrição legal estabelece. O exemplo mais eloquente de nosso CP é a definição do crime de *homicídio* (art. 121), "matar alguém"! Complementa esse nosso exemplo, a previsão do crime de *infanticídio* (art. 123), cuja ação típica também é "matar", mas que vem limitada pelas demais *elementares típicas*, quais sejam, "sob a influência do estado puerperal, o próprio filho, durante o parto ou logo após. Significa dizer que só o ato de "matar o próprio filho" não caracteriza o crime de infanticídio, pois dependerá de mais duas elementares típicas, simultâneas, uma personalíssima (estado puerperal), e outra temporal (durante o parto ou logo após).

A rigor, nessa nova, equivocada e longa construção tipológica, a única ação tipificada, especificamente, é "causar" *dano emocional à mulher*, que não se confunde com "dano psicológico", contrariamente ao que indica seu *nomen iuris*. Convém que se destaque, mais uma vez, que o nome atribuído ao crime – *violência psicológica* – não integra a sua descrição típica, isto é, a tipificação da conduta proibida, que, *in caso*, é representada pelo verbo *causar* e seu complemento – "dano emocional à mulher"! Portanto, o legislador não criminalizou a conduta de *causar dano psicológico à mulher*, apenas considerou, ao final do dispositivo legal, *como consequência* ou decorrência de quaisquer dos *diversos meios* utilizados pelo autor do crime de "causar dano emocional", segundo o texto legal, "que *cause prejuízo à sua saúde psicológica* e autodeterminação"! Em outros termos, c*ausar prejuízo à saúde psicológica* da vítima não é a conduta tipificada, ao contrário do que sugere o *nomen iuris* deste crime, mas apenas uma das possíveis consequências finais desta infração penal, que pode ou não ocorrer, apesar dos danos emocionais causados ou produzidos.

Trata-se, enfim, o "dano psicológico" de uma das possíveis consequências da ação tipificada "causar dano emocional", através de *qualquer dos meios* elencados no tipo penal, aliás, que pode ou não decorrer da referida ação! Dito de outra forma, a ação tipificada que *causar dano emocional* pode ser praticada pelo sujeito ativo, por qualquer dos meios elencados no tipo penal, e, no entanto, não sobrevir, como consequência, *"prejuízo à saúde psicológica* e autodeterminação" da vítima. Cuida-se, enfim, de crime material que exige o resultado tipificado, para consumar-se, qual seja, *causar prejuízo à saúde psicológica e autodeterminação* da vítima, pois, como veremos adiante, trata-se, repetindo, de *crime material* que exige a ocorrência efetiva desse resultado para consumar-se, caso contrário, poderia, em tese, configurar-se a tentativa, dependendo das demais circunstâncias.

5.1 Meios de execução do crime de causar dano emocional e consequências materiais de sua realização

Este tipo penal *arrola*, de forma *sui generis*, os seguintes *meios* ou formas de execução da conduta tipificada de "causar dano emocional" em vítima mulher, quais sejam: "mediante ameaça, constrangimento, humilhação, manipulação, isolamento, chantagem, ridicularização, limitação do direito de ir e vir ou qualquer outro meio" (meios executórios) "que *cause prejuízo à sua saúde psicológica* e autodeterminação" (consequência final). A ação propriamente, "causar dano emocional" não se confunde com os *meios* utilizados pelo agente, quais sejam, "mediante ameaça, constrangimento, humilhação, manipulação, isolamento, chantagem, ridicularização, limitação do direito de ir e vir", ou "qualquer outro meio que cause prejuízo à sua saúde psicológica e autodeterminação". Desafortunadamente, o legislador foi extremamente infeliz na redação deste dispositivo legal, especialmente ao elencar esse número interminável de *meios de execução* do crime e ainda concluir usando a *fórmula genérica*, qual seja com a locução "ou qualquer outro meio". Toda essa prolixa redação desordenada, imprópria, inadequada e censurável, tecnicamente, dificulta sobremodo a intepretação do aplicador da lei, sem falar nos defeitos de concordância (verbal, nominal etc.). Teria sido muito menos infeliz, mais adequado e recomendável que o legislador tivesse, por exemplo, elencado somente um ou dois desses "meios", complementados com locução genérica tradicional da tipificação utilizada pelo Código Penal, v.g., "ou qualquer outro meio", pois usá-la depois de haver relacionado quase uma dezena deles(oito), resulta, no mínimo, impróprio ou inadequado, para dizer o mínimo, pois na relação que elenco praticamente esgotou os meios possíveis e imagináveis para a prática desse crime.

As consequências ou resultados da ação de *"causar dano emocional à mulher"* não se esgotam na ofensa em si mesma ou na mera perturbação emocional da vítima, eis que se trata de conduta direcionada pela intenção deliberada de prejudicar e perturbar seu pleno desenvolvimento pessoal, profissional ou psicológico e, alternativamente, objetiva degradar, desmerecer, enxovalhar, humilhar, diminuir, enfim, aniquilá-la perante a sociedade. Ou, ainda, como reza o próprio texto legal, "controlar suas ações, comportamento, crenças e decisões".

5.2 Subsidiariedade típica

O próprio tipo penal, em seu preceito secundário (cominação da pena) deixa expresso o *caráter subsidiário* desta infração penal, ao destacar: "se não constituir crime mais grave". Isso quer dizer que, em tese, esta infração penal fica subsumida por crime mais grave, especialmente quando concretizar crime de dano. Se a vítima vier a morrer, por exemplo, o crime será homicídio preterdoloso (art. 121); ou se ficar incapacitada para suas funções normais, por mais de 30 dias ou permanente em decorrência dessa ação, o crime será de lesões corporais graves ou gravíssimas, cujas penas são muito mais graves do que a aquelas prevista neste tipo penal, aplicando-se, nesse caso, o princípio da *subsunção*[5]. É necessário, nessa interpretação, ter presente que o *dolo* do agente é de *dano* menor, mas sempre que a conduta dolosamente orientada encontrar adequação típica, com sanção maior, esta deverá prevalecer absorvendo a infração menor, v.g., a ação dolosa visando a causar lesão corporal na vítima, que, em decorrência dela, vier a falecer, poderá responder por homicídio preterintencional ou por lesão corporal seguida de morte, dependendo das demais circunstâncias do caso concreto.

Embora doutrinária e jurisprudencialmente essa modalidade de tipificação seja tida como — e na verdade é — *crime subsidiário*, quer-nos parecer que a fórmula descrita neste art. 147-B, a exemplo da tipificação do art. 132 deste CP, apresenta uma outra característica muito peculiar, qual seja, de um *crime residual*! Em outros termos, só caracterizará esse crime de dano emocional ou psicológico, segundo seu *nomen iuris*, aquelas condutas de causar "dano emocional", praticadas por qualquer dos meios elencados ou inclusive qualquer outro meio, cujo resultado final não esteja previsto em outros tipos penais mais graves, quer sejam das leis extravagantes, quer sejam integrantes do próprio Código Penal. Mais ou menos nesse sentido já se manifestava Magalhães Noronha, ao afirmar: "Todavia, não é apenas quando se trata de crime mais grave que o art. 132 não tem aplicação. Não pode ele ser invocado, sempre que o caso estiver especificamente previsto em outra figura, ainda que

---

5. Frederico Marques, *Tratado de Direito Penal*, p. 308: "A progressão criminosa, no *iter delicti* do mundo físico, não encontra correspondência na esfera normativa, pois que maior rigor existe na punição do crime de perigo para a saúde de outrem, que no de lesão corporal culposa *simples*. Por essa razão, a *lex consumens*, no caso, é o art. 132, enquanto o art. 129, § 6º, figura como *lex consunta*".

com pena mais branda, como se dá com o delito do art. 136, ou com idêntica punição, como ocorre com o art. 130"[6]. E, se vivo estivesse, certamente Magalhães Noronha incluiria nesse exemplo muitos dos crimes previstos nessa hemorragia de leis especiais.

Por fim, há relação de *primariedade* e *subsidiariedade* entre duas normas quando descrevem graus de violação de *um mesmo bem jurídico*[7], de forma que a norma subsidiária é afastada pela aplicabilidade da norma principal. O *fundamento material* da subsidiariedade reside no fato de distintas proposições jurídico-penais protegerem o *mesmo bem jurídico* em diferentes estágios de ataque. Na verdade, frequentemente se estabelece a punibilidade de determinado comportamento para ampliar ou reforçar a proteção jurídico-penal de *certo bem jurídico*, sancionando-se com graduações menos intensas diferentes níveis de desenvolvimento de uma mesma ação delitiva[8]. Essas *graduações* menos intensas são subsidiárias e desaparecem quando surgem comportamentos com mais intensidade que atingem o mesmo bem jurídico, dando origem a outra figura delituosa. Na lição de Hungria[9], "a diferença que existe entre *especialidade* e *subsidiariedade* é que, nesta, ao contrário do que ocorre naquela, os fatos previstos em uma e outra norma não estão em relação de espécie e gênero, e, se a pena do tipo principal (sempre mais grave que a do tipo subsidiário) é excluída por qualquer causa, a pena do tipo subsidiário pode apresentar-se como 'soldado de reserva' e aplicar-se pelo *residuum*".

6. Dano emocional e princípio da insignificância

A tipicidade penal exige uma ofensa de alguma gravidade aos bens jurídicos tutelados, pois nem sempre qualquer ofensa a esses bens ou interesses é suficiente para configurar o *injusto típico*. Segundo esse princípio, é imperativo a existência de uma *efetiva proporcionalidade* entre a *gravidade* da conduta que se pretende punir e a *drasticidade da intervenção estatal*. Frequentemente, condutas que se amoldam a determinado tipo penal, sob o ponto de vista formal, não apresentam nenhuma *relevância material para ser considerada crime*. Nessas circunstâncias, pode-se afastar liminarmente a tipicidade penal, porque em verdade o bem jurídico não chegou a ser lesado. *O crime de lesão corporal (art. 129) produz dano ou ofensa à saúde, por exemplo. Ofensa à saúde, por sua vez*, compreende a alteração de funções fisiológicas do organismo ou perturbação psíquica. A simples perturbação de ânimo, contudo, não é suficiente para caracterizar o crime de lesão corporal por ofensa à saúde. Mas configurará o crime qualquer alteração ao normal funcionamento do psiquismo, mesmo que seja de duração passageira. Podem caracterizar

---

6. Magalhães Noronha, *Direito Penal*, p. 95.
7. Aníbal Bruno, *Direito Penal*, t. 1, p. 263.
8. Cezar Roberto Bitencourt, *Tratado de Direito Penal* — Parte Geral, 30. ed., São Paulo, Saraiva, 2024, v. 1, p. 335.
9. Hungria, *Comentários*, v. 1, p. 147.

essa ofensa à saúde os distúrbios de memória e não apenas os distúrbios de ordem intelectiva ou volitiva. Enfim, o crime de *lesão corporal* abrange qualquer dano à integridade física ou à saúde de outrem, sem *animus necandi, mas não abrange o dano puramente psicológico, que agora, em tese, tem a sua tipificação neste art. 147-B*. A simples dor física ou crise nervosa, sem dano anatômico ou funcional, não configura lesão corporal e tampouco "dano psicológico" ou mesmo dano emocional tipificado no art. 147-B. A rigor, o legislador foi, repetindo, extremamente infeliz ao confundir dano psicológico com dano emocional, pois embora se aproximem não significam a mesma coisa.

Seguindo essa orientação, sustentamos que a lesão ao "dano emocional" ou à saúde da vítima deve ser, juridicamente, relevante. É indispensável, em outros termos, que o dano emocional ou à saúde não seja *insignificante. Aliás, é a própria descrição da conduta que exige, para a configuração típica, que o dano emocional* "a prejudique e perturbe seu pleno desenvolvimento ou que vise a degradar ou a controlar suas ações, comportamentos, crenças e decisões".

Destaque-se, por fim, que *insignificância* não se confunde com *infração de menor potencial ofensivo*, e a previsão desta não impede nem elimina a existência ou reconhecimento daquela. O fato de determinada conduta tipificar uma infração penal de *menor potencial ofensivo* (art. 98, I, da CF) não quer dizer que tal conduta configure, por si só, *o princípio de insignificância*. Os crimes de lesão corporal leve, de ameaça, injúria, por exemplo, já sofreram a *valoração* do legislador, que, atendendo às necessidades sociais e morais históricas dominantes, determinou as consequências jurídico-penais de sua violação. Os limites do desvalor da ação, do desvalor do resultado e as sanções correspondentes já foram valorados pelo legislador. As ações que lesarem tais bens, embora menos importantes se comparadas a outros bens, como a vida e a liberdade sexual, são *social e penalmente relevantes*.

Assim, a *irrelevância* ou *insignificância* de determinada conduta deve ser aferida não apenas em relação à importância do bem juridicamente atingido, mas especialmente em relação ao *grau de sua intensidade,* isto é, *pela extensão da lesão produzida,* como, por exemplo, nas palavras de Roxin, "maus-tratos não é qualquer tipo de lesão à integridade corporal, mas somente uma lesão relevante; uma forma delitiva de injúria é só a lesão grave à pretensão social de respeito. Como *força* deve ser considerada unicamente um obstáculo de certa importância, igualmente também a ameaça deve ser *sensível* para ultrapassar o umbral da criminalidade"[10].

Concluindo, a *insignificância da ofensa* afasta a *tipicidade*. Mas essa insignificância só pode ser valorada através da *consideração global* da ordem jurídica, observando-se a proporcionalidade e, particularmente, o grau ou extensão da lesão sofrida pelo bem jurídico protegido. Assim, uma infração de menor potencial ofensivo pode ou não caracterizar a insignificância, dependendo exatamente da gravidade do dano sofrido pelo bem atingido.

---

10. Claus Roxin, *Política criminal y sistema del Derecho Penal*, Barcelona, Bosch, 1972, p. 53.

7. Tipo subjetivo do crime de dano emocional: adequação típica

O *elemento subjetivo* do crime de violência psicológica é representado pelo *dolo*, que consiste na vontade livre e consciente de causar dano emocional a vítima mulher. É insuficiente que a ação causal tipificada seja voluntária, pois na própria modalidade *culposa – que neste crime não existe –* regra geral, a ação também é voluntária. É necessário, com efeito, o animus laedendi, *qual seja o* animus *de causar dano emocional na vítima mulher que, enfim, possa resultar prejuízo emocional ou psicológico (ou tipo esta possibilidade)*. O dolo direto deve abranger o fim proposto, os meios escolhidos e, inclusive, os efeitos colaterais necessários. Os elementos volitivos e intelectivos do dolo devem abarcar a ação (conduta), o resultado e o nexo causal, sob pena de o agente incorrer em erro de tipo.

O que distingue, por exemplo, o crime de *lesão corporal* da *tentativa de homicídio cruenta* é exatamente o elemento subjetivo: neste há o dolo de matar; naquela, tão somente o de lesar o corpo ou a saúde da vítima. Contudo, se o *dolo* é somente de lesar a integridade física, mas a vítima morre por causa da lesão, o *homicídio será preterdoloso* (ou lesão corporal seguida de morte, na linguagem da lei). Dependendo do *elemento subjetivo* que orienta a conduta do agente, pode dar vazão a diferentes tipos penais, com a mesma ação física, como, por exemplo, *maus-tratos* (art. 136), *tentativa de homicídio* (arts. 121 e 141, II), *tentativa de lesões corporais* (arts. 129 e 14, II), *perigo para a vida ou a saúde de outrem* (art. 132) etc.

8. Consumação e tentativa

O crime de *causar dano emocional* somente se consuma com a produção efetiva de *dano ou prejuízo à saúde psicológica da mulher e à sua autodeterminação*, por qualquer forma ou meio, pois, como diz textualmente a descrição típica "ou qualquer outro meio que cause prejuízo à sua saúde psicológica e autodeterminação". Consuma-se no exato momento em que se produz o *dano emocional* ou, mesmo psicológico (efeito ou consequência dos meios empregados) resultante da conduta ativa ou omissiva. Cuida-se, portanto, de crime material que exige o resultado tipificado, para consumar-se, qual seja, *causar prejuízo à saúde psicológica e autodeterminação* da vítima, pois se trata, repetindo, de *crime material* que exige a ocorrência efetiva desse resultado para consumar-se, no caso, poderia, em tese, configurar-se a tentativa. Contudo, a ação tipificada não é, repetindo, *causar* "dano psicológico", como demonstramos acima, mas *causar* "dano emocional", cujo resultado final poderá ter, ou não, como umas das consequências finais, o *dano psicológico*. Este, no entanto, deverá **ser**, necessariamente, comprovado pericialmente, sem o que referida ação "causar dano emocional", mesmo comprovadas ação e autoria, poderá configurar somente a figura tentada, desde que resulte demonstrada a configuração dos demais elementos constitutivos do tipo penal. Em outros termos, a conduta tipificada, que é uma só, "causar", a despeito da utilização de todos os meios relacionados no tipo penal poderá não se consumar, se não sobrevier *prejuízo psicológico* ou a *autodeterminação* da vítima, isto é, apesar da utilização de todos os meios, ou qualquer deles, não sobrevindo os resultados mencionados, o crime será apenas tentado.

A pluralidade de lesões infligidas num único processo de atividade não altera a unidade do crime, que continua único. Constata-se, portanto, na própria descrição do texto legal, que o legislador condicionou, para a configuração desse *crime de dano emocional, por qualquer meio,* para a produção de *dano ou prejuízo à saúde psicológica e autodeterminação* da mulher. Mais que isso, exige a ocorrência dos dois efeitos ou resultados, simultâneos, por opção do próprio legislador. Com efeito, este poderia ter se utilizado da locução alternativa "ou", mas não o fez, exigiu, portanto, a ocorrência simultânea de ambos os efeitos para consumar este crime. Logo, a ausência dessa *consequência material* (resultado) da conduta tipificada – *causar prejuízo à saúde psicológica e autodeterminação* –, poderá, no máximo, configurar a sua forma tentada. Não é, *venia concessa,* a nossa interpretação que está equivocada ou errada, mas a defeituosa construção tipológica que, necessariamente, não autoriza outra conclusão.

Contudo, a ação tipificada não é, repetindo, causar "dano psicológico", como demonstramos acima, mas causar "dano emocional", cujo resultado final poderá ter, ou não, como umas das consequências finais, o dano psicológico. Este, no entanto, deverá ser, necessariamente, comprovado pericialmente, sem o que referida ação "causar dano emocional", mesmo comprovadas ação e autoria, poderá configurar somente a forma tentada, desde que resulte demonstrada a presença dos demais elementos constitutivos do tipo penal.

A ação propriamente, "causar dano emocional" não se confunde com os *meios* utilizados pelo agente, quais sejam, "mediante ameaça, constrangimento, humilhação, manipulação, isolamento, chantagem, ridicularização, limitação do direito de ir e vir", ou "qualquer outro meio que cause prejuízo à sua saúde psicológica e autodeterminação". Desafortunadamente, o legislador foi extremamente infeliz na redação deste dispositivo legal, especialmente ao elencar esse número interminável de *meios de execução* do crime e ainda concluir com a locução "ou qualquer outro meio". Toda essa prolixa redação desordenada, imprópria e censurável, tecnicamente, dificulta sobremodo a interpretação, sem falar nos defeitos de concordância (verbal, nominal etc.). Teria sido muito menos infeliz, mais adequado e recomendável se o legislador tivesse, por exemplo, elencado somente um ou dois desses "meios", complementados com locução tradicional da tipificação utilizada pelo Código Penal "ou qualquer outro meio", pois usá-la depois de haver relacionado quase uma dezena (oito) de meios, resulta, no mínimo, impróprio ou inadequado, para dizer o mínimo.

As consequências ou resultados da ação de *causar dano emocional à mulher não se esgotam na ofensa em si mesma ou na mera perturbação emocional da vítima, eis que se trata de conduta direcionada pela intenção deliberada de* prejudicar e perturbar seu pleno desenvolvimento pessoal, profissional ou psicológico; ou, alternativamente, que objetiva a degradar, desmerecer, enxovalhar, humilhar, diminuir, enfim, aniquilá-la perante a sociedade. Ou, ainda, como reza o próprio texto legal, "controlar suas ações, comportamento, crenças e decisões".

9. Classificação doutrinária

Trata-se de *crime comum*, que não exige determinada qualidade ou condição especial do agente; pode ser praticado por qualquer pessoa, embora à primeira vista possa parecer estranho que também possa ser praticado inclusive por mulher contra mulher. Por outro lado, a vítima não precisa sentir-se intimidada ou amedrontada, basta a ação do agente e a vontade de causar-lhe *dano emocional* de amedrontá-la. O tipo descreve um resultado de *causar-lhe dano emocional*, mas este (*dano emocional*) que, no caso, poderia refletir-se no medo ou insegurança sentido pela vítima) não precisa verificar-se para que o crime se consume. pode também ser classificado, segundo o critério e referencial teórico do qual se parta, como crime formal, de consumação antecipada[11]. No entanto, não se pode olvidar, que a descrição típica deixa a impressão da possibilidade de certa *habitualidade* desse crime, quando descreve a conduta de "causar-lhe *dano emocional*, por qualquer dos oito meios que arrola". Contudo, não se trata de *habitualidade natural*, tradicionalmente conhecida, desse tipo de conduta, mas sim da possibilidade que o autor dessa infração penal o faça, repetidamente, através dos variados meios que relaciona, mesmo que não repita qualquer deles; *doloso*, não havendo previsão da modalidade culposa, *crime de dano*, pois o elemento subjetivo orientador da conduta visa a ofender o bem jurídico tutelado e não a simplesmente colocá-lo em perigo; *instantâneo*, esgotando-se com a ocorrência do resultado; por outro lado, instantâneo não significa praticado rapidamente, mas, uma vez realizados os seus elementos constitutivos, nada mais se poderá fazer para impedir sua consumação; *unissubjetivo* (pode ser cometido por uma única pessoa, não necessitando de mais um parceiro, embora possa ser cometido em concurso de pessoas); *plurissubsistente* (a conduta pode ser desdobrada em vários atos, dependendo do caso concreto.

10. Pena e ação penal

A ação penal é pública incondicionada, não havendo necessidade da manifestação da vítima para se intentar a ação penal. As penas cominadas são reclusão de 6 (seis) meses a 2 (dois) anos, e multa, se a conduta praticada não constituir crime mais grave, tratando-se, portanto, de crime subsidiário.

---

11. Cezar Roberto Bitencourt, *Tratado de Direito Penal — Parte Geral*, 29. ed., 2023, v. 1, p. 265.

SEQUESTRO E CÁRCERE PRIVADO | XXVIII

Sumário: 1. Considerações preliminares. 2. Bem jurídico tutelado. 3. Sujeitos ativo e passivo. 4. Tipo objetivo: adequação típica. 5. Tipo subjetivo: adequação típica. 6. Consumação e tentativa. 7. Classificação doutrinária. 8. Formas qualificadas. 8.1. Se a vítima é ascendente, descendente, cônjuge ou companheiro do agente ou maior de sessenta anos (§ 1º, I). 8.2. Se o crime é praticado mediante internação da vítima em casa de saúde ou hospital (§ 1º, II). 8.3. Se a privação da liberdade dura mais de quinze dias (§ 1º, III). 8.4. Se o crime é praticado contra vítima menor de dezoito anos (§ 1º, IV). 8.5. Se o sequestro ou cárcere privado é praticado com finalidade libidinosa (§ 1º, V). 8.6. Se resulta à vítima, em razão de maus-tratos ou da natureza da detenção, grave sofrimento físico ou moral (§ 2º). 9. Concurso entre os crimes de sequestro e de roubo. 10. Pena e ação penal.

Sequestro e cárcere privado

Art. 148. *Privar alguém de sua liberdade, mediante sequestro ou cárcere privado:*

Pena — reclusão, de 1 (um) a 3 (três) anos.

§ 1º A pena é de reclusão, de 2 (dois) a 5 (cinco) anos:

I — se a vítima é ascendente, descendente, cônjuge ou companheiro do agente ou maior de 60 (sessenta) anos;

• Inciso I com redação determinada pela Lei n. 11.106, de 28 de março de 2005.

II — se o crime é praticado mediante internação da vítima em casa de saúde ou hospital;

III — se a privação da liberdade dura mais de 15 (quinze) dias;

IV — se o crime é praticado contra menor de 18 (dezoito) anos;

V — se o crime é praticado com fins libidinosos.

• Incisos IV e V incluídos pela Lei n. 11.106, de 28 de março de 2005.

§ 2º Se resulta à vítima, em razão de maus-tratos ou da natureza da detenção, grave sofrimento físico ou moral:

Pena — reclusão, de 2 (dois) a 8 (oito) anos.

1. Considerações preliminares

No Direito Romano, a prisão arbitrária já era incriminada por meio da ampla definição de *crimen vis*, punido pela *Lex Julia* (D. 48, 6,5,5). A Constituição de

Zenon (ano 486 d.C.) passou a considerar o *cárcere privado* como crime autônomo, uma espécie de usurpação de poder do soberano, que era o único que podia determinar o encarceramento de alguém (Cód. IX, 5,1), justificando-se a duríssima sanção — pena capital —, pois caracterizava crime de *lesa-majestade*. Justiniano, adepto da lei de Talião, amenizou essa punição, determinando o encarceramento do agente pelo mesmo tempo de duração do crime que praticara.

Nosso Código Criminal do Império, de 1830, limitava-se a criminalizar a figura do *cárcere privado* (arts. 189 e 190), que poderia, inclusive, ter como local do crime as próprias *prisões públicas*. O Código Penal de 1890, inspirado no Código Penal português de 1852, ampliou essa tipificação para incluir o *sequestro* como forma alternativa do mesmo crime de *cárcere privado* (art. 181). Essa opção político-criminal foi mantida pelo Código Penal de 1940, cuja Parte Especial continua em vigor (art. 148).

2. Bem jurídico tutelado

O bem jurídico protegido, neste tipo penal, é a liberdade individual, especialmente a liberdade de locomoção, isto é, a liberdade de movimento, do direito de ir, vir e ficar: liberdade de escolher o local em que deseja permanecer. Não deixa de ser, em sentido amplo, uma espécie de constrangimento ilegal, apenas diferenciado pela especialidade.

Protege-se, na verdade, o livre gozo da liberdade, que não é destruída ou eliminada tanto com o cárcere privado quanto com o sequestro: seu exercício ou livre gozo é que fica suprimido; cessada a privação, o sujeito passivo volta a gozá-la livremente, em toda sua plenitude. A liberdade, no sentido em que é protegida, nesse dispositivo, consiste na possibilidade de mudança de lugar, sempre e quando a pessoa queira, sendo indiferente que a vontade desta dirija-se a essa mudança. É suficiente que a possibilidade exista, sendo irrelevante a vontade de mudar. Aliás, a valoração da liberdade violada opera-se por meio de critério puramente objetivo, sendo irrelevante que o ofendido tenha conhecimento de que a sua liberdade pessoal está sendo violada.

Como se trata de bem jurídico disponível, o *consentimento da vítima*, desde que validamente manifestado, exclui o crime, como tivemos oportunidade de afirmar: "o consentimento do titular de um bem jurídico disponível afasta a contrariedade à norma jurídica, ainda que eventualmente a *conduta consentida* se adeque a um modelo abstrato de proibição. Nesse caso, o *consentimento* opera como *causa justificante supralegal*, afastando a proibição da conduta, como, por exemplo, nos crimes de *cárcere privado* (art. 148), *furto* (art. 155), *dano* (art. 163) etc."[1]. Contudo, tratando-se de bem jurídico tão elementar como é o direito de liberdade, convém destacar que o efeito excludente do consentimento da vítima não goza de um *absolutismo*

---

1. Cezar Roberto Bitencourt, *Tratado de Direito Penal* — Parte Geral, 30. ed., 2024, v. 1, p. 457.

pleno, capaz de legitimar toda e qualquer supressão da liberdade do indivíduo. O *consentimento* não terá valor se violar princípios fundamentais de Direito Público ou, de alguma forma, ferir a *dignidade da pessoa humana*, como, por exemplo, "tempo de privação de liberdade (perpétua ou por muito tempo) ou o modo de sua supressão (p. ex., ligado o indivíduo a cadeias, encerrado em lugar malsão etc.) ou o objetivo (prestação servil ou de qualquer modo ilícita)"[2].

3. Sujeitos ativo e passivo

Como se trata de crime comum, *sujeito ativo* pode ser qualquer pessoa, não requerendo nenhuma qualidade ou condição especial; se, no entanto, apresentar a qualidade de funcionário público, e praticar o fato no exercício de suas funções, poderá configurar o crime de *abuso de autoridade* (Lei n. 13.869/2019). Igualmente, quem receber e/ou recolher alguém à prisão, sem ordem escrita da autoridade competente, também incorrerá em crime de abuso de autoridade. A referida Lei n. 4.898/65 (abuso de autoridade) foi revogada pela Lei n. 13.869, de 5 de setembro de 2019, que passou a vigorar 120 dias após a sua publicação (*vacatio legis*).

Sujeito passivo pode ser qualquer pessoa, independentemente da *capacidade* de conhecer e de autodeterminar-se de acordo com esse conhecimento, incluindo-se, portanto, os enfermos mentais, as crianças de tenra idade, os loucos de todo o gênero etc., ao contrário do que ocorre com os crimes anteriores. Embora essas pessoas possam não ter capacidade de querer e de exercer o seu direito de liberdade, o sequestro ou cárcere privado elimina-lhes a possibilidade de serem auxiliados.

A despeito do entendimento contrário de alguns intérpretes, pessoas impossibilitadas de locomover-se, como, por exemplo, *paralíticos, deficientes físicos, paraplégicos* ou *tetraplégicos* também podem ser sujeito passivo desse crime, pois a proteção legal garante o direito à locomoção, por qualquer meio, e nesse direito inclui-se o direito de ir, vir e ficar, livremente. E, como destacava Magalhães Noronha, "a liberdade de movimento não deixa de existir quando se exerce à custa de aparelhos ou com auxílio de outrem. Por outro lado, não é menos certo que o incapaz, na vida em sociedade, goza dessa liberdade corpórea, tutelada pela lei incondicional e objetivamente"[3].

A *pessoa jurídica* não pode ser sujeito passivo desse tipo de crime; assim como não pode ser aprisionada, também não pode ser tolhida em sua liberdade de locomoção, pois não dispõe dessa liberdade de movimento.

Se o sujeito passivo for *criança*, poderá ocorrer um sequestro *sui generis*, disciplinado no Estatuto da Criança e do Adolescente (ECA), em seus arts. 230, 234 e 235 (Lei n. 8.069/90).

4. Tipo objetivo: adequação típica

Nosso Código Penal não define o que deva ser entendido por *cárcere privado* e, da mesma forma, não define *sequestro*, limitando-se a puni-los igualmente; utiliza as

---

2. Magalhães Noronha, *Direito Penal*, p. 174.
3. Magalhães Noronha, *Direito Penal*, p. 174.

expressões *sequestro* ou *cárcere privado* com sentidos semelhantes, embora, estritamente, se possa dizer que no *cárcere privado* há *confinamento* ou *clausura*[4], enquanto, no *sequestro*, a supressão da liberdade não precisa ser confinada em limites tão estreitos. Assim, pode-se *encarcerar* alguém em um quarto, em uma sala, em uma casa etc.; e pode-se *sequestrar* retirando-o de determinado lugar e levando-o para outro, como para uma ilha, um sítio etc. Mas nada impede, a nosso juízo, que as duas figuras ocorram em um mesmo fato: por exemplo, sequestrar e encarcerar, aliás, nos dias atuais, são a modalidade mais comum — quem sequestra encarcera. Embora não se trate de *crime de ação múltipla*, o agente que *sequestrar* e *encarcerar* responderá por um único crime, pois, na verdade, a conduta tipificada é "privar" alguém de sua liberdade, e sequestrar e encarcerar representam tão somente o *modus operandi*. Contudo, essa circunstância comprova a maior censurabilidade da ação, que deverá ser objeto de avaliação no momento da aplicação da pena.

O conteúdo material do crime, nas suas modalidades, é a impossibilidade de a vítima deslocar-se ou afastar-se livremente. Não é necessária a absoluta impossibilidade de a vítima afastar-se do local onde foi colocada ou retirada pelo agente, sendo suficiente que não possa fazê-lo sem grave risco pessoal. A própria *inexperiência* ou *ignorância* da vítima sobre as condições do local que lhe possibilitariam fugir não desnatura o crime.

A conduta tipificada, com efeito, é *privar alguém de liberdade*, sendo indiferente o meio escolhido pelo agente, que poderá ser o mais diverso: violência física ou moral, fraude etc. Os elementos constitutivos do crime de *sequestro* ou *cárcere privado* são: a detenção ou retenção de alguém em determinado lugar, dissentimento, explícito ou implícito, do sujeito passivo e a ilegitimidade objetiva da retenção ou detenção, além, é claro, do dolo, como elemento subjetivo.

Sequestro ou *cárcere privado* exige que a privação de liberdade tenha certa duração. Uma privação rápida configuraria tentativa ou constrangimento ilegal. Configura-se o crime ainda que reste alguma liberdade de locomover-se, dentro de certos limites[5]. Embora a ilegitimidade não constitua expressamente elemento normativo do tipo, *se a privação da liberdade for legítima*, não se poderá falar em crime, como, por exemplo, alguém prende um delinquente em flagrante delito e o retém até a chegada da autoridade pública (art. 301 do CPP: "Qualquer do povo poderá... prender quem quer que seja encontrado em flagrante delito").

Configurará, igualmente, o crime de *cárcere privado* quando, após a privação legítima da liberdade, cessada a legitimidade, prolongue-se, indevidamente, a privação

---

4. Euclides Custódio da Silveira adotava outra orientação: "Consiste a diferença em que, no cárcere privado, ao contrário do sequestro, há clausura, encerramento em recinto fechado; no sequestro, a detenção ou retenção, que impossibilita a vítima de se afastar do local em que o agente a colocou, se realiza *em aberto* ou com enclausuramento. Nesse caso há *enclausuramento* e no outro *confinamento*" (*Crimes contra a pessoa*, p. 281-2).
5. Magalhães Noronha, *Direito Penal*, p. 173.

de liberdade; ou quando, por exemplo, o paciente recebe alta, mas é retido pela administração por falta de pagamento.

Pai que encarcera menor com finalidade corretiva pratica o crime de maus-tratos e não cárcere privado.

5. Tipo subjetivo: adequação típica

O *elemento subjetivo* é o dolo, que consiste na vontade livre e consciente de *privar* alguém de sua liberdade, desde que tenha conhecimento da sua *ilegitimidade*, e que pode ser praticado tanto mediante sequestro como mediante cárcere privado.

Não se exige nenhum elemento *subjetivo especial do injusto*, que, se houver, poderá configurar outro crime. Por exemplo, se a privação da liberdade objetivar a *obtenção de vantagem ilícita*, caracterizará o crime de *extorsão mediante sequestro* (art. 159). Se for praticado por funcionário público, constituirá o crime de violência arbitrária (art. 322). Se o sequestro for meio para a prática de outro crime, será absorvido pelo delito-fim.

Embora o crime em exame não exija nenhum elemento subjetivo especial do tipo, a tipificação adequada da conduta será orientada sempre segundo o *elemento subjetivo geral*, o dolo, pois, como em qualquer crime, a mesma *conduta física* poderá configurar um ou outro crime, de acordo com a sua finalidade, isto é, segundo a intenção com que fora praticada. Assim, por exemplo, se a intenção do agente não é a de privar a criança de sua liberdade de locomoção, mas ao contrário, de tê-la para si, e criá-la como se fora sua, o crime não é de *sequestro ou cárcere privado*, mas o de *subtração de incapazes* previsto no art. 249 do CP; se não houver a intenção de privação ou restrição de liberdade da vítima — menor de dezoito anos ou interdito —, mas somente deixar de entregar, sem *justa causa*, a quem legitimamente o reclame, o crime será o de *sonegação de incapazes* (art. 248, 3ª figura).

O *erro*, seja *de tipo*, seja *de proibição*, como em qualquer crime, projeta seus efeitos sobre essa infração penal, quer para afastar o *dolo* e, por extensão, a tipicidade, ante a ausência da modalidade culposa, quer para eliminar ou diminuir a *culpabilidade*.

6. Consumação e tentativa

Consuma-se com a efetiva restrição ou privação da liberdade de locomoção por tempo juridicamente relevante. Afirma-se que, se a privação da liberdade for *rápida*, *instantânea* ou *momentânea*, não configurará o crime, admitindo-se, no máximo, sua figura tentada ou, quem sabe, constrangimento ilegal. Essa fase do *iter criminis* alonga-se no tempo, perdurando enquanto a vítima permanecer privada de sua liberdade. Enquanto a vítima não for restituída à liberdade, não se encerrará a consumação, podendo, inclusive, o sujeito ativo ser preso em flagrante. Convém destacar que, nesse crime, ao contrário do que acontece no crime de extorsão mediante sequestro (art. 159), o exaurimento não ocorre em momento distinto da consumação; há entre ambos uma identificação temporal, coincidindo consumação e exaurimento.

Sequestro ou cárcere privado não se confunde com constrangimento ilegal: enquanto naquele a privação de liberdade perdura no tempo, neste a privação de liberdade é momentânea, para obrigar a vítima a fazer ou deixar de fazer alguma coisa.

Se o ofendido, mesmo em recinto aberto, for privado da prática de uma série de atos ou fatos que desejava realizar e foi impedido, estará configurado o crime de *cárcere privado*, na medida em que esse tipo penal não exige uma prisão, local fechado ou cercado para caracterizar o crime.

Como crime material, admite a *tentativa*, que se verifica com a prática de atos de execução, sem chegar à restrição da liberdade da vítima, como, por exemplo, quando o sujeito ativo está encerrando a vítima em um depósito é surpreendido e impedido de consumar seu intento. Tratando-se, porém, da forma omissiva, a tentativa é de difícil ocorrência.

7. Classificação doutrinária

Trata-se de *crime comum*, que pode ser praticado por qualquer pessoa, independentemente de qualquer condição especial; *material*, pois produz transformação no mundo exterior, consumando-se somente com a efetiva privação de liberdade da vítima; *permanente*, pois a ofensa do bem jurídico — privação da liberdade — prolonga-se no tempo, e enquanto a vítima estiver privada de sua liberdade de locomoção a execução estará consumando-se; esse crime permite, em razão da sua natureza permanente, que o agente pratique o crime mesmo quando a vítima já se encontra privada de sua liberdade, desde que aquele a reduza ainda mais, como, por exemplo, alguém que já se encontra em cárcere privado e é acorrentado para impossibilitar sua fuga; *comissivo* ou *omissivo*: comissivo, quando o sujeito ativo, com a sua ação, priva a vítima de sua liberdade; omissivo quando, por exemplo, o carcereiro deixar de colocar em liberdade o condenado que já cumpriu a pena, ou deixa de restituir a liberdade ao doente mental que recuperou a saúde etc.; *doloso*, não havendo previsão da modalidade culposa. Quanto ao primeiro exemplo, há certa dúvida, pois a cadeia ou penitenciária é pública, e nesse local, em tese, não pode ocorrer "cárcere privado". No entanto, faz-se necessário estabelecer uma diferença: se o carcereiro, no exercício de suas funções, retém ou deixa de liberar o recluso ou detento, praticará outro crime; no entanto, se apenas se aproveita do estabelecimento ou da situação e, por outras razões, deixa de liberar o indivíduo, parece-nos perfeitamente possível responder pelo crime de *cárcere privado*, pois não é o local da privação que define a espécie e a natureza do crime, a conduta física e seu elemento subjetivo. Vale lembrar, ademais, que o Código Criminal de 1830 admitia o crime de *cárcere privado* com a conduta de manter o indivíduo "nas prisões públicas por quem não tiver autoridade para o fazer" (art. 190).

8. Formas qualificadas

Os parágrafos do artigo em análise preveem determinadas circunstâncias que, se ocorrerem, qualificam o crime, em razão da maior lesividade da conduta tipificada, que poderá decorrer do maior *desvalor da ação* (§ 1º) ou *desvalor do resultado* (§ 2º). Para as hipóteses do § 1º, está prevista uma pena de reclusão de dois a cinco anos, e, para as circunstâncias do § 2º, a sanção prevista é de reclusão de dois a oito anos.

8.1 Se a vítima é ascendente, descendente, cônjuge ou companheiro do agente ou maior de sessenta anos (§ 1º, I)

A relação de parentesco entre *ascendente, descendente, cônjuge* ou *companheiro* pressupõe uma harmonia e respeitabilidade superior, além de elevado grau de confiança; por isso, o crime praticado violando essa relação é consideravelmente mais censurável e produz um dano superior, na medida em que fere o dever familiar. A insensibilidade demonstrada pelo agente e o maior desvalor da ação pela desconsideração desses laços fraternos, que, em tese, são fortalecidos no seio familiar, fundamentam a elevação da sanção penal.

O Estatuto da Pessoa Idosa incluiu, mais uma vez, inadequadamente, no inciso I do § 1º do art. 148 a qualificadora pela *idade da vítima*, que incidirá quando esta for maior de sessenta anos. Com efeito, considerando-se que as demais figuras relacionadas no mesmo inciso I, ora em exame, referem-se, todas, à relação de parentesco, seria recomendável que o legislador tivesse incluído um novo inciso no § 1º do art. 148 do CP. Convém repetir, essa qualificadora igualmente somente se configurará se o agente, no momento da ação, tiver conhecimento dessa condição da vítima ou, em outros termos, é indispensável que a condição de idoso da vítima seja abrangida pelo dolo do agente.

A Lei n. 11.106, de 29 de março de 2005, seguindo a equivocada política adotada no Estatuto da Pessoa Idosa, acrescentou nesse parágrafo, como *vítima especial*, decorrente de parentesco, a figura do *companheiro*, sem sentido inovador, procurando apenas adequar o texto penal ao reconhecimento jurídico da figura do companheiro(a), independentemente do gênero (sexo).

A previsão legal é *numerus clausus* e, como norma repressiva, não admite nenhuma forma de extensão; assim, não se incluem pai ou filho adotivos, genro, nora, padrasto ou madrasta. A despeito da evolução ético-social, também estão excluídos os "namorados", amantes, concubinos ou qualquer outra espécie resultante da moderna *união estável*. Por outro lado, ao contrário do que alguns sustentam[6], a previsão do art. 227, § 7º, da Constituição Federal não autoriza a inclusão do filho adotivo como fundamento da qualificação da figura típica. O Direito Penal orienta-se, fundamentalmente, pelo princípio da tipicidade, e, enquanto não houver norma legal criminalizando condutas e cominando as respectivas sanções, os enunciados constitucionais funcionarão somente como matrizes orientadas da futura política criminal, mas jamais poderão fundamentar a responsabilidade penal, sem previsão legal expressa e específica.

---

6. Flávio Augusto Monteiro de Barros, *Crimes contra a pessoa*, p. 248.

Por fim, ainda que a vítima reúna mais de uma das condições elencadas no inciso *sub examen* (ascendente, descendente, cônjuge ou companheiro do agente ou maior de 60 anos), isto não autoriza a soma de qualificadoras, devendo-se aplicar o mesmo princípio do *crime de ação* múltipla ou de conteúdo variado.

O reconhecimento dessa qualificadora afasta as agravantes genéricas (art. 61, II, *e* e *h*); relativamente ao irmão, embora não qualifique, por falta de previsão legal, configura a referida agravante genérica; o mesmo se diga em relação à criança, ao enfermo ou à mulher grávida.

8.2 *Se o crime é praticado mediante internação da vítima em casa de saúde ou hospital (§ 1º, II)*

A internação da vítima, indevidamente, em casa de saúde ou hospital reveste-se de requintada maldade, com a utilização de meio artificioso e fraudulento, não raro abusando da boa-fé do ofendido. Esse artifício na execução do crime revela determinado grau de periculosidade acima do normal. Fato como esse somente poderá ocorrer em relação a pessoas de certa forma frágeis, pois só quem esteja, por alguma razão, carente ou necessitado de cuidados médicos pode ser ludibriado com esse meio fraudulento. E, nesse estado, qualquer pessoa tem suas defesas reduzidas e fica mais sujeita a manipulação dessa ordem. Essas circunstâncias todas justificam a maior punição do autor. É indiferente que a internação ocorra em casa de saúde ou em hospital, pois não é a natureza do local que agrava o crime, mas sua destinação de cura ou tratamento.

A anuência ou participação de qualquer profissional do estabelecimento de saúde responderá pelo mesmo crime, segundo os preceitos do concurso de pessoas.

Se, contudo, o agente incorrer em *erro*, seja de tipo, seja de proibição, receberá o tratamento segundo a natureza desse erro e a sua evitabilidade ou inevitabilidade.

8.3 *Se a privação da liberdade dura mais de quinze dias (§ 1º, III)*

Se a privação da liberdade for superior a quinze dias, também qualificará o crime. O prolongamento dos chamados crimes permanentes, embora não altere sua tipificação inicial, aumenta consideravelmente o sofrimento da vítima e o dano geral que produz ao ordenamento jurídico em termos genéricos. Quanto mais duradouro o cárcere ou o sequestro, maior o sofrimento, a angústia e a aflição da vítima e seus familiares. A maior durabilidade do crime permanente reflete, igualmente, maior lesividade objetiva e maior insensibilidade moral, que é um componente da periculosidade exacerbada.

Na contagem desse prazo, que é material, inclui-se o dia do começo (art. 10). Não nos parece, porém, que se trate do chamado crime a prazo, pois o período referido representa somente um marco, para além do qual o crime que já está consumado assume maior gravidade.

8.4 *Se o crime é praticado contra vítima menor de dezoito anos (§ 1º, IV)*

A despeito de não ser mencionado no texto legal, a *menoridade* da vítima somente qualifica o crime, se essa condição especial existir na data da prática ou execução, ainda que a *consumação* venha a ocorrer algum tempo depois, ou seja, quando a vítima já tenha ultrapassado essa idade. Recorde-se que o Código Penal adota a *teoria da atividade* (art. 4º).

É lamentável que, a cada dia que passa, o legislador esteja procurando novas "motivações" simplesmente para agravar aleatoriamente a sanção penal, sem se preocupar com qualquer cientificidade ou, pelo menos, com algum fundamento político-criminal nos limites do Estado Democrático de Direito que legitime essa fúria exasperadora da pena de prisão, que ignora os princípios político-criminais limitadores do poder repressivo estatal, como os da *proporcionalidade*, da *lesividade*, da *razoabilidade* etc.

8.5 *Se o sequestro ou cárcere privado é praticado com finalidade libidinosa (§ 1º, V)*

A figura normal, antes da Lei n. 11.106/2005, se satisfazia simplesmente com o dolo, tanto que a eventual presença de alguma finalidade especial poderia configurar outro crime. No entanto, de forma absolutamente inadequada e assistemática, a nova lei incluiu uma *qualificadora imprópria* para os *crimes contra a liberdade pessoal*, qual seja a "finalidade libidinosa" do sequestro ou cárcere privado, deslocando essa qualificadora do Título "Dos crimes contra a dignidade sexual" para o dos "Crimes contra a pessoa". Antes dessa lei, eventual existência de finalidade libidinosa deslocava o crime do art. 148 para uma figura descrita nos capítulos dos chamados crimes sexuais.

8.6 *Se resulta à vítima, em razão de maus-tratos ou da natureza da detenção, grave sofrimento físico ou moral (§ 2º)*

O § 2º, em razão do maior desvalor do resultado, que pode ir além da simples privação da liberdade, produzindo grave sofrimento à vítima, comina uma pena bem superior, entre dois e oito anos de reclusão. Há duas modalidades de causar *grave sofrimento físico ou moral* ao ofendido: maus-tratos e natureza da detenção.

Maus-tratos podem ser produzidos sob as formas e através dos meios mais diversos possíveis; poderá constituir-se de, por exemplo, alimentação insuficiente, agasalho deficiente, designação de tarefas ou atividades vexatórias, exposição ao ridículo etc. Nélson Hungria exemplifica como *maus-tratos* contra determinada pessoa "exercer contra ela violências, privá-la de alimentos ou da possibilidade de asseio, sujeitá-la a zombarias cruéis, não lhe dar agasalho contra o frio, etc."[7].

---

7. Nélson Hungria, *Comentários ao Código Penal*, p. 197.

A *detenção* pode, por sua natureza ou condições objetivas, acarretar sofrimento (físico ou moral) superior ao que normalmente produziria. Nem toda e qualquer detenção é capaz de qualificar o crime, pois é da essência do tipo penal a privação da liberdade, cujo meio mais comum é a detenção. Será necessário que as condições objetivas, por si sós, acarretem maiores sofrimentos à vítima, como, por exemplo, pelas condições de higiene, ventilação, promiscuidade, ou, quem sabe, para aquelas "autoridades" que preferem sempre e em qualquer circunstância, mesmo quando absolutamente desnecessário, manter a vítima algemada. Desafortunadamente, essas circunstâncias, em regra, não estão relacionadas com o crime sob análise, não se estendendo a qualificadora àqueles casos.

Todas essas circunstâncias justificam o rigor punitivo em razão do maior sofrimento físico ou moral causado ao ofendido.

9. Concurso entre os crimes de sequestro e de roubo

Para o crime de roubo foi previsto, como majorante, o agente manter a vítima em seu poder, *restringindo* a sua liberdade (art. 157, § 2º, V, acrescentado pela Lei n. 9.426, de 14-12-1966). Nesse dispositivo, a lei fala em *restrição* de liberdade, e, naquele (art. 148), em *privação*; logo, há uma diferença de intensidade, de duração: *restrição* significa a turbação da liberdade, algo momentâneo, passageiro, com a finalidade de assegurar a subtração da coisa, mediante violência, ou, quem sabe, de garantir somente a própria fuga; *privação* da liberdade, por sua vez, tem um sentido de algo mais duradouro, mais intenso, mais abrangente, ou seja, suprime total ou parcialmente o exercício da liberdade. Por isso, se a privação da liberdade durar mais do que o tempo necessário para garantir o êxito da subtração da coisa alheia ou da fuga, deixará de constituir simples majorante, para configurar crime autônomo, de sequestro, em concurso material com o crime contra o patrimônio. Se a vítima, por exemplo, após despojada de seu veículo, for obrigada a nele permanecer, do mesmo se utilizando os acusados não para assegurar a impunidade do crime cometido, mas para a prática de novos roubos contra outras vítimas, haverá o crime de *sequestro ou cárcere privado* (art. 148) em concurso material com o de roubo.

Nesse sentido, já decidiu o STJ: "Outrossim, bem ressaltado anteriormente que não há falar, *in casu*, em aplicação do princípio da consunção (roubo e sequestro), tendo em vista que, como a liberdade das vítimas restou restringida antes mesmo do início do sequestro, ainda na residência da família, ocasião em que ocorreu a efetiva subtração" (STJ, AgRg no HC 696.112/RS, rel. Min. Jesuíno Rissato (Desembargador Convocado do TJDFT), Quinta Turma, julgado em 22-2-2022, *DJe* de 25-2-2022).

E não ocorre *bis in idem*, porquanto são dois fatos distintos, com elementos subjetivos igualmente distintos: o *roubo* e o *sequestro*, sendo que este foi além da simples garantia daquele. Garantida a posse tranquila da *res*, a privação da liberdade passa a ser orientada por novo elemento subjetivo, distinto daquele da subtração e da garantia da sua posse. Em sentido semelhante é a lição de Flávio Augusto Monteiro de Barros ao afirmar que: "De fato, encerra-se a restrição quando o agente obtém a posse pacífica ou assegura a fuga. A partir de então, persistindo o agente em manter a vítima em seu poder, inicia-se o delito de sequestro"[8].

10. Pena e ação penal

A pena é de reclusão, de um a três anos, na figura simples. A sanção penal é de dois a cinco anos se a vítima for ascendente, descendente, cônjuge ou companheiro do agente ou maior de 60 anos; se o crime é praticado mediante internação da vítima em casa de saúde ou hospital; ou se a privação da liberdade dura mais de quinze dias; se o crime é praticado contra menor de 18 anos; ou se o crime é praticado com fins libidinosos (§ 1º). Se, no entanto, em razão dos *maus-tratos* ou da natureza da detenção, resultar para a vítima grave sofrimento físico ou moral, a pena de reclusão será de dois a oito anos (§ 2º).

A ação penal é pública incondicionada, não sendo exigida nenhuma condição de procedibilidade.

---

8. Flávio Augusto Monteiro de Barros, *Crimes contra a pessoa*, p. 250.

REDUÇÃO A CONDIÇÃO ANÁLOGA À DE ESCRAVO | XXIX

Sumário: 1. Considerações preliminares. 2. Bem jurídico tutelado. 3. Sujeitos ativo e passivo. 4. Tipo objetivo: adequação típica. 5. Tipo subjetivo: adequação típica. 6. Consumação e tentativa. 7. Classificação doutrinária. 8. Redução a condição análoga à de escravo e crimes afins. 9. Pena e ação penal. 10. As alterações procedidas pela Lei n. 10.803/2003. 10.1. Considerações preliminares. 10.2. As inovações conferidas pelo novo diploma legal. 10.2.1. Figuras assimiladas de redução a condição análoga à de escravo. 10.3. Causas especiais de aumento: as "neomajorantes". 10.4. As novas sanções penais: pena de multa, além da correspondente à violência.

Redução a condição análoga à de escravo

Art. 149. *Reduzir alguém a condição análoga à de escravo, quer submetendo-o a trabalhos forçados ou a jornada exaustiva, quer sujeitando-o a condições degradantes de trabalho, quer restringindo, por qualquer meio, sua locomoção em razão de dívida contraída com o empregador ou preposto:*

Pena — reclusão, de 2 (dois) a 8 (oito) anos, e multa, além da pena correspondente à violência.

§ 1º Nas mesmas penas incorre quem:

I — cerceia o uso de qualquer meio de transporte por parte do trabalhador, com o fim de retê-lo no local de trabalho;

II — mantém vigilância ostensiva no local de trabalho ou se apodera de documentos ou objetos pessoais do trabalhador, com o fim de retê-lo no local de trabalho.

§ 2º A pena é aumentada de metade, se o crime é cometido:

I — contra criança ou adolescente;

II — por motivo de preconceito de raça, cor, etnia, religião ou origem.

• Artigo com redação determinada pela Lei n. 10.803, de 11 de dezembro de 2003.

1. Considerações preliminares

Quando o Direito Romano proibia a condução da vítima, indevidamente, ao estado de escravidão, cujo *nomen iuris* era *plagium*[1], o bem jurídico tutelado não

---

1. Os práticos conheceram, ainda, o plágio literário e o plágio político (alistar pessoa no exército de outro Estado). Plágio, na atualidade, tem o sentido mais comum de usurpação da autoria de obra intelectual, que pode ser musical ou literária.

era propriamente a liberdade do indivíduo, mas o direito de domínio que alguém poderia ter ou perder por meio dessa escravidão indevida[2]. O Direito Romano punia a escravização do homem livre e a comercialização de escravo alheio. Há, na verdade, uma grande diferença entre o *plagio* dos romanos e a redução a condição análoga à de escravo do Direito moderno: o bem jurídico protegido. Modernamente, não se reconhece a escravidão como lícita, criando-se, então, pela coação do agente, uma situação de fato, permanentemente ilegítima.

Nosso Código Penal de 1830, que punia a escravidão de homem livre, definia esse crime nos seguintes termos: "Reduzir à escravidão pessoa livre, que se achar em posse de sua liberdade". Como se percebe, referido Código cometia, digamos, uma *impropriedade técnica*, confundindo uma *situação jurídica*, que é a escravidão, com a situação *fática*, que é alguém ser reduzido a condição semelhante à de escravo. O Código Penal de 1890, por sua vez, desconhecia completamente essa figura delituosa, não lhe fazendo qualquer referência, a despeito de o Código Zanardelli, um ano mais velho, discipliná-la (art. 145). O Código Penal de 1940, a exemplo do Código Rocco, de 1930, retomou a criminalização dessa conduta, com terminologia, todavia, mais adequada, *in verbis*: "Reduzir alguém a condição análoga à de escravo" (art. 149).

Aníbal Bruno chegava a afirmar que a forma extrema dos crimes contra a liberdade é a redução de alguém a condição análoga à de escravo. Pela sanção cominada, dois a oito anos de reclusão, constata-se que, efetivamente, não era outro o entendimento do legislador de 1940.

Com a Emenda Constitucional n. 81/2014, a "redução a condição análoga à de escravo" obteve *status* constitucional, a qual prevê a possibilidade de *expropriar propriedades urbanas e rurais onde houver sua exploração*. Acredita-se que com essa previsão constitucional, possibilitando a aplicação de duríssimas penas aos grandes proprietários e investidores em mão de obra não especializada, haverá retração nesse tipo de exploração do trabalhador brasileiro. Nos últimos anos, instituições governamentais e não governamentais, organizações empresariais, sindicatos de empregadores e de trabalhadores e a própria mídia foram despertados para a importância dessa temática, municiando a comunidade brasileira com informações, notícias e repercussão de eventos delituosos envolvendo crimes dessa natureza.

2. Bem jurídico tutelado

O bem jurídico protegido, nesse tipo penal, é a liberdade individual, isto é, o *status libertatis*, assegurado pela Carta Magna brasileira. Na verdade, protege-se aqui a liberdade sob o aspecto ético-social, a própria dignidade do indivíduo, também igualmente elevada ao nível de dogma constitucional. Reduzir alguém a *condição análoga à de escravo* fere, acima de tudo, o *princípio da dignidade humana*, despojando-o de todos os seus valores ético-sociais, transformando-o em *res*, no sentido concebido pelos romanos. E, nesse particular, a *redução a condição análoga à de escravo* difere do crime anterior — sequestro ou cárcere privado —, pois naquele a li-

---

2. Nélson Hungria, *Comentários ao Código Penal*, p. 198.

berdade "consiste na possibilidade de mudança de lugar, sempre e quando a pessoa queira, sendo indiferente que a vontade desta dirija-se a essa mudança", enquanto neste, embora também se proteja a liberdade de autolocomover-se do indivíduo, ela vem acrescida de outro valor preponderante, que é o amor-próprio, o orgulho pessoal, a dignidade que todo indivíduo deve preservar enquanto ser, feito à imagem e semelhança do Criador. Em sentido semelhante manifestava-se Aníbal Bruno[3], afirmando que referido fato delituoso não suprime determinado aspecto da liberdade, mas "atinge esse bem jurídico integralmente, destruindo o pressuposto da própria dignidade do homem, que se opõe a que ele se veja sujeito ao poder incontrastável de outro homem, e, enfim, anulando a sua personalidade e reduzindo-o praticamente à condição de coisa, como do escravo romano se dizia nos antigos textos".

Reduzir alguém a condição análoga à de escravo equivale a suprimir-lhe o direito individual de liberdade, deixando-o completamente submisso aos caprichos de outrem, e exatamente aí reside a essência desse crime, isto é, na sujeição de uma pessoa a outra, estabelecendo uma relação entre sujeito ativo e sujeito passivo análoga à da escravidão: o sujeito ativo, qual senhor e dono, detém a liberdade do sujeito passivo em suas mãos. Convém destacar, contudo, que, ao referir-se a "condição análoga à de escravo", fica muito claro que não se trata de "redução à escravidão", que é um conceito jurídico segundo o qual alguém pode ter o domínio sobre outrem. No caso em exame se trata de reduzir "a condição semelhante a", isto é, parecida, equivalente à de escravo, pois o *status libertatis*, como *direito*, permanece íntegro, sendo, *de fato*, suprimido.

A partir da vigência da Lei n. 10.803/2003 (*DOU* 12 dez. 2003), tudo o que acabamos de afirmar aplica-se à *dignidade* e à *liberdade* (dois bens jurídicos) *do trabalhador*, em razão da restrição do alcance da nova configuração típica imposta por esse diploma legal, conforme demonstraremos mais adiante.

Aliás, o próprio Supremo Tribunal Federal, no Recurso Extraordinário n. 459.510/MT, em voto impecável da relatoria do Ministro Dias Toffoli, reconhece a amplitude dos bens jurídicos protegidos, nos seguintes termos:

> "1. O bem jurídico objeto de tutela pelo art. 149 do Código Penal vai além da liberdade individual, já que a prática da conduta em questão acaba por vilipendiar outros bens jurídicos protegidos constitucionalmente, como a dignidade da pessoa humana, os direitos trabalhistas e previdenciários, indistintamente considerados.
>
> 2. A referida conduta acaba por frustrar os direitos assegurados pela lei trabalhista, atingindo sobremodo a organização do trabalho, que visa exatamente a consubstanciar o sistema social trazido pela Constituição Federal em seus arts. 7º e 8º, em conjunto com os postulados do art. 5º, cujo escopo, evidentemente, é proteger o trabalhador em todos os sentidos, evitando a usurpação de sua força de trabalho de forma vil.
>
> 3. É dever do Estado (*lato sensu*) proteger a atividade laboral do trabalhador por meio de sua organização social e trabalhista, bem como zelar pelo respeito à dignidade da pessoa humana (CF, art. 1º, III)" (Recurso Extraordinário n. 459.510/MT, Rel. Min. Dias Toffoli, Plenário, vencido Min. Peluso, j. 26-11-2015).

---

3. Aníbal Bruno, *Direito Penal* e *Crimes contra a pessoa*, p. 369.

O posicionamento vem sendo mantido pelo STF após o julgamento do Tribunal Pleno acima indicado, como é possível observar neste julgado: STF, RE 1279023 AgR, Relator Ministro Edson Fachin, Segunda Turma, julgado em 11-5-2021, publicado em 20-10-2021.

3. Sujeitos ativo e passivo

Como se trata de crime comum, *sujeito ativo* pode ser qualquer pessoa, não requerendo nenhuma qualidade ou condição particular; se, no entanto, apresentar a qualidade de funcionário público, e praticar o fato no exercício de suas funções, poderá configurar o crime de *abuso de autoridade* (Lei n. 4.898/65). A relação que se estabelece entre os sujeitos do crime é, como diz o texto legal, *análoga* à existente entre o *senhor* e o *escravo*, pois a liberdade deste paira sob o *domínio* do senhor e dono. A referida Lei n. 4.898/65 (abuso de autoridade) foi revogada pela Lei n. 13.869, de 5 de setembro de 2019, a vigorar 120 dias após a sua publicação (*vacatio legis*).

Sujeito passivo pode ser qualquer pessoa, civilizada ou não, sendo indiferente a idade, raça, sexo, origem, condição cultural, capacidade jurídica etc., especialmente agora, que qualquer discriminação nesse sentido constitui "crime de racismo" (art. 5º, XLII, da CF e Lei n. 8.459/97). Determinados aspectos da liberdade são tão importantes que o próprio direito privado (fora, portanto, do Direito Penal) preocupou-se em discipliná-la. Comentando a proibição, pelo Código Civil de 1916 (art. 1.220, que corresponde ao art. 598 do Código de 2002), da locação de serviços por mais de quatro anos, Clóvis Beviláqua sustentava: "O fundamento deste artigo é a inalienabilidade da liberdade humana. Uma obrigação de prestar serviço por mais de quatro anos pareceu ao legislador escravização convencional, ou o resultado de uma exploração do fraco pelo poderoso. E, para melhor defender a liberdade, limitou-a"[4].

A *pessoa jurídica* não pode ser sujeito passivo também desse tipo de crime, na medida em que somente a criatura humana pode ser escravizada.

A partir da vigência da Lei n. 10.803/2003 (*DOU*, 12 dez. 2003), somente pode ser sujeito passivo desse crime quem se encontrar *na condição de contratado*, empregado, empreiteiro, operário (enfim, trabalhador) do sujeito ativo. Para configurar esse crime é indispensável a *relação* ou "vínculo trabalhista" entre sujeito ativo e sujeito passivo. A *ausência dessa relação de prestação de serviço* entre sujeito ativo e sujeito passivo impede que se configure essa infração penal, ainda que haja a restrição da liberdade prevista no dispositivo. Nesse caso, deverá ser buscada a adequação típica em outro dispositivo penal.

4. Tipo objetivo: adequação típica

Reduzir significa sujeitar uma pessoa a outra, em condição semelhante à de escravo, isto é, a condição degradante, deprimente e indigna. Consiste em submeter alguém a um estado de servidão, de submissão absoluta, semelhante, comparável à de escravo. É, em termos bem esquemáticos, a submissão total de alguém ao domínio do sujeito ativo, que o reduz à condição de escravo, como se fosse uma coisa, um objeto, completamente despido de liberdade, de direitos, de garantias.

---

4. Clóvis Beviláqua, *Código Civil*, 1934, v. 4, p. 422.

A sujeição completa de uma pessoa ao poder da outra suprime, de fato, o *status libertatis*, caracterizando a condição análoga à de escravo, embora o *status libertatis*, de direito, permaneça inalterado. Não se trata, pois, de simples encarceramento ou confinamento, que constituiriam crimes menos graves, já examinados nos artigos anteriores. Como afirmava Aníbal Bruno[5], com a expressão "condição análoga à de escravo", nosso Código ampliou o alcance do tipo, abrangendo toda e qualquer situação em que se estabeleça praticamente a submissão da vítima à posse e dominação de outrem, não se limitando à especificação de hipóteses como em outros Códigos. Ademais, a submissão a "trabalhos forçados" implica a ideia de compulsoriedade na sua execução, que não se confunde com a obrigatoriedade contratual do trabalhador tradicional. Esse aspecto, por sua vez, deve ser avaliado em um contexto de constrangimento físico ou moral do trabalhador, segundo circunstâncias fáticas do caso concreto.

É irrelevante que a vítima tenha ou disponha de relativa liberdade, pois esta não lhe será suficiente para libertar-se do jugo do sujeito ativo. Ademais, a liberdade protegida pelo art. 149 não se limita à autolocomoção, mas principalmente procura impedir o estado de sujeição da vítima ao pleno domínio de alguém. No entanto, essa submissão não é caracterizada somente por eventuais infrações de alguns direitos do trabalhador ou a simples falta de alguma estrutura mais adequada para o melhor cumprimento da atividade laboral. Em outros termos, o descumprimento de alguns direitos trabalhistas não configura, por si só, a submissão a condição análoga à de escravo, aliás, como corretamente vem entendendo a melhor orientação jurisprudencial de nossos tribunais. Esse cuidado deve ser ainda maior quando se tratar de trabalhos em fazendas exploratórias da atividade agropastoril, não se podendo exigir, nesses casos, que tenham uma estrutura luxuosa, que, aliás, o próprio trabalhador urbano não recebe, tais como exigência de água encanada com chuveiro elétrico etc. A ausência de uma estrutura sofisticada, por si só, não tem idoneidade suficiente para caracterizar o crime de redução a condição análoga à de escravo, cuja prática, enfatizamos, deve-se combater diuturnamente em nosso país, mas sem ideologismos exagerados, para se evitar flagrantes injustiças, como se tem constatado em algumas operações específicas.

Os *meios* ou modos para a prática do crime são os mais variados possíveis, não havendo qualquer limitação legal nesse sentido; o agente poderá praticá-lo, por exemplo, retendo os salários, pagando-os de forma irrisória, mediante fraude, fazendo descontos de alimentação e de habitação desproporcionais aos ganhos, com violência ou grave ameaça etc. Quase sempre a finalidade da conduta delitiva é a prestação de serviços, ou seja, a execução de trabalho em condições desumanas, indignas ou sem remuneração adequada. Em que pese a *ignorância* de Florian[6] e a *descrença* de Bento de Faria[7], ainda hoje esse crime ocorre, com frequência, em fazendas ou plantações distantes, sem falar nos sertões nordestinos.

---

5. Aníbal Bruno, *Crimes contra a pessoa*, p. 369.
6. Eugenio Florian, *Delitti contro la libertà individuale*, 1936, p. 299.
7. Bento de Faria, *Tratado de Direito Penal*, v. 3, p. 335.

Se algum dos meios utilizados pelo sujeito ativo tipificar crime contra a liberdade individual, como, por exemplo, *ameaça, sequestro*, entre outros, será absorvido pelo crime de redução a condição análoga à de escravo; se, no entanto, tipificar crimes de outra natureza, haverá concurso com este, que poderá ser formal ou material, dependendo da unidade ou pluralidade de condutas.

Para caracterizá-lo não é necessário que a vítima seja transportada de um lugar para outro, nem que fique enclausurada ou que lhe sejam infligidos maus-tratos. Tipifica-se o crime, por exemplo, no caso de alguém forçar o trabalhador a serviços pesados e extraordinários, com a proibição de deixar a propriedade agrícola sem liquidar os débitos pelos quais era responsável. Não será, contudo, qualquer constrangimento gerado por eventuais irregularidades nas relações de trabalho que tipificará esse crime.

Por fim, embora este crime viole também a dignidade da pessoa humana, o seu objeto de proteção não é a *organização do trabalho*, o que, por si só, deslocaria a competência de julgamento para a Justiça Federal (art. 109, VI). Com efeito, este crime não tem como objetivo assegurar o respeito e a integridade da *organização do trabalho* como sistema ou instituição, mas impedir que o ser humano seja tratado ou rebaixado a condição análoga à de escravo, como se fosse uma *res*, a exemplo do que foi considerado o escravo.

5. Tipo subjetivo: adequação típica

O elemento subjetivo é representado pelo dolo, que pode ser direto ou eventual, consistindo na vontade livre e consciente de subjugar determinada pessoa, suprimindo-lhe, faticamente, a liberdade, embora esta remanesça, de direito.

Não é exigido qualquer *especial fim* de agir.

Embora se reconheça que, em tese, a liberdade seja um bem jurídico disponível, ao contrário do que ocorre com o crime de *sequestro e cárcere privado*, o consentimento do ofendido, mesmo que validamente manifestado, não afasta a contrariedade ao ordenamento jurídico, em razão dos "bens-valores" superiores concomitantes à liberdade, a que acabamos de nos referir.

Ao admitirmos os *efeitos excludentes* do consentimento do ofendido, relativamente ao crime anterior, tivemos o cuidado de afirmar que tais efeitos não eram *absolutos*, pois o consentimento seria inválido se violasse *princípios fundamentais de Direito Público* ou, de qualquer sorte, ferisse a *dignidade da pessoa humana*. Logo, a indisponibilidade, nesse crime, não se refere propriamente à liberdade, mas ao *status libertatis* em sentido amplo, que abrange aqueles valores *dignidade, amor-próprio* etc. Assim, não há nenhuma contradição em considerar a liberdade individual como disponível lá no art. 148 e indisponível aqui no art. 149 do mesmo diploma legal. No entanto, recomenda-se cautela no exame do consentimento, especialmente naquelas situações que podem parecer duvidosas; como exemplificava Heleno Cláudio Fragoso, "referimo-nos à hipótese em que o sujeito passivo livremente se coloca e se mantém numa situação de sujeição total, sem que haja qualquer iniciativa por parte da pessoa favorecida"[8].

---

8. Heleno Cláudio Fragoso, *Lições de Direito Penal*, p. 161.

6. Consumação e tentativa

Consuma-se o crime quando o agente *reduz a vítima a condição semelhante à de escravo*, por tempo juridicamente relevante, isto é, quando a vítima torna-se totalmente submissa ao poder de outrem. Em razão da sua natureza de crime permanente, este não se configurará se o estado a que for reduzido o ofendido for *rápido*, *instantâneo* ou *momentâneo*, admitindo-se, no máximo, dependendo das circunstâncias, sua forma tentada. Enquanto não for alterado o *estado* em que a vítima se encontra, a consumação não se encerra. Nesse crime, a exemplo do anterior, o *exaurimento* não ocorre em momento distinto da *consumação*; há entre ambos uma identificação temporal, coincidindo consumação e exaurimento.

Como crime material, admite a *tentativa*, que se verifica com a prática de atos de execução, sem chegar à condição humilhante da vítima, como, por exemplo, quando conhecido infrator desse tipo penal é preso em flagrante ao conduzir trabalhadores para sua distante fazenda, onde o serviriam, sem probabilidade de retornar.

7. Classificação doutrinária

Redução a condição análoga à de escravo é *crime comum*, logo, pode ser praticado por qualquer pessoa, independentemente de qualquer condição especial; *material*, exigindo para consumar-se a produção do resultado pretendido pelo agente, qual seja, a submissão da vítima ao seu jugo, ou, em termos típicos, reduzindo-a efetivamente a condição semelhante à de escravo; *comissivo*, sendo impossível praticá-lo através da omissão; *permanente*, pois a ofensa do bem jurídico — a condição a que a vítima é reduzida — prolonga-se no tempo, e, enquanto a vítima encontrar-se nesse estado, a execução estar-se-á consumando, sendo viável a prisão em flagrante a qualquer tempo; *doloso*, não havendo previsão da modalidade culposa.

8. Redução a condição análoga à de escravo e crimes afins

O *Estatuto da Criança e do Adolescente* — ECA, preocupado em proteger a vida, a liberdade e a integridade do menor, disciplina dois tipos penais, que não levam o mesmo *nomen juris* do tipo previsto no Código Penal, mas que, com outros elementos constitutivos, têm, basicamente, a mesma finalidade, justificando-se, por isso, essa referência.

Com efeito, a Lei n. 8.069/90, em seu art. 238, criminaliza a conduta de "Prometer ou efetivar a entrega de filho ou pupilo a terceiro, mediante paga ou recompensa: pena — reclusão de 1 (um) a 4 (quatro) anos, e multa. Parágrafo único. Incide nas mesmas penas quem oferece ou efetiva a paga ou recompensa".

Guardadas as proporções, e sendo condescendente no exame da taxatividade da tipicidade, referido dispositivo disciplina uma espécie *sui generis* do crime de *reduzir a condição análoga à de escravo*, pois, desde que a escravidão foi abolida no nosso país, vender alguém como *res* é dispensar-lhe tratamento semelhante ao que davam, no seu tempo, aos escravos. Na verdade, na dicção do artigo em exame, filho ou pupilo são vendidos como mercadoria; ora, essa *disponibilidade* do filho ou pupilo, incluindo a *traditio*, é o exemplo mais eloquente de *reduzir alguém a condição análoga à de escravo*.

Esse dispositivo, a nosso juízo, deveria ser mais abrangente, pois, como se constata, trata-se de *crime próprio*, isto é, só podem praticá-lo o *pai* ou o *tutor*. Quaisquer outras pessoas que realizem a mesma conduta descrita de "prometer ou entregar" criança a terceiro, mediante paga ou recompensa, não incidirá nas sanções ali cominadas.

Por fim, para suprir, pelo menos em parte, a lacuna que acabamos de apontar, a mesma Lei n. 8.069/90, em seu art. 239, tipificando, agora, um *crime comum*, isto é, que pode ser praticado por qualquer pessoa, estabelece: "Promover ou auxiliar a efetivação de ato destinado ao envio de criança ou adolescente para o exterior com inobservância das formalidades legais ou com o fito de obter lucro". Comina-lhe, com justiça, diga-se de passagem, pena bem mais elevada, reclusão de quatro a seis anos e multa. Permanece, contudo, a lacuna a que nos referimos, se a "promoção" ou o "auxílio" limitarem-se ao envio de menores para locais que não extrapolem as fronteiras do território nacional.

O crime sob exame pode concorrer com outros, como, por exemplo, lesão corporal, estupro, rapto etc. No entanto, não será possível o concurso com os crimes contra a liberdade, pois estes serão absorvidos por ele. No magistério de Florian[9], é natural que a redução a condição análoga à de escravo absorva qualquer outro crime contra a liberdade, pois ele se apresenta como uma privação sintética, integral, profunda da liberdade do indivíduo.

9. Pena e ação penal

A pena, seguindo o princípio da proporcionalidade, é de reclusão de dois a oito anos. Não há previsão de figuras qualificadas ou majoradas. A *ação penal* é pública incondicionada, não sendo necessária qualquer condição de procedibilidade. Como toda ação pública, admite ação penal *privada subsidiária*, nos termos da Constituição Federal, desde que haja inércia do Ministério Público.

10. As alterações procedidas pela Lei n. 10.803/2003

10.1 *Considerações preliminares*

Em 11 de dezembro de 2003, foi promulgada a Lei n. 10.803 (*DOU* 12 dez. 2003), que altera o art. 149 do Decreto-Lei n. 2.848, de 7 de dezembro de 1940 — Código Penal, para agravar as penas ao crime nele tipificado e ampliar as hipóteses em que, na ótica do legislador, se configura a "condição análoga à de escravo"[10]. Com as alterações e os acréscimos da indigitada lei, o art. 149 do Código Penal brasileiro passou a ter a seguinte redação:

---

9. Florian, *Trattato di Diritto Penale*, 1936, p. 301.

10. Importante e ao mesmo tempo elucidativa a definição de escravidão conferida pelo art. 7º, 2.c, do Estatuto de Roma (Decreto n. 4.388, de 25-9-2002): "o exercício, relativamente a uma pessoa, de um poder ou de um conjunto de poderes que traduzam um direito de propriedade sobre uma pessoa, incluindo o exercício desse poder no âmbito do tráfico de pessoas, em particular mulheres e crianças".

"Art. 149. Reduzir alguém a condição análoga à de escravo, quer submetendo-o a trabalhos forçados ou a jornada exaustiva, quer sujeitando-o a condições degradantes de trabalho, quer restringindo, por qualquer meio, sua locomoção em razão de dívida contraída com o empregador ou preposto:

Pena — reclusão, de 2 (dois) a 8 (oito) anos, e multa, além da pena correspondente à violência.

§ 1º Nas mesmas penas incorre quem:

I — cerceia o uso de qualquer meio de transporte por parte do trabalhador, com o fim de retê-lo no local de trabalho;

II — mantém vigilância ostensiva no local de trabalho ou se apodera de documentos ou objetos pessoais do trabalhador, com o fim de retê-lo no local de trabalho.

§ 2º A pena é aumentada de metade, se o crime é cometido:

I — contra criança ou adolescente;

II — por motivo de preconceito de raça, cor, etnia, religião ou origem."

Bastou a reportagem de 14 de dezembro de 2002, publicada no jornal *Correio Braziliense*, que denunciava que o Ministério do Trabalho libertou, nos últimos anos, mais de 29.000 trabalhadores do regime de escravidão em alguns Estados da Federação, para justificar a edição de um novo diploma legal. Desse total, 11.800 teriam voltado à escravidão por falta de oportunidade de emprego, com um índice de reincidência que chega a 40% em alguns Estados.

O legislador brasileiro, como sempre faz, mais uma vez, legisla sempre em cima de casos concretos: basta acontecer um fato de repercussão social e, imediatamente, já se tem um projeto de lei no forno pronto para ser transformado em lei que, independentemente da qualidade, conveniência e oportunidade, prolifera no parlamento brasileiro. É mais fácil e mais barato para o Poder Público editar novas leis penais e aumentar as respectivas sanções, do que adotar políticas públicas ou tentar criar novos empregos.

Nesse contexto, editou-se a Lei n. 10.803, de 11 de dezembro de 2003, que alterou radicalmente o conteúdo e a natureza do art. 149 do Código Penal, que tipifica o crime de *redução a condição análoga à de escravo*.

O texto legal anterior, ao descrever a conduta incriminadora, referia-se apenas a *reduzir alguém a condição análoga à de escravo*, que podia ser entendido como *a ação de o sujeito transformar a vítima em pessoa totalmente submissa à sua vontade, "como se escravo fosse"*. Com essa redação, embora excessivamente *aberta*, tipificava-se um *crime comum*, quanto ao sujeito, e *de forma livre* quanto à sua execução.

Pretendendo ampliar a sua abrangência e reforçar a proteção penal dos bens jurídicos tutelados, a Lei n. 10.803/2003 explicitou os *meios* e as *formas* pelos quais esse crime pode ser executado: caracteriza-se, nos estritos termos da nova lei, quando a vítima for submetida a *trabalhos forçados* ou *jornada exaustiva*, quer sujeitando-o a condições degradantes de trabalho, quer restringindo, por qualquer meio, sua locomoção em razão de dívida contraída com o empregador ou preposto.

O legislador aproveitou a oportunidade para ampliar as figuras típicas, prevendo que *incorrerá nas mesmas penas quem*: a) *cercear o uso de qualquer meio de transporte por parte do trabalhador, com o fim de retê-lo no local de trabalho;* b) *mantiver vigilância ostensiva no local de trabalho ou se apoderar de documentos ou objetos pessoais do trabalhador, com o fim de retê-lo no local de trabalho.*

Nessa linha, bem ao gosto — de "lei e ordem" — criaram-se também duas *majorantes* especificamente para esse tipo penal: com efeito, determina-se o aumento da pena, pela metade, quando esse crime for cometido (a) *contra criança ou adolescente* ou (b) *por motivo de preconceito de raça, cor, etnia, religião ou origem.*

Contudo, como demonstraremos adiante, o resultado decorrente da nova tipificação contraria as pretensões de seus autores, na medida em que restringe o alcance do dispositivo *sub examen*: a) de *crime comum* que era, não exigindo qualquer qualidade ou condição especial do sujeito ativo, foi transformado em crime especial quanto ao sujeito passivo, exigindo deste uma relação ou um vínculo trabalhista com o sujeito ativo; b) *modo ou forma de execução*, que antes era *livre*, agora, somente pode ser praticado segundo as formas previstas no *caput* e seu § 1º, nos termos da nova redação atribuída ao art. 149.

10.2 *As inovações conferidas pelo novo diploma legal*

No novo *caput* do art. 149, o legislador especificou as condutas que passam a tipificar o crime de *redução a condição análoga à de escravo*, estabelecendo os *meios* e as *formas* através dos quais se pode cometer essa infração penal. Acreditamos, no entanto, que as interpretações díspares da doutrina sobre o conteúdo do tipo (aberto) anterior não justificam as alterações, a nosso juízo, não muito felizes, concretizadas pelo novo diploma legal.

Com efeito, para parte da doutrina, *consumava-se* o crime quando o sujeito ativo eliminasse completamente a liberdade da vítima, reduzindo-a a condição de "*res*", e exercendo sobre ela domínio completo[11]; para outra parte, era admitida a configuração desse tipo penal na conduta de tratar alguém, em uma fazenda, como se escravo fosse, impedindo-o de deixá-la e privando-o de salários. Finalmente, outro setor doutrinário sustentava que podia configurar-se o crime com a prestação de trabalhos forçados, como ocorreu no período da escravidão.

Com a Lei n. 10.803/2003, alterou-se profundamente a natureza dessa infração penal que, de *tipo aberto*, passou a ser um *tipo fechado*, como convém a um Estado Democrático de Direito. Como se constata, o resultado da nova previsão é inversa à pretendida pelo legislador contemporâneo. Com efeito, pretendendo reforçar a proteção do trabalhador, agravando as sanções cominadas, ampliando as condutas tipificadas e identificando meios e formas de infringir a lei penal, o legislador *restringiu* o alcance do tipo penal anterior: de *crime de forma livre*, passou a ser *especial*, isto é, *crime de forma vinculada*, quer pela limitação do sujeito passivo, quer pelos meios e formas de execução, que passaram a ser específicos: a) *sujeito passivo*: antes, qualquer pessoa podia ser sujeito passivo desse crime; agora, somente

---

11. Paulo José da Costa Jr., *Direito Penal — curso completo*, 7. ed., São Paulo, Saraiva, 2000, p. 303.

o empregado ou trabalhador (*lato sensu*); b) *meio ou forma de execução*: antes era *crime comum* e sua execução era de *forma livre*; agora, somente pode ser praticado com os meios e segundo as formas previstas no *caput* e § 1º na nova redação do art. 149 (crime de forma vinculada).

Na verdade, o legislador teria atingido seu objetivo exasperador se, por exemplo, mantivesse a redação anterior do *caput* (que era aberta e abrangente), e incluísse as novas modalidades somente em parágrafos; assim, teria evitado a limitação do tipo penal básico, transformando-o em *tipo vinculado*. Felizmente, ao menos para essa hipótese, nosso legislador desconhece a boa técnica legislativa! Convinha, nesse sentido, que a enumeração do art. 149 do CP fosse *exemplificativa*, permitindo, como excepcionalmente permite o direito material repressivo, o uso da *interpretação analógica*, quando expressamente previsto. Com efeito, a opção por uma enumeração *exaustiva* inviabiliza uma *interpretação extensiva* e, especialmente, a aplicação de *analogia*[12] (art. 5º, XXXIX, da CF).

Enfim, a partir da Lei n. 10.803/2003, a *redução a condição análoga à de escravo* pode ser cometida através das seguintes condutas (*modos de execução*): a) sujeição alheia a trabalhos forçados; b) sujeição alheia a jornada exaustiva; c) sujeição alheia a condições degradantes de trabalho; d) restrição, por qualquer meio, da locomoção alheia em razão de dívida contraída com o empregador ou preposto. Nesse sentido manifestou-se o digno Des. Olindo Menezes, destacando na ementa de seu julgado que: "O Código Penal incrimina as condutas consistentes em 'Reduzir alguém a condição análoga à de escravo, quer submetendo-o a trabalhos forçados ou a jornada exaustiva, quer sujeitando-o a condições degradantes de trabalho, quer restringindo, por qualquer meio, sua locomoção em razão de dívida contraída com o empregador ou preposto' (art. 149, com a redação da Lei 10.803, de 11/12/2003)"[13].

Cria-se, portanto, um crime de *forma vinculada alternativa* (antes era crime de *forma livre*). Dessa forma, a partir da vigência do novo diploma legal, altera-se aquela afirmação que fizemos no item 4º deste capítulo, de que *os meios ou modos para a prática do crime são os mais variados possíveis, não havendo qualquer limitação legal nesse sentido*. Na verdade, agora há limitação estrita aos modos de execução, que estão vinculados (e não os meios, que continuam livres) à tipificação das condutas elencadas *exaustivamente* no texto legal. Com a adoção dessa técnica legislativa, inegavelmente, se produziu uma *abolitio criminis* em relação a todo e qualquer outro modo ou forma de conduta que não seja abrangido pela relação *numerus clausus* da nova definição legal. Assim, por exemplo, no caso da jovem "vendida" a determinado harém oriental, não se tipificará esse crime, se não se adequar a pelo menos um dos modos de execução contido na nova redação do mesmo tipo penal; igualmente, não será *redução a condição análoga à de escravo* a realização de qualquer dessas condutas, se não resultar a redução do *status libertatis* da vítima, de tal forma que se

---

12. Ver, nesse sentido, o que dissemos no capítulo em que abordamos "A norma penal", in *Tratado de Direito Penal*, 30. ed., São Paulo, Saraiva, 2024, v. 1.
13. Rel. Des. Olindo Menezes, AC n. 0013717-95.2011.4.01.3600/MT.

assemelhe a estado análogo ao de escravo. Enfim, está aberta a porta da *abolitio criminis* para os fatos praticados antes da vigência da Lei n. 10.803/2003.

10.2.1 Figuras assimiladas de redução a condição análoga à de escravo

Finalmente, a Lei n. 10.803/2003 introduziu três hipóteses de *redução a condição análoga à de escravo* por assimilação (art. 149, § 1º, I e II), nos seguintes termos: *Nas mesmas penas incorre quem: I — cerceia o uso de qualquer meio de transporte por parte do trabalhador, com o fim de retê-lo no local de trabalho; II — mantém vigilância ostensiva no local de trabalho ou se apodera de documentos ou objetos pessoais do trabalhador, com o fim de retê-lo no local de trabalho.*

As novas figuras típicas "assimiladas" ao *caput* exigem, ao contrário das neste contidas, *elemento subjetivo especial do injusto*, representado pelo *especial fim de reter as vítimas no local de trabalho*, motivando as condutas de *cerceamento do uso de meios de transporte pelos trabalhadores, a vigilância ostensiva do local de trabalho ou a posse dos documentos e/ou objetos pessoais dos trabalhadores.*

10.3 Causas especiais de aumento: as "neomajorantes"

A partir da última década do século XX, o legislador brasileiro *descobriu* novas fórmulas para exasperar toda e qualquer sanção criminal, destacando-se, dentre elas: *I — contra criança ou adolescente; II — por motivo de preconceito de raça, cor, etnia, religião ou origem.*

Considerando que, ao contrário do que recomenda a melhor técnica legislativa, o legislador brasileiro, em sua *histeria legiferante*, tem procurado conceituar, acertada ou erradamente, todos os institutos jurídicos pelos quais tem percorrido. Nessa linha, para o Estatuto da Criança e do Adolescente — ECA, são *crianças* as pessoas com até doze anos incompletos e, *adolescentes,* as pessoas de doze a dezoito anos (art. 2º da Lei n. 8.069/90). Surgindo como sujeito passivo do crime *sub examen* criança ou adolescente, impõe-se de forma obrigatória essa causa especial de aumento, que majora a pena aplicada de metade. Na segunda majorante, aparece a conduta redutora a condição análoga à de escravo *por preconceito* ou *discriminação*. Nos estritos termos do texto legal, configura-se a causa de aumento se o crime for cometido "por motivo de preconceito de raça, cor, etnia, religião ou origem". Parece que há necessidade congênita do legislador brasileiro em demonstrar que não é preconceituoso, pulverizando com punições especiais não apenas o Código Penal, como outros diplomas legais repressivos, chegando a discriminar setores da minoria, sob argumento de pretender beneficiá-los. Contudo, para que essa majorante específica se faça presente é indispensável que seja orientada pelo *especial fim de discriminar* o ofendido por razão da *raça, cor, etnia, religião* ou *origem* (elemento subjetivo especial do injusto), a exemplo do que acontece com os delitos do art. 140, § 3º, do CP e do art.2-A da Lei 7.716/1989.

10.4 As novas sanções penais: pena de multa, além da correspondente à violência

Surpreendentemente, nesta oportunidade, o legislador não se excedeu na cominação de penas à nova anatomia do crime de *redução a condição análoga à de escravo*, ao contrário do que tem feito em todos os diplomas legais de natureza penal dos últimos tempos. Limitou-se a acrescer a pena de multa, além de prever duas causas especiais de aumento (majorantes), mantendo, cumulativamente, a pena de reclusão de dois a oito anos.

Ressalva, ademais, a pena correspondente à *violência*, quando esta constituir em si mesma infração penal. Com efeito, o crime pode ser praticado mediante *violência, grave ameaça* ou *fraude* (*meios* de execução, que não se confundem com modo ou forma de execução; estes são vinculados). Tendo sido ressalvado o acréscimo da punição somente em relação à violência, certamente a *redução a condição análoga à de escravo* absorve a *ameaça* e a *fraude* (pelo princípio da consunção).

A pena privativa de liberdade foi mantida nos limites de dois a oito anos de reclusão, como previa a redação anterior. Foi acrescida, no entanto, a pena de *multa*, além da "correspondente à violência", desde que, convém que se registre, citada *violência* constitua em si mesmo *crime autônomo*[14]. Nesse caso, será adotado o sistema do *cúmulo material* de penas. Repetindo, a grave ameaça e a fraude, se ocorrerem, serão normalmente absorvidas pela infração disciplinada nesse dispositivo.

Configurando-se qualquer das majorantes (§ 2º), a pena privativa de liberdade será elevada de metade. Desnecessário lembrar que essas previsões são *irretroativas*, com exceção do *sujeito passivo especial*, que caracteriza uma espécie de *abolitio criminis*.

---

14. Sobre este tema, para não sermos repetitivos, recomendamos que o leitor consulte, neste mesmo volume, o que escrevemos quando abordamos o crime de *constrangimento ilegal* (art. 146, § 2º), sob o tópico 7. *Concurso com crimes praticados com violência*.

TRÁFICO DE PESSOAS | XXX

Sumário: 1. Considerações preliminares. 2. Bens jurídicos tutelados. 2.1. Bem jurídico tutelado no crime de redução a condição análoga à de escravo. 2.2. Bens jurídicos tutelados no crime de tráfico de pessoas para fins sexuais. 3. Sujeitos ativo e passivo. 4. Tipo objetivo: adequação típica. 4.1. Elementares normativas da constituição típica. 4.1.1. Mediante grave ameaça. 4.1.2. Mediante violência. 4.1.3. Mediante coação. 4.1.4. Mediante fraude ou abuso. 4.2. Elementares subjetivas do tipo penal — finalidades específicas. 4.2.1. Remover-lhe órgãos, tecidos ou partes do corpo. 4.2.2. Submetê-la a trabalho em condições análogas à de escravo ou a qualquer tipo de servidão. 4.2.3. Adoção ilegal. 4.2.4. Exploração sexual. 5. Tipo subjetivo: adequação típica. 6. Consumação e tentativa. 7. Classificação doutrinária. 8. Sanção penal, majorantes, minorante e ação penal.

Tráfico de pessoas

Art. 149-A. Agenciar, aliciar, recrutar, transportar, transferir, comprar, alojar ou acolher pessoa, mediante grave ameaça, violência, coação, fraude ou abuso, com a finalidade de:

I — remover-lhe órgãos, tecidos ou partes do corpo;

II — submetê-la a trabalho em condições análogas à de escravo;

III — submetê-la a qualquer tipo de servidão;

IV — adoção ilegal; ou

V — exploração sexual.

Pena — reclusão, de 4 (quatro) a 8 (oito) anos, e multa.

§ 1º A pena é aumentada de um terço até a metade se:

I — o crime for cometido por funcionário público no exercício de suas funções ou a pretexto de exercê-las;

II — o crime for cometido contra criança, adolescente ou pessoa idosa ou com deficiência;

III — o agente se prevalecer de relações de parentesco, domésticas, de coabitação, de hospitalidade, de dependência econômica, de autoridade ou de superioridade hierárquica inerente ao exercício de emprego, cargo ou função; ou

IV — a vítima do tráfico de pessoas for retirada do território nacional.

§ 2º A pena é reduzida de um a dois terços se o agente for primário e não integrar organização criminosa.

• Artigo incluído pela Lei n. 13.344, de 6 de outubro de 2016.

1. Considerações preliminares

Em tempos de recessão, de crise política, econômica, ética e até moral, a única fonte que não diminui sua produção é a do parlamento nacional, que edita leis penais criminalizadoras em quantidade absurda, sem o correspondente aumento de vagas prisionais, de melhoria nas condições do sistema penitenciário, de melhora na qualidade de vida e segurança nas grandes cidades.

O legislador brasileiro, como sempre faz, mais uma vez, legisla sempre em cima de casos concretos, de episódios eventuais, casuisticamente, transformando o Código Penal em verdadeira colcha de retalhos; basta acontecer um fato de repercussão social ou, simplesmente, que tenha repercussão midiática e, imediatamente, já se tem um projeto de lei "no forno", pronto para ser transformado em lei que, independentemente da qualidade, conveniência e oportunidade, prolifera no parlamento brasileiro. É mais fácil, mais barato e mais cômodo para o Poder Público usar *simbolicamente* o Direito Penal como panaceia de todos os males, editando novas leis penais e aumentando as respectivas sanções do que adotar políticas públicas ou tentar criar novos empregos, mais escolas, ampliar e qualificar a educação, melhorar o atendimento à saúde, enfim, trabalhar com uma perspectiva a médio/longo prazo, apostando na melhora da qualidade e das condições de vida para todos.

Em outros termos, os poderes constituídos pretendem melhorar o País somente com a edição de mais leis penais, muito mais rigorosas, aprisionando centenas de milhares de pessoas, inclusive antes do trânsito em julgado. Ignoram o caos do sistema penitenciário brasileiro superlotado, mantendo, inclusive, pessoas no interior das próprias viaturas policiais; nessas hipóteses, inúmeras delas ficam retidas sem poder desempenhar suas finalidades de transportar policiais rotineiramente pelas áreas conflituosas. Alguns Estados estão autorizando a prisão de indivíduos, condenados ou não, em *containers* ante a superlotação dos presídios, e nada se faz em termos de construir novas penitenciárias, novos espaços menos desumanos, que respeitem um mínimo da dignidade humana, como exige o texto constitucional brasileiro. O Estado do Rio Grande do Sul, por sua vez, passou a cogitar de *prisões flutuantes* (em navios), retroagindo à Idade Média, como alternativa desesperada para suprir a crônica e notória falta de vagas. Não faltará, nessa linha, quem sugira o retorno às *galés*, com torturas e outros meios igualmente degradantes, a despeito da proibição constitucional, mas se o Poder Público atentasse para a Constituição Federal não obrigaria ao cumprimento de penas em presídios tão desumanos, sucateados, insalubres, podres e contaminados por toda sorte de doenças infectocontagiosas, violando o sagrado princípio elementar de respeitar a dignidade humana.

Nesse contexto, eis que "brota" mais uma daquelas leis não apenas de má qualidade, mas deficiente, equivocada e, em si mesma, paradoxal, a Lei n. 13.344/2016, que acrescentou o art. 149-A ao Código Penal, criminalizando o *tráfico de pessoas*. Na realidade, a nova tipificação constante do art. 149-A é mais restrita que as previsões dos arts. 149, 231 e 231-A (estes dois últimos revogados, deixando a descoberto situações que antes eram melhor abrangidas pelos dois dispositivos revogados). Trata-se, com efeito, de uma forma de criminalização imprópria e assistemática, desarmonizando, mais uma vez, o sistema adotado pelo legislador de 1940, que primou pela harmonia e sistematização do Código Penal de 1940. Com efeito, teve-se o cuidado de dividir a *Parte Especial* desse diploma legal em onze títulos, quais sejam: dos crimes contra a pessoa; dos crimes contra o patrimônio; dos crimes contra a propriedade imaterial; dos crimes contra a organização do trabalho; dos crimes contra o sentimento religioso e contra o respeito aos mortos; dos crimes contra a dignidade sexual; dos crimes contra a família; dos crimes contra a incolumidade pública; dos crimes contra a paz pública; dos crimes contra a fé pública; dos crimes contra a administração pública. Referidos títulos foram classificados observando-se a natureza da matéria, a similaridade dos bens jurídicos tutelados, enfim, houve criteriosa sistematização em sua elaboração estrutural, facilitando, inclusive, a localização temática dos institutos abordados.

Por outro lado, o legislador contemporâneo, determinado a ampliar a punição do crime de *tráfico de pessoas*, com a nova lei, deslocando-o para o capítulo que trata "dos crimes contra a liberdade individual", acabou "esquecendo" algumas *causas especiais de aumento* do mesmo crime, que era tipificado nos arts. 231 e 231-A, quais sejam, (1) contra vítima menor de 18 anos, (ii) vítima que, por enfermidade ou deficiência mental, não tem o necessário discernimento para a prática do ato, (iii) emprego de violência, grave ameaça ou fraude. Ademais, essas *causas de aumento da lei revogada* determinavam o aumento de metade da pena, sem variação, ao passo que as previstas na *novatio legis* autorizam o aumento variável de um terço até metade, portanto em menor grau que a norma revogada previa.

A nova previsão legal, cuja pretensão, repetindo, era ampliar a proteção e punição do crime de *tráfico de pessoas*, incorre ainda em mais um erro grave, pois, contrariando a sua "vontade", ao revogar os arts. 231 e 231-A, transforma referida infração penal em outra similar, e menos grave, com menor punição, ainda que tenha cominado como pena-base um ano acima da lei revogada. Contudo, essa *punição superior* é puramente ilusória, pois se deixou de prever as *majorantes especiais* contidas nos incisos III e IV do art. 234-A, as quais aumentavam a pena somente para as infrações constantes do VI Título da Parte Especial do Código Penal, aliás, onde se encontrava disciplinado o *tráfico de pessoas*, interna e externamente, para exploração sexual. Essa majoração referida era: a) de metade, se do crime resultar gravidez (III); b) de um sexto até a metade, se o agente transmite à vítima doença sexualmente transmissível de que sabe ou deveria saber ser portador (IV). Esta última previsão integra o capítulo das "disposições gerais" (VII) e é aplicável a todos os crimes do VI Título da Parte Especial, quais sejam, "dos crimes contra a dignidade sexual", não se estendendo a qualquer crime constante dos outros dez títulos do mesmo diploma legal. Essas omissões revelam, inegavelmente, o desconhecimento da anatomia do Código Penal brasileiro não apenas por parte do legislador, mas também do próprio Ministro da Justiça que subscreve o presente diploma legal.

Ora, a omissão de todas essas *causas especiais de aumento* (tanto aquelas constantes dos próprios artigos revogados como aquelas constantes das disposições gerais), não previstas pela Lei n. 13.344/2016, torna a novel infração penal, ao fim e ao cabo, menos grave em relação aos dispositivos revogados. A menor punição decorre não apenas do "esquecimento" dessas majorantes, mas também da adoção de majorantes com previsão de menor punição, além da inclusão da *minorante* constante do § 2º, que determina a redução de pena para *primários* e não integrantes de organização criminosa, *verbis*: "A pena é reduzida de um a dois terços *se o agente for primário e não integrar organização criminosa*". Nessa modalidade de crime, dificilmente seus "verdadeiros autores" (mandantes ou líderes) são apanhados, a maioria deles é *primária*, e muitos "não integram" *organização criminosa*. De notar-se, ademais, que *essa redução é imperativa*, isto é, obrigatória, não havendo, portanto, a possibilidade de o julgador deixar de aplicá-la, quando se tratar de acusado primário e não integrante de organização criminosa.

2. Bens jurídicos tutelados

Bem jurídico relativamente a submeter "a trabalho em condições análogas à de escravo" (inc. II) remete ao crime tipificado no art. 149 deste Código. Aliás, trata-se de nova previsão legal absolutamente desnecessária, redundante e equivocada, pois teria sido mais adequado e mais prudente simplesmente, se fosse o caso, acrescentar um parágrafo àquele dispositivo legal. Com efeito, o bem jurídico tutelado é o mesmo daquele contido no artigo anterior. Nessa hipótese, tutela-se a liberdade individual, isto é, o *status libertatis*, assegurado pela Constituição Federal. Na verdade, protege-se a liberdade sob o aspecto ético-social, a própria dignidade do indivíduo, que é, igualmente, elevada a dogma constitucional. Reduzir alguém a *condição análoga à de escravo* fere, acima de tudo, o *princípio da dignidade humana*, despojando-o de todos os seus valores ético-sociais, transformando-o em *res*, no sentido concebido pelos romanos.

Relativamente à finalidade de servidão, não há correspondente similar em nossa legislação penal. Aliás, embora não exista mais servidão por dívida, pode-se considerar, pela similitude, como bens jurídicos tutelados os mesmos protegidos pelo crime de redução a condição análoga à de escravo. Em relação à finalidade de *adoção ilegal*, pode-se afirmar que esse *fim especial* mereceria um tipo penal específico quer por sua importância, quer pela quantidade de sequestros que ocorrem no mundo todo com esse objetivo. Trata-se, a rigor, de *norma penal em branco*, pois a adoção de menores é disciplinada pelo Estatuto da Criança e do Adolescente

— ECA. O objetivo dessa previsão legal é, inegavelmente, proteger os menores e as próprias famílias, que resultam destruídas por esse tipo de criminalidade violenta, desumana e tão frequente nos tempos atuais.

2.1 Bem jurídico tutelado no crime de redução a condição análoga à de escravo

O bem jurídico protegido, nesse tipo penal, é a liberdade individual, isto é, o *status libertatis*, assegurado pela Carta Magna brasileira. Na verdade, protege-se aqui a liberdade sob o aspecto ético-social, a própria dignidade do indivíduo, também igualmente elevada ao nível de dogma constitucional. Reduzir alguém a *condição análoga à de escravo* fere, acima de tudo, o *princípio da dignidade humana*, despojando-o de todos os seus valores ético-sociais, transformando-o em *res*, no sentido concebido pelos romanos. Protege-se, igualmente, a liberdade de autolocomover-se do indivíduo, acrescida de outro valor preponderante, que é o amor-próprio, o orgulho pessoal, a dignidade que todo indivíduo deve preservar enquanto ser, feito à imagem e semelhança do Criador.

2.2 Bens jurídicos tutelados no crime de tráfico de pessoas para fins sexuais

Bem jurídico protegido relativamente ao *crime de tráfico de pessoas* é a moralidade pública sexual, independentemente de tratar-se de tráfico nacional ou internacional. O bem jurídico protegido, genericamente, como ocorre com todos os crimes constantes do Título VI da Parte Especial do CP, é a *dignidade sexual* do ser humano, como parte integrante da personalidade do indivíduo, que deve ser protegida, dentro e fora do território nacional.

A despeito da inviabilidade de eliminar a prostituição e a *exploração sexual*, mal que aflige a todos, uns mais, outros menos, com a criminalização do *tráfico de pessoas para essa finalidade* se procura, na impossibilidade de evitar a exploração sexual, pelo menos restringir o seu exercício. Com a Lei n. 12.015/2009, o legislador voltou a alterar o *nomen juris* do crime, inserindo a *finalidade do tráfico de pessoa*, qual seja, "para fim de exploração sexual". Aliás, na cabeça dos artigos revogados 231 e 231-A inseriu-se também a expressão "ou outra forma de exploração sexual", sem, contudo, excluir a *prostituição*, aspectos que foram examinados naqueles dispositivos.

Por essa razão, a sede adequada do crime de *redução a condição análoga à de escravo* é o capítulo que trata dos crimes que afetam a liberdade individual do cidadão, dentro do I Título da Parte Especial do Código Criminal, que agrupa os capítulos que *tratam "dos crimes contra a pessoa"*. Ao passo que os crimes de tráfico de pessoas para fim de exploração sexual devem integrar, como até então, o VI Título da Parte Especial, que disciplina exclusivamente os "crimes contra a dignidade sexual". Por isso, a despeito de aqueles dois artigos terem sido revogados pela Lei n. 13.344/2016, decidimos manter o conteúdo de nossos comentários sobre eles lá no volume IV de nosso *Tratado de Direito Penal*, na parte em que abordamos os "crimes contra a dignidade sexual", para onde remetemos o leitor.

3. Sujeitos ativo e passivo

Sujeito ativo do crime de *tráfico de pessoa com a finalidade de submetê-la a trabalho em condições análogas à de escravo* (ou mesmo submetê-la a qualquer tipo de servidão) remete à previsão do crime do artigo anterior, qual seja, *redução a condição análoga à de escravo*. Nessas condições, sujeito ativo pode ser qualquer pessoa, não requerendo nenhuma qualidade ou condição particular; se, no entanto, apresentar a qualidade de funcionário público, e praticar o fato no exercício de suas funções, poderá, eventualmente, configurar o crime de *abuso de autoridade*. A relação que se estabelece entre os sujeitos do crime é, como diz o texto legal, *análoga* à existente entre o *senhor* e o *escravo*, pois a liberdade deste paira sob o *domínio* do senhor e dono. A Lei n. 4.898/65 (abuso de autoridade) foi revogada pela Lei n. 13.869, de 5 de setembro de 2019, a vigorar 120 dias após a sua publicação (*vacatio legis*).

Sujeito passivo, por sua vez, também pode ser qualquer pessoa, civilizada ou não, sendo indiferente a idade, raça, sexo, origem, condição cultural ou capacidade jurídica, especialmente na atualidade, quando qualquer discriminação nesse sentido constitui "crime de racismo" (art. 5º, XLII, da CF e Lei n. 9.459/97). Determinados aspectos da liberdade são tão importantes que o próprio direito privado (fora, portanto, do Direito Penal) preocupou-se em discipliná-la. Contudo, a *pessoa jurídica* não pode ser sujeito passivo também desse tipo de crime, na medida em que somente a *criatura humana* pode ser escravizada.

Sujeito ativo, no *tráfico de pessoas para fins de exploração sexual*, também pode ser qualquer pessoa, independentemente do sexo, embora, geralmente, seja praticado por homem, e, regra geral, por mais de uma pessoa. No dizer de Rogério Sanches Cunha, "qualquer pessoa pode praticar o delito em estudo, seja atuando como 'empresário ou funcionário do comércio do sexo', seja como consumidor do 'produto' traficado"[1].

Sujeito passivo, igualmente, no *tráfico de pessoas para fins de exploração sexual* pode ser tanto o homem quanto a mulher, independentemente de sua "honestidade" sexual, prostituídos ou não, podendo, inclusive, tratar-se de criança ou adolescente, brasileiros ou estrangeiros. No entanto, Rogério Sanches Cunha lembra que, antes da Lei n. 12.015/2009, havia doutrina exigindo que o ofendido apresentasse a *condição de prostituta*[2], o que, convenhamos, era um grande equívoco.

---

1. Rogério Sanches Cunha, *Direito penal, Parte Especial...*, p. 275.
2. Rogério Sanches Cunha, *Direito penal, Parte Especial...*, p. 275.

4. Tipo objetivo: adequação típica

As condutas incriminadas no *caput* do art. 149-A são: agenciar, aliciar, recrutar, transportar, transferir, comprar, alojar ou acolher pessoa como vítima do tráfico aqui criminalizado, ou seja, com a finalidade de obter qualquer das finalidades contidas nos seus cinco incisos. Trata-se, por óbvio, de *crimes de ação múltipla* ou *de conteúdo variado*, ou seja, se o agente praticar, cumulativamente, as condutas descritas no *caput* deste art. 149-A incorrerá em crime único. Em outros termos, estamos diante de um tipo penal *misto alternativo*, não cumulativo. Vejamos o significado de cada uma dessas condutas, embora algumas delas não passem de sinônimos de outras.

a) *Agenciar* significa intermediar, servir de elo para conquistar adeptos ao objetivo proposto, negociar com interessados etc.; b) *aliciar*, por outro lado, significa atrair a simpatia, envolver, seduzir, buscar a adesão de pessoas, fazê-las interessar-se pelo tráfico de pessoas e, sub-repticiamente, conquistar-lhes para se engajarem no projeto delituoso; c) *recrutar* tem o significado de selecionar pessoas, reuni-las, agrupá-las, convocar interessados, enfim, para submeter-se à prática desses crimes; d) *transportar* significa conduzir, levar, deslocar de um local para outro possíveis vítimas; e) *transferir* significa remover, deslocar, mudar de um lugar para outro (nesse sentido, não passa de sinônimo de *transportar*), ou mesmo alterar a titularidade, a posse ou a propriedade de algo; f) *comprar*, por sua vez, significa adquirir mediante pagamento, subornar ou corromper alguém com dinheiro ou com favores para obter sua posse; g) *alojar* tem o sentido de hospedar, abrigar, dar abrigo, acolher, instalar em determinado lugar vítimas dessa infração penal, e, finalmente, h) *acolher* pessoas tem o sentido de aconchegar, recepcioná-las como vítimas do tráfico aqui criminalizado, mediante grave ameaça, violência, coação, fraude ou abuso, com finalidades descritas nos incisos do *caput* do presente artigo.

Todas essas condutas tipificadas no art. 149-A não podem retroagir para alcançar fatos praticados antes de sua entrada em vigor, ou seja, antes do dia 20 de novembro de 2016. É indispensável, por outro lado, que o sujeito ativo de tais condutas *tenha consciência* de que se trata de *pessoa traficada* para um dos fins descritos nos incisos desse artigo. Não se pode, logicamente, olvidar que todas as condutas são dolosas, e sem a *consciência* de todos os elementos constitutivos do tipo penal o dolo não se aperfeiçoa.

Curiosamente, o ato de "vender" a alguém, para as mesmas *finalidades*, equivocadamente, não foi criminalizado na novel infração penal, constituindo grande lacuna que não pode ser suprida por *analogia*, tampouco por *interpretação analógica*.

Por fim, a estrutura do presente tipo penal cria uma dificuldade interpretativa de sua constituição típica, na medida em que transforma a essência da proibição legal, que deveria ser o núcleo do tipo, em *finalidade especial* deste, representada pelos seus cinco incisos: I — remover-lhe órgãos, tecidos ou partes do corpo; II — submetê-la a trabalho em condições análogas à de escravo; III — submetê-la a qualquer tipo de servidão; IV — adoção ilegal; ou V — exploração sexual. Dessa forma as examinaremos, no âmbito da tipicidade objetiva, como elementares subjetivas do tipo, sem prejuízo de voltar ao tema, sucintamente, quando tratarmos da *tipicidade subjetiva*.

4.1 Elementares normativas da constituição típica

Com a inclusão das *elementares normativas* na constituição típica — *mediante grave ameaça, violência, coação, fraude* —, restringe-se consideravelmente a *abrangência típica* das condutas descritas no *caput*, na medida em que a ausência delas impede sua adequação típica, ainda que de *tráfico* se trate. As formas ou modos executórios acima mencionados são taxativos e não admitem interpretação analógica ou extensiva, sob pena de violar-se o princípio da taxatividade estrita da tipicidade e o da reserva legal.

A rigor, o desconhecimento técnico-dogmático do legislador e sua assessoria leva a inadmissíveis erros dessa natureza, quando, pretendendo agravar o tipo penal, por qualquer razão (v. g., atender as convenções e tratados internacionais), acaba restringindo o seu alcance, com a inclusão dessa espécie de elementares no tipo penal. Quanto mais enriquecido de elementares normativo-subjetivas na descrição típica, mais limitada fica sua abrangência, em razão de a conduta praticada não utilizar, por exemplo, esse tipo de violência. A rigor, não se pode nunca perder de vista a exigência legal-dogmática da tipicidade estrita, que exige que a execução da conduta incriminada-praticada abranja todas as suas elementares (objetivas, normativas e subjetivas) constitutivas do tipo penal.

A lei, utilizando as *elementares* normativas antes referidas, estabelece as formas (ou modos) de realização do crime de tráfico de pessoas: mediante grave ameaça, violência, coação, fraude ou abuso. Vejamos, sinteticamente, o significado de cada uma delas.

4.1.1 Mediante grave ameaça

Constitui forma típica da "violência moral", é a *vis compulsiva*, que exerce uma força intimidativa, inibitória, anulando ou minando a vontade e o querer do ofendido, procurando, assim, inviabilizar eventual resistência da vítima. Na verdade, a *ameaça* também pode perturbar, escravizar ou violentar a vontade da pessoa como a violência material. A *violência moral* pode materializar-se em gestos, palavras, atos, escritos ou qualquer outro meio simbólico. Mas a *ameaça* terá de ser *grave*, isto é, aquela ameaça que efetivamente imponha medo, receio, temor na vítima, e que lhe seja de capital importância, opondo-se a sua liberdade de querer e de agir.

O *mal* prometido a título de ameaça, além de *futuro* e *imediato*, deve ser *determinado*, sabendo o agente o que quer impor. Nesse sentido, referindo-se à natureza do mal prometido, Magalhães Noronha pontificava: "Compreende-se que o mal deva ser *determinado*, pois indefinível e vago não terá grandes efeitos coativos; *verossímil* também, ou seja, que se possa realizar e não fruto de mera fanfarronice ou bravata;

iminente, isto é, suspenso sobre o ofendido: nem em *passado*, nem em *futuro* longínquo, quando, respectivamente, não teria força coatora, ou esta seria destituída do vigor necessário; *inevitável*, pois, caso contrário, se o ofendido puder evitá-lo, não se intimidará; *dependente*, via de regra, da vontade do agente, já que, se depende da de outrem, perderá muito de sua inevitabilidade"[3]. Enfim, esses são os requisitos que, em tese, a ameaça de mal ou dano deve apresentar. Não se trata de rol taxativo ou *numerus clausus*, podendo, no caso concreto, apresentar-se alguns e outros não, sem desnaturar a gravidade da ameaça. É indispensável que a ameaça tenha idoneidade intimidativa, isto é, que tenha condições efetivas de constranger a vítima.

Ao contrário do que ocorre com o *crime de ameaça*, no crime de *tráfico de pessoas* não é necessário que o mal prometido seja *injusto*, sendo suficiente que injusta seja a pretensão ou a forma de obtê-la. A injustiça do mal não se encerra em si mesma, mas deverá relacionar-se ao fim pretendido e à forma de consegui-lo. O *mal* pode ser justo (não é o caso), mas o fundamento que leva o agente a prometê-lo ou o método utilizado podem não sê-lo, e, na hipótese, não o é.

4.1.2 Mediante violência

O termo violência, tecnicamente, pode abranger tanto a violência física como a violência moral (grave ameaça), mas a impropriedade técnico-legislativa levou à divisão de seu tradicional significado, separando a violência física da violência moral. O termo *violência*, portanto, da forma que é empregado no texto legal — que tratou separadamente da grave ameaça —, significa a força física, a força material, a *vis corporalis*, com a finalidade de vencer a resistência da vítima. Essa *violência* física pode ser produzida pela própria energia corporal do agente, que, no entanto, poderá preferir utilizar outros meios, como fogo, água, energia elétrica (choque), gases etc. A *violência* pode, inclusive, ser empregada através de omissão, como, por exemplo, submetendo o ofendido à fome ou sede, deixando de alimentá-lo ou dar-lhe de beber, com a finalidade de fazê-lo ceder à vontade do agente.

4.1.3 Mediante coação

A *coação* a que se refere este artigo só pode ser a *coação irresistível*, que é, por sua vez, a *coação moral*, pois não pode ser a *coação física*, na medida em que também se utilizou a locução *mediante violência*, que não deixa de ser uma espécie de *coação física*. Coação moral, por sua vez, é a conhecida *grave ameaça*, que, igualmente, foi prevista no tipo penal. Constata-se, portanto, que a inclusão da elementar "coação" antecedida das elementares *grave ameaça* e *violência* é absolutamente desnecessária, por sua arrogante redundância, que agride de forma reprovável o nosso vernáculo.

Enfim, *coação irresistível* é tudo o que pressiona a vontade impondo determinado comportamento, eliminando ou reduzindo o poder de escolha do coagido. Consequentemente, trata-se da coação moral. Na *coação moral irresistível* existe

---

[3]. Magalhães Noronha, *Direito Penal*, p. 163.

vontade, embora seja viciada, ou seja, não é livremente formada pelo agente. Nas circunstâncias em que a ameaça é *irresistível* não é exigível que o agente se oponha a essa ameaça — que tem de ser *grave* — para se manter em conformidade com o Direito. Não é indispensável que a força empregada seja irresistível; basta que seja idônea para coagir a vítima a fazer ou não fazer o que o sujeito ativo quer.

Por fim, repetindo, esta modalidade ou forma de execução do crime, "mediante coação", é absolutamente desnecessária, inócua e redundante, pois já está absorvida tanto pela violência como pela ameaça, igualmente prevista no texto legal. Nesse sentido, subscrevemos, *venia concessa*, a concepção sempre lúcida de Rogério Sanches[4], *verbis*: "A coação constante no tipo penal ficou redundante, pois se ajusta ou à grave ameaça (coação moral) ou à violência (coação física). Se a intenção era ampliar para alcançar a chantagem emocional, o legislador deveria ter-se valido da elementar 'qualquer forma de coação'".

4.1.4 Mediante fraude ou abuso

Por fim, o legislador contemporâneo adota, ainda, como *forma ou modo* da prática do crime de *tráfico de pessoas*, a utilização ou "fraude ou abuso", a qual passamos a examinar. *Fraudar* é usar de *meio ou modo* fraudulento, isto é, ardiloso, insidioso, artificioso, na realização de qualquer ato do procedimento licitatório. *Fraude* é o engodo, o ardil, o artifício que engana, que ludibria e que desorienta qualquer ser humano. Mas para que a *fraude* se caracterize como tal deve ter idoneidade para enganar alguém interessado em relacionar-se com o agente ou acordar qualquer negociação, da qual este possa aproveitar-se e transformar em tráfico de pessoas.

Faz-se necessário o emprego de artifícios e estratagemas idôneos que criem uma situação de fato ou uma disposição de circunstâncias que torne insuperável o *erro* de pretensa vítima, que, em razão do comportamento *fraudulento*, seja levada a interpretar, *erradamente,* o relacionamento, negociação ou qualquer forma de contato com o sujeito ativo que a transforme em vítima do tráfico de pessoas. Em outros termos, é indispensável que a conduta fraudulenta seja capaz de *enganar* ou de *ludibriar* a provável vítima, sob pena de não se configurar a dita *fraude*.

Por fim, em clara e nova redundância, o legislador adota, ainda, como forma ou modo de execução das condutas tipificadas o "abuso", mesmo como sinônimo ou equivalente à fraude, como a ação de prevalecer-se da inexperiência, paixão ou necessidade do interessado para induzi-lo a *erro*, pela persuasão ou pela fraude, à prática de ato suscetível de produzir efeitos prático-jurídicos, quais sejam, concretizar a finalidade de submetê-lo a algum dos fins declinados no tipo penal.

---

4. Rogério Sanches Cunha & Ronaldo Batista Pinto, *Tráfico de pessoas — Lei 13.344/16 comentada por artigos*, Salvador, JusPodivm, 2016, p. 144.

4.2 Elementares subjetivas do tipo penal — finalidades específicas

O rol dos cinco incisos do art. 149-A é taxativo quanto às *finalidades* das condutas incriminadas em seu *caput*, e não admite interpretação analógica ou extensiva para dar-lhes abrangência maior, em respeito à tipicidade estrita e ao princípio da reserva legal. No entanto, convém destacar que referidas "finalidades", todas, constituem *normas penais em branco*, necessitando-se recorrer a outras previsões legais que as complementem.

4.2.1 Remover-lhe órgãos, tecidos ou partes do corpo

Trata-se de *norma penal em branco*, pois não define nada a respeito da *remoção de órgãos, tecidos ou partes do corpo*, dependendo, consequentemente, de *norma complementar* contida em outro diploma legal. Com efeito, a Lei n. 9.434/97 disciplina, cuidadosamente, a *remoção de órgãos, tecidos ou partes do corpo*, inclusive criminalizando condutas que desrespeitem essa normativa[5]. Referida lei autoriza essa remoção em algumas hipóteses, como, por exemplo, *post mortem*, para transplante ou tratamento, desde que devidamente diagnosticada a *morte encefálica*, por dois médicos não integrantes da equipe transplantadora (art. 3º).

A mesma lei autoriza pessoas capazes (maiores ou emancipadas) a dispor, gratuitamente, *de órgãos, tecidos ou partes do corpo* para as mesmas finalidades acima[6] mencionadas, quais sejam, para fins terapêuticos ou transplantes em cônjuge, ou parentes consanguíneos até o quarto grau, inclusive. Contudo, a *disposição* de órgãos ou partes do corpo enquanto vivo necessita de autorização circunstanciada, ou seja, especificando o local de retirada de tecido, quais os órgãos ou parte do corpo objeto da doação e, preferencialmente, por escrito, diante de testemunhas. Permite-se, ainda, essa mesma *disposição* em favor de terceiros, mas, nesse caso, *depende de autorização judicial*, e, em se tratando de pessoa viva, limita-se à doação de "órgãos duplos, de parte de órgãos, tecidos ou parte do corpo cuja retirada não impeça o organismo do doador de continuar vivendo sem risco para a sua integridade e não represente grave comprometimento de suas aptidões vitais e saúde mental, e, ademais, não lhe cause mutilação ou deformação inaceitável, além de corresponder a uma necessidade terapêutica comprovadamente indispensável à pessoa receptora" (art. 9º, § 3º).

---

5. Referida lei tipifica crimes de várias condutas (arts. 14 a 20) que se dediquem à *remoção de órgãos, tecidos ou partes do corpo* em desacordo com as normativas constantes da Lei n. 9.434/97.

6. Nesse sentido, Rogério Sanches Cunha & Ronaldo Batista Pinto, *Tráfico de pessoas*, p. 144.

4.2.2 Submetê-la a trabalho em condições análogas à de escravo ou a qualquer tipo de servidão

Igualmente, na nossa concepção, estamos diante de outra *norma penal em branco*, ou seja, essa *finalidade* do novel crime de *tráfico de pessoas* remete, intencionalmente ou não, ao crime descrito no artigo anterior (art. 149), que se ocupa do crime de "redução a condição análoga à de escravo". O Código Penal de 1830, que vigorou no período da escravidão no Brasil, punia a *escravidão de homem livre* e definia esse crime nos seguintes termos: "Reduzir à escravidão pessoa livre, que se achar em posse de sua liberdade". Como se percebe, referido Código cometia, digamos, uma *impropriedade técnica*, confundindo uma *situação jurídica*, que é a escravidão, com uma situação *fática*, que é alguém ser *reduzido a condição semelhante à de escravo*. O Código Penal de 1890, por sua vez, desconheceu (a escravidão fora revogada havia dois anos) completamente essa figura delituosa, não lhe fazendo qualquer referência, a despeito de o Código Zanardelli, um ano mais velho, discipliná-la (art. 145). O Código Penal de 1940, a exemplo do Código Rocco, de 1930, retomou a criminalização dessa conduta, com terminologia, todavia, mais adequada, *in verbis*: "Reduzir alguém a condição análoga à de escravo" (art. 149).

No entanto, convém destacar, com o advento da Lei n. 10.803/2003 enumeraram-se taxativamente os comportamentos que caracterizam o *crime de redução a condição análoga à de escravo*, vinculando-o às modalidades de conduta descritas no próprio tipo penal. Com efeito, a partir dessa lei, a *redução a condição análoga à de escravo* pode ser cometida através das seguintes condutas (*modos de execução*): a) sujeitar a vítima a trabalhos forçados; b) submetê-la a jornada exaustiva; c) submetê-la a condições degradantes de trabalho; d) restringir, por qualquer meio, sua locomoção em razão de dívida contraída com o empregador ou preposto. E, ainda, o § 1º acrescenta outras duas condutas: e) cercear o uso de qualquer meio de transporte por parte do trabalhador, com o fim de retê-lo no local de trabalho; f) manter vigilância ostensiva no local de trabalho ou se apoderar de documentos ou objetos pessoais do trabalhador, com o fim de retê-lo no local de trabalho. Cria-se, portanto, um crime de *forma vinculada alternativa* (antes era crime de *forma livre*). Na verdade, há limitação estrita aos *modos de execução*, que estão vinculados (*e não aos meios*, que continuam livres lá no art. 149 e, portanto, limitados, aqui no crime de tráfico de pessoas, como demonstramos em outro tópico) à tipificação das condutas elencadas *exaustivamente* no texto legal, no art. 149 do mesmo Código Penal.

Essa é uma questão interessante, e, certamente, haverá muito debate na doutrina e na jurisprudência sobre os *modos ou formas* de execução do *tráfico de pessoa* quanto à *finalidade de submetê-la a trabalho em condições análogas à de escravo*. Considerando a lacunosa previsão do art. 149-A e a consequente remissão ao artigo anterior, afinal, estará igualmente *vinculado aos modos de execução* previstos nesse dispositivo antigo, ou, violando a tipicidade estrita, admitiria uma modalidade de execução livre? Ou seja, importaria apenas uma parte da previsão daquele dis-

599

positivo, e se ignoraria sua parte restritiva (limitação do *modus operandi*)? Ademais, também convém lembrar que a novel infração, a despeito de utilizar oito verbos nucleares, olvidou-se do "vender", cuja execução, se houver, será atípica. Assim, por exemplo, no caso hipotético de uma jovem "vendida" a determinado harém oriental, não se tipificará o crime de redução a condição análoga à de escravo se não se adequar a pelo menos um dos *modos de execução* contidos naquele dispositivo legal; tampouco na nova redação do mesmo tipo penal; tampouco se tipificará esse crime de tráfico de pessoas pela ausência do verbo "vender" em seu rol exaustivo e "exaustante" de verbos nucleares.

Por essas razões, numa primeira reflexão, parece-nos que, à míngua de previsão legal, o *modus operandi* do novo tráfico de pessoas *para fins de submissão a trabalho em condições análogas à de escravo* deve observar a limitação constante do art. 149 deste Código. E, relativamente à conduta de "vender" a vítima, para todas as hipóteses dos cinco incisos, esbarra na *atipicidade* dessa ação, pela ausência de previsão legal.

Este tipo penal prevê, ainda, como uma das finalidades, *submeter a qualquer tipo de servidão* (inc. III). No entanto, o Brasil aboliu a escravidão lá no final século XIX, e, portanto, a existência de qualquer restrição à liberdade similar à escravidão ou tratamento análogo a esta (v. g., servidão) importará em redução a condição análoga à de escravo. E, nessas circunstâncias, não vemos razão para distinguir escravidão ou servidão no ordenamento jurídico brasileiro. Em sentido semelhante, assevera Rogério Sanches Cunha[7], *verbis*: "Se, todavia, cotejarmos as formas como o delito do art. 149 pode ser cometido com as definições de servidão acima transcritas (art. 1º da Convenção), veremos que as hipóteses de servidão estão inseridas no âmbito da redução a condição análoga à de escravo. Apesar da Convenção, no art. 7º, distinguir, para os seus próprios efeitos, a escravidão da servidão, devemos ter em mente que suas disposições são destinadas também a países que contemplam a escravidão como situação de direito, ou seja, que admitam a existência efetiva de escravos, tratados como propriedade alheia. Como já destacamos, no entanto, não há no Brasil a condição de escravo, razão pela qual pensamos não ser cabível a distinção".

Por essas razões, não há a menor necessidade de desenvolvermos longos comentários sobre esse instituto, repetido, sem qualquer sentido, em nosso ordenamento jurídico.

4.2.3 Adoção ilegal

Certamente a pretensão das condutas incriminadas neste dispositivo legal, ao elencar, entre elas, a "adoção ilegal", não é referir-se somente à *adoção ilegal de menores*, embora estes sejam os principais destinatários dessa modalidade da conduta criminosa. Nesse sentido, com acerto, destaca Rogério Sanches, *verbis*: "Não

---

7. Rogério Sanches Cunha & Ronaldo Batista Pinto, *Tráfico de pessoas*, p. 148.

se há de negar, porém, que a adoção ilegal de menores mediante tráfico de pessoa representaria a esmagadora maioria dos casos. Isso em virtude do complexo processo de adoção de crianças e adolescentes, permeado por regras que visam à proteção do adotado, regras estas que não se repetem na adoção de adultos, a não ser no que se refere a diretrizes como a diferença mínima de idade entre adotante e adotado e a proibição de adoção de descendentes por ascendentes e entre irmãos"[8].

O formalismo burocratizante do direito de família, em especial quanto à filiação e, principalmente, quanto à *adoção de menores*, bem como a necessária precaução e a indispensável investigação comparativa sobre as condições e reais interesses dos adotantes, têm criado grandes dificuldades na concretização do ato de *adotar legalmente menores* em nosso país. Com essa indesejável, mas, de certa forma, inevitável burocracia para a adoção de menores, os grandes prejudicados são, indiscutivelmente, os próprios menores, que esperam por uma adoção legítima e a conquista de um lar e uma família que muitos deles nunca tiveram, e, por vezes, a maioria deles também acaba não conseguindo via adoção.

O resultado mais negativo e indesejável, decorrente, em grande parte, dessa realidade burocratizante, é o surgimento ou ampliação do "mercado clandestino" da adoção irregular e ilegal de menores, patrocinada, não raro, por organizações criminosas, inclusive internacionais. Ainda que, timidamente, pode-se afirmar, este tipo penal, ao criminalizar, como uma das finalidades proibidas por este dispositivo penal, a adoção ilegal de menores, reforça a proteção que o Estatuto da Criança e do Adolescente — ECA (Lei n. 8.069/90) dispensa a essa temática.

Referido estatuto, preocupado em proteger a vida, a liberdade e a integridade do menor, disciplina dois tipos penais que não levam o mesmo *nomen juris* deste tipo penal, mas que, com outros elementos constitutivos, têm, basicamente, a mesma finalidade, justificando-se, por isso, essa referência. Com efeito, a Lei n. 8.069/90, em seu art. 238, criminaliza a conduta de "Prometer ou efetivar a entrega de filho ou pupilo a terceiro, mediante paga ou recompensa: Pena — reclusão de 1 (um) a 4 (quatro) anos, e multa. Parágrafo único. Incide nas mesmas penas quem oferece ou efetiva a paga ou recompensa".

Guardadas as proporções, e sendo condescendente no exame da taxatividade da tipicidade, referido dispositivo disciplina uma espécie *sui generis* do crime de *reduzir a condição análoga à de escravo*, pois, desde que a *escravidão* foi abolida em nosso país, vender alguém como *res* é dispensar-lhe tratamento semelhante ao que davam, no seu tempo, aos escravos. Na verdade, na dicção do artigo em exame, filho ou pupilo são vendidos como mercadoria; ora, essa *disponibilidade* do filho ou pupilo, incluindo a *traditio*, é o exemplo mais eloquente de *reduzir alguém a condição análoga à de escravo*.

---

8. Rogério Sanches Cunha & Ronaldo Batista Pinto, *Tráfico de pessoas*, p. 148-9.

Esse dispositivo, a nosso juízo, deveria ser mais abrangente, pois, como se constata, trata-se de *crime próprio*, isto é, só podem praticá-lo o *pai* ou o *tutor*. Quaisquer outras pessoas que realizem a mesma conduta descrita de "prometer ou entregar" criança a terceiro, mediante paga ou recompensa, não incidirá nas sanções ali cominadas.

Por fim, para suprir, pelo menos em parte, a lacuna que acabamos de apontar, a mesma Lei n. 8.069/90, em seu art. 239, tipificando, agora, um *crime comum*, isto é, que pode ser praticado por qualquer pessoa, estabelece: "Promover ou auxiliar a efetivação de ato destinado ao envio de criança ou adolescente para o exterior com inobservância das formalidades legais ou com o fito de obter lucro". Comina-lhe, com justiça, diga-se de passagem, pena bem mais elevada, reclusão de quatro a seis anos e multa. Permanece, contudo, a lacuna a que nos referimos, se a "promoção" ou o "auxílio" limitarem-se ao envio de menores para locais que não extrapolem as fronteiras do território nacional.

O crime sob exame pode concorrer com outros, como, por exemplo, lesão corporal, estupro, rapto etc. No entanto, não será possível o concurso com os crimes contra a liberdade, pois estes serão absorvidos por ele. No magistério de Florian[9], é natural que a redução a condição análoga à de escravo absorva qualquer outro crime contra a liberdade, pois se apresenta como uma privação sintética, integral, profunda da liberdade do indivíduo.

4.2.4 Exploração sexual

A Lei n. 13.344/2016 não define qual o sentido que pretende dar à locução "exploração sexual" e, dessa forma, remete, inevitavelmente, para o Título VI da Parte Especial, o qual cuida "dos crimes contra a dignidade sexual", onde disciplina, em alguns dispositivos, dentre outros temas, também a "exploração sexual".

A grande questão passa a ser, afinal, qual o sentido que o legislador quis atribuir ao vocábulo *exploração sexual*, especialmente sem sequer tocar no termo *prostituição*. Como destaca Luiz Flávio Gomes, "o comércio que tem como objeto o sexo privado (entre maiores), que conta com conotação positiva (em razão da segurança, da higiene etc.), não é a mesma coisa que *exploração sexual* (que tem conotação negativa e aproveitamento, fruição de uma debilidade etc.)"[10]. No entanto, neste art. 229 do Código Penal, o legislador utiliza *exploração sexual*, repetindo, com o mesmo significado de *prostituição*, que nada mais é que o *comércio carnal* exercido livremente, pela prostituta ou pelo prostituído, especialmente quando se observa que o próprio tipo penal admite que essa prática configura o crime mesmo que não haja "intuito de lucro". Logo, *exploração sexual*, neste dispositivo legal, tem o mesmo significado que *manter local para o exercício da prostituição alheia*! Nada

---

9. Florian, *Trattato di Diritto Penale*, 1936, p. 301.
10. Luiz Flávio Gomes, disponível em: <http://www.jusbrasil.com.br/noticias/1872027/crimes-contra-a-dignidade-sexual-e-outras-reformas-penais>.

mais. Ou é assim, ou o exercício de prostituição não configura exploração sexual, e, consequentemente, sua exploração está liberada. A situação, contudo, é diferente nos demais dispositivos que utilizam a locução "prostituição ou *outra forma* de exploração sexual", deixando claro que se trata de exploração sexual *distinta da prostituição*, tal como tradicionalmente conhecida, dando-lhe, por conseguinte, conotação mais abrangente. É curioso observar que o legislador penal, cheio de pruridos, neste dispositivo evitou usar o termo "prostituição", embora trate especificamente dela; no entanto, *libertou-se desse deliberado preconceito moralista* e o utilizou normalmente no artigo seguinte, no qual criminaliza o *rufianismo*.

O legislador, na verdade, abusou da utilização do vocábulo *exploração sexual*, empregando-o em sentidos distintos (arts. 218-B, 228, 229, 231, 231-A), embora não tenha declinado com alguma clareza qual o significado que lhe atribui em cada hipótese. Pelo menos neste art. 229, emprega a expressão "exploração sexual" com o significado de prostituição (comércio carnal ou sexual), e esta não mudou seu sentido ao longo dos últimos dois milênios. Sobre o tema, já decidiu o STJ que "após o advento da Lei n. 13.344/16, somente haverá tráfico de pessoas com a finalidade de exploração sexual, em se tratando de vítima maior de 18 anos, se ocorrer ameaça, uso da força, coação, rapto, fraude, engano ou abuso de vulnerabilidade, num contexto de exploração do trabalho sexual" (AgRg no REsp 1.815.734/GO, rel. Min. Antonio Saldanha Palheiro, Sexta Turma, julgado em 6-3-2023, *DJe* de 9-3-2023).

A conotação, enfim, nos demais dispositivos legais mencionados, com a locução "ou outra forma de exploração sexual", atribui à *exploração sexual* um significado distinto de *prostituição* (outra forma), para abranger situações em que o paciente não se entrega livremente à *prostituição*, mas por alguma razão ou de alguma forma é levado ou constrangido a entregar-se à *prática de atos de libidinagem*, descaracterizando, pelo menos em sentido estrito, o exercício da conhecida *prostituição* em sua concepção tradicional. Dito de outra forma, em uma visão mais abrangente, reconhece situação em que a vítima é submetida à prática de *atos de libidinagem*, independentemente de caracterizarem-se como prostituição em seu sentido estrito. Busca o legislador, com essa forma distinta, impedir que qualquer prática de libidinagem, desde que *explorada*, isto é, contrariando a vontade da vítima, possa ser abrangida por essa proibição legal.

Enfim, como a Lei n. 13.344/2016 foi lacônica na invocação da elementar "exploração sexual", adota o sentido dado pelo art. 229 do CP, isto é, abrangendo toda e qualquer espécie de exploração sexual, inclusive prostituição e pedofilia.

5. Tipo subjetivo: adequação típica

Trata-se, a rigor, de uma tipificação de crime *sui generis*, anormal, inadequada e imprópria, pois, além de incluir uma série de condutas típicas, centrais, por si sós, suficientemente idôneas para serem o núcleo central do tipo penal, é complementada com a descrição de *cinco finalidades específicas*, alternativas, as quais, na estrutura típica tradicional, representariam somente o *especial fim de agir*, qual seja, o *elemento subjetivo especial do injusto*, que não se confunde como o dolo, embora o complemente e o aperfeiçoe. A rigor, da forma como está posta a descrição constitutiva do tipo penal, os *especiais fins de agir*, confundem-se com a própria essência do tipo penal, constituindo uma dupla função, qual seja, de elementares subjetivas do tipo e, ao mesmo tempo, representando o especial fim de agir integrando o elemento subjetivo especial do injusto. Por isso, é dessa forma que devem ser analisadas.

O *elemento subjetivo* orientador das condutas descritas como nucleares neste tipo penal — *agenciar, aliciar, recrutar, transportar, transferir, comprar, alojar ou acolher* pessoa como vítima do tráfico aqui criminalizado — é o dolo, constituído pela *vontade* dirigida à prática de qualquer delas e com a *consciência* de que a pessoa traficada vai exercer *uma das finalidades* relacionadas nos cinco incisos que acompanham o *caput* deste artigo. Referidas finalidades são alternativas e não cumulativas. O eventual exercício futuro de mais de uma dessas finalidades não o transforma em tipo misto cumulativo. Contudo, é indispensável que o sujeito ativo tenha *consciência da finalidade do tráfico de pessoa*, sob pena de incorrer em erro de tipo.

A nosso juízo, o *elemento subjetivo especial do tipo* pode ser objeto de longa discussão, diante da redação utilizada pelo legislador, que não se insere naquelas fórmulas tradicionais conhecidas de todos. Contudo, a sustentação de que tal *elemento subjetivo* se faz presente no tipo penal em exame não é desarrazoada e, em nossa concepção, está representada pelas elementares contidas nos respectivos incisos, quais sejam: com a finalidade de: I — remover-lhe órgãos, tecidos ou partes do corpo; II — submetê-la a trabalho em condições análogas à de escravo; III — submetê-la a qualquer tipo de servidão; IV — adoção ilegal; ou V — exploração sexual, cujos significados já examinamos acima.

Enfim, o *resultado* das condutas praticadas deve ser abrangido pelo dolo do agente, enquanto o elemento *subjetivo especial do injusto* existe ao lado do dolo, como momento geral *pessoal-subjetivo* daquele, que dão colorido num determinado sentido ao conteúdo ético-social da ação. Nessa linha, examinando o *elemento subjetivo especial do injusto*, tivemos oportunidade de afirmar: "na realidade, o *especial fim* ou motivo de agir, embora *amplie* o aspecto *subjetivo* do tipo, não integra o dolo nem com ele se confunde, uma vez que, como vimos, o *dolo* esgota-se com a *consciência* e a *vontade* de realizar a ação com a finalidade de obter o resultado delituoso, ou na *assunção do risco* de produzi-lo. O *especial fim de agir* que integra determinadas definições de delitos condiciona ou fundamenta a ilicitude do fato, constituindo, assim, *elemento subjetivo do tipo* de ilícito, de forma autônoma e independente do dolo. A denominação correta, por isso, é *elemento subjetivo especial do tipo* ou *elemento subjetivo especial do injusto*, que se equivalem, porque pertencem à ilicitude e ao tipo que a ela corresponde"[11].

---

11. Fragoso, *Lições de Direito Penal*, Rio de Janeiro, Forense, 1985, p. 175. In: Cezar Roberto Bitencourt, *Tratado de Direito Penal*, 29. ed., São Paulo, Saraiva, 2023, v. 1, p. 351.

Não teria sentido criminalizar o *tráfico de pessoas* e exigir que o crime somente se configurasse após decorrido tempo suficiente para se comprovar que as vítimas efetivamente passaram a ser exploradas sexualmente ou exercer a prostituição. Assim, considerando que as elementares contidas no final do *caput* (cinco incisos) configuram *elemento subjetivo especial do tipo*, com a simples realização de qualquer das oito condutas representadas pelos verbos nucleares — *agenciar, aliciar, recrutar, transportar, transferir, comprar, alojar ou acolher* pessoa —, com o fim especial descrito em qualquer dos cinco incisos, estará consumado o crime, independentemente de as vítimas serem exploradas ou não.

6. Consumação e tentativa

Consuma-se o crime de *tráfico de pessoas* mediante qualquer dos meios enunciados (grave ameaça, violência, coação, fraude ou abuso), com a prática de uma (ou mais) das condutas descritas no *caput* deste artigo, agenciar, aliciar, recrutar, transportar, transferir, comprar, alojar ou acolher pessoa, com a finalidade de (I) — remover-lhe órgãos, tecidos ou partes do corpo; (II) — submetê-la a trabalho em condições análogas à de escravo; (III) — submetê-la a qualquer tipo de servidão; (IV) — adoção ilegal; ou (V) — exploração sexual. Para a ocorrência da consumação é desnecessário o exercício efetivo de qualquer dessas finalidades, que, se ocorrer, constituirá apenas o exaurimento do crime.

A tentativa é, pelo menos em tese, admissível, a despeito da dificuldade prática de comprová-la, especialmente ante a existência do elemento subjetivo especial do injusto, como afirmamos acima.

7. Classificação doutrinária

Trata-se de crime *comum* (não exige qualquer condição ou qualidade especial do sujeito ativo); *formal* (na medida em que se consuma com a simples conduta nuclear, independentemente de a finalidade pretendida concretizar-se, bastando que essa tenha sido a finalidade do tráfico); *de forma vinculada* (só pode ser praticado pelas formas descritas no tipo penal, quais sejam, mediante grave ameaça, violência, coação, fraude ou abuso. Por isso, na execução de *tráfico de pessoas* sem a utilização de alguma dessas formas *haverá inadequação típica*. Trata-se, a rigor, de *uma limitação típica* imposta pela equivocada composição descritiva da conduta incriminada: deficiência técnica do legislador); *comissivo* (todas as oito condutas nucleares implicam ação positiva do agente); *instantâneo* (ação e resultado encontram-se próximos um do outro, muitas vezes praticamente concomitantes); *permanente* (nas modalidades de *transportar, transferir, acolher* e *alojar*, cuja consumação se protrai no tempo, possibilitando a prisão em flagrante, enquanto perdurar a ação); *plurissubsistente* (trata-se de condutas que podem ter sua fase executória interrompida, implicando, não raro, um certo caráter de habitualidade, embora não possa ser definido como crime habitual).

8. Sanção penal, majorantes, minorante e ação penal

A pena cominada ao novel crime de "tráfico de pessoas" é reclusão de quatro a oito anos e multa. As qualificadoras, que já haviam sido substituídas por majorantes, foram novamente alteradas pela Lei n. 13.344/2016, e resultaram no seguinte: segundo o § 1º, a pena é aumentada de um terço até a metade se: I — o crime for cometido por funcionário público no exercício de suas funções ou a pretexto de exercê-las; II — o crime for cometido contra criança, adolescente ou pessoa idosa ou com deficiência; III — o agente se prevalecer de relações de parentesco, domésticas, de coabitação, de hospitalidade, de dependência econômica, de autoridade ou de superioridade hierárquica inerente ao exercício de emprego, cargo ou função; ou IV — a vítima do tráfico de pessoas for retirada do território nacional.

No entanto, o legislador, que, açodadamente, revogou os arts. 231 e 231-A, esqueceu-se de incluir as seguintes *causas de aumento* (majorantes), as quais constavam dos dispositivos revogados (§ 2º), aplicáveis quando: I — a vítima é menor de dezoito anos; II — a vítima, por enfermidade ou deficiência mental, não tem o necessário discernimento para a prática do ato; III — se o agente é ascendente, padrasto, madrasta, irmão, enteado, cônjuge, companheiro, tutor ou curador, preceptor ou empregador da vítima, ou se assumiu, por lei ou outra forma, obrigação de cuidado, proteção ou vigilância.

Por outro lado, a quarta *causa de aumento* que constava nos dois artigos revogados, "IV — há emprego de violência, grave ameaça ou fraude", foi deslocada, equivocadamente, para a própria definição do crime (*caput*), perdendo sua natureza ou característica de majorar a pena-base para integrá-la desde logo. Além da própria restrição que esse movimento anatômico cria, pois reduz a abrangência da conduta tipificada (condutas praticadas sem violência ou grave ameaça não serão mais típicas), diminui sua punição, pois deixa de incidir sobre a pena original para majorá-la.

Por fim, a nova previsão legal, cuja pretensão era ampliar a proteção e punição do crime de *tráfico de pessoas*, equivoca-se novamente, pois, contrariando a sua *vontade*, ao revogar os arts. 231 e 231-A, transforma referida infração penal em outra similar, e menos grave, com menor punição, ainda que tenha cominado como pena-base um ano acima da lei revogada. Contudo, essa cominação superior é puramente ilusória, pois deixou de prever as *majorantes especiais* contidas nos incisos III e IV do art. 234-A, as quais aumentavam a pena: a) *de metade*, se do crime resultar gravidez (III); b) *de um sexto até a metade*, se o agente transmite à vítima doença sexualmente transmissível de que sabe ou deveria saber ser portador (IV). Esta última previsão integra o capítulo das "disposições gerais" (VII) e é aplicável a todos os crimes do VI Título da Parte Especial, quais sejam, "dos crimes contra a dignidade sexual", não se estendendo a qualquer crime constante dos outros dez Títulos desse diploma legal. Essas omissões revelam, inegavelmente, o desconhecimento da anatomia do Código Penal brasileiro não apenas por parte do legislador, mas também do próprio Ministro da Justiça que subscreve o presente diploma legal.

Ora, a omissão de todas essas *causas especiais de aumento* (tanto aquelas constantes dos próprios artigos revogados como aquelas constantes das disposições gerais), não previstas pela Lei n. 13.344/2016, torna a novel infração penal, ao fim e ao cabo, menos grave em relação aos dispositivos revogados. A menor punição decorre não apenas do "esquecimento" dessas majorantes, mas também pela adoção de majorantes com previsão de menor punição, além da inclusão da *minorante* constante do § 2º deste artigo, que determina a redução de pena para *primários e não integrantes de organização criminosa*.

A ação penal, finalmente, é pública incondicionada, isto é, não depende de qualquer condição ou manifestação da vítima ou de seu representante legal para a sua instauração. Como qualquer ação penal pública, admite queixa subsidiária da denúncia, se houver inércia do Ministério Público em oferecê-la no prazo legal.

VIOLAÇÃO DE DOMICÍLIO | XXXI

Sumário: 1. Considerações preliminares. 2. Bem jurídico tutelado. 2.1. Definição jurídico-penal de "domicílio". 2.2. Definição jurídico-penal de "casa". 3. Sujeitos ativo e passivo. 4. Tipo objetivo: adequação típica. 4.1. Formas de entrada ou permanência: francas, astuciosas ou clandestinas. 5. Tipo subjetivo: adequação típica. 6. Consumação e tentativa. 7. Classificação doutrinária. 8. Formas qualificadas: tipos derivados. 9. Formas majoradas: causas de aumento. 10. Invasão de domicílio e conflito aparente de normas: subsidiariedade. 11. Causas de exclusão da antijuridicidade. 11.1. Excludentes especiais. 11.2. "Novas" excludentes constitucionais. 11.3. Excludentes gerais. 12. Pena e ação penal.

Seção II
Dos Crimes contra a Inviolabilidade do Domicílio

Violação de domicílio

Art. 150. Entrar ou permanecer, clandestina ou astuciosamente, ou contra a vontade expressa ou tácita de quem de direito, em casa alheia ou em suas dependências:

Pena — detenção, de 1 (um) a 3 (três) meses, ou multa.

§ 1º Se o crime é cometido durante a noite, ou em lugar ermo, ou com o emprego de violência ou de arma, ou por duas ou mais pessoas:

Pena — detenção, de 6 (seis) meses a 2 (dois) anos, além da pena correspondente à violência.

§ 2º Aumenta-se a pena de um terço, se o fato é cometido por funcionário público, fora dos casos legais, ou com inobservância das formalidades estabelecidas em lei, ou com abuso do poder.

§ 3º Não constitui crime a entrada ou permanência em casa alheia ou em suas dependências:

I — durante o dia, com observância das formalidades legais, para efetuar prisão ou outra diligência;

II — a qualquer hora do dia ou da noite, quando algum crime está sendo ali praticado ou na iminência de o ser.

§ 4º A expressão "casa" compreende:

I — qualquer compartimento habitado;

II — aposento ocupado de habitação coletiva;

III — compartimento não aberto ao público, onde alguém exerce profissão ou atividade.

§ 5º Não se compreendem na expressão "casa":

I — hospedaria, estalagem ou qualquer outra habitação coletiva, enquanto aberta, salvo a restrição do n. II do parágrafo anterior;

II — taverna, casa de jogo e outras do mesmo gênero.

1. Considerações preliminares

O Código Criminal do Império (1830) foi dos primeiros diplomas legais a criminalizar a "entrada na casa alheia" com critério extensivo nos moldes em que, afinal, veio a ser prevista nas legislações modernas.

O Código Penal de 1890, em linhas gerais, adotou a orientação do diploma anterior, mas, a exemplo do *Código Zanardelli* (de 1889), incluiu-o entre os crimes contra a liberdade individual.

O atual Código não discrepou do anterior, adotando, porém, fórmulas mais explícitas e com conteúdos mais profundos, além de tecnicamente ser mais preciso. Embora a segunda seção do capítulo dos crimes contra a liberdade individual, ao referir-se a "Dos crimes contra a inviolabilidade do domicílio", sugira uma pluralidade de infrações, acaba tipificando somente uma infração penal sob a rubrica *"violação de domicílio"*, com uma forma simples e outra qualificada, nos seguintes termos: "Entrar ou permanecer, clandestina ou astuciosamente, ou contra a vontade expressa ou tácita de quem de direito, em casa alheia ou em suas dependências". A figura qualificada é a seguinte: "Se o crime é cometido durante a noite, ou em lugar ermo, ou com o emprego de violência ou de arma, ou por duas ou mais pessoas".

2. Bem jurídico tutelado

O *bem jurídico* protegido, nesse tipo penal, continua sendo a *liberdade individual*, ou seja, o *status libertatis* na sua expressão mais elementar, que é a *inviolabilidade domiciliar*, a invulnerabilidade do lar, que é o lugar mais recôndito que todo ser humano deve possuir, para encontrar paz, tranquilidade e segurança junto aos seus familiares. A *intimidade e a privacidade*, que são aspectos da *liberdade individual*, assumem dimensão superior no recesso do lar e aí, mais que em qualquer outro lugar, necessitam de irrestrita tutela legal, justificando-se, inclusive, a proteção constitucional (art. 5º, X). Em sentido semelhante manifesta-se Cleunice Valentim, afirmando: "Assim, inexistindo na nossa atual legislação a conduta penal de violação da intimidade, melhor aceitar que, em conjunto com outros preceitos legais, a inviolabilidade da casa, o respeito à intimidade, à vida privada e à integridade física e moral visam a proteger a *intimidade pessoal e a vida privada*"[1].

A variedade terminológica, para definir o bem jurídico tutelado — *inviolabilidade da casa, da liberdade individual, da tranquilidade doméstica* —, não tem o condão de alterar a natureza do bem tutelado, que é a proteção da liberdade, da paz e da segurança da célula familiar ou, na feliz expressão da Constituição Federal, do "asilo inviolável".

A criminalização da *violação de domicílio* objetiva proteger a *moradia*, isto é, o lugar que o indivíduo "escolheu" para a sua morada, para o seu repouso e de sua família; o bem jurídico é a liberdade e a privacidade "individual-familiar" a que todo indivíduo tem direito, e é dever do Estado garantir-lhe essa inviolabilidade, ou seja, o direito de cada um viver livre de qualquer intromissão no seu lar, na sua casa, na sua morada. Aliás, nesse sentido, *domicílio* (casa ou suas dependências) é a emanação da própria personalidade do indivíduo e instrumento necessário para a completa manifestação da liberdade individual. Como advertia Hungria, "na violação de domicílio, o que ressai como *momento* característico é que o agente se põe ilicitamente em contraste com a vontade do sujeito passivo, ofendendo-lhe a liberdade ou direito de estar imune da perturbação de estranho no delimitado âmbito (sic) de sua vida privada"[2]. Na verdade, o Código Penal aqui não protege a "posse", "detenção" ou "propriedade", mas a *privacidade doméstica*, caso contrário teria de criminalizar também a violação de *casa desabitada*[3]. Isso não significa, contudo, que casa desabitada seja *res nullius* e que não tenha proteção jurídico-penal, não a mesma proteção que se dá à *casa habitada*, enquanto asilo inviolável do cidadão, mas a invasão daquela, dependendo das circunstâncias, poderá constituir algum crime contra o patrimônio. No entanto, se houver invasão de *casa habitada*, cujos moradores encontrem-se *ausentes*, tipificará o crime de invasão de domicílio, pois, a despeito da ausência dos "moradores", o lugar permanece como "*habitado*" e repositório da intimidade e privacidade que caracterizam a vida doméstica daqueles.

Na esteira do Código Penal, a Constituição Federal de 1988 garante essa invulnerabilidade nos seguintes termos: "a casa é o asilo inviolável do indivíduo, ninguém nela podendo penetrar sem consentimento do morador, salvo em caso de flagrante delito ou desastre, ou para prestar socorro, ou, durante o dia, por determinação judicial" (art. 5º, XI). Essa previsão constitucional, considerando que é em casa, no lar, onde o indivíduo procura proteger a sua família, é reforçada pelo disposto em seu art. 226, *in verbis*: "a família, base da sociedade, tem especial proteção do Estado".

Durante a noite ninguém, nenhuma autoridade, mesmo com ordem judicial, pode entrar ou permanecer no recinto do lar, nos termos do Texto Constitucional; havendo ordem judicial, as autoridades deverão aguardar o amanhecer para, só então,

---

1. Cleunice A. Valentim Bastos Pitombo, *Da busca e da apreensão no processo penal*, São Paulo, Revista dos Tribunais, 1999, p. 81-2.
2. Nélson Hungria, *Comentários ao Código Penal*, p. 209.
3. Aníbal Bruno, *Crimes contra a pessoa*, p. 380.

observando as formalidades legais (arts. 241 a 248 e 293, todos do CPP), poderem adentrar o recinto que, independentemente de sua natureza ou condição, constitua o domicílio ou morada de alguém. A ressalva constitucional, constata-se, permite o ingresso na casa, durante a noite, somente "em caso de flagrante delito ou desastre, ou para prestar socorro" (art. 5º, XI, *in fine*). Essa ressalva constitucional, no entanto, ampliou a exceção que o Código Penal de 1940 admitia, que se limitava à existência de flagrante delito, nos termos seguintes: "a qualquer hora do dia ou da noite, quando algum crime está sendo ali praticado ou na iminência de o ser" (art. 150, § 3º, II, do CP).

2.1 Definição jurídico-penal de "domicílio"

A expressão "domicílio" ganha distintos significados em um mesmo ordenamento jurídico, podendo, eventualmente, levar a algum equívoco; o conceito que o legislador do Código Civil concebeu a "domicílio" não é o mesmo que o legislador penal lhe atribuiu, deixando claro que este tinha o significado de "casa", e, para afastar qualquer dúvida, definiu expressamente o sentido de casa como: a) *qualquer compartimento habitado;* b) *aposento ocupado de habitação coletiva;* c) *compartimento não aberto ao público, onde alguém exerce profissão ou atividade* (art. 150, § 4º, do CP). Caprichosamente, afastou aqueles locais que não devem ser considerados "casa" para efeitos penais: a) *hospedaria, estalagem ou qualquer outra habitação coletiva, enquanto aberta, salvo a restrição do n. II do parágrafo anterior;* b) *taverna, casa de jogo e outras do mesmo gênero* (art. 150, § 5º).

Para o Código Civil de 2002, por outro lado, "o domicílio da pessoa natural é o lugar onde ela estabelece a sua residência com ânimo definitivo" (art. 70). O que caracteriza, fundamentalmente, o *domicílio*, na ótica do diploma privado, é "lugar de residência com ânimo definitivo", ao passo que para o Código Penal domicílio é a *casa de moradia*, o local reservado à intimidade do indivíduo ou à sua atividade privada, coincidindo ou não com a definição de domicílio civil. Nesse sentido, é absolutamente improcedente a afirmação crítica de que "o *nomen juris* do delito — 'violação de domicílio' — ressente-se de defeito, porque não está em sintonia com o conceito civilístico, que corresponde à residência com ânimo definitivo, ou ao centro de ocupações habituais, ou ao ponto central de negócios (arts. 31 a 33 do CC)"[4].

Na verdade, com a definição minuciosa do que é compreendido pela expressão "casa" e excluindo, expressamente, aquilo que não a integra, constitui, diga-se de passagem, uma preocupação legítima do legislador penal deixar claro que as definições do Código Civil, embora não as ignorem, não são adotadas pelo estatuto repressivo penal, que tem institutos próprios e estabelece seus próprios conceitos. Assim, *violação de domicílio*, para o Código Penal, consiste em "Entrar ou permanecer, clandestina ou astuciosamente, ou contra a vontade expressa ou tácita de quem de direito, em casa alheia ou em suas dependências". Com efeito, *domicílio* significa não apenas a casa ou cômodo de habitação, mas qualquer lugar reservado ao repouso ou ao exercício da atividade privada (art. 150, § 4º).

---

4. Flávio Augusto Monteiro de Barros, *Crimes contra a pessoa*, p. 260.

2.2 Definição jurídico-penal de "casa"

Assentado que a expressão "domicílio" é utilizada, para efeitos penais, com sentido equivalente a "casa", convém, por razões didáticas, examinarmos o que deve ser entendido por "casa". Segundo o texto legal, a expressão "casa" abrange: "I — qualquer compartimento habitado; II — aposento ocupado de habitação coletiva; III — compartimento não aberto ao público, onde alguém exerce profissão ou atividade" (§ 4º). Vejamos em que consiste cada um desses enunciados:

a) Qualquer compartimento habitado tem a abrangência suficiente para evitar qualquer dúvida relativamente a moradias eventuais ou transitórias.

Para configurar "casa", no sentido de *qualquer compartimento habitado*, não é necessário que esteja fixa ou afixada em determinado local; pode ser móvel, flutuante, "errante", como, por exemplo, barco, *trailer*, *motor-home*, cabina de um trem velho, vagão de metrô abandonado, abrigo embaixo de ponte ou viaduto etc., além de abranger, evidentemente, quarto de hotel, de pensão, de pensionato etc.

b) Aposento ocupado de habitação coletiva — para Damásio de Jesus, essa previsão é redundante, pois, segundo pensa, "é evidente que o aposento ocupado de habitação coletiva se inclui na expressão 'qualquer compartimento habitado'"[5]. No entanto, como o próprio Damásio reconhece, objetiva evitar dúvidas interpretativas em relação a determinados compartimentos, quartos de hotéis, barracas, pensionatos, orfanatos etc. Essa previsão abrange, com efeito, o cômodo onde o indivíduo mora, em local destinado a várias pessoas: esse "cômodo" é a sua "casa", o seu lar protegido pela inviolabilidade constitucional.

Pela clareza meridiana do texto legal, pode-se afirmar, com segurança, que hotel, motel, pensão ou similares não são objeto dessa proteção penal, na sua parte aberta ao público, embora não ocorra o mesmo com as partes "ocupadas", seja o quarto com hóspede, seja a parte interna da administração ou mesmo de serviços, como cozinha, lavanderia etc.

c) Compartimento não aberto ao público, onde alguém exerce profissão ou atividade, refere-se, aqui, não à morada ou "lar", mas ao local onde o ser humano desenvolve sua profissão, atividade ou seus negócios, tais como escritório de advogado, engenheiro, economista, contabilista, administrador de empresas ou consultório médico, dentário, psiquiátrico, psicanalítico etc. Quem ingressar nesses locais sem consentimento de quem de direito pratica o crime de *invasão de domicílio*[6]. Mas aquelas dependências desses "compartimentos" que forem abertas ao público, como salas de recepções ou de espera, onde as pessoas podem entrar e sair livremente, não são abrangidas pela proteção legal, para fins penais.

---

5. Damásio de Jesus, *Direito Penal*, p. 264.
6. "Não se pode considerar 'casa' a sala de aula, ainda que pela extensão do art. 150, § 4º, III, do CP. A ideia da proteção extensiva está ligada à privacidade, ao trabalho privado numa oficina, escritório ou gabinete, não à sala de aula de uma universidade, em que um professor fala a número indeterminado de estudantes" (TACrimSP, AC, rel. Dyrceu Cintra, *RT*, 718:432).

A contrario sensu, porém, deve-se concluir que *compartimento aberto ao público* não está abrangido pela definição "casa", como, por exemplo, bar, cinema, teatro, restaurante, loja etc.

As dependências de casa, para integrarem o conceito jurídico-penal de casa, devem ser cercadas (gradeadas ou muradas) e são espaços acessórios ou complementares da morada ou habitação; entendem-se como tais dependências os anexos ou compartimentos conjugados, como jardim, quintal, pátio, garagem, pomar, adega etc. Os grandes jardins de grandes residências, quando não são cercados, não caracterizam dependência da residência, e, ademais, neles não se entra, pois são abertos. O que caracteriza a *dependência* da morada é a sua proximidade e interdependência, e as atividades ali desenvolvidas são intimamente necessárias aos seus moradores.

O próprio Código Penal, no entanto, preocupado com aspectos semânticos que poderiam desvirtuar sua definição de "casa", preferiu extremar, também, o que não é abrangido pela expressão "casa", nos seguintes termos: "I — hospedaria, estalagem ou qualquer outra habitação coletiva, enquanto aberta, salvo a restrição do n. II do parágrafo anterior; II — taverna, casa de jogo e outras do mesmo gênero" (§ 5º).

A explicativa do inciso I destaca que as próprias *hospedarias, estalagens ou similares* não são ignoradas pela ordem jurídica e que o *livre acesso*, nesses locais, somente está autorizado aos "lugares de uso comum" e enquanto estiverem *abertos ao público*, isto é, enquanto não vedarem o acesso a estranhos. Nesses termos, o hotel ou pensão, enquanto aberto ao público (e na parte acessível a), não pode ser objeto material do crime de violação de domicílio. Contudo, o mesmo não ocorre com o quarto ocupado por alguém, com as dependências de serviços, e quando estiver fechado para o público em geral.

Nas definições de Nélson Hungria, "*Taverna* é a casa de pasto ou botequim ordinários, com livre acesso a promíscua clientela. É o restaurante do *bas fond*, a bodega, atasca, a 'vendinha', o 'buteco'", e "*Casa de jogo* é aquela onde habitualmente se praticam jogos de azar, com livre acesso ao público"[7]. Com pequena variação conceitual, algumas décadas após, essas concepções mantêm-se atualizadas. A "Lei das Contravenções Penais", para fins de "jogo de azar", equipara a "lugar acessível ao público" os seguintes: "a) a casa particular em que se realizam jogos de azar, quando deles habitualmente participam pessoas que não sejam da família de quem a ocupa; b) o hotel ou casa de habitação coletiva, a cujos hóspedes e moradores se proporciona jogo de azar; c) a sede ou dependência de sociedade ou associação, em que se realiza jogo de azar; d) o estabelecimento destinado à exploração de jogo de azar, ainda que se dissimule esse destino" (art. 50, § 4º, LCP); poderiam equiparar-se, atualmente, os "cassinos" clandestinos (oficialmente inexistentes no País) e os famigerados "bingos", salvadores do esporte nacional.

---

7. Nélson Hungria, *Comentários*, p. 225.

Com a expressão final *"e outras do mesmo gênero"*, refere-se a todo local em que, para os mais variados fins, é permitida livremente a entrada de qualquer um, sem nenhuma seletividade (aliás, difícil de fazer hoje, nos termos da Constituição Federal, art. 5º, *caput*).

3. Sujeitos ativo e passivo

Qualquer pessoa pode ser *sujeito ativo*, inclusive o *proprietário*, pois não são a *posse* e a *propriedade* os objetos da proteção legal, mas a *intimidade* e a *privacidade domésticas*, como um corolário do direito de liberdade. A expressão "casa", pela conotação que o Código Penal lhe atribui, vai muito além da *simples propriedade* (hoje a própria Constituição exige que se respeite a sua destinação social), para abranger, além do seu aspecto material, especialmente a sua finalidade e conteúdo ético-social, o *status* de morador, que integram os direitos naturais da personalidade humana.

O cônjuge separado ou divorciado que invade a residência do outro pratica, em tese, o crime de invasão de domicílio, salvo se sua conduta for orientada por alguma outra finalidade específica, podendo receber, nesse caso, outra definição jurídica.

Não se tratando de crime próprio ou especial, não se exige nenhuma condição especial do sujeito ativo. É irrelevante que se trate de proprietário, locatário, credor hipotecário ou reúna qualquer outro título semelhante: para entrar ou permanecer em casa habitada, depende de consentimento do morador.

O *proprietário de casa alugada* também pode ser *sujeito ativo* do crime de *violação de domicílio*, se, por exemplo, adentrá-lo contra a vontade do locatário. O inquilino, nesse caso o sujeito passivo, não sofre violação na posse, embora a exerça diretamente, mas na sua tranquilidade doméstica, na *inviolabilidade do seu domicílio*, que a lei protege, até mesmo contra o proprietário do imóvel.

Sujeito passivo é o morador, que pode *impedir* ou anuir à *entrada* ou *permanência* na casa; é, nos termos da lei, *quem de direito*. Não é o patrimônio — domínio ou posse — o objeto da proteção legal, mas a liberdade doméstica, é o *morador*, a qualquer título, proprietário, inquilino, arrendatário, posseiro, usufrutuário, hóspede etc. É ele quem tem o direito de admitir ou excluir outrem no interior da sua "morada". Esse direito pode ser exercido até mesmo contra o proprietário ou sublocador do imóvel em que o sujeito passivo reside.

Na ausência do morador, o direito de *exclusão* ou *admissão* transfere-se ao cônjuge, ascendentes, descendentes, empregados ou quaisquer outras pessoas que com ele convivam. Teoricamente, predomina a vontade do "chefe da família" ou cabeça do casal (posições ou *status* hoje bastante questionados) para permitir ou impedir a entrada de estranhos; havendo divergência, normalmente deve prevalecer a vontade daquele, desde que desse consentimento não fique ofendido ou exposto a perigo o direito de liberdade doméstica, correspondente a cada um dos conviventes[8]. Em se tratando de *cônjuges* ou, para sermos mais abrangentes, "casais" (casados, amantes, companheiros, parceiros, "namorados" etc.), esse direito é partilhado em igualdade de condições: havendo dissenso, porém, a harmonia "conjugal" recomenda que prevaleça a negativa, sob pena de haver violação de domicílio em relação ao *dissente*, ou seja, admitimos, em outras palavras, o *direito de veto* a qualquer dos "parceiros".

Nessa mesma linha, o sujeito passivo que ingressa em um lar autorizado pelo cônjuge infiel (o art. 226, § 5º, da CF estabelece igualdade jurídica entre os cônjuges) não pratica o crime de violação de domicílio; na verdade, há violação do dever de fidelidade, mas por parte do cônjuge infiel, e não do terceiro estranho à relação.

Quando se trata de habitação coletiva (colégio, convento, orfanato etc.), o direito de impedir ou admitir normalmente é atribuição do chefe ou diretor, cuja ausência é suprida por um substituto natural, e assim sucessivamente.

Por fim, a própria *prostituta* pode ser sujeito passivo do crime de violação de domicílio, quando, por exemplo, o seu "cômodo", seja casa, quarto ou "aposento", estiver fechado ao público. Ela, como qualquer cidadão, goza de um mínimo de privacidade, tanto no lugar onde mora como no seu "local de trabalho", isto é, "compartimento onde exerce profissão ou atividade" (art. 150, §§ 4º, I e III, e 5º, I).

4. Tipo objetivo: adequação típica

Os núcleos do tipo estão representados pelos verbos *entrar* ou *permanecer*: *entrar* significa introduzir-se, penetrar, ingressar, ou até mesmo invadir; *permanecer* significa ficar, continuar, conservar-se dentro. A *permanência* pressupõe a *entrada lícita*, incriminando-se a recusa em sair: o sujeito ativo entra licitamente, nesse caso, mas insiste em ficar contra a vontade de quem de direito. Nada impede, porém, que o sujeito ativo entre astuciosa ou clandestinamente, isto é, de forma ilícita, e, descoberto (o crime já consumado na modalidade de entrar), recuse-se a sair, contrariando a vontade e determinação de quem de direito. Nesse caso, não pratica dois crimes, pois se trata de crime de ação múltipla ou, como refere Damásio de Jesus, de "conduta alternativa"[9].

Qualquer das duas figuras — entrar ou permanecer — deve ser *clandestina* (oculta, furtiva, às escondidas), *astuciosa* (fraude, ardil, artifício) ou *contra a vontade expressa ou tácita* de quem de direito: o sujeito ativo afronta a vontade do sujeito passivo, opondo-se ao seu querer, tácito ou expresso. Tanto a *entrada* quanto a *permanência* somente configurarão o crime se afrontarem a vontade de quem detém o direito de exclusão ou de permissão. Essa contrariedade pode ser presumida, expressa ou tácita. É irrelevante o motivo do dissenso da entrada ou permanência em casa alheia; basta que ele exista. Excluídas as *exceções legais-constitucionais*, o direito de admitir ou de

---

8. Vincenzo Manzini, *Istituzioni di Diritto Penale italiano*; Parte Speciale, Padova, CEDAM, 1955, v. 2, p. 343-4.
9. Damásio de Jesus, *Direito Penal*, p. 265.

excluir qualquer pessoa ou autoridade fica ao inteiro arbítrio de quem de direito, que esteja em condição para ser o sujeito passivo, nos termos que examinamos.

Entrar ou permanecer em *casa desabitada* ou *abandonada* não tipifica a conduta descrita como invasão de domicílio, embora, dependendo das circunstâncias, possa configurar outra infração penal, particularmente contra o patrimônio; por isso, não é recomendável afirmar, simplesmente, que a conduta é atípica. Convém, ademais, ter presente que a *ausência eventual* de moradores não caracteriza casa desabitada ou abandonada.

4.1 Formas de entrada ou permanência: francas, astuciosas ou clandestinas

A *entrada* ou *permanência*, qualquer das duas, pode ser franca, astuciosa ou clandestina; quando for *franca*, o dissentimento do ofendido pode ser expresso ou tácito; quando a entrada ou permanência for *astuciosa* ou *clandestina*, o dissentimento é presumido.

Nas modalidades em que são utilizadas *astúcia* ou *clandestinidade* há a *presunção* de que elas não são consentidas. Aliás, a *astúcia* e a *clandestinidade* deixam clara essa presunção, caso contrário, não seria necessário esse ardil; quando a forma de entrada adotada for a *franca*, ou seja, na ausência de astúcia ou clandestinidade, a contrariedade da vítima deve ser expressa ou tácita, podendo-se perceber, desde logo, que *presumida* não se confunde com *tácita*. Se houver *consentimento*, expresso ou tácito, a adequação típica será afastada, logicamente. O dissenso de quem de direito será *presumido*, na astúcia ou clandestinidade, em razão da natureza ou da forma pela qual a conduta foi realizada — com fraude, ardil, artifício, na primeira hipótese, ou oculta, furtiva, às escondidas, na segunda —, dificultando a percepção do ofendido, que, sem saber da presença do invasor, não pode ser contra a sua entrada ou permanência: não se pode contrariar o que não se conhece; é impossível dissentir de algo que se ignora. E, ademais, o agente que se utiliza de expediente como astúcia e clandestinidade, além da má-fé, sabe que sua entrada ou permanência não seria tolerada. Logo, a presunção é decorrência lógica da própria forma sorrateira da invasão.

Quando a entrada ou permanência for franca, a contrariedade tácita ou expressa, como elementares do crime, deve ser inequívoca: há manifestação de vontade expressa quando o sujeito passivo manifesta seu desejo, de forma inconfundível, pela retirada imediata do invasor, podendo materializar-se por meio de palavras, gestos, escritos e qualquer ato eloquente; há o dissenso tácito, por sua vez, quando resultar da prática de atos incompatíveis com a vontade de permitir a entrada ou permanência do sujeito ativo no recinto.

O *dissenso tácito* não se confunde com o *presumido*: o primeiro decorre da postura comportamental do sujeito passivo diante da realidade fática, materializada com a presença do invasor, enquanto o segundo decorre da própria natureza da conduta do sujeito ativo, ardilosa, sorrateira, dissimulada. Naquele há a exteriorização da vontade de quem de direito, ainda que mediante uma linguagem não escrita nem falada, mas suficientemente clara para transmitir a contrariedade; neste, a presunção decorre da falta de assentimento na conduta do sujeito ativo, representado pelo comportamento astuto e clandestino; esse comportamento somente é adotado porque o agente sabe que há a contrariedade da vítima, caso contrário não agiria dessa forma.

5. Tipo subjetivo: adequação típica

O elemento subjetivo desse crime é o dolo, representado pela vontade livre e consciente de entrar ou permanecer em *casa alheia*, contra a vontade do morador. Faz-se necessário, convém reforçar, que o agente tenha conhecimento do dissenso de quem de direito e de que se trata de "casa alheia". O sujeito que imprudente ou negligentemente entra em casa alheia, confundindo-a com a sua, não pratica crime algum, por faltar-lhe os elementos volitivos e cognitivos caracterizadores do dolo.

Quando o crime for praticado por *funcionário público* — uma espécie de crime próprio —, o *dolo* deve ser integrado pelo *conhecimento* de que abusa dos poderes inerentes à *função pública* exercida, ou que não observa as *formalidades prescritas em lei*, ou, ainda, que *abusa de poder* para entrar ou permanecer em *casa alheia*.

Assim, não se configura o crime de *invasão de domicílio* se o agente, logo após a prática de outra infração penal, ingressa, sem consentimento, em casa alheia para homiziar-se de perseguidores. No entanto, tratando-se de agente policial que adentre por equívoco a casa da vítima, em busca do criminoso, não sendo a diligência domiciliar legitimada por mandado judicial, configura-se, em tese, o crime previsto no art. 150, § 2º, do CP.

O *erro*, independentemente de sua natureza, se de tipo ou de proibição, espargirá seus efeitos excludentes como em qualquer crime. Assim, se o agente entra em casa alheia, ignorando ou desconhecendo que se trata de casa alheia, não comete crime, pois se trata de erro de tipo que lhe exclui o dolo, e, por extensão, a tipicidade (ante a ausência de previsão da modalidade culposa, desnecessário questionar-se sobre a evitabilidade ou inevitabilidade do erro); no entanto, se desfeito o engano e sendo manifestada a contrariedade do morador, permanece em seu interior ou recusa-se a sair, pratica o crime, nos termos da segunda figura típica, "permanecer".

Não há exigência de qualquer elemento subjetivo especial do tipo ou do injusto.

6. Consumação e tentativa

Consuma-se o crime de invasão de domicílio com a entrada ou permanência em casa alheia, contrariadas por quem de direito; na primeira hipótese, consuma-se tão logo o sujeito ativo se tenha introduzido completamente na casa alheia, independentemente do meio empregado; na segunda hipótese, no exato momento em que a conduta do agente demonstra sua efetiva intenção de permanecer no interior do aposento, a despeito do *dissenso* de quem de direito, ou, quando o agente fica no interior da casa, além do necessário, apesar de solicitada a sua retirada.

Se o agente *entra licitamente* em casa alheia, não comete crime algum; se, no entanto, convidado a retirar-se, *permanece*, contra a vontade do morador, comete o crime, que se consuma com essa segunda conduta; aliás, em princípio, a modalidade criminosa de "permanecer" só ocorre quando a entrada é lícita, caso contrário o crime já estará consumado com a simples *entrada ilícita*, seja astuciosa, clandestina ou contra a vontade expressa de quem de direito. Contudo, se ambas, *entrada* e *permanência*, são *ilícitas*, o agente não responde por dois crimes, pois se trata de crime de ação múltipla.

A *tentativa*, embora de difícil configuração, é, teoricamente, *admissível*. Há *tentativa* quando o agente, pretendendo entrar na casa da vítima, é impedido por esta; ou quando o agente, convidado a retirar-se, pretendendo permanecer no interior da casa alheia, é retirado[10]. Magalhães Noronha sugere, ainda, os seguintes exemplos: "o sujeito ativo é detido ao escalar uma janela que dê para a rua; quando é preso no umbral da casa; e, na segunda hipótese, quando, manifestada a vontade de ficar, a permanência, por circunstâncias alheias à sua vontade, não atinge limite de tempo para que se diga consumado o crime"[11].

7. Classificação doutrinária

Crime comum, podendo ser praticado por qualquer pessoa, não sendo exigida nenhuma condição ou qualidade especial do sujeito ativo; de mera conduta, pois a descrição típica não vislumbra qualquer resultado: não há previsão de qualquer consequência da entrada ou permanência em "casa alheia"; *instantâneo* (1ª figura), consuma-se no momento em que o agente entra em *casa alheia*, esgotando-se aí a lesão jurídica; *permanente* (2ª figura), embora pareça redundância, não pode ser outro o sentido de "permanecer"; *de conteúdo variado*, pois, mesmo que o agente "entre" e "permaneça", não pratica dois crimes, mas apenas um; *comissivo* na modalidade entrar e *omissivo* na de permanecer; *doloso*, não havendo previsão de modalidade culposa.

8. Formas qualificadas: tipos derivados

As qualificadoras do crime de *violação de domicílio* estão relacionadas no § 1º, quais sejam: *cometido durante a noite, ou em lugar ermo, ou com o emprego de violência ou de arma, ou por duas ou mais pessoas*. Vejamos, sucintamente, o significado de cada uma.

a) *Durante a noite* — as estações do ano produzem grande variação relativamente ao início da noite e seu fim; a própria localização geográfica do lugar do

---

10. Para Ariosvaldo de Campos Pires, no entanto, "como o 'permanecer' identifica uma omissão, não se admite a tentativa por impossibilidade de fracionamento da atividade executiva" (*Compêndio de Direito Penal*; Parte Especial, Rio de Janeiro, Forense, 1990, v. 2, p. 131).
11. Magalhães Noronha, *Direito Penal*, p. 187.

crime altera o horário em que a noite se inicia, especialmente em um país de dimensões continentais como o Brasil. *Noite* é o período do dia em que há, naturalmente, a ausência de luz solar, e, normalmente, inicia-se após pouco mais de uma hora de *o sol se pôr*, e finda-se com o seu *nascimento*; ou, nas definições líricas de Bento de Faria: "noite... deve-se entender o tempo compreendido entre o ocaso do Sol, isto é, o desaparecimento no horizonte, e o seu nascimento", e, ainda, "É o espaço de tempo que vai desde o crepúsculo da tarde até o crepúsculo da manhã"[12]. *Durante a noite* não se confunde com durante o "repouso noturno", elementar temporal contida no § 1º do art. 155, que é o horário em que a cidade ou o local encontra-se repousando, ao passo que "durante a noite" pode abranger períodos anteriores e posteriores ao *repouso noturno*, desde que esteja compreendido entre o início da noite e o crepúsculo da aurora.

O fundamento da *qualificadora* do crime praticado *durante a noite* reside na sua maior facilidade e no aumento de dificuldade de defesa da vítima, especialmente nesse tipo de crime, que, provavelmente, no período noturno surpreende quem está dormindo.

b) *Lugar ermo* — é aquele distante, afastado, de difícil acesso, isolado, habitualmente abandonado, onde a possibilidade de socorro é muito remota; é o local, geograficamente considerado, habitualmente solitário; não basta que eventualmente o lugar se encontre isolado ou não frequentado. Essa circunstância territorial torna mais desvaliosa a ação delituosa, justificando, consequentemente, a sua maior punição, por meio da qualificadora. O isolamento do local aumenta a probabilidade de dano e intensifica a situação de perigo.

Tratando-se de um elemento normativo, deve ser analisado com cautela, pois as circunstâncias fáticas temporais e espaciais é que deverão indicar se o lugar pode ser tido como *ermo*. O *fundamento da qualificadora*, em se tratando de *lugar ermo*, reside na maior dificuldade ou, quem sabe, até impossibilidade de a vítima encontrar socorro.

c) *Emprego de violência* — o texto legal é omisso quanto à natureza e espécie de violência exigida para configurar a qualificadora: afinal, será somente a violência empregada contra a pessoa ou também contra a coisa? Será somente a violência física — *vis corporalis* — ou também a violência moral, a grave ameaça — *vis compulsiva*?

---

12. Bento de Faria, *Código Penal brasileiro*, 3. ed., Rio de Janeiro, Record Ed., 1961, v. 4, p. 268. Bento de Faria traz ainda a seguinte citação, absolutamente procedente, de Dias de Toledo: "'A razão é óbvia, porque, conforme já tivemos ocasião de dizer a propósito, o isolamento e as trevas dão ao delinquente uma probabilidade de impunidade e mais segurança na realização do crime, privando, por outra parte, o ofendido da facilidade de ser socorrido: aquêle (sic) que procura a solidão e a noite, para perpetrar o crime, demonstra tal ou qual premeditação e maior perversidade — é o que Bentham chama clandestinidade no crime' (Vêde (sic): Dias de Toledo — *Lições Acadêmicas sobre Artigos do Código Criminal*, pág. 307)".

Normalmente, quando o legislador refere-se à violência usa a expressão "violência e grave ameaça", como ocorre quando define alguns crimes contra o patrimônio e contra a liberdade sexual, entre outros; ou seja, sempre que quer abranger a violência moral, o legislador o faz expressamente. Nesse dispositivo, no entanto, ao referir-se tão somente à "violência", teria excluído a grave ameaça? Bento de Faria entendia que, no silêncio da lei, estaria incluída a violência moral, isto é, a grave ameaça, não encontrando razão alguma para excluir esta última forma de vencer a resistência da vítima[13]. No entanto, sustentamos que a exclusão no dispositivo em exame é a manifestação clara de que a grave ameaça não tem o condão de qualificar o crime.

Como o legislador fala em violência, sem especificar contra quem ou contra o quê, não caberá ao intérprete restringir seu alcance, quando o próprio legislador não o restringiu: abrange a violência tanto contra a coisa como contra a pessoa.

Se da violência à pessoa resultar algum crime, haverá concurso de crimes, cuja natureza, formal ou material, somente diante do casuísmo se poderá definir.

d) *Emprego de arma* — o emprego de arma igualmente fundamenta a qualificação da invasão domiciliar; embora o texto legal não defina o que deve ser entendido por arma, acreditamos que tanto as *próprias* quanto as *impróprias*, desde que sejam idôneas para impingir medo na vítima, serão suficientes para caracterizar a qualificadora. São armas: 1º) *próprias* aquelas que têm a finalidade específica de ataque ou defesa. As armas próprias podem ser *de fogo*, como revólver, espingarda, bombas, granadas etc.; ou, ainda, ser *armas brancas*, como punhal, faca, facão etc.; 2º) *impróprios* são aqueles instrumentos cuja finalidade natural não se destina a ataque ou defesa, como as próprias, embora apresentem potencialidade lesiva; normalmente, têm sua finalidade desvirtuada, como, por exemplo, machado, foice, tesoura, navalha etc. Não podem, porém, ser equiparados a armas objetos como pedras, madeiras, sarrafos, cordas, móveis (mesas, cadeiras etc.).

Somente haverá incidência da qualificadora se *as armas* forem efetivamente empregadas na execução do crime. "Emprego" significa "uso" real, efetivo, concreto. Assim, o simples "portar" arma não a caracteriza, desde que não seja ostensivo e com finalidade intimidatória, pois o *porte ostensivo* com a finalidade de infundir medo pode ser uma forma de "emprego de arma" na execução do crime. Sobre a inadmissibilidade de *arma de brinquedo*, para qualificar o crime, veja-se o que dissemos a respeito quando examinamos o crime de *constrangimento ilegal*.

e) *Duas ou mais pessoas* — o concurso de pessoas, por si só, dificulta, quando não elimina, as possibilidades de resistência da vítima; torna muito mais grave o desvalor da ação praticada em concurso, independentemente da natureza da *participação* de cada um, se coautoria ou participação em sentido estrito. Quando o Código exige *participação efetiva* na execução do crime, fá-lo expressamente, como

---

13. Bento de Faria, *Código Penal*, p. 270.

ocorre no art. 146, § 1º; logo, a contribuição do *partícipe* também é computada. Essa *desproporcionalidade* de forças e de probabilidades de vantagens entre sujeitos ativos e vítima fundamentam e justificam essa qualificadora.

9. Formas majoradas: causas de aumento

O § 2º, por sua vez, prevê uma *majorante* especial, para quando o fato for: *cometido por funcionário público, fora dos casos legais, ou com inobservância das formalidades estabelecidas em lei, ou com abuso de poder*. Essa *majorante* ou, como preferem alguns, *causa de aumento de pena*, não se confunde com *qualificadora*, uma vez que não estabelece novos limites mínimo e máximo, como exige o *tipo derivado*. Ademais, a majorante é, obrigatoriamente, aplicável tanto no *tipo básico* ou originário (*caput*) quanto no *qualificado* ou derivado (§ 1º), algo que não poderia ocorrer se se tratasse de efetiva qualificadora. Em se tratando de trabalho que se destina fundamentalmente aos neófitos em Direito Penal, preferimos insistir no respeito à precisão terminológica e conceitual[14].

A acepção de *abuso de poder*, que não se confunde com *abuso de autoridade*, refere-se ao *exercício abusivo de autoridade pública, não necessariamente policial*. Abuso é o exercício imoderado do poder, o uso do *poder* além dos limites legais. Não há *abuso de poder* sem *violação de dever*, mas pode haver *violação de dever* sem abuso de poder. O *abuso de poder* aqui, neste § 2º, refere-se, claramente, à autoridade pública em geral, e não apenas à autoridade policial, tanto que se refere a "funcionário público, fora dos casos legais, ou com inobservância das formalidades estabelecidas em lei". Enfim, para que se considere configurada esta majorante faz-se necessário que o *funcionário público* ultrapasse os limites autorizados, com *abuso de poder*, ou o exerça fora dos casos legais ou com inobservância das formalidades estabelecidas em lei.

Apesar de essa majorante destinar-se exclusivamente a *funcionário público*, não se justifica o entendimento de alguns, segundo os quais, estaria mais bem situada entre os crimes contra a Administração Pública; ocorre que o dispositivo encerra apenas uma simples *causa de aumento de pena*, num crime contra a *liberdade individual*, que não exige qualquer condição especial do sujeito ativo, tanto no tipo básico quanto no qualificado. Logo, houve-se com acerto o legislador, sendo improcedentes os argumentos contrários.

No exame dessa condicionante de elevação da punibilidade, não se pode ignorar que a *inviolabilidade domiciliar* foi elevada à condição de dogma constitucional (art. 5º, inciso XI), e as exceções são somente aquelas que estão expressamente previstas no texto da Carta Magna, quais sejam: "em caso de flagrante delito ou desastre, ou para prestar socorro, ou, durante o dia, por determinação judicial" (art. 5º, XI). Todos têm o dever constitucional de respeitar a inviolabilidade da "casa

---

14. Para melhor compreensão da distinção entre *qualificadora* e *majorante* (causa de aumento), recomendamos uma rápida leitura do que dissemos a respeito no Capítulo XXXV "Aplicação de pena", em nosso *Tratado de Direito Penal — Parte Geral*, v. 1.

alheia" ou de suas dependências, mormente os funcionários do Estado, que, antes de tudo, devem protegê-la; assim, quando estes — *funcionários públicos* — infringem o art. 150, violam também um *dever funcional*, justificando-se a especial agravação da pena. As exceções conferidas pela Lei Maior, para maior garantia, vêm devidamente estabelecidas em lei e enriquecidas de formalidades, e o desatendimento de quaisquer delas fundamenta a elevação da pena, ocorrendo isso quando a invasão de domicílio, praticada por funcionário público, ocorrer: *fora dos casos legais, ou com inobservância das formalidades estabelecidas em lei, ou com abuso de poder.* Vejamos em que consiste cada uma dessas exceções:

a) *Fora dos casos legais* — as exceções para ingressar em *casa alheia ou em suas dependências*, independentemente da vontade de quem de direito, como já referimos, são restritivas e *numerus clausus*[15]: configurando-se qualquer dessas exceções, diz a lei, "não constitui crime a entrada ou permanência". Enfim, o Código Penal de 1940 estabelecia no § 3º do art. 150 as seguintes hipóteses: "I — durante o dia, com observância das formalidades legais, para efetuar prisão ou outra diligência; II — a qualquer hora do dia ou da noite, quando algum crime está sendo ali praticado ou na iminência de o ser". A Constituição Federal de 1988 ampliou essas exceções (indiretamente restringiu a proteção do "asilo inviolável", encerrando um aparente paradoxo), acrescentando "para prestar socorro", e, ao mesmo tempo, restringiu a aplicabilidade ao exigir, necessariamente, que seja através de ordem judicial. Esses são os únicos "casos legais" em que a invasão de domicílio "não constitui crime", e o acréscimo das novas condições constitucionais encerra um "aparente paradoxo", porque, corretamente, restringiu as exceções diurnas, condicionando-as à "autorização judicial", e ampliou as noturnas (ou a qualquer hora), acrescendo "para prestar socorro".

Em qualquer outra circunstância (que não se enquadre nos dois incisos citados do CP ou nas duas novidades trazidas pela CF) em que *funcionário público* violar o domicílio de alguém praticará o crime, e, estando presente qualquer das formas previstas como majorante, terá sua pena elevada em um terço. Convém destacar, por fim, que, para se configurar a majorante, a lei não exige que o funcionário pratique a invasão de domicílio no exercício de função pública ou em razão dela; logo, basta a condição de funcionário público.

b) *Com inobservância das formalidades estabelecidas em lei* — essa circunstância parte da presunção de que há previsão legal para a entrada em domicílio alheio, ou seja, trata-se de um dos "casos legais" previstos; mas, apesar da previsão legal, o *funcionário* não observa as condições formalmente exigidas pela lei, que representam o mínimo de garantia para permitir a excepcional "violação" do "asilo inviolável" do indivíduo.

Deveria ser suficiente recomendar-se a observação do Código de Processo Penal para se constatar as formalidades legais exigidas para ingressar em "casa alheia ou em suas dependências". Contudo, convém registrar que o velho Código Processual

---

15. Cleunice A. V. B. Pitombo, *Da busca e da apreensão no processo penal.*

está, em grande parte, superado, especialmente no que se refere às *garantias individuais*, embora muitos tribunais brasileiros insistam em aplicá-lo irrestritamente, ignorando o Texto Constitucional, como ocorre, por exemplo, quando determinam o cumprimento da pena antes do trânsito em julgado (art. 5º, LVII), para acusados que não necessitaram de prisão processual.

Nesse particular, especificamente, estão revogados pela atual Constituição Federal os arts. 240, § 1º, letra *f* (art. 5º, XII, 1ª parte); 241, no que se refere à *autoridade policial*, pois esta sempre dependerá de mandado judicial (art. 5º, XI, especialmente a parte final); 243, § 2º, 2ª parte, "salvo quando constituir elemento do corpo de delito" (art. 5º, XII)[16].

Pode haver, além da busca e apreensão disciplinada no Código de Processo Penal, fora da seara criminal, outras circunstâncias que, eventualmente, podem legitimar a ação de funcionário público (oficial de justiça, perito, avaliador etc.), como, por exemplo, penhora, arresto, sequestro etc., desde que satisfeitas as formalidades legais. Nesses casos, como naqueles contidos no Código de Processo Penal (arts. 240 a 248, 293 e 294), se realizados sem observar as formalidades impostas pela legislação, responderão pelo crime de *violação de domicílio* com pena majorada (art. 150, § 2º, do CP).

Convém completar este exame afirmando-se que, a partir da vigência da atual Constituição Federal (art. 5º, XI), somente a *autoridade judicial* pode expedir *mandado de busca e apreensão domiciliar*; mas a própria autoridade judiciária sofre restrições, pois o *mandado judicial* somente poderá ser cumprido "durante o dia". *Durante a noite* ninguém, *nenhuma autoridade*, mesmo com ordem judicial, pode entrar ou permanecer no recinto do lar: havendo ordem judicial, as autoridades ou seus agentes deverão aguardar o amanhecer, para, só então, *observando as formalidades legais* (arts. 241 a 248 e 293, todos do CPP), poderem adentrar o recinto que, independente de sua natureza ou condição, constitua o domicílio ou morada de alguém.

c) *Com abuso de poder* — significa executar tarefas previstas em lei, excedendo-se no seu exercício, quer em quantidade quer em intensidade. Há *abuso de poder* quando, por exemplo, o funcionário, ao realizar o ato que a lei lhe autoriza, aproveita para tirar vantagem pessoal, vingar-se, humilhar a vítima, fazer exigências superiores àquelas autorizadas pelo ordenamento jurídico etc. Bento de Faria lembrava que se caracteriza o *abuso de poder* "ainda quando se aproveite da tolerância passiva do titular da habitação determinada pelo temor reverencial ou por outra qualquer causa"[17].

---

16. Nesse particular, veja-se o que dissemos no capítulo em que examinamos o crime de violação de correspondência, item 4.1.1.: "a previsão do art. 243, § 2º, do CPP é *duplamente inconstitucional*: primeiro porque fere o *princípio da ampla defesa* (art. 5º, inciso LV), e segundo porque afronta a *inviolabilidade do advogado* no exercício profissional (art. 133)".

17. Bento de Faria, *Código Penal*, p. 270.

Se o sujeito ativo for *funcionário público* no exercício da função, responde pelo crime de *violação de domicílio*, sem a pena majorada em um terço. Na verdade, as duas primeiras formas de majorantes — "fora dos casos legais" e "com inobservância das formalidades estabelecidas em lei" — podem ser praticadas por qualquer funcionário público, fora do exercício de suas funções, isto é, a invasão domiciliar não precisa ter nenhuma relação com a sua função pública, ao passo que a terceira — "com abuso do poder" — necessariamente deverá estar vinculada à *função pública*, pois somente assim poderá *abusar do poder* que esta, teoricamente, lhe confere.

É um grande equívoco imaginar que a parte final do § 2º, "ou com abuso de poder", possa ter sido revogada ou derrogada pelo art. 3º, *b*, da revogada Lei n. 4.898/65, cujo objetivo específico foi regular "o direito de representação e o processo de responsabilidade administrativa civil e penal, nos casos de abuso de autoridade". Trata-se, a rigor, de um diploma legal que, na época, mais que proteger o cidadão, visava proteger a própria autoridade pública, criando óbice para a sua aplicabilidade. Suas excessivas exigências formais e, principalmente, a imposição da necessidade de *representação do ofendido* em prazo exíguo atribuem a esse crime a *ação penal pública condicionada a representação*. Por outro lado, o crime de *invasão de domicílio*, previsto no art. 150 do Código Penal, é de *ação pública incondicionada*, não exigindo nenhuma manifestação da vítima.

Por essa razão, neste crime, as vítimas ou ofendidos nunca utilizam "representação criminal", porque é desnecessária, e, na decisão final, não seria justo deixar de aplicar a majorante do § 2º, *in fine*, por falta de tal representação. Salvo melhor juízo, aquele diploma legal, do período da ditadura, não revogou nem derrogou essa previsão do Código Penal. Por isso, achamos melhor aplicar a majorante em questão, mesmo na hipótese de autoridade pública.

10. Invasão de domicílio e conflito aparente de normas: subsidiariedade

A doutrina, de modo geral, tem afirmado que se trata de um crime *tipicamente subsidiário*; que, se a entrada ou permanência em casa alheia deixa de ser um fim em si mesmo, já não se configura um crime autônomo, passando a constituir *elemento*, essencial ou acidental, de outro crime. Analisando o caráter subsidiário da "violação de domicílio", Carrara pontificava: "Cumpre advertir, antes de tudo, que a *violação de domicílio* não se apresenta como título autônomo, senão quando não dirigida a servir ou não haja efetivamente servido de *meio* à prática de outro crime. Assim, a noção do crime em questão tem necessidade de ser construído, primacialmente, com este critério *negativo*. Toda vez que a invasão de domicílio possa punir-se como meio dirigido à consumação de um malefício mais grave, o título menor desaparece inteiramente, para ceder o posto ao mais grave...".

No entanto, para Damásio de Jesus, "não se trata de crime subsidiário, uma vez que entre a violação de domicílio e os delitos que a absorvem não há subsidiariedade nem expressa nem implícita. Cuida-se, no conflito aparente de normas, de *crime consunto*, i. e., delito que, pela aplicação do princípio da consunção, fica absorvido por outro, de maior gravidade, a quem serve como meio de execução ou normal fase de realização"[18].

Essa orientação contrária demonstra, no mínimo, que a questão não é tão simples quanto pode parecer; aliás, o problema de *conflito aparente de normas* nunca é simples, demandando um exame mais aprofundado do tema.

Não se questiona, dogmaticamente, que o crime de *violação de domicílio*, eventualmente, é uma *infração subsidiária*, o que não o torna natural e essencialmente subsidiário. Na verdade, há relação de *primariedade* e *subsidiariedade* entre duas normas quando descrevem graus de violação de *um mesmo bem jurídico*[19], de forma que a norma subsidiária é afastada pela aplicabilidade da norma principal. O *fundamento material* da subsidiariedade reside no fato de distintas proposições jurídico-penais protegerem o *mesmo bem jurídico* em diferentes estádios de ataque. Ora, na hipótese que estamos examinando, o *bem jurídico* protegido pelo crime de *violação de domicílio* é, como longamente expusemos, a *liberdade individual*, sob os aspectos da intimidade e da privacidade familiar. Assim, eventualmente, referido crime poderá ser (não necessariamente será) subsidiário de outro, quando coincidirem na proteção do mesmo bem jurídico e haja diversidade de graus de proteção desse bem tutelado, como ocorre, por exemplo, nos crimes de: *furto*, com rompimento de obstáculo ou escalada, do interior de residências; *roubo*, em circunstâncias semelhantes; *dano qualificado* no interior de casa alheia ou suas dependências etc.

Com efeito, não raro estabelece-se a punibilidade de determinado comportamento para ampliar ou reforçar a proteção jurídico-penal de *certo bem jurídico*, sancionando-se com graduações menos intensas diferentes níveis de desenvolvimento de uma mesma ação delituosa[20]. Pois essas *graduações* menos intensas são subsidiárias e desaparecem quando surgem comportamentos com mais intensidade que atingem o mesmo bem jurídico, dando origem a outra figura delituosa. Na lição de Hungria[21], "a diferença que existe entre *especialidade* e *subsidiariedade* é que, nesta, ao contrário do que ocorre naquela, os fatos previstos em uma e outra norma não estão em relação de espécie e gênero, e se a pena do tipo principal (sempre mais grave que a do tipo subsidiário) é excluída por qualquer causa, a pena do tipo subsidiário pode apresentar-se como 'soldado de reserva' e aplicar-se pelo *residuum*".

A violação de domicílio, com efeito, somente se caracteriza como crime autônomo quando: a) constituir fim em si mesma; b) seu fim não for criminoso ou, no

---

18. Damásio de Jesus, *Direito Penal*, p. 267.
19. Aníbal Bruno, *Direito Penal*, t. 1, p. 263.
20. Cezar Roberto Bitencourt, *Tratado de Direito Penal — Parte Geral*, 30. ed., 2024, v. 1, p. 335.
21. Hungria, *Comentários*, v. 1, p. 147.

mínimo, houver dúvida sobre o verdadeiro fim pretendido pelo agente; c) houver desistência do agente quanto ao crime-fim; d) o crime-fim é punido menos duramente, como, por exemplo, invasão para ameaçar o morador.

Quando o crime de invasão de domicílio concorrer com *fato menos grave*, por outro lado, o *princípio* que permitirá a solução do conflito, afastando-o, não será, com certeza, o da *subsidiariedade*. Afinal, só pode haver *subsidiariedade* de algo maior, mais grave, mais abrangente, e nunca o inverso. É contraditório e paradoxal pretender com um fato maior e mais grave *subsidiar* um fato menor e de gravidade inferior, além de constituir uma afronta a todos os princípios da lógica. Nesse sentido pontificava Aníbal Bruno, afirmando que "a norma subsidiária é a menos grave, para a qual decai o fato se não se ajusta tipicamente (*sic*) à norma principal"[22]. Assim, o afastamento do crime de violação de domicílio qualificado (art. 150, § 1º) — punível com detenção de seis meses a dois anos, além da pena correspondente à violência —, para admitir a configuração de crimes menos graves, como, por exemplo, adultério, ameaça ou exercício arbitrário das próprias razões, puníveis com sanções menores, não decorre do princípio da subsidiariedade, como procuramos demonstrar.

Afastado o *princípio da subsidiariedade*, em relação a determinados crimes, deve-se analisar o entendimento citado de Damásio de Jesus, qual seja, o *princípio da consunção* ou da absorção, embora, deve-se registrar, a sugestão de Damásio refira-se somente à relação com crime mais grave, tendo, inclusive, exemplificado com o de *furto*.

Pelo *princípio da consunção* ou absorção, a norma definidora de um crime constitui *meio necessário* ou *fase normal de preparação ou execução* de outro crime. Em termos bem esquemáticos, há *consunção* quando o fato previsto em determinada norma é compreendido em outra, mais abrangente, aplicando-se somente esta. Na relação *consuntiva*, os fatos não se apresentam em relação de gênero e espécie, mas de *minus* e *plus*, de continente e conteúdo, de todo e parte, de inteiro e fração[23]. A *norma consuntiva* constitui fase mais avançada na realização da ofensa a um bem jurídico, aplicando-se o princípio *major absorbet minorem*[24]. Por isso, o *crime consumado* absorve o crime tentado, o crime de perigo é absorvido pelo *crime de dano*. Assim, as lesões corporais que determinam a morte são absorvidas pela tipificação do homicídio etc. A norma *consuntiva* exclui a aplicação da norma *consunta*, por abranger o delito definido por esta. Mas esse princípio, repetindo, somente é aplicável quando a violação constituir, em tese, meio necessário ou fase normal de execução de outro crime mais grave, isto é, quando for *norma consunta*.

---

22. Aníbal Bruno, *Direito Penal*, p. 263.
23. Oscar Stevenson, Concurso aparente de normas penais, in *Estudos de Direito e processo penal em homenagem a Nélson Hungria*, Rio de Janeiro, Forense, 1962, p. 41.
24. Damásio, *Direito Penal*, p. 99.

Nesses casos, quando a violação de domicílio relacionar-se a crimes mais graves, poderá ser aplicável o princípio da subsidiariedade ou o da consunção, dependendo das circunstâncias.

Resta analisar, nesse contexto, o *princípio da especialidade*, que, a nosso juízo, é o mais adequado para solucionar o conflito aparente entre violação de domicílio e outra infração menos grave. Considera-se *especial* uma norma penal, em relação a outra *geral*, quando reúne todos os elementos desta, acrescidos de mais alguns, denominados *especializantes*. Ou seja, a *norma especial* acrescenta elemento próprio à descrição típica prevista na norma geral. A regulamentação especial tem a finalidade, precisamente, de excluir a lei geral, e, por isso, deve precedê-la. O princípio da especialidade evita o *bis in idem*, determinando a prevalência da norma especial em comparação com a geral, que pode ser estabelecida *in abstracto*, enquanto os outros princípios exigem o confronto *in concreto* das leis que definem o mesmo fato.

Por fim, a nosso juízo, para se definir se determinada conduta, concretizada, vem a adequar-se ao tipo do Código Penal ou ao da lei extravagante, a rigor não depende fundamentalmente das regras do conflito aparente de normas. Com efeito, essa situação resolve-se, com tranquilidade, adotando-se o *princípio da tipicidade*, coisa que o velho Beling já fazia. Assim, por exemplo, quando o sujeito ativo entra em dependências de casa alheia, rapidamente, e ameaça o morador de mal injusto e grave, afastando-se imediatamente; quando o estranho ingressa no lar do casal, para manter conjunção carnal com o cônjuge infiel, não pratica crime de invasão de domicílio, e o princípio adotado será o da tipicidade, para concluir-se que os crimes foram de *ameaça* e de *adultério*.

Com efeito, para concluir, o princípio fundamental para a solução do conflito aparente de normas é o *princípio da especialidade*, que, por ser o de maior rigor científico, é o mais adotado pela doutrina. Os demais princípios são secundários e somente devem ser lembrados quando o primeiro não resolver satisfatoriamente o conflito. No entanto, a definição de qual norma incide em qualquer dessas condutas pode, naturalmente, ser encontrada através da *tipicidade*. Enfim, convém destacar que o decisivo para tipificar a conduta em um ou em outro dispositivo são exatamente as *elementares típicas*, isto é, em outros termos, a *tipicidade*.

11. Causas de exclusão da antijuridicidade

Seguindo o entendimento de que não há direitos absolutos, especialmente contra a ordem pública, devendo todos sujeitar-se às exigências e necessidades da coletividade, quando preponderantes, também a inviolabilidade do asilo individual, submete-se às restrições especialmente previstas pelo ordenamento jurídico. As excludentes de antijuridicidade, nesse crime, apresentam-se em maior número do que normalmente ocorre com outras infrações penais. Na verdade, essas excludentes podem ser as *especiais*, previstas exclusivamente para esse tipo penal (art. 150, § 3º), podem ser as *gerais*, fixadas na Parte Geral do Código Penal (art. 23), e, ainda, as *constitucionais*, acrescidas pela nova Carta de 1988 (art. 5º, XI).

11.1 Excludentes especiais

Em que pese a importância desse aspecto da proteção da liberdade individual, a *inviolabilidade do domicílio* não é absoluta, como convém a uma sociedade pluralista e democrática, pois interesses superiores devem autorizar a intervenção do Estado que deve garantir a liberdade, a segurança e a paz também da coletividade. Por isso, como a inviolabilidade domiciliar constitui dogma constitucional, a própria Constituição encarrega-se de estabelecer as exceções que, eventualmente, podem autorizar a necessidade de intervenção no recesso do lar, independentemente da vontade de quem de direito, desde que, logicamente, sejam cumpridas as formalidades legais e constitucionais.

Seguindo essa orientação, o § 3º do art. 150 do CP prescreve duas hipóteses em que a ação de *entrar* ou *permanecer* em "casa alheia ou em suas dependências" não constitui crime: I — *durante o dia, com observância das formalidades legais, para efetuar prisão ou outra diligência*; II — *a qualquer hora do dia ou da noite, quando algum crime está sendo praticado ou na iminência de o ser*.

As circunstâncias previstas na disposição transcrita afastam a ilicitude do fato, pois, segundo a dicção legal, "não constituem crime". São *causas especiais* que excluem a antijuridicidade: a primeira somente durante o dia, e a segunda, tanto durante o dia quanto à noite, ambas observando sempre as formalidades legais.

O primeiro caso refere-se à *entrada* ou *permanência*, como já afirmamos, somente "durante o dia". Quanto à observância das "formalidades legais", já a abordamos no item n. 9, ao tratarmos da majorante contida no § 2º, para onde remetemos o leitor. Quanto a efetuar "diligências", abrange não apenas as *judiciais*, como busca e apreensão, penhora, sequestro etc., como as *policiais* (busca e apreensão domiciliar), *administrativas* (inspeção da saúde) ou *fiscais* (autuação ou lançamento de tributos) (art. 5º, XI, *in fine*). Deve-se observar, no entanto, que em qualquer das hipóteses ventiladas, a partir da Constituição de 1988, é indispensável *mandado judicial*. Nesses casos, haveria *cumprimento de dever legal*; mas, para que seja *estrito*, necessariamente deverá revestir-se das "formalidades legais", caso contrário, caracterizará o crime de *violação de domicílio* com a majorante do § 2º.

Assim, será sempre *ilícita* (vale dizer, criminosa) a entrada ou permanência em casa alheia ou em suas dependências, durante a noite, tanto para efetuar prisão quanto para realizar qualquer outra diligência, mesmo com ordem judicial, salvo se houver consentimento expresso do morador. Na verdade, o consentimento do morador, como se trata de bem jurídico disponível, excluiria a própria tipicidade. Além da disponibilidade do bem jurídico, o *dissenso* de quem de direito é elementar do tipo penal; por isso, o *consentimento* exclui a tipicidade, independentemente de ordem judicial.

Concluindo, *durante o dia* é lícita a "violação domiciliar" em todas as hipóteses em que é permitida no período noturno, mas sempre por determinação judicial, e satisfazendo as formalidades legais.

O segundo caso (item II do § 3º) autoriza a "entrada" ou "permanência" em casa alheia ou em suas dependências, "a qualquer hora do dia ou da noite, quando algum crime está sendo ali praticado ou na iminência de o ser". Afinal, a *aplicação analógica* e a *interpretação extensiva*, vedadas em Direito Penal repressivo, admitem exceção, *in malam partem*, ou não?

Essa *vexata quaestio* apresenta-se referente à excludente de "flagrante delito", contida na ressalva do Texto Constitucional. A maioria da doutrina tem admitido sua extensão ao flagrante de *contravenção penal*. Essa é a orientação, dentre outros, de Damásio de Jesus, segundo o qual "o Código Penal se refere à prisão em flagrante por prática de crime ou de contravenção. Diante da CF, é legítima a entrada do agente da autoridade, ou do particular, em casa alheia, contra a vontade do morador, para efetuar prisão em caso de flagrante delito, seja por prática de crime ou contravenção, a qualquer hora do dia ou da noite"[25]. Não nos convence, contudo, essa "concessão doutrinária", na medida em que afronta os princípios mais elementares de Direito Penal[26]. Para *interpretar* o direito criminal, nem sempre os "estrangeirismos" constituem fundamentos dogmaticamente admissíveis, uma vez que é indispensável contextualizar *paradigma* e *paradigmado* para se chegar a um resultado satisfatório. Na verdade, estamos querendo destacar que, na doutrina e no ordenamento jurídico nacionais, contrariamente a muitos países europeus, as expressões *crime* e *delito* são empregadas, invariavelmente, como sinônimos, isto é, com um único e mesmo sentido: crime; e, sempre que o legislador brasileiro pretende englobar crime e contravenção, di-lo expressamente ou, então, utiliza a expressão *infração penal*, que abrange as duas espécies.

Ademais, quem estabelece os limites das matrizes típicas é o Código Penal ou, "excepcionalmente", a lei ordinária, na chamada *legislação extravagante*, que nem é tão excepcional assim, pois o Código Penal que estabelece os contornos típicos da conduta incriminada, ao referir-se à excludente em exame, diz expressamente, "quando algum crime" (art. 150, § 3º, II), e, pelo menos no Brasil, nunca ninguém afirmou que a expressão "crime" pode ser entendida como "contravenção"! Por outro lado, as *contravenções*, segundo as *políticas criminais modernas*, devem ser descriminalizadas, pois o *pequeno desvalor* que, de regra, seu injusto contém não justifica os estigmas que o processo criminal produz.

Na realidade, como o Código Penal refere-se especificamente a "algum crime", é absolutamente impossível dar *interpretação extensiva* para abranger a "contravenção penal", conforme já sustentamos, a despeito de respeitável entendimento contrário. É um grande equívoco afirmar, a nosso juízo, que, "no tema da prisão

---

25. Damásio de Jesus, *Direito Penal*, p. 270; no mesmo sentido: Nélson Hungria, *Comentários*, p. 224-5; Magalhães Noronha, *Direito Penal*, p. 189; Aníbal Bruno, *Crimes contra a pessoa*, p. 383; Flávio Augusto Monteiro de Barros, *Crimes contra a pessoa*, p. 267.
26. No mesmo sentido: Heleno Cláudio Fragoso, *Lições de Direito Penal*, p. 164; Paulo José da Costa Junior, *Comentários ao Código Penal*, p. 108; Álvaro Mayrink da Costa, *Direito Penal*; Parte Especial, 3. ed., Rio de Janeiro, Forense, 1990, v. 2, t. 1, p. 484.

em flagrante, a expressão é empregada em sentido amplo, compreendendo também as contravenções (art. 302, I, do CPP)"[27]. Acrescentamos somente dois dados ao que já dissemos a respeito: primeiro, o Código Penal, que define a moldura típica, refere-se especificamente a "crime", que na doutrina e no ordenamento jurídico pátrio tem sentido e significado muito específico, inconfundível; segundo, o Código de Processo Penal, ao referir-se a "flagrante delito", tomou a cautela de explicar que aquela locução, com o sentido em que ali estava sendo utilizada, abrangeria "a infração penal"; aliás, repetiu nos quatro incisos a palavra "infração" (art. 302). Ademais, o Código de Processo Penal admite "interpretação extensiva e aplicação analógica" (art. 3º); o Código Penal não.

Temos ainda, relativamente ao segundo caso (§ 3º, II), um questionamento a fazer: o Código Penal exclui o crime "quando algum crime está sendo ali praticado *ou na iminência de o ser*" (grifo acrescentado). A Constituição Federal de 1988, por sua vez, refere-se à mesma circunstância em outros termos: "salvo em caso de flagrante delito".

De plano, percebe-se que há uma desconformidade entre o texto do antigo Código Penal, cuja Parte Especial permanece em vigor, e a nova ordem constitucional. Como a Constituição limita a *autorização*, para a hipótese, quando houver "flagrante delito", deve-se analisar se "ou na iminência de o ser" também constitui *situação ou estado de flagrância*, e esse exame somente pode ser feito à luz do que dispõe o Código de Processo Penal, que é o diploma que define o que é flagrante delito. E, para interpretá-lo, nada melhor que o magistério de Tourinho Filho, segundo o qual: "*Flagrante*, do latim, *flagrans, flagrantis* (do verbo *flagrare*, queimar), significa ardente, que está em chamas, que arde, que está crepitando. Daí a expressão *flagrante delito*, para significar o delito, no instante mesmo da sua perpetração, o delito que está sendo cometido, que ainda está ardendo... o '*delito surpreendido em plena crepitação*'"[28]. Nessa linha, o próprio Código de Processo Penal, na definição de flagrante delito, não incluiu *momentos antes* do início propriamente da ação, tais como "prestes a acontecer", "na iminência de o ser ou de ocorrer", ou coisa do gênero, nem mesmo nas chamadas espécies de flagrante *impróprio, quase flagrante* ou *flagrante presumido* (art. 302 e incisos). Como a atual Constituição refere-se, no particular, a "flagrante delito", sendo posterior ao Código Penal, não recepcionou a locução "ou na iminência de o ser", como autorizadora da violação legítima de domicílio. Logo, a excludente especial "iminência" de prática de crime, prevista no Código Penal, *é eivada de inconstitucionalidade*.

O argumento *funcionalista* de que essa interpretação deixaria a sociedade desprotegida não serve para restringir a liberdade individual e ampliar a intervenção do Estado. O máximo que se poderá conceder, numa interpretação sistemática, sem ferir

---

27. Flávio Augusto Monteiro de Barros, *Crimes contra a pessoa*, p. 267.
28. Fernando da Costa Tourinho Filho, *O processo penal*, 2. ed., São Paulo, Jalovi, 1977, v. 3, p. 293.

as garantias fundamentais de ninguém, é, no caso de, "na iminência da prática de crime grave", considerar as hipóteses de "desastre", ou, o que é mais apropriado, "para prestar socorro".

11.2 *"Novas" excludentes constitucionais*

O § 3º deve ser analisado em harmonia com o disposto no art. 5º, XI, da Constituição Federal: "A casa é asilo inviolável do indivíduo, ninguém nela podendo penetrar sem o consentimento do morador, salvo em caso de flagrante delito ou desastre, ou para prestar socorro, ou, durante o dia, por determinação judicial".

Na verdade, o novo Texto Constitucional trouxe profundas modificações relativamente à tutela da inviolabilidade domiciliar, que não podem ser ignoradas, algumas delas por nós já referidas. Além de não recepcionar a "iminente prática de crime" e de excluir a possibilidade de a autoridade policial entrar ou permanecer em casa alheia ou em suas dependências ou expedir mandado para tanto (atribuindo-a exclusivamente à autoridade judiciária), incluiu a finalidade, quando necessária, de "prestar socorro". A Emenda Constitucional n. 1/69, disciplinando o mesmo tema, admitia a excludente somente "em caso de crime ou desastre" (art. 153, § 10).

É difícil afirmar que, nesse particular, o novo Texto Constitucional ampliou ou reduziu as garantias ou as exceções. Na verdade, restringiu ao não recepcionar a alternativa do Código Penal "ou na iminência de o ser", mas, por outro lado, ampliou ao incluir a hipótese da necessidade de "prestar socorro". Nesse aspecto, não ampliou nem reduziu: apenas modificou, dando novo tratamento a essas exceções da inviolabilidade domiciliar. Embora, à primeira vista, não pareça tão relevante a inclusão da hipótese da necessidade de "prestar socorro", ela assume importância na medida em que supre a exclusão da "iminência de crime", quando este se prenunciar efetivamente grave e recomendar a intervenção imediata, de pronto, antes mesmo que se inicie, sob pena de perecer o bem jurídico que se pretende proteger, com graves danos ao ofendido. A diferença reside em que não é a "iminência de qualquer infração penal" que autoriza penetrar ou permanecer em casa alheia, mas somente quando se fizer necessária a prestação de socorro, funcionando aqui também o princípio da *proporcionalidade*.

A grande transformação, inegavelmente, refere-se à exigência, com exclusividade, de *ordem judicial*, eliminando, em tese, as constantes arbitrariedades praticadas no passado por agentes policiais, especialmente os conhecidos "esquentamentos de invasões", com mandados expedidos *a posteriori*. Eliminou "em tese" porque eventualmente o Judiciário ainda pode ser, e muitas vezes é, induzido a *erro*, expedindo mandados para acobertar diligências já realizadas ou em casos em que não é necessária ou não é legítima a busca domiciliar ou prisão pretendidas.

11.3 *Excludentes gerais*

Despiciendo determo-nos no exame das *excludentes gerais* definidas na Parte Geral do Código Penal, a partir do seu art. 23, que, à evidência, também exclui a antijuridicidade da entrada ou permanência em casa alheia.

Com efeito, o *estado de necessidade, a legítima defesa, o estrito cumprimento de dever legal e o exercício regular de direito* afastam a ilicitude de eventual invasão domiciliar; logicamente, as duas primeiras exigem a presença de seus requisitos formais e materiais, e as duas últimas, além desses requisitos, não dispensam a necessidade das *formalidades legais*, sob pena de responderem pelo crime, a despeito da existência de *dever legal* e do *direito ao exercício*, pois o cumprimento do dever legal não teria sido "estrito", e o exercício do direito não teria sido "regular".

Para aprofundar o exame dessas excludentes, recomenda-se consultar obras que tratam da Parte Geral do Código Penal[29].

12. Pena e ação penal

A sanção penal cominada é *alternativa*, na figura simples: detenção de um a três meses, ou multa (*caput*). Na *figura qualificada* (§ 1º), ou seja, se o crime é praticado *durante a noite, em lugar ermo, com emprego de violência ou de arma, ou por duas ou mais pessoas,* a pena é detenção de seis meses a dois anos, além da pena correspondente à violência. O *concurso de crimes* até pode ser *formal*, se for o caso de unidade de conduta, mas o *sistema de aplicação de pena* é o do *cúmulo material*, a exemplo do que ocorre com o *concurso formal impróprio*. Na *figura majorada* (§ 2º), a pena é aumentada em um terço, quando praticado por funcionário público, fora dos casos legais, ou com inobservância das formalidades legais, ou com abuso de poder.

A ação penal é *pública incondicionada*, sendo dispensável qualquer manifestação do ofendido tanto para a sua instauração quanto para as providências investigatórias preliminares.

---

29. Cezar Roberto Bitencourt, *Tratado de Direito Penal* — Parte Geral, v. 1; Damásio de Jesus, *Direito Penal*, v. 1; Heleno Cláudio Fragoso, *Lições*; Parte Geral; Francisco de Assis Toledo, *Princípios básicos de Direito Penal*, 4. ed., São Paulo, Saraiva, 1991; Juarez Cirino dos Santos, *Direito Penal*; Parte Geral, Rio de Janeiro, Forense, 1985; Jair Leonardo Lopes, *Curso de Direito Penal*, 3. ed., São Paulo, Revista dos Tribunais, 1997; Flávio Augusto Monteiro de Barros, *Direito Penal*; Parte Geral, São Paulo, Saraiva, 1999.

XXXII VIOLAÇÃO DE CORRESPONDÊNCIA

Sumário: 1. Considerações preliminares. 2. Bem jurídico tutelado. 3. Sujeitos ativo e passivo. 4. Tipo objetivo: adequação típica. 4.1. Violação de correspondência. 4.1.1. Elemento normativo do tipo: "indevidamente". Inconstitucionalidade das "exceções legais". 4.2. Apossamento de correspondência. 4.3. Violação de comunicação telegráfica, radioelétrica ou telefônica. 4.4. Interceptação de comunicação telefônica. 4.5. Impedimento de comunicação ou conversação. 4.6. Instalação ou utilização ilegal de estação ou aparelho radioelétrico. 5. Tipo subjetivo: adequação típica. 6. Consumação e tentativa. 7. Classificação doutrinária. 8. (I)legitimidade da devassa de correspondência pelo cônjuge do destinatário. 9. Formas majoradas e qualificadas. 10. Subsidiariedade. 11. Exclusão de ilicitude. 12. Pena e ação penal.

Seção III
Dos Crimes contra a Inviolabilidade de Correspondência

Violação de correspondência

Art. 151. Devassar indevidamente o conteúdo de correspondência fechada, dirigida a outrem:

Pena — detenção, de 1 (um) a 6 (seis) meses, ou multa.

Sonegação ou destruição de correspondência

§ 1º Na mesma pena incorre:

I — quem se apossa indevidamente de correspondência alheia, embora não fechada e, no todo ou em parte, a sonega ou destrói;

Violação de comunicação telegráfica, radioelétrica ou telefônica

II — quem indevidamente divulga, transmite a outrem ou utiliza abusivamente comunicação telegráfica ou radioelétrica dirigida a terceiro, ou conversação telefônica entre outras pessoas;

III — quem impede a comunicação ou a conversação referidas no número anterior;

IV — quem instala ou utiliza estação ou aparelho radioelétrico, sem observância de disposição legal.

§ 2º As penas aumentam-se de metade, se há dano para outrem.

§ 3º Se o agente comete o crime, com abuso de função em serviço postal, telegráfico, radioelétrico ou telefônico:

Pena — detenção, de 1 (um) a 3 (três) anos.

§ 4º Somente se procede mediante representação, salvo nos casos do § 1º, IV, e do § 3º.

1. Considerações preliminares

A despeito dos precedentes longínquos, o princípio da *inviolabilidade da correspondência* somente foi reconhecido com a *Revolução Francesa*, como um dos aspectos fundamentais da *manifestação da liberdade individual*. No século XIX, a inviolabilidade de correspondência foi elevada à condição de garantia constitucional.

A Constituição brasileira de 1824 passou a garantir ao indivíduo essa inviolabilidade (art. 179, § 27), sendo, logo depois, criminalizada pelo Código Criminal de 1830 a conduta que a infringisse (arts. 129, § 6º, 215 e 216). O Código Penal da República, de 1890, continuou com a mesma orientação, dispensando mais de um dispositivo a criminalizar eventuais violações desse direito fundamental (arts. 189, 190 e 191).

A Lei n. 6.538, de 22 de junho de 1978, que disciplinou os serviços postais, revogou tacitamente o *caput* do art. 151 e seu § 1º, I, do CP, introduzindo o crime de *quebra de segredo profissional* relativo à correspondência, e os arts. 293, I e II, e 303, ambos do CP.

O crime antes definido como de "sonegação ou destruição de correspondência" deixou de ser um crime de conteúdo variado, com a supressão das condutas "sonegar" ou "destruir", passando a ser um crime de conduta única, "apossar-se"; as outras duas condutas suprimidas constituem o *elemento subjetivo especial do tipo*: "para sonegá-la ou destruí-la" (art. 40, § 1º, I, da Lei n. 6.538/78). Assim, seria mais adequado definir essa infração penal como crime de "apossamento de correspondência", terminologia que adotamos.

2. Bem jurídico tutelado

Cautelosa e prudentemente o Código Penal disciplina em seções distintas a *violação de correspondência* e a *violação de segredo*, cujos bens jurídicos protegidos são igualmente inconfundíveis.

O bem jurídico protegido, neste artigo, é a *inviolabilidade do sigilo da correspondência*, das comunicações telegráficas e das comunicações telefônicas. A importância desse bem jurídico, na garantia da liberdade de expressão, fundamentou, inclusive, a necessidade de garanti-lo constitucionalmente, elevando-o à condição de garantia constitucional individual (art. 5º, X e XII); a violação desse preceito constitucional, que já era criminalizado pelo Código Penal de 1940, recebeu nova disciplina penal através da Lei n. 6.538/78 e, mais recentemente, a Lei n. 9.296, de

24 de julho de 1996, que disciplina o inciso XII, parte final, do art. 5º da Constituição Federal, criminalizou outras condutas.

Genericamente, pode-se afirmar, protege-se a *liberdade individual*, sob o aspecto, mais especificamente, da *liberdade de manifestação do pensamento*; garante-se, na verdade, a inviolabilidade do sigilo, particularmente o sigilo da comunicação, cujo desrespeito atingiria mortalmente a essência da privacidade individual, que é o direito de viver com o mínimo de interferência de terceiros. O ser humano tem, por vezes, mais que o direito, a necessidade de resguardar-se na sua intimidade, de preservar-se da curiosidade dos olhares, comentários ou ouvidos ávidos por deslindar o interior e a privacidade do semelhante. O direito à intimidade ou privacidade, que é espécie do gênero direitos da personalidade[1], necessita e recebe a imediata proteção jurídico-constitucional[2]. E a violação do sigilo da correspondência, das comunicações telefônicas e telegráficas, na era da informática, é o ápice da transgressão desse direito, que justifica a sua criminalização.

Se o crime for praticado com abuso de função ou prevalecendo-se do cargo, em serviço postal ou telegráfico, radioelétrico ou telefônico, o crime será qualificado, e a pena cominada é de um a três anos de detenção (§ 3º).

3. Sujeitos ativo e passivo

Sujeito ativo pode ser qualquer pessoa, não requerendo nenhuma condição particular. Somente não podem praticar esse crime o remetente e o destinatário, ante a impossibilidade de se autoviolar o sigilo da própria correspondência. Será qualificado o crime se for praticado com abuso de função, em serviço postal, telegráfico, radioelétrico ou telefônico, cuja pena será de um a três anos de detenção (§ 3º). Fora das hipóteses qualificadoras, se o crime for praticado com abuso de função ou prevalecendo-se do cargo, em serviço postal ou telegráfico, radioelétrico ou telefônico, incidirá a agravante prevista no art. 43 da Lei n. 6.538/78. Como agravante genérica, a exemplo daquelas do Código Penal (art. 61), não é fixada a quantidade de agravação da pena, devendo-se respeitar os critérios especiais estabelecidos pelo Código Penal para a dosimetria da pena.

Sujeitos passivos (duplo), por sua vez, são os dois excluídos da possibilidade de serem sujeito ativo, isto é, o *remetente* e o *destinatário* da correspondência. Esses dois são os que sofrem o dano com a violação do sigilo da comunicação não protegido pela lei, como assegurado pela Constituição Federal, como garantia individual do cidadão. Enquanto a correspondência não chega às mãos do destinatário, pertence ao remetente.

---

1. Edoardo Giannoti, *A tutela constitucional da intimidade*, Rio de Janeiro, Forense, 1987, p. 37; Maria Gilmaíse de Oliveira Mendes, *Direito à intimidade e interceptações telefônicas*, São Paulo, Malheiros Ed., 1999, p. 44.
2. Paulo José da Costa Jr., *O direito de estar só: tutela penal da intimidade*, São Paulo, Revista dos Tribunais, 1995, p. 12.

Determinado segmento da doutrina alemã sustenta que, enquanto a correspondência não chegar ao destinatário, somente o remetente é o titular do bem jurídico tutelado; o destinatário somente passa a ser o titular quando recebe a correspondência. A prescrição do art. 11 da Lei n. 6.538/78 aproxima-se do entendimento adotado pela doutrina alemã. Referido artigo estabelece que: "Os objetos postais pertencem ao remetente até a sua entrega a quem de direito. Quando a entrega não tenha sido possível em virtude de erro ou insuficiência de endereço, o objeto permanecerá à disposição do destinatário, na forma prevista nos regulamentos". Assim, qualquer conduta atentatória praticada pelo remetente antes da entrega ao destinatário constitui, no máximo, mero ilícito administrativo ou, dependendo das circunstâncias, crime de *divulgação de segredo*.

O eventual anonimato do remetente não terá idoneidade para descaracterizar o crime definido no dispositivo em exame.

4. Tipo objetivo: adequação típica

O art. 151 prevê as seguintes formas de condutas, tipificadoras de crimes distintos: *a) violação de correspondência (*caput*); b) apossamento de correspondência* (§ 1º, I); *c) violação de comunicação telegráfica, radioelétrica ou telefônica* (§ 1º, II); *d) impedimento de comunicação ou conversação* (§ 1º, III); *e) instalação ou utilização de estação ou aparelhos radioelétricos* (§ 1º, IV). Vamos examiná-las individualmente.

4.1 Violação de correspondência

O núcleo do *caput*, que protege a inviolabilidade do sigilo da correspondência, é *devassar*, que significa descobrir, olhar, perscrutar, *indevidamente*, correspondência alheia fechada, total ou parcialmente. É desnecessária a abertura da correspondência; basta, por qualquer meio, tomar conhecimento do seu conteúdo. O devassamento sempre constitui crime, independentemente do conteúdo da correspondência, se relevante ou irrelevante.

O elemento normativo *indevidamente* exige que a devassa seja ilegítima, sem autorização, conforme exame que faremos no tópico seguinte.

É necessário que a *correspondência* seja *fechada*, isto é, que não tenha sido violada ou devassada por alguém. Se não estiver fechada, não significa que a conduta seja atípica, pois poderá, eventualmente, tipificar a conduta descrita no § 1º, inciso I, desse mesmo artigo, desde que os demais elementos estejam presentes. Se, contudo, o agente limitar-se a ler *correspondência aberta*, sem *apossar-se*, *sonegar* ou *destruí-la*, não cometerá crime algum, desde que não tenha concorrido para a abertura do recipiente onde a correspondência estava acondicionada.

Não é imprescindível que o sujeito ativo leia, sendo escrita, a correspondência alheia; é suficiente que tome conhecimento do seu conteúdo, ou seja, o sujeito ativo comete o crime tanto quando abre a correspondência como quando faz sua leitura utilizando-se de aparelhagem técnica especial. Caso contrário, lembra Damásio de

Jesus, o *cego* e o *analfabeto* não poderiam praticar esse crime, a despeito de, acrescentamos, abrirem e terem ciência do seu conteúdo. A lei não estabelece os meios ou formas pelos quais a correspondência pode ser violada; logo, estamos diante de crime de forma livre, e, ante o avanço tecnológico, a devassa de correspondência pode ser realizada das mais diversas maneiras, inclusive sem abrir o invólucro onde aquela se encontra (com raios de luz, raio *laser* etc.).

O Código Penal não define o que deve ser entendido por *correspondência*. No entanto, na era das comunicações é natural que sua compreensão seja suficientemente abrangente para abarcar todo e qualquer meio de comunicação. Assim, pode ser: carta, bilhete, fax, fonograma, telex, telegrama, fita de vídeo, fita cassete, *videolaser* etc. Fundamental, mais que o meio ou tipo de correspondência, é que esteja fechada, demonstrando o seu caráter sigiloso e o desejo de que seu conteúdo seja conhecido somente pelo seu destinatário[3].

4.1.1 Elemento normativo do tipo: "indevidamente". Inconstitucionalidade das "exceções legais"

Os tipos penais, desde a contribuição de Mayer[4], não raro trazem no seu bojo determinados *elementos normativos*, que encerram um *juízo de valor*. Convém destacar, no entanto, como tivemos oportunidade de afirmar, "os *elementos normativos do tipo* não se confundem com os *elementos jurídicos normativos da ilicitude*. Enquanto aqueles são elementos constitutivos do tipo penal, estes, embora integrem a descrição do crime, referem-se à ilicitude, assim sendo, constituem elementos *sui generis* do fato típico, na medida em que são, ao mesmo tempo, caracterizadores da ilicitude"[5]. Afinal, nesse tipo penal, apresenta-se exatamente um desses *elementos normativos especiais da ilicitude*, que é "indevidamente".

A Constituição Federal protege a inviolabilidade do "sigilo da correspondência *e das comunicações telegráficas, de dados e das comunicações telefônicas, salvo, no último caso, por ordem judicial, nas hipóteses e na forma que a lei estabelecer para fins de investigação criminal ou instrução processual penal*" (art. 5º, inciso XII). Convém destacar que, ao contrário do que fazia a Constituição anterior (art. 153, § 9º), a atual afirma que "é inviolável o sigilo da correspondência", sem estabelecer qualquer exceção. Na verdade, o atual Texto Constitucional excepciona somente em relação ao "sigilo das comunicações telefônicas", nos limites estabelecidos no próprio Texto Constitucional e, posteriormente, disciplinado pela Lei n. 9.296/96[6].

---

3. Antonio José Miguel Feu Rosa, *Direito Penal*, p. 301.
4. Luis Jiménez de Asúa, *Principios de Derecho Penal*, p. 238.
5. Cezar Roberto Bitencourt, *Tratado de Direito Penal* — Parte Geral, 30. ed., São Paulo, Saraiva, 2024, v. 1, p. 581.
6. Sobre o tema veja-se, entre outros: Lenio Luiz Streck, *As interceptações telefônicas e os*

Por isso, pode-se afirmar com segurança, todas as exceções ou autorizações legais relativas à inviolabilidade do sigilo de correspondência são inconstitucionais. Nesse sentido, são absolutamente inconstitucionais os arts. 240, § 1º, letra *f*, e 243, § 2º, do Código de Processo Penal. Sob o império da nova ordem constitucional, nenhuma espécie de "fundadas razões" autoriza, legitimamente, a "apreender cartas, abertas ou não, destinadas ao acusado ou em seu poder" (art. 240, § 1º, *f*), independente da natureza da suspeita (ou mesmo certeza) ou do conteúdo da correspondência. Na verdade, esse dispositivo foi derrogado pela Constituição Federal de 1988, art. 5º, inciso XII, 1ª parte. Assim, toda e qualquer apreensão de correspondência, com fundamento nesse dispositivo, *é inconstitucional* e, como tal, constitui *prova ilícita*, como ocorreu no famoso caso do ex-presidente do Banco Central, Prof. Francisco Lopes, independentemente de os poderes constituídos reconhecerem essa aleivosia. Por outro lado, a previsão do art. 243, § 2º, do CPP é *duplamente inconstitucional*: primeiro porque fere o *princípio da ampla defesa* (art. 5º, inciso LV), e segundo porque afronta a *inviolabilidade do advogado* no exercício profissional (art. 133).

Como afirmamos anteriormente, a finalidade de "investigação criminal ou instrução processual penal", mesmo por ordem judicial, *só foi excepcionada para autorizar a quebra do sigilo das comunicações telefônicas*. Essa *exceção específica* reforça ainda mais o argumento de que, para as demais formas de comunicação — *correspondência, comunicações telegráficas e de dados* —, nem mesmo *fins investigatórios penais* autorizam a violação do sigilo constitucionalmente assegurado. O *constituinte* brasileiro, *a contrario sensu*, reforçou essa garantia constitucional, que assume a condição de dogma: não admite nenhuma exceção! No entanto, nesse particular, convém destacar, desafortunadamente, os guardiões oficiais da Constituição Federal não têm sido muito diligentes nesse mister, segundo nos demonstra o quotidiano forense.

Nessa mesma linha, é absolutamente *inconstitucional* a "devassa" do conteúdo da correspondência destinada ao preso realizada pelas autoridades penitenciárias. O preso não é *res*, e a própria Lei de Execução Penal assegura-lhe todos os direitos que não forem atingidos pela sentença ou pela lei (art. 3º), dentre os quais destaca-se a *inviolabilidade da correspondência*.

4.2 *Apossamento de correspondência*

O § 1º, inciso I, com a redação alterada tacitamente pelo art. 40, § 1º, da Lei n. 6.538/78, *aplica a mesma pena* a quem se *apossa* indevidamente de correspondência alheia, mesmo não fechada, *para sonegá-la ou destruí-la*, total ou parcialmente. Esse dispositivo equipara a *sonegação* de correspondência à sua violação. Na hipótese de *sonegação*, ao contrário da *violação* (*caput*), é irrelevante que a correspondência seja aberta ou fechada e que o sujeito ativo tenha ou não conhecimento do seu conteúdo.

---

direitos fundamentais: Constituição — cidadania — violência, Porto Alegre, Livr. do Advogado Ed., 1997; Maria Gilmaíse de Oliveira Mendes, *Direito à intimidade e interceptações telefônicas*.

As ações nucleares, antes da Lei n. 6.538/78, eram representadas pelos verbos "apossar-se", "sonegar" e "destruir". *Apossar-se* significa apoderar-se da correspondência alheia, indevidamente; *sonegar* tem o significado de ocultar, desviar, omitir a correspondência de outrem; *destruir* tem o sentido de inutilizar, rasgar, queimar, torná-la imprestável para o fim a que se destina. Qualquer das condutas devia ser praticada *indevidamente*, isto é, sem justa causa, sem fundamento legal; sobre esse elemento normativo, convém observar o que dissemos no item n. 4.1.1 deste capítulo. Trata-se de um *tipo aberto*, tido como *anormal*, exigindo um juízo de valor.

No entanto, a referida Lei n. 6.538, em seu art. 40, § 1º, alterou tacitamente a redação do Código Penal e transformou as duas condutas nucleares, alternativas, "sonegar" e "destruir", convertendo-as em *especial fim do agir*, isto é, da conduta de "apossar-se". Assim, a redação do art. 151, § 1º, I, do Código Penal, a partir de 1978, pode ser interpretada desse modo: "Incorre nas mesmas penas quem se apossa indevidamente de correspondência alheia, embora não fechada, para sonegá-la ou destruí-la, no todo ou em parte" (art. 40, § 1º). Logo, se o agente, sem se apossar de correspondência alheia, a sonega ou a destrói, não pratica esse crime, pois a conduta incriminada é somente "apossar-se" de correspondência alheia. Como veremos, oportunamente, a finalidade do *apossamento* é "sonegar ou destruir", que, para a consumação do crime, não precisa ocorrer; basta que exista na mente do agente.

Apossar-se significa apoderar-se, reter, tomar posse da correspondência; mas o apossamento deve ser indevido. É indiferente que a correspondência esteja fechada ou aberta. Como crime de forma livre, pode ser praticado com os mais variados meios ou formas: com violência real ou moral, fraude, por erro do carteiro etc.

Para se configurar o crime, é suficiente o apossamento parcial de correspondência, de parte dela, de algum documento anexo etc. Antes da atual redação desse tipo penal, estávamos diante de um crime de conteúdo variado ou de ação múltipla, e, se o agente praticasse mais de uma das condutas tipificadas, não incorreria em mais de um crime.

Se a correspondência tiver valor econômico, teoricamente, a subtração poderá constituir *crime de furto*, e a destruição, *crime de dano*[7].

4.3 *Violação de comunicação telegráfica, radioelétrica ou telefônica*

Embora o texto legal trate englobadamente, como figuras distintas do mesmo crime de violação de comunicação, para facilitar a compreensão, abordaremos separadamente os incisos II e III do § 1º do art. 151 do CP.

---

7. No mesmo sentido, veja-se: Victor Eduardo Rios Gonçalves, *Dos crimes contra a pessoa*, p. 117.

Nos termos do inciso II, pratica o crime de "violação de comunicação" "quem indevidamente divulga, transmite a outrem ou utiliza abusivamente comunicação telegráfica ou radioelétrica dirigida a terceiro, ou conversação telefônica entre outras pessoas".

As condutas tipificadas são "divulgar", "transmitir" ou "utilizar". *Divulgar* significa dar publicidade, tornar público, propagar, difundir o conteúdo da comunicação, indevidamente; *transmitir* é comunicar, fazer chegar, transferir, em tese, a um número indeterminado de pessoas. Nesse caso específico, no entanto, não é necessário que uma pluralidade de pessoas tome conhecimento da comunicação, pois o tipo penal pune a transmissão a *outrem*; logo, é suficiente que uma só pessoa tome conhecimento da comunicação para que se configure o crime; *utilizar* é fazer uso, empregar, tirar proveito, explorar, no caso, abusivamente, comunicação telegráfica, radioelétrica ou comunicação telefônica.

Pode-se dizer que, na definição desse fato delituoso, o legislador *abusou* do direito de usar *elementos normativos* na descrição típica; essa "anormalidade" amplia o espectro da definição típica, diminui a garantia do tipo fechado, dificulta a defesa e, implicitamente, viola o princípio da taxatividade da tipicidade, pois implica *juízos de valores*, que demandam a intervenção de outras áreas do conhecimento humano para encontrar o verdadeiro sentido de referidas *elementares*. Com efeito, além de tipificar um crime de conteúdo variado, inclui dois *elementos jurídicos normativos da ilicitude*[8], que, como sustentamos, são *elementos definidores do dever jurídico*, e não se confundem com os *elementos normativos do tipo*[9]. São eles: *indevidamente* e *abusivamente*.

Sobre a elementar "indevidamente", reportamo-nos ao que dissemos a respeito em tópico à parte, neste mesmo capítulo. "Abusivamente", por sua vez, é aquilo que é praticado com abuso, contrariando o regramento, com excesso etc. Nas condutas de *divulgar* e *transmitir* o elemento normativo exigido é tão somente o "indevidamente". Na de *utilizar*, a nosso juízo, incide não só a elementar "abusivamente" como também "indevidamente", ou seja, na conduta de utilizar abusivamente as comunicações que o tipo nomina, faz-se necessário que essa utilização também seja indevida, isto é, injusta, não autorizada.

4.4 Interceptação de comunicação telefônica

Como já nos referimos anteriormente, a *comunicação telefônica* é a única a que a atual Constituição Federal permite *exceção*, eventualmente, ao princípio da *inviolabilidade do sigilo das comunicações*, desde que "por ordem judicial, nas hipóteses

---

8. Para Damásio de Jesus, no entanto, "abusivamente" constitui elemento subjetivo do tipo (*Direito Penal*; Parte Especial, 22. ed., São Paulo, Saraiva, 1999, v. 1, p. 282).

9. Veja-se nosso *Erro de tipo e erro de proibição*, 2. ed., São Paulo, Saraiva, 2000.

e na forma que a lei estabelecer para fins de investigação criminal ou instrução processual penal" (art. 5º, XII). Atendendo a esse postulado constitucional, a Lei n. 9.296/96 veio disciplinar as hipóteses (arts. 1º e 2º) em que a *interceptação telefônica*, judicialmente autorizada, nos limites da Constituição, está excluída da tipificação criminal. O mesmo diploma legal, em seu art. 10, faz a seguinte incriminação: "Constitui crime realizar interceptação de comunicações telefônicas, de informática ou telemática, ou quebrar segredo da Justiça, sem autorização judicial ou com objetivos não autorizados em lei. Pena: reclusão, de 2 (dois) a 4 (quatro) anos, e multa".

O primeiro registro que se deve fazer é que o crime de *interceptação telefônica* não está mais tipificado no art. 151, § 1º, inciso II, parte final, do CP, mas no dispositivo que acabamos de transcrever.

Como situação excepcional, é natural que a admissibilidade da interceptação telefônica seja enriquecida de exigências, que representam as cautelas necessárias para, com prudência, permitir a violação excepcional do sigilo da comunicação telefônica. Por isso, não será admitida a interceptação telefônica nos seguintes casos: a) *quando não houver indícios razoáveis da autoria ou participação em infração penal*; b) *quando a prova puder ser feita por outros meios disponíveis*; c) *quando o fato investigado constituir infração penal punida, no máximo, com pena de detenção* (art. 2º da Lei. n. 9.296/96).

O juiz cível não pode autorizar a interceptação telefônica, e o próprio juiz criminal somente poderá fazê-lo quando estiverem presentes os pressupostos contidos na Lei n. 9.296/96. Para aprofundar a análise deste crime, recomendamos que se busquem as monografias específicas[10].

4.5 Impedimento de comunicação ou conversação

Segundo o inciso III do referido § 1º do art. 151 do CP, igualmente incorre na mesma pena "quem impede a comunicação ou a conversação referidas no número anterior".

Impedir significa barrar, não permitir, opor-se a, interromper por qualquer meio a comunicação ou conversação referidas no tipo penal. Ao contrário de todas as outras hipóteses do § 1º em exame, esta é a única em que não há exigência expressa de elemento normativo, embora Damásio de Jesus sustente a necessidade de o impedimento ser indevido ou abusivo[11].

Na verdade, não há no tipo penal em exame a exigência de nenhum elemento normativo especial. Contudo, ninguém pode impedir a comunicação referida no dispositivo se não houver previsão legal; mas essa circunstância decorre da regra geral, segundo a qual "ninguém será obrigado a fazer ou deixar de fazer alguma

---

10. Lenio Luiz Streck, *As interceptações telefônicas e os direitos fundamentais*; Maria Gilmaíse de Oliveira Mendes, *Direito à intimidade e interceptações telefônicas*; Vicente Greco Filho, *Interceptação telefônica*, São Paulo, Saraiva, 1996, entre outras obras.
11. Damásio de Jesus, *Direito Penal*, p. 287.

coisa senão em virtude de lei" (art. 5º, II, da CF). Assim, mesmo que não houvesse a previsão legal em análise, o impedimento de comunicação ou conversação poderia tipificar o crime de *constrangimento ilegal* previsto no art. 146 do CP.

4.6 Instalação ou utilização ilegal de estação ou aparelho radioelétrico

O inciso IV do mesmo parágrafo comina a mesma pena do *caput* a "quem instala ou utiliza estação ou aparelho radioelétrico, sem observância de disposição legal". Esse dispositivo, no entanto, foi revogado tacitamente pela Lei n. 4.117, de 27 de agosto de 1962 (Código de Telecomunicações), que em seu art. 70 dispõe: "Constitui crime punível com a pena de detenção de 1 a 2 anos, aumentada da metade se houver dano a terceiro, a instalação ou utilização de telecomunicações, sem observância do disposto nesta lei e nos regulamentos" (redação dada pelo Decreto-Lei n. 236, de 28-2-1967), embora, normalmente, conste em todos os Códigos Penais, comuns e anotados, das principais editoras brasileiras, o texto revogado do Código Penal.

Os verbos-núcleos do tipo penal, contudo, mantiveram-se os mesmos: *instalar* e *utilizar*. *Instalar* significa alojar, acomodar, montar; *utilizar* é empregar utilmente, fazer uso, servir-se, tirar vantagem etc. Como se trata de *crime de ação múltipla*, ainda que o sujeito *instale* "telecomunicações" e a seguir as *utilize*, pratica crime único.

O elemento normativo do tipo consiste em instalar ou utilizar telecomunicações "sem observância do disposto nesta lei e nos regulamentos". Em outros termos, somente a instalação ou utilização *sem a devida licença* constituirá o crime.

5. Tipo subjetivo: adequação típica

O *elemento subjetivo* é o dolo, que se constitui da vontade livre e consciente de violar o conteúdo de correspondência fechada (na hipótese do *caput*) dirigida a terceiro. É indispensável que o sujeito ativo tenha *consciência* de que a correspondência destina-se a outrem e que, ainda assim, tenha a vontade de devassá-la. A *consciência atual* do agente deve abranger a ação, os meios utilizados, o conhecimento de que essa devassa é "indevida", isto é, sem justa causa, que se trata de correspondência destinada a outrem. A ausência dessa *consciência* ou da sua *atualidade* afasta o dolo e, por extensão, a tipicidade. Está excluída desse elemento cognitivo do dolo somente a *consciência da ilicitude*, que não precisa ser atual e está contida na culpabilidade. Desnecessário dizer, depois do afirmado, que o *erro de tipo*, a exemplo do que ocorre com as demais infrações penais, exclui o dolo.

Na hipótese de sonegação de correspondência, há o elemento subjetivo especial do tipo constituído pelo *especial fim* de sonegá-la ou destruí-la, que não precisa concretizar-se, sendo suficiente que tenha sido o móvel da ação.

"*Indevidamente*", como demonstramos acima, constitui um *elemento normativo especial do tipo*, representando uma *característica especial do dever jurídico*; nessas circunstâncias, como o dolo deve abranger todos os elementos que compõem a descrição da figura típica, à evidência que o sujeito ativo deve ter *consciência* desse *elemento normativo*, que é fundamental na determinação da tipicidade concreta. Nas hipóteses dos incisos III e IV do § 1º não há o elemento normativo típico "indevidamente".

6. Consumação e tentativa

Consuma-se o crime de violação de correspondência com o conhecimento do conteúdo da correspondência (1ª figura). Enfim, consuma-se o crime com o *devassamento da correspondência*, ou seja, com o conhecimento do seu conteúdo, que não precisa ser total nem ser, na sua essência, *segredo*.

Na dita figura de "sonegação ou destruição" o crime consuma-se com o efetivo *apossamento*; tratando-se de *crime formal* é desnecessário que o agente atinja a eventual finalidade da conduta, que pode ou não ocorrer. Esse crime, que preferimos denominar *apossamento de correspondência*, teve seu momento consumativo alterado em relação à versão original do Código Penal; nesse diploma legal, o crime somente se consumava com a efetiva sonegação ou destruição da correspondência: era *crime material*; agora, com a transformação operada pela Lei n. 6.538/78, como o crime passou a ser *formal*, consuma-se com o simples *apossamento*, pois "sonegar" ou "destruir" passou a constituir simples *elemento subjetivo especial do tipo*, que pode, inclusive, não ocorrer, sendo suficiente que exista na mente do sujeito ativo, como *fim especial*; se ocorrer a efetiva sonegação ou destruição, representará somente o exaurimento do crime, que já estava consumado.

A *tentativa* é admissível, verificando-se quando, por exemplo, alguém é interrompido por terceiro, quando está procurando *violar* o lacre de uma correspondência para descobrir seu conteúdo[12], embora não seja necessária a abertura do envelope para devassá-la; caracteriza, igualmente, a tentativa quando o agente não consegue *apossar-se* de correspondência por circunstâncias alheias à sua vontade.

7. Classificação doutrinária

A violação da correspondência é *crime comum*, logo, pode ser praticado por qualquer pessoa, independentemente de qualquer condição especial; *de dupla subjetividade passiva*, pois tanto remetente quanto destinatário são sujeitos passivos dessa infração penal; *instantâneo*, consuma-se no momento em que o agente recebe a correspondência, esgotando-se aí a lesão jurídica, nada mais podendo ser feito para evitar a sua ocorrência; *comissivo*, sendo impossível praticá-lo através da omissão; *doloso*, não havendo previsão da modalidade culposa.

8. (I)legitimidade da devassa de correspondência pelo cônjuge do destinatário

Questão que tem sido objeto de divergência é relativa à eventual legitimidade da *devassa* da correspondência pelo *cônjuge* do destinatário. A convolação de núpcias, a nosso juízo, não confere a qualquer dos cônjuges o direito de violar o sigilo da

---

12. Magalhães Noronha, *Direito Penal*, p. 195.

correspondência do outro. Aníbal Bruno, mais contemporizador, admitia que, "em condições normais de convivência, é de presumir-se entre os cônjuges um consentimento tácito, que justificaria o fato"[13]; contudo, não passa de mera presunção que cede, quando o outro cônjuge não consentir a violabilidade do sigilo de sua correspondência; nesse caso, será vedado o devassamento pelo outro. No entanto, a despeito de não admitirmos o direito de qualquer dos cônjuges *devassar* a correspondência do outro, não chegamos ao extremo de considerá-la crime. Acreditamos que se trata de um *desvio* de ordem ético-social, censurável, nesse aspecto, mas não chega a tipificar infração penal, embora esteja sujeito à obrigação de reparar eventuais danos morais e/ou materiais, que podem ser objeto de demandas judiciais futuras (as relações conjugais não são mais eternas!). Esse *mau hábito* de "bisbilhotar" a correspondência do outro cônjuge, longe de revelar harmonia, cumplicidade e identidade de propósito, isto é, a *affectio maritalis*, destaca comportamento contraditório com esses objetivos, e, ao contrário do que alguns autores afirmam, não está abrangido pelos *deveres conjugais* estabelecidos no art. 1.566 e incisos do Código Civil. É só uma questão de formação de caráter, vem de berço; alguns têm, outros procuram.

9. Formas majoradas e qualificadas

O § 2º do art. 151 do CP prevê uma *majorante especial* (ou, como preferem alguns, causa especial de aumento) que, se ocorrer, eleva a pena em quantidade fixa: aumenta-se de metade a pena provisoriamente fixada (que pode ser a pena-base, se não existir agravante ou atenuante). Essa elevação, que é obrigatória, é aplicável se houver dano para alguém. A natureza do dano, que configura tipo aberto, pode ser material ou moral, mas, acima de tudo, tem de ser relevante e devidamente comprovada nos autos; caso contrário, a majoração é inaplicável.

O § 3º, por sua vez, prevê uma qualificadora, segundo a qual a pena será de um a três anos de detenção, se o crime for praticado "com abuso de função em serviço postal, telegráfico, radioelétrico ou telefônico". Neste caso, o agente deve praticar o crime com infringência a *dever funcional*. Essa qualificadora somente poderá incidir em funcionário de empresa postal, telegráfica, radioelétrica. Qualquer outro agente, mesmo funcionário de outros setores das comunicações, não incidirá nessa qualificadora. Ademais, não basta tratar-se de funcionário, é necessário que o agente tenha abusado da função para praticar o crime; é uma espécie de vínculo causal. Não responderá pela qualificadora se, a despeito de ser funcionário da empresa, sua função não for usada com infringência de dever funcional, ou não lhe facilitar a prática do crime, como, por exemplo, um motorista, faxineiro, *office-boy*; enfim, mais que a condição de funcionário, é fundamental a *violação de dever funcional* por parte do sujeito ativo.

10. Subsidiariedade

É crime subsidiário, quando não constituir meio ou elemento de crime mais grave. Se a *devassa* deixa de ser um fim em si mesmo, já não se configura um crime

---

13. Aníbal Bruno, *Crimes contra a pessoa*, p. 393-4.

autônomo, passando a constituir elemento, essencial ou acidental, de outro crime, como, por exemplo, o sujeito ativo viola correspondência para praticar o crime de extorsão (art. 158): somente responderá por esse crime. Poderia, inclusive, constituir espionagem contra interesses que eram protegidos pela revogada Lei de Segurança Nacional (arts. 13 e 14 da Lei n. 7.170/83).

11. Exclusão de ilicitude

As excludentes de criminalidade relacionadas no art. 23 do Código Penal não se limitam aos crimes definidos nesse diploma legal, sendo aplicadas, por extensão do seu art. 12, a todas as infrações penais disciplinadas em outros textos legais, desde que, especificamente, não disciplinem o assunto de forma diversa.

Além das excludentes tradicionais (art. 23 do CP), o art. 10 da Lei n. 6.538/78 estabelece que não constitui violação a abertura de correspondência, nas hipóteses que relaciona. Diante da atual Constituição Federal (art. 5º, inciso XII), que não admite exceção à *inviolabilidade da correspondência*, temos seriíssimas dúvidas quanto à constitucionalidade dessa previsão legal.

12. Pena e ação penal

Nas figuras simples, a pena é *alternativa* de detenção de até seis meses, ou multa. Essa forma de cominar a sanção penal, sem fixar o limite mínimo, divorcia-se do sistema tradicional do ordenamento jurídico brasileiro, independentemente de determo-nos na análise sobre vantagens e desvantagens de um e outro sistema; de certa forma, é mais um exemplo de desarmonia que o excesso de leis extravagantes vem causando na codificação penal nacional.

Na ausência desse mínimo legal que, tradicionalmente, os tipos penais cominam, é possível que na condenação seja fixada a pena mínima em um dia; aliás, se as operadoras do art. 59 forem todas favoráveis ao acusado, esse quantitativo deverá ser fixado como pena-base. Justifica-se esse entendimento porque a lei não pode ser interpretada restritivamente. Esse limite só não poderá ser inferior porque atingiria frações de dia, e, segundo a previsão do art. 11 do Código Penal, *frações de dia* devem ser desprezadas.

Claro, convém registrar, somente a título de ilustração, a Lei n. 6.538/78 foi publicada durante a longa e interminável *vacatio legis* do natimorto Código Penal de 1969, que, em seu art. 37, § 1º, prescrevia: "O mínimo da pena de detenção é de quinze dias". Mas, como esse diploma legal nunca entrou em vigor, jamais chegou a existir.

Para a figura do crime de *interceptação telefônica* a pena é de reclusão de dois a quatro anos e multa; o crime de *instalação ou utilização ilegal de estação ou aparelho radioelétrico* é punível com a pena de detenção de um a dois anos, aumentada da metade se houver dano a terceiro. Na figura *qualificada* (§ 3º), detenção de um a três anos. Na forma *majorada* (§ 2º), a pena é aumentada de metade.

A ação penal é *pública condicionada* à representação, com exceção dos casos dos §§ 1º, IV, e 3º, cuja ação penal é *pública incondicionada*. Titular do direito de representar será tanto o remetente quanto o destinatário, pois o que se protege não é o direito de propriedade da correspondência, mas a liberdade pessoal, ou, mais especificamente, a privacidade individual, que é atingida pela violação do sigilo da correspondência. A desinteligência entre remetente e destinatário quanto a exercer o direito de representar não impede que apenas um represente. Trata-se de crime de dupla subjetividade. Enfim, podem representar conjunta ou separadamente. Se qualquer dos dois morrer antes ou depois da entrega da correspondência, a titularidade da representação deverá obedecer à ordem elencada no art. 24 do CPP.

A *representação* referida no art. 45 da Lei n. 6.538/78 — da autoridade administrativa ao Ministério Público Federal — constitui apenas uma impropriedade técnica, não passando de simples forma de *notitia criminis*, puramente administrativa, e pode ser atribuída ao desconhecimento jurídico-penal do legislador de leis extravagantes. Contudo, essa previsão legal deixa claro que as infrações de violação da correspondência definidas em leis especiais são de ação penal pública incondicionada, ao contrário daquelas previstas no Código Penal, com redação da Lei n. 6.538/78.

CORRESPONDÊNCIA COMERCIAL XXXIII

Sumário: 1. Considerações preliminares. 2. Bem jurídico tutelado. 3. Sujeitos ativo e passivo. 4. Tipo objetivo: adequação típica. 5. Tipo subjetivo: adequação típica. 6. Consumação e tentativa. 7. Classificação doutrinária. 8. Pena e ação penal.

Correspondência comercial
Art. 152. Abusar da condição de sócio ou empregado de estabelecimento comercial ou industrial para, no todo ou em parte, desviar, sonegar, subtrair ou suprimir correspondência, ou revelar a estranho seu conteúdo:
Pena — detenção, de 3 (três) meses a 2 (dois) anos.
Parágrafo único. Somente se procede mediante representação.

1. Considerações preliminares

Neste dispositivo, o legislador preferiu dar um tratamento diferenciado à violação de correspondência no âmbito comercial, a despeito da longa e minuciosa disciplina de diversas formas de violação ao sigilo das comunicações contida no art. 151. Com efeito, o disposto no art. 152 constitui especial extensão dos conceitos emitidos no dispositivo anterior, aplicando-se especificamente à correspondência comercial.

Todos os conceitos que emitimos no capítulo anterior apenas são complementados naquilo em que os elementos especializantes o exigirem, quer por limitarem, quer por ampliarem ou simplesmente modificarem as figuras analisadas no referido capítulo.

2. Bem jurídico tutelado

O *bem jurídico* protegido aqui também é a *inviolabilidade do sigilo da correspondência*, acrescida de duas *condições especiais*, não exigidas no artigo anterior: uma relativa ao sujeito ativo, que só pode ser "sócio ou empregado", outra referente à natureza do destinatário da correspondência, que é limitado a "estabelecimento comercial ou industrial".

Apesar de a tutela penal destinar-se exclusivamente ao *sigilo de correspondência comercial*, não se limita àquela que contenha "segredos" especiais[1], embora essa

---

1. Em sentido contrário: Antonio José Miguel Feu Rosa, *Direito Penal*; Parte Especial, São Paulo, Revista dos Tribunais, 1995, p. 306.

preocupação esteja implícita na opção político-criminal de proteger, em tese, o mesmo *bem jurídico* (inviolabilidade da correspondência) e cominar-lhe sanção muito superior; é suficiente que o conteúdo dessas correspondências seja relevante, pois a tutela penal de "segredos" é objeto da próxima seção deste mesmo capítulo do Código Penal (arts. 153 e 154).

Curiosamente, no entanto, na ótica do legislador, *sigilos e segredos comerciais, invenções e novas tecnologias* constituem interesses superiores aos protegidos no art. 151, pois somente essa avaliação justifica tamanha elevação da sanção penal. Embora o tipo penal não se limite à proteção desses interesses, como acabamos de afirmar, devemos reconhecer que, não raro, podem ser objeto do conteúdo dessas correspondências.

3. Sujeitos ativo e passivo

Em razão de tratar-se de *crime próprio*, somente poderá ser *sujeito ativo* quem reunir as qualidades ou condições especialmente exigidas pelo tipo penal, no caso, o *sócio ou empregado* de estabelecimento *comercial* ou *industrial*. Nenhum outro indivíduo — *acionista, investidor, colaborador, vendedor autônomo ou representante comercial* — poderá ser *sujeito ativo* desse crime, por faltar-lhe a condição especial de "sócio ou empregado", a não ser que aja ao abrigo do *concurso de pessoas*[2]; igualmente, *sócio* ou *empregado* de qualquer outro *estabelecimento* que não seja comercial ou industrial, como, por exemplo, prestadores de serviços, cooperativas, sociedades civis etc., ainda que execute qualquer das condutas descritas no tipo, não infringirá a proibição nele contida: o legislador, ao nominar expressamente "estabelecimentos comerciais ou industriais", exclui, *ipso facto*, todos os demais estabelecimentos não contidos nessa classificação.

Para que o *sujeito ativo* incorra na proibição deste artigo, é indispensável que a conduta seja praticada com *abuso da condição* de sócio ou de empregado; como o tipo penal não exige que haja *abuso de função*, é desnecessário que o sócio ou o empregado seja o encarregado de cuidar da correspondência do estabelecimento, sendo suficiente sua qualidade de "sócio ou empregado" e que, indevidamente, se aproveite dessa condição para *desviar, sonegar, subtrair ou suprimir correspondência, ou revelar* a estranho seu conteúdo, no todo ou em parte.

Sujeito passivo, por sua vez, é o estabelecimento comercial ou industrial e os respectivos sócios, ou o estabelecimento e os demais sócios, na hipótese de um deles ser o sujeito ativo. Não têm legitimidade para ser *sujeito passivo* desse crime estabelecimentos prestadores de serviços, cooperativas, sociedades civis etc.[3], por faltar-lhes a elementar típica "comercial ou industrial".

---

2. Veja-se o que dissemos sobre concurso de pessoas em *Tratado de Direito Penal* — Parte Geral, v. 1, Capítulo XXVII.

3. Antonio José Miguel Feu Rosa, *Direito Penal*, p. 307.

4. Tipo objetivo: adequação típica

O *núcleo* do tipo é alternativo: *desviar* (desencaminhar), *sonegar* (esconder, não entregar), *subtrair* (tirar), *suprimir* (fazer desaparecer) ou *revelar* (divulgar) a estranho o conteúdo de correspondência. Além de *crime próprio*, as condutas descritas no dispositivo em exame caracterizam o chamado crime de ação múltipla.

O crime se caracteriza ainda que a conduta do agente atinja parcialmente o conteúdo da correspondência, ou somente documentos anexos.

A tipificação das condutas está limitada ao *uso abusivo da condição* de sócio ou empregado. Abusar significa praticar qualquer daquelas condutas *indevidamente*, sem justa causa, ou em condições inadequadas, isto é, em desacordo com a condição (atribuições, direitos ou deveres) de sócio ou de empregado. Se, no entanto, na prática de quaisquer daquelas condutas não houver abuso da *especial* condição do sujeito ativo (sócio ou empregado), isto é, agir nos limites do que lhe é permitido, não haverá o crime.

Somente a correspondência comercial encontra amparo no art. 152; não sendo *comercial*, a tutela da inviolabilidade do seu sigilo será abrangida pelo disposto no art. 151. Essa correspondência comercial pode assumir as mais variadas formas, tais como cartas, ofícios, requerimentos, fax, notas, avisos, memorandos, contas, faturas, duplicatas, "dossiês", instruções, perícias, balancetes, levantamentos etc.

O *estranho* a quem pode ser revelado o conteúdo de correspondência comercial pode ser qualquer um, sem necessidade de condição especial, funcionário da empresa ou não; que saiba do que se trata ou não; que tenha interesse no conteúdo ou não. Se tiver conhecimento, poderá, dependendo das circunstâncias e da natureza da sua participação, responder pelo crime, como *coautor* ou *partícipe*. Se, no entanto, a despeito do interesse que tiver, não houver concorrido de nenhuma forma para a revelação do conteúdo da correspondência, não responderá por esse crime.

5. Tipo subjetivo: adequação típica

O *elemento subjetivo* é o dolo constituído pela vontade livre e consciente de violar o sigilo da correspondência comercial, por meio das condutas descritas no tipo penal. O sujeito ativo deve, necessariamente, ter conhecimento de que a correspondência destina-se ao estabelecimento (comercial ou industrial) e que tem o dever de zelar pela sua inviolabilidade e não revelar a estranho o seu conteúdo. O dolo pode apresentar-se sob a forma direta ou eventual.

Não há previsão de modalidade culposa; a eventual ocorrência de erro essencial, a exemplo dos demais crimes, opera naturalmente os efeitos próprios segundo a natureza do erro, de tipo, de proibição ou provocado por terceiro[4].

---

4. Para aprofundar o estudo sobre o erro jurídico-penal consulte as seguintes obras: Cezar Roberto Bitencourt, *Erro de tipo e erro de proibição*, 2. ed., São Paulo, Saraiva, 2000; Luiz Flávio Gomes, *Erro de tipo e erro de proibição*, 3. ed., São Paulo, Revista dos Tribunais, 1998; Francisco Muñoz Conde, *El error en Derecho*, Valencia, Tirant lo Blanch, 1989.

6. Consumação e tentativa

Consuma-se o crime com a prática efetiva das ações de desviar, sonegar, subtrair ou suprimir a correspondência, ou, na segunda modalidade, revelar a estranho seu conteúdo. A prática de mais de uma das condutas nucleares não configura concurso de crimes, respondendo o agente por uma única figura delitiva, pois, como já referimos, trata-se de *crime de conteúdo variado*, também conhecido como de ação múltipla.

A tentativa é admissível, na medida em que as condutas descritas admitem fracionamento, possibilitando a identificação, com relativa facilidade, da interrupção da fase executória; enfim, estamos diante de um crime *plurissubsistente*.

7. Classificação doutrinária

A violação de correspondência comercial é *crime próprio*, pois só pode ser praticado por sócio ou empregado de estabelecimento comercial ou industrial; *dupla subjetividade ativa*, representada pelas duas espécies de sujeitos ativos: sócio ou empregado; *instantâneo*, pois se consuma no momento em que o agente pratica qualquer das condutas nucleares do tipo; *comissivo*, sendo impossível praticá-lo através da *omissão*; *doloso*, não havendo previsão da modalidade culposa.

8. Pena e ação penal

A pena é a *privativa de liberdade*: de detenção de três meses a dois anos. Como se constata, a sanção penal, com exceção das formas qualificadas, é consideravelmente superior àquela cominada ao crime de *violação de correspondência* descrita no artigo anterior. Para o legislador, as ações tipificadas neste dispositivo são mais *desvaliosas* que aquela descrita no art. 151, e a lesão produzida por essas condutas é, igualmente, mais grave. Mas onde se localizam essas diferenças ou quais são os fundamentos da maior danosidade do crime descrito neste art. 152 comparativamente àqueles do art. 151, se, teoricamente, se trata do mesmo bem jurídico?

Parece-nos que a razão dessa aparente desproporcionalidade repousa na pretensa diferença de importância que o sigilo da pessoa individual tem em relação ao sigilo da pessoa jurídica. Não deixa de ser paradoxal, depois de tudo o que se disse sobre privacidade, intimidade e direitos da personalidade, merecedores, inclusive, de proteção constitucional. Curiosamente, no entanto, na ótica do legislador, *sigilos e segredos comerciais, invenções e novas tecnologias* representam interesses superiores aos protegidos no art. 151. Pode ser decepcionante, para quem acreditava que valores pessoais e individuais relacionados à personalidade deveriam preponderar comparativamente aos bens patrimoniais, mas não foi essa a ótica do legislador de 1940.

A ação penal é *pública condicionada* à representação. Titulares do direito de representar serão tanto a pessoa jurídica quanto os sócios, quando o sujeito ativo houver sido um empregado; quando, porém, o sujeito ativo tiver sido um dos sócios, serão a própria pessoa jurídica e os demais sócios. Sócios e pessoa jurídica podem representar conjunta ou separadamente. A renúncia de qualquer deles não prejudica o direito dos demais.

DIVULGAÇÃO DE SEGREDO | XXXIV

Sumário: 1. Considerações preliminares. 2. Bem jurídico tutelado. 3. Sujeitos ativo e passivo. 4. Tipo objetivo: adequação típica. 4.1. Definição de documento particular ou correspondência confidencial. 4.2. Elemento normativo do tipo: sem justa causa. 4.3. Natureza do segredo tutelado: tipo aberto. 5. Tipo subjetivo: adequação típica. 6. Consumação e tentativa. 7. Classificação doutrinária. 8. Nova figura penal acrescentada pela Lei n. 9.983/2000. 9. Pena e ação penal.

Seção IV
Dos Crimes contra a Inviolabilidade dos Segredos

Divulgação de segredo

Art. 153. *Divulgar alguém, sem justa causa, conteúdo de documento particular ou de correspondência confidencial, de que é destinatário ou detentor, e cuja divulgação possa produzir dano a outrem:*

Pena — detenção, de 1 (um) a 6 (seis) meses, ou multa.

§ 1º-A. *Divulgar, sem justa causa, informações sigilosas ou reservadas, assim definidas em lei, contidas ou não nos sistemas de informações ou banco de dados da Administração Pública:*

Pena — detenção, de 1 (um) a 4 (quatro) anos, e multa.

- § 1º-A acrescentado pela Lei n. 9.983, de 14 de julho de 2000.

§ 1º *Somente se procede mediante representação.*

- Primitivo parágrafo único renumerado pela Lei n. 9.983, de 14 de julho de 2000.

§ 2º *Quando resultar prejuízo para a Administração Pública, a ação penal será incondicionada.*

- § 2º acrescentado pela Lei n. 9.983, de 14 de julho de 2000.

1. Considerações preliminares

O Código Criminal do Império punia quem revelasse algum segredo que conhecesse em razão de ofício (art. 164). O Código Penal de 1890, por sua vez, punia o destinatário de correspondência que publicasse seu conteúdo sem consentimento do remetente e que lhe causasse dano (art. 191). Em termos genéricos, pode-se afirmar que os referidos diplomas legais somente criminalizavam a revelação ou divulgação arbitrária do conteúdo de correspondência alheia. O atual Código Penal de 1940 foi que ampliou a tutela penal para abranger a revelação de documento particular.

Após tutelar a liberdade, sob o aspecto da inviolabilidade da correspondência, nesta seção, o Código Penal de 1940 continua protegendo a liberdade, agora sob o aspecto dos *segredos e confidências*. A proteção da liberdade não seria completa se não fosse assegurado ao indivíduo o direito de manter em sigilo determinados atos, fatos ou aspectos de sua vida particular e profissional, cuja divulgação possa produzir dano pessoal ou a terceiros. Esse direito integra o direito de privacidade, a que nos referimos ao abordar o crime de *violação de correspondência* (art. 151), isto é, o direito de liberdade de todos, em sentido amplo.

Nesta seção, o Código Penal disciplina somente a violação de segredos que atingem aspectos da liberdade individual. Protege, no entanto, a *inviolabilidade de segredos que importe ofensa a outros interesses*, quiçá mais relevantes ou mais diretamente atingidos, em outros dispositivos, como nos arts. 325 (violação de sigilo funcional) e 326 (violação do sigilo de proposta de concorrência), além de outros diplomas legais extravagantes, que também tutelam segredos, cujos interesses, no entanto, são diversos, quer pela sua natureza, quer pela pessoa atingida.

Por fim, cabe mencionar que o recente PL n. 4.253/2020 previa a criação do art. 337-J do Código Penal dispondo sobre a violação de sigilo em licitação com pena de detenção de dois a três anos, e multa. Finalmente foi acrescentado ao Código Penal, com a redação dada pela Lei n. 14.133/2021: "Devassar o sigilo de proposta apresentada em processo licitatório ou proporcionar a terceiro o ensejo de devassá-lo".

2. Bem jurídico tutelado

O bem jurídico protegido é a preservação do sigilo de atos ou fatos secretos ou confidenciais cuja divulgação pode causar dano a outrem; é, em termos esquemáticos, a inviolabilidade dos segredos, que, como nos dois artigos anteriores, representa um aspecto da liberdade individual. Nesse sentido, somente para ilustrar, justifica-se a invocação da *Exposição de Motivos* do atual Código Penal italiano, que afirma: "tem-se aqui também uma violação da liberdade individual, um ataque ao interesse de conservar na própria esfera de disponibilidade ato ou documentos em que se transpôs o próprio pensamento, que não se deseja ver conhecido de outros, ou a outros revelados", embora referido Código não contenha crime semelhante.

Todo indivíduo tem o direito de se preservar da indevida indiscrição de outrem sobre fatos ou peculiaridades de sua vida privada que deseje manter secretos ou ocultos; caso contrário sua liberdade sofreria seriíssimas restrições, prejudicando gravemente as relações sociais. A proteção penal, porém, limita-se a documentos particulares ou correspondências confidenciais.

3. Sujeitos ativo e passivo

Sujeito ativo será somente o *destinatário* ou *detentor* de documento particular ou de correspondência confidencial que contiver segredo ou conteúdo confidencial, cuja revelação possa causar dano a alguém. Logo, é não só aquele a quem o documento ou correspondência se destina, como também quem, legítima ou ilegitimamente, o possui ou detém.

Embora o destinatário seja o "proprietário" do documento ou da correspondência confidencial, desde o dia em que a recebe, não pode dar-lhe publicidade sem autorização do seu autor ou remetente; caso contrário, responderá pelo crime.

Na hipótese da figura do "detentor", nosso Código Penal não exige que a detenção seja ilegítima, ao contrário do que faz o Código Penal Rocco (art. 621). Assim, é indiferente a *natureza da detenção* do documento ou da correspondência, se legítima ou ilegítima; importa tão somente que a revelação seja injusta, isto é, sem *justa causa*. Se a detenção for *ilegítima*, porém, poderá tipificar-se, em concurso, o crime previsto no art. 151: o sujeito ativo *apropriou-se* da correspondência, *devassou-a* e depois ainda divulgou seu conteúdo[1]. No entanto, estando presente a relação *crime-meio crime-fim*, recomenda-se a punição somente do *crime-fim*, no caso, a *divulgação de segredo*, que, aliás, coincidentemente, comina a mesma pena.

Não pratica o crime quem, não sendo *destinatário* ou *detentor*, recebe a informação ou vem a ter conhecimento do segredo em razão da divulgação feita pelo agente, ainda que saiba de sua origem ilícita, a menos que tenha concorrido de algum modo para a prática do crime (art. 29 do CP). Igualmente, não o comete quem o propala por ouvir dizer ou ter visto o documento ou correspondência.

Sujeito passivo é o titular do segredo, isto é, a pessoa cuja divulgação do conteúdo confidencial pode causar-lhe dano, ainda que não seja o autor do documento ou o remetente da correspondência; é, em outros termos, quem tem legítimo interesse em que se mantenha em segredo o conteúdo do documento particular ou da correspondência confidencial. Aliás, o próprio destinatário pode ser sujeito passivo, na hipótese de o detentor divulgar o segredo. O *sujeito passivo* nem sempre é quem transmite o segredo ao "destinatário" ou "detentor". Nesse sentido, Monteiro de Barros exemplifica, com muita propriedade: "se, por exemplo, a esposa transmite ao médico a doença do marido, vindo aquele a revelá-la, este é quem figurará como sujeito passivo do delito"[2].

Convém ter presente que *sujeito passivo* não se confunde com *prejudicado*; embora, de regra, coincidam, na mesma pessoa, as condições de sujeito passivo e prejudicado, podem recair em sujeitos distintos. Aquele é o titular do bem jurídico protegido e, na hipótese, lesado, enquanto este é qualquer pessoa que, em razão do crime, sofre prejuízo ou dano material ou moral; o primeiro será a vítima da

---

1. Magalhães Noronha, *Direito Penal*, p. 201.
2. Flávio Augusto Monteiro de Barros, *Crimes contra a pessoa*, p. 307.

relação processual-criminal, e o segundo será testemunha, embora interessada. Damásio de Jesus, no entanto, não faz essa distinção, ao afirmar que "... é preciso que a divulgação 'possa produzir dano a *outrem*'. Esse '*outrem*' é o sujeito passivo do delito. Pode ser o remetente, o destinatário ou terceiro qualquer" (grifos do original)[3].

A relevância da distinção repousa nos direitos decorrentes dessa *condição* que cada um tem: o sujeito passivo é o titular do direito de representar criminalmente contra o sujeito ativo, detém a faculdade de autorizar a revelação do segredo, além de ter o direito da reparação *ex delicto*; ao prejudicado, por outro lado, resta-lhe o direito de postular a reparação do dano sofrido.

4. Tipo objetivo: adequação típica

Divulgar, sem justa causa, conteúdo de documento particular ou de correspondência confidencial, isto é, tornar público ou do conhecimento de um número indeterminado de pessoas. A *divulgação* pode produzir-se através de qualquer meio: imprensa, rádio, televisão, Internet, exposição ao público, obras literárias etc. Enfim, sempre que haja comunicação a um número indeterminado de pessoas. Objetiva a proteção da vida privada, mantendo secretos fatos relevantes que não se deseja sejam divulgados.

O tipo penal compõe-se dos seguintes elementos: a) *documento particular ou correspondência confidencial*; b) *divulgação do seu conteúdo pelo destinatário ou detentor*; c) *ausência de justa causa*; d) *possibilidade de dano a terceiro*; e) *dolo, como seu elemento subjetivo*.

O documento particular deve ter natureza sigilosa; no entanto, o caráter sigiloso, por si só, é insuficiente para tipificar o crime, sendo necessário que se vincule ao dano, efetivo ou potencial, que a divulgação possa produzir. Documento e correspondência devem ter interesse moral ou material, uma vez que fatos inócuos não podem converter-se em *segredos*, protegidos pelo Direito Penal, pela simples vontade do remetente.

4.1 Definição de documento particular ou correspondência confidencial

Documento — segundo Hungria — "é todo escrito de que resulte a prova de fato juridicamente relevante, tenha ou não caráter econômico"[4]. *Documento*, nos termos a que se refere este artigo, tem acepção restrita, mais ou menos nos limites em que é definido pelo Código de Processo Penal (arts. 232 e s.), desde que não seja público. Documento, enfim, é qualquer escrito, instrumento ou papel. Referindo-se o texto legal, expressamente, a *documento particular ou correspondência confidencial*, fácil é concluir

---

3. Damásio E. de Jesus, *Direito Penal*, p. 292; no mesmo sentido, Victor Eduardo Rios Gonçalves, *Dos crimes contra a pessoa*, p. 123; Flávio Augusto Monteiro de Barros, *Crimes contra a pessoa*, p. 295.
4. Nélson Hungria, *Comentários ao Código Penal*, p. 250.

que não é objeto dessa proteção penal o *documento público*, mesmo aqueles que trazem em seu bojo segredos, v. g., *testamento cerrado*. Sobre a inviolabilidade ou devassa de documento público secreto ou não, o Código disciplina em outros capítulos.

Magalhães Noronha destacava que o documento "deve ter natureza sigilosa, isto é, conter um segredo, entendendo-se como tal o que se quer que permaneça oculto, não seja revelado ou publicado"[5]. *Segredo* é algo que não deve ser revelado, sendo necessária a preservação do sigilo, não podendo sair da esfera da privacidade pessoal. É indispensável que o documento contenha um segredo cuja revelação tenha idoneidade para produzir dano a alguém. Logo, a simples chancela de "secreto" ou "confidencial" que determinados documentos recebem não é suficiente para caracterizar o documento secreto ou a correspondência confidencial, definida nesse tipo penal. O *sigilo*, ademais, deve recair sobre o conteúdo da correspondência ou documento e não sob o seu aspecto formal. Assim, documentos ou correspondências irrelevantes, inócuos ou, por qualquer razão, incapazes de produzir dano ao sujeito passivo não são objetos da proteção legal do art. 153. No entanto, isso não significa que, enquanto correspondências, não tenham a proteção legal, pois a *inviolabilidade do seu sigilo* continua bem jurídico penalmente protegido, mas já então à luz do art. 151.

Mas, no atual estágio da evolução tecnológica, poder-se-á sustentar, como se fazia até pouco tempo, que *documento* ou *correspondência* somente podem ser escritos? À evidência que não, embora admitamos que não possa ser considerada documento ou correspondência a informação ou transmissão de dados oralmente; contudo, ninguém pode ignorar que, na atualidade, pode-se receber documento ou correspondência confidencial das mais variadas formas, como, por exemplo, via *e-mail*, gravações em fitas cassete, fitas de vídeo etc.

Ao justificar a não inclusão de crime semelhante no Código Penal italiano de 1930, interpretando-o como um ilícito civil, Rocco já se referia à distinção entre segredo confiado oralmente e o confiado por escrito, questionando, sob o ponto de vista penal, a possibilidade de o remetente impor segredo ao destinatário, ante a inexistência de diferença essencial entre um e outro; como aquele não é punido, não se compreende por que este o seria, considerando-se que a diferença é somente de meio[6].

Acreditamos que Rocco não tinha razão na sua argumentação retórica, pois os efeitos e a perenidade de confidências ou segredos orais e escritos são completamente distintos: a escolha do meio de transmissão de fatos ou dados sigilosos ou secretos já implica graus de distinta importância; inserem-se em documentos aqueles que se deseja permaneçam, sejam facilmente comprovados ou vinculem compromissos assumidos etc., ao passo que confidências ou segredos transmitidos oralmente, de

---

5. Magalhães Noronha, *Direito Penal*, p. 201.
6. Arturo Rocco, Relazione misteriale, in *Lavori preparatori*, v. 5, p. 429, apud Magalhães Noronha, *Direito Penal*, p. 201.

regra, não têm a mesma importância, não são documentos e não têm idoneidade para comprometer ninguém, afora o fato da dificuldade probatória que, *in concreto*, apresentam[7]. Hungria lembrava ainda que a traição da confiança, no caso de documento ou correspondência, é muito mais grave do que na confidência verbal, e sua impunidade representaria grave desamparo da liberdade na vida de relações.

Quanto à definição de *correspondência*, reportamo-nos ao que dissemos ao analisar o art. 151. A adjetivação de *confidencial* significa que deve ter um conteúdo realmente secreto, isto é, que deve chegar ao conhecimento de determinada pessoa ou de limitado número delas; coisa que se deve manter em sigilo, respeitando-se a vontade e o interesse legítimo de alguém.

4.2 *Elemento normativo do tipo: sem justa causa*

Não se trata de *crime comum*, com descrição tradicional, puramente objetiva, mas de *tipo anormal*, contendo um elemento normativo da antijuridicidade — *sem justa causa*. Assim, o tipo penal é *aberto* e exige um *juízo de valor* para complementar a análise da tipicidade.

Sem justa causa, a exemplo de outras expressões semelhantes, tais como "indevidamente", "injustamente", "sem licença da autoridade", são *elementos jurídicos normativos da ilicitude* (ou antijuridicidade); embora também constem da descrição típica, não se confundem com os *elementos normativos do tipo*, tais como coisa "alheia", etc. Na verdade, a despeito de integrarem o tipo penal, são elementos do *dever jurídico* e, por conseguinte, da *ilicitude*[8]. "Justa causa", que normalmente se relaciona à antijuridicidade, nesse caso, exclui a tipicidade e não aquela. E isso acontece somente porque o legislador incluiu a antijuridicidade entre os elementos integrantes do próprio tipo penal. Para o exame do erro que incidir sobre esses elementos normativos especiais do tipo, se caracterizam erro de tipo ou erro de proibição, remetemos o leitor para o capítulo em que abordamos o erro de tipo e o erro de proibição em nosso *Manual*, na Parte Geral[9].

Assim, somente a divulgação injusta, *contra legis*, caracterizará o crime. Poderão justificar a divulgação de segredo, por exemplo, entre outras, as seguintes condições: *delatio criminis* (art. 5º, § 3º, do CPP); *exercício de um direito* (exibição de uma correspondência para comprovar judicialmente a inocência de alguém; não

---

7. Nélson Hungria manifestava-se em sentido semelhante, afirmando que: "Não é convincente, porém, o argumento. Há enorme diferença entre divulgar confidência que outrem nos faz verbalmente e a que recebemos por escrito: no primeiro caso, a veracidade do fato divulgado pode ser posta em dúvida, dada a ausência de comprovação material, e a própria indelicadeza moral do divulgador torna precária a sua credibilidade. Ao passo que, no segundo caso, há um *corpus*, que impõe à credulidade geral e que, publicado, exporá irremissivelmente o dono do segredo" (*Comentários*, p. 252).
8. Hans Welzel, *Derecho Penal alemán*, p. 234.
9. Ver, igualmente, nosso *Erro de tipo e erro de proibição*, 2. ed., São Paulo, Saraiva, 2000.

há infração na conduta de quem, na defesa de interesse legítimo, junta aos autos de interdição documento médico de natureza confidencial); *estrito cumprimento de dever legal* (apreensão de documento em poder de alguém — art. 240, § 1º, letra *f*, do CPP); *o dever de testemunhar em juízo* (art. 206 do CPP); *consentimento do ofendido* (trata-se de direito disponível); ou qualquer excludente de criminalidade ou mesmo dirimentes de culpabilidade. Concluindo, havendo *justa causa* para divulgação de segredo, o fato é atípico; constitui *constrangimento ilegal* o indiciamento do agente em inquérito policial, sendo passível de *habeas corpus*.

4.3 Natureza do segredo tutelado: tipo aberto

Trata-se, inegavelmente, de *tipo aberto*: afinal, a que segredo se protege? Aliás, segredo só consta do *nomen iuris* e não do preceito. O *nomen iuris* não é elementar do tipo, embora sirva para orientar o intérprete.

Segredo, como afirmamos, é algo que não deve ser revelado ou que se tem razão, fundamento ou interesse para ocultar. Pode resultar de manifestação expressa ou tácita da vontade do interessado.

Segundo a *Exposição de Motivos* do Código Penal de 1940, "ao incriminar a violação arbitrária de segredos, o Projeto mantém-se fiel aos moldes do Código em vigor, salvo uma ou outra modificação. Deixa à margem da proteção penal somente os segredos obtidos por confidência oral e não necessária" (n. 54). Logo, estão excluídas da proteção penal as "confidências" obtidas verbalmente, isto é, através da fala, oralmente. Em sentido semelhante manifestava-se Nélson Hungria, afirmando que: "no tocante às confidências orais e sem cunho de necessidade, ficam por conta e risco de quem as faz sem precatar-se contra intrusos e 'sacos-rotos'. Por outro lado, são protegidos unicamente os segredos cuja violação acarrete ou possa acarretar dano a outrem (a quem os confiou ou a terceiros)"[10]. Assim, é indispensável que o agente tenha sido "destinatário ou detentor" de dados ou informações recebidas por meio de documentos.

Magalhães Noronha falava que o segredo podia ser "condicionado", ou seja, "oculto até certa data ou acontecimento. A antecipação do conhecimento integrará o delito"[11]. Em sentido semelhante manifestava-se Hungria, segundo o qual "não importa que o vínculo de segredo seja temporário ou condicionado ao advento de determinado fato: ainda em tal hipótese, seu rompimento antecipado é crime"[12]. Logo, pode-se concluir, a temporariedade ou condicionalidade, por si só, não exclui a proteção legal do segredo.

5. Tipo subjetivo: adequação típica

Elemento subjetivo é o *dolo*, representado pela vontade livre e consciente de divulgar o conteúdo de documento particular ou correspondência confidencial,

---

10. Nélson Hungria, *Comentários*, p. 248.
11. Magalhães Noronha, *Direito Penal*, p. 201.
12. Nélson Hungria, *Comentários*, p. 251.

tendo consciência de tratar-se de conteúdo sigiloso e que pode produzir dano a alguém. Ademais, é necessário que o agente tenha consciência que a sua conduta é ilegítima, isto é, sem justa causa.

Não há exigência de nenhum *elemento subjetivo especial do injusto*, nem mesmo a finalidade de obter qualquer vantagem com a divulgação.

6. Consumação e tentativa

Consuma-se o crime com o ato de *divulgar*, independentemente da ocorrência efetiva de dano, pois o próprio tipo exige somente que a conduta tenha a *potencialidade* para produzir dano, sendo desnecessário que este se efetive, tratando-se, pois, de *crime formal*. É insuficiente a comunicação a uma só pessoa ou a um número restrito de pessoas; faz-se necessária uma difusão extensiva, algo que torne possível o conhecimento de um número indeterminado de pessoas.

A *tentativa* é de difícil configuração, mas teoricamente possível, pois não se trata de *crime de ato único*, e o fato de prever a potencialidade de dano decorrente da conduta de divulgar, por si só, não a torna impossível. Procedente, nesse particular, o exemplo sugerido por Magalhães Noronha, que questiona: "Se o possuidor de um documento que contém segredo o está afixando em logradouro público, e é interrompido ou obstado por terceiro, não realizou atos de execução, não *tentou* divulgar, não realizou *parcialmente* o tipo?"[13].

A necessidade de o ofendido representar contra o sujeito passivo tampouco obstaculiza a tentativa. O exercício desse direito não tem nenhuma relação com a consumação do crime: tentar ou consumar relaciona-se à atividade do sujeito ativo, e o fato de o ofendido representar e com isso levar ao conhecimento de terceiro não altera a natureza da conduta do agente, que, por razões estranhas à sua vontade, foi impedido de consumar a divulgação do segredo.

7. Classificação doutrinária

Crime próprio, que exige sujeito ativo especial: quem não tiver a condição de destinatário ou detentor, mesmo que revele o segredo de que tem conhecimento, não responde por esse crime, a não ser nas hipóteses de concurso de pessoas (art. 29 e parágrafos); *formal*, pois se consuma com a simples conduta de divulgar, sendo antecipado o resultado; *instantâneo*, consuma-se no momento em que o agente divulga o segredo, esgotando-se aí a lesão jurídica; *comissivo*, pois é impossível praticá-lo mediante omissão; *doloso*, não havendo previsão da modalidade culposa.

---

13. Magalhães Noronha, *Direito Penal*, p. 202.

8. Nova figura penal acrescentada pela Lei n. 9.983/2000

A Lei n. 9.983, de 14 de julho de 2000, que entrou em vigor noventa dias após a publicação, incluiu nova figura do crime de "divulgação de segredo", alterando, inclusive, a natureza da ação penal, que, se resultar prejuízo para a Administração Pública, passa a ser incondicionada. O novo texto legal é o seguinte:

"Art. 153. (...)

§ 1º-A. *Divulgar, sem justa causa, informações sigilosas ou reservadas, assim definidas em lei, contidas ou não nos sistemas de informações ou banco de dados da Administração Pública:*

Pena — detenção, de 1 (um) a 4 (quatro) anos, e multa.

§ 1º *Somente se procede mediante representação.*

§ 2º *Quando resultar prejuízo para a Administração Pública, a ação penal será incondicionada".*

Se a nova previsão legal contida no § 1º tem algum mérito, seria o ter atualizado o tipo penal à era informatizada ao referir-se aos "sistemas de informações ou bancos de dados" da Administração Pública, algo inexistente nos idos de 1940, por ocasião do advento do Código Penal em vigor. No entanto, convém registrar, a nova previsão legal cria grande desarmonia na estrutura e topografia do velho Código Penal ao confundir bens jurídicos distintos, privados e públicos. Com efeito, no Primeiro Título da Parte Especial, disciplinam-se "os crimes contra a pessoa", onde se inclui a "divulgação de segredo" prevista no art. 153, ao passo que no Título XI localizam-se "os crimes contra a Administração Pública", dentre os quais se tipifica o de "violação de sigilo funcional" (art. 325). Assim, a inclusão no tipo penal em exame da *divulgação de informações*, "contidas ou não nos sistemas de informações ou banco de dados da Administração Pública", destrói todo o sistema metodicamente estruturado do Código Penal, dificultando, inclusive, a identificação dos bens jurídicos tutelados e a própria tipicidade das condutas eventualmente praticadas, na medida em que aqueles (bens jurídicos) são protegidos em mais de um dispositivo legal (arts. 153, § 1º, e 325, por exemplo).

Postas essas considerações, façamos uma análise sucinta dos elementos que compõem a nova figura penal.

Tudo o que dissemos sobre "divulgar" e "sem justa causa" relativamente ao *caput* (itens 4 e 4.2) aplica-se inteiramente às mesmas locuções constantes do § 1º-A, razão pela qual deixamos de reproduzi-las.

A previsão constante do *caput* refere-se a "conteúdo de documento particular ou de correspondência confidencial", ao passo que o novo § 1º-A refere-se a "informações sigilosas ou reservadas", que, evidentemente, são coisas distintas; aqueles definimos linhas atrás; estas definiremos a seguir.

Informações são dados, detalhes, referências sobre alguma coisa ou alguém. *Sigiloso* é algo que não deve ser revelado, confidencial, limitado a conhecimento restrito, não podendo sair da esfera de privacidade de quem o detém. Reservado, por sua vez, é dado ou informação que exige discrição e reserva das pessoas que dele tomam conhecimento. Por fim, é indispensável que a natureza sigilosa ou reservada das informações divulgadas indevidamente seja objeto de lei e lei em sentido estrito, sendo inadmissível sua equiparação a resoluções, portarias, regulamentos etc.

Quando examinamos o *caput* do art. 153, na 1ª edição desta obra, sustentamos que "é indispensável que o documento contenha um segredo cuja revelação tenha idoneidade para produzir dano a alguém. Logo, a simples chancela de 'secreto' ou 'confidencial' que determinados documentos recebem não é suficiente para caracterizar o documento secreto ou a correspondência confidencial, definida nesse tipo penal". Essa assertiva, porém, embora verdadeira em relação a "documento" ou "correspondência", não tem aplicação à nova previsão legal, qual seja, "informações sigilosas ou reservadas", por duas ordens de razões: 1ª) porque a nova previsão legal não exige que *a divulgação de informações sigilosas ou reservadas* "possa produzir dano a outrem", como prescreve o *caput*; 2ª) a prescrição do § 1º refere que a natureza sigilosa ou reservada das informações deve ser "definida em lei", circunstância que tampouco consta do *caput* do art. 153.

Documentos ou correspondências irrelevantes, inócuos ou, por qualquer razão, incapazes de produzir dano ao sujeito passivo não são objeto da proteção legal contida no *caput* do art. 153, como afirmamos. No entanto, a divulgação, sem justa causa, de informações sigilosas ou reservadas, ao contrário, desde que sejam definidas em lei como tal, é suficiente para configurar o crime descrito no § 1º-A. Na verdade, a previsão dessa nova figura delituosa não exige, a exemplo do que faz o *caput*, que a *divulgação possa produzir dano a outrem*.

9. Pena e ação penal

A pena cominada é *alternativa*, detenção de um a seis meses, ou multa. Crimes como este nunca deverão afastar-se da competência dos Juizados Especiais Criminais e dificilmente poderão ter, *in concreto*, outra sanção que não uma alternativa, e, em regra, pena de multa (Leis n. 9.099/95 e 9.714/98).

A *ação penal* é pública condicionada à representação; trata-se de direito disponível, e, como tal, o início da ação penal depende de provocação do ofendido. Em razão da disponibilidade do bem jurídico tutelado, o consentimento do ofendido exclui a própria adequação típica[14]. No entanto, a partir de 29 de agosto de 2001, se houver prejuízo para a Administração Pública, a ação penal será pública incondicionada.

---

14. Para aprofundar o estudo sobre segredo, privacidade e intimidade, ver: Paulo José da Costa Jr., O *direito de estar só*: tutela penal da intimidade, São Paulo, Saraiva, 1998.

VIOLAÇÃO DO SEGREDO PROFISSIONAL — XXXV

Sumário: 1. Considerações preliminares. 2. Bem jurídico tutelado. 3. Sujeitos ativo e passivo. 4. Tipo objetivo: adequação típica. 5. Tipo subjetivo: adequação típica. 6. Consumação e tentativa. 7. Elemento normativo da descrição típica: sem justa causa. 8. Classificação doutrinária. 9. Pena e ação penal.

Violação do segredo profissional

Art. 154. Revelar alguém, sem justa causa, segredo, de que tem ciência em razão de função, ministério, ofício ou profissão, e cuja revelação possa produzir dano a outrem:

Pena — detenção, de 3 (três) meses a 1 (um) ano, ou multa.

Parágrafo único. Somente se procede mediante representação.

1. Considerações preliminares

As Ordenações Filipinas eram omissas relativamente à violação de segredos na seara da atividade privada, limitando-se a criminalizar a violação de segredos da Casa Real. O Código Penal francês de 1810 criminalizou a violação de segredo profissional, sendo seguido, a partir de então, por outros diplomas legais.

O Código Criminal brasileiro de 1830, sem distanciar-se demasiadamente das Ordenações, criminalizava somente a revelação do segredo praticada por funcionário público (arts. 164 e 165). Foi o Código Penal de 1890 o pioneiro na punição de qualquer pessoa que divulgasse segredo profissional cujo conhecimento fora obtido em razão de ofício, emprego ou profissão (art. 192).

Os arts. 153 e 154 ocupam-se somente dos segredos relativos ao exercício de atividades da vida privada, pois a proteção do sigilo ou segredo da função pública opera-se através dos arts. 325 e 326 do CP.

2. Bem jurídico tutelado

As antigas discussões a respeito de qual bem jurídico a previsão deste crime protege não têm razão de ser perante a opção político-criminal do Código Penal de 1940, que optou por incluí-lo no capítulo dos crimes contra a *liberdade individual*. Essa opção afasta completamente qualquer tentativa de identificá-lo com os crimes contra a honra, como o enquadrava a maioria dos Códigos do século XIX.

Com efeito, o *bem jurídico* protegido continua sendo, também neste artigo, a *liberdade individual*, agora sob o aspecto da *inviolabilidade do segredo profissional*; é, como realça o *nomen iuris*, o sigilo de *segredo profissional*, cuja divulgação pode causar dano a outrem. O sigilo profissional é exigência fundamental da vida social que deve ser respeitada como princípio de ordem pública, razão pela qual o Poder Judiciário não dispõe de força cogente para impor a sua revelação. Excepcionalmente, no entanto, poderá haver lei que formalmente autorize sua quebra para alguma finalidade específica, como, por exemplo, quando o médico recusa-se a fornecer prontuário do paciente para examinar a rotina médica adotada no procedimento cirúrgico inexitoso. De notar-se que, na hipótese, a quebra do sigilo não se destina a revelar segredo do paciente, mas a esclarecer as causas que levaram a vítima a óbito. Tudo o que dissemos no capítulo anterior relativamente à *divulgação de segredo* aplica-se aqui, acrescido, é verdade, da relevantíssima circunstância de o *segredo* ser conhecido *em razão de função, ministério, ofício* ou *profissão*. Convém registrar, no entanto, que esse dispositivo incrimina somente a divulgação de segredo relativo ao *exercício de atividade privada*, porquanto o sigilo relacionado à *função pública* é protegido pelos arts. 325 e 326, ambos do CP.

Na verdade, o sigilo profissional decorre do fato de constituir elemento essencial à existência e à dignidade de determinadas categorias profissionais, sendo mais relevante à cidadania do que ao próprio profissional. Com efeito, o sigilo reforça a confiança que o cidadão deposita em determinada categoria profissional e revela-se verdadeira garantia da privacidade individual, bem como da segurança e da paz social. Assim, por exemplo, o sigilo profissional do advogado assume a condição de garantia fundamental e não pode ser quebrada, mesmo quando liberado por seu constituinte. O advogado não pode, em hipótese alguma, ser constrangido a prestar declarações, compromissado ou não, em inquérito, ação penal ou administrativa de qualquer natureza. O advogado tem o dever legal e ético de manter absoluto sigilo de tudo o que soube, nessa condição, de seu cliente.

3. Sujeitos ativo e passivo

Sujeito ativo somente pode ser quem tem ciência de segredo em razão de função, ministério, ofício ou profissão. Trata-se de uma modalidade muito peculiar de *crime próprio*, uma vez que a *condição especial* não se encontra no sujeito ativo, mas na natureza da atividade, que lhe possibilita ter ciência do segredo profissional.

Sujeito ativo, costuma-se afirmar, são os *confidentes necessários*, aqueles a quem são confiados segredos em razão do seu mister, no caso em apreço, *função, ministério, ofício ou profissão*. A terminologia utilizada *confidentes necessários* fundamenta-se na essência de determinadas atividades em que a relação *profissional-cliente* encerra confidências, sigilos, segredos, cuja *revelação indevida* fere, no mínimo, a ética profissional. Pela importância que certas relações encerram e a gravidade do dano ou prejuízo que a divulgação, sem justa causa, pode causar ao ofendido, o Código Penal preferiu elevá-las à condição de crime. Essas atividades podem ser exemplificadas, como as exercidas por médicos, dentistas, advogados, engenheiros, sacerdotes etc. Nessas circunstâncias, como afirma Feu Rosa, "o segredo deve ser guardado da forma mais rigorosa e compenetrada possível, confundindo-se com a própria honra e dignidade do profissional"[1].

Podem, igualmente, praticar esse crime os *auxiliares* ou *ajudantes* das pessoas obrigadas ao *sigilo profissional*, desde que tenham conhecimento do segredo no exercício de suas atividades de auxiliares ou ajudantes.

Sujeito passivo é o titular do segredo, que pode ser pessoa física ou jurídica a quem pertencem os dados secretos.

Aplica-se aqui o que dissemos ao examinar o crime de *divulgação de segredo* quanto à distinção entre *sujeito passivo* e *prejudicado*: aquele é o titular do bem jurídico protegido, e este é qualquer pessoa que, em razão do fato delituoso, sofra prejuízo ou dano material ou moral. Essa distinção não é uma questão meramente acadêmica, despicienda de interesse prático, como pode parecer à primeira vista. Na verdade, o sujeito passivo, além do direito de representar contra o sujeito ativo, pode habilitar-se como assistente do Ministério Público no processo criminal (art. 268 do CPP), ao passo que ao prejudicado resta somente a possibilidade de buscar a reparação do dano na esfera cível. Nesse particular, estamos retificando a orientação que adotávamos quando anotamos nosso Código Penal em coautoria com Luiz Regis Prado.

4. Tipo objetivo: adequação típica

A conduta tipificada é *revelar*, que significa contar a alguém segredo profissional. *Revelar* tem uma abrangência mais restrita do que *divulgar*: aqui implica um número indeterminado de pessoas; lá é suficiente alguém.

Essa matriz típica objetiva a proteção do *segredo profissional* específico, da criação e da invenção, mantendo secretos fatos relevantes, punindo, além da violação dos segredos de que se tem conhecimento no exercício de certas atividades profissionais, a *espionagem* industrial, comercial e artística. A proteção inclui o segredo oral e não apenas o documental. É indispensável uma *relação causal* entre o conhecimento do segredo e a especial qualidade do sujeito ativo (em razão de função, ministério, ofício ou profissão), isto é, um *nexo causal* entre o exercício da atividade e o conhecimento do segredo. É indiferente o modo ou a forma como o sujeito ativo teve conhecimento do segredo: por escrito, oralmente, compulsando documentos etc., desde que esteja relacionado à função, ministério, ofício ou profissão do sujeito ativo.

A *justa causa*, que torna atípica a conduta, deve ser legal, isto é, deve encontrar fundamento direto ou indireto em norma jurídica. Nosso Código Penal filia-se à orientação que dá proteção absoluta ao segredo profissional. Advogado, por exemplo, que revela segredo de seu cliente à parte contrária, em prejuízo daquele, pratica crime de *patrocínio infiel* (art. 355). A violação de sigilo profissional (advogado, médico etc.) também constitui falta ético-administrativa.

No entanto, não é qualquer segredo que merece a proteção penal: vontade caprichosa ou vaidades intimistas estão fora da esfera criminal, embora, havendo o vínculo ou nexo causal entre a relação *profissional-ofendido*, permaneça a proteção

---

1. Antonio José Miguel Feu Rosa, *Direito Penal*; Parte Especial, p. 310.

no campo ético-profissional. Para que o segredo justifique a proteção penal é necessário que reúna dois elementos: um *negativo* — ausência de notoriedade, isto é, que não seja de conhecimento público; outro *positivo* — vontade decisiva do titular de preservá-lo. Não deixa de ser secreto um fato sobre o qual corre boato incerto. Em sentido semelhante, é lapidar a definição de Ebermayer: "Por segredos privados se entendem os fatos que somente são conhecidos de um limitado círculo de pessoas e que estas não querem deixar que sejam conhecidos de outrem"[2].

Ademais, é indispensável que com a violação do segredo surja a possibilidade concreta de dano para o sujeito, acrescida da vontade de preservar o segredo.

Na verdade, a lei penal, ao proteger o sigilo do segredo profissional, assegura um interesse de ordem pública, que é a tranquilidade de recorrer às profissões que devem gozar da mais absoluta confiança da população em geral. Como professava Nélson Hungria: "Se fosse lícita a indiscrição aos que, em razão do próprio ofício ou profissão, recebessem segredos alheios, estaria evidentemente criado um entrave, muitas vezes insuperável, e com grave detrimento do próprio interesse social, à debelação de males individuais ou à conservação e segurança da pessoa"[3].

5. Tipo subjetivo: adequação típica

Elemento subjetivo é o *dolo*, representado pela vontade livre e consciente de revelar segredo de que teve conhecimento em razão de função, ministério, ofício ou profissão, tendo consciência de que se trata de segredo profissional e que pode produzir dano a alguém. Ademais, é necessário que o agente tenha consciência de que a revelação é ilegítima, isto é, sem justa causa.

Não há exigência de nenhum *elemento subjetivo especial do injusto*, nem mesmo a finalidade de obter qualquer vantagem com a revelação. Tampouco há previsão de modalidade culposa, por mais escancarada que seja a culpa do sujeito ativo.

6. Consumação e tentativa

Consuma-se o crime no momento em que o *sujeito ativo* revela a terceiro *conteúdo de segredo* de que teve ciência nas circunstâncias definidas no tipo penal; consuma-se com o simples *ato de revelar*, independentemente da ocorrência efetiva de dano, pois é suficiente que a revelação tenha *potencialidade* para produzir a lesão, que, se ocorrer, constituirá o exaurimento do crime[4]. Mais importante que eventual dano é a necessidade de a revelação ser injusta ou, nos termos legais, *sem justa causa*.

É suficiente a comunicação a uma só pessoa, ao contrário do que ocorre com o crime de divulgação de segredo, que necessita ser difundido extensivamente, para um número indeterminado de pessoas. Em síntese, "revelar" pode ser somente para uma pessoa, enquanto "divulgar" implica, naturalmente, um número indeterminado delas. Revelar é menos que divulgar.

---

2. Apud Nélson Hungria, *Comentários ao Código Penal*, p. 260.
3. Nélson Hungria, *Comentários*, p. 254.
4. Damásio de Jesus, *Direito Penal*, p. 298.

A *tentativa* é de difícil configuração, mas teoricamente possível, especialmente através de meio escrito, pois não se trata de *crime de ato único*, e o fato de prever a potencialidade de dano decorrente da conduta de *revelar*, por si só, não a torna impossível. O dano potencial pode ser de qualquer natureza: patrimonial, moral, público ou privado, pessoal ou familiar.

A necessidade de o ofendido representar contra o sujeito ativo tampouco obstaculiza a tentativa. O exercício desse direito, como afirmamos no capítulo anterior, "não tem nenhuma relação com a consumação do crime: tentar ou consumar relaciona-se à atividade do sujeito ativo, e o fato de ofendido representar e com isso levar ao conhecimento de terceiro não altera a natureza da conduta do agente, que, por razões estranhas à sua vontade, é impedido de consumar a divulgação do segredo".

7. Elemento normativo da descrição típica: sem justa causa

O simples *dever moral* é insuficiente, em tese, para constituir "justa causa" capaz de autorizar a revelação de segredo. As "justas causas" por excelência decorrem de lei.

Tratando-se de bem jurídico disponível, o *consentimento do ofendido* exclui a adequação típica da conduta de revelar segredos profissionais. O consentimento afasta a elementar "sem justa causa". Se vários forem os sujeitos passivos, isto é, interessados na manutenção do segredo, subsistirá o crime em relação aos que não consentiram. As excludentes de criminalidade e as dirimentes de culpabilidade constituem "causas justas" para a revelação, afastando, assim, o elemento normativo da descrição típica.

O próprio ordenamento jurídico brasileiro reconhece a importância dos segredos profissionais, tanto que protege a sua inviolabilidade, inclusive excluindo os profissionais da *obrigação de depor*, que é um dever de todos (art. 206, 1ª parte, do CPP); aliás, os profissionais a quem são confiados segredos, nas circunstâncias referidas no tipo penal em exame, "são proibidos de depor", salvo se, desobrigados pela parte interessada, quiserem dar o seu testemunho (art. 207 do CPP).

Convém destacar, contudo, que, mesmo sendo desobrigados do sigilo do segredo pela parte, referidos profissionais continuam desobrigados de depor: fá-lo-ão *somente se quiserem*, diz o art. 207 do Código de Processo Penal. Importa dizer que a proteção legal do segredo protege tanto o titular do segredo quanto o seu destinatário: mesmo sendo liberado pelo titular do segredo, razões éticas justificam a recusa do profissional em depor acerca de segredos de que tenha tido ciência em razão de função, ministério, ofício ou profissão. Nenhum profissional pode ser obrigado a violentar seus princípios éticos, aliás, em nome dos quais as pessoas são levadas a confiar-lhes suas intimidades!

Esses profissionais, na verdade, *não são obrigados a depor* nem "prestar informações" ou "esclarecimentos", que não passam de *eufemismos* utilizados por determinadas autoridades, com visível *abuso de autoridade*, para burlar a proteção legal. A título de ilustração, destacamos a clássica prescrição do Código de Ética Médica, aprovado pela Lei n. 3.268, de 30 de setembro de 1957, que dispunha: "O médico está obrigado, pela ética e pela lei, a guardar segredo sobre fatos de que tenha conhecimento, por ter visto, ouvido ou deduzido, no exercício de sua atividade profissional, ficando na mesma obrigação todos os auxiliares" (art. 36). O próprio Código de

Ética encarrega-se de disciplinar eventual exceção, na hipótese de crime, nos seguintes termos: "Quando se tratar de fato delituoso previsto em lei, e a gravidade de suas consequências sobre terceiros crie para o médico o imperativo de consciência de denunciá-lo à autoridade competente" (art. 38, letra c). Na verdade, referido diploma legal cria, para o médico, uma *faculdade*, e não um *dever*, de revelar um segredo profissional quando: a) *tratar-se de fato delituoso;* b) *capaz de produzir consequências graves a terceiros;* c) *crie um imperativo de consciência de denunciar à autoridade*. Na redação, destaca-se que é vedado ao médico "Revelar fato de que tenha conhecimento em virtude do exercício de sua profissão, salvo por motivo justo, dever legal ou consentimento, por escrito, do paciente", conforme art. 73 do Código de Ética Médica.

Assim, a nosso juízo, a *denunciação de crime* não constitui *justa causa* para a revelação de segredo, contrariamente ao que pensava Heleno Cláudio Fragoso[5], e, nesse particular, é muito elucidativa a citação que transcrevemos do *Código de Ética Médica*.

O crime de violação de segredo profissional, por sua própria natureza, é um dos mais propícios às duas espécies de *erro*, tanto o de tipo quanto o de proibição. Assim, por exemplo, se o profissional revelar um segredo de um cliente (ou paciente) acreditando, sinceramente, que não lhe causará nenhum dano, mas que, a despeito dessa convicção, se produz. Nessa hipótese, erra sobre uma condição do tipo — possibilidade de dano; logo, incorre em *erro de tipo*. Se, no entanto, acredita, piamente, que a revelação que faz realiza-a corretamente, como, por exemplo, para cobrar honorários; nem pensa que age com justa causa, acredita apenas que tem o direito de fazê-lo, nessa hipótese não *erra* sobre uma elementar do tipo — sem justa causa, mas sobre a ilicitude da conduta; logo, incorre em *erro de proibição*.

8. Classificação doutrinária

Crime próprio, que exige sujeito ativo especial: somente profissional (daquelas profissões especiais) que tiver ciência do segredo em razão da função, ministério, ofício ou profissão pode responder por esse crime, a não ser nas hipóteses de concurso de pessoas (art. 29 e parágrafos); *formal*, pois se consuma com a simples conduta de revelar o segredo, sendo, pois, antecipado o resultado. Aliás, o dano nem precisa ocorrer: basta a *potencialidade lesiva* da conduta; *instantâneo*, consuma-se no momento em que o agente divulga o segredo, esgotando-se aí a lesão jurídica; *comissivo*, pois é impossível praticá-lo mediante omissão; *doloso*, não havendo previsão da modalidade culposa.

9. Pena e ação penal

A pena cominada é *alternativa*: detenção de um mês a um ano, ou multa.

A *ação penal* é pública condicionada à representação; trata-se de direito disponível, e, como tal, o início da ação penal depende de provocação do ofendido. Se o titular do segredo for menor de dezoito anos ou interdito, o direito de representar deve ser exercido pelo seu representante legal. Em razão da disponibilidade do bem jurídico tutelado, o consentimento do ofendido exclui a própria adequação típica.

---

5. Heleno Cláudio Fragoso, *Lições de Direito Penal*, p. 179: "À parte a situação especial de médicos e advogados, a denunciação de crime constitui justa causa para a revelação de segredo. Trata-se de faculdade outorgada a qualquer cidadão (art. 5º, 3º, CPP) e dever imposto aos funcionários públicos (art. 66, LCP)".

INVASÃO DE DISPOSITIVO INFORMÁTICO XXXVI

Sumário: 1. Considerações preliminares. 2. Bem jurídico tutelado. 3. Sujeitos ativo e passivo. 4. Tipo objetivo: adequação típica. 4.1. Elementos subjetivos especiais do injusto. 4.1.1. Com o fim de obter, adulterar ou destruir dados ou informações sem autorização expressa ou tácita do usuário do dispositivo. 4.1.2. Com o fim de instalar vulnerabilidades para obter vantagem ilícita. 5. Eliminação do elemento normativo: mediante violação indevida de mecanismo de segurança. 5.1. Conteúdo de um dispositivo informático (§ 3º). Definição de documento particular. 5.2. Com o fim de obter, adulterar ou destruir dados ou informações sem autorização expressa ou tácita do titular do dispositivo. 6. Figuras equiparadas: produção, oferta, distribuição, venda ou difusão de dispositivo ou programa de computador. 6.1. Com o intuito de permitir a prática da conduta definida no *caput*. 6.2. Majorante aplicável somente às figuras descritas no *caput* e no § 1º: ocorrência de prejuízo econômico (§ 2º). 7. Figuras qualificadas: violação de comunicações eletrônicas privadas, segredo e informações sigilosas. 7.1. Obtenção de conteúdo de comunicações eletrônicas privadas. 7.2. Obtenção de segredos comerciais ou industriais. 7.3. Obtenção de informações sigilosas, assim definidas em lei. 7.4. Obtenção de controle remoto não autorizado do dispositivo invadido. 8. Majorantes aplicáveis à figura qualificada constante do § 3º. 8.1. Se houver divulgação. 8.2. Se houver comercialização. 8.3. Se houver transmissão a terceiros. 9. Tipo subjetivo: adequação típica. 10. Consumação e tentativa. 11. Classificação doutrinária. 12. Pena e ação penal. 12.1. Penas. 12.2. Ação penal.

Invasão de dispositivo informático

Art. 154-A. Invadir dispositivo informático de uso alheio, conectado ou não à rede de computadores, com o fim de obter, adulterar ou destruir dados ou informações sem autorização expressa ou tácita do usuário do dispositivo ou de instalar vulnerabilidades para obter vantagem ilícita:

Pena — reclusão, de 1 (um) a 4 (quatro) anos, e multa.
• Redação dada pela Lei n. 14.155, de 2021.

§ 1º Na mesma pena incorre quem produz, oferece, distribui, vende ou difunde dispositivo ou programa de computador com o intuito de permitir a prática da conduta definida no caput.
• § 1º acrescentado pela Lei n. 12.737, de 2012.

§ 2º Aumenta-se a pena de 1/3 (um terço) a 2/3 (dois terços) se da invasão resulta prejuízo econômico.
- Redação dada pela Lei n. 14.155, de 2021.

§ 3º Se da invasão resultar a obtenção de conteúdo de comunicações eletrônicas privadas, segredos comerciais ou industriais, informações sigilosas, assim definidas em lei, ou o controle remoto não autorizado do dispositivo invadido:
- § 3º acrescentado pela Lei n. 12.737, de 2012.

Pena — reclusão, de 2 (dois) a 5 (cinco) anos, e multa.
- Redação dada pela Lei n. 14.155, de 2021.

§ 4º Na hipótese do § 3º, aumenta-se a pena de um a dois terços se houver divulgação, comercialização ou transmissão a terceiro, a qualquer título, dos dados ou informações obtidos.
- § 4º acrescentado pela Lei n. 12.737, de 2012.

§ 5º Aumenta-se a pena de um terço à metade se o crime for praticado contra:
- § 5º acrescentado pela Lei n. 12.737, de 2012.

I — Presidente da República, governadores e prefeitos.
- Inciso I acrescentado pela Lei n. 12.737, de 2012.

II — Presidente do Supremo Tribunal Federal;
- Inciso II acrescentado pela Lei n. 12.737, de 2012.

III — Presidente da Câmara dos Deputados, do Senado Federal, de Assembleia Legislativa de Estado, da Câmara Legislativa do Distrito Federal ou de Câmara Municipal; ou
- Inciso III acrescentado pela Lei n. 12.737, de 2012.

IV — dirigente máximo da administração direta e indireta federal, estadual, municipal ou do Distrito Federal.
- Inciso IV acrescentado pela Lei n. 12.737, de 2012.

Ação penal

Art. 154-B. Nos crimes definidos no art. 154-A, somente se procede mediante representação, salvo se o crime é cometido contra a administração pública direta ou indireta de qualquer dos Poderes da União, Estados, Distrito Federal ou Municípios ou contra empresas concessionárias de serviços públicos.
- Artigo acrescentado pela Lei n. 12.737, de 2012.
- Artigos acrescentados pela Lei n. 12.737, de 2012.
- *Caput* e §§ 2º e 3º alterados pela Lei n. 14.555, de 2021.

1. Considerações preliminares

Após tutelar a liberdade, sob o aspecto da inviolabilidade da correspondência, nesta última seção, do último capítulo do Título I da Parte Especial, o Código Penal de 1940 continua protegendo a liberdade, agora sob o aspecto dos *segredos e confidências (arts. 153 e 154), isto é, da privacidade, que nos é tão cara*. A proteção da *liberdade* não seria completa se não fosse assegurado ao indivíduo o direito de manter em sigilo determinados atos, fatos ou aspectos de sua vida, particular e profissional, cuja divulgação pode produzir dano pessoal ou a terceiros, de monta considerável. Esse direito integra o *direito de privacidade*, a que nos referimos ao abordar o crime de *violação de correspondência* (art. 151), isto é, o direito de liberdade de todos, em sentido amplo.

Nesta seção, o Código Penal disciplina somente a *violação de segredos* que atingem aspectos da liberdade individual. Protege, no entanto, a *inviolabilidade de segredos que importe em ofensa a outros interesses*, quiçá mais relevantes ou mais diretamente atingidos, em outros dispositivos, como nos arts. 325 (violação de sigilo funcional) e 326 (violação do sigilo de proposta de concorrência), além de outros diplomas legais extravagantes, que também tutelam segredos, cujos interesses, no entanto, são diversos, quer pela sua natureza, quer pela pessoa atingida.

A evolução dos tempos levou-nos à era cibernética, com todas as vantagens e desvantagens que essa evolução tecnológica pode proporcionar. Tem havido, em todo o mundo, a criação de novos crimes cibernéticos, decorrentes da necessidade de ordenar, disciplinar e limitar o uso indevido da moderna e avançada tecnologia cibernética.

Há muito o Brasil vem necessitando criminalizar a *invasão da privacidade* por meios informáticos, prática que tem acontecido diariamente, com maior ou menor repercussão; por isso, recusamo-nos a vincular a este ou àquele escândalo, como é muito do gosto brasileiro. O Projeto de Lei n. 35/2012, de autoria do Deputado Paulo Teixeira (PT-SP), acabou aproveitando uma avalanche de projetos e logrou transformar-se em lei. Esse diploma legal altera alguns dispositivos do Código Penal, e também acrescenta estes novos artigos (154-A e 154-B), disciplinando um *crime informático*. Dois foram os projetos de lei que deram origem aos novos crimes. Antecedia-o um Projeto do Senador Eduardo Azeredo, que já era, por sua vez, um substitutivo ao Projeto de Lei n. 84/1999.

A despeito de o Brasil não ser signatário da Convenção de Cibercrimes (conhecida como Convenção de Budapeste), constata-se que os crimes cibernéticos recém-criados pelo Brasil estão em consonância com algumas das recomendações do referido Tratado Internacional de Direito Penal e Processual Penal, criado em 2001, na Hungria, pelo Conselho da Europa, e em vigor desde 2004.

2. Bem jurídico tutelado

O bem jurídico protegido, sob o aspecto genérico, continua sendo, também neste novo artigo, a *liberdade individual*, aliás, está inserto exatamente no capítulo que trata dos *crimes contra a liberdade individual* (arts. 146 a 154), mas, mais especificamente, na seção que trata dos *crimes contra a inviolabilidade dos segredos* (seção IV). Cuidava referida seção da *divulgação de segredo* e da *violação do segredo profissional*, sendo acrescida, agora, da incriminação de condutas que *violam dados ou dispositivos informáticos*, e, implicitamente, protege segredos ou sigilos pessoais e profissionais, cuja divulgação pode causar dano a outrem. A proteção de dados e dispositivos informáticos e, especialmente, dos conteúdos que armazenam é uma exigência fundamental da atual vida social informatizada, que deve ser respeitada como princípio de ordem pública. Em outros termos, a proteção penal, contudo, não é da rede mundial de computadores, mas da *privacidade individual*, pessoal ou profissional do ofendido.

Excepcionalmente, no entanto, poderá haver autorização para essa invasão, tanto que o dispositivo destaca a elementar normativa "mediante violação indevida de mecanismo de segurança". O que dissemos nos capítulos anteriores, relativamente à *divulgação de segredo* e à violação de segredo profissional, pode ser aqui aplicado, com as ressalvas devidas, que a própria tipicidade exigir.

3. Sujeitos ativo e passivo

Sujeito ativo pode ser qualquer pessoa, independentemente de qualquer qualidade especial ou condição pessoal, tratando-se, por conseguinte, de *crime comum*. Pode ser sujeito ativo, inclusive, o funcionário público. Admite-se, sem dificuldades, a figura do concurso eventual de pessoas.

Sujeito passivo é o proprietário ou dono do dispositivo informático que foi violado ou invadido pelo sujeito ativo do crime; será igualmente o titular do conteúdo constante do dispositivo violado ou invadido, mesmo que se trate de pessoa diversa. Por outro lado, também será sujeito passivo o titular do conteúdo de comunicações eletrônicas privadas, dos segredos comerciais ou industriais, informações sigilosas do dispositivo invadido ou violado (§ 3º). Por fim, podem ser, igualmente, sujeito passivo desse crime a administração pública direta ou indireta da União, dos Estados, do Distrito Federal ou dos Municípios, bem como as empresas concessionárias de serviços públicos de qualquer dessas unidades federativas.

Convém ter presente que *sujeito passivo* não se confunde com *prejudicado*; embora, de regra, coincidam na mesma pessoa, as condições de sujeito passivo e prejudicado podem recair em sujeitos distintos. Aquele é o titular do bem jurídico protegido e, na hipótese, lesado, enquanto este é qualquer pessoa que, em razão do crime, sofre prejuízo ou dano material ou moral; o primeiro será a vítima da relação processual-criminal, e o segundo será testemunha, embora interessada.

A relevância da distinção repousa nos direitos decorrentes dessa *condição* que cada um tem: o sujeito passivo é o titular do direito de representar criminalmente contra o sujeito ativo, além de ter o direito da reparação *ex delicto*; ao prejudicado, por outro lado, resta-lhe o direito de postular a reparação do dano sofrido.

4. Tipo objetivo: adequação típica

O objeto material desta figura típica é *dispositivo informático alheio, conectado ou não à rede de computadores*. *Dispositivos informáticos* são os conhecidos *computadores* (pessoais ou industriais); os pessoais mais comuns seriam os *notebooks, netbooks, tablets, smartphones* etc., enfim, todos eles com capacidade de armazenar dados, informações, documentos, entre outros, que também estão recebendo a proteção penal, no cenário brasileiro (Lei n. 13.709, de 14 de agosto de 2018).

O disposto no art. 154-A do Código Penal, em sua primeira versão, criminalizou condutas que objetivam devassar dispositivo informático alheio, *conectado ou não à rede de computadores*, violando, indevidamente, *mecanismos de segurança*, "com o fim de obter, adulterar ou destruir dados ou informações sem autorização expressa ou tácita do titular do dispositivo ou instalar vulnerabilidades para obter vantagem ilícita". Essa previsão legal assemelha-se à prevista na Convenção de Budapeste que, em seu art. 4º, sugere a criminalização da denominada "interferência de dados", ou seja, daquele que "de maneira intencional e ilegítima danifique, apague, deteriore, altere ou elimine dados informáticos"[1].

Trata-se de um tipo penal complexo que contava, nessa primeira versão, com um *elemento normativo especial da antijuridicidade*, qual seja, mediante *violação indevida de mecanismo de segurança*, e com dois *elementos subjetivos especiais do injusto* — (i) com o fim de obter, adulterar ou destruir dados ou informações sem autorização expressa ou tácita do titular do dispositivo ou (ii) instalar vulnerabilidades para obter vantagem ilícita — cuja análise faremos em tópicos individuais, decompondo-se, assim, o seu exame, para maior clareza de suas funções dogmáticas. Contém, no entanto, apenas uma conduta nuclear no *caput*, qual seja, "invadir", que tem o significado de entrar à força ou de forma arbitrária ou hostil, ou mesmo subrepticiamente, *sem o consentimento de quem de direito*. A *invasão* tem a finalidade, em regra, de impedir ou embaraçar o curso normal de um trabalho, de uma atividade ou mesmo de um controle legal, bem como violar ou agredir garantias constitucionais, pessoais, individuais, técnicas ou jurídicas, protegidas no ordenamento jurídico. Nesta hipótese, contudo, o objetivo é outro, como veremos em tópico apartado (fim especial), bem como o próprio significado de invadir que, nesta figura típica, não significa o ingresso forçado ou arbitrário de *extraneus* em espaço não autorizado.

Na verdade, *invadir*, neste caso, tem o significado de violar ou ingressar, clandestinamente, isto é, *sem autorização* ou permissão de quem de direito, sem o consentimento do *usuário*, que pode ser *proprietário, titular* e (agora com a nova

---

[1] "Article 4 — Data interference — Each Party shall adopt such legislative and other measures as may be necessary to establish as criminal offences under its domestic law, when committed intentionally, the damaging, deletion, deterioration, alteration or suppression of computer data without right."

lei)[2] também o usuário do *dispositivo informático*. A finalidade dessa invasão, como afirmamos acima, não é apenas impedir ou embaraçar o curso normal de um trabalho, como seria normalmente, mas tem objetivos bem mais complexos e mais pretensiosos, como o próprio tipo prevê. Com efeito, a conduta é executada, segundo o próprio tipo penal, "com o fim de obter, adulterar ou destruir dados ou informações *sem autorização* expressa ou tácita do usuário, titular ou proprietário do dispositivo informático ou instalar vulnerabilidades para obter vantagem ilícita". Mas essas duas *finalidades especiais* expressas no *caput* serão examinadas, adiante, em tópicos específicos.

No entanto, a criminalização dessa conduta, mesmo com as finalidades ilegítimas descritas no *caput*, tinha, antes da alteração da Lei n. 14.155, *um pressuposto a satisfazer*, que era a existência obrigatória de *"um mecanismo de segurança acionado"* no dispositivo informático invadido. Pois a supressão legal dessa *elementar normativa especial*, qual seja, a existência de *"um mecanismo de segurança acionado"* simplificou, de certa forma, a tipificação desse crime, especialmente dos descuidados. Com efeito, antes dessa previsão legal, a "inexistência de mecanismo de segurança" impedida a tipificação da referida conduta por falta dessa elementar normativa que não teria sido violado.

Por fim, para a configuração do crime é irrelevante que o *dispositivo informático* violado se encontre conectado à rede mundial de computadores, conhecida como *internet*. Em outros termos, a proteção penal não é da rede mundial de computadores, mas da privacidade individual, pessoal ou profissional do ofendido. A partir da Lei n. 14.155/2021 é irrelevante a eventual existência ou inexistência de *"um mecanismo* de segurança, acionado ou não", para a adequação típica da conduta de quem invadir dispositivo informático alheio, conectado ou não à rede de computadores.

4.1 *Elementos subjetivos especiais do injusto*

4.1.1 Com o fim de obter, adulterar ou destruir dados ou informações sem autorização expressa ou tácita do usuário do dispositivo

As locuções *obter, adulterar* ou *destruir* não são verbos nucleares, definidores de condutas criminosas, como pode parecer à primeira vista, mas representam apenas, neste crime, um *elemento subjetivo especial do injusto*, que é uma espécie de limitação da abrangência típica. Delimita a abrangência da conduta tipificada, embora neste tipo penal existam dois elementos subjetivos, porque se fosse único, a falta ou não configuração dessa *finalidade* tornaria a conduta atípica, exatamente pela ausência desse fim especial. Assim, ainda que a conduta seja praticada e que as demais elementares se façam presentes, não havendo o *fim especial* exigido pelo tipo, o crime não se configura.

---

2. Lei n. 14.155, de 27 de maio de 2021.

Em outros termos, a conduta incriminada, no *caput*, de "invadir" dispositivo informático alheio deve ser, necessariamente, praticada *"com o fim de obter, adulterar ou destruir dados ou informações sem autorização expressa ou tácita do titular do dispositivo"* violado. A ausência dessa *finalidade especial* afasta a adequação típica. Se a finalidade dessa conduta for outra, se crime existir, certamente, não será este, mas estará tipificado em outro dispositivo legal. A menos que, na hipótese deste artigo, a conduta aqui tipificada seja praticada com outra *finalidade*, igualmente prevista neste artigo, alternativamente, que é a instalação de *vulnerabilidade*, configuradora de um *segundo elemento subjetivo especial* do tipo penal, que veremos adiante.

4.1.2 Com o fim de instalar vulnerabilidades para obter vantagem ilícita

A complexidade deste tipo caracteriza-se também por conter dois *elementos subjetivos especiais do tipo*, sendo o segundo, *alternativo*, qual seja, *com o fim de instalar vulnerabilidades para obter vantagem ilícita*. Trata-se de um tipo penal *sui generis*, que abriga em sua constituição, alternativamente, dois elementos subjetivos especiais do injusto, ampliando, dessa forma, o alcance ou a abrangência da descrição típica.

Então vejamos: o primeiro *fim especial* é *"obter, adulterar ou destruir dados ou informações sem autorização do titular do dispositivo violado"*; o *segundo fim especial*, por sua vez, é *"instalar vulnerabilidades para obter vantagem ilícita"*. Parece-nos que o tipo penal encerra um certo paradoxo absolutamente desnecessário e, dogmaticamente, incompreensível, pois poderia o legislador ficar elencando finalidades, sem fim, nos tipos penais, distorcendo a estrutura tipológica construída ao longo da evolução da teoria do delito.

Mas, de qualquer sorte, o importante a destacar é que se trata de *fins especiais alternativos*, o que significa dizer que não é necessário que ambos tenham que existir, simultaneamente. Basta que um deles se faça presente, para que a estrutura típica possa se completar. Por outro lado, nada impede que coexistam os dois elementos subjetivos especiais do ilícito, concretamente, ainda que nenhum deles se concretize, ou concretize apenas deles.

5. Eliminação do elemento normativo: mediante violação indevida de mecanismo de segurança

A previsão legal anterior do *caput* do art. 154-A continha a exigência de "violação de mecanismo de segurança", o que tornava a conduta tipificada mais grave e, ao mesmo tempo, configurava um *tipo penal complexo*, representado pela violação à cautela da vítima, que *instalara um dispositivo de segurança* em seu "aparelho eletrônico". Contudo, essa *exigência legal* foi excluída na nova definição desse crime pela Lei n. 14.155/2021, que o transformaria em um crime simples, não fora a existência de *duas finalidades especiais*, as quais acabamos de examinar.

Com efeito, não se tratava de *crime comum*, com descrição tradicional, puramente objetiva, mas de um tipo *anormal*, contendo um *elemento normativo especial* da antijuridicidade, qual seja, mediante *violação indevida* de mecanismo de segurança[3]. Assim, o tipo penal era *aberto* e exigia um *juízo de valor* para complementar a análise da tipicidade. Aliás, era um tipo semiaberto, pois, ao mesmo tempo que abria o tipo penal com a locução "mediante violação indevida", fechava-o com a complementação "de mecanismo de segurança", limitando, portanto, o âmbito de violação do bem jurídico. Em outros termos, qualquer outra *violação* que não se referisse a "mecanismo de segurança" não tipificaria a conduta que o tipo descrevia no *caput* que foi alterado. Dito de outra forma, ainda que houvesse a violação ou *invasão* "de dispositivo informático alheio, conectado ou não à rede de computadores", se não houvesse "mecanismo de segurança" (ou não estivesse acionado) que fosse violado, a conduta não se adequaria àquela descrição típica. Poderia, eventualmente, adequar-se a outro dispositivo penal, mas não a este, sob pena de violar-se a *tipicidade estrita*. Daí a grande importância para a proteção do mesmo bem jurídico, a exclusão da exigência de violação da *elementar normativa* "mecanismo de segurança".

Contudo, a Lei n. 14.155/2021 simplificou essa tipificação ao afastar da descrição típica a exigência desse *elemento normativo* – violação de mecanismo de segurança – e, ao mesmo tempo, ampliando a abrangência do tipo penal para criminalizar condutas, mesmo sem invasão e violação do dispositivo de segurança. Ou seja, a nova lei simplificou a descrição da conduta típica e, consequentemente, aumentou a proteção de bens jurídicos, abrangendo todos os dispositivos eletrônicos, com ou sem mecanismos de segurança, conectados ou não à rede mundial de computadores. Logicamente, desde que satisfaça, pelo menos, um dos dois *fins especiais*, quais sejam, "com o fim de obter, adulterar ou destruir dados ou informações sem autorização expressa ou tácita do *usuário* do dispositivo eletrônico, ou de "instalar *vulnerabilidades para obter vantagem ilícita*".

A proteção jurídico-penal abrange qualquer *violação não autorizada* de computadores, ou, como diz o texto legal, a violação de todo e qualquer "dispositivo informático", independentemente de haver ou não *dispositivo de segurança*, e, ainda, independentemente de ter sido violado ou não eventual *mecanismo de segurança*. A rigor, muitos dispositivos informáticos (computadores, celulares, tablets etc.) não dispõem de mecanismos de segurança, e, outras vezes, embora disponham, não se encontram ligados. Tanto numa quanto noutra hipótese, referidos instrumentos ou "dispositivos eletrônicos" passaram a estar protegidos por este dispositivo penal, desde que sejam violados *sem autorização expressa ou tácita do usuário do dispositivo eletrônico*.

Sem autorização, desautorizadamente, mediante violação indevida, a exemplo de tantas outras expressões semelhantes, tais como "indevidamente", "injustamente", "sem licença da autoridade", sem justa causa, são *elementos jurídicos norma-*

---

3. Ver a natureza do erro que incide sobre esse tipo de elementar normativa especial do tipo, em nosso *Tratado de Direito Penal — Parte Geral*, 30. ed., São Paulo, Saraiva, 2024, v. 1, Capítulo XXV, "Erro de tipo e erro de proibição".

tivos especiais da ilicitude (ou antijuridicidade). Embora também constem da descrição típica, não se confundem com os *elementos normativos do tipo*, tais como coisa "alheia" etc. Na verdade, a despeito de integrarem o tipo penal, são elementos do dever jurídico e, por conseguinte, da *ilicitude*[4]. "Sem autorização", que, normalmente, se relaciona à *antijuridicidade*, nesse caso, exclui a própria tipicidade, e não aquela. E isso acontece somente porque o legislador incluiu a antijuridicidade entre os elementos integrantes do tipo penal, ou seja, da própria tipicidade. Para o exame do *erro* que incidir sobre esses *elementos normativos especiais do tipo*, se caracterizam *erro de tipo ou erro de proibição*, remetemos o leitor para o capítulo em que abordamos o erro de tipo e o erro de proibição em nosso *Tratado de Direito Penal, Parte Geral*[5].

Assim, somente a *violação injusta*, indevida, isto é, sem autorização, não autorizada ou *contra legis*, caracterizará o crime. Poderão justificar a violação, genericamente falando, por exemplo, entre outras, as seguintes condições: *delatio criminis* (art. 5º, § 3º, do CPP); *exercício de um direito; estrito cumprimento de dever legal* (apreensão de documento em poder de alguém — art. 240, § 1º, letra f, do CPP); *consentimento do ofendido* (trata-se de direito disponível); ou qualquer excludente de criminalidade ou mesmo dirimentes de culpabilidade. Concluindo, havendo justa causa para a violação, isto é, sendo devida, legal ou autorizada, o fato é atípico. Finalmente, constitui *constrangimento ilegal* o indiciamento do agente em inquérito policial, *sem justa causa*, sendo passível de *habeas corpus*.

5.1 *Conteúdo de um dispositivo informático (§ 3º). Definição de documento particular*

O documento particular deve ter natureza sigilosa, ou, no mínimo, reservado ou privativo para receber a tutela penal; no entanto, o caráter sigiloso, por si só, é insuficiente para tipificar o crime, sendo necessário que se vincule ao dano, efetivo ou potencial, que a divulgação possa produzir. *Documento* e correspondência devem ter interesse moral ou material, uma vez que fatos inócuos não podem converter-se em *segredos*, protegidos pelo direito penal, pela simples vontade do remetente. Nesse sentido, o conteúdo de um dispositivo informático, que é privativo, individual e reservado, não deixa de ser, para efeitos desta proteção penal, um *documento*, ainda que a lei não se refira a esse título. A rigor, não se pode esquecer que na era dos computadores esse *instrumento informático* virou uma espécie de depósito, repositório ou até mesmo, pode-se admitir, uma modalidade de "cofre eletrônico, onde as pessoas depositam toda a sua vida, sua história, seus documentos, seus

---

[4]. Cezar Roberto Bitencourt, *Tratado de Direito Penal* — Parte Geral, 30. ed., São Paulo, Saraiva, 2024, v. 1, p. 336.

[5]. Cezar Roberto Bitencourt, *Tratado de Direito Penal* — Parte Geral, 27. ed., São Paulo, Saraiva, 2021, v. 1, p. 528 e s. (Capítulo XXV "Erro de tipo e erro de proibição").

compromissos e deveres, seus direitos e obrigações, e, fundamentalmente, os seus segredos, ou aquela parte de sua vida que não desejam compartilhar com ninguém. Esses aspectos fundamentam a necessidade da proteção penal que, de certa forma, se encontra respaldada neste dispositivo legal.

Documento, segundo Hungria, "é todo escrito de que resulte a prova de fato juridicamente relevante, tenha ou não caráter econômico"[6]. *Documento*, nos termos a que se refere o art. 153 do CP, tem acepção restrita, mais ou menos nos limites em que é definido pelo Código de Processo Penal (arts. 232 e s.), desde que não seja público. *Documento*, enfim, é qualquer escrito, instrumento ou papel. Referindo-se o texto legal, expressamente, a *documento particular* fácil é concluir que não é objeto dessa proteção penal o *documento público*, mesmo aquele que traz em seu bojo segredos, v.g., *testamento cerrado*.

Convém destacar que o parágrafo terceiro prevê a possibilidade de, em razão da *invasão de dispositivo informático*, resultar "na obtenção de conteúdo de comunicações eletrônicas privadas, segredos comerciais ou industriais, informações sigilosas, assim definidas em lei, ou o controle remoto não autorizado do dispositivo invadido" (§ 3º). Ora, esses dados todos, e principalmente os segredos e sigilos, encontravam proteção nos arts. 153 e 154. Magalhães Noronha, referindo-se ao art. 153, destacava que o documento "deve ter natureza sigilosa, isto é, conter um segredo, entendendo-se como tal o que se quer que permaneça oculto, não seja revelado ou publicado"[7]. *Segredo* é algo que não deve ser revelado, sendo necessária a preservação do sigilo, não podendo sair da esfera da privacidade pessoal. É indispensável que o documento contenha um segredo cuja revelação tenha idoneidade para produzir dano a alguém. Logo, a simples chancela de "secreto" ou "confidencial" que determinados documentos recebem não é suficiente para caracterizar o documento secreto. O *sigilo*, ademais, deve recair sobre o conteúdo da correspondência ou documento e não sob o seu aspecto formal. Assim, documentos ou correspondências irrelevantes, inócuos ou, por qualquer razão, *incapazes de produzir dano* ao sujeito passivo não são objetos da proteção legal (art. 153).

Mas, no atual estágio da evolução tecnológica, poder-se-á sustentar, como se fazia até pouco tempo, que *documento* ou *correspondência* somente podem ser escritos em papel? À evidência que não, embora admitamos que não possa ser considerada documento ou correspondência a informação ou transmissão de dados oralmente; contudo, ninguém pode ignorar que, na atualidade, pode-se receber

---

6. Nélson Hungria, *Comentários ao Código Penal*, 5. ed., Rio de Janeiro, Forense, 1980, v. 6, p. 250.

7. Edgar Magalhães Noronha, *Direito Penal*, Parte Especial, 15. ed., São Paulo, Saraiva, 1979, v. 2, p. 201.

documento ou correspondência confidencial das mais variadas formas, como, por exemplo, via *e-mail*, gravações em fitas cassete, fitas de vídeo, CDs, DVDs etc. E, nessa linha de nossa reflexão, a Lei n. 12.737, de 30 de novembro de 2012, *equiparou* os "cartões de crédito" a *documento particular*, acrescentando um parágrafo único ao art. 298 do Código Penal. Examinando esse acréscimo legal, isto é, comentando essa previsão legal, tivemos a oportunidade de afirmar que referida lei "não criou nenhuma nova figura penal, limitando-se, tão somente, a equiparar o conhecido 'cartão de crédito ou débito' a documento *particular*, independentemente da natureza da instituição emissora. Tem-se a vantagem de evitar discussões sobre sua natureza, quebrando, inclusive, um certo tabu, pois conhecíamos apenas os documentos impressos em papel ou material equivalente. Agora, o denominado *papel-plástico* ou *dinheiro de plástico* também recebe, por força de lei, a qualificação de *documento por equiparação*. Com essa equiparação, a *falsificação* de referidos cartões passa a configurar o crime de *falsificação de documento particular*"[8], previsto no art. 298 de nosso Código Penal.

Ao justificar a não inclusão de crime semelhante no Código Penal italiano de 1930, interpretando-o como um *ilícito civil*, Rocco já se referia à distinção entre segredo confiado oralmente e o confiado por escrito, questionando, sob o ponto de vista penal, a possibilidade de o remetente impor segredo ao destinatário, ante a inexistência de diferença essencial entre um e outro; como aquele não é punido, não se compreende por que este o seria, considerando-se que a diferença é somente de meio[9].

Acreditamos que Rocco não tinha razão na sua argumentação retórica, pois os efeitos e a perenidade de confidências ou segredos *orais* e escritos são completamente distintos: a escolha do meio de transmissão de fatos ou dados sigilosos ou secretos já implica graus de distinta importância; inserem-se em documentos aqueles que se deseja permaneçam, sejam facilmente comprovados ou vinculem compromissos assumidos etc., ao passo que confidências ou segredos transmitidos oralmente, de regra, não têm a mesma importância, não são documentos e não têm idoneidade para comprometer ninguém, afora o fato da dificuldade probatória que, *in concreto*, apresentam[10]. Hungria lembrava ainda que a traição da

---

8. Cezar Roberto Bitencourt, *Tratado de Direito Penal* — Parte Especial, 13. ed., São Paulo, Saraiva, 2019, v. 4, p. 652.
9. Arturo Rocco, Relazione Ministeriale, *in Lavori preparatori*, v. 5, p. 429, apud Magalhães Noronha..., p. 201.
10. Nélson Hungria manifestava-se em sentido semelhante, afirmando que: "Não é convincente, porém, o argumento. Há enorme diferença entre divulgar confidência que outrem nos faz verbalmente e a que recebemos por escrito: no primeiro caso, a veracidade do fato divulgado pode ser posta em dúvida, dada a ausência de comprovação material, e a própria indelicade-

confiança, no caso de documento ou correspondência, é muito mais grave do que na confidência verbal, e sua impunidade representaria grave desamparo da liberdade na vida de relações.

Quanto à definição de *correspondência*, reportamo-nos ao que dissemos ao analisar o art. 151. A adjetivação de *confidencial* significa que deve ter um conteúdo realmente secreto, isto é, que deve chegar ao conhecimento de determinada pessoa ou de limitado número delas; coisa que se deve manter em sigilo, respeitando-se a vontade e o interesse legítimo de alguém.

5.2 Com o fim de obter, adulterar ou destruir dados ou informações sem autorização expressa ou tácita do titular do dispositivo

As locuções *obter, adulterar* ou *destruir* não são verbos nucleares, definidores de condutas criminosas, como pode parecer, mas representam apenas o *elemento subjetivo especial do injusto*, que é uma espécie de limitação da abrangência típica. Limita a abrangência exatamente por que a falta dessa finalidade torna a conduta atípica, exatamente pela ausência desse fim especial. Assim, ainda que a conduta seja praticada e que as demais elementares se façam presentes, não havendo o fim especial exigido pelo tipo, o crime não se configura.

Em outros termos, a conduta incriminada, no *caput*, de "invadir" dispositivo informático alheio deve ser, necessariamente, praticada *"com o fim de obter, adulterar ou destruir dados ou informações sem autorização expressa ou tácita do titular do dispositivo"* violado. A ausência dessa *finalidade especial* afasta a adequação típica. Se a finalidade dessa conduta for outra, se crime existir, certamente, não será este.

6. Figuras equiparadas: produção, oferta, distribuição, venda ou difusão de dispositivo ou programa de computador

Na definição das condutas elencadas no § 1º, estamos diante realmente de *crime vinculado*, isto é, vinculado à conduta originária, aquela constante do *caput*, qual seja, *invadir dispositivo informático alheio*. Trata-se de meio livre, alterado pela Lei n. 14.155/2021. Os *fins* ou objetivos dessa invasão, igualmente, estão no *caput* e são os seguintes: com o fim de obter, adulterar ou destruir dados ou informações sem autorização expressa ou tácita do usuário do dispositivo ou de instalar vulne-

---

za do divulgador torna precária a sua credibilidade. Ao passo que, no segundo caso, há um *corpus*, que impõe à credibilidade geral e que, publicado, exporá irremissivelmente o dono do segredo" (*Comentários ao Código Penal*, p. 234).

rabilidades para obter vantagem ilícita. Mas esses aspectos — elementos normativos e subjetivos especiais — já foram analisados em tópicos próprios.

Além de tudo isso, o texto legal traz extenso rol de condutas, no § 1º, que trata como *crimes equivalentes*, os quais veremos, sucintamente, a seguir. Tais condutas são: produzir, oferecer, distribuir, vender ou difundir dispositivo ou programa de computador com o intuito de permitir a prática da conduta definida no *caput*. *Produzir* significa fazer, criar, gerar, realizar ou construir algo, no caso, "dispositivo ou programa de computador"; *oferecer* tem o sentido de mostrar, dar, dedicar a, propor, mostrar algo a alguém; *distribuir* significa repartir ou entregar a diversas pessoas, dispor, colocar em diversos lugares; *vender* tem o sentido de negociar, alienar, trocar por dinheiro ou outro valor, fazer comércio ou comerciar; *difundir* tem o significado de divulgar, espalhar, propagar ou expor o produto objeto material deste crime.

Trata-se de crime de ação múltipla ou de conteúdo variado, isto é, se o agente que "produzir" o material for quem distribui, vende ou o difunde, o crime será único. Em outros termos, ainda que o agente pratique mais de uma das condutas elencadas não caracterizará nenhum concurso de crimes, responderá somente por um crime.

Constata-se que todas essas condutas têm um *objetivo comum*, qual seja, possibilitar a prática da conduta definida no *caput*. Mas a criminalização de todas se justifica porque se visa a coibir a utilização de *dispositivo ou programa de computador* com o intuito de permitir a prática da conduta definida no *caput*. Logo, não só a *invasão do dispositivo informático* constitui crime, como previsto no *caput*, mas também todos os comportamentos mencionados, porque têm o objetivo de facilitar essa invasão. Com um olhar mais agudo percebe-se que o legislador procurou elencar aquelas que seriam as formas comuns de *cooperação criminosa*, que poderiam, eventualmente, ser alcançadas pelo concurso eventual de pessoas. Assim, transformou em condutas típicas aquelas que, eventualmente, só poderiam ser alcançadas por obra do concurso de pessoas. O texto legal consegue, de certa forma, coibir todos os *meios* ou *modos* que permitam o agente *invadir* dispositivo informático alheio.

6.1 Com o intuito de permitir a prática da conduta definida no caput

Estes crimes equiparados, constantes do § 1º, também trazem em sua definição típica a previsão de um *elemento subjetivo especial do injusto*, representado pela elementar subjetiva "com o intuito de permitir a prática da conduta definida no *caput*". Com efeito, o objeto das ações incriminadas neste parágrafo — produzindo, distribuindo, vendendo ou difundindo dispositivo ou programa de computador —, não é a *invasão de dispositivo informático* (*caput*), diretamente, mas permitir ou possibilitar que tal *invasão* possa ocorrer. Em outros termos, o autor dessas condutas *não é autor direto da invasão de dispositivo informático*, mas um "colaborador" *sui generis*, isto é, expressamente previsto em lei como tal, independentemente de ser alcançado pelo concurso de pessoas, como normalmente ocorreria, pois pratica condutas declaradamente acessórias, para permitir a execução da invasão. Logicamente, a tipicidade de sua conduta não é abrangida pela norma secundária de ampliação constante do art. 29 do CP, mas decorre do próprio texto legal (§ 1º).

6.2 Majorante aplicável somente às figuras descritas no caput e no § 1º: ocorrência de prejuízo econômico (§ 2º)

Esta majorante prevista no § 2º aplica-se somente às condutas descritas no *caput* e no § 1º, pois a figura qualificada descrita no § 3º tem suas próprias majorantes, definidas na sequência imediata a esse dispositivo legal. Com efeito, de acordo com o § 2º, "aumenta-se a pena de um sexto a um terço se da invasão resulta prejuízo econômico". Visivelmente, referido dispositivo limitou a natureza do *prejuízo* que majora a pena aplicada, a nosso juízo, com razão, pois, por exemplo, o prejuízo moral, afetivo e íntimo é decorrência natural das condutas incriminadas, representando sua própria consequência. Logo, qualquer outro prejuízo, de outra natureza, que não tenha conotação econômico-financeira não estará abrangido pela presente majorante.

7. Figuras qualificadas: violação de comunicações eletrônicas privadas, segredo e informações sigilosas

A conduta descrita no *caput* resulta *qualificada* de acordo com o *resultado* que produzir. Com efeito, segundo o § 3º, *se da invasão resultar (a) a obtenção de conteúdo de comunicações eletrônicas privadas, (b) segredos comerciais ou industriais, (c) informações sigilosas, assim definidas em lei, ou (d) o controle remoto não autorizado do dispositivo invadido*. Trata-se, enfim, de uma forma *sui generis* de crime qualificado pelo resultado.

Constata-se que referido parágrafo consagra quatro figuras distintas, que demandam análise individualizada. A primeira (a) e a última figuras (d), aparentemente, não apresentam a mesma gravidade das outras duas, posto que estas envolvem a violação de segredos comerciais e industriais, e informações sigilosas. Quer nos parecer que a ofensa a esses bens jurídicos protegidos pelo manto do *segredo* e do *sigilo* apresentam maior idoneidade material jurídica, representando uma *invasão* mais grave e produtora de um *desvalor superior*, se comparados as outras duas figuras, as quais não apresentam, ao menos em tese, a mesma importância para os seus titulares (sujeitos passivos). Vejamos, a seguir, cada uma dessas hipóteses.

7.1 Obtenção de conteúdo de comunicações eletrônicas privadas

O § 3º do artigo *sub examine* proíbe, igualmente, a *obtenção de conteúdo de comunicações eletrônicas privadas*, de segredos comerciais ou industriais, de informações sigilosas, assim definidas em lei, bem como a obtenção do controle remoto não autorizado do dispositivo invadido, como qualificadora, dobrando a sanção penal.

Trata-se, inegavelmente, de tipo penal aberto: Afinal, a que conteúdo ou a que comunicações eletrônicas se refere este dispositivo legal? Quer nos parecer que *se refere a qualquer conteúdo e de qualquer comunicação eletrônica*, independentemente de sua relevância ou natureza, desde que distinto das demais hipóteses elencadas, isto é, desde que não se refira a segredos comerciais ou industriais, informações sigilosas, assim definidas em lei, ou a controle remoto não autorizado do dispositivo invadido. Pois estes outros conteúdos já estão nominados expressamente. Em outros termos, estamos sustentando que é indiferente a maior ou menor relevância do conteúdo da comunicação eletrônica violada, pois *sua relevância está na violação em si*, que retira a segurança individual de seus interesses, segredos, sigilos ou negócios; vulnera, enfim, totalmente a intimidade e a privacidade do titular desses interesses. Ademais, essa conclusão encontra respaldo na ausência de previsão similar a constante no final dos arts. 153 e 154, os quais exigem que da divulgação resulte em dano a outrem.

Com efeito, o *dano ou prejuízo*, neste dispositivo legal, consiste na própria invasão em si, vulnerando a privacidade e a intimidade do seu titular. A obtenção desses dados são o verdadeiro *dano* a esses valores, privacidade e intimidade, que são violadas pela ação do agente, sendo desnecessário qualquer outro prejuízo ou dano, que, se ocorrer, não passará de simples exaurimento.

7.2 Obtenção de segredos comerciais ou industriais

Que segredo se protege? Certamente, não é qualquer um, estando excluídos, desta locução, os segredos particulares, pessoais, individuais, os quais, no entanto, são abrangidos pelo enunciado anterior, qual seja, o *conteúdo de comunicações eletrônicas privadas*. Neste caso, envolve somente os segredos comerciais ou industriais. *Segredo* é algo que não deve ser revelado ou que se tem razão, fundamento ou interesse para ocultar, e mantê-lo preservado do conhecimento de outrem. Só estão protegidos por esta previsão legal aqueles segredos comerciais ou industriais que forem encontrados no interior de *dispositivo informático* de terceiros, sem a sua permissão.

Neste caso, não se questiona se esses segredos constam de documento escrito ou se são orais, isto é, gravação de voz, o importante é que se encontrem armazenados no dispositivo informático. A sua natureza, escrita, oral ou mesmo desenhada, é irrelevante. Tampouco importa se são capazes de produzir ou se produziram dano ou prejuízo a alguém, o que, se ocorrer, representará somente o exaurimento do crime. Aliás, resultar da invasão prejuízo econômico é a majorante constante do

§ 2º, aplicável somente às figuras do *caput* e do § 1º, podendo elevar a pena de um sexto a um terço. Essa previsão reforça o argumento de que efetivamente a prática desses crimes, previstos no *caput* e no § 1º, não exige a ocorrência de prejuízo.

É irrelevante que se trate de segredo temporário ou condicionado ao advento de determinado fato: mesmo assim sua invasão ou violação de dispositivo informático caracteriza a qualificadora do presente dispositivo. Nesses termos, pode-se concluir que a temporariedade ou condicionalidade, por si só, não exclui a proteção legal do segredo industrial ou comercial.

7.3 Obtenção de informações sigilosas, assim definidas em lei

Informações são dados, detalhes, referências sobre alguma coisa ou alguém. *Sigiloso* é algo que não deve ser revelado, confidencial, limitado a conhecimento restrito, não podendo sair da esfera de privacidade de quem o detém. *Reservado*, por sua vez (que é uma modalidade menos rígida de sigilo, muito usada nos tempos da ditadura), é dado ou informação que exige discrição e *reserva* das pessoas que dele tomam conhecimento. Mas, na nossa concepção, também integra aquilo que a lei penal fala em sigiloso, é só uma questão de terminologia.

Por fim, é indispensável que a *natureza sigilosa* ou reservada das informações, indevidamente divulgadas, seja determinada por lei, e lei em sentido estrito, ou como diz o texto legal, "assim definidas em lei", sendo inadmissível sua equiparação a resoluções, portarias, regulamentos etc. Em outros termos, estas não suprem a necessidade da definição legal.

Nesta locução não se fala em *documento*, público ou particular, mas tão somente em *informações*, que podem assumir as mais variadas formas, inclusive de documentos ou correspondências, independentemente de serem irrelevantes, inócuos ou, por qualquer razão, incapazes de produzir dano ou prejuízos específicos a outrem, ao contrário da previsão contida no art. 153 desse mesmo Código Penal. Com efeito, a violação ou *invasão de informações sigilosas*, desde que sejam definidas em lei como tal, é suficiente para configurar a qualificadora que ora se examina. Na verdade, essa previsão, repetindo, não exige que a conduta incriminada *possa produzir dano a outrem*.

7.4 Obtenção de controle remoto não autorizado do dispositivo invadido

Esta última qualificadora — *obtenção de controle remoto não autorizado do dispositivo invadido* — está em consonância com a previsão final do *caput*, qual seja, a finalidade de "instalar vulnerabilidades para obter vantagem ilícita" no dispositivo violado. Essa *finalidade* constante no final do *caput*, como *elemento subjetivo especial do injusto*, temos dito reiteradamente, não precisa concretizar-se, e, quando isso ocorre, normalmente, não passa de simples *exaurimento* da ação incriminada. Contudo, a técnica adotada neste artigo e seus parágrafos é diferente: destaca determinadas consequências da ação incriminada — aquelas que considera mais graves — cuja concretização configura, por determinação expressa, qualificadoras da ação. Logo, quaisquer outras consequências, que porventura ocorram, representarão efetivamente apenas exaurimento do crime.

Pois, nesta hipótese, *sub examine*, obter o *controle remoto não autorizado do dispositivo invadido* configura exatamente a concretização do *fim* da ação incriminada no *caput*, qual seja, "instalar vulnerabilidades para obter vantagem ilícita". Em outros termos, com a *instalação* (de vulnerabilidade) e, agora, com a obtenção do *controle remoto do dispositivo informático invadido*, o sujeito passivo fica nas mãos do autor do crime, que, à distância, controla todos os movimentos, todos os dados, todos os segredos e sigilos dele. O maior *desvalor* desta conduta reside na *permanência dos efeitos nocivos* da conduta do agente, que mantém sob o seu controle as ações da vítima, observando, controlando e lesando, à distância, os bens jurídicos tutelados dela.

Por fim, o controle remoto é apenas um *meio* de o sujeito ativo ter acesso às informações do dispositivo informático invadido, pois tais dados e informações também podem ser obtidos sem a utilização desse meio, mas, nesse caso, não configura a qualificadora que ora se examina.

8. Majorantes aplicáveis à figura qualificada constante do § 3º

Na hipótese do § 3º, aumenta-se a pena de um a dois terços se houver divulgação, comercialização ou transmissão a terceiro, a qualquer título, dos dados ou informações obtidos. Com efeito, o § 4º está, igualmente, majorando a pena por algo que, normalmente, representaria o simples exaurimento do crime qualificado descrito no § 3º, ou seja, divulgar, comercializar ou transmitir a terceiro os dados ou informações obtidos pelo sujeito ativo. Vejamos, sucintamente, cada uma dessas três hipóteses.

8.1 *Se houver divulgação*

Divulgar, sem justa causa, conteúdo de *dispositivo informático*, isto é, tornar público ou do conhecimento de um número indeterminado de pessoas esse conteúdo que foi obtido criminosamente, e, por conseguinte, desautorizado por seu titular. A *divulgação* pode produzir-se por qualquer *meio*, legítimo ou ilegítimo: imprensa, rádio, televisão, internet, exposição ao público, obras literárias etc. Enfim, sempre que haja *comunicação, informação ou, por qualquer meio*, seja dado a conhecer, a um número indeterminado de pessoas os dados ou informações obtidos, estará consumada a divulgação. Logicamente, a repercussão que a divulgação pode adquirir amplia consideravelmente o *desvalor do resultado* danoso experimentado pela vítima da invasão.

Essa majorante objetiva assegurar a proteção da privacidade e da intimidade do titular do dispositivo informático violado, mantendo secretos fatos ou dados particulares, os quais não se deseja que sejam divulgados ou conhecidos por terceiros. Nesta figura, em momento algum o tipo requer que se trate de dados ou fatos relevantes, pois *relevante é a privacidade da integralidade do conteúdo constante do dispositivo informático*, ao contrário da previsão do art. 153, na medida em que *não exige que a divulgação cause dano ou prejuízo a outrem*. O dano e o prejuízo estão na própria violação ao conteúdo armazenado no dispositivo informático, que, não raro, assume a mais variada natureza, na medida em que se trata de um repositório de interesses privados, armazenados, guardados no que se poderia denominar, numa linguagem figurada, uma espécie de *cofre eletrônico*. Assim, esse acervo particular ganha, finalmente, proteção penal, pois, em tese, pode assumir proporções inimagináveis de valores éticos, morais, financeiros, comerciais ou industriais, ou mesmo de qualquer outra natureza.

8.2 Se houver comercialização

Comercializar significa vender, negociar, transferir onerosamente, trocar por bens economicamente apreciáveis, os dados ou informações obtidos. A *comercialização* do produto do crime, que tenha valor comercial, é basicamente natural, aliás, em regra, a finalidade de comercializá-lo é, pode-se afirmar, o *móvel* do crime. Essa finalidade transcendente constitui, normalmente, *post factum* impunível.

No entanto, ante a previsão constante neste § 4º, não há como deixar de punir esse *post factum*, mesmo correndo o risco de incidir em *bis in idem*, pois, aparentemente, as qualificadoras descritas no § 3º passariam a ser uma espécie *sui generis* de *crime-meio*. Assim, contrariando princípios básicos do direito penal da culpabilidade, ignora-se o *conflito aparente de normas* e pune-se, cumulativamente, *crime-meio* e *crime-fim*, que, na verdade, não é bem isso, mas o *aproveitamento do resultado da conduta criminosa, dando-lhe uma daquelas destinações mencionadas no § 4º*. Contudo, esta majorante incide somente nas figuras qualificadas, descritas no § 3º, sendo, portanto, inaplicáveis na figura simples descrita no *caput* deste art. 154-A.

8.3 Se houver transmissão a terceiros

Na nossa concepção, *comercialização* e *transmissão a terceiros* representam uma flagrante e desnecessária redundância, pois *comercializar* é uma forma de transmitir a terceiros, e a *transmissão* a terceiros não deixa de ser uma modalidade de *comercializar*. Embora seja verdade que a transmissão pode ser um pouco mais abrangente, pois essa modalidade de "transferência" pode ser onerosa (como na comercialização), mas também *gratuita*, esta não abrangida pela comercialização, logicamente. Nesta modalidade, na forma gratuita, *transferência sem ônus* ao adquirente ou, dito de forma mais aberta, ao destinatário da transmissão não é, tecnicamente, abrangida pela *comercialização*, pois esta, por sua própria natureza, é onerosa, ou seja, concretiza-se mediante pagamento ou troca de valores. Aliás, esse aspecto é reforçado expressamente no texto legal, que afirma, "a qualquer título, dos dados ou informações obtidos".

Mutatis mutandis, tudo o que dissemos relativamente à comercialização aplica-se a esta modalidade, qual seja, "transmissão a terceiros", pois a comercialização será sempre com terceiros, isto é, com o público em geral. Além desses limites sobra pouco espaço para alguma divergência, sendo desnecessário, a nosso sentir, ampliar este comentário.

Por fim, o § 5º prevê mais uma majorante, destacando que: "*Aumenta-se a pena de um terço à metade se o crime for praticado contra: I — Presidente da República, governadores e prefeitos; II — Presidente do Supremo Tribunal Federal; III — Presidente da Câmara dos Deputados, do Senado Federal, de Assembleia Legislativa de Estado, da Câmara Legislativa do Distrito Federal ou de Câmara Municipal; ou IV — dirigente máximo da administração direta e indireta federal, estadual, municipal ou do Distrito Federal*". Essa majorante, a nosso sentir, também deve ser aplicada somente ao tipo penal qualificado, e não sobre a pena já majorada pela incidência do conteúdo previsto no § 4º, mas diretamente na pena resultante do § 3º.

9. Tipo subjetivo: adequação típica

O elemento subjetivo geral é o *dolo*, representado pela vontade livre e consciente de *invadir* dispositivo informático alheio, desautorizadamente, tendo consciência de que se trata de conteúdo privativo, pessoal, reservado e, porventura, sigiloso, cuja violação lesa esses direitos sagrados do seu titular. Ademais, é necessário que o agente tenha *consciência* de que a sua conduta é ilegítima, isto é, sem justa causa.

A única conduta descrita no *caput* — invadir — é contemplada com dois elementos subjetivos especiais do tipo, quais sejam, com o fim de obter, adulterar ou destruir dados ou informações sem autorização expressa ou tácita do titular do dispositivo ou *instalar vulnerabilidades* para obter vantagem ilícita. No entanto, por razões didáticas, examinamos esses elementos subjetivos especiais do tipo, vinculados ao enquadramento típico, por se tratarem de elementares do tipo, nos pareceu que essa metodologia facilitaria uma melhor compreensão do leitor. Por outro lado, as condutas descritas no § 1º também reclamam um *ele-

mento subjetivo especial do tipo, qual seja, que elas sejam praticadas "com o intuito de permitir a prática da conduta definida no *caput*". Mas, pelas mesmas razões, adotamos metodologia idêntica e examinamos seu conteúdo em tópico especial acima.

Não há, por outro lado, previsão para a modalidade culposa, sendo criminalizada somente a conduta dolosa.

10. Consumação e tentativa

Consuma-se o crime com o ato livre de *invadir* dispositivo informático alheio, violando, indevidamente, mecanismo de segurança, com consciência de que o faz ilegitimamente, independentemente da ocorrência efetiva de dano ou prejuízo a alguém, pois o próprio tipo exige somente que a conduta tenha a *potencialidade* para produzir dano, sendo desnecessário que este se efetive, tratando-se, pois, de *crime formal*, na modalidade do *caput*. O móvel dessa invasão é atingir, de qualquer modo, os dados e informações armazenados no referido objeto da ação, ou instalar vulnerabilidades para obter vantagem ilícita. Igualmente, as condutas descritas no § 1º também constituem crimes formais, que se consumam com a simples execução, independentemente da obtenção do resultado pretendido, como demonstramos ao examinarmos o elemento subjetivo respectivo. As condutas elencadas neste parágrafo não objetivam a invasão do dispositivo informático, diretamente, mas sim facilitar que tal invasão possa ocorrer através de outrem.

Com efeito, se, porventura, o sujeito ativo obtiver êxito em sua ação, isto é, segundo o § 3º, "se da invasão resultar a obtenção de conteúdo de comunicações eletrônicas privadas, segredos comerciais ou industriais, informações sigilosas, assim definidas em lei, ou o controle remoto não autorizado do dispositivo invadido", consumar-se-á o crime em sua forma qualificada. Como consideramos esse êxito como resultado material da ação empreendida, avaliamos que se pode qualificar esse crime como material.

A *tentativa*, embora de difícil *configuração*, é teoricamente possível em todas as modalidades, pois não se trata de *crime de ato único*, e o fato de prever a potencialidade de dano decorrente de alguma conduta, por si só, não a torna impossível.

11. Classificação doutrinária

Crime comum que não exige do sujeito ativo especial qualidade ou condição para a sua prática; *formal*, pois se consuma com a simples prática das condutas de invadir, produzir, oferecer, distribuir, vender ou difundir o objeto material do crime, sendo antecipado o resultado; *material* (nas figuras qualificadas); *instantâneo*, consuma-se no momento em que o agente pratica qualquer das ações, esgotando-se aí a lesão jurídica; *comissivo*, pois é impossível praticá-lo mediante omissão; *doloso*, não havendo previsão da modalidade culposa; *unissubjetivo* (que pode ser praticado por alguém individualmente; *plurissubsistente* (crimes que podem ser desdobrados em mais de um ato, admitindo, em tese, a figura tentada).

12. Pena e ação penal

12.1 *Penas*

As penas cominadas nos crimes definidos neste artigo são *cumulativas* e eram de detenção, de 3 (três) meses a 1 (um) ano, e multa, para as hipóteses do *caput* do art. 154-A, e do § 1º, as quais eram aumentadas de um sexto a um terço "se da invasão resultar *prejuízo econômico*". No entanto, de uma hora para outra, sem uma justificativa razoável, o legislador resolve exasperar, exageradamente, as penas cominadas a esses mesmos crimes, com as mesmas condutas tipificadas, transformando-as em reclusão de 1 (um) a 4 (quatro) anos, e multa. para o *caput*. Na mesma pena incorre quem produz, oferece, distribui, vende ou difunde dispositivo ou programa de computador com o intuito de permitir a prática da conduta definida no *caput* (§ 1º).

Na mesma linha punitivista, adotada pelo legislador contemporâneo, alterou a majorante prevista no § 2º, que era de um sexto a um terço para um *1/3 (um terço) a 2/3 (dois terços) "se da invasão resulta prejuízo econômico"*, com redação determinada pela Lei n. 14.155, de 2021. Foi mantida, contudo, inalterada a qualificadora prevista no § 3º *"se da invasão resultar a obtenção de conteúdo de comunicações eletrônicas privadas, segredos comerciais ou industriais, informações sigilosas, assim definidas em lei, ou o controle remoto não autorizado do dispositivo invadido"*. Contudo, também aqui na figura qualificada, a pena cominada, que era de 6 (seis) *meses a 2 (dois) anos de reclusão, foi elevada*, injustificadamente, para dois a cinco anos de reclusão, além de multa, que foi mantida.

Finalmente, segundo o disposto no § 5º, "aumenta-se a pena de um terço à metade se o crime for praticado contra: I — Presidente da República, governadores e prefeitos; II — Presidente do Supremo Tribunal Federal; III — Presidente da Câmara dos Deputados, do Senado Federal, de Assembleia Legislativa de Estado, da Câmara Legislativa do Distrito Federal ou de Câmara Municipal; ou IV — dirigente máximo da administração direta e indireta federal, estadual, municipal ou do Distrito Federal". Por derradeiro, as majorantes previstas nos §§ 4º e 5º não devem incidir em cascata, isto é, não devem ser aplicadas umas sobre as outras, pois se criaria um artifício não autorizado de elevação demasiada e injustificável sobre a mesma conduta, tornando a pena aplicada desproporcional não apenas ao crime em si, como com a própria sanção cominada.

Por fim, segundo o disposto no § 5º, *aumenta-se a pena de um terço à metade se o crime for praticado contra: I — Presidente da República, governadores e prefeitos; II — Presidente do Supremo Tribunal Federal; III — Presidente da Câmara dos Deputados, do Senado Federal, de Assembleia Legislativa de Estado, da Câmara*

Legislativa do Distrito Federal ou de Câmara Municipal; ou IV — dirigente máximo da administração direta e indireta federal, estadual, municipal ou do Distrito Federal.

Artigos acrescentados pela Lei n. 12.737, de 30 de novembro de 2012, publicada no DO do dia 3 de dezembro de 2012, com vacância de 120 dias.

12.2 *Ação penal*

A *ação penal* é pública condicionada à representação. Trata-se de direito disponível, e, como tal, o início da ação penal depende de provocação do ofendido. Em razão da disponibilidade do bem jurídico tutelado, o consentimento do ofendido exclui a própria adequação típica. No entanto, a ação penal será pública incondicionada se o crime for cometido "contra a administração pública direta ou indireta de qualquer dos Poderes da União, Estados, Distrito Federal ou Municípios ou contra empresas concessionárias de serviços públicos" (art. 154-B). Essa ressalva é, parece-nos, absolutamente procedente, pois, afinal, o bem jurídico deixa de ser disponível.

BIBLIOGRAFIA

ALLEGRETTI, Carlos Artidório. Revisão crítica do crime de aborto: a busca de um consenso possível. In: SCHMIDT, Andrei Zenkner (Org.). *Novos rumos do direito penal contemporâneo — Livro em homenagem ao Prof. Dr. Cezar Roberto Bitencourt.* Rio de Janeiro, Lumen Juris, 2006.

ALTAVILLA, Enrico. *La psicologia del suicidio*, Napoli. 1910.

———. *Trattato di Diritto Penale* (E. Florian). 1934.

———. *Delitti contro la persona.* Milano, 1934.

ANTOLISEI, Francesco. *Manuale di Diritto Penale;* Parte Speciale. Milano, 1954 e 1977.

BACIGALUPO, Silvina. *La responsabilidad penal de las personas jurídicas.* Barcelona, Bosch, 1998.

BAJO FERNANDEZ, M. *Manual de Derecho Penal;* Parte Especial. 2. ed. Madrid, Ed. Civitas, 1991.

BARBOSA, Marcelo Fortes. *Latrocínio.* 1. ed. 2. tir. São Paulo, Malheiros Ed., 1997.

———. *Crimes contra a honra.* São Paulo, Malheiros Ed., 1995.

BATISTA, Nilo. *Decisões criminais comentadas.* Rio de Janeiro, Liber Juris, 1976.

———. *Temas de Direito Penal,* Rio de Janeiro, Liber Juris, 1984.

———. *Introdução crítica ao Direito Penal brasileiro.* Rio de Janeiro, Renavan, 1990.

BELING, Ernest von. *Esquema de Derecho Penal.* La doctrina del delito tipo. Trad. Sebastian Soler. Buenos Aires, Depalma, 1944.

BELO, Warley Rodrigues. *Aborto.* Belo Horizonte, Del Rey, 1999.

BENTO DE FARIA, Antônio. *Código Penal brasileiro comentado;* Parte Especial. Rio de Janeiro, Record Ed., 1961. v. 4.

BETTIOL, Giuseppe. *Direito Penal.* Trad. Paulo José da Costa Jr. e Alberto Silva Franco. São Paulo, Revista dos Tribunais, 1977. v. 1.

BEVILÁQUA, Clóvis. *Código Civil*. 1934. v. 4.

BIERRENBACH, Sheila de Albuquerque. *Crimes omissivos impróprios*. Belo Horizonte, Del Rey, 1996.

BITENCOURT, Cezar Roberto. *Tratado de Direito Penal* — Parte Geral. 30. ed. São Paulo, Saraiva, 2024. v. 1.

———. *Juizados Especiais criminais e alternativas à pena privativa de liberdade*. 3. ed. Porto Alegre, Livr. do Advogado Ed., 1997.

———. *Lições de Direito Penal*. 3. ed. Porto Alegre, Livr. do Advogado Ed., 1995.

———. *Erro de tipo e erro de proibição*. 2. ed. São Paulo, Saraiva, 2000.

———. *Teoria geral do delito*. São Paulo, Revista dos Tribunais, 1997.

———. Reflexões sobre a responsabilidade penal da pessoa jurídica. In: *Responsabilidade penal da pessoa jurídica e medidas provisórias e Direito Penal* (obra coletiva). São Paulo, Revista dos Tribunais, 1999.

BITENCOURT, Cezar Roberto & MUÑOZ CONDE, Francisco. *Teoria geral do delito*. São Paulo, Saraiva, 2000.

BITENCOURT, Cezar Roberto & PRADO, Luiz Regis. *Código Penal anotado e legislação complementar*. 2. ed. São Paulo, Revista dos Tribunais, 1999.

BITTAR, Walter Barbosa. *As condições objetivas de punibilidade e as causas pessoais de exclusão da pena*. Rio de Janeiro, Lumen Juris, 2004.

BITTENCOURT, Edgar de Moura. Omissão de socorro. In: *Vítima*. São Paulo, LEUD, 1978.

BOSCHI, José Antonio Paganella. *Ação penal*. Rio de Janeiro, Aide, 1993.

BRUNO, Aníbal. *Crimes contra a pessoa*. 5. ed. Rio de Janeiro, Ed. Rio, 1979.

———. *Direito Penal*. 3. ed. Rio de Janeiro, Forense, 1967. v. 1 e 2.

CAMPOS, João Mendes. *A exigibilidade de outra conduta no Júri*. Belo Horizonte, Del Rey, 1998.

CANÊDO, Carlos. *O genocídio como crime internacional*. Belo Horizonte, Del Rey, 1999.

CARLIN, Volney Ivo. Comunicações: invasão da privacidade pela escuta telefônica. *Revista de Jurisprudência do TJSC*, Florianópolis, v. 56.

CARRARA, Francesco. *Programa de Derecho Criminal*. Bogotá, Ed. Temis, 1973. v. 4.

CASTILHO, Ela Wiecko V. *O controle penal nos crimes contra o sistema financeiro nacional*. Belo Horizonte, Del Rey, 1998.

CEREZO MIR, José. *Curso de Derecho Penal español*; Parte General. 4. ed. Madrid, Ed. Civitas, 1995.

CERNICCHIARO, Luiz Vicente. *Questões penais*. Belo Horizonte, Del Rey, 1998.

CERVINI, Raúl. Macrocriminalidad económica — apuntes para una aproximación metodológica. *RBCCrim*, n. 11, 1995.

COSTA, Álvaro Mayrink da. *Direito Penal — doutrina e jurisprudência*; Parte Especial. 3. ed. Rio de Janeiro, Forense, 1993. v. 2. t. 1.

——. *Direito Penal*; Parte Geral. 6. ed. Rio de Janeiro, Forense, 1993. v. 1. t. 1 e 2.

COSTA JUNIOR, Heitor da. *Teoria dos delitos culposos*. Rio de Janeiro: Lumen Juris, 1988.

COSTA JR., Paulo José da. *Comentários ao Código Penal*; Parte Especial. São Paulo, Saraiva, 1988. v. 2.

——. *O direito de estar só:* tutela penal da intimidade. São Paulo, Revista dos Tribunais, 1995.

——. *Direito Penal objetivo*. 2. ed. Rio de Janeiro, Forense Universitária, 1991.

CUELLO CALÓN, Eugenio. *Derecho Penal*; Parte Especial. Madrid, 1955.

CUNHA, Rogerio Sanches. *Lei 13.546/17: Altera disposições do Código de Trânsito Brasileiro*. Disponível em: <http://meusitejuridico.com.br/2017/12/20/lei-13-54617- altera-disposicoes-codigo-de-transito-brasileiro/>. Acesso em: 20 fev. 2018.

CUNHA, Rogério Sanches (Coord. Gomes, Luiz Flavio). *Direito Penal*; Parte Especial, 1. ed., 2. tir., São Paulo, Revista dos Tribunais, 2008. v. 3.

CUNHA, Rogério Sanches & PINTO, Ronaldo Batista. *Tráfico de pessoas — Lei 13.344/16 comentada por artigos*. Salvador, JusPodivm, 2016.

D'AVILA, Fabio Roberto. Lineamentos estruturais do crime culposo. In: *Crime e sociedade* (obra coletiva). Curitiba, Ed. Juruá, 1999.

DIAS, Jorge de Figueiredo. *O problema da consciência da ilicitude em Direito Penal*. 3. ed. Coimbra, Coimbra Ed., 1987.

DÍEZ RIPOLLÉS, José Luis. *Los delitos contra la seguridad de menores e incapaces*. Valencia, Tirant lo Blanch, 1999.

DÍEZ RIPOLLÉS, José Luis & GRACIA MARTÍN, Luis. *Delitos contra bienes jurídicos fundamentales — vida humana independiente y libertad*. Valencia, Tirant lo Blanch, 1993.

DINIZ, Débora & ALMEIDA, Marcos de. Bioética e aborto. In: COSTA, Sergio Ibiapina Ferreira, OSELKA, Gabriel e GARRAFA, NOLNEI (Coords.). *Iniciação à bioética*, Brasília, Conselho Federal de Medicina, 1998.

DOHNA, Alexandre Graf Zu. *La estructura de la teoría del delito*. Trad. Carlos F. Balestra e Eduardo Friker. Buenos Aires, Abeledo-Perrot, 1958.

DOTTI, René Ariel. A incapacidade criminal da pessoa jurídica. *RBCCrim*, n. 11 (jul./set.) 1995.

ESPÍNOLA FILHO, Eduardo. *Código de Processo Penal brasileiro anotado*. Edição histórica. Rio de Janeiro, Ed. Rio, 1990. v. 1.

FÁVERO, Flamínio. *Medicina Legal*. 1938.

FEIJÓO SÁNCHEZ, Bernardo. *Retribución y prevención general. Un estudio sobre la teoría de la pena y las funciones del derecho penal*. Montevideo/Buenos Aires: B de F, 2007.

FERNANDES, Antonio Scarance. *O papel da vítima no processo criminal*. São Paulo, Malheiros Ed., 1995.

FERNANDES, Paulo Sérgio Leite. *Aborto e infanticídio*. 3. ed. Belo Horizonte, Ed. Ciência Jurídica, 1996.

FERRI, Enrico. *Princípios de Direito Criminal*. Trad. Lemos d'Oliveira. São Paulo, 1931.

FIGUEIREDO, Ariosvaldo Alves de. *Comentários ao Código Penal*. São Paulo, 1986. v. 2.

———. *Compêndio de Direito Penal*; Parte Especial. Rio de Janeiro, Forense, 1990. v. 2.

FLORIAN, Eugenio. *Delitti contro la libertà individuale*. Milano, 1936.

———. *Trattato di Diritto Penale*. Milano, 1936.

———. *Ingiuria e diffamazione*. Milano, 1939.

FRAGOSO, Heleno Cláudio. *Lições de Direito Penal*; Parte Geral. 2. ed. São Paulo, Bushatsky, 1962. v. 1.

———. *Lições de Direito Penal*; Parte Especial. 10. ed. Rio de Janeiro, 1988. v. 1.

———. *Lições de Direito Penal*; Parte Especial. 11. ed. Rio de Janeiro, Forense, 1995. v. 1.

FRANCO, Alberto Silva. *Crimes hediondos*. 6. ed. São Paulo, Revista dos Tribunais, 2007.

FRANCO, Alberto Silva et al. *Código Penal e sua interpretação jurisprudencial*. 6. ed. São Paulo, Revista dos Tribunais, 1997.

FREGADOLLI, Luciana. *O direito à intimidade e a prova ilícita*. Belo Horizonte, Del Rey, 1998.

GALLAS, Wilhelm. La struttura del concetto di illecito penale. Trad. Francesco Angioni. *Rivista di Diritto e Procedura Penale*, ano 25, 1982.

GALVÃO, Fernando. *Imputação objetiva*. Belo Horizonte, Mandamentos, 2000.

———. *Concurso de pessoas*. Belo Horizonte, Mandamentos, 2000.

GARCIA, Basileu. *Instituições de Direito Penal*. São Paulo, Max Limonad, 1982. v. 1 e 2.

GARCÍA ARÁN, Mercedes & MUÑOZ CONDE, Francisco. *Derecho Penal*; Parte General. Valencia, Tirant lo Blanch, 1999.

GIANNOTI, Edoardo. *A tutela constitucional da intimidade*. Rio de Janeiro, Forense, 1987.

GIMBERNAT ORDEIG, Enrique. *Delitos cualificados por el resultado y causalidad*. Madrid, Ed. Reus, 1966; ECERA, 1990.

GOMES, Luiz Flávio. *Erro de tipo e erro de proibição*. 3. ed. São Paulo, Revista dos Tribunais, 1998.

GOMES, Luiz Flávio & OLIVEIRA, William Terra de. *Lei das Armas de Fogo*. São Paulo, Revista dos Tribunais, 1998.

GOMES, Randolpho. *O advogado e a Constituição Federal*. Ed. Trabalhista, 1990.

GOMEZ, Eusebio. *Tratado de Derecho Penal*. 1939. v. 2.

GOMEZ BENITEZ, José Manuel. *Teoría jurídica del delito — Derecho Penal*; Parte General. Madrid, Ed. Civitas, 1988.

GONÇALVES, Victor Eduardo Rios. *Dos crimes contra a pessoa*. São Paulo, Saraiva, 1998. (Col. Sinopses Jurídicas, v. 8).

GONZAGA, João Bernardino. *O crime de omissão de socorro*. São Paulo, Max Limonad, 1957.

———. *Violação de segredo profissional*. São Paulo, Max Limonad, 1975.

GRECO FILHO, Vicente. *Interceptação telefônica*. São Paulo, Saraiva, 1996.

———. *A culpa e sua prova dos delitos de trânsito*. São Paulo, Saraiva, 1993.

HANS, Welzel. Culpa e delitos culposos. *Revista de Direito Penal*, Rio de Janeiro, n. 3, 1971.

HASSEMER, Winfried. *Fundamentos del Derecho Penal*. Trad. Francisco Muñoz Conde e Luis Arroyo Zapatero. Barcelona: Bosch, 1984.

HASSEMER, Winfried. *Três temas de Direito Penal.* Porto Alegre, Escola Superior do Ministério Público, 1993.

HUNGRIA, Nélson. *Comentários ao Código Penal.* Rio de Janeiro, Forense, 1942. v. 2.

———. *Comentários ao Código Penal.* Rio de Janeiro, Forense, 1958. v. 5.

———. *Comentários ao Código Penal.* 5. ed. Rio de Janeiro, Forense, 1979. v. 5.

———. *Comentários ao Código Penal.* 5. ed. Rio de Janeiro, Forense, 1980. v. 6.

———. O arbítrio judicial na medida da pena. *Revista Forense,* n. 90, jan. 1943.

JACQUES LECLERC, Abbé. *Leçons de droit naturel.* 1937. v. 4.

JAKOBS, Gunther. *Derecho Penal — fundamentos y teoría de la imputación;* Parte General. Madrid, Marcial Pons, 1995.

———. *Suicidio, eutanasia y Derecho Penal.* Madrid, Marcial Pons, 1999.

JESCHECK, H. H. *Tratado de Derecho Penal.* Trad. Santiago Mir Puig e Francisco Muñoz Conde. Barcelona, Bosch, 1981.

———. *Tratado de Derecho Penal.* Trad. da 4. ed. José Luis Manzanares Samaniego. Granada, Comares, 1993.

JESUS, Damásio E. de. *Direito Penal;* Parte Especial. 22. ed. São Paulo, Saraiva, 1999. v. 2.

———. *Direito Penal;* Parte Geral. 20. ed. São Paulo, Saraiva, 1997. v. 1.

———. *Novíssimas questões criminais.* São Paulo, Saraiva, 1998.

———. *Direito Criminal.* São Paulo, Saraiva, 1998.

———. Dois temas da Parte Penal do Código de Trânsito Brasileiro. *Boletim do IBCCrim,* n. 61, dez. 1997.

———. *Código Penal anotado.* São Paulo, Saraiva, 1995.

———. *Direito Penal;* Parte Especial. São Paulo, Saraiva, 1983. v. 3.

JIMÉNEZ DE ASÚA, Luis. *Principios de derecho penal — la ley y el delito.* Buenos Aires, Abeledo-Perrot, 1990.

———. *El criminalista,* t. II/103.

KIST, Ataídes. *Responsabilidade penal da pessoa jurídica.* São Paulo, Editora de Direito, 1999.

LOGOZ, Paul. *Commentaire du Code Pénal suisse;* Partie Spéciale. Paris, Neuchâtel, 1955. v. 1.

———. *Commentaire du Code Pénal suisse*. 2. ed. Paris, Delachaux & Nestlé, 1976.

LOPES, Jair Leonardo. *Curso de Direito Penal*. 3. ed. São Paulo, Revista dos Tribunais, 1997.

LUISI, Luiz. *Os princípios constitucionais penais*. Porto Alegre, Sérgio A. Fabris, Editor, 1991.

LUNA, Everardo Cunha. O crime de omissão de socorro e a responsabilidade penal por omissão. *Revista Brasileira de Direito Penal e Criminologia*, n. 33, 1982.

LYRA, Roberto. *Noções de Direito Criminal*; Parte Especial. 1944. v. 1.

MAGGIORE, Giuseppe. *Diritto Penale*; Parte Speciale. Bologna, 1953 e 1958. v. 1. t. 2.

MAIA, Campos. *Delitos da linguagem contra a honra*. São Paulo, 1921.

MANZINI, Vincenzo. *Trattato di Diritto Penale italiano*. Padova, 1947. v. 3.

———. *Istituzioni di Diritto Penale italiano*; Parte Speciale. 3. ed. Padova, CEDAM, 1955. v. 2.

MARQUES, José Frederico. *Tratado de Direito Penal*; Parte Especial. São Paulo, Saraiva, 1961. v. 3.

———. *Tratado de Direito Penal*. São Paulo, Saraiva, 1961. v. 4.

MAURACH, Reinhart & ZIPF, Heinz. *Derecho Penal*; Parte General. Buenos Aires, Ed. Astrea, 1997. v. 1.

MENDES, Maria Gilmaíse de Oliveira. *Direito à intimidade e interceptações telefônicas*. São Paulo, Malheiros Ed., 1999.

MEZGER, Edmund. *Derecho Penal*; Parte General. México, Cardenas Editor y Distribuidor, 1985.

MIRABETE, Julio Fabbrini. *Manual de Direito Penal*. São Paulo, Atlas, 1995. v. 2.

MIR PUIG, Santiago. *Derecho Penal*; Parte General. Barcelona, Ed. PPU, 1985.

———. *Derecho Penal*; Parte General. 5. ed. Barcelona, Ed. PPU, 1998.

MONTEIRO, Washington de Barros. *Curso de Direito Civil*; Direito de Família. São Paulo, Saraiva, 1984.

MORAES, Flávio Queiroz de. *Delito de rixa*. São Paulo, 1946.

MORAES, Walter. Abandono de menores: estado de abandono — figuras criminais. In: *Enciclopédia Saraiva do Direito*. São Paulo, Saraiva, 1977.

MUÑOZ CONDE, Francisco. *Derecho Penal*; Parte Especial. 12. ed. Valencia, Tirant lo Blanch, 1999.

――――. *Teoria geral do delito*. Trad. Juarez Tavares e Luiz Regis Prado. Porto Alegre, Sérgio A. Fabris, Editor, 1988.

――――. *El error en derecho*. Valencia, Tirant lo Blanch, 1989.

――――. Principios políticos criminales que inspiran el tratamiento de los delitos contra el orden socioeconómico en el proyecto de Código Penal español de 1994. *RBCCrim*, n. 11, 1995.

MUÑOZ CONDE, Francisco & BITENCOURT, Cezar Roberto. *Teoria geral do delito*. São Paulo, Saraiva, 2000.

MUÑOZ CONDE, Francisco & GARCÍA ARÁN, Mercedes. *Derecho Penal*; Parte General. 3. ed. Valencia, Tirant lo Blanch, 1996.

MUÑOZ SANCHES, J. *Los delitos contra la integridad moral*. 1999.

NASCIMENTO, José Flávio Braga. *Direito Penal*; Parte Especial. São Paulo, Atlas, 2000.

NORONHA, Edgard Magalhães. *Curso de Direito Processual Penal*. 21. ed. São Paulo, Saraiva, 1992.

――――. *Direito Penal*; Parte Geral. São Paulo, Saraiva, 1985. v. 1.

――――. *Direito Penal*; Parte Especial. 15. ed. São Paulo, Saraiva, 1979. v. 2.

OLIVEIRA, William Terra de. CBT — Controvertido natimorto tumultuado. *Boletim do IBCCrim*, n. 61, dez. 1997.

OSÓRIO, Fábio Medina. A imunidade penal do advogado na Lei 8.906 de 4.7.94 — Estatuto da OAB. *Revista Brasileira de Ciências Criminais*, n. 9, jan./mar. 1995.

PEDROSO, Fernando de Almeida. *Homicídio — participação em suicídio, infanticídio e aborto*. São Paulo, Aide, 1995.

PERES, Onir de Carvalho. Imunidade parlamentar — alcance. *Revista Brasileira de Ciências Criminais*, São Paulo, IBCCrim, n. 13, 1996.

PEREZ, Gabriel Nettuzzi. *Crime de difamação*. São Paulo, Resenha Universitária, 1976.

PIERANGELLI, José Henrique. *Da tentativa — doutrina e jurisprudência*. 4. ed. São Paulo, Revista dos Tribunais, 1995.

PIERANGELLI, José Henrique & ZAFARONI, Eugenio Raul. *Códigos Penais do Brasil — evolução histórica*. São Paulo, Ed. Jalovi, 1980.

PIMENTEL, Manoel Pedro. *Contravenções penais*. 2. ed. São Paulo, Revista dos Tribunais, 1978.

PIOVESAN, Flávia. *Direitos humanos e o direito constitucional internacional*. São Paulo, Max Limonad, 1996.

PITOMBO, Cleunice A. Valentim Bastos. *Da busca e da apreensão no processo penal*. São Paulo, Revista dos Tribunais, 1999.

PRADO, Luiz Regis. *Curso de Direito Penal*; Parte Geral. 2. ed. São Paulo, Revista dos Tribunais, 2000.

———. *Falso testemunho e falsa perícia*. São Paulo, Revista dos Tribunais, 1994.

———. Responsabilidade penal da pessoa jurídica. *Boletim do IBCCrim*, n. 65, abr. 1998.

PRADO, Luiz Regis & BITENCOURT, Cezar Roberto. *Código Penal anotado*. 2. ed. São Paulo, Revista dos Tribunais, 1999.

———. *Elementos de Direito Penal*. São Paulo, Revista dos Tribunais, 1995. v. 1.

QUINTANO RIPOLLÉS, Antonio. *Compêndio de Derecho Penal*. Madrid, Revista de Derecho Privado, 1958.

———. *Curso de Derecho Penal*. Madrid, Revista de Derecho Privado, 1963. t. 1.

QUITERO OLIVARES, Gonzalo, MORALES PRATS, Fermín & PRATS ANUT, Miguel. *Curso de Derecho Penal*; Parte General. Barcelona, Cedecs Editorial, 1996.

RANIERI, Silvio. *Manuale di Diritto Penale*; Parte Especial. Milano, 1952. v. 3.

ROCCO, Arturo. *L'oggetto del reato*. Roma, 1932.

ROCHA, Luiz Otavio de Oliveira. Código de Trânsito Brasileiro: primeiras impressões. *Boletim do IBCCrim*, n. 61, dez. 1997.

RODRIGUEZ MOURULLO, Gonzalo. *Derecho Penal*. Madrid, Ed. Civitas, 1978.

ROSA, Antonio José Miguel Feu. *Direito Penal*; Parte Especial. São Paulo, Revista dos Tribunais, 1995.

ROSA, Fábio Bittencourt da. Pena e culpa nos delitos culposos. *RT, 352*:311.

ROXIN, Claus. *Derecho Penal*; Parte General. Fundamentos. La estructura de la teoría del delito. Madrid, Ed. Civitas, 1997. t. 1.

———. *Autoría y dominio del hecho en Derecho Penal*. Madrid, Marcial Pons, 1998.

———. *Política criminal y sistema del Derecho Penal*. Trad. Francisco Muñoz Conde. Barcelona, Bosch, 1999.

——. *Política criminal e sistema de Direito Penal.* Trad. Luis Grecco. Rio de Janeiro, Renovar, 2000.

SALES, Sheila Jorge Selim de. *Dos tipos plurissubjetivos.* Belo Horizonte, Del Rey, 1997.

SALLES JR., Romeu de Almeida. *Código Penal interpretado.* São Paulo, Saraiva, 1996.

——. *Homicídio e lesão corporal culposos.* São Paulo, Oliveira Mendes, 1998.

——. *Lesões corporais.* 3. ed. São Paulo, Sugestões Literárias, 1986.

SANTOS, Juarez Cirino dos. *Direito Penal*; Parte Geral. Rio de Janeiro, Forense, 1985.

SERRANO GOMEZ, Alfonso. *Derecho Penal*; Parte Especial. Madrid, Ed. Dykinson, 1997.

SHECAIRA, Sérgio Salomão. A mídia e o Direito Penal. *Boletim do IBCCrim*, edição especial, n. 45, ago. 1996.

——. Primeiras perplexidades sobre a nova Lei de Trânsito. *Boletim do IBCCrim*, n. 61, dez. 1997.

SILVA, José Afonso da. *Curso de Direito Constitucional Positivo.* 5. ed. São Paulo, Revista dos Tribunais, 1989.

SILVEIRA, Euclides Custódio da. *Crimes contra a honra.* São Paulo, Max Limonad, 1959.

——. *Crimes contra a pessoa.* São Paulo, Max Limonad, 1959.

SOLER, Sebastian. *Derecho Penal argentino.* Buenos Aires, Tipográfica Editora Argentina, 1970. v. 3.

STEVENSON, Oscar. Concurso aparente de normas penais. In: *Estudos de Direito Penal e processo penal em homenagem a Nélson Hungria.* Rio de Janeiro, Forense, 1962.

STOCO, Rui. Código de Trânsito Brasileiro: disposições penais e suas incongruências. *Boletim do IBCCrim*, n. 61, dez. 1997.

STRECK, Lenio Luiz. *As interceptações telefônicas e os direitos fundamentais:* Constituição — cidadania — violência. Porto Alegre, Livr. do Advogado Ed., 1997.

TANGERINO, Davi de Paiva Costa. *Culpabilidade.* 2. ed. São Paulo, Saraiva, 2014.

TAVARES, Juarez. Espécies de dolo e outros elementos subjetivos do tipo. *Revista de Direito Penal*, n. 6, Rio de Janeiro, Borsoi, 1972.

——. *Direito Penal da negligência.* São Paulo, Revista dos Tribunais, 1985.

——. *As controvérsias em torno dos crimes omissivos.* Rio de Janeiro, ILACP, 1996.

TIEDEMANN, Klaus. *Responsabilidad penal de personas jurídicas y empresas en Derecho Comparado*. RBCCrim, n. 11, 1995.

TOLEDO, Francisco de Assis. Teorias do dolo e teorias da culpabilidade. *Revista dos Tribunais*, v. 566, 1982.

———. *Princípios básicos de Direito Penal*. 4. ed. São Paulo, Saraiva, 1991.

———. *Teorias do delito*. São Paulo, Revista dos Tribunais, 1980.

TORNAGHI, Hélio. *Curso de processo penal*. 4. ed. São Paulo, Saraiva, 1987. v. 1.

TORRES, Antonio Magarinos. *Autoria incerta*. Rio de Janeiro, 1936.

TOURINHO FILHO, Fernando da Costa. *Código de Processo Penal comentado*. São Paulo, Saraiva, 1996. v. 2.

———. *Código de Processo Penal comentado*. São Paulo, Saraiva, 1996. v. 1.

———. *O processo penal*. 2. ed. São Paulo, Ed. Jalovi, 1977. v. 3.

VARGAS, José Cirilo. *Introdução ao estudo dos crimes em espécie*. Belo Horizonte, Del Rey, 1993.

VIDAURRI ARÉCHIGA, Manuel. *La culpabilidad en la doctrina jurídicopenal española*. Tese de doutorado — inédita. Sevilla, 1989.

VITRAL, Waldir. Maus-tratos. In: *Enciclopédia Saraiva do Direito*. São Paulo, Saraiva, 1977. v. 52.

WELZEL, Hans. *Derecho Penal alemán*. 3. ed. castelhana. Trad. da 12. ed. al. Juan Bustos Ramírez e Sergio Yáñez Pérez. Santiago, Ed. Jurídica de Chile, 1987.

———. *El nuevo sistema del Derecho Penal — una introducción a la doctrina de la acción finalista*. Trad. José Cerezo Mir. Barcelona, Ed. Ariel, 1964.

———. Culpa e delitos de circulação. *Revista de Direito Penal*, n. 3, Rio de Janeiro, 1971.

WESSELS, Johannes. *Direito Penal*; Parte Geral. Trad. Juarez Tavares. Porto Alegre, Sérgio A. Fabris, Editor, 1976.

ZAFFARONI, Eugenio Raul & PIERANGELLI, José Henrique. *Da tentativa — doutrina e jurisprudência*. 4. ed. São Paulo, Revista dos Tribunais, 1995.

———. *Manual de Derecho Penal*. 6. ed. Buenos Aires, Ediar, 1991.

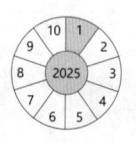